LA FAMILLE

PRÉCIS DE LA FACULTÉ DE DROIT ET DE CRIMINOLOGIE
DE L'UNIVERSITÉ LIBRE DE BRUXELLES

LA FAMILLE

Alain-Charles Van Gysel

ANTHEMIS

Des ressources complémentaires à cet ouvrage sont disponibles en ligne sur le site **www.legis.be**.

JURISQUARE Legal Publications Network

La version en ligne de cet ouvrage est disponible sur la bibliothèque digitale Jurisquare à l'adresse www.jurisquare.be.

Place Albert I, 9 B-1300 Limal
Tél. 32 (0)10 42 02 90 - info@anthemis.be - www.anthemis.be

Dépôt légal : D/2018/10.622/75
ISBN 978-2-8072-0500-0

Mise en page : MC Compo
Couverture : Michel Raj
Impression : Ciaco
Imprimé en Belgique

Plan de la collection de droit familial

Le présent ouvrage a vocation à s'inscrire dans une collection plus vaste, destinée à couvrir tout le champ du droit familial.

Idéalement, nous aurions dû faire paraître tout d'abord un premier ouvrage traitant de la **personne humaine et de son état civil**.

Cependant, d'une part, la plus grande partie de ces problèmes[1] sont déjà traités dans divers ouvrages, dont celui de Mme Nicole Gallus, relatif aux rapports de la bioéthique avec le droit[2] que nous avons eu l'occasion de préfacer, et nous aurions peine à marcher sur ses brisées.

D'autre part, le domaine de l'état civil va prochainement connaître un remaniement fondamental par son unification par voie informatique, en une «Banque de données centrale d'actes de l'état civil» (BAEC), créée par la loi «portant dispositions diverses en matière de droit civil et portant modification du Code judiciaire en vue de promouvoir des formes alternatives de résolution des litiges»[3], du 18 juin 2018[4].

Nous nous contenterons donc, en l'état, de renvoyer aux ouvrages parus sous d'autres plumes pour ce qui est de la personne humaine, et d'attendre la mise en place de l'état civil électronique, pour ce qui est de cette matière.

Le présent ouvrage, consacré à la **famille**, y fait suite : l'homme étant un animal social, il ne peut survivre et s'épanouir qu'au sein d'un groupe d'autres êtres humains qui lui sont proches et avec lesquels il tisse des liens créant une vie familiale.

Le présent ouvrage traitera donc des conséquences juridiques de cette organisation sociale : filiation, adoption, obligation alimentaire, protection des personnes incapables essentiellement.

Parallèlement, un volume sera consacré au **couple**, qui, dans nos modèles familiaux «nucléaires», constitue le «noyau dur» de l'institution familiale.

---

1 Nous ne négligeons pas, dans cette description, les droits dérivant de l'existence d'une personnalité humaine, et de sa singularité, couramment dénommés «droits de la personnalité» (droits à l'image, à la voix, à l'honneur, voire à l'oubli...), mais ils nous paraissent très éloignés, tant dans leur conception que dans leur protection légale, des institutions familiales qui forment l'objet réel de la présente collection. Voy., sur ce sujet, en France, J.-Ch. Saint-Pau (dir.), *Les droits de la personnalité*, Paris, LexisNexis, 2013, (1410 p.) ; et en Belgique : N. Gallus, *Chronique de jurisprudence, Droit des personnes et des familles (2005-2010)*, Dossiers du J.T., t. 85, n°s 26 et s., pp. 26 et s. et celle de J.-P. Masson, *Chronique de jurisprudence, Droit des personnes et des familles (1999-2004)*, Dossiers du J.T., t. 56, n°s 47 et s., pp. 53 et s.

2 N. Gallus, *Bioéthique et droit*, Précis de la Faculté de droit et de criminologie de l'Université libre de Bruxelles, Limal, Anthemis, 2013, 298 p.

3 *Doc. parl.*, Chambre, 2017-2018, n° 54-2919/001. Voy. ci-après nos considérations générales au sujet de la légistique en Belgique.

4 *M.B.*, 2 juillet 2018.

La relation de couple est certainement celle qui, dans notre droit, génère les liens juridiques les plus nombreux et les plus intenses entre deux individus.

Nous verrons comment le législateur a, partant d'un modèle unique, fini par organiser la vie de couple en une «poupée russe» de modes de conjugalité aux effets de moins en moins intenses, du mariage en communauté de biens jusqu'à l'union libre, en passant par la cohabitation légale.

La vie familiale n'étant pas un long fleuve tranquille, les règles du **contentieux familial**, essentiellement dévolu au tribunal – institution créée en 2014 à la suite d'une initiative portée par l'Unité de droit familial de l'ULB – et au juge de paix en ce qui concerne les personnes incapables d'exercice, font l'objet à la fois d'un ouvrage et d'un enseignement spécifique.

L'ouvrage[5], qui en est à sa troisième version, expose les règles de droit judiciaire privé relatives à l'ensemble du contentieux familial.

Passant du droit des relations interpersonnelles au droit patrimonial de la famille, un volume traitera des **successions**, à la fois dans son aspect de dévolution légale que dans les conséquences – principalement, la réduction et le rapport – de l'existence de libéralités dans la répartition des actifs successoraux.

Cet ouvrage paraîtra lorsque la réforme actuellement en cours, et éparpillée en plusieurs textes à des stades divers de la procédure parlementaire, aura retrouvé un peu de stabilité.

Les **libéralités** feront l'objet d'un autre volume et exploreront les contours de l'acte libéral, présenté comme l'exception à l'acte onéreux «de droit commun», lui-même entraîné dans une réforme générale du droit des obligations.

Dans cet ouvrage seront traitées les normes nouvelles qui régissent les pactes sur succession future, désormais plus largement autorisés.

Enfin, dernier ouvrage de la collection, et pendant patrimonial du contentieux familial, un tome traitera de la **liquidation** et du **partage**, procédure particulière, puisqu'elle fait intervenir un acteur singulier, le notaire liquidateur, à la fois «locomotive» et «prémâcheur» du litige.

L'ensemble de ces six ouvrages brossera donc, nous l'espérons, un tableau à la fois complet et pratique de l'état actuel du droit belge dans le domaine.

---

5 A.-Ch. VAN GYSEL (coord.), *Le contentieux familial. Le Tribunal de la Famille et le Juge de paix*, Limal, Anthemis, 2017, 376 p. Ses auteurs sont: Jim SAUVAGE, Isabelle SCHYNS, Nathalie UYTTENDAELE, Alain-Charles VAN GYSEL et Thomas VAN HALTEREN.

Introduction

Un précis de droit de la famille est-il encore possible en Belgique ?

En écrivant cet ouvrage, notre objectif essentiel était de présenter au public une vue à la fois complète, analytique et pédagogique de l'institution familiale dans le droit belge, au moment de sa parution.

Ce public, nous le concevons comme essentiellement formé, d'une part, des étudiants du bachelier en droit, qui trouveront le droit familial placé dans leur programme obligatoire de cours, d'autre part, des praticiens, avocats, magistrats et notaires, qui sont amenés, de façon principale ou accessoire, à pratiquer une matière qui occupe plus d'un tiers des chambres des tribunaux de première instance du pays.

Nous ne cacherons pas notre perplexité au moment de prendre la plume : le droit belge est actuellement, dans l'ensemble des matières, « *a bridge over troubled water* », et ceux qui s'y aventurent comme nous sont menacés de submersion intellectuelle dans le maelström des réformes incessantes.

Dans un ouvrage antérieur[6], nous avions dénoncé « *la tentation du démiurge* », qui poussait le législateur à vouloir « *changer la société par décret* »[7].

Plus récemment[8], nous avions rappelé une autre histoire :

> « *Lorsque le Premier Empereur eut unifié la Chine, il voulut que l'Histoire commençât avec lui.*
>
> *Il fit donc brûler tous les livres antérieurs à son règne et, pour faire bonne mesure, enterrer vivants les lettrés qui les connaissaient par cœur.*
>
> *Le ministre de la Justice estime, sur le site du SPF Justice que, "[m]algré certaines adaptations, après 200 ans, le Code civil n'est bien entendu plus adapté aux besoins de la société moderne. De grandes parties du Code ne correspondent plus au droit tel qu'il est appliqué dans la pratique. Notre vision du monde actuelle ainsi que les évolutions technologiques justifient également une réforme en profondeur du Code".*
>
> *Bien qu'une telle assertion soit directement contredite par la meilleure doctrine [...], elle a conduit le ministre de la Justice à concevoir une refonte totale du Code civil, elle-même concomitante à une recréation du droit de l'entreprise, qui efface de notre droit la notion même de commercialité, et, au sein de celui-ci, le droit de*

---

6 A.-Ch. Van Gysel, *Précis de droit de la famille*, 2e éd., Bruxelles, Bruylant, 2009, pp. 1-19.

7 M. Crozier, *On ne change pas la société par décret*, Paris, Grasset, 1975.

8 Dans notre participation personnelle (février 2018) à l'enquête publique mise en œuvre par le SPF Justice au sujet du texte relatif aux obligations.

l'insolvabilité[9] *et des sociétés*[10]*, sans parler d'autres réformes, notamment du droit judiciaire*[11]*, dans un immense "bond vers le droit de demain".*

Il ne s'agit pas moins que créer un nouveau Code civil, qui viendrait remplacer le Code Napoléon qui régit notre droit civil depuis plus de deux cents ans.

Un plan, en neuf parties, de ce nouveau Code, existe déjà et vient d'être rendu public, encore que de façon très discrète, dans le projet relatif aux obligations[12]*.*

Pour l'élaborer, le ministre de la Justice, a préféré procéder par "polysynodie", en confiant à plusieurs groupes d'experts, travaillant en parallèle, la mission d'élaborer chacun une partie de la réforme.

Cette manière de procéder permet de concentrer l'enthousiasme de chaque groupe d'experts sur un pan de la matière, sans aucune vision sur l'œuvre générale en cours d'élaboration et, par conséquent, de garder la main sur le projet final, lequel échappe donc à toute critique en tant que telle.

La consultation qui paraît ouverte actuellement est une illustration de cette méthode : trois textes – sur neuf – sont proposés à la réflexion du public, mais l'idée même de refonte globale du Code civil demeure, quant à elle, un présupposé incontestable, puisque notre Code actuel "n'est bien entendu plus adapté aux besoins de la société moderne".

Cette refonte sera accompagnée d'une nouvelle renumérotation de tous les articles, laquelle va très probablement prendre la forme du Code de l'entreprise, du type "VII.43.2.1".

Outre qu'une telle numérotation représente en soi une source d'erreurs – notamment par inversion des chiffres interponctués – et est diamétralement contraire à la tradition latine en la matière[13]*, elle va avoir des effets désastreux sur la connais-*

---

9 Loi du 11 août 2017.

10 Avant-projet de loi du 20 juillet 2017.

11 Lois dites « pot-pourri », not. I et V.

12 « *Chapitre 2. Nouveau Code civil, Art. 2. Il est créé un Code civil, composé des livres suivants :*
1° Livre 1er. Dispositions générales ;
2° Livre 2. Les personnes, la famille et les relations patrimoniales des couples ;
3° Livre 3. Les biens ;
4° Livre 4. Les successions, donations et testaments ;
5° Livre 5. Les obligations ;
6° Livre 6. Les contrats spéciaux ;
7° Livre 7. Les sûretés ;
8° Livre 8. La preuve ;
9° Livre 9. La prescription. »

13 Elle est, en effet, reprise de l'exemple néerlandais, qui inspire notablement les tenants de la réforme, qui regardent résolument vers le Nord. Il s'agit ici d'un très remarquable retour des choses : il faut savoir que le Code civil, instauré directement dans les départements belges et hollandais de l'Empire français, avait déplu au pouvoir du nouveau Royaume des Pays-Bas, et, dès 1814, un projet de remplacement avait été mis en œuvre par Joan Melchior Kemper. Mais, à l'instigation des juristes de la partie belge du Royaume, menés par Pierre Thomas Nicolaï, un contre-projet, très « civiliste », est mis sur pied. Ironie de l'histoire : la révolution de 1830 rend le projet caduc en Belgique, qui gardera donc le Code Napoléon, alors que le *Burgelijk Wetboek* d'inspiration belge est adopté aux Pays-Bas en 1838 et régira

sance du droit par l'ensemble des juristes belges et, donc, une dégradation massive de la science juridique dans notre pays.

En effet, toute la doctrine et la jurisprudence antérieure au nouveau Code deviendra immédiatement illisible, sauf à recourir à des tables de conversion chronophages.

Le droit civil belge commencera donc virtuellement à zéro. [...]

Ni le public ni les juristes ne bénéficieront donc, durant tout ce processus de réécriture répété, de la sécurité juridique minimale. [...]

La remise à zéro de la littérature juridique belge aura aussi pour effet immédiat que tous les juristes déjà formés sous l'empire du Code civil actuel verront leur formation acquise quasiment évanouie : certes, les principes du droit actuel demeureront largement, mais il leur sera désormais impossible d'invoquer la norme dont ils réclament ou imposent l'application, sans faire à chaque fois une recherche textuelle.

Ils devront donc tous se former ab initio, *pour assimiler le nouveau droit belge, ce qui entraînera une dépense d'énergie incommensurable de leur part, et, donc, une perte de temps et de moyens matériels colossale, à l'échelle de la société belge.*

Dans ces juristes se trouvent particulièrement les magistrats, dont on sait que, par les limitations qu'ils subissent par rapport à leur cadre et aux moyens d'information dont ils disposent – ils viennent ainsi d'être privés, par mesure d'économie, d'accès aux bases de données juridiques informatiques, au moment même où l'on veut, pour une nouvelle fois[14]*, tenter d'informatiser la justice –, ils ont particulièrement difficile à assurer leur formation permanente.*

On se dirige donc tout droit vers une situation dans laquelle le nouveau Code civil devra être appliqué par des magistrats qui n'ont ni le temps ni les moyens nécessaires pour l'assimiler.

Enfin, il est illusoire de croire que le nouveau Code civil sera institué pour une nouvelle période de deux cents ans : dès lors qu'un ministre de la Justice aura substitué son nom à celui de l'Empereur, il est dans la nature humaine que son successeur voudra faire de même, car, même s'il n'aura pas l'audace de s'égaler à Napoléon, il se sentira certainement l'égal du ministre actuel[15]*.*

Le nouveau Code civil sera donc, selon toute vraisemblance, soumis, à brève échéance, à des nouvelles révisions, ce qui maintiendra le droit belge dans un état d'insécurité juridique quasi permanente.

Tout cela, sans qu'il y ait eu, selon nous, de besoin réel à la base de changer de Code civil.

Il nous semblait que ces choses devaient, au moins une fois, être dites. »

---

ce pays jusqu'à ce que, lentement (de 1947 à 1992), un *Niew Burgelijk Wetboek* voie le jour sous l'impulsion d'Eduard Maurits Meijers.

14 Tel un Phénix...

15 On relèvera que la dynastie Qin ne survivra pas cinq ans à son fondateur.

Nous ne sommes pas seul à éprouver cette très perturbante sensation de glissement des institutions juridiques, sans plus aucun point d'appui stable : le Conseil d'État, par sa section de législation, a fait connaître[16] au gouvernement son irritation devant la multiplication des réformes, notamment des lois fourre-tout « portant dispositions diverses » et autres « lois réparatrices », parfois adoptées avant même l'entrée en vigueur du texte initial, et qui sont en train de devenir une triste spécialité belge.

Le Conseil s'exprime ainsi :

> « *À plusieurs reprises déjà, le Conseil d'État a adressé des mises en garde quant aux effets dommageables liés à l'usage débridé de la technique des lois "fourre-tout" en vue de procéder à la va-vite à des réformes dans le domaine fiscal ou à la concrétisation de nouvelles normes législatives. L'urgence avec laquelle les modifications en projet sont chaque fois rédigées et avec laquelle la Chambre des représentants doit les apprécier, favorise de nouvelles erreurs ou des estimations politiques inexactes qui, peu de temps après, appellent une nouvelle législation réparatrice.*
>
> *En outre, et plus fondamentalement encore, ce procédé nuit à la sécurité juridique dans un domaine où s'applique le principe de légalité en matière fiscale et où le contribuable doit savoir en temps utile quels seront les effets juridiques et fiscaux liés à ses activités. Le peu de transparence caractérisant la manière dont les modifications des dispositions en projet sont proposées ne peut qu'accroître encore cette incertitude juridique. [...]*
>
> *On a de nouveau franchi une limite. On a ainsi manifestement adopté une réglementation en sachant parfaitement bien que le texte n'était pas encore tout à fait en état. Le procédé utilisé et consistant à d'abord adopter des dispositions de loi dont on sait pertinemment qu'elles sont imparfaites pour ensuite les rectifier peu de temps après ne constitue pas un exemple de bonne législation.* »

Nous nous permettons de faire entièrement nôtres les considérations du Conseil.

Cependant, le législateur n'est plus aujourd'hui le seul démiurge en Belgique.

La Cour constitutionnelle, dont les pouvoirs ont été considérablement augmentés[17] par la possibilité qu'elle a désormais de rechercher la conformité de la loi à l'ensemble des droits et libertés fondamentaux, et non plus seulement aux seuls principes de non-discrimination et d'égalité des Belges devant la loi, semble s'être donné une vision propre de ce que devait être le droit familial belge.

---

16 Avis du 5 février 2018, sur un avant-projet de loi portant des dispositions diverses, apportant des adaptations, ajouts et corrections au projet de loi initial de relance, relaté sur le site de la *RTBF*, le 16 mars 2018. Les considérations du Conseil d'État ont cependant une portée générale, qui a frappé même les journalistes de presse de grande diffusion : ce n'est donc nullement une querelle byzantine de spécialistes.

17 Loi spéciale du 9 mars 2003.

C'est dans le domaine du droit de la filiation que la Cour a démontré le plus clairement sa volonté, puisque l'on peut considérer qu'à ce jour, c'est l'ensemble des principes contenus dans la loi de 2006 – pourtant elle-même adoptée pour «implémenter» en droit belge les déclarations d'inconstitutionnalité dont la loi de 1987 avait été frappée – qui a été déclaré inconstitutionnel.

Il résulte, «en négatif», de cet ensemble de décisions, un nouveau système, dont nous pensons qu'il n'est ni plus cohérent – d'autant que de récentes décisions de conformité à la Constitution de certaines normes troublent singulièrement le tableau général – ni plus égalitaire que celui que le législateur avait établi.

Mais, surtout, il manifeste un «gouvernement des juges» largement assumé, au nom d'une lecture très particulière de sa mission et de la jurisprudence de la Cour européenne des droits de l'Homme de Strasbourg[18].

Il semble que le monde politique ne s'est pas encore, ou rendu compte, ou préoccupé, de l'apparition de ce nouveau «partenaire» dans le monde des démiurges.

On ne peut cependant, surtout dans certains domaines tels que celui de la filiation, faire l'impasse sur cette jurisprudence à valeur d'«anti-loi», comme on parle en physique «d'antiparticule».

Cependant, malgré toutes ces difficultés, il nous aurait semblé manquer à notre «devoir d'état» d'enseignant du droit de ne pas à tout le moins tenter – même de façon très insatisfaisante intellectuellement – de présenter un tableau, le plus lisible et le plus exact possible, de l'état du droit belge au sujet de l'institution de la famille, au moment de la parution de l'ouvrage.

Quitte, comme dans d'autres disciplines, à l'image du droit fiscal[19], à faire paraître chaque année une nouvelle édition de l'ouvrage...

Dédicace

L'introduction au présent ouvrage ne serait pas complète sans y reprendre la dédicace qui ouvrait à la fois le syllabus qui fut, comme nous l'avons dit autrefois, le «fond de sauce» de la première version de ce précis, et cette première version elle-même.

Cet ouvrage est donc dédié à quatre personnes, dont deux sont mes prédécesseurs directs dans cet enseignement.

---

18 Il y a lieu de relever que la Cour de Strasbourg elle-même envisage ouvertement son rôle de la même manière: on lira à ce sujet l'«Allocution d'ouverture» du président Dean Spielmann, prononcée à Strasbourg le 30 janvier 2015, et son évocation de la «Danse sacrale» issue du *Sacre du Printemps* d'Igor Stravinski, que l'on jugera être, suivant l'opinion que l'on en a, soit d'une remarquable modernité, soit une inquiétante manifestation d'*hubris*.

19 Mais qui est, lui, dépendant du principe constitutionnel de l'annuité de l'impôt (art. 171 de la Constitution): «*Les impôts au profit de l'État, de la communauté et de la région sont votés annuellement. Les règles qui les établissent n'ont force que pour un an si elles ne sont pas renouvelées.*»

Robert Pirson[20] était un esprit encyclopédique, et il était donc normal que sept enseignements différents lui aient été confiés – en même temps ! – par l'ULB, notamment celui des régimes matrimoniaux, successions et libéralités.

Le droit familial était certainement sa matière de prédilection, et c'est à lui que je dois d'avoir orienté ma carrière de ce côté du droit.

Il ne subsiste malheureusement que très peu d'écrits issus de son esprit perfectionniste, et la véritable splendeur de ses raisonnements, entrelacs d'arguments, de rappels historiques et de traits d'humour absurde[21], est donc en voie de se perdre : à celui qui fut et reste mon maître, qui m'a été d'une aide constante depuis mon premier article jusqu'à ma thèse, à laquelle il a consacré une partie de ses forces déclinantes, il est donc juste qu'aille mon premier hommage.

Marie-France Lampe[22] faisait partie de ces êtres d'élite dont l'esprit inquiet recherche dans des réflexions sans cesse reprises une vérité personnelle et scientifique, qu'ils savent pourtant toujours fuyante.

Sa disparition si rapide – à un âge que j'ai aujourd'hui largement dépassé – ajoute au regret deux touches amères : sur le plan scientifique, l'œuvre dont les bases étaient si passionnantes, et qui ne sera pas achevée ; sur le plan personnel, l'image d'une personne que je voyais tous les jours, mais que je n'aurai jamais réellement rencontrée.

Comme un signe au-delà de la finitude des êtres, à elle, cette dédicace.

Jacques De Gavre[23] a été mon professeur des « personnes » et mon patron au barreau : il enseignait comme il plaidait, et il était un plaideur étincelant.

Tout en lui, du verbe au parfum, en passant par ses amitiés et ses véhicules, était frappé du sceau de l'élégance.

Je ne puis encore, chaque année, évoquer dans mon cours la paternité, fruit d'un « *moment éminemment fugace et secret* » sans penser à lui, ni sans sourire.

Ce sourire admiratif, qui viendra sans nul doute aux lèvres de tous ceux qui l'ont connu : qu'il lui soit rendu hommage.

Enfin, Michel Hanotiau[24], qui fut mon professeur de droit des biens, puis mon directeur de thèse.

D'une discipline austère et *a priori* très « carrée », il avait fait un show éblouissant, dont l'objet réel était de nous montrer comment les juridictions, et au premier chef la Cour de cassation, raisonnaient, et surtout comment elles eussent dû raisonner ; afin, bien entendu, même si nous ne l'avons compris que

20 1913-1991.

21 J'ai récemment appris par ma collègue Huguette Jones que Robert Pirson, dans sa jeunesse, avait « détourné » un camion de chicons, pour en bombarder Léon Degrelle, chef du parti fasciste belge Rex, lors d'un meeting : pour ceux qui l'ont connu, c'est une image d'un surréalisme à la belge frappant.

22 1947-1991.

23 1928-1997.

24 1933-2017.

plus tard, que nous sachions comment, nous, ses étudiants, devions mener un raisonnement juridique correct.

La direction de ma thèse fut l'occasion d'échanges multiples, en mode alternativement chaud et froid, passant, parfois au cours du même entretien, de l'encouragement à la critique acerbe, et de la démonstration de la thèse à celle, tout aussi convaincante, de l'antithèse, sans jamais chercher ni à clore le débat en une synthèse pontifiante[25] ni à m'imposer l'une de ses vues.

Bravant son interdiction de toute forme d'hommage, je dis ici que, sans l'aide de ce misanthrope humaniste, je ne serais jamais devenu ni docteur ni professeur.

25 Combien de fois l'ai-je entendu me dire de façon véhémente « Thèse, antithèse, foutaise ! ».

Plan du présent ouvrage

Chapitre I
Les concepts et la structure familiale

Section 1
Définition de la famille

Il n'existe aucune définition de la famille dans le Code civil[1], du moins actuellement, pas plus d'ailleurs que de la personne humaine ou d'autres concepts tout aussi fondamentaux, comme celui de patrimoine[2].

Et lorsque le législateur emploie le terme – ce qui est très rare – il ne le définit pas : c'est le cas dans l'article 224 du Code civil, qui traite de l'annulation des donations et sûretés personnelles qui « *mettent en péril les intérêts de la famille* », et il en va de même de tout acte de gestion qui peut « *nuire aux intérêts de la famille* » dans un régime matrimonial de communauté, aux termes de l'article 1421.

S'agit-il ici uniquement du conjoint et de leurs enfants mineurs communs, comme l'article 216, qui, lui, ne parle pas de « famille », mais qui nomme explicitement les membres du groupe familial qui se trouve protégé ?

Vu la similarité des objectifs de ces trois dispositions, on peut raisonnablement le penser, bien qu'on aurait préféré ne pas devoir le présumer.

---

1 Le Code judiciaire en présente une, mais elle a uniquement un but technique, celui de déterminer les limites d'un même dossier familial (art. 725*bis* C. jud.) et, par suite, le tribunal de la famille qui sera territorialement compétent en cas de nouveau litige au sein de la même famille (principe : une famille – un dossier – un juge : art. 629*bis* C. jud.). Elle est conçue ainsi : « Art. 725*bis*. § 1*er*. *Sans préjudice des dispositions du présent chapitre, les demandes soumises au tribunal de la famille entre des parties qui, soit ont au moins un enfant mineur commun, soit sont ou ont été mariées, soit sont ou ont été cohabitants légaux, sont jointes en un seul dossier appelé dossier familial.*
*Sont elles aussi jointes au dossier familial visé à l'alinéa 1er, les causes relatives à un enfant dont la filiation n'est établie qu'à l'égard d'un seul parent, ainsi que les causes relatives aux relations personnelles visées à l'article 375*bis *du Code civil.*
§ 2. Le dossier familial est ouvert dès la première demande introduite au tribunal de la famille.
Sous réserve des numéros de rôle attribués à toute cause conformément à l'article 720, il est attribué un numéro spécifique au dossier familial. Ce numéro est mentionné sur tous les actes introductifs d'instance, conclusions et autres pièces du dossier.
Sous réserve des éléments visés à l'article 721, le dossier familial est composé de toutes les causes successives concernant les mêmes parties et leurs enfants communs nés ou à naître.
*En cas de renvoi d'un tribunal de la famille à un autre, conformément à l'article 629*bis*, § 7, le dossier familial complet est transféré sans délai.* »

2 Le projet « Biens », actuellement en discussion, comprend, quant à lui, une définition du patrimoine, qui se lit ainsi : « Art. 35. – *Définition :*
Le patrimoine d'une personne est l'universalité de droit comprenant l'ensemble de ses biens et obligations, présents et à venir.
Toute personne physique ou morale est titulaire d'un et d'un seul patrimoine, sauf si la loi en dispose autrement. »
D'autres acceptions de la famille sont encore présentes dans notre droit, qu'il s'agisse des législations sociales ou de l'accès au territoire belge (via la notion de « regroupement familial »).

Il en va de même du droit réel d'habitation prévu aux articles 625, 630 et 632, où il est fait mention du titulaire et de sa « famille », mais sans préciser les contours de cette dernière, ce qui a obligé la Cour constitutionnelle à en présenter des interprétations « à géométrie variable », l'une constitutionnelle, l'autre non[3].

Jusqu'à ce que le nouveau Code civil, encore en gestation[4], nous fournisse une définition de la famille, force nous est de la chercher dans d'autres domaines que celui du droit, et au premier chef celui de la sociologie, dont la discipline juridique n'est peut-être qu'un domaine particulier, si l'on pense, comme nous, que le droit est essentiellement la partie consciente et légitime[5] du contrôle social.

Dans cette perspective, on peut relever que Claude Lévi-Strauss suggérait, dans son ouvrage *Le regard éloigné*, la définition suivante de la famille, que nous adopterons, du moins comme point de départ de notre réflexion :

> *« Pour avancer vers une solution, tentons de définir la famille [...] en construisant un modèle réduit aux quelques propriétés invariantes qu'un coup d'œil rapide nous a déjà permis de dégager [...] :*
>
> *1) la famille prend son origine dans le mariage ;*
>
> *2) elle inclut le mari, la femme, les enfants nés de leur union, formant un noyau autour duquel d'autres parents peuvent éventuellement s'agréger ;*
>
> *3) les membres de la famille sont unis entre eux par :*
>
> *a. des liens juridiques,*
>
> *b. des droits et obligations de nature économique, religieuse ou autre,*
>
> *c. un réseau précis de droits et interdits sexuels, et un ensemble variable et diversifié de sentiments tels que l'amour, l'affection, le respect, la crainte, etc. »*[6].

Section 2
Rôles de la famille

Comme le suggère la définition que nous avons retenue, la famille est une institution sociale qui remplit un large éventail de rôles.

Le premier, à la fois du point de vue historique et du point de vue de son importance, nous semble être d'assurer la **reproduction physique de l'être humain** et la **protection des enfants**, rôle lui-même induit par la nature animale de l'être humain.

Ce constat d'animalité constitue la deuxième des trois blessures narcissiques freudiennes.

---

3 C. const., 24 mars 2004, n° 54/2004, analysé plus bas à la section relative à la « vie familiale ».

4 Voy. ci-dessus nos réflexions sur l'instauration d'un nouveau Code civil.

5 Dans le sens de : « nommément désignée comme ayant ce rôle ».

6 C. Lévi-Strauss, *Le regard éloigné*, Paris, Plon, chapitre III, 1983, p. 71.

En effet, selon Freud[7], le développement des sciences a ainsi infligé successivement trois blessures narcissiques à l'humanité :

> « *Le narcissisme universel, l'amour-propre de l'humanité, a subi jusqu'à présent trois graves démentis de la part de la recherche scientifique.* »

Freud qualifie ces trois étapes de « *destruction de l'illusion narcissique* ».

Ces trois blessures narcissiques sont les suivantes :

- celle de Copernic : la Terre n'est pas au centre de l'Univers (*cf.* la « révolution copernicienne ») ;
- celle Darwin : l'Homme est le fruit de l'évolution, et, donc, il est un animal comme les autres (*cf.* la théorie de l'évolution) ;
- et, naturellement, pour l'illustre psychanalyste, celle de Freud lui-même : l'Homme n'est pas totalement maître de ses pulsions, il est agi par son inconscient autant qu'il agit consciemment (d'où la psychanalyse).

Dans cette perspective, l'Homme[8] est un animal, plus précisément un mammifère primate[9], fruit d'une reproduction sexuée et d'une longue gestation, que suit une longue période d'immaturité, physique, sociale et économique.

Compte tenu du relatif manque de défense de l'individu humain face aux prédateurs, en raison d'une denture faible et d'une vitesse de déplacement relativement lente, l'existence d'un groupe social qui le protège, et au sein duquel les interactions sont continues et fortes, est sans doute à l'origine de la famille dans les premiers âges de l'histoire de l'humanité.

En cela, l'organisation des groupes humains primitifs devait être très similaire à celle qui peut encore être étudiée chez les autres primates.

Le caractère essentiellement **social** de l'être humain est tout naturellement à l'origine de la société, maintenant étendue par les moyens de communication à l'ensemble de la planète[10].

Au sein du groupe social humain, les jeunes requièrent une particulière protection de la part des autres individus.

Le jeune humain, dont la **période d'immaturité** est sans nul doute **la plus longue de toutes**, ne saurait en effet survivre, sans que des humains adultes lui apportent protection, nourriture et logement, durant de longues années.

Compte tenu, toujours, de la relative faiblesse de l'individu humain, la mère ne peut, dans la nature, assurer ce rôle seule de façon efficiente, d'où l'existence, autour d'elle, d'un groupement d'autres individus.

---

[7] S. Freud, *Une difficulté de la psychanalyse*, 1917.

[8] Avec majuscule, puisqu'il s'agit de l'être humain générique. Avec minuscule, il s'agit de l'individu mâle.

[9] *Cf.* la réplique (apocryphe, mais d'autant plus « vraie », comme toujours) de Thomas Huxley, disciple de Darwin, à l'évêque Wilberforce, qui lui jetait : « *Vous êtes donc fier de descendre du singe ?* » « *Mieux vaut un singe qu'un évêque !* »

[10] La naissance et la généralisation de l'Internet, au cours des deux dernières décennies, constituent, à cet égard, selon nous, une étape nouvelle dans l'histoire de l'humanité.

Mais – et c'est la particularité de l'Homme au sein des primates –, au sein de ce groupe, *un* individu mâle est particulièrement désigné pour veiller, sur une longue période de temps, sur *une* femelle gravide et sur l'enfant qu'elle a mis au monde.

Alors que, chez de nombreux animaux sociaux, le rôle de reproducteur est dévolu à un seul mâle dominant qui fertilise une harde de femelles, ou, au contraire, à une seule femelle[11], qui assure la génération de l'ensemble des jeunes, chez l'être humain, on assiste à la reproduction de tous les individus, mâles et femelles, sous la forme de *couples* perdurants.

Cette notion de couple, uni de façon pérenne, et, donc, de *mariage* – et sa déclinaison récente en d'autres modes de conjugalité, dont l'un, la cohabitation légale, fait l'objet d'une organisation par la législation –, est l'objet d'un ouvrage parallèle à celui-ci. Nous nous contenterons donc d'en relever ici les éléments essentiels, nécessaires à la compréhension de l'institution familiale.

Elle donne lieu, elle-même, à deux conséquences capitales.

La première est la *filiation paternelle*: alors que le fait biologique de l'engendrement masculin est totalement distinct de celui de l'engendrement féminin, qu'il est limité au coït et séparé de la naissance de l'enfant par neuf mois, un lien similaire, voire plus fort[12], qu'avec la mère – qui, étant gestatrice et accouchant, bénéficie pourtant de l'« évidence »[13] que ne peut avoir la paternité[14] – est créé entre eux, qui implique que le père partage – via l'hébergement et l'autorité parentale – ce rôle de protection avec la mère.

De cette filiation paternelle, effet du mariage, se déduit la famille « *légitime* », dont la qualification et les privilèges ont duré jusqu'en 1987, et dont les mécanismes – comme la présomption de paternité du mari de la mère[15] – subsistent toujours.

La seconde est le rapport entre l'individu qui désire former un couple, et le *reste* du groupe social: pour Lévi-Strauss, le *mariage* – et non la filiation maternelle, pourtant biologiquement plus « basique » – est l'élément fondamental de la famille et de la société.

Nous passons ici à un deuxième rôle de la famille : celui d'être la **« brique » de la société humaine**, de par les rapports complexes d'exogamie et d'endogamie qui se tissent autour de la notion d'inceste.

---

11 On pense aux insectes, comme les abeilles, fourmis ou termites (chez qui le rôle de reproducteur mâle est aussi dévolu à un seul individu, créé pour ce seul motif et détruit ensuite), mais on observe le même comportement chez le rat-taupe nu (*Heterocephalus glaber*).

12 Dans les sociétés patrilinéaires comme la société romaine, où l'enfant fait essentiellement partie de la famille de son *pater familias*, et relié à ses agnats.

13 *Mater semper certa.*

14 *Pater is est quem nuptiae démonstrant* est en effet une présomption, tirant d'un fait connu – le mariage – un fait inconnu – l'engendrement par le mari.

15 Seul le mari est ainsi désigné de plein droit comme père d'un enfant: toutes les autres filiations découlent d'une démarche volontaire ou judiciaire.

Comme nous le relevions ailleurs[16], ce sont les travaux de Claude Lévi-Strauss qui ont le mieux[17] montré la fonction « créative de lien social » qu'est la prohibition de l'inceste, énoncée de façon positive comme étant une obligation d'exogamie[18].

Il est sans doute téméraire – surtout pour un juriste – de tenter de résumer en quelques lignes la pensée du père de l'ethnologie moderne sur ce sujet, pour lui capital.

Tentons-le cependant, en disant qu'en définissant l'obligation de l'exogamie, le groupe humain opère une démarche qui le fait passer de la nature[19] à la culture, qui le constitue en société, puisque l'exogamie, obligeant l'individu à rechercher un « autre » pour se marier, crée le lien social, entre lui et cet autre d'abord, entre lui et les parents de cet autre ensuite[20], entre les deux groupes familiaux enfin.

Dans cette conception, « *l'inceste est socialement absurde avant d'être moralement coupable. L'exclamation incrédule arrachée à l'informateur*[21] *: "Tu ne veux donc pas avoir de beau-frère ?" fournit sa règle d'or à l'état de société* »[22].

Même si l'on considère que, dans son rôle *actuel*, force est de constater que le mariage n'est plus le facteur essentiel de création du lien social (le travail, le sport, la religion, la politique, la culture artistique fédèrent les individus dans des institutions sociales – sociétales, oserions-nous dire – bien plus que l'union matrimoniale[23]), la théorie de Lévi-Strauss nous semble difficilement contestable dans l'*origine* des sociétés humaines.

On constate ainsi que se crée, autour du couple et de la famille « nucléaire » qu'il engendre, une série d'enveloppes concentriques que sont la famille élargie, la communauté et, enfin, la société humaine tout entière, dont l'expression politique et juridique est l'État.

La famille est également une **cellule économique**[24] **fondamentale**, définie dans la terminologie microéconomique sous le terme de « **ménage** », comme

---

16 A.-Ch. Van Gysel, « Quel fondement pour la prohibition de l'inceste dans la société actuelle ? », *in Droit des familles, genre et sexualité*, Limal, Anthemis, collection de l'Unité de droit familial de l'ULB, 2012, pp. 261-301.

17 Voy. aussi la célébrissime étude d'E. Durkheim, « La prohibition de l'inceste et ses origines », *Année sociologique*, 1896-1897, vol. I, pp. 1-70, analysée ci-dessous.

18 Cl. Lévy-Strauss, *Les structures élémentaires de la parenté*, Mouton, La Haye, 1947, not. pp. 28-29 et 552-556.

19 Et c'est, suivant l'auteur, la raison pour laquelle la règle est universelle.

20 C'est l'*alliance*, notion juridique sur laquelle nous reviendrons, et dont le nom révèle ici tout son sens.

21 Il s'agit d'un Arapesh, interrogé par la célèbre anthropologue Margaret Mead.

22 Cl. Lévy-Strauss, *Les structures élémentaires de la parenté*, Mouton, La Haye, 1947, pp. 552-556.

23 C'est plutôt l'inverse : le compagnon est trouvé sur les lieux d'étude, de travail, de loisirs collectifs (bals) : A. Girard, « Le choix du conjoint. Une enquête psycho-sociologique en France », *Population*, 1967, vol. 19, n° 4, pp. 727 et s. ; M. Bozon et F. Heran, « La découverte du conjoint », *Population*, 1987, vol. 42, n° 6, pp. 943 et s., et 1988, vol. 43, n° 1, pp. 121 et s.

24 C'est même une expression pléonastique, puisque économie signifie précisément, en grec (*oikos nomos*), l'administration domestique.

étant l'ensemble des personnes vivant dans un même logement et participant à son économie.

Elle est à ce titre considérée, à côté des entreprises, comme un agent économique de premier plan, dont on analyse, au niveau de la comptabilité nationale, la consommation, le revenu, l'épargne, l'endettement et d'autres facteurs encore.

Des économistes, comme le prix Nobel Gary Becker[25], ou, plus près de nous, le DULBEA[26], ont tenté d'analyser les courants économiques au sein même de la famille : nous y consacrons particulièrement des développements dans l'ouvrage consacré au couple[27].

Qu'il nous suffise de relever ici deux éléments.

D'abord, une évidence que tous les praticiens du droit de la famille confirmeront : la séparation d'un couple entraîne un appauvrissement de chacun des partenaires, et, par voie de conséquence, de la famille tout entière, du fait du doublement des frais fixes (logement[28], véhicules…) et de l'augmentation des frais variables (nourriture, loisirs…) par une « déséconomie d'échelle ».

À rebours, l'existence de la famille permet à chacun de ses membres de profiter d'économies structurelles substantielles[29], qui, cumulées, revêtent une importance capitale sur le plan macroéconomique[30].

Ensuite, le ménage est l'espace privilégié de la solidarité alimentaire entre les membres de la famille : comme on le verra dans l'étude de l'obligation alimentaire, qui est une des manifestations les plus topiques de la notion de famille en droit, l'obligation alimentaire s'exerce en principe en nature, au sein du logement commun[31] ; et le paiement d'une somme d'argent n'en est qu'un avatar anormal.

La famille est encore une **cellule de reproduction sociale**.

Si l'école et, donc, la société et l'État sont chargés de l'enseignement, l'éducation, elle, revient au premier chef aux parents de l'enfant, qui lui transmettent ainsi les valeurs véhiculées au sein du groupe familial.

Cette transmission s'opère « naturellement », au travers de la vie en commun et des choix opérés par les adultes au sujet de la vie des enfants (école, religion, loisirs…).

---

25 G. Becker, *Treatise of the Family*, Harvard University Press, 1981.

26 Département d'économie appliquée de l'ULB.

27 A.-Ch. Van Gysel et J. Sauvage, *Le couple, op. cit.*

28 Phénomène accentué par l'hébergement alterné des enfants.

29 La sécurité sociale en tient compte, en octroyant aux « isolés » des allocations plus favorables que celles accordées « au taux ménage ».

30 Ainsi, G.-F. Dumont (« Les causes démographiques de la crise du logement », *Informations sociales*, n° 183, 2014/3, pp. 160 et s.) explique l'influence de la diminution de la taille moyenne des ménages sur la crise du logement.

31 Pour le devoir de secours, à la résidence conjugale.

Il n'est que de voir l'intensité des conflits parentaux au sujet de ces matières, lorsque les deux parents ont cessé de composer un couple et de partager les mêmes visions, pour se rendre compte de l'importance du rôle de « conditionnement social » qu'exerce la famille.

L'institution des successions, sans doute l'institution juridique qui démontre le mieux l'existence du concept de famille dans notre droit, est, quant à elle, le reflet patrimonial de cette même fonction reproductrice du social.

Les biens d'une personne décédée – le *de cujus* – vont en effet être transmis par l'effet des règles de la dévolution légale, non à l'État[32], dans une perspective de redistribution équitable, mais aux membres de sa famille, et, au premier chef, son conjoint survivant et ses enfants, et ce, afin de leur permettre de maintenir leur train de vie et leur position sociale : la famille tend donc à persister dans sa place au sein de la société, au-delà de la disparition d'un de ses membres.

Enfin, la famille constitue, mais de façon atténuée, un **mode de protection des aînés**.

On en revient ici à la nature animale de l'Homme : sa vie est limitée dans le temps ; il naît, il vieillit et il meurt, et à l'instar du personnage de l'énigme de la Sphinge, résolue par Œdipe[33], il marche à quatre pattes, puis sur ses deux pieds, puis avec une canne…

La *personnalité juridique*, qui est son « ombre sous le Soleil du droit », connaît, elle aussi, un début, un milieu et une fin : nous n'analyserons pas ici ces concepts, malgré leur intérêt, pour les raisons que nous avons exposées dans le plan de la collection dont fait partie le présent ouvrage.

Par contre, la *capacité juridique* des êtres humains retiendra toute notre attention.

D'abord, parce que la longue période d'immaturité normale de l'être humain et la nécessité corrélative de protéger les enfants sont, comme on l'a montré ci-avant, à l'origine du concept même de famille, comme étant l'espace de reproduction physique et sociale de l'espèce humaine.

Ensuite, parce que l'allongement de la durée de la vie humaine, dû aux progrès de la médecine[34] et de la production de denrées alimentaires[35], donne lieu à des

---

32 Du moins sur le plan civil : l'existence des droits de succession, taxe prélevée sur les héritages, et dont le taux marginal peut atteindre les 80 %, permet à l'État – ou plus exactement, aux Régions – d'être aussi un bénéficiaire économique important, voire prépondérant, de la transmission patrimoniale pour cause de mort.

33 Voy. A.-Ch. Van Gysel, « Œdipe, "Première journée. Le Tirésias" », *Journ. Proc.*, 1988, et « Seconde Journée. Le Thésée », *Jour. Proc.*, 2002, n°s 444-446.

34 Obstétrique (disparition de la fièvre puerpérale), chirurgie, découverte de nouveaux médicaments (antibiotiques), mais aussi dentisterie.

35 La dernière famine en France date de 1709-1710, et on n'a connu depuis que celle d'Irlande (1845-1851), due à la maladie de la pomme de terre et génératrice d'une forte immigration aux États-Unis, celle de la Volga (1891-1892) et, enfin, la famine soviétique de 1932-1933, ou *Holodomor*, dont l'origine est essentiellement politique et part d'une volonté d'anéantissement de la classe des koulaks, voire de génocide de tout le peuple ukrainien.

pathologies incapacitantes de plus en plus fréquentes, dont la maladie d'Alzheimer est la plus connue.

Si le modèle de la famille nucléaire[36] exclut en général la présence des générations antérieures au sein du foyer – et en cela atténue la portée du rôle de protection de la famille à l'égard des aînés[37] –, il n'en demeure pas moins que le choix de l'administrateur des biens et/ou de la personne du majeur vulnérable devra, selon l'article 489/3 du Code civil[38], s'opérer, à défaut de déclaration de volonté de la personne même, prioritairement parmi les membres la famille de la personne, et ce, en tenant compte « de sa situation familiale ».

Par ailleurs, l'obligation alimentaire de droit commun de l'article 205 du Code civil et la priorité de principe de celle-ci par rapport à la solidarité étatique[39] font reposer sur les descendants des personnes vulnérables nécessiteuses la charge économique de leur prise en charge dans des structures de vie extérieures à la famille.

Bien entendu, ces divers rôles, dont l'importance est variable, qui se conjuguent et même s'interpénètrent très largement, sont ceux que le groupe familial joue en tant que tel dans la société.

Ils ne sauraient prétendre à épuiser la totalité des effets de la famille, et notamment le fait qu'elle demeure, pour la plupart des êtres humains, le **lieu privilégié de l'épanouissement personnel** de l'individu, et notamment sur le plan sexuel et affectif.

---

36 Voy., ci-dessous, au sujet des modèles familiaux.

37 Et, corrélativement, donne lieu à l'explosion de l'importance économique et sociale de « l'industrie du troisième âge », dont les diverses composantes (homes, soins...) ont des répercussions importantes sur le fonctionnement de la famille et l'allocation des moyens en son sein, comme on le verra ci-après.

38 Art. 496/3 C. civ. : « *[...] Le juge de paix choisit de préférence, comme administrateur de la personne, les parents ou l'un des deux parents, le conjoint, le cohabitant légal, la personne vivant maritalement avec la personne à protéger, un membre de la famille proche, une personne qui se charge des soins quotidiens de la personne à protéger ou qui accompagne la personne à protéger et son entourage dans ces soins, ou une fondation privée, qui se consacre exclusivement à la personne à protéger ou une fondation d'utilité publique qui dispose, pour les personnes à protéger, d'un comité institué statutairement chargé d'assumer des administrations, en tenant compte de l'opinion de celle-ci ainsi que de sa situation personnelle, de ses conditions de vie et de sa situation familiale.*
Le juge de paix désigne de préférence l'administrateur de la personne comme administrateur des biens, à moins que cela ne soit contraire à l'intérêt de la personne à protéger ou qu'il n'ait pas été désigné de personne de confiance. En l'absence d'un administrateur de la personne ou s'il estime qu'une autre personne doit être désignée comme administrateur des biens, le juge de paix choisit de préférence comme administrateur des biens les parents ou l'un des deux parents, le conjoint, le cohabitant légal, la personne avec laquelle la personne à protéger vit maritalement, un membre de la famille proche, une personne qui se charge des soins quotidiens de la personne à protéger ou qui accompagne la personne à protéger et son entourage dans ces soins, ou une fondation privée qui se consacre exclusivement à la personne à protéger ou une fondation d'utilité publique qui dispose, pour les personnes à protéger, d'un comité institué statutairement chargé d'assumer des administrations, ou le mandataire visé à l'article 490, en tenant compte de l'opinion de la personne à protéger ainsi que de sa situation personnelle, de la nature et de la composition du patrimoine à gérer et de la situation familiale de la personne à protéger. »

39 Voy. art. 98 de la loi organique des CPAS du 8 juillet 1976.

Ces bénéfices que l'individu tire de l'existence, autour de lui, du groupe familial s'appellent la **vie familiale**, et celle-ci se trouve, à ce titre, à la fois internationalement et constitutionnellement protégée, comme nous allons le voir à présent.

Section 3
La vie familiale

La vie familiale est, en effet, protégée à la fois par la Convention européenne des droits de l'homme (CEDH), qui, en son article 8, prévoit que « *[t]oute personne a droit au respect de sa* vie *privée et* familiale*, de son domicile et de sa correspondance* » et par l'article 22 de la Constitution belge, inscrit dans le texte fondamental lors de la révision de 1994, qui énonce que « *[c]hacun a droit au respect de sa* vie *privée et familiale, sauf dans les cas et conditions fixés par la loi* », étant entendu que le texte constitutionnel belge doit être lu à la lumière de l'interprétation que la Cour de Strasbourg donne à l'article 8 de la CEDH[40].

Or l'analyse de la jurisprudence de Strasbourg[41] est difficile, pour plusieurs raisons :

- la Cour ne se prononce pas de façon générale, mais dans un cas précis, et donc aussi un contexte juridique national précis, qui ne peut pas être transposé tel quel d'un pays à l'autre ;
- elle envisage le cas dans sa factualité, dont le système légal n'est qu'une des composantes ;
- elle fait une balance entre les intérêts individuels, qui sont nettement prédominants, et les intérêts sociaux représentés par l'intervention étatique (législative, judiciaire, administrative) ;
- son appréciation de ce qu'est une « vie familiale » dépend de la conception « moyenne » des États membres du Conseil. S'il n'y a pas de consensus, il n'y a pas de teneur du droit « européen » et, donc, une plus grande liberté de l'État.

De plus, comme le relève le professeur Ursula Kilkelly, « *[l]e concept de vie familiale a constamment évolué depuis la rédaction de la Convention sous l'influence de changements juridiques et sociaux. La Cour a donc adopté, en ce qui concerne son interprétation (comme celle du concept de vie privée), une approche souple tenant compte de la diversité des formes de vie familiale, ainsi que des implications du divorce et des progrès médicaux dans le monde moderne. La formulation de l'article 8 place la vie familiale en*

---

40 C. const., 24 mars 2004, n° 54/2004, attendus B.5 à B.7 : « *[...] l'article 22 de la Constitution, dont le Constituant a déclaré qu'il devait être entendu par référence à la jurisprudence de la Cour européenne des droits de l'homme relative à l'article 8 de la Convention européenne des droits de l'homme* (Doc. parl., *Sénat, 1991-1992, n° 100/4, p. 3;* Doc. parl., *Chambre, 1993-1994, n° 997/5, p. 2).* »

41 Voy., sur ces questions, les analyses de N. Gallus, *Chronique de jurisprudence, Droit des personnes et des familles (2005-2010)*, Dossiers du J.T., t. 85, n°s 39-46, pp. 41 et s. et celle de J.-P. Masson, *Chronique de jurisprudence, Droit des personnes et des familles (1999-2004)*, Dossiers du J.T., t. 56, n° 55, pp. 80 et s.

plein cœur de la sphère privée où elle est supposée s'exercer librement, à l'abri des ingérences de l'État»[42].

Il en résulte qu'« *[e]n règle générale, la Cour décide de l'existence d'une vie familiale en se basant sur les faits de chaque cause et le critère pertinent en la matière est l'existence de* ***liens personnels étroits*** *entre les parties*»[43], ce qui, avouons-le, tourne à la tautologie.

Le mariage, pour autant qu'il ne soit pas fictif[44], et les relations entre parents et enfants sont certainement des éléments majeurs de la vie familiale, mais, au-delà, les frontières s'estompent, puisque ni la cohabitation des personnes ni l'existence d'un lien de sang[45] entre elles ne sont nécessaires à la Cour de Strasbourg pour reconnaître qu'il y a là une vie familiale, susceptible d'être protégée.

Il n'est pas sûr, dans ces conditions, qu'une analyse plus approfondie de la jurisprudence de la Cour de Strasbourg puisse révéler des éléments plus consistants, et celle menée avec brio par le professeur Geoffrey Willems[46] combine tant de facteurs qu'elle nous paraît avoir les mêmes potentialités prédictives que celles du *Yi Jing* chinois.

La Cour constitutionnelle[47], ayant à interpréter l'article 632 du Code civil[48], relatif au droit réel d'habitation, a ainsi pu séparer la «bonne» interprétation – étant celle qui inclut les couples non mariés dans la définition de la «famille» – de la «mauvaise» – celle qui les exclut –, en ces termes[49] :

> « *La différence de traitement – quant à l'étendue du droit d'habitation – entre les époux et les couples non mariés se fonde sur un élément objectif, à savoir que la situation juridique des conjoints et des couples non mariés diffère aussi bien en ce qui concerne leurs obligations mutuelles que pour ce qui concerne leur situation patrimoniale.*
>
> *Le traitement différent n'est cependant pas pertinent par rapport à l'objectif du législateur. Le droit d'habitation profitant non seulement au titulaire de ce droit,*

42 U. Kilkelly, *Le droit au respect de la vie privée et familiale – Un guide sur la mise en œuvre de l'article 8 de la Convention européenne des droits de l'homme*, Conseil de l'Europe, 2003, p. 15.

43 *Ibid.*

44 Il est également protégé par une autre disposition de la CEDH, son article 12, qui sera analysé dans l'ouvrage parallèle à celui-ci, dédié au couple.

45 Entendez le partage d'un même patrimoine génétique : on reviendra ci-dessous sur cette très curieuse métaphore indo-européenne du «sang» dans la parenté, analysée notamment par E. Durkheim. Inversement, le simple lien génétique n'est pas toujours suffisant en soi pour qu'il y ait vie familiale, par exemple, dans le cas d'un donneur de sperme (req. n° 16944/90, *G. c. Pays-Bas*, 8 février 1993, 16 *EHRR* 38).

46 G. Willems, «La Cour européenne des droits de l'homme et l'avènement d'une nouvelle rationalité juridique en droit de la personne et de la famille», *Ann. Dr. Louvain*, vol. 76, 2016, n° 1, pp. 3-46.

47 C. const., 24 mars 2004, n° 54/2004.

48 Qui énonce que « *[c]elui qui a un droit d'habitation dans une maison, peut y demeurer avec sa famille, quand même il n'aurait pas été marié à l'époque où ce droit lui a été donné* ».

49 Attendus B.5 à B.7.

mais également à sa famille, sans faire de distinction selon que cette famille existait déjà avant ou seulement après l'établissement de ce droit, de sorte que le titulaire, selon ses besoins, peut établir sa vie de famille dans l'immeuble auquel le droit se rapporte, il n'est pas justifié de permettre à l'époux ou à l'épouse du titulaire du droit d'habiter l'immeuble et d'exclure cette possibilité pour le partenaire non marié avec lequel ce titulaire forme une communauté de vie.

Une telle distinction a en effet pour conséquence que le droit d'habitation ne correspond plus au droit du titulaire d'y habiter avec sa famille, de sorte que son droit d'habitation serait vidé de sa substance.

Dans cette interprétation, la question préjudicielle appelle une réponse positive. »

Mais, « *[c]omme l'indique le Conseil des ministres, une autre interprétation, plus large, de la notion de "famille" est toutefois possible, selon laquelle la disposition en cause concerne également la situation des personnes non mariées qui forment une communauté de vie.*

Cette interprétation trouve notamment son fondement dans l'article 22 de la Constitution, dont le Constituant a déclaré qu'il devait être entendu par référence à la jurisprudence de la Cour européenne des droits de l'homme relative à l'article 8 de la Convention européenne des droits de l'homme (Doc. parl., *Sénat, 1991-1992, n° 100/4, p. 3*; Doc. parl., *Chambre, 1993-1994, n° 997/5, p. 2*).

Dans cette interprétation, il n'y a pas de différence de traitement et la question appelle une réponse négative. »

On relèvera que la Cour constitutionnelle n'indique pas *en quoi* l'article 22 de la Constitution, l'article 8 de la CEDH ou encore la jurisprudence de la Cour de Strasbourg au sujet de cette dernière disposition impliqueraient l'inclusion des conjoints de fait dans la notion de « famille ».

Dès lors, une interprétation inverse, basée sur le libre choix des parties entre divers modes de conjugalité, portant des effets différenciés, et établissant un « dégradé » qui part du mariage vers la cohabitation de fait, en passant par la cohabitation légale, eut, à notre sens, été possible, au regard de la propre jurisprudence de la Cour constitutionnelle sur d'autres questions[50].

Section 4
Pluralité des modèles familiaux

Au-delà des aspects fondamentaux que nous venons de relever, la notion de famille présente des variations sensibles, à la fois dans le temps et dans l'espace, mais aussi au sein d'une même société, telle qu'elle existe à un moment donné.

Ces variations autour du thème de la famille prennent le nom de *systèmes* ou *modèles familiaux*.

[50] Nous analyserons cette jurisprudence « fromage ou dessert » dans le volume parallèle au présent, consacré au couple. Voy. aussi G. Willems, « La Cour européenne des droits de l'homme et l'avènement d'une nouvelle rationalité juridique en droit de la personne et de la famille », *op. cit.*, p. 26.

Ceci a conduit certains[51] à adopter le terme de « droit des familles ».

Nous n'avons pas été dans cette voie, non que nous ignorions que le mode de vie familial soit pluriel – bien au contraire –, mais parce qu'il nous a semblé qu'au travers de ses variations, il demeure malgré tout un « noyau dur » qui justifie l'utilisation du terme au singulier.

Cum granulo salis, nous pourrions imaginer que, peut-être, ceux qui préfèrent le terme de « familles », au pluriel, font écho à cette phrase de Lev Tolstoï[52] :

> « *Les familles heureuses se ressemblent toutes; les familles malheureuses sont malheureuses chacune à sa façon.* »

Or les familles dont s'occupe le juriste ne sont-elles pas, d'évidence, surtout les secondes ?

Que le modèle familial ait *varié dans le temps* relève de l'évidence, et, selon nous, cette variation est une résultante de l'évolution du modèle économique au sein de la société.

Si l'on prend la perspective de la fonction primordiale de la famille que sont la protection et l'éducation des enfants au cours de la longue période d'immaturité de l'être humain, on constate que cette période d'immaturité s'est fortement étendue avec l'évolution de la société : de simplement physique, elle est actuellement devenue également sociale et économique.

En d'autres termes, dans une société rurale, l'individu avait acquis vers la puberté l'ensemble des « instruments » lui permettant de mener une vie d'adulte.

Mais, dans une société postindustrielle, il doit à présent acquérir des savoirs étendus, qui exigent des formations – notamment, les études universitaires – qui dépassent de loin le début de l'âge adulte.

Durant la période où il acquiert ces apprentissages, il est encore, le plus souvent, dépendant économiquement d'adultes qui lui fournissent les moyens financiers de son existence.

Ce phénomène est très marquant dans la persistance de l'obligation alimentaire étendue des père et mère à l'égard de leur enfant mineur[53] (art. 203 C. civ.), au-delà de la majorité de celui-ci, tant qu'il n'a pas acquis une « formation adéquate ».

Il se crée alors un chiasme entre la maturité physique et psychologique de l'enfant, qui justifie sa capacité civile générale – en termes juridiques, sa majorité[54] –, et sa « minorité économique », qui justifie, quant à elle, la prolongation de l'obligation alimentaire étendue[55].

---

51 Comme Y.-H. LELEU, *Droit des personnes et des familles*, 3e éd., Bruxelles, Larcier, 2016.

52 Dans *Anna Karénine*.

53 Art. 203 C. civ.

54 Art. 488 C. civ.

55 Par opposition à l'obligation alimentaire restreinte qui subsistera ensuite, signe de la solidarité familiale : art. 205 C. civ.

L'« enfant », entre la fin de sa minorité et celle de sa formation adéquate, choisit donc librement ses études et son lieu de vie... mais à charge de ses parents !

Si l'on considère, par ailleurs, la fonction de « ménage » de la famille, on s'aperçoit que, dans une société rurale, l'entreprise familiale exige de nombreux bras, dans des rôles divers – pasteur, laboureur, tisserand – convenant à des âges et des rôles sexuels différents[56].

Dans une société industrielle, puis postindustrielle, ce besoin est moins étendu, d'où le fait que la famille tend à la « *nucléarité* », dont on voit la marque dans la réduction du degré successible[57], ou la perte des termes définissant les parents éloignés[58].

L'évolution du bâti[59] et des exigences en matière de confort[60] limite aussi la taille de la famille.

Il en va de même de l'émancipation féminine par le travail : la mère n'a souvent plus un besoin vital, économiquement parlant, ni du mari pour elle-même, ni du père de ses enfants pour les entretenir, et ceci conduit à une recomposition familiale importante.

Dans *l'espace*, on constate avec Frédéric Le Play et Emmanuel Todd[61] que la famille, en Europe occidentale, a revêtu des modèles sensiblement différents suivant :

- les rapports parents-enfants ;
- l'égalité ou non entre frères, ou l'indifférence à ce sujet ;
- le degré d'exogamie observé (endogamie, promue ou tolérée, endogamie exigée...).

Cela a une influence sur :

- l'égalité des enfants (par la notion de réserve héréditaire) ;
- l'autorité parentale (exercée par les deux parents ou par le seul parent gardien, étant généralement la mère), et la fréquence d'aliénation familiale[62].

---

56 *Cf.* l'ancienne expression « tomber en quenouille », qui s'appliquait à une famille n'ayant « que » des descendants femmes, destinés au tissage (la quenouille est le bâton à tisser), par opposition à l'épée, attribut masculin par excellence (voy. le mythe d'Hercule et Omphale).

57 Par une loi de 1919, ce degré a été réduit du 12e degré civil (voy. *infra*, sur ce concept) au 4e degré, sauf substitution (ex-représentation) successorale.

58 Ainsi « beau-père » est ambigu (père de la femme ou second mari de la mère ?), le cousin du père (« grand-cousin ») n'a pas de terme ; alors que d'autres civilisations présentaient une richesse considérable dans ce domaine (ainsi, la civilisation romaine : *patruus* pour le grand-père paternel, *matruus* pour le grand-père maternel).

59 Urbanisation et généralisation des appartements.

60 Une chambre différente pour les parents et pour les enfants, puis une chambre par enfant.

61 E. Todd, *L'invention de l'Europe*, Paris, Le Seuil, 1990 ; F. Le Play, *L'organisation de la famille, selon le vrai modèle signalé par la vraie histoire de toutes les races et de tous les temps*, 1884.

62 On entend par là un abus d'autorité, par lequel un des parents détruit l'image mentale de l'autre parent dans l'esprit de l'enfant.

La réforme du droit patrimonial de la famille, qui sera traitée dans d'autres volumes de la présente collection[63], a été, pour nous, le révélateur brutal de la présence, au sein de la société belge, de deux modèles familiaux sensiblement différents, aux effets parfois antagonistes.

Nous écrivions ailleurs[64] à ce sujet les développements suivants :

> « *L'élément le plus fondamental – et pour cela le moins clairement exprimé – qui explique la réforme, est à notre sens l'existence, dans la société belge, de deux modèles familiaux*[65] *différents : d'une part, la* famille nucléaire égalitaire, *dont le Code Napoléon est largement l'expression juridique, et qui est le modèle de la population francophone de Belgique ; et la* famille nucléaire absolue, *qui est ressentie comme l'idéal type*[66] *familial par la population flamande.* »

La Belgique et, plus largement, l'Europe occidentale sont en effet, par le principe de conservatisme des zones périphériques[67], le refuge de multiples formes archaïques[68] de parenté, qui y ont été progressivement rejetées par des modèles plus récents[69], qui occupent massivement l'espace central.

Il n'est donc pas étonnant que, sur un territoire pourtant réduit, coexistent deux modèles dominants[70], ni que ces modèles correspondent aux deux principales communautés de population présentes en Belgique[71] : au fond, nous le savons tous depuis plus d'un siècle[72], même si nous essayons, pour beaucoup d'entre nous, de nous le cacher.

---

63 Le volume sur le couple (A.-Ch. Van Gysel et J. Sauvage, *Le couple*, Limal, Anthemis, 2018), celui sur les successions et celui sur les libéralités.

64 A.-Ch. Van Gysel, « Le conjoint et le cohabitant légal survivant », *in La réforme des successions*, colloque Famille & Droit, Liège, 20 avril 2018, Larcier, pp. 399-478.

65 Nous nous référons essentiellement ici aux travaux d'E. Todd (*La diversité du monde. Famille et modernité*, Paris, Le Seuil, 1984, et *L'origine des systèmes familiaux*, t. I « L'Eurasie », Paris, Gallimard, 2011) et de F. Le Play (*Œuvres de F. Le Play I, « Principes de paix sociale : La famille »*, publiées sous la direction de J. et R. Wittmann, coll. Les cahiers de l'unité française, Paris, Éditions d'histoire et d'art, Librairie Plon, 1941).

66 Au sens de M. Weber, *Essais sur la théorie de la science* (1904).

67 E. Todd, *L'origine des systèmes familiaux*, t. I « L'Eurasie », *op. cit.*, p. 23.

68 Pour un Européen occidental, il est difficile de se représenter la famille nucléaire comme un modèle archaïque, par rapport au modèle communautaire : c'est pourtant le cas, et ce n'est que la circonstance fortuite que c'est ce « petit cap de l'Asie » (P. Valéry, *La crise de l'Esprit*, 1919) qui est devenu le centre du monde, avant d'émigrer et d'essaimer en Amérique, qui a fait, paradoxalement, le référent de la société mondiale actuelle.

69 En l'espèce, la famille communautaire exogame de l'Asie centrale.

70 Ainsi, en France, à peu près tous les modèles importants sont présents sur une part du territoire.

71 La carte qui se trouve à la fin de l'ouvrage *La diversité du monde* est fausse à cet égard, puisqu'elle englobe tout le territoire belge sous le modèle nucléaire égalitaire, et faisant commencer le règne de la famille nucléaire absolue aux Pays-Bas, mais il est vrai que, vu de Paris, cela peut paraître un détail (E. Todd décrit par ailleurs, dans la même veine [*L'origine des systèmes familiaux*, t. I « L'Eurasie », *op. cit.*, p. 412] que La Hulpe fait aujourd'hui partie de l'agglomération bruxelloise : les tenants du Gordel apprécieront)...

72 Nous faisons bien évidemment allusion à la célèbre lettre que J. Destrée écrivait en 1912 au roi Albert Ier : « *[...] Laissez-moi Vous dire la vérité, la grande et horrifiante vérité : il n'y a pas de Belges* », et plaidant pour la séparation administrative de la Flandre et de la Wallonie. Le Roi aurait dit à son secré-

La famille nucléaire est celle dans laquelle le couple ne cohabite qu'avec ses enfants non mariés, excluant ainsi du ménage tous les nouveaux couples aux générations inférieures, contrairement à la famille communautaire (l'ensemble des couples[73] vit ensemble) ou la famille souche ou système de «maison» (à chaque génération, un seul couple[74] est sélectionné pour continuer à vivre dans la même maison avec le couple primitif).

Elle connaît deux variétés[75] : la famille nucléaire égalitaire, présente dans le bassin parisien – et donc très naturellement reprise comme modèle «naturel» dans le Code civil jacobin de 1804 – et les populations francophones de Belgique, où le père n'est pas libre de disposer de ses biens comme il veut, mais doit les diviser de façon équitable entre tous ses fils, et la famille nucléaire absolue, dont l'Angleterre est le meilleur exemple, où «le père est libre de répartir comme il l'entend, par testament, ses biens entre ses enfants»[76].

On relève que les sociétés où la famille nucléaire absolue prédomine sont plus féministes que celles où c'est la famille nucléaire égalitaire qui est majoritaire[77].

Ces deux éléments, conjugués, ont pour effet que le modèle nucléaire absolu est essentiellement centré sur le couple[78], et qu'il préfère résolument le survivant du couple – statistiquement la femme[79] – l'enfant, et *a fortiori* l'enfant né d'une union précédente.

La divergence entre ces deux conceptions de la famille, que même des juristes académiques ont peine à se représenter comme des constructions sociales, et non comme des évidences, s'est nettement marquée au sein de la Commission chargée d'examiner la réforme du droit patrimonial de la famille.

Comme sa composition et sa direction, reflets juridiques d'un gouvernement largement asymétrique, étaient majoritairement empreintes de la conception «famille nucléaire absolue», il n'est pas étonnant que la réforme analysée ici procède, de façon générale, d'un remplacement du Code Napoléon «nucléaire

taire J. Inglebleek: «*J'ai lu la lettre de Destrée qui, sans conteste, est un littérateur de grand talent. Tout ce qu'il dit est absolument vrai, mais il est non moins vrai que la séparation administrative serait un mal entraînant plus d'inconvénients et de dangers de tout genre que la situation actuelle.*»

73 Du moins ceux formés par les fils du couple originel.

74 En général, celui du fils aîné, mais pas toujours.

75 E. Todd, *La diversité du monde. Famille et modernité*, *op. cit.*, p. 262.

76 D'où l'absence de la notion de réserve dans la *common law* anglaise et, par suite, américaine (et même, par contagion, dans le droit québécois, pourtant d'origine civiliste: voy. l'Acte du Québec de 1774 [R.U., 14 Geo III, c. 83, reproduit dans L.R.C. 1985, app. II, n° 2]. Cette norme a été confirmée en 1801 par l'Acte pour expliquer et amender la loi concernant les testaments et ordonnances de dernière volonté [41 Geo III, c.4]).

77 E. Todd, *La diversité du monde. Famille et modernité*, *op. cit.*, p. 262.

78 Au point de mettre en place des systèmes d'éducation croisée des enfants, comme le *fosterage*, où l'enfant est envoyé dans une autre famille pour y être éduqué, sans toutefois perdre son lien avec sa famille d'origine.

79 En effet, 75 % des veufs sont des veuves, car, comme le relevait avec justesse le Premier ministre J.-P. Raffarin, «*[e]n France, la plupart des veuves survivent à leur mari*».

égalitaire» par un autre, basé sur une conception «nucléaire absolue» de la famille.

Deux éléments accentuent cette conception centrée sur le couple.

Le premier est la montée en puissance de l'individualisme : l'individu ne se voit plus comme un maillon dans une chaîne de transmission patrimoniale, mais comme le maître absolu de son patrimoine, conçu comme l'extension matérielle de sa personnalité.

Dès lors, toute restriction à l'autonomie de sa volonté – au premier chef, la réserve héréditaire des descendants[80] – lui paraît intolérable : «*Je veux pouvoir faire ce que je veux de mon argent.*»

Et cela, nonobstant le fait que ce même individu, placé cette fois dans la position de l'enfant héritier potentiel, jugerait probablement inique qu'un frère ou sœur, ou une marâtre, reçoive tout le patrimoine du défunt et lui rien[81]...

Le second élément tient à l'allongement de la durée de la vie humaine : les classes d'âge où à la fois les revenus ont baissé à la suite de la mise à la retraite et les besoins augmentent à la suite de la détérioration de l'état de santé, se font de plus en plus nombreuses.

L'économie du troisième âge – soins de santé, frais de home – absorbe une part croissante des ressources de la société belge, et cette situation n'est tenable que si le patrimoine familial demeure dans la génération la plus âgée.

Même si, à long terme, il est prévisible qu'une telle évolution ne pourra se maintenir, et trouvera, d'un côté ou d'un autre, sa solution – probablement par une promotion de l'institution de l'euthanasie[82] –, actuellement, l'idée que le couple qui a construit un patrimoine doit pouvoir ensuite librement le défaire à son seul profit, sans se préoccuper de transmettre quelque chose à la génération suivante, prend une résonance forte au sein de l'opinion.

Les problèmes générés par le déplacement du centre de gravité patrimonial vers le haut de la pyramide des âges – notamment, l'accentuation du caractère de «rentier» par rapport à celui d'«investisseur», voire l'impossibilité de continuer à gérer son patrimoine – ne sont pas encore perçus comme prédominants,

80 Et la réserve du conjoint survivant? Elle est paradoxale, car, si elle est importante – surtout dans son volet «concret» –, elle est aussi susceptible d'être relativement facilement supprimée (voy. les conditions de l'article 915*bis*, § 3, tant actuel que modifié par la réforme) et ne survit donc pas longtemps à la désunion conjugale.

81 Voy. cette ambivalence des attentes des individus, exprimée dans le rapport de la Fondation roi Baudouin, *Perceptions et attentes en matière de droit successoral en Belgique*, février 2016.

82 Voy. les idées, purement spéculatives, il faut le souligner, de J. Attali, dans l'ouvrage de M. Salomon, *L'avenir de la vie* (Seghers, 1981, pp. 274-275): «*Dès qu'il dépasse 60/65 ans, l'homme vit plus longtemps qu'il ne produit et il coûte cher à la société. Je crois que, dans la logique même de la société industrielle, l'objectif ne va plus être d'allonger l'espérance de vie, mais de faire en sorte qu'à l'intérieur même d'une vie déterminée, l'homme vive le mieux possible mais de telle sorte que les dépenses de santé soient les plus réduites possible en termes de coût pour la collectivité. L'euthanasie sera un instrument essentiel de nos sociétés futures.*»

par rapport à la crainte d'une génération de «papy-boomers» de manquer des moyens nécessaires à maintenir leur train de vie[83].

Enfin, il faut relever la pluralité des modèles familiaux *au sein d'une même société*.

L'exemple belge analysé ci-dessus illustre déjà – pour autant que l'on puisse encore considérer la société belge comme formant une entité – le phénomène de plusieurs modèles qui coexistent, même si l'un d'eux est prédominant et forme, de façon plus ou moins consciente, un idéal type[84] sociétal.

Toujours en Belgique, on peut ainsi relever les études qui font apparaître, au sein des familles belges d'origine marocaine, un fort taux de mariages entre cousins[85], qui est une caractéristique typique des sociétés musulmanes[86].

Section 5
Structuration et déstructuration

La vision de la famille que nous venons d'exposer relève essentiellement des disciplines sociologiques et anthropologiques, et plus spécialement de ce que l'on a nommé l'école structuraliste, initiée par Frédéric Le Play au XIXe siècle, et dont les représentants les plus connus dans l'espace francophone sont Claude Lévi-Strauss et, plus près de nous, Emmanuel Todd.

Le droit, vu comme «*la partie consciente et légitime*[87] *du contrôle social*», ce qui est, comme nous l'avons dit plus haut, notre définition personnelle de la discipline à l'heure actuelle, se devait d'expliciter ces structures, en en décrivant l'ordonnancement.

Comme nous le verrons à la section suivante, c'est dans le cadre du droit des successions que la structure de la famille est définie de la façon la plus poussée, parce qu'elle est le fondement même de l'institution de la dévolution successorale.

Cette structuration «civile» est également reprise dans deux autres institutions familiales: l'obligation alimentaire – et plus spécifiquement la question de la hiérarchie des débiteurs alimentaires – et la prohibition de l'inceste, mais, si les

---

83 Le FMI a récemment rendu public (*Le Point*, en ligne, 24 janvier 2017) les résultats d'une étude révélant que, depuis 2007, les revenus des plus de 65 ans avaient augmenté de 10 % en Europe, alors que ceux des 18-25 ans avaient stagné.

84 Il n'est que de voir, dans la publicité, le nombre de couples hétérosexuels entourés de deux enfants, fille et garçon.

85 Un taux de plus de 50 % est cité, ce qui paraît énorme (R. Dembour, «Stop aux mariages entre cousins germains», site *La Libre* en ligne, 13 avril 2013; D. Casti, «Ces Marocains consanguins», *La Gazette du Maroc*, 13 février 2009, citant J. Talbi *et al.*, «Étude de la consanguinité dans la population marocaine. Impact sur le profil de la santé», www.didac.ehu.es/antropo/15/15-1/Talbi.pdf).

86 E. Todd, *La diversité du monde. Famille et modernité*, *op. cit.*, pp. 145 et s.

87 Dans le sens de: «nommément désignée pour jouer ce rôle».

éléments du « Meccano » sont les mêmes, les contours de ces institutions sont différents[88].

Paradoxalement, elle ne coïncide pas totalement avec son doublon fiscal, constitué par les catégories fiscales mises en œuvre par le[89] Code des droits[90] de succession : pour l'établissement de cet impôt progressif par tranche et par catégorie, le législateur fiscal emploie certes en principe[91] les concepts de la structure civile, mais autrement combinés[92].

Cependant, cette vision des liens familiaux trouve plusieurs limites.

Tout premièrement, une limite conceptuelle.

En effet, et comme Emmanuel Todd l'admet lui-même avec clairvoyance[93], le structuralisme – pas plus qu'aucune autre théorie – n'a vocation à régir le réel dans sa totalité.

C'est là une première limitation à la cohérence de notre exposé, qui ne peut donc être absolue.

Mais, aussi, la société belge elle-même tend, dans sa substance, vers la « déstructuration », sous l'influence de divers facteurs.

Nous en citerons ici deux, qui nous paraissent parmi les plus importants : la recomposition familiale et la multiplication des modèles familiaux.

La **recomposition familiale** a lieu lorsqu'un individu vivant en couple, et ayant éventuellement engendré avec son partenaire des enfants qu'ils élèvent ensemble, se sépare de ce partenaire, et forme ensuite un autre couple avec un autre partenaire.

C'est à proprement parler la formation de ce nouveau couple qui constitue la recomposition familiale.

Les enfants du premier couple sont généralement élevés tant par l'ancien partenaire, parent de l'enfant, que par les membres du nouveau couple, donc aussi par le nouveau partenaire, non-parent de l'enfant.

Cette situation induit des rapports affectifs, mais aussi économiques et juridiques entre le « bel-enfant » et le « beau-parent ».

---

88 Encore que, comme on le verra plus bas au chapitre relatif à l'obligation alimentaire, et dans l'ouvrage consacré au couple, il y ait des « passerelles » fonctionnelles entre les diverses institutions.

89 Ou, plutôt, *les*, puisque la matière a été régionalisée.

90 Au sens de « taxe ».

91 Le partenaire au sein d'une union libre – inconnu du Code civil sauf exception – se trouve, dans un certain nombre de cas, assimilé au conjoint ou au cohabitant légal.

92 Ainsi, ascendants et descendants, neveux et oncles se retrouvent dans la même catégorie fiscale, alors qu'ils appartiennent à des ordres civils d'héritiers différents, alors que les cousins, qui font comme les oncles partie du 4e ordre d'héritiers, sont, quant à eux, relégués dans la catégorie des « toutes les autres personnes », la plus taxée.

93 E. Todd, *L'origine des systèmes familiaux*, t. I « L'Eurasie », Paris, Gallimard, 2011, p. 21 : « *Les limites du "penser structure"* ».

Si le nouveau couple a, lui aussi, des enfants, ou que le nouveau partenaire a retenu des enfants d'une précédente union, alors ces enfants entrent en contact, personnellement, mais aussi économiquement et juridiquement.

L'amplitude des recompositions croît en effet de plus en plus, tant dans son importance (de plus en plus de personnes « recomposent » une famille ou sont enfants de famille recomposée) que dans sa vitesse (la durée de vie d'un couple diminue).

Cependant, il faut relever ici que la famille « non recomposée », qui regroupe le couple des parents et leurs enfants communs, demeure – encore ? – très majoritaire en Belgique : de l'ordre de 85 %, contre 10 % de familles monoparentales – très majoritairement dirigées par la mère – et 5 % de « familles recomposées »[94].

Le phénomène génère en toute hypothèse des questions d'ordre juridique diverses et importantes, que l'Unité de droit familial de l'ULB a étudiées au travers d'un programme d'études approfondi :

– le nouveau partenaire des parents légaux – dits « beaux-parents », mais le terme est ambigu, comme on le verra à la section suivante – doit-il recevoir une consécration juridique de son rôle social auprès des enfants qu'il élève mais qui ne sont ni biologiquement ni légalement les siens[95] ?
– si A et B ont eu un enfant C et se sont séparés, que A vit avec D qui a deux enfants E et F d'une précédente union, et que B s'est mis en ménage avec G avec lequel il a eu un enfant H, comment fixer le montant de la contribution alimentaire que A devra payer à B pour l'entretien de C[96] ?
– quel équilibre doit être préservé dans la transmission du patrimoine familial, entre le conjoint de dernières noces et les enfants issus d'unions antérieures[97] ?

Une seconde évolution sociétale – qui se conjugue partiellement avec la première – consiste en la **multiplication des modèles familiaux** au sein d'une même société[98], et le rejet – relatif – du modèle « classique » de la famille composée d'un couple durablement marié et des enfants issus de ce mariage.

---

94 M.-Th. CASMAN, « Familles recomposées en Belgique. Des conditions de vie différentes ? », www.ladocumentationfrancaise.fr, 12 janvier 2009 (mais les données ont été rassemblées entre 1992 et 2002 : elles ont donc pu évoluer depuis lors).

95 Groupe de réflexion « Parenté et parentalité ». Voy. N. GALLUS (dir. et auteur), *Les recompositions familiales – Nouveaux enjeux de la parentalité et de la filiation*, Limal, Anthemis, 2015 ; et « Approche juridique nouvelle des parentés et parentalités en droit belge », *Thémis*, revue de la Faculté de droit de l'université de Montréal, 2010, vol. 44, pp. 145-162.

96 Groupe de réflexion « Objectif Aliments », et thèse en cours de Mme Nesrine El Imayem (DULBEA).

97 Groupe de réflexion « Cendrillon ». Voy. A.-Ch. VAN GYSEL, « Le conjoint et le cohabitant légal survivant », *in La réforme du droit des successions*, actes du XVe colloque de l'Association Famille & Droit, Liège, Larcier, 2018, pp. 399-478.

98 Et cela en dehors de l'existence d'une pluralité de modèles « de base » ou « classiques » au sein de l'espace belge : la famille nucléaire égalitaire au Sud, la famille nucléaire absolue au Nord, comme nous l'avons relevé plus haut.

Ce modèle avait été au centre du Code civil en 1804, sous le vocable très explicite de «famille légitime», avec toutes les implications morales qu'il pouvait emporter, et il a régné au moins jusqu'au moment où le concept de légitimité a été retiré de l'ordonnancement juridique belge, par la loi du 31 mars 1987 réformant la filiation.

Cette loi a inscrit dans l'article 334 le principe d'égalité des filiations, quel que soit le mode de leur établissement[99], et, par conséquent, sans qu'il soit encore pris en compte le fait que l'engendrement ait eu lieu dans ou hors du cadre du mariage, voire même en dépit de celui-ci, dans le cas de la filiation adultérine.

Cette modification fondamentale de la loi accompagne une tendance sociale lourde: on relève en effet en Belgique – et dans l'ensemble de l'Europe – une augmentation continue des naissances hors mariage, lesquelles sont devenues majoritaires.

Comme la filiation n'est désormais reliée au mariage que par la présomption de paternité[100], cette augmentation est elle-même le reflet de la multiplication de modes de conjugalité dans notre pays.

En 1998, il a en effet été instauré, à l'imitation d'exemples venus de pays proches[101], à côté du mariage, une forme alternative de partenariat enregistré, la cohabitation légale.

Cette institution, qui sera étudiée de façon approfondie dans le volume consacré au couple[102], avait pour but premier de satisfaire aux revendications des organisations d'homosexuels, en quête d'une reconnaissance et d'une protection légales.

Sa création a eu pour but de stratifier la conjugalité en trois couches: le mariage proprement dit – dont les effets peuvent être dans une certaine mesure modulés par le choix d'un régime matrimonial conventionnel –, la cohabitation légale, sorte de mariage à effets réduits, tout entière tirée, telle une côte d'Adam, de l'institution primordiale – et elle-même modulable par l'adoption d'une convention notariée –, et, enfin, l'union libre, seul mode de conjugalité qui soit toujours pour l'instant encore tenu hors de toute institutionnalisation.

Si les statistiques manquent pour l'union libre, les chiffres comparés des mariages et des cohabitations légales tendent à se rejoindre, démontrant bien la tendance grandissante de la population belge à s'écarter du modèle familial classique.

---

99 Art. 334: «*Quel que soit le mode d'établissement de la filiation, les enfants et leurs descendants ont les mêmes droits et les mêmes obligations à l'égard des père et mère et de leurs parents et alliés, et les père et mère et leurs parents et alliés ont les mêmes droits et les mêmes obligations à l'égard des enfants et de leurs descendants.*»

100 «*Pater is est quem nuptiae demonstrant*»: art. 315 C. civ.

101 Ainsi le PACS (pacte civil de solidarité) en France.

102 A.-Ch. Van Gysel et J. Sauvage, *Le couple, op. cit.*

Brochant sur le tout, l'ouverture du mariage aux couples homosexuels en 2003 a encore complexifié le paysage sociologique, et il faut noter que, de façon remarquable, la proportion, tant des mariages que des cohabitations légales homosexuelles, est globalement comparable, soit de 2 % à 5 % environ.

En d'autres termes, la cohabitation légale, conçue au départ comme un statut de seconde zone destiné à satisfaire une catégorie particulière et limitée de la population, connaît aujourd'hui un succès de masse, très largement en dehors de sa « cible » sociale initiale.

Encore plus marginalement, mais interrogeant fondamentalement l'idée même d'une structure familiale, notre droit a abrogé en quelques années l'interdit de l'inceste, posé pourtant par tous les anthropologues comme une des seules constantes universelles de l'humanité.

Rappelons tout d'abord que les relations sexuelles entre proches parents ne sont pas prohibées en elles-mêmes en Belgique[103] : elles ne le sont que lorsque l'un des partenaires n'est pas consentant ou pas en âge de consentir. La parenté ou l'autorité parentale, de droit ou de fait, peut alors constituer une circonstance aggravante de l'infraction[104].

Notre droit retient essentiellement l'inceste sous l'angle du mariage et de la filiation[105].

Pour ce qui est du mariage, nous croyons avoir démontré autre part[106] que l'interdiction de sa célébration entre proches parents[107], bien qu'elle subsiste encore formellement aux articles 161 et 162 du Code civil, doit désormais être tenue pour contraire aux articles 8, 12 et 14 de la CEDH et, partant, inconstitutionnelle.

Notons ici que le législateur, dans le but de créer en 1998 un écran de fumée devant le fait qu'il consacrait l'union de personnes de même sexe, avait ouvert

---

103 Contrairement à l'Allemagne : voy. l'arrêt *Stübing* (Cour eur. D.H., 12 avril 2012, n° 43547/08) cité dans l'article mentionné à la note de bas de page suivante. L'inceste a cependant été ensuite dépénalisé dans ce pays.

104 Art. 372, al. 2, C. pén. : « *Sera puni de la réclusion de dix à quinze ans l'attentat à la pudeur commis, sans violences ni menaces, par tout ascendant ou adoptant sur la personne ou à l'aide de la personne d'un mineur, même âgé de seize ans accomplis. La même peine sera appliquée si le coupable est soit le frère ou la sœur de la victime mineure ou toute personne qui occupe une position similaire au sein de la famille, soit toute personne cohabitant habituellement ou occasionnellement avec elle et qui a autorité sur elle.* »

105 Les deux aspects étant liés : la double filiation ne peut, selon la loi, être établie, à l'égard de deux personnes qui ne pourraient se marier, même avec la dispense royale.

106 A.-Ch. Van Gysel, « Intérêt de l'enfant et inceste : éléments nouveaux », *in Filiation et Parentalité*, XIIIe Colloque Famille et Droit, Louvain, 29 novembre 2013, Larcier, 2014.

107 Celle qui existait entre alliés (voy. à la section suivante pour cette notion) avait été antérieurement supprimée, quand bien même cette suppression peut gravement perturber la structuration psychique d'un enfant mineur, qui, potentiellement, peut se retrouver élevé, en même temps que son propre frère consanguin (et neveu germain), par un couple formé de sa sœur utérine et de son père.

la cohabitation légale aux personnes de même sexe, ne se doutant pas qu'il donnait ainsi un cadre légal aux couples incestueux[108]...

Pour ce qui est de la filiation, un double lien peut désormais, au vœu de la Cour constitutionnelle, être établi à l'égard d'un couple formé d'un frère et d'une sœur[109], et il en va de même de l'adoption par un semblable couple[110].

Il est difficile de ne pas voir dans cette évolution, peut-être plus juridique que sociétale[111], un triomphe de l'individualisme et de la doctrine de l'épanouissement personnel absolu, sur les structures sociales, et particulièrement la famille en tant que telle : chacun doit pouvoir « jouir sans entraves ».

Ce mouvement, continuant sur une lancée qui ne semble pas devoir être arrêtée, tend à présent à remettre en cause les éléments mêmes dont les structures familiales sont constituées.

Nous ne traiterons pas ici de ces concepts, qui relèvent largement de la bioéthique, pour les raisons visées dans l'introduction au présent ouvrage, mais il est frappant de voir que l'état civil, très longtemps tenu pour un système de coordonnées juridiques immuable et s'imposant aux citoyens, est « dissous » par la récente loi sur les personnes transgenres[112], dont l'économie repose désormais sur la déclaration performative que fait la personne, à l'officier de l'état civil, de sa conviction intime en matière de genre[113].

Cette réforme étant peut-être la première étape vers une disparition totale du concept de genre, devenu totalement « fluide », du champ du droit[114].

---

108 Relevons que le frère et la sœur qui ont fait l'objet de l'arrêt du 9 août 2012 en matière de filiation étaient effectivement liés par une déclaration de cohabitation légale.

109 C. const., 9 août 2012, n° 103/2012.

110 Arrêts n°s 25/2017 et 95/2017.

111 Voy. le discours très remarqué du président de la Cour européenne des droits de l'homme, Dean Spielmann, du 30 janvier 2015, sur la conception « faunesque », très proche du « Gouvernement des juges », que la Cour a de son propre rôle en matière familiale : « *[...] Le rythme imposé par notre Cour n'est pas nécessairement le même que celui qui est suivi au sein des États membres. Parfois, nous allons plus loin et plus rapidement. Pas toujours et pas systématiquement. Il arrive même et de plus en plus souvent, qu'en application de la Convention, des juridictions nationales nous devancent. Cette superposition de rythmes différents qui se déroulent simultanément et indépendamment les uns des autres s'apparente à la polyrythmie bien connue des musiciens et dont un exemple révélateur constitue la "Danse sacrale" du* Sacre du Printemps *d'Igor Stravinski. Le rythme est premier dans* Le Sacre du Printemps, *non pas tellement par sa prédominance sur les autres paramètres sonores, mais parce qu'il les organise. Il y a un siècle, Stravinski a inventé un nouveau temps musical. C'est ce que nous nous efforçons de faire, les uns et les autres, Cour européenne des droits de l'homme et cours nationales, avec l'instrument vivant que constitue la Convention.* »

112 Du 25 juin 2017.

113 On notera cependant que le gouvernement a très clairement marqué sa volonté de conserver la mainmise absolue sur le nom patronymique, malgré la similitude qu'entretient la problématique sur cet élément de l'état civil avec celle du genre (voy. les développements consacrés au chapitre IV au changement administratif du nom).

114 En ce sens, D. BORILLO, « Pour une théorie du droit des personnes et de la famille émancipée du genre », *in Droit des familles, Genre et Sexualité*, Limal-Paris, Anthemis-L.G.D.J., 2012, pp. 7-24.

Les limites de la réflexion portent déjà sur la notion de personne humaine, au travers du mouvement antispéciste, qui remet en cause la distinction Homme-animal[115], et dont le véganisme est l'illustration la plus connue[116] : les animaux sont, pour ce mouvement, des êtres sensibles comme les humains et participent de la même dignité.

Temporairement, comme les esclaves par le passé[117], ils sont considérés comme des choses, mais, quand les mentalités auront changé, l'« ordre public et les bonnes mœurs » – notions évolutives s'il en est – les libéreront de ce statut, sans qu'il soit même nécessaire de modifier le Code civil.

Enfin, la notion de personne elle-même, limite ultime, est déjà remise en cause par le transhumanisme, qui vise à donner une personnalité aux robots[118] : « *objets inanimés, avez-vous donc une âme ?* »[119]...

Section 6
Terminologie

§ 1. Les liens familiaux

La démarche primordiale est toujours de nommer les concepts, car ce qui n'est pas nommé n'est pas connu ou est méconnu.

On constatera liminairement que le vocabulaire de notre droit familial est singulièrement réduit par rapport à d'autres langues, dont le latin[120].

---

115 Voy. art. 52 et suivants du texte du nouveau Code civil relatif aux « Biens » : selon ce texte, les animaux ne sont plus des choses, mais des êtres temporairement soumis au régime des choses corporelles. Cette confusion est manifestement voulue et créée dans le but de donner des gages au mouvement antispéciste, dont le véganisme est l'illustration la plus connue.

116 Lu sur le site *Vegan-France* : « *Le spécisme est la discrimination basée sur l'espèce, qui fait de l'espèce en soi un critère justifiant la violation de ces droits fondamentaux (exploitation, violence, oppression et meurtre). Le spécisme se caractérise dans les différentes sociétés humaines par un droit de vie et de mort de certaines espèces animales en fonction de critères familiaux, religieux et culturels. Le spécisme est semblable au racisme et au sexisme, il permet de justifier l'exploitation et la violence malgré toute notion de justice.* »

117 Voy. la similitude frappante avec l'article 44 du Code Noir de mars 1685 : « *Déclarons les esclaves être meubles et comme tels entrer dans la communauté, n'avoir point de suite par hypothèque, se partager également entre les cohéritiers, sans préciput et droit d'aînesse, n'être sujets au douaire coutumier, au retrait féodal et lignager, aux droits féodaux et seigneuriaux, aux formalités des décrets, ni au retranchement des quatre quints, en cas de disposition à cause de mort et testamentaire.* »

118 Voy. la très récente « Open letter to the European Commission Artificial Intelligence and Robotics », issue de plus de deux cents experts, s'opposant à la Résolution du Parlement européen du 16 février 2017 contenant des recommandations à la Commission concernant des règles de droit civil sur la robotique (2015/2103[INL]), visant à « *la création, à terme, d'une personnalité juridique spécifique aux robots, pour qu'au moins les robots autonomes les plus sophistiqués puissent être considérés comme des personnes électroniques responsables, tenues de réparer tout dommage causé à un tiers [...]* ».

119 A. DE LAMARTINE, *Milly ou la terre natale*.

120 Qui connaissait, p. ex., un terme spécifique pour l'oncle, frère du père : *patruus*.

Sans nul doute, la prévalence du modèle nucléaire, sous l'une ou l'autre de ses variétés[121], dans la société belge, est-elle une des causes de cette réduction sémantique.

La réduction des effets juridiques de la parenté qui accompagne l'évolution sociale rend, en effet, inutile la « nomination » d'un lien sans effet en droit.

Ainsi, le fils ou la fille d'un grand-oncle, que l'on pourrait ainsi qualifier de « grand-cousin », ne porte aucun nom.

Pourquoi en porterait-il, alors que, depuis 1919, le droit de succéder, qui est le lien juridique le plus étendu, a été limité au 4e degré en ligne collatérale, et que cette personne ne peut – contrairement au petit-cousin ou même l'arrière-petit-cousin, personnes nommées – bénéficier de l'institution de la substitution successorale, et, par là, hériter ?

Cette pauvreté lexicale produit cependant des difficultés réelles.

Ainsi, on parle usuellement de beaux-parents, alors que ce terme recouvre deux catégories essentiellement différentes : le second conjoint du père ou de la mère – parâtre ou marâtre[122] – et le père ou la mère du conjoint, ceux dont on est le gendre ou la bru[123].

De même, on parle abusivement de « cousins germains », alors qu'ils ne le sont presque jamais, mais non de « frères germains », bien plus fréquents ; et de « demi-frères », sans préciser s'ils sont utérins ou consanguins, ce qui est pourtant porteur d'effets différents.

Comment débuter une classification de la parenté ?

En réalité, chaque individu a *sa* famille, dont il est le centre, et il est capital de bien déterminer la personne dont on parle, afin de qualifier par rapport à lui la situation de l'autre individu considéré.

En d'autres termes, chaque personne est le centre de son monde familial...

C'est exactement ce que fait le droit successoral, en utilisant le terme « *de cujus* »[124] pour parler du défunt : celui dont il s'agit.

La figure métaphorique de l'arbre généalogique, que la loi a reprise, est vraie si l'on considère un individu particulier, mais fausse si l'on considère plusieurs personnes.

Ainsi, si l'on prend deux cousins « germains » – nous verrons plus bas pourquoi cette expression est impropre –, chacun génère un arbre, et les deux arbres ont des branches communes (les parents communs des deux cousins), mais aussi des branches propres à chacun des deux cousins.

Si l'on prend un troisième individu, cousin du second, mais non du premier, les choses se complexifient encore, et deviennent difficiles à représenter.

---

121 Égalitaire ou absolue, voy. ci-dessus.

122 Le terme symétrique est « filiâtre ».

123 L'anglais discerne la « *step-mother* » (marâtre) de la « *mother-in-law* » (mère de l'époux).

124 *Is de cujus successione agitur*, littéralement : « celui de qui la succession duquel il s'agit ».

Si l'on considère tous les membres d'une société, le maillage devient inextricable : le « tissu » social est précisément composé de l'ensemble de ces liens, et c'est dans ce sens que l'on peut dire que la famille est la cellule de base de la société, comme on l'a vu plus haut.

Revenant à un individu particulier, sa famille est composée des personnes qui sont unies à lui par des liens dits de parenté, au sens large du terme.

Ces liens sont de natures diverses :

- la filiation, qui génère les parents au sens strict, dits aussi parents « par le sang » – autre métaphore –, sur laquelle nous reviendrons ;
- l'adoption, qui est un lien de filiation civil, créé par une décision de justice ;
- le mariage, qui crée un lien tout à fait particulier et exclusif entre une personne et une autre ; institution à laquelle il faut, selon nous, joindre la cohabitation légale ;
- l'alliance, qui crée un lien entre une personne et les parents de son époux.

Une vie familiale – au sens de l'article 8 de la CEDH – existe sans aucun doute aussi entre deux concubins, mais elle n'est pas nommée et ne donne lieu, comme on le verra plus bas, à aucun régime juridique particulier.

§ 2. Les parents au sens strict

Toujours en considérant une personne particulière, ses parents au sens strict sont les individus qui lui sont, directement ou indirectement – unis par une suite de liens de filiation – ou d'adoption – juridiquement établis.

De façon plus restrictive encore, on entend communément par « les parents » d'une personne ses père et mère[125].

Mais cette expression peut, comme d'autres du langage commun[126], prêter à confusion, et il vaut mieux la bannir du vocabulaire juridique, comme le fait d'ailleurs le Code civil, qui ne parle jamais que des « père et mère » d'une personne.

A. Arbre généalogique, branche et ligne

Comme on l'a relevé plus haut, la loi reprend l'image d'un **arbre**, dont l'individu considéré pour dessiner sa famille serait le tronc.

Au-dessus de ce tronc se trouvent les **branches**.

Notre droit ne connaît plus que deux branches : la paternelle et la maternelle, et a abandonné une division plus poussée, qui a existé dans certaines coutumes de l'Ancien Régime[127].

---

125 Ou, compte tenu de l'ouverture de l'adoption aux couples homosexuels, ses deux pères ou deux mères.

126 Comme « beau-père », comme nous l'avons déjà vu, ou « cousin germain », comme on le verra ci-dessous.

127 Dites coutumes de refente.

En dessous du tronc se trouvent les racines, dont les plus importantes sont des *souches* : il y a autant de souches issues d'une personne qu'il y a d'enfants vivants ou décédés en laissant une descendance – ou postérité –, autrement dit, d'enfants qui ont « fait souche ».

Le nombre et la division des souches sont illimités.

Épurant son dessin, le législateur parle de **ligne** de parenté[128], étant la suite des liens de filiation juridiquement établis qui séparent – ou qui unissent, selon la façon de voir – deux personnes parentes entre elles.

L'ensemble des parents d'une personne sont collectivement appelés son *lignage*, terme un peu vieilli, mais très exact[129].

Chaque personne est le tronc particulier de sa propre famille, et il faut toujours considérer les liens de parenté, et donc les lignes, en partant de cet individu.

En effet, comme on le verra ci-après, les liens de parenté ne sont pas toujours – pour ne pas dire rarement – symétriques : A a un lien *tel* avec B ; mais B, si on se met dans son point de vue, a un lien *autre* avec A.

On distingue les parents en *ligne directe* et les parents en *ligne collatérale.*

Les parents en *ligne directe*[130] d'un individu sont ceux dont cet individu descend – ses ancêtres – et ceux qui descendent de lui – ses descendants, formant sa descendance.

Ils sont donc, dans l'arbre généalogique épuré, directement « au-dessus » ou « en dessous » de lui.

En partant de l'individu, et en remontant, on trouve naturellement la ligne directe ascendante, composée des ascendants ou ancêtres de cette personne : père, mère, grands-parents, arrière-grands-parents.

Ils se divisent, on l'a vu, en deux branches, la branche paternelle et la branche maternelle.

En sens inverse, on descend par la ligne directe descendante vers les descendants de la personne : enfants, petits-enfants, arrière-petits-enfants.

Les parents en *ligne collatérale* d'une personne, ou collatéraux, sont ceux qui ont avec cette personne un[131] ancêtre commun[132], mais qui ne sont ni ascendants ni descendants de cette personne.

Le terme « collatéral » se réfère toujours à l'arbre généalogique : si les parents en ligne directe sont « en dessous » ou « au-dessus » de la personne considérée, les collatéraux sont « à côté » d'elle.

---

128 Cette métaphore – les liens de parenté forment des lignes – existe depuis le droit romain.

129 Il faut cependant relever que lignage vient du latin *ligna* (arbre), et est donc relié à la métaphore de l'arbre généalogique, alors que ligne vient de *linea* (fil de lin), et, par extension, ligne droite : les deux termes ne sont donc pas étymologiquement apparentés.

130 Art. 736 C. civ.

131 Bien évidemment, si deux personnes ont un ancêtre commun, elles en ont des milliers, étant les ancêtres de cet ancêtre. Mais l'on verra que, pour établir le degré de parenté, c'est le premier ancêtre commun qui importe.

132 Art. 736 C. civ.

Un frère, qui est le collatéral le plus proche possible, issu des père et mère de l'individu, sera par exemple représenté à côté et à la même hauteur que lui sur l'arbre généalogique.

En réalité, chaque ascendant d'une personne génère une « enveloppe » nouvelle de collatéraux, qui entourent la personne en cause, en se trouvant soit plus haut, soit à la même hauteur, soit plus bas que lui dans l'arbre généalogique, mais toujours à côté de la personne considérée.

Ainsi, les père et mère donnent lieu aux frères et sœurs, neveux, petits-neveux...

Les grands-parents, les oncles et tantes, cousins, petits-cousins...

Les arrière-grands-parents, les grands-oncles et grands-tantes, puis le vocabulaire n'a plus de nom pour leur descendance (« grands-cousins », « cousins à la mode de Bretagne[133] »...).

B. Parents consanguins, utérins et germains

Parmi les parents, on distingue les parents **utérins**, les parents **consanguins** et les parents **germains**.

Les parents utérins – terme dont l'étymologie se comprend immédiatement – d'un individu sont ceux qui lui sont apparentés exclusivement par sa mère.

Par exemple, le frère de la mère d'une personne est son oncle utérin.

Les parents consanguins d'une personne sont ceux qui lui sont apparentés exclusivement par le père.

Ainsi, deux frères nés du même père, mais non de la même mère.

On relèvera que cette parenté est reliée à la métaphore sanguine : les Anciens[134] croyaient en effet que les organes génitaux mâles filtraient le sang pour en extraire les principes reproductifs qui y auraient été contenus[135].

Nous y reviendrons dans la prohibition de l'inceste, Émile Durkheim pensant qu'elle vient de l'idée de l'impureté du sang menstruel[136].

Et aussi que, toujours aux yeux des Anciens, elle apparaissait la seule effective, la femme n'étant qu'un « réceptacle »[137] ne communiquant aucun caractère propre à l'enfant.

Est-il besoin de dire ici que cette conception est erronée, l'enfant recevant son patrimoine génétique à parts égales de son père et de sa mère ?

---

133 Province où, sociologiquement, l'étendue de la famille était sans doute plus grande.

134 Et encore M. DE MONTAIGNE, comme on le voit dans ses *Essais*, t. II, chapitre XII, citant Pythagore et Platon.

135 Idée somme toute assez logique, dès lors que d'autres organes filtrent bien effectivement le sang, pour en retirer les éléments nourriciers (estomac), le gaz carbonique (poumons) ou l'urine (reins).

136 E. DURKHEIM, « La prohibition de l'inceste et ses origines », *Année sociologique*, 1896-1897, vol. I, pp. 1-70.

137 Hippocrate parle de la rencontre de la semence mâle et de la semence femelle, mais Aristote, qui a une influence prépondérante sur la pensée occidentale au Moyen Âge, estime que l'homme confère l'« animation » et la femme seulement la « matière ».

Les parents germains[138] sont ceux qui sont apparentés à un individu à la fois par le père *et* par la mère, c'est-à-dire qui sont à la fois consanguins *et* utérins.

Ainsi, deux frères nés du même père et de la même mère sont frères germains.

Plusieurs remarques.

S'il y a, comme on vient de le voir, des frères germains, par contre, contrairement à l'expression traditionnellement usitée dans le langage courant[139], les cousins sont très rarement germains, n'étant, le plus souvent, apparentés à un individu que par leur père (p. ex., le fils de l'oncle paternel d'un individu : il s'agit alors d'un cousin consanguin) ou que par leur mère (p. ex., le fils de l'oncle maternel d'un individu : il s'agit alors d'un cousin utérin).

Sont, par exception, techniquement des cousins *germains* les enfants respectifs de deux frères d'une famille, germains entre eux, ayant épousé deux sœurs d'une autre famille, germaines entre elles[140].

Il faut remarquer que cette relation de parenté n'est pas symétrique, de sorte qu'elle ne vaut qu'à l'égard d'un individu considéré – idée d'une famille par personne.

Ainsi, la fille de mon frère germain est ma nièce germaine (elle m'est apparentée par mon père et par ma mère, qui sont ses grands-parents), mais, si je me place à sa place, je suis son oncle consanguin (puisque je lui suis apparenté par son père, mais non par sa mère, ma belle-sœur).

Par contre, la notion est transitive, en ce qu'elle s'étend aux descendants du parent : les enfants d'un frère germain sont neveux et nièces germains, les enfants d'une tante utérine sont cousins utérins.

Les termes de germains, utérins et consanguins ne sont utilisés que pour les parents collatéraux ; pour les ascendants, on utilise les termes « maternel » ou « paternel » : la mère de la mère est ainsi dite grand-mère – sous-entendu : de la branche – maternelle.

À noter que les descendants d'une personne sont, quant à eux, toujours ses parents germains, puisqu'ils sont nécessairement issus – et donc apparentés à – des père et mère de cette personne, quand bien même ils seraient issus de plusieurs unions !

C'est une évidence logique, mais elle est parfois méconnue des étudiants...

---

138 Le terme n'a rien à voir avec l'Allemagne : il vient de « germe », dans le sens : parents issus du même germe. Il faut plutôt songer au terme « *hermanos* » (frère) en espagnol : ce sont les « vrais » frères, par opposition aux « demi-frères », expression malheureuse à bannir, comme on le verra plus bas.

139 On parle en effet couramment de « cousins germains » pour désigner les cousins au quatrième degré. Notons que cette expression est d'ailleurs utilisée – également à mauvais escient – par le Code civil lui-même (art. 738).

140 Dans la famille des Ptolémée, les Lagides, adoptant la conception selon laquelle « l'inceste est une sorte de sacrement réservé aux Dieux et aux Rois » (A. Bouche-Leclercq, *Histoire des Lagides*, t. III « Les institutions de l'Égypte ptolémaïque », Ire partie, chapitre XVIII, « La royauté égyptienne », Paris, Leroux, 1906), la consanguinité était si forte (voy. A.-Ch. Van Gysel, « Quelle prohibition de l'inceste pour la société actuelle ? », *in Sexe, genre et droit familial*, Limal, Anthemis, 2012, p. 271) que, dans certains cas, il y eut des *oncles germains*.

Remarque terminologique: ces différentes unions ayant donné lieu à des enfants, qu'elles soient formalisées dans le mariage ou non, sont dites «lits»: nouvelle métaphore, mobilière cette fois.

Enfin, le juriste se gardera de parler de «demi-frères», puisque ce terme de la langue ordinaire désigne soit un frère consanguin, soit un frère germain.

C. Enfants «légitimes» et naturels, simples ou adultérins

Comme on vient de le voir, tous les enfants d'une personne sont ses parents germains, et ont les mêmes droits et les mêmes devoirs vis-à-vis d'elle: c'est le principe d'égalité des filiations consacré par la loi du 31 mars 1987 dans l'article 334.

Cette réforme fondamentale a donc rejeté le concept de «légitimité» qui prévalait antérieurement, et qui signifiait en fait «issu du mariage ou assimilé», et par conséquent les expressions d'«union légitime», synonyme de mariage, d'enfant légitime, ou légitimé par mariage, ou encore légitimé par adoption.

Par voie de conséquence, les termes antonymes ont également disparu.

Les termes péjoratifs de «bâtard»[141] ou d'«illégitime» n'étaient pas utilisés par le Code civil, qui y préférait celui de «naturel».

Ce terme était plus neutre, dès lors qu'il signifiait uniquement «biologique», par opposition à «adoptif», comme on le relève dans l'article 85 de la Constitution, qui parle de la dévolution de la fonction royale dans la descendance «légitime *et* naturelle» de Léopold Ier.

Les enfants naturels se divisaient en plusieurs catégories, aux droits de plus en plus réduits[142]:

- les enfants «naturels simples», issus de deux personnes non mariées («*ex solutus et soluta*»), qui héritaient, comme héritiers «irréguliers», d'une part de ce qu'ils auraient reçu s'ils avaient été légitimes; et qui pouvaient être légitimés par le mariage subséquent de leurs parents;
- les enfants naturels adultérins, nés de parents mariés à d'autres personnes, et réduits à des aliments. Ils se divisaient en enfants adultérins «*a matre*», «*a patre*» et «*a matre et a patre*», suivant que leur mère, leur père ou les deux étaient mariés à d'autres;
- les enfants incestueux, nés de parents qui n'auraient pas pu se marier ensemble, même avec une dispense royale[143].

---

141 Encore que Jean d'Orléans, duc de Dunois, cousin et soutien de Charles VII, et compagnon de Jeanne d'Arc, se faisait précéder d'une oriflamme marquée d'un B, signifiant «bâtard d'Orléans» (il était le fils du duc Louis d'Orléans, le poète); et Antoine de Bourgogne, fils de Philippe le Bon, se proclamait lui-même après le décès de son frère Corneille «Grand bâtard de Bourgogne» et se faisait peindre par Rogier Van der Weyden (ou de La Pasture) avec une flèche, symbole de son état.

142 L'Ancien Régime connaissait encore la notion d'enfants «sacrilèges», nés de religieux.

143 L'Ancien droit connaissait encore les enfants sacrilèges, nés de religieux ayant prononcé des vœux perpétuels.

Si, dans la relation entre les père ou mère et l'enfant, aucune distinction n'est faite, il n'en va pas de même dans d'autres rapports juridiques :

- ainsi, le fait de reconnaître un enfant naturel adultérin fait perdre au conjoint adultère ses avantages matrimoniaux, et permet à son époux de le priver de sa réserve abstraite[144] ;
- les enfants d'un « premier lit » sont protégés par diverses clauses[145] contre les appétits financiers de leur « marâtre » ou « parâtre »[146], l'ensemble étant parfois dénommé « clauses Cendrillon » ;
- lorsqu'une succession est dévolue entre les frères et sœurs du défunt, une fente s'opère entre ses frères et sœurs utérins et consanguins.

Mais comme il a répudié la terminologie ancienne, le législateur en est réduit à user de périphrases, comme « enfants nés du mariage » ou « enfants nés d'une autre union », ou « conçus avec une autre personne que le conjoint ».

D. Le degré de parenté et le comput romain

L'intensité de la relation familiale n'est pas égale entre une personne et tous ses parents indistinctement : on conçoit qu'un frère soit plus proche qu'un cousin par exemple.

Pour mesurer objectivement cette proximité, le droit a inventé un « thermomètre » particulier, appelé le **comput romain**, par opposition au comput canonique, dont on parlera plus bas lorsque nous traiterons de la prohibition de l'inceste.

Selon ce comput, et aux termes de l'article 735 du Code civil, « *la proximité de la parenté s'établit par le nombre de générations ; chaque génération s'appelle un degré* ».

Il convient ainsi, pour déterminer la proximité de la parenté entre deux individus, de compter les degrés de parenté qui les séparent, c'est-à-dire le nombre de *générations*.

Voici comment on procède.

En ligne directe, le calcul est le suivant[147] : on part de l'individu considéré, sans le compter[148], et on monte – ligne directe ascendante – ou l'on descend – ligne directe descendante – vers le parent à l'égard duquel l'on veut établir la proximité de la parenté, en comptant chaque fois un degré par génération, y compris le parent en question.

Ainsi, l'arrière-grand-père d'un individu est son parent au troisième degré : on part de l'individu concerné, on remonte vers son père (1er degré), puis vers son grand-père (2e degré) et, enfin, vers son arrière-grand-père (3e degré).

---

144 Sur ces notions, voy. ci-dessous, le chapitre VII relatif à la dévolution successorale.

145 Ainsi, l'article 1465 du Code civil, qui sera analysé dans l'ouvrage relatif au couple.

146 Beau-père ou belle-mère, au sens de mari ou femme de la mère ou du père.

147 Art. 737 C. civ.

148 Il est au degré zéro par rapport à lui-même.

En ligne collatérale, on part de l'individu, sans le compter, on monte en comptant un degré par génération vers le plus proche ancêtre commun, puis on redescend vers le parent, en le comptant[149]: ce système est dit « de la double échelle ».

E. L'adoption simple et plénière

Comme nous l'avons dit plus haut, la parenté peut résulter tant de liens dits de sang juridiquement établis que de liens d'adoption.

La parenté résultant de l'adoption a parfois été qualifiée de « *parenté fictive, artificielle, contractuelle, issue de la seule volonté de l'homme* », certains auteurs estimant qu'elle « *tend à imiter la parenté de la nature au profit de ceux qui n'ont pas d'enfants* »[150].

Cette conception – sans doute vraie avant la réforme de 1940 – est devenue erronée : comme nous l'expliquerons au chapitre de l'adoption, outre que cette idée de caractère fictif méconnaît la réalité et l'intensité des liens affectifs et sociaux (ce que l'on nomme la *parentalité*, qui se distingue donc de la *parenté*, qui désigne le lien juridique entre le père, la mère et l'enfant) ; qu'elle ne rend pas compte des nombreuses personnes qui, ayant des enfants « naturels », désirent également offrir un foyer à des enfants défavorisés, souvent issus du tiers-monde ; elle ne prend pas en considération les cas où l'adoption est un instrument de composition familiale (l'adoption est le seul moyen en droit belge pour un couple d'hommes d'être ensemble parents d'un même enfant) ou de recomposition familiale (adoption de l'enfant du conjoint, qui est favorisée par la loi)[151].

Au-delà des règles générales contenues dans les articles 344-1 à 352 du Code civil[152], l'institution de l'adoption se présente dans notre droit sous deux formes différentes : **l'adoption simple** et **l'adoption plénière**[153].

Si l'on considère l'ensemble des ordres juridiques dans le monde, cette pluralité de formes est assez rare.

L'adoption simple – qui porte fort mal son nom, ses effets, notamment successoraux, étant très complexes – est en réalité une adoption incomplète.

En effet, à la fois l'enfant adopté simplement n'est intégré qu'imparfaitement dans sa famille adoptive – il n'a de lien juridique qu'avec son ou ses adoptants,

---

149 Art. 738 C. civ.

150 H. De Page, *Traité élémentaire de droit civil belge*, t. II, vol. I, p. 467, n° 445 et t. II, p. 1069, n° 1146.

151 Rôle qui a existé depuis fort longtemps : ainsi, l'adoption plénière, alors dénommée « légitimation par adoption », servait à donner une double filiation à l'égard des parents biologiques d'un enfant adultérin, qui, n'étant pas « naturel simple », ne pouvait être légitimé par mariage.

152 Tels qu'insérés par la loi du 24 avril 2003 réformant l'adoption, *M.B.*, 16 mai 2003 (elle-même modifiée par la loi du 16 juillet 2004, la loi-programme du 27 décembre 2004, la loi du 20 juillet 2005, la loi du 6 décembre 2005 et la loi du 15 mai 2006), entrée en vigueur le 1er septembre 2005.

153 Anciennement, « légitimation par adoption ».

mais non avec les ascendants et descendants de ou des adoptants, sauf exception[154] – et il n'est que partiellement extrait de sa famille d'origine, dans laquelle il conserve des liens, notamment successoraux et alimentaires.

L'adoption plénière, au contraire, a des effets nets et « simples » : l'enfant adopté plénièrement est totalement extrait de sa famille d'origine[155] et totalement intégré dans sa famille adoptive : il devient le frère des enfants de son adoptant, le petit-fils des père et mère de l'adoptant, etc.

Nous détaillerons ces règles dans le chapitre consacré à l'adoption.

§ 3. Le conjoint et le cohabitant légal

Comme nous le verrons dans l'ouvrage relatif au couple[156], notre droit a créé – et amplifié – deux formes organisées de conjugalité : le **mariage** et la **cohabitation légale**.

Le mariage est sans nul doute le lien juridique le plus intense, et ses effets seront analysés aux chapitres relatifs au mariage, aux régimes matrimoniaux, aux autres effets du mariage, au divorce et à la conjugalité.

Il n'est dissous que par l'annulation – s'il présente un vice dirimant[157] dès l'origine –, le décès ou le divorce.

Par contre, la séparation de corps, forme atténuée du divorce, ne supprime que certains effets du mariage – dont la cohabitation –, en laissant subsister le lien matrimonial.

La cohabitation légale, créée par la loi du 23 novembre 1998 et entrée en vigueur en 2000, reprend certains effets du mariage, sans toutefois – selon la Cour de cassation, mais nous estimons cette opinion erronée[158] – constituer une institution faisant partie de l'état civil des personnes.

Nous verrons que, quelle que soit la nature de la cohabitation légale, elle s'inscrit dans la grande structure de la famille et dans certaines des hiérarchies, notamment l'ordre des successions, qui en découlent.

La coexistence de deux formes de conjugalité organisées, sans être exceptionnelle, est cependant relativement rare dans le monde.

---

154 Not. la prohibition du mariage, comme on le verra ci-dessous.

155 De nouveau, sauf les prohibitions de mariage.

156 A.-Ch. Van Gysel et J. Sauvage, *Le couple, op. cit.*

157 Dirimant signifie : qui entraîne la nullité, par opposition à des règles empêchant le mariage, mais de nature simplement prohibitive.

158 Voy., dans l'ouvrage sur le couple, le chapitre sur la cohabitation légale et l'union libre.

§ 4. Les alliés

L'alliance est le lien qui se crée par le mariage, entre un époux et les parents de son conjoint.

Les **alliés** – aussi étrange que l'on puisse trouver de les qualifier ainsi[159] – sont ainsi les parents du conjoint d'un individu : beau-père et belle-mère[160], et, réciproquement, gendre et bru, mais aussi beau-frère, neveu par alliance…

Il faut observer que ni l'alliance ni aucun autre lien n'unit les parents d'un époux aux parents de l'autre.

On compte les degrés d'alliance comme ceux de la parenté, mais en se plaçant dans la situation du conjoint de l'individu – ce qui est une illustration de la doctrine catholique dite de l'*unitas carnis*[161] : ainsi, la belle-sœur d'un individu est une alliée en ligne collatérale au second degré.

Les effets de l'alliance subsistent – mais atténués – après la dissolution du mariage qui l'a fait naître, dans des modalités diverses : certains n'existent qu'après une dissolution par décès, d'autres dans tous les cas, certains supposent une descendance née du mariage[162], d'autres pas.

---

159 Le terme anglais (« *in-law* ») est moins connoté, et, donc, plus exact, de ce point de vue. Cependant, il correspond assez bien au rôle de « maillage social » de la famille, relevé plus haut, avec la citation de Cl. Lévy-Strauss.

160 Le terme est ambigu, puisqu'il désigne aussi les parâtre et marâtre, dont le statut juridique est très différent : il vaudrait mieux le réserver à la situation de l'alliance, puisqu'il n'a, dans ce contexte, pas de synonyme.

161 *Genèse*, 2.24 et Matthieu, 19.5 : « *C'est pourquoi l'homme quittera son père et sa mère, et s'attachera à sa femme, et les deux deviendront une seule chair* » ; ce qu'Alphonse Allais avait paraphrasé sous la forme : « *L'homme et la femme ne font plus qu'un, mais lequel ?* ». Voy., sur la théorie de l'« *una caro* », A. Martial, *S'apparenter. Ethnologie des liens de familles recomposées*, Paris, Éditions de la Maison des sciences de l'homme, 2003, « L'inceste », pp. 80 et 81.

162 L'obligation alimentaire de l'article 206.

Chapitre II
La filiation

Section 1
La filiation en droit belge, concept et structure

La filiation est, dans son principe[1], le lien juridique qui unit une personne aux personnes qui l'ont engendrée.

La base du concept est donc biologique : l'être humain, en tant qu'animal, est un mammifère primate dont la reproduction est donc sexuée, impliquant la réunion des gamètes mâle et femelle[2] dans l'utérus de la femme, son développement pendant une période de gestation d'environ neuf mois, et sa venue au monde, à la fois biologique et juridique, par l'accouchement de la femme qui portait l'enfant.

Mais encore, comme nous l'avons déjà souligné, l'Homme est un animal dont le développement physique, psychique et social est extrêmement lent.

Il ne pourrait donc survivre si, dans un premier temps, la femme qui l'a mis au monde ne l'allaitait pas ; et si, plus largement, un groupe social minimal ne protégeait pas cet enfant et cette femme, en leur fournissant les éléments nécessaires à leur survie et, pour l'enfant, à son développement, durant un temps assez long.

Le lien juridique de maternité et celui de paternité se déduisent de ces besoins fondamentaux, qui ont, bien entendu, été comblés de façons différentes suivant l'évolution des sociétés humaines[3].

On constatera donc que, même dans cette conception « basique », la filiation n'est pas uniquement biologique, mais déjà sociale, puisqu'elle implique un comportement nourricier et protecteur de la part de personnes qui, si elles sont généralement les génitrices de l'enfant, ne le sont déjà plus nécessairement.

L'émergence des recompositions familiales dans la société belge contemporaine, ainsi que d'autres phénomènes comme la procréation médicalement assistée ou la reconnaissance des couples homosexuels, ont augmenté la fréquence des cas où le biologique et le social ne se superposent plus, ou plus complètement.

---

1 La création de la comaternité, dont il sera traité ci-dessous à la section 5, tranche nettement avec ce principe, puisque cette fiction juridique a pour but de créer un lien de filiation entre une femme et un enfant avec lequel elle n'a, en principe, aucun lien de nature biologique : ni génétique (sauf PMA avec l'ovule de la coparente) ni de gestation.

2 Voy. les définitions de l'article 2 de la loi du 6 juillet 2007, « relative à la procréation médicalement assistée et à la destination des embryons surnuméraires et des gamètes ».

3 Pour ne considérer que l'allaitement, il n'est que de citer le phénomène des nourrices, désormais disparu, mais très important en Europe durant des siècles, et celui, contemporain, du biberon, avec l'opposition polémique allaitement maternel / allaitement artificiel (voy. E. Badinter et son livre très controversé : *Le Conflit, la Femme et la Mère*, Paris, Flammarion, 2010).

Les relations sociales au sein du groupe familial ne peuvent, dans la société actuelle[4], fonctionner sans un investissement émotionnel et affectif important, et l'on parle donc généralement dans ces cas de dissociation entre biologique et social, de « parenté socio-affective »[5].

Deux conceptions différentes prennent en cause cette dualité des facteurs biologique et socio-affectif :

- soit on considère la filiation, alors nommée « parenté », comme désignant uniquement l'élément biologique, par opposition à une autre notion nettement séparée, la « parentalité » socio-affective ;
- soit on estime que le concept même de filiation comprend les deux aspects, et qu'il est donc intrinsèquement complexe par nature.

L'ordre juridique belge a, en réalité, adopté en même temps ces deux conceptions, malgré leur contradiction apparente.

La filiation est donc, en droit belge, à la fois un système complexe où se mêlent tant des facteurs biologiques (« géniteur génétique », femme ayant accouché de l'enfant...) que socio-affectifs (la possession d'état) ; et un ordonnancement où l'on distingue la « parenté » (étant le lien de filiation) de la « parentalité » (étant l'autorité parentale, le droit d'hébergement, l'obligation alimentaire...), la seconde étant conçue comme un effet « naturel » de la première (l'autorité parentale appartient de plein droit aux père et mère de l'enfant mineur).

La « parentalité », ainsi conçue, sera examinée plus bas, au chapitre V du présent précis, relatif à l'éducation des enfants.

Quant à la « parenté » ou filiation, elle se présente sous l'aspect d'un système apparemment symétrique et ordonné, en « douze cases »[6].

La loi distingue en effet, primordialement, la filiation maternelle de la filiation paternelle, en raison du « substrat » biologique de la notion : la maternité est en effet, au-delà du moment de la conception, un fait de longue durée, aboutissant à un accouchement « public », médicalisé et socialement reconnu ; alors que la paternité, biologiquement parlant, n'est, pour citer notre maître et prédécesseur Jacques De Gavre, qu'un « moment éminemment fugace et secret ».

Cependant, les deux branches[7] sont juridiquement construites en regard l'une de l'autre, et, dans chacune, trois modes d'établissement de la filiation existent :

- l'établissement **de plein droit**, où la loi désigne par l'effet d'une présomption, une femme ou un homme comme étant la mère ou le père de l'enfant, sur la base d'éléments factuels divers ;

---

4 Il n'en a pas nécessairement été ainsi : voy. E. BADINTER, *L'Amour en plus*, Paris, Flammarion, 1998.

5 Sur cette notion, voy. la thèse de N. GALLUS, *Le droit de la filiation. Rôle de la vérité socio-affective et de la volonté en droit belge*, Bruxelles, Larcier, 2009 (578 p.).

6 Certaines de ces cases (comme la suppression du lien établi par jugement) sont en réalité vides, en vertu du principe judiciaire : « voies de nullité n'ont lieu contre les jugements » (art. 20 C. jud.).

7 Sur cette notion, voy. le concept de « branche paternelle » et « branche maternelle » dans le droit des successions, au chapitre VII du présent précis, sur la dévolution successorale.

- l'établissement volontaire ou **reconnaissance**, où le parent biologique crée le lien juridique de sa propre – mais pas toujours seule – volonté, en faisant créer à cet effet un acte[8] d'état civil;
- **l'établissement judiciaire**, ou recherche de maternité ou de paternité, où le lien est créé par décision judiciaire, et, donc, généralement[9] imposé au parent biologique, au terme d'une procédure contentieuse menée contre lui, en présence des autres personnes concernées.

À ces deux fois trois modes d'*établissement* correspondent six modes de *destruction* du lien de filiation: en effet, à chaque fois, ce mode de destruction est particulier dans ses conditions au mode par lequel le lien a été préalablement établi, le tout formant un système en «douze cases»[10].

Dans certains cas, notamment lorsque la contestation est menée par le père biologique, mais non légal, elle ne peut aboutir sans que la filiation du demandeur, qui est alors créée, soit substituée à celle du parent initial, qui est, elle, détruite: il s'agit alors d'une action dite «2-en-1».

Ce *principe de symétrie* se double d'un *principe d'uniformité*, accentué par la loi de 2006: en principe, les règles de fond et procédurales des «douze cases» sont identiques dans des cas semblables.

Ainsi, pour éviter un «contournement», dans l'établissement de la filiation, les conditions de fond de la reconnaissance (interdit de l'inceste, consentements) sont les mêmes pour la filiation établie par reconnaissance et par procédure judiciaire[11].

Et, pour la suppression du lien de filiation établi, les conditions sont en principe les mêmes selon qu'elle concerne une filiation établie de plein droit ou une filiation établie par reconnaissance (ainsi, selon le texte de la loi – mais non

8 Au sens d'*instrumentum*.

9 Le géniteur peut lui-même prendre l'initiative d'une telle procédure, mais cette voie est rendue pratiquement déserte par le fait que les conditions de fond d'une telle action sont similaires à celles imposées pour la reconnaissance du même enfant: il est donc inutile pour le géniteur de tenter une «manœuvre de contournement» de ces conditions par l'intentement d'une action judiciaire en établissement de la filiation.

10 Nous aurions pu exposer, à ce niveau, la comaternité comme constituant une nouvelle «colonne» du tableau ci-dessous, composée de six hypothèses supplémentaires, ce qui aurait porté le tableau à dix-huit cases.
Cependant, tant la différence fondamentale de cette nouvelle institution par rapport au reste du droit de la filiation – fiction «a-biologique» fondée sur la seule intention, opposée à la filiation «biologique» – que la technique légistique employée – en gros, la coparente prend la place du père de l'enfant – nous ont paru justifier d'examiner la comaternité comme une section à part, suivant celles consacrées à l'établissement et à la contestation de la filiation (section 5, *infra*).

11 Voy. l'arrêt de la Cour constitutionnelle n° 30/2013 du 7 mars 2013, attendu B.6.2: «*Le législateur a cherché à créer des parallélismes, sinon une uniformité, dans le mode d'établissement des différents types de filiation, tantôt en ce qui concerne les conditions de la reconnaissance et celles de l'action en recherche de paternité et de maternité* (Doc. parl., *Sénat, 2005-2006, n° 3-1402/3, p. 16), tantôt en ce qui concerne les actions en recherche de maternité et celles en recherche de paternité, visées par l'article* 332quinquies *en cause* (Doc. parl., *Chambre, 2004-2005, n° 51-0597/024, p. 67).*»

selon la jurisprudence de la Cour constitutionnelle –, un lien de filiation légal renforcé par la possession d'état est en principe indestructible).

Mais cette symétrie et cette uniformité existent parfois plus « pour les yeux de l'esprit » que dans la réalité effective des choses.

Ainsi, pour ce qui est de la symétrie, dans la quasi-totalité des cas, la filiation maternelle est établie de plein droit, car elle résulte de l'accomplissement de formalités légales imposées à la mère par l'ordre public.

La reconnaissance de maternité ou recherche judiciaire de maternité suppose donc généralement une infraction, souvent pénale[12], à ces règles, et est, dès lors, très rare[13].

Par contre, on le verra, la paternité n'existe de plein droit que dans le mariage.

Or le mariage est une institution en net déclin, et la proportion d'enfants nés hors mariage est désormais égale à celle des enfants nés dans le mariage[14].

Dès lors, l'établissement par reconnaissance doit sans doute concerner près de la moitié des enfants nés en Belgique, et l'établissement judiciaire un pourcentage faible, mais non négligeable.

Les règles de l'établissement de la filiation maternelle et paternelle sont donc, *de facto*, différentes, parce que leur mode en est statistiquement différent.

D'autres circonstances rendent les règles « comparables » non uniformes.

Ainsi, la filiation maternelle de plein droit résulte de l'accouchement de la femme, alors que la paternité de plein droit dépend de la situation matrimoniale de la mère.

Nous allons maintenant exposer le système légal des « douze cases », dans l'ordre suivant :

- l'établissement de la filiation, puis la contestation du lien établi ;
- au sein de chaque « versant », la filiation maternelle puis la filiation paternelle ;
- et, au sein de chaque branche, la filiation établie de plein droit, puis celle établie par reconnaissance, et, enfin, celle établie judiciairement.

---

12 La « suppression » – juridique, heureusement – ou « supposition » d'enfant : art. 363 C. pén.

13 Le seul cas rare, mais non rarissime – et non infractionnel – est la reconnaissance anténatale par la femme non mariée.

14 En 1960, 2 %, en 1980, 4 %, en 1990, 11 %, en 2000, 28 %, en 2010, 47 % (source : Eurostat, octobre 2011).

Il peut se résumer ainsi :

	Filiation maternelle	Filiation paternelle
Établissement de plein droit	E| (mode jouant dans la quasi-totalité des cas) Le nom de l'enfant, obligatoirement mentionné dans l'acte de naissance, établit la filiation.	E| (environ la moitié des cas) L'établissement de plein droit suppose un mariage entre le père légal et la mère, car seul le mariage crée l'obligation de cohabitation et de fidélité.
	S| (très rare, uniquement dans le cas où une femme a frauduleusement déclaré avoir accouché d'un enfant)	S| (fréquente) Le mari n'est pas le géniteur, et une action en contestation de paternité le démontre.
Établissement par voie de reconnaissance	E| (très rare) Reconnaissance prénatale ou accouchement sous X à l'étranger.	E| (environ la moitié des cas) Père compagnon ou cohabitant légal de la mère.
	S| (quasiment impossible) Reconnaissance fictive par une femme qui n'aurait pas accouché de l'enfant.	S| (peu fréquente) Action mise en œuvre par le père véritable, ou par le reconnaissant abusé par la mère
Établissement par voie judiciaire	E| (exceptionnel) Mère ayant abandonné son enfant, et retrouvée par lui.	E| (peu fréquente) Géniteur refusant d'assumer ses responsabilités paternelles, ou action *post mortem à fins successorales.*
	S| (impossible) Voies de nullité n'ont lieu contre les jugements.	S| (impossible) Voies de nullité n'ont lieu contre les jugements.

E| = Établissement du lien
S| = Suppression du lien

Comme on le verra à la section suivante, ce système a largement été remis en question par la jurisprudence de la Cour constitutionnelle, laquelle a rendu dans la matière un très grand nombre d'arrêts[15].

Dans une version antérieure de ce précis, nous avions choisi de tenir compte de cette jurisprudence en la signalant ponctuellement, tout en reprenant le plus souvent en notes de bas de page l'analyse critique que nous avions faite de cette jurisprudence, et que nous avions développée dans diverses études[16].

15 Une quarantaine à l'heure (juillet 2018) où nous écrivons ces lignes.

16 Essentiellement : A.-Ch. Van Gysel, « Examen de jurisprudence "Les Personnes" (2003-2011) "La Filiation" », *R.C.J.B.*, 2011, pp. 409 et s. ; A.-Ch. Van Gysel et N. Gallus, « Les décisions récentes de la Cour

Cependant, la multiplication des arrêts de la Cour constitutionnelle a rendu une telle présentation totalement illisible et, sans acquiescer à la rationalité – à notre sens très relative – du système ainsi créé par voie prétorienne, force nous a été de présenter le droit de la filiation tel qu'il est au moment où le présent ouvrage se trouve finalisé, c'est-à-dire un mélange de règles légales et de principes jurisprudentiels.

Nous voudrions souligner que le fait qu'un point n'a pas encore fait l'objet d'un arrêt de la Cour constitutionnelle n'équivaut certainement pas à une « présomption de constitutionnalité » de celui-ci, et que le lecteur devra donc toujours être attentif dans le futur à mettre en rapport des questions similaires, dont l'une a déjà été résolue et les autres non, afin de tenter – sans chance absolue de succès, compte tenu de la nature parfois imprévisible de la jurisprudence de la Cour – d'imaginer les extensions possibles de cette jurisprudence.

Section 2
Construction et déconstruction du système légal de la filiation

On ne peut avoir une vision correcte du droit actuel de la filiation en Belgique sans connaître les diverses étapes par lesquelles le système a été construit, puis déconstruit.

L'Ancien droit concevait essentiellement la filiation comme un effet du mariage[17] : seuls les enfants nés de deux personnes mariées entre elles étaient « légitimes » et bénéficiaient de la personnalité juridique et des droits civils.

Le statut des « bâtards », enfants nés hors du mariage, était très défavorable, évoluant, selon les temps et les coutumes, de la non-existence juridique à une situation de « second rang »[18].

Seule la légitimation, soit par mariage[19], soit par lettres du Roi, permettait à l'enfant d'accéder aux pleins effets de la filiation.

---

constitutionnelle en matière de filiation : humanisme ou aberration ? », *R.N.B.*, 2013, pp. 374 et s. Voy. encore, spécialement sur la référence à la Cour de Strasbourg, N. Gallus, « Le droit de la filiation "déconstruit" par la Cour constitutionnelle », *J.L.M.B.*, 2013, p. 1352.

17 Et, réciproquement, le mariage comme étant « la pépinière de l'État », selon une formule très ancienne (on la trouve chez M.T. Cicéron, *De Officiis*, I, I, XVII, 54), reprise par J.E.M. Portalis (« Les familles sont la pépinière de l'État et c'est le mariage qui forme les familles », présentation au Corps législatif du projet de loi sur le mariage et exposé des motifs, *Fenet*, t. 9, p. 138). Cependant, il est important de relever que ce but « reproductif » du mariage n'est qu'un effet naturel de cette institution, et que le Code civil – selon la définition du même Portalis – fait de la « communauté de vie » l'élément essentiel de l'union matrimoniale (voy. l'ouvrage sur le couple) : la filiation implique le mariage des parents, mais la validité du mariage ne requiert pas nécessairement la procréation d'enfants.

18 Voy. Ch. Giraud, « Précis de l'Ancien Droit français, (premier article) », *in Bibliothèque de l'École des Chartes*, 1851, t. 12, pp. 481-503, spéc. pp. 488 et s.

19 A. Loysel, *Institutes coutumières*, livre I, chapitre I, brocard 58 : « Enfans nés avant le mariage, mis sous le poile, sont légitimés. » (Le poile [ou poêle] est le dais sous lequel les mariés se tenaient lors du mariage).

La Révolution française[20] abolit la notion de bâtardise, admettant les enfants naturels – pourvu cependant qu'ils aient été volontairement reconnus par leurs auteurs – à partager la succession de leurs parents sur le même pied que l'enfant né dans le mariage.

Le Code Napoléon, comme souvent, fait revenir le balancier largement à droite, instituant une filiation nettement hiérarchisée, entre les enfants «légitimes» et les enfants «naturels», et, au sein de ceux-ci, une gradation descendante, de l'enfant naturel «simple» à l'«adultérin», pour finir à l'«incestueux»[21].

Cette conception dérivait à la fois de la place centrale faite par le Code civil au mariage que des incertitudes de la science à propos de la reproduction humaine[22].

Le lien de filiation était en effet à maints égards couvert de mystère, car, si le mariage n'avait pas désigné le mari de la mère comme le géniteur présumé de l'enfant[23], rien n'aurait pu le faire, faute d'analyse génétique fiable pour longtemps encore[24].

Même le moment de la conception de l'enfant était largement incertain, puisque, quand les légistes s'étaient enquis de la chose auprès des plus savants médecins, ceux de l'Académie de médecine, ils avaient reçu en réponse une dissertation où l'on pouvait lire :

> «*Le terme de la naissance a été traité par Paul Zacchias d'après les données d'Hippocrate et d'Aristote. Voici comment il discute cette [...] question : Aristote voyant qu'Hippocrate avait admis des naissances depuis sept jusqu'à onze mois, en a conclu que l'homme n'avait point de terme fixe pour la naissance comme les autres animaux. De là, quelques tribunaux ont légitimé même une naissance de treize mois. Une foule d'auteurs et de jurisconsultes ont adopté l'opinion d'Aristote ; ils l'ont appuyée sur la diversité des tempéraments[25], des saisons et des températures ; sur la capacité variée de l'utérus, sur la quantité diverse du sang ; sur la nature tout à la fois multipare et paucipare de l'espèce humaine, etc. etc.*»[26].

Dès lors, le système qui avait été élaboré était relativement simple, et tenait en trente articles assez courts.

Il pourrait se résumer ainsi : hors de la légitimité, c'est-à-dire de la conception de l'enfant par deux personnes mariées ensemble, point de salut.

---

20 Décrets des 4 juin 1792 et 2 novembre 1793 (12 brumaire An II).

21 Sur ces notions, voy. ci-dessous. La catégorie des enfants «sacrilèges», nés de prêtres ou de religieuses, ayant définitivement disparu.

22 Les développements qui suivent sont largement repris de notre étude : A.-Ch. Van Gysel, «Deux siècles de droit de la filiation», numéro spécial du bicentenaire du Code civil, *J.T.*, 2004, p. 263.

23 Adage «*Pater ist est quel nupiae demonstrant*» : *Digeste*, 2, 4, 5.

24 La découverte des groupes sanguins date de 1900 (Karl Landsteiner), celle de l'ADN date de 1953 (James Watson, Francis Cricx et Rosalind Franklin).

25 Telle était l'orthographe du temps.

26 Précis présenté par M. Fourcroy, «Sur l'époque de la naissance humaine, et sur les naissances accélérées et tardives», Discussion au Conseil d'État en présence du Premier consul, le 14 brumaire An X – 5 novembre 1801, *Fenet*, t. X, pp. 13 et s.

D'où une restriction sévère des causes de désaveu de paternité, et une extension généreuse des modes de preuve de la légitimité[27], jusques et y compris la possession d'état[28].

Dans le même temps, le statut de l'enfant naturel était volontairement défavorisé.

L'enfant naturel «simple», issu de deux célibataires[29], pouvait rechercher sa mère en prouvant «*qu'il est identiquement le même que l'enfant dont* [la mère] *est accouchée*»[30], mais la recherche de paternité était tout simplement interdite, sauf le cas de l'enlèvement[31].

L'enfant devait donc essentiellement espérer en sa reconnaissance volontaire par ses auteurs, puisque l'indication du nom de la mère dans l'acte de naissance, pourtant obligatoire[32], ne créait aucun lien de droit entre l'enfant et la femme désignée comme sa mère par l'acte.

Il devait surtout espérer leur mariage, et la légitimation qui en était la suite[33]: car «*les enfants naturels ne sont point héritiers*»[34], mais seulement successeurs irréguliers, recevant une part seulement de ce qu'ils eussent reçu s'ils avaient été légitimes, et pouvant être limités à la moitié de cette part déjà réduite, par une donation à eux faite par leurs auteurs de leur vivant[35].

Leur famille était d'ailleurs limitée à leur seuls père et mère, car ils étaient sans lien à l'égard des parents de leurs auteurs directs[36].

Encore ce statut était-il privilégié par rapport à celui des enfants «adultérins» et «incestueux»: pour eux, pas de recherche de maternité ou de maternité[37], ni même de reconnaissance possible[38].

Sans filiation, ils étaient aussi sans autre droit vis-à-vis de leurs père et mère, autre que des aliments «*réglés, eu égard aux facultés du père ou de la mère, au nombre et à la qualité des enfants légitimes*».

Et si ces père et mère venaient à mourir, leur sort était scellé par cette sentence terrible:

> «*Lorsque le père et la mère de l'enfant adultérin ou incestueux lui auront fait apprendre un art mécanique, ou lorsque l'un d'eux lui aura assuré des aliments*

---

27 Ainsi, «*[l]e mari ne pourra, en alléguant son impuissance naturelle, désavouer l'enfant; il ne pourra le désavouer, même pour cause d'adultère, à moins que la naissance ne lui ait été cachée [...]*» (art. 313).

28 Art. 320 C. civ.

29 «*Ex solutus et soluta*».

30 Art. 341.

31 Art. 340.

32 Art. 57.

33 Art. 331 à 333.

34 Art. 756.

35 Art. 761.

36 Art. 756, seconde phrase, sous la réserve de l'article 766, qui faisait succéder à l'enfant naturel mort sans postérité et dont les père et mère étaient décédés, *partim* ses frères et sœurs légitimes, *partim* ses frères et sœurs naturels.

37 Art. 342.

38 Art. 335.

de son vivant, l'enfant ne pourra élever aucune réclamation contre leur succession. »

Au bout d'un siècle, cette rigueur est apparue barbare, et le législateur a commencé à créer des expédients.

La loi du 6 avril 1908, ainsi, a élargi le champ de la recherche de maternité[39] et de paternité[40], et a créé l'action alimentaire non déclarative de filiation[41].

Celle-ci constitue un petit bijou d'hypocrisie bourgeoise[42]: supposons une domestique engrossée par le fils de ses patrons. Naturellement chassée pour avoir perverti ce pur jeune homme, elle a l'outrecuidance de lui réclamer ses frais d'accouchement et des aliments pour l'enfant.

La bonne et le jeune bourgeois sont alors convoqués par le président du tribunal: la première doit comparaître en personne, le second pourra se faire représenter pour lui éviter la honte de la comparution.

Si le bourgeois est grand seigneur, et qu'il y a accord sur la pension, les choses en restent là dans le secret du bureau présidentiel.

S'il n'est que gentilhomme, et qu'il admet les relations, tout en discutant le chiffre de la pension, le débat est traité en chambre du conseil, mais le jugement est public.

Ce n'est que si le géniteur est totalement réticent qu'il devra subir le discrédit du débat public.

De façon très surprenante, cette institution très « datée » est passée quasiment sans aucune retouche dans la loi du 31 mars 1987 et fait toujours partie de notre arsenal juridique[43], où elle connaît un relatif succès, si l'on en juge par le flux constant de jurisprudence à son sujet.

De proche en proche, le système avait ainsi lentement tourné à l'usine à gaz: autour d'un principe fondateur de légitimité qui ne convainquait plus, mais que l'on n'osait attaquer de front, le législateur avait créé mille exceptions et autres voies de contournement de la vieille idole toujours debout.

Ainsi, « *l'innovation la plus spectaculaire de la loi du 10 février 1958 a consisté à permettre que, dans certaines hypothèses privilégiées, la filiation adultérine d'un enfant soit établie par une reconnaissance volontaire* »[44] : c'est ce que l'on nommait les enfants « adultérins techniques », termes dont la rencontre paraît, avec le recul, surprenante.

---

39 Art. 341a.

40 Art. 340a.

41 Art. 340b et 340c (frais de gésine).

42 Voy. les règles de procédure relatées dans l'article 340 f.

43 Art. 336 à 341 C. civ. Cette dernière disposition indique que, même s'il n'y a pas de lien de filiation, la prohibition de l'inceste est la même que si elle était établie: on peut difficilement imaginer plus tartuffe.

44 F. Rigaux, *Les Personnes*, t. I, « Les relations familiales », Bruxelles, Larcier, 1971, n° 2825, p. 687.

De même, la loi du 21 mars 1969 avait introduit dans notre droit une institution nouvelle, la légitimation par adoption[45], dont un des buts au moins était de ramener au statut idéal d'enfants légitimes les enfants adultérins « non techniques ».

Certes, le plus éminent auteur belge, Henri De Page, défendait encore dans les années 1960 le principe de légitimité, en ces termes : « *On voit par ce qui précède que, tant que le droit successoral des enfants naturels subsistera, le système de l'action alimentaire non déclarative de filiation est le seul possible. Et lorsqu'on approfondit la question, on s'aperçoit aisément que toute l'erreur consiste précisément dans le fait d'avoir reconnu ce droit successoral. Tant qu'une société est strictement monogamique, l'enfant naturel ne devrait avoir droit* qu'à des aliments[46]. *Tout autre droit, lui permettant de s'introduire dans la famille légitime ou de s'assimiler à elle, devrait être rigoureusement proscrit. Tout le reste n'est que sentimentalisme et faux humanitarisme. Malheureusement, une pareille réforme, la seule qui soit vraiment* saine[47] *et favorable à l'union régulière, paraît impossible à l'heure actuelle. Elle heurterait trop d'esprits superficiels. L'opinion publique, la jurisprudence et même certains juristes favorisent trop, au nom d'une vague pitié romantique, l'enfant naturel et l'union libre. Lorsqu'on rapproche cet état d'esprit du fait que les enfants naturels ont déjà conquis le droit successoral, en concours avec les enfants légitimes, et de la facilité avec laquelle la jurisprudence admet de nos jours le divorce, on ne peut s'empêcher de craindre que le crépuscule de la famille légitime ne descende lentement sur nos sociétés contemporaines* »[48], mais la lance brisée en sa faveur par le dernier paladin de l'antique ordre social paraissait bien surannée.

Un tel système, devenu obsolète face à l'évolution sociale, ne pouvait plus subsister éternellement, et le coup fatal lui fut donné par le célébrissime arrêt *Marckx*, rendu le 13 juin 1979 par la Cour européenne des droits de l'homme[49].

Reprenant l'ensemble du régime discriminatoire mis en place par le droit belge pour un enfant naturel « simple », tel que relaté ci-avant[50], la Cour en concluait que les articles 8 (protection de la vie familiale), 14 (principe de non-discrimination) de la CEDH et 1er du Protocole additionnel à la Convention (protection des droits patrimoniaux), combinés entre eux, avaient été violés.

La réforme législative, mise en chantier quelques années auparavant sous le vocable de « projet 305[51] », se mit alors lentement en marche.

Celle-ci devait aboutir à la loi du 31 mars 1987, laquelle, renversant tout l'édifice antérieur, contient l'énoncé du principe d'égalité suivant :

> « *Quel que soit le mode d'établissement de la filiation, les enfants et leurs descendants ont les mêmes droits et les mêmes obligations à l'égard des père et mère et*

---

45 Cette dualité de formes d'adoption subsiste actuellement dans notre droit, sous les noms d'adoption simple et d'adoption plénière.

46 Souligné par l'auteur.

47 *Idem.*

48 H. De Page, *Traité élémentaire de droit civil belge*, t. Ier, 3e éd., Bruxelles, Bruylant, 1962, n° 1121, p. 1180.

49 *Rev. trim. dr. fam.*, 1979, p. 227.

50 Voy. not. les points 14 à 17 de l'arrêt.

51 *Doc. parl.*, Sénat, 1977-1978, n° 305.

de leurs parents et alliés, et les père et mère ont les mêmes droits et mêmes obligations à l'égard des enfants et de leur descendance»[52].

Cependant, si les termes de «légitime», de «naturel» et d'«adultérin» avaient effectivement disparu du Code, l'article 334 était loin de dire toute la vérité.

Tout d'abord, l'égalité proclamée n'existe qu'au niveau des effets de la filiation, non de son établissement.

Quant à celle-ci, on observe une différence très nette entre la maternité, désormais placée sous la bannière frappée de l'adage *mater semper certa*, et la paternité, dont l'établissement est, en dehors du mariage, soumis à d'importants aléas.

Pour ne prendre que deux exemples imagés, considérons, d'une part, un enfant trouvé, devenu adulte et riche, qui voit se présenter à sa porte deux mendiants, qui sont ses père et mère qui le veulent reconnaître et lui demander des aliments.

Sous l'empire de la loi de 1987, le fils pourra sans danger claquer la porte au nez de son géniteur[53], tandis que sa mère triomphera sans obstacle, à tout le moins dans sa volonté de reconnaître tardivement son enfant[54].

D'autre part, imaginons une mère qui désire élever son enfant en amazone, mais avec le secours, strictement limité aux finances, du géniteur.

Il peut, nous l'avons vu, diriger contre lui une action alimentaire non déclarative de filiation[55], reprise de la loi du 6 avril 1908, et, en même temps, si le défendeur désire alors assumer la totalité de son rôle paternel, refuser son consentement à la reconnaissance de son enfant[56].

Mais, même quant aux effets de la filiation, l'article 334, contenant le principe d'égalité des enfants, base de la réforme de 1987, est pris en défaut, notamment par les dispositions qui le suivent immédiatement, et qui portent des règles particulières pour l'«*enfant conçu pendant le mariage par l'un des époux et une autre personne que son conjoint*», qui n'est cependant plus «adultérin»[57], tout comme le père du *Bourgeois gentilhomme* n'était point marchand de draps, mais amateur d'étoffes, dont il faisait profiter ses amis, pour de l'argent…

Une condamnation de la nouvelle loi par la Cour de Strasbourg était probable à terme, quand «*un jeune et talentueux auteur*»[58] signala à l'attention des juristes belges une piste plus proche et plus aisée: celle de la Cour d'arbitrage.

---

[52] Art. 334 C. civ.

[53] Art. 319, § 2.

[54] Art. 313.

[55] Art. 336 et s.

[56] Art. 319, § 3.

[57] Voy. la critique de la nouvelle terminologie par M. Hanotiau, «Les effets, en matière successorale, de la loi du 31 mars 1987 sur la filiation», *Rev. dr. ULB*, 1990, p. 38, note (3).

[58] Il s'agit de F. Tulkens, alors très jeune assistant, dans son étude «La filiation paternelle hors mariage, éléments de jurisprudence», *Journ. Proc.*, 1990, p. 14, et l'expression est de J. De Gavre, dans l'article qu'il signe sous le titre «Le principe d'égalité dans le droit de la filiation: limites, exceptions et contrôle» à la *Rev. dr. ULB*, 1990, n° 3, p. 15.

En effet, la loi spéciale du 6 janvier 1989 a ouvert à tous les plaideurs la possibilité de faire poser par la juridiction saisie une question préjudicielle à la cette Cour, portant sur la compatibilité d'une norme légale, tel un article du Code civil, avec les principes d'égalité des Belges devant la loi et de non-discrimination, contenus dans les articles 10 et 11[59] de la Constitution[60].

Ils ne s'en sont pas privés, et la matière de la filiation est probablement celle, au sein du droit civil, qui a fait l'objet du plus grand nombre d'arrêts, dont un nombre important constatait, en effet, une discrimination dans notre législation.

À telle enseigne que le droit de la filiation nous était apparu, dès 1994, littéralement décomposé[61] par l'effet de cette jurisprudence.

Les universités, et notamment l'Unité de droit familial de l'ULB, se concertèrent alors pour élaborer un projet de loi qui intègre les divers arrêts de la Cour d'arbitrage – sans toutefois toujours adopter la solution proposée par la Cour –, et ce travail aboutit à la loi du 1er juillet 2006.

Il est quelque peu regrettable qu'au lieu d'abroger la loi de 1987 et d'écrire une législation totalement nouvelle, il ait été préféré de conserver le système ancien en le modifiant point par point.

Cela est d'autant plus vrai que la structure de la loi de 1987 au sein du Code civil – conservée en 2006 – était tout sauf limpide : passant de l'établissement de la filiation maternelle à celui de la filiation paternelle, vers des dispositions générales sur cet établissement, qui eussent dû logiquement les précéder, le Code civil énumère ensuite des règles procédurales qu'on aurait pensé trouver dans le Code judiciaire, au surplus divisées en règles générales et actions particulières, pour terminer par les effets de la filiation – mais, en réalité, uniquement le nom – et l'action alimentaire non déclarative de filiation, véritable cœlacanthe juridique.

Il est résulté de ce « replâtrage » sur une structure bancale un texte, certes substantiellement cohérent, mais d'apparence assez anarchique.

On aurait pu cependant espérer que cette nouvelle législation, établie pour mettre le droit belge en conformité avec la jurisprudence de la Cour, devenue constitutionnelle, réussirait en tous points le test de constitutionnalité.

Il n'en fut rien, et les arrêts de déclaration d'inconstitutionnalité ont (re-)commencé à pleuvoir sur le droit belge de la filiation, au point qu'au terme de près de quarante arrêts, la filiation est certainement le domaine du droit belge au sujet duquel la Cour constitutionnelle s'est le plus souvent prononcée, et prononcée dans le sens d'une déclaration d'inconstitutionnalité.

Cependant, au-delà de cette « destruction massive », il convient de noter que la nature même des critiques a changé et est devenue plus fondamentale.

---

59 Anciennement, avant la réforme constitutionnelle de 1994, art. 6 et 6*bis*.

60 Le champ du contrôle constitutionnel a été élargi par la loi du 9 mars 2003, *M.B.*, 11 avril 2003.

61 A.-Ch. Van Gysel, « Le droit belge de la filiation décomposé », note sous C.A., 14 juillet 1994, *J.T.*, 1995, p. 701.

Comme l'exprimait un membre éminent de la Cour constitutionnelle, le professeur Paul Martens[62] :

> « *Ce que confirme également la Cour, c'est son allergie aux législations qui, partant d'un objectif louable, croient pouvoir le réaliser par des interdictions totales, des irrecevabilités absolues, des présomptions irréfragables. Qu'il s'agisse de matières aussi diverses que les amendes*[63]*, les interdictions professionnelles*[64] *ou les reconnaissances d'enfants, quand elle est interrogée par un juge qui répugne à devoir s'incliner devant l'automatisme d'une sanction ou d'une interdiction, il n'est pas rare que la Cour, tout en approuvant l'objectif poursuivi par la loi, la condamne en ce qu'elle enlève au juge le pouvoir d'apprécier si, dans l'hypothèse qui lui est soumise, elle n'a pas des effets désastreux. C'est la victoire du* summum jus summa injuria *sur* dura lex sed lex.»

Sans répondre à la Cour et à M. Martens, avec Goethe[65] : « *Je préfère une injustice que tolérer un désordre* », il nous semble cependant que la jurisprudence de la Cour suprême ferait bien de s'inspirer de la réflexion suivante de la Cour de cassation, qui, dans son arrêt du 11 juin 2010[66], fait, selon nous, entendre la voix de la sagesse face à la menace d'insécurité juridique que fait peser le mouvement de rejet généralisé des normes légales en matière de filiation, opéré par la Cour constitutionnelle.

Statuant sur la branche de pourvoi qui invoquait l'article 7 de la Convention relative aux droits de l'enfant, qui édicte que l'enfant a le droit, dans la mesure du possible, de connaître ses parents et d'être élevé par eux, et après avoir estimé que cette disposition n'était pas suffisamment précise et complète pour pouvoir lui donner un effet direct, la Cour de cassation estime qu'« *[...] il n'appartient pas au juge d'écarter la protection des intérêts de l'enfant imposée par le législateur au bénéfice d'une appréciation personnelle qu'il considère comme plus appropriée* »[67].

En d'autres termes, la paix des familles ne nous semble pas une vieille lune obsolète, mais, au contraire, l'expression particulière, au sein du droit familial, d'un principe fondamental – mais sans doute un peu oublié –, celui de la sécurité juridique à laquelle peuvent s'attendre les personnes.

Il en va d'autant plus ainsi que l'effet général du courant de pensée et de jurisprudence exprimé par le professeur Martens aboutit en fait à ceci : puisqu'il n'y a plus de règle absolue, alors « tout est possible »[68] ; et toute personne pourra à

---

[62] P. MARTENS, « Inceste et filiation : égalité et tabou », *J.L.M.B.*, 2012/27, pp. 1286 et s.

[63] Arrêts n°s 40/97, 40/97, 128/99, 86/2007, 157/2008, 42/2009 pour les amendes administratives, arrêts n°s 138/2006, 165/2006, 199/2006, 81/2007, pour les amendes en matière de douanes et accises, arrêt n° 9/2008 pour les amendes en matière de TVA.

[64] Arrêts n°s 119/2006, 144/2007, 70/2012.

[65] J. W. VON GOETHE, « Le siège de Mayence », texte autobiographique.

[66] Cass., 11 juin 2010, *Rev. trim. dr. fam.*, p. 119.

[67] A.-Ch. VAN GYSEL, « Examen de jurisprudence "Les Personnes" (2003-2011) "La Filiation" », *R.C.J.B.*, 2011, p. 409, spéc. n° 13, p. 451.

[68] *Cf.* F. DOSTOÏEVKY, *Les Frères Karamazov* : « *Si Dieu n'existe pas, alors tout est possible.* »

tout moment remettre en cause une situation juridique, aussi ancienne et consacrée socialement soit-elle, puisque cette personne peut avoir l'espoir – oserions-nous dire «raisonnable»? – que la Cour constitutionnelle la prendra en pitié, et écartera la règle légale abstraite au profit de l'équité concrète, au nom de l'«intérêt de l'enfant», tel que discerné *in concreto* par la juridiction.

Et si un plaideur a un intérêt à introduire un recours, nul doute qu'il le fera...

On sera donc passé d'un système, sans doute imparfait comme toute œuvre humaine, mais équilibré et cohérent, étant la loi de 2006, à un système incohérent, celui de «mater semper bona», résultant de l'addition des divers arrêts rendus par la Cour constitutionnelle dans le domaine du droit de la filiation depuis l'entrée en vigueur de la loi de 2006; puis, ensuite, à «plus de système du tout», c'est-à-dire au juge appréciant les demandes qui lui sont faites à l'aune de principes heuristiques sans contenu concret[69].

Contrairement à ce qu'affirme le professeur Martens, une telle situation, dans une matière aussi fondamentale que celle de la filiation, ne nous semble pas éloignée du Gouvernement des juges.

Et, quel que soit le respect que nous ayons pour les magistrats, dont le travail de transposition de la norme abstraite au cas concret est capital, il ne nous paraît pas envisageable, dans une société démocratique, qu'ils se prononcent autrement qu'en appliquant des normes dont le contenu substantiel a été défini par des représentants de la nation, seuls légitimement habilités à ce faire, et dont la teneur, connue du public, ou à tout le moins des praticiens du droit familial, permet au citoyen d'avoir un comportement dont les conséquences peuvent être raisonnablement prévisibles.

De plus, nous pensons[70] que la voie sur laquelle la Cour s'avance crée «en creux» un nouveau système qui n'est pas meilleur que celui de 1987, et bien moins bon que celui de 2006.

On peut en effet **synthétiser ainsi la pensée de la Cour** (nous exprimons nos réflexions à l'égard de cette jurisprudence en *italique*)[71] :

L'intérêt de l'enfant est la pierre de touche essentielle des actions en matière de filiation, comme dans toutes les décisions relatives à l'enfant (*on peut lire,* muta-

[69] Voy. A.-Ch. VAN GYSEL, «L'intérêt de l'enfant: mythe et réalité», *in Actualités de droit familial, le point en 2001*, CUP, vol. 49, 2001, p. 173. Voy. aussi, sur le concept d'intérêt supérieur de l'enfant, les sages réflexions de J. ZERMATTEN, président du Comité des droits de l'enfant, dans son *working report*, 2003-3, intitulé «L'intérêt de l'enfant, de l'analyse littérale à la portée philosophique», que nous relaterons dans la section 9 ci-dessous.

[70] Ce qui suit, jusqu'à la fin de la section, a été développé dans notre article: A.-Ch. VAN GYSEL et N. GALLUS, «Les décisions récentes de la Cour constitutionnelle en matière de filiation: humanisme ou aberration?», *R.N.B.*, 2013, pp. 374 et s., spéc. pp. 403 et s., d'où provient le passage que nous reproduisons ici. On lira encore les analyses – que nous partageons – de N. GALLUS, «Le droit de la filiation "déconstruit" par la Cour constitutionnelle», *J.L.M.B.*, 2013, p. 1352.

[71] On lira aussi avec profit la claire synthèse réalisée par J. SOSSON, «Les actions relatives à la filiation: tableaux synthétiques. Que reste-t-il de nos amours?», *in États généraux de la famille II*, Bruxelles-Limal, Bruylant-Anthemis, 2016, pp. 37 et s.

tis mutandis, *une application... particulière de ce principe dans un tout récent jugement d'une autre juridiction, le tribunal administratif de Dijon, dans une affaire de cantine scolaire [décision du 25-28 août 2017, n*[os] *1502100 et 1502726) : l'intérêt de l'enfant impliquerait le maintien de plusieurs menus alternatifs]*).

Tout ce qui empêche, de façon absolue, le juge de pouvoir apprécier cet intérêt est inconstitutionnel.

Et, donc, la limitation de l'examen du juge à un contrôle marginal (étant une filiation « manifestement » contraire à l'intérêt de l'enfant) doit être écartée.

(*Même si l'article 7.1 de la CIDE porte que « 1. L'enfant est enregistré aussitôt sa naissance et a dès celle-ci le droit à un nom, le droit d'acquérir une nationalité et, dans la mesure du possible, le droit de connaître ses parents et d'être élevé par eux », ce dont on peut, selon nous, logiquement déduire qu'une double filiation est donc présumée par ce texte supranational, être conforme à l'intérêt de l'enfant*).

(Et peu importe à la Cour toutes les situations où aucun contrôle judiciaire n'est effectué [filiation maternelle – mater semper certa, ergo mater semper bona *–, ou accord de la mère sur la reconnaissance par n'importe quel homme, géniteur ou non, bon père ou pas], aussi bien que celles où le contrôle de la Cour porte sur un autre élément [cas de l'existence d'une possession d'état dans le désaveu de paternité], qui est déclaré inconstitutionnel : l'intérêt de l'enfant à conserver un lien avec le non-géniteur qui l'a cependant élevé n'est alors absolument pas examiné, même marginalement, mais cela n'importe pas à la Haute Juridiction.)*

Les délais imposés à l'enfant sont des obstacles absolus à la prise en considération de son intérêt et doivent donc être écartés.

Et cela même si l'enfant est majeur : son intérêt ne décroît pas avec sa majorité, « bien au contraire ».

*(Peu importe que l'article 22*bis *de la Constitution, comme aussi la CIDE, ne protège que des enfants, entendus comme étant des personnes de moins de 18 ans.)*

Par contre, les délais imposés aux autres personnes – mère, père légal ou biologique – sont validés, car ils ne sont que des obstacles temporaires, l'enfant pouvant toujours agir par la suite, puisqu'il n'a pas de délai.

(Peu importe que cette action soit purement hypothétique et dépende du fait que l'enfant soit averti de ce que telle personne est/n'est pas son père ; comme aussi le fait que l'on pourrait également opposer cet argument dans le cas où c'est l'enfant qui agit : une autre personne [p. ex., le géniteur non encore informé] pourrait encore mettre une action en branle si l'enfant est déclaré forclos.)

Seuls les cas où le délai est déjà écoulé quand le titulaire de l'action est informé de l'élément qui devrait le faire agir – sa paternité ou non-paternité –, sont (logiquement) jugés inconstitutionnels.

Le fait que les personnes qui ont consenti à la reconnaissance – mère et reconnaissant – ne puissent plus la contester, sauf si leur consentement a été vicié, est validé.

(Bien que le juge ne puisse pas, dans ce cas, examiner si la reconnaissance était – ou pas – dans l'intérêt de l'enfant.)

Enfin, la possession d'état, dans son rôle de renforcement d'un lien légal de filiation, est jugée un obstacle inconstitutionnel.

(Même si le juge ne peut alors qu'examiner s'il existe – ou non – un lien biologique entre le père légal et l'enfant, mais pas si la conservation de ce lien ne serait pas de l'intérêt de l'enfant.)

*(Cette possession d'état peut-elle malgré tout conserver un rôle dans l'appréciation de l'intérêt de l'enfant ? Conserve-t-elle son rôle de preuve indirecte de la filiation [art. 324 C. civ.] et de suspension des délais [art. 331*ter *C. civ.] ? Mystère !)*

La structure complexe de ce titre du Code civil, la réforme de 2006 brochant sur celle de 1978, la jurisprudence de la Cour constitutionnelle formaient déjà un état du droit difficile à exposer clairement.

Mais le législateur est, en plus, récemment intervenu par trois fois pour modifier le droit de la filiation, pour des raisons qui n'ont que peu à voir avec cette institution, mais qui sont la conséquence de choix politiques faits dans d'autres domaines.

Ces interventions ponctuelles n'ont évidemment pas simplifié un tableau déjà singulièrement complexe.

Ainsi, le Parlement a institué en droit belge un nouveau concept, la **comaternité**, par une loi du 5 mai 2014, «corrigée» par une loi «réparatrice» du 18 décembre 2014.

Cette institution permet de créer, sans intervention d'un juge, un double lien de filiation entre un enfant et un couple de femmes, chose qui n'était jusque-là possible que par le recours à l'adoption, lien de nature ostensiblement civile et non biologique.

Nous verrons plus bas, dans la section consacrée à cette nouvelle notion[72], comment elle s'articule dans le contexte général du droit belge de la filiation ; et combien elle en défigure l'aspect, puisque, d'une part, elle utilise une structure basée sur l'engendrement biologique bisexué pour créer un lien homosexuel sans fondement biologique, et, d'autre part, elle rompt délibérément toute symétrie, puisque les couples d'hommes doivent, eux, toujours avoir recours à l'adoption pour devenir ensemble les parents d'un même enfant.

Ensuite, le législateur a pris en compte l'évolution de la jurisprudence de la Cour de Strasbourg sur le **changement de sexe**.

Par un arrêt du 10 mars 2015, en cause *Y. Y. c. Turquie* (req. n° 14.793/08, consultable sur le site Hudoc), la Cour européenne des droits de l'homme a, en effet,

---

[72] Section 5.

estimé qu'il était contraire à l'article 8 de la Convention d'exiger une opération chirurgicale enlevant à la personne transsexuelle sa capacité à procréer, avant de l'autoriser à modifier légalement son sexe.

Comme la loi belge de 2007 sur le changement de sexe contenait exactement la même exigence, on pouvait en déduire qu'elle était également contraire à la Convention européenne des droits de l'homme.

Aussi, le législateur, suivant une initiative de l'*Equality Law Clinic* de l'ULB, a adopté une loi le 25 juin 2017, laquelle supprime toute condition de suppression des capacités reproductives de la personne, et permet la modification de l'état civil au regard du sexe, par simple déclaration performative de cette personne, auprès de l'officier de l'état civil dès lors qu'il « *a la conviction que le sexe mentionné dans son acte de naissance ne correspond pas à son identité de genre vécue intimement* »[73].

Ayant conservé les fonctions reproductives de son sexe initial, il s'ensuit logiquement qu'il peut engendrer biologiquement par l'exercice de ses fonctions, alors qu'il a acquis une nouvelle identité de sexe, et qu'il peut éventuellement être uni à une autre personne, de l'un ou de l'autre.

Ces situations juridiques nouvelles ont commandé des règles nouvelles pour caractériser les liens de filiation intervenant dans ce contexte : nous les aborderons dans une section particulière ci-après[74].

Enfin, la lutte contre les **reconnaissances de complaisance**, qui sont une des « voies de contournement » des normes réprimant les mariages simulés[75], a conduit le législateur a modifier la législation sur la reconnaissance et à établir, le 19 septembre 2017[76], un nouvel article 330/1, portant qu'« *[e]n cas de déclaration de reconnaissance, il n'y a pas de lien de filiation entre l'enfant et l'auteur de la reconnaissance lorsqu'il ressort d'une combinaison de circonstances que l'intention de l'auteur de la reconnaissance vise manifestement uniquement l'obtention d'un avantage en matière de séjour, lié à l'établissement d'un lien de filiation, pour lui-même, pour l'enfant ou pour la personne qui doit donner son consentement préalable à la reconnaissance* », et permettant, dans ce cas, à l'officier de l'état civil de refuser d'acter ladite reconnaissance[77].

---

73 Art. 62*bis* C. civ.

74 Section 6.

75 Sur cette problématique, qui inclut outre les mariages « blancs » et les reconnaissances de complaisance visées ici, également les cohabitations légales fictives, et la reconnaissance en Belgique d'actes de mariages, de partenariats enregistrés, ou de reconnaissances de paternité, fictivement dressés à l'étranger, voy. notre ouvrage consacré au couple.

76 Voy. aussi circulaire du 21 mars 2018, *M.B.*, 26 mars 2018, p. 29599.

77 Dans ce cas, c'est l'action en recherche de filiation qui constitue le recours ouvert au candidat à la reconnaissance pour établir sa filiation : le tribunal de la famille doit alors vérifier si le candidat est biologiquement le géniteur de l'enfant et, dans l'affirmative, si l'établissement de la filiation n'est pas contraire à l'intérêt de celui-ci (art. 332*quinquies*).

Cette législation, qui se présente comme un décalque des normes visant le mariage fictif[78] et la cohabitation légale fictive[79], présente à nos yeux deux défauts dirimants :

- elle fait fi de la réalité biologique de l'engendrement, et du droit, consacré par la CIDE[80], de voir cet engendrement reconnu juridiquement par un lien de filiation, comme aussi de la composante « socio-affective » de l'institution, qui permet, hors du contexte du droit au séjour, à un homme de créer par une reconnaissance de complaisance un lien de filiation avec l'enfant de sa compagne[81], sans devoir recourir à l'adoption ;
- elle oblige tous les candidats à la reconnaissance, c'est-à-dire la moitié des pères de Belgique, à déposer un dossier préalable à la reconnaissance, alors que celle-ci devrait, dans une perspective d'équilibre entre les deux branches de la filiation, être la plus simple possible.

Nous reviendrons sur cette dernière loi – dont il est moins que certain qu'elle soit reconnue constitutionnelle[82] – lorsque nous aborderons la reconnaissance de paternité.

Aux dernières nouvelles, il semble que le ministre de la Justice, dans son projet général de bouleversement de tout le droit belge, envisage une troisième réforme complète du droit de la filiation, afin de le rendre conforme aux canons de la jurisprudence constitutionnelle.

L'avenir dira si ce projet aboutira, et, dans l'affirmative, si le nouveau texte trouvera grâce auprès des censeurs de la place des Palais.

Section 3
Établissement de la filiation

§ 1. Principes généraux de l'établissement de la filiation

L'établissement de la filiation, dans ses deux branches maternelle et paternelle, est considéré comme un droit fondamental de l'enfant, et, donc, comme un bien pour lui, par l'article 7.1 de la Convention des droits de l'enfant du 20 novembre 1989, qui s'exprime en ces termes :

> « ***L'enfant*** *est enregistré aussitôt sa naissance et* ***a*** *dès celle-ci le droit à un nom, le droit d'acquérir une nationalité et, dans la mesure du possible,* ***le droit de connaître ses parents*** *et d'être élevé par* ***eux****.* »

---

78 Art. 146*bis* C. civ.

79 Art. 1476*bis* et s. C. civ.

80 Art. 7.1 : « *L'enfant est enregistré aussitôt sa naissance et a, dès celle-ci, le droit à un nom, le droit d'acquérir une nationalité et, dans la mesure du possible, le droit de connaître ses parents et d'être élevé par eux.* »

81 Enfant qui n'aurait, par hypothèse, pas de filiation paternelle établie.

82 Un recours en annulation a d'ailleurs été déposé devant le Cour constitutionnelle par onze organisations (J.C. Matgen, « La loi contre les reconnaissances frauduleuses d'enfant attaquée devant la Cour constitutionnelle », *La Libre Belgique*, 20 mars 2018).

L'établissement de la filiation suppose la réunion cumulative de plusieurs conditions.

Une condition positive : que l'enfant ait été biologiquement[83] engendré par ses père et mère juridiques[84].

Quatre conditions négatives :

- que l'engendrement ne soit pas la suite d'un viol[85] ;
- selon le texte légal[86], que l'établissement de la filiation ne fasse pas apparaître un inceste absolu[87]. La Cour constitutionnelle a cependant décidé[88], au nom de l'intérêt des enfants, qu'une action judiciaire en établissement de paternité pouvait être intentée, après la mort du géniteur, pour établir la filiation paternelle de deux enfants à l'égard de ce géniteur, frère utérin de la mère, envers laquelle la filiation maternelle des enfants était établie de plein droit, ce qui déterminait un inceste absolu[89] ;
- que l'établissement de la filiation ne soit pas manifestement contraire à l'intérêt de l'enfant[90] ;
- qu'il n'ait pas pour but unique de faire obtenir au reconnaissant[91] un avantage en matière de séjour sur le territoire belge.

§ 2. Établissement de la filiation maternelle

La maternité est presque toujours établie de plein droit : l'instauration de l'adage « *mater semper certa* »[92] en droit belge est sans doute la plus importante

83 Cet engendrement biologique étant différent pour le père (gamètes) ou la mère (accouchement).

84 Ce principe connaît cependant des exceptions : ainsi, le mari de la mère est présumé père biologique, donc, légal, de l'enfant de son épouse ; et il n'est demandé par l'officier de l'état civil preuve de sa paternité biologique à l'homme qui désire reconnaître un enfant, s'il dispose du consentement de la mère et/ou de l'enfant, suivant l'âge de celui-ci.

85 Ce qui ne concerne que les pères, et seulement ceux qui ne sont pas mariés avec la mère de l'enfant.

86 Art. 321 (reconnaissance) et 325 (recherche de filiation) C. civ. La paternité établie de plein droit est en principe impossible, puisque ces personnes ne peuvent, selon le texte légal, se marier.

87 Ce qui prohibe, en réalité, l'établissement de la seconde filiation – on n'est pas incestueux tout seul ! – donc, en fait, la filiation paternelle.

88 Arrêt n° 103/2012 du 9 août 2012. Voy. notre commentaire : A.-Ch. Van Gysel, « La fin de l'interdit de l'inceste en droit belge ? », *A.D.F.*, 2012, p. 152.

89 Il s'agissait donc d'un inceste biologique, et non d'un inceste relationnel (des arrêts avaient condamné la législation relative à l'inceste relationnel, et la législation avait été adoptée en conséquence). Il est à noter que, dans le cas d'espèce, le frère et la sœur étaient cohabitants légaux, et que le géniteur n'avait jamais reconnu les enfants, ce qu'il aurait sans doute pu facilement – bien qu'illégalement – faire, puisque les deux parents portant des noms différents, l'officier de l'état civil n'y aurait vu que du feu. Il semble donc possible que le géniteur défunt n'ait pas cru qu'il était de l'intérêt des enfants d'avoir une filiation à son égard, compte tenu de l'inceste que révélerait cette reconnaissance.

90 Cette condition n'étant vérifiée que dans le chef du père – *mater semper certa, ergo mater semper bona* – et seulement s'il n'est pas marié à la mère et que celle-ci (ou l'enfant) conteste ce point.

91 Cette condition ne concerne que l'établissement de la filiation par voie de reconnaissance, et non de plein droit ou par voie judiciaire.

92 « La mère est toujours certaine. »

conséquence de la condamnation de la Belgique par la Cour de Strasbourg dans l'arrêt *Marckx* de 1979[93].

C'est la **mention du nom de la mère dans l'acte de naissance de l'enfant** qui établit la filiation maternelle[94].

Or cette mention est une de celles qui doivent obligatoirement figurer dans l'acte de naissance, en vertu de l'article 57, 2°.

La conjugaison de ces deux dispositions a pour effet l'établissement automatique de la filiation maternelle entre l'enfant et la femme qui a accouché de lui[95].

Il en résulte aussi que les deux autres modes d'établissement de la filiation maternelle, qui sont de nature subsidiaire[96], ne recouvrent que des hypothèses très rares, et qui supposent donc des circonstances extraordinaires.

La plus fréquente – et la plus «normale» – de ces hypothèses est la reconnaissance anténatale de l'enfant par sa mère, concomitante à la reconnaissance anténatale du même enfant par le père, compagnon non marié à la mère.

On peut imaginer aussi un accouchement anonyme «sous X», tel qu'il peut[97] être pratiqué en France, en Italie, au Luxembourg et en République tchèque.

Ce mécanisme est le plus souvent le «véhicule» d'une gestation pour autrui, ainsi qu'on le verra plus loin[98].

Enfin, si l'enfant est abandonné à la naissance ou que l'enfant n'est pas déclaré à l'état civil – comportements illégaux, mais qui adviennent –, il tombe sous le sens que le nom de la mère ne pourra pas être mentionné dans l'acte de naissance.

Dans ces cas, la mère pourra reconnaître l'enfant[99], aux conditions générales de la reconnaissance, énoncées par l'article 329*bis*, que nous ne commenterons pas ici, mais bien dans le point consacré à la reconnaissance paternelle, incomparablement plus fréquente.

Si l'enfant n'a de filiation maternelle ni de plein droit ni par reconnaissance, ou si l'indication du nom de la mère dans l'acte de naissance est fausse, alors

---

93 À cette époque, la mention du nom de la mère dans l'acte de naissance de l'enfant n'établissait le lien de filiation que dans le cadre de la filiation «légitime», mais non dans celui de la filiation «naturelle»: il en résultait que la mère devait, pour établir un lien entre son enfant et elle, soit le reconnaître volontairement, soit l'adopter, deux solutions pareillement insatisfaisantes. La réforme de 1987 va rendre la reconnaissance inutile, et l'adoption est, quant à elle, devenue interdite dans ce cas (voy. le chapitre III relatif à l'adoption).

94 Art. 312.

95 C'est en effet l'accouchement qui est le fait biologique retenu comme pertinent pour déterminer la maternité (mère gestatrice), indépendamment des gamètes (mère génétique), ainsi qu'on le verra à la section consacrée à la procréation médicalement assistée. Les articles 55 et 56 font clairement référence à l'accouchement, même si ni l'article 57 ni l'article 312 n'expriment explicitement la chose.

96 Art. 313: «*Si le nom de la mère n'est* pas *mentionné...*».

97 Ou a pu: nous ne garantissons pas l'actualité de ces informations de droit comparé.

98 Voy. la section relative aux procréations médicalement assistées.

99 Art. 313.

l'enfant peut agir en établissement judiciaire de sa filiation maternelle, en prouvant celle-ci – c'est-à-dire en prouvant l'identité de la personne qui a accouché de lui – par toute voie de droit[100].

De nouveau, les règles de droit, comme, en l'espèce, celles de l'article 332*quinquies*, s'appliquent, et à nouveau nous verrons ces normes dans le cadre de l'établissement de la filiation paternelle, où elles ont un champ consistant d'application.

§ 3. Établissement de la filiation paternelle

A. Établissement de la filiation paternelle de plein droit

La filiation paternelle n'est établie de plein droit qu'en relation avec le mariage, car seul le mariage peut désigner le père, selon l'adage *pater ist est quem nuptiae demonstrant*[101].

En effet, seul le mariage impose à la femme mariée une obligation de cohabitation et surtout de fidélité, obligations qui, si elles sont respectées – ce que l'on peut raisonnablement et, donc, légalement présumer – désignent en toute logique son mari lorsqu'elle met au monde un enfant.

Cette présomption manque de fondement – et n'existe donc pas – dans le cas de personnes vivant en couple, mais non astreintes à la fidélité, comme le sont les cohabitants légaux et *a fortiori* les concubins.

Pour les personnes mariées de même sexe, la problématique est plus complexe : il n'y a évidemment pas de fondement biologique à une telle présomption, dans ce cas, mais elle pourrait alors s'appuyer sur un autre fondement, étant la parenté intentionnelle.

Une présomption de comaternité[102] serait en effet possible – et elle existe dans d'autres pays – afin de créer un lien de plein droit entre l'enfant et l'épouse de sa mère gestatrice.

Tel n'a cependant pas été le choix de la Belgique, et seule l'adoption permet à un couple de même sexe d'être les parents d'un même enfant.

---

100 Art. 314.

101 « Le père est celui que le mariage indique. » Voy. le *Digeste*, 2, 4, 5.

102 Une présomption de copaternité est plus difficile à réaliser : voy. ci-dessous, la section relative aux PMA, puisque seule une femme peut accoucher d'un enfant, et qu'elle est, comme on l'a vu, de ce fait automatiquement désignée comme mère de l'enfant. Un homme peut certes y ajouter sa paternité, mais non deux : si deux hommes reconnaissent successivement un même enfant – la loi n'envisageant toutefois pas l'hypothèse d'une double reconnaissance concomitante –, alors seule la première reconnaissance en date produit ses effets (art. 329). Demeure l'hypothèse d'un homme, marié à un autre homme, et reconnaissant un enfant né d'une mère (porteuse) inconnue : dans ce cas, on pourrait imaginer qu'une présomption de copaternité soit mise en œuvre. Mais, comme nous l'avons relevé, ce n'est pas cette voie qui a été choisie par la loi belge, qui a privilégié l'adoption, laquelle met « sur le même pied » les couples d'hommes et de femmes.

Le principe est que la présomption existe – sauf désactivation – dès lors qu'au moins un jour de la période légale de conception coïncide avec le mariage, ou que la naissance de l'enfant ait lieu durant le mariage[103].

Cette période légale de conception s'étend du 300e au 180e jour avant la naissance[104].

Ce sont évidemment les deux bornes temporelles du début et de la fin du mariage qui présentent les cas limites les plus intéressants.

Si l'on regarde vers le début du mariage, la présomption ne devrait, en toute logique, jouer que pour l'enfant né plus de cent quatre-vingts jours après le mariage, puisque telle est la période minimale légale de grossesse ; mais la présomption existe dès le jour du mariage : il suffit donc que l'enfant soit né durant le mariage pour être l'enfant du mari, même s'il a, d'évidence, été conçu avant celui-ci.

Cette présomption, dite justinienne, repose sur le fait que, si un homme épouse une femme enceinte, c'est qu'il sait – ou croit – qu'il est le père de l'enfant qu'elle porte, et que le couple – du moins dans la conception d'avant 1987 – veut « réparer sa faute » en donnant d'emblée un statut « légitime » à l'enfant[105].

Si l'on regarde au contraire vers la fin du mariage, l'enfant né durant le mariage, et dans les premiers trois cents jours qui suivent le divorce ou le décès, a pour père le mari, puisqu'à au moins un moment de sa période légale de conception, sa mère était mariée[106].

Si l'on cumule les deux hypothèses du « début » et de la « fin » du mariage, il peut y avoir un concours de présomptions, puisque l'enfant peut être né à la fois moins de trois cents jours après la fin du premier mariage, et dans le second mariage.

En effet, depuis 1987, la femme divorcée ou veuve peut se remarier immédiatement ; auparavant, pour éviter « la confusion de part »[107], elle devait attendre un « délai de viduité »[108] de trois cents jours.

Dans ce cas, l'enfant est présumé être du second mari[109] : la loi présume que le premier couple a divorcé à la suite de l'adultère de la femme, et que son amant était le second mari.

---

[103] Art. 315.

[104] Art. 326.

[105] Notons que la « légitimation par mariage » avait, avant 1987, un domaine à la fois différent (elle ne concernait pas l'établissement de la filiation, mais le statut de l'enfant) plus large, puisque tout enfant né d'une mère et d'un père célibataire, dont la double filiation était établie (par reconnaissance, donc), était légitimé automatiquement par le mariage postérieur de ses parents.

[106] Et pour autant qu'aucune des causes de « désactivation » de la présomption ne soit présente.

[107] Incertitude sur l'identité du père, que l'état de la génétique humaine ne pouvait lever.

[108] Interdiction de remariage.

[109] Art. 317.

Cependant, si le premier mari conteste victorieusement cette présomption, alors c'est le second mari qui est présumé le père, sauf à lui à le désavouer également.

Cette présomption légale de paternité se trouve, depuis 2006[110], « désactivée », c'est-à-dire légalement supprimée, lorsque l'une[111] des situations suivantes se trouve réalisée :

- l'enfant est né plus de trois cents jours après la disparition du mari, par la suite considéré comme « présumé absent », au sens strict du terme[112] ;
- l'enfant est né plus de trois cents jours après que les époux ont été autorisés à vivre séparément, dans le cadre d'un divorce pour cause de désunion irrémédiable[113] ;
- l'enfant est né plus de trois cents jours après le dépôt de la requête en divorce par consentement mutuel ;
- l'enfant est né plus de trois cents jours après l'ordonnance rendue par le juge de paix sur la base de l'article 223 du Code civil (entente perturbée des époux) autorisant les parties à vivre séparément, et moins de cent quatre-vingts jours après la fin des mesures, par échéance du terme fixé par le juge[114] ou reprise de la vie commune ;
- l'enfant est né plus de trois cents jours après la séparation de fait des époux, ayant fait l'objet d'une inscription à des adresses différentes dans le registre de la population[115].

On constate que, dans tous ces cas, la période légale de conception est située, du moins partiellement, dans le mariage – sinon, il n'y aurait pas présomption ; mais qu'elle est aussi toujours *entièrement* située dans une période où il y avait « *impossibilité morale ou matérielle de cohabiter* », pour reprendre une expression antérieure à 1987.

Lorsque l'officier de l'état civil constate qu'une de ces conditions est réalisée, il « désactive » de plein droit la présomption, et n'indique pas le nom du père dans l'acte de naissance[116].

L'enfant n'a donc alors pas de filiation paternelle.

Mais, si l'officier de l'état civil ne sait pas que la présomption est « désactivée » – et, en réalité, il ne peut constater *motu proprio* que le dernier cas, via le

110 Avant, elle était simplement « affaiblie », de sorte qu'elle pouvait être renversée par simple dénégation. Le système a gardé cette idée dans le cas où la présomption devait être désactivée, mais ne l'a pas été.

111 Cumul alternatif, donc.

112 Art. 316. Voy., donc, le régime de l'absence, au chapitre de la personnalité juridique. Cette définition s'écarte donc de celle de l'article 220 (régime primaire).

113 Art. 316*bis*, comme les autres cas qui suivent. Ordonnance du président du tribunal de première instance (art. 1280 C. jud.) ou accord entériné par le tribunal (art. 1256 C. jud.).

114 Jurisprudence majoritaire des juges de paix : voy. le chapitre relatif au mariage (régime primaire).

115 C'est le seul cas où la « désactivation » n'est pas liée à l'intentement d'une procédure judiciaire, mais à une simple « séparation de fait ».

116 Art. 57, 2°.

Registre national, pour les autres il faut que le déclarant l'informe de l'existence de la décision qui déclenche la désactivation[117] – ou qu'il se trompe à ce sujet – les officiers de l'état civil et le personnel de leurs services ne sont pas nécessairement juristes, et, même s'ils le sont, ils peuvent se tromper dans le comput – alors il inscrira le nom du mari de la mère comme étant le père, dans l'acte de naissance, et le lien de filiation paternelle *existe* alors.

Dans ce cas, ce lien devra être contesté judiciairement pour être supprimé, mais il pourra dans ce cas l'être « par simple dénégation »[118].

Inversement, les parents peuvent, par déclaration faite à l'officier de l'état civil « réactiver » la présomption en déclarant conjointement que le mari est, malgré tout, le père de l'enfant[119].

Cette déclaration ne peut être faite que conjointement et lors de l'établissement de l'acte de naissance.

À défaut, le mari – le plus souvent, devenu « ex-mari » entre-temps – devra reconnaître l'enfant de sa femme pour en être le père.

B. Établissement de la filiation paternelle par voie de reconnaissance

Lorsque les parents ne sont pas mariés, la filiation paternelle de l'enfant n'est pas établie de plein droit.

Dans ce cas, la filiation paternelle peut être établie par voie de reconnaissance[120].

La reconnaissance est un **acte juridique volontaire**, émanant du père de l'enfant, par lequel cet homme déclare, dans les formes prévues par la loi, désirer qu'un lien de filiation soit établi entre lui-même et un enfant déterminé[121].

Nul ne peut reconnaître pour autrui, et nul ne peut être forcé[122] à reconnaître un enfant[123] : toute reconnaissance entachée d'un vice de consentement pourrait être remise en cause, et, réciproquement, l'existence d'un vice du consentement est l'adminicule de la contestation de reconnaissance de paternité dans le chef du reconnaissant.

Un mineur[124], ou autre incapable[125], peut valablement reconnaître un enfant, du moins s'il a en fait le discernement suffisant pour ce faire.

---

117 Et qu'il prouve l'existence de cette décision, en produisant, sinon une expédition, du moins une copie certifiée conforme de la décision (et, par prudence, également un certificat de non-appel).

118 Art. 318, § 3, 1° (voy. *infra*).

119 Art. 316*bis*, première phrase.

120 C'est donc un mode *subsidiaire* à l'établissement de plein droit.

121 On ne peut donc reconnaître un enfant non encore conçu.

122 Même par voie d'astreinte, selon nous.

123 La recherche de paternité, troisième mode d'établissement de la filiation, est précisément conçue en fonction de cette impossibilité.

124 Art. 328, § 1er : « *La reconnaissance peut être faite par un mineur émancipé et par un mineur non émancipé capable de discernement.* »

125 S'agissant d'une personne majeure vulnérable, l'ordonnancement législatif est le suivant : il convient tout d'abord de voir si le jugement qui a placé la personne sous le régime d'incapacité l'a déclarée

Cet acte est performatif, en ce qu'il réalise ce qu'il exprime : le lien est établi par la déclaration.

Comme il déclare une filiation qui a, en réalité, toujours existé, il s'ensuit que la reconnaissance prend effet rétroactivement au jour de la conception de l'enfant.

La reconnaissance est un **acte formel** : elle doit être faite, soit dans un acte de l'état civil, soit dans un acte notarié.

Si elle est faite sous la forme d'un acte de l'état civil, il peut s'agir de l'acte de naissance ou d'un acte séparé.

Le premier cas est le plus courant : l'acte de naissance est alors un « acte-valise », établissant à la fois la date de la naissance de l'enfant, son sexe, son identité, sa filiation maternelle et sa filiation paternelle par reconnaissance.

Mais, lorsque la reconnaissance est antérieure ou postérieure à l'acte de naissance, l'acte est alors distinct et régi, quant à sa forme – notamment l'énoncé des consentements requis – par l'article 62.

Il peut encore être « valise » dans ce cas, en ce qu'il peut – ou non – contenir un changement du nom de l'enfant[126].

La possibilité de reconnaître un enfant par acte notarié a été supprimée[127].

Relevons que la reconnaissance est, en elle-même, un acte extrajudiciaire, et qu'elle n'est dès lors pas en astreinte en principe à un délai particulier[128].

Il peut donc y avoir une reconnaissance anténatale ou *post mortem*[129].

Dans ce second cas, la reconnaissance peut avoir lieu sans délai si l'enfant a laissé lui-même une postérité : dans ce cas, il s'agit, en réalité, surtout d'une reconnaissance de « grand-paternité » qui aura des effets alimentaires[130] et successoraux[131].

---

incapable de reconnaître un enfant (dans la négative, elle peut bien entendu le faire elle-même, puisque la capacité est la règle générale et l'incapacité l'exception). Si elle a été déclarée incapable, elle peut encore demander au juge de paix d'être sublevée de son obligation, par application de l'article 328, qui porte que : « *§ 2. La personne expressément déclarée incapable de reconnaître un enfant en vertu de l'article 492/1, § 1er, alinéa 3, 7°, peut, à sa demande, néanmoins être autorisée par le juge de paix visé à l'article 628, 3°, du Code judiciaire, à reconnaître un enfant.*
Le juge de paix apprécie la capacité de la personne protégée d'exprimer sa volonté.
Les articles 1241 et 1246 du Code judiciaire sont d'application. »

126 Art. 335, § 3.

127 Loi du 19 septembre 2017, modifiant l'article 327.

128 Mais l'écoulement du temps a, nous le verrons, un effet sur les consentements nécessaires, conditions de fond de la reconnaissance.

129 On considère ici le décès de l'enfant.

130 Obligation réciproque de droit commun de l'article 205 (ascendants et descendants).

131 Institution de la substitution (anciennement, représentation) successorale, qui confère aux petits-enfants les droits qu'aurait eus leur père ou mère prédécédé, et faisant l'objet de la reconnaissance.

Si l'enfant n'a pas laissé de postérité, la reconnaissance, largement symbolique[132], doit avoir lieu dans l'année de la naissance[133] de l'enfant.

La loi sur les reconnaissances de complaisance, qui est une des trois lois ayant récemment bouleversé l'ordonnancement, déjà passablement complexe, du droit de la filiation, oblige désormais tous les candidats à la reconnaissance à constituer un dossier et à faire une déclaration d'intention de reconnaissance, adressée à l'officier de l'état civil.

Ceci nous paraît critiquable pour plusieurs raisons.

Tout d'abord, l'obligation qui est faite, préalablement à la reconnaissance proprement dite, de déclarer à l'officier de l'état civil son intention de reconnaître un enfant, en déposant un dossier documentaire (art. 327/2 C. civ.) rend en elle-même impossible, ou à tout le moins très difficile en pratique la reconnaissance dans l'acte de naissance, qui doit être établi dans les quinze jours de la naissance (art. 55 C. civ.).

Or celle-ci est la voie normale de l'établissement de la filiation paternelle dans tous les cas où le père et la mère ne sont pas mariés, c'est-à-dire actuellement environ un cas sur deux en Belgique.

Seul ce double acte donne à l'enfant une double filiation immédiate, ce qui est un droit fondamental (art. 7 CIDE 1989), et permet aux parents de donner à l'enfant, dès l'origine, les prénoms et nom de famille de leur choix.

Cette « voie normale » pour la moitié de la population ne peut être, selon nous, sacrifiée à la répression de la fraude au séjour, qui ne concerne qu'une quantité restreinte de cas.

Ensuite, le même article 372/2 est totalement incompréhensible, dans ses exigences documentaires.

Ainsi, le 1° de cet article vise l'acte de naissance de l'enfant, alors que la plupart des reconnaissances sont faites dans cet acte, qui n'existe donc pas encore, par hypothèse !

Le 2° vise l'acte de naissance des parents, d'évidence pour déterminer leur âge, alors qu'un mineur peut reconnaître un enfant.

Le 6° implique que le père prouve qu'il est célibataire, si la loi qui s'applique à la reconnaissance exige cette condition.

---

132 L'enfant ne peut en effet plus demander ni payer des aliments, il n'aura sans doute pas été titulaire d'un patrimoine important. Cependant, il aura été une personne juridique, car il est né vivant et viable : ceci diffère de l'hypothèse de l'enfant sans vie à la naissance, qui n'a pas la personnalité, et dont l'acte, non de naissance, mais de « déclaration de naissance sans vie », peut cependant mentionner la reconnaissance anténatale ou, avec le consentement de la mère, le nom du père non marié à la mère (art. 80*bis*), afin de permettre à ces personnes de faire leur « travail de deuil » : disposition d'effet purement symbolique et psychologique.

133 Ce point de départ du délai est peu logique : le moment du décès aurait, selon nous, été plus cohérent avec l'objet de la disposition.

Or, en droit belge, un homme marié peut reconnaître un enfant né d'une autre femme que son épouse (autrefois, adultérin *a patre*) : c'est le sujet même de l'article 319*bis* du Code civil.

Il est douteux qu'une disposition étrangère contraire, qui empêcherait un enfant de bénéficier d'une paternité, soit compatible avec l'ordre international belge : elle devrait donc être écartée au profit de la disposition belge… qui ne prévoit pas cette condition.

Le 7° vise, de façon absolue, le célibat de la mère.

Or, même si la mère est mariée, son enfant peut aussi être reconnu par un « tiers », si l'on se trouve dans un des cas de l'article 316*bis* du Code civil : cette disposition est précisément conçue dans ce but.

La reconnaissance requiert, **quant au fond**, diverses conditions positives et négatives.

Les **conditions positives** tiennent essentiellement aux consentements nécessaires[134] :

- avant tout, comme nous l'avons relevé, celui du reconnaissant lui-même ;
- celui de la mère, si l'enfant a moins de 18 ans ;
- celui de l'enfant, s'il a plus de 12 ans[135].

Si la mère est incapable de manifester sa volonté, la reconnaissance a lieu sans son consentement, et elle est notifiée au représentant légal de l'enfant, et aussi à l'enfant lui-même, s'il a plus de 12 ans.

Si l'enfant de plus de 12 ans est incapable de donner son consentement, faute de discernement, alors le tribunal de première instance doit délivrer un procès-verbal de dispense de consentement dans son chef, à la demande du reconnaissant.

La même notification au représentant de l'enfant a alors lieu.

Dans les six mois de la notification, le représentant peut demander la nullité de la reconnaissance, pour les mêmes raisons pour lesquelles l'autorisation de reconnaissance aurait été refusée si le consentement avait été lui aussi refusé et qu'un recours avait été intenté[136].

Si les consentements requis sont donnés, ils sont repris dans l'acte de reconnaissance[137].

Il est à noter que la conformité de la reconnaissance avec la réalité biologique – à savoir que le reconnaissant est effectivement le géniteur de l'enfant – n'est

---

134 Art. 329*bis*.

135 Et donc, les deux consentements cumulatifs de la mère et de l'enfant, si l'enfant a entre 12 et 18 ans.

136 Art. 329*bis*, § 3. Durant le délai, et celui du recours en nullité, la reconnaissance est inopposable à l'enfant et à son représentant, qui pourront cependant s'en prévaloir : singulier – mais pas unique – cas de « schizophrénie juridique ».

137 Art. 62.

nullement une condition de la reconnaissance, du moins lorsque les personnes devant consentir à la reconnaissance l'acceptent.

L'officier de l'état civil ou le notaire n'ont donc aucun pouvoir d'appréciation à ce sujet, même si la déclaration du reconnaissant leur paraît heurter la raison.

Dans la pratique, ces reconnaissances dites « de complaisance » sont relativement fréquentes et constituent, sociologiquement, un mode important de recomposition familiale, qui correspond en quelque sorte à une « adoption simplifiée ».

Cependant, nous verrons que la « solidité » de ces reconnaissances, seraient-elles confortées par une possession d'état, est tout sauf absolue, compte tenu de la jurisprudence de la Cour constitutionnelle.

Si, au contraire, une des personnes qui auraient dû consentir à la reconnaissance refuse son consentement, le « candidat à la reconnaissance »[138] dispose d'un recours judiciaire[139].

Il a lieu devant le tribunal de première instance du domicile de l'enfant[140].

Le « candidat » cite alors la personne qui refuse son consentement devant cette juridiction, qui tente tout d'abord de concilier les parties.

Si le refus est retiré, alors les consentements sont actés par le tribunal, et le « candidat » peut alors se rendre devant l'officier de l'état civil ou le notaire, muni de l'expédition de la décision, pour faire dresser l'acte de reconnaissance.

Dans le cas contraire – relativement probable –, le tribunal statue alors de façon contentieuse.

Il refusera l'autorisation de reconnaître si une de ces hypothèses est réalisée – constituant donc autant de **conditions négatives** à la reconnaissance :

– il est prouvé que le « candidat » n'est pas génétiquement le père de l'enfant[141] : la réalité biologique intervient donc dans ce cas, contrairement à ce qui se passe lorsque les consentements sont donnés ;
– il existe entre le candidat et la mère un empêchement à mariage dont le Roi ne peut dispenser[142] : c'est la prohibition de l'inceste.
  Il est cependant peu probable que cette condition soit encore déclarée conforme à la Constitution, compte tenu de l'évolution de la jurisprudence de la Cour constitutionnelle dans ce domaine, et que nous aborderons avec l'établissement judiciaire de la paternité[143] ;

---

138 Et lui seul : si donc l'enfant a 16 ans et refuse sa reconnaissance, la mère, qui par hypothèse l'accepte, ne peut intenter le recours, si le « candidat » ne l'exerce pas. Elle peut cependant, dans ce cas, agir en recherche de paternité, auquel cas les règles relatives au consentement seront les mêmes (principe d'uniformité, pour éviter les procédures de « contournement »).

139 À défaut de délai spécial, le délai trentenaire de l'article 331*ter* s'applique.

140 Voy. la section 8, relative aux règles judiciaires, ci-dessous.

141 Même s'il est « père intentionnel » dans le cadre d'une PMA avec donneur tiers : voy. ci-dessous, la section relative aux PMA.

142 Art. 321.

143 Arrêt n° 103/2012, du 9 août 2012, analysé ci-dessus.

- la conception est l'effet d'un viol, constaté par un jugement répressif définitif[144] ;
- si la reconnaissance est manifestement contraire à l'intérêt de l'enfant, avec cette particularité que, si la reconnaissance est demandée alors que l'enfant a moins d'un an, il est irréfragablement présumé que la reconnaissance est conforme à l'intérêt de l'enfant.
  Cette période d'un an est fondée sur l'idée qu'un homme qui désire s'impliquer dans la vie de l'enfant dès le début de sa vie est *a priori* un « bon père » pour l'enfant, alors qu'un homme qui attend plus longtemps ne l'est pas nécessairement, et qu'on peut donc s'interroger sur ce retard.
  Cette règle a été doublement censurée par la Cour constitutionnelle.
  Tout d'abord, la Cour constitutionnelle a considéré[145] que cette période d'un an était contraire aux dispositions qui commandent de prendre en toute hypothèse cet intérêt en considération comme critère fondamental de décision, et qu'elle était de ce fait inconstitutionnelle[146].
  Ensuite, par deux arrêts similaires rendus le même jour (arrêts nos 101/2015 et 102/2015, du 2 juillet 2015), la Cour reprend sa jurisprudence antérieure sur (et contre) le contrôle marginal, et décide : « *En disposant que le tribunal ne peut refuser la reconnaissance que si elle est "manifestement contraire à l'intérêt de l'enfant", l'article 329*bis, *§ 2, alinéa 3, du Code civil, interprété en ce sens qu'il n'autorise le tribunal qu'à opérer un contrôle marginal de l'intérêt de l'enfant, viole l'article 22*bis, *alinéa 4, de la Constitution* » ;
- l'enfant a plus de 18 ans, et il refuse son consentement : il dispose alors d'un véritable pouvoir de veto.
  Si le « candidat » veut accomplir une reconnaissance anténatale, et que la mère[147] refuse son consentement, l'action est suspendue tant que l'enfant

144 Art. 375 C. pén. En cas de procès pénal en cours, la procédure d'autorisation de reconnaissance est suspendue.

145 Arrêt n° 144/2010 du 16 décembre 2010. Relevons que l'arrêt n° 66/2003 (du 14 mai 2003) avait déjà, sous l'empire de l'ancienne législation, considéré que le fait que l'enfant, lorsqu'il était âgé de moins de 15 ans, ne pouvait pas faire valoir lui-même son intérêt à ne pas être reconnu par un géniteur indigne était discriminatoire. Cette décision est citée par l'arrêt commenté (attendu B.5), comme démontrant le fait que l'on ne peut présumer de façon irréfragable qu'il soit de l'intérêt de l'enfant d'avoir une double filiation.

146 Cette limite temporelle pouvait, en effet, apparaître arbitraire. Cependant, on doit constater que cela signifie que l'on ne vérifie l'intérêt de l'enfant qu'à l'égard d'un géniteur que la mère refuse comme père, mais non la mère (puisque sa maternité est quasi toujours établie de plein droit : *mater semper certa, ergo mater semper bona* ?), ni le mari, dont la filiation est établie de plein droit, aurait-il violé sa femme, ni le reconnaissant admis par la mère, serait-il le pire des hommes, ou même ne serait-il pas le géniteur de l'enfant (reconnaissance de complaisance) : le système induit par cette décision n'est-il pas encore plus discriminatoire que le système légal ?

147 On entend ici par la mère la femme qui est enceinte, même si elle n'a pas reconnu elle-même anténatalement son enfant et que, l'acte de naissance n'ayant par hypothèse pas encore été dressé, il n'y a pas légalement de lien de filiation entre elle et son enfant.

n'est pas né, et né vivant et viable[148]; car il est en effet impossible à ce moment de déterminer la réalité biologique de la paternité.
La mère a donc, durant cette période, un «veto suspensif»[149].

Dans le cas où le père est marié à une autre femme que la mère de l'enfant, la loi prévoit une protection minimale de l'épouse et des enfants «légitimes»: la reconnaissance doit en effet leur être notifiée ou signifiée[150].

Tant que cette formalité n'a pas été accomplie, la reconnaissance est inopposable à l'épouse et aux enfants nés du mariage ou adoptés par les deux époux.

Cependant, la loi ne prévoit pas de délai pour cette notification ou signification.

Si, donc, le reconnaissant décède, ses ayants droit, et donc l'enfant reconnu, peuvent à notre sens parfaitement encore accomplir la formalité, qui donnera à la reconnaissance ses pleins effets – notamment successoraux – *erga omnes*.

Par ailleurs, le législateur a récemment mis en œuvre une répression des reconnaissances de complaisance, lorsqu'elles avaient pour but de faire obtenir à l'une des personnes concernées – reconnaissant, enfant ou mère – un titre légal de séjour en Belgique.

Cette législation, nous l'avons vu plus haut, a déjà contribué à rendre dans tous les cas la reconnaissance d'un enfant plus difficile, en augmentant les formalités nécessaires pour y parvenir.

Mais elle s'attaque également, et au fond, spécifiquement aux reconnaissances qui constitueraient une fraude au séjour en Belgique.

Dans cette hypothèse, il est évident que les consentements requis par la loi sont formellement donnés, et le tribunal de la famille n'est donc saisi d'aucun recours à ce stade initial.

C'est donc l'officier de l'état civil qui se voit donner – comme dans le cas des mariages et cohabitations légales de complaisance – un rôle préventif, tendant à empêcher que la reconnaissance intervienne.

Il peut en effet, s'il estime que la reconnaissance poursuit un but de fraude au séjour, refuser d'acter la reconnaissance, car elle est alors nulle aux yeux de la loi[151].

Un recours des personnes intéressées devant le tribunal de la famille est alors organisé[152].

---

148 Art. 328*bis* et 331*bis* combinés.

149 Qui lui permettra, le cas échéant, de donner son nom à l'enfant: voy. art. 335, analysé ci-dessous.

150 Art. 319*bis*.

151 Art. 330/1: «*En cas de déclaration de reconnaissance, il n'y a pas de lien de filiation entre l'enfant et l'auteur de la reconnaissance lorsqu'il ressort d'une combinaison de circonstances que l'intention de l'auteur de la reconnaissance vise manifestement uniquement l'obtention d'un avantage en matière de séjour, lié à l'établissement d'un lien de filiation, pour lui-même, pour l'enfant ou pour la personne qui doit donner son consentement préalable à la reconnaissance.*»

152 Art. 330/2: «*L'officier de l'état civil refuse d'acter la reconnaissance lorsqu'il constate que la déclaration se rapporte à une situation telle que visée à l'article 330/1.*

Si l'officier de l'état civil n'a pas vu la fraude, et a acté la reconnaissance, celle-ci peut encore être postérieurement annulée, sur la demande du parquet, comme on le verra plus loin[153].

Ceci soulève, pour nous, deux problématiques fondamentales.

La première est le cas du père géniteur réel de l'enfant, mais en séjour illégal : s'il peut être démontré qu'il a engendré cet enfant dans le but d'obtenir un titre de séjour, ne pourra-t-il le reconnaître ? Cela apparaît contraire à l'article 8 de la CEDH.

La seconde est le cas du reconnaissant non géniteur, mais compagnon de la mère et disposé à élever l'enfant comme le sien : de telles reconnaissances de complaisance, qui sont fréquentes entre Belgo-Belges, et qui forment une sorte d'adoption simplifiée de l'enfant de la compagne, seraient-elles interdites à des étrangers, parce qu'ils sont en situation illégale en Belgique ?

Il est douteux que cette distinction soit acceptable (art. 10 et 11 de la Constitution, combinés avec l'article 8 de la CEDH).

En conclusion, pour ces raisons, et celles exposées plus haut, il nous paraît douteux que cette législation soit déclarée conforme à la Constitution par la Cour constitutionnelle.

Il est à noter que la reconnaissance[154] d'un enfant adultérin, preuve manifeste de l'adultère du reconnaissant, a des effets négatifs pour celui-ci :

– le divorce pourrait être demandé contre lui de ce chef, sur la base de l'article 229, § 1er, du Code civil, si le tribunal considère que ce manquement a causé la désunion irrémédiable du couple ; et il pourrait être déchu du droit de demander une pension après divorce si cette faute est reconnue grave, c'est-à-dire en lien causal avec la désunion irrévocable du couple ;

S'il existe une présomption sérieuse que la reconnaissance se rapporte à une situation telle que visée à l'article 330/1, l'officier de l'état civil peut surseoir à acter la reconnaissance, éventuellement après avoir recueilli l'avis du procureur du Roi de l'arrondissement judiciaire dans lequel la personne qui veut reconnaître l'enfant a l'intention de reconnaître l'enfant, pendant un délai de deux mois au maximum à partir de l'établissement de l'acte de déclaration, afin de procéder à une enquête complémentaire. Le procureur du Roi peut prolonger ce délai de trois mois au maximum. Dans ce cas, il en informe l'officier de l'état civil qui en informe à son tour les parties intéressées.

S'il n'a pas pris de décision définitive dans le délai prévu à l'alinéa 2, l'officier de l'état civil est tenu d'acter sans délai la reconnaissance.

En cas de refus visé à l'alinéa 1er, l'officier de l'état civil notifie sans délai sa décision motivée aux parties intéressées. Une copie de celle-ci, accompagnée d'une copie de tous documents utiles, est, en même temps, transmise au procureur du Roi de l'arrondissement judiciaire dans lequel la décision de refus a été prise et à l'Office des étrangers.

En cas de refus de l'officier de l'état civil d'acter la reconnaissance, la personne qui veut faire établir le lien de filiation peut introduire une action en recherche de maternité, de paternité ou de comaternité auprès du tribunal de la famille du lieu de déclaration de la reconnaissance.

Dans le cas visé à l'alinéa 5, l'exploit de citation ou la requête contient, à peine de nullité, la décision de refus de l'officier de l'état civil. »

153 Art. 330/3 C. civ.

154 Comme l'établissement judiciaire, pour éviter les « contournements » : art. 334*ter*, dern. al.

- le reconnaissant perd automatiquement tous les avantages matrimoniaux[155] qui lui ont été consentis par contrat de mariage, sauf confirmation notariée par l'époux trompé[156];
- il peut être exhérédé par testament, sauf de sa réserve concrète portant sur l'usufruit du logement principal de la famille et des meubles qui le garnissent[157].

C. Établissement de la filiation paternelle par voie judiciaire

Si la filiation paternelle de l'enfant n'est établie ni de plein droit ni par reconnaissance, alors elle peut encore l'être judiciairement par une action en recherche de paternité[158].

Sociologiquement, cette action recouvre principalement deux cas de figure:

- le cas où la mère, «séduite et abandonnée», se trouve face à un géniteur qui ne veut pas assumer ses responsabilités paternelles. Le législateur lui offre donc dans ce cas une «arme» judiciaire lui permettant de l'y forcer. En réalité, la loi lui offre même le choix entre deux actions: soit l'établissement judiciaire de la filiation, soit l'action alimentaire non déclarative de filiation[159], qui lui permettra d'élever l'enfant «en amazone», aux frais du géniteur, mais sans devoir partager avec lui l'autorité parentale;
- celui où le géniteur est décédé sans avoir reconnu l'enfant. Dans ce cas, l'action en recherche *post mortem* n'a évidemment plus pour but de créer un lien personnel avec le défunt, mais de venir à sa succession comme héritier réservataire du premier degré et du premier ordre[160].

Il s'agit donc d'une action en justice, portée par citation devant le tribunal de première instance du lieu du domicile de l'enfant.

L'action est mise en œuvre par l'enfant, la mère ou le géniteur[161], chacun ayant un droit personnel d'action[162].

---

155 Sur cette notion, voy. le chapitre relatif aux régimes matrimoniaux, dans l'ouvrage consacré au couple.

156 Art. 334*ter*.

157 Art. 334*ter*. La première sanction civile est donc automatique, la seconde optionnelle. Elles se justifient par le fait que l'époux trompé pourrait divorcer, et que le divorce ferait alors perdre à l'époux coupable sa vocation héréditaire (art. 731) et ses avantages matrimoniaux (art. 299, sauf convention contraire). *In favorem matrimonialis*, la loi permet à l'époux trompé de pardonner, mais en donnant cependant à l'acte de son conjoint adultère à peu près les mêmes conséquences patrimoniales que s'il avait saisi l'occasion de divorcer.

158 Toujours, en vertu du principe de la subsidiarité des modes d'établissement de la filiation: art. 322.

159 Art. 336 et s., voy. la section relative aux effets de la filiation.

160 On pourrait imaginer que les descendants d'un enfant non reconnu et prédécédé intentent l'action après le décès de leur grand-père, pour obtenir une part successorale par la voie de la substitution héréditaire. Attention, dans ce cas, au délai de l'article 332*ter*.

161 Bien que celui-ci puisse, dans ce cas, reconnaître l'enfant. Pour éviter que le géniteur «contourne» les conditions de fond, notamment de consentement, qui s'appliquent à la reconnaissance, les mêmes conditions s'appliquent dans le cas de l'établissement judiciaire de paternité.

162 Art. 332*ter*.

En cas de décès de l'enfant, seuls ses descendants, et non ses autres héritiers, peuvent intenter l'action.

L'action est dirigée contre les deux autres membres de la « triade fondamentale ».

Un tuteur *ad hoc* peut éventuellement être désigné par le président du tribunal de première instance du domicile de l'enfant[163], ou, à défaut, par le tribunal lui-même[164], si l'on estime qu'il y a contrariété d'intérêts entre la mère, à ce moment seule représentante légale de l'enfant, et ce dernier.

En cas de décès du « géniteur prétendu » – cas de l'action *post mortem* à fins successorales – ou de la mère, l'action est dirigée contre ses héritiers légaux.

Le délai de l'action est le délai ordinaire de trente ans[165].

Ce délai est suspendu :

- par la minorité de l'enfant (le délai est donc, en réalité, de quarante-huit ans) ;
- par la possession d'état, jusqu'à la fin de celui-ci[166] ; cet état de fait ayant ici un rôle de suspension du délai ;
- mais non par l'état d'époux[167].

En cas de décès de l'enfant, ses descendants[168] doivent agir avant la date où l'enfant aurait eu 25 ans, délai qui n'a guère de fondement logique à notre sens[169].

Les conditions de fond de l'action sont similaires à celles de la reconnaissance[170], afin d'éviter un « contournement » de celles-ci[171].

Ces règles, telles qu'exposées ci-avant, s'appliquent donc[172].

---

163 Art. 331*sexies*.

164 Sur la base de l'article 19, alinéa 2, du Code judiciaire.

165 Art. 331*ter*. Selon une disposition transitoire de la loi de 2006, un nouveau délai de trente ans court à partir de l'entrée en vigueur de la loi, ce que n'a pas vu le juge qui pose à la Cour une question spécialement mal rédigée (confondant Code judiciaire et Code civil).

166 S'il s'agit d'une action *post mortem*, le délai peut donc être suspendu, le cas échéant, jusqu'au décès du géniteur. S'il n'y a jamais de possession d'état, le délai court à dater de la naissance, mais il est immédiatement suspendu par la minorité.

167 Exception à l'article 2253. Le cas est évidemment rarissime, puisqu'il faut concevoir une hypothèse où la mère et le géniteur étaient et sont demeurés mariés, mais où la présomption de paternité a été « désactivée » – par une séparation de fait par exemple – sans être « réactivée ».

168 Entendez l'autre parent de ces descendants, qui survit par hypothèse à l'enfant prédécédé non reconnu, et qui intente l'action en leur nom, étant leur représentant légal.

169 En effet, si l'enfant non reconnu meurt à l'âge de 27 ans, laissant deux enfants, ceux-ci ne peuvent intenter l'action. En toute logique, le délai particulier, si tant est qu'il se justifie, devrait commencer à courir au moment du décès de l'enfant.

170 Art. 332*quinquies*.

171 Mais le législateur n'a pas reproduit dans l'article 332*quinquies*, auquel l'article 322 renvoie, l'hypothèse de l'action en recherche de paternité, qui constituerait une fraude au séjour (sauf l'hypothèse de la non-paternité biologique du « père recherché », mais qui ne constitue pas l'ensemble du champ de l'article 330/1) : il semble donc y avoir une faille dans l'« armure » législative contre la fraude au séjour.

172 Ainsi que la signification du jugement à l'épouse, en cas d'enfant adultérin *a patre* : art. 322, al. 2.

Ainsi quant à l'absence d'inceste[173].

La Cour constitutionnelle a cependant décidé[174], au nom de l'intérêt des enfants, qu'une action judiciaire en établissement de paternité pouvait être intentée, après la mort du géniteur, pour établir la filiation paternelle de deux enfants à l'égard de ce géniteur, frère utérin de la mère, envers laquelle la filiation maternelle des enfants était établie de plein droit, ce qui déterminait un inceste absolu[175].

Ou de contrariété manifeste à l'intérêt de l'enfant s'il a plus d'un an.

La Cour constitutionnelle a décidé[176], étendant sa jurisprudence relative à la reconnaissance, analysée ci-dessus[177], à l'hypothèse de la recherche de paternité, que le fait que l'intérêt de l'enfant à voir sa filiation paternelle établie est irréfragablement présumé si l'enfant a moins d'un an, était inconstitutionnel[178].

Par ailleurs, la même Cour a décidé, dans son arrêt du 7 mars 2013[179], que le fait que la fin de non-recevoir tirée de l'intérêt de l'enfant n'induisait qu'un contrôle marginal du tribunal, en ce que l'action n'est rejetée que s'il est « manifestement » contraire à l'intérêt de l'enfant que la filiation soit établie, est inconstitutionnel.

Et cela au motif[180] que, « *[s]i l'intérêt de l'enfant revêt un caractère primordial, il n'a pas pour autant un caractère absolu. Dans la mise en balance des différents intérêts en jeu, l'intérêt de l'enfant occupe une place particulière du fait qu'il représente la partie faible dans la relation familiale. Cette place particulière ne permet pas pour autant de ne pas prendre également en compte les intérêts des autres parties en présence.*

*En disposant que le tribunal ne rejette la demande que si l'établissement de la filiation est manifestement contraire à l'intérêt de l'enfant, l'article 332*quinquies*, § 2, alinéa 1er, du Code civil autorise le juge à n'opérer qu'un contrôle marginal de l'intérêt de l'enfant qui est incompatible avec l'exigence de l'article 22*bis *de la Constitution combiné avec l'article 3, paragraphe 1, de la Convention relative aux droits de l'enfant*

---

173 Art. 325.

174 Arrêt n° 103/2012 du 9 août 2012. Voy. notre commentaire : A.-Ch. VAN GYSEL, « La fin de l'interdit de l'inceste en droit belge ? », *A.D.F.*, 2012, p. 152.

175 Il s'agissait donc d'un inceste biologique, et non d'un inceste relationnel (des arrêts avaient condamné la législation relative à l'inceste relationnel, et la législation avait été adoptée en conséquence). Il est à noter que, dans le cas d'espèce, le frère et la sœur étaient cohabitants légaux, et que le géniteur n'avait jamais reconnu les enfants, ce qu'il aurait sans doute pu facilement – bien qu'illégalement – faire, puisque, les deux parents portant des noms différents, l'officier de l'état civil n'y aurait vu que du feu. Il semble donc possible que le géniteur défunt n'ait pas cru qu'il était de l'intérêt des enfants d'avoir une filiation à son égard, compte tenu de l'inceste que révélerait cette reconnaissance.

176 Arrêt n° 61/2012 du 3 mai 2012.

177 Arrêt n° 144/2010 du 16 décembre 2010.

178 Cette décision appelle, selon nous, les mêmes critiques que celles en matière de reconnaissance : pourquoi donc seul cet homme est-il suspect, mais ni la mère, ni le mari, ni l'homme que la mère agrée pour devenir le père de son enfant ?

179 Arrêt n° 30/2013 du 7 mars 2013.

180 Attendus B.10 et B.11.

d'accorder, dans la balance des intérêts en présence, une place prépondérante à l'intérêt de l'enfant»[181].

De façon astucieuse, des enfants «matrimoniaux»[182] – qui sont des «enfants», même s'ils sont largement majeurs, dans l'interprétation très extensive de la Cour constitutionnelle – invoquent qu'une action en recherche de paternité intentée *post mortem*, et à fins successorales évidentes, trouble l'ordre de leur famille et nuit à *leurs* intérêts en tant qu'*enfants*, en réduisant leur part du gâteau, ce que la loi ne permet pas de prendre en compte dans la procédure, puisqu'on ne prend en considération que l'intérêt de l'enfant – lui aussi majeur – dont la filiation est en train d'être établie.

Mais la Cour, dans son arrêt n° 48/2014 du 20 mars 2014, se réfère à la Cour européenne des droits de l'homme:

> «*La Cour européenne des droits de l'homme a du reste constaté que le droit de connaître ses origines et de voir cette filiation reconnue "ne cesse nullement avec l'âge, bien au contraire" (CEDH, 13 juillet 2006,* Jäggi c. Suisse, *§ 40; 16 juin 2011,* Pascaud c. France, *§ 65; 25 septembre 2012,* Godelli c. Italie, *§ 69).*»

Dès lors, la possibilité d'action de l'«enfant» «additionnel» se voit validée par la Cour, malgré qu'elle nuise à l'intérêt d'autres «enfants».

Mais le point crucial, on s'en doute, est le plus souvent la preuve de la paternité du «géniteur prétendu»; cette paternité consistant dans le fait que ce sont les gamètes mâles de cet homme qui ont donné lieu à la conception de l'enfant, même s'il n'avait pas l'intention de donner la vie[183] ou d'assumer un rôle parental[184].

Étant un fait juridique, la conception peut être prouvée par toutes voies de droit.

Le législateur, venant au secours de la mère délaissée, a prévu[185] des présomptions spécifiques, la dispensant de la preuve directe de l'engendrement par l'homme.

---

181 Outre que les deux attendus cités nous apparaissent, sinon contradictoires, du moins fort contournés, la Cour nous semble oublier que la même Convention relative aux droits de l'enfant contient également un article 7.1, rédigé en ces termes: «*L'enfant est enregistré aussitôt sa naissance et a, dès celle-ci, le droit à un nom, le droit d'acquérir une nationalité et, dans la mesure du possible, le droit de connaître ses parents et d'être élevé par* eux» (au pluriel, donc); disposition dont il nous paraît devoir se déduire qu'il n'est pas contraire à l'intérêt de l'enfant, bien au contraire, de présumer légalement qu'il est de son intérêt de principe d'avoir une double filiation à l'égard de ses géniteurs, et que, comme corollaire, cette filiation n'est écartée que si elle est *manifestement* contraire à cet intérêt. Au demeurant, nous percevons mal la différence pratique: si un juge estime que l'établissement d'une filiation est contraire à l'intérêt de l'enfant, alors cette contrariété est nécessairement manifeste à ses yeux! En l'espèce, seule la charge de la preuve nous semble importante; or il nous semblerait, en toute hypothèse, déraisonnable d'obliger le demandeur à démontrer qu'il est de l'intérêt de l'enfant à voir sa filiation établie.

182 Ci-devant «légitimes».

183 Conviction – ou espoir? – de ce que la mère utilisait un moyen contraceptif, ou qu'elle avorterait.

184 Procréation «amicalement assistée» ou PMA avec donneur... s'il peut être retrouvé (voy. *infra*).

185 Art. 324.

La paternité est ainsi présumée :

- si l'« homme » a eu des relations sexuelles avec la mère durant la période légale de conception[186] ;
- ou, alternativement, s'il a conféré à l'enfant une possession d'état d'enfant. Dans ce cas, ce comportement revêt un rôle probatoire indirect.

Bien entendu, la preuve de l'un de ces faits doit elle-même être rapportée – par toutes voies de droit, témoignages compris – pour que la présomption joue.

Elle est établie *juris tantum*, et le défendeur pourrait donc prouver – par exemple, par une expertise génétique[187] – que, bien qu'ayant eu des relations sexuelles avec la mère neuf mois avant la naissance, ou ayant traité l'enfant comme le sien, il n'est pas le géniteur de l'enfant.

Si l'on ne peut s'appuyer sur ces présomptions, une preuve par analyse génétique[188] est possible, et elle peut être ordonnée *motu proprio* par le juge[189].

Celle-ci consiste, dans l'état actuel de la science, en un prélèvement de cellules[190] chez l'enfant, la mère et le « géniteur prétendu »[191].

On s'est posé la question de savoir s'il est possible de contraindre une personne à se prêter à un prélèvement, ou, en cas de décès, si l'on pouvait violer une sépulture pour prélever un échantillon sur un cadavre.

Dans le dernier cas, la jurisprudence est orientée vers l'affirmative, le respect dû aux morts cédant devant le droit de l'enfant à avoir une filiation paternelle.

Dans le cas de personnes vivantes, le principe de l'intégrité physique s'oppose à un prélèvement *manu militari*, mais un débat s'est élevé sur la possibilité de contraindre une personne à se prêter à un prélèvement sous peine d'astreinte.

Nous penchons personnellement pour la négative, mais la législation sur l'expertise[192] nous paraît résoudre la question, puisque, si une des parties se refuse à participer à l'expertise, « *le juge pourra en tirer toute conséquence qu'il jugera appropriée* », en l'espèce une présomption de l'homme – c'est le cas de le dire ! – de ce que le « *géniteur prétendu* » est le géniteur réel de l'enfant[193].

---

186 Soit (art. 326), du 300e au 180e jour avant la naissance de l'enfant.

187 Celle-ci a donc un double rôle antagoniste possible dans ce cadre : soit prouver la paternité, soit, au contraire, infirmer une présomption de paternité.

188 Une analyse des groupes sanguins est plus simple – et, donc, moins coûteuse –, mais la variété des gènes étant incomparablement plus grande que celle des groupes et facteurs sanguins, ces derniers ne pourraient qu'éventuellement *exclure* une paternité (p. ex., l'enfant est du groupe AB, le père du groupe O, mais des anomalies sont possibles), mais non la *prouver* positivement de façon certaine.

189 Art. 331*octies*.

190 Sang, salive…

191 Une preuve peut aussi être apportée par la comparaison avec des collatéraux, mais sa certitude dépend alors de leur proximité et du nombre de personnes fournissant un échantillon.

192 Loi du 15 mai 2007, art. 972*bis* C. jud.

193 En ce sens, voy. déjà Cass., 17 décembre 1998, *Pas.*, 1998, I, p. 526 ; *R.W.*, 1998-1999, p. 1144, *J.L.M.B.*, 2000, p. 1098 (somm.).

Section 4
Suppression du lien de filiation établi

§ 1. Principes généraux

Passant de l'établissement à la suppression du lien de filiation, on peut discerner les principes généraux suivants.

La suppression de la filiation se fait toujours par le biais d'une *action judiciaire*, alors que l'établissement est très généralement extrajudiciaire, comme résultant d'un effet de la loi ou d'un acte volontaire.

À chaque branche et mode d'établissement de filiation correspond un mode de suppression du lien établi, qui est particulier à cette hypothèse : c'est ce que nous avons appelé le système « des douze cases ».

À chaque fois, la loi détermine les personnes auxquelles l'action est réservée, et les conditions procédurales et de fond de l'action.

Cependant, des lignes directrices peuvent être tracées, à la fois par l'application des règles générales des procédures en matière de filiation[194] et par le principe d'uniformité, dont on a déjà vu les applications ci-dessus.

Ainsi, les conditions de fond de la contestation de la paternité établie de plein droit, et celles de l'annulation de la reconnaissance, sont grandement semblables – tout en n'étant pas parfaitement identiques.

Enfin, les jugements supprimant le lien de filiation ont un effet déclaratif, donc, rétroactif : l'enfant est considéré comme n'ayant jamais eu de lien avec l'homme ou la femme qui était jusque-là légalement son père ou sa mère, les droits successoraux ou alimentaires qu'il aurait pu avoir recueillis doivent être restitués, il ne porte plus son nom[195], etc.

§ 2. Suppression de la filiation maternelle

Non seulement le législateur a voulu que la filiation maternelle soit presque toujours établie de plein droit dès la naissance (*mater semper certa*), mais il a aussi voulu qu'une fois établie, elle ne puisse pratiquement jamais être contestée (*mater certa per semper*).

En effet, si la mère légale élève son enfant, la filiation en devient incontestable[196].

---

194 Voy. la section 8, ci-dessous.

195 Sauf si la contestation de filiation intervient lorsque l'enfant est majeur : art. 335. Voy. le régime du nom patronymique dans le chapitre IV, relatif au nom.

196 Art. 312 et 330, bizarrement rédigés ainsi : « *à moins que l'enfant ait une possession d'état à l'égard de la mère...* », comme si cette éventualité, qui est l'extrême généralité des cas, était une exception ! L'article 312 contient d'ailleurs une négation de trop (« à moins que l'enfant *n*'ait... »), qui n'apparaît pas dans l'article 330.

La possession d'état joue donc ici un rôle capital de renforcement de la filiation établie.

Il faut donc imaginer un abandon de l'enfant à la naissance par la personne désignée comme sa mère par l'acte de naissance, ou, plus extraordinaire encore, une femme reconnaissant un enfant né de mère inconnue, mais ne l'élevant cependant pas ; pour que l'action soit recevable[197].

Encore faut-il ensuite prouver que la mère légale n'est pas la mère réelle, c'est-à-dire la femme qui a accouché de l'enfant[198].

Certes, cette preuve, factuelle, peut être en principe apportée par toutes voies de droit, mais encore faut-il qu'elle le soit, ce qui suppose qu'un faux a été commis dans la rédaction de l'acte de naissance ou celui de reconnaissance, qui sont des actes de l'état civil authentiques[199].

Ces hypothèses sont tellement rares[200] que nous ne développerons pas ici les règles procédurales et de fond de ces actions : on se référera donc *mutatis mutandis*, sinon littéralement[201], aux règles relatives à la suppression de la filiation paternelle, de loin plus fréquente.

§ 3. Suppression de la filiation paternelle

A. Application du principe d'uniformité

Comme on l'a déjà relevé à plusieurs reprises ci-dessus, en principe, les règles relatives à la suppression de la filiation paternelle établie de plein droit – la présomption de paternité, donc – et celles relatives à la suppression de la filiation établie par acte volontaire – la reconnaissance, sont identiques.

Il s'agit d'une application du principe d'uniformité des règles de la filiation, préventives de manœuvres procédurales pour atteindre au moindre « effort » le même résultat.

Cependant, le fait que, dans un cas, c'est le législateur qui détermine l'existence de la filiation, sans que les personnes concernées aient en principe[202] leur mot

197 Si la filiation maternelle est établie par jugement, cas d'école, elle ne peut être contestée, en vertu du principe « voies de nullité n'ont lieu contre les jugements » (mais seulement voies de recours), contenu dans l'article 20 du Code judiciaire.

198 Indépendamment du matériel génétique, dans le cas d'une mère porteuse avec « don » (… ou « prêt ») d'ovocyte.

199 Crime de substitution ou de supposition d'enfant : art. 363 C. pén.

200 Un cas a cependant été publié : il s'agissait d'une mère célibataire, dont la culture n'admettait pas la filiation hors mariage. Sa sœur, mariée, avait donc prétendu avoir accouché de l'enfant et son nom avait été mentionné dans l'acte de naissance, mais c'est la « tante », mère réelle de l'enfant, qui l'avait élevé. Plus tard, celle-ci avait désiré devenir la mère légale de son enfant, et avait intenté avec succès l'action en contestation de maternité. Voy. notre commentaire : A.-Ch. Van Gysel, « Désaveu de paternité et de maternité : de la supposition d'enfant au triomphe de la vérité biologique et affective », note sous Civ. Bruxelles, 7 janvier 1998, *R.G.D.C.*, 2002, p. 214.

201 L'article 330 est ainsi commun à la contestation de la reconnaissance paternelle et maternelle.

202 Il y a des exceptions, comme la « réactivation » de la présomption de paternité.

à y dire, et que, dans l'autre, elles ont établi le lien par un acte de volonté libre et positif, détermine à la marge des règles légèrement différentes.

B. Contestation de la paternité établie de plein droit

La présomption de paternité à l'égard du mari de la mère repose, comme nous l'avons relevé plus haut, sur l'obligation de fidélité de la femme mariée.

Or il advient parfois qu'une femme mariée soit infidèle[203], et que l'enfant qu'elle met au monde – anciennement dénommé « adultérin *a matre* » – ne soit pas celui de son mari.

Le législateur a prévu[204] la possibilité de renverser la présomption de paternité, par l'action en contestation de paternité, laquelle, lorsqu'elle est mise en œuvre par le mari, porte traditionnellement le nom de « désaveu de paternité ».

Étant une action judiciaire, elle est introduite par citation devant le tribunal de première instance du lieu du domicile de l'enfant.

Le demandeur peut être le mari, l'enfant[205], la mère, et l'« homme »[206] qui se prétend le père véritable de l'enfant.

Il s'agit d'une action personnelle.

Si le père est décédé, l'action peut encore être intentée par ses descendants ou ascendants, à l'exclusion d'autres héritiers[207].

L'action est dirigée contre le mari, la mère et l'enfant, ce dernier représenté éventuellement par un tuteur *ad hoc* en cas de conflit d'intérêts[208].

En cas de prédécès d'un des défendeurs potentiels, l'action est menée contre les autres membres de la « triade fondamentale », mais non contre les héritiers des prédécédés[209].

---

203 Il se peut aussi que le mari soit infidèle, mais cela donne lieu à un problème différent, qui est celui de la reconnaissance ou de la recherche de paternité d'un enfant adultérin *a patre*, qui nécessite, pour être opposable à l'épouse et aux enfants issus du mariage, que la reconnaissance ou le jugement en établissement soit notifié ou signifié à l'épouse (voy. *supra*).

204 Art. 318.

205 Avant 2006, l'enfant ne pouvait faire tomber la présomption de paternité du mari de sa mère en recherchant en justice son véritable géniteur que dans les cas où cette présomption de paternité était « faible » (c'est-à-dire dans les cas où, sous l'empire de la loi actuelle, cette présomption n'existe plus). Par un arrêt n° 84/2016 du 2 juin 2016, la Cour déclare l'ancienne disposition inconstitutionnelle, car (attendu B.8), « *[b]ien que la paix des familles et la sécurité juridique des liens familiaux soient des objectifs légitimes dont le législateur pouvait tenir compte pour empêcher que la recherche de paternité puisse être exercée sans limitation, le caractère absolu de la condition d'être dans l'un des cas prévus à l'article 320 du Code civil a pour effet que le législateur fait prévaloir hors ces cas la présomption légale de paternité sur la réalité biologique, sans laisser au juge le pouvoir de tenir compte des faits établis et de l'intérêt de toutes les parties concernées.*
Cette mesure constitue une atteinte disproportionnée au droit au respect de la vie privée.
La disposition en cause n'est donc pas compatible avec l'article 22 de la Constitution ».

206 On comprendra qu'il s'agit de l'amant de la mère.

207 Not. frères et sœurs en concours avec les père et mère (art. 751).

208 Art. 331*sexies*.

209 Art. 332*quater*, al. 1er.

Comme l'action perturbe notablement la « paix des familles », elle est enserrée dans des **délais** relativement courts, n'était leur point de départ fréquemment « retardé ».

– La mère doit agir dans l'année de la naissance de l'enfant.
  Déposition jugée constitutionnelle dans un arrêt n° 46/2014 du 20 mars 2014, bien que le délai ait pour point de départ la naissance de l'enfant, et non la prise de connaissance par elle de ce que son mari n'est pas le géniteur de son enfant.
  La Cour valide le délai et son point de départ par ces motifs :
  « *B.13. La différence de traitement qui découle du fait que le délai dans lequel une action en contestation de la présomption de paternité doit être intentée court, pour la mère, à compter de la naissance de l'enfant, alors que ce délai court, pour le mari de la mère, à compter de la découverte qu'il n'est pas le père de l'enfant, et, pour celui qui revendique la paternité, à partir de la découverte qu'il est le père de l'enfant est raisonnablement justifiée par la circonstance qu'au moment de la naissance de l'enfant, la mère est nécessairement au courant, d'une part, de cette naissance et, d'autre part, de la possibilité ou du fait que son mari n'est pas le père biologique de son enfant.* »
  Il est étrange qu'une « possibilité » fasse courir le délai dans le chef de la mère, alors que, pour le mari ou le géniteur, il faut qu'ils aient « connaissance » de leur (non-)paternité, et non de simples soupçons.
  Il est vrai que, dans un arrêt antérieur à 2006, la Cour avait déjà – avec une certaine naïveté – cru pouvoir affirmer que la mère savait toujours qui était le père de son enfant : « *mater semper certa pro ipse* », en quelque sorte.
  Le législateur partage donc cette innocence, et la Cour la couvre en confirmant son ancienne jurisprudence : il nous paraît que ces hauts cénacles ne connaissent pas toute l'étendue de la nature humaine…
– Le mari doit agir dans l'année du moment où il a connaissance[210] de ce qu'il n'est pas le père : le point de départ du délai est donc retardé jusqu'à cette découverte[211].
  Ce délai, et son point de départ, ont été « validés » par la Cour constitutionnelle dans un arrêt n° 46/2013 du 28 mars 2013 encore, sur la base de la motivation suivante[212] :
  « *La paix des familles et la sécurité juridique des liens familiaux, d'une part, et l'intérêt de l'enfant, d'autre part, constituent des buts légitimes dont le législateur peut tenir compte pour empêcher que la contestation de paternité puisse être exercée sans limitation, de sorte que le législateur a pu prévoir certaines conditions de*

210 De simples soupçons de sa non-paternité ne suffisent pas à faire courir le délai, mais il ne faut pas non plus que le mari soit en possession d'une analyse génétique comparative pour avoir « connaissance » de son infortune : il faut qu'il en ait une conviction « raisonnable ».

211 La charge de la preuve incombe aux défendeurs, demandeurs sur exception de forclusion (voy., pour un raisonnement similaire, l'article 224 du Code civil).

212 Attendus B.9 à B.10.2.

recevabilité, comme la "possession d'état" et des délais de déchéance. À cet égard, il est pertinent de ne pas faire primer a priori *la réalité biologique sur la réalité socio-affective de la paternité.*
Le législateur a pu estimer que l'homme, en se mariant, accepte d'être considéré, en principe, comme le père de tout enfant que sa femme enfantera. Compte tenu des préoccupations du législateur et des valeurs qu'il a voulu concilier, il n'apparaît pas déraisonnable, en principe, qu'il n'ait voulu accorder au mari qu'un court délai pour intenter l'action en contestation de paternité»[213].

– S'il est décédé avant d'avoir agi, ses ascendants ou descendants bénéficient d'un nouveau délai d'un an à dater du décès, ou de la naissance de l'enfant si l'enfant naît posthume, mais il faut naturellement que le mari soit mort lui-même dans le délai pour agir : il n'est pas rouvert, mais simplement prorogé.
Par un arrêt n° 2018/003 du 18 janvier 2018, la Cour constitutionnelle estime ce délai inconstitutionnel, en ce que les parents du défunt peuvent être forclos avant même de savoir que le défunt mari de la mère n'était pas le père de l'enfant (alors que ce mari, s'il avait survécu, aurait pu encore agir, puisque son délai ne commence qu'à partir de cette connaissance) : il s'agit donc ici d'un nouveau type de « délai impossible », que la Cour, à juste titre, n'admet pas.
– L'homme qui se prétend le père véritable doit agir dans l'année du jour où il a connaissance de ce qu'il est le père de l'enfant.
Dans le cadre de cette action « 2-en-1 » de contestation-reconnaissance, la Cour décide, dans son arrêt n° 16/2014 du 29 janvier 2014, que cette norme est constitutionnelle, en ces termes :
« *L'article 318, § 2, alinéa 1er, du Code civil ne viole pas les articles 10, 11 et 22 de la Constitution, lus ou non en combinaison avec les articles 8 et 14 de la Convention européenne des droits de l'homme, en ce que l'homme qui revendique la paternité de l'enfant doit intenter l'action en contestation de paternité dans l'année de la découverte du fait qu'il est le père de l'enfant.* »
Jurisprudence confirmée par l'arrêt n° 145/2014 du 9 octobre 2014.

213 On aurait été tenté de voir dans cet arrêt un revirement de jurisprudence de la Cour – à nos yeux, heureux – en ce que la Cour estime qu'un délai absolu – entendez, de forclusion – est admissible, que l'intérêt de l'enfant à avoir une double filiation et à ne pas voir cette filiation, voire la « paix des familles », bouleversées, sont des valeurs que la loi peut légitimement prendre en compte pour astreindre le mari de la mère à respecter un court délai, commençant au moment où il a connaissance de sa non-paternité. Mais, en réalité, la Cour a, à partir de ce moment, commencé à séparer le sort réservé aux délais qui s'imposent à l'enfant (jugés « obstacles absolus ») de ceux qui s'imposent à toutes les autres personnes (jugés « relatifs », sauf lorsqu'ils sont impossibles à respecter par ces personnes). Cette distinction, au sujet de délais parfois identiques, conduit, on le verra, la Cour constitutionnelle à des justifications qui nous paraissent acrobatiques, du genre « un jour mon Prince viendra... ». On doit aussi relever une autre incohérence : pour la même action, d'une part, la possession d'état avait été, deux ans auparavant, tenue par la même Cour pour une fin de non-recevoir trop absolue, sans que l'intérêt de l'enfant ou la « paix des familles » n'intervienne alors aucunement dans le raisonnement (arrêt n° 20/2011 du 3 février 2011, analysé ci-dessous, et confirmé par des arrêts ultérieurs).

De façon, à nos yeux, très intéressante, une question est posée à la Cour sur le fait que l'examen de *l'intérêt de l'enfant*, norme constitutionnelle, trouve un obstacle absolu lorsque le demandeur à l'action autre que l'enfant – en l'espèce le géniteur véritable –, se voit opposer la forclusion, jugée constitutionnelle par les arrêts relatés ci-dessus.
En d'autres termes, les requérants tentent de mettre la Cour devant les incohérences créées par sa propre jurisprudence.
La question est libellée comme suit:

«*L'article 318 du Code civil, en ce qu'il prescrit que l'action de celui qui revendique la paternité de l'enfant doit être intentée dans l'année de la découverte qu'il est le père de l'enfant, ne viole-t-il pas les articles 10, 11 et 22*bis *de la Constitution, voire d'autres dispositions légales supranationales telles [que] notamment la Convention européenne des droits de l'homme (en son article 8), en ce qu'il érige en fin de non-recevoir absolue l'action en contestation de paternité non intentée dans le délai légal, sans possibilité pour le juge saisi de pareille demande d'apprécier si, compte tenu des intérêts en présence (et singulièrement l'intérêt supérieur et primordial de l'enfant) et du comportement des parties, la vérité biologique ne doit pas coïncider avec la réalité socio-affective vécue par l'enfant concerné, dans une espèce où il n'a jamais existé et n'existe actuellement aucun lien généralement quelconque entre l'enfant et son père légal (l'enfant est né et a été élevé au sein d'une cellule familiale composée notamment de sa mère et de son père biologique, avant qu'ils ne se séparent), ce qui mène à entériner en fait une filiation erronée et purement artificielle et à reconnaître des droits limités au père biologique, cantonné à pouvoir seulement revendiquer un droit aux relations personnelles, alors qu'en réalité, il exerce un hébergement de l'enfant qu'il convient de qualifier de matériel quasiment exclusif (la mère le rencontrant via un espace-rencontres) et "une autorité parentale" (dont il ne dispose pas aux termes de la loi) particulièrement importante, l'enfant étant [de] surcroît privé de son identité véritable, dès lors qu'il porte un nom qui n'est pas celui de son père et qui ne correspond à aucune réalité généralement quelconque, ce qui est susceptible aussi de contrevenir à la Convention européenne des droits de l'homme?*»

Mais la Cour répond par la négative par son arrêt n° 87/2016 du 2 juin 2016, en ces termes:

«*L'article 318, § 2, alinéa 1*er*, du Code civil ne viole pas les articles 10, 11, 22 et 22*bis *de la Constitution, combinés ou non avec l'article 8 de la Convention européenne des droits de l'homme, en ce que l'homme qui revendique la paternité de l'enfant doit intenter l'action en contestation de paternité dans l'année de la découverte du fait qu'il est le père de l'enfant.*»

Et il écarte l'argument de l'obstacle absolu par le motif[214] – à nos yeux très peu convaincant – suivant:

«*Il est vrai que, dans l'hypothèse visée en B.2.2, la disposition en cause a pour effet de priver temporairement l'enfant de son droit à l'identité et de la possibilité*

[214] Attendu B.10.

de voir son intérêt pris en compte dans la mise en balance par le juge des différents intérêts en présence. Or, l'intérêt de l'enfant doit être une considération primordiale, même s'il n'a pas un caractère absolu, parce que l'enfant représente la partie faible dans la relation familiale.
*Cette privation n'est cependant que temporaire puisque l'enfant pourra introduire l'action en contestation de paternité, en étant représenté par un tuteur ad hoc, conformément à l'article 331*sexies *du Code civil.* »

La Cour montre donc une nouvelle fois que l'intérêt de l'enfant est pour elle une notion éminemment plastique, puisque le fait que l'enfant sera, selon toute probabilité, privé durant toute son enfance[215], voire toute sa vie[216], du droit d'être élevé par son géniteur véritable n'est pas pour elle une considération suffisante pour renverser sa jurisprudence.
On nous permettra de citer ici un attendu d'un autre arrêt de la même Cour (arrêt n° 2018/003 du 18 janvier 2018, attendu B.9.4), qui nous paraît ici pertinent :

« *En outre, un délai absolu constitue une limitation du droit d'action du titulaire de l'action en recherche de paternité, et il n'est pas proportionnel par rapport à l'objectif légitime qu'il poursuit (CEDH, 20 décembre 2007,* Phinikaridou c. Chypre, *§§ 62-67 ;* Grönmark c. Finlande, *§§ 58-61). La Cour européenne des droits de l'homme a par ailleurs souligné que la Convention a pour objet de protéger des droits non pas théoriques ou illusoires, mais concrets et effectifs (CEDH, 9 octobre 1979,* Airey c. Irlande, *§ 24 ; 6 juillet 2010,* Backlund c. Finlande, *§ 55 ; 15 janvier 2013,* Laakso c. Finlande, *§ 53 ; 29 janvier 2013,* Röman c. Finlande, *§ 58)* ».

– L'enfant peut agir entre ses 12 ans et ses 22 ans, ou dans l'année où il apprend que le mari de sa mère n'est pas son père[217] : il bénéficie donc, pour sa part, d'un double délai cumulatif.
La Cour constitutionnelle[218] a estimé inconstitutionnel le fait qu'« *en raison du court*[219] *délai de prescription* » qui s'impose à lui, l'enfant se voie ainsi privé du droit de recourir à un tribunal pour supprimer sa filiation légale qui ne correspond pas à la réalité biologique, et ainsi établir sa filiation à l'égard de son géniteur véritable[220].

---

215 Il est, en effet, évident que ni la mère ni le père légal n'intenteront l'action au nom de l'enfant durant la minorité de celui-ci.

216 Si ces mêmes personnes font obstacle à ce que l'enfant apprenne sa véritable origine paternelle.

217 Pour une hypothèse de droit transitoire (loi de 2006), dans son arrêt n° 147/2013, du 7 novembre 2013, la Cour va décider que seule l'interprétation selon laquelle, si l'enfant n'apprend que le mari de sa mère n'est pas son père, seulement après l'entrée en vigueur de la loi de 2006, le délai d'un an prévu par la loi transitoire ne court qu'à dater de cette prise de connaissance, est constitutionnelle. Jurisprudence confirmée par l'arrêt n° 118/2014 du 17 juillet 2014.

218 Arrêt n° 96/2011 du 31 mai 2011. Les arrêts postérieurs de la Cour, n°s 96/2013 et 105/2013, sur la possession d'état, ne permettent cependant pas de voir là un nouveau courant de jurisprudence.

219 Le délai de dix ans est donc « court » pour l'enfant, mais le délai d'un an qui s'impose au mari ou au géniteur ne l'est pas : comprenne qui pourra…

220 On relèvera cependant que, dans le cas d'espèce, le demandeur avait attendu 2010, soit après le décès de son père légal pour agir, alors que, du vivant de celui-ci, en 2000, un test génétique avait déjà révélé

Jurisprudence confirmée par le célèbre arrêt n° 18/2016, du 3 février 2016 (en cause *D.B. c.A. II*), et cela malgré que «*cet enfant est majeur depuis de nombreuses années, a disposé d'un droit d'action pour contester la paternité légale et a laissé se constituer une possession d'état avec le mari de sa mère malgré sa conviction que cette possession d'état ne correspondait pas à la vérité biologique*».

Que doit **prouver** le demandeur?

Essentiellement, que le mari n'est pas le père génétique de l'enfant.

Cette preuve peut être apportée par toutes voies de droit, et l'est généralement par une expertise génétique comparative.

Dans trois cas[221], la preuve de la non-paternité peut être administrée par simple dénégation, ce qui signifie qu'il suffit d'intenter l'action pour obtenir la suppression du lien de filiation.

Ces trois cas sont les suivants.

- Lorsque la présomption de paternité aurait dû être désactivée[222], mais qu'elle ne l'a pas été pour une raison ou une autre, et que le nom du mari de la mère a donc été mentionné dans l'acte de naissance comme étant celui du père de l'enfant.

  Il s'agit donc d'une possibilité de «rattrapage» d'une erreur antérieure.
- Lorsque la filiation maternelle est établie par reconnaissance ou par voie judiciaire.

  En effet, comme on l'a vu, ces modes d'établissement supposent que la voie «normale» d'établissement de la filiation maternelle par mention du nom de la mère dans l'acte de naissance n'a pas eu lieu. On peut donc supposer que la mère, femme mariée, qui a abandonné son enfant après une naissance clandestine, ou qui est allée accoucher sous X à l'étranger, a voulu cacher sa grossesse adultérine à son mari.
- Lorsque l'action est introduite avant que la filiation maternelle ne soit établie. C'est en principe une condition impossible, vu l'établissement de la filiation maternelle dès la naissance. Elle ne peut être réalisée que dans le cas d'une action intentée avant la naissance de l'enfant[223]; entre la naissance et la déclaration de naissance à l'état civil; ou si aucun acte de naissance n'a été dressé. Ces cas supposent de la part du mari la connaissance de la grossesse de sa femme et la certitude dès ce moment qu'il n'est pas le père de l'enfant; ou bien – cas plus probable – la conviction, dans le chef de l'amant, de la mère qu'il est le père de l'enfant de sa maitresse mariée[224].

---

qu'il n'était pas le géniteur: *de non vigilantibus curat praetor*? Et aussi que la filiation légale n'était peut-être pas aussi vide de sens que le pensait la Cour: l'enfant n'avait-il pas bénéficié d'aliments du mari de sa mère? N'en avait-il pas hérité?

221 Art. 318, § 3.

222 Voy. ci-dessus, le point relatif à l'établissement de la filiation paternelle de plein droit.

223 Rendue possible, par exception à l'article 331*bis*, par l'article 328*bis*.

224 Dans cette hypothèse, l'intentement de l'action avant la naissance permettra, par l'effet «2-en-1» qui sera explicité ci-dessous, une substitution de la filiation de l'amant, père réel, à celle du mari, dès la naissance de l'enfant, c'est-à-dire quand l'amant aura pu prouver qu'il est le père de l'enfant.

Si le demandeur est l'amant de la mère, son action ne peut aboutir que s'il établit, en même temps, sa propre paternité à l'égard de l'enfant.

En effet, le législateur n'a voulu autoriser un étranger à la famille à perturber le lien de filiation qu'à la condition que l'enfant n'en souffre pas par la perte d'un lien de filiation.

Il faut donc que cet homme établisse non seulement que le mari n'est pas le géniteur, mais encore qu'il est, lui, ce géniteur.

Cette action, dite « 2-en-1 », est donc un « désaveu-recherche de paternité » et, par conséquent, l'amant doit remplir également toutes les conditions positives (consentements) et négatives (absence de viol, d'inceste, de contrariété manifeste à l'intérêt de l'enfant de plus d'un an…) de l'action en recherche de paternité, c'est-à-dire, par l'effet du principe d'uniformité des conditions, de la reconnaissance.

Elle a les mêmes effets « négatifs » à l'égard de la femme adultère que ceux attachés par la loi à l'établissement d'une filiation paternelle adultérine[225].

Plusieurs circonstances peuvent faire obstacle à l'action, et la rendre irrecevable dès avant l'examen de la réalité biologique de la filiation.

Tout d'abord, si le mari a consenti, dans le cadre d'une procréation médicalement assistée, une insémination avec tiers donneur, il ne peut plus par la suite désavouer l'enfant né de cette insémination[226].

Ensuite, selon le texte de la loi, si le mari a conféré une **possession d'état** à l'enfant, nul ne peut plus contester cette filiation.

La possession d'état jouerait donc ici, à suivre le prescrit légal, un rôle essentiel de renforcement, qui compense le fait que le délai de contestation peut exister très longuement, puisqu'il ne débute dans la plupart des cas qu'à la connaissance de la non-paternité du mari, événement qui peut être inconnu du titulaire de l'action pendant des dizaines d'années.

Mais cet obstacle a été déclaré inconstitutionnel par la Cour constitutionnelle, par de multiples arrêts.

Ainsi, par un arrêt du 3 février 2011[227], il a été décidé que la possession d'état – en l'espèce, de plus de 10 ans – ne pouvait constitutionnellement faire obstacle à l'action en contestation de paternité, car[228] « *[l]'intérêt potentiel*[229] *de l'en-*

225 Art. 334*ter*. Il est à relever que la simple contestation de paternité, sans établissement d'une autre filiation, ne donne pas lieu à application de cette disposition (mais le mari pourrait bien entendu demander le divorce sur cette base et invoquer la faute grave de son ex-épouse pour la priver d'un droit à pension après divorce).

226 Sauf si l'enfant n'est pas né de l'insémination, mais d'une autre cause : voy. ci-dessous, la section 7 relative aux PMA.

227 Arrêt n° 20/2011 du 3 février 2011.

228 Attendu B.8.

229 N'est-il pas « réel et actuel » pour l'enfant, après dix ans ?

fant à bénéficier de la "possession d'état"[230] *d'enfant du mari de la mère ne saurait l'emporter sur le droit légitime de ce dernier à avoir au moins une occasion*[231] *de contester la paternité d'un enfant qui, selon les preuves scientifiques, n'est pas de lui*»[232].

La teneur de cette jurisprudence a ensuite été confirmée par un arrêt ultérieur[233], relatif à la législation antérieure à la réforme de 2006, et à l'action en «recherche de paternité-contestation de paternité»[234] alors existante, décision qui énonce[235] que, «*[b]ien que la paix des familles et la sécurité juridique des liens familiaux soient des objectifs légitimes dont le législateur peut tenir compte pour empêcher que la recherche de paternité puisse être exercée sans limitation, le caractère absolu de [...]*» la fin de non-recevoir liée à l'existence d'une possession d'état à l'égard du mari de la mère, père légal, «*a pour effet que le législateur a, dans toutes les circonstances, fait prévaloir la réalité socio-affective de la paternité sur la réalité biologique, sans laisser au juge le pouvoir de tenir compte des faits établis et de l'intérêt de toutes les parties concernées. Cette mesure constitue une atteinte disproportionnée au droit au respect de la vie privée des enfants*».

La Cour a encore estimé, dans son arrêt n° 105/2013 du 9 juillet 2013, que le fait que la contestation de la paternité établie de plein droit, par le père biologique prétendu – action dite «2-en-1» –, soit arrêtée par la possession d'état conférée par le père légal (art. 318) crée une inconstitutionnalité.

Consolidant encore sa jurisprudence sur ce point, la Cour déclare, dans son arrêt n° 105/2013 du 9 juillet 2013, que «*[l]'article 318, § 1er, du Code civil viole l'article 22 de la Constitution, combiné avec l'article 8 de la Convention européenne des droits de l'homme, en ce que l'action en contestation de paternité* [établie de plein droit] *intentée par l'homme qui revendique la paternité de l'enfant, n'est pas recevable si l'enfant a la possession d'état à l'égard du mari de sa mère*».

Et elle le redit encore dans son arrêt n° 147/2013, du 7 novembre 2013, dans un cas où c'est l'enfant qui intente l'action, en ces termes (dispositif de l'arrêt): «*L'article 318, § 1er, du Code civil viole l'article 22 de la Constitution, combiné avec l'article 8 de la Convention européenne des droits de l'homme, en ce que l'action en*

230 Pourquoi mettre cette expression entre guillemets?

231 Il nous semble cependant qu'il a bien eu cette occasion à la naissance de l'enfant: s'il ne l'avait pas élevé comme le sien, il aurait effectivement la possibilité de le désavouer. Le système créé par la Cour révèle son incohérence (alors que tant le système légal de 1987 [la possession d'état ne fait pas obstacle à la contestation, mais le délai est d'un an à partir de la naissance] que celui de 2006 [le délai ne commence à courir qu'à la connaissance de la non-paternité, mais l'action est irrecevable s'il y a possession d'état] sont tous deux cohérents), puisqu'il permet à un homme de 85 ans, qui, à la mort de sa femme, apprend par des lettres découvertes qu'il n'est pas le père de son fils de 60 ans, qu'il a toujours élevé comme le sien, de le désavouer: est-ce bien raisonnable?

232 Cet arrêt est manifestement contraire à la jurisprudence antérieure de la Cour (sous l'empire de la loi de 1987), et notamment son arrêt n° 95/2001, du 12 juillet 2001, attendus B.9 et B.10.

233 Arrêt n° 122/2011 du 7 juillet 2011.

234 Une action «2-en-1» qui supposait, entre autres, que la filiation paternelle de plein droit ne soit pas confortée par la possession d'état.

235 Attendu B.8.

contestation de paternité intentée par l'enfant n'est pas recevable si l'enfant a la possession d'état à l'égard du mari de sa mère», et encore dans l'arrêt n° 18/2016, du 3 février 2016 (en cause *D.B. c. A. II*), déjà cité ci-dessus, et cela malgré les circonstances très particulières de la cause[236].

C. Annulation de la reconnaissance

L'annulation de la reconnaissance[237] suit en principe les mêmes règles que la contestation de la présomption de paternité.

Il en va ainsi quant aux **délais**.

Ainsi, dans l'action «2-en-1»[238], la Cour confirme, dans son arrêt n° 139/2013 du 17 octobre 2013, que la durée du délai (un an à partir du moment où il prend connaissance du fait qu'il est le géniteur) imparti à l'«homme» qui se prétend le père véritable de l'enfant reconnu par un tiers est constitutionnelle.

Ce point est confirmé par l'arrêt n° 165/2013 du 5 décembre 2013 et par l'arrêt n° 139/2014 du 25 septembre 2014.

Cependant, toujours en ce qui concerne ce même délai, la Cour constitutionnelle a jugé la règle contenue dans l'article 330 du Code civil comme étant discriminatoire[239] «en ce que le délai de forclusion imparti par cette disposition à la personne qui revendique la filiation peut débuter avant la reconnaissance contestée».

La situation était, il est vrai, choquante, car le géniteur avait lui-même voulu reconnaître l'enfant, et il s'était vu opposer un refus, et avait intenté un recours en autorisation de reconnaissance. Ce recours était en cours lorsqu'il avait fortuitement appris que la mère avait, dans l'intervalle, «agréé» un autre reconnaissant, sans doute son nouveau compagnon.

Comme il y avait plus d'un an qu'il connaissait sa propre paternité, le géniteur était d'office forclos à contester la reconnaissance de complaisance.

On comprend à ce récit qu'il y a effectivement une faille dans la loi, le législateur n'ayant visiblement pas pris toute la dimension de la fourberie humaine[240].

---

236 Selon la question posée, le fait que «*cet enfant est majeur depuis de nombreuses années, a disposé d'un droit d'action pour contester la paternité légale et a laissé se constituer une possession d'état avec le mari de sa mère malgré sa conviction que cette possession d'état ne correspondait pas à la vérité biologique*».

237 Nous excluons les cas où, la mère et l'enfant étant incapables de consentir, l'enfant peut être reconnu sans leur consentement, mais où le représentant de l'enfant a alors six mois à dater de la signification ou de la notification de la reconnaissance pour en demander en justice l'annulation (sur ces cas, voy. *supra*).

238 Ici, dans sa variété «annulation de la reconnaissance de A – reconnaissance par B».

239 Arrêt n° 54/2011 du 6 avril 2011.

240 La solution commandée par l'arrêt – mais qui gagnerait en clarté à être consacrée par la loi – nous semble être la suivante: le délai pour agir en contestation de reconnaissance ne commence à courir que lorsque le «contestataire» a eu effectivement connaissance de l'établissement de l'acte de reconnaissance qu'il conteste.

Cette jurisprudence est confirmée par l'arrêt n° 165/2013 du 5 décembre 2013, où, dans une action « 2-en-1 », le géniteur véritable s'était retrouvé « *instantanément forclos* » parce qu'il avait appris l'existence d'une reconnaissance par un tiers plus d'un an après qu'il eut appris être le père d'un enfant.

Ce géniteur voit donc écartée cette disposition, assurément inique.

Par contre, le délai imposé à l'enfant (avant ses 22 ans ou dans l'année à compter de la découverte du fait que la personne qui l'a reconnu n'est pas son père) est jugé, lui, inconstitutionnel par l'arrêt n° 77/2016 du 25 mai 2016, ce qui est confirmé sans surprise par l'arrêt n° 161/2016 du 14 décembre 2016.

Le parallélisme joue aussi pour les fins de non-recevoir, comme la **possession d'état** à l'égard du reconnaissant, rendant la reconnaissance incontestable.

La Cour constitutionnelle, dans un arrêt du 7 mars 2013[241], a reproduit sa jurisprudence en matière de contestation de la paternité établie de plein droit[242], et a estimé cette disposition inconstitutionnelle[243].

Elle a confirmé cette jurisprudence le 9 juillet 2013, par son arrêt n° 96/2013, et encore par son arrêt n° 35/2015 du 12 mars 2015, dans des cas où la reconnaissance était contestée par un tiers se prétendant père biologique de l'enfant.

Même déclaration d'inconstitutionnalité, lorsque c'est le reconnaissant lui-même qui conteste l'acte qu'il a accompli – on peut le supposer, sous l'empire d'un vice de consentement[244] –, puisque l'arrêt n° 127/2014 du 19 septembre établit[245] que :

> « *En érigeant la "possession d'état" en fin de non-recevoir absolue de l'action en contestation de la reconnaissance de paternité, le législateur a cependant fait prévaloir dans tous les cas la réalité socio-affective de la paternité sur la réalité biologique. Du fait de cette fin de non-recevoir absolue, l'homme qui a reconnu l'enfant et qui, au moment de la reconnaissance, ignorait qu'il n'était pas le père biologique est totalement privé de la possibilité de contester sa propre reconnaissance de paternité.*
>
> *Il n'existe dès lors, pour le juge, aucune possibilité de tenir compte des intérêts de toutes les parties concernées.* »

Cette jurisprudence est confirmée par l'arrêt n° 139/2014 du 25 septembre 2014.

Et l'arrêt n° 168/2015 du 26 novembre 2015 continue sur cette lancée, dans une hypothèse où c'était l'enfant reconnu qui agissait contre une reconnais-

241 Arrêt n° 29/2013 du 7 mars 2013.

242 Arrêts n° 20/2011 du 3 février 2011 et n° 122/2011, du 7 juillet 2011, analysés ci-dessus.

243 Nous formulons donc les mêmes critiques à l'égard de cette décision que celles que nous soulevions à l'égard des premiers arrêts.

244 Sinon, il ne peut plus contester son acte volontaire : voy. ci-dessous.

245 Attendu B.10.

sance, sans doute biologiquement mensongère, mais confortée par une possession d'état.

Cependant, **quelques règles** de l'annulation de la reconnaissance **diffèrent** de la contestation de la paternité établie de plein droit.

Ainsi, le consentement d'un homme non marié à l'insémination de sa compagne avec les gamètes d'un donneur tiers ne le prive pas en soi[246] du droit de contester ensuite une reconnaissance de cet enfant qu'il aurait effectuée.

Mais c'est essentiellement le fait que la reconnaissance est un acte volontaire, qui implique une démarche positive du « candidat à la reconnaissance » et le consentement de la mère et/ou de l'enfant ou, à défaut, l'autorisation du tribunal, qui fait différer cette hypothèse de la précédente.

En effet, les personnes qui ont consenti à la reconnaissance, et au premier chef le reconnaissant lui-même, ne peuvent agir qu'en démontrant que leur consentement a été vicié.

On pense immédiatement ici à l'erreur ou au dol[247], la mère ayant fait croire à son compagnon qu'il était le géniteur de l'enfant.

A contrario, cela signifie qu'une reconnaissance sciemment inexacte – la reconnaissance de complaisance dont il a été traité ci-avant – est, *de facto*, incontestable, pour autant que la preuve puisse être rapportée que les acteurs de la reconnaissance étaient au courant de ce caractère particulier de la reconnaissance : *electa una via*[248] en quelque sorte…

Par son arrêt n° 139/2014 du 25 septembre 2014, la Cour constitutionnelle a estimé cette règle constitutionnelle, car, selon elle, « *l'article 330, § 1er, alinéa 2, du Code civil ne viole pas les articles 10, 11 et 22 de la Constitution, combinés ou non avec l'article 8 de la Convention européenne des droits de l'homme, en ce qu'il dispose que l'auteur de la reconnaissance n'est recevable à contester la reconnaissance que s'il prouve que son consentement a été vicié* ».

Cette jurisprudence a été confirmée par l'arrêt n° 38/2015 du 19 mars 2015.

Et encore par l'arrêt n° 2015/126 du 24 septembre 2015, qui soulevait pourtant un argument intéressant : la forclusion de la mère empêchait le tribunal d'apprécier s'il n'était pas malgré tout de l'intérêt de l'enfant de voir sa reconnaissance annulée, « *notamment dans les cas où il n'y a pas de réalité socio-affective vécue par l'enfant à l'égard de son père légal et/ou pas de lien biologique entre ceux-ci* ».

---

246 Mais s'il a, en plus de la reconnaissance, une possession d'état, celle-ci fait obstacle à l'action, du moins selon le texte légal, cependant remise en cause dans toutes les hypothèses comparables.

247 La violence morale et psychologique est également possible : Cass., 7 mai 2007, *Rev. trim. dr. fam.*, 2010, p. 240 ; sommaire publié dans cette même revue, 2007, p. 1153. Il ne déduit de cet arrêt que l'existence du vice est une condition de *recevabilité* de l'action, mais qu'elle doit encore être prouvée *fondée*, par la preuve de la non-paternité biologique du reconnaissant.

248 Cet adage (*electa una via non datur recursus ad alteram*, celui qui choisit une voie doit continuer dans cette voie et ne peut en choisir une autre) a une portée essentiellement procédurale, et au demeurant limitée (essentiellement, au concours de l'action civile et de l'action pénale) : nous le détournons donc de son usage premier.

Réponse négative de la Cour : il n'y a pas d'inconstitutionnalité.

Ceci démontre bien que l'importance reconnue par la Cour à l'intérêt de l'enfant est variable suivant les cas de figure...

Enfin, dernière différence d'avec la contestation de la paternité établie de plein droit, si une personne a refusé son consentement à la reconnaissance, et que le tribunal a passé outre et autorisé la reconnaissance, alors la personne évincée ne peut plus demander l'annulation de la reconnaissance : ce serait d'ailleurs contraire à l'autorité de chose jugée, puisque le « refusant » aura, selon toute probabilité, invoqué la non-paternité biologique devant le tribunal et se sera fait débouter sur ce point.

La législation de lutte contre la fraude au séjour, analysée ci-avant avec les conditions négatives de la reconnaissance, influe encore sur l'annulation de la reconnaissance, puisque l'article 330/3 permet au procureur du Roi, au cas où l'officier de l'état civil, trompé, aurait acté une reconnaissance nulle au regard de l'article 330/1, de demander au tribunal de la famille l'annulation de la reconnaissance.

À défaut de délai spécifique imparti au parquet, le délai général trentenaire de l'article 331*ter* nous paraît applicable.

D. Pas d'annulation de la filiation établie par jugement

C'est par un ordre d'idées voisin[249] que l'on ne peut demander l'annulation d'une filiation établie par un jugement, à la suite d'une action en recherche de paternité : cela serait contraire au principe général de droit judiciaire, contenu dans l'article 20 du Code judiciaire, selon lequel les voies de nullité n'ont lieu contre les jugements, mais seulement les voies de recours.

La « douzième case » du tableau général que nous avions dressé au début de l'étude du droit de la filiation se révèle donc vide[250].

Section 5
La comaternité

Un couple de femmes, pas plus qu'un couple d'hommes, ne peut procréer biologiquement ensemble un enfant.

249 Comme la question de la réalité biologique de la paternité aura probablement – mais pas certainement, compte tenu des présomptions de l'article 324 – été tranchée par le tribunal, il y aurait aussi contrariété à la chose jugée au sens strict (art. 25 C. jud.).

250 Nous devons toutefois exprimer une réserve : la Cour européenne des droits de l'homme a en effet rendu, le 10 octobre 2010, un arrêt en cause *Paulick c. Slovaquie*, par lequel il déclare contraire à l'article 8 de la CEDH l'impossibilité pour un homme, déclaré père d'un enfant par un jugement coulé en force de chose jugée, à la suite d'une action en contestation de paternité ayant échoué, de contester par la suite à nouveau sa paternité, sur la base des preuves nouvelles que l'évolution de la science permettrait désormais.

La seule voie ouverte, depuis 2006, à ces couples, pour devenir ensemble parents d'un même enfant, consistait à recourir à l'adoption, soit en couple, soit de l'enfant d'un des deux membres du couple – très généralement, la mère de l'enfant –, par l'autre partenaire.

Cependant, le législateur a voulu permettre aux couples de femmes – et seulement eux – de créer ensemble une double filiation d'origine à l'égard d'un même enfant, *comme* s'il était biologiquement issu des deux femmes.

Il a donc institué la comaternité par une loi du 5 mai 2014, « corrigée » par une loi « réparatrice » – elle-même imparfaite – du 18 décembre 2014[251].

Il a par là transposé le lien civil de parenté – autrement dit, la fiction légale d'engendrement, consubstantielle à l'adoption – à la filiation elle-même, qui s'écarte donc totalement de l'aspect biologique de la reproduction humaine, même médicalement assistée, et même si la procréation médicalement assistée intervient par ailleurs quasi inévitablement dans le processus.

C'est donc la volonté seule des deux femmes, dans les formes et aux conditions prévues par la loi, qui crée le lien entre la coparente.

Certes, la filiation pouvait déjà, par le biais de la reconnaissance de complaisance, analysée ci-dessus, créer sous un couvert pseudo-biologique une paternité en réalité purement socio-affective – une espèce d'adoption simplifiée, donc –, mais tout au moins l'engendrement biologique par le reconnaissant est-il dans cette hypothèse *possible*, alors qu'il est d'évidence *impossible* dans la comaternité.

Il y a donc ici un changement très net de paradigme de l'institution, ce qui nous a poussé à l'analyser dans la présente section, séparément du système « en douze cases » décrit ci-dessus, au lieu de créer un nouveau tableau « à 18 cases », qui aurait été théoriquement possible.

En effet, la coparente (« co-mère ») peut être désignée de plein droit, et, à défaut, la seconde filiation maternelle peut être établie par reconnaissance, ou encore par une action judiciaire : on reconnaît là les trois modes d'établissement de la filiation, constituant virtuellement trois « cases » du tableau.

Et ces filiations peuvent ensuite être contestées, selon des modes particuliers, correspondant aux trois modes d'établissement : trois « cases » supplémentaires, donc.

Comment le législateur a-t-il conçu la comaternité ?

On constate en fait que le législateur a cru faire œuvre utile en reprenant – parfois de façon illogique – les **règles de la filiation paternelle**, pour en faire « par analogie »[252] le statut de la « coparente ».

Et cela, on va le voir plus bas, même lorsque ces normes avaient déjà été déclarées inconstitutionnelles dans le chef du père.

[251] La loi est entrée en vigueur le 1er janvier 2015, mais elle pourra être appliquée aux enfants nés avant cette date, si leur seconde filiation maternelle n'a pas déjà été établie par voie d'adoption.

[252] Renvoi analogique parfois explicite, comme dans l'article 325/2 du Code civil.

En d'autres termes, la coparente reprend *mutatis mutandis* le statut juridique du père, tel que décrit ci-dessus.

Les deux filiations – paternelle et comaternelle – s'excluent, par effet de l'article 329, qui porte qu'« *[u]n enfant ne peut pas faire l'objet de plus de deux liens de filiation produisant effet.*

Lorsqu'un enfant est reconnu par plusieurs personnes du même sexe, seule la première reconnaissance produit effet, aussi longtemps qu'elle n'a pas été annulée. Cette disposition ne s'applique pas à la reconnaissance par la coparente d'un enfant qui a été reconnu par la mère ; [...] Lorsqu'un enfant est reconnu par un père et une coparente, seule la première reconnaissance produit effet, aussi longtemps qu'elle n'a pas été annulée ».

Ainsi, la comaternité ne peut être établie si l'enfant a déjà un père, et tant que cette filiation paternelle subsiste ; et réciproquement, la paternité ne peut être établie lorsque l'enfant a déjà une coparente.

On relèvera qu'en cas de comaternité par reconnaissance, la loi ne s'applique qu'en cas de procréation médicalement assistée[253], et non de procréation « amicalement assistée »[254], même si la coparente y a consenti ; alors qu'en cas d'établissement de la comaternité de plein droit, les deux modalités d'engendrement sont admises : dans ce dernier cas, le géniteur mâle qui a eu des relations sexuelles avec la mère, dont est résulté l'enfant, est mis, absolument et définitivement[255], « sur la touche ».

Cette différence au sein même du statut de la comaternité suscite des interrogations, non résolues à notre sens.

Plus fondamentalement, la loi rompt délibérément avec la symétrie du système de la filiation, entre paternité et maternité : les couples d'hommes ne peuvent établir une « copaternité » d'origine, ils doivent toujours, comme précédemment, avoir recours à une adoption.

Est-ce là une discrimination ou simplement une situation différente, appelant une solution différente ?

Il est vrai que, par le fait de la « nature », la copaternité suppose nécessairement le non-établissement du lien maternel (mère porteuse [dite « GPA »[256]], naissance sous X...) ou sa suppression au profit du « deuxième homme » : mais on recher-

---

253 Don de sperme.

254 Relations sexuelles épisodiques avec un homme, géniteur de l'enfant.

255 Il ne peut en effet victorieusement contester la comaternité de l'épouse de la mère, puisque celle-ci est bien l'épouse de la mère, et qu'il importe peu qu'elle n'ait fourni aucun matériel génétique à l'enfant de sa femme.

256 La Cour européenne des droits de l'homme a rendu à ce sujet plusieurs arrêts importants, tendant à la reconnaissance de la GPA, qu'il y ait (26 juin 2014, *Mennesson c. France* et 21 juillet 2016, *Foulon et Bouvet c. France*) ou non (27 janvier 2015, *Paradiso et Campanelli c. Italie*) un lien biologique entre les parents d'intention et l'enfant. Voy. aussi le très important discours du président de la Cour européenne des droits de l'homme, Dean Spielmann, du 30 janvier 2015, sur la conception « faunesque », très proche du « Gouvernement des juges », que la Cour a de son propre rôle, notamment en cette matière... La Cour de cassation de France a rendu en Assemblée plénière du 3 juillet 2015 un arrêt se pliant à la jurisprudence européenne. Elle admet désormais que, dès lors « *que l'acte de naissance n'[est]*

chera aussi vainement la «nature» dans la comaternité, puisque, dans la reconnaissance tout au moins, elle présuppose nécessairement un recours à la PMA...

Enfin, la loi, si elle évite de présumer que la reconnaissance est dans l'intérêt de l'enfant s'il a moins d'un an, ne tient pas compte de nombreux autres arrêts récents de la Cour constitutionnelle (voy. *supra*) dans son «recopiage» du statut de la paternité.

Passant des généralités à l'étude des «six cases» de la comaternité, on constate les éléments suivants.

Dans le mariage, la comaternité est établie *de plein droit*:

> «Art. 325/2. *L'enfant né pendant le mariage ou dans les trois cents jours qui suivent la dissolution ou l'annulation du mariage, a pour coparente l'épouse.*
>
> *Les dispositions des articles 316 à 317 sont applicables par analogie.*»

Cette comaternité de plein droit peut être contestée, mais uniquement si la naissance n'est pas la suite de la PMA à laquelle la coparente a consenti:

> «Art. 325/3. *§ 1er. À moins que l'enfant ait la possession d'état à l'égard de l'épouse, la présomption de comaternité peut être contestée devant le tribunal de la famille par la mère, l'enfant, la coparente à l'égard de laquelle la filiation est établie, la femme qui revendique la comaternité de l'enfant et l'homme qui revendique la paternité de l'enfant.*
>
> *§ 2. L'action de la mère doit être intentée dans l'année de la naissance.*
>
> *L'action de l'épouse doit être intentée dans l'année de la découverte du fait qu'elle n'a pas consenti à l'acte ayant la procréation pour but ou dans l'année de la découverte que la conception de l'enfant ne peut être la conséquence de l'acte ayant la procréation pour but et auquel elle a consenti.*
>
> *L'action de la femme qui revendique la comaternité doit être intentée dans l'année de la découverte du fait qu'elle a consenti à la conception, conformément à la loi du 6 juillet 2007 relative à la procréation médicalement assistée et à la destination des embryons surnuméraires et des gamètes, et que la conception peut être la conséquence de cet acte.*
>
> *L'action de l'homme qui revendique la paternité de l'enfant doit être intentée dans l'année de la découverte du fait qu'il est le père de l'enfant.*
>
> *L'action de l'enfant doit être intentée au plus tôt le jour où il atteint l'âge de douze ans et au plus tard le jour où il atteint l'âge de vingt-deux ans ou dans l'année de la découverte du fait que l'épouse n'a pas consenti à l'acte ayant la procréation pour but ou dans l'année de la découverte du fait que la conception de l'enfant ne peut être la conséquence de l'acte ayant la procréation pour but auquel l'épouse a consenti.*
>
> *La comaternité établie en vertu de l'article 317 peut en outre être contestée par le précédent mari ou par la précédente épouse.*

---

ni irrégulier ni falsifié et que les faits qui y [sont] déclarés correspond[ent] à la réalité, [...] la convention de gestation pour autrui [...] ne fai[t] pas obstacle à la transcription de l'acte de naissance».

§ 3. Sans préjudice des §§ 1er et 2, l'action en contestation de la présomption de comaternité est déclarée fondée sauf s'il est prouvé par toutes voies de droit que l'épouse a consenti, préalablement à la conception, à l'insémination artificielle ou à un autre acte ayant la procréation pour but, sauf si la conception de l'enfant ne peut en être la conséquence.

*§ 4. La demande en contestation introduite par l'homme qui se prétend le père biologique de l'enfant n'est du reste fondée que si sa paternité est établie. La décision faisant droit à cette action en contestation entraîne de plein droit l'établissement de la filiation du demandeur. Le tribunal de la famille vérifie que les conditions de l'article 332*quinquies *sont respectées. À défaut, l'action est rejetée.*

*§ 5. La demande en contestation introduite par la femme qui revendique la comaternité de l'enfant n'est du reste fondée que s'il est prouvé que, conformément à l'article 7 de la loi du 6 juillet 2007 relative à la procréation médicalement assistée et à la destination des embryons surnuméraires et des gamètes, elle a consenti à la procréation médicalement assistée, et que la conception de l'enfant peut en être la conséquence. La décision faisant droit à cette action en contestation entraîne de plein droit l'établissement de la filiation du demandeur. Le tribunal de la famille vérifie que les conditions de l'article 332*quinquies*, §§ 1er, 1/1, 2 et 4, sont respectées. À défaut, l'action est rejetée.* »

La comaternité peut aussi, si la mère n'est pas mariée, être établie par voie de *reconnaissance*:

« Art. 325/4. *Lorsque la comaternité n'est pas établie en vertu de l'article 325/2, la coparente peut reconnaître l'enfant sous les conditions prévues à l'article 329*bis.

*Par dérogation à l'article 329*bis*, § 2, alinéa 3, la demande est rejetée s'il est établi que le demandeur n'a pas consenti à la conception conformément à la loi du 6 juillet 2007 relative à la procréation médicalement assistée et à la destination des embryons surnuméraires et des gamètes, ou que la conception ne peut en être la conséquence.* »

« Art. 325/5. *La coparente ne peut reconnaître l'enfant, lorsque la reconnaissance ferait apparaître entre la mère et elle un empêchement à mariage dont le Roi ne peut dispenser, à moins que le mariage qui a fait naître cet empêchement ait été annulé ou dissous par décès ou divorce.* »

« Art. 325/6. *Si la coparente est mariée et reconnaît l'enfant d'une personne autre que son époux, cette reconnaissance doit être portée à la connaissance de l'époux ou l'épouse.*

À cet effet, si l'acte est reçu par un officier de l'état civil belge ou un notaire belge, une copie de l'acte est envoyée par lettre recommandée à la poste par celui-ci. Si l'acte n'est pas reçu par un officier de l'état civil belge ou par un notaire belge, il est signifié par exploit d'huissier à la requête de la coparente, de l'enfant ou du représentant légal de ce dernier.

Jusqu'à cette communication, la reconnaissance est inopposable à l'époux ou l'épouse, aux enfants nés de son mariage avec l'auteur de la reconnaissance et aux enfants adoptés par les deux époux. »

La comaternité établie par reconnaissance peut être également contestée, mais toujours uniquement si l'enfant n'est pas issu de la PMA à laquelle la coparente a consenti.

«Art. 325/7. *§ 1er. À moins que l'enfant ait la possession d'état à l'égard de celui qui l'a reconnu, la reconnaissance par la coparente peut être contestée devant le tribunal de la famille par l'homme qui revendique la paternité, la mère, l'enfant, la femme qui a reconnu l'enfant et la femme qui revendique la comaternité.*

*Toutefois, l'auteur de la reconnaissance et ceux qui ont donné les consentements préalables requis ou visés par l'article 329*bis *ne sont recevables à contester la reconnaissance que s'ils prouvent que leur consentement a été vicié.*

*La reconnaissance ne peut être contestée par ceux qui ont été parties à la décision qui l'a autorisée conformément à l'article 329*bis *ou à celle qui a refusé l'annulation demandée en vertu de cet article.*

L'action de la mère et de la personne qui a reconnu l'enfant doit être intentée dans l'année de la découverte du fait que la conception de l'enfant ne peut pas être la conséquence de l'acte auquel la personne qui a reconnu l'enfant a consenti conformément à la loi du 6 juillet 2007 relative à la procréation médicalement assistée et à la destination des embryons surnuméraires et des gamètes.

L'action de la femme qui revendique la comaternité doit être intentée dans l'année de la découverte du fait qu'elle a consenti à la conception conformément à la loi du 6 juillet 2007 relative à la procréation médicalement assistée et à la destination des embryons surnuméraires et des gamètes et que la conception peut être la conséquence de cet acte.

L'action de l'homme qui revendique la paternité de l'enfant doit être intentée dans l'année de la découverte du fait qu'il est le père de l'enfant.

L'action de l'enfant doit être intentée au plus tôt le jour où il a atteint l'âge de douze ans et au plus tard le jour où il a atteint l'âge de vingt-deux ans ou dans l'année de la découverte du fait que sa conception ne peut être la conséquence de l'acte auquel l'auteur de la reconnaissance a consenti conformément à la loi du 6 juillet 2007 relative à la procréation médicalement assistée et à la destination des embryons surnuméraires et des gamètes.

§ 2. Sans préjudice du § 1er, la reconnaissance est mise à néant s'il est prouvé par toutes voies de droit que l'intéressé n'a pas consenti à la conception conformément à la loi du 6 juillet 2007 relative à la procréation médicalement assistée et à la destination des embryons surnuméraires et des gamètes ou que la conception ne peut en être la conséquence.

*§ 3. La demande en contestation introduite par la personne qui se prétend le père biologique de l'enfant n'est fondée que si sa paternité est établie. La décision faisant droit à cette action en contestation entraîne de plein droit l'établissement de la filiation du demandeur. Le tribunal de la famille vérifie que les conditions de l'article 332*quinquies *sont respectées. À défaut, l'action est rejetée.*

§ 4. La demande en contestation introduite par la femme qui revendique la comaternité n'est fondée que s'il est prouvé qu'elle [a] consenti à la procréation médi-

*calement assistée conformément à la loi du 6 juillet 2007 relative à la procréation médicalement assistée et à la destination des embryons surnuméraires et des gamètes et que la conception de l'enfant peut en être la conséquence. La décision faisant droit à cette action en contestation entraîne de plein droit l'établissement de la filiation du demandeur. Le tribunal de la famille vérifie que les conditions de l'article 332*quinquies*, §§ 1er, 1er/1, 2 et 4, sont respectées. À défaut, l'action est rejetée.* »

En reprenant le délai « impossible » imposé au demandeur en annulation de la reconnaissance, qui savait être le géniteur – par transposition, ici, la « consentante » à l'insémination de la mère – mais qui ignorait la reconnaissance par un autre – ici, une autre – le législateur a repris de façon malheureuse une norme déjà déclarée inconstitutionnelle par la Cour constitutionnelle, ce qui n'a pas manqué d'amener un nouvel arrêt, n° 24/2017, du 16 février 2017, dans le sens qui aurait pu être deviné.

La question posée était formulée ainsi :

> « *L'article 325/7, § 1er, alinéa 5, du Code civil viole-t-il les articles 10 et 11 de la Constitution, éventuellement combinés avec les articles 8 et 14 de la Convention européenne des droits de l'homme et des libertés fondamentales et avec la Convention relative aux droits de l'enfant, en ce qu'il crée une inégalité entre la contestation de la reconnaissance par la femme qui revendique la comaternité de l'enfant et qui a pu prendre connaissance immédiatement de la reconnaissance de l'enfant par une autre femme et la contestation de la reconnaissance par la femme qui revendique la comaternité de l'enfant et qui n'a pu prendre connaissance de la reconnaissance de l'enfant par une autre femme qu'ultérieurement et qui, le cas échéant, se trouvait à ce moment déjà en dehors du délai de forclusion d'un an ?* »

Réponse logiquement positive de la Cour, en ces termes :

> « *B.8.1. Ces objectifs* [*i.e.* la stabilité de la famille de l'enfant] *ne peuvent cependant avoir pour effet que, pour un type déterminé de contestation d'une reconnaissance par la coparente, l'action puisse être rendue impossible. En effet, le droit d'accès au juge serait violé s'il était imposé à une partie au procès un formalisme excessif, sous la forme d'un délai dont le respect est tributaire de circonstances échappant à son pouvoir (CEDH, 22 juillet 2010,* Melis c. Grèce, *§§ 27-28).*
>
> *B.8.2. L'intérêt de l'enfant ne saurait davantage justifier que la reconnaissance par la femme qui a consenti à sa conception, conformément à l'article 7 de la loi du 6 juillet 2007 relative à la procréation médicalement assistée et à la destination des embryons surnuméraires et des gamètes, puisse, dans toutes les hypothèses, être empêchée par un refus de la mère, suivi d'une reconnaissance mensongère. La réponse à la question de savoir si l'enfant a davantage intérêt à la reconnaissance par la femme qui a consenti à sa conception qu'à la reconnaissance par un tiers dépendra des circonstances concrètes de chaque cas.*
>
> *B.9. Dès lors qu'elle permet que le délai imparti à la femme qui revendique la comaternité commence à courir avant qu'elle ait pu savoir qu'une reconnaissance*

> *a eu lieu, la disposition en cause n'est pas compatible avec les articles 10 et 11 de la Constitution, combinés ou non avec les articles 8 et 14 de la Convention européenne des droits de l'homme.* »

Réponse prévisible, donc, mais pourtant non prévue par le législateur…

Enfin, la comaternité peut être établie *par voie judiciaire*, si la coparente non mariée à la mère a consenti à la PMA, mais s'est ensuite refusée à reconnaître l'enfant :

> « Art. 325/8. *Lorsque la comaternité n'est établie, ni en vertu de l'article 325/2, ni par une reconnaissance, elle peut l'être par un jugement, aux conditions fixées à l'article 332*quinquies, *§§ 1er, 1er/1, 2 et 4.*
>
> *Si la défenderesse est mariée et que l'action concerne un enfant d'une personne dont elle n'est pas l'épouse, le jugement prononcé par le tribunal de la famille qui établit la filiation doit être signifié à l'époux ou à l'épouse. Jusqu'à cette signification, il n'est opposable ni à l'époux ou l'épouse, ni aux enfants nés du mariage avec la défenderesse ou adoptés par les deux époux.* »
>
> « Art. 325/9. *La possession d'état à l'égard de la coparente prétendue prouve la filiation.*
>
> *À défaut de possession d'état, la filiation à l'égard de la coparente se prouve par le consentement à la procréation médicalement assistée donné conformément à l'article 7 de la loi du 6 juillet 2007 relative à la procréation médicalement assistée et à la destination des embryons surnuméraires et des gamètes, lorsque la conception de l'enfant peut en être la conséquence.*
>
> *Le tribunal rejette en toute hypothèse la demande s'il est prouvé que celui dont la filiation est recherchée n'a pas donné son consentement à la procréation médicalement assistée donné conformément à l'article 7 de la loi du 6 juillet 2007 relative à la procréation médicalement assistée et à la destination des embryons surnuméraires et des gamètes ou que la conception de l'enfant ne peut en être la conséquence.* »
>
> « Art. 325/10. *La recherche de comaternité est irrecevable lorsque le jugement ferait apparaître, entre la coparente prétendue et la mère, un empêchement à mariage dont le Roi ne peut dispenser à moins que le mariage qui a fait naître cet empêchement ait été annulé ou dissous par décès ou divorce.* »
>
> « *Les actions visées aux articles 325/3 et 325/7 peuvent être intentées, avant la naissance, par la femme qui revendique la comaternité de l'enfant.* »

En vertu du principe « voies de nullité n'ont lieu contre les jugements », la comaternité établie par jugement ne peut plus être contestée.

Section 6
Changement de sexe et filiation

Les personnes transgenres ne devant plus, depuis la loi du 25 juin 2017, subir d'opérations les rendant incapables de se reproduire dans leur sexe d'origine, cette possibilité leur est donc potentiellement conservée.

L'article 329 du Code civil, relatif aux reconnaissances plurielles, déjà modifié, comme on l'a vu, à la suite de la loi sur la comaternité, s'en trouve à nouveau modifié, et se lit à présent ainsi :

> « *Un enfant ne peut pas faire l'objet de plus de deux liens de filiation produisant effet.*
>
> *Lorsqu'un enfant est reconnu par plusieurs personnes du même sexe, seule la première reconnaissance produit effet, aussi longtemps qu'elle n'a pas été annulée. Cette disposition ne s'applique pas à la reconnaissance par la coparente d'un enfant qui a été reconnu par la mère.*
>
> *Lorsqu'un enfant est reconnu par un père et une coparente, seule la première reconnaissance produit effet, aussi longtemps qu'elle n'a pas été annulée.* »

Cette disposition n'est pas non plus d'application dans le cas d'une reconnaissance de paternité d'un enfant qui a été reconnu par la mère conformément à l'article 62*bis*/1, § 2, alinéa 1er.

Cette disposition porte que :

> «Art. 62*bis*/1. *§ 1er. L'acte de modification de l'enregistrement du sexe ne modifie ni les liens de filiation à l'égard d'enfants déjà nés, ni les droits, pouvoirs et obligations qui en découlent.*
>
> *Toutes les actions concernant ces liens de filiation et celles relatives aux droits, pouvoirs et obligations qui en découlent peuvent encore être intentées après l'établissement de l'acte de modification de l'enregistrement du sexe.*
>
> *§ 2. Si l'intéressé donne naissance à un enfant après la modification de l'enregistrement du sexe féminin en sexe masculin dans l'acte de naissance, le livre I, titre VII, chapitre 1, est d'application par analogie, ainsi que les chapitres 3, 4 et 5.*
>
> *Si l'intéressé conçoit un enfant ou a consenti à la conception de l'enfant conformément à la loi du 6 juillet 2007 relative à la procréation médicalement assistée et à la destination des embryons surnuméraires et des gamètes, et que l'enfant est né après la modification de l'enregistrement du sexe masculin en sexe féminin sur l'acte de naissance, le livre I, titre VII, chapitre 2, est d'application par analogie, ainsi que les chapitres 3, 4 et 5.*
>
> *La personne dont la filiation est établie conformément aux dispositions de l'alinéa 2 est mentionnée comme coparente sur l'acte de naissance.*
>
> *Dans tous les autres cas, l'application du livre I, titre VII, du Code civil est fondée sur le nouveau sexe.* »

Si nous avons bien compris cette formulation contournée :

– si le changement a lieu du statut[257] « femme » vers le statut « homme », on lui applique les règles de la maternité, et la personne est, nonobstant son nouveau sexe, la « mère » de l'enfant.
  Son époux éventuel est le « père » de l'enfant, son épouse éventuelle la « coparente » de l'enfant.
  Son compagnon éventuel peut reconnaître l'enfant, même si la personne transgenre, devenue « homme », a reconnu l'enfant en tant que « mère », et en devenir ainsi le « père ».
  Sa compagne éventuelle peut aussi reconnaître l'enfant et en devenir la coparente, mais il faut alors que la procréation de l'homme devenu « mère » ait été médicalement assistée et qu'elle ait consenti dans ce cadre à l'insémination de son compagnon ;
– si le changement a lieu du statut « homme » vers le statut « femme », on lui applique les règles de la paternité (établissement de plein droit, par reconnaissance ou par action judiciaire), mais la personne est la « coparente » de l'enfant, non son « père ».
  Son épouse ou compagne éventuelle est la « mère » de l'enfant, mais son époux ou compagnon éventuel ne peut acquérir de statut parental à notre sens, sauf s'il est lui-même un transgenre « femme vers homme », auquel cas, il est la « mère » de l'enfant selon les règles précitées.

Section 7
La filiation et la procréation médicalement assistée

Les progrès de la biologie humaine n'ont pas seulement eu pour effet de permettre la preuve scientifique de la parenté génétique – via les tests ADN – ou du moment réel de la conception – via l'échographie, désormais devenue banale –, mais ils ont également rendu possibles des engendrements qui étaient jusque-là hors de portée : il s'agit des procréations médicalement assistées, désignées le plus souvent par leur acronyme « PMA ».

Compte tenu du déclin de la qualité des gamètes dans les pays industrialisés, à la fois de façon intrinsèque – spécialement pour ce qui est du sperme[258] – et, par suite, de retardement progressif de l'âge de la maternité, qui influe défavorablement sur la qualité de l'ovule[259], on constate un recours de plus en plus

257 Il s'agit en fait d'un changement de *sexe* basé sur une identité de *genre* : « Art. 62*bis*. *Tout Belge majeur ou Belge mineur émancipé ou tout étranger inscrit aux registres de la population qui a la conviction que le sexe mentionné dans son acte de naissance ne correspond pas à son identité de genre vécue intimement, peut faire déclaration de cette conviction à l'officier de l'état civil. [...]* »

258 H. Levine *et al.*, « Temporal trends in sperm count: a systematic review and meta-regression analysis » *Human Reproduction Update*, vol. 23, n° 6, 1er novembre 2017, pp. 646-659, https://doi.org/10.1093/humupd/dmx022.

259 Provoquant, p. ex., un taux plus important de trisomie 21 : voy. l'article : « acces.ens-lyon.fr/acces/thematiques/sante/epidemiologie/depistage_trisomie21/Calculs/calcul_risqt21_agemere », citant l'étude

fréquent à la procréation médicalement assistée. On estime qu'un enfant sur trente est désormais conçu par ces techniques en France[260].

Nous ne traiterons ici que de manière très partielle de ces techniques et uniquement en ce qu'elles influent – ou non – sur le droit de la filiation.

Pour le surplus, on se référera aux ouvrages entièrement consacrés à la bioéthique, comme le précis du professeur Nicole Gallus[261].

La première disposition en date spécifique à la PMA, contenue dans le Code civil, est l'article 318, § 4, du Code civil, datant de 1987, et qui envisage ce qui est sans doute la plus simple des techniques, à savoir **l'insémination artificielle** d'une femme dont le mari est stérile, avec les gamètes d'un donneur tiers anonyme.

Dans ce cas, le mari, s'il a consenti à cette insémination, ne peut désavouer l'enfant que son épouse met au monde.

Le législateur, dans une vue peu optimiste[262] – mais sans doute réaliste – de la nature humaine prévoit cependant l'hypothèse où une femme mariée, constatant qu'elle est tombée enceinte de son amant, propose à son naïf mari de procéder à une insémination avec donneur tiers, sans révéler que celle-ci n'est pas médicalement, mais «amicalement» assistée.

Dans ce cas, le mari pourra théoriquement désavouer l'enfant.

Encore faudrait-il exclure la possibilité de la conception par le sperme d'un donneur de gamètes, lequel est anonyme suivant la loi belge[263].

Il faudrait donc, pratiquement, que le mari connaisse l'identité de l'amant de sa femme, que le juge l'appelle à la cause en contestation de paternité[264], où il est normalement absent, et qu'il soit déterminé positivement par l'analyse ADN qu'il est le géniteur de l'enfant, ce qui exclut un quatrième protagoniste, donneur anonyme.

Cette disposition n'est applicable par elle-même qu'aux couples mariés hétérosexuels.

Hors du mariage, l'insémination artificielle avec donneur anonyme devient plus aléatoire.

---

de HECHT et HOOK, «Bedside estimation of Down Syndrome risk during first trimester ultrasound screening», la prévalence de la maladie passe de 1/1537 à 20 ans à 1/214 à 38 ans. Or, en France (et sans doute en Belgique), l'âge de la première maternité est passé de 26,5 ans en 1977 à 30 ans en 2009 (voy. G. PISON, «France 2009: l'âge moyen à la maternité atteint 30 ans», Population et Sociétés, n° 465, mars 2010.

260 E. DE LA ROCHEBROCHARD, « Un enfant sur 30 conçu par assistance médicale à la procréation en France», *Population et Sociétés*, n° 556, juin 2018.

261 N. GALLUS, *Bioéthique et droit*, *op. cit.*, spécialement la partie «La procréation», pp. 51-172.

262 On relèvera que tant le législateur que la Cour constitutionnelle, on l'a vu plus haut, croient tous deux que la mère sait toujours qui est le géniteur de son enfant (d'où le point de départ de son délai de contestation de la paternité de son mari: le jour de la naissance de l'enfant), ce qui nous semble, en revanche, faire preuve d'une grande innocence par rapport à cette même nature humaine.

263 Art. 57 de la loi du 6 juillet 2007 sur la PMA.

264 Art. 331*decies*.

En effet, même si le projet parental du couple[265] a été acté suivant les règles[266], et même si le couple cohabite légalement, rien n'empêche la femme de refuser son consentement à la reconnaissance de l'enfant par son compagnon, et rien n'empêche, réciproquement, le compagnon de ne pas reconnaître l'enfant.

Comme le compagnon n'est pas le géniteur, il ne peut vaincre le refus de consentement de la mère, et, en sens inverse, on ne peut le rechercher judiciairement comme père.

Le tiers donneur est en toute hypothèse hors jeu : même si l'anonymat du don et de la fécondation était illégalement levé, il ne peut ni être recherché comme père de l'enfant, ni reconnaître ou rechercher l'enfant comme le sien[267].

Mais si la filiation paternelle est établie par reconnaissance dans un tel cas, elle est théoriquement fragile, puisqu'on a vu que la possession d'état était désormais impuissante à la protéger en la renforçant, mais, en réalité, elle est quasiment indestructible.

En effet, les personnes ayant consenti à la reconnaissance (mère et reconnaissant) étaient par hypothèse bien au courant du caractère biologiquement fictif de la reconnaissance. Leur consentement n'ayant donc pas été vicié[268], ils ne peuvent demander l'annulation de la reconnaissance.

Et un tiers n'est admis à la contester qu'en prouvant être lui-même le géniteur : or le seul qui puisse ce faire, étant le donneur de sperme, ne peut en fait retrouver l'enfant, ni juridiquement le reconnaître.

La recherche de paternité n'est, quant à elle, pas possible : ni en fait, puisque le donneur est anonyme et ne connaît pas la femme inséminée, ni en droit (le donneur ne peut ni être recherché ni rechercher sa propre paternité).

Mais c'est évidemment dans la récente comaternité que la PMA prend une importance capitale, puisque, sauf l'hypothèse très peu réaliste de la procréation « *amicalement assistée au sein d'un couple marié lesbien* », toutes les autres impliquent un don de sperme anonyme.

Et, dans la cas de la reconnaissance ou de la recherche de comaternité, c'est en réalité la seule convention des deux femmes avec un centre PMA agréé qui crée le lien de filiation entre l'enfant et la coparente : ni la biologie ni la possession d'état ne jouent aucun rôle à cet égard, il est purement l'effet d'un contrat formel.

Une autre problématique est celle de la **mère porteuse**.

---

265 La loi du 6 juillet 2007 définit l'« *auteur du projet parental* » comme étant « *toute personne ayant pris la décision de devenir parent par le biais d'une procréation médicalement assistée, qu'elle soit effectuée ou non au départ de ses propres gamètes ou embryons* » (art. 2, f).

266 Art. 7 de la loi du 6 juillet 2007.

267 Art. 56 de la loi du 6 juillet 2007. Ceci vaut aussi pour le don d'ovule, lequel est cependant plus rare que le don de sperme.

268 Sauf fourberie aggravée de la mère, comme dans l'article 318.

De lege ferenda, elle est complexe et délicate, puisqu'elle met en œuvre les notions de dignité humaine, d'indisponibilité du corps humain et de l'état des personnes, de droit à l'enfant *versus* droit de l'enfant[269].

Personnellement, nous sommes assez rétif à une application pure et simple de la loi de Gabor[270], selon laquelle « *[t]out ce qui est possible sera nécessairement réalisé* »[271], et nous constatons que, dans la pratique, les mères porteuses sont souvent – mais il est vrai pas toujours – des femmes issues de milieux socialement défavorisés, ce qui donne à l'opération une couleur d'exploitation des corps, qui ne la présente pas sous un jour éthiquement favorable.

De lege lata, les choses sont au contraire très simples : la mère de l'enfant est de plein droit la femme qui accouche de l'enfant, même si l'ovule ayant donné lieu à la conception n'est pas le sien, et le contrat de mère porteuse est, sinon illicite[272], du moins sans aucune possibilité d'exécution forcée.

On comprend dès lors pourquoi la « copaternité » est difficile, sinon impossible, à mettre sur pied en droit belge actuel pour les couples d'homosexuels mâles : elle supposerait que la mère de l'enfant soit tout simplement supprimée du schéma juridique, à la fois dans son rôle génétique[273] et dans son rôle gestationnel.

Ce ne serait possible que dans un cas d'accouchement « sous X », que ne connaît pas, on l'a vu, le droit belge, qui privilégie au contraire le principe *mater semper certa*, mais que connaissent certains droits étrangers.

Dans ce cas, un des deux hommes, qui aurait par hypothèse fourni son sperme pour une insémination de la mère porteuse « avec donneur connu », peut le reconnaître et en devenir le père.

Une loi future pourrait techniquement permettre au mari du père de devenir alors de plein droit le « coparent » de l'enfant, ou au compagnon du père de le reconnaître, moyennant son consentement.

Mais, en l'absence d'accouchement anonyme de la mère – qui ne nous semblerait personnellement pas souhaitable d'instaurer en Belgique –, une telle modification législative, qui n'aurait d'effet que greffée sur un « montage » utilisant une mère porteuse étrangère, n'a aucune chance véritable à nos yeux de voir le jour.

Une troisième problématique est celle de la **cryoconservation** des gamètes et embryons, qui peut conduire à leur « survivance » à la personne qui les a générés.

---

269 N. Gallus, *Bioéthique et droit*, *op. cit.*, pp. 128-172.

270 D. Gabor, lui-même scientifique et prix Nobel en 1971 pour ses travaux sur les hologrammes, et personnellement inquiet de sa propre « loi ».

271 Voy. A.-Ch. Van Gysel, « La biologie, l'éthique et le droit : notions incompatibles ou nouvelle alliance ? », préface à N. Gallus, *Bioéthique et droit*, *op. cit.*, 2013.

272 Jurisprudence constante de la Cour de cassation de France, dont Cass. Fr., 31 mars 1991, *D.*, 1991, p. 117.

273 Comme l'est actuellement le donneur de sperme ou la donneuse d'ovule.

Cette hypothèse est relativement fréquente, car la création d'embryons multiples, dont un seul à la fois est implanté, est une pratique courante ; et la cryoconservation des gamètes est naturellement proposée aux personnes qui souffrent de maladies graves[274] et qui doivent subir un traitement qui les rendra stériles.

Le sort des gamètes en cas de décès est clair, puisqu'il est nécessairement réglé par la convention signée entre le centre médical de procréation assistée, et que l'insémination *post mortem* est une des options possibles[275].

Quant au sort des embryons, il est parallèle à celui des gamètes[276]. Même s'il n'est pas réglé spécifiquement par la loi civile[277], les principes peuvent permettre de discerner le statut des enfants nés de cette technique.

Ils sont en effet conçus[278] après le décès de leur auteur, et dès lors qu'ils naîtront plus de trois cents jours après ce décès, ils ne bénéficient pas d'une paternité de plein droit.

Une reconnaissance anténatale n'est pas possible, pour cette même raison[279] ; et, par conséquent, seule une action en recherche de paternité pourra établir la filiation de l'enfant.

Cette filiation n'aura cependant pas d'effets successoraux, puisque, pour succéder, il faut exister, c'est-à-dire être conçu au moment du décès du *de cujus*[280] : il y a là une incohérence de la loi, qui permet la naissance de ces enfants et l'établissement de leur filiation, mais non l'effet principal[281] qu'il pourrait encore avoir dans cette hypothèse.

---

274 Le plus souvent, des cancers.

275 Art. 44 et 45 de la loi du 6 juillet 2007 : l'insémination ne peut avoir lieu que six mois au plus tôt et deux ans au plus tard après le décès de l'auteur des gamètes.

276 Art. 15 et 16 de la loi du 6 juillet 2007.

277 Même si l'article 56 de la loi du 6 juillet 2007 renvoie au droit civil.

278 L'embryon non implanté n'est pas encore un enfant conçu, suivant la doctrine majoritaire, que confirme le fait que la convention de cryoconservation peut disposer de son sort. *Cf.* l'affaire des époux Rios en 1984 en Australie : riches personnes mortes dans un accident d'avion au Chili, et ayant fait congeler des embryons : ces embryons étaient-ils héritiers potentiels des défunts ? Réponse négative : les embryons furent offerts à des couples infertiles pour devenir leurs enfants (Th. H. MAUGH II, « Legacy of dead L.A. couple: OK granted to implant 2 disputed frozen embryos », *Los Angeles Times*, 4 décembre 1987).

279 Rappelons qu'une reconnaissance *ad futurum* d'enfants encore à concevoir n'est pas possible, sauf par la voie du mariage, où l'article 315 est souvent présenté comme une reconnaissance par le mari de tous les enfants que sa femme mettra au monde durant le mariage et trois cents jours après celui-ci, sauf cause de désactivation de la présomption (art. 316 et jurisprudence de la Cour constitutionnelle sur l'article 318, voy. *supra*).

280 Art. 725, non modifié par la réforme du droit patrimonial de la famille.

281 Autre « non-effet » : l'enfant portera nécessairement le nom de sa mère, même si elle est la veuve du père, puisque sa filiation sera nécessairement établie la première, et que le père ne sera plus là pour modifier ce nom en le sien (art. 335). Seule exception : si l'enfant posthume est le puîné d'une fratrie : il recevra alors le même nom que ses frères et sœurs aînés, puisque, selon l'article 335*bis*, « *[l]e nom déterminé conformément à l'article 335, §§ 1er et 3, s'impose aux autres enfants dont la filiation est ultérieurement établie à l'égard des mêmes père et mère* ».

Notons que l'hypothèse, moins tragique, de la séparation du couple demandeur de PMA, ou son divorce, doit également nécessairement faire l'objet d'une décision du couple par la convention initiale[282].

Sans cette norme, le Code civil n'offrirait guère de solution, puisque les gamètes et embryons, étant hors commerce[283], ne sont pas des biens, et donc ne sont ni propres, ni acquêts, ni indivis; et leur liquidation et partage entre les membres du couple disjoint serait, dès lors, difficilement concevable.

Section 8
Règles générales régissant les actions en matière de filiation

Le droit de la filiation, nous venons de le voir, peut susciter de nombreux litiges judiciaires.

Ce contentieux est naturellement régi par des règles procédurales.

Afin de déterminer quelle est la règle qui s'applique à telle ou telle question en jeu, il faut tout d'abord appliquer le principe d'interprétation *lex specialis derogat generalia*, ce qui conduit, en droit familial, aux «trois couches de normes»[284]: le praticien se demandera tout d'abord s'il existe un règle particulière au contentieux de la filiation, à défaut il cherchera dans le «droit commun familial» des règles qui régissent le tribunal de la famille, et, enfin, dans le droit commun du procès civil.

Nous ne parlerons, dans la présente section, que d'une partie des premières, renvoyant pour les secondes à l'ouvrage qui a paru dans la même collection sur le tribunal de la famille[285], et pour les troisièmes, aux enseignements de droit judiciaire civil.

Ainsi, pour tout ce qui concerne la mise en état des causes, l'application de la procédure d'expertise, etc., il y a lieu de se référer à ces règles.

Les règles particulières relatives au droit de la filiation sont nombreuses.

Elles présentent une particularité dont le législateur aurait dû se dispenser: elles sont en effet essentiellement contenues dans le Code civil, et très subsidiairement dans le Code judiciaire.

Ceci ne serait qu'un détail[286] si elles ne se trouvaient, comme on l'a déjà relevé à la première section de ce chapitre, dispersées au travers de tout le titre de ce

---

282 Art. 13.

283 Art. 22 et 51 de la loi du 6 juillet 2007.

284 A.-Ch. Van Gysel, *Le contentieux familial. Le Tribunal de la Famille et le Juge de paix*, Limal, Anthemis, 2017, p. 30.

285 A.-Ch. Van Gysel (dir. et coauteur), *Le contentieux familial. Le Tribunal de la Famille et le Juge de paix*, Limal, Anthemis, 2017 (376 p.).

286 Relevons que, dans d'autres institutions familiales, des règles de fond sont contenues dans le Code judiciaire: c'est notamment le cas en ce qui concerne le divorce par consentement mutuel, dont la seule

Code relatif à la filiation, ce qui rend difficile une vision synthétique. En effet, chaque « case » du tableau contient déjà certaines normes, mais on en trouve aussi dans les « dispositions communes concernant le mode[287] d'établissement de la filiation », lesquelles, en toute logique... suivent les règles particulières et, bien entendu, les « actions en matière de filiation », divisées en « généralités » et « des actions en particulier », avec de multiples renvois ésotériques d'article en article.

Nous avons déjà exposé, dans l'étude des « douze cases » ci-dessus, les règles particulières à certaines procédures – et le résultat contourné du test de constitutionnalité qu'elles ont subi ; nous n'y reviendrons donc pas de nouveau ici.

Certaines règles revêtent cependant un caractère général et, partant, supplétif, dans le domaine de la filiation, et ce sont elles qui forment l'objet de cette section.

Du point de vue de la **compétence** matérielle, les actions en matière de filiation relèvent du tribunal de la famille, section du tribunal de première instance, puisqu'elles sont, par excellence, des « actions d'état »[288].

Quant à la compétence territoriale, depuis une loi du 6 juillet 2017[289], l'article 629*bis* du Code judiciaire, qui décrit la « cascade » des chefs de compétence en matière familiale, prévoit un paragraphe 2/1, qui porte que « *[l]es actions relatives à la filiation sont portées devant le tribunal de la famille du domicile ou à défaut, de la résidence habituelle de l'enfant.*

En l'absence de domicile ou de résidence habituelle de l'enfant, le tribunal de la famille de Bruxelles est compétent pour connaître de la demande.

La notion de "résidence habituelle" s'entend au sens de l'article 4, § 2, du Code de droit international privé ».

Les actions en matière de filiation sont **réservées et personnelles**, ce qui signifie qu'elles ne peuvent en principe être exercées que par les seules personnes désignées par la loi comme titulaires de l'action, et que les créanciers de ces personnes ne peuvent les exercer en leur lieu et place, par le biais de l'action oblique, ni ses héritiers en qualité d'ayants droit.

Si ces personnes sont incapables, leur représentant légal peut agir en leur nom[290], et éventuellement, en cas d'opposition, même potentielle, d'intérêts, par un tuteur *ad hoc*, désigné par le président du tribunal de première instance.

---

mention qui subsiste dans le Code civil est l'article 230 qui déclare... qu'il existe ! Voy. A.-Ch. Van Gysel, « Le fond et la forme dans le divorce par consentement mutuel international », *R.N.B.*, janvier 1995.

287 Il y a, en fait, trois modes d'établissement de la filiation, comme on l'a vu plus haut.

288 Art. 572*bis*, 1°, C. jud.

289 Auparavant, c'était le paragraphe 5 (compétence très subsidiaire et générale du domicile du défendeur) qui était applicable, à défaut de règle spécifique.

290 La loi du 17 mars 2013, réformant et unifiant le statut des incapables majeurs, déclare que la personne protégée est en principe capable pour toutes les actions personnelles, sauf si elle a spécialement été déclarée incapable pour telle action par le juge de paix (art. 492/1). Dans ce cas (art. 331*sexies* modifié), elle peut cependant encore être spécialement autorisée à agir elle-même par le juge de paix.

Lorsqu'il s'agit de l'enfant, et d'une action relative à sa reconnaissance, on applique l'article 329*bis*, disposition complexe selon laquelle :

> « *§ 1er/1. Le consentement de l'enfant majeur n'est pas requis si le tribunal estime, en raison d'éléments de fait constatés par procès-verbal motivé, que l'enfant n'est pas capable d'exprimer sa volonté. Il en va de même si l'ordonnance du juge de paix prise en vertu de l'article 492/1 déclare l'enfant incapable de consentir à sa reconnaissance. L'enfant en mesure d'exprimer son opinion de manière autonome est entendu directement par le juge. Le cas échéant, la personne de confiance exprime l'opinion de l'enfant si celui-ci n'est pas en mesure d'exprimer lui-même son opinion. Le juge attache l'importance qu'il convient à cette opinion.* »

Précisons quelque peu les choses.

Si une des **personnes titulaires de l'action** meurt après avoir intenté l'action, elle peut être continuée par ses héritiers[291].

Si c'est un défendeur qui décède, l'action peut également être poursuivie contre ses héritiers, au besoin via une citation en reprise d'instance forcée[292].

Si une des personnes titulaires de l'action décède avant d'avoir intenté l'action, ses héritiers ne peuvent en tant que tels l'intenter, mais, dans certains cas, une action est donnée, soit à ses descendants[293], soit à ses ascendants – même non-héritiers – et ses descendants[294].

Si un des défendeurs décède avant l'intentement de l'action, il faut opérer une nouvelle distinction[295].

S'il s'agit d'une action en établissement de la filiation – dite « action en réclamation d'état » –, alors l'action est intentée contre les héritiers de cette personne.

S'il s'agit d'une action en suppression de la filiation – dite « action en suppression d'état » –, alors l'action est simplement dirigée contre les défendeurs vivants, mais non contre les héritiers de la personne décédée.

Si toutes les personnes qui doivent être citées sont décédées, et que leurs héritiers ne doivent pas l'être, alors l'action est mue sur requête unilatérale[296].

Bien que le caractère réservé des actions, accentué par la réforme de 2006, empêche le plus souvent la tierce opposition, le tribunal peut, même d'office[297], mettre les tiers à la cause, afin qu'ils ne puissent plus y former tierce opposition.

Le **délai des actions** en matière de filiation est déterminé par la loi[298], et nous avons vu ci-dessus quels étaient ces divers délais suivant la « case » qu'ils régissent, et ce qu'en avait pensé la Cour constitutionnelle.

---

291 Art. 331*quinquies*.
292 Art. 816, al. 2, C. jud.
293 Recherche de paternité ou de maternité (art. 332*ter*).
294 Contestation de la paternité établie de plein droit (art. 318).
295 Art. 332*quater*.
296 Art. 332*quater*, al. 2.
297 Exception au droit commun de l'article 811 du Code judiciaire.
298 Art. 331*ter*.

Si une disposition particulière ne fixe pas de délai plus court, ce délai est de trente ans.

Il est suspendu, pour les mineurs, durant leur minorité[299], mais non par l'état d'époux; et également par la possession d'état[300].

La publicité du jugement[301] est assurée par le parquet[302], qui, une fois la décision coulée en force de chose jugée, la communique à l'officier de l'état civil qui a dressé l'acte de naissance de l'enfant, pour transcription et mention marginale dans l'acte de naissance.

Les jugements en matière de filiation jouissent – comme tous jugements d'état – en principe d'une **opposabilité *erga omnes***, conséquence judiciaire de l'indivisibilité de l'état civil[303], ce que rappelle l'article 331*decies*.

Il y est fait exception à la recherche de paternité mise en œuvre envers un homme marié, l'article 322 avertissant les parties que, « *[s]i le défendeur est marié et si l'enfant a été conçu pendant le mariage par une femme dont il n'est pas l'époux, le jugement qui établit la filiation doit être signifié à l'époux ou à l'épouse. Jusqu'à cette signification, il n'est opposable ni à l'époux ou l'épouse, ni aux enfants nés du mariage avec le défendeur ou adoptés par les deux époux* ».

Ceci n'est qu'un « doublon » de l'article 319*bis* qui, en ce qui concerne l'acte – quant à lui extrajudiciaire – de reconnaissance de paternité, prévoit une règle identique[304]: cette concordance a bien entendu pour but d'empêcher le contournement de l'article 319*bis* par l'intentement d'une action en recherche de paternité, de connivence entre le père adultère et la mère de son enfant.

Mais ces jugements ont **une autorité relative**, en ce sens que les tiers intéressés peuvent – très théoriquement – y former tierce opposition, faculté que les dispositions citées ci-avant, concernant le caractère réservé de l'action et possibilité pour le juge d'appeler d'office des tiers à la cause, limitent, sinon rendent

---

299 On peut se demander quelle est la validité en raison d'un délai de quarante-huit ans: pourquoi ne pas déclarer tout simplement l'action imprescriptible ?

300 La loi fait de la possession d'état un événement qui déplace le point de départ du délai, de la naissance à la fin de la possession d'état. Il nous aurait semblé plus cohérent de l'envisager comme une cause de suspension du délai.

301 Art. 333.

302 Ce qui constitue une tâche supplémentaire pour un office débordé. On comprend que, dans les réformes postérieures à 1987, comme celle de 1994 sur la procédure en divorce, le législateur ait préféré la confier au greffe...

303 Une personne n'est pas seulement l'enfant d'une autre personne à l'égard de cette dernière, mais aussi à l'égard de toutes les personnes de la société, et même de l'ensemble des habitants du globe.

304 Art. 319*bis*: « *Si le père est marié et reconnaît un enfant conçu par une femme autre que son épouse, la reconnaissance doit être portée à la connaissance de l'époux ou de l'épouse.*
À cet effet, si l'acte de reconnaissance est reçu par un officier de l'état civil belge, une copie de l'acte est envoyée par lettre recommandée à la poste par celui-ci. Si l'acte n'est pas reçu par un officier de l'état civil belge, il est signifié par exploit d'huissier à la requête du père, de l'enfant ou du représentant légal de ce dernier.
Jusqu'à cette communication, la reconnaissance est inopposable à l'époux ou à l'épouse, aux enfants nés de son mariage avec l'auteur de la reconnaissance et aux enfants adoptés par les deux époux. »

totalement illusoire, ceci en vue d'accentuer la sécurité juridique des jugements en une matière aussi capitale.

Rappelons enfin que les jugements en matière de filiation sont **déclaratifs**[305], puisqu'ils mettent au jour une filiation qui existe dans les faits depuis l'instant de la conception de l'enfant.

Les effets – créateurs ou destructeurs de droits – se produisent donc, au moment où les jugements se coulent en force de chose jugée, rétroactivement au moment de la conception de l'enfant.

Section 9
La possession d'état et la filiation

C'est dans le droit de la filiation que la possession d'état – tel un arlequin – joue son rôle le plus actif et le plus divers.

Nous l'avons déjà évoquée dans les sections qui précèdent et nous avons vu quelle aversion elle a suscitée de la part de la Cour constitutionnelle.

Mais, quant au concept lui-même, qu'est-ce que la possession d'état[306] ?

C'est, au fond, une application en droit familial de la théorie de l'apparence, en tant que source de droits et d'obligations : le fait de se comporter comme ayant l'état – ici, d'enfant ou de parent – a une influence juridique sur cet état, même si, avant que ce comportement ne soit adopté, l'état n'existait pas au regard des règles juridiques applicables.

Il faut se garder de glisser de l'apparence, laquelle est « neutre » en ce qu'elle correspond – ou non – à la réalité, à la simulation, qui implique un caractère fictif, illusoire, et, donc, contraire à la réalité.

> « *[...] La possession d'état est avant tout une filiation vécue : elle est la manifestation du rapport de filiation dans le quotidien du rapport entre l'enfant et son auteur, relation qui se prolonge et se vit aussi dans la famille et dans la société, qui sont tout à la fois les acteurs et les témoins d'un ensemble de comportements révélateurs d'une parenté* »[307].

Les éléments composant la possession d'état sont divers, comme le relève d'ailleurs la loi elle-même, dans l'article 331*nonies*, dont le texte est le suivant :

> « *La possession d'état [...] s'établit par des faits qui, ensemble ou séparément, indiquent le rapport de filiation. Ces faits sont entre autres :*
> – *que l'enfant a toujours porté le nom de celui dont on le dit issu ;*
> – *que celui-ci l'a traité comme son enfant ;*

305 C'est une différence majeure par rapport à l'adoption, qui crée un état qui n'existait pas, et qui n'existe donc que pour l'avenir : nous reviendrons sur ce point au chapitre suivant.

306 Voy., sur cette notion, la remarquable thèse de N. Gallus, *Le droit de la filiation, Rôle de la vérité socio-affective et de la volonté en droit belge*, Bruxelles, Larcier, 2009, spéc. pp. 77 et s.

307 N. Gallus, *Le droit de la filiation, Rôle de la vérité socio-affective et de la volonté en droit belge, op. cit.*, n° 63, p. 79.

– *qu'il a, en qualité de père ou de mère, pourvu à son entretien et à son éducation ;*
– *que l'enfant l'a traité comme son père, sa mère ou sa coparente ;*
– *qu'il est reconnu comme son enfant par la famille et dans la société ;*
– *que l'autorité publique le considère comme tel.*»

On relève traditionnellement trois éléments principaux comme constitutifs de la possession d'état : le *nomen*, le *tractatus* et la *fama*.

Le *nomen* n'est pas, comme on pourrait le croire[308], le nom patronymique, ou plutôt il ne l'est plus.

C'est en réalité la *nominatio*[309], le fait d'être appelé « fils de »[310], et entre les personnes parties au lien familial de s'appeler « papa » ou « fiston ».

Le *tractatus* est certainement l'élément le plus important de la possession d'état.

C'est le comportement des personnes directement parties au lien de parenté, l'un à l'égard de l'autre.

Ainsi, le fait pour un homme ou une femme d'élever un enfant comme le sien[311] dans un premier temps, puis la reconnaissance affective de l'enfant envers l'adulte, qu'il considère comme son père ou sa mère.

Ce comportement peut débuter dès avant la naissance de l'enfant, et le fait d'annoncer aux tiers que l'on va être père de l'enfant dont telle femme est enceinte, d'assister aux échographies, etc., peut déjà tisser une possession d'état anténatale[312].

La *fama*, c'est la réputation, c'est-à-dire la reconnaissance par les cercles concentriques de la famille, de la société et de l'État, du lien qui est induit par le comportement des acteurs directs.

L'essentiel est que ces divers aspects forment un ensemble cohérent, une tapisserie où l'histoire familiale est lisible, un faisceau d'éléments convergeant vers l'existence d'un lien de filiation, et d'une consistance suffisante pour emporter la conviction du juge.

---

308 Et comme, on vient de le voir, le croit le législateur lui-même...

309 N. Gallus, *Le droit de la filiation, Rôle de la vérité socio-affective et de la volonté en droit belge, op. cit.*, n° 72, p. 89, citant A. Lefebvre-Teillard, « *Nomen, tractatus, fama* : variations sous un même terme », Études de droit médiéval en souvenir de Josette Metman, Éditions universitaires de Dijon, 1988, p. 287.

310 D'où tous les nombreux noms patronymiques en « -son », « -sen » (dont Janssen, le nom le plus répandu en Belgique), « -art ». L'Islande est le seul pays qui ait conservé ce système d'attribution du nom patronymique par simple reprise du prénom du père avec le suffixe (« -son » ou « -dottir », suivant le sexe). Ce nom est donc bien étymologiquement « patronymique », mais pas familial, puisqu'il change à chaque génération.

311 Le caractère « propre » du comportement est parfois difficile à distinguer dans un contexte de recomposition familiale : comment le compagnon de la mère d'un jeune enfant peut-il se comporter autrement que « paternellement » vis-à-vis de cet enfant, du moins s'il veut préserver sa relation avec sa compagne, et surtout s'il n'y a pas d'autre homme reconnu comme père légal et social ? Mais ce glissement de la parentalité à la parenté est-il à écarter, dès lors que, bien souvent, le compagnon finit par établir, par adoption ou reconnaissance de complaisance, un lien de filiation légal avec l'enfant ?

312 N. Gallus, *Le droit de la filiation, Rôle de la vérité socio-affective et de la volonté en droit belge, op. cit.*, n° 113, p. 132.

Peu importe alors qu'un des éléments fasse défaut ou soit moins affirmé, en raison des circonstances : la possession d'état existe[313].

C'est en ce sens que nous interprétons la condition de « continuité » implicitement contenue dans l'article 331*nonies* du Code civil[314] : il s'agit essentiellement d'une condition de « consistance » suffisante des éléments constitutifs de la possession d'état.

D'une manière générale, l'application de la théorie des vices de la possession des biens à la possession d'état nous paraît singulièrement mal fondée[315] ; puisque la première est la conséquence d'un pouvoir matériel d'une personne sur une chose, et la seconde l'effet de relations entre les personnes.

La *summa divisio* de notre droit entre choses et personnes s'oppose à un tel rapprochement, aussi incongru qu'une comparaison entre un clair de lune et un clerc de notaire.

Pourtant, la jurisprudence est parfois incertaine, et l'on peut se demander si elle ne bâtit pas une notion « à géométrie variable », se satisfaisant d'éléments en nombre réduit s'il s'agit de prouver une filiation qui correspond à l'estime du juge à la réalité biologique, et ne la trouvant jamais exempte de vice lorsqu'une expertise a révélé que le père légal n'était pas le géniteur[316].

La possession d'état joue en effet **trois rôles** distincts dans la filiation, que nous avons déjà évoqués ci-dessus et que nous résumons ici.

- Un rôle de **preuve** de la filiation[317], dans le cadre d'une action en recherche de paternité ou de maternité.
  Il faut souligner qu'il s'agit d'une preuve dite indirecte[318], dans le sens où la possession d'état ne crée pas directement le lien, qui n'existera que lorsque le titre judiciaire – le jugement – l'aura consacré.

---

313 En ce sens : Cass., 9 juin 1938, *Pas.*, 1938, I, p. 207 ; Cass. Fr., 19 mars 1985, *D.*, 1986, p. 34, note J. Massip.

314 Qui relève comme élément topique que l'enfant a « toujours » porté le nom de son parent.

315 N. Gallus, *Le droit de la filiation, Rôle de la vérité socio-affective et de la volonté en droit belge, op. cit.*, n°s 2 et 3, p. 15, et n°s 84 et s., pp. 100 et s.

316 Une illustration en est donnée par Liège, 19 octobre 2010, et Liège, 9 mai 2012, prononcés dans une même affaire, *A.D.F.*, 2013, p. 81, et la note justement critique de G. Mathieu, « Contestation de la filiation paternelle : l'intérêt de l'enfant sacrifié sur l'autel de l'équivocité » : en l'espèce, le reconnaissant avait conféré durant plus de sept ans une possession d'état dotée de tous les éléments possibles, et cela dès avant la naissance jusqu'après la séparation du couple parental ; et cette possession est cependant jugée « équivoque » parce que le reconnaissant avait cessé de voir l'enfant à la suite d'un test ADN extrajudiciaire, dont il était ressorti qu'il n'était pas le géniteur. À cette aune, le simple fait que la filiation soit judiciairement contestée rend la filiation équivoque ; en d'autres termes, l'action en justice est « performative », comme dans la contestation par simple dénégation (laquelle, on le relèvera, suppose précisément l'absence de possession d'état), et la possession d'état ne joue plus *aucun* rôle propre.

317 Art. 324.

318 Par opposition aux rares cas où la possession d'état constitue la preuve directe, autrement dit le titre d'un élément de l'état civil, comme dans l'article 197 (mariage) ou l'article 4 du Code de la nationalité belge (nationalité).

– Un rôle, ensuite, de **suspension des délais**[319], lesquels, en dehors d'autres causes de suspension[320], ne courent pas tant que l'enfant jouit d'une possession d'état.
  Pourquoi, en effet, forcer les acteurs d'une vie familiale paisible, et, partant, d'une possession d'état continue et intense, à s'assigner, alors qu'aucun problème juridique ne se pose à ce moment[321] ?
– Un rôle, enfin, de **renforcement** de la filiation déjà établie par l'effet de la loi ou par acte volontaire[322].
  C'est à cet endroit que la récente jurisprudence de la Cour constitutionnelle[323], qui écarte systématiquement la possession d'état en tant que fin de non-recevoir à une action en contestation de la paternité ou d'annulation de la reconnaissance, au nom de l'intérêt de l'enfant[324], est spécialement critiquable à nos yeux : la notion de possession d'état est en effet par elle-même suffisamment souple pour que le juge, en appréciant la « consistance » des relations parentales constituant la possession d'état, apprécie *ipso facto* l'intérêt de l'enfant à conserver l'homme qui a noué de tels liens avec lui comme père, même si, par hypothèse, il ne serait pas son géniteur. Le rejet de l'obstacle « absolu » que constitue la possession d'état a conduit la Cour constitutionnelle à mettre à mal toute sécurité juridique en une matière pourtant capitale.
  Quel bon sens y a-t-il à préférer que la paix d'une famille – c'est-à-dire la stabilité psychologique d'un enfant – puisse être ainsi mise à mal, alors que le titre de filiation de l'enfant est renforcé par sa vie familiale, et cela au nom d'un hypothétique « intérêt de l'enfant » à devenir le fils d'un homme qui, sans doute, est son géniteur, mais n'était pas jusqu'à ce moment intervenu dans sa vie et son éducation ?
  Lorsqu'on considère, d'une part, le rôle « intermittent » que joue cet intérêt dans le droit de la filiation (voy. la section suivante) et, d'autre part, le fait que la coparente est, quant à elle, désignée comme telle vis-à-vis de l'enfant, sur la base d'un simple accord de volonté entre la mère et elle, sans aucun substrat biologique, on peut se demander pourquoi la parenté purement intentionnelle aurait des vertus que le comportement des personnes au sens du tissu social n'aurait pas.

À notre connaissance, la Cour constitutionnelle n'a pas encore eu à se prononcer sur les deux premiers rôles de la possession d'état au sein de la filiation.

[319] Art. 331*ter*.

[320] Comme la minorité, ou l'ignorance de la réalité biologique du lien parental : voy. ci-dessus, la section relative au droit judiciaire.

[321] Bien entendu, lorsqu'elle prend fin – par exemple, par le décès – et qu'un litige – successoral – survient, alors la prescription commence à courir.

[322] Art. 318 et 330.

[323] Not. arrêts n° 20/2011 du 3 février 2011 (paternité de plein droit) et n° 29/2013 du 7 mars 2013 (reconnaissance).

[324] Notion elle-même « à éclipses », comme on le verra à la section suivante.

Il nous semble peu probable qu'elle les estime inconstitutionnels, en raison de leur caractère « non absolu » : dans le rôle probatoire, il ne s'agit que d'une simple présomption, que l'« homme » peut renverser par une analyse ADN, en démontrant sa non-paternité, dans le second, il prolonge un délai, et « garde la porte » ouverte aux actions, ce qui est l'exact contraire de l'obstacle « absolu » que joue le troisième rôle.

Section 10
L'intérêt de l'enfant et la filiation

Compte tenu de l'importance de la notion d'intérêt de l'enfant dans la jurisprudence de la Cour constitutionnelle dans le domaine de la filiation, elle nous semblait justifier une section particulière, afin de relever deux choses :

- L'intérêt de l'enfant est essentiellement une **notion heuristique** – une méthode de recherche de la bonne décision –, mais non un concept substantiel dont le contenu pourrait être déterminé.
- L'intérêt de l'enfant n'est pris en considération, tant par le législateur que par la Cour constitutionnelle, que dans certaines hypothèses, et pas dans d'autres : comment justifier cette « **intermittence** » ?

Quant à l'objet de la notion, il ne fait plus aucun doute que l'intérêt de l'enfant soit aujourd'hui un principe général de droit, ainsi que nous l'avions déjà affirmé en 1988 dans une étude[325].

Consacré par de nombreuses dispositions internes[326] et internationales[327], il est désormais inscrit dans la Constitution belge elle-même[328].

Il s'agit, selon nous, d'un principe heuristique[329], qui indique au juge et aux autres acteurs du monde judiciaire dans quelle direction ils doivent chercher une solution au conflit qui implique un enfant mineur.

Mais, en lui-même, ce principe est une norme « creuse », en ce qu'il est sans contenu matériel spécifique prédéterminé.

Cette vision est d'ailleurs partagée par un auteur « proche » de la Convention internationale des droits de l'enfant (CIDE), puisqu'il ne s'agit pas moins que du président du Comité des droits de l'enfant de l'ONU, M. Jean Zermatten.

---

325 A.-Ch. Van Gysel, « L'intérêt de l'enfant, principe général de droit », *R.G.D.C.B.*, 1988, p. 186.

326 P. ex., art. 344-1 en matière d'adoption.

327 Art. 3.1 de la CIDE (20 novembre 1989) : « *Dans toutes les décisions qui concernent les enfants, qu'elles soient le fait des institutions publiques ou privées de protection sociale, des tribunaux, des autorités administratives ou des organes législatifs, l'intérêt supérieur de l'enfant doit être une considération primordiale.* »

328 Art. 22*bis*, al. 4 (23 mars 2000) : « *Dans toute décision qui le concerne, l'intérêt de l'enfant est pris en considération de manière primordiale.* »

329 Voy. notre analyse *in* A.-Ch. Van Gysel, « L'intérêt de l'enfant : mythe et réalité », *in Actualités de droit familial, le point en 2001*, CUP, vol. 49, 2001, p. 173.

Dans un rapport substantiel[330], il affirme :

> « *C'est donc un concept juridique très moderne, qui n'a guère fait l'objet d'études de manière globale, car le contenu reste assez flou et les fonctions sont multiples. Il est dès lors plus examiné par rapport à tel point précis ou expliqué par la jurisprudence que véritablement expliqué de manière systématique.* »[331]
>
> « *Il ne serait pas souhaitable que l'intérêt de l'enfant soit supérieur à tout autre intérêt et l'emporte systématiquement. Cela fonderait la république des enfants, non au sens où Korzak l'entendait, mais au sens où l'enfant serait mis sur un piédestal, pour reprendre une image. Une telle position irait à fin contraire de la protection due aux enfants et provoquerait irrémédiablement la disparition des droits de l'enfant.* »[332]
>
> « *On peut dire que la notion de l'intérêt supérieur de l'enfant, tel qu'il est défini dans la CDE, mais aussi par exemple dans la Convention de La Haye sur l'adoption internationale, est une notion qui a deux rôles "classiques", celui de contrôler et celui de trouver des solutions [...] dans le sens où la notion même de l'intérêt de l'enfant doit intervenir pour aider les personnes amenées à prendre des décisions envers les enfants à choisir la bonne solution. Celle-ci sera alors choisie car étant "dans l'intérêt de l'enfant".* »[333]
>
> « *Contrairement à la plupart des articles de la Convention, l'art. 3, ch. 1, ne constitue pas un droit subjectif comme tel ; mais il institue un principe d'interprétation qui doit être utilisé dans toutes les formes d'interventions à l'égard des enfants et qui confère une garantie aux enfants que leur sort sera examiné conformément à ce principe d'interprétation.* »[334]
>
> « *Le concept de l'intérêt supérieur de l'enfant est un concept juridique indéterminé qui doit être précisé par la pratique et qui devrait l'être par des règles d'application.* »[335]

Le critère de l'intérêt de l'enfant est subjectif à un double niveau. « *Il s'agit tout d'abord d'une subjectivité collective, celle qu'une société donnée, à un moment donné de son histoire, qui se fait une image de l'intérêt de l'enfant : éducation de l'enfant dans telle ou telle religion par exemple ou refus de tout "excès" de pratique religieuse... On pourrait prendre l'exemple de l'assistance éducative et des "modes" qu'elle a pu connaître (qu'il s'agisse du type même des mesures à prendre ou du refus de toute peine de prison, presque "évident" hier mais qui commence aujourd'hui à être contesté... au nom de l'intérêt de l'enfant)* »[336], subjectivité personnelle des acteurs au procès également,

---

330 J. Zermatten, *L'intérêt supérieur de l'enfant: de l'analyse littérale à la portée philosophique, working report* du Comité des droits de l'enfant de l'ONU, 3-2003.

331 *Ibid.*, p. 4.

332 *Ibid.*, p. 8.

333 *Ibid.*, p. 11.

334 *Ibid.*, p. 11.

335 *Ibid.*, p. 11.

336 *Ibid.*, p. 12, citant H. Fulchiron, « De l'intérêt de l'enfant aux droits de l'enfant », *in Une Convention, plusieurs regards. Les droits de l'enfant entre théorie et pratique*, Sion, IDE, 1997, p. 36.

des parents, de l'enfant, «*subjectivité du juge enfin, ou de l'autorité administrative investie du pouvoir de prendre la décision : or chacun sait ici combien est forte cette subjectivité (ou en tout cas le risque de subjectivité), alors même que la décision prétend reposer sur une analyse "scientifique" de la situation*»[337].

Dans cette perspective, la jurisprudence de la Cour constitutionnelle nous paraît donner un rôle, non tant exagéré que *déplacé*, à la notion d'intérêt de l'enfant.

En abolissant toutes les autres règles : possession d'état, délais, prohibition de l'inceste, pour tout soumettre au seul critère de l'intérêt de l'enfant, il prive le juge de tout repère concret – puisque ce principe n'en a pas et ne peut pas, par sa fonction même, en avoir – en même temps qu'il lui donne un pouvoir absolu de décision.

Ce faisant, il ouvre, comme nous l'avons dit ci-avant et ailleurs[338], la porte à une forme de Gouvernement des juges, qui nous semble incompatible avec l'ordre constitutionnel belge.

Et nous voudrions citer une fois encore la Cour de cassation, lorsqu'elle énonce sagement qu'«*[...] il n'appartient pas au juge d'écarter la protection des intérêts de l'enfant imposée par le législateur, au bénéfice d'une appréciation personnelle qu'il considère comme plus appropriée*»[339].

Nous reviendrons à cette conception de l'intérêt de l'enfant en tant que principe heuristique dans d'autres chapitres de ce précis[340], mais il nous avait semblé important de l'exprimer déjà à un endroit où il revêt une importance déterminante.

Par ailleurs, le rôle de la notion d'intérêt de l'enfant dans notre droit est «**à éclipses**», et force nous est de constater que ni la loi ni la Cour constitutionnelle ne font intervenir la notion dans tous les cas où elle pourrait s'appliquer.

Ainsi, quant à la loi, elle en fait état dans le cadre de l'action en dispense de consentement de la mère ou de l'enfant mineur, dans la reconnaissance (art. 329*bis*) ou dans l'action en recherche de paternité (art. 332*quinquies*), mais pas pour l'action en contestation de paternité (art. 318) : pourquoi le juge ne devrait-il admettre la paternité d'un géniteur que si cela est dans l'intérêt de l'enfant, mais ne doit pas vérifier s'il est conforme à ce même intérêt de *supprimer* le lien légal qui existe entre un homme et ce même enfant ?

Ensuite, et surtout, la notion est totalement absente de tout le volet non judiciaire de la filiation.

---

337 *Ibid.*

338 Voy. ci-dessus, section 1, et A.-Ch. Van Gysel et N. Gallus, «Les décisions récentes de la Cour constitutionnelle en matière de filiation : humanisme ou aberration ?», *R.N.B.*, 2013, pp. 374 et s.

339 A.-Ch. Van Gysel, «Examen de jurisprudence "Les Personnes" (2003-2011) "La Filiation"», *R.C.J.B.*, 2011, p. 409, spéc. n° 13, p. 451.

340 Notamment lorsque nous traiterons de l'incapacité des mineurs, matière où le principe est continuellement invoqué, mais rarement bien appliqué.

Ainsi, comme par application d'un adage *mater semper certa, ergo mater semper bona*, l'intérêt d'un enfant d'avoir – ou de ne pas avoir – pour mère la femme qui l'a mise au monde n'est aucunement envisagé.

Pas plus que l'intérêt du même enfant d'avoir pour père le mari de sa mère ou l'« homme » que sa mère agrée pour le reconnaître.

On nous répliquera que le pauvre officier de l'état civil, qui n'est peut-être pas juriste, serait bien incapable de discerner cet intérêt, alors même que l'enfant ne lui est même pas présenté en personne.

Oui, bien, mais il peut bien, toujours selon la loi, détecter les mariages et cohabitations légales, voire, comme on l'a vu plus haut, les reconnaissances de complaisance : pourquoi son omniscience, qui lui permet de savoir quel est, dans le cerveau du reconnaissant et de la mère, le but qu'ils poursuivent en lui demandant d'acter ladite reconnaissance, ne s'étendrait-elle pas à l'intérêt de l'enfant ?

La jurisprudence de la Cour constitutionnelle est tout aussi ondoyante : elle écarte, on l'a vu, les délais qui s'imposent à l'enfant, ou la possession d'état dans son rôle de renforcement, parce qu'ils constituent des obstacles « absolus » à la prise en considération de l'intérêt de l'enfant, mais, lorsque le délai dépassé s'impose à un autre acteur, et empêche tout autant le juge d'apprécier l'intérêt de l'enfant dans cette action, alors l'obstacle n'est plus « absolu », mais « temporaire » : ne serait-ce pas plutôt l'intérêt de l'enfant qui devient, alors, brusquement relatif ?

Et, lorsqu'un ex-mari veut désavouer l'enfant qu'il a élevé comme le sien, la Cour veut qu'il ait au moins une possibilité de se dégager de ce lien, qu'importe si l'enfant y perd créance alimentaire et droits successoraux…

Si vraiment l'intérêt de l'enfant était un principe fondamental, ne devrait-il pas toujours s'appliquer, quel que soit le mode, judiciaire ou non, d'établissement du lien de filiation, comme également dans l'appréciation de l'opportunité de le détruire, puisque, désormais, la possession d'état n'y fait plus obstacle[341] selon la Cour constitutionnelle ?

---

[341] On voit ici combien la possession d'état, loin d'être un obstacle à l'appréciation de l'intérêt de l'enfant, constituait en fait une présomption irréfragable de cet intérêt ; et que son écartement prive *absolument* le juge de toute appréciation de cet intérêt (sauf dans une action « 2-en-1 » et, dans ce cas, uniquement dans le chef du tiers géniteur).

Chapitre III
L'adoption

Section 1
Introduction

On peut tenter de définir l'adoption comme étant le lien de filiation purement civil qui unit, par l'effet d'un jugement, un individu plus jeune, l'adopté, à un ou deux individus plus âgés étant le ou les adoptants, afin d'assimiler plus ou moins complètement l'adopté à l'enfant biologique de l'adoptant, et en le séparant plus ou moins complètement de sa famille d'origine.

§ 1. Historique

L'adoption est une institution que la Révolution française et, à sa suite, le Code civil ont reprise du droit romain.

À Rome, l'adoption est essentiellement une institution religieuse, liée au culte domestique, dont le prêtre était le *pater familias*.

Dans ce contexte animiste[1], il est essentiel de perpétuer le culte des ancêtres et des dieux domestiques[2]. Si une famille n'a pas de descendants mâles, alors la chaîne des *patres familias* qui sont seuls aptes à assurer ce culte risque d'être interrompue.

L'adoption est donc un contrat qui permet le transfert d'un fils d'une famille à une autre, afin que l'adopté, assimilé au fils de famille, reprenne le culte et le patrimoine de la famille à la mort du *pater familias*.

Cette institution a aussi permis la transmission du pouvoir impérial, notamment[3] dans la dynastie des Antonins (96-192 apr. J.-C.), où la pratique était devenue constante[4], avec un effet très favorable, jusqu'à l'exception de Commode, qui précipitera la fin de la dynastie.

---

[1] Il y aurait beaucoup à dire sur le dualisme de la religion romaine, entre un panthéon importé de Grèce et centré sur la triade capitoline (que G. Dumezil interprète comme relevant d'un archétype indo-européen) et un animisme fondamental, d'origine probablement étrusque ; le tout fondu dans une *pax deorum* où la religion est « *la justice envers les dieux et envers les morts* » (Cicéron) et où les dieux sont liés, et quasiment affectés, aux groupes humains que sont la Cité, la tribu, la famille : « *chaque cité a ses dieux, et nous, les nôtres* » (Cicéron).

[2] Lares et pénates.

[3] Mais Tibère est déjà le fils adoptif d'Auguste (et le fils de sa troisième femme), Caligula celui de Tibère (et son petit-neveu), et Néron celui de Claude (et son neveu et fils de sa quatrième femme).

[4] Soulignons cependant que, comme les Julio-Claudiens, tous les Antonins, sauf Nerva, sont apparentés entre eux par un certain Ulpien, grand-père de Trajan (dans le cas d'Antonin, il s'agit d'un lien d'alliance).

L'adoption avait ensuite disparu dans nos provinces sous l'Ancien Régime[5], sous l'influence de la religion catholique, qui n'admettait alors pas l'adoption[6] (pas plus que l'Islam d'ailleurs[7]).

L'imitation générale de l'Antiquité et la laïcisation du droit vont faire renaître l'adoption, que Napoléon Bonaparte introduira dans le Code civil, non sans visées personnelles[8].

Reprenant l'idée romaine, il s'agissait de perpétuer la famille et le nom de l'adoptant.

Ainsi, l'adoption n'était permise qu'après 50 ans, pour des personnes n'ayant pas d'enfants, et l'adopté devait être majeur[9], puisqu'il s'agissait d'un contrat.

Cette perspective a été renversée par la première des quatre grandes réformes de l'institution, celle de 1940. Celle-ci est désormais conçue dans l'intérêt primordial de l'adopté : on ne se donne plus un enfant, on se donne à un enfant.

Les réformes postérieures (1969, 1987 et 2003) accentueront cette tendance, l'adoption d'un enfant ayant pour objectif premier la réalisation de son intérêt supérieur[10].

La dernière réforme en date, de 2003, avait pour but essentiel d'adapter le droit belge aux conventions internationales en la matière, principalement la Convention internationale des droits de l'enfant du 20 novembre 1989[11] et la Convention de La Haye du 29 mai 1993.

---

5 Elle avait existé, avant la christianisation, sous différentes formes (not. le *fosterage*, qui est, dans la civilisation celtique, le fait de confier un enfant, entre la fin de l'enfance et l'âge adulte, à une autre famille que la sienne, aux fins d'éducation).

6 Un rôle similaire à l'adoption étant conféré à la parenté spirituelle (parrain et marraine), un système concurrent ne pouvait être logiquement admis.

7 Sourate 33, « Les Coalisés », versets 4 et 5. L'origine de cette règle provient du fait que Mahomet, désirant épouser Zaynab, s'est trouvé empêché par le fait qu'elle avait été l'épouse de son fils adoptif Zayd. La suppression de l'adoption et son remplacement par la *kafala* (institution assimilable à la tutelle et toujours existante en droit musulman) résolvaient le problème (voy. les versets 37-38 de cette même sourate).

8 Puisque l'impératrice Joséphine, son épouse à ce moment, ne lui avait pas donné d'enfant, mais en avait retenu d'un premier mariage : l'adoption d'Eugène et d'Hortense de Beauharnais lui donnera une progéniture, avant qu'il ne divorce et que sa seconde épouse ne lui donne un fils biologique (l'Aiglon). Voy. art. 4 du sénatus-consulte organique du 28 floréal An XII : « – *Napoléon Bonaparte peut adopter les enfants ou petits-enfants de ses frères, pourvu qu'ils aient atteint l'âge de dix-huit ans accomplis, et que lui-même n'ait point d'enfants mâles au moment de l'adoption. – Ses fils adoptifs entrent dans la ligne de sa descendance directe. – Si, postérieurement à l'adoption, il lui survient des enfants mâles, ses fils adoptifs ne peuvent être appelés qu'après les descendants naturels et légitimes. – L'adoption est interdite aux successeurs de Napoléon Bonaparte et à leurs descendants.* »

9 L'adoptant devait, de plus, avoir élevé l'adopté durant six années durant sa minorité, ou bien ce dernier devait lui avoir sauvé la vie, « *soit dans un combat, soit en le retirant des flammes ou des flots* » (art. 345 du Code Napoléon).

10 Art. 344-1 C. civ.

11 Art. 20 et 21 de la CIDE : « Art. 20.
1. Tout enfant qui est temporairement ou définitivement privé de son milieu familial, ou qui dans son propre intérêt ne peut être laissé dans ce milieu, a droit à une protection et une aide spéciales de l'État.

Ce dernier texte vise à empêcher désormais le trafic international d'enfants, par l'interposition, entre l'adoptant et l'adopté, d'organismes étatiques (dits « autorités centrales ») au sein des deux pays concernés.

Cette dernière réforme supprime également le caractère contractuel de l'adoption, qui résulte donc à présent uniquement d'une décision judiciaire.

§ 2. Sociologie

L'institution de l'adoption est utilisée dans la société belge actuelle[12] dans deux objectifs principaux : d'une part, permettre aux **couples infertiles** d'avoir une descendance, et, d'autre part, opérer une **(re)composition** familiale totale.

Dans la première de ces perspectives, il peut sembler à première vue paradoxal de qualifier la satisfaction d'un **désir d'enfant**, d'objectif de l'adoption, alors que celle-ci, suivant les principes consacrés par la loi internationale et belge, existe essentiellement dans l'intérêt de l'enfant adopté.

Cependant, force est de constater que ni les États ni *a fortiori* les enfants eux-mêmes ne prennent l'initiative d'une adoption, mais seulement les adoptants eux-mêmes.

---

2. Les États parties prévoient pour cet enfant une protection de remplacement conforme à leur législation nationale.
3. Cette protection de remplacement peut notamment avoir la forme du placement dans une famille, de la kafala de droit islamique, de l'adoption ou, en cas de nécessité, du placement dans un établissement pour enfants approprié. Dans le choix entre ces solutions, il est dûment tenu compte de la nécessité d'une certaine continuité dans l'éducation de l'enfant, ainsi que de son origine ethnique, religieuse, culturelle et linguistique.
Art. 21.
Les États parties qui admettent et/ou autorisent l'adoption s'assurent que l'intérêt supérieur de l'enfant est la considération primordiale en la matière, et :
a) Veillent à ce que l'adoption d'un enfant ne soit autorisée que par les autorités compétentes, qui vérifient, conformément à la loi et aux procédures applicables et sur la base de tous les renseignements fiables relatifs au cas considéré, que l'adoption peut avoir lieu eu égard à la situation de l'enfant par rapport à ses père et mère, parents et représentants légaux et que, le cas échéant, les personnes intéressées ont donné leur consentement à l'adoption en connaissance de cause, après s'être entourées des avis nécessaires ;
b) Reconnaissent que l'adoption à l'étranger peut être envisagée comme un autre moyen d'assurer les soins nécessaires à l'enfant, si celui-ci ne peut, dans son pays d'origine, être placé dans une famille nourricière ou adoptive ou être convenablement élevé ;
c) Veillent, en cas d'adoption à l'étranger, à ce que l'enfant ait le bénéfice de garanties et de normes équivalant à celles existant en cas d'adoption nationale ;
d) Prennent toutes les mesures appropriées pour veiller à ce que, en cas d'adoption à l'étranger, le placement de l'enfant ne se traduise pas par un profit matériel indu pour les personnes qui en sont responsables ;
e) Poursuivent les objectifs du présent article en concluant des arrangements ou des accords bilatéraux ou multilatéraux, selon les cas, et s'efforcent dans ce cadre de veiller à ce que les placements d'enfants à l'étranger soient effectués par des autorités ou des organes compétents. »

12 Par le passé, elle a eu également le rôle de donner un statut d'enfant légitime à des enfants adultérins (c'était la « légitimation par adoption », devenue l'adoption plénière en droit actuel).

Un parallèle peut être sur ce point dressé avec l'hébergement des mineurs, lui aussi placé sous le principe de l'intérêt de l'enfant, mais qui est, concrètement, toujours[13] la résultante de la demande des parents.

Dans cette perspective, l'adoption est alors une voie de secours pour les personnes n'ayant pu avoir efficacement recours aux techniques de procréation médicalement assistée.

Lorsqu'on considère les qualités qui doivent être démontrées par les candidats à l'adoption, lesquelles aboutissent à un jugement sur leur aptitude à adopter, et la difficulté des étapes de la procédure d'adoption, et qu'on met en regard l'absence totale de contrôle des qualités parentales, non seulement à l'égard des personnes pouvant procréer «naturellement», mais aussi de celles qui ont recours à une PMA, on ne peut qu'être frappé de la différence.

Certes, la procréation biologique crée un enfant qui n'existait pas et n'avait donc aucune famille; alors que l'adoption soustrait théoriquement l'enfant adopté à sa famille d'origine pour le transférer dans la famille adoptive, ce qui semble justifier un examen plus approfondi des qualités parentales des personnes composant la famille adoptive, puisqu'elle doit réaliser un «mieux» par rapport à la situation de l'enfant avant son adoption, sinon celle-ci ne réaliserait pas l'intérêt supérieur de l'adopté.

Mais l'existence du principe de double subsidiarité[14], qui ne rend les enfants adoptables qu'en dernier ressort, rend très théorique la «qualité de vie» de l'enfant avant son adoption.

Il n'est donc pas interdit de penser – même si ces raisonnements très «*law and economics*» peuvent choquer[15] – qu'il s'agit en fait là d'une application de la loi de l'offre et de la demande: la fertilité des couples diminuant en Belgique[16], il y a de plus en plus de personnes désirant avoir un enfant et ne pouvant en concevoir; or, par l'effet conjugué de la contraception et de l'avortement, le nombre d'enfants adoptables en Belgique est très faible.

Ces personnes doivent donc se tourner vers les pays étrangers dont la situation sociale est plus défavorisée, via l'adoption internationale: la raréfaction de l'«offre» par rapport à la «demande» conduit à une hausse du «prix» à payer

---

13 Certes, l'article 387*bis* prévoit théoriquement le pouvoir du parquet, émanation de l'État, de saisir les juridictions civiles d'une demande relative à l'hébergement d'enfants mineurs, mais nous ne connaissons pas de cas d'application de cette disposition (ceci est à bien distinguer de l'intervention du parquet dans le cadre de la protection de la jeunesse).

14 Voy. ci-dessous.

15 Pour une telle analyse, voy. J. P. Palmer, «Adoption», *in* P. Newman (éd.), *The New Palgrave Dictionary of Economics and the Law*, London, Macmillan Reference, 1998, pp. 14-18.

16 Ainsi, suivant une étude publiée dans *Human Reproduction Journal*, la concentration en spermatozoïdes dans le sperme des Français a baissé de 32 % de 1989 à 2005, soit un taux constant de diminution de 1,9 % par an («Decline in semen concentration and morphology in a sample of 26 609 men close to general population between 1989 and 2005 in France», par M. Rolland, J. Le Moal, V. Wagner, D. Royère et J. De Mouzon, *Human Reproduction journal*, décembre 2012).

pour adopter, se traduisant par une hausse des qualités, notamment de persévérance, exigées des adoptants pour parvenir à réaliser leur projet adoptif[17].

Il est vrai aussi que les candidats à l'adoption contribuent, eux aussi, à la raréfaction de l'offre, en écartant de leur recherche des enfants âgés de quelques années ou handicapés, voire d'aspect trop différent des adoptants[18], qui sont « adoptables », mais non adoptés[19].

Il est vrai, encore, que l'adoption d'enfants plus âgés, ayant déjà vécu des situations très traumatiques, aboutit plus souvent à un échec psychologique de l'adoption[20], l'enfant rejetant sa famille adoptive, forcément imparfaite, car réelle, et sublimant sa famille d'origine, pour lui imaginaire : c'est le syndrome de « l'enfant-passoire », incapable de retenir l'affection de ses parents adoptifs[21].

La formation à l'adoption et le suivi postadoptif, innovations du système d'adoption actuel, ont pour but de prévenir, ou de détecter, les problèmes de ce genre.

Un second objectif poursuivi dans l'adoption est la **composition ou recomposition familiale** : le lien civil généré par l'adoption étant, du moins dans l'adoption plénière, identique à celui de la filiation biologique, en fait un instrument idéal dans cette perspective.

Il peut y avoir « composition familiale » dans le cas d'un couple de **personnes de même sexe**, dès lors que ces personnes, ne pouvant biologiquement procréer, trouvent en l'adoption l'instrument juridique leur permettant d'être ensemble les parents d'un même enfant.

Cette fonction existe toujours actuellement pour les couples d'hommes, alors que la loi sur la comaternité a préféré – au prix d'une « fictualisation » du lien de filiation – inclure dans l'institution de la filiation elle-même les moyens de rendre un couple de femmes, mère et coparente d'un même enfant.

On constate que, dans ces cas, l'adoption joue un rôle d'adjuvant, et non plus de roue de secours, de la PMA.

Par ailleurs, lorsque, par le jeu des **recompositions familiales**, un enfant vient à être élevé par un couple composé d'un de ses parents et du nouveau

---

17 En France, une étude démontre qu'un projet adoptif sur deux seulement se réalise : site *Ined.fr*, « L'adoption en France : une enquête de l'Institut national des études démographiques » du 9 novembre 2007.

18 Les candidats à l'adoptant craignant ou pensant craindre un rejet de la part de la société (la recherche de l'identité, pourtant inhérente dans la reproduction biologique – il suffit de penser à l'étymologie du concept que le lien adoptif « imite » –, étant peu « politiquement correcte »). Pourtant, « l'appariement » du donneur de sperme au couple créateur du projet parental est explicitement recherché comme légitime et légal dans le cas des PMA (art. 53 de la loi du 6 juillet 2007).

19 Voy. le site *Adoption.be*, onglet « Subsidiarité ».

20 Relevons que, comme il s'agit le plus souvent d'adoptions plénières, elles sont irrévocables, ce qui n'est pas pour simplifier la problématique de l'échec de l'adoption, qui est un phénomène largement sous-estimé, sans doute en raison de la culpabilisation des adoptants au sujet des raisons de cet échec. Il existe toutefois en Flandre une asbl dédiée à ce problème : Wat-Nu? En Communauté française, des organismes comme l'Envol ou Octoscope assistent de façon générale les nouveaux parents adoptifs.

21 Voy. Ch. Ansiaux, « L'Enfant-passoire », *Le Vif-l'Express*, n° 2577, du 24 novembre 2000.

partenaire de celui-ci, et que l'autre parent, envers lequel la filiation de l'enfant est établie[22], se désintéresse de lui[23], alors l'adoption de l'enfant par le nouveau partenaire peut être le vecteur d'une recomposition juridique du couple parental de cet enfant.

On ne peut évidemment pas prétendre limiter la motivation des adoptants aux deux objectifs précités, et, par exemple, un nombre non négligeable de couples ayant pourtant déjà procréé biologiquement ont décidé d'adopter des enfants, généralement issus du tiers-monde, dans le but altruiste de donner à ces enfants la chance d'un meilleur avenir.

§ 3. Typologie

Pour correspondre à ses différents objectifs sociaux, l'adoption présente des modalités, elles aussi diverses, qu'il convient de bien distinguer par une typologie adéquate.

Il faut ainsi tout d'abord distinguer l'adoption **interne** de l'adoption **internationale**.

Ce qui caractérise **l'adoption internationale**, et qui entraîne par conséquent l'intervention étatique des autorités centrales tant du pays de l'adoptant que de celui de l'adopté, c'est le **déplacement** de l'enfant adopté d'un pays à un autre[24].

Par contre, la nationalité des personnes impliquées est sans rapport avec cette qualification[25] : deux Italiens résidant en Belgique adoptant un enfant marocain qui y vit également réalisent une adoption interne ; par contre, un Belge vivant à Bruxelles adoptant un enfant belge, mais résidant à Paris, poursuit une adoption internationale.

Une autre typologie oppose l'adoption **intrafamiliale** et celle qui concerne des enfants **étrangers à la famille**.

Lorsque l'enfant a déjà un lien avec l'adoptant[26], alors l'adoption s'en trouve facilitée : les conditions d'âge sont assouplies, et l'enquête sociale préalable au jugement sur l'aptitude à adopter devient optionnelle.

---

22 Si elle ne l'est pas, une reconnaissance de complaisance, qui produit, comme on l'a vu au chapitre précédent, des effets comparables à une adoption simplifiée, est alors possible.

23 Dans le cas contraire, l'adoption n'est évidemment pas souhaitable : reste alors la question du rôle juridique du « beau-parent », à laquelle la récente loi sur la délégation d'autorité parentale a tenté de répondre : on verra cet instrument au chapitre V, ci-dessous.

24 Art. 2, 1°, de la Convention de La Haye du 29 mai 1993 : « *La Convention s'applique lorsqu'un enfant résidant habituellement dans un État contractant ("l'État d'origine") a été, est ou doit être déplacé vers un autre État contractant ("l'État d'accueil"), soit après son adoption dans l'État d'origine par des époux ou une personne résidant habituellement dans l'État d'accueil, soit en vue d'une telle adoption dans l'État d'accueil ou dans l'État d'origine.* »

25 Elle influe, par contre, sur la loi applicable à l'adoption, par le jeu des règles de conflit de lois (droit international privé : voy. art. 66 à 71 du CoDIP).

26 Ce lien est, suivant le cas (voy. *infra*), le fait que l'adopté est l'enfant du conjoint ou cohabitant de l'adoption, qu'il est son parent au troisième degré, ou encore qu'il partage déjà la vie quotidienne de celui-ci.

De plus, l'adoption ne coupe alors pas les liens entre l'adopté et son parent d'origine qui est le conjoint ou le cohabitant de son adoptant : les deux adultes composent dans ce cas ensemble le couple parental de l'enfant[27].

Enfin, le droit belge est un des rares droits à connaître deux types d'adoption du point de vue de leurs effets : **l'adoption simple** et **l'adoption plénière**.

La première n'opère qu'une assimilation incomplète de l'adopté à l'enfant de l'adoptant[28], et ne coupe pas tous les liens[29] entre l'adopté et sa famille d'origine.

La seconde – nommée avant 1987 « légitimation par adoption », car elle permettait de donner un statut civil complet aux enfants naturels adultérins – entraîne, au contraire, une assimilation complète de l'adopté à un enfant biologique de l'adoptant, et coupe tous liens entre l'adopté et sa famille d'origine[30].

Enfin, on peut opposer l'adoption d'un **enfant mineur** à celle d'un **majeur** : dans le second cas, il ne peut plus s'agir de donner à l'adopté une famille éducative de substitution, et l'adoption ne peut plus avoir que les effets essentiellement patrimoniaux qu'il avait à son origine.

Pour cette raison, l'adoption d'un majeur ne peut qu'être une adoption simple.

Ces diverses modalités peuvent bien entendu se **combiner**, et, si les adoptions intrafamiliales sont généralement internes et parfois simples[31] et les adoptions internationales le plus souvent extrafamiliales et plénières, d'autres combinaisons sont possibles, comme l'adoption par un couple vivant en Belgique d'un neveu orphelin vivant à l'étranger[32].

Section 2
La formation du lien adoptif

Les règles, tant procédurales que de fond, relatives à la formation de l'adoption, se plient à la typologie complexe qui vient d'être évoquée.

Nous allons donc tout d'abord évoquer le processus le plus complexe, celui d'une adoption extrafamiliale internationale, et nous indiquerons ensuite – dans une espèce de déclinaison en « poupées russes » – les parties qui sont supprimées ou deviennent optionnelles dans le cas d'une adoption interne, intrafamiliale ou d'un majeur.

---

27 Par contre, le « troisième » parent éventuel (le parent d'origine de l'enfant qui ne forme pas un nouveau couple avec l'adoptant) est écarté : il n'y a pas de « triade » parentale.

28 Il n'y a, en principe, de lien de l'adopté en ligne ascendante qu'avec l'adoptant (1er degré), mais pas avec les parents (*sensu stricto* et *sensu lato*) de l'adoptant.

29 Not. successoraux et alimentaires.

30 Sauf en cas d'adoption intrafamiliale.

31 Les adoptions simples sont relativement rares et concernent souvent des majeurs (pour lesquels c'est la seule forme d'adoption possible).

32 Adoption intrafamiliale, mais internationale, elle peut être simple ou plénière.

§ 1. Les conditions fondamentales[33]

Toute adoption doit répondre à des conditions fondamentales, communes à tous les types d'adoption.

Premièrement, l'adoption doit reposer sur de **justes motifs**[34].

La loi ne définit pas autrement ces justes motifs, mais on peut, au fil de la jurisprudence, voir dans cette règle l'obligation de respecter l'objectif général de l'institution, qui est de procurer une nouvelle famille à l'adoptant.

N'est, ainsi, pas fondée sur de justes motifs l'adoption par un père biologique, lorsque l'établissement de la filiation proprement dite est encore possible[35], ou pour « contourner » les règles relatives à la contestation de paternité[36].

Lorsque les parents d'origine, qui ont donné leur consentement, le retirent par la suite, manifestant ainsi leur volonté de conserver le lien avec l'enfant, le tribunal peut passer outre, mais il doit vérifier si, malgré ce retrait, l'adoption est toujours fondée sur de justes motifs[37].

Une adoption qui distendrait[38] les liens entre un père et son enfant pourrait être considérée comme ne reposant pas sur de justes motifs[39].

Mais le fait que l'adoption réduise mécaniquement la part successorale des autres enfants de l'adopté n'est pas un « injuste motif »[40].

Si l'adopté est un enfant – mais, à notre sens, également s'il est majeur –, l'adoption ne peut avoir lieu que dans son intérêt « supérieur »[41] : on a vu plus haut le renversement des perspectives de l'adoption, consacré déjà par la réforme de 1940, et l'avantage de l'adoption pour l'adopté est évidement le « juste motif » par excellence, mais qui n'exclut pas la prise en considération d'autres intérêts.

Selon l'idée que « la loi imite la nature »[42], la loi fixe des **conditions liées à l'âge** : l'adoptant doit en principe[43] avoir au moins 25 ans au moment de la requête en adoption, et quinze ans de plus que l'adopté[44].

---

33 C'est le titre des articles 344-1 et 344-2 du Code civil, mais il peut en fait être étendu à ses articles 343 à 352.

34 Art. 344-1.

35 Bruxelles, 7 mai 2008, R.G. n° 2008/JA/2, inédit. C'est une application du principe de « non-doublage » de la filiation par l'adoption.

36 Liège, 24 mars 1994, *J.L.M.B.*, 1995, p. 521.

37 Cass., 18 juin 1981, *Pas.*, 1981, I, p. 1204.

38 On comprend qu'il s'agit d'une adoption simple, sinon les liens seraient supprimés, non simplement distendus.

39 Mons, 12 janvier 1993, *R.R.D.*, 1994, p. 54.

40 Plusieurs décisions, dont Bruxelles, 21 juin 1981, *Rev. trim. dr. fam.*, 1985, p. 357. Encore faut-il que le tribunal ne soit pas dans l'erreur, qui fonde sa décision, que l'adoption ne modifie pas ces droits successoraux, alors que c'est manifestement le cas (Cass., 31 octobre 1996, *Pas.*, 1996, I, p. 410).

41 Nous verrons au chapitre relatif au droit judiciaire familial la problématique complexe de ce principe d'intérêt de l'enfant.

42 *Adoptio naturam imitatur* : *Institutes*, 1, 11, 4.

43 Ces conditions sont assouplies dans le cas d'une adoption intrafamiliale.

44 Art. 345.

L'adoptant doit être **apte à adopter**[45], aptitude qui est constatée judiciairement dans une phase préalable à l'adoption.

Nous verrons à la section suivante ce qu'il faut entendre par là.

Si les adoptants forment un couple[46] dont chacun veut adopter[47], alors il doit y avoir un **lien entre les deux adoptants**.

Ce lien est soit le mariage, soit la cohabitation légale, soit des personnes qui cohabitent de façon « permanente[48] et affective depuis au moins trois ans »[49] : l'adoption est donc ouverte aux trois modes de conjugalité qui coexistent dans le droit belge.

La Cour constitutionnelle[50] a décidé que la norme applicable aux cohabitants de fait était inconstitutionnelle en ce qu'elle empêchait l'adoption – en tout cas l'adoption intrafamiliale avec maintien du lien avec le parent biologique – par une ex-compagne, depuis lors séparée de la mère, mais qui avait cohabité avec elle durant trois ans, période durant laquelle les enfants étaient nés.

Le fait que la mère et les enfants étaient d'accord avec l'adoption a sans doute joué un rôle important dans la décision de la Cour constitutionnelle[51], mais on peut se demander si un lien objectivement qualifiable peut encore être déterminé comme définitif du « couple ».

Par contre, plus aucune condition de différence de sexe n'existe dans la loi belge depuis 2006, et, dès lors, en l'absence de présomption de comaternité, c'est donc l'adoption qui est le vecteur de la composition d'une famille homoparentale avec double lien de filiation[52].

Même si l'adoption n'est plus un contrat, le **consentement de diverses personnes** doit être recueilli :

- celui de l'adoptant, mais qui est induit par le fait que c'est lui qui poursuit la procédure d'adoption ;
- celui de l'adopté s'il a plus de 12 ans, sauf s'il n'est pas doué de discernement ;
- celui des père et mère, ou, à défaut, du tuteur de l'enfant. Ils ne peuvent donner leur consentement que deux mois après la naissance, et après

---

45 Art. 346-1 et 346-2.

46 Ce qui n'est pas indispensable : l'adoption par une personne seule, créant une famille « monoparentale », est en effet possible.

47 Contrairement à ce qui se passe dans une adoption intrafamiliale, où généralement seul un des membres du couple adopte, l'autre membre demeurant parent par l'effet de la filiation.

48 La Cour constitutionnelle a jugé inconstitutionnel le fait que l'adoption intrafamiliale avec maintien des liens avec le parent d'origine ne soit plus possible lorsque l'adoptant n'est plus le cohabitant de fait du parent d'origine, mais qu'il l'a été durant plus de trois ans par le passé (arrêt n° 94/2012 du 12 juillet 2012).

49 Art. 343.

50 Arrêt n° 94/2012 du 12 juillet 2012.

51 La Cour limite expressément sa décision aux circonstances qu'elle relève en son attendu B4.

52 Classiquement, une des femmes devient mère biologique et légale à la suite d'une PMA avec don de sperme, l'autre adoptant ensuite l'enfant. Il s'agit donc d'une adoption intrafamiliale.

qu'une information leur a été donnée sur les aides auxquelles ils auraient droit pour continuer à élever eux-mêmes leur enfant. Ce consentement peut être donné « en blanc », le parent déclarant ne pas vouloir connaître l'identité de l'adoptant et/ou ne plus vouloir intervenir dans la suite de la procédure. Les parents sont alors, pour la suite de la procédure, représentés par une personne qu'ils désignent[53] ;

– si l'adoptant ou l'adopté est marié, et que ce conjoint n'est pas directement impliqué par l'adoption, son consentement est aussi exigé.

Une fois le consentement donné, il peut encore être retiré dans les six mois du dépôt de la requête en adoption, et pour autant que le jugement d'adoption n'ait pas encore été prononcé[54].

Le tribunal peut-il passer outre d'un refus de consentement ? Cela dépend.

En ce qui concerne le refus de l'enfant, il s'agit dans son cas d'un pouvoir de veto, sans recours[55].

Selon la loi, on ne peut passer outre au refus des père et mère que si ceux-ci se sont désintéressés de l'enfant, ou ont compromis sa santé, sa sécurité ou sa moralité[56]. Il faut donc que ces personnes soient dans une situation où ils pourraient être déchus de leur autorité parentale sur la base de la loi sur la protection de la jeunesse[57].

La Cour constitutionnelle a cependant estimé cette disposition inconstitutionnelle en ce que ces critères, trop restrictifs à ses yeux, empêchaient, selon elle, le tribunal d'apprécier au mieux l'intérêt de l'enfant[58].

Pour les autres personnes, entendez le tuteur ou les conjoints, le tribunal peut passer outre s'il juge le refus abusif.

Par un arrêt n° 94/2015 du 25 juin 2015, la Cour constitutionnelle tranche diverses questions relatives aux consentements à l'adoption, en décidant :

> « *1. L'article 343, § 1er, b), du Code civil viole l'article 22*bis*, alinéa 4, de la Constitution, lu en combinaison avec l'article 21 de la Convention relative aux droits de l'enfant, en ce qu'il ne permet pas, dans les circonstances définies en B.4.2*[59]*, que l'ancien partenaire de la mère adoptive d'un enfant puisse demander l'adoption simple de cet enfant.*

---

53 Art. 348-9.

54 Art. 348-8 C. civ.

55 Alors que, dans le cas de l'établissement de la filiation, en cas de refus d'un enfant entre 12 et 18 ans, un recours est possible.

56 Art. 348-11.

57 Art. 32 de la loi du 8 avril 1965.

58 C. const., 12 juillet 2012, n° 93/2012.

59 « *B.4.2. Il ressort des motifs de la décision de renvoi et du dossier sur lequel elle repose que la juridiction qui interroge la Cour est saisie d'une demande en adoption simple introduite par un homme qui a formé un couple avec la mère adoptive d'un enfant durant près de dix ans, période durant laquelle l'enfant est né. Il apparaît aussi que celui-ci, né à l'étranger de père inconnu et abandonné par sa mère biologique, n'a pas de père légal et qu'il a, dès son arrivée sur le territoire du Royaume, quelques mois après sa naissance, vécu*

2. Les articles 353-8 et 353-9 du Code civil, tels qu'ils étaient libellés avant leur modification par la loi du 17 mars 2003 "réformant les régimes d'incapacité et instaurant un nouveau statut de protection conforme à la dignité humaine"[60]*, et l'article 353-10 du Code civil, tel qu'il était libellé avant sa modification par la loi du 30 juillet 2013 "portant création d'un tribunal de la famille et de la jeunesse", ne violent pas les articles 10, 11, 22 et 22*bis *de la Constitution, combinés avec les articles 8 de la Convention européenne des droits de l'homme et 21 de la Convention relative aux droits de l'enfant.*

*3. Les articles 348-3 et 348-11 du Code civil violent les articles 22 et 22*bis *de la Constitution, combinés avec les articles 8 et 14 de la Convention européenne des droits de l'homme, en ce qu'ils ne permettent au tribunal invité à prononcer une adoption dans les circonstances décrites en B.17*[61] *d'écarter le refus de la mère à consentir à cette adoption que lorsqu'elle s'est désintéressée de l'enfant ou en a compromis la santé, la sécurité ou la moralité.»*

La loi formule également des **conditions négatives**.

Ainsi, elle prohibe l'adoption par un couple – cohabitants légaux ou de fait – **incestueux**, étant celui composé de deux personnes qui ne pourraient se marier, même avec dispense royale[62].

On aurait pu croire que l'inconstitutionnalité de la prohibition d'un double lien de filiation, lorsqu'il révélait l'inceste des deux parents, serait limitée à la

au sein du ménage formé par sa mère adoptive et le demandeur en adoption, même si la cohabitation officielle de ces derniers n'a débuté que près de deux mois après cette arrivée et plus de six mois après l'établissement de l'acte d'adoption. Il apparaît, en outre, qu'il existe entre le demandeur en adoption et l'enfant une relation de fait durable du point de vue tant moral que matériel, que le choix de l'adoption simple est motivé par le souhait de ne pas substituer le nom du demandeur en adoption au nom de la mère adoptive, et que la mère adoptive est d'accord avec l'adoption pour autant que l'adoption ne modifie pas son lien avec l'enfant.

La Cour répond à la question préjudicielle en tenant compte de cette situation particulière.»

60 Voy. ci-dessous, le chapitre VIII consacré aux personnes majeures vulnérables.

61 *«B.17. La Cour est invitée à statuer sur la compatibilité des articles 348-3 et 348-11 du Code civil avec les articles 10, 11, 22 et 22*bis *de la Constitution, lus isolément ou en combinaison avec les articles 8 et 14 de la Convention européenne des droits de l'homme, en ce que ces dispositions législatives empêchent le tribunal de prononcer l'adoption sans le consentement de la mère de l'enfant dans les circonstances suivantes:*

- *la mère a, avec la femme qui introduit la demande en adoption simple, signé une convention conformément à l'article 7 de la loi du 6 juillet 2007 "relative à la procréation médicalement assistée et à la destination des embryons surnuméraires et des gamètes";*
- *la mère de l'enfant et cette femme avaient au moins eu une relation affective au moment de la naissance de l'enfant et se sont ensuite mariées;*
- *la mère ne s'est pas désintéressée de l'enfant et n'en a pas compromis la santé, la sécurité ou la moralité;*
- *la mère de l'enfant et la femme qui en demande l'adoption simple étaient mariées au moment de l'introduction de la demande en adoption;*
- *il existe un lien familial effectif entre l'enfant et la demanderesse en adoption qui a continué à exister après la séparation des épouses, entre autres par un accord sur le droit de visite ratifié par le juge de paix.*

La Cour limite l'examen de la question à cette situation.»

62 Art. 343.

filiation biologique. Dans ce cas en effet, l'enfant incestueux a déjà été conçu et est né et il existe déjà un lien biologique entre ses deux parents et lui-même, ainsi qu'un lien juridique avec l'un des parents (la mère) : c'est donc une situation préexistante, que le droit doit bien prendre en considération pour en tirer les « moins mauvais » effets possibles pour les enfants issus de cet inceste.

Pourtant, la Cour constitutionnelle, poursuivant dans la voie qu'elle avait ouverte dans le cadre de la filiation biologique[63], par son arrêt n° 103/2012 du 9 août 2012, a décidé d'étendre par deux arrêts sa jurisprudence de la filiation à l'adoption et, donc, à un lien futur – puisque créé par le jugement[64] – et sans fondement biologique, et de permettre à deux proches parents d'adopter ensemble un même enfant, afin de l'éduquer en tant que couple parental.

Ceci nous paraît contraire au droit à la non-perturbation des structures familiales qui devrait, selon nous, être reconnu à l'enfant dans ce contexte.

Le premier arrêt est l'arrêt n° 25/2017 du 16 février 2017.

La question posée est la suivante :

> « *L'article 356-1, alinéas 1er et 2, du Code civil, combiné avec les articles 162, 164 et 343, § 1er, b), du Code civil, viole-t-il les articles 10, 11 et 22*bis *de la Constitution ainsi que les articles 8 et 14 de la Convention européenne de sauvegarde des droits de l'homme et des libertés fondamentales du 4 novembre 1950, en ce qu'il n'autorise pas l'adoption simple des enfants d'un partenaire cohabitant légal par l'autre partenaire cohabitant légal en cas d'empêchement à mariage dont le Roi ne peut dispenser par suite de l'adoption plénière d'un des partenaires cohabitants légaux par les parents de l'autre partenaire, alors que, dans d'autres situations comparables, comme celle dans laquelle les partenaires cohabitants légaux sont frère et sœur par alliance et pour laquelle il n'existe pas d'empêchement à mariage ou celle dans laquelle un des partenaires cohabitants légaux a fait l'objet d'une adoption simple, pour laquelle le Roi peut accorder une dispense eu égard au prescrit de l'article 353-13, 4°, du Code civil, l'adoption simple des enfants d'un partenaire cohabitant légal par l'autre partenaire cohabitant légal est possible ?* »

La Cour estime qu'il y a bien discrimination, au motif que :

> « *B.12.1. En instaurant la condition d'absence de lien de parenté, le législateur est surtout parti de l'idée qu'une adoption, par un des cohabitants, des enfants de l'autre cohabitant qui est sa sœur adoptive pourrait être contraire à l'intérêt de l'enfant, parce qu'une telle adoption ferait apparaître une relation incestueuse entre les parents, c'est-à-dire une relation qui donne lieu à un empêchement absolu à mariage dont le Roi ne peut dispenser.*

[63] Voy., au chapitre de la filiation, l'arrêt n° 103/2012, du 9 août 2012, par lequel la Cour avait estimé que, dans ce cas, l'intérêt de l'enfant devait être analysé par le juge *in concreto*, et qu'il ne pouvait pas, selon la Cour, être irréfragablement présumé que le double lien incestueux serait contraire à cet intérêt, et, donc, absolument prohibé.

[64] Qui est constitutif d'état alors que les jugements en matière de filiation sont, eux, déclaratifs de droits.

Or l'article 344-1, du Code civil dispose qu'une adoption ne peut avoir lieu que "dans [l'] intérêt supérieur [de l'enfant] et dans le respect des droits fondamentaux qui lui sont reconnus en droit international". Rien ne permet de présumer qu'il n'est jamais de l'intérêt de l'enfant qui fait l'objet de la demande d'adoption d'être adopté par le cohabitant légal de sa mère, lorsqu'existe entre ceux-ci un empêchement à mariage dont le Roi ne peut dispenser.

B.12.2. En érigeant en fin de non-recevoir absolue de l'action en adoption simple un empêchement à mariage dont le Roi ne peut dispenser, par suite de l'adoption plénière d'un des cohabitants légaux par les parents de l'autre partenaire, le législateur fait prévaloir en toutes circonstances les effets juridiques d'un empêchement absolu à mariage sur d'autres intérêts qui peuvent être en cause, parmi lesquels l'intérêt des enfants qui sont candidats à l'adoption.

En conséquence de cette fin de non-recevoir absolue, l'enfant est totalement privé de la possibilité de bénéficier d'une adoption simple par le parent en ligne collatérale de son père ou de sa mère.

Il n'existe dès lors, pour le juge, aucune possibilité de tenir compte de l'intérêt des enfants qui sont candidats à l'adoption, alors que tel doit être le cas, conformément à l'article 344-1 du Code civil.»

Le second est l'arrêt n° 95/2017, du 13 juillet 2017.

La question posée est la suivante :

«*L'article 343, § 1*er*, b), du Code civil et les articles 353 et suivants du Code civil, combinés avec les articles 162 et 164 du Code civil, violent-ils les articles 10, 11 et 22*bis *de la Constitution et les articles 8 et 14 de la Convention européenne de sauvegarde des droits de l'homme et des libertés fondamentales du 4 novembre 1950, en ce que l'adoption n'est possible que pour tous les cohabitants qui vivent ensemble depuis plus de trois ans et également pour des personnes vivant ensemble et unies par un lien de parenté entraînant un empêchement à mariage dont elles peuvent être dispensées, mais que les personnes vivant ensemble et unies par un lien de parenté entraînant une prohibition absolue de mariage (pour laquelle, donc, aucune dispense ne peut être accordée) sont, de manière générale et sans exception, exclues de l'adoption, alors que les personnes se trouvant dans des circonstances égales, mais pour lesquelles il n'existe pas d'empêchements au mariage peuvent, conformément à l'article 343, § 1*er*, b), du Code civil, adopter un enfant si elles remplissent les autres conditions et alors que les personnes vivant ensemble et unies par un lien de parenté qui se trouvent dans des circonstances égales, pour lesquelles il existe par ailleurs effectivement un empêchement à mariage, pour des raisons de parenté, mais dont elles peuvent être dispensées, peuvent, conformément à l'article 343, § 1*er*, b), du Code civil, adopter un enfant si elles remplissent les autres conditions ?*»

Par une motivation identique à celle du premier arrêt, la Cour estime qu'il y a discrimination.

Toujours dans cette idée de « recomposition familiale » par l'adoption, les tribunaux admettent depuis longtemps, et avec une certaine facilité, dans le cadre d'une adoption intrafamiliale, que l'adoption vienne opérer un **bouleversement des structures familiales**.

Ainsi[65], un ensemble de décisions traite de l'adoption d'une personne par ses grands-parents, et le discours des cours et tribunaux semble à cet égard assez constant : il n'y a pas d'obstacle de principe à l'établissement d'une filiation adoptive dans ce cas, mais, comme elle bouleverse l'ordre des générations, l'adoption ne peut être permise que dans des cas exceptionnels, où l'intérêt de l'enfant est certain[66].

Ainsi en est-il dans le cas où les grands-parents maternels adoptent l'enfant de leur fille prédécédée, alors qu'il n'y a ni oncle ni tante de l'enfant dans la branche maternelle et que le père est indigne et ne s'occupe pas de l'enfant[67], ou lorsque les parents sont tous deux indignes[68], ou encore que la mère, seul parent, est indigne et que l'enfant ne la connaît même pas[69].

On voit que l'attention des juges est tout entière focalisée sur l'idée de structure familiale, et qu'ils n'admettent, par conséquent, l'adoption que dans les cas où les circonstances de la cause excluent dans les faits la « collision des générations » créée sur le plan théorique[70].

La jurisprudence a de même admis l'adoption par une femme d'un enfant né de son ovule, mais porté par sa propre mère[71].

Mais que se serait-il passé si la mère porteuse avait refusé de remettre l'enfant à sa fille aux fins d'adoption ?

Les médecins qui avaient mis en œuvre la PMA ne se sont visiblement pas posé la question…

Par contre, un autre grand principe, issu de la réforme de 1987 sur la filiation, et jusqu'à présent non remis en cause, est l'**interdiction** du « doublage » de la filiation par l'adoption, et donc **de l'adoption de son propre enfant**.

C'était un cas fréquent avant la réforme du droit de la filiation : l'adoption, sous sa forme de « légitimation par adoption », venait donner un statut favorable aux enfants adultérins, qui ne pouvaient pas, au rebours des enfants naturels simples, être légitimés par le mariage de leurs parents.

---

65 Passage repris d'A.-Ch. Van Gysel, « Quelle prohibition de l'inceste pour la société actuelle ? », *in Droit des familles, genre et sexualité*, Limal, Anthemis, 2012, p. 289-290.

66 P. ex., Mons, 27 mars 1981, *Rev. trim. dr. fam.*, 1982, p. 287 ; Civ. Bruxelles, 21 octobre 1988, R.G. n° 1124, inédit.

67 Ainsi, Civ. Bruxelles, 30 avril 1984 et Bruxelles, 15 novembre 1984, *Rev. trim. dr. fam.*, 1985, p. 102.

68 En ce sens : Civ. Bruxelles, 9 juin 1986, R.G. n° 22.324, inédit, confirmé par Bruxelles, 5 mars 1987.

69 P. ex., Civ. Bruxelles, 7 mai 1985, *Pas.*, 1985, III, p. 65.

70 Dans le même sens, on lira I. Lammerant, *L'adoption et les droits de l'homme en droit comparé*, Paris, L.G.D.J., et Bruxelles, Bruylant, 2001, n°s 191-200 ; « L'adoption intrafamiliale internationale : enjeux de la protection de l'enfant », *in Actes du IIIe colloque suisse sur l'adoption internationale*, tenu à Genève les 16 et 17 septembre 2000, p. 118.

71 Adoption refusée par Civ. Anvers (jeun., 14e ch.), 11 octobre 2007, *R.W.*, 2007-2008, p. 1777 ; mais finalement prononcée par Anvers (16e ch.*bis*), 14 janvier 2008, *R.W.*, 2007-2008, p. 1174, note F. Swennen.

Ce dilemme posé par la loi belge à la mère célibataire : ou bien reconnaître son enfant, ou bien l'adopter, est à l'origine de la condamnation de la Belgique par la Cour européenne des droits de l'homme, dans le célèbre arrêt *Marckx*[72], et, par suite, de la réforme intervenue le 31 mars 1987.

La notion de légitimité ayant été enlevée de la législation, l'adoption de son propre enfant est donc devenue inutile.

Elle a été interdite, afin de ne pas permettre à l'un des parents, par ce moyen, de couper le lien juridique que l'enfant a avec l'autre parent, dont il serait par hypothèse séparé en mauvais termes.

Par contre, l'inverse n'est pas vrai : il n'est donc pas impossible d'établir un lien de filiation *après* l'adoption.

Dans ce cas, si le lien est établi envers un adoptant, la filiation remplace alors l'adoption.

Si c'est un tiers qui établit sa filiation, elle ne porte que les effets qui ne sont pas incompatibles avec l'adoption[73].

§ 2. La formation à l'adoption

Un décret du 5 décembre 2013[74] de la Communauté française modifie le décret du 31 mars 2004 relatif à l'adoption, dès lors que les Communautés sont compétentes pour la phase préalable à la procédure judiciaire d'adoption.

Le décret rappelle que l'adoption doit être faite dans l'intérêt supérieur de l'enfant, et que les organismes qui agissent dans ce cadre doivent respecter des règles éthiques.

Un comité d'accompagnement – organisme à la mode – est constitué pour contrôler le respect de cette éthique.

L'agrément des organismes d'adoption se voit soumis à des conditions plus strictes, dont une collaboration à l'essai avec l'Autorité centrale communautaire, dans le cadre d'adoptions internationales.

Les adoptants voient leur parcours – déjà pénible – alourdi.

La **préparation à l'adoption**, désormais distincte de l'évaluation de l'aptitude proprement dite, devient une étape de « responsabilisation des candidats adoptants » (notamment, de façon spécifique, s'il s'agit d'enfants handicapés).

Les candidats à l'adoption suivent cette formation, qui dure plusieurs mois, d'abord en groupe étendu, puis en groupe restreint, et, enfin, en entretiens individuels avec des psychologues spécialisés dans le domaine.

La Communauté délivre, à la fin de la formation, un certificat d'aptitude.

---

72 Arrêt *Marckx c. Belgique* du 13 juin 1979.

73 Art. 350. Cette disposition n'est pas inconstitutionnelle : arrêt n° 13/2010 du 18 février 2010.

74 *M.B.*, 4 février 2014.

Ce certificat d'aptitude voit sa validité portée d'un an à dix-huit mois : compte tenu de la difficulté des démarches, cet allongement était nécessaire.

Auparavant, les candidats à une adoption interne ne devaient pas intenter de procédure judiciaire particulière en vue de se voir déclarer apte à adopter.

La loi du 6 juillet 2017, communément appelée « pot-pourri V », a cependant considérablement réformé la procédure d'adoption interne, en venant désormais se calquer sur la procédure d'adoption internationale.

Par cette réforme, le législateur tend à « *harmoniser les procédures d'adoption interne et internationale en ce qui concerne l'évaluation de l'aptitude des candidats adoptants* » dans le but de permettre à tous les enfants adoptés de « *bénéficier de garanties semblables* »[75].

À présent, toutes les personnes résidant habituellement en Belgique et désirant adopter un enfant ayant également sa résidence habituelle en Belgique doivent, avant d'effectuer toutes démarches, obtenir un jugement les déclarant aptes et qualifiées à l'adoption.

Cette demande est introduite par voie de requête unilatérale devant le tribunal de la famille[76].

L'obligation d'obtenir un **jugement d'aptitude** préalablement à toute procédure d'établissement à l'adoption n'est, cependant, pas requise lorsque l'adoptant souhaite adopter :

- un enfant apparenté, jusqu'au troisième degré, à lui-même, à son conjoint, à son cohabitant ou à son ancien partenaire, même décédé ; ou
- un enfant dont il a partagé la vie quotidienne, préalablement au projet d'adoption ; ou
- un enfant avec lequel il a établi un lien social et affectif durable, préalablement au projet d'adoption.

Cela ne signifie nullement que son aptitude ne sera pas évaluée par le juge, mais l'aptitude du candidat adoptant sera évaluée dans le cadre de la procédure en établissement de l'adoption et non au préalable[77].

Afin de déterminer si l'adoptant est apte et qualifié pour adopter, le juge rend un jugement interlocutoire ordonnant une **enquête sociale** à cette fin.

Pour les cas où l'aptitude du candidat adoptant peut être appréciée en cours de procédure, l'enquête sociale qui est ordonnée porte à la fois sur l'aptitude du candidat adoptant et sur l'intérêt de l'enfant visé par la procédure à être adopté.

---

[75] Projet de loi portant simplification, harmonisation, informatisation et modernisation de dispositions de droit civil et de procédure civile ainsi que du notariat, et portant diverses mesures en matière de justice, exposé des motifs, *Doc. parl.*, Chambre, 2016-2017, n° 54-2259/001, p. 8.

[76] Art.1231-1/2 nouveau C. jud.

[77] Art. 346-1/1 nouveau C. civ. Projet de loi portant simplification, harmonisation, informatisation et modernisation de dispositions de droit civil et de procédure civile ainsi que du notariat, et portant diverses mesures en matière de justice, exposé des motifs, *Doc. parl.*, Chambre, 2016-2017, n° 54-2259/001, p. 11.

Néanmoins, l'enquête sociale ne sera pas obligatoire dans le cas où le candidat adoptant souhaite adopter un enfant apparenté, jusqu'au troisième degré, à lui-même, à son conjoint, à son cohabitant ou à son ancien partenaire, même décédé, le juge décidant souverainement de l'opportunité d'une telle enquête[78].

Une telle différence de traitement dans le chef des enfants non apparentés résulte dans le fait que le juge doit pouvoir vérifier dans quel contexte ces liens ont été créés, et s'ils sont réellement indépendants de tout projet d'adoption[79].

Parallèlement à l'enquête sociale, le ministère public procède à une enquête de moralité quant à l'adoptant, notamment par la consultation de son casier judiciaire[80].

Le tribunal rend alors un jugement **d'aptitude** motivé précisant notamment le nombre d'enfants que les requérants peuvent adopter et les éventuelles restrictions à leur aptitude.

Ce jugement est valable quatre ans à dater de son prononcé[81].

L'Autorité centrale fédérale adresse, sans délai, les décisions rendues en matière d'aptitude ainsi que l'avis du ministère public à l'adoption à l'Autorité centrale communautaire compétente.

Le ou les adoptants peuvent, par voie de requête unilatérale, demander au tribunal ayant prononcé le jugement d'aptitude initial de prolonger le délai de leur aptitude à adopter[82].

Dans le cas d'une **adoption internationale**, la **procédure** est identique.

Les candidats déposent une **requête unilatérale** en constatation de l'aptitude à adopter devant le tribunal de la famille[83].

Ce tribunal rend alors un jugement interlocutoire, ordonnant une enquête sociale sur cette aptitude.

L'enquête est réalisée par l'Autorité centrale communautaire avec consultation des organismes d'adoption.

Le tribunal rend alors un jugement **d'aptitude** motivé précisant notamment le nombre d'enfants que les requérants peuvent adopter et les éventuelles restrictions à leur aptitude.

Ce jugement est, comme en matière d'adoption interne, valable quatre ans[84].

Lorsque le jugement est favorable, le ministère public établit un rapport destiné aux autorités compétentes de l'État d'origine de l'enfant.

---

78 Art. 346-1/2 nouveau C. civ.

79 Projet de loi portant simplification, harmonisation, informatisation et modernisation de dispositions de droit civil et de procédure civile ainsi que du notariat, et portant diverses mesures en matière de justice, exposé des motifs, *Doc. parl.*, Chambre, 2016-2017, n° 54-2259/001, p. 13.

80 Art. 1231-1/5 nouveau C. jud.

81 Art. 1231-31 C. jud. et art. 1231-1/7 nouveau C. jud.

82 Art. 1231-1/9 nouveau C. civ.

83 Art. 1231-27 à 29 C. jud.

84 Art. 1231-31 C. jud. et art. 1231-1/7 nouveau C. jud.

La loi dite « pot-pourri V », en réformant la procédure d'adoption interne, est donc venue harmoniser les deux procédures d'adoption, permettant à tous les enfants adoptés de pouvoir bénéficier des garanties et des droits défendus par la Convention de La Haye du 29 mai 1993 sur la protection des enfants et la coopération en matière d'adoption internationale, jugés essentiels par le législateur.

§ 3. L'apparentement

Lorsque l'adoption est extrafamiliale et internationale, elle opère un complet déracinement de l'enfant.

Il ne doit donc être opéré que s'il réalise pour l'enfant un avantage certain par rapport aux solutions qui n'entraînent pas un déracinement aussi étendu : c'est **le principe dit de double subsidiarité**, qui est consacré par le préambule et l'article 4-b de la Convention de La Haye.

Ce principe peut être exprimé ainsi.

- Si cela est possible, il faut tout d'abord tenter de **réintégrer l'enfant dans sa famille** d'origine, au besoin avec une assistance des pouvoirs publics, ou après une mesure d'éloignement temporaire de la famille.
- Si cela n'est pas possible, une **adoption de l'enfant dans son État d'origine** doit être privilégiée, puisqu'elle conserve à l'enfant sa culture d'origine.
- Ce n'est que si l'adoption interne n'est pas possible que l'enfant est **adoptable** sur le **plan international**.

La réunion de l'adopté aux adoptants était auparavant laissée à l'initiative des candidats à l'adoption, qui pouvaient la réaliser, soit seuls[85], soit via des organismes qui jouaient le rôle d'intermédiaires.

Cette recherche ayant donné lieu à des dérives[86], la Convention de La Haye a voulu réserver cette **phase** dite **d'apparentement** à des organismes publics.

En Belgique, pays essentiellement « importateur » ou « d'adoptants », ces organismes sont les Autorités centrales communautaires.

Dans les pays étrangers, où se trouve l'enfant à adopter (pays « exportateurs » ou « d'adoptés »), la législation locale détermine l'organisme compétent, avec lequel l'Autorité centrale communautaire belge saisie se met en contact, et auquel elle transmet un dossier comprenant les divers documents d'état civil relatifs à l'aptitude à adopter.

Cet organisme détermine, selon ses propres critères, l'enfant qui peut être adopté par les adoptants en cause, et des contacts peuvent alors être organisés

85 Ce que l'on nommait la « filière libre ».

86 Essentiellement financières, des organismes « achetant » ou enlevant des enfants à leur famille (*cf.* le scandale de l'Arche de Zoé), ou faisant payer des frais exorbitants aux candidats à l'adoption.

par cet organisme ou d'autres auxquels il se substitue, comme un orphelinat ou une organisation privée qu'il agrée[87].

Ces contacts supposent un déplacement, et souvent un séjour plus ou moins étendu, des candidats à l'adoption dans le pays.

Lorsque l'adoption est interne, la Convention de La Haye ne s'applique pas. Cependant, pour éviter les trafics au sujet des – relativement rares – enfants adoptables en Belgique, l'apparentement doit se faire via un organisme agréé par les autorités belges[88].

La procédure d'apparentement a été revue par le décret du 5 décembre de la Communauté française pour éviter que les candidats, désirant augmenter leurs chances d'être choisis, recourent à des demandes multiples.

Cette procédure est désormais séparée en deux phases : l'analyse de la recevabilité de la demande, d'une part (ce qui est curieux, les candidats ayant par hypothèse déjà reçu un certificat d'aptitude à adopter) ; l'enquête psycho-médico-sociale, d'autre part.

Le décret du 5 décembre 2013 dote aussi la Communauté d'une compétence post-adoption : l'organisme agréé qui a organisé l'adoption doit désormais obligatoirement organiser, dans les quinze jours suivant l'accueil de l'enfant par les adoptants, une visite au sein de cette famille, suivie d'une deuxième visite dans les trois mois de l'accueil, et d'une autre dans l'année.

Par ailleurs, l'enfant peut mieux prendre connaissance de ses origines : il peut avoir accès à ces informations, avec un accompagnement (que l'on suppose psychologique), qui est obligatoire s'il est mineur, et facultatif s'il est majeur.

On peut constater que la tendance que nous relevions plus haut s'accentue : le nombre de candidats à l'adoption étant de plus en plus nettement supérieur à celui d'enfants à adopter, les conditions de l'adoption deviennent plus contraignantes.

Le contraste avec les parents biologiques, qui n'ont ni préparation à la parenté, ni autorisation de procréer, ni suivi, n'en est que plus frappant.

§ 4. Le jugement d'adoption

La procédure judiciaire d'adoption[89] a ensuite lieu, qui va créer le lien civil entre l'adopté et les adoptants.

On doit insister sur le fait que le **jugement** est désormais l'élément qui **crée le lien de filiation** adoptive, ce qui est une modification considérable par

[87] On constate que l'État où se trouve l'enfant a la haute main sur la réalisation de l'adoption, dès lors qu'il lui suffit de ne pas donner suite à la demande de désignation d'un enfant adoptable, pour que l'adoption ne puisse se réaliser.

[88] Art. 352 C. civ.

[89] Art. 1231-1 à 1231-56 C. jud.

rapport à la conception antérieure, où l'adoption était un contrat[90], que le tribunal ne faisait qu'homologuer[91].
Il faut ici distinguer, suivant que l'adoption est réalisée à l'étranger ou en Belgique.

A. Adoption à l'étranger

S'il s'agit d'une adoption internationale, le jugement d'adoption a généralement lieu à l'étranger, dans le pays où se trouve l'enfant à adopter.
Il n'y a donc pas dans ce cas de procédure judiciaire proprement dite en Belgique, mais seulement une **procédure administrative de reconnaissance** et d'enregistrement de la décision étrangère d'adoption en Belgique[92].
Cette reconnaissance est de la compétence exclusive de l'Autorité centrale fédérale belge.
Si l'adoption a été faite régulièrement selon le prescrit de la Convention de La Haye, cette reconnaissance est de droit, sauf violation de l'ordre public, compte tenu de l'intérêt de l'enfant et des droits qui lui sont reconnus en vertu du droit international[93].
En cas de refus, un recours est ouvert devant le Tribunal de première instance de Bruxelles.
Ce n'est qu'après que cette reconnaissance a eu lieu que l'enfant adopté peut être déplacé de son pays d'origine vers le pays de résidence des adoptants, en l'occurrence, la Belgique : aucun passeport, ni visa, ni autorisation de séjour ne sont donc délivrés au nom de l'enfant avant ce moment.
Inversement, après la reconnaissance, l'enfant adopté peut se voir délivrer un passeport, une carte d'identité, être inscrit au registre de la population d'une commune belge ; ses parents adoptifs peuvent aussi faire transcrire en Belgique son acte de naissance étranger et le jugement d'adoption, obtenir pour lui des allocations familiales et autres avantages sociaux…
La publicité de l'adoption à l'état civil est assurée selon l'article 367-2, qui porte que :

> « *Lorsque les conditions de la reconnaissance en Belgique d'une décision portant établissement, conversion, révocation ou révision d'une adoption, rendue dans un État étranger, sont réunies, l'autorité centrale fédérale transmet via la BAEC à l'officier de l'état civil les données nécessaires à l'établissement des actes suivants :*
> – *l'acte d'adoption ;*
> – *l'acte de naissance, sur la base de l'acte étranger.*

[90] Diverses conséquences étaient tirées de ce caractère contractuel, dont la forme notariée de l'acte ou l'impossibilité de revenir sur l'adoption conclue (Cass., 18 juin 1981, *Pas.*, 1981, I, p. 1204).

[91] Évolution comparable à celle du divorce : avant 1994, le jugement ne faisait qu'*autoriser* le divorce, faculté que les divorcés ou l'un d'eux devaient impérativement transformer en réelle dissolution du lien conjugal, en requérant l'officier de l'état civil de transcrire le jugement, acte de l'état civil qui, seul, met fin au mariage.

[92] Art. 364-1 à 367-3.

[93] Art. 364-1.

L'officier de l'état civil compétent conformément à l'article 368-1 établit l'acte d'adoption et l'acte de naissance. L'officier de l'état civil en avise l'autorité centrale fédérale.

L'autorité centrale fédérale en avise les autorités centrales communautaires.

L'acte d'adoption fait preuve de la reconnaissance de la décision étrangère par l'autorité centrale fédérale.

Le Roi fixe les modalités de l'établissement de l'acte d'adoption et de la délivrance du document qui l'atteste. Cette délivrance a lieu en exemption de tous droits ou taxes.

Sans préjudice de recours contre une décision rendue, en vertu de la présente section, par l'autorité centrale fédérale, toute décision rendue conformément à l'alinéa premier est reconnue par toute autorité ou juridiction, ainsi que par toute autre personne, sur simple présentation d'une copie de l'acte d'adoption.»

Trois mois après l'arrivée de l'enfant en Belgique, un suivi de l'adoption est organisé[94], via des entretiens ou des visites, par l'organisme agréé avec lequel les adoptants ont été en contact au départ de leur projet adoptif, ou d'autres organismes spécialisés[95].

B. Adoption en Belgique

Lorsque l'adoption a lieu en Belgique[96], alors la procédure judiciaire d'adoption débute par une **requête** déposée devant le tribunal de la famille.

Cette requête contient le choix motivé de la forme de l'adoption (adoption simple ou plénière[97]) et des noms et prénoms choisis pour l'adopté[98] ; et certains documents y sont annexés[99].

S'ensuit une **enquête du parquet**[100], qui recueille l'avis :

- des pères et mère ou tuteur de l'adopté ou de leur représentant désigné ;
- des descendants au premier degré des adoptants et de l'adopté, s'ils ont plus de 12 ans ;
- des personnes qui ont recueilli l'enfant (famille d'accueil) ;
- des personnes dont le consentement est requis, et qui l'ont refusé.

Parallèlement, une **enquête sociale** est ordonnée, afin de déterminer l'aptitude des candidats à l'adoption.

---

94 Voy. art. 9, c), de la Convention de La Haye, et l'avis, très détaillé, du 14 septembre 2009 du CoSA (Conseil supérieur de l'adoption).

95 Comme l'Envol, en Communauté française.

96 Il s'agira donc le plus souvent d'une adoption interne, au sens que nous avons relevé plus haut.

97 Une fois le choix opéré, il peut encore être modifié en cours de procédure, mais de façon motivée : art. 1231-14 C. jud. Après ce moment, il peut y avoir conversion de l'adoption simple en adoption plénière (mais non l'inverse), moyennant une nouvelle procédure (art. 347-3).

98 Voy. ci-dessous, dans la section relative aux effets de l'adoption, les modalités de choix de noms et prénoms.

99 Art. 1231-4 C. jud.

100 Art. 1251-5 C. jud.

Lors de cette enquête, l'Autorité centrale communautaire est consultée.

Le tribunal **entend alors, en chambre du conseil**[101] :

- les adoptants[102] ;
- les autres personnes dont le consentement à l'adoption est requis – dont l'enfant âgé de plus de 12 ans, qui est entendu seul[103] –, ou leur représentant désigné ;
- l'enfant âgé de moins de 12 ans, mais dont l'enquête sociale aurait révélé qu'il serait déjà doué de discernement. Lorsque l'enquête aboutit à l'absence de discernement, l'enfant peut cependant demander à être entendu, et le tribunal tranche alors la question;
- toute personne dont l'avis a été recueilli par le parquet, et qui a donné un avis défavorable à l'adoption ;
- toute autre personne que le tribunal désire entendre, notamment les père et mère des ascendants, qui deviennent, en cas d'adoption plénière, les grands-parents de l'adopté, et qui sont très curieusement absents de la procédure.

Le tribunal, sur la base de l'ensemble de ces éléments, **rend alors un jugement**, prononçant ou refusant l'adoption[104].

Le jugement ne peut être prononcé que six mois après le dépôt de la requête, sauf si l'enfant a été élevé depuis plus de six mois par les adoptants : il s'agit donc d'un ultime délai de réflexion[105].

Le jugement est notifié par pli judiciaire à l'adoptant, à toutes les personnes dont le consentement était requis, et au parquet[106].

Un recours en appel et en cassation est ouvert au parquet, à l'adoptant, aux adoptants agissant conjointement, à l'adopté, ainsi qu'aux parties intervenantes[107].

La tierce opposition – par hypothèse, de parties non intervenues à la cause – n'est recevable que dans l'année de la transcription du jugement d'adoption dans les registres de l'état civil.

La révision de l'adoption est possible s'il y a eu vente ou traite d'enfant[108].

Par contre, la nullité de l'adoption ne peut être demandée[109].

---

101 Art. 1231-10 C. jud.

102 Le décès de l'adoptant ou d'un des adoptants après le dépôt de la requête n'empêche pas la poursuite de la procédure à la demande de l'adopté ou de l'adoptant survivant (art. 1231-20 C. jud.).

103 S'il a été déclaré incapable de donner lui-même son consentement, alors l'acte n'est pas susceptible de représentation par son administrateur (art. 497/2, 12°, C. civ.).

104 Implicitement, il statue ainsi sur l'aptitude des candidats à adopter.

105 Rappelons le premier délai, accordé aux père et mère de l'adopté : ils ne peuvent donner leur consentement que deux mois après la naissance de l'enfant.

106 Art. 1231-15 C. jud.

107 Celles-ci étant les personnes dont l'avis doit être recueilli, et qui ont formé par simple lettre au tribunal leur intervention à la cause (art. 1231-12 C. jud.).

108 Art. 351.

109 Art. 349-3 : il s'agit d'un vestige du temps où l'adoption était fondamentalement un contrat, puisque, étant devenu un jugement, l'article 20 du Code judiciaire (« *voies de nullité n'ont lieu contre les jugements* ») suffisait.

Lorsque, les délais étant expirés, le jugement est coulé en force de chose jugée, le jugement est transmis à l'officier de l'état civil pour mention à la BAEC, par application des articles 65 et 66 du Code civil, qui portent que :

« *Section 12. De l'acte d'adoption*

Art. 65. L'acte d'adoption mentionne :

1° le nom, les prénoms, la date de naissance et le lieu de naissance des adoptants ;

2° le nom, les prénoms, la date de naissance et le lieu de naissance de l'adopté ;

3° le nouveau nom et, le cas échéant, le nouveau prénom de l'adopté après l'adoption ;

4° la sorte d'adoption : adoption simple ou plénière ;

5° le cas échéant, la date de la reconnaissance de l'adoption étrangère par l'autorité centrale fédérale.

Section 13. De l'acte de révocation ou de révision de l'adoption, de nouvelle modification d'enregistrement du sexe ou d'annulation

Art. 66. L'acte de révocation ou de révision de l'adoption ou de nouvelle modification d'enregistrement du sexe ou d'annulation, mentionne :

1° le numéro d'acte de l'acte auquel il se rapporte ;

2° la nature du dispositif de la décision judiciaire, notamment s'il s'agit :

- *d'une révocation ou d'une révision d'une adoption,*
- *d'une nouvelle modification d'enregistrement du sexe,*
- *d'une annulation d'une modification d'enregistrement du sexe,*
- *d'une annulation d'un acte complet,*
- *d'une annulation d'un acte complet [à la] suite [d']une décision prise sur la base de l'article 463 du Code d'instruction criminelle.* »

Les effets de l'adoption **rétroagissent au jour du dépôt de la requête** en adoption.

§ 5. L'adoption nationale

Nous venons de décrire la procédure d'adoption la plus complexe.

Dans le cas d'une adoption nationale – c'est-à-dire sans déplacement de l'enfant adopté d'un pays à un autre[110] –, alors la Convention de La Haye et son principe de double subsidiarité ne s'appliquent pas.

L'apparentement est réalisé en Belgique, par un organisme agréé par l'Autorité centrale communautaire, après que le candidat adoptant a suivi une formation à l'adoption et qu'il a été déclaré apte à adopter.

La procédure judiciaire d'adoption a lieu en Belgique, selon les règles décrites au paragraphe précédent.

[110] Art. 1231-2 C. jud.

§ 6. L'adoption intrafamiliale

L'adoption réalisée en Belgique est souvent **intrafamiliale.**

La notion de «**famille**», dans ce cadre, **varie** suivant la question posée, mais elle a toujours pour effet qu'une formalité se trouve supprimée ou réduite.

Ainsi :

- Si l'adopté est un enfant ou un enfant adopté du conjoint ou cohabitant de l'adoptant, les conditions d'âge et de différence d'âge sont réduites : de vingt-cinq et quinze ans, ils passent à dix-huit et dix ans[111]. La Cour constitutionnelle a élargi, par son arrêt n° 131/2017 du 23 novembre 2017, cette réduction de la différence d'âge minimum à toute personne qui a noué avec l'enfant «une relation affective durable», comme, par exemple, le cohabitant de fait du père ou de la mère de l'enfant adopté.
  Il n'y a pas d'apparentement, puisqu'il s'agit d'adopter tel enfant déterminé.
- L'enquête sociale n'est pas obligatoire – mais le tribunal peut l'ordonner – si l'enfant est apparenté jusqu'au 3e degré[112] à l'adoptant, à son conjoint ou à son cohabitant, ou s'il partage déjà sa vie quotidienne ou entretient avec lui un lien «social et affectif»[113].
- Si l'enfant a été élevé depuis plus de six mois par l'adoptant, le jugement peut être rendu sans délai[114].

Comme on le verra plus loin, c'est surtout par ses effets de «recomposition familiale» que l'adoption intrafamiliale se caractérise.

§ 7. L'adoption d'un majeur

L'adoption d'un majeur est également **facilitée**.

Il ne peut s'agir que d'une adoption simple, aux effets essentiellement patrimoniaux, l'éducation de l'adopté étant terminée.

Il n'y a aucune formation à l'adoption, et pas d'apparentement.

Le tribunal peut passer outre du refus de consentement des parents de l'adopté pour tous motifs[115].

Lorsque l'adopté réside à l'étranger, il n'y a pas d'adoption internationale au sens de la Convention de La Haye, mais seulement application éventuelle des règles de conflits de lois et de juridictions.

Le tribunal compétent est le tribunal de première instance.

L'enquête sociale est facultative[116].

---

111 Art. 345.

112 Donc, neveu ou nièce.

113 Art. 346-2.

114 Art. 1231-13 C. jud.

115 *Cf.* art. 348-11 *a contrario*, puisqu'il ne s'agit plus d'un «enfant».

116 Art. 1231-6 C. jud.

Section 3
Les effets de l'adoption

L'adoption a pour effet de créer un **lien de filiation fictif** entre l'adoptant et l'adopté, qui s'ajoute ou se substitue à sa filiation « biologique ».

Notre droit connaît deux formes d'adoption, l'adoption simple et l'adoption plénière, qui se différencient essentiellement par l'étendue de leurs effets.

§ 1. L'adoption simple

L'adoption simple[117] porte bien mal son nom, car ses effets sont particulièrement complexes.

Cette complexité provient du fait qu'il s'agit en fait d'une adoption **incomplète** :

- l'adopté n'est pas totalement sorti de sa famille d'origine, avec laquelle il continue à conserver des liens ;
- et inversement, il n'est pas totalement intégré dans la famille adoptive, où il n'a en principe de liens qu'avec ses adoptants, mais non avec la famille de ceux-ci[118].

  Cependant, les adoptants ont un lien avec les descendants de l'adopté, qui sont leurs « petits-enfants » adoptifs[119].

A. Dans la famille adoptive

L'adoption a un effet sur le **nom** de l'adopté[120], suivant des modalités extrêmement complexes, qui permettent un large choix : on les verra au chapitre consacré à cette notion.

Cependant, le choix fait pour un enfant adopté s'entend aux autres enfants adoptés par le même couple[121].

L'adoption confère aux adoptants l'**autorité parentale** sur l'adopté mineur, et ses droits dérivés : administration légale et jouissance légale[122].

Le **mariage est prohibé**, de façon absolue, entre l'adoptant et l'adopté et ses descendants ; et, de façon relative[123], entre l'adopté et l'ancien conjoint de l'adoptant, l'adoptant et l'ancien conjoint de l'adopté, entre enfants de l'adoptant et l'adopté, et entre enfants adoptifs d'un même adoptant.

---

117 Art. 353-1 à 354-3.

118 Limitation de la parenté adoptive au premier degré en ligne ascendante.

119 Art. 353-12.

120 Il n'y a pas d'effet sur le titre de noblesse, ce que l'article 353-7 appelle les « droits nobiliaires », nonobstant l'article 113 de la Constitution.

121 Art. 353-4*bis*.

122 Art. 353-8 à 353-11.

123 Une dispense royale étant possible, sauf bien entendu si un autre empêchement s'y cumule, dans le cas d'une adoption intrafamiliale : le conjoint de l'adoptant est le père de l'adopté, ou une fratrie a été adoptée par un même adoptant.

Des **aliments** sont dus entre l'adoptant et l'adopté (et ses descendants), comme entre parents et enfants[124] : obligation large d'entretien et d'éducation durant la « minorité économique », obligation limitée de droit commun ensuite.

Les **droits successoraux**[125], qui sont souvent l'aspect déterminant de ce mode d'adoption[126], sont extrêmement complexes, car ils illustrent la position de l'adopté « entre deux familles ».

En résumé : l'enfant adopté et ses descendants sont considérés comme enfant, petits-enfants, etc., biologiques de l'adoptant ; mais l'adopté n'hérite pas des parents de l'adoptant.

Si l'enfant adopté simplement meurt sans postérité, alors ses biens sont répartis entre sa famille adoptive et sa famille d'origine par les mécanismes de la succession anomale et de la fente successorale.

B. Dans la famille d'origine

L'enfant adopté conserve certains liens avec sa **famille d'origine**.

Si l'adoptant meurt durant la minorité de l'adopté, ses parents d'origine peuvent demander à **reprendre** leur autorité parentale[127].

La **prohibition de l'inceste** demeure inchangée entre l'adopté et sa famille d'origine.

Une **obligation alimentaire** existe entre l'adopté et ses parents d'origine, mais l'adopté ne peut réclamer d'aliments à ses parents d'origine que s'il ne peut en obtenir de l'adoptant[128].

L'enfant adopté **conserve tous ses droits successoraux** vis-à-vis de sa famille d'origine.

La famille d'origine hérite d'une partie des biens de l'adopté mort sans postérité.

§ 2. L'adoption plénière

Les effets de l'adoption plénière sont, paradoxalement, simples : l'enfant adopté est **assimilé totalement à un enfant biologique**, tant vis-à-vis des **adoptants** que de la **famille** de ceux-ci[129], et il sort quasi totalement de sa famille d'origine[130].

---

124 Art. 353-14.

125 Art. 353-15 et 353-16.

126 Il est à noter que l'adoption ne permet d'assimiler l'enfant adopté à un enfant biologique sur le plan fiscal que s'il s'agit, d'une façon ou d'une autre, d'une adoption intrafamiliale : soit il est l'enfant du conjoint, soit il a été élevé par l'adoptant durant sa minorité (voy. art. 52-2 du Code des droits de succession, dont la teneur est régionalisée).

127 Art. 353-10.

128 Art. 353-14.

129 Art. 356-1. Il devient ainsi le petit-fils (et héritier réservataire) des père et mère de l'adoptant (qui ne sont cependant pas consultés sur l'adoption ; il est vrai qu'ils ne sont pas non plus consultés sur la procréation d'enfant biologique...).

130 La Cour constitutionnelle a estimé que le fait que, lorsqu'un enfant, devenu majeur, a été adopté plénièrement, et qu'il a ensuite été établi que l'adopté était le fils biologique d'un certain homme, l'adopté

Seules demeurent les **prohibitions au mariage** vis-à-vis de ses parents d'origine.

En ce qui concerne le **nom**, celui de l'adoptant ou des adoptants est nécessairement transmis à l'adopté, selon des modalités complexes, qui seront vues au chapitre consacré à cette notion[131].

§ 3. L'adoption intrafamiliale

Lorsque l'adoption est intrafamiliale, dans le sens qu'elle a lieu à l'égard de l'enfant du conjoint ou du cohabitant[132], alors le lien existant entre le conjoint ou cohabitant, parent de l'enfant, et ledit enfant, n'est évidemment pas rompu, puisque le but est précisément de permettre une recomposition familiale en faveur de l'adopté.

Ce but serait manqué si le lien de filiation initial était rompu ou affaibli, et la loi fait donc, tant dans l'adoption plénière[133] que dans l'adoption simple[134], exception à tout effet de l'adoption sur ce lien.

En clair, l'adoptant et son conjoint ou cohabitant exercent ensemble à égalité à l'égard de l'enfant tous les droits et devoirs d'un couple de parents biologiques.

Seul, donc, l'éventuel autre parent d'origine se trouve remplacé par l'adoptant.

L'adoption simple intrafamiliale est également favorisée au regard des droits fiscaux de succession, puisque l'adopté est de plein droit considéré comme un enfant biologique de l'adoptant[135].

Section 4
La révocation de l'adoption et la nouvelle adoption

§ 1. La révocation de l'adoption

L'adoption simple peut être révoquée pour des motifs très graves[136], tenant à la conduite de l'adoptant ou de l'adopté.

Dans ce cas, si l'adopté est encore mineur, soit il est repris par ses parents d'origine, soit une tutelle est organisée.

L'adoption plénière est irrévocable[137], ce qu'il convient de ne pas confondre avec la révision en cas de trafic d'enfant.

---

ne peut hériter de cet homme, puisque la filiation subséquente ne peut produire que des effets compatibles avec l'adoption plénière, c'est-à-dire les seuls empêchements au mariage, n'est pas inconstitutionnel (arrêt n° 13/2010 du 18 février 2010).

131 Art. 356-2. Et en cas d'adoption par un couple homosexuel, un choix doit être réalisé.

132 Ou, dans le cas particulier de l'arrêt n° 94/2012 du 12 juillet 2012, analysé ci-avant, l'ex-cohabitant.

133 Art. 356-1.

134 Art. 353-9 et 353-14.

135 Voy. art. 5-2 du Code des droits de succession, régionalisé.

136 Art. 354-1 à 354-3.

137 Art. 356-4. Elle n'est pas non plus « réductible » en adoption simple par conversion.

§ 2. La nouvelle adoption

L'adoption transportant l'adoptant d'une famille à une autre, le législateur répugne à une nouvelle « transplantation ».

Aussi, une nouvelle adoption ne peut avoir lieu que dans des conditions très strictes[138], qui supposent toutes que le lien adoptif originel n'existe plus : décès des adoptants, révocation de l'adoption ou révision de l'adoption.

Une nouvelle adoption peut aussi être prononcée, sur demande du parquet, pour des « motifs très graves » : c'est la seule voie pour mettre fin à une adoption plénière pour des motifs tenant au comportement de l'adoptant ou de l'adopté.

Dans ce contexte, un juge a posé à la Cour constitutionnelle la question suivante :

> « *L'article 347-2 du Code civil ne viole-t-il pas les articles 10, 11 et 22 de la Constitution, lus isolément et combinés avec les articles 8 et 14 de la Convention européenne des droits de l'homme et des libertés fondamentales en ce qu'il limite la possibilité d'une deuxième adoption de façon telle qu'une femme qui a éduqué une personne depuis l'enfance ne puisse l'adopter si son père biologique a consacré son lien de parenté par une adoption alors qu'elle le pourrait si la paternité avait été établie par jugement ou par reconnaissance ?* »

Nous ne saurons pas ce qu'il en est, car la Cour constitutionnelle[139] estime que la disposition attaquée n'est pas d'application dans le litige mû devant le juge du fond.

La Cour revient sur cette problématique dans son arrêt n° 116/2016 du 22 septembre 2016.

La question est formulée ainsi :

> « *L'article 347-1 du Code civil viole-t-il les articles 10 et 11 de la Constitution, en ce qu'il a pour effet :*
>
> – *de rendre absolument impossible une nouvelle adoption simple d'une personne majeure ayant un lien de filiation résultant d'une adoption plénière, en cas de décès de l'adoptant,*
> – *alors que l'adoption simple d'une personne majeure ayant un lien de filiation d'origine est toujours possible, même lorsque ses deux parents sont toujours en vie ?* »

La Cour relève que :

> « *B.7.1. Les travaux préparatoires relatifs à la réforme du droit de l'adoption par la loi du 21 mars 1969 "modifiant l'article 45 du Code civil, les titres VIII et X du livre Ier du même Code, ainsi que les lois sur l'acquisition, la perte et le recouvrement de la nationalité, coordonnées le 14 décembre 1932", indiquent qu'en ne permettant pas que les personnes majeures ayant un lien de filiation*

[138] 347-1 et 347-2.

[139] Arrêt n° 55/2015 du 7 mai 2015.

adoptive puissent être une nouvelle fois adoptées, le législateur entendait renforcer le but assigné à l'adoption, à savoir "donner un foyer à des enfants et non [...] permettre à des adultes de pénétrer successivement dans plusieurs familles" (Doc. parl., *Sénat, 1966-1967, n° 358, p. 70). Par ailleurs, le législateur voulait éviter "la possibilité d'une certaine chasse à l'adoption et à l'héritage"* (ibid., *p. 69).* »

« *B.8. Dans la mesure où le législateur a maintenu la possibilité d'une adoption simple d'une personne majeure, les motifs invoqués en B.7.1 ne permettent pas de justifier la différence de traitement entre les personnes majeures selon la nature de leur filiation. En effet, la circonstance d'avoir fait l'objet d'une adoption au cours de la minorité ne présente aucun lien de pertinence à l'égard de la possibilité de faire l'objet d'une adoption simple une fois l'âge de la majorité atteint.* »

Il y a donc discrimination inconstitutionnelle, selon la Cour : une nouvelle adoption doit alors être possible dans ce cas.

Chapitre IV
Le nom

Section 1
Raison d'être et importance du nom

Le nom est un élément essentiel de **l'état civil** d'un individu, en raison de son rôle social et personnel.

Du point de vue **personnel**, il fait partie de façon intime de l'identité psychique d'un individu, puisque son nom le différencie – sauf homonymie – de tous les autres individus composant la société.

Le nom permet donc à l'individu d'exprimer sa personnalité, son existence juridique.

Il est à cet endroit révélateur de relever que la signature, signe graphique par lequel la personne s'approprie un écrit, ou fait connaître son consentement au contenu de celui-ci, et lui donne force juridique[1], consiste précisément en la manuscription de son nom par la personne[2].

Mais le nom a aussi une **fonction sociale**, puisqu'il permet en effet aux autres membres de la société de l'« appeler », de le désigner dans les actes juridiques.

Ainsi, l'article 43, 3°, du Code judiciaire impose, à peine de nullité, la mention du nom de la personne citée dans toute assignation en justice et il en va de même dans les requêtes[3].

Il n'est donc pas étonnant qu'il soit considéré comme un droit de l'homme fondamental qu'un enfant puisse porter un nom dès sa naissance, ainsi qu'il est prévu par l'article 7.1 de la Déclaration des droits de l'enfant[4].

« Coordonnée fondamentale » de l'individu, le nom est évidemment un des éléments de l'état civil d'une personne.

---

1 Notion même d'acte sous seing (= signature) privé, et mention de la signature dans les articles 1322 et suivants du Code civil ; signature dans les actes authentiques : art. 14 de la loi de ventôse organique du notariat ; signature, condition de forme essentielle du testament olographe : art. 970 C. civ.

2 La signature électronique, qui a la même fonction, et qui a été introduite par une loi du 9 juillet 2001 (arrêté royal du 6 décembre 2002) est tout autre chose. Selon le SPF Économie : « *Une signature électronique est une donnée sous forme électronique qui sert de méthode d'authentification. Elle est jointe ou liée logiquement à d'autres données électroniques. Une telle signature peut être utilisée pour identifier le(s) signataire(s) d'un acte juridique accompli par voie électronique. Légalement, elle ne peut être refusée quant à son efficacité juridique ou sa recevabilité comme preuve en justice. Elle ne sera néanmoins reconnue comme équivalente à la signature manuscrite que si elle répond à un certain nombre de critères de sécurité technique. Dans ce cas, on dit que la signature électronique est qualifiée.* »

3 Art. 1034*ter*, 3°, C. jud.

4 Du 20 novembre 1989 : « *L'enfant est enregistré aussitôt sa naissance et a dès celle-ci* le droit à un nom, *le droit d'acquérir une nationalité et, dans la mesure du possible, le droit de connaître ses parents et être élevé par eux.* » Ce droit est consacré dans la loi belge par l'article 57 du Code civil.

Il est indiqué dans l'acte de naissance de l'enfant[5] et dans tous les autres actes de l'état civil qui le concernent : adoption, mariage, décès...

Les caractéristiques de l'état civil s'appliquent donc à lui : immutabilité, extra-commercialité, imprescriptibilité.

Quant à l'imprescriptibilité, il est à relever que, sous l'Ancien Régime, les noms n'étaient pas fixés, et l'on pouvait librement se faire désigner par un surnom ou par le nom d'une terre que l'on avait acquise.

Seules les qualifications nobiliaires étaient protégées par les hérauts d'armes, car elles conféraient des privilèges.

Lors de la Révolution française, après un moment de liberté absolue de choix[6], le législateur voulut supprimer les confusions et les fraudes que cette anarchie pouvait engendrer.

Par le décret du 6 fructidor An II, il a donc interdit l'emploi par une personne d'un autre nom que celui indiqué dans son acte de naissance[7] : le nom devenait **fixe**, et l'est resté, puisque, même si le législateur a cru utile d'abroger ce décret[8], qui était une des plus anciennes normes de notre *corpus juris civilis*, le principe demeure dans la législation actuelle.

Cependant, il existe une série d'exceptions légales à cette immutabilité, que nous allons examiner ci-dessous.

Mais, en dehors de ces exceptions légales, le principe demeure, en ce qu'il est interdit de modifier son nom de sa propre et seule volonté[9].

Le nom est également **hors commerce**, en ce qu'il ne peut être vendu ou faire l'objet d'autres conventions – sauf celles prévues par la loi, qui ne sont pas de nature commerciale – en tant que nom d'une personne physique.

Par contre, la concession de l'utilisation d'un nom à titre de marque ou de nom d'une personne morale est licite.

Le nom est également **imprescriptible** selon notre opinion[10] et celle des juges du fond[11], qui est opposée sur ce point à celle de la Cour de cassation[12].

Cela signifie que, si un particulier parvient à prouver que l'ancêtre – très généralement dans la branche paternelle – dont il tient son nom portait tel nom,

---

5 Art. 57, 1°, C. civ.

6 Nous avons relaté ces errements *in* A.-Ch. Van Gysel, « Examen de jurisprudence. Les Personnes (1991 à 1996) », *R.C.J.B.*, 1998, n° 14, pp. 451 et s.

7 Ce qui était assez comique, puisqu'à cette époque, presque personne n'avait d'acte de naissance, l'état civil étant sous l'Ancien Régime géré par l'Église. Mais on ne pouvait parler d'« extrait baptistaire » dans un texte révolutionnaire...

8 Art. 117 de la loi du 18 juin 2018, dite « waterzooi ».

9 Un dénommé Cassius Clay ne pourrait donc en Belgique se renommer Mohamed Ali, ce qui est généralement possible en toute légalité sous l'empire de la *common Law*.

10 A.-Ch. Van Gysel, « Examen de jurisprudence. Les Personnes (1991 à 1996) », *R.C.J.B.*, 1998, n° 16, pp. 453 et s.

11 Not. : Liège, 16 avril 1991, *Pas.*, 1991, II, p. 135, note P.M.

12 Cass., 30 janvier 1987, *Pas.*, 1987, I, p. 635.

alors, à notre sens, il peut revendiquer ce nom, et son acte de naissance doit être rectifié[13], car il contient une erreur.

Il nous paraît que la procédure simplifiée – demande à l'officier de l'état civil et avis du parquet – des articles 99 et 100 du Code civil peut être mise en œuvre, puisqu'il s'agit en réalité d'une erreur matérielle.

Nous verrons que le nom est un objet de **pouvoir** et, par conséquent, de **luttes** à propos de ce pouvoir[14].

Dans toutes les civilisations, le nom d'une personne est le lieu de forces nouménales très fortes.

Ainsi, les pharaons de l'Égypte antique ont une titulature composée de pas moins de cinq noms, qui doivent tous être mentionnés, à peine d'attenter aux pouvoirs divins du monarque[15].

Pour les Romains, *nomen est omen*, le nom est un présage, et, par conséquent, on ne donnera jamais le *cognomem* de «*nonius*» à un enfant, à cause de sa connotation négative[16].

Et transitivement, nommer quelqu'un, c'est avoir un pouvoir sur lui.

Dans la Bible, Dieu amène tous les animaux à Adam, pour qu'il les nomme, et obtienne ainsi un pouvoir sur eux[17].

Inversement, lorsque Moïse lui demande son nom[18], il répond «Je suis», et l'interdiction de prononcer ou d'écrire le nom de Dieu demeure toujours une règle de la religion juive[19].

Dans la civilisation celtique, aussi, connaître le nom d'une personne, c'est pouvoir jeter un sort (*geis*) sur lui, aussi les héros celtes ont-ils souvent un nom secret pour éviter cet inconvénient.

---

13 Ce n'est donc nullement un changement de nom, bien au contraire, puisque la personne reprend son nom véritable.

14 Voy. notre article : A.-Ch. Van Gysel « La transmission du nom », *Bulletin trimestriel du Conseil héraldique*, n° 230, 2002, p. 92.

15 Dans la même perspective, toute statue ou tout monument destiné à durer, érigé durant le règne d'un pharaon, doit impérativement porter son nom, sans quoi son pouvoir, terrestre, mais aussi dans l'au-delà, serait remis en question (et, par corollaire, l'effacement du nom par *damnatio menoriae* [Akhenaton Hatshepsout] est la pire des peines).

16 Préfixe « non- ». Par contre, Octavius (comme Auguste, qui changera son *cognomen* en devenant empereur) ou Decimus sont utilisés.

17 *Genèse*, 2.19 et 20 : « *L'Éternel Dieu forma de la terre tous les animaux des champs et tous les oiseaux du ciel, et il les fit venir vers l'homme, pour voir comment il les appellerait, et afin que tout être vivant portât le nom que lui donnerait l'homme.*
Et l'homme donna des noms à tout le bétail, aux oiseaux du ciel et à tous les animaux des champs [...]. »

18 *Exode*, 3-13 et 14 : « *Moïse dit à Dieu : J'irai donc vers les enfants d'Israël, et je leur dirai : Le Dieu de vos pères m'envoie vers vous. Mais, s'ils me demandent quel est son nom, que leur répondrai-je ?*
Dieu dit à Moïse : Je suis celui qui suis. Et il ajouta : C'est ainsi que tu répondras aux enfants d'Israël : Celui qui s'appelle "je suis" m'a envoyé vers vous. »

19 *Exode*, 20-7 : « *Tu n'invoqueras pas le nom de YHWH ton Dieu en vain.* »

Les druides, titulaires du savoir – et à ce titre aptes à lancer des *geisa* – utilisaient des surnoms pour leurs dieux, car les nommer directement était interdit[20].

Dans la Belgique actuelle, il n'en va pas très différemment[21].

Le fait que le législateur ait donné aux parents la faculté de choisir le nom patronymique que leur enfant portera a créé une occasion de conflit entre eux.

Nous verrons que ce conflit est considéré de façon dissymétrique par la Cour constitutionnelle, qui estime les normes inconstitutionnelles lorsqu'elles donnent le dernier mot au père, mais ne voient aucun problème à ce que la mère puisse imposer son nom à l'enfant commun.

De même, l'État a jusqu'à tout récemment conservé jalousement le pouvoir d'autoriser une personne à changer de nom, qui était donc le seul élément de l'état civil ou presque[22] à être ainsi soustrait au pouvoir judiciaire[23] et réduit à une simple « faveur » faite à l'individu, accordée ou refusée sans audience ni débat contradictoire par une cellule occulte au sein du SPF Justice.

Une loi récente[24] vient enfin d'ouvrir un recours judiciaire aux citoyens en la matière, et, par suite, d'en faire un droit civil.

Section 2
Éléments constitutifs du nom

Le nom d'une personne est composé, en droit belge, de deux éléments obligatoires, le **nom patronymique** et le **prénom**, et un élément optionnel, le **titre de noblesse**.

Le nom désigne l'appartenance de l'individu à un groupe familial et le prénom distingue cet individu au sein du groupe familial auquel il appartient.

Le titre de noblesse, autrefois marque de l'appartenance à un ordre social privilégié, est désormais une simple marque honorifique prestigieuse.

Ces éléments constituent à la fois, graphiquement, des mots, composés de plusieurs groupes de lettres, et, vocalement, une suite de phonèmes, qui résultent de la prononciation de ces mots.

---

20 On voit la similarité avec le judaïsme, alors que ces deux civilisations ne se sont pas influencées.

21 Voy., sur cette problématique, nos développements *in* A.-Ch. Van Gysel, « La transmission du nom », *Bulletin trimestriel du Conseil héraldique*, n° 230, 2002, p. 92 ; et notre participation comme expert de la Commission de la Justice de la Chambre, Rapport Fientje Moerman, *Doc. parl.*, Chambre, 50-0131/000 (2001) et de la Commission de la Justice du Sénat (audition du 27 avril 2011, sans suite ni document parlementaire).

22 Il y a aussi l'autorisation de mariage entre proches parents (art. 164), mais nous pensons que cette disposition est actuellement implicitement abrogée (voy. nos développements sur la prohibition de l'inceste, dans la section 5 du chapitre Ier de ce précis). Au demeurant, cette disposition était aussi un lieu de pouvoir étatique important, puisque le Congrès national a cru utile d'y consacrer une séance, entre deux discussions sur la Constitution.

23 Seul un recours au Conseil d'État, et sous l'angle de la motivation, était possible.

24 Loi du 18 juin 2018, dite « waterzooi ».

Du point de vue graphique, la fixité du nom s'attache aussi à l'orthographe particulière d'un nom et, s'agissant de personnes d'origine étrangère, elles ont un droit à ce que les codes de translittération de leur nom de l'alphabet ou des idéogrammes étrangers, vers l'alphabet latin, soient respectés[25].

La signature d'une personne s'accompagne d'une graphie particulière de son nom par la personne, qui l'identifie[26].

Elle doit, pour avoir valeur juridique, être manuscrite et émaner de la personne qui l'émet – être autographe, donc; et, si elle ne doit pas nécessairement être lisible, elle doit néanmoins, par exemple, par une mention lisible sous le « graphe », permettre d'identifier son auteur.

Section 3
Attribution du nom patronymique

Le premier élément du nom est le nom patronymique, ou nom de famille, par lequel l'individu est identifié comme faisant partie d'une famille déterminée.

Le nom est, en principe, un effet de la filiation, et plus particulièrement de la filiation paternelle, d'où le vocable de nom patronymique, du grec *patros onomos*, le nom du père.

Dans nos régions, il a commencé par n'être qu'un surnom, le seul « vrai » nom étant le nom de baptême, donc le prénom[27].

Il avait pour fonction principale de permettre aux tiers de localiser les familles, par leur lieu d'habitation – Dupont, Dubois… – leur métier – Tailleur, Devleeshouwer… – ou leur filiation – Janssen, Philippart… – et il variait souvent, que ce soit par l'appellation des personnes par les tiers ou par les personnes elles-mêmes, qui pouvaient librement changer de nom[28].

La Révolution française, on l'a vu, a fixé les noms de famille par le décret du 6 fructidor An II, mais celui-ci n'a nullement régi l'attribution du nom aux personnes, ou, socialement, la transmission d'un nom au sein d'une famille.

Le Code Napoléon ne régissant pas plus la matière à l'origine, et cela jusqu'en 1987, on doit en déduire que la loi romaine[29] y était restée d'application jusqu'alors, laquelle désignait le nom du père comme étant celui attribué à l'enfant, dans tous les cas où la filiation paternelle était établie, et le nom de la mère dans les autres cas.

---

25 C.J.C.E., 30 mars 1993, *Rec. Jur. C.J.C.E.*, 1993, I, p. 1191, concl. de l'avocat général F.G. Jacobs (cas d'un ressortissant grec établi dans un pays d'alphabet latin).

26 Voy., sur ce sujet, M. Van Quickenborne, « Quelques réflexions sur la signature des actes sous seing privé », note sous Cass., 18 juin 1982, *R.C.J.B.*, 1985, n° 4, p. 65.

27 Voy. ci-dessous.

28 Ce qui est, globalement, demeuré le principe dans les pays de *common law*.

29 *Digeste, De verborum significatione*, Liv. L, titre XVI, loi 196, § 1er; voy. A. Giron, *Droit administratif*, III, n° 1153.

La loi du 31 mars 1987 a, pour la première fois, instauré des règles d'attribution du patronyme au travers de l'article 335 du Code civil.

Cette loi a elle-même été modifiée substantiellement par la loi du 8 mai 2014, laquelle a été «réparée» par une loi du 18 décembre 2014, sanctionnée par un arrêt d'annulation de la Cour constitutionnelle du 14 janvier 2016[30], mise en conformité avec cet arrêt *in extremis*[31] par une loi du 25 décembre 2016, puis avec la création de l'état civil électronique (BAEC) par la loi «waterzooi» du 18 juin 2018.

La disposition se présente désormais ainsi:

> «*§ 1er. L'enfant dont la filiation paternelle et la filiation maternelle sont établies simultanément porte soit le nom de son père, soit le nom de sa mère, soit leurs deux noms accolés dans l'ordre choisi par eux dans la limite d'un nom pour chacun d'eux.*
>
> *Les père et mère choisissent le nom de l'enfant lors de la déclaration de naissance. L'officier de l'état civil prend acte de ce choix. En cas de désaccord ou en cas d'absence de choix, l'enfant porte le nom de son père. En cas de désaccord, l'enfant porte les noms du père et de la mère accolés par ordre alphabétique dans la limite d'un nom pour chacun d'eux. Lorsque le père et la mère, ou l'un d'entre eux, portent un double nom, la partie du nom transmise à l'enfant est choisie par l'intéressé. En l'absence de choix, la partie du double nom transmise est déterminée selon l'ordre alphabétique.*
>
> *Le refus d'effectuer un choix est considéré comme un cas de désaccord.*
>
> *Lorsque les père et mère déclarent conjointement la naissance de l'enfant, l'officier de l'état civil constate le nom choisi par eux ou le désaccord entre eux, conformément à l'alinéa 2.*
>
> *Si le père ou la mère déclare seul la naissance de l'enfant, il ou elle déclare à l'officier de l'état civil le nom choisi par eux ou le désaccord entre eux.*
>
> *§ 2. L'enfant dont seule la filiation maternelle est établie, porte le nom de sa mère.*
>
> *L'enfant dont seule la filiation paternelle est établie, porte le nom de son père.*
>
> *§ 3. Si la filiation paternelle est établie après la filiation maternelle, aucune modification n'est apportée au nom de l'enfant. Il en va de même si la filiation maternelle est établie après la filiation paternelle.*
>
> *Toutefois, les père et mère ensemble, ou l'un d'eux si l'autre est décédé, peuvent déclarer, dans un acte dressé par l'officier de l'état civil, que l'enfant portera soit le nom de la personne à l'égard de laquelle la filiation est établie en second lieu, soit leurs deux noms accolés dans l'ordre choisi par eux dans la limite d'un nom pour chacun d'eux.*

---

30 Arrêt n° 2/2016, confirmé par l'arrêt n° 162/2016 du 14 décembre 2016.

31 La Cour constitutionnelle ayant donné au gouvernement jusqu'à la fin de l'année 2016 pour mettre en place une nouvelle norme, à la place de celle qui avait été annulée.

> *Cette déclaration est faite dans un délai d'un an à dater de la reconnaissance ou du jour où une décision établissant la filiation paternelle ou maternelle est coulée en force de chose jugée et avant la majorité ou l'émancipation de l'enfant. Le délai d'un an prend cours le jour suivant la notification ou la signification visées aux articles 313, § 3, alinéa 2, 319*bis*, alinéa 2, ou 322, alinéa 2. [...]*»

Cette disposition est complétée par le principe suivant, contenu dans l'article 335*bis*.

> «Art. 335*bis*. *Le nom déterminé conformément à l'article 335, §§ 1er et 3, s'impose aux autres enfants dont la filiation est ultérieurement établie à l'égard des mêmes père et mère.* »

Dans le cadre de la comaternité, les articles 335*ter* et *quater* règlent la question par des normes similaires, la coparente jouant, comme toujours, le rôle du père[32].

En synthèse, les règles sont les suivantes.

- Si l'enfant n'a **aucune** filiation – cas de l'enfant trouvé –, ce sont les **services de secours**, avertis par la personne qui a trouvé l'enfant, qui lui en attribuent un, ainsi qu'un prénom[33].
- Si la filiation de l'enfant n'est établie qu'à l'égard **d'un seul** de ses auteurs, il porte le nom de cet auteur.
  C'est-à-dire, en réalité, que l'enfant porte alors nom de la **mère** : les cas où seule la filiation paternelle est établie sont statistiquement négligeables, sauf dans le cas d'une reconnaissance anténatale du père seul – ce qui est encore très rare, la mère enceinte reconnaissant alors presque toujours son enfant dans le même acte –, et dans ce cas encore, cette unicité de filiation ne dure que durant la période très courte, qui va de cette reconnaissance à la naissance de l'enfant et l'établissement de son acte de naissance
- Si la filiation paternelle et la filiation maternelle sont **toutes deux** établies, il faut distinguer la séquence temporelle de leur établissement[34] :
  - si les deux filiations sont établies **en même temps**[35], les parents ont un **choix** à réaliser pour leur **premier enfant commun**[36] : nom du

[32] Ce qui signifie que, dans l'intervalle entre la loi du 8 mai 2014 et la loi du 25 décembre 2016, précitées, en cas de conflit, l'enfant recevait le nom de la coparente, et non celui de la mère.

[33] Art. 45 C. civ. : « *Toute personne qui a trouvé un enfant nouveau-né en informe sans délai les services publics de secours et leur communique toutes les informations utiles à cet égard.*
Le service de secours déclare la naissance de l'enfant abandonné à l'officier de l'état civil.
L'officier de l'état civil établit l'acte de naissance. Le procès-verbal de la police est enregistré en tant qu'annexe dans la BAEC. »

[34] Ce qui est intrinsèquement singulier, dès lors que, quel que soit le mode d'établissement, il est déclaratif d'une filiation double qui existait dès le moment de la conception, puisque celle-ci est précisément opérée par la fusion des gamètes mâle et femelle.

[35] C'est le cas d'un enfant issu d'un couple marié, ou qui est reconnu par son père dans l'acte de naissance, ce qui est heureusement la généralité des cas, mais ce que la récente obligation de constituer un dossier de déclaration de reconnaissance tend à rendre plus difficile, comme on l'a vu au chapitre sur la filiation.

[36] Ce choix, ou non-choix en cas de conflit, s'impose à tous les enfants nés postérieurement des deux mêmes personnes, en vertu de l'article 335*bis*.

père, nom de la mère, ou encore double nom, dans l'ordre choisi par les parents[37]. À défaut de choix des parents, ou en cas de conflit[38], le double nom, articulé suivant l'ordre alphabétique, s'impose ;

- si la **filiation paternelle** est établie en premier lieu, l'enfant porte le nom du père. Ce n'est en réalité **jamais le cas**, sauf l'hypothèse, elle-même rarissime, de la reconnaissance prénatale par le père, sans que la mère reconnaisse elle-même son enfant dans le même acte ;
- si c'est la **filiation maternelle** qui est d'abord établie, l'enfant porte le nom de la **mère**.
  Dans ce cas[39], les père et mère peuvent, dans un délai d'un an à partir du moment où ils ont connaissance de l'établissement de la filiation[40], opérer, s'ils le veulent, une déclaration de **modification** du nom de l'enfant, vers un nom choisi en commun.

Ce système doit, selon nous, être approuvé en ce qu'il *tend* vers l'attribution d'un double nom en cas de conflit, ce qui est cohérent avec l'existence d'une double filiation de l'enfant, chacune d'elles provoquant des effets de mêmes nature et intensité (autorité parentale, obligations alimentaires, droits successoraux…).

Il est cependant, à nos yeux, encore imparfait dans la gestion des conflits entre les parents, dans ce lieu de pouvoir qu'est, comme nous l'avons vu, le nom de l'enfant.

Un premier conflit peut apparaître, on l'a vu, lorsque les deux filiations sont établies en même temps.

En réalité, plusieurs problèmes différents peuvent se produire.

Il faut tout d'abord distinguer, suivant que les deux parents sont présents, ou pas, devant l'officier de l'état civil au moment de l'établissement de l'acte de naissance.

La loi n'envisage, quant à elle, que le cas où les deux parents opèrent conjointement la déclaration de naissance devant lui.

Certes, ceci est matériellement possible, puisque les parents ont quinze jours pour ce faire[41], et même nécessaire si les parents ne sont pas mariés[42], mais

---

37 En cas de nom composé des parents, un seul élément de chaque parent est transmissible, ce qui est étrange, puisque les parents peuvent décider de transmettre le nom de l'un d'entre eux, serait-il composé de multiples éléments, comme cela peut exister dans les familles nobles.

38 Comment le détecter ? Voy. ci-dessous.

39 Évidemment, c'est aussi le cas lorsque la filiation paternelle est établie d'abord, mais c'est là une pure symétrie « pour l'œil », puisque cette hypothèse ne se produit quasiment jamais.

40 Concrètement, un an à partir de la reconnaissance si elle est consensuelle, un an à partir du moment où le jugement établissant la filiation paternelle est coulé en force de chose jugée après avoir été signifié, si cet établissement est litigieux, un an à partir de la notification ou signification à l'épouse, dans le cas d'un enfant adultérin *a patre* (art. 319*bis*, al. 2).

41 Soit plus que le temps moyen d'hospitalisation en cas d'accouchement sans complication.

42 Puisque la mère doit alors consentir à la reconnaissance dans l'acte de naissance.

qui n'est pas obligatoirement le cas lorsque les parents sont mariés : un des parents[43] peut donc se précipiter à la maison communale pour faire établir l'acte de naissance avec le nom qu'il aura choisi seul[44], l'officier de l'état civil devant alors l'accepter, par application de la « présomption de mandat vis-à-vis des tiers » à ce premier acte d'autorité parentale, en principe exercée conjointement[45].

L'autre parent pourra poursuivre l'annulation de l'acte *a posteriori* par le tribunal de la famille, mais, outre que la preuve du désaccord – ou de l'accord – sur un nom ne sera pas facile, les parents vivant ensemble échangeant peu par écrit à ce sujet, elle aboutira selon nous nécessairement à la solution par défaut du double nom, dans l'ordre alphabétique, le tribunal ne pouvant, dans l'état actuel de la législation, opérer lui-même un choix en cas de conflit, puisque les parents ne le peuvent eux-mêmes pas.

Mais, toujours dans cette hypothèse d'établissement simultané de la filiation, la loi offre à la mère une faculté de chantage imparable, si les parents ne sont pas mariés[46].

Elle peut en effet s'adresser au père, au moment de l'établissement de l'acte de naissance, en lui disant :

> *« Si tu ne veux pas que l'enfant porte tel nom, par exemple, un double nom, avec le nom de la mère en premier, alors je refuse tout simplement mon consentement à la reconnaissance, et alors, l'enfant portera définitivement mon seul nom. »*

Aucune parade n'est offerte au père pour résister à ce diktat, puisque, comme on va le voir, la Cour constitutionnelle cautionne l'attitude de la mère.

La situation est ici la suivante : les deux filiations sont établies, mais à des dates différentes.

Selon la législation, c'est la première filiation en date qui détermine le nom de l'enfant, et cette attribution est définitive, sauf déclaration conjointe des deux parents dans l'année de l'établissement de la seconde filiation.

Et il n'existe aucun recours contre le refus du « premier » parent de changer le nom de l'enfant, pas plus qu'une attribution subsidiaire d'un double nom, comme dans le cas d'un conflit entre deux filiations « contemporaines ».

En apparence, le problème semble « neutre » du point de vue du sexe, en réalité, il ne l'est pas du tout : la première filiation en date est en effet, quasiment toujours, la filiation maternelle, puisque c'est la mention de son nom dans l'acte de naissance qui l'établit.

La filiation paternelle est, au mieux, contemporaine, et elle ne peut être antérieure que dans un seul cas, celui de la reconnaissance anténatale par le père.

---

43 Notamment le père, qui n'a pas accouché.

44 On peut supposer qu'il s'agira du sien. Certes, il devrait en principe divulguer à l'officier de l'état civil leur désaccord, mais le fera-t-il alors qu'il a là un « créneau temporel » unique pour imposer son choix personnel ?

45 Voy. le chapitre consacré à l'éducation des enfants.

46 Ce qui constitue, on l'a vu, environ la moitié des naissances.

Or cette reconnaissance, comme toute autre, exige le consentement de la mère.

Or encore, si la mère enceinte refuse son consentement en prétendant que le candidat à la reconnaissance n'est pas le géniteur de son enfant, cette reconnaissance ne peut avoir lieu, le tribunal ne pouvant trancher la contestation en l'état, puisqu'un test génétique ne peut être fait *in utero*: la mère a donc un pouvoir de veto absolu durant cette période.

Après la naissance de l'enfant, elle dispose toujours d'un droit de « veto suspensif », puisque son refus va obliger le géniteur à recourir au tribunal de la famille pour se faire autoriser à reconnaître l'enfant[47].

Mais, entre-temps, la mère aura établi sa filiation, et donné définitivement son seul nom à l'enfant...

En conclusion, il lui suffit de refuser la reconnaissance pour donner son seul nom à l'enfant.

Nous avons vu que ce pouvoir permet à la mère, au moment de la reconnaissance par le père dans l'acte de naissance, d'exercer un chantage vis-à-vis de ce dernier, concernant le nom de leur enfant: ceci ne nous apparaît pas sain, pour dire les choses de façon minimaliste.

Au demeurant, n'y a-t-il pas une singulière incohérence à admettre judiciairement le père à établir sa paternité, laquelle va générer des effets équivalant à ceux de la maternité, mais à la seule exception du nom de l'enfant?

La Cour d'arbitrage, puis la Cour constitutionnelle, ont été saisies de cette question à plusieurs reprises, ce qui n'a rien d'étonnant, puisqu'elle existe de façon latente depuis la loi de 1987.

À chaque fois, la Cour[48] n'y a vu aucun problème ou, plutôt, a feint de ne pas comprendre qu'il y en avait un[49].

Cette position tranche singulièrement avec l'arrêt n° 2/2016, qui déclare inconstitutionnel[50] le fait qu'en cas de conflit entre deux parents ayant simul-

47 Art. 329*bis*.

48 Et le Conseil d'État consacre lui aussi indirectement le droit de veto de la mère, puisque, dans l'arrêt *Michetti*, n° 221.403, du 19 novembre 2012, il écarte le recours en changement de nom du père, qui a enfin pu établir sa filiation, mais non transmettre son nom, et cela parce que la mère, qui exerce l'autorité conjointe sur l'enfant avec le père, n'a – évidemment! – pas demandé le changement du nom de son enfant.

49 Arrêt n° 79/95; arrêt n° 64/96 (répondant à une question spécialement claire); arrêt n° 68/97; arrêt n° 82/2004 et arrêt n° 114/2010.

50 À comparer cependant à l'arrêt n° 161/2002 du 6 novembre 2002, attendus B.5 et B.6, dont la teneur nous paraît inverse sur l'idée de priorité du nom du père (« B.5. La préférence accordée au nom de famille paternel s'explique par les conceptions patriarcales de la famille et du ménage qui ont été longtemps dominantes dans la société. Le lien entre le nom et la filiation paternelle, qui était fondé à l'origine sur une règle coutumière, a explicitement été repris dans l'article 335 du Code civil.
B.6. Dans les conceptions de la société contemporaine, d'autres régimes pourraient répondre aux objectifs de l'attribution du nom. Cette constatation ne suffit toutefois pas pour considérer que le régime actuellement en vigueur serait discriminatoire »): il nous semble que la Cour a ici opéré un revirement implicite de jurisprudence.

tanément établi leur lien de parenté avec l'enfant, la loi de 2014 lui attribuait alors subsidiairement le nom du père[51] : cette prééminence subsidiaire du père semblait intolérable à la Cour[52].

Il nous paraît que, puisque la Cour constitutionnelle ne semble pas vouloir stimuler le législateur dans la recherche d'une solution, ce dernier devrait reprendre une nouvelle fois la plume et, logiquement, attribuer à l'enfant le double nom de ses deux parents.

Relevons qu'il s'agit là d'une problématique qui concerne, potentiellement, la moitié de tous les enfants nés en Belgique.

Autre problème encore : l'enfant est quasiment totalement écarté du choix de son propre nom.

On le conçoit pour un nouveau-né, mais même un enfant de plus de 12 ans et dont le consentement est légalement requis pour sa reconnaissance n'est aucunement impliqué dans le choix de son nom, si sa filiation paternelle est établie à ce moment[53].

L'enfant majeur a, quant à lui, un pouvoir de veto[54] quant au changement de son nom[55] – qui est alors très généralement le nom de sa mère –, mais, paradoxalement, il ne peut prendre l'initiative de ce changement, si ses parents ne le font pas : il devra alors demander à l'exécutif un changement administratif de nom, selon les modalités que nous analyserons ci-après.

---

51 La Cour, dans l'arrêt n° 162/2016 du 14 décembre 2016, attendu B.7.2, rejette toute appréciation de l'intérêt de l'enfant par le tribunal de la famille : comme nous l'avons vu dans le chapitre sur la filiation, c'est donc bien une notion « à éclipses » pour la Cour constitutionnelle, et on comprend mal comment le tribunal qui est, selon la Cour, apte à discerner l'intérêt de l'enfant à être reconnu par un homme, même si l'enfant vient de naître, est incapable de déterminer s'il est de son intérêt de porter, en tout ou en partie, son nom.

52 Il n'était cependant pas sans justification possible : le nom du père est en quelque sorte une « compensation » symbolique au lien privilégié que l'enfant a envers sa mère : c'est en effet la mère, qui, par la maîtrise de la contraception et de l'IVG, décide seule de la venue au monde de l'enfant ; elle est également la seule gestatrice, et à ce titre, elle est seule à être certaine d'être toujours désignée, dans la quasi-totalité des cas, mère légale de son enfant dès la naissance. Comme le dit V. Gelly, sur le site *Psychologie.com*, mis en ligne en janvier 2005, « *[p]our Lacan, le nom du père est le symbole de l'altérité. La mère donne la vie, le père donne le nom. Et, ce faisant, reconnaît cet enfant comme le sien* ». Certaines propositions de loi, déposées par des parlementaires femmes (propositions déposées par I. Faes, du 21 décembre 2010, *Doc. parl.*, Sénat, 2010-2011, n° 5-628/1 et par S. de Bethune, du 2 décembre 2010, *Doc. parl.*, Sénat, 2010-2011, n° 5-551/1) relevaient d'ailleurs ces considérations.

53 Sauf à lui de pratiquer le « chantage au refus de consentement » décrit ci-dessus dans le chef de la mère.

54 Art. 335, § 4.

55 Avant 2014, le changement était tout simplement impossible (alors même que, dans le cas de l'adoption, le changement du nom de l'adopté majeur, ou des descendants majeurs de l'adopté, est automatique, sauf opposition de ces personnes), et cela avait été jugé constitutionnel par un arrêt n° 65/94 du 14 juillet 1994 (publié au *J.T.*, 1995, p. 701, note A.-Ch. Van Gysel, « Le droit belge de la filiation décomposé »), mais au prix d'un distinguo subtil évitant en apparence un revirement de jurisprudence, inconstitutionnel par l'arrêt n° 50/2017 du 27 avril 2017. Cette question, pour le moins, est désormais résolue par la loi.

Enfin, relevons que les enfants puînés d'un même couple n'ont strictement aucune latitude : ils portent un nom déterminé par celui de leur aîné, même si celui-ci a résulté d'une erreur des parents par rapport au système légal, due à une ignorance par eux des possibilités de choix ou de modifications.

Section 4
Modification du nom patronymique à la suite d'un changement d'état

Le nom d'une personne reflétant ses liens familiaux, il n'est que naturel que la modification de ces liens puisse influer sur le nom de l'individu.

Comme la **filiation** est le premier des vecteurs de l'attribution du nom, il s'ensuit que si les liens de filiation d'une personne se trouvent modifiés, le nom, conséquence de ces liens, l'est généralement aussi.

Nous avons déjà traité d'une partie de ces questions ci-dessus, lorsque nous avons abordé le cas de l'établissement successif – presque toujours, maternel puis paternel – de **deux liens** de filiation à l'égard d'un enfant.

Mais la **suppression** d'un de ces liens – très généralement le lien paternel – entraîne aussi une perte du nom issu de ce parent.

Comme l'énonce l'article 335, § 3, du Code civil, « *[e]n cas de modification de la filiation paternelle ou maternelle durant la minorité de l'enfant en suite d'une action en contestation sur la base des articles 312, § 2, 318, §§ 5 et 6, ou 330, §§ 3 et 4, le juge acte le nouveau nom de l'enfant, choisi, le cas échéant, par les parents selon les règles énoncées au § 1er ou à l'article 335*ter*, § 1er.*

L'officier de l'état civil compétent modifie l'acte de naissance de l'enfant [à la] suite [de] la déclaration visée à l'alinéa 2 ou au jugement visé à l'alinéa 4. »

Cependant, « *§ 4. Si la filiation d'un enfant est modifiée alors que celui-ci a atteint l'âge de la majorité, aucune modification n'est apportée à son nom sans son accord* » : l'enfant majeur peut donc conserver le nom de la personne qui n'est « plus »[56] son père.

On peut, *de lege ferenda*, se demander s'il ne serait pas opportun qu'une même possibilité de conservation du nom soit ouverte si l'enfant a plus de 12 ans, par exemple, si le parent subsistant le demande et que le tribunal le juge dans l'intérêt de l'enfant ; le tribunal trouvant alors dans la vie de l'enfant les éléments qui détermineraient son meilleur intérêt *in concreto*.

L'**adoption** modifie aussi la filiation de l'enfant, en créant pour le futur un ou deux liens nouveaux, et en en supprimant ou relâchant ceux qui existaient avec la famille d'origine : il est donc normal qu'elle modifie également son nom.

Nous savons que notre droit connaît deux types d'adoption, l'adoption simple et l'adoption plénière.

---

56 En réalité, il ne l'a jamais été : effet déclaratif de la filiation.

Dans l'adoption simple, la loi offre depuis longtemps un choix particulièrement large aux adoptants – et à l'adopté s'il est majeur, ce qui est souvent le cas dans ce type d'adoption –, ce qui n'est que le reflet de ce que cette personne se trouve alors cumulativement faire partie de deux familles.

L'article 353-1 du Code civil définit ainsi les limites de ce choix :

> « *L'adoption confère à l'adopté, en le substituant au sien, le nom de l'adoptant.*
>
> *En cas d'adoption simultanée par deux époux ou cohabitants, l'adopté porte soit le nom d'un des adoptants, soit leurs deux noms accolés dans l'ordre choisi par eux dans la limite d'un nom pour chacun d'eux.*
>
> *Les parties peuvent toutefois solliciter du tribunal que l'adopté conserve un de ses noms précédé ou suivi du nom de l'adoptant ou, en cas d'adoption simultanée par deux époux ou cohabitants, du nom d'un des adoptants qu'ils choisissent conformément à l'alinéa 2. La composition du nom de l'adopté est limitée à un nom pour l'adopté et à un nom pour le ou les adoptant(s).*
>
> *Le jugement mentionne la déclaration par laquelle les adoptants expriment leur choix.* »

En cas d'adoption intrafamiliale, le choix s'articule ainsi :

> « *Art. 353-2. § 1er. En cas d'adoption de l'enfant ou de l'enfant adoptif d'un époux, d'un cohabitant ou d'un ancien partenaire, l'adopté porte, soit le nom de l'époux, du cohabitant ou de l'ancien partenaire, soit le nom de l'adoptant, soit leurs deux noms accolés dans l'ordre choisi par eux dans la limite d'un nom pour chacun d'eux.*
>
> *Les parties peuvent toutefois solliciter du tribunal que l'adopté conserve un de ses noms précédé ou suivi d'un nom de l'adoptant ou de l'époux, du cohabitant ou de l'ancien partenaire. La composition du nom de l'adopté est limitée à un nom pour l'adopté et à un nom pour l'époux, le cohabitant ou l'ancien partenaire.*
>
> *Lorsque, lors de l'adoption antérieure, le nom de l'adoptant a remplacé celui de l'adopté, les parties peuvent solliciter du tribunal que l'adopté conserve son nom. Les parties peuvent également solliciter du tribunal que le nouveau nom de l'adopté soit désormais composé du nom qu'il tient de cette adoption antérieure, précédé ou suivi de celui du nouvel adoptant.*
>
> *Lorsque, lors de l'adoption antérieure, le nom de l'adopté était composé conformément à l'article 353-1, alinéa 3, du nom de l'adoptant et du nom de l'adopté, les parties peuvent solliciter du tribunal que l'adopté conserve son nom. Les parties peuvent également solliciter du tribunal que le nouveau nom de l'adopté soit composé du nom de l'adopté et du nom de l'adoptant accolés dans l'ordre choisi par eux dans la limite d'un nom pour chacun d'eux.*
>
> *Le jugement mentionne la déclaration par laquelle les adoptants expriment leur choix.*
>
> *§ 2. En cas d'adoption nouvelle visée à l'article 347-1, la transmission du nom est régie par l'article 353-1.* »

La loi fait intervenir les parents d'origine et l'enfant de plus de 12 ans dans le choix du nom de l'adopté, et cela crée une possibilité de conflit entre les parents d'origine et les adoptants, sur le nom de l'enfant, puisqu'il va continuer à être membre de leurs deux familles : ce conflit est tranché par le tribunal de la famille, dans l'intérêt de l'enfant[57].

La comparaison avec ce que nous avons vu ci-dessus dans le cas de la filiation fait apparaître des différences intrigantes :

- l'enfant adopté âgé de plus de 12 ans a son mot à dire sur son nom, alors qu'il n'en est rien de l'enfant qui fait l'objet d'une reconnaissance ;
- le tribunal de la famille est capable d'apprécier ici l'intérêt de l'enfant, mais pas dans la filiation, selon la loi et la Cour constitutionnelle.

En ce qui concerne l'adoption des majeurs – et le sort des descendants majeurs de l'adopté – le droit de veto de ces majeurs au changement de leur nom, que nous avons vu dans la filiation, s'applique aussi ici, par effet des articles 353-3 et 353-6[58].

Tout comme le principe d'unicité de nom au sein de la fratrie adoptive, sauf exception[59].

S'il s'agit d'une *adoption plénière*, qui rompt les liens avec la famille d'origine, le choix est plus restreint, et transposé *mutatis mutandis* de la filiation proprement dite.

Il est exprimé ainsi par l'article 356-2 :

> « *L'adoption plénière confère à l'enfant, en le substituant au sien, le nom de l'adoptant.*

---

57 « Art. 353-5. *L'accord de l'adoptant ou des adoptants, de l'adopté âgé de plus de douze ans et, s'il a moins de dix-huit ans, des personnes appelées à consentir à l'adoption en vertu des articles 348-3, 348-5, 348-6 ou 348-7, est requis pour les demandes visées aux articles 353-1, alinéa 3, 353-2, § 1er, alinéas 2 à 4, et 353-3.*
À défaut d'accord, le tribunal de la famille décide dans l'intérêt supérieur de l'enfant et le respect des droits fondamentaux qui lui sont reconnus en droit international. »

58 Sauf que, dans l'adoption, le changement a lieu automatiquement sauf opposition, alors que, dans la modification de la filiation par établissement d'une seconde filiation, ce sont les parents, et eux seuls, qui peuvent faire une déclaration de changement de nom de leur enfant, à laquelle l'enfant peut alors s'opposer, mais qu'il ne peut initier. « Art. 353-3. *Si l'adopté est âgé de plus de dix-huit ans, les parties peuvent solliciter du tribunal qu'aucune modification ne soit apportée au nom de l'adopté* » et
« Art. 353-6. *Le changement du nom de l'adopté, résultant de l'adoption, s'étend à ses descendants, même nés avant l'adoption.*
Toutefois, les descendants au premier degré âgés de plus de dix-huit ans peuvent déclarer conserver leur nom pour eux-mêmes et leurs descendants. Ce droit s'exerce en adressant, dans les quinze jours de l'avis visé à l'article 1231-4, alinéa 2, du Code judiciaire, une requête exprimant cette volonté au tribunal de la famille appelé à statuer sur l'adoption. Il est donné acte de la volonté de maintien du nom dans le dispositif du jugement. »

59 « Art. 353-4bis. *Le nom choisi par l'adoptant ou les adoptants s'impose aux enfants adoptés ultérieurement par eux.*
L'alinéa 1er n'est toutefois pas applicable lorsque les adoptants attribuent un nom à l'enfant adopté conformément aux articles 353-1, alinéa 3, 353-2, § 1er, alinéas 2 à 4, et 353-3 » : en clair, l'aîné des adoptés, majeur, qui ne veut pas changer de nom, ne peut imposer son choix à ses cadets adoptés.

En cas d'adoption plénière simultanée par deux époux ou cohabitants, ceux-ci déclarent devant le tribunal que l'adopté portera soit le nom d'un des adoptants, soit leurs deux noms accolés dans l'ordre choisi par eux dans la limite d'un nom pour chacun d'eux.

En cas d'adoption plénière de l'enfant ou de l'enfant adoptif d'un époux, d'un cohabitant ou de l'ancien partenaire, ceux-ci déclarent devant le tribunal que l'adopté portera soit le nom de l'époux, du cohabitant ou de l'ancien partenaire, soit le nom de l'adoptant, soit leurs deux noms accolés dans l'ordre choisi par eux dans la limite d'un nom pour chacun d'eux.

Le jugement mentionne la déclaration par laquelle les adoptants expriment leur choix visé aux alinéas 2 et 3.

Le nom choisi par les adoptants conformément aux alinéas 2 et 3 s'impose aux autres enfants dont la filiation est ultérieurement établie à l'égard des mêmes parents. »

Nous avons relevé, dans l'ouvrage consacré au couple, dans la partie relative au **mariage**, au chapitre sur les effets personnels de celui-ci, que cette institution n'avait aucun effet sur le nom des époux.

En Belgique[60], la femme mariée ne prend donc pas juridiquement le nom de son mari.

Elle peut seulement l'utiliser durant le mariage[61], et c'est un choix qui a de moins en moins la faveur des femmes, à raison, compte tenu du nombre des divorces, qui entraîne alors l'obligation de reprendre son nom « de jeune fille ».

Une solution, inspirée du droit allemand, pourrait être d'enjoindre aux futurs époux de déclarer, lors de la constitution de leur dossier de mariage :

- s'ils veulent conserver leur nom de célibataires ;
- ou s'ils veulent adopter un nom « matrimonial »[62], étant le nom de l'un d'eux ou un nom composé des éléments du nom des deux ;
- dans ce dernier cas, de décider si ce nom sera, ou non, conservé après un éventuel divorce des époux.

Il en serait fait mention dans l'acte de mariage, et ce nom s'appliquerait alors dans tous les actes de la vie civile des deux époux.

Il pourrait être aussi attribué aux enfants issus du mariage, « déminant » tout conflit à ce sujet à un moment où l'entente est encore – on peut en tout cas l'espérer – totale.

---

60 Et aussi en France (arrêté interministériel du 20 mai 1985, *J.O.* du 23 mai 1985), bien que l'usage du nom du mari soit beaucoup plus fréquent, même chez les féministes ; ce qui n'est pas sans causer des difficultés en cas de divorce, lorsque la femme est professionnellement connue sous le nom de son mari (p. ex., Adriana Karembeu).

61 L'usage « mondain » du nom du conjoint – en réalité, presque toujours celui du mari – est libre, et seul son usage professionnel est réglementé par l'article 216 du Code civil : le conjoint doit donner son consentement à cette utilisation, mais, une fois donné, il ne peut plus être retiré que pour des raisons graves.

62 En droit allemand, *Ehename*, par opposition au *Gebutsname*.

Section 5
Modification administrative du nom patronymique

Comme nous l'avons énoncé plus haut, la modification du nom en dehors d'un changement d'état était, jusqu'à tout récemment, une prérogative exclusive de l'exécutif.

En effet, l'article 370/1 reprend la teneur du décret du 6 fructidor An II, qui a consacré le principe de **l'immutabilité du nom** et du prénom, en ces termes :

> « Art. 370/1. *Nul ne peut porter publiquement de nom ou de prénoms autres que ceux mentionnés dans son acte de naissance.*
>
> *Ces noms et ces prénoms ne peuvent être modifiés ou rectifiés que de la manière et dans les cas visés par la loi.* »

Or l'augmentation de la mobilité des structures familiales et, par suite, celle des « restructurations » et recompositions familiales[63] entraînent logiquement dans notre société une multiplication de ces cas où le nom porté par une personne ne correspond pas ou plus à son vécu familial et personnel, engendrant des souffrances psychologiques parfois très intenses.

Il s'ensuit logiquement une augmentation sensible des demandes de changements de nom[64].

Ce changement n'était, jusqu'il y a peu, pas un droit civil, mais seulement une « faveur » exceptionnellement faite pour des « motifs graves » à une personne par le Roi, chef de l'exécutif, sur proposition du ministre de la Justice, c'est-à-dire en fait d'une cellule au sein du SPF Justice, au terme d'un processus complexe et occulte[65], aboutissant, au terme d'une longue attente, à une décision, généralement défavorable au demandeur.

Seule la loi sur la motivation des actes administratifs du 29 juillet 1991 avait permis au Conseil d'État – qui n'était sans doute pas la juridiction la mieux placée pour traiter des questions d'état civil –, d'établir, dans sa jurisprudence récente[66], un contrôle – très marginal – sur ce processus[67].

Dans l'état actuel de la loi, la procédure administrative n'a pas changé[68] : la demande est toujours introduite devant le ministre de la Justice, traitée par la

---

63 Voy. la première partie de cet ouvrage.

64 Comme on le verra plus bas, le nombre des demandes est passé en quarante ans (de 1974 à 2014) de 81 à 1.246 demandes par an : c'est donc tout sauf un phénomène social négligeable.

65 Voy., à ce sujet, notre article : A.-Ch. Van Gysel, « Le changement administratif de nom, une pratique en mutation ? », avec M. le Président de chambre au Conseil d'État J. Jaumotte, *Rev. trim. dr. fam.*, 2016/2, pp. 537-594 ; et *Admin. Pub.*, 2017, pp. 525-551.

66 Pour ne citer que quelques arrêts récents (sur environ 80 concernant cette problématique) : *Sinanovski*, n° 233.250 du 15 décembre 2015 ; *El Fare*, n° 233.892 du 23 février 2016 ; *Van Der Schraelen*, n° 234.802 du 23 mai 2016.

67 Avant 1991, la décision de refus n'étant pas nécessairement motivée, la possibilité de recours était quasiment inexistante : J. Sosson, « Une procédure peu connue : le changement de nom par la voie administrative. Conditions, modalités et effets », *Ann. Dr. Louvain*, 1994, pp. 89-123.

68 Elle est reprise aux articles 370/4 et 370/6 du Code civil : « Art. 370/4. § 1er. *Le Roi peut, exceptionnellement, après vérification des antécédents judiciaires de l'intéressé, autoriser le changement de nom s'il*

cellule du SPF Justice, et elle aboutit, après une attente d'une année environ[69], à une décision.

Favorable, elle prend la forme d'un projet d'arrêté de changement de nom, soumis à la sanction royale[70]; défavorable, il s'agit d'une simple lettre du service compétent, informant le demandeur du refus, émanant dans ce cas du ministre[71].

Dans l'hypothèse favorable, l'arrêté royal est publié au *Moniteur belge*, ouvrant, comme par le passé, un droit à contestation des tiers intéressés devant le Conseil d'État et, parallèlement, un droit de retrait de l'arrêté par le Roi[72].

Passé le délai de recours[73], l'arrêté devient définitif et est transcrit à l'état civil[74].

Comme le porte l'article 370/4, § 1er, « *[l]e changement de nom s'applique à l'intéressé, aux enfants mineurs au bénéfice desquels la demande a été étendue, et aux enfants qui sont nés après l'introduction de la requête* ».

Mais la loi du 18 juin 2018 a changé la donne en cas de décision de refus d'autorisation de changement de nom, puisqu'elle a créé dans ce cas un recours, non plus devant le Conseil d'État, mais un recours de pleine juridiction au tribunal de la famille, comme nous le suggérions d'ailleurs au terme de notre étude sur le sujet.

Ce faisant, la loi a fait du changement de nom un **véritable droit civil** des individus, susceptible d'un débat contradictoire devant une juridiction de

---

estime que la demande est fondée sur des motifs graves et que le nom sollicité ne prête pas à confusion et ne peut nuire au requérant ou à des tiers.

Le changement de nom s'applique à l'intéressé, aux enfants mineurs au bénéfice desquels la demande a été étendue, et aux enfants qui sont nés après l'introduction de la requête. [...]

§ 3. En cas de refus de changement de nom ou de prénoms, le ministre de la Justice en cas de demande de changement de nom ou l'officier de l'état civil en cas de demande de changement de prénoms en informe le requérant. »

69 Le requérant pourrait, selon nous, faire usage de l'article 14, § 3, de la loi sur le Conseil d'État, qui prévoit : « *§ 3. Lorsqu'une autorité administrative est tenue de statuer et qu'à l'expiration d'un délai de quatre mois prenant cours à la mise en demeure de statuer qui lui est notifiée par un intéressé, il n'est pas intervenu de décision, le silence de l'autorité est réputé constituer une décision de rejet susceptible de recours. Cette disposition ne préjudicie pas aux dispositions spéciales qui établissent un délai différent ou qui attachent des effets différents au silence de l'autorité administrative.* »

70 Qui, signé, sera publié au *Moniteur belge*, ce qui ouvrira aux tiers intéressés la possibilité de s'opposer à la décision royale, laquelle peut alors être, ou non, retirée par application du principe général de droit du retrait des actes administratifs (voy. ci-dessous *Lebeau et crts*, n° 25.593 du 30 juillet 1985, *R.A.A.C.E.*, 1985, p. 79; *Zeyen*, n° 57.509 du 15 janvier 1996 et *Zgaya*, n° 47.649 du 27 mai 1994, *R.A.A.C.E.*, 1994, p. 12). Devenu définitif, l'arrêté fait l'objet d'une transcription à l'état civil et d'une mention marginale dans l'acte de naissance de l'intéressé.

71 Sur la compétence du ministre pour prendre une telle décision, voy. *XXX*, n° 233.249, du 15 décembre 2015; *Jacquinet*, n° 231.723 du 23 juin 2015 : c'est en effet lui qui peut décider de soumettre ou de ne pas soumettre au Roi un projet d'arrêté.

72 Art. 370/8.

73 Étant le délai ordinaire des recours administratifs : soixante jours à dater de la publication ou notification de la décision administrative.

74 Art. 370/7.

l'ordre judiciaire, un droit de d'appel et de cassation, en bref, toutes les garanties données aux citoyens dans la protection de leurs droits.

Elle établit une balance heureuse entre la nécessité de maintenir le principe de fixité, dans l'intérêt du public[75], et le désir profond de certaines personnes de rejeter un nom qui leur est devenu odieux[76].

Les règles procédurales sont les suivantes:

> «Art. 370/9. *§ 1er. En cas de refus du ministre de la Justice d'autoriser le changement de nom, conformément à l'article 370/4, § 1er, l'intéressé peut introduire un recours par une requête adressée au tribunal de la famille. [...]*
>
> *§ 2. Le recours doit être introduit dans les trente jours*[77] *à compter du jour de la notification par le ministre de la Justice ou l'officier de l'état civil du refus d'autoriser le changement de nom ou de prénoms.*
>
> *§ 3. Le tribunal de la famille apprécie la gravité des motifs qui soutiennent la demande de changement de nom, et vérifie si le nom sollicité prête ou non à confusion et s'il peut ou non nuire au requérant ou à des tiers. [...]*
>
> *§ 4. Lorsque le jugement ou l'arrêt qui autorise le changement de nom est coulé en force de chose jugée, le greffier transmet immédiatement à l'officier de l'état civil compétent, via la BAEC, les données nécessaires à l'établissement, conformément à l'article 31, des actes de naissance modifiés des bénéficiaires visés à l'article 370/4, § 1er, alinéa 2. [...]*
>
> *Le changement de nom produit ses effets à la date de l'établissement de l'acte modifié ou, le cas échéant, de l'acte de changement de nom.*»

Section 6
Attribution du prénom

Le second élément du nom est le prénom, qui permet de distinguer les divers membres d'une même famille[78].

---

75 *Cf.* arrêt n° 161 de 2002 de la Cour d'arbitrage, attendu B.3, insistant sur l'intérêt «*essentiellement social*» du nom, ce qui nous semble toutefois exagéré: le nom est également – et avant tout – un élément essentiel de la personnalité d'un individu. De même, la fixation que fait la loi sur le casier judiciaire des intéressés (*cf.* art. 370/4, § 1er, «*après vérification des antécédents judiciaires de l'intéressé*», relayant d'anciennes préoccupations parlementaires [*Doc. parl.*, Chambre, 1983-1984, n° 966/5, p. 10]) nous semble très exagérée: même si les «alias» servent souvent à dissimuler l'identité de criminels, on peut toutefois douter que le refus de changement de nom administratif puisse efficacement enrayer cette pratique.

76 Sous cet angle psychologique, cette problématique n'est pas très différente de celle du transsexualisme, qui répond – mais avec infiniment plus de bienveillance de la part du législateur dans ce second cas – à des souffrances profondes des personnes concernées.

77 Attention, ce délai est différent du délai ordinaire d'un mois.

78 Dans l'ancienne Rome, les prénoms masculins («*praenomem*») étaient en nombre très réduit – moins de vingt – pour des raisons superstitieuses (voy. *supra*: «*nomen est omen*», le nom est un présage) et donc traditionnellement abréviés dans les mentions écrites. Il fallait donc un troisième élément, le *cognomen* («surnom») pour distinguer les membres d'une même famille.

Au Moyen Âge, il s'agissait du seul nom « officiel » d'une personne[79], puisque, l'état civil étant tenu par l'Église catholique, l'extrait baptistaire jouait le rôle d'acte de naissance, et le nom de baptême ne pouvait donc être que celui d'un saint du calendrier catholique.

De la Révolution française à 1987, la loi des 11-21 germinal An XI imposait un choix parmi les prénoms déjà portés par le passé par des personnages de l'histoire et ceux des calendriers en usage ; c'est-à-dire, en pratique, ceux des saints de l'Église catholique[80].

Actuellement, le choix est libre, sous la réserve de ce que, selon l'article 370/2, « *[l]'officier de l'état civil ne peut recevoir dans l'acte de naissance des prénoms prêtant à confusion ou pouvant nuire à l'enfant ou à des tiers* ».

Il est à remarquer que, sous la réserve des prénoms « asexués » – Dominique, Claude, Camille, autrefois Anne –, le prénom est lié au sexe, et serait refusé comme ridicule le prénom de garçon attribué à une fille, du moins s'il s'agit du premier prénom.

Nous y reviendrons dans la section suivante.

Le prénom est attribué à l'enfant par la personne qui déclare la naissance à l'officier de l'état civil.

Il a donc, vis-à-vis de l'officier de l'état civil qui doit être tenu ici pour un tiers, le choix du prénom – sous réserve de ce que nous avons dit ci-dessus sur les prénoms ridicules –, étant présumé porteur de la volonté conjointe du couple parental, et peut en donner autant qu'il en désire, pour autant que l'enfant en reçoive au moins un.

Aucun recours n'est prévu en cas de conflit entre les parents pour l'attribution des prénoms, ce qui n'est pas sans causer un problème d'application des principes[81], qui demeure heureusement largement théorique : nous n'avons jamais eu vent d'un tel conflit parental.

---

79 Le nom de famille n'était à l'origine qu'un surnom, comme on l'a vu plus haut.

80 Ou, pendant la période révolutionnaire, ceux du calendrier républicain, qui étaient des noms de plantes, animaux et instruments aratoires.

81 Ce conflit sur l'exercice de l'autorité parentale devrait logiquement aboutir à une annulation de la décision du déclarant. Mais alors, quels prénoms donner à l'enfant ? Comme il n'y a pas, comme dans le cas de la double filiation contemporaine, une règle subsidiaire d'attribution, le tribunal de la famille peut-il se substituer aux parents pour déterminer le « bon » prénom, dans l'intérêt de l'enfant ? La solution de l'enfant trouvé (art. 45 : choix par le « service de secours » : quels secours pour cet enfant ?) est ici impraticable alors que la solution précédente (ancien article 58 : c'était l'officier de l'état civil qui choisissait) aurait pu l'être à la rigueur.

Section 7
Modification du prénom à la suite d'un changement d'état

Le prénom ne change en principe pas lorsque l'état de la personne qui le porte se trouve modifié.

Il y a cependant trois exceptions à cela.

En cas de **changement de nationalité**, le Code de la nationalité belge[82] exige une uniformisation des noms et prénoms des personnes dans tous les documents administratifs, et au besoin une attribution d'un prénom à ces personnes :

> « *Si le nom ou le prénom d'un des intéressés n'est pas orthographié de la même façon dans le registre de la population, le registre des étrangers, le casier judiciaire ou les documents présentés, la demande est suspendue jusqu'à ce que l'orthographe ait été uniformisée dans tous les registres et documents.*
>
> *Si un des intéressés n'a pas de nom ou de prénom, l'officier de l'état civil propose au parent ou à l'adoptant d'introduire gratuitement une procédure conformément au livre Ier, titre VIII/1, chapitre 3, du Code civil, auquel cas la demande est suspendue jusqu'à ce que l'enfant ait un nom et un prénom.* »

Dans ce cas, les personnes sont exemptées de toute redevance communale[83].

Dans le cadre de l'**adoption**, si la loi étrangère, déclarée compétente par les règles de conflits de lois, permet un changement de prénom de l'enfant adopté, la requête introductive de la procédure peut mentionner ce changement de prénom en même temps que le changement de nom de l'enfant[84].

En cas de **changement de sexe**, la personne peut – et en fait doit – adopter un nouveau prénom, en accord avec sa conviction d'appartenir à un autre sexe que celui initialement mentionné dans son acte de naissance.

Il en fait alors la demande à l'officier de l'état civil[85], qui applique alors l'article 370/3, § 4, qui porte que :

> « *Toute personne qui a la conviction que le sexe mentionné dans son acte de naissance ne correspond pas à son identité de genre vécue intimement joint à sa requête une déclaration sur l'honneur à ce propos. Le prénom choisi doit être conforme à cette conviction. Sans préjudice de l'alinéa 4, un changement de prénom ne peut être demandé qu'une seule fois pour ce motif sauf lorsque le chan-*

---

82 Art. 11*bis*, § 3, al. 3, 15, § 1er, al. 5, et 21, § 2, al. 2, du Code de la nationalité belge.

83 Art. 370/4, § 2.

84 Art. 1231-3 C. jud.

85 Art. 370/3, § 3 : « *Toute personne qui souhaite changer de prénoms en fait la demande à l'officier de l'état civil :*
- *de la commune où elle est inscrite dans les registres de la population, le registre des étrangers ou le registre d'attente, ou ;*
- *si elle réside à l'étranger, de la commune de la dernière inscription dans les registres de la population, le registre des étrangers ou le registre d'attente ou à défaut ;*
- *de Bruxelles.* »

gement de prénom est autorisé par le tribunal de la famille après une nouvelle modification de l'enregistrement du sexe.

Le mineur non émancipé peut demander le changement de son prénom pour ce motif à partir de l'âge de douze ans, avec l'assistance de ses parents ou de son représentant légal.

Si ces personnes refusent d'assister le mineur non émancipé, celui-ci peut saisir le tribunal de la famille par requête, signée par lui ou son avocat, afin de l'autoriser à poser cet acte avec l'assistance d'un tuteur ad hoc.

Le mineur non émancipé dont le prénom a été changé conformément à l'alinéa 2 peut demander un changement de prénom une deuxième fois pour le même motif, pour autant qu'il ne modifie pas l'enregistrement de son sexe conformément à l'article 135/1 du Code civil. »

On constatera que le changement de prénom est alors un droit civil de la personne, intrinsèquement lié au changement de sexe.

Les droits à payer à la commune sont très réduits dans ce cas[86].

Section 8
Modification administrative du prénom

La même loi qui autorise une personne à demander la modification administrative de son nom l'autorise à postuler la modification de ses prénoms.

Le fondement de la demande est moins lourd que pour le changement de nom, car les motifs qui doivent soutenir cette demande ne doivent pas nécessairement être exprimés par le requérant : il suffit que le prénom choisi ne prête pas à confusion et ne nuise pas au requérant ou à des tiers.

La procédure en est également plus simple : la personne[87] en présente la demande à l'officier de l'état civil[88], et celui-ci « *[...] peut, après vérification des antécédents judiciaires de l'intéressé*[89]*, autoriser le changement de prénoms lorsque les prénoms sollicités ne prêtent pas à confusion et ne peuvent nuire au requérant ou à des tiers.*

En cas de doute sérieux lors de l'appréciation des conditions visées à l'alinéa 1er, l'officier de l'état civil peut demander l'avis du procureur du Roi »[90].

---

86 Art. 370/4, § 2 : « *La redevance communale ne peut excéder 10 pour cent du tarif ordinaire dans le cas des personnes visées à l'article 370/3, § 4.* »

87 Art. 370/3, § 1er.

88 Art. 370/3, § 3 : « *Toute personne qui souhaite changer de prénoms en fait la demande à l'officier de l'état civil :*
- *de la commune où elle est inscrite dans les registres de la population, le registre des étrangers ou le registre d'attente, ou ;*
- *si elle réside à l'étranger, de la commune de la dernière inscription dans les registres de la population, le registre des étrangers ou le registre d'attente ou à défaut ;*
- *de Bruxelles.* »

89 Toujours la fixation sur le casier judiciaire...

90 Art. 370/4, § 2.

En cas de décision favorable, « *[d]ans les trois mois de la demande*[91], *l'officier de l'état civil qui autorise le changement de prénoms, établit un acte de changement de prénoms et associe celui-ci aux actes de l'état civil relatifs au bénéficiaire et aux actes de naissance de ses descendants jusqu'au premier degré.*

Le changement de prénoms produit ses effets à la date de l'établissement de l'acte»[92].

En cas de refus, l'officier de l'état civil en informe l'intéressé, qui peut former alors un recours devant le tribunal de la famille, aux conditions de l'article 370/9, que nous avons vues ci-dessus à la section précédente : le changement de prénom est donc devenu un droit civil.

Si le tribunal accorde le changement de prénom, la décision, une fois coulée en force de chose jugée, est mentionnée à la BAEC, et « *[l]e changement de prénoms produit ses effets à la date de l'établissement de l'acte de naissance modifié, ou le cas échéant, de l'acte de changement de prénoms* »[93].

Section 9
Concession de titre de noblesse

Le titre de noblesse que possèdent certaines personnes fait partie de leur nom.

Sa dévolution aux descendants d'une personne dépend de l'arrêté royal qui a conféré le titre[94] et, si le titre est antérieur à la création de la Belgique, de l'acte du Souverain qui l'a octroyé[95].

Un titre de noblesse ne peut être conféré à une personne que par le Roi, en vertu de l'article 113 de la Constitution, et cela «*sans pouvoir jamais y attacher aucun privilège*».

Il s'agit donc d'une espèce de «super-décoration», de nature purement honorifique.

Ce pouvoir est soumis au principe du contreseing ministériel.

Le Roi en fixe librement la dévolution – ou la non-dévolution, le titre étant alors de nature personnelle et s'éteignant avec son titulaire[96] – par l'arrêté royal qui confère le titre.

---

91 Le délai est donc plus court que celui implicitement imposé au ministre de la Justice (quatre mois : décision implicite de refus).

92 Art. 370/5.

93 Art. 370/9.

94 Attribution à tous les héritiers, à l'aîné seulement, etc.

95 Les concessions de noblesse par les régimes politiques antérieurs (ducs de Bourgogne, rois d'Espagne, empereurs autrichiens, empereur des Français, roi des Pays-Bas...) continuent donc à s'appliquer : on peut toutefois se demander si une dévolution à la filiation « légitime » ou à un seul sexe – le mâle –, cas très fréquents dans l'Ancien Régime, serait encore compatible avec l'état actuel du droit belge, et notamment la norme constitutionnelle et internationale de non-discrimination.

96 C'est très généralement le cas ces dernières années.

Le titre fait partie intégrante du nom et doit, à ce titre, être indiqué dans tous les actes de l'état civil[97], bien que l'on admette de ne pas en faire usage dans tous les actes de la vie civile[98].

L'adoption ne produit, en règle, aucune conséquence nobiliaire[99].

Enfin la modification du titre de noblesse ou des règles de sa dévolution ne peut se faire que par arrêté royal[100].

Dans le même ordre d'idées, les **armoiries** doivent être tenues pour un dérivé graphique du nom, à l'instar de la signature.

Elles ne sont d'ailleurs pas synonymes de noblesse, et toute personne peut donc s'en attribuer, sauf à respecter les droits antérieurs d'autrui[101], et les règles de l'héraldique.

Section 10
Protection légale du nom

Le nom est protégé à la fois civilement, pénalement et par des dispositions relatives aux droits intellectuels.

Du point de vue civil, la protection porte à la fois sur la fonction individuelle et sur la fonction sociale du nom.

Pour ce qui est de la fonction individuelle, la protection comprend notamment les droits suivants : droit à porter son nom véritable, droit à ce que ce nom soit orthographié correctement, droit à empêcher l'usurpation de son nom par des personnes n'y ayant pas droit, droit de s'opposer à ce qu'une personne puisse, par autorisation royale, porter un nom identique ou créant une confusion avec le sien, etc.

Pour ce qui est de la fonction sociale du nom, elle est protégée par les droits suivants, que l'autorité publique peut exercer : imposition à l'individu d'un

---

97 Arrêté royal du 26 janvier 1822.

98 Notamment au barreau.

99 Art. 353-7.

100 Concession du titre de prince aux Mérode, pour commémorer le centenaire de l'Indépendance belge, élargissement de la dévotion du titre pour les d'Udekem d'Acoz lors du mariage de la princesse Mathilde. Par contre, l'acte personnel du roi Léopold III du 6 décembre 1941, se conférant le titre de prince de Réthy et le titre de princesse de Réthy à sa seconde épouse, la privant d'autorité du titre de reine, ne répond pas au prescrit constitutionnel, à défaut de contreseing ministériel.

101 Voy., au *Moniteur belge* du 23 novembre 2010, l'arrêté du gouvernement de la Communauté française de Belgique portant exécution du décret du 12 mai 2004 relatif à l'enregistrement d'armoiries de personne physique ou d'association familiale en Communauté française. La Communauté flamande avait pris des dispositions similaires par décret du 3 février 1998, modifié par décret du 27 avril 2007. L'autorité compétente est, suivant le cas, le Conseil d'héraldique et de vexillologie de la Communauté française de Belgique ou le Vlaamse Heraldische Raad. Pour les nobles, seul le Conseil de noblesse est compétent en la matière.

nom[102], défense des prénoms ridicules, interdiction de changer de nom ou de prénom sans autorisation de l'autorité...

Du point de vue pénal, le fait de porter un nom constitue une infraction spécifique : le port public de faux nom[103].

Il en va de même du port d'un faux titre de noblesse[104].

L'usage d'une fausse signature intervient dans d'autres infractions, comme le faux, l'usage de faux, etc.

Les pseudonymes ne sont cependant pas interdits, mais ils ne font pas partie de l'état civil de la personne et ne peuvent pas être utilisés dans les actes de l'état civil[105] ni présentés comme étant le patronyme d'une personne[106].

Enfin, la législation sur les marques, dessins et modèles prévoit et protège l'emploi d'un nom patronymique comme marque[107].

---

102 Voy., historiquement, l'imposition par Napoléon aux personnes de confession israélite – et donc sans état civil sous l'Ancien régime, celui-ci étant tenu par l'Église catholique – d'adopter un nom de famille de leur choix, afin d'uniformiser leur état civil avec celui du reste de la population française (décret de Bayonne du 28 juillet 1808) et, actuellement, le Code de la nationalité belge (spécialement pour les prénoms).

103 Art. 231 C. pén.

104 Art. 230 C. pén.

105 Art. 2 du décret du 6 fructidor An II : « *[...] Il est également défendu d'ajouter aucun surnom à son nom propre, à moins qu'il n'ait servi jusqu'ici à distinguer les membres d'une même famille, sans rappeler des ramifications féodales ou nobiliaires. [...]* ». La règle n'a pas été explicitement reprise dans l'article 370/1 du Code civil, mais elle nous semble s'en déduire *a contrario*.

106 Assez souvent, les personnes connues sous un pseudonyme demandent – et obtiennent – un changement administratif de nom.

107 Art. 2.1.3 de la Convention Benelux du 25 février 2005 en matière de propriété intellectuelle, « *[s]ans préjudice des dispositions du droit commun, un nom patronymique peut servir de marque* ». Il en va, selon nous, de même du blason, à titre de « dessin ».

Chapitre V
L'éducation des enfants

Section 1
Raison d'être de la minorité

Nous avons vu[1] qu'une des raisons d'être de la famille – et sans doute la première dans le cours de l'aventure humaine – est la **protection et l'éducation des enfants**, et ceci en raison de la très longue période d'immaturité, physique d'abord, mais ensuite économique et sociale, de l'être humain.

Le présent chapitre a pour but d'explorer les mécanismes juridiques mis en place par le droit pour assurer le bon accomplissement de ce rôle par les parents de l'enfant.

Deux institutions jouent à cet égard un rôle essentiel : l'autorité parentale *sensu lato* en ce qui concerne les soins apportés par les parents au développement de la personne de l'enfant, sous ses aspects psychologiques, éducatifs et sociaux ; et, d'autre part, l'obligation alimentaire en faveur de l'enfant, qui en est le vecteur économique indispensable.

Ces deux aspects formeront les sections 2 et 3 du présent chapitre.

Section 2
L'éducation de la personne de l'enfant

§ 1. La minorité, régime d'incapacité générale d'exercice

A. Personnalité et (in)capacité(s)

Le législateur a, depuis l'Antiquité romaine, utilisé, pour répondre au besoin de protection et d'éducation des enfants par leurs parents, un instrument juridique classique, **l'incapacité générale d'exercice**.

L'application de cette institution à l'enfance, que l'on nomme la minorité, nous oblige à définir et à distinguer certains concepts fondamentaux.

Le premier de ces concepts, d'origine étrusque[2], est celui de la **personnalité juridique**, c'est-à-dire l'aptitude à être titulaire des droits et d'obligations, à pouvoir les revendiquer devant les tribunaux, et à être titulaire d'un patrimoine, en bref, d'être sujet[3] de droits.

---

1 Au chapitre I, section 2, Rôles de la famille.

2 Voy. A.-Ch. Van Gysel, *Précis de droit des personnes et de la famille*, Limal, Anthemis, 2013, pp. 15-17.

3 Par opposition, par exemple, aux animaux, qui sont objets de droits : leur protection est assurée par divers textes, mais ces normes ne créent que des obligations pour les humains, non des droits que les animaux pourraient revendiquer en justice.

Tout être humain est doté de la personnalité juridique, depuis le moment[4] de sa conception[5], pour autant qu'il naisse vivant et viable, jusqu'à celui de sa mort.

L'enfant a donc la personnalité juridique.

Mais toutes les personnes juridiques ne peuvent pas toujours être titulaires de tous les droits possibles, et s'ils en sont titulaires, il se peut – et c'est notamment le cas des enfants – qu'ils ne puissent les exercer eux-mêmes : c'est là une question différente, celle de la **capacité juridique**.

Autant la personnalité est une notion univoque : on a ou on n'a pas la personnalité[6] ; autant la capacité est susceptible de modalités et de degrés.

Pour ce qui est des **modalités**, il y a deux couples d'éléments opposés : la capacité générale et la capacité spéciale, d'une part ; et la capacité de jouissance et la capacité d'exercice, d'autre part.

La capacité est **générale** lorsqu'elle concerne tous les actes de la vie civile, sauf exception : c'est ainsi que s'exprime l'article 488 lorsqu'il décrit la majorité.

Elle est **spéciale** lorsqu'elle ne concerne qu'un acte ou une catégorie d'actes particuliers.

La capacité de **jouissance** est celle d'être titulaire d'un droit civil, de le ranger dans son patrimoine.

La capacité d'**exercice** – qui suppose la jouissance d'un droit : l'incapable d'exercice est donc toujours capable de jouissance – est l'aptitude à pouvoir mettre en œuvre les fonctionnalités de ce droit par soi-même et tout seul.

---

4 Ce moment étant fixé au moment le plus favorable à l'enfant, dans une période située entre trois cents et cent quatre-vingts jours avant sa naissance, sauf preuve contraire (art. 326 C. civ.).

5 *Infans conceptus jam pro natu habetur, quoties de commodise jus agitur* : voy. art. 331*bis* (filiation), 725 (succession) et 906 (libéralités) C. civ.

6 Et si on l'a, on n'a qu'un seul patrimoine, même si, au sein de celui-ci, il peut exister des divisions : voy. A.-Ch. Van Gysel, *Les masses de liquidation en droit privé*, thèse, Bruxelles, Bruylant, 1994.

Ces couples peuvent être croisés, et on a, en se focalisant sur l'incapacité – le juriste, mécanicien social, se préoccupant plus de ce qui ne fonctionne pas que des états sociaux normaux –, le tableau à double entrée suivant :

Intensité →	***Incapacité d'exercice***	***Incapacité de jouissance***
Étendue ↓		
Spéciale	p. ex. art. 215 : un époux ne peut disposer seul du logement principal de la famille, même s'il en est le seul propriétaire, il doit avoir l'accord de son conjoint ou de justice.	p. ex. art. 909 : une infirmière d'un home ne peut recevoir une donation d'un pensionnaire de ce home.
Générale	p. ex. art. 372 et s.: un mineur ne peut exercer lui-même ses droits, il est représenté par ses père et mère dans cet exercice. Ce sont ces personnes que l'on nomme « les incapables ».	Il s'agirait d'esclaves ou de personnes frappées de la mort civile (peine accessoire). Or la Belgique a adhéré à des conventions internationales réprimant l'esclavage[7] et la mort civile a été abolie par la Constitution belge en 1831 : c'est actuellement l'article 18 : « *la mort civile est abolie. Elle ne peut être rétablie* ». Cette « case » est donc vide.

Quant aux **degrés**, on peut en distinguer essentiellement deux.

La **représentation** : dans ce régime, la personne qui est titulaire du droit ne joue aucun rôle, et une autre personne joue son rôle, en la représentant, dans la formation de l'acte juridique.

La représentation peut être conventionnelle (découlant d'un mandat), légale (dans le cas des parents d'un mineur) ou judiciaire (conférée par le juge de paix, comme dans l'administration des personnes majeures vulnérables).

Dans l'**assistance**, la personne accomplit l'acte elle-même, mais elle doit pour cela avoir l'assistance d'une autre, qui la surveille et la conseille, empêchant ainsi qu'on abuse de sa faiblesse.

Cette formule d'« auto-école », où des personnes accomplissent ensemble un acte, peut avoir diverses justifications.

[7] Convention de Genève du 25 septembre 1926.

Ce peut être parce qu'elle n'a pas encore, ou qu'elle n'a plus, une aptitude complète à gérer seule ses biens : c'est le cas de l'émancipation ou – très théoriquement, car, en réalité, la représentation est presque toujours ordonnée par les juges de paix – dans le cas des personnes majeures vulnérables.

Ou bien parce que l'on veut que les deux personnes, majeures saines d'esprit, agissent conjointement, parce qu'il s'agit d'un acte grave que l'on veut les voir accomplir de leur consentement mutuel : nous avons vu dans le tableau le cas de l'article 215, il y en a d'autres dans le cadre, notamment, des régimes matrimoniaux[8], où certains actes jugés graves nécessitent la gestion conjointe, c'est-à-dire le consentement des deux époux[9].

En cas d'opposition entre les deux personnes qui doivent agir de concert, il est très généralement prévu un recours au tribunal, qui tranche le litige, soit dans l'intérêt de la personne titulaire du droit – s'il est un incapable –, ou de la famille – comme dans le cas de l'article 215.

Dans le tableau ci-dessous, une des « cases » est constituée par les personnes frappées d'une **incapacité générale d'exercice** : ce sont elles que l'on nomme, par ellipse, « **les incapables** » dans notre droit.

Ces personnes peuvent donc être titulaires de tous les droits civils, mais, en raison de circonstances particulières, elles ne peuvent les exercer elles-mêmes.

> Pour présenter ici deux exemples topiques, un enfant simplement conçu peut recevoir une donation d'un grand-oncle, mais il est évident qu'il ne peut comparaître personnellement à l'acte et accepter lui-même cette donation, condition cependant fondamentale pour que le contrat – car c'en est un – soit noué ; une personne âgée atteinte de la maladie d'Alzheimer possède un vaste patrimoine, mais elle est inapte à le gérer elle-même, et risque, si on la laisse sans protection, d'être la proie de personnes intéressées, voire malhonnêtes.

B. Les incapables : statut et principe de capacité

Le législateur doit donc intervenir pour assurer la **protection** de ces personnes.

Il le fait en établissant des **statuts**, qui ressortissent, à notre sens, à l'état civil des personnes, statuts qui font concourir d'autres personnes à l'exercice des droits de la personne incapable.

Ces statuts sont de deux sortes, établissant des degrés dans l'incapacité de la personne.

Soit la personne est jugée suffisamment consciente pour agir elle-même, mais cependant mentalement trop faible – et, dès lors, influençable – pour accomplir les actes toute seule.

---

8 Voy. le chapitre relatif à cette notion, dans l'ouvrage consacré au couple.

9 Art. 1418 et 1419, par opposition à la règle générale de la gestion concurrente (l'un *ou* l'autre des époux peut accomplir l'acte, tout seul), prévue à l'article 1416.

Une autre personne va donc l'**assister** pour lui donner des conseils et écarter le risque d'abus de faiblesse.

Soit la personne n'est pas encore, ou plus, capable de manifester aucune volonté cohérente. Dans ce cas, on va lui substituer une autre personne, qui va agir à sa place, comme[10] si elle disposait d'un mandat, c'est alors la **représentation**.

Certains régimes d'incapacité, comme le nouveau régime général des personnes majeures, font à la fois appel à l'assistance et à la représentation, suivant ce que les circonstances exigent: c'est le principe du «costume sur mesure», dont on reparlera au chapitre des personnes majeures vulnérables.

Quand une personne humaine est-elle incapable?

Le principe le plus général en la matière est que **la capacité est la règle** et que l'incapacité est l'exception: elle ne peut donc procéder que de la loi, ou d'une décision judiciaire[11] rendue dans le cadre d'un statut légal d'incapacité.

Cette idée participe de celle de la liberté individuelle: qu'importe à une personne de pouvoir aller et venir dans le monde sensible, si elle ne peut pas également jouer un rôle dans le monde symbolique du droit?

Pour les majeurs, c'est l'article 488 qui le proclame, en ces termes clairs:

> «*La majorité est fixée à dix-huit*[12] *ans accomplis ; à cet âge, on est capable de tous les actes de la vie civile.*»

La Recommandation R(99) 4 adoptée par le Conseil des ministres du Conseil de l'Europe, en tire le principe de subsidiarité: une personne ne doit être déclarée incapable que si une raison impérieuse l'impose. Et si elle doit l'être, on doit par préférence choisir la forme de protection qui lui laisse le plus d'autonomie – l'assistance – et ne la placer sous un régime de représentation que si cela est absolument nécessaire.

Cette idée de subsidiarité est absente du statut des personnes mineures, étant la **minorité**.

La raison en est que nul ne conteste – ou plutôt ne contestait – qu'un petit enfant doive être déclaré généralement incapable et représenté par ses parents.

Mais, puisque le régime de la minorité tend, comme on va le voir, à l'autonomie de l'enfant, il aurait été tout aussi absurde de la lui délivrer uniquement et *in totum* à son 18e anniversaire.

---

10 Et parfois, en effet, en vertu d'un contrat de mandat au sens propre: voy. la protection extrajudiciaire des incapables majeurs, au chapitre VIII relatif aux personnes majeures vulnérables.

11 La question de l'«activation» du mandat judiciaire par le mandataire lui-même, ou par le juge de paix, est controversée, comme on le verra au chapitre sur les personnes majeures vulnérables.

12 Avant 1990, 21 ans: voy. A.-Ch. VAN GYSEL, «La fin des demi-adultes», interview par Valérie Colin, *Le Vif-L'Express*, mars 1988, p. 164. Cet abaissement a entraîné une augmentation des conflits liés à la situation d'enfants «économiquement mineurs» dont nous parlerons à la section suivante: il s'agit de personnes majeures, aptes à déterminer elles-mêmes leur domicile et leurs études, mais aux frais de leurs parents, dont elles dépendent financièrement. Le problème vient évidemment de la déconnexion entre le «porte-monnaie» et le pouvoir de décision.

Aussi le législateur a-t-il prévu dans ce cas, non une modulation de l'étendue de l'incapacité d'un individu à un moment donné, mais des **paliers** d'ordre temporel :

- soit en accordant l'exercice de certains droits, soit de décision, soit d'avis, à partir d'un certain âge antérieur à 18 ans – une certaine tendance va vers l'âge de 12 ans pour les actes à caractère personnel, et de 15 ans pour les actes à caractère patrimonial, mais ce n'est là qu'un gros trait, car l'ordonnancement des normes légales est assez confus, nous y reviendrons plus bas ;
- soit en plaçant l'enfant, à partir de 15 ans, dans un régime plus léger d'assistance, qui porte le nom révélateur d'émancipation[13].

Mais une seconde tendance, plus récente et plus radicale, tend à contester l'**idée même** d'incapacité générale du mineur, et à le faire participer très tôt, et sans âge précis, dès qu'il en a le **discernement**, aux décisions qui le concernent.

Nous reviendrons ci-dessous sur ce mouvement d'idées, initié par l'article 12 de la Convention internationale des droits de l'enfant, et son interprétation par le Comité des droits de l'enfant de l'ONU.

C. Sociologie des incapables : mineurs et personnes majeures vulnérables

Sociologiquement, deux groupes humains distincts sont des « incapables » au sens retenu ci-dessus.

L'un est en quelque sorte **normal** et découle de la nature même de la vie humaine, il s'agit des enfants mineurs, qui font l'objet du présent chapitre.

Compte tenu du long degré d'immaturité de la personne humaine, l'enfant ne peut agir seul, et, au sein de la famille, ses parents sont ses protecteurs et ses représentants naturels et légaux, jusqu'à sa majorité.

Durant cette période, les parents doivent loger, nourrir et entretenir l'enfant, mais aussi et surtout l'éduquer et le former, par eux-mêmes ou par l'école, afin qu'il devienne un adulte autonome et capable, qui n'aura plus besoin de ses parents.

En quelque sorte, ce régime tend à sa propre abolition[14].

L'autre groupe est **pathologique**, il s'agit de personnes majeures, mais qui, par suite d'un handicap – personnes autistes ou trisomiques –, d'une maladie mentale – schizophrénie – ou d'une dégénérescence de leurs facultés mentales – Alzheimer –, ne sont pas ou plus capables d'assurer elles-mêmes leur rôle dans le monde juridique.

Ces deux groupes ont des **besoins différents**, notamment parce que, sauf espoir de guérison de certaines maladies mentales, l'état des incapables majeurs

---

13 « *Nathanaël, émancipe-t'en !* » (A. Gide, *Les Nourritures terrestres*).

14 Suivant le proverbe : « *La mère aime son enfant, mais non qu'il reste toujours un enfant.* »

est destiné à demeurer de façon permanente, et que, dès lors, l'idée de formation à l'autonomie est le plus souvent[15] étrangère à leur statut.

À besoins différents, statuts différents: comme on le verra dans l'étude du régime général de protection des incapables majeurs, un des principes du législateur a été de **séparer** nettement le régime juridique des majeurs de celui de mineurs.

Ce principe connaît toutefois des exceptions, et des **mécanismes** utiles dans les deux situations, comme l'idée d'**assistance** et l'idée de **représentation**, la **lésion subjective** et **l'autorisation préalable** des actes graves par le **juge de paix**, sont présents dans les statuts des deux groupes.

D. La minorité à la rencontre de la puissance, de la protection et de l'autonomie : évolution historique

Pour ne retenir ici que le groupe sociologique des mineurs, et par conséquent le statut d'incapacité qu'est la minorité, on doit constater que la situation actuelle est le fruit d'une longue évolution historique.

Si l'on se penche[16] sur cette évolution, on constate que cette notion a toujours été complexe en droit. Cette complexité s'explique par le fait que cette incapacité s'est toujours trouvée à la **rencontre de trois forces** ou concepts divergents, sinon antagonistes :

– la **puissance**, qui est l'autorité des parents[17] d'imposer leur volonté à l'enfant, de diriger l'éducation et la vie de celui-ci ;
– la **protection**, qui est l'aide matérielle et relationnelle donnée par les parents à l'enfant, afin de lui permettre de survivre et de se développer malgré son immaturité physique, psychique et économique, relevée ci-dessus ;
– et l'**autonomie**, qui est l'aptitude de l'enfant à intervenir lui-même dans la prise des décisions qui le concernent.

À toute époque, il y eut dans l'incapacité du mineur un mélange des trois concepts, mais dans des proportions différentes, suivant que l'une ou l'autre des forces prévalait.

Au départ, l'enfant est *l'in-fans*, c'est-à-dire non pas tellement celui qui ne parle pas, que celui qui ne peut parler, celui qui n'a pas voix au chapitre.

> On peut en trouver une remarquable illustration dans la sculpture représentée en couverture de la thèse de Mme Nicole Gallus[18] : le nain égyptien

---

15 Mais pas toujours, certains handicapés légers ou moyens pouvant accéder à un enseignement spécialisé et ensuite à une certaine autonomie dans des structures adaptées. Cependant, des mesures de protection seront nécessaires de façon indéfinie pour que des individus malveillants ne puissent abuser d'eux.

16 Le passage qui suit est repris de A.-Ch. Van Gysel, *Le fondement et la portée actuelle de l'incapacité du mineur*, IXe colloque Famille et Droit « Filiation, autorité parentale et modalités d'hébergement : bilan des lois nouvelles », tenu à Bruxelles le 19 novembre 2009, Bruxelles, Bruylant, 2011, pp. 237-259.

17 Originellement, du père.

18 N. Gallus, *Le droit de la filiation. Rôle de la vérité socio-affective et de la volonté en droit belge*, *op. cit.*

> Seneb[19] est y représenté accroupi sur un banc de pierre, et de ce fait à la même hauteur que son épouse, qui le soutient de ses bras ; mais leurs deux enfants, un garçon et une fille, sont représentés sur la face avant du banc, en taille très réduite, nus, et surtout, élément ici pertinent, tous deux le *doigt sur la bouche*[20].

Dans la Rome primitive, on le sait[21], il n'y a qu'une seule personne pleinement capable par famille : le *pater familias*, qui a autorité sur tous les autres membres : femme (*manus* ou puissance maritale) et enfants, même majeurs (*patria potestas*[22]).

Il est ici clairement question du pouvoir du père de famille sur eux, puisque ce n'est pas l'immaturité des personnes aliénées[23], sinon celle – supposée – des femmes (*imbecilitas sexus*), qui est la *ratio legis* de l'incapacité.

Mais aussi cette autorité est en même temps synonyme de protection : femme, enfants et, par extension, clients sont protégés par le *pater familias*, qui les défend, les nourrit et les représente : la relation client-patron, notamment lorsque celui-ci, outre la nourriture quotidienne qu'il lui fournit (la sportule) exerce aussi le rôle naturel d'*ad-vocat*[24], est topique de ce rôle.

Et l'on constate, au fil de l'histoire, une autonomisation grandissante des enfants « de famille », d'abord par la création du *peculium castrense*[25], étant l'argent gagné par le fils de famille lorsqu'il est soldat à l'armée, étendu ensuite, dans un mouvement continu, au *peculium quasi castrense*[26], à l'émancipation, etc.

Cette évolution n'est pas sans rappeler l'époque actuelle.

On nous permettra – le but de cet ouvrage n'étant nullement historique – de passer de l'Empire romain à celui de Napoléon, et de référer le lecteur pour le surplus, et notamment pour la période médiévale, aux études qui ont été consacrées au sujet, dont celles que la société Jean Bodin, sous la direction du regretté John Gillissen, a consacrées à l'enfant[27].

---

19 V^e^-VIe dynasties (2475 av. J.-Chr.). Il était chef de la garde-robe du pharaon et associé au culte de Khéops. Son épouse, Senetitès, peut-être une princesse, était prêtresse d'Hathor et de Neith.

20 Cette attitude se retrouve chez nombre d'enfants représentés dans la statuaire égyptienne.

21 Voy., p. ex., W.A. HUNTER, *A Systematic and Historical Exposition of Roman Law in the Order of a Code*, 4e éd., pp. 188 et s., Londres, Sweet & Maxwell, 1803.

22 Voy. *Digeste*, 50, 16, 215.

23 Au sens étymologique : *alieni iuris*, par opposition au paterfamilias, qui est *sui iuris*.

24 *Ad-vocare* : parler pour, en faveur de quelqu'un : c'est naturellement l'ancêtre de la profession actuelle du même nom, et la raison du caractère originellement gratuit de son exercice, d'où le terme d'honoraires, synonyme de don gratuit offert par le client en signe de gratitude, qui en désigne la rémunération, au départ purement accessoire : le patron étant par essence plus fortuné que le client, il n'a normalement pas à en recevoir d'argent, mais plutôt à lui en donner (la sportule, du papier de nourriture, devient d'ailleurs rapidement un subside monétaire).

25 Pécule (gagné dans les) camps (militaires).

26 À partir de Constantin, sommes gagnées dans l'exercice de certaines fonctions de l'administration impériale ou ecclésiastiques.

27 *L'Enfant*, Recueils de la Société Jean Bodin pour l'histoire comparative des institutions, en cinq volumes (XXXV à XXXIX), Éditions de la Librairie encyclopédique, Bruxelles, 1975 à 1977 ; spéc. la partie I, « Antiquité, Afrique et Asie » et la partie II, « Europe médiévale et moderne ».

La lecture des travaux préparatoires du Code civil[28] indique clairement que la notion de **puissance** est à ce moment à l'ordre du jour : ils commencent par le succédané des lettres de cachet[29] qu'était l'ancien article 375, permettant au père d'envoyer son enfant mineur en prison en cas d'inconduite.

Cependant les auteurs du Code constatent avec Loysel que « *droit de puissance paternelle n'a lieu* »[30], et qu'il n'y a donc plus d'incapacité perpétuelle du fils de famille. Elle prend donc fin (sauf en matière de mariage) à la majorité, et comme la plupart des coutumes fondent la majorité à 25 ans (Sud) ou 20 ans (Nord), l'âge de 21 ans qui est retenu par le Code est donc un compromis à ce sujet.

Par contre, la femme mariée reste, quant à elle, « en puissance de mari » tant que vit son mari. Mais ici, il y a clairement un revirement politique par rapport à la Révolution, revirement auquel les rapports personnels du Premier Consul et de Joséphine ne sont sans doute pas étrangers : c'est peut-être la Malmaison qui a coûté la capacité de la femme mariée[31]...

Le but de **protection** du Code est cependant certain : elle est particulièrement visible dans la tutelle ou dans le mariage, où la nécessité de sommations respectueuses à tout âge s'explique, selon la doctrine de l'époque[32], par l'aide que le conseil des parents confère à leurs enfants en une circonstance où la passion peut les égarer.

Mais il y a aussi une réelle dimension d'**autonomie** : on la voit dans l'émancipation (idée de l'assistance, qui, degré moins accentué d'incapacité, se substitue à la représentation), le testament (acte éminemment personnel, le mineur peut le faire seul pour la moitié de ses biens dès 16 ans[33]), et, surtout, la lésion du mineur : sauf les cas de nullité pour vice de forme, les actes du mineur sont d'une façon générale valables s'ils ne sont pas lésionnaires pour lui : c'est ce qu'expriment les articles 1305 et suivants du Code civil et l'adage *minor est restituitur, non tanquam minoris, sed tanquam lesus*[34].

Nous y reviendrons ci-après.

C'est user d'une expression consacrée que de dire qu'au cours des dernières décennies, l'enfant est passé du statut d'*objet de droits* à celui de *sujet de droits*.

---

28 P. A. Fenet, *Recueil complet des travaux préparatoires du Code civil*, t. X.

29 La très grande majorité des lettres de cachet ont été émises sur demande des pères de famille (voy. not. A. Farge et M. Foucault [présentées par], *Le désordre des familles. Les lettres de cachet des archives de la Bastille au XVIIIe siècle*, Paris, Gallimard, Julliard, 1982. Elles n'ont été décriées à la Révolution française par Mirabeau, dans son célèbre ouvrage *Des lettres de cachet et des prisons d'État*, que parce qu'il en avait éprouvé l'efficacité dans ce contexte...

30 Loysel, *Institutes coutumières*, livre Ier, titre Ier, « De l'état et de la capacité des personnes », n° 56.

31 La générale Bonaparte avait en effet acheté seule cet immeuble en 1799, pour un prix de 325.000 francs-or, alors que la solde de son mari était alors de quelques milliers de francs par an... le coup d'État du 18 brumaire mettra fin, quelques mois plus tard, à cette difficulté financière passagère.

32 Bigot Preameneu, Exposé des motifs, séance du 15 ventôse An XI, *Motifs et discours prononcés lors de la publication du Code civil*, t. I, p. 128, Paris, Firmin Didot, 1838.

33 Art. 904 C. civ., toujours actuel.

34 Traduction : « Le mineur ne peut pas demander la rescision parce qu'il est mineur, mais parce qu'il est lésé. »

L'expression est certes frappante – et fréquente[35] sous diverses plumes –, mais elle est foncièrement inexacte : dès la fin de la puissance paternelle et certainement en 1804, l'enfant était sujet de droits, même s'il n'avait rien à dire, puisqu'il était considéré comme une personne juridique à part entière à partir de sa conception, dotée en principe d'une pleine capacité de *jouissance* de droits et seulement frappée d'une incapacité générale d'*exercice* des droits qu'elle possédait, situation qui faisait de son père ou de son tuteur, son représentant[36].

Mais ce qui est vrai, c'est que notre droit prévoit de plus en plus d'autonomie pour le mineur.

La loi du 31 mars 1987 sur la filiation en était déjà un exemple frappant, puisque le mineur de plus de 15 ans participe désormais à l'établissement de sa propre filiation[37].

Ce mouvement s'est notablement accéléré par l'adoption, le 20 novembre 1989, par l'ONU de la Convention internationale des droits de l'enfant, complétée par une convention émanant du Conseil de l'Europe[38].

L'introduction, à l'occasion de la loi du 30 juin 1994 sur l'exercice de l'autorité parentale, de la disposition générale de l'article 931 du Code judiciaire, constitue sans doute la marque la plus évidente de cette évolution.

La doctrine ne s'est pas méprise sur l'importance de ce mouvement, et en 1998 déjà, les Facultés Saint-Louis consacraient un colloque à « l'Autonomie du mineur »[39].

Si l'on devait brosser un tableau général actuel de l'autonomie du mineur[40], on devrait, à notre sens, conclure à une extrême confusion, causée par un « empilement » de normes ponctuelles et non coordonnées.

La loi fait parfois référence à la notion de « *discernement* », laquelle se réfère à l'aptitude concrète d'un enfant spécifique, mais fait majoritairement usage de limites temporelles d'âge générales et abstraites[41], or les deux approches sont conceptuellement et méthodologiquement antagonistes.

---

35 Il est étonnant de le lire sous la plume éclairée de C. De Boe, « La place de l'enfant dans le procès civil », *J.T.*, 2009, n° 1, p. 485.

36 Pour un exemple frappant, il suffit de songer à la capacité de jouissance qu'a déjà l'enfant simplement conçu, susceptible, par conséquent, de recevoir une libéralité, étant représenté à l'acte par un quelconque de ses ascendants (art. 906 et 935 C. civ.).

37 A.-Ch. Van Gysel, « Le pouvoir de l'enfant sur la propre filiation », *in L'autonomie du mineur*, actes du colloque tenu aux Facultés Saint-Louis, coll. Travaux et recherches, 1998, p. 9.

38 Convention européenne sur l'exécution des droits des enfants, adoptée à Strasbourg le 25 janvier 2006, mais non en vigueur en Belgique à ce jour.

39 P. Jadoul, J. Sambon et B. Van Keirsblick, *L'Autonomie du mineur*, actes du colloque tenu aux Facultés Saint-Louis, coll. Travaux et recherches, 1998.

40 L'article récent de Mme C. De Boe, « La place de l'enfant dans le procès civil » (*J.T.*, 2009, p. 485) constitue, sous l'angle choisi par cette auteure, une étude exhaustive sur la question.

41 Sous la formule « L'enfant âgé de plus de x ans peut... » ou similaire.

Parfois, cette différence existe pour le même droit, comme celui consistant pour l'enfant à être entendu par le magistrat pour les litiges qui le concernent (voy. art. 1004/1 et 1004/2 C. jud., que nous examinerons plus bas).

L'enfant qui est doté de discernement peut demander à être entendu, mais c'est à partir de l'âge déterminé de 12 ans qu'il est averti par le greffe du fait que cette faculté lui est ouverte.

Lorsque le critère est un âge précis, on constate que cet âge varie de loi en loi : 12 ans pour le consentement à donner dans le cadre d'une action en recherche de paternité[42], 15 ans pour donner son avis concernant la gestion de son patrimoine[43], 16 ans pour léguer la moitié de ses biens[44]…

À peine, dans une prospective plus divinatoire qu'analytique, pourrait-on discerner une vague convergence vers l'âge de 12 ans pour ce qui concerne la personne du mineur, et 15 ans pour ce qui concerne son patrimoine[45].

Enfin, la variabilité de l'**intensité** de la capacité, que nous relevions ci-dessus, permet d'aller du simple avis[46] au droit de veto[47], en passant par l'exercice du droit avec l'assistance d'un majeur[48].

Parfois, cette variation existe pour des droits très semblables, comme le consentement à l'établissement d'un lien de filiation, soit biologique[49], soit adoptif[50].

Une tendance forte peut cependant être dégagée au travers de toutes ces particularités : c'est celle qui va vers l'octroi au mineur de pouvoirs décisionnels, de sorte qu'en forçant – encore très fortement, actuellement – le trait, on pourrait énoncer que, dans l'esprit des parlementaires, la majorité « réelle » se trouve actuellement ramenée à 12 ans.

Témoins de cette évolution, le texte relatif à l'unification du droit des incapables, qui propose d'assimiler les mineurs prolongés à des enfants de moins de 12 ans, compte tenu des « droits (croissants) reconnus aux mineurs »[51], ou encore

---

42 Art. 329*bis* C. civ.

43 Art. 405 et 407 C. civ.

44 Art. 904 C. civ.

45 Voy. art. 405 C. civ.

46 Not. art. 931 C. jud.

47 Dans l'adoption : art. 348-1 C. civ.

48 C'est le régime de l'émancipation : art. 482 C. civ.

49 Art. 329*bis* C. civ. : le consentement de l'enfant de plus de 12 ans est exigé, mais un recours est possible devant le tribunal de première instance.

50 Art. 348-1 C. civ. : le consentement de l'enfant de plus de 12 ans est exigé, et il n'y a aucun recours : c'est un droit de veto. Voy., sur une question similaire (le consentement, par une mère mineure, à l'adoption de son enfant, sans l'autorisation de la grand-mère de l'enfant, représentante légale de sa fille), l'arrêt de la Cour de Strasbourg, *V.S. c. Allemagne*, du 22 mai 2007, analysée par F. Tulkens, « La Convention européenne des droits de l'homme et les droits de l'enfant », *J.D.J.*, n° 272, février 2008, p. 9 : le pouvoir autonome du mineur n'est pas contraire à la Convention européenne des droits de l'homme, selon la Cour.

51 L. Goutry et S. Smeyers, « Proposition de loi modifiant les statuts d'incapacité », devenue « proposition de loi modifiant la législation relative aux statuts d'incapacité en vue d'instaurer un statut global », du 31 juillet 2008, commentaire de l'article 400-2 nouveau du Code civil, *Doc. parl.*, Chambre, 2007-2008, n° 52-1356/001, p. 11.

la proposition relative à la géolocalisation des personnes via leur GSM[52], qui interdit cette localisation sans le consentement cumulé de l'enfant de 12 ans et de son représentant légal.

Le tout sous l'égide du nouvel article 22*bis* de la Constitution[53], qui apparaît comme la cerise sur le gâteau : symbolique, mais non consommable.

E. La vision du Comité des droits de l'enfant sur l'article 12 de la CIDE

Cette vision est encouragée par celle qu'a le Comité des droits de l'enfant au sujet de l'**article 12** de la Convention internationale des droits de l'enfant, convention ratifiée par la Belgique[54].

Dans son Commentaire général[55] sur l'article 12 de la CIDE, émanant du Comité sur les droits de l'enfant, et que l'on peut donc, pensons-nous, considérer comme l'interprète authentique de la portée de la Convention, on peut lire une interprétation étonnante du texte de l'article 12, selon lequel :

L'enfant doté de discernement[56]...

Discernement qui ne peut être fixé à un âge déterminé.

... doit pouvoir librement...

Être informé de l'objet du litige qui le concerne, et qui a lieu entre ses parents ; et de l'influence que son avis aura sur la décision du juge.

---

52 V. Salvi et D. Lavaux, « Proposition de loi relative aux communications électroniques en vue d'assurer une meilleure protection de la vie privée pour les "services à données de localisation" ou services de "géolocalisation" par téléphone portable », *Doc. parl.*, Chambre, 2006-2007, n° 51-2949/001 du 1er mars 2007, art. 2.2° de la loi.

53 Du 22 décembre 2008, *M.B.*, 29 décembre 2008 : « *Chaque enfant a droit au respect de son intégrité morale, physique, psychique et sexuelle.*
Chaque enfant a le droit de s'exprimer sur toute question qui le concerne ; son opinion est prise en considération, eu égard à son âge et à son discernement.
Chaque enfant a le droit de bénéficier des mesures et services qui concourent à son développement.
Dans toute décision qui le concerne, l'intérêt de l'enfant est pris en considération de manière primordiale.
La loi, le décret ou la règle visée à l'article 134 garantissent ces droits de l'enfant. »

54 Ratifiée par la Belgique le 16 décembre 1991. Le caractère directement applicable de cette disposition est controversé : la Cour de cassation de France a en effet jugé, à la suite d'un revirement spectaculaire (relaté par A. Gouttenoire *et al.*, « La Convention internationale des droits de l'enfant vingt ans après », art. 12 : droit d'expression, *Dr. famille*, n° 11, novembre 2009, n° 13) que l'article 12 était d'application directe dans plusieurs arrêts, dont Cass., 18 mai 2005, n° 02-20.613, JurisData, n° 2005-028424 : voy. A. Gouttenoire, « La Convention internationale des droits de l'enfant a, enfin, trouvé grâce aux yeux de la Cour de cassation ! », *Dr. famille*, 2005, comm., p. 156 ; et L. Francoz-Terminal, « Le nouveau régime de l'audition en justice de l'enfant concerné par une procédure judiciaire », *Dr. famille*, n° 9, septembre 2009, études, n° 2, p. 16 et les sources citées en note (3) ; A. Gouttenoire *et al.*, « La Convention internationale des droits de l'enfant vingt ans après », art. 12 : droit d'expression, *Dr. famille*, n° 11, novembre 2009, n° 25.

55 Committee on the rights of the Child, 51th session, *General comment n° 12 (2009)*, « The right of the child to be heard », Genève, 20 juillet 2009. Ci-après cité : « *Gen. Com.* ».

56 *Gen. Com.*, nos 20-21.

… par lui-même ou par un représentant…

L'enfant pouvant librement choisir d'avoir un avocat pour défendre son avis.

… participer à la décision en une matière le concernant…

Car l'écouter ne suffit pas, son avis devant avoir un poids adéquat (*due weight*) sur la décision à prendre.

… et le preneur de décision doit informer l'enfant de la décision, et lui expliquer comment il a tenu compte ou pas de son avis…

Ce droit au *feed-back*[57] est en effet essentiel dans l'esprit du Comité, et l'enfant doit donc recevoir copie de la décision motivée du juge.

… afin qu'il puisse éventuellement exercer un recours contre la décision[58].

Étant donc partie à la cause[59].

Que devient, dans le contexte que nous venons de décrire, la situation des parents du mineur?

Force est de constater qu'ils devraient, dans la perspective du Comité, changer totalement de mentalité.

Ainsi, selon le Comité:

Ils doivent considérer leurs rapports familiaux dans un esprit d'égalité entre eux et leurs enfants[60].

Cette idée a, certes, inspiré l'évolution de la rédaction de l'article 371 du Code civil: le respect dû à tout âge par les enfants à leurs parents est devenu un respect mutuel en 1995.

Mais – nous y reviendrons plus bas, car la question est capitale – la notion *d'autorité parentale* est, en elle-même, réfractaire à cette idée d'égalité: faut-il donc la faire disparaître de notre droit pour le rendre conforme à la CIDE?

Ils doivent admettre qu'ils ne sont pas les représentants naturels de l'enfant dans le cadre de son droit de donner son avis…

Il est en effet très net que, lorsque l'on parle, dans le cadre de l'article 12 de la CIDE, de désigner dans certains cas un représentant à l'enfant, ce n'est – surtout – pas aux parents que le Comité pense, mais à un avocat ou un assistant social[61].

… et que leur droit à l'information, au sujet de la teneur de l'audition de l'enfant, est très éventuel.

---

57 *Gen. Com.*, n° 45.

58 *Gen. Com.*, n°s 45-47.

59 L'article 1004/1, § 6, du Code judiciaire établit expressément l'inverse.

60 Comité des droits de l'enfant, Genève, 8-9 octobre 2009, *working group* 6, p. 1, par. 2: «*Le dialogue implique l'*égalité de position des deux protagonistes» (l'enfant et le parent).

61 La Convention européenne parle ainsi (art. 10.2) «*d'examiner la possibilité d'*étendre» la notion de représentant aux «*détenteurs des responsabilités parentales*»: c'est donc qu'ils ne sont pas naturellement considérés comme tels! Voy. aussi le *Rapport explicatif*, n°s 25 et s.

En effet, pour le Comité, il est fondamental que l'enfant puisse pouvoir jouir de la confidentialité[62] quant à ce qu'il a dit au juge.

Que faut-il penser de tout ceci ?

Il nous paraît que le législateur belge est devant une alternative très simple.

Ou bien il estime que l'interprétation que le Comité fait de l'article 12 de la CIDE est « la bonne », et alors il doit opérer une révolution copernicienne dans le droit belge.

En effet, non seulement les articles 1004/1 et 1004/2 du Code judiciaire – pourtant conçus comme étant la traduction « belge » de l'article 12 de la CIDE[63] – devraient alors être revus de fond en comble, ainsi que nous croyons l'avoir démontré ci-dessus[64], mais encore la notion d'autorité parentale devrait être abandonnée.

Elle devrait, en effet, faire place à un processus nouveau de codécision entre parents et enfants, qui reste à imaginer, afin de résoudre à l'avenir les litiges au sein des groupes familiaux.

On ne pourrait, dans la lancée, faire l'économie d'une réflexion sur la notion même d'incapacité du mineur[65].

On ne doit pas souligner, pensons-nous, combien cette réforme serait en fait une révolution par rapport à toute l'histoire du droit que nous avons brossée à gros traits ci-dessus : pour la première fois, l'idée de puissance disparaîtrait totalement du droit de l'enfance.

Ou bien il faut estimer que le Comité se trompe dans son interprétation de l'article 12 de la CIDE.

Un premier pas dans cette voie consiste à relever la caractère sciemment idéologique de la prise de position : le Comité ne se limite pas, dans son commentaire à développer, par voie d'interprétation, des corollaires d'un texte normatif auquel les États ont adhéré, il tend en fait à leur *imposer*, par le biais des organismes supranationaux – n'oublions pas qu'il est une émanation du Haut-Commissariat des Nations unies aux droits de l'homme – une vision, sa vision, des relations entre les parents et les enfants.

Cette volonté idéologique et autoritaire se retrouve exprimée très clairement par le Comité lui-même, qui a intitulé son *working group* n° 6 de sa session des

---

62 *Gen. Com.*, n° 43.

63 Voy., en ce sens, l'arrêt de la Cour constitutionnelle, n° 9/2010, du 4 février 2010, attendu B.1. Son dispositif opère également expressément un contrôle de la conformité de la disposition du Code judiciaire avec l'article 12 de la CIDE, et non seulement avec la Constitution belge.

64 Nous ne sommes pas sûr que le nouveau régime français d'audition du mineur (voy. L. Francoz-Terminal, « Le nouveau régime de l'audition en justice de l'enfant concerné par une procédure judiciaire », *Dr. famille*, n° 9, septembre 2009, études, p. 16) soit bien plus proche d'une conformité aux vues du Comité.

65 Le Kinderrechtencommissariaat (Commissariat aux droits de l'enfant) du Parlement flamand, de juin 2008, Dossier « Le droit au Droit », n° 6.5, p. 25, de la traduction française d'E. Vandenbroucke, y invite d'ailleurs clairement.

8-9 octobre 2009, tenue à Genève: *Children's Voices in the Family: Overcoming Resistance*[66], dont la teneur est conforme au titre.

Nous ne le cacherons pas: nous sommes tenants de la résistance, puisque le Comité la nomme ainsi.

Nous estimons en effet que les conceptions développées par le Comité ne sont pas conformes à l'intérêt «supérieur» de l'enfant, concept pourtant mis au centre de la phraséologie ambiante[67].

On ne regrettera évidemment pas la disparition – intervenue il y a au moins deux siècles… – de la puissance paternelle, mais bien la remise fondamentale en cause d'une inégalité de rôle entre parent éducateur et enfant éduqué[68].

Encore une fois, devons-nous abandonner l'idée même de l'autorité parentale, même conçue comme un droit-fonction, à mettre en œuvre dans l'intérêt de l'enfant[69], pour rendre, non pas égaux – ils le sont en droits – mais similaires, l'enfant et ses parents?

Mais, aussi grave, sinon plus, on doit constater que la dimension de la protection est, elle aussi, occultée dans l'idéologie du Comité, malgré quelques réserves, qui doivent être tenues plus comme des «coups de chapeau» symboliques au rôle des parents, que comme un véritable principe directeur, équivalent à celui de l'autonomie, et qui le contrebalance.

Or, selon nous, **l'enfant a droit à l'enfance**, et l'enfance, c'est avant tout l'irresponsabilité.

C'est le droit de ne pas prendre parti pour Papa contre Maman, ni pour la demande de Papa contre la demande de Maman, ni même au sujet des demandes de Papa et de Maman: peut-on, avant de prôner une intervention massive de l'enfant dans le processus décisionnel, se souvenir du sens des termes «conflits de loyauté» et de l'effet destructeur de tels conflits, quelle que soit la manière dont ils sont résolus par l'enfant[70]?

Peut-on se souvenir que l'audition de l'enfant avait été initialement placée dans l'article 931 du Code judiciaire, où elle se présentait comme une double exception: à la minorité de l'enfant, certes, mais aussi à l'interdiction pour l'enfant, même majeur, de témoigner dans un conflit qui oppose ses parents: est-ce là un principe d'une sagesse désormais désuète?

---

66 Il ne nous a pas semblé nécessaire de traduire…

67 Nous nous permettons de renvoyer le lecteur sur ce point à notre étude: A.-Ch. Van Gysel, «L'intérêt de l'enfant: mythe et réalité», *in Actualités de droit familial, le point en 2001*, CUP, vol. 49, 2001, p. 173.

68 Voy., encore une fois, sur ce point, la position très nette du Comité des droits de l'enfant, Genève, 8-9 octobre 2009, *working group* 6, p. 1, par. 2: «*Le dialogue implique l'égalité de position des deux protagonistes*» (l'enfant et le parent).

69 Cette idée, quoi qu'on en ait dit, était déjà présente en 1804: il suffit de relire les travaux préparatoires du Code civil au sujet de la tutelle pour s'en convaincre.

70 Même s'il refuse de prendre parti, le conflit de loyauté cessera-t-il d'exister dans son for intérieur?

L'enfant est immature, et donner à de jeunes enfants une influence substantielle sur les décisions qui les concernent, c'est nier tout simplement cet état de fait, en confiant au juge l'écrasante responsabilité de décider seul du degré d'influence que l'opinion de tel enfant doit avoir sur tel ou tel point du litige entre ses parents.

C'est également créer une contradiction interne capitale dans notre législation : comment, et à juste titre, vouloir séparer la justice pénale répressive des adultes, de l'aide et de la protection dont les jeunes ont besoin dans les mêmes circonstances[71] ; et vouloir en même temps donner, au civil, à ces mêmes enfants, une responsabilité décisionnelle d'adulte ?

C'est enfin sous-estimer l'existence de la manipulation, consciente ou non, de l'enfant par les adultes : certes, le Comité déclare que l'enfant ne doit pas être manipulé[72], mais on cherchera en vain les moyens qu'il aurait imaginés pour l'éviter. Or, si *les* manipulateurs ne sont peut-être pas parmi nous[73], *des* manipulateurs, eux, existent certainement…

En conclusion, que l'enfant doté de discernement[74] puisse être entendu directement par le juge, cela nous semble procéder d'une bonne méthode maïeutique pour le juge pour discerner ce qui est, *in concreto*, le mieux pour le mineur[75].

Mais qu'il soit codécideur de son éducation, cela nous semble, par contre, procéder d'une utopie, sans nul doute dans l'air du temps, mais, à notre sens, pernicieuse pour l'enfant.

Et n'est-ce pas, finalement, dans son intérêt que l'article 12 de la Convention internationale des droits de l'enfant doit être interprété ?

Cependant, le danger d'une telle interprétation existe, compte tenu de la jurisprudence de la Cour constitutionnelle sur la notion et le rôle de l'intérêt de l'enfant dans notre droit, jurisprudence que nous avons analysée – et critiquée – au chapitre relatif à la filiation.

---

71 Relevons ici que la raison pour laquelle les États-Unis sont, avec la Somalie, le seul État du monde à n'être pas partie à la Convention de 1989 est que certains États fédérés n'ont pas voulu renoncer à la peine capitale pour des personnes mineures au moment des faits.

72 *Gen. Com.*, n° 22.

73 Allusion au trop célèbre livre *Les manipulateurs sont parmi nous*, d'Isabelle Nazare-Aga.

74 Nous pensons que le Comité a raison d'écarter une limite d'âge fixe, et de laisser le juge apprécier *in concreto*, même sans appel (voy., sur ce point, l'arrêt de la Cour constitutionnelle n° 9/2010, du 4 février 2010, déclarant l'article 931, alinéa 4, du Code judiciaire conforme à la Constitution en ce qu'il ne prévoit pas de droit d'appel contre la décision du juge qui refuse d'entendre l'enfant parce qu'il le juge non doué de discernement, mais inconstitutionnel en ce qu'il ne prévoit pas de droit d'appel lorsque le juge refuse cette audition pour un autre motif [p. ex., parce que l'enfant a déjà été entendu dans une procédure antérieure]) à condition que l'on entende par enfant doté de « discernement » des (pré)adolescents, et non des enfants encore incapables de parler, comme le propose le Comité (voy. *supra*).

75 Nous avons, en effet, développé dans notre étude : « L'intérêt de l'enfant : mythe et réalité » (*Actualités de droit familial, le point en 2001*, CUP, vol. 49, 2001, p. 173) l'idée que l'intérêt de l'enfant est une *méthode*, et non un *contenu* prédéfini.

Et les paroles raisonnables du président du Comité des droits de l'enfant, M. Jean Zermatten[76], sur la notion d'intérêt de l'enfant[77] ne suffisent pas, malheureusement, à nous rassurer sur ce point.

F. La lésion subjective du mineur

Dans l'état actuel de notre droit, le mineur ne peut donc valablement accomplir lui-même qu'un nombre limité de droits, même s'ils sont très importants.

Pour les autres actes, il doit être représenté, ou au moins assisté, par ses parents ou son tuteur.

Nous verrons au point suivant comment s'articule cette représentation ou assistance.

Mais voyons tout d'abord ce qu'il se passe lorsque le mineur accomplit un acte pour lequel il est réputé incapable.

De façon remarquable, notre droit a rejeté la solution qui apparaissait à première vue logique, étant la nullité, et a instauré un régime tout à fait particulier, la **lésion subjective des mineurs**.

Celui-ci est repris dans les articles 1305 et suivants du Code civil, lesquels sont l'expression de l'adage *minor est restituitur, non tanquam minoris, sed tanquam lesus*[78].

Dès lors, le juge examinera, au cas par cas, si la convention présente un caractère avantageux pour le mineur, si celui-ci a reçu une contrepartie honnête, et qui lui est utile compte tenu de son âge et de son état de fortune.

Dans ce cas, pas de lésion et, donc, pas de rescision : l'acte sera et demeurera donc valable.

Dans le cas contraire, l'acte sera rescindé, c'est-à-dire annulé.

Et, dans cette seconde hypothèse, le mineur ne devra rendre que la partie de la contrepartie qu'il aura conservée dans son patrimoine.

C'est ce qu'exprime l'article 1312, cependant de façon pour le moins alambiquée, en ces termes :

> « *Lorsque les mineurs ou les interdits sont admis en ces qualités à se faire restituer contre leurs engagements, le remboursement de ce qui aurait été, en conséquence de ces engagements, payé pendant la minorité ou l'interdiction, ne peut en être exigé, à moins qu'il ne soit prouvé que ce qui a été payé a tourné à leur profit.* »

En conclusion, de façon paradoxale, un acte accompli par un mineur incapable, même très jeune, est en principe valide, puisqu'il l'est tant qu'il n'a pas été rescindé !

Cependant, on conçoit que les tiers préfèrent, sauf pour des transactions minimes et d'un intérêt évident – nourriture, boissons, billet de bus ou de train

---

76 J. Zermatten, *L'intérêt supérieur de l'enfant : de l'analyse littérale à la portée philosophique, working report* du Comité des droits de l'enfant de l'ONU, 3-2003.

77 Voy. la section 7 du chapitre relatif à la filiation.

78 Le mineur ne peut pas demander la rescision parce qu'il est mineur, mais parce qu'il est lésé.

– miser sur la sécurité juridique, et en conséquence traiter avec les parents, représentants légaux du mineur.

G. Typologie de la protection du mineur[79]

Puisque l'enfant est généralement incapable d'accomplir seul les actes de la vie civile, mais qu'en tant que personne juridique, il a la jouissance – c'est-à-dire la titularité – de ces droits, ce sont ses parents qui doivent les exercer pour lui, en qualité de représentants de l'enfant.

Cette représentation se divise en deux branches, en tenant compte de l'objet auquel les actes se rapportent: la personne du mineur, d'une part, son patrimoine, d'autre part.

En ce qui concerne sa **personne**, deux éléments sont essentiels: la prise de décisions relatives à la vie du mineur, qui est régie par l'**autorité parentale** – ou, alternativement et très rarement, la **tutelle** –, et la détermination de son lieu de vie, que l'on nomme l'**hébergement** du mineur.

À l'égard de son patrimoine, l'enfant est sous l'**administration légale** de ses parents – ou, alternativement, sous la **tutelle** d'un majeur – laquelle leur confère en principe la **jouissance légale** des biens de l'enfant.

Nous commencerons par l'étude du pouvoir de **prendre des décisions** à la place du mineur, tant quant à sa personne que quant à ses biens.

Ensuite, nous verrons ce qu'il en est de son **lieu de vie**.

§ 2. Autorité parentale

A. Définition et caractère général de l'autorité parentale

L'autorité parentale est le droit, pour le ou les parents, de prendre généralement toute décision relativement à la personne de l'enfant, qu'il s'agisse de son éducation, de sa santé, de ses loisirs ou de toute autre activité de l'enfant, et de le représenter en Justice et pour la conclusion d'actes juridiques au nom du mineur.

Dans un sens large, cette autorité s'exerce aussi à l'égard du patrimoine de l'enfant, mais elle prend alors plus fréquemment la dénomination spécifique d'administration légale.

Il existe de nombreux actes de natures mixtes, dont les implications sont à la fois personnelles et patrimoniales. Les règles, plus contraignantes pour les parents, de l'administration légale s'appliquent alors: nous y reviendrons plus bas.

Le champ d'application du régime de l'autorité parentale est volontairement conçu très largement, afin de constituer le droit commun de la protection du mineur en droit belge.

---

[79] Sur cette protection et ses divers volets (autorité parentale, hébergement...), voy. les développements contenus dans l'ouvrage de N. MASSAGER, *Droit familial de l'enfance*, Bruxelles, Bruylant, 2009 (599 p.).

Il suffit en effet que l'enfant ait au moins un parent en vie, capable de manifester sa volonté et non déchu de l'autorité parentale à son égard – ce qui est heureusement la très large majorité des enfants en Belgique – pour que ce parent soit titulaire de l'autorité parentale à l'égard de cet enfant.

B. Fonctionnement de l'autorité parentale

Si l'enfant n'a **qu'un seul parent**, alors ce parent exerce **seul** l'autorité parentale sur la personne du mineur.

Lorsque l'enfant a **deux parents**, ce qui représente la majorité des cas, alors se pose la question de l'exercice de cette autorité – c'est-à-dire le mode de prise de décision – entre ces deux personnes, qui, éventuellement, ne vivent plus ensemble, et peuvent être en conflit personnel ouvert.

La loi du 13 avril 1995 a défini le principe de **l'exercice conjoint** de l'autorité parentale[80].

Dès lors, à l'instar des actes qui, dans le régime matrimonial de personnes mariées, exigent la gestion conjointe des deux époux, les deux parents doivent en principe prendre **ensemble** toute décision concernant leur enfant commun.

Ce principe s'applique quel que soit le mode d'établissement de la filiation, ou la situation matrimoniale actuelle ou passée des parents, et surtout, il joue que les parents vivent ensemble ou soient séparés.

C'est – comme pour l'hébergement alterné égalitaire, que nous verrons plus bas – à la demande d'associations de pères que ce principe a été instauré, ceux-ci ne voulant plus être confinés dans un rôle de « Papa Walibi », voire de simple « tiroir-caisse ».

Ce principe est appliqué de façon quasi systématique par les tribunaux, et il est devenu très rare que l'exercice de l'autorité parentale ne soit pas conjoint.

On conçoit que c'est surtout lorsque les parents sont séparés que l'exercice conjoint de l'autorité parentale pose des problèmes.

Il est généralement admis que les décisions concernant la vie quotidienne de l'enfant, ou ceux qui requièrent une décision d'une urgence absolue, peuvent être pris par le parent qui héberge l'enfant à ce moment.

Cependant, cette exception ne trouve pas de soutien dans le texte de la loi, et l'expérience a démontré qu'en cas de conflit aigu entre les parents, il n'est quasi pas de décision, si bénigne soit-elle – percement des oreilles, excursion ou pratique épisodique d'un sport un tant soit peu dangereux, traitement d'une maladie passagère – qui ne puisse être le point de départ d'un litige.

80 Art. 374 : auparavant, c'était le parent « gardien », c'est-à-dire celui auquel un juge ou la loi avait confié la « garde » de l'enfant, ou qui, à défaut de jugement ou de dévolution légale, exerçait de fait le pouvoir de direction de l'enfant, qui jouissait du pouvoir de droit de prendre des décisions, en exerçant seul l'autorité parentale. L'hébergement et l'autorité parentale étaient donc liés, alors qu'ils sont actuellement dissociés, comme on va le voir.

Comment les décisions doivent-elles normalement se prendre entre des parents séparés ?

Entre les parents, les choses doivent se dérouler ainsi.

Le parent qui désire prendre une décision en informe l'autre parent, avant tout engagement.

Les parents en discutent ensemble, et décident conjointement de l'acte à accomplir.

Un des parents, ou les deux, l'accomplissent alors : l'exécution d'une décision conjointe préalable ne requiert nullement une intervention des deux parents, même et surtout à l'égard des tiers, comme nous allons le voir.

Les frais de ce qui a été décidé sont partagés entre les deux parents, en proportion de leurs facultés respectives, conformément à l'article 203*bis*[81].

Si les parents ne tombent pas d'accord sur la décision à prendre, le parent le plus diligent doit alors prendre l'initiative de saisir le tribunal de la famille d'un recours préventif, afin qu'il tranche le conflit[82].

Il le fera dans l'« intérêt de l'enfant », ce qui n'est pas une norme objective, mais, comme on l'a vu au chapitre sur la filiation, un principe heuristique.

Si un parent accomplit un acte sans avoir obtenu le consentement de l'autre parent, l'acte est nul, et l'autre parent peut introduire, devant le même juge, un recours curatif, qui aura pour effet de faire cesser la validité de l'acte et de le dégager de sa contribution aux frais engendrés par la décision illégale.

À l'égard des tiers, la situation est toutefois différente.

En effet, à l'égard des tiers de bonne foi, le parent qui agit seul est réputé avoir obtenu le consentement du parent qui n'est pas présent, et d'être en quelque sorte son mandataire à l'égard des tiers.

Cette règle a été mise en place pour des raisons pratiques évidentes, car les parents, même vivant ensemble, ne peuvent à tout moment se trouver tous deux présents, main dans la main, pour solliciter l'intervention d'un tiers à l'égard de leur enfant.

Ce tiers ne doit pas avoir la charge de vérifier si l'autre parent est bien d'accord, avant de conclure avec le parent qui se présente à lui.

Ce « mandat parental » peut se rapprocher du « mandat domestique » qui est à l'origine de l'article 222 du Code civil, disposition du régime primaire qui est analysée dans l'ouvrage sur le couple[83], et qui a pour teneur qu'un époux peut, seul, engager des dépenses pour satisfaire, de façon raisonnable, aux besoins du

---

81 Les frais de la vie quotidienne de l'enfant incombant au parent qui l'héberge – et qui reçoit éventuellement une contribution alimentaire pour cela –, ce qui est la suite logique de la décision unilatérale de l'engagement de ces frais, selon la pratique *contra legem* relevée ci-dessus.

82 Le recours au juge en cas de désaccord sur un acte est le principe général en cas de gestion conjointe : voy. art. 214, 215, ou 1418, analysés dans l'ouvrage sur le couple.

83 A.-Ch. Van Gysel et J. Sauvage, *Le couple, op. cit.*

mariage, les dettes résultant de ces actes liant l'autre époux par le biais d'une solidarité passive.

Il y a cependant lieu de souligner une différence importante entre les deux dispositions, au sujet de la notion de « bonne foi ».

Dans l'article 222, s'agissant de charges du ménage, la bonne foi consiste dans l'ignorance par le tiers de la séparation du couple.

Dans le cas de l'autorité parentale, comme celle-ci est exercée de façon conjointe même si les parents sont séparés, le fait que le tiers connaisse la séparation des parents n'enlève donc rien à sa bonne foi : ce qui le rend de mauvaise foi, c'est l'information, acquise par lui avant que l'acte n'ait été conclu[84], que l'autre parent n'a pas été consulté ou n'est pas d'accord sur la décision.

On se trouve donc en présence d'un chiasme entre les deux « plans », celui qui existe entre les parents, et celui qui existe à l'égard du tiers contractant.

Ce qui engendre une des nombreuses situations de « schizophrénie juridique » dont notre droit familial a le secret : un même acte est valide entre A et B (le parent contractant et le tiers), mais nul entre A et C (les deux parents).

Les conséquences financières de l'acte sont également scindées : vis-à-vis du tiers, l'acte étant valable, le parent qui n'a pas contracté est tenu par le « mandat parental »[85], et il est donc obligé à la dette ; mais entre les parents, l'acte est nul, le parent qui n'y a pas consenti ne doit donc pas contribuer à ses conséquences : s'il a été obligé de payer au tiers ce qui lui était dû, il pourra exercer un recours contributoire contre le parent fautif.

Tels sont les principes.

Leur application dans la pratique n'est toutefois pas sans dérogations sensibles.

Prenons un exemple classique, celui de l'inscription scolaire.

> Soit un enfant de 12 ans, qui doit donc être inscrit dans un établissement d'enseignement secondaire.
>
> Il est issu de deux parents séparés, entre lesquels la communication est mauvaise, et l'entente pire encore.
>
> Chaque parent a son idée quant au meilleur établissement pour l'enfant, car les parents recherchent généralement ce qu'il y a de mieux pour leur enfant, mais, malheureusement, leur avis ne concorde pas sur ce « mieux ».
>
> Après avoir vaguement – ou pas du tout – communiqué son idée à l'autre, et avoir obtenu une réponse négative, ou aucune réponse, chacun a pris contact avec le directeur de l'établissement scolaire de son choix, et y a inscrit l'enfant.
>
> Cette double décision n'est généralement communiquée à l'autre qu'après avoir été prise, et souvent *in extremis* – au mois d'août, par exemple –, ce qui donne lieu à des récriminations en sens opposé, et des recours judiciaires.
>
> Quels peuvent-ils être ?

[84] Après ce moment, l'information est tardive : *mala fide surperveniens non nocet.*

[85] L'autre aussi, naturellement, mais *ex contractu.*

Avant de les définir, notons que le parent qui a vent de l'intention de l'autre aurait pu efficacement et à peu de frais l'empêcher : il lui suffisait d'adresser au directeur de l'établissement scolaire litigieux[86] un courrier recommandé, lui signifiant son opposition, et le rendant par conséquent de mauvaise foi au moment opportun.

S'il n'a pu le faire ou ne l'a pas fait, il doit engager un recours curatif devant le tribunal de la famille, puisqu'il n'a pu introduire un recours préventif.

L'autre parent introduira sans nul doute par conclusions une action reconventionnelle tendant à faire annuler l'autre inscription.

Le juge de la chambre de la famille va donc devoir trancher les deux demandes.

Théoriquement, son rôle est aisé : les deux décisions sont nulles *inter parentes* pour défaut de consentement conjoint.

Mais, pratiquement, il ne peut prononcer cette double nullité, qui ferait que l'enfant se trouverait sans inscription aucune, dans un contexte décrétal que l'on sait tendu.

Force lui sera donc de choisir entre les deux inscriptions, dans l'intérêt de l'enfant, qu'il déterminera comme il le pourra : continuité du parcours en primaire, qualité de l'établissement et adéquation avec la personnalité de l'enfant, éventuellement audition de celui-ci...

Il annulera donc une des inscriptions et « validera » l'autre *a posteriori*.

Mais l'instruction de la cause et le jugement prendront sans doute plusieurs mois, et l'enfant ne peut d'évidence suivre deux enseignements en même temps durant des mois.

Le tribunal de la famille sera donc sans doute saisi, soit parallèlement, soit dans le même acte – qui sera une citation – d'un référé familial, basé sur l'article 1253*ter*/4, § 1er, du Code judiciaire.

Ce magistrat pourrait, certes, relever que l'urgence de la situation a été provoquée par le comportement des parents, chacun pour ce qui le concerne, et il aurait raison, mais cela ne résoudrait pas le problème qui se pose avant tout à l'enfant.

Il devra donc, en urgence, et avec des moyens d'investigation sans doute plus limités, trancher le litige au provisoire.

Cependant, même si, toujours théoriquement, la décision de référé n'a pas autorité de chose jugée à l'égard du magistrat – le même, en principe – qui tranchera le litige au fond, en pratique, il aura déjà vidé définitivement le litige de sa substance, car il est peu probable que le juge statuant au fond fasse changer l'enfant d'école en cours d'année scolaire.

Tout au plus pourrait-il prendre une décision différente pour l'année suivante... si la chose est possible au regard des règles du droit scolaire.

Quelles sont les exceptions à l'exercice conjoint de l'autorité parentale ?

Tout d'abord, une décision judiciaire ou un accord des parents – conventions préalables à divorce par consentement mutuel – pourrait établir un mode déro-

[86] Ou, éventuellement, à tous les établissements d'un même réseau et d'une même ville.

gatoire d'exercice de l'autorité parentale, soit de façon modalisée – exercice exclusif dans le domaine scolaire, ou médical… – soit de façon exclusive.

Mais ces modalisations et exercices exclusifs sont plus que rares dans la pratique.

En effet, d'une façon générale, ni l'éloignement d'un parent, ni son incarcération, ni son indifférence à l'enfant ne sont généralement retenus comme suffisants pour le priver de l'exercice de l'autorité parentale vis-à-vis de son enfant : on estime que l'exercice conjoint est précisément un moyen de le « responsabiliser » et d'empêcher qu'il soit mis à l'écart de l'éducation de l'enfant.

On pourrait, à la limite, se demander quel est encore l'espace entre les cas donnant lieu à exercice exclusif de l'autorité parentale et ceux qui entraînent une mesure protectionnelle de déchéance de cette autorité elle-même, par le tribunal de la jeunesse.

Cette juridiction, parallèle au tribunal de la famille[87], prend des mesures de protection du mineur – d'où le qualificatif de « protectionnel » – dans deux hypothèses principales : le mineur mis en danger par ses parents, et le mineur ayant commis des faits qualifiés infractions.

L'accord des parents, lorsqu'il doit être homologué par le juge, comme c'est le cas dans le divorce par consentement mutuel, n'est même pas considéré en soi comme une raison suffisante pour qu'il y ait exercice exclusif de l'autorité parentale, comme l'exemple suivant le démontre.

> Dans le cadre d'un divorce par consentement mutuel, des époux avaient convenu d'un exercice conjoint de l'autorité parentale, sauf pour un portefeuille d'actions que les parents d'un des époux avaient donné à leurs petits-enfants à titre de programmation successorale : il était convenu que ce portefeuille serait géré par le parent dont les parents avaient donné.
>
> Avis contraire du parquet, et « suggestion » du président de modifier séance tenante les conventions, qui blessaient, selon les magistrats, gravement l'intérêt de l'enfant.

Si un exercice exclusif est malgré tout décidé, l'autre parent, qui ne l'exerce plus – bien qu'il en demeure titulaire – conserve trois prérogatives :

- le droit d'entretenir des relations personnelles[88] avec l'enfant ;
- le droit d'être informé des décisions importantes concernant l'enfant, prises par l'autre parent en vertu de son droit d'exercice exclusif de l'autorité parentale ;

[87] Le tribunal de la famille et le tribunal de la jeunesse sont deux sous-sections du tribunal de la famille et de la jeunesse, lui-même section du tribunal de première instance : voy. A.-Ch. Van Gysel, *Le contentieux familial. Le Tribunal de la Famille et le Juge de paix*, dans la présente collection, Limal, Anthemis, 2017, pp. 22 et s.

[88] Sur cette notion, voy. ci-dessous. En fait, il s'agit soit d'un hébergement limité, soit, dans des cas graves – interruption du contact durant des années, violences à l'égard de l'enfant, alcoolisme, drogue – de relations organisées dans des lieux spécialisés (espaces-rencontres, en présence et sous la surveillance de tiers psychologues et assistants sociaux).

– le droit d'intenter un recours en annulation de ces décisions, dans l'intérêt de l'enfant.

C. Délégation de l'autorité parentale

En principe, seuls les parents de l'enfant peuvent être titulaires de l'autorité parentale, les autres membres de la famille ou tiers à celle-ci disposant tout au plus d'un droit aux relations personnelles, notion qui sera analysée ci-après.

La loi du 19 mars 2017 sur les accueillants familiaux[89] a cependant créé une exception à ce principe, en faisant entrer dans notre droit la notion de délégation – conventionnelle ou judiciaire – de l'autorité parentale à des tiers.

Le but premier de cette loi est le suivant : lorsqu'un mineur a été mis en danger par le comportement de ses parents, nous venons de voir qu'il peut faire l'objet de mesures protectionnelles de la part du tribunal de la jeunesse.

Parmi ces mesures se trouve le placement de l'enfant en famille d'accueil.

Ces familles, généralement composées de tiers volontaires – le placement auprès de grands-parents ou d'autres membres de la famille de l'enfant est bien entendu également possible –, hébergent et élèvent donc l'enfant durant des périodes qui peuvent être longues, et qui se prolongent parfois jusqu'à la majorité de l'enfant.

Pourtant, jusqu'à l'instauration de la nouvelle loi, ces parents d'accueil ne disposaient d'aucun droit à prendre des décisions concernant l'enfant placé chez eux, décisions que les parents ne pouvaient cependant plus prendre, soit qu'ils soient déchus de l'autorité parentale – auquel cas un tuteur de l'enfant[90] devient titulaire du droit décisionnel –, soit qu'ils soient incapables de prendre une décision adéquate en raison d'un grave dysfonctionnement social, psychologique ou autre.

Le nouveau texte permet de répondre à ce besoin, en déléguant aux familles d'accueil, pour la durée du séjour de l'enfant chez eux, tout ou partie de l'autorité parentale.

Tout d'abord, la délégation porte sur le droit de prendre les décisions relatives à la vie quotidienne de l'enfant, et les décisions graves en cas d'extrême urgence, les autres décisions « *relatives à la santé, à l'éducation, à la formation, aux loisirs et aux choix religieux ou philosophiques de l'enfant* »[91] étant prises par les parents ou le tuteur de l'enfant.

Au bout d'un an, les accueillants familiaux peuvent demander à être investis, par délégation, de l'ensemble de l'autorité parentale[92].

---

89 Art. 387*quater* à *quaterdecies* (!) C. civ. Elle est d'application depuis le 1er septembre 2017.

90 Les familles d'accueil pouvant alors être investies de la tutelle, ce qui résout le problème. Mais ce n'est pas toujours le cas.

91 Art. 387*quinquies*.

92 Art. 387*octies*.

La loi induit les parents à déléguer « volontairement » leur autorité aux familles d'accueil, auquel cas l'accord est homologué par le tribunal de la famille, mais sous la menace d'une délégation judiciaire.

En tout état de cause, les parents délégants demeurent investis des mêmes droits que le parent auquel on a retiré l'exercice de l'autorité parentale : droit d'information, de surveillance de l'éducation, de recours au tribunal et droit aux relations personnelles[93].

Selon l'article 387*terdecies*, « *[l]es droits et devoirs délégués en vue de l'exercice de l'autorité parentale et attribués aux accueillants familiaux conformément au présent chapitre s'éteignent de plein droit :*

> *1° à la majorité de l'enfant ;*
>
> *2° en cas de décès des accueillants familiaux ;*
>
> *3° en cas de décès, d'émancipation ou d'adoption de l'enfant ;*
>
> *4° s'il est mis fin au placement conformément à la réglementation applicable en matière d'aide à la jeunesse et de protection de la jeunesse* ».

D. Rapports entre le tribunal de la famille et le tribunal de la jeunesse

On relèvera que cette loi modifie aussi, à la marge, la compétence matérielle du tribunal de la famille : tout en maintenant la compétence matérielle de principe du tribunal de la famille[94] en matière d'autorité parentale, elle prévoit cependant deux exceptions, puisque :

– d'une part, selon le nouvel article 7 de la loi du 8 avril 1965 :

  « *Le tribunal de la jeunesse peut statuer sur toutes les mesures en matière d'autorité parentale visées au livre Ier, titre IX, du Code civil, pourvu qu'il y ait une* ***connexité*** *entre celles-ci et les mesures de protection de la jeunesse qui ont été ordonnées* »[95].

  Et ces mesures civiles prises par le tribunal de la jeunesse perdurent **au-delà** des mesures protectionnelles, puisque, comme l'exprime l'article 7/1, alinéa 2 :

  « *Après la fin de la mesure de protection de la jeunesse, les mesures ordonnées conformément à l'article 7 restent d'application, ou, le cas échéant, les mesures suspendues entrent de nouveau en vigueur, jusqu'à ce que les parties en conviennent autrement ou jusqu'à ce que le tribunal de la famille en décide autrement* » ;

– d'autre part, le nouvel article 7/1 de cette même loi définit enfin explicitement un principe accepté depuis longtemps, mais jusqu'ici non

---

93 Art. 387*undecies*.

94 Art. 387*septies* et s. C. civ.

95 La connexité est donc arbitrée au profit du tribunal de la jeunesse. Cette exception étant d'interprétation restrictive, il n'est pas possible de l'étendre aux obligations alimentaires (comme c'était le cas dans l'« ancien régime », antérieur à la création du tribunal de la famille en septembre 2014).

exprimé : la **primauté** des mesures **protectionnelles sur** les mesures **d'ordre civil**[96]. Il le fait en ces termes :

« *Les mesures prononcées par le tribunal de la famille en matière d'autorité parentale sont suspendues si elles sont incompatibles avec les mesures de protection de la jeunesse ordonnées, et ce, jusqu'à ce que la mesure de protection de la jeunesse prenne fin ou jusqu'à ce que le tribunal de la jeunesse en décide autrement.* »

E. Actes liés à la qualité de parents

À côté de la généralité des actes ressortissant à l'exercice de l'autorité parentale, il existe certains actes, peu nombreux, mais importants, relatifs notamment à la filiation, l'adoption ou le mariage de l'enfant, qui doivent être accomplis conjointement par les deux parents[97], indépendamment de l'exercice de l'autorité parentale :

- l'établissement de la filiation de l'enfant mineur, comme nous l'avons vu ci-dessus, au chapitre sur la filiation ;
- le changement du nom de l'enfant de celui de la mère en celui du père, également analysé ci-dessus ;
- le mariage de l'enfant mineur[98] ;
- l'adoption de l'enfant mineur[99].

Ces droits sont le plus souvent[100] susceptibles d'un recours, selon des modalités diverses[101], en cas de refus de consentement.

Il est important de souligner que ces droits ne sont pas englobés dans l'exercice de l'autorité parentale « générale », de sorte que le parent qui n'exercerait pas cette autorité en raison d'une décision de justice conserverait cependant ces droits, réduits en nombre, mais cependant fondamentaux.

F. Domicile du mineur

Le mineur est domicilié chez ses parents selon l'article 108 du Code civil.

En cas de séparation des parents, la domiciliation initiale de l'enfant ne peut être changée que du consentement des deux parents ou décision de justice : c'est un acte qui tombe en plein sous le principe de l'exercice conjoint de l'autorité parentale.

La domiciliation d'un enfant a des conséquences[102] sociales (« rang » pour les allocations familiales…) et fiscales (déduction pour enfant à charge…).

---

96 En d'autres termes, si une décision du tribunal de la famille a défini une formule d'« hébergement entre les parents », mais que, par la suite, une mesure protectionnelle de placement est ordonnée par le tribunal de la jeunesse, l'hébergement se trouve suspendu, non seulement *de facto*, mais aussi *de jure*.

97 Ou, en cas de refus de l'autre parent, par un parent et autorisation de justice.

98 Art. 145.

99 Art. 348-11.

100 Pas, cependant, on l'a vu, dans le cas du changement de nom.

101 Que nous analyserons dans le cadre du chapitre correspondant : mariage (dans l'ouvrage sur le couple), adoption (*supra*)…

102 On verra ci-dessous une conséquence civile : la possibilité pour le parent chez qui l'enfant est domicilié de faire mentionner sur son passeport qu'il ne peut franchir une frontière (art. 374/1).

La Cour constitutionnelle[103] est saisie à ce sujet de la question suivante :

> « *Les articles 132*bis *et 136 du CIR 1992, interprétés comme considérant à charge les seuls enfants qui ont leur domicile fiscal chez l'un des parents du ménage dont ils font partie, violent-ils les articles 10, 11 et 172 de la Constitution en ce qu'ils traitent différemment,*
>
> – *d'une part, les parents d'un ménage comprenant des enfants nés de lits différents, dont certains sont en garde alternée ou égalitaire et sont domiciliés dans ce ménage ; et*
>
> – *d'autre part, les parents d'un ménage comprenant des enfants nés de lits différents, dont certains sont en garde alternée ou égalitaire et ne sont pas domiciliés dans ce ménage, les premiers voyant la totalité des enfants faisant partie de leur ménage pris en compte pour le calcul de la quotité exemptée (la moitié de l'avantage fiscal correspondant aux enfants en garde égalitaire étant ensuite déduite du total), les seconds voyant uniquement les enfants domiciliés avec eux pris en compte pour le calcul de la quotité exemptée, à l'exclusion des autres enfants non communs, nés d'une autre union, (la moitié de l'avantage fiscal correspondant aux enfants en garde égalitaire étant ensuite ajoutée au total) ?* »

La Cour ne voit là aucune discrimination, car :

> « *B.6.1. Dès lors que le choix de principe posé par le législateur est de n'accorder le bénéfice de l'avantage en cause qu'à un seul contribuable et que l'aménagement de la situation fiscale des parents divorcés constitue une exception à ce choix, la solution retenue pour la répartition de l'avantage fiscal lorsque l'article 132*bis *du CIR 1992 est applicable n'est pas dénuée de justification raisonnable.*
>
> *B.6.2. La différence de traitement qui découle de cette solution lorsque d'autres enfants que les enfants communs sont présents dans l'un ou dans les deux nouveaux ménages, en ce qui concerne la prise en considération des enfants communs hébergés à mi-temps pour la détermination du montant global de la quotité exemptée d'impôt, est la conséquence logique de l'application du principe suivant lequel les enfants ne peuvent pas être fiscalement à charge de deux contribuables simultanément.* »

On relèvera aussi que le domicile de l'enfant est le point d'articulation entre l'autorité parentale – puisque c'est un acte qui en relève – et l'hébergement – puisque c'est très généralement à son domicile – qui est, pour l'un d'eux au moins, celui de l'enfant – qu'il héberge l'enfant.

[103] Arrêt n° 80/2016 du 25 mai 2016.

§ 3. Administration légale du patrimoine du mineur

A. Champ d'application de l'administration légale

Le pendant patrimonial de l'autorité parentale se nomme l'administration légale des biens du mineur.

Elle a lieu dans les mêmes conditions que l'autorité parentale, et, par conséquent, le régime alternatif, qui se nomme la tutelle[104], a lieu dans les mêmes – rares – cas.

Cependant, nous allons voir que les règles de la tutelle, qui s'appliquent peu souvent en elles-mêmes, sont d'usage courant dans l'administration légale, par le renvoi qui y est fait d'un régime à l'autre.

B. Fonctionnement de l'administration légale

L'administration légale des biens d'un enfant qui n'a **qu'un seul** parent appartient à ce **parent**.

Lorsque l'enfant a **deux parents**, l'administration légale est exercée **conjointement** par les deux parents, de la même façon, et avec les mêmes recours, que pour l'autorité parentale[105].

Cependant, la loi a jugé que le ou les administrateurs légaux devaient, dans les cas – jugés **spécialement importants** ou dangereux pour le patrimoine de l'enfant – où le tuteur ne peut agir qu'avec l'autorisation préalable du **juge de paix**[106], requérir de ce même juge la même **autorisation**.

Il s'agit des actes suivants[107] :

> « *1° aliéner les biens du mineur, hormis les fruits et objets de rebut, sauf dans le cadre de la gestion confiée à un établissement tel que visé à l'article 407, § 1er, 4° [;]* ».

S'il y a un portefeuille de valeurs mobilières, il doit donc être confié en gestion à un établissement de crédit ou un agent de change agréé, qui seul pourra faire évoluer sa composition par des ventes et achats.

S'il s'agit de vente d'immeubles, la vente doit avoir lieu publiquement, pour éviter les ententes frauduleuses au détriment du mineur. Le juge de paix peut

---

104 La tutelle concerne donc à la fois la personne et le patrimoine du mineur.

105 Voy. art. 376.

106 Art. 410.

107 Art. 378 : « *Sont subordonnés à l'autorisation du juge de paix, les actes prévus à l'article* 410, § 1er, 1° à 6° et 8° à 14°, *pour lesquels le tuteur doit requérir une autorisation spéciale du juge de paix, sous réserve de ce qui est prévu à l'article 935, alinéa 3.* » Il s'agit donc d'une dérogation, relativement importante, à la compétence matérielle du tribunal de la famille. Elle se justifie par la similarité du mécanisme avec l'autorisation des actes graves dans le régime des personnes majeures vulnérables, qui sera examiné dans le chapitre consacré à cette institution.

toutefois, si l'intérêt matériel du mineur le justifie, autoriser une vente de gré à gré sur la base d'un projet d'acte notarié[108].

« 2° emprunter ;

3° hypothéquer ou donner en gage les biens du mineur ;

4° consentir un bail à ferme, un bail commercial ou un bail à loyer de plus de neuf ans ainsi que pour renouveler un bail commercial ;

5° renoncer à une succession ou à un legs universel ou à titre universel ou l'accepter, ce qui ne pourra se faire que sous bénéfice d'inventaire ; le juge de paix peut, par une ordonnance motivée, octroyer l'autorisation d'accepter une succession, un legs universel ou à titre universel purement et simplement, compte tenu de la nature et de la consistance du patrimoine hérité et pour autant que les bénéfices soient manifestement supérieurs aux charges du patrimoine hérité[109].

6° accepter une donation ou un legs à titre particulier [;] ».

Cependant, pour éviter qu'un parent refuse une telle donation, parce qu'elle réduirait ses espérances successorales, l'article 935 du Code civil prévoit que n'importe quel autre ascendant du mineur peut accepter la libéralité.

« 8°[110] *conclure un pacte d'indivision ;*

9° acheter un bien immeuble ;

10° représenter le mineur en qualité d'héritier présomptif dans un pacte successoral autorisé par la loi, ledit pacte ne pouvant toutefois emporter, dans le chef du mineur, renonciation à des droits dans une succession non ouverte ;

11° transiger ou conclure une convention d'arbitrage ;

12° continuer un commerce recueilli dans une succession légale ou testamentaire. L'administration du commerce peut être confiée à un administrateur spécial sous le contrôle du tuteur. Le juge de paix peut à tout moment retirer son autorisation ;

13° aliéner des souvenirs et autres objets à caractère personnel, même s'il s'agit d'objets de peu de valeur[111] *;*

14° disposer des biens frappés d'indisponibilité en application d'une décision prise en vertu de l'article 379, en application de l'article 776 [...].»

Lorsque des capitaux reviennent à un mineur, dans une succession ou par vente d'un de ses biens, le capital en est bloqué sur un compte à son nom, jusqu'à sa majorité[112].

Les parents en ont les intérêts au titre de la jouissance légale, comme nous allons le voir ci-dessous, mais ils n'ont accès au capital qu'avec l'autorisation du mineur.

---

108 Art. 1193 et s. C. jud.

109 Cette autorisation spéciale est une transposition du régime des personnes majeures vulnérables.

110 La représentation du mineur en justice (art. 410, 7°) ne requiert pas, dans l'administration légale, l'autorisation du juge de paix, mais, en cas de conflit d'intérêts, un tuteur *ad hoc* est désigné pour représenter l'enfant.

111 Le mineur doté de discernement doit être entendu, s'il le souhaite, sur cette demande d'autorisation.

112 Art. 379 et 776.

§ 4. La jouissance légale

Les parents disposent d'un **usufruit légal**, nommé la **jouissance légale**, sur les biens appartenant à leurs enfants mineurs.

Il leur est conféré comme un incitant à bien les gérer et les faire fructifier.

Ils peuvent donc les utiliser et percevoir les revenus et intérêts que ces biens génèrent[113], à charge pour eux cependant d'affecter prioritairement ces revenus aux besoins de l'enfant[114].

La jouissance légale étant un avantage pour les parents, un tiers pourrait léguer ou donner un bien à un mineur, avec stipulation expresse que les parents ne jouiront pas des revenus dudit bien.

Mais il ne pourrait valablement les priver de l'administration légale, qui est un droit-fonction, conçu dans l'intérêt du mineur.

Notons que la personne qui est exclue d'une succession pour indignité, ayant tué son auteur, et qui voit son propre enfant lui être successoralement substitué, est déchu de la jouissance légale sur ces biens, qu'il ne pourra d'ailleurs jamais hériter, ni directement ni indirectement[115].

Relevons que le tuteur n'a pas la jouissance légale des biens de son pupille.

§ 5. La tutelle et ses dérives

A. Une institution devenue rare

Lorsque la filiation de l'enfant est établie à l'égard d'au moins un de ses parents – très généralement la mère, pour les raisons que nous avons décrites au chapitre relatif à la filiation –, que ce parent est vivant et n'est pas lui-même incapable ou déchu de l'autorité parentale, alors l'enfant se trouve sous l'autorité parentale de ce ou de ces parents.

S'il n'a pas ou plus aucun parent en état d'exercer l'autorité parentale sur sa personne, alors il sera placé sous le régime de la tutelle.

Ce dernier régime est donc extrêmement rare, ce qui ne veut pas dire qu'il est sans utilité, comme on l'a vu plus haut, en ce qui concerne l'administration légale.

En réalité, il est devenu tel en 2001. Auparavant, le principe était inverse : l'enfant n'était sous autorité parentale que s'il avait deux parents en vie et capables,

---

113 Art. 384.

114 Art. 386, 2° : « *Les charges de cette jouissance seront :*
1° celles auxquelles sont tenus les usufruitiers ;
2° l'entretien, l'éducation et la formation adéquate des enfants, selon leur fortune ;
3° le paiement des arrérages ou intérêts des capitaux ;
4° les frais funéraires et ceux de dernière maladie. »

115 Art. 730.

et dans le régime de la tutelle[116] dans tous les autres cas, qui étaient, dès lors, bien plus fréquents.

Pour ces raisons, la tutelle est devenue une institution rarement appliquée dans notre société : enfant trouvé, enfant orphelin de père et de mère, ou dont le parent unique a été déchu de l'autorité parentale à son égard par une mesure protectionnelle[117]…

Nous ne lui consacrerons donc que de brefs développements.

Elle est régie par les articles 389 et suivants du Code civil, et 1232 et suivants du Code judiciaire, tels que réformés par la loi du 29 avril 2001 et la loi dite « réparatrice » du 13 février 2003, et encore par les lois des 10 avril 2010 et 6 juillet 2017.

Cette réforme a, en plus de la restriction du champ d'application de la tutelle, assez fondamentalement changé le visage de l'institution, notamment en supprimant le conseil de famille, qui était le seul organe qui témoignait explicitement de l'existence de la notion de famille en droit belge, mais qui était, au vrai, très inefficace.

B. Les organes de la tutelle

Les organes de la tutelle sont :

- le tuteur ;
- le subrogé tuteur ;
- le juge de paix ;
- le procureur du Roi ;
- le pupille.

Voyons le fonctionnement de la tutelle en décrivant le rôle de chacun de ses organes.

1) Le tuteur

Le tuteur est le moteur de la tutelle : il représente la personne et administre les biens de l'enfant.

Il peut avoir été désigné par ses père et mère, ou le dernier survivant des deux, par déclaration faite devant le juge de paix ou devant notaire.

Sinon, il est désigné par le juge de paix, le mineur de plus de 12 ans, ses grands-parents, frères et sœurs majeurs, oncles et tantes préalablement entendus.

Le juge de paix peut, dans des circonstances exceptionnelles, désigner deux tuteurs, l'un pour la personne, l'autre pour le patrimoine du mineur.

---

116 Le parent unique étant alors en principe tuteur de droit de l'enfant.

117 Dans ce cas, la déchéance de l'autorité parentale prononcée par le tribunal de la jeunesse entraîne l'application des règles particulières de la protutelle, organisée par la loi du 8 avril 1965 sur la protection de la jeunesse.

Le tuteur désigné peut toujours refuser la tutelle[118], ou demander à en être déchargé pour motifs légitimes d'âge ou de santé.

Quant au mineur – nommé pupille par rapport au tuteur –, il est hébergé et éduqué par le tuteur, et il est domicilié chez lui.

Il fait au juge de paix un rapport annuel sur l'épanouissement personnel du mineur.

L'enfant de plus de 12 ans ou le subrogé tuteur peuvent exercer un recours contre ses actes, s'ils estiment qu'ils ne sont pas dans l'intérêt du pupille.

Quant au patrimoine du pupille, le tuteur l'administre en bon père de famille, sous sa responsabilité civile.

Il dispose d'un budget pour les frais de l'enfant, fixé annuellement par le juge de paix.

L'étendue de ses pouvoirs dépend du type d'acte :

- pour la généralité des actes, il agit librement – sauf si le juge de paix a « balisé » sa mission en fixant des conditions particulières[119] –, sous la surveillance du subrogé tuteur et celle du pupille, qui peut faire recours devant le juge de paix s'il a plus de 15 ans ;
- pour la réception et quittance de capitaux échus au mineur, l'article 409 exige le contreseing du subrogé tuteur ;
- certains actes, jugés graves, et dont nous avons détaillé la liste ci-dessus à la section relative à l'administration légale, ne peuvent être accomplis que sur autorisation préalable du juge de paix. Pour la tutelle s'y ajoute le pouvoir de « *représenter le mineur en justice comme demandeur dans les autres procédures et actes que ceux prévus aux articles 1150, 1180-1° et 1206 du Code judiciaire ; toutefois, aucune autorisation n'est requise pour une constitution de partie civile* » ;
- et, enfin, certains actes lui sont tout simplement interdits : acquérir les biens du mineur (sauf dans un partage familial) ou les prendre à bail (sauf autorisation du juge de paix), accomplir des actes strictement personnels au pupille (filiation, adoption, mariage), créer un nouveau commerce au nom de l'enfant, appauvrir le mineur sans contrepartie : donation des biens du mineur, cautionnement…

Les actes accomplis en contravention des dispositions légales sont nuls de droit – sans qu'il soit besoin de prouver que les intérêts du mineur ont été lésés, mais de nullité relative, ce qui signifie que seul le mineur pourra demander cette nullité.

Le tuteur doit rendre compte de sa gestion chaque année au juge de paix, au subrogé tuteur et au mineur âgé de 15 ans[120] (art. 413 C. civ.).

---

118 Art. 396.

119 Désignation de l'établissement bancaire où sont ouverts les comptes du mineur…

120 Art. 413.

Dans le mois de la cessation de la tutelle, il doit rendre à son ancien pupille, devant le juge de paix, un compte global et définitif, lequel, s'il est approuvé, emporte décharge du tuteur[121].

La responsabilité du tuteur pour les actes de sa tutelle se prescrit par cinq ans, à dater de la majorité du pupille[122], même si les fonctions du tuteur ont pris fin avant ce moment, par exemple, parce qu'il a été destitué pour mauvaise gestion[123].

2) Le subrogé tuteur

Le subrogé tuteur est à la fois la mouche du coche et le factotum de la tutelle : son rôle premier est de contrôler les actes accomplis par le tuteur.

Il représente aussi le pupille lorsque le tuteur et le pupille ont des intérêts opposés pour un acte.

Il est nommé par le juge de paix[124].

3) Le juge de paix

Si le subrogé tuteur est un contrôleur général de la tutelle, le juge de paix en est le décideur principal et l'homme-orchestre : il nomme – et destitue – le tuteur et le subrogé tuteur, autorise le tuteur à passer les actes graves, fixe le budget de la tutelle et les conditions de gestion qu'il estime opportunes, reçoit les comptes, etc.

Il s'agit du juge de paix du domicile du mineur au jour de l'ouverture de la tutelle.

En principe, le for tutélaire est permanent, afin de constituer un dossier unique au nom du pupille, mais, si l'intérêt de l'enfant l'exige, le dossier peut être transféré au juge de paix du domicile actuel du tuteur.

L'appel des décisions du juge de paix est porté devant le tribunal de la famille.

4) Le procureur du Roi

Le procureur du Roi joue un rôle de « contrôleur en second » de la tutelle en général.

Il peut provoquer l'ouverture de la tutelle s'il constate que les conditions en sont remplies – par exemple, si le parent unique d'un enfant devient, à la suite d'un accident, incapable d'exercer l'autorité parentale et l'administration légale – et que personne ne saisit le juge de paix.

Il reçoit, d'une part, notification de toutes les décisions prises par le juge de paix dans le cadre de la tutelle, et, d'autre part, les doléances du pupille s'il a plus

121 Art. 415 et 416.
122 Art. 419.
123 Art. 398 et 399.
124 Art. 402.

de 12 ans (actes concernant sa personne) ou 15 ans (actes concernant son patrimoine), et peut donc saisir le juge de paix de toute demande, même de destitution du tuteur, de nature à remédier à un mauvais fonctionnement de la tutelle.

5) Le pupille

Le pupille[125] – étant le mineur sous tutelle – n'est plus, depuis les dernières réformes, le sujet passif de sa propre tutelle.

À partir de 12 ans, il est consulté pour la désignation du tuteur, et il doit être entendu pour toute question concernant sa personne ; il peut se plaindre au procureur du Roi de problèmes liés au mauvais exercice de la tutelle sur sa personne.

À partir de 15 ans, il peut faire de même pour tout ce qui concerne la gestion de son patrimoine.

Le mineur est de droit domicilié chez son tuteur[126].

C. La tutelle officieuse

En 1969, le législateur avait créé une institution particulière de bienfaisance : la tutelle officieuse.

Son but et son fonctionnement sont les suivants :

> « *Lorsqu'une personne âgée d'au moins 25 ans s'engage à entretenir un enfant mineur non émancipé, à l'élever et à le mettre en état de gagner sa vie, elle peut devenir son tuteur officieux, moyennant l'accord de ceux dont le consentement est requis pour l'adoption des mineurs.* »[127]
>
> « *Le tuteur officieux administre les biens de son pupille sans en avoir la jouissance et sans pouvoir imputer les dépenses d'entretien sur les revenus du mineur.*
>
> *Il exerce également le droit de garde*[128] *sur le pupille pour autant que ce dernier ait sa résidence habituelle avec lui.* »[129]
>
> « *Pour le surplus, la tutelle officieuse ne déroge pas aux règles relatives à l'exercice des droits et obligations découlant de l'autorité parentale ou de la tutelle et notamment au droit de consentir au mariage, à l'adoption ou à l'adoption plénière du mineur et de requérir son émancipation.* »
>
> « *La tutelle officieuse prend fin à la majorité du pupille. Néanmoins, si à ce moment le pupille ne se trouve pas en état de gagner sa vie, le tuteur officieux*

---

125 Du latin *pupa*, poupée, étymologie devenue fausse, donc. Le terme identique, en ophtalmologie, tire son origine de ce que l'observateur qui regarde l'œil d'autrui se voit lui-même en réduction, comme une poupée, dans la pupille noire de cet œil.

126 Art. 108.

127 Art. 475*bis*.

128 Terminologie inadaptée, mais on ne voit pas bien ce que ce terme recouvre – sinon l'hébergement, mais c'est un truisme – compte tenu du fait que les parents ou le tuteur conservent leur pouvoirs.

129 Art. 457*quater*.

peut être condamné par le tribunal de la jeunesse à l'indemniser. Cette indemnité se résout en secours propre à lui procurer un métier sans préjudice des conventions qui auraient été faites en prévision de ce cas.»[130]

Elle se termine aussi par le décès du tuteur officieux ou la majorité de l'enfant.

La convention de tutelle officieuse est dressée par un notaire ou un juge de paix[131], et doit être homologuée par le tribunal de la famille avant d'entrer en vigueur.

Cette institution subsiste sur le papier, dans les articles 475*bis* et suivants du Code civil, mais elle n'est en pratique jamais employée[132].

Elle pourrait, peut-être, fournir la base, *de lege ferenda*, à un statut du compagnon du père ou de la mère, à moins que le législateur préfère s'inspirer du modèle de la délégation d'autorité parentale.

D. Les mineurs non accompagnés (MENA)

Notre pays fait par ailleurs depuis quelques années face à un phénomène inquiétant : l'apparition, sur son territoire, de mineurs étrangers non accompagnés d'un majeur, en acronyme MENA.

Leur protection, par le biais d'une tutelle spéciale, est organisée par divers textes, dont les lois du 24 décembre 2002, du 12 septembre 2011 et du 12 mai 2014.

Le MENA est défini par la loi comme étant une personne :

- de moins de 18 ans ;
- non accompagnée par une personne exerçant l'autorité parentale ou la tutelle ;
- ressortissante d'un pays non membre de l'Espace économique européen (EEE) ;
- et étant dans une des situations suivantes :
  - soit ayant demandé la reconnaissance de la qualité de réfugié,
  - soit ne satisfaisant pas aux conditions d'accès au territoire et de séjour déterminées par les lois sur l'accès au territoire, le séjour, l'établissement et l'éloignement des étrangers.

Le tuteur, qui est prioritairement la personne qui s'occupe du mineur au quotidien[133], a notamment pour mission de tenter de rechercher les parents de l'enfant.

---

130 Art. 475*quinquies*. On conçoit que cette obligation de résultat ne doit pas inciter beaucoup de personnes à se porter candidates à la tutelle officieuse…

131 Art. 475*ter*.

132 Voy. cependant un cas : Civ. Gand (jeun.), 8 mai 2008, *Tijds. Fam.*, 2009, p. 31, note R. VASSEUR.

133 Civ. Bruxelles (réf.), 22 mars 2007, *J.D.J.*, 2007, liv. 264, p. 38, note H. OWANDJI.

E. La tutelle *ad hoc*

Dans certains cas, le ou les représentants de l'enfant ne peuvent agir, car ils sont dans un conflit d'intérêts, au moins potentiel, avec l'enfant.

Dans ce cas, la loi prévoit qu'il sera temporairement remplacé par une tierce personne, le tuteur *ad hoc*[134], le temps d'accomplir l'acte.

Ce tuteur est désigné par le juge saisi de la demande principale.

Ainsi, dans l'article 331*sexies* (filiation) : « *[à] défaut de représentant légal, ou en cas d'opposition d'intérêts, il est représenté par un tuteur* ad hoc *désigné selon le cas, par le tribunal de la famille ou le juge de paix à la requête de tout intéressé ou du procureur du Roi* » ; et dans l'article 378 (administration légale) : « *[e]n cas d'opposition d'intérêts entre l'enfant et*[135] *ses père et mère, le juge de paix désigne un tuteur* ad hoc *soit à la requête de tout intéressé, soit d'office* ».

§ 6. L'émancipation

A. Un régime rare d'assistance

L'émancipation, régie par les articles 476 et suivants du Code civil, est un régime **d'assistance**, intermédiaire dans sa conception – et dans le temps – entre la représentation de l'enfant par les parents ou le tuteur, et la pleine capacité du majeur.

Elle est très rare en pratique, tant en raison de l'abaissement à 18 ans de l'âge de la majorité survenue en 1991, que de l'élargissement du champ de la capacité résiduelle du mineur, que nous avons décrite ci-avant.

B. Causes d'émancipation

L'émancipation a lieu pour deux causes :

- soit de plein droit par le mariage d'un mineur[136] ;
- soit par un jugement spécial du tribunal de la jeunesse, rendu sur demande du mineur, de ses parents, de son tuteur, ou d'un parent jusqu'au 4e degré.

Un curateur est alors désigné pour assister le mineur, ce qui signifie que le mineur choisira lui-même d'accomplir ou non tel ou tel acte, qu'il l'accomplira lui-même, mais que, dans certains cas, le curateur devra donner son autorisation – sous forme d'un contreseing – à cet acte.

Si un des époux est majeur, la loi désigne d'office cet époux comme curateur.

Sinon, le tribunal de la famille désignera le ou les – cas du couple de mineurs – curateurs.

---

134 En latin « pour cela », ce qui signifie « dont les pouvoirs sont limités à un acte particulier ».

135 S'il n'y a conflit d'intérêts qu'avec un seul, l'autre peut représenter l'enfant avec l'autorisation du juge de paix.

136 Ce mariage requiert une autorisation du tribunal de la famille, comme exposé dans l'ouvrage sur le couple.

C. Fonctionnement de la curatelle

Le mineur émancipé est assimilé à un **majeur** pour ce qui est de sa **personne**: il peut librement choisir son domicile, ses études ou sa profession, divorcer…

Les articles 481 et suivants définissent la capacité du mineur quant à son **patrimoine**.

Les actes se partagent en quatre catégories:

- ceux que le mineur peut accomplir **seul** (baux de moins de neuf ans, perception et dépense de ses revenus…);
- ceux pour lesquels il agit lui-même, mais avec l'**assistance** nécessaire de son curateur (approbation des comptes de tutelle[137], réception d'un capital, achat d'un immeuble à l'aide de capitaux…);
- ceux pour lesquels il doit demander **l'autorisation préalable du juge de paix** (tous ceux qui ne font pas partie des trois autres catégories);
- et, enfin, ceux qui lui sont **interdits**, comme la donation entre vifs (mais il peut faire un testament pour la moitié de ses biens, s'il a plus de 16 ans[138]).

La **sanction** des actes accomplis en contravention aux règles qui précèdent constitue aussi une «riposte graduelle».

Les actes interdits ou soumis à l'autorisation préalable du juge de paix sont frappés de nullité, lorsque l'autorisation n'a pas été demandée ou lorsqu'ils sont irrégulièrement accomplis par le mineur émancipé.

Les actes soumis à l'assistance du curateur sont rescindables pour lésion lorsqu'ils sont accomplis par le mineur seul.

Enfin, les actes que le mineur émancipé peut accomplir seul sont placés sous un régime spécial: ils sont «réductibles pour excès» afin de protéger le mineur.

Le juge tient compte de son état de fortune, de la bonne ou mauvaise foi du tiers contractant, et de l'utilité ou non de la dépense pour le mineur[139].

La sanction suprême est la révocation de l'émancipation pour immaturité démontrée dans la gestion de son patrimoine, le mineur rentrant alors sous l'autorité parentale ou la tutelle, jusqu'à sa majorité[140].

§ 7. L'hébergement du mineur

A. L'hébergement du mineur, historique, notion et principes

Passons des questions relatives à la prise de décision pour ou avec le mineur, que nous avons traitées ci-dessus, à celles de l'**hébergement**[141], c'est-à-dire du **lieu de vie** de l'enfant.

---

137 Si le tuteur devient, comme souvent, curateur, il faudra désigner un curateur *ad hoc* pour cet acte.

138 Art. 904.

139 Art. 484, al. 2.

140 Art. 485 et 486.

141 Le choix du terme par le législateur a paru curieux au départ, comme si les parents étaient des «hébergistes», chez qui l'enfant séjournerait temporairement…

Si les parents vivent ensemble, l'enfant est domicilié et réside naturellement avec eux.

S'ils sont séparés, l'enfant vivra durant certaines périodes avec l'un des parents, et durant les autres périodes, chez l'autre parent : il sera donc hébergé par l'un et par l'autre.

Mais comment déterminer la meilleure « formule » de répartition des périodes d'hébergement ?

Auparavant – c'est-à-dire avant 1995 –, il n'existait aucune règle légale.

La jurisprudence avait donc déterminé une répartition « classique » : la « garde » – c'est-à-dire, à l'époque, à la fois l'hébergement principal de l'enfant et le droit de prendre les décisions pour lui –, était attribuée à l'un des parents (très majoritairement la mère), et un « droit de visite », en fait, un hébergement limité, à l'autre (généralement le père), durant la moitié des vacances et la moitié des week-ends.

Cette formule était devenue, en 1995, à la suite de la réforme de l'autorité parentale, un hébergement « principal » et un hébergement « subsidiaire ».

Mais cette répartition présente l'inconvénient de confiner un des parents dans des périodes ludiques, certes propices à ces contacts intenses avec l'enfant, mais qui ne permettent pas d'associer ce parent à la vie quotidienne, notamment scolaire, de l'enfant : c'est ce que l'on appelait le syndrome du « Papa Walibi », ou, vu sous un autre angle, du « Père Noël » et de la « Mère Fouettard ».

Divers mouvements, notamment de pères, ont donc revendiqué le principe de **l'hébergement alterné égalitaire** de même durée chez les deux parents.

Il a été consacré par la loi du 18 juillet 2006 et constitue donc depuis lors le *jus quod est*.

Un accord des parents ou une décision de justice peut cependant faire préférer, dans l'intérêt de l'enfant – car le droit d'hébergement est le type même du droit-fonction, accordé au profit, non de son titulaire, mais d'un tiers, ici l'enfant – une autre formule, comme celle dite « 5-9 »[142], qui permet de concilier un hébergement étendu par les deux parents, tout en conservant un « port d'attache » prépondérant pour l'enfant, sans cependant tomber dans la dichotomie trop marquée de la formule dite « classique », mais devenue très rare.

La jurisprudence, attentive au principe, n'en a cependant pas fait un dogme jurisprudentiel comme c'est pratiquement le cas pour l'exercice conjoint de l'autorité parentale, et des considérations pratiques : enfant en très bas âge, parents vivant à des endroits très éloignés[143]… justifient des formules plus imaginatives[144].

142 Sur une période de deux semaines, un parent héberge l'enfant cinq jours (dont un week-end) et l'autre neuf jours.

143 L'enfant devant fréquenter le même établissement scolaire, qu'il soit chez l'un ou chez l'autre…

144 Pour un jeune enfant, des visites courtes, mais fréquentes, l'enfant étant en phase d'« intégration » des figures parentales. Pour des parents vivant dans des pays différents, un hébergement prépondérant durant les périodes de vacances et des contacts réguliers par vidéoconférence à présent aisés.

On peut toutefois toujours s'interroger sur le fondement d'un principe qui tire de **l'égalité des parents** une présomption d'adéquation à **l'intérêt de l'enfant** ; comme, il est vrai, on peut également s'interroger sur les motivations profondes des parents qui revendiquent[145] ou s'opposent[146] à l'hébergement alterné égalitaire.

B. Modes d'investigation du juge pour discerner l'intérêt de l'enfant

Ainsi qu'il a été décrit ci-avant, il y a dans notre droit de nombreux cas (filiation, adoption, vente de souvenirs de famille…) où l'avis ou le consentement de l'enfant sont obligatoires pour prendre certains actes le concernant.

Dans ces cas, le juge doit naturellement, que l'enfant soit ou non formellement partie à la procédure, le convoquer et l'entendre en personne.

Cette audition lui donnera des informations précieuses quant à la décision qu'il doit prendre.

Mais, pour tous les autres actes concernant l'enfant, il manque généralement d'éléments pour déterminer quel est, en la circonstance, ce qui sert le mieux l'intérêt de l'enfant.

Or le principe général de droit qu'est **l'intérêt de l'enfant**, inscrit dans l'article 22*bis* de la Constitution, est, selon nous[147], essentiellement un principe heuristique : il n'a pas de contenu objectif préalable qui puisse être identifié ; et il ne se réalise réellement que dans la démarche qui tend à le déterminer[148].

Comment le magistrat peut-il donc appréhender une réalité que l'on « *ne peut pas voir depuis le siège du juge* »[149] ?

Certes, les dossiers des parents apportent au juge des éléments tangibles importants et une argumentation, mais, malheureusement, ils sont contradictoires, sans quoi il ne serait généralement pas saisi.

Trois modes principaux[150] d'investigations ont été développés dans le but de mieux cerner l'intérêt de l'enfant.

---

145 Nous avons, au chapitre relatif à la filiation, lorsque nous avons parlé des facteurs déterminant le montant de la contribution alimentaire, évoqué les parents – généralement, des pères – qui revendiquent un hébergement alterné égalitaire avec le secret – et faux, si les facultés des parents sont différentes – espoir d'échapper ainsi au paiement d'une contribution alimentaire monétaire.

146 La longueur de l'allaitement maternel semble ainsi parfois corrélée avec l'intensité du conflit entre les parents du très jeune enfant…

147 Voy. A.-Ch. Van Gysel, « L'intérêt de l'enfant : mythe et réalité », *in Actualités de droit familial, le point en 2001*, CUP, vol. 49, 2001, p. 173.

148 Voy. les développements contenus dans la section 10 du chapitre relatif à la filiation.

149 Fr. Kafka, *Le Procès*.

150 Il y en a d'autres : ainsi, si les relations entre un parent et l'enfant ont lieu dans un espace-rencontre, il peut être demandé aux responsables de cette structure d'établir un rapport sur ces relations qu'ils surveillent.

1) L'audition de l'enfant par le juge[151]

Ce mode est la traduction – pour le moins particulière, si l'on s'en réfère au rapport du Comité des droits de l'enfant…[152] – en droit belge du principe contenu dans l'article 12 de la CIDE : dès qu'il est doté de discernement, l'enfant doit pouvoir exprimer sa volonté dans les causes qui opposent ses parents et qui le concernent.

Elle est actuellement contenue dans les articles 1004/1 et 1004/2 du Code judiciaire, qui en font **à la fois un droit pour l'enfant et un mode d'investigation pour le juge**.

L'article 1004 du Code judiciaire fait une synthèse – relativement heureuse – de l'ancien article 931 et de l'article 56*bis* de la loi sur la protection de la jeunesse, en écartant certaines dérives qui avaient pu se produire.

Son texte est le suivant – pour éviter d'« éclater » ce texte, nous avons préféré placer nos commentaires en notes de bas de page, quitte à rendre celles-ci un peu « épaisses » :

> « *§ 1. Tout mineur a le droit d'être entendu par un juge dans les matières qui le concernent relatives à l'exercice de l'autorité parentale, à l'hébergement ainsi qu'au droit aux relations personnelles*[153]*. Il a le droit de refuser d'être entendu*[154].
>
> *§ 2. Le mineur de moins de douze ans*[155] *est entendu à sa demande, à la demande des parties, du ministère public ou d'office par le juge. Le juge peut, par décision motivée par les circonstances de la cause, refuser d'entendre le mineur de moins de douze ans, sauf lorsque la demande émane de ce dernier ou du ministère public. La décision de refus n'est pas susceptible de recours.*
>
> *§ 3. Le mineur qui a atteint l'âge de douze ans est informé par le juge de son droit à être entendu conformément à l'article 1004/2. Un formulaire de réponse est joint à cette information.*

---

[151] Voy. *Le contentieux familial. Le Tribunal de la Famille et le Juge de paix*, Limal, Anthemis, 2017, pp. 115 et s., partie rédigée par Alain-Charles Van Gysel et Emmanuelle Diskeuve, juge au tribunal de la famille de Namur.

[152] Voy. ci-avant la conception que ce Comité se fait de la notion de minorité.

[153] Il y avait une incertitude sur le point de savoir si des éléments d'ordre économique, comme la contribution alimentaire ou l'attribution du logement familial à l'un de ses parents en jouissance, pouvaient faire l'objet d'une audition du mineur : le législateur tranche nettement pour la négative. Par contre, lorsqu'il s'agit d'actes relatifs à son propre patrimoine, l'enfant de plus de 15 ans non seulement peut, mais doit, être entendu : art. 405 et 407 C. civ., voy. ci-dessus.

[154] L'audition est donc conçue plus nettement comme un droit du mineur, plus que comme un instrument d'instruction inquisitoire dans les mains du juge, même s'il peut prendre l'initiative de demander l'audition, que l'enfant peut alors refuser.

[155] C'était la limite temporelle fixée par l'article 56*bis* de la loi sur la protection de la jeunesse, au-delà de laquelle l'enfant devait obligatoirement être entendu. La réforme supprime cette obligation, mais conserve l'âge de 12 ans, comme faisant présumer le discernement dans le chef de l'enfant. Les demandes d'audition d'enfants de moins de 12 ans restent cependant assez rares malgré les nouvelles dispositions (sauf dans le cas de fratrie dont l'aîné a plus de 12 ans). Dans la pratique, le magistrat peut préférer attendre l'audience d'introduction pour débattre de l'opportunité de cette audition en présence des parties et avec l'avis du ministère public.

§ 4. Si le mineur a déjà été entendu au cours de la procédure ou dans une instance précédente, même devant un autre tribunal, le juge peut ne pas accéder à la demande si aucun élément nouveau ne la justifie[156]*.*

§ 5. Le juge[157] *entend le mineur en un lieu qu'il considère comme approprié*[158]*. À moins que le juge n'y déroge par une décision motivée, l'entretien a lieu hors la présence de quiconque*[159]*.*

Le rapport de l'entretien est joint au dossier de la procédure[160]*. Il relate les dires du mineur*[161]*. Le mineur est informé que les parties pourront prendre connaissance du rapport*[162]*. Il lui en est fait lecture.*

Le rapport n'est pas signé par le mineur[163]*. Si, au cours de l'entretien, le juge estime que le mineur n'a pas le discernement nécessaire, il l'indique dans le rapport*[164]*.*

---

156 Mais comment peut-il savoir si aucun élément n'est intervenu dans la vie de l'enfant, s'il ne l'entend pas ?

157 La possibilité d'une audition par un tiers – psychologue, assistant social – est donc supprimée.

158 Généralement son bureau, l'audition ayant lieu sans toge.

159 Ceci devrait en principe écarter toute controverse sur la présence du greffier, du parquet, d'un avocat de l'enfant, d'un « tiers protecteur » de l'enfant et, bien entendu – il n'y a jamais eu contestation sur ce point –, des parents et de leurs conseils. Cependant, la question de la tenue de l'entretien « hors de la présence de quiconque » suscite de nombreux débats, et les pratiques sont manifestement très variées.

Dans certains tribunaux, l'habitude était déjà prise par le magistrat de recevoir l'enfant seul, hors la présence du greffier. Dans d'autres tribunaux, le greffier est toujours présent lors des auditions d'enfant. Il arrive également dans certaines juridictions que le magistrat convoque l'enfant lors des audiences d'introduction ou de plaidoiries, et procède à son audition entre deux débats, en présence du greffier et du ministère public.

L'interprétation de la nouvelle disposition reste donc, dans la pratique, controversée. Certaines juridictions considèrent en effet que cet article ne peut déroger à la disposition de l'article 168 du Code judiciaire, laquelle précise que « *le greffier [...] assiste en qualité de greffier les magistrats dans les actes de son ministère* ». Outre la question de la procédure, le principe de l'audition par le juge « seul » donnerait à celui-ci un pouvoir considéré par certains comme excessif et présentant des risques (responsabilité, erreurs, interprétation...).

160 Ce qui signifie, selon nous, bien que la loi ne parle que de prise de connaissance du rapport, que les parties – et leurs conseils – pourront désormais en prendre copie : rien ne l'interdit plus en effet, et, dans le silence de la loi, on ne voit pas comment on pourrait empêcher une partie d'obtenir une copie d'une pièce du dossier. Rappelons que l'article 931 du Code judiciaire, dans sa version d'avant la réforme, prévoyait que les parties pouvaient en prendre connaissance au greffe, mais non en demander copie, ce qui contraignait les avocats à de fastidieux « recopiages », et ne limitait en rien les « retours de flamme » que pouvait connaître l'enfant qui avait formulé des reproches vis-à-vis d'un de ses parents. À la suite de ces nouvelles dispositions, et malgré certaines réticences initiales issues de l'expérience et de la pratique anciennes, le greffe délivre à présent une copie de ce rapport à la demande des parties ou de leurs avocats.

161 Le juge ne peut donc pas omettre une partie de ce que l'enfant lui dit, ce que faisaient certains juges, sous prétexte d'une confidentialité qui romprait gravement le principe du contradictoire, au détriment des parents.

162 L'enfant est donc averti qu'il ne pourra faire des confidences au juge, qui resteraient ignorées de ses parents.

163 Ce n'est, en effet, pas un témoignage au sens technique du terme.

164 Il ne peut donc mettre fin à l'audition pour ce motif.

§ 6. L'entretien avec le mineur ne lui confère pas la qualité de partie à la procédure[165].

Les opinions du mineur sont prises en considération[166] *compte tenu de son âge et de son degré de maturité.* »

Et, dans l'article 1004/2 du Code judiciaire, le législateur définit précisément comment est rédigé le formulaire adressé au mineur, afin de faire respecter au mieux l'effectivité de son droit à être entendu – ou à ne pas être entendu s'il n'en a pas envie :

« *Le Roi établit le modèle de formulaire d'information au mineur.*

Le formulaire mentionne le droit d'être entendu par le juge, la manière dont l'entretien se déroule, ainsi que la manière d'accepter ou refuser l'entretien. Il mentionne également que le rapport de l'entretien est joint au dossier de la procédure, que les parties peuvent en prendre connaissance et que le contenu de ce rapport peut être utilisé au cours de ladite procédure.

Le formulaire précise en outre que, lorsqu'il entend le mineur, le juge n'est pas tenu de se conformer aux demandes formulées par celui-ci[167].

Le formulaire est envoyé, le cas échéant, à l'adresse de chacun des parents[168], *à l'adresse où réside l'enfant s'il est placé ou au domicile de l'enfant s'il n'est pas domicilié chez un de ses parents.* »

Le modèle de formulaire a encore été récemment modifié[169].

Tout ceci nous semble bel et bon, et une amélioration certaine par rapport au texte précédent, mais aucun texte, si parfait soit-il, n'empêchera jamais ni les manipulations – positives ou négatives – ni les conflits de loyauté pour l'enfant.

---

165 Nous avons vu ailleurs (voy. A.-Ch. Van Gysel, *Précis de droit des personnes et de la famille*, 3e éd., Limal, Anthemis, 2013, p. 535) que cela ne satisfait pas à la lecture que fait le Comité des droits de l'enfant (Committee on the rights of the child, 51th session, *General Comment* n° 12 (2009), « The right of the child to be heard », Genève, 20 juillet 2009) de l'article 12 de la CIDE, de 1989, puisque, selon cette vision, l'enfant doit être informé par le juge de la façon dont son opinion a influé sur sa décision, afin de pouvoir, le cas échéant, exercer un recours contre celle-ci, ce qui implique que l'enfant soit considéré comme une partie au procès.

166 Là aussi, la loi nouvelle reste en deçà de ce que voudrait l'article 12, à savoir que l'opinion de l'enfant ait un poids déterminant (*due weight*) dans la décision du juge.

167 De nouveau, le législateur a adopté l'opinion – très pertinente à notre sens – de la regrettée présidente P. Donny, selon laquelle l'enfant doit être informé qu'il ne porte pas la responsabilité de la décision qui sera prise, laquelle incombe uniquement au juge. Mais c'est exactement le contraire de ce que voudrait – à tort, selon nous – le Comité des droits de l'enfant dans son « commentaire » précité…

168 Afin de limiter les risques de « disparition » des courriers. Dans certaines juridictions, dès réception de la requête, le greffe adresse le formulaire aux enfants de plus de 12 ans au domicile de chacun des parents. En cas de réponse positive, l'enfant est convoqué avant l'audience d'introduction. Lorsque le délai est trop court, le greffe prend l'initiative de convoquer en urgence par courriel ou par téléphone. Dans d'autres juridictions, ce formulaire n'est adressé qu'après l'audience d'introduction afin d'éviter de devoir procéder aux auditions de mineurs pour les dossiers dans lesquels un accord serait conclu entre les parties.
L'enfant répond très souvent aux convocations, en général par écrit, par téléphone ou sur la boîte mail créée précisément à cette fin au sein du greffe.

169 Arrêté royal du 28 avril 2017, *M.B.*, 22 mai 2017.

Espérons que la formation spécialisée donnée aux magistrats siégeant au tribunal la famille leur permettra de mieux éventer les « téléguidages ».

Les travaux préparatoires de la réforme méritent, sur ce point, d'être cités *in extenso*, afin de percevoir les objectifs réels du législateur :

> « *Le but de l'entretien avec le mineur est de permettre à ce dernier d'exercer son droit à être entendu dans les causes qui concernent l'autorité parentale, le droit d'hébergement et le droit aux relations personnelles (articles 22*bis *de la Constitution et 12 de la Convention internationale relative aux droits de l'enfant). Par ailleurs, l'entretien doit permettre au magistrat de cerner au mieux l'intérêt de l'enfant, au vu des réponses que celui-ci donnera aux questions périphériques relatives à son mode de vie, à son vécu et à la qualité de ses relations avec l'un et l'autre de ses parents.*
>
> *À aucun moment, le mineur ne doit avoir l'impression d'être partie prenante au processus décisionnel, sous peine de faire naître en lui un sentiment à la fois de culpabilité à l'égard du parent fragilisé par une décision judiciaire qui rejette sa demande, et de solidarité avec l'autre parent.*
>
> *Aujourd'hui, deux systèmes coexistent selon que la procédure civile se déroule devant le tribunal de la jeunesse ou devant le président du tribunal de première instance statuant en référé. Dans le premier cas, l'audition du mineur de plus de douze ans est systématique, tandis qu'elle ne l'est pas dans l'autre.*
>
> *Aucun des deux systèmes actuels n'est satisfaisant dès lors qu'une audition automatique n'est pas toujours justifiée, mais que l'absence d'automaticité au civil a parfois pour effet de rendre impossible en pratique une audition qui se révélerait utile (absence d'information, non-connaissance de cette possibilité par le mineur...).*
>
> *L'on a opté pour un système intermédiaire permettant de bénéficier des avantages de chaque système.*
>
> *Le texte prévoit que, dans les litiges familiaux civils relatifs à l'autorité parentale, au droit d'hébergement ou au droit aux relations personnelles, tout enfant mineur de plus de douze ans sera automatiquement informé de la possibilité d'être entendu par le juge ainsi que de la possibilité de refuser d'être entendu s'il ne le souhaite pas.*
>
> *Le juge fera parvenir au mineur un courrier dont le modèle sera établi par arrêté royal, aux adresses de chacun de ses deux parents afin de s'assurer qu'il a bien été touché par cette information. Un formulaire sera joint, de manière à permettre au mineur de répondre facilement au juge quant à sa volonté ou non d'être entendu.*
>
> *Le mineur de moins de douze ans, pour sa part, sera entendu à sa demande, à la demande des parties, du ministère public ou d'office par le juge. Le juge pourra refuser la demande si elle émane des parties ou du ministère public.*
>
> *En revanche, il ne pourra pas la refuser si elle émane du mineur lui-même, sauf si le mineur a déjà été entendu au cours de la procédure ou dans une instance précédente et si aucun élément nouveau ne justifie un entretien. Il n'y a pas lieu de prévoir de recours contre le refus : le mineur ne peut ester en justice et les parties*

ne peuvent intervenir dans cette demande. De manière générale, le juge pourra indiquer dans le rapport de l'entretien qu'il estime que le mineur n'a pas le discernement nécessaire.

Le nouvel article décrit la manière dont l'entretien doit se dérouler: celui-ci a lieu, sauf motivation du juge, en présence du seul mineur et éventuellement de son avocat.

Un rapport de l'entretien est rédigé par le magistrat, qui informe le mineur que ce rapport sera communiqué aux parents. Pour assurer la sécurité du mineur, le magistrat décide ce qu'il consigne dans le rapport.

Le rapport d'entretien est déposé au greffe, où il pourra être consulté par les parties. Celles-ci ont également le droit d'en prendre une copie. La situation actuelle, qui interdit la copie, est en effet restée lettre morte, puisque les parties recopient intégralement au greffe le compte rendu de l'entretien. Par ailleurs, cette possibilité d'obtenir une copie confère la possibilité aux parties de faire valoir leurs observations par l'intermédiaire de conclusions et, donc, de respecter le principe du contradictoire.

Bien entendu, le juge ne devra prendre en considération les éléments de l'audition du mineur qu'en fonction de son âge et de ses capacités de discernement, ainsi que des autres éléments du dossier (rapports d'expertise, enquête sociale...). Il informe le mineur que l'avis de celui-ci n'emportera pas la décision du magistrat.

En aucun cas, le mineur ne peut être considéré comme partie à la cause.

Le formulaire d'information au mineur est rédigé par le Roi afin d'uniformiser les pratiques des différents arrondissements. Un formulaire de réponse, également établi par arrêté royal, est joint à l'information de manière à permettre au mineur de se manifester facilement[170].

Le tribunal tient compte[171]*, le cas échéant, des opinions exprimées par les enfants*[172] *conformément à l'article 1004/1.*»

On voit donc que le tribunal de la famille n'est pas désarmé dans sa tâche difficile de déterminer le meilleur intérêt de l'enfant *in concreto*.

2) L'expertise pédopsychologique

Lorsque l'enfant est jeune et non encore doué de discernement, ou que le juge craint la manipulation de l'enfant, ou encore si la situation présente des caractères particuliers de dysfonctionnement parental, le juge peut désigner un pédopsychologue, afin de mener une expertise et lui délivrer un rapport.

L'objet de l'expertise est donc la relation entre les parents et l'enfant, sur le plan psychologique.

---

170 *Doc. parl.*, Sénat, 2012-2013, n° 5-1189/7, pp. 17-19.

171 Toujours cette idée – saine selon nous – que le juge n'est pas tenu par ce que lui dit ou demande l'enfant, pas plus qu'il ne le serait par les conclusions d'une expertise ou d'une étude sociale.

172 Rappel de la possibilité d'audition de l'enfant par le juge, analysée ci-dessus: elle est donc tant un moyen pour l'enfant de s'exprimer qu'un mode d'information du juge familial.

Elle répond aux conditions de la loi du 15 mai 2007 sur l'expertise civile, et, donc, aux articles 962 et suivants du Code judiciaire : réunion d'installation en présence du juge, principe du contradictoire, établissement d'un rapport préliminaire, puis d'un rapport final, paiement d'une provision et des frais finals via le greffe…

3) L'étude ou enquête sociale

L'étude ou enquête sociale est menée à la demande du juge, afin de déterminer, essentiellement, les conditions matérielles de la vie de l'enfant.

Le législateur la prévoit dans l'article 1253*ter*/6 du Code judiciaire.

Cette disposition se lit ainsi :

> « *Si une demande relative à un mineur lui est soumise, le tribunal de la famille prend toutes diligences et fait procéder à toutes investigations utiles, compte tenu de l'intérêt supérieur de l'enfant.*
>
> *Le tribunal peut notamment faire procéder à toutes investigations utiles pour connaître la personnalité de l'enfant, le milieu où il est élevé, afin de déterminer son intérêt et les moyens appropriés à son éducation ou à son traitement. Il peut faire procéder à une étude*[173] *sociale par l'intermédiaire du service social compétent*[174] *et soumettre l'enfant à un examen médico-psychologique*[175]*, lorsque le dossier qui lui est soumis ne lui paraît pas suffisant.*
>
> *Lorsque le tribunal fait procéder à une étude sociale, il ne peut, sauf en cas d'extrême urgence, prendre ou modifier sa décision qu'après avoir pris connaissance de l'avis du service social compétent, à moins que cet avis ne lui parvienne pas dans le délai qu'il a fixé et qui ne peut dépasser trois mois ou, si le délai court totalement ou partiellement pendant les vacances judiciaires, quatre mois*[176].
>
> *L'information est, en tout cas, communiquée aux parties avant l'audience*[177]. »

Lorsque cette mesure d'investigation est mise en œuvre, un membre du personnel du service social territorialement compétent vient inspecter le lieu de vie de l'enfant, et fait un rapport qui est versé au dossier, où le juge y aura accès.

---

173 Étude sociale ou enquête sociale sont, en réalité, des termes synonymes.

174 Il dépend en fait du parquet, qui siège, on le sait, au tribunal de la famille lorsqu'une demande concerne un mineur : c'est donc à lui que le tribunal demandera de mettre en œuvre l'étude sociale. On relèvera qu'avant la réforme, pour les causes jugées par le juge de paix, et notamment le contentieux des mesures urgentes et provisoires entre époux (art. 223) ou cohabitants légaux (art. 1479), une enquête sociale n'était pas possible, puisqu'il n'y a pas de parquet auprès de cette juridiction.

175 Rappel incident de l'existence de ce mode d'investigation, vu ci-dessus, qui suit les règles particulières de l'expertise judiciaire civile.

176 Le législateur se souvient de ce que ces services sont débordés, et permet en fait, après un délai très court – en temps judiciaire – au juge de se passer de l'enquête sociale… qu'il a lui-même demandée ! Ce délai, qui était de septante-cinq jours, a été porté par la loi « pot-pourri V » à une fourchette entre nonante et cent vingt et quelques jours.

177 Respect – minimaliste – du contradictoire.

Les informations recueillies ainsi sont d'ordre essentiellement social, mais les relations entre l'enfant et d'autres personnes – comme les nouveaux compagnons des parents – peuvent aussi être relatées dans le rapport.

C. Révision et exécution des décisions relatives à l'hébergement

Le législateur n'a pas seulement voulu que les décisions prises par le juge concernant la personne de l'enfant soient conformes à l'intérêt de l'enfant, il a aussi voulu qu'elles demeurent telles au fil du temps.

Or rien n'est plus évolutif que la situation d'un enfant : la loi a donc introduit dans son économie la notion **d'autorité de chose jugée *rebus sic stantibus***.

Il l'a exprimée dans l'article 387*bis* en ces termes :

> « *Dans tous les cas et sans préjudice des articles 584*[178] *et 1280 du Code judiciaire*[179] *et de l'article 7/1 de la loi du 8 avril 1965 relative à la protection de la jeunesse*[180]*, à la prise en charge des mineurs ayant commis un fait qualifié infraction et à la réparation du dommage causé par ce fait*[181]*, le tribunal de la famille peut, à la demande des père et mère, de l'un d'eux ou du procureur du Roi, ordonner ou modifier, dans l'intérêt de l'enfant, toute disposition relative à l'autorité parentale, et ce, conformément aux articles 1253*ter*/4 à 1253*ter*/6 du Code judiciaire.* »

Cela signifie, concrètement, que, si des éléments nouveaux surviennent depuis qu'une décision a été prise concernant l'hébergement de l'enfant, une modification des mesures initiales peut être faite au greffe du tribunal de la famille, par simple dépôt de conclusions.

La cause est alors ramenée dans les quinze jours devant le juge qui a pris la première décision, afin qu'il puisse, au besoin, la modifier.

Si l'affaire est pendante devant la cour d'appel, c'est devant cette juridiction que les nouveaux éléments devront être débattus ; et si la cour s'est déjà prononcée, c'est devant le tribunal de la famille qu'aura lieu, paradoxalement, la révision de l'arrêt de la cour d'appel.

Si le jugement est exécutoire, il tombe sous le sens qu'il doit pouvoir concrètement être **mis à exécution**.

Or ni la police ni les huissiers de justice ne manifestent une particulière dilection à venir *manu militari* reprendre un enfant chez un parent pour le rendre à l'autre, serait-ce en exécution d'une décision de justice.

---

178 Il s'agit du référé unilatéral d'extrême urgence, dont la compétence est réservée au président du tribunal de première instance.

179 Il s'agit des mesures durant l'instance en divorce. On verra au chapitre du divorce, dans l'ouvrage consacré au couple, qu'en réalité, cette disposition est devenue une coquille vide, simple renvoi à l'autre disposition. Elle ne fait donc pas réellement exception à l'article 387*bis*.

180 Il s'agit des mesures civiles prises par le tribunal de la jeunesse à titre d'accessoire d'une saisine protectionnelle pour un mineur en danger.

181 Il s'agit des mesures protectionnelles du tribunal de la jeunesse, volet « mineur délinquant ».

Il en est même résulté par le passé des directives données par les autorités ordinales des huissiers de justice, pour ne pas donner suite à de telles réquisitions, ce qui était à la fois contraire au rôle des huissiers et à leur qualité d'officiers ministériels.

La loi a donc réformé le fonctionnement de l'exécution de ces décisions, par l'article 387*ter*, qui peut être résumé comme suit.

> « *§ 1er. Lorsque l'un des parents refuse d'exécuter les décisions judiciaires relatives à l'hébergement des enfants ou au droit aux relations personnelles, la cause peut être ramenée devant le tribunal de la famille déjà saisi, conformément à la procédure prévue par l'article 1253*ter*/7 du Code judiciaire.*
>
> *Le juge statue toutes affaires cessantes.*
>
> *Il peut prendre de nouvelles décisions relatives à l'autorité parentale ou à l'hébergement de l'enfant*[182].
>
> *Sans préjudice des poursuites pénales, le juge peut autoriser la partie victime de la violation de la décision visée à l'alinéa 1er à recourir à des mesures de contrainte. Il détermine la nature de ces mesures*[183] *et leurs modalités d'exercice au regard de l'intérêt de l'enfant et désigne, s'il l'estime nécessaire, les personnes*[184] *habilitées à accompagner l'huissier de justice*[185] *pour l'exécution de sa décision.*
>
> *Le juge peut prononcer une astreinte tendant à assurer le respect de la décision à intervenir, et, dans cette hypothèse, dire que, pour l'exécution de cette astreinte, l'article 1412 du Code judiciaire est applicable*[186].
>
> *La décision est de plein droit exécutoire par provision*[187].
>
> *§ 2. Le présent article est également applicable lorsque les droits des parties sont réglés par une convention telle que prévue à l'article 1288 du Code judiciaire*[188]. *Dans ce cas, et sans préjudice du § 3, le tribunal de la famille est saisi par une requête contradictoire.*
>
> *§ 3. En cas d'absolue nécessité et sans préjudice du recours à l'article 584 du Code judiciaire*[189]*, l'autorisation de recourir à des mesures de contrainte visée au § 1er peut être sollicitée par requête unilatérale. Les articles 1026 à 1034 du Code judiciaire sont applicables. La partie requérante doit joindre à l'appui de la requête toutes pièces utiles tendant à établir que la partie récalcitrante a bien été*

---

182 En d'autres termes, le parent qui viole sciemment une décision de justice relative à l'hébergement peut raisonnablement souhaiter que la décision ne soit pas exécutée, mais modifiée dans le sens qu'il souhaite, ce qui nous apparaît comme une prime malheureuse à un tel comportement.

183 Autrement dit, l'exécution forcée de ces décisions est soumise à autorisation préalable du juge.

184 Policier, serrurier…

185 Qui est donc, lui aussi, contraint d'exécuter la décision.

186 Elle pourra donc être exécutée sur tous les revenus du débiteur, sans plancher minimal de subsistance (avoir le chapitre sur l'obligation alimentaire).

187 Ce qui est la moindre des choses pour un jugement sur l'exécution d'une autre décision, déjà exécutoire !

188 Cas du divorce par consentement mutuel.

189 On ne voit pas très bien la nature de l'exception, car les deux procédures sont identiques : en bref, le requérant choisit le juge qu'il estime le plus rapide…

> *mise en demeure de respecter ses obligations et qu'elle s'est opposée à l'exécution de la décision.*
>
> *L'inscription de la requête a lieu sans frais. La requête est versée au dossier de la procédure ayant donné lieu à la décision qui n'a pas été respectée, à moins qu'un autre juge n'ait été saisi depuis.*
>
> *§ 4. Le présent article ne porte pas préjudice aux dispositions internationales liant la Belgique en matière d'enlèvement international d'enfants*[190]. »

Le parent victime de la violation de la décision peut également déposer plainte au **pénal** pour **non-représentation d'enfant**, sur la base des articles 431 et 432 du Code pénal.

Il faut pour cela que soient réunis les éléments matériels suivants :

- une décision judiciaire exécutoire[191] statuant sur l'hébergement de l'enfant ;
- sa violation volontaire, serait-ce par abstention pour le parent qui héberge l'enfant à ce moment d'influer positivement sur l'enfant pour qu'il rejoigne l'autre parent[192] ;
- la « qualité » de parent de l'enfant[193] chez l'auteur de l'acte.

Et un élément moral, étant la volonté de faire échec au droit d'hébergement de l'autre parent.

À ce sujet, la Cour de cassation a rendu, le 22 octobre 1980[194], un arrêt qui ouvre la porte à bien des contestations, puisqu'il suffit d'invoquer des « circonstances spéciales » convaincantes pour échapper à la condamnation.

Sont ainsi invoqués : les attouchements sexuels[195], le refus ferme et personnel d'un adolescent…

Cette jurisprudence n'est pas sans amoindrir encore le caractère réellement exécutoire des décisions en matière d'hébergement.

D. Enlèvement international d'enfants

Lorsque la non-représentation s'accompagne d'un **enlèvement international d'enfants**, il faut faire appel à des instruments internationaux, comme la Convention européenne de Luxembourg du 20 mai 1980 conclue dans le cadre du Conseil de l'Europe et la Convention de La Haye du 25 octobre 1980 sur les aspects internationaux de l'enlèvement d'enfants[196].

---

190 Dont il sera traité ci-après.

191 Cass., 5 mai 1999, *Pas.*, 1999, pp. 636-639 ; *Div. Act.*, 2000, p. 96.

192 Cass., 29 novembre 1995, *Rev. dr. pén. crim.*, 1999, I, p. 663 (somm.) ; Cass., 2 décembre 1997, *Rev. dr. pén. crim.*, 1999, II, pp. 1307-1308 (somm.) ; Cass., 9 octobre 2002, *Pas.*, 2002, pp. 1869-1871 ; Cass., 20 janvier 1998, *Rev. dr. pén. crim.*, p. 1314 (somm.).

193 L'enlèvement par un tiers est puni par l'article 431 du Code pénal.

194 Cass., 22 octobre 1980, *Pas.*, 1981, I, p. 230.

195 Voy. A.-Ch. Van Gysel, « De l'attitude des juridictions face aux accusations improuvées de pédophilie », note sous Corr. Bruxelles, 11 janvier 1999 et Civ. Nivelles, 29 janvier 1999, *Div. Act.*, 1999, p. 90.

196 Étant des mineurs de moins de 16 ans.

La Convention de Luxembourg vise à obtenir la reconnaissance et l'exécution de la décision relative à l'hébergement, dans le pays où l'enfant a été enlevé.

La Convention de La Haye met l'accent sur la remise effective de l'enfant déplacé ou retenu illégalement en pays étrangers, via des autorités centrales créées dans chacun des pays engagés.

Le tribunal de la famille est compétent pour connaître des demandes fondées sur ces conventions[197].

Il est à relever que de très nombreuses décisions de la Cour de Strasbourg portent sur la question des relations parentales[198], notamment – mais pas exclusivement – dans un contexte transfrontière, et, donc, d'enlèvement international d'enfants[199].

Leur enseignement général est cependant très faible, puisque la Cour de Strasbourg vise essentiellement le respect *en fait* du droit à la vie familiale (art. 8 CEDH), dans le cadre de ces relations, et cela au travers des situations légales, judiciaires et factuelles, très diverses[200].

Afin de prévenir les enlèvements internationaux d'enfant, le législateur a inscrit par la loi du 22 mai 2014[201] dans le Code civil les articles 374/1 et 374/2, permettant de faire inscrire dans le passeport ou la carte d'identité de l'enfant, la mention « *qu'il ne peut franchir une frontière extérieure à l'espace défini par la Convention d'application du 19 juin 1990 de l'Accord de Schengen* », ou même toute frontière belge.

Très paradoxalement, « *[l]orsque l'autorité parentale s'exerce conjointement par les père et mère de l'enfant, le droit de demander l'adjonction de la mention prévue à l'alinéa 1er appartient à celui de ses auteurs chez qui le juge a déterminé qu'il doit être inscrit à titre principal dans les registres de la population* » : certes, on peut imaginer que l'enfant est, marginalement, plus souvent enlevé par le parent chez qui il n'est pas domicilié – qui, peut-être, n'a qu'un hébergement plus réduit et en éprouve du ressentiment –, mais on ne voit pas pourquoi l'inverse serait impossible, ni surtout pourquoi cette demande échappe au principe de l'exercice conjoint de l'autorité parentale.

§ 8. Le droit aux relations personnelles

Nous avons vu plus haut que, lorsqu'un parent n'exerce pas l'autorité parentale, il conserve un droit aux relations personnelles avec l'enfant, qui est en réalité

---

197 Art. 1322*bis* C. jud.

198 Not. Cour eur. D.H. (4e sect.), *Malec c. Pologne*, req. n° 28.623/12 du 28 juin 2016 ; Cour eur. D.H. (5e sect.), *Duceau c. France*, req. n° 29.151/11 du 30 juin 2016 ; Cour eur. D.H. (1re sect.), *Stulir c. Rép. tchèque*, req. n° 24.654/12 du 31 mai 2016.

199 P. ex., Cour eur. D.H. (4e sect.), *E.V. c. Roumanie et Bulgarie*, req. n° 60.281/11 du 19 juillet 2016.

200 Voy., au début de cet ouvrage, chapitre I, section 3, nos développements sur la notion de « vie familiale ».

201 *M.B.*, 23 juillet 2014.

un droit d'hébergement sans pouvoir décisionnel – sauf, évidemment, pour les actes de la vie courante.

D'autres membres de la famille peuvent également demander un droit aux relations personnelles en vertu de l'article 375*bis* du Code civil.

Au sein de ces membres, la loi distingue deux groupes particuliers.

Premièrement, les **grands-parents**.

Ils sont présumés être des personnes « bénéfiques pour l'enfant », et il appartient donc au père et mère – par hypothèse en conflit avec les grands-parents – de renverser cette présomption.

Le simple conflit entre les parents et les grands-parents ne peut justifier le refus des relations, mais la raison de ce conflit peut également être une raison de ne pas permettre aux grands-parents d'intervenir dans la vie de l'enfant, si leur influence est malsaine, et tend, par exemple, à ruiner la relation entre les parents et l'enfant.

Ensuite, la loi sur la délégation de l'autorité parentale[202] prévoit :

> « *Pour l'application de l'article 375*bis, *la personne chez qui un enfant a été placé de manière permanente pendant au moins un an est présumée avoir un lien d'affection particulier avec cet enfant.* »

Les autres membres du groupe familial – frères et sœurs, parrains et marraines, ex-compagnon d'un parent – doivent, eux, démontrer qu'ils entretiennent un « *lien d'affection particulier avec* » l'enfant.

Il est quelque peu paradoxal, compte tenu de l'intérêt accordé au lien de fratrie[203], que les frères et sœurs soient ainsi placés dans une situation juridique moins favorable que les grands-parents.

Cependant, depuis une loi du 15 juin 2018, « *[l]e tribunal de la famille ne refuse l'exercice du droit aux relations personnelles que lorsque l'exercice de ce droit est contraire à l'intérêt de l'enfant* ».

Il est difficile d'interpréter ce nouveau principe d'« appréciation marginale » de l'intérêt de l'enfant[204] ou de renversement de la charge de la preuve à ce sujet : en toute hypothèse, il existe un conflit important à ce sujet, et le tribunal ne pourra se reposer sur la nouvelle disposition pour se dispenser d'investiguer pour savoir ce qu'il en est.

---

202 Art. 387*quaterdecies*.

203 Il est assez rare que les frères et sœurs ne soient pas hébergés ensemble.

204 Nous avons vu, au chapitre de la filiation, que cette appréciation marginale avait été condamnée par la Cour constitutionnelle.

Section 3
L'obligation alimentaire à l'égard de l'enfant

§ 1. Raison d'être et nature de l'obligation alimentaire à l'égard de l'enfant

Ainsi que nous l'avons déjà évoqué à plusieurs reprises dans cet ouvrage, l'être humain, en raison de sa faiblesse congénitale et de la lenteur de son développement physique et social, ne saurait survivre et se développer sans la protection du groupe familial auquel il appartient, et au premier chef de sa mère et son père[205].

Le **besoin primordial de l'enfant** est la satisfaction de ses besoins alimentaires, et c'est pourquoi l'obligation de ses père et mère prend précisément ce qualificatif d'« alimentaire » : « *qui fait l'enfant, le doit nourrir* », dit Loysel[206], soulignant le fondement naturel de cette obligation légale.

Mais cette obligation s'étend aussi aux autres besoins de l'enfant, et, selon l'état de fortune de ses parents, des besoins primaires (logement, éducation, soins de santé) aux plus raffinés (études spécialisées, sports et loisirs coûteux), comme l'indique d'ailleurs l'article 203, lorsqu'il évoque comme objet de l'obligation les frais suscités par « *l'hébergement, l'entretien, la santé, la surveillance, l'éducation, la formation et l'épanouissement* » de l'enfant.

Étant ainsi une obligation alimentaire dont le *quantum* fait référence à un train de vie, ici celui des père et mère, elle fait partie de la catégorie des **obligations alimentaires étendues**, telle que nous l'envisagerons au chapitre suivant, relatif à l'obligation alimentaire.

Un des caractères particuliers à l'obligation analysée ici est son caractère **non réciproque** : elle a l'enfant pour seul créancier, et ses père et mère comme seuls débiteurs.

Elle est donc, dans ce cadre, et sous réserve de certains cas particuliers analysés ci-dessous, limitée au premier degré en ligne directe descendante.

En raison de son importance sociale, cette obligation revêt un caractère **d'ordre public**.

Celui-ci ne signifie pas, pourtant, que des accords ne soient pas possibles en cette matière.

Seulement, ces accords font l'objet d'une particulière attention, et s'ils sont soumis à un juge, ce qui, à notre opinion, n'est pas nécessaire pour qu'ils aient

205 Comme on l'a vu au chapitre Ier, section 2, on pourrait même assigner, à la fois comme origine historique et comme raison d'être, au lien de paternité et au mariage, voire à la famille, dans les sociétés préhistoriques de subsistance, la nécessité pour la femme enceinte ou qui a un jeune enfant, d'être protégée et alimentée, ainsi que l'enfant, par au moins un autre individu du groupe auquel elle appartient.

206 A. LOYSEL, *Institutes coutumières*, livre I, titre I, brocard 59.

force obligatoire, mais bien pour qu'ils aient force exécutoire, alors le juge ne doit les entériner que s'ils lui apparaissent conformes à l'intérêt de l'enfant[207].

En principe, tous accords qui modalisent l'exécution de l'obligation par les parents, et qui donnent à l'enfant tout ce à quoi il a droit en vertu de la loi[208], sont valables.

Ne seraient nuls que des accords qui supprimeraient l'obligation, dans le chef des deux parents ou de l'un d'eux, ou qui ne permettraient pas à l'enfant de recevoir la totalité de sa créance alimentaire.

La raison d'être de l'obligation alimentaire – l'incapacité naturelle de l'enfant – en fixe aussi les limites temporelles : en principe, la minorité de l'enfant.

Cependant, l'enfant majeur, qui n'a pas encore achevé sa formation adéquate, a droit à la continuation de l'obligation jusqu'à la fin de celle-ci : il est donc majeur, mais cependant toujours « économiquement mineur ».

On se trouve, dans ce cas très fréquent – dans la société postindustrielle qui est la nôtre, la formation implique fréquemment des études supérieures – en présence d'une situation particulière, où les parents sont contraints de payer l'entretien et la formation d'un jeune majeur qui, à ce titre, fixe librement lui-même son domicile et les études qu'il poursuit.

Le caractère « adéquat » de la formation – lequel dépend essentiellement des revenus des parents, puisqu'il s'agit d'une obligation étendue, mais aussi de la formation qu'ils ont eux-mêmes reçue ou des talents particuliers de l'enfant – et la vitesse à laquelle elle est acquise – un échec semble un événement naturel, mais une répétition d'échecs et de réorientations peut sonner la fin de l'obligation – sont des points qui suscitent une très abondante jurisprudence.

§ 2. Obligation à la dette et contribution à la dette

Le siège de la matière est contenu dans les articles 203 et 203*bis* du Code civil ; à elles deux, ces dispositions définissent le contenu de cette obligation triangulaire.

---

[207] Voy. art. 1256 C. jud. : « *À tout moment, les parties peuvent demander au juge d'homologuer leurs accords sur les mesures provisoires relatives à la personne, aux aliments et aux biens des époux ou de leurs enfants.*
Il peut refuser d'homologuer l'accord s'il est manifestement contraire à l'intérêt des enfants [...]. » Dans le cadre du divorce par consentement mutuel, l'idée est la même, mais elle s'exprime différemment, puisque le juge peut suggérer ou obliger les parents à modifier les conventions si elles lui paraissent gravement contraires à l'intérêt de l'enfant (art. 1290 C. jud. : « *[...] Sans préjudice de l'article 1004/1, il peut proposer aux parties de modifier les dispositions des conventions relatives à leurs enfants mineurs si elles lui paraissent contraires aux intérêts de ces derniers [...].* »

[208] L'obligation peut donc, suivant les cas, revêtir une nature légale, ou légale (dans son principe) et conventionnelle (dans ses modalités), ou légale et judiciaire, ou même légale, conventionnelle et judiciaire, comme dans le cas du divorce par consentement mutuel (où l'obligation légale fait l'objet d'un accord, ensuite homologué par le tribunal) !

Le premier de ces articles définit ainsi la teneur de **l'obligation à la dette** qu'ont les parents à l'égard de l'enfant :

> « *§ 1er. Les père et mère sont tenus d'assumer, à proportion de leurs facultés, l'hébergement, l'entretien, la santé, la surveillance, l'éducation, la formation et l'épanouissement de leurs enfants. Si la formation n'est pas achevée, l'obligation se poursuit après la majorité de l'enfant.*
>
> *§ 2. Par facultés, on entend notamment tous les revenus professionnels, mobiliers et immobiliers des père et mère, ainsi que tous les avantages et autres moyens qui assurent leur niveau de vie et celui des enfants. [...]* »

En cela, il est fondamental, mais, paradoxalement, très peu souvent utilisé.

En effet, un enfant mineur ne peut le mobiliser lui-même, puisqu'il ne peut agir en justice que par le biais de ses représentants.

Et même s'il est majeur, et encore aux études, l'enfant réside le plus souvent chez l'un de ses deux parents.

Dans ce cas, s'il reçoit de celui-ci ce à quoi il a droit, il ne peut, à défaut d'intérêt à agir, rien réclamer personnellement au parent avec lequel il n'habite pas.

Ce n'est donc que dans le cas – relativement rare – où l'enfant majeur, mais économiquement dépendant, vit seul qu'il peut se concevoir qu'il se fonde sur l'article 203 pour assigner ses parents.

À notre sens, le fait que l'obligation repose sur les deux parents n'induit pas de solidarité passive entre eux, à défaut de disposition légale spéciale en ce sens.

Dès lors, il faut appliquer le principe général du droit des obligations alimentaires : l'enfant ne peut réclamer à chacun de ses parents – par hypothèse séparés – que sa part, résultant du calcul du montant de l'obligation, puis de la part contributive de chacun.

L'article 203*bis*, qui définit la **contribution de chacun des parents à la dette**, est la disposition la plus universellement appliquée.

Son texte est le suivant :

> « *§ 1er. Chacun des père et mère contribue aux frais résultant de l'obligation définie à l'article 203, § 1er, à concurrence de sa part dans les facultés cumulées.*
>
> *§ 2. Sans préjudice des droits de l'enfant, chacun des père et mère peut réclamer à l'autre sa contribution aux frais résultant de l'article 203, § 1er.*
>
> *§ 3. Les frais comprennent les frais ordinaires et les frais extraordinaires.*
>
> *Les frais ordinaires sont les frais habituels relatifs à l'entretien quotidien de l'enfant.*
>
> *Par frais extraordinaires, on entend les dépenses exceptionnelles, nécessaires ou imprévisibles qui résultent de circonstances accidentelles ou inhabituelles et qui dépassent le budget habituel affecté à l'entretien quotidien de l'enfant qui a servi de base, le cas échéant, à la fixation des contributions alimentaires. [...]* »

Elle implique que les deux parents soient séparés[209], et que l'enfant vive – et donc soit nourri *sensu lato* – par au moins l'un d'entre eux.

Celui-ci, estimant que l'autre parent ne contribue pas justement à l'entretien de l'enfant, le poursuit en justice pour obtenir le rétablissement d'une adéquate contribution : telle est la figure type de l'action alimentaire concernant un enfant – juridiquement ou économiquement – mineur.

§ 3. Fixation du montant de la contribution alimentaire

Les conflits sur la fixation du montant de la contribution alimentaire sont, avec ceux concernant l'hébergement, avec lesquels ils entretiennent des liens étroits, parmi les plus fréquents du droit familial.

On pourrait croire, cependant, que la détermination d'une grandeur scalaire – autrement dit d'un chiffre – pourrait procéder d'une opération mathématique, peut-être quelque peu complexe, mais dont l'ensemble des éléments pourrait être identifié et devenir par conséquent évaluable objectivement.

Pourtant, on va le voir, le montant de la contribution alimentaire, intellectuellement mathématisable, reste encore aujourd'hui largement non mathématisé, malgré les efforts de la loi et de la doctrine.

La structure « triangulaire » de l'obligation en fait une opération à **deux temps** :

- dans un premier temps, il s'agit de déterminer le **coût de l'enfant**, qui est le *quantum* de l'obligation à la dette ;
- ensuite, il y a lieu de **répartir** ce coût entre les deux parents, en déterminant alors la **part contributive** de chacun.

Mais très nombreux sont les éléments qui entrent en compte.

Ainsi, interviennent, de façon sans doute non exhaustive :

- l'**âge** de l'enfant, qui croît en même temps que ses besoins, mais de façon non linéaire[210] ;
- ses **besoins particuliers**, liés à un handicap ou un état de santé défaillant, ou au contraire des qualités sportives ou intellectuelles qui génèrent les frais d'un sport ou d'études de haut niveau, ou encore les frais de voyage si les parents vivent dans des pays différents ;
- sa situation de **fratrie**, puisque, le revenu des parents n'augmentant pas[211] à la naissance d'un nouvel enfant, la part qui peut être consacrée aux premiers-nés diminue au fur et à mesure des naissances. Cette situation

---

209 Tout comme pour le devoir de secours, il est difficilement concevable qu'une action alimentaire soit mue entre personnes qui continuent à former un même ménage.

210 Un enfant en très bas âge est relativement coûteux (langes, crèche, équipements divers…), il le devient moins lorsque, ayant acquis la propreté, il accède à l'école gardienne. Par la suite, l'entrée dans le secondaire et dans l'adolescence, puis aux études supérieures et à l'âge adulte, sont des paliers qui entraînent une augmentation brutale du coût d'un enfant.

211 Sauf des allocations familiales, qui dépendent d'ailleurs du rang de fratrie.

peut être complexe lorsque, par le jeu de la recomposition familiale, l'enfant se trouve faire partie de plusieurs ménages, qui hébergent des enfants différents ;

- les **revenus des parents**, puisqu'il s'agit d'une obligation alimentaire étendue. Ces revenus doivent être cumulés, malgré leur séparation. Il faut également tenir compte d'éventuelles facultés, étant les moyens de se procurer des revenus que les parents pourraient raisonnablement mettre en œuvre, et la situation particulière des parents quant à leurs besoins (négativement [parent malade ou handicapé] ou positivement [parent vivant avec un nouveau compagnon, qui prend en charge une partie de ses besoins]). Il est à noter que ces revenus déterminent à la fois, d'abord cumulés, l'obligation à la dette, ensuite comparés, la contribution à la dette des parents ;
- les **autres sources de revenus** : allocations sociales (et au premier chef les allocations familiales), bourses d'études, remboursement de frais de santé via la sécurité sociale ou des assurances privées, travail de l'enfant (jobs étudiants, stages rémunérés….)[212] ;
- le **régime fiscal** de l'obligation en cause, puisque, comme la généralité des obligations alimentaires, les arrérages payés sont déductibles à concurrence de 80 % des revenus du débirentier, et taxables à 80 % dans le chef du débirentier. Celui-ci étant l'enfant, et non le parent qui perçoit pourtant les paiements, le fisc fait en réalité un « cadeau » aux parents séparés, puisque celui qui paie déduit, alors que celui qui touche ne paie aucun impôt, étant sous le seuil imposable.

Cependant, malgré cette multiplicité de facteurs, le législateur, suivant en cela un courant doctrinal et jurisprudentiel fort, a décidé par la loi du 19 mars 2010 d'inciter les magistrats à tendre vers une **objectivisation** de la détermination du montant des contributions alimentaires[213].

Cette exigence – relative – d'objectivation se traduit essentiellement par une obligation de motivation, contenue dans l'article 1321 du Code judiciaire.

En vertu de cette disposition, le juge doit déterminer le coût de l'enfant, que la loi qualifie de « budget »[214].

Celui-ci se divise en **frais ordinaires** et **frais extraordinaires**.

Les premiers sont relatifs à la vie courante de l'enfant : nourriture, logement, vêtements, transports, loisirs courants…

---

212 Ces éléments sont évidemment liés, et une étude économique montrait il y a peu une corrélation importante entre le besoin de soins orthodontiques chez les enfants et le revenu de leurs parents…

213 Pour une étude plus approfondie de cette loi, voy. l'étude de N. Gallus, « L'objectivisation du calcul des contributions alimentaires », *A.D.F.*, 2010, p. 153.

214 Peut-être par référence à la tutelle (art. 407), qui n'emploie cependant plus le terme. Mais il y a une grande différence : le tuteur n'est pas nécessairement tenu à une obligation alimentaire vis-à-vis du pupille, il est donc normal qu'il doive prévoir « budgétairement » le coût de l'enfant, car il ne lui incombe pas.

Il n'est pas toujours facile de les déterminer, notamment pour ce qui concerne les frais qui sont communs à l'ensemble du ou des ménages dont fait partie l'enfant : quelle est en effet la part que l'on peut intellectuellement lui affecter dans les frais de logement, chauffage, transport par un véhicule appartenant à un parent, repas familiaux…

Les seconds sont une catégorie que la jurisprudence et la doctrine ont dégagée au cours des dernières décennies.

> « *Les critères généralement retenus pour définir les frais extraordinaires sont au nombre de deux : d'une part, le caractère imprévisible de la dépense en raison de son caractère accidentel (hospitalisation, etc.) ou inhabituel (cours particuliers de rattrapage d'un retard scolaire…) et, d'autre part, le montant de la dépense dépassant la prévision du budget mensuel de l'entretien quotidien* (orthodontie, *minerval…)*[215].
>
> *Le nouvel article 203*bis *reprend ces critères mais en en faisant des conditions cumulatives et non plus alternatives de la définition des frais exceptionnels.*
>
> *Ceux-ci doivent donc dépasser le budget habituel* **et** *être exceptionnels – c'est-à-dire non récurrents –, nécessaires ou imprévisibles* »[216].

Un des problèmes récurrents liés aux frais extraordinaires est qu'en raison de leur caractère extraordinaire, l'engagement de la dépense suppose une décision particulière.

Or, en raison du principe de l'exercice conjoint de l'autorité parentale[217], cette décision doit, pour être valable, c'est-à-dire, dans le présent contexte, pour engager définitivement chaque parent, être prise de commun accord des deux.

On conçoit que la conjugaison de ces deux statuts – celui de l'autorité parentale et celui de l'obligation alimentaire – donne un vaste champ de contestation pour le parent récalcitrant, de la simple inertie au refus systématique, en passant par l'« épluchage » minutieux des devis et factures.

Un jugement énonçant de façon précise les frais tenus pour extraordinaires, et dont l'engagement par un des parents est à l'avance autorisé, est de nature à restreindre – mais jamais à empêcher – les conflits sur cet objet.

Une fois le coût de l'enfant établi, il y a lieu de le **répartir entre les parents**, au prorata de leur situation économique respective[218], que l'article 203 du

---

215 Bruxelles, 17 juin 1999, *Rev. trim. dr. fam.*, 2000, p. 472 ; Bruxelles, 28 février 2002, *Rev. trim. dr. fam.*, 2003, p. 107 ; Bruxelles, 17 juin 1999, *Rev. trim. dr. fam.*, 2000, p. 472 ; Liège, 29 mars 2004, *Rev. trim. dr. fam.*, 2005, p. 169 ; Civ. Bruxelles (juge des saisies), 27 mai 2008, R.G. n° 07/14346/A ; J.P. Tournai, 14 février 2006, *Rev. trim. dr. fam.*, 2002, p. 503 ; N. MASSAGER, « À propos des fameux frais extraordinaires » (1re partie), *Div. Act.*, 2006, p. 146 ; J.-E. BEERNAERT, « À propos des fameux frais extraordinaires » (2e partie), *Div. Act.*, 2007, p. 41.

216 N. GALLUS, « L'objectivisation du calcul des contributions alimentaires », *op. cit.*, p. 153.

217 Principe qui sera analysé plus bas dans le chapitre relatif à la minorité.

218 Ce principe s'étend tant aux frais extraordinaires qu'aux frais ordinaires : trop souvent, ils sont simplement partagés par moitié, alors que le principe de la prise en charge proportionnelle s'y applique également. Bien entendu, si ces frais sont « atténués » par une intervention tierce (bourse, allocation

Code civil et l'article 1321 du Code judiciaire nomment «facultés» et définissent ainsi :

> «*Par facultés, on entend notamment tous les revenus professionnels, mobiliers et immobiliers des père et mère, ainsi que tous les avantages et autres moyens qui assurent leur niveau de vie et celui des enfants*»[219].

L'adverbe «*notamment*» permet d'y inclure tous les éléments qui caractérisent la situation économique de chaque parent, y compris les facultés au sens propre, c'est-à-dire les revenus virtuels, les besoins spéciaux, le partage des charges avec un nouveau compagnon...

Il y a évidemment lieu de tenir compte du fait que chaque parent contribue **en nature** aux frais de l'enfant qu'il héberge, dès lors qu'il paie directement aux tiers fournisseurs de biens et services de son ménage, le loyer, le chauffage, la nourriture, les vêtements qu'il achète pour les donner à l'enfant durant son temps d'hébergement[220].

Cette participation en nature doit bien entendu être prise en compte dans la répartition du coût de l'enfant et, partant, pour l'évaluation de la contribution alimentaire en argent.

Ceci n'est pas absent de l'esprit de certains parents – statistiquement, des pères – lorsqu'ils réclament l'application du principe de l'hébergement alterné égalitaire[221] : pour eux, puisqu'ils hébergeront l'enfant le même temps que l'autre parent, ils ne devront rien lui payer au titre de la contribution alimentaire.

Ce raisonnement, qui est en principe exact, connaît au moins deux limites :

- l'enfant a droit à un train de vie équivalent chez son père et chez sa mère. Si, donc, sa mère a des revenus moindres que le père, elle peut réclamer au père une contribution pour que l'enfant ait le même standing chez elle que chez lui[222] ;
- il y a des frais – et singulièrement les frais extraordinaires[223] – qui ne sont pas liés au temps d'hébergement, et qu'il serait donc injuste de faire supporter au parent qui héberge l'enfant lorsque l'événement onéreux survient.

La loi aurait constitué un très grand progrès si elle avait obligé le juge à **calculer** la contribution alimentaire à l'aide de l'ensemble de ces éléments, c'est-à-dire à donner la suite des opérations mathématiques qui l'ont conduit à allouer tel montant précis.

---

spécialement affectée, remboursement de la mutuelle, assurance privée...), seul le solde à financer par les parents se partage entre eux selon cette clé de répartition.

219 Donc, aussi, les allocations familiales et revenus des biens des enfants, attribués aux parents par le droit de jouissance légale.

220 Un paiement en nature est également possible «à distance», notamment par la mise à disposition gratuite d'un immeuble ou d'une quotité d'immeuble.

221 Voy., sur cette notion, le chapitre relatif à la minorité.

222 Raisonnement qui, lui aussi, n'est parfois pas sans arrière-pensée de «pension personnelle déguisée», dès lors que, si l'enfant vit dans un logement de standing, sa mère en jouit également par ricochet.

223 Pensons à une opération chirurgicale urgente, au paiement du minerval universitaire...

Las ! Elle s'est contentée de lui demander d'indiquer « *de quelle manière il a pris en compte les éléments prévus au § 1er* »[224].

Or, loin d'être un synonyme du calcul, cette obligation de motivation spéciale consiste uniquement en la relation des éléments économiques prévus par la loi.

En d'autres termes, le juge satisfait à la loi – même s'il ne satisfait pas à la rationalité – s'il énumère dans son jugement les éléments que les parties lui ont fournis, et s'il en « déduit » tel montant – généralement exprimé en chiffres ronds[225].

Cependant, le législateur a prévu dans l'article 1322 du Code judiciaire la création d'une commission, dont le but sera de proposer aux magistrats une méthode « légale » de calcul des contributions alimentaires.

Cette méthode sera « semi-impérative » pour les magistrats, puisque ceux-ci seront, lorsque la méthode « royale » aura été déterminée, confrontés à une alternative : soit l'appliquer au cas d'espèce, sur la base des éléments fournis par les parties, soit motiver spécialement pourquoi et comment ils s'en sont écartés[226] : un « *opting-out* », en quelque sorte.

Cette commission, mise en place au bout de plusieurs années, puisque ce n'est que par un arrêté royal du 7 février 2014[227] que les qualités de ses membres furent définies, n'a cependant pas encore déterminé de méthode légale de calcul des contributions alimentaires...

Ce n'est cependant pas faute de méthodes de calcul proposées par la doctrine, et déjà adoptées par une certaine partie de la jurisprudence[228].

Ainsi, le sociologue Roland Renard a établi une méthode, qui porte désormais son nom, et dont les résultats ont été intégrés dans le logiciel PCA.

Cette méthode prend appui sur des études économiques, qui révèlent – ou révéleraient, pour les adversaires de la méthode – que le coût de l'enfant augmente de façon strictement linéaire, à la fois en fonction de son âge et en fonction du revenu cumulé de ses parents.

Dès lors, selon cette méthode, il n'est pas nécessaire de déterminer le coût de l'enfant, puisqu'il est fonction des deux autres éléments[229].

---

224 Art. 1321, § 2, C. jud.

225 Sur le caractère réducteur de l'obligation légale de motivation des jugements, voy. notre étude « Les pensions alimentaires sont-elles mathématisables ? », *in Mélanges en l'honneur de Bernard Glansdorff*, Bruxelles, Bruylant, pp. 561 et s.

226 Art. 1321, § 2, 20, C. jud.

227 *M.B.*, 17 mars 2014 : on notera la proximité des élections fédérales du 25 mai 2014, qui n'est sans doute pas un pur hasard.

228 Sur cette problématique, voy. not. A.-Ch. Van Gysel, « L'amélioration du régime des obligations alimentaires : objectivisation et meilleure exécution », *in États généraux de la famille* (Louvain, 12 septembre 2014), Bruxelles-Limal, Larcier-Anthemis, 2014, p. 127.

229 Bien entendu, la prise en charge effective des coûts, en nature, ou par catégorie (p. ex., c'est toujours la mère qui achète les vêtements) est prise en compte par la méthode. Malheureusement, l'impact fiscal, pourtant de taille en Belgique, ne l'est pas.

La réception donnée à la méthode par la Cour de cassation et la Cour d'arbitrage a évolué au cours du temps, de façon favorable à la méthode[230].

La Cour de cassation a, d'abord, dans deux arrêts, très comparables, des 16 avril 2004[231] et 2 mai 2005[232], eu à apprécier la légalité d'arrêts de la Cour d'appel de Mons, dont on sait qu'elle applique d'office la méthode « Renard ».

Un premier grief fait à ces arrêts[233] était précisément d'avoir appliqué cette méthode *ex officio*, sans même avoir rouvert les débats pour permettre aux parties, qui avaient instruit l'affaire sur la base de la méthode dite des « budgets des parties » et, en conséquence, exposé leurs ressources et leurs dépenses, de conclure à nouveau, cette fois au regard de la méthode pour laquelle la cour d'appel marquait sa dilection.

La Cour de cassation écarte ce moyen, ce qui est vu par les partisans de la méthode comme une victoire, puisque la Cour suprême semble estimer implicitement que ladite méthode fait partie des instruments conceptuels qui, tels que les quatre opérations fondamentales ou la règle de trois, appartiennent au fonds commun de la logique humaine, et auxquels, par conséquent, le juge peut recourir sans l'avoir au préalable mise au débat.

Mais cette victoire morale est une victoire à la Pyrrhus, car la Cour de cassation va casser les deux arrêts sur le même point : le refus de la cour d'appel de prendre en considération des charges qui existaient dans le chef d'une des parties.

On se trouve ici en présence d'un affrontement de deux logiques : celle de la Cour d'appel de Mons s'induit de la méthode, qui détermine le coût de l'enfant, et sa répartition entre les deux parents, au départ des seuls revenus[234] des parents, sans prendre en considération les dépenses, puisque les études économiques qui la soutiennent reposent précisément sur la structure des dépenses du ménage, appréciée via des coefficients, et qui détermine le train de vie dudit ménage.

Dès lors, tenir compte *une seconde fois* des dépenses reviendrait à commettre une faute logique, étant un double emploi.

C'est, pensons-nous, ce que la Cour d'appel de Mons signifie par sa formulation, inverse, mais équivalente : prendre en considération les dépenses, c'est diminuer les revenus par « neutralisation », donc, fausser les bases du calcul.

La Cour de cassation, ou n'a pas apprécié totalement la logique interne de la méthode, ou, plus probablement, n'en veut tout simplement pas, estimant que

230 Le passage suivant, jusqu'à l'analyse de l'arrêt du 16 mai 2013, est tiré de A.-Ch. VAN GYSEL, « Examen de jurisprudence – Les personnes – Les obligations alimentaires (suite) », *R.C.J.B.*, 2007, n° 25, p. 647.

231 Cass., 16 avril 2004, C.02.0504.F/1 ; *Pas.*, 2004, I, p. 628 ; *Rev. trim. dr. fam.*, 2004, p. 1014, note N. DANDOY ; *Div. Act.*, 2004, note A.-M. BOUDART.

232 Cass., 2 mai 2005, *Div. Act.*, 2006, p. 70, note J.-E. BEERNAERT.

233 Et, au moins pour l'arrêt du 16 avril 2004, relayé par l'avocat général en son avis contraire.

234 Nous faisons ici abstraction des variables de l'âge et du nombre d'enfants, pour nous concentrer sur les seules variables économiques.

le terme de « facultés » dont se sert l'article 203 du Code civil implique nécessairement la prise en considération de « charges » dans le chef des parents.

Dès lors, la Cour d'appel de Mons apparaît dans le rôle de Racine, en peignant la méthode telle qu'elle est, alors que la Cour de cassation, comme Corneille, la peint telle qu'elle devrait être selon elle.

En conséquence, la méthode nous apparaissait condamnée, puisque c'est son économie interne qui était rejetée.

La Cour d'appel de Mons ne s'y est d'ailleurs pas trompée, en tentant un « *overruling* » en posant à la Cour d'arbitrage une question préjudicielle qui attaque cette interprétation sous trois angles différents.

Sans reprendre ici[235] une analyse complète de l'arrêt du 28 juin 2006[236], il nous semble donc que la Cour d'arbitrage n'a pas réellement répondu à l'objection, fondée sur ce qui nous apparaît comme un des avantages indéniables de la méthode « Renard » : le degré de liberté donné aux personnes quant à l'affectation de leurs revenus.

Mais il n'en demeure pas moins que, la Cour d'arbitrage ayant apporté une réponse négative aux trois questions qui lui avaient été posées par la Cour d'appel de Mons, l'interprétation donnée par la Cour de cassation à l'article 203 du Code civil, dans ses arrêts des 16 avril 2004 et 2 mai 2005, reçoit une « certification constitutionnelle », ce qui rendait problématique l'application de la méthode « Renard ».

Opérant, par la suite[237], un revirement considérable de jurisprudence, la Cour a explicitement reconnu les bases de la méthode, en ces termes[238] :

> « *La méthode Renard permet de déterminer le coût de chaque enfant sur la base de données statistiques en fonction des revenus des deux parents, de l'âge de l'enfant et du nombre d'enfants, sans égard au montant réale des charges ordinaires des parents.* »

Constatant que les parties s'étaient accordées sur l'emploi de la méthode, elle n'y a pas vu motif de cassation.

On peut donc considérer à présent que la méthode Renard a définitivement conquis son droit de cité, sinon comme la méthode, du moins comme une méthode de fixation du montant de la contribution alimentaire.

La méthode Renard, réactualisée quant à ses fondements statistiques et économiques, pourrait donc servir de méthode « légale », si la future commission royale la fait sienne.

Une méthode comparable, et son logiciel Contriweb, a été mise sur pied par la Ligue des familles et la Gezinsbond.

---

235 Voy., pour de plus amples développements, A.-Ch. VAN GYSEL, « Examen de jurisprudence (1990-2006). Les personnes – Les obligations alimentaires (suite) », *R.C.J.B.*, 2007, n° 25, p. 650.

236 Arrêt n° 108/2006.

237 Cass., 16 mai 2013, C.12.0160.F/1, inédit.

238 Réponse au cinquième moyen.

Notons que le montant de la contribution est indexé de plein droit[239], et que le juge peut prévoir une majoration périodique[240].

La Commission pourrait peut-être s'appuyer sur une « nouvelle source de données », qui mérite d'être signalée, et qui a été créée par la loi du 12 mai 2014, modifiant le régime juridique du SECAL.

Celle-ci crée en effet un fichier national centralisant toutes les décisions alimentaires, en instituant les articles 1394/1 à 1394/19 nouveaux du Code judiciaire, formant le « chapitre Ier *quater* » (*sic*) du Titre Ier de la cinquième partie du Code judiciaire, selon lesquels « *[l]e fichier central des jugements, arrêts et actes allouant une pension alimentaire est chargé de répertorier, conserver, gérer et mettre à disposition sous forme électronique les jugements, arrêts et actes* » allouant une pension alimentaire ; cette mission étant surveillée par un comité de gestion et de surveillance.

Il est prévu que ce fichier pourra transmettre des données « anonymisées », notamment au SPF Économie.

On pourrait donc imaginer que ces informations puissent à terme générer une espèce de « grille Claeys » des pensions alimentaires[241].

Une telle grille serait-elle un progrès par rapport aux méthodes « objectives » évoquées ci-dessus, dès lors qu'elle ne ferait que « dire » les pratiques des juges, ce qu'ils font, mais non ce qu'ils devraient faire en vertu de la loi ? Nous ne le pensons pas : la fixation d'une méthode de calcul abstraite et générale nous paraît l'objectif à atteindre.

En toute hypothèse, une telle perspective n'existera que dans quelques années, puisque ce fichier doit d'abord être constitué, puis « nourri » de toutes les décisions rendues dans l'avenir en Belgique en matière alimentaire, puis « anonymisé »[242]...

§ 4. Modalités d'exécution de la contribution alimentaire

En principe – et ce principe est heureusement généralement respecté – les parents, même séparés, **s'accordent** sur l'exécution, tant en nature que par paiement d'une contribution monétaire, de l'obligation alimentaire au profit de leur enfant commun.

239 Art. 203*quater*.

240 Le législateur a ici pensé à une application de la méthode Renard : puisque le coût de l'enfant croît linéairement avec son âge selon cette méthode, il est logique de majorer – hors inflation – le montant de x % par an pour le futur.

241 Avec l'avantage qu'en principe, toutes les décisions et conventions préalables contenant des pensions alimentaires seront incluses dans le site, et non pas seulement les décisions publiées, lesquelles ne constituent qu'une infime partie de toutes les décisions rendues (et, qui plus est, généralement retenues pour un élément de droit, et non de fait, comme le montant de la pension allouée).

242 Voy. A.-Ch. Van Gysel, « L'amélioration du régime des obligations alimentaires : objectivisation et meilleure exécution », *in États généraux de la famille* (Louvain, 12 septembre 2014), Bruxelles-Limal, Larcier-Anthemis, 2014, p. 130.

En effet, les tribunaux de la famille seraient totalement submergés si tous les parents séparés s'adressaient à eux pour faire fixer le montant de la contribution alimentaire due pour leurs enfants communs[243].

En cas de désaccord, le **juge** fixe le montant de la contribution et, généralement, il est volontairement exécuté.

S'il ne l'est pas, alors le parent qui doit recevoir la contribution peut opérer une **saisie** sur les avoirs de l'autre parent.

Pour faciliter l'exécution forcée des contributions alimentaires, le législateur a inscrit dans l'article 203*ter* la possibilité de recourir à une **délégation de sommes**, mécanisme spécialement créé pour aider les créanciers d'aliments, et par lequel le créancier peut, sans recourir à un huissier de justice, « détourner » à son profit, dans la mesure de sa créance, la créance que son débiteur a sur un tiers employeur, organisme social ou locataire[244].

> « *Le texte précise d'autre part expressément et toujours sur avis du Conseil d'État, que la délégation peut être ordonnée tant pour la fixation du montant de la pension*[245] *que l'exécution du jugement, ce qui signifie qu'elle est à la fois le titre de la créance et le moyen de son exécution ; cette précision devrait permettre de mettre un terme aux controverses sur la nature de la délégation – théorie du mandat ou du titre exécutoire –, et aux difficultés qui en découlent, notamment pour l'utilisation de la délégation pour les arriérés dus aussi bien que pour les échéances en cours et à venir, ou encore la possibilité de recourir aux voies d'exécution ordinaires*[246] »[247].

§ 5. Information sur la délégation de sommes

Une loi du 21 juillet 2017[248], insérée dans l'article 1321, § 3, du Code judiciaire, prévoit une obligation faite au juge d'informer les justiciables, dans la décision qu'il rend, de la possibilité pour le créancier d'aliments de demander une délégation de sommes.

---

243 Il en serait de même, *mutatis mutandis*, pour l'hébergement desdits enfants.

244 On verra une analyse plus complète de ce mécanisme au chapitre sur l'obligation alimentaire en général, puisqu'il assortit également d'autres obligations alimentaires que la contribution alimentaire.

245 Le terme « pension » est utilisé dans son acception générale dans la mesure où l'article 203*ter* vise aussi bien l'obligation alimentaire des parents vis-à-vis des enfants que l'obligation alimentaire entre père et mère – c'est-à-dire la contribution à la dette –, ou encore l'obligation alimentaire du géniteur (art. 336 C. civ.) et celle de l'adoptant simple.

246 Le Conseil d'État soulignait également dans son avis que, la délégation pouvant être accordée à une date ultérieure à celle de la décision fixant la contribution alimentaire, le mécanisme de la saisine permanente présentait une utilité certaine.

Cette utilité est également présente lorsqu'il s'agit de demander une majoration, réduction ou suppression de la contribution alimentaire.

Les travaux préparatoires de la proposition de loi y font référence, mais le texte voté à la Chambre ne contient aucune disposition quant à ce mécanisme qui, *de lege lata*, n'existe que dans le cadre de l'article 1280 du Code judiciaire et non pas dans les procédures introduites devant le juge de paix.

247 N. Gallus, « L'objectivisation du calcul des contributions alimentaires », *op. cit.*, p. 153.

248 *M.B.*, 22 août 2017.

Le texte en est le suivant :

> « *Le jugement mentionne explicitement et dans une formulation intelligible la possibilité, visée à l'article 203*ter, *alinéas 1er et 2, du Code civil, de percevoir les revenus du débiteur ou toute autre somme qui lui serait due par un tiers, c'est-à-dire l'autorisation de perception de revenus.* »

Outre l'insinuation peu aimable sur la clarté des décisions judiciaires et sa limitation au seul cas de la contribution alimentaire – alors que cette faculté concerne potentiellement toutes les obligations alimentaires, comme on le verra au chapitre suivant –, le nouveau texte aurait été lui-même plus intelligible s'il avait appelé l'institution de la délégation de sommes par son nom exact.

La mise en œuvre de la saisie ou de la délégation de sommes est facilitée par le fait que tout jugement contenant le titre d'une obligation alimentaire est de plein **droit exécutoire par provision**, sauf décision contraire du juge[249].

Ceci a constitué en son temps un acquis de taille pour les créanciers d'aliments, et il est heureux qu'il ait été élargi à l'ensemble des obligations alimentaires, alors qu'il avait été au départ limité aux seules contributions alimentaires.

Le juge doit encore indiquer dans son jugement « *[...] les coordonnées du Service des créances alimentaires, créé par la loi du 21 février 2003 créant un Service des créances alimentaires au sein du SPF Finances, et rappelle ses missions en matière d'octroi d'avances sur pensions alimentaires et de récupération de pensions alimentaires dues* »[250].

Nous analyserons le fonctionnement de cet organisme au chapitre suivant, mais il nous faut relever ici que les contributions alimentaires sont les seules obligations de ce type qui puissent bénéficier du volet « avances » du **SECAL**, les autres obligations ne pouvant invoquer que le volet « récupération ».

Il faut toutefois signaler que ces avances, qui constituent un avatar d'une réglementation antérieure relevant des CPAS, sont encore fortement marquées par leur origine de mécanisme de solidarité sociale, puisque, d'une part, elles sont très limitées dans leur montant, et d'autre part, elles supposent chez le parent qui les réclame – le plus souvent la mère – un maximum de revenus très bas.

Enfin, le législateur a cru utile de créer l'institution du « **compte-enfant** », au nom de ce dernier, par le texte suivant[251] :

> « *[...] § 4. À la demande du père ou de la mère, le tribunal de la famille peut imposer aux parties d'ouvrir un compte auprès d'une institution agréée sur la base de la loi du 22 mars 1993 relative au statut et au contrôle des établissements de crédit par l'Autorité des services et marchés financiers, destiné au paiement des contributions fixées sur [la] base de l'article 203, § 1er.*

249 Art. 1322/2 C. jud. : cette règle, au départ dérogatoire, est aujourd'hui le droit commun en matière civile.

250 Art. 1321, § 3, C. jud. Sur le fonctionnement, fort décevant, de cet organisme, voy. le chapitre relatif à l'obligation alimentaire.

251 Art. 203*bis*.

Dans ce cas, le tribunal détermine au moins :

1° la contribution de chacun des père et mère aux frais visés à l'article 203, § 1er, ainsi que les avantages sociaux revenant à l'enfant qui doivent être versés sur ce compte ;

2° le moment du mois auquel ces contributions et avantages sociaux doivent être versés ;

3° la manière dont il peut être disposé des sommes versées sur ce compte ;

4° les frais payés au moyen de ces sommes ;

5° l'organisation du contrôle des dépenses ;

6° la manière dont les découverts sont apurés ;

7° l'affectation des surplus versés sur ce compte.

Les versements de contributions effectués en exécution de cet article sont considérés comme des paiements de contributions alimentaires dans le cadre de l'obligation alimentaire telle que définie à l'article 203, § 1er. »

Ainsi assorti d'un nombre extraordinaire de conditions, ce compte a pour objectif de faciliter la vie du parent qui expose généralement les frais pour l'enfant : au lieu de devoir « jouer au banquier » pour l'autre parent jusqu'à la récupération du trop-payé par lui, il n'aura qu'à puiser sur le compte-enfant.

Encore faut-il qu'il ait été préalablement alimenté. Or il n'y a pas de raison qu'un parent qui ne veut pas payer une contribution à l'autre parent soit plus enclin à verser ces sommes à l'avance sur un compte qu'il n'a pas voulu mettre en place et dont l'autre a seul la maîtrise.

Tout au plus cela pourra-t-il rassurer certains parents sur l'utilisation qui est faite des allocations familiales, qui pourront être une des ressources de ce compte.

Et il ne faut en tout cas pas transformer ce compte en un instrument de mise sous tutelle du parent qui peut le débiter, ce qui risque de se produire si toutes les dépenses, ordinaires[252] et extraordinaires, doivent y être puisées.

Nous sommes donc très dubitatif quant à l'utilité d'un tel compte dans un contexte litigieux[253].

§ 6. Avatars de la contribution alimentaire

Comme nous l'avons dit plus haut, les articles 203 (obligation à la dette) et 203*bis* (contribution à la dette) constituent le siège essentiel de la matière, avec les modalités procédurales de l'article 1321 du Code judiciaire.

Il nous reste à dresser ici une esquisse des relations de ces dispositions avec d'autres, qui les entourent.

---

252 La loi permet en effet d'utiliser le compte-enfant pour le paiement des frais ordinaires de l'enfant.

253 Par contre, il est très utile, lorsque les deux parents décident de le créer, de l'alimenter, et de le débiter des frais qu'ils ont convenus.

Tout d'abord, relevons le paragraphe 3 de l'article 203, qui fait du **conjoint survivant** ou **cohabitant légal survivant**[254] de seconde union le débiteur personnel, mais dans la mesure de ce qu'il aura reçu du conjoint prédécédé, de l'obligation alimentaire envers l'enfant du défunt[255].

Le texte est le suivant :

> « *[...] § 3. Dans la limite de ce qu'il a recueilli dans la succession du conjoint prédécédé et des avantages que celui-ci lui aurait consentis par contrat de mariage, donation ou testament, l'époux survivant est tenu de l'obligation établie au paragraphe 1er envers les enfants du prédécédé dont il n'est pas lui-même le père ou la mère.*
>
> *Cette obligation est caduque à l'égard de l'enfant indigne d'hériter du conjoint prédécédé. Le juge suspend son prononcé jusqu'à ce que la décision entraînant l'indignité soit passée en force de chose jugée.* »

En clair, la veuve – héritière en usufruit de toute la succession en présence de descendants[256] – devra continuer à payer la contribution alimentaire que devait son mari à son ex-compagne, pour l'entretien de leur enfant commun.

Cet enfant sera donc « aliménté » par deux femmes, dont l'une n'a pas de lien de parenté avec lui.

Toujours dans le contexte d'une recomposition familiale, rappelons que les frais d'entretien d'un enfant non commun du couple, mais qui vit sous le même toit que celui-ci, induit une **solidarité passive** dans le chef du conjoint ou du cohabitant légal du père ou mère de l'enfant[257].

Cependant, ni cette solidarité, qui ne régit que le rapport obligationnel à l'égard du tiers créancier, ni la jurisprudence relative à l'article 221, qui inclut les frais des enfants non communs dans les charges du mariage, ne créent une créance alimentaire proprement dite dans le chef du beau-parent[258] : le beau-parent pourra donc, à notre sens, récupérer ces montants, du moins à charge de l'autre parent, qui n'est pas son conjoint ou cohabitant, et qui ne fait pas partie de son ménage.

Ces obligations « indirectes », lorsqu'elles sont exécutées, ne peuvent donc être interprétées comme induisant une **obligation naturelle** dans le chef du beau-parent, qui devrait être continuée après la rupture du nouveau couple[259].

Ensuite, lorsque la filiation n'est pas établie, mais qu'une **action alimentaire non déclarative** de filiation a été mue par la mère contre le géniteur de son

254 Art. 1477, § 5, dans ce cas.

255 Pour autant que cet enfant ne soit pas indigne de succéder au défunt.

256 Art. 745*bis*, § 1er.

257 Art. 222 (mariage) et 1477, § 4 (cohabitation légale).

258 Du moins tant que son conjoint ou cohabitant, parent de l'enfant, vit : à sa mort, l'article 203, § 3, que nous venons d'évoquer, jouera.

259 Et même dans le cas de concubins, le fait qu'un concubin ait entretenu volontairement l'enfant de son conjoint durant la vie commune ne constitue pas, à notre sens, et à défaut d'engagement clair en ce sens, la novation d'un engagement naturel en obligation civile, pour la période ultérieure.

enfant[260], celle-ci peut obtenir une contribution identique à celle de l'article 203, auquel l'article 336 renvoie.

Cette institution est très ancienne, puisqu'elle trouve son origine dans la loi du 6 avril 1908, laquelle, après avoir élargi le champ de la recherche de maternité[261] et de paternité[262], avait créé l'action alimentaire non déclarative de filiation[263].

Celle-ci constituait, comme on l'a déjà dit plus haut, un petit bijou d'hypocrisie bourgeoise[264].

De façon très surprenante, cette institution très « datée » est passée quasiment sans aucune retouche dans la loi du 31 mars 1987 et fait toujours partie de notre arsenal juridique[265], où elle connaît un relatif succès, si l'on en juge par le flux constant de jurisprudence à son sujet.

Cette institution conserve, en effet, de façon étonnante une certaine vogue.

Elle nécessite cependant un accord tacite des deux géniteurs de limiter les effets de l'engendrement au seul aspect alimentaire[266], puisqu'il suffit pour l'un ou pour l'autre d'introduire une action en établissement judiciaire de la paternité, pour que la filiation soit établie, et que l'obligation de l'article 336 fasse place à celle de l'article 203 elle-même[267].

En cas d'**adoption simple**[268], l'adoptant contracte la même obligation que celle de l'article 203, envers l'adopté, par l'effet de l'article 353-14.

L'obligation de l'article 203 subsiste dans le chef des parents d'origine de l'enfant, mais elle devient subsidiaire, et l'enfant ne peut leur réclamer un secours que s'il ne peut l'obtenir de l'adoptant[269].

En cas d'adoption intrafamiliale, le parent d'origine, conjoint, cohabitant ou compagnon de l'adoptant, conserve *in actu* son obligation, simultanément avec celle de l'adoptant, et en proportion de leurs facultés respectives.

---

260 Étant l'homme qui a eu avec elle des relations sexuelles durant la période légale de conception, et qui n'a pas pu ou voulu prouver qu'il n'avait pas engendré l'enfant.

261 Art. 341a.

262 Art. 340a.

263 Art. 340b et 340c (frais de gésine).

264 Voy. les règles de procédure relatées dans l'article 340 f.

265 Art. 336 à 341 C. civ. Cette dernière disposition indique que, même s'il n'y a pas de lien de filiation, la prohibition de l'inceste est la même que si elle était établie : on peut difficilement imaginer plus tartuffe.

266 Si l'on omet l'interdit de l'inceste, qui existe malgré l'absence de lien de filiation, ce qui est absurde ou à tout le moins hypocrite (puisque l'on sait qu'il est le géniteur de l'enfant, sinon il aurait pu échapper au paiement de la pension).

267 L'établissement de la filiation, envers le débiteur de la pension visée à l'article 336 – ou un tiers, mais c'est peu probable, puisque le débiteur potentiel peut échapper dès le départ à la dette en prouvant qu'il n'est pas le géniteur – met fin à cette pension (art. 340).

268 En cas d'adoption plénière, l'article 203 joue par lui-même (art. 356-1), et il n'y a plus de lien, même alimentaire, envers les parents d'origine.

269 On peut ainsi imaginer quatre personnes tenues de l'obligation envers l'enfant : deux adoptants simples, à titre actuel, et deux parents d'origine, à titre subsidiaire.

Enfin, l'obligation élargie de l'article 203 ne peut être séparée du cadre plus large de l'obligation « **de droit commun** » de l'article 205, qui existe entre tous ascendants et descendants, passivement et activement, et qui est, quant à elle, une obligation limitée aux besoins élémentaires de la vie[270].

Le relais de l'un à l'autre peut se faire de diverses manières :

- ainsi, un enfant ayant achevé une formation ou abandonné ses études, et qui ne pourrait prétendre à des allocations de chômage, pourrait obtenir une pension, mais réduite à ce qui lui est nécessaire pour mener une vie décente, de ses père et mère, en tant qu'ascendants du premier degré ;
- en cas de défaillance totale d'un des parents, qui s'est rendu insolvable, on peut imaginer que le parent qui nourrit et élève l'enfant exerce un recours contre les grands-parents, ascendants du deuxième degré, mais toujours dans le cadre, plus limité, de l'article 205.

270 On retrouvera ces catégories dans le chapitre relatif à l'obligation alimentaire en général.

Chapitre VI
L'obligation alimentaire[1]

Section 1
Notion et terminologie

§ 1. Définition et terminologie

L'**obligation alimentaire** est celle qui permet à une personne, le **créancier d'aliments**, d'exiger d'une autre, le **débiteur d'aliments**, en vertu d'un lien familial, un **transfert économique** en sa faveur[2].

En principe, cette obligation est prestée **en nature**, par la prise en charge directe par le débiteur alimentaire des frais engendrés par le débiteur.

> « *C'est trop peu dire que ces obligations doivent s'exécuter "en nature", elles cessent d'être exécutées lorsque l'action alimentaire ou la délégation de salaires ou de revenus y est substituée. Toutes les formes d'exécution forcée ne sont qu'un "ersatz" du devoir de secours proprement dit.* »[3]

Cette prise en charge directe est facilitée par le fait que créancier et débiteur, dans la généralité des cas « non pathologiques », cohabitent : le mari et la femme vivent ensemble, les parents hébergent leur enfant mineur[4]...

Si les parties impliquées dans le rapport alimentaire ne **cohabitent pas** ou plus, l'exécution en nature devient malaisée : un paiement d'argent le remplace alors le plus souvent[5].

Dans ce cas, comme le but de l'institution est de fournir au créancier d'aliments une aide économique au jour le jour, elle prend le plus souvent la forme d'un paiement récurrent, généralement mensuel, nommé **pension alimentaire**.

---

[1] Le présent chapitre est repris en grande partie d'A.-Ch. Van Gysel (dir. et auteur, avec J.-E. Beernaert), *Précis de droit de la famille*, 2e éd., Bruxelles, Bruylant, 2009, pp. 501-622 ; lequel s'inspirait largement de A.-Ch. Van Gysel et J.-E. Beernaert, *État actuel du droit civil et fiscal des obligations alimentaires*, Kluwer, 2001, 144 p. ; ouvrage qui reprenait lui-même A.-Ch. Van Gysel, *Droit des personnes* (syllabus), B.E., 1999-2000 (223 p., spéc. pp. 181-197). De plus, la teneur des examens de jurisprudence publiés dans la *Revue critique de jurisprudence belge* (*R.C.J.B.*, 2003, pp. 373-423 ; 2008, pp. 611-689) y a été également reprise. Il n'est en effet pas possible à un même auteur d'exposer un même sujet de façon très différente à chaque fois...

[2] A.-Ch. Van Gysel et J.-E. Beernaert, *État actuel du droit civil et fiscal des obligations alimentaires*, Kluwer, 2001, p. 1.

[3] F. Rigaux, *Les personnes*, t. I, « Les relations familiales », Bruxelles, Larcier, 1971, n° 1604, p. 407.

[4] Le débiteur peut d'ailleurs, s'il est lui-même impécunieux, offrir de recevoir le créancier pour lui fournir en nature, avec l'économie de frais fixes que crée un ménage commun, les aliments qu'il lui doit : art. 210 et 211 C. civ., que l'on examinera ci-après.

[5] Mais pas toujours : on peut imaginer que le débiteur laisse, à titre d'exécution en nature de son obligation, le créancier jouir « gratuitement » d'un bien – tel un immeuble – qui lui appartient.

Le créancier d'aliments est alors dénommé crédirentier, le débiteur, débirentier, et chaque montant échéant périodiquement est appelé **arrérages**[6].

Suivant le lien familial qui est à l'origine de l'obligation, et parfois selon la modalité procédurale qu'elle emprunte, la pension prend divers noms : contribution alimentaire ou part contributive, provision alimentaire, secours alimentaire…

Afin de rester adaptées à l'évolution du coût de la vie et de compenser les effets de l'inflation, les pensions sont généralement indexées, soit de plein droit, soit par décision judiciaire.

Dans certains cas, un paiement unique est fait à titre alimentaire : on parle alors de **capital alimentaire**.

La transformation d'une pension en un capital alimentaire, ou capitalisation, qui présente des avantages fiscaux appréciables, doit tenir compte de divers facteurs d'ordre actuariel[7].

§ 2. L'obligation alimentaire, expression de la solidarité familiale

Nous avons vu au premier chapitre du présent ouvrage qu'avec la prohibition du mariage de parents trop proches, et la vocation successorale, l'obligation alimentaire est une des manifestations de l'existence de la **notion de famille** en droit belge, et de sa structuration en une **hiérarchie** des débiteurs d'aliments.

L'obligation alimentaire repose sur l'idée fondamentale que, lorsqu'une personne est dans le besoin, elle peut et doit **d'abord** faire appel à la **solidarité familiale**, **avant** de s'adresser au corps social en général, par le biais du **CPAS**.

La primauté de l'obligation alimentaire sur l'aide sociale et, réciproquement, la subsidiarité de celle-ci s'expriment par diverses normes.

Préventivement, cette primauté oblige les demandeurs qui interpellent le CPAS à « discuter » d'abord avec les membres de leur famille qui sont débiteurs potentiels d'aliments envers eux, et ne les admet au secours que si leur recours civil s'est révélé infructueux.

Ainsi, la Cour d'appel de Mons, dans un arrêt du 16 novembre 1999[8], rappelle qu'« *il n'appartient pas au CPAS de suppléer durablement de manière irréversible l'éventuelle carence de l'époux […] tenu à une obligation de secours* », et le président du Tribunal de première instance de Bruxelles[9], fait état dans le cadre d'un

[6] D'où l'expression « *Aliments ne s'arréragent pas* », laquelle ne fait pas partie du droit belge : Cass., 2 juin 1978, *Pas.*, 1978, I, p. 1142 et *Rev. trim. dr. fam.*, 1979, p. 78, note J.-L. Renchon, et ci-dessous, à la section 3 relative au régime général des obligations alimentaires.

[7] Voy. J.-E. Beernaert et D. de Callatay, « La capitalisation en question(s) », *Div. Act.*, 2002, p. 113.

[8] Mons, 16 novembre 1999, *J.T.*, 2000, p. 201. Dans le même sens : Bruxelles, 22 juin 2006, *A.D.F.*, 2009, p. 28.

[9] Civ. Bruxelles (réf.), 7 février 1997, *Div. Act.*, 1998, p. 12.

litige entre une fille majeure et son père (litige greffé par voie d'intervention volontaire sur une action en mesures provisoires [art. 1280 C. jud.]), d'un contrat entre l'enfant et le CPAS de Gembloux, « *contrat contenant un projet individualisé d'intégration sociale aux termes duquel elle perçoit le minimex à condition notamment de faire valoir ses droits en matière de rente alimentaire à charge de son père [...]. Cette intervention du CPAS ne dégage donc pas le [père] de ses obligations* ».

On remarquera au travers de ces extraits que les CPAS ne se tiennent pas à une séquence temporelle stricte : ne serait-ce qu'en raison de la durée des procédures civiles, ils sont amenés à couvrir de leur intervention un besoin urgent, quitte à le supprimer lorsque l'action alimentaire a abouti.

C'est que la loi les a pourvus d'une arme redoutable : la récupération, par un droit propre, et non par une simple subrogation, des secours alloués aux assistés, à charge des membres de leur famille, débiteurs alimentaires potentiels desdits assistés.

Ce pouvoir se trouve inscrit dans l'article 98, § 2, de la loi du 8 juillet 1976 sur les CPAS[10].

Le CPAS doit cependant, préalablement au recouvrement, procéder à une enquête sociale sur la situation financière du débiteur d'aliments et sur les implications familiales de l'affaire, sans quoi son action ne saurait prospérer[11].

En ces temps de crise, cette expression de la solidarité, au sein de la cellule fondamentale de la société, revêt une importance particulièrement cruciale.

Section 2
Base légale, typologie et hiérarchie des obligations alimentaires

§ 1. Dispositions légales et obligations naturelles

Dans la plupart des cas, l'obligation alimentaire a un **fondement légal**, qui en détermine la portée.

Ainsi, il y a obligation alimentaire légale entre les personnes suivantes[12] :

- conjoints (art. 213 C. civ.), même séparés de corps (art. 308 C. civ.) ;
- conjoints divorcés (art. 301 C. civ. dans le cas du divorce pour cause de désunion irrémédiable et art. 1288 C. jud. dans celui du divorce par consentement mutuel) ;

---

10 « *[...] § 2. Le centre public d'action sociale poursuit également, en vertu d'un droit propre, le remboursement des frais de l'aide sociale : [...] à charge de ceux qui doivent des aliments au bénéficiaire, et ce, à concurrence du montant auquel ils sont tenus pour l'aide octroyée.* »

11 Cass., 19 novembre 2007, *Rev. trim. dr. fam.*, 2008, p. 1014.

12 Nous ne parlerons pas ici de l'obligation alimentaire à charge du donataire, prévue par l'article 955, 3°, du Code civil.

- parents et enfants[13] (art. 203 et s. C. civ.) ;
- homme ayant entretenu des relations avec la mère durant la période légale de conception, déterminant une obligation alimentaire non déclarative de filiation dans son chef, et l'enfant (art. 336 et s. C. civ.) ;
- adoptant et adopté, dans le cadre d'une adoption simple (art. 353-14 C. civ.) ;
- cohabitants légaux (art. 1477 C. civ., de façon indirecte) ;
- ascendants et descendants (art. 205 C. civ.) ;
- beaux-parents, gendres et brus (art. 206 C. civ.) ;
- sans oublier les cas où, le débiteur initial étant décédé, la pension dégénère en charge successorale (art. 205*bis*; 301, § 10; 339*bis* et 353-14 C. civ.) ou en charge « parasuccessorale » (art. 203, § 3, C. civ.).

Dans certains cas, la jurisprudence retient, sur la base de la théorie des **obligations naturelles**, reconnue par le droit positif dans l'article 1235, une obligation alimentaire en dehors des cas précités, par la novation volontaire par une personne en une obligation civile, de ce qui n'était jusque-là qu'un engagement moral.

§ 2. Typologie

En réalité, on peut discerner, suivant le régime juridique qu'elles suivent, trois groupes d'obligations au sein des obligations de nature légale :

- celles qui confèrent un **droit étendu** au créancier d'aliments, visant au maintien ou à la restauration d'un train de vie ;
- celles qui se limitent à lui garantir les **moyens élémentaires d'une vie décente** (logement, nourriture, vêtements…) ;
- et celles qui ont dégénéré en une **charge successorale**.

§ 3. Hiérarchie des obligations alimentaires

La typologie que nous venons de tracer induit une **hiérarchie** entre les diverses obligations alimentaires : une personne impécunieuse, placée dans un réseau familial, ne peut choisir d'assigner la personne la plus fortunée, ou celle qui lui est le moins sympathique, elle doit suivre un ordre désigné par le droit.

C'est le grand juriste Henri De Page[14] qui a le premier posé le délicat problème de la hiérarchie des obligations alimentaires.

Il l'a fait de la manière suivante :

> « *Un problème fort délicat, et de toute première importance pratique, s'est posé quant au point de savoir* dans quel ordre *les différents débiteurs de l'obligation alimentaire sont tenus. […] En d'autres mots, l'obligation alimentaire pèse-t-elle*

[13] Y compris les enfants adoptés plénièrement, qui sont assimilés aux enfants biologiques.

[14] H. De Page, *Traité élémentaire de droit civil belge*, t. I, 1re éd., Bruxelles, Bruylant, 1933, nos 556 et s., pp. 501 et s.

concurremment *sur tous les débiteurs, ou seulement dans un ordre successif? À cette question capitale, la loi n'a pas donné de réponse explicite. Elle se borne à poser le principe de l'obligation alimentaire, sans déterminer l'ordre dans lequel ceux-ci seront éventuellement tenus, ni même préciser s'il en existe un.* »

L'illustre auteur ne se contentait bien entendu pas de poser le problème, il le résolvait en proposant une solution positive – il existe bien une telle hiérarchie – et en en développant les contours.

En ce domaine, comme dans d'autres, la solution donnée par Henri De Page a été consacrée en droit positif.

La loi ne donne que des éléments de réponse très limités au problème posé, et c'est à peine si l'on apprend que :

- dans l'adoption simple, l'obligation des parents de la famille d'origine est subsidiaire par rapport à celle de l'adoptant (art. 364 C. civ.) ;
- l'obligation non déclarative de filiation s'éteint lorsque la filiation de l'enfant vient à être établie, créant l'obligation d'entretien et d'éducation de l'enfant mineur (art. 340 C. civ.) ;
- la pension après divorce pour cause de désunion irrémédiable prend fin en cas de remariage du conjoint créancier, créant un nouveau devoir de secours, et même de cohabitation légale, bien que, dans ce cas, l'obligation alimentaire entre cohabitants soit indirecte et précaire (art. 301, § 10, C. civ.).

En dehors de ces normes de nature légale, on peut heureusement s'appuyer sur quelques décisions de la Cour de cassation :

- par un arrêt du 27 juin 1969[15], la Cour a décidé que le devoir de secours primait l'obligation alimentaire des ascendants et descendants ;
- par un arrêt du 3 avril 1975[16], il avait été décidé que le devoir de secours du nouveau conjoint l'emporte sur la pension prévue par l'ancien article 301 du Code civil : c'est à présent la loi[17] ;
- mais c'est surtout, par des arrêts de principe du 16 mars 1995[18] et 7 avril 1995[19] que la Cour a réellement créé un système – globalement, celui d'Henri De Page – en décidant :
  1° que l'obligation alimentaire est fonction du caractère plus ou moins étroit des liens familiaux entre le créancier et ses débiteurs potentiels ;
  2° que l'obligation des ascendants et descendants prime pour ce motif l'obligation des alliés ;
  3° qu'au sein d'une même catégorie de débiteurs, il faut avoir égard à la proximité de degrés ;

15 *Pas.*, 1969, I, p. 998.
16 *Pas.*, 1975, I, p. 756.
17 Art. 301, § 10, C. civ. dans sa version actuelle.
18 *J.T.*, 1995, p. 517.
19 *Pas.*, 1995, I, p. 405.

4° enfin, qu'au même degré, le recours alimentaire doit être divisé entre les débiteurs potentiels sans qu'aucune condamnation *in solidum* ou solidaire ne puisse être prononcée entre eux, de sorte que chacun ne peut être appelé que pour sa part, même si les autres débiteurs potentiels ne sont pas à la cause.

De tout ceci, on peut déduire les principes suivants, qui fixent la hiérarchie des obligations alimentaires en droit belge :

1° les obligations **étendues** priment celles qui sont limitées aux **besoins essentiels** de la vie[20] : le classement des obligations alimentaires en catégories est donc fondamental ;

2° au sein des obligations **étendues**, le devoir de **secours** issu du second mariage prime la **pension après divorce**, et l'obligation de **contribution à l'entretien** de l'enfant mineur, **l'obligation non déclarative de filiation**[21].

Par contre, à notre sens, rien – sinon une interprétation trop extensive de l'intérêt de l'enfant et de l'article 22*bis* de la Constitution – ne justifie une primauté de l'obligation à l'égard des enfants mineurs sur le devoir de secours entre époux ou la pension après divorce, contrairement à ce que pense le tribunal civil de Tournai, pour lequel « *[l]'obligation alimentaire visée à l'article 203 du Code civil a un caractère prioritaire "qui implique que l'enfant a droit à ce que soient assurés non seulement sa subsistance, mais aussi son éducation et son épanouissement personnel ; [...] L'évaluation de ses besoins dépend notamment du niveau de vie de ses parents, cependant que le montant de la contribution alimentaire doit être fixé avant que ne soient prises en considération les dépenses de convenances personnelles du débiteur d'aliments (N.* Dandoy*, « Obligations alimentaires légales : conditions d'application et détermination du montant de la pension », note sous J.P. Westerlo, 30 décembre 1997,* J.J.P.*, 2001, p. 279)". Le débiteur d'aliment ne pourrait pas davantage se prévaloir qu'il vivrait en concubinage avec une personne qui n'a pas de ressource pour se libérer de sa contribution à la dette* »[22] ;

3° au sein des obligations **restreintes**, l'obligation de l'**adoptant** prime celle de la **famille d'origine**, celle des **ascendants et descendants**, celle des **alliés** ;

4° au sein d'une même catégorie, il faut appeler les parents au **degré le plus proche** avant ceux qui sont à un degré plus éloigné.

Il est à noter que, si les degrés de parenté se comptent dans l'institution de l'obligation alimentaire de la même manière que dans celle des successions, c'est-à-dire selon le comput romain, les catégories de parents

---

20 Ainsi, le devoir de secours prime l'obligation d'entretien entre parents et alliés : Bruxelles, 6 juin 2006, *Act. dr. fam.*, 2009, p. 26.

21 Ces solutions se déduisent explicitement du texte légal correspondant.

22 J.P. Tournai, 15 avril 2003, *Rev. trim. dr. fam.*, 2003, p. 594.

appelés hiérarchiquement à payer ne sont pas les mêmes que celles appelées à hériter (nommées « ordre d'héritiers » : notion que nous examinerons au chapitre suivant) : ainsi, les frères et sœurs sont héritiers du deuxième ordre, juste après les descendants et en concurrence avec le conjoint survivant, mais ils ne sont pas créanciers d'aliments, alors que les beaux-parents sont créanciers et débiteurs d'aliments à leurs gendres et brus, mais non-héritiers (et inversement : les brus et gendres n'héritent pas d'eux).

Il est vrai que la hiérarchie successorale n'est elle-même pas totalement régulière, comme on le verra plus bas ;

5° au même degré, il faut **diviser son recours**, chaque débiteur ne devant payer que **sa part**, suivant **l'état de fortune** de tous les débiteurs du même degré, même si les autres ne sont pas à la cause.

Le parent d'un degré ou d'une catégorie plus éloignée, qui a payé alors qu'il existe un débiteur alimentaire plus proche, peut se retourner contre ce dernier, sur la base de l'enrichissement sans cause, pour se faire rembourser ce qu'il a payé[23].

S'il est en « concours latent » avec d'autres parents du même degré solvable et qu'il a payé plus que sa part[24], il aura un recours identique.

Nous avons vu au chapitre précédent qu'il est un cas où cette distinction entre obligation à la dette et contribution à la dette est tellement fréquente qu'elle est consacrée dans la loi, c'est l'obligation alimentaire à l'égard des enfants mineurs.

En effet, sauf le cas, rare, de l'enfant majeur, mais encore aux études, domicilié de façon indépendante de ses deux parents, et attaquant ceux-ci (art. 203 C. civ.), cette institution ne se voit devant les tribunaux que sous l'aspect contributoire : l'un des parents estime avoir payé – généralement en nature, au travers de l'hébergement de l'enfant chez lui – plus que sa part et se retourne contre l'autre parent en contribution alimentaire (art. 203*bis* C. civ.), qui n'est finalement pas autre chose qu'un recours contributoire légalement et spécialement organisé ;

6° les parents **insolvables** sont **omis**, de sorte que, à même degré, la charge retombe sur les autres débiteurs du même degré, et, si l'insolvable est seul en son degré ou sa catégorie, le créancier peut actionner les débiteurs d'un degré ou d'une catégorie plus éloignée.

Ainsi, la mère d'un enfant mineur dont le père ne peut couvrir les frais d'éducation et d'entretien (art. 203 C. civ.) peut recourir aux grands-

---

23 F. Rigaux, *Les personnes*, t. I « Les relations familiales », n° 1696, p. 430 ; Cass., 10 janvier 1958, *Pas.*, 1958, I, p. 478 ; Cass., 27 juin 1969, *Pas.*, 1969, I, p. 998.

24 Ce qui ne devrait en principe pas arriver, puisqu'il peut obliger le créancier à diviser son recours, mais on peut imaginer le cas d'une exécution volontaire, tel un fils ayant soutenu seul sa vieille mère, et se retournant ensuite vers ses frères et sœurs pour qu'ils lui remboursent ce qu'ils auraient dû payer à leur mère.

parents paternels de l'enfant, sur la base de l'article 205 du Code civil[25], mais ceux-ci ne doivent intervenir que pour couvrir leur part des besoins élémentaires de la vie des enfants, compte tenu de la part que doivent y prendre aussi les grands-parents maternels.

Existe-t-il des **hypothèses non couvertes** par les principes directeurs évoqués ci-dessus ?

C'est évidemment possible, l'esprit humain n'épuisant jamais le réel, comme Karl Popper l'a montré.

Cependant, il nous paraît que les hypothèses soulevées ailleurs par Nicole Gallus[26] trouvent des solutions, seraient-elles opposées à celles qu'adopte la Cour de cassation.

Ainsi, si une obligation est dégénérée en charge successorale, peut-elle être en concours avec une autre obligation légale, et, si oui, comment se fait la répartition de la dette ?

Un ancien arrêt de la Cour de cassation[27] suggère une répartition proportionnelle – mais dans quelle proportion ? – entre les enfants d'une dame, tenus selon l'article 205 du Code civil, et les héritiers de son défunt second mari, liés par l'article 205*bis*. Dans le cas d'espèce, la dame avait obtenu une pension de ses enfants avant d'actionner les héritiers de son mari.

À notre sens, la solution devrait être la suivante : la pension qui devient une charge successorale conserve, selon nous, sa nature étendue ou restreinte.

Dans le cas d'espèce, la pension basée sur l'article 205*bis*, continuant le devoir de secours entre époux, est une obligation étendue.

Elle prime donc celle, restreinte, des enfants, et ceux-ci pourraient en demander la suppression, sauf à la dame de reprendre ses poursuites contre eux une fois que les héritiers auront dépensé tout l'actif successoral en arrérages de pension.

Quant au concours entre une obligation naturelle et une obligation légale, la solution exprimée dans l'arrêt du 6 juin 1975[28] nous semble tout sauf justifiée en droit comme en équité : pourquoi le débiteur légal échapperait-il à ses obligations parce qu'il s'est trouvé une bonne âme pour payer « naturellement » à sa place ?

---

25 Civ. Charleroi, 24 juin 1998, *J.L.M.B.*, 2000, p. 1741, et, de façon à notre sens trop extensive (car le père payait une contribution alimentaire et les grands-parents paternels payaient déjà volontairement certains frais), Civ. Bruxelles, 8 octobre 2000, *Rev. trim. dr. fam.*, 2002, p. 334.

26 Voy. N. GALLUS, « Les aliments », *Rép. not.*, t. I, liv. IV, Bruxelles, Larcier, 2006, n°s 63 et 64, pp. 142 et s.

27 Cass., 12 juillet 1957, *Pas.*, 1957, I, p. 1357.

28 Cass., 6 juin 1975, *R.C.J.B.*, 1978, p. 283, note F. RIGAUX, « Les effets juridiques du concubinage : vers une libéralisation de la jurisprudence belge ».

Section 3
Régime général des pensions alimentaires

Avant de développer le régime particulier à chacune des différentes obligations alimentaires – ou de renvoyer au chapitre qui en traite – exposons leur régime général.

Car, quelles que soient leur étendue et leur base légale, les obligations alimentaires répondent en effet à certaines règles communes.

§ 1. Compétence du tribunal de la famille et du for du demandeur

Aux termes de l'article 572*bis*, 7°, du Code judiciaire, les obligations alimentaires ressortissent à la **compétence matérielle** du tribunal de la famille.

Du point de vue **territorial**, l'article 629*bis* du Code judiciaire prévoit la cascade suivante :

- le tribunal qui a déjà été saisi d'une demande en matière familiale par la même famille (art. 629*bis*, § 1er, C. civ.) ;
- le tribunal du domicile du mineur, pour ce qui est des obligations alimentaires à son profit (art. 629*bis*, § 2, C. civ.) ;
- le tribunal du lieu du domicile du créancier d'aliments, dans les autres cas (art. 629*bis*, § 4, C. civ.).

Cette dernière règle, reprise d'une disposition antérieure[29], se justifie par la volonté du législateur de réduire les frais, ici de déplacement, pour le créancier d'aliments, par hypothèse peu fortuné.

§ 2. Introduction par requête

La demande peut être introduite par requête contradictoire (voy. art. 1320 C. jud.), le défendeur étant convoqué par pli judiciaire par le greffe.

Une citation est, bien entendu, toujours licite[30], mais les frais pourraient être déclarés frustratoires et délaissés à la partie demanderesse. Il est également permis d'introduire la cause par un procès-verbal de comparution volontaire.

§ 3. Variabilité de l'obligation dans le temps

Les pensions sont fixées en tenant compte des revenus, charges et facultés du débiteur et du créancier d'aliments (art. 208 C. civ.), et ceci « en temps réel », puisque le but de l'obligation alimentaire est de fournir au créancier d'aliments ce qu'il a besoin pour sa subsistance, au jour le jour.

Comme ces éléments varient dans le temps, l'obligation doit elle-même pouvoir varier : c'est le **principe de variabilité** contenu dans l'article 209, qui

[29] Ancien art. 626 C. jud.

[30] C'est le mode d'introduction de droit commun : art. 700 C. jud.

proclame que, « *[l]orsque celui qui fournit ou celui qui reçoit des aliments est replacé dans un état tel que l'un ne puisse plus en donner, ou que l'autre n'en ait plus besoin en tout ou en partie, la décharge ou réduction peut en être demandée* ».

Ce principe général des obligations alimentaires est explicitement rappelé dans d'autres dispositions légales, comme l'article 339*bis*, alinéa 2, du Code civil, l'article 301, § 7, du même Code, ou encore l'article 1288, 4°, alinéa 2, du Code judiciaire.

Il y est fait exception dans deux cas :

- celui de la pension entre ex-époux divorcés par consentement mutuel, s'ils le prévoient expressément (art. 1288 C. jud.) ; et
- celui de la pension après divorce pour cause de désunion irrémédiable, à la même condition de convention expresse (art. 301, § 7, C. civ.).

Le caractère « mort » du lien familial qui fait naître l'obligation alimentaire n'est sans doute pas pour rien dans cette autonomie de volonté accrue.

Contrevenir au principe de la mutabilité par une convention quelconque blesserait donc **l'ordre public**[31].

Lorsque l'obligation alimentaire a été consacrée par un titre judiciaire, le principe prend alors la forme d'un tempérament à cet autre, celui de l'autorité de la chose jugée[32].

Tant que les circonstances de la cause demeurent fondamentalement inchangées, cette autorité subsiste : ***rebus sic stantibus***, dans la formulation antique, soit tant que les choses restent en l'état.

Encore faut-il qu'elles changent après que la décision a été prise[33], et ce, de façon substantielle, indépendamment de la volonté de celui qui demande la modification, et de manière pertinente.

Ainsi, le simple fait de rendre le débat, jusque-là unilatéral, contradictoire par le biais de l'opposition est dénué de toute pertinence et ne peut donc être tenu pour un « élément nouveau »[34].

De même, il semblerait que, selon certains, la naissance d'un enfant dans le nouveau couple formé par le débiteur d'aliments n'est pas non plus de nature

---

31 Civ. Liège, 21 février 1994, *Rev. trim. dr. fam.*, 1995, p. 574; Bruxelles (réf.), 17 octobre 1994, R.G. n° 94/665/C, inédit, en cause *H. c. Th.*

32 La loi organise de façon spécifique cette mutabilité, sur le plan procédural : voy. art. 1253*ter*/7 C. jud.

33 La Cour d'appel de Bruxelles a eu à trancher la question suivante dans un arrêt inédit (3e ch., 21 mars 2000, R.G. n° 1995/KR/460, en cause *S. c. S.*) : le créancier d'aliments ayant hérité d'un parent, fallait-il considérer que cet événement était survenu au moment du décès, lequel était antérieur au premier jugement ayant fixé le montant de la pension, ou lorsque, le partage ayant eu lieu après une longue procédure, le créancier avait enfin perçu son émolument ? S'agissant d'une circonstance de fait et d'ordre économique, la Cour décide logiquement que c'est le second moment qu'il faut retenir. Survenu après le premier jugement, la circonstance était donc nouvelle.

34 J.P. Westerlo, 29 mai 1998, *A.J.T.*, 1998-1999, p. 684.

à justifier une modification de la pension alimentaire, « *la procréation reste un acte volontaire, peut-être irréfléchi, mais néanmoins délibéré, qui ne peut non plus être invoqué* »[35].

Il est une variation économique qui s'impose à tous les membres de la société : c'est la dépréciation de la monnaie au fil du temps, autrement nommée l'inflation.

Elle devrait conduire en toute logique, à l'instar de l'**indexation** généralisée des salaires en Belgique, à une indexation généralisée des pensions alimentaires.

Cette logique n'est cependant pas suivie par le législateur, et en dehors de la pension après divorce pour cause de désunion irrémédiable[36] et de la contribution alimentaire[37], les pensions alimentaires ne sont pas légalement indexées.

Ce constat a conduit certains plaideurs à soulever la question de la constitutionnalité de dispositions ne prévoyant pas cette indexation automatique, par rapport à l'article 301 du Code civil qui la prévoit en matière de pension après divorce[38], mais la Cour d'arbitrage a estimé que la question était sans objet, les obligations alimentaires comparées (la pension après divorce pour cause déterminée et la contribution alimentaire) étant trop différentes[39].

Il nous semble cependant qu'elles sont identiques quant à leur but : permettre au créancier de couvrir ses dépenses au jour le jour.

Or celles-ci augmentent du fait de l'inflation, quelle que soit la qualité du créancier : époux divorcé, enfant, ascendant…

Ceci plaide, à tout le moins *de lege ferenda*, à défaut de la pression de la Cour constitutionnelle, pour une indexation généralisée des pensions alimentaires.

Cependant, il est très fréquent que les décisions[40] organisent judiciairement une telle indexation.

Encore faut-il la leur demander, sans quoi le magistrat statuerait *ultra petita*.

§ 4. Exécution à la résidence du débiteur

Alors que le débiteur ne peut offrir de **recevoir le créancier chez lui** pour exécuter son obligation en nature que s'il est le père ou la mère de l'enfant débiteur (art. 211), le juge peut imposer au débiteur impécunieux de recevoir le créancier d'aliments chez lui (art. 210 C. civ.).

---

35 J.P. Verviers, 21 octobre 2002, *J.L.M.B.*, 2003, p. 1778.

36 Art. 301, § 6.

37 Art. 203*quater*.

38 J.P. Huy (2e cant.), 21 janvier 2003, *J.L.M.B.*, 2003, p. 1780.

39 Arrêt n° 122/2004 du 7 juillet 2004.

40 Ou les parties elles-mêmes, dans le cas d'une pension conventionnellement fixée : voy. le texte de l'article 1288, 4°, du Code judiciaire, qui attire spécialement l'attention des époux sur la nécessité de prévoir l'indexation de la pension après divorce par consentement mutuel. À défaut d'une telle clause, l'indexation n'aurait pas lieu… mais la pension serait en principe révisable (art. 301, § 7, C. civ.), sauf si l'immutabilité a été expressément prévue : d'où l'intérêt d'une bonne rédaction des conventions…

Il est regrettable de constater que nombre de magistrats ne font presque jamais usage de cette faculté, alors même que l'augmentation des ménages d'une seule personne est source d'une perte économique pour les ménages, comme pour la société en général, et cela au prétexte qu'une tension existe entre les parties.

Si l'existence d'un litige devait être un obstacle à la mise en œuvre des articles 210 et 211, alors ces dispositions ne seraient jamais applicables, puisque, si on l'invoque devant un tribunal, c'est d'évidence qu'il existe un litige entre les parties!

Il nous semble qu'il faut plutôt suivre d'autres juridictions qui ont estimé, dans le cadre de l'article 211, que[41] :

> « *L'esprit de famille doit nécessairement se concilier avec une tolérance certaine et la volonté de dépasser certaines difficultés, d'autant plus si l'enfant qui entend prendre un logement distinct de celui de ses parents est lui-même à l'origine de sa situation.*
>
> *À défaut de justification acceptable de la décision prise par l'enfant de quitter le domicile de ses parents, l'article 211 du Code civil qui dispose que le père ou la mère qui offrira de recevoir, nourrir et entretenir dans sa demeure l'enfant à qui il doit des aliments sera dispensé de payer la pension alimentaire doit trouver à s'appliquer.* »

Et[42]:

> « *L'obligation d'entretien d'un enfant s'accomplit en principe en nature.*
>
> *Et la doctrine récente précise qu'un enfant ne peut refuser une exécution en nature et exiger une exécution financière de l'obligation d'entretien que s'il a pour ce faire une raison valable.*
>
> *Cette conception, que le tribunal partage, respecte à la fois la mission éducative des parents et le respect de la vie privée.* »

Un autre magistrat a, quant à lui, réduit la pension alimentaire allouée à deux enfants majeurs en excluant les frais de logement, après avoir pris en considération leur « *décision légère immature* » et alors qu'« *il apparaît que le départ de deux jeunes filles du toit parental s'apparente davantage à un refus de leur part de se plier à certaines règles élémentaires de la vie en famille et qu'aucun reproche majeur ne peut être adressé aux parents* »[43].

§ 5. Préexistence de l'obligation à la demande en justice

Le droit à pension alimentaire, étant de nature légale, **préexiste à toute action en justice**[44].

---

41 Civ. Bruxelles, 1er février 2011, *J.L.M.B.*, 2012, p. 1704.

42 J.P. Charleroi (3e cant.), 13 août 2008, *J.T.*, 2008, p. 592.

43 J.P. Tournai (2e cant.), 21 novembre 2006, *Rev. trim. dr. fam.*, 2007, p. 1242.

44 Cass., 2 juin 1978, *Pas.*, 1978, I, p. 1142.

Cela signifie notamment que l'on peut demander des arrérages pour une **période antérieure à l'acte introductif de l'instance** (avec la limite quinquennale dont il sera fait mention ci-dessous)[45].

Pourvu que les conditions d'octroi ou d'augmentation[46] de la pension existent, la procédure postérieure pourra les consacrer[47].

Certains magistrats[48] y répugnent toutefois, craignant d'écraser le créancier d'aliments sous une dette trop importante, qualifiée par eux de «capital».

Certes, les aliments ainsi payés rétroactivement ne pourront plus être consommés au jour le jour, durant les périodes où ils eussent dû être fournis: l'irréversibilité de l'écoulement du temps ne permet pas à la rétroactivité, fiction juridique, d'atteindre parfaitement son but.

Mais est-ce une raison pour ressusciter le principe contraire, exprimé par l'adage «aliments ne s'arréragent pas», dont il a été démontré[49] qu'il n'existait pas – ou plus – dans notre droit?

Il nous semble que non, pour plusieurs raisons, dont nous exposerons les trois principales.

a) Il s'agit d'une prime indirecte au manquement «massif» aux obligations alimentaires: l'application de cet adage aurait pour conséquence que tel qui s'est abstenu pendant un court délai se verra condamné à combler le «trou», alors que cet autre qui a accumulé sur sa tête un fardeau important s'en verra déchargé[50].

b) Il existe une limite légale à la rétroactivité: la prescription, en principe quinquennale, des arrérages.

   On sait que la prescription quinquennale, contrairement à la prescription annale, est fondée sur une présomption de paiement, et vise précisément à ne pas écraser le créancier sous le poids d'une accumulation de dettes périodiques.

   Dès lors, dans les limites de la loi, la pitié du juge ne devrait-elle pas aller au débiteur alimentaire, qui s'est appauvri durant cette période, menant une vie pénible, que le paiement des arriérés, vient, dans toute la mesure permise par la nature des choses, restaurer?

---

45 Sans doute le demandeur devra-t-il justifier ce retard à agir, mais c'est là un argument de fait, et non de droit, qui peut lui être opposé.

46 Ou, en sens inverse, de réduction ou de suppression: le principe joue également ici.

47 Cass., 11 janvier 1991, *Pas.*, 1991, I, p. 430; Cass., 5 septembre 1997, *Pas.*, 1997, I, p. 825; Cass., 16 juin 1997, *Div. Act.*, 1997, p. 27, note A.-Ch. VAN GYSEL. Autre manifestation de l'existence de l'obligation alimentaire indépendamment de tout titre judiciaire: l'infraction d'abandon d'enfant dans le besoin (art. 360*bis* C. pén.), à distinguer nettement sur ce point de celle d'abandon de famille (art. 391*bis* C. pén.): voy. ci-dessous.

48 Voy. J.P. Wolvertem, 14 septembre 1995, confirmé par Civ. Bruxelles, 11 février 1997, *J.J.P.*, 1997, p. 270, Bruxelles, 16e ch., 26 février 2002, *Div. Act.*, 2002, p. 67, note D. PIRE.

49 J.-L. RENCHON, «L'adage "Aliments ne s'arréragent pas"», *Rev. trim. dr. fam.*, 1979, p. 78.

50 Immoralité absolument symétrique de celle de l'obligation naturelle, où «qui paie bien paie longtemps».

c) Enfin, s'il était ainsi, les magistrats ne devraient plus accorder d'aliments que pour l'avenir : le fait de susciter des « arriérés instantanés » considérables, ou par une décision rendue au terme d'une longue procédure, ou par une réformation en degré d'appel, ou encore par une cassation, qui « ressuscite » la décision de première instance, est tout aussi « écrasant » pour le débiteur[51], et c'est un assez faible argument – d'ailleurs hors de propos pour le cas de la procédure de première instance qui s'éternise – que de lui opposer que celui qui exécute une décision frappée de recours le fait à ses risques et périls : peut-il raisonnablement supputer le montant qui sera finalement fixé ? Peut-il, l'ayant deviné, épargner le surplus, le soustrayant ainsi à ses besoins immédiats, sans que cela soit utilisé contre lui dans le cadre de l'instance d'appel ?

En réalité, ou l'on estime que la dette alimentaire existe en soi, en dehors des avatars procéduraux de sa détermination – et alors cette réalité[52] doit prévaloir, quelles que soient les conséquences fâcheuses qui doivent s'ensuivre pour l'une ou l'autre des parties – ou l'on considère que c'est le juge qui crée le droit à la pension, donc, seulement, en principe, pour l'avenir.

La première conception doit, selon nous, prévaloir, et c'est ce que la Cour de cassation semble avoir décidé par son arrêt du 30 septembre 2013[53], en estimant que « *Le seul fait de ne pas exercer un droit durant un certain temps n'est pas, en soi, constitutif d'un abus de ce droit* » et qu'en conséquence, « *l'arrêt n'a pu déduire que la demanderesse a commis une négligence fautive la privant du droit de demander la condamnation du défendeur à lui payer une contribution alimentaire pour la période, non couverte par la prescription [...]* ».

Un mélange des deux ne nous semble, en toute hypothèse, pas logiquement admissible.

Rappelons cependant que la Cour de cassation a, dans un arrêt du 2 juin 1978[54], établi une distinction sur ce point entre les obligations « restreintes »[55] et les obligations « étendues »[56] : les premières ne viendraient à existence qu'au moment de leur demande en justice, et la préexistence du droit par rapport à l'action ne concernerait que les secondes.

---

51 Ou pour le créancier, débiteur de trop-perçu, en cas de diminution ou de suppression de la pension : la situation est symétrique, à ceci près que le trop-perçu n'a pas une nature d'aliments : il ne bénéficie donc pas des voies privilégiées de recouvrement (art. 1390 et 1412 C. jud.), le retard ou le refus de le rendre n'est pas constitutif d'infraction...

52 Il se peut bien entendu que l'inaction du demandeur soit un élément de fait tendant à démontrer qu'il n'est pas dans un état de besoin. Encore faut-il qu'elle ne soit pas explicable par l'ignorance de ses droits, la crainte des frais du procès, ou de représailles directes ou indirectes du débiteur, ou encore l'existence de négociations avortées entre parties...

53 Cass., 30 septembre 2013, C.12.0303.F.

54 Cass., 2 juin 1978, *Pas.*, 1978, I, p. 1142.

55 Entendez, restreintes aux besoins de la vie : voy. ci-dessous.

56 Qui ont pour référent un train de vie : voy. ci-dessous.

Rappelons aussi que cette restriction est unanimement critiquée par les auteurs[57]. Nous aussi, nous ne voyons pas où cette distinction, que l'on ne constate pas dans la loi, trouve son appui en logique. L'étendue du droit ne nous paraît pas pouvoir en fournir un.

Un autre argument est parfois aussi évoqué pour limiter l'effet rétroactif des décisions en matière alimentaire: l'octroi d'arriérés aurait, selon cette thèse, pour effet de détériorer les relations personnelles entre les membres de la famille.

Il nous paraît singulier.

D'abord parce que, s'il y a litige judiciaire, c'est qu'apparemment les relations familiales ne sont pas au beau fixe. En saisissant le magistrat, les parties – du moins la partie demanderesse! – lui demandent de résoudre leur conflit par la détermination des droits de chacun. En réduisant la portée des droits d'une partie sous prétexte d'atténuer le conflit, le juge méconnaît sa fonction, pour un résultat incertain: n'aura-t-il pas donné, en effet, un très mauvais signal au débiteur alimentaire défaillant?

Ensuite, parce que le raisonnement nous paraît étrangement analogue – en ce qu'il établit un lien indu entre la contribution alimentaire et les relations personnelles – à celui qui préside à certains accords mettant en balance l'une et les autres[58], lesquels accords sont justement condamnés par la jurisprudence[59].

C'est pourtant ce que l'on lit dans un jugement du juge de paix d'Ixelles[60]: une fille majeure, vivant en «kot», réclame par requête de juin 1993, une contribution alimentaire à son père, avec effet rétroactif au 1er octobre 1992.

Le juge la lui accorde, mais avec une double restriction temporelle, en ces termes:

> «*Il n'y a cependant pas lieu d'accorder la rétroactivité au 1er octobre 1992 [...]. Il est en effet inutile d'oblitérer plus encore les relations père-fille par un important arriéré alors que manifestement la demanderesse a pu satisfaire à ses besoins depuis lors [...]. Il nous paraît raisonnable de faire rétroagir la pension à la date du 1er juillet 1994 seulement, compte tenu de l'introduction au 15 juin 1993, et de la relative inaction de la demanderesse jusqu'en juin 1994.*»

Si la première limitation – par l'exclusion de la période antérieure à l'introduction de la demande – nous semble appeler les remarques développées ci-avant, la seconde, qui «gomme» une partie de la période *postérieure* à la demande, nous paraît plus contestable encore: lorsque le demandeur a formé sa demande, il s'est, croyons-nous, suffisamment manifesté afin de faire valoir ses droits, pour

57 Voy. F. LIGOT, note sous Mons, 9 janvier 998, *Div. Act.*, 1998, p. 72, n° 2, et les auteurs cités.

58 «Je ne demande pas à voir mon enfant, mais tu ne me réclames pas de contribution alimentaire.» Notons que le doublet conflictuel de ce troc, qui peut s'énoncer ainsi: «*Puisque tu me refuses de voir mon enfant, je ne paie plus la contribution alimentaire*», est tout aussi courant et pervers, et aboutit à une classique condamnation «croisée» pour abandon de famille et non-représentation d'enfant.

59 Liège, 10 octobre 1995, *Div. Act.*, 1997, p. 74; Civ. Liège, 1er décembre 1997, *J.L.M.B.*, 1998, p. 341.

60 J.P. Ixelles (2e cant.), 23 décembre 1994, *Div. Act.*, 1996, p. 14.

que sa « relative inaction » – que le défendeur aurait pu et dû vaincre par les moyens procéduraux mis à sa disposition[61] – n'aboutisse pas à une déperdition de ceux-ci.

Ou bien faudrait-il conseiller aux créanciers potentiels de ne jamais négocier, ni avant, ni pendant une procédure, et de la mener de façon acharnée pour ne pas perdre l'éventualité d'arrérages trop longtemps passés ?

§ 6. Imprescriptibilité du droit, prescriptibilité des arrérages

Le **droit à pension** est également **imprescriptible** (sauf ce qui a été dit des pensions-charges successorales et du droit à pension après divorce pour cause de désunion irrémédiable), mais les **arrérages** se prescrivent par **cinq ans** (art. 2277 C. civ.).

Ce délai commence à courir à dater de l'exigibilité des sommes[62], soit le moment où ses conditions de venue à l'existence ont été réunies.

Par exception, cette prescription ne court pas entre époux, tant que dure le mariage (art. 2253 C. civ.)[63]. Cette règle de suspension est générale. Elle couvre non seulement les arrérages de pensions alimentaires qu'un époux doit à l'autre, mais également les arrérages de contributions alimentaires fixées au profit des enfants (économiquement) mineurs[64].

La séparation de fait ou la séparation de corps et de biens est sans incidence sur cette cause de suspension, qui ne cesse d'exister qu'à la date où le divorce est devenu définitif entre époux[65].

En outre, la prescription ne pourra jamais atteindre une créance entrée en compensation (dans les limites de celle-ci en matière alimentaire – *cf. infra*)[66].

Par contre, la prescription court bien contre les mineurs : il suffit de lire conjointement les articles 2252 et 2278 du Code civil pour s'en convaincre.

Quid si l'obligation est consacrée par un **titre judiciaire** ?

Une certaine confusion a régné dans la jurisprudence sur l'application, ou non, de la prescription de l'*actio judicati*, qui est de dix ans sous l'empire de la loi actuelle[67].

---

61 Art. 747, § 2, C. jud. not.

62 Bruxelles, 31 octobre 1991, *Pas.*, II, p. 198 ; art. 2277 C. civ. Il s'agit tout à la fois d'un moyen de se libérer pour le débiteur et d'une fin de non-recevoir qu'il peut opposer au créancier, lui déniant le droit d'agir. Cette fin de non-recevoir ne peut, par contre, être soulevée d'office par le juge saisi d'un tel litige (art. 2223 C. civ.).

63 Cette exception vaut également pour les époux séparés de fait ou de corps – *Cf.* Gand, 21 novembre 1994, *Div. Act.*, 1998, p. 67.

64 Civ. Bruxelles (sais.), 4 décembre 1986, *Rev. trim. dr. fam.*, 1988, p. 348.

65 Gand, 21 novembre 1994, *Div. Act.*, 1998, p. 67 et note.

66 Cass., 24 avril 1997, *Rev. not. b.*, 1997, p. 273.

67 Voy., pour l'affirmative, Anvers, 2 mars 1992, *Turnh. Rechtsl.*, 1996, p. 8, note J. VERHAGEN, et, pour la négative, Anvers, 3 février 1996, *Turnh. Rechtsl.*, 1997-1998, p. 19.

C'est par un arrêt du 8 décembre 2000[68] que la Cour de cassation a tranché cette problématique : le paiement d'aliments que le juge accorde pour le passé, soit avant le moment où il statue, est soumis à la prescription décennale ; celui des aliments accordés pour l'avenir reste soumis à la prescription quinquennale.

Précisons avec la Cour de cassation[69] que la compensation, qui est possible en matière d'aliments pour la quotité saisissable de ceux-ci, éteint la dette d'aliments, qui ne peut donc plus se prescrire.

Le créancier d'aliments ne peut disposer, pour l'avenir, de l'obligation alimentaire dont il jouit et ainsi renoncer *ad futurum* à poursuivre ses débiteurs.

Cette interdiction trouve son fondement dans le risque que le créancier d'aliments mette sa subsistance future en péril.

En effet, rien ne garantit qu'il ne se retrouvera pas un jour dans le besoin et qu'il ne devra pas alors demander des aliments à ses débiteurs alimentaires.

Partant de ce constat, la règle doit être considérée comme impérative.

Réciproquement, le créancier peut renoncer aux créances déjà échues, puisqu'elles n'ont pas été nécessaires à sa subsistance et que la protection voulue par le législateur en rendant la règle impérative a pu sortir ses effets[70].

Finalement, il convient de rappeler que les dettes d'aliments sont des dettes de sommes.

Il est, par conséquent, permis de réclamer le paiement d'intérêts sur des arrérages impayés, pour autant bien sûr que ceux-ci ne soient pas prescrits[71].

Cette demande d'allocation d'intérêts peut parfaitement faire l'objet d'une action propre, postérieure à celle où la pension elle-même a été réclamée[72].

---

68 Cass., 8 décembre 2000, *E.J.*, 2001, p. 48, note K. VANLEDE. Voy. aussi Gand, 25 juin 1996, *E.J.*, 1998, p. 1, note K. BROECK. Un exemple permettra, sans doute, d'éclairer cette question. Un couple se sépare en janvier 2002. Madame introduit une demande alimentaire devant le juge de paix le 1er avril 2002, visant à entendre condamner son mari à lui servir un secours alimentaire sur pied de l'article 213 du Code civil, et ce, à dater de leur séparation. Le 1er janvier 2003, le juge de paix déclare cette demande recevable et fondée et y fait intégralement droit, en condamnant Monsieur à payer la mensualité sollicitée depuis le 1er janvier 2002 sans limitation dans le temps. Les arrérages dus par Monsieur pour la période entre le 1er janvier 2002 et le 1er janvier 2003 seront soumis à la prescription décennale. Par contre, les arriérés que Monsieur laisserait s'accumuler après le 1er janvier 2003 (soit après la date du jugement) resteront, quant à eux, soumis à la prescription quinquennale.

69 Cass., 24 avril 1997, *Rev. not. b.*, 1997, p. 273.

70 Trib. Jeun. Arlon, 28 mai 1999, *Rev. trim. dr. fam.*, 2000, p. 474.

71 Bruxelles, 31 octobre 1991, *R.W.*, 1991-1992, p. 544, avis Av. gén. GEYSKENS.

72 Cass., 19 mars 1992, *Pas.*, 1992, I, p. 660.

Section 4
Sanctions civiles du non-paiement des aliments[73]

§ 1. La créance alimentaire et ses privilèges

Comme il en a été fait le constat lors d'un colloque tenu à l'ULB, un très grand nombre d'obligations alimentaires, ayant pourtant fait l'objet d'un jugement[74], demeurent, totalement ou partiellement, impayées[75].

Ceci a incité le législateur à agir, pour doter les créances alimentaires de privilèges particuliers, leur permettant d'être plus efficacement recouvrées que les dettes ordinaires.

Nous allons donc dans cette section détailler les plus importants de ces mécanismes, étant :

- l'exécution provisoire de plein droit ;
- l'exclusion du cantonnement et du délai de grâce ;
- le triple privilège *sensu stricto* de saisissabilité ;
- la délégation de sommes ;
- l'avance et le recouvrement étatiques par le SECAL.

Avant de les aborder, précisons que le remboursement d'un trop-payé d'une pension qui aurait été supprimée ou diminuée n'est pas de nature alimentaire, mais est une dette de droit commun, qui ne bénéficie nullement des privilèges repris ci-dessous[76].

§ 2. L'exécution provisoire de plein droit

Au départ, certaines décisions alimentaires bénéficiaient de l'exécution provisoire de plein droit[77], et d'autres non.

Une des résolutions du colloque organisé en 1999 par l'Unité de droit familial de l'ULB visait à l'uniformisation de ce premier privilège, qui permet à un créancier alimentaire de percevoir effectivement sa pension durant l'instance d'appel, laquelle peut durer des mois, voire des années.

---

73 Pour de plus amples développements sur ce sujet, voy. J.-E. Beernaert, *in* A.-Ch. Van Gysel et J.-E. Beernaert, *État actuel du droit civil et fiscal des obligations alimentaires*, Kluwer, 2001, pp. 103-114.

74 On nous répondra que les obligations volontairement exécutées ne font pas l'objet d'un jugement, et qu'une procédure judiciaire est déjà le signe d'une mauvaise volonté du débiteur d'aliments. Cependant, on constate que, dans la généralité des cas – mais pas dans le domaine alimentaire – les décisions judiciaires sont exécutées par la partie condamnée, sans qu'il soit nécessaire de recourir à des voies d'exécution.

75 Soit plus de 50 % des créances alimentaires en France et plus de 40 % en Belgique. Voy. les références citées par N. Gallus, « Pour la constitution d'un Fonds de paiement des pensions alimentaires », *in L'argent pour vivre : vers une réforme de l'obligation alimentaire*, Bruxelles, Kluwer, 2000, p. 283.

76 Ni du régime fiscal des pensions alimentaires, que l'on abordera ci-dessous.

77 Ainsi, les provisions alimentaires, puisque contenues dans des décisions rendues en référé (art. 1280 C. jud.), et donc exécutoires par provision de plein droit à ce titre (art. 1039 C. jud.).

Ce vœu fut réalisé par la loi de 2010 sur les contributions alimentaires, laquelle inscrivit – grâce à un amendement de dernière minute – l'exécution provisoire de plein droit de toutes les obligations alimentaires – et donc pas seulement des contributions alimentaires –, dans la loi, à savoir l'article 1322/1 du Code judiciaire.

L'instauration du tribunal de la famille a maintenu ce privilège primordial, étendu à toutes les décisions du tribunal de la famille et à l'opposition comme à l'appel, dans l'article 1398/1 du Code judiciaire.

Et, par la loi dite « pot-pourri V » du 6 juillet 2017[78], le principe d'exécution par provision est à présent applicable à toutes les décisions civiles, sauf exception[79].

§ 3. Exclusion du cantonnement et du délai de grâce

L'article 1397 du Code judiciaire réserve toutefois la possibilité pour le juge d'ordonner des garanties de remboursement en cas de réformation de la décision en appel, et notamment un cantonnement, c'est-à-dire le versement des sommes attribuées par le premier juge, à la Caisse des dépôts et consignations, en attendant l'issue de l'appel.

Comme cette solution ne permet pas au créancier alimentaire de manger, elle a été expressément **exclue** par l'article 1404 du Code judiciaire en cas de dette alimentaire.

Le jugement pourrait, certes, accorder au débiteur malheureux et de bonne foi un **délai de grâce**[80] pour payer, mais, sauf parfois pour les « arriérés instantanés » résultant d'une condamnation rétroactive, c'est peu souvent le cas, puisque, si le juge a jugé que le créancier avait besoin de tel montant pour vivre et que le débiteur avait les moyens de le payer – sans quoi il ne l'aurait pas condamné[81] –, il n'y a pas de raison logique qu'il ne le paie qu'à terme et non immédiatement.

En tout état de cause, aucun délai de grâce ne peut être accordé au débiteur une fois la pension allouée par jugement[82] : tout au plus, le débiteur pourrait-il, en démontrant la survenance d'éléments nouveaux, postuler la révision rétroactive de son montant.

---

78 Art. 1397 C. civ.

79 Notamment en matière d'état des personnes : art. 1399 C. jud.

80 Art. 1244 C. jud.

81 Art. 208 : « *Les aliments ne sont octroyés dans la mesure [...] de la fortune de celui qui les doit* » : le juge ne pourrait donc plonger le débiteur lui-même dans le besoin, pour venir au secours du créancier : pas question, donc, de dépouiller Jacques pour vêtir Paul (à noter que « fortune » signifie ici « situation économique », et ne suppose pas que le débiteur soit dans l'aisance : Cass., 4 février 1980, *Pas.*, 1980, I, p. 649).

82 Art. 1333 C. jud.

§ 4. Triple privilège en cas de saisie

Le législateur a également octroyé au créancier alimentaire saisissant un privilège, au sens technique du terme, c'est-à-dire une cause légale, lui permettant d'être payé avant tous les autres créanciers « ordinaires ».

Pour ce qui est des saisies-arrêts-exécutions[83], le privilège, contenu dans l'article 1412 du Code judiciaire, et rédigé de façon assez ésotérique, est en réalité double, puisqu'il permet :

- d'une part, au créancier alimentaire, de saisir des sommes insaisissables pour les créanciers ordinaires (privilège relatif à l'assiette de recouvrement de la créance) ;
- d'autre part, sur la partie saisissable, une cause de préférence par rapport aux mêmes créanciers ordinaires, qui se trouvent ainsi rejetés en second rang (privilège relatif à l'ordre des paiements).

Le **premier privilège** consiste donc dans le fait que les limitations ou exclusions de l'assiette saisissable des revenus, prévues aux articles 1409[84], 1409*bis* et 1410 du Code judiciaire, ne lui sont pas applicables.

Tous les revenus, y compris les sommes payées au débiteur d'aliments par un CPAS au titre du revenu d'intégration – ex-« minimex » –, sont **intégralement saisissables** par le créancier d'aliments[85].

Seule exception, les pensions alimentaires dont le débiteur bénéficierait lui-même : si elles ont fait l'objet d'un jugement, elles ne sont saisissables que dans les limites ordinaires de « planchers » et de « paliers »[86].

En outre, **deuxième privilège**, dans l'hypothèse d'un concours de créanciers entre des créanciers ordinaires et un créancier alimentaire, le créancier alimentaire est encore privilégié[87] en ce qu'il **s'impute prioritairement** aux autres, sur la **quotité saisissable** du revenu du débiteur alimentaire.

Qui plus est, l'imputation prioritaire de la créance alimentaire a lieu sur la seule quotité saisissable des revenus du débiteur.

---

[83] C'est-à-dire sur des créances que le débiteur d'aliments possède sur des tiers (solde bancaire créditeur, salaire, loyers...).

[84] Établissant un revenu « plancher » sous lequel aucune saisie ne peut être pratiquée, puis des « paliers » saisissables dans des proportions de plus en plus grandes.

[85] Cass., 17 mai 1993, *R.W.*, 1993-1994, p. 466. Seule l'aide sociale, en nature ou financière, octroyée par les CPAS échappe à l'assiette du créancier d'aliments.

[86] Art. 1410, § 1er, 1°, C. jud. Attention, ce régime ne vaut que pour les pensions attribuées par justice, pas la pension entre époux après divorce par consentement mutuel, qui est de nature conventionnelle (Cass., 19 juin 1997, *Pas.*, 1997, I, p. 696).

[87] Sur la controverse concernant la qualification à donner à cette position privilégiée, soit un vrai privilège mobilier et spécial, soit une simple « position renforcée » : N. GALLUS, « Le recouvrement des aliments en droit interne », *in Les ressources de la famille*, Bruxelles, E. Story-Scientia, 1992, p. 117 ; E. LEROY et M.-Th. CAUPAIN, « Le recouvrement des créances alimentaires : état des lieux et perspectives », *in L'argent pour vivre : vers une réforme de l'obligation alimentaire*, Bruxelles, Kluwer, 2000, p. 244.

Il ne faut donc pas soustraire des revenus alloués au débiteur la créance alimentaire et calculer, ensuite, la quotité saisissable sur le solde[88].

En effet, la Cour de cassation a décidé que, lorsque la créance alimentaire épuise, à elle seule, la quotité saisissable des revenus du débiteur, il n'y a plus lieu à retenue en faveur des autres créanciers[89].

Si le créancier d'aliments est en concours avec d'autres créanciers d'aliments – et sauf la procédure de répartition *a priori* prévue par l'article 1390*quater* du Code judiciaire ou la procédure de répartition-révision dans l'hypothèse d'une délégation de créance alimentaire (voy. *infra*) –, les créanciers alimentaires, qui sont de même rang, seront payés au marc le franc, conformément à l'article 14 de la loi hypothécaire.

Ces règles de saisissabilité déterminent directement dans quelle mesure une dette alimentaire peut – ou non – être déclarée éteinte par compensation.

En effet, «*lorsque deux personnes se trouvent débitrices l'une de l'autre de sommes d'argent* (ou d'autres choses fongibles) *liquides et exigibles, la compensation entre ces dettes s'opère entre elles de plein droit jusqu'à concurrence de leurs quotités respectives*»[90].

Par contre, l'article 1293, 3°, du Code civil prévoit que la compensation ne peut avoir lieu entre deux dettes, si une de ces dettes a pour cause des aliments déclarés insaisissables.

Ceci n'implique, aucunement, que la dette alimentaire due ne peut, dès lors, être compensée avec une créance (de droit commun) que le débiteur d'aliments détient sur le créancier d'aliments, mais, uniquement, que cette compensation ne peut avoir lieu pour la partie insaisissable de la créance alimentaire.

Or, et comme expliqué ci-avant, ces créances alimentaires ne sont insaisissables que dans les limites visées à l'article 1409, §§ 1er*bis*, 2 et 3, du Code judiciaire.

Pour le montant d'aliments dépassant cette quotité, la compensation pourra toujours intervenir[91].

La règle légale énoncée ci-avant n'est pas d'ordre public[92]. Les parties peuvent, dès lors, y déroger conventionnellement et accepter une compensation plus large entre leurs dettes réciproques.

En outre, la compensation, sans limitation, est également possible «de plein droit» entre deux dettes alimentaires réciproques, liquides, certaines et exigibles entre les mêmes personnes, tenues en leurs qualité et nom personnel[93].

---

88 Pour un exemple chiffré démontrant les incidences différentes de ces deux modes de calcul: E. Leroy et M.-Th. Caupain, «Le recouvrement des créances alimentaires: état des lieux et perspectives», *op. cit.*, pp. 250-251.

89 Cass., 14 septembre 1989, *Pas.*, 1990, I, p. 53.

90 Art. 1289 et s. C. jud.

91 Il en est, à notre avis, de même pour les pensions alimentaires qui ne sont pas adjugées par justice ou qui ne sont pas allouées après divorce à l'époux non coupable, et ce, dans la mesure où ces pensions alimentaires (telle la pension prévue entre époux divorcés par consentement mutuel) ne tombent pas sous le champ d'application des articles 1410 et 1409 du Code judiciaire.

92 Cass., 19 février 1979, *Pas.*, 1979, I, p. 722.

93 A.-Ch. Van Gysel, «Sur quelques idées reçues à propos des obligations alimentaires», *J.T.*, 1987, p. 341.

Enfin, en ce qui concerne les saisies-exécutions mobilières, la loi du 12 mai 2014[94], en son article 11, confère au créancier d'aliments un **troisième privilège**, étant un **privilège général sur meubles**, à concurrence de 15.000 euros, lequel est relativement bien placé, puisqu'il porte le numéro 3*bis* de l'article 19 de la loi hypothécaire, et n'est primé que par les frais de justice, les frais funéraires du débiteur d'aliments et les frais de sa dernière maladie durant un an.

§ 5. La délégation de sommes

Inexécutée volontairement, l'obligation alimentaire doit faire l'objet d'une exécution forcée, qui a normalement lieu par voie de saisie.

Mais le créancier saisissant est obligé de provisionner l'huissier de justice, qui est, à l'instar d'un notaire ou d'un avocat à la Cour de cassation, un officier ministériel, nommé par le Roi mais payé – du moins dans un premier temps – par la personne qui recourt à ses services.

Or le créancier d'aliments a rarement les fonds nécessaires pour faire pratiquer une saisie, dont le résultat concret peut être décevant[95].

Aussi, le législateur a-t-il créé, spécialement pour les débiteurs alimentaires, une voie d'exécution particulière, qui ne fait pas appel à un huissier, mais au **greffier** de la juridiction qui a accordé la délégation, lequel est payé par l'État : la **délégation de sommes**.

Cependant, la délégation doit toujours être **autorisée spécialement par un juge**. La suggestion de l'Unité de droit familial[96] de la conférer automatiquement à toutes les obligations alimentaires, moyennant un délai de carence de deux mois[97], n'a pas été retenue par le législateur… jusqu'à présent.

Cependant, premier pas en ce sens, par la réforme de 2010, modifiant l'article 203*ter* du Code civil, le juge est obligé de l'accorder pour les contributions alimentaires, une fois le délai de carence de deux mois passé.

En droit des obligations, la délégation est un mécanisme conventionnel ou judiciaire par lequel le débiteur (délégant) ou – ici un juge – (se) substitue une autre personne, qui est (son) propre débiteur[98] (délégué), qui s'en trouve obligé vis-à-vis du créancier (délégataire).

Ici, le juge substitue au débiteur alimentaire le débiteur de ce débiteur, qui devient alors le débiteur direct du créancier.

---

94 *M.B.*, 30 mai 2014.

95 Comme en cas de saisie-arrêt-exécution sur un compte en négatif.

96 Dans le colloque *L'argent pour vivre : vers une réforme de l'obligation alimentaire*, Bruxelles, Kluwer, 2000, déjà cité. La troisième suggestion, qui était d'indexer automatiquement toutes les pensions alimentaires, n'a pas été suivie non plus, comme on l'a déploré plus haut, du moins de façon générale (les pensions après divorce pour cause de désunion irrémédiable le sont [art. 301], comme aussi les contributions alimentaires [art. 203*quater*]).

97 Délai après lequel l'infraction d'abandon de famille est constituée : voy. ci-dessous.

98 Le débiteur du débiteur, donc.

Il a existé, en matière de délégations de sommes, une importante controverse quant à la qualification juridique qu'il faut donner à celles-ci. S'agit-il d'un « mandat judiciaire » ou, au contraire, d'une véritable « voie d'exécution en forme simplifiée »[99] ?

La loi de 2010 relative aux contributions alimentaires permet que la délégation soit ordonnée tant lors de la fixation du montant de la pension que lors du débat sur l'exécution du jugement primitif, ce qui signifie qu'elle est à la fois le titre de la créance et le moyen de son exécution.

> « *Cette précision devrait permettre de mettre un terme aux controverses sur la nature de la délégation – théorie du mandat ou du titre exécutoire –, et aux difficultés qui en découlent, notamment pour l'utilisation de la délégation pour les arriérés dus aussi bien que pour les échéances en cours et à venir, ou encore la possibilité de recourir aux voies d'exécution ordinaires*[100] »[101].

La loi créant le tribunal de la famille a unifié les règles applicables à la délégation de sommes, établissant qu'elle a désormais toujours lieu par l'intervention du greffier, auquel le créancier alimentaire désigne, par simple courrier, l'adresse du débiteur de son débiteur alimentaire[102], ce qui n'était pas le cas auparavant.

Cependant, la délégation de sommes peut voir ses effets réduits par deux mécanismes que le législateur a créés : la **répartition *a priori*** et le **règlement collectif de dettes**.

L'article 1390*quater* du Code judiciaire prévoit que, lorsqu'une délégation de sommes est demandée, le greffier du tribunal saisi notifie aux créanciers alimentaires antérieurs qui ont pratiqué une saisie ou qui bénéficient déjà d'une délégation la copie de l'acte introductif, et ce, afin de les mettre à la cause[103].

Tous les créanciers alimentaires étant, ainsi, potentiellement à la cause, le juge saisi déterminera, au besoin, la répartition à opérer entre les différents créanciers alimentaires.

---

99 Voy., sur cette controverse, les références citées par A.-Ch. Van Gysel et J.-E. Beernaert, *État actuel du droit civil et fiscal des obligations alimentaires*, *op. cit.*, pp. 103-104.

100 Le Conseil d'État soulignait également dans son avis que, la délégation pouvant être accordée à une date ultérieure à celle de la décision fixant la contribution alimentaire, le mécanisme de la saisine permanente présentait une utilité certaine.
Cette utilité est également présente lorsqu'il s'agit de demander une majoration, réduction ou suppression de la contribution alimentaire.
Les travaux préparatoires de la proposition de loi y font référence, mais le texte voté à la Chambre ne contient aucune disposition quant à ce mécanisme qui, *de lege lata*, n'existe que dans le cadre de l'article 1280 du Code judiciaire, et non pas dans les procédures introduites devant le juge de paix.

101 N. Gallus, « L'objectivisation du calcul des contributions alimentaires », *op. cit.*, pp. 153 et s.

102 Généralement son employeur, sa caisse de paiement d'allocations de chômage, le CPAS auquel il émarge, ou encore son locataire.

103 Le défendeur, potentiel débiteur d'aliments, peut également demander que cet acte soit notifié à ses autres créanciers alimentaires, qui n'ont pas pratiqué de saisies ou qui ne bénéficient pas d'une délégation de sommes.

Il s'agit soit d'une répartition *a priori* des sommes disponibles[104], soit d'une révision des décisions judiciaires prises antérieurement par le juge « naturel »[105].

A priori, cette révision par le tribunal n'est possible que « *dans la mesure où la loi le permet* ».

Le juge ne pourrait donc pas revoir le montant de la créance alimentaire d'une ex-épouse du débiteur d'aliments, contre lequel son nouveau conjoint a formé une demande alimentaire assortie d'une délégation de sommes, si le montant de la première créance alimentaire a été convenu dans le cadre de conventions préalables à divorce par consentement mutuel, qui ne prévoient aucune clause de révision[106].

En outre, le débiteur (d'aliments) surendetté peut, depuis la loi du 5 juillet 1998, introduire une requête en **règlement collectif de ses dettes**[107].

Ce règlement collectif portera sur toutes les dettes du débiteur, fût-ce celles alimentaires, et ce, sans qu'il faille distinguer les dettes faisant l'objet d'une mesure de recouvrement forcé des autres sommes que le justiciable reste devoir.

Si la requête en règlement collectif est déclarée admissible, cette décision crée une situation de concours, ce qui suspend toutes les mesures d'exécution prises antérieurement et rend le patrimoine du débiteur indisponible[108].

Ce dernier ne pourra, dès lors, plus accomplir que des actes de gestion normale de son patrimoine et il ne pourra, en outre, favoriser un de ses créanciers « *sauf le paiement d'une dette alimentaire mais à l'exception des arriérés de celle-ci* »[109].

Après la décision d'admissibilité et sauf hypothèse d'un plan amiable de règlement des dettes, le plan judiciaire de règlement de celles-ci implique que :

- le juge peut, dans le cadre d'un plan judiciaire, sans remises en capital, déroger aux principes légaux visés aux articles 1409 à 1412 du Code judiciaire ;
- dans le cadre d'un plan judiciaire, avec remise de dettes en capital, les biens saisissables du débiteur doivent, d'abord, être vendus et le prix de vente doit être affecté, « sans préjudice des causes légitimes de préférence », au paiement des obligations alimentaires en cours.

Il s'en déduit que les arriérés de pensions alimentaires pourraient, dans ce cadre, faire l'objet d'une remise de dettes, même en capital.

---

104 En ce sens : A.-Ch. Van Gysel et C. Thomasset, « Du règlement collectif de dettes et d'autres modifications d'exécuter une décision en matière d'aliments », *Div. Act.*, 1999, p. 19.

105 E. Vieujean, « Aliments et surendettement », *Rev. trim. dr. fam.*, 1999, pp. 613 et s.

106 En ce sens : E. Vieujean, « Aliments et surendettement », *op. cit.*, p. 617 ; A.-Ch. Van Gysel et J.-E. Beernaert, *État actuel du droit civil et fiscal des obligations alimentaires*, *op. cit.*, p. 112.

107 Art. 1675 C. jud.

108 Art. 1675/7 C. jud.

109 Le paiement des dettes d'aliments – hormis les arriérés qui sont gelés – est une obligation qui pèse sur le débiteur, et non une simple faculté laissée à ce dernier (E. Vieujean, « Aliments et surendettement », *op. cit.*, p. 623).

§ 6. Le service fédéral des créances alimentaires

La détresse des créanciers d'aliments impayés a incité le Conseil de l'Europe à élaborer plusieurs recommandations et résolutions[110], incitant les États membres à envisager une intervention publique pour venir directement en aide à ces personnes, à la fois sous forme d'avance et d'un service de récupération étatique.

Après avoir commencé modestement par système d'avances sur les pensions dues à charge des CPAS[111], la Belgique a ensuite lancé le **SECAL**, Service (national) des créances alimentaires[112], créé par la loi du 21 février 2003.

Ce Service peut allouer des avances sur certains types de pensions alimentaires[113] et est, en outre, chargé du recouvrement forcé des pensions impayées par le débiteur d'aliments.

Vu la très grande expérience en matière de recouvrement forcé de l'Administration des finances, il a été décidé de « loger » ce nouveau Service au sein du SPF Finances.

Nous avions indiqué dès l'adoption de la loi, de manière prémonitoire, qu'il était à craindre – vu le coût budgétaire de cette mesure – que le gouvernement se réveillerait moins généreux au lendemain des élections nationales du 18 mai 2003 qu'à la veille de celles-ci[114].

Les premières décisions prises par le gouvernement issu des élections du 18 mai 2003 n'ont fait que confirmer cette crainte.

Il a, en effet, été décidé dans un premier temps (art. 19 de la loi-programme du 5 août 2003) de retarder l'entrée en vigueur de cette nouvelle loi (prévue pour le 1er septembre 2003) d'une année, soit au 1er septembre 2004, et ce, au motif fallacieux que le SPF Finances ne serait pas prêt, du point de vue logistique, pour accueillir ce nouveau Service en son sein…

Mais le législateur a encore été plus loin. Aux termes du chapitre 5 du titre V de la loi-programme du 22 décembre 2003, il a été prévu d'avancer la date d'entrée en vigueur de la loi initiale au 1er juin 2004… mais de réduire le champ d'application de cette loi de manière substantielle.

Ainsi, depuis le 1er juin 2004, seules les dispositions initiales de la loi relatives au recouvrement forcé des pensions alimentaires à charge des débiteurs d'aliments sont rentrées en vigueur.

---

110 Résolution (75) 28 Comité des ministres du Conseil de l'Europe du 12 novembre 1975 ; Recommandation 869 (1979) du 19 mars 1979 de l'Assemblée parlementaire du Conseil de l'Europe ; Recommandation R (82) 2 adoptée par le Conseil des ministres du Conseil de l'Europe le 4 février 1989 et Recommandation R (89) 1 adoptée par le Comité des ministres du Conseil de l'Europe le 18 janvier 1989.

111 Art. 68*bis* à 68*quater* introduits dans la loi organique sur les CPAS par la loi du 8 mai 1989 et arrêté royal du 22 août 1989. L'avance de fonds est plafonnée à 175 euros par mois et par créancier d'aliments.

112 Loi du 21 février 2003.

113 Essentiellement les contributions alimentaires.

114 A.-Ch. Van Gysel, « Un bouquet final aux couleurs d'arc-en-ciel », *Div. Act.*, 2003, p. 69.

Par contre, le principe des avances que le Service fédéral des créances alimentaires devait également assurer, aux termes de la loi nouvelle (dans sa mouture initiale), a été reporté *sine die*.

Les avances éventuelles que le créancier d'aliments pourrait solliciter relèvent, dès lors et actuellement, toujours des CPAS (et des conditions restrictives édictées par la loi organique sur les CPAS du 8 juillet 1976 et l'arrêté royal d'exécution du 14 août 1989).

Il est, certes, prévu que ce système d'avances sera, à terme, également « transféré » vers le Service fédéral des créances alimentaires, mais, alors même que la loi du 21 février 2003 ne prévoyait aucune condition à l'octroi d'une telle avance, une loi-programme en a réduit également le champ d'application.

Une avance ne peut être accordée que s'il s'agit d'une contribution alimentaire au profit d'un enfant (ce qui exclut donc les pensions personnelles entre époux ou ex-époux, et ce, contrairement au but initial avoué). En outre, cette avance n'est possible que dans la mesure où le parent au profit duquel cette part contributive en faveur de l'enfant a été fixée ne dispose pas de revenus personnels dépassant un plafond légal (que le législateur a donc, par analogie à la réglementation actuellement en vigueur concernant les avances accordées par les CPAS, réintroduit)[115].

Le fonctionnement et les prérogatives du SECAL sont attaqués en annulation devant la Cour constitutionnelle[116].

Le moyen était le suivant :

> « *A.1.2. Les parties requérantes invoquent un moyen unique, pris de la violation de l'article 23 de la Constitution. Elles soutiennent que cette disposition constitutionnelle emporte une obligation de standstill qui garantit que le niveau de protection existant ne peut pas être réduit.*
>
> *Elles reprochent à la disposition attaquée de compromettre leur droit à une existence conforme à la dignité humaine.*
>
> *Elles relèvent qu'aux termes de l'article 1410, § 2, 7°, du Code judiciaire, les sommes payées à titre de minimum de moyens d'existence (qui correspondent aujourd'hui au revenu d'intégration) ne sont pas saisissables, mais qu'en vertu de l'article 1412 du même Code, cette exclusion n'est pas applicable aux saisies pratiquées dans le cadre de la perception d'une pension alimentaire. Elles y voient une incompatibilité avec l'article 23 de la Constitution.*
>
> *Selon elles, le législateur franchit aujourd'hui une étape supplémentaire en établissant indirectement que, dorénavant, le SECAL peut aussi saisir le revenu d'intégration.*

---

115 Pour plus de détails sur ces modifications législatives : N. Gallus, « La loi du 21 février 2003 créant un service des créances alimentaires », *Div. Act.*, 2004, p. 20 ; I. Anne, « De wet van 3 februari 2003 tot oprichting van een Dienst voor Alimentatievorderingen bij de FOD Financiën: veel geblaat, weinig wol », *E.J.*, 2004, pp. 90 et s.

116 Arrêt n° 4/2016 du 14 janvier 2016.

Les parties requérantes sont d'avis que cette modification est intervenue pour des motifs purement budgétaires et non pour venir en aide aux personnes qui ont droit à une pension alimentaire. »

La Cour rejette le recours, par ces motifs :

« *B. 10.3. La mesure est pertinente pour atteindre cet objectif et n'est pas disproportionnée par rapport à ce dernier. En effet, comme il est dit en B. 5.1, la faculté de recouvrer les avances octroyées dont dispose désormais le SECAL était déjà reconnue au créancier d'aliments dans les droits duquel le SECAL se trouve subrogé. Cette subrogation ne s'applique, en outre, qu'au montant de ces avances et non à la contribution aux frais de fonctionnement du Service mise à charge du débiteur d'aliments sur la base de l'article 5 de la loi, laquelle constitue une créance propre du SECAL et demeure par conséquent soumise aux règles d'insaisissabilité fixées par le Code judiciaire.*

Il convient encore de relever que le montant de la pension alimentaire en faveur des enfants est initialement fixé dans le cadre d'une procédure juridictionnelle au cours de laquelle le juge saisi peut prendre en compte les revenus du créancier et du débiteur d'aliments pour évaluer la capacité contributive de chacun.

Enfin, il résulte de la lecture combinée des articles 1410, § 2, 8°, et 1412 du Code judiciaire que les sommes payées à titre d'aide sociale par le CPAS, qui visent à garantir le droit de chacun à mener une vie conforme à la dignité humaine, ne sont pas saisissables, y compris pour la récupération de créances alimentaires. L'article 1410, § 2, 8°, précité prévoit en effet que ne sont ni cessibles ni saisissables à charge du bénéficiaire, les sommes payées à titre d'aide sociale par les centres publics d'action sociale. »

Comme on le voit, le moyen manquait « en fait », la législation n'ayant pas la portée que les requérants en annulation lui prêtaient.

Nous avons vu au chapitre précédent que le SECAL avait été chargé par la loi du 12 mai 2014, modifiant le régime juridique du SECAL, et en instituant les articles 1394/1 à 1394/19 nouveaux du Code judiciaire, formant le « Chapitre Ier*quater* » (*sic*) du Titre Ier de la cinquième partie du Code judiciaire, selon lesquels « *[l]e fichier central des jugements, arrêts et actes allouant une pension alimentaire est chargé de répertorier, conserver, gérer et mettre à disposition sous forme électronique les jugements, arrêts et actes* » allouant une pension alimentaire ; cette mission étant surveillée par un comité de gestion et de surveillance.

Compte tenu des moyens humains dérisoires alloués au SECAL, il est à espérer que ses agents ne se lanceront pas dans l'exécution d'une telle mission, mais se consacreront à leur mission première d'octroi d'avances et de récupération d'arriérés : l'expérience démontre que la durée de l'intervention du fonds est déjà bien trop longue pour les pauvres créanciers d'aliments, étant de l'ordre d'une année.

Section 5

Sanctions pénales du non-paiement des pensions alimentaires[117]

§ 1. L'incrimination du non-paiement des pensions alimentaires

Lorsqu'une pension alimentaire n'est pas payée, ce n'est pas seulement le crédirentier qui en subit le préjudice.

En effet, tout premièrement, d'autres membres du groupe familial peuvent être appelés à suppléer au débiteur alimentaire défaillant[118], alors qu'ils auraient dû échapper à cette charge.

Ensuite, le débiteur risque de transférer sur la collectivité publique cette même charge, puisque, à défaut d'autres débiteurs alimentaires, le créancier dans le besoin s'adressera au CPAS pour en recevoir des secours[119].

Il n'est dès lors pas étonnant que le législateur ait érigé le non-paiement des obligations alimentaires en **infraction pénale** : la crainte des poursuites est un incitant puissant à payer[120].

En fait, le législateur a créé **deux infractions**, aux champs d'application et aux conditions différents, bien que se recoupant largement.

§ 2. L'abandon de famille

L'article 391*bis* du Code pénal punit d'une peine d'emprisonnement de huit jours à six mois et/ou d'une amende de 50 à 500 euros, toute personne qui, ayant été condamnée par une décision judiciaire qui ne peut plus être frappée d'opposition ou d'appel, à fournir une pension alimentaire au créancier de l'obligation alimentaire énumérée par la disposition précitée, sera volontairement demeurée plus de deux mois sans en acquitter les termes.

L'infraction **d'abandon de famille** requiert la présence cumulative de trois éléments matériels distincts.

a) Une obligation alimentaire légale fondée sur la parenté

Il faut donc que l'obligation méconnue soit une obligation alimentaire légale, dérivée d'un lien de parenté : mariage, alliance, filiation[121] ou filiation vraisem-

---

117 Nous quittons donc ici pour un instant la matière du droit civil, en raison de l'importance de cet aspect pour comprendre le régime global de l'obligation alimentaire. Voy., pour un exposé plus complet sur ce sujet, S. Degrave, *Précis de droit de la famille*, 2e éd., Bruxelles, Bruylant, 2009, pp. 772 et s.

118 Voy. la hiérarchie des débiteurs alimentaires, au chapitre relatif aux relations familiales.

119 Voy. ci-dessus, section 1, § 2.

120 Certains juges correctionnels voyant d'ailleurs leur rôle en ce sens, et utilisant la comparution personnelle du prévenu et les remises comme moyen de l'inciter à promettre de payer ce qu'il doit, puis de vérifier s'il a bien respecté ses engagements. Une condamnation immédiate n'a évidemment pas un aussi grand effet « persuasif ».

121 Y compris la contribution alimentaire entre le père et la mère : Cass., 2 mars 2004, *Rev. trim. dr. fam.*, 2007, p. 297.

blable, adoption. Le délit d'abandon de famille ne concerne pas le non-paiement de toutes les pensions alimentaires : il faut qu'il s'agisse d'une obligation alimentaire consacrée par la loi. Les créanciers d'aliments protégés sont donc le conjoint, les descendants, les ascendants, les gendres et belles-filles, les beaux-pères et les belles-mères, le conjoint divorcé qui a obtenu une pension après divorce, l'enfant dont la filiation paternelle n'est pas établie, ainsi que l'adopté, ses descendants, l'adoptant, et les père et mère de l'adopté.

b) Consacrée par une décision judiciaire non susceptible d'opposition ou d'appel, ou résultant d'un divorce par consentement mutuel définitif

L'obligation « pure » ne suffit pas : il faut qu'un juge ait condamné le prévenu à payer, et cette décision ne doit plus être susceptible[122] de recours ordinaires[123].

Si un tel recours est en cours, il faut donc attendre son issue avant de pouvoir déposer plainte.

c) Une abstention ayant duré plus de deux mois

Il s'agit donc d'une infraction continue, qui ne cesse que lorsque le prévenu a payé tout ce qu'il devait[124] : tant qu'il reste un impayé, même partiel, la période infractionnelle se continue.

Ce délai de deux mois doit être bien compris : il commence au moment où le prévenu devait payer, et se termine quand il a payé.

Peu importe donc, d'une part, que la période pour laquelle il devait les sommes soit de plus de deux mois, s'il a payé dans le délai[125] ; et d'autre part, que cette période soit de moins de deux mois, s'il est demeuré plus de deux mois sans payer tout le montant[126].

L'abstention doit avoir été volontaire, élément moral indispensable.

Ainsi, « *à défaut d'élément moral requis, on ne saurait condamner le prévenu qui, pour des raisons indépendantes de sa volonté, s'est retrouvé dans l'impossibilité de respecter ses obligations alimentaires* »[127].

Et, si l'insolvabilité est réelle, mais provoquée frauduleusement, il n'y a pas abandon de famille, mais organisation frauduleuse d'insolvabilité (art. 490*bis* C. pén.)[128].

---

122 Soit qu'elle ait été signifiée et que le délai de recours soit passé, soit qu'il y ait eu acquiescement : Corr. Anvers, 10 février 2006, *T. Strafr.*, 2007, p. 121.

123 Donc, il peut encore être susceptible de cassation ; et naturellement toute décision en matière d'aliments est toujours susceptible de révision.

124 Cass., 22 septembre 2004, R.G. n° P040931F.

125 Ainsi, le prévenu condamné rétroactivement à payer deux ans de pension alimentaire, par un jugement signifié le 1er mai, ne sera en infraction que s'il n'a pas payé cet « arriéré instantané » pour le 1er août.

126 Ainsi, si le prévenu, condamné par un jugement définitif depuis un an, ne paie pas une mensualité, celle de mai par exemple, qui, aux termes du jugement, devait être payée le 1er mai, et qu'il ne l'a toujours pas payée le 1er juillet, il est en infraction.

127 Gand (4e ch.), 10 novembre 1997, *A.J.T.*, 1998-1999, p. 286 ; *Rev. dr. pén. crim.*, p. 1315 (somm.).

128 Art. 390*bis* C. pén. ; Cass., 12 février 2002.

Il est intéressant de signaler, ce qui est peu connu des juristes, qu'un parent qui se sera volontairement abstenu de remplir les formalités ouvrant le droit pour son conjoint et ses enfants aux allocations sociales commet également l'infraction d'abandon de famille.

Enfin, le législateur a cru utile, par une loi du 12 mai 2014, de compléter l'article 391*bis* du Code pénal, par la disposition suivante :

> « *En cas de condamnation pour une des infractions prévues au présent article, le juge pourra également prononcer la déchéance du droit de conduire un véhicule à moteur, conformément aux articles 38 à 41 de la loi du 16 mars 1968 relative à la police de la circulation routière* »[129].

La Ligue des familles a critiqué cette nouvelle norme, et a proposé, via un communiqué, trois « *vraies* » mesures pour garantir « *un meilleur versement des rentes alimentaires* » : la création d'un « *Fonds universel de créances alimentaires* », une amélioration du « *fonctionnement du SECAL* » en ouvrant ses services à tous et l'adoption d'une « *méthode de référence pour le calcul des contributions alimentaires* »[130].

On ne saurait mieux dire…

Cette nouvelle « arme » de répression du non-paiement des pensions alimentaires n'a cependant pas reçu un écho très favorable des juges correctionnels, qui font peu souvent usage de cette faculté.

§ 3. L'abandon d'enfant dans le besoin

L'article 424 du Code pénal, tel que modifié le 28 novembre 2000, punit d'une amende de huit jours à six mois et/ou d'une amende de 50 à 500 euros, les père ou mère ou adoptant(s) qui abandonne(nt) leur enfant dans le besoin, encore qu'il n'ait pas été laissé seul, qui refusent de le reprendre ou qui refusent de payer à son entretien lorsqu'ils l'ont confié à un tiers ou qu'il a été confié à un tiers par décision judiciaire.

Les éléments matériels de l'infraction **d'abandon d'enfant dans le besoin** sont différents de l'abandon de famille, car il faut et il suffit :

a) que l'obligation alimentaire méconnue soit relative à un enfant mineur, et qu'elle soit méconnue par son père, sa mère ou son adoptant.
   Il faut donc qu'il s'agisse de l'obligation alimentaire à l'égard d'un enfant mineur (art. 203) et de ses « satellites » : contribution alimentaire (art. 203*bis*) ou obligation alimentaire de l'adoptant simple.
   Par contre, l'obligation à charge du conjoint survivant du père ou de la mère[131], ou du père vraisemblable[132], ou au profit d'un enfant majeur,

[129] A.-Ch. Van Gysel, « L'amélioration du régime des obligations alimentaires : objectivisation et meilleure exécution », *in États généraux de la famille* (Louvain, 12 septembre 2014), Bruxelles-Limal, Larcier-Anthemis, 2014, p. 134.

[130] Agence Belga, 27 mars 2014 ; *La Libre Belgique* en ligne du même jour.

[131] Art. 203 *in fine*.

[132] Art. 336.

mais « économiquement mineur », est hors du champ de cette infraction.

Il est donc bien plus restreint que celui de l'abandon de famille ;

b) que l'enfant ait été abandonné dans un état de besoin.

Il faut que le prévenu ait abandonné l'enfant, même s'il n'a pas été laissé seul, et que cet abandon ait créé chez l'enfant un état de besoin[133].

Cette abstention doit naturellement être volontaire, et non la suite d'une impécuniosité forcée.

Par contre, il ne faut pas que l'obligation ait été consacrée par un jugement, ni même qu'une action ait été intentée[134].

Il n'est pas nécessaire non plus que l'abstention ait duré plus de deux mois.

On peut donc constater que, si le champ d'application est plus restreint que l'abandon de famille, les conditions sont bien plus simples : au praticien de tirer avantage de l'une ou de l'autre incrimination, selon les circonstances.

Section 6
Statut fiscal des pensions alimentaires[135]

§ 1. Principe de la taxation et de la déductibilité à 80 %

Les transferts financiers résultant de l'exécution d'obligations alimentaires suppléent, dans le chef de ceux qui en bénéficient – les crédirentiers – l'insuffisance de revenus personnels dans leur chef.

Ils sont donc, sous cet angle, assimilables à des **revenus**, et, donc, potentiellement **taxables**.

Mais ils représentent aussi des obligations d'ordre privé et familial, qui sont normalement exécutées en nature : on n'imagine pas, dans un ménage uni, taxer les sommes que le conjoint le plus fortuné met à disposition de son époux moins fortuné, en exécution du devoir de secours entre époux. Pourquoi en irait-il différemment parce que les époux sont séparés ?

Le législateur a réalisé un compromis entre les deux perspectives, qui contiennent chacune une part de vérité[136].

C'est la loi du 3 novembre 1976[137] qui a réalisé cette solution « à la belge », sous la forme du principe d'une **taxation** des sommes versées dans le chef du débirentier – et **symétriquement** d'une **déduction** de ces sommes par le

---

133 Gand (6e ch.), 7 mars 1995, *A.J.T.*, 1998-1999, pp. 284-285.

134 Gand (6e ch.), 7 mars 1995, *A.J.T.*, 1998-1999, pp. 284-285.

135 Cette section, qui constitue aussi un excursus du présent ouvrage hors du droit civil, est un résumé des contributions de J.-E. Beernaert sur le sujet, et notamment l'exposé général contenu dans A.-Ch. Van Gysel et J.-E. Beernaert, *État actuel du droit civil et fiscal des obligations alimentaires*, Kluwer, 2001, pp. 123-144 ; et les articles parus dans la revue *Actualités de droit familial* (anciennement : revue *Divorce Actualités*).

136 *Doc. parl.*, Chambre, 1975-1976, n° 879-1, p. 11.

137 *M.B.*, 9 décembre 1976.

crédirentier, étant celui qui exécute l'obligation alimentaire – mais seulement à concurrence de **80 % de leur montant**[138].

On trouvera le siège principal de la matière, pour les rentes perçues par le crédirentier, dans les articles 90 et 99 du Code des impôts sur les revenus de 1992[139] ; et dans l'article 104, 1°, du CIR 92 concernant la déductibilité de ces mêmes aliments, au titre de « dépenses déductibles de l'ensemble des revenus nets du contribuable » dans le chef du débirentier.

§ 2. Les rentes alimentaires

Selon la terminologie fiscale, les pensions alimentaires, qui sont la forme la plus usuelle d'exécution d'obligations alimentaires entre personnes ne vivant pas ensemble, et qui sont généralement mensuelles, sont des « rentes », et elles ne sont pas payées, mais « servies » au crédirentier.

La loi exige des conditions précises pour qu'une rente soit taxable et déductible fiscalement.

Il faut qu'elle soit :

a) servie sur la base d'une des obligations alimentaires légales, telles que limitativement énumérées par le CIR 92.
   En fait, quasiment toutes les obligations légales y sont reprises[140] ;
b) attribuée « régulièrement ».
   Il faut donc une répétition de paiements qui forme une suite, dotée d'une « périodicité récurrente »[141].
   Le fisc est assez souple et un paiement mensuel effectué dans les trois mois de sa date d'exigibilité théorique est considéré comme « régulier » par l'administration fiscale[142] ;
c) servie à quelqu'un qui ne fait plus partie du ménage du débirentier.
   Généralement, une domiciliation séparée suffit, mais certaines situations peuvent poser problème.
   Ainsi, le père ou la mère d'un enfant qui vit en « kot » peut-il déduire ce qu'il lui verse au titre de la contribution alimentaire, simplement en le priant de se domicilier dans son kot[143] ?

---

138 Voy., pour une critique de cet « abattement » : M. Detry, « Régime fiscal des rentes alimentaires », *J.T.*, 1977, p. 301.

139 En abrégé, « CIR 92 ».

140 Sauf l'obligation alimentaire « indirecte » vis-à-vis du cohabitant légal (art. 1477, § 3, et 1479), le secours alimentaire au profit du failli (art. 48, al. 1er, de la loi du 8 août 1997) et l'obligation légale (ou conventionnelle : mais alors la charge intervient dans la fixation des droits d'enregistrement) d'aliments à charge du donataire et au profit du donateur (visée, comme cause de révocation des donations consenties pour cause d'ingratitude, à l'article 955). Et, aussi, les obligations non légales, comme les obligations naturelles.

141 Bruxelles, 19 juin 1992, *F.J.F.*, n° 93/11 ; Mons, 5 mars 1993, *F.J.F.*, n° 93/212 ; Anvers, 6 janvier 1997, *F.J.F.*, n° 98/135 ; Gand, 30 janvier 1997, *F.J.F.*, n° 97/106.

142 *Comm. Ir.*, n° 104/20 ; nos 104/21 et 104/39.

143 Si l'enfant n'a pas d'autres revenus, il sera très probablement sous le seuil taxable. Bien entendu, dans ce cas, les allocations familiales seront versées à l'enfant, et le parent peut perdre d'autres avantages fiscaux, comme la déduction pour enfant à charge.

Il faut que l'enfant forme un ménage distinct de celui de chacun de ses parents.
Cela peut être démontré à partir d'éléments d'ordre personnel (mariage ou concubinage de l'enfant, mésentente entre ou avec les parents...)[144], d'ordre administratif (domiciliation distincte, octroi direct des allocations familiales...) et financier (volonté de l'enfant de s'assumer personnellement).
Il n'est toutefois pas requis qu'il soit, totalement, autonome financièrement, car, dans ce cas de figure, l'octroi d'une rente alimentaire ne se justifierait évidemment plus[145].
De même, *quid* en cas d'hébergement alterné égalitaire, qui est le principe légal?
Les travaux préparatoires de la loi du 13 avril 1995[146] sur l'autorité parentale prévoient que les parents peuvent décider lequel pourra bénéficier de l'abattement fiscal pour enfants à charge et lequel pourra déduire les contributions alimentaires.
À défaut d'un tel accord – ou d'une décision judiciaire tranchant cette question –, le critère «subsidiaire» de la domiciliation devrait être déterminant, puisque, même dans l'hypothèse d'un hébergement égalitaire, les enfants ne peuvent avoir qu'un seul domicile[147].
Cependant, la Cour de cassation[148] semble avoir retenu un autre critère: l'enfant fait partie du ménage du parent chez qui il réside le 1er janvier de l'année fiscale considérée, ce qui est étrange[149];

d) le contribuable qui entend déduire ce montant de l'ensemble de ses revenus nets doit prouver qu'il a effectivement payé ou attribué ces rentes ou ce capital durant la période imposable concernée.
Cette preuve se fera par un écrit que le débirentier pourra exhiber au fisc: transfert de compte à compte, reçus périodiques signés par le crédirentier[150]...
L'administration fiscale pourra, quant à elle, démontrer par toutes voies de droit le caractère simulé des paiements invoqués par le contribuable, comme un «carrousel» où les sommes payées sont restituées au prétendu débirentier[151].

144 Bruxelles, 25 juin 1998, *Fiscologue*, n° 677, 2 octobre 1998, p. 10.

145 Bruxelles, 13 novembre 1998, *Fiscologue*, n° 697, 5 mars 1999, p. 12.

146 *Doc. parl.*, Sénat, 1994-1995, n° 1270/2, pp. 10-12.

147 J.-E. Beernaert, «L'abattement pour enfants à charge: incidence de la séparation des parents et calcul du montant net des ressources autorisées», *op. cit.*, p. 57; L. Maes, «Co-ouderschap, wettelijk genotsrecht en kinderen ten laste», *Fiscoloog*, 1995, n° 531, pp. 3 et s.; Bruxelles, 26 septembre 1997, *Div. Act.*, 1998, p. 56.

148 Cass., 19 novembre 2001, *J.T.*, 2002, p. 306.

149 En effet, en cas d'hébergement non égalitaire, il se peut que l'enfant soit le 1er janvier chez le parent qui l'héberge le moins – et qui paie donc une contribution alimentaire pour son entretien: il ferait alors partie de son ménage et ce parent ne pourrait déduire les rentes servies.

150 Gand, 25 mai 1984, *F.J.F.*, n° 85/74.

151 Cass., 4 octobre 1985, *F.J.F.*, n° 86/103 (en matière de prêt simulé).

Si la rente alimentaire n'est pas payée en argent, mais en nature, et qu'elle est constituée par l'abandon de la jouissance d'un immeuble appartenant en tout ou en partie au débirentier, la valeur taxable sera déterminée par la valeur locative de ce bien « aux conditions du marché »[152].

Il n'y a pas de conditions complémentaires à la taxation et à la déduction des rentes, et notamment, le fait que le débirentier déduise – ou non – les rentes payées n'a aucun effet sur le caractère taxable des mêmes rentes dans le chef du crédirentier[153] ; non plus que le fait que le crédirentier soit domicilié à l'étranger[154].

§ 3. Les capitaux alimentaires

La loi du 3 novembre 1976 a, en outre, prévu que les **capitaux** qui remplacent une rente alimentaire seront également déductibles et taxables.

Mais, pour que ce capital, s'ajoutant brusquement aux revenus du crédirentier, ne soit pas taxé à un taux moyen trop élevé, ce n'est pas ce capital, mais seulement une **rente fictive** qui sera taxée[155].

Cette pension ou rente fictive sera taxée, annuellement et durant la vie du crédirentier, à 80 % de son montant[156] à un taux immuable qui tient compte de l'âge du crédirentier lorsqu'il touche le capital[157].

La capitalisation d'une rente alimentaire est, généralement, très intéressante pour le crédirentier compte tenu, notamment, de l'inadéquation manifeste des taux de conversion du capital en une rente fictive avec l'espérance de vie actuelle, de la progressivité de l'impôt par tranche de revenus et de l'exemption d'impôt sur les revenus les plus faibles[158].

Quant au débirentier, il peut déduire **80 % du capital payé**.

Le problème est généralement qu'il ne dispose pas de revenus suffisants pour « éponger » cette déduction.

Ce problème peut être évité en prévoyant le paiement d'un capital alimentaire fractionné sur plusieurs années fiscales[159].

---

152 Liège, 21 décembre 1983, *F.J.F.*, n° 84/105 ; Gand, 22 avril 1983, *F.J.F.*, n° 84/6.

153 Liège, 21 décembre 1988, *Bull. contr.*, 1990, n° 696, p. 1951 ; Bruxelles, 19 février 1991, *F.J.F.*, n° 91/101. Il en est ainsi, tant dans l'hypothèse où le débirentier ne déduit pas des montants qu'il aurait, pourtant, pu déduire légalement de l'ensemble de ses revenus, que dans l'hypothèse où le débirentier ne peut, légalement, déduire ces dépenses de ses revenus (p. ex., parce qu'il est devenu résident à l'étranger et que son pays de résidence n'autorise pas une telle déduction).

154 Anvers, 17 mars 1992, *F.J.F.*, n° 92/138.

155 Voy. J.-E. Beernaert et D. de Callatay, « La capitalisation en question(s) », *Div. Act.*, 2002, p. 113.

156 Art. 170 CIR.

157 Art. 169 CIR et art. 73 CIR 92.

158 D. de Callatay et J.-E. Beernaert, « La capitalisation en question(s) », *Div. Act.*, 2002, p. 113 ; G. Poppe, « Belastbaarheid van gekapitaliseerde onderhoudsgelden », *E.J.*, 1999, p. 79.

159 R. Zondervan, « Incidences fiscales du paiement d'une pension ou d'un capital suite au divorce pour cause déterminée », *J.T.*, 1977, p. 481.

La pratique enseigne que deux ou trois fractions réparties sur des années fiscales différentes ne posent pas de problème[160].

Nous avons, pour notre part, estimé que, dans la mesure où le principe du fractionnement était admis, le nombre de fractions convenues était indifférent, pour autant que ce nombre et l'exigibilité des sommes soient définitivement fixés[161].

§ 4. Les arriérés de pension alimentaire

Depuis le 1er janvier 2001[162], les arriérés de rentes alimentaires sont également soumis à taxation et peuvent faire l'objet d'une déduction[163], à condition :

- qu'ils soient payés en exécution d'une décision judiciaire qui en fixe ou en augmente, rétroactivement, le montant ;
- et qu'ils soient payés après la période imposable à laquelle ils se rapportent.

Pour éviter, en ce domaine également, le « choc fiscal » qui résulterait de la taxation globalisée du montant des arriérés, fixés ou augmentés rétroactivement par décision judiciaire, une taxation *distincte* de (80 % de) ces arriérés a été prévue.

Ils sont taxés, avec les revenus de l'année où ils sont perçus, au *taux moyen* afférent à l'ensemble des autres revenus imposables dont a bénéficié le crédirentier au cours de la même période[164].

Par ailleurs, il convient de rappeler que, lorsqu'une pension est réduite ou supprimée après son allocation – par exemple, au terme d'un appel ou d'une révision – ce qui est rendu par le crédirentier n'est pas de nature alimentaire : c'est un simple trop-perçu[165].

En tant que tel, ce remboursement n'est donc ni taxable ni déductible.

---

160 Même si une première tranche est payée le 31 décembre d'une année et la seconde le 1er janvier de l'année suivante.

161 A.-Ch. Van Gysel et J.-E. Beernaert, *État actuel du droit civil et fiscal des obligations alimentaires*, *op. cit.*, p. 133. Il s'ensuit que, si le débirentier ou le crédirentier décède après l'accord sur la capitalisation, les « tranches » devront être payées par et aux ayants droit du décédé, en vertu du principe de la transmission des obligations conventionnelles aux successeurs à la personne – ou universels – du défunt.

162 La Cour d'arbitrage a, par son arrêt n° 99/99 du 15 septembre 1999, déclaré contraire aux principes constitutionnels d'égalité et de non-discrimination le fait que seuls les arriérés judiciaires payés après cette date soient visés par la loi (J.-E. Beernaert, « Déduction des arriérés fixés judiciairement : discriminatoire », *Act. Fisc.*, 1999, n° 33/1).

163 Pour plus de précisions : J.-E. Beernaert, « La taxation des arriérés de rentes alimentaires », *R.G.F.*, 1996, p. 12.

164 Art. 171, 6°, al. 3, CIR ; pour plus de précisions : J.-E. Beernaert, « Taxation des arriérés de rentes alimentaires », *op. cit.*, p. 12.

165 Cependant augmenté de plein droit d'intérêts, car c'est un cas de responsabilité objective.

Section 7
Obligations alimentaires légales

§ 1. Les obligations alimentaires étendues

Une obligation alimentaire est dite **étendue**, lorsque le montant de celle-ci est fixé en fonction du **train de vie** dont jouissaient une ou des personnes.

Elle n'a donc pas de limite supérieure[166] : elle peut recouvrer les dépenses les plus excessives, à l'exception toutefois de la constitution d'économies par le créancier, puisque les aliments doivent servir à sa vie au jour le jour.

Il s'agit du train de vie du conjoint le plus fortuné dans le cadre du devoir de secours entre époux ; de celui – avec d'importantes nuances – qui existait au temps de la vie commune, pour la pension après divorce ; de celui cumulé des parents, pour la contribution alimentaire et les obligations « satellites ».

Elles sont chacune intimement liées à une institution juridique familiale particulière, dont elles sont souvent l'effet le plus topique.

Nous les avons donc examinées ailleurs, et nous y renvoyons donc :

- pour le devoir de secours entre époux (art. 213), au chapitre des effets alimentaires du mariage, dans l'ouvrage parallèle sur le couple[167] ;
- pour la pension après divorce pour cause de désunion irrémédiable (art. 301), *idem* ;
- pour l'obligation à l'égard des enfants économiquement mineurs (art. 203 et ses « satellites »), ci-dessus, au chapitre consacré à l'éducation des enfants, section 3.

§ 2. Les obligations alimentaires restreintes

A. Notion d'obligation alimentaire restreinte

Par opposition aux cas qui précèdent, il est d'autres hypothèses où l'obligation du débiteur d'aliments est limitée à ce qui est nécessaire pour assurer au créancier la satisfaction des **besoins élémentaires** de la vie, lorsque ce dernier n'est pas capable de les couvrir par ses propres revenus et facultés.

Cette notion de « besoin » comprend ce qui est nécessaire pour mener une vie conforme à la dignité humaine, au sens de l'article 23 de la Constitution belge : nourriture, logement, vêtements...

Elle n'est donc pas fonction du train de vie du débiteur d'aliments ni du standing passé du créancier[168].

---

166 Sauf la limite du tiers dans la pension après divorce (art. 301), mais c'est un plafond relatif, non absolu.

167 A.-Ch. Van Gysel et J. Sauvage, *Le couple, op. cit.*

168 Voy. cependant Cass., 21 novembre 1997, *Pas.*, 1997, I, p. 494, analysé par A.-Ch. Van Gysel *in R.C.J.B.*, 2007, n° 39, pp. 686-688.

Le juge peut tenir compte de l'existence de biens ou d'autres fa chef du créancier, mais non du caractère fautif ou non du co – alcoolisme, délinquance… – qui l'a mené à cette situation de be

Ces obligations sont en principe réciproques (art. 207 C. civ.), au certaines des obligations alimentaires « élargies ».

L'obligation alimentaire de droit commun est subsidiaire, c'est-à-dire qu'elle ne pourra être demandée par le créancier d'aliments que s'il démontre que, nonobstant ses efforts personnels, il est hors d'état de pourvoir à sa subsistance par son travail ou à l'aide de ses biens personnels[169].

Par conséquent, seul le créancier d'aliments qui se trouve dans un état de besoin involontaire pourra réclamer des aliments à ses débiteurs. La notion d'état de besoin involontaire a été définie par le Tribunal de première instance de Mons[170] comme étant l'état de besoin qui ne peut être la conséquence de l'inconduite, de la paresse et de la prodigalité du créancier d'aliments au moment où il demande le secours.

Cette notion est rappelée par un jugement du juge de paix de Halle[171] en ces termes : « *l'état de besoin ne peut être la conséquence directe de la mauvaise volonté ou de la faute du créancier d'aliments* ».

Cependant, en application de cette règle, le juge de paix de Wavre a considéré qu'il n'y avait pas eu oisiveté volontaire et habituelle du créancier d'aliments lorsque celui-ci ne s'est pas investi directement dans la recherche d'un emploi après un échec subi à l'université[172].

Dans la motivation des quelques décisions[173] qui ont eu à connaître de la question du comportement du créancier d'aliments, les juges renvoient expressément à Nicole Gallus pour qui « *l'obligation alimentaire existe indépendamment des causes et des circonstances qui ont fait naître le besoin dès lors qu'elle est la manifestation du devoir de solidarité fondée sur le lien familial, solidarité qui existe indépendamment de tout jugement portant sur les mérites moraux du créancier. De cette façon, les fautes passées, telles que la mauvaise gestion du patrimoine, la prodigalité, l'ivrognerie, la dilapidation, le jeu, la passion, ne peuvent constituer une fin de non-recevoir à l'obligation alimentaire dès lors que l'état de besoin actuel est réel et involontaire. L'obligation alimentaire relève du droit et non de la morale et présente un caractère impératif que des considérations d'équité ou des jugements de valeur ne peuvent, dans l'état actuel des textes, limiter* »[174].

Mais ces fautes ou ces attitudes antérieures peuvent conduire le juge à limiter les aliments au minimum vital.

---

169 Cass., 19 février 1987, *Pas.*, 1987, I, p. 734.

170 Civ. Mons, 25 février 2000, *R.R.D.*, 2001, p. 18.

171 J.P. Halle, 12 juillet 2000, *A.J.T.*, 2000-2001, p. 902.

172 J.P. Wavre, 20 mai 1999, *Rev. trim. dr. fam.*, 2000, p. 74.

173 *Ibid.* ; Civ. Mons, 25 février 2000, *R.R.D.*, 2001, p. 18 ; J.P. Halle, 12 juillet 2000, *A.J.T.*, 2000-2001, p. 902.

174 N. Gallus, « L'incidence du comportement du créancier d'aliments sur le droit à une pension alimentaire », *Rev. trim. dr. fam.*, 1996, pp. 5 et s.

Enfin, il est de jurisprudence quasi unanime qu'il n'existe pas de cause d'indignité pouvant frapper le créancier d'aliments hormis le cas particulier de la déchéance de l'autorité parentale par application de l'article 33 de la loi du 8 avril 1965 sur la protection de la jeunesse. Ce principe est confirmé par les décisions du Tribunal de première instance de Mons et par le juge de paix de Wavre[175].

Par contre, le juge de paix de Halle[176] estime que, même s'il existe une doctrine et une jurisprudence ancienne consacrant le principe de l'absence de cause d'indignité en matière alimentaire, ce principe serait contesté actuellement par une doctrine et une jurisprudence récentes, qui trouvent injuste que l'obligation alimentaire soit dégagée de toute considération morale alors que cette solidarité est réciproque. Cette réciprocité implique une reconnaissance mutuelle dont le non-respect doit être sanctionné. Dès lors, il faut faire une distinction entre la faute légère et la faute lourde du créancier d'aliments.

Même si nous comprenons les mobiles qui animent le juge de paix de Halle, il nous faut rejeter cette décision, car il n'appartient pas au juge de créer des causes d'indignité, cette mission revenant au législateur.

B. Ascendants et descendants

Il existe en vertu de l'article 205 du Code civil une obligation alimentaire réciproque entre ascendants et descendants, à tous les degrés.

Les père et mère étant eux aussi des ascendants, l'obligation générale de l'article 205 coexiste donc dans leur chef avec l'obligation spécifique de l'article 203.

Durant la minorité économique de l'enfant, la seconde prend le pas sur la première, puisqu'elle permet à l'enfant d'obtenir des droits plus importants[177], et ce n'est en principe[178] qu'à l'égard d'enfants économiquement majeurs que l'article 205 sort ses effets[179].

La faculté des père et mère d'accomplir en nature leur obligation alimentaire, en les recevant chez eux, existe ici aussi[180].

Cette faculté n'existe pas pour les autres ascendants ni pour les descendants.

La déchéance de l'autorité parentale fait cesser l'obligation de l'enfant envers son parent déchu : article 33, alinéa 2, 4°, de la loi du 8 avril 1965 sur la protection de la jeunesse.

---

175 J.P. Wavre, 20 mai 1999, *Rev. trim. dr. fam.*, 2000, p. 74 ; Civ. Mons, 25 février 2000, *R.R.D.*, 2001, p. 18.

176 J.P. Halle, 12 juillet 2000, *A.J.T.*, 2000-2001, p. 902.

177 Voy. ci-dessous, la hiérarchie des obligations alimentaires.

178 On peut cependant imaginer que le parent débiteur de l'obligation de l'article 203 soit insolvable : un recours aux autres ascendants (dont les parents du parent défaillant) est alors possible, mais alors sur la base et dans les conditions de l'article 205 du Code civil.

179 Civ. Nivelles, 9 février 1996, *J.L.M.B.*, 1996, p. 683.

180 Art. 211 C. civ.

Notons que cette déchéance peut avoir lieu – notamment pour faire cesser une obligation alimentaire sur le point d'être réclamée – après la majorité de l'enfant[181].

C. Adoptés et adoptants dans l'adoption simple

Nous l'avons dit plus haut, l'adoption simple crée dans le chef de l'adoptant, et au profit de l'adopté économiquement mineur, une obligation alimentaire assimilée à celle de l'article 203 du Code civil.

Mais l'article 353-14 du Code civil crée aussi, dans une rédaction quelque peu maladroite, une obligation alimentaire, cette fois restreinte, de :

- l'adoptant envers l'adopté devenu économiquement majeur ;
- l'adoptant envers les descendants de l'adopté ;
- l'adopté et ses descendants, envers l'adoptant.

Mais cette obligation n'existe pas entre les ascendants de l'adoptant et l'adopté et ses descendants : il n'existe, en effet, pas de lien juridique entre ces personnes.

L'obligation alimentaire subsiste entre l'enfant adopté et sa famille d'origine, mais elle est désormais subsidiaire dans le chef de l'adopté, qui ne pourra agir contre ses parents d'origine que s'il ne peut obtenir d'aliments de ses adoptants.

La loi a supprimé la perte de la créance alimentaire dans le chef du parent biologique qui aurait établi sa paternité ou maternité après l'adoption : la crainte de la reconnaissance intéressée a donc disparu dans son esprit.

Dans l'adoption plénière, l'enfant étant assimilé totalement à un enfant biologique, ce sont naturellement les articles 203 et 205 du Code civil qui s'appliquent entre ces personnes.

D. Beaux-parents, gendres et brus

Effet de l'alliance, l'obligation alimentaire existe entre les beaux-parents et les beaux-enfants (art. 206 C. civ.).

Il convient de distinguer soigneusement cette situation de celle des parâtres et marâtres, dont il a été question au chapitre précédent, section 3, lorsqu'il a été question de l'article 203, § 2, du Code civil, laquelle est une obligation élargie dans son principe, bien que limitée dans son montant total à ce que le conjoint survivant a reçu ou hérité du parent défunt.

Cependant, cette obligation vient à cesser :

1° avec le divorce des époux qui créent l'alliance, bien que la loi ne le dise pas ;

2° si la belle-mère ou le beau-père convole en secondes noces[182] ;

---

181 Cass., 6 mai 1987, *R.D.P.*, 1987, p. 853.

182 Depuis la loi du 13 février 2003, rétablissant l'égalité de sexes : auparavant, seule la belle-mère se remariant perdait sa créance. Certes, mais *quid* du beau-parent, père ou mère naturel du conjoint, qui se

3° en cas de décès du conjoint qui créait l'alliance, s'il n'y a pas de descendants vivants, issus du couple. Il s'agit ici d'une application – atténuée – de l'adage de Loysel, « *Morte ma fille, mort mon gendre* ».

§ 3. Pensions dégénérées en charges successorales

A. Notion et régime général

Les obligations alimentaires sont en principe **personnelles** et s'éteignent par conséquent à la mort de leur débiteur ou créancier.

La pension après divorce ou séparation de corps par consentement mutuel est, en raison de son caractère contractuel, transmissible passivement, mais non activement, sauf clause contraire, qui est devenue une clause de style, mais qui ne doit cependant pas être omise.

Si la mort du créancier ne crée pas de difficulté, il n'en va pas de même de celle du débiteur, qui peut jeter le créancier dans un état de besoin.

C'est pourquoi, dans certains cas, la loi a voulu que l'obligation éteinte par la mort du débiteur se transforme en une sorte d'ersatz, qu'elle **dégénère** une pension à **charge de la succession** du débiteur décédé.

Le régime général de ces pensions est décrit à l'article 205*bis* du Code civil, auquel les autres textes renvoient d'ailleurs explicitement.

Ce régime est conditionné par l'idée maîtresse qu'il s'agit d'une **charge successorale**, donc, un élément du passif d'une succession à liquider.

Il s'en déduit les points suivants :

1° le créancier doit être dans un état de besoin au moment de l'ouverture de la succession, c'est-à-dire du décès du débiteur originel. La question de savoir s'il s'agit d'un état de besoin au sens strict, ou d'un besoin relatif à un train de vie, lorsque l'obligation originelle prévoyait cette référence, est controversée, mais, à notre sens, compte tenu de la limite qui fait que l'héritier ne sera jamais tenu sur ses biens personnels, il n'y a pas de raison pour que la pension change de régime juridique : elle sera donc étendue si elle l'était avant le décès ;

2° le créancier doit agir dans un délai d'un an à dater du décès, afin de ne pas paralyser la liquidation de la succession ;

3° la pension est due uniquement sur les biens de la succession, et non sur les biens propres des héritiers et légataires. Elle est répartie entre les héritiers et légataires, même particuliers, selon ce qu'ils reçoivent.
Cependant, le défunt peut indiquer par testament que certains légataires ne seront appelés à contribuer qu'après les autres ;

marie pour la première fois ? Il nous semble que la *ratio legis* (le devoir de secours entre époux, obligation étendue, prime l'obligation de l'article 206, qui est restreinte : voy. *infra*, la hiérarchie des obligations alimentaires) voudrait que l'obligation cesse dans ce cas également.

4° qu'elle ne peut être assortie d'une délégation de sommes, ce qui est logique, puisque les héritiers ne sont pas tenus sur leurs biens et revenus personnels ;

5° que, si elle n'est pas prélevée en capital sur la succession, le créancier peut demander que des sûretés suffisantes lui soient données (placement bancaire des sommes, caution…), puisque le créancier a désormais face à lui une pluralité de débiteurs, avec un danger plus grand d'insolvabilité de l'un d'eux.

B. Cinq cas d'application

Il y a obligation alimentaire muée en charge successorale dans les cas suivants.

1° Le conjoint survivant, qui est privé du devoir de secours par le décès (art. 205*bis*, § 1er, C. civ.).
Dans la plupart des cas, cette pension n'aura pas lieu d'être, puisque le conjoint survivant, héritier réservataire, recevra déjà à ce titre une partie importante de la succession.
Mais, lorsque le conjoint n'est pas héritier (parce qu'il est séparé de corps ou privé de sa vocation successorale par application des articles 334*ter*, 745*septies* ou 915*bis*, § 2, du Code civil, ou encore de l'article 1287 du Code judiciaire), l'article 205*bis* du Code civil lui sera utile.

2° Les ascendants d'un défunt mort sans postérité – s'il était mort en laissant une postérité, ces ascendants pourraient demander des aliments à leurs petits-enfants en vertu de l'article 205 du Code civil –, à charge du conjoint survivant ou du cohabitant légal survivant. Cette pension ou ce capital alimentaire sont calculés suivant une formule d'une complexité absolument effarante[183], issue de la loi du 31 juillet 2017, modifiée par la loi du 22 juillet 2018 (art. 205*bis*, § 2, C. civ.).

---

183 Qu'on en juge : « Art. 205bis. *§ 2. La succession de celui qui est décédé sans laisser de postérité doit des aliments aux ascendants du défunt qui sont dans le besoin au moment ou en raison du décès. Ces aliments sont alloués soit sous la forme d'une rente viagère mensuelle fixée comme l'aurait été la rente due, le cas échéant, du vivant du défunt en application de l'article 205, soit sous la forme d'un capital correspondant à la valeur capitalisée de cette rente viagère.*
Le montant des aliments octroyés sou la forme d'un capital ou de la valeur capitalisée de la rente viagère ne peut excéder le quart de la masse visée à l'article 922 par la ligne des ascendants.
Le montant du capital ou la valeur capitalisée de la rente viagère est déterminé en tenant compte de l'espérance de vie du créancier telle qu'elle résulte des tables de mortalité prospectives belges publiées annuellement par le Bureau fédéral du Plan et des taux d'intérêt moyens sur la dernière année des obligations linéaires dont la maturité est inférieure à l'espérance de vie du créancier. Les taux d'intérêt à prendre en compte sont appliqués après déduction du précompte mobilier et ne peuvent être inférieurs à 0 % par an.
Le ministre de la Justice établit chaque année, sur la proposition du Bureau fédéral du Plan, deux tables, l'une pour les hommes et l'autre pour les femmes, qui permettent de calculer le montant du capital ou de la valeur capitalisée de la rente viagère selon le mode prévu à l'alinéa 3. À l'exception des premières tables, ces tables sont établies au 1er juillet de chaque année. Elles sont publiées chaque année au Moniteur belge. »

3° L'ex-conjoint bénéficiant d'une pension basée sur l'article 301 du Code civil (art. 301, § 10, C. civ.), dans le cas d'un divorce pour cause de désunion irrémédiable.

4° L'homme qui a entretenu des relations sexuelles avec la mère durant la période légale de conception (art. 339*bis* C. civ.).

5° L'adopté, vis-à-vis de l'adoptant, s'il meurt sans laisser de descendants, dans l'adoption simple (art. 353-14 C. civ.). Ici, cette obligation prend en considération la fente par moitié de la succession qui a lieu entre l'adoptant et la famille d'origine de l'adopté.
Dans le cas inverse (décès de l'adoptant), l'adopté hérite de l'adoptant comme un enfant biologique, et le problème ne se pose pas.

C. Distinction d'avec le cas de la marâtre

Tout comme il faut distinguer les « beaux-parents » (étant les père et mère du conjoint, art. 206 C. civ.) des « beaux-parents » (étant la marâtre et le parâtre, conjoints du père ou de la mère, art. 203, § 2, C. civ.), il faut se garder de confondre cette obligation alimentaire de la marâtre et du parâtre avec les charges successorales.

Certes, les marâtres et parâtres sont également tenus dans la mesure de ce qu'ils ont reçu du père ou de la mère défunt, par donation, testament ou succession, mais :

- ils sont tenus sur tous leurs biens, y compris personnels, et non seulement les biens successoraux ;
- la délégation de sommes est donc possible ;
- il n'y a pas de délai pour agir et l'état de besoin peut survenir après le décès ;
- l'obligation n'est pas limitée aux besoins élémentaires de la vie, mais tient compte du train de vie du défunt et de celui de l'autre parent de l'enfant, s'il vit encore (la seule limite est ce qu'a reçu le conjoint survivant du défunt).

Section 8
Les obligations naturelles

En dehors des cas prévus par la loi, la jurisprudence a admis, par héritage du droit romain, l'existence **d'obligations alimentaires naturelles**, fondées sur la morale, telle que le juge la croit perçue par la généralité des citoyens.

Celles-ci ne confèrent pas de droit d'action à leur créancier en l'absence d'exécution volontaire, mais, si le débiteur naturel s'est **volontairement engagé** à les payer, il a alors nové son obligation naturelle en obligation civile, et dans la mesure de cette novation :

- il ne peut **pas récupérer** les arrérages payés sur la base de l'obligation sans cause, le paiement étant causé par l'obligation naturelle[184] ;

[184] Art. 1235 C. civ.

– et il peut être condamné à **poursuivre** le paiement de la pension, le créancier trouvant dans l'exécution volontaire interrompue un droit civil à agir en justice[185].

C'est la **preuve** de l'existence de l'engagement et de son étendue qui pose le plus souvent problème.

On ne peut en effet, comme certains juges sont parfois tentés de le faire, tirer de l'exécution volontaire passée la preuve d'un engagement à continuer à payer dans l'avenir.

Cette lapalissade ne saurait être trop soulignée, dès lors qu'« il n'est de si grasses aumônes que celles que l'on fait avec deniers d'autrui », et qu'il est trop simple de déduire, d'une exécution tacite passée, un engagement *ad futurum* : le concubin qui a versé une somme à l'autre durant la vie commune ne s'est pas engagé à poursuivre ses paiements après la rupture de l'union de fait ; a-t-il payé des sommes au concubin après cette rupture, la durée de cet engagement n'est pas par là établie, et il ne peut être présumé qu'il serait perpétuel ; de ce qu'il a supporté une partie des frais d'entretien et d'éducation de l'enfant de l'autre concubin durant la vie commune, on ne peut déduire qu'il s'est engagé à participer à ces frais durant toute la période de la « minorité économique » de l'enfant ni *a fortiori* à augmenter sa contribution en fonction des besoins de cet enfant...

Ce qui vient d'être dit du principe vaut aussi pour le *quantum*, et, d'un « je ne te laisserai jamais tomber » adressé par un ex-compagnon à l'autre au moment de la rupture, ne peut être déduit une pension alimentaire, calculée suivant les principes de l'article 301 du Code civil[186].

La preuve de l'engagement et de son étendue est donc primordiale.

En principe, s'agissant d'un acte juridique, elle doit l'être en suivant les normes de droit commun, donc, très généralement par écrit, suivant le prescrit de l'article 1341 du Code civil.

L'impossibilité morale de se constituer un écrit[187] devrait, selon nous, être considérée avec circonspection.

Certes, ce point ressortit à l'appréciation souveraine du juge du fond[188], mais qui ne voit pas l'abus qui pourrait être fait d'un recours aux présomptions, tirant de façon divinatoire de faits passés un engagement pour le futur, ou de témoignages de personnes, presque nécessairement proches et donc intéressées

---

185 Civ. Bruxelles (9e ch.), 23 avril 1999, *Rev. trim. dr. fam.*, 2000, p. 70.

186 Ainsi, c'est à tort, selon nous, que la Cour d'appel de Bruxelles, 13 novembre 1997 (*Journ. Proc.*, 1999, n° 382, p. 25, note J.-L. Renchon) a tiré de l'engagement d'un concubin vis-à-vis de sa concubine, visant à « *veiller à son entretien, même si le couple cessait de vivre ensemble* », une « *rente alimentaire destinée à lui permettre de bénéficier, sinon d'un niveau de vie identique à celui de la vie commune, à tout le moins d'un niveau de vie convenable* ».

187 Art. 1348 C. civ.

188 Cass., 17 décembre 1982, *Pas.*, 1983, I, p. 478.

à voir une charge alimentaire « en l'air » retomber, telle une épée de Damoclès, sur un autre ?

Acte juridique, l'engagement doit également être exempt de vice, et notamment d'erreur, de dol ou de violence morale[189].

Ainsi, une personne qui paie pour l'entretien d'un enfant qu'on lui a présenté comme son enfant biologique pourrait se faire délier de l'obligation qu'il aurait consentie sur ce motif déterminant[190].

Inversement, un engagement libre et démontré doit être exécuté, même si aucun paiement n'en a encore été fait, et une condamnation, suivie de voie d'exécution forcée, est possible, en cas de refus du débiteur de satisfaire au lien juridique qu'il a lui-même créé, ou de continuer à l'exécuter volontairement[191].

Ainsi, une lettre rédigée par l'auteur de la rupture et dans laquelle il s'engage à effectuer une série d'achats pour permettre à son ex-concubine de se réinstaller constitue un tel acte « novateur »[192].

Peut-on concevoir un concours entre une obligation naturelle et une obligation légale ? C'est ce qu'a admis la Cour de cassation dans un arrêt du 6 juin 1975, en permettant à un enfant de poursuivre son géniteur en vertu de l'engagement alimentaire qu'il avait volontairement souscrit, alors même qu'il bénéficiait d'une créance légale sur son père, lui aussi légal[193].

À la réflexion[194], nous sommes très dubitatif sur cette solution : si l'enfant avait tout d'abord bénéficié d'une obligation alimentaire non déclarative de filiation envers son géniteur, et qu'il aurait ensuite été reconnu ou adopté par un autre homme, qui serait devenu son père légal, la loi aurait automatiquement déchargé le géniteur, par l'effet de l'article 340 du Code civil.

Il semble difficile d'adopter une autre solution dans l'hypothèse soumise à la Cour de cassation.

Cela d'autant plus qu'elle aboutirait à la solution suivante, à nos yeux franchement immorale : le compagnon de la mère, qui assumerait « naturellement »,

---

189 L'existence d'un devoir moral pressant n'étant pas, en soi, constitutive d'une telle violence morale.

190 R. Bout, *Encyclopédie Dalloz. Répertoire de droit civil*, v° « Obligation naturelle », n° 60.

191 Civ. Bruxelles (9e ch.), 23 avril 1999, *Rev. trim. dr. fam.*, 2000, p. 70.

192 Civ. Bruxelles, 6 mai 2008, *J.L.M.B.*, 2010, p. 336 (somm.).

193 Cass., 6 juin 1975, *R.C.J.B.*, 1978, p. 283, note F. Rigaux, « Les effets juridiques du concubinage : vers une libéralisation de la jurisprudence belge » ; A.-Ch. Van Gysel, « La pluralité des créanciers et des débiteurs alimentaires », *in L'argent pour vivre : vers une réforme de l'obligation alimentaire*, Bruxelles, Kluwer, 2000, p. 194 ; J. Sosson, « La solidarité familiale : limite et contours actuels », *in Actualités de droit familial (1997-1999)*, CUP, vol. 33, p. 230. Voy. aussi : Civ. Bruxelles, 14 janvier 1992, *Rev. trim. dr. fam.*, 1992, p. 415 ; Civ. Liège, 27 octobre 1989, *Rev. trim. dr. fam.*, 1990, p. 279 ; Civ. Liège, 12 novembre 1982, *Jur. Liège*, 1983, p. 175 et obs. A. Fettweis. La Cour de cassation de France est également en ce sens : Cass. France, 8 décembre 1959, *D.*, 1960, p. 241, note R. Savatier.

194 Nous avions soutenu une opinion différente, qui nous semble à présent erronée, dans A.-Ch. Van Gysel et J.-E. Beernaert, *État actuel du droit civil et fiscal des obligations alimentaires*, Bruxelles, Kluwer, 2001, p. 96.

dans le cadre de la cohabitation de fait, l'entretien de l'enfant dont la filiation est établie à l'égard d'un autre homme, qui se garde pour sa part d'exécuter son obligation légale, en déchargerait ce dernier définitivement, en tout cas pour le passé, de sorte que ni le compagnon, ni la mère, ni l'enfant ne pourraient plus en demander remboursement.

Or l'on admet généralement – et logiquement – que lorsque des débiteurs légaux, mais d'un rang subsidiaire par rapport à un autre débiteur principal – tels des grands-parents par rapport à des père et mère –, ont payé des aliments au créancier, ils ont un recours en remboursement contre le débiteur principal[195] : pourquoi le débiteur naturel, d'un rang « plus que subsidiaire », puisqu'il n'est même pas tenu légalement, serait-il dans une position plus défavorable ?

Quelles sont **les personnes** envers lesquelles un devoir moral alimentaire a été reconnu par la jurisprudence ?

On donne très classiquement comme exemple d'obligation alimentaire naturelle le cas des parents collatéraux, vis-à-vis desquels la loi belge ne prévoit pas d'obligation alimentaire, mais, en réalité, ces cas sont très rares – ou peut-être non conflictuels[196].

Peut-être est-ce là une manière d'occulter[197] le fait que l'obligation naturelle se manifeste surtout en dehors ou à l'encontre des liens familiaux légalement établis.

Nous avons déjà vu ci-dessus le cas de la filiation biologique qui se trouverait en contradiction avec la filiation légale, mais bien d'autres cas de figure peuvent se manifester.

Les deux cas les plus fréquents sont sans doute[198] :

– le cas de la rupture de l'union libre, qu'il s'agisse du soutien financier promis à l'ex-partenaire[199] ;

---

195 J.P. Pâturages, 27 novembre 1996, *J.L.M.B.*, 1997, p. 1586 ; J.P. Verviers, 12 janvier 1998, *J.L.M.B.*, 1998, p. 1228.

196 Voy. cependant (tante et neveu) : J.P. Anderlecht, 16 mai 1991, *Rev. trim. dr. fam.*, 1992, p. 424 et Trib. C.E., 18 décembre 1992, *Rec.*, 1992, p. II-02637.

197 Un peu comme l'inclusion des proches parents dans le champ de la cohabitation légale avait été, pour le législateur de 1998, le moyen de dissimuler qu'il s'agissait d'un statut conjugal au rabais, créé pour satisfaire aux revendications des couples homosexuels.

198 Voy. l'abondante jurisprudence citée dans A.-Ch. Van Gysel et J.-E. Beernaert, *État actuel du droit civil et fiscal des obligations alimentaires*, Kluwer, 2001, p. 94, et le chapitre relatif à la cohabitation légale et l'union libre.

199 Civ. Gand, 9 janvier 1984, *R.W.*, 1984-1985, col. 2961, note J.-M. Pauwels ; Civ. Gand, 7 mars 1990, *T.G.R.*, 1990, p. 88 ; Liège, 20 juin 1990, *J.L.M.B.*, 1991, p. 157 ; Civ. Louvain, 27 septembre 1996, *Journ. Proc.*, 1996, n° 313, p. 26, note P. Legros et J.-P. Nijs, « La pension alimentaire après rupture d'une union libre » ; J.P. Gand (7e cant.), 4 novembre 1996, *R.W.*, 1997-1998, p. 266, note F. Aps ; Bruxelles, 13 novembre 1997, *Div. Act.*, 1996, p. 44. *Cf.* : J.P. Saint-Gilles, 5 novembre 1997, *J.J.P.*, 1999, p. 262 ; *Div. Act.*, 1998, p. 45 (rejet), note A.-Ch. Van Gysel, « Une pension alimentaire après la fin du concubinage ? » ; Civ. Louvain, 3 juin 1991, *R.W.*, 1992-1993, p. 130, note J. Roodhooft.

– ou aux enfants de celui-ci[200], notamment dans le cadre d'une relation homosexuelle où aucun lien ne serait établi entre l'ex-partenaire et l'enfant[201].

[200] Civ. Liège, 27 octobre 1990, *Rev. trim. dr. fam.*, 1990, p. 279 ; Civ. Bruxelles, 14 janvier 1992, *R.G.D.C.*, 1993, p. 387.

[201] Civ. Courtrai (jeun.), 18 mars 1997, *Rev. trim. dr. fam.*, 1998, p. 687, note Y.-H. Leleu ; J.P. Beveren, 7 avril 1998, *Act. dr.*, 2001, p. 363, note E. Langenaken ; Gand, 28 octobre 2002, *R.G.A.B.*, 2003, p. 946, note F. de Bock. Dans ces trois cas, la « condamnation » était en réalité basée sur une offre alimentaire de l'ex-concubine homosexuelle de la mère, qui souhaitait conserver une relation avec l'enfant, via l'article 375*bis* du Code civil.

Chapitre VII
La dévolution successorale[1]

Section 1
La dévolution successorale, preuve de l'existence du groupe familial

Nous avons vu au premier chapitre du présent ouvrage que l'institution de la dévolution successorale, c'est-à-dire l'attribution des biens et dettes ayant composé le patrimoine du défunt aux membres de sa famille, était la manifestation la plus éclatante dans notre droit de l'existence de la famille, même si celle-ci n'est pas définie, ni dans son principe ni dans son étendue, par le Code civil.

Elle l'est à plusieurs titres.

Tout premièrement, la loi civile tranche ainsi – partiellement – une controverse entre deux courants de pensée : le premier, que l'on peut qualifier de libéral, selon lequel les biens d'une personne qui décède doivent revenir à d'autres personnes, étant les plus proches du défunt ; et, une autre, que l'on pourrait qualifier de socialiste, selon lequel les biens sont mis à la disposition des individus en fonction de l'utilité sociale de cette affectation, et lorsque cette personne n'est plus, l'État doit reprendre ces biens pour les redistribuer selon les besoins sociaux qui se font jour.

En effet, en droit belge, seuls des **membres de la famille** du défunt sont ses héritiers par effet de la loi.

L'État n'hérite civilement qu'à défaut de tout membre de la famille du défunt[2], dans un « rayon » assez étendu, et cela par application de l'avatar moderne du droit d'aubaine : une sorte de « voiture-balais » patrimoniale, en quelque sorte.

Mais l'État – c'est-à-dire, en Belgique fédéralisée, les Régions – prend sa revanche en percevant sur cette transmission deux impôts : les droits de succession sur les dévolutions *ab intestat*[3] et testamentaires, et les droits d'enregistrement sur les donations, qui anticipent cette transmission.

La structure de ces impôts – qui varie selon la Région considérée, et qui est sujette à des modifications constantes – s'appuie sur des ordres de parenté qui sont parfois très différents des ordres mis en place par le Code civil.

Le montant de ces impôts est très divers : de 3 % proportionnels libératoires, qui sont une simple « prime d'assurance de la sécurité juridique », à 80 % sur la tranche la plus élevée de la catégorie la plus taxée[4], ce qui peut conduire à une atténuation très forte de l'effet civil de la transmission patrimoniale.

---

1 La présente collection comprenant un ouvrage sur les successions, ce chapitre ne constitue qu'une esquisse du phénomène successoral, destinée à montrer ses liens structurels avec la notion de famille.

2 Seul le cas du cohabitant légal y fait exception.

3 Terme latin qui signifie « sans testament ».

4 Impôt progressif par tranche – comme l'impôt sur les revenus – et par catégorie de personnes.

Ensuite, ces membres de la famille du défunt ne sont pas tous appelés en bloc, mais de façon hiérarchique, et selon un ordre qui est fondé sur **l'intensité d'affection présumée** par le législateur, qui range ces parents par rang de proximité avec le *de cujus*[5].

Enfin, pour établir cette hiérarchie de façon complète et minutieuse, le législateur a institué des **outils juridiques** très précis et nombreux, les notions d'ordre, de degré, de ligne, de fente, etc.

Nous avons découvert ces instruments dans le premier chapitre de cet ouvrage, nous allons à présent les voir à l'œuvre dans leur « milieu naturel », qui est celui des successions.

Étant l'ordonnancement le plus complet et le plus précis des liens familiaux, il n'est pas étonnant, comme nous l'avons vu, aux chapitres précédents sur la filiation et l'obligation alimentaire, ou dans l'ouvrage sur le couple, au chapitre du mariage, que le Code ait repris ces mêmes instruments dans d'autres institutions civiles.

Il s'agit essentiellement de la question de la hiérarchie des débiteurs alimentaires, et de celle de la prohibition de l'inceste, sous le double aspect, lié[6], du mariage et de la double filiation.

Cependant, si les instruments juridiques sont les mêmes, les hiérarchies qu'ils constituent varient d'institution à institution.

Section 2
Structuration de la dévolution : ordre, degré, fente

Le premier instrument juridique de structuration de la dévolution successorale est l'**ordre**.

Un ordre d'héritier est une catégorie de parents du défunt, définie suivant la qualité de son lien de parenté avec lui.

En principe, les ordres sont **exclusifs** en droit belge[7], ce qui signifie que, s'il existe un parent d'un ordre N, il exclut les héritiers d'un ordre N+1.

Ce principe connaît cependant un certain nombre d'exceptions, qui complexifient le système.

Le **premier ordre** est constitué des **descendants** du défunt[8], étant les enfants du *de cujus*, et les descendants de ces enfants ; quel que soit le mode d'établisse-

---

5 Terme latin qui signifie : « celui dont on liquide la succession ».

6 Le lien, exprimé à l'article 325, est le suivant : il y a interdiction d'établir une double filiation, lorsque le Roi n'aurait pas pu autoriser ces personnes à se marier. Nous avons vu que la Cour constitutionnelle a mis à mal cette prohibition, mais ceci est une autre histoire…

7 Contrairement à ce qui existe en droit congolais (art. 758 à 764 C. civ. congolais) ou dans la charia (*Coran*, sourate « Les Femmes », versets 11, 12 et 176), où la succession est répartie entre diverses catégories d'héritiers.

8 Parents en ligne directe descendante du défunt.

ment de leur filiation, leur place dans la fratrie (pas de droit d'aînesse ou de juveignerie) ou leur sexe (pas de privilège de masculinité), et peu importe qu'ils soient issus d'une seule ou de plusieurs unions («lits», suivant la formulation classique) différentes (pas de fente entre les descendants[9]) : il suffit qu'ils soient unis au défunt par une suite ininterrompue de liens de filiation.

Ils excluent tous les autres héritiers, sauf le conjoint survivant, qui hérite dans ce cas de l'usufruit de toute la succession, ou[10] le cohabitant légal survivant, qui hérite de l'usufruit du logement principal de la famille[11] et des meubles qui le garnissent.

Le **deuxième ordre** est constitué des **collatéraux**[12] **privilégiés** : frères et sœurs du défunt et leurs descendants.

La loi opère une **fente** entre les frères et sœurs utérins, consanguins et germains du défunt[13] : chaque groupe recevant une moitié de la succession[14].

Ils évincent tous les autres parents, sauf :

- les père et mère, qui reçoivent dans ce cas un quart de la succession personnellement[15] ;
- le conjoint survivant, qui recueille alors la part du défunt dans la communauté ou toute indivision entre lui et le prémourant, et l'usufruit des biens appartenant exclusivement au défunt ;
- le cohabitant légal survivant, qui recueille – l'usufruit des biens préférentiels visés ci-dessus.

On constate que :

- ces personnes héritent avant les ascendants[16], car la loi estime globalement que les biens doivent aller des générations plus âgées vers les générations plus jeunes[17] ;

[9] Car ils sont nécessairement issus de la mère et du père du défunt, donc ses parents germains (voy. chapitre I, section 3, sur cette notion).

[10] Nous verrons dans l'ouvrage sur le couple que l'on ne peut être à la fois marié et cohabitant légal (A.-Ch. Van Gysel et J. Sauvage, *Le couple, op. cit.*).

[11] Ou du droit au bail sur ce bien.

[12] Étant, comme on l'a vu au chapitre Ier, section 3, des descendants d'un ancêtre du défunt, qui ne sont ni le défunt, ni les ascendants, ni les descendants du défunt. Ils ne sont donc ni «au-dessus» ni «en dessous» du défunt, mais «à côté» de lui, d'où le terme.

[13] Sur ces notions, voy., au chapitre Ier, section 3 : ces personnes sont donc apparentés au défunt par sa mère, par son père, ou les deux.

[14] Les germains perçoivent donc une part des deux côtés, qu'ils cumulent.

[15] Art. 751 C. civ.

[16] Sauf les père et mère.

[17] La réforme du droit patrimonial de la famille, qui est entrée en vigueur au 1er septembre 2018, et qui induit une plus grande transmission au conjoint survivant – donc, une transmission «horizontale» du patrimoine – est, selon nous, problématique en ce sens qu'elle concentre le patrimoine dans les mains de personnes généralement âgées, ce qui n'est pas sans causer des problèmes en raison de l'allongement de l'espérance de vie de la population : nous verrons ces questions au chapitre suivant, consacré aux personnes majeures vulnérables.

- elles héritent du défunt, alors qu'elles n'ont pas d'obligation alimentaire légale avec lui : pour les alliés, c'est exactement l'inverse. On voit donc bien ici que les différentes hiérarchies de parents varient sensiblement suivant l'institution qui est en cause.

Le **troisième ordre** est celui des **ascendants** ou ancêtres du défunt[18].

Dans cet ordre, la loi opère aussi[19] une **fente** entre parents maternels et paternels, nommés ici branche paternelle et branche maternelle.

Le principe de la hiérarchie des ordres est ici fortement ébranlé, puisque :

- dans chaque branche, sauf exception[20], la dévolution est indépendante de l'autre branche, de sorte que des parents du 4e ordre peuvent succéder dans une branche, et des parents du 3e ordre dans l'autre ;
- le conjoint survivant recueille la même part qu'en concours avec des collatéraux privilégiés ;
- le cohabitant légal survivant reçoit toujours l'usufruit des biens préférentiels.

Le **quatrième ordre** est celui des **collatéraux ordinaires**, composés des oncles et tantes du défunt et leurs descendants, et des grands-oncles et grands-tantes du défunt, mais non leurs descendants.

Ils n'héritent que s'il n'existe, dans la branche à laquelle ils appartiennent, aucun membre des ordres précédents, ni aucun conjoint survivant : ce dernier les évince donc complètement.

Par contre, le cohabitant légal survivant ne recueille toujours dans ce cas que l'usufruit des biens préférentiels.

On doit encore signaler l'existence du conjoint survivant, du cohabitant légal survivant et de l'État.

Le **conjoint survivant** constitue en quelque sorte un **ordre « N »** : il n'est exclu par aucun héritier et n'exclut que les parents du 4e ordre.

Ses droits varient, à la fois quant à la qualité des héritiers avec lesquels il vient en concours – il est donc « à géométrie variable » – et quant à leur nature : usufruit, pleine propriété ou mélange des deux.

Le **cohabitant légal** survivant est héritier depuis 2007.

Il constitue un **ordre « M »**, n'étant exclu par personne et n'excluant aucun héritier – même l'État –, et recueillant toujours la même chose : l'usufruit du logement principal du couple et des meubles qui le garnissent.

---

18 Parents en ligne directe ascendante.

19 Un troisième cas de fente est celui de l'adopté simplement, mort sans postérité : une moitié de sa succession revient à ses parents d'origine, l'autre aux adoptants, selon des modalités extrêmement complexes : art. 353-16 C. civ. (voy. le chapitre III ci-dessus, et l'ouvrage sur la dévolution successorale dans la présente collection).

20 Art. 754 C. civ. ou réversion s'il n'y a pas d'héritiers au degré successible dans une des branches.

L'**État** vient à la succession du défunt à titre subsidiaire, uniquement s'il n'existe aucun héritier au degré successible[21].

Cette vocation, qui obéit à des règles sensiblement différentes, a essentiellement pour but d'éviter des désordres qui surviendraient si les biens du défunt étaient alors sans maître et à la merci du premier occupant.

Au sein des différents ordres, on applique la règle subsidiaire du **degré**, selon le **comput romain** vu dans le chapitre Ier, section 3 : un degré par génération, et système de la « double échelle »[22] pour les collatéraux.

Les personnes au degré plus proche **excluent** les parents d'un degré plus éloigné.

Au même degré, elles se partagent la succession « par parts viriles », c'est-à-dire par tête, quel que soit leur ordre dans la fratrie ou leur sexe.

On a limité en 1919 la succession au 4e degré : auparavant, elle allait jusqu'au 12e degré.

Il existe une exception à la règle du degré : la **substitution successorale**.

Elle part d'une idée de correction d'une injustice due à une succession de décès contraire à la l'ordre naturel des choses.

> Supposons une personne qui avait deux enfants (A et B), chaque enfant ayant lui-même trois enfants (1, 2, 3 et 4, 5, 6).
>
> Imaginons que A soit décédé avant le *de cujus*, ce qui est contraire à ce qui devrait normalement se passer.
>
> Si l'on appliquait la règle du degré, 1, 2 et 3 devraient être exclus, puisqu'ils sont au 2e degré par rapport au défunt, alors que B est au 1er degré.
>
> Ce serait injuste : la loi les fait donc se substituer à leur auteur A prédécédé, au degré qu'il aurait occupé (1er degré).
>
> Mais il serait également injuste qu'ils se partagent la succession par tête avec B (1/4 chacun), puisque A n'aurait eu que la moitié de la succession.
>
> On opère donc dans la substitution un partage par **souche**[23].
>
> 1, 2 et 3 vont donc avoir ensemble les droits qu'aurait eus leur père (1/2) et recevront donc 1/6 chacun.
>
> 4, 5 et 6 ne reçoivent rien : ils sont exclus par leur auteur B.
>
> Mais eux peuvent espérer hériter de sa part d'une moitié (1/6 pour chacun, donc) à son décès, ce que leurs cousins ne pouvaient pas (puisqu'ils sont 2e ordre par rapport à B, et eux du 1er ordre).

Peuvent exclusivement bénéficier de ce mécanisme les descendants de descendants du défunt, et ceux de ses frères et sœurs, ou de ses oncles et tantes.

---

21 Sauf le cohabitant légal survivant.

22 On part du défunt (sans le compter), on remonte au plus proche ancêtre commun, puis on redescend vers l'héritier concerné.

23 Toujours la métaphore de l'arbre.

Le législateur a élargi, en 2010, la substitution successorale à l'hypothèse de la renonciation d'un héritier[24] ou son indignité[25] pour avoir attenté physiquement au défunt.

Section 3
Dérogation à la dévolution légale par les libéralités

La dévolution successorale est donc basée sur une idée de proximité familiale, induisant une intensité d'affection du défunt vis-à-vis de son héritier : la loi présume, assez logiquement, que l'on aime plus ses enfants que ses frères, et ses frères plus que ses cousins.

Mais le défunt peut avoir à ce sujet une autre opinion, et préférer, par exemple, son conjoint et les enfants issus de cette union, à ses enfants issus d'une première union, qui ont pris parti pour leur mère au moment du divorce, et qui, étant nécessairement plus âgés que leurs frères et sœurs consanguins, ont moins besoin du patrimoine familial que leurs aînés.

Notre droit prévoit la possibilité pour la personne de manifester ces préférences, en gratifiant certains héritiers, ou même des étrangers à la famille – comme un partenaire dans le cadre d'une union libre – par le transfert sans contrepartie d'une partie ou de la totalité de son patrimoine.

C'est ce que l'on nomme les **libéralités**, mode d'actes juridiques qui s'oppose à la généralité des actes à titre onéreux, et dont le régime juridique complexe constitue l'objet d'un ouvrage de la présente collection.

Notre droit connaît essentiellement deux types de libéralités :

- les **donations**, contrat par lequel le donateur se dépouille volontairement et irrévocablement d'un élément de son patrimoine au bénéfice d'un donataire.
  Elles peuvent se faire par différents modes : devant notaire (donation directe), ou par des formes alternatives, comme le transfert de la possession du *corpus – traditio* – (don manuel) ; le recours à la simulation, l'acte libéral étant la contre-lettre d'un acte ostensible onéreux (donation déguisée) ; ou l'emploi d'un acte neutre – ou acte-canal – qui ne dévoile pas son caractère, ici libéral ;
- les **legs**, qui sont l'objet de testaments, par lesquels le futur défunt désigne ceux qui recevront en tout ou en partie – legs universel, à titre universel ou à titre particulier – son patrimoine à son décès.
  Ils sont contenus dans une des formes prévues par la loi : testament public (notarié), olographe (sous seing privé).

---

24 Par exemple, si le défunt, âgé de 95 ans, laisse deux enfants de 69 et 67 ans, déjà nantis et à la retraite : ils peuvent opérer un « saut de génération » en renonçant au profit de leurs enfants, qui héritent alors par souche.

25 L'effet de la peine civile est donc devenu strictement personnel.

Le testament est un acte unilatéral, ressentiment révocable.

Il existe aussi les **institutions contractuelles d'héritiers**, par lesquelles un époux, par contrat de mariage, transfère à son conjoint, en cas de survie de celui-ci, tout ou partie de son patrimoine, tel qu'il sera constitué au jour de son décès.

Fréquentes avant la grande promotion des droits du conjoint survivant survenue en 1981, qui les a rendues inutiles, ces institutions contractuelles d'héritiers se retrouvent encore dans des contrats de mariage rédigés avant cette date, et qui régissent des couples dont les membres sont toujours actuellement vivants.

Dans certains cas, la loi **qualifie** encore certains actes de libéraux – ou, au contraire, d'onéreux : c'est le cas de la théorie des avantages matrimoniaux dans le mariage[26], et de la présomption d'« indivision libérale » dans la cohabitation légale[27].

Nous analyserons ces cas dans l'ouvrage sur le couple.

Relevons simplement ici que ces qualifications, qui constituent autant de présomptions ou fictions légales, peuvent générer des situations de « schizophrénie juridique ».

> Ainsi, si une personne attribue toute la communauté à son conjoint de secondes noces, alors qu'il a à la fois un enfant commun avec lui et retenu un enfant d'un premier lit, l'attribution de la part du défunt dans la communauté constitue une libéralité à l'égard de l'enfant non commun, mais est réputée onéreuse vis-à-vis de l'enfant commun, qui attendra le décès du conjoint survivant, qui est aussi son père ou sa mère, pour hériter de ces biens : on conçoit que la partie d'une telle succession ne soit guère aisée.

La réforme du droit patrimonial de la famille « Pactes sur successions future »[28] permet désormais à une personne de conclure avec ses enfants, voire avec ses petits-enfants, son conjoint « futur survivant » ou les enfants de celui-ci, un **pacte sur succession future**, réglant par avance ce qu'il adviendra de son patrimoine à son décès.

Les donations visées dans le pacte sont définitivement « immunisées », comme si elles étaient des actes à titre onéreux, et, par suite, ni rapportables ni réductibles.

La même réforme a aussi accentué le **déséquilibre** entre le conjoint survivant et les enfants du premier lit : le premier pouvant voir – ou faire – transférer à son profit la plus grande part du patrimoine familial, au détriment des enfants qui ne sont pas les siens, et ceci par le jeu d'une série cumulative de méca-

[26] Art. 1429*bis*, 1458, 1464 et 1465 C. civ., désormais applicables « *par analogie* » aux régimes de séparation des biens (art. 1469).

[27] Art. 1478.

[28] Art. 1100/1 et s. C. civ.

nismes de natures diverses, que nous avons nommés ailleurs le « **cocktail toxique** » des petites « **Cendrillon** »[29].

Section 4
Retour vers la dévolution légale

Si le législateur tolère et même organise la possibilité de déroger à la dévolution successorale selon la proximité de parenté qu'il a intitulée, il souhaite cependant que les individus ne s'en éloignent pas trop.

Il a donc mis en œuvre une série de mécanismes, qui ont pour objet et effet de ramener le transfert patrimonial, partiellement ou totalement, vers l'ordre prévu par la loi.

Un premier principe en ce sens est que la dévolution légale conserve une **application subsidiaire** à tout ce en quoi le défunt n'y a pas dérogé.

Contrairement au principe ancien, suivant lequel une succession était, soit totalement testamentaire, soit totalement *ab intestat*, le patrimoine de celui qui n'a pas réglé le sort de l'ensemble de ses biens sera attribué pour le solde aux héritiers désignés par la loi.

Une seconde limitation est l'institution de la **réserve héréditaire**.

Les descendants et le conjoint survivant ne peuvent, dans notre droit, être totalement déshérités par le défunt : une part de son patrimoine doit leur être impérativement[30] réservée.

Pour les descendants, il s'agit, pour l'ensemble du 1er ordre, d'une réserve globale d'une moitié de la succession en valeur.

Le conjoint survivant jouit de deux réserves : une réserve abstraite – la moitié de la succession en usufruit – et une réserve concrète – l'usufruit du logement principal de la famille et des meubles qui le garnissent, la seconde s'imputant sur la première sans y être limitée.

Le solde du patrimoine du défunt est ce que l'on nomme la **quotité disponible**, autrement dit le volant d'autonomie de volonté dont il dispose pour gratifier qui bon lui semble, soit parmi ses héritiers, soit même parmi les personnes étrangères à sa famille.

Mais l'institution de la réserve serait vaine si elle ne portait que sur une partie des biens existant dans le patrimoine du défunt au jour de son décès : il lui suffirait de les donner quelques instants avant de mourir[31], pour déjouer un mécanisme qui est essentiellement conçu pour limiter sa liberté d'action.

---

[29] Voy. A.-Ch. Van Gysel, « Autonomie de la volonté *versus* protection du conjoint faible, le chiasme belgo-québécois », *in Liber amicorum Nadine Watté*, Bruxelles, Larcier, 2017, pp. 459-471 ; et l'ouvrage sur le couple, partie III, chapitre VII (A.-Ch. Van Gysel et J. Sauvage, *Le couple*, *op. cit.*).

[30] Ce qui signifie qu'un héritier lésé peut, après l'ouverture de la succession, renoncer à demander la réduction des libéralités qui empiètent sur sa réserve.

[31] Une telle donation, si elle porte sur des biens mobiliers et est faite par-devant notaire, a cependant un effet *fiscal* – mais non civil – libératoire, moyennant le paiement d'un droit proportionnel très faible

La réserve – et, « en creux », la quotité disponible – se calcule donc sur une masse fictive, la **masse de calcul du disponible**[32], laquelle recompose le patrimoine du défunt tel qu'il eût été si le défunt n'avait pas fait de donations[33] durant toute[34] sa vie.

Sur cette masse, répartie dans un tableau à double entrée, nommé le tableau des imputations, on va imputer, c'est-à-dire soustraire, successivement, les libéralités, pour savoir si la quotité disponible a été excédée, et si oui, quelles sont les libéralités qui doivent être réduites, et dans quelle proportion.

L'ordre des imputations suit le principe de sécurité juridique : on impute d'abord les donations les plus anciennes, puis les plus récentes, et, enfin, les legs qui, quelle que soit la date des testaments dans lesquels ils sont inscrits, prennent tous effets en même temps, au jour de décès du *de cujus*.

Les libéralités qui dépassent la quotité disponible sont alors réduites, pour faire respecter les réserves : c'est ce que l'on nomme la **réduction des libéralités**[35].

Une troisième institution qui vise à rétablir l'égalité entre les héritiers est le **rapport** des libéralités.

L'idée est la suivante.

Si une personne a deux enfants, et que l'aîné se met en ménage le premier, son auteur voudra sans doute lui permettre de prendre un départ plus facile dans la vie, en lui faisant une donation, afin de pouvoir, par exemple, acquérir un premier logement.

Ce faisant, le donateur ne préfère pas cet aîné : seulement, le cadet est plus jeune, il est encore aux études, et vit avec lui et à ses frais. Il n'a donc actuellement pas besoin d'un logement séparé.

Si ce cadet vient également à conquérir son autonomie et à former un ménage, sans doute son auteur fera pour lui ce qu'il a fait pour l'aîné, car il les aime autant.

Mais il se peut que la personne décède avant d'avoir pu faire la donation au cadet.

Dans cette hypothèse, il serait injuste que l'aîné cumule la donation qu'il a reçue avec une part de moitié des biens existant au décès.

La loi rétablit l'équilibre, en présumant que la personne n'a voulu que donner à l'aîné une avance sur sa part d'héritage : on va donc l'imputer sur sa part de la succession.

Le rapport est donc la **présomption** selon laquelle une libéralité faite à un héritier qui vient à la succession ne constitue qu'une avance sur sa part d'héri-

(de 3 % à 7 %, quel que soit le montant donné), qui évite aux héritiers le paiement de droits de succession, progressifs par tranche et par catégorie, bien plus importants (jusqu'à 80 %).

32 Art. 922 C. civ.

33 Les legs, eux, sont nécessairement inclus dans les biens existants, sinon le legs serait caduc.

34 La règle « des 3 ans » est également une règle fiscale, et non civile.

35 La réduction suit donc un ordre *inverse* à celui de l'imputation.

tage – un «**avancement d'hoirie**», en termes classiques –, et sa valeur doit être imputée sur sa part, afin de rétablir l'égalité dans le partage[36] entre héritiers.

Il y a des liens entre rapport et réduction, notamment le fait que le «produit de réduction» est partagé entre tous les héritiers, mais les deux institutions sont différentes sur plusieurs points, et notamment:

– alors que la réserve est impérative, le rapport est une simple présomption *juris tantum*, que le défunt a pu **renverser** en déclarant que la donation ou le legs est fait «hors part», ou «par préciput», ou «avec dispense de rapport», termes synonymes. C'est alors un avantage net pour le gratifié;
– la réserve concerne toutes les donations et tous les legs faits à toutes personnes, même étrangères, alors que le rapport est une opération qui n'a lieu qu'**entre cohéritiers**. Une réduction peut être demandée par un enfant unique, alors que le rapport suppose au moins deux héritiers.

La réforme entrée en vigueur le 1er septembre 2018 a **limité** la portée du rapport: elle n'a lieu qu'en **valeur**, et en principe seulement **entre les descendants** du défunt.

Les autres héritiers – et notamment le conjoint et le cohabitant légal survivant – sont dispensés du rapport.

Ces mécanismes trouvent leur limite dans le fait que le législateur, en permettant largement les pactes sur succession future, a permis aux membres d'une famille d'écarter à la fois la réduction et le rapport des libéralités mentionnées dans l'acte.

On concédera cependant que ces pactes ne peuvent avoir d'effets qu'entre ceux qui y ont été volontairement parties, et qu'ils sont inopposables à ceux qui n'ont pas voulu les conclure, lesquels peuvent donc alors invoquer les mécanismes protecteurs légaux.

Section 5
La procédure de liquidation-partage

La liquidation et le partage des successions – et il en va de même des régimes matrimoniaux[37], objet d'un chapitre dans l'ouvrage sur le couple – constituent des opérations très complexes.

C'est pourquoi le législateur en a fait une procédure très particulière, applicable à tous les partages, quelle que soit l'origine de l'indivision.

Un ouvrage de la présente collection[38] sera d'ailleurs consacré à cette procédure.

---

36 Le rapport s'opère donc au moment et dans le cadre de la *masse du partage*, qui est une masse réelle, différente de la masse fictive du calcul du disponible.

37 Lorsqu'une personne mariée décède, il faut d'ailleurs, et successivement, liquider d'abord son régime matrimonial, et ensuite sa succession.

38 F. Lalière et A.-Ch. Van Gysel, *La liquidation et le partage*, Limal, Anthemis, à paraître.

Elle ressortit à la compétence matérielle du tribunal de la famille[39].

L'action en partage présente plusieurs caractéristiques, qui tiennent au fait que le législateur **n'aime pas les indivisions** – d'où l'article 815 du Code civil[40] – et qu'elle « **transmute** » les **droits indivis** que tous les copartageants ont sur **tous les biens** composant la masse à partager, en des **droits exclusifs** sur **certains** de ces biens, composant le lot de tel copartageant particulier.

Elle est :

- indivisible quant aux personnes et aux biens. Comme elle opère la « transmutation précitée », toutes les personnes et tous les biens[41] doivent y être inclus ;
- imprescriptible, sinon l'indivision deviendrait perpétuelle après trente ans ;
- d'ordre public, le défunt ne pouvant créer des indivisions perdurantes ;
- réciproque, en ce que chaque copartageant est à la fois considéré comme demandeur et défendeur dans la procédure, et peut donc introduire comme il le souhaite de nouvelles demandes, pour autant que le calendrier de la procédure le permette encore (voy. *infra*).

En raison de sa complexité, elle est confiée[42] à un spécialiste, le **notaire liquidateur**, désigné par le tribunal de la famille.

Ce notaire, en principe unique, remplit alors une mission d'auxiliaire de justice, différente de sa mission habituelle de conseil et d'émetteur d'actes authentiques[43], et, pour cette raison, il se doit d'être impartial à l'instar d'un juge.

La procédure se présente comme une **alternance de phases judiciaires et notariales** : désignation du notaire par le tribunal, puis ouverture des opérations par le notaire, enclenchement du calendrier d'instruction de la cause devant lui, éventuellement retour devant le tribunal pour résoudre une question, poursuite des opérations devant le notaire jusqu'à l'établissement de l'état liquidatif, renvoi au tribunal pour homologation de l'état, ou refus d'homologation et renvoi au notaire pour modification de son projet… le tout jusqu'à ce que le partage intervienne, soit par une décision judiciaire définitive, soit par un accord des parties, acté par le notaire liquidateur.

Dans sa phase notariale, la procédure suit un **calendrier**, fixé d'accord par les parties, ou à défaut prévu par la loi, déterminant les différentes étapes de la procédure, du procès-verbal d'ouverture des opérations à l'établissement du projet d'état liquidatif.

---

39 Art. 572*bis*, 3°, 9° et 10°, C. jud.

40 « *Nul ne peut être contraint à demeurer dans l'indivision ; et le partage peut être toujours provoqué, nonobstant prohibitions et conventions contraires. […]* »

41 On peut cependant en faire exclure par le tribunal des biens situés à l'étranger, qui seront alors partagés séparément.

42 Art. 1207 et s. C. jud.

43 Bien que le notaire liquidateur ait aussi, dans cette mission particulière, un devoir de conseil, et que les actes qu'il crée dans le cours de sa mission sont aussi revêtus de l'authenticité.

À chaque étape, le notaire établit les actes prévus par la loi et les communique aux parties, qui peuvent y former leurs contredits.

À défaut de ce faire, les parties sont forcloses du droit de remettre en cause l'acte en question, et le notaire passe alors de lui-même à l'étape suivante : la procédure est en quelque sorte « **autotractée** ».

Le notaire exerce un rôle capital de « **prémâchage** » de la liquidation, puisqu'il doit, en fin de course, établir un projet de partage – l'état liquidatif – comme s'il était le juge devant trancher l'affaire, et ce, afin que le tribunal n'ait plus qu'à l'homologuer (ou pas), ce qu'il fait d'ailleurs dans la très grande majorité des cas.

Les parties ne peuvent donc, sauf exception[44], saisir *omiso medio* le tribunal d'une question qui se pose durant la phase notariale : elles doivent d'abord la poser au notaire liquidateur, qui donnera son avis sur la question dans un acte nommé « procès-verbal intermédiaire de dires et difficultés », et c'est cet acte, ainsi que les contredits que les parties pourront y former[45], qui sont soumis au tribunal pour que la question y soit tranchée.

44 Remplacement du notaire, nomination d'un expert ou d'un administrateur des biens.

45 La procédure est, en effet, contradictoire, tant dans la phase notariale que dans la phase judiciaire. La seule différence étant que, dans la phase notariale, les positions prises par les parties doivent être exprimées pour une même date pour tous, alors que, dans la phase judiciaire, les conclusions sont échangées dans une espèce de dialogue.

Chapitre VIII
La protection des personnes majeures

Section 1
Problématique et historique

§ 1. Problématique

À la suite des progrès de la médecine et de l'amélioration considérable du niveau de vie général, la *durée moyenne de la vie humaine* est en *augmentation* constante en Belgique.

Une partie considérable de la population belge[1] fait donc partie du « troisième », voire du « quatrième » âge, ce qui pose d'importants problèmes sociétaux.

L'un d'eux consiste en la modification de la proportion entre actifs et non-actifs, qui rend difficile le maintien du système de sécurité sociale, notamment de pensions de retraite, mis en place après la Seconde Guerre mondiale.

Un autre est l'augmentation du nombre de personnes qui, en raison de la détérioration de leur condition physique, ne peuvent plus vivre seules, et doivent donc être hébergées dans des établissements spécialisés, qu'ils soient nommés, suivant leur standing, homes ou séniories.

Le coût de ces établissements, lorsqu'ils fournissent d'autres services que ceux d'une simple subsistance, dépasse généralement de loin le montant de la pension de retraite et autres revenus des personnes âgées ; et il y aura nécessairement lieu dans l'avenir à s'interroger sur l'affectation d'une part croissante des patrimoines familiaux, en capitaux propres et en pensions alimentaires[2], à ce type de structures d'hébergement.

Une troisième problématique, qui est celle qui nous occupe ici, est l'explosion du nombre des personnes qui, principalement en raison de la détérioration de leurs facultés mentales – on songe ici au premier chef à la maladie d'Alzheimer –, ne sont plus capables de gérer elles-mêmes leur patrimoine et de prendre des décisions concernant leur vie personnelle.

La réponse de notre droit à cette problématique est de placer ces personnes sous un régime civil[3] d'incapacité générale d'exercice, généralement de représentation, et parfois d'assistance.

---

[1] Selon le site « *Statistics Belgium* » (*sic*), il y a avait en 2011 environ 1.900.000 personnes de plus de 65 ans, sur une population globale de 11.000.000 habitants, soit 17,5 %.

[2] On se référera aux développements relatifs à l'article 205, dans le chapitre relatif à l'obligation alimentaire en général, ci-avant.

[3] Sous réserve de la prise en considération de cet état par d'autres matières du droit, comme le droit pénal. Ainsi, l'article 462 du Code pénal se lit ainsi : « *Ne donneront lieu qu'à des réparations civiles, les vols commis par des époux au préjudice de leurs conjoints ; par un veuf ou une veuve, quant aux choses*

§ 2. Historique

Jusqu'à tout récemment, la législation belge en la matière constituait une panoplie hétéroclite de régimes juxtaposés.

La raison en était que, lorsqu'au cours du temps, des nécessités nouvelles de protection se sont fait jour, le législateur a créé de nouveaux statuts, mais sans abroger les statuts déjà établis, même lorsque leur champ d'application se chevauchait.

Ainsi, le Code Napoléon contenait essentiellement un régime[4], l'interdiction judiciaire[5], qui assimilait le majeur à un mineur sous tutelle, lorsqu'il était «*dans un état habituel d'imbécillité ou de démence, [...] même lorsque cet état présente des intervalles lucides*»[6].

À côté de ce régime de représentation, existait aussi un régime d'assistance, la mise sous conseil judiciaire, énoncé ainsi par l'article 513: «*Il peut être défendu aux prodigues*[7] *de plaider, de transiger, d'emprunter, de recevoir un capital mobilier et d'en donner décharge, d'aliéner ni de grever leurs biens d'hypothèques, sans l'assistance d'un conseil qui leur est nommé par le tribunal*», régime étendu incidemment par le Code judiciaire à la «*faiblesse d'esprit*»[8].

Même aux yeux d'un profane, les catégories médicales ainsi définies paraissent aujourd'hui singulièrement obsolètes.

Le législateur avait ensuite créé en 1973 un régime spécial, la minorité prolongée, qui tenait compte de l'allongement de l'espérance de vie de certains handicapés, trisomiques essentiellement[9], présentant une arriération mentale grave.

> «*Par arriération mentale grave, il faut entendre un état de déficience mentale congénitale ou ayant débuté au cours de la petite enfance, caractérisé par un manque de développement de l'ensemble des facultés intellectuelles, affectives et volitives*»[10].

---

qui avaient appartenu à l'époux décédé; par des descendants au préjudice de leurs ascendants, par des ascendants au préjudice de leurs descendants, ou par des alliés aux mêmes degrés.»

L'alinéa 1er n'est pas applicable si ces vols ont été commis au préjudice d'une personne vulnérable en raison de son âge, d'un état de grossesse, d'une maladie, d'une infirmité ou d'une déficience physique ou mentale.

Toute autre personne qui aura participé à ces vols ou recelé tout ou partie des objets volés sera punie comme si l'alinéa 1er n'existait pas.

4 D'où le roman de H. de Balzac, *L'Interdiction*.

5 Jusqu'il y a quelques années existait encore l'interdiction légale, peine accessoire destinée à empêcher les grands criminels de constituer leurs activités coupables depuis leur cellule.

6 Art. 489 ancien.

7 Étant ceux qui dissipent habituellement leurs capitaux en vaines dépenses.

8 Art. 1247 C. jud. Pour une explicitation de l'état mental qui justifiait ce type de mesure d'assistance, voy. Cass., 2 avril 1976, *Pas.*, 1976, I, p. 852.

9 Le régime était aussi appliqué à certains types d'autismes profonds.

10 Art. 487*bis* ancien.

Comme son nom l'indique, le régime consistait en une prorogation pure et simple du statut de la minorité à l'égard de cette personne :

> « *Celui qui se trouve sous statut de minorité prolongée est, quant à sa personne et à ses biens, assimilé à un mineur de moins de quinze ans* »[11].

Enfin, par la loi du 18 juillet 1991[12], le législateur a enfin eu à cœur de bâtir un *régime général*, susceptible d'être appliqué à toute personne majeure incapable de gérer ses biens, que ce soit pour des raisons physiques (personnes aveugles, grabataires, dans le coma...) ou mentales (personnes séniles, atteintes de la maladie d'Alzheimer...), et cela de façon temporaire ou permanente.

Ce régime, nommé l'administration provisoire[13], était régi par les articles 488*bis*, A à K, du Code civil, et il a pour organe essentiels l'administrateur et le juge de paix, lequel se voit reconnaître un rôle primordial dans la protection des mineurs incapables[14].

Notons qu'il ne protégeait que les biens de la personne inapte, mais n'avait aucun effet pour les actes à caractère personnel, pour lesquels la personne demeure théoriquement capable.

Il restait à organiser le délicat problème de la *privation de liberté* de personnes malades mentales, lorsqu'elles présentent un danger pour elles-mêmes ou autrui.

La loi du 26 juin 1990 sur les *malades mentaux* a, dans ce domaine, remplacé la procédure prévue par la loi du 18 juin 1850 concernant les aliénés ou séquestrés à domicile.

La procédure administrative ancienne, qui présentait un risque d'arbitraire, a donc fait place à une procédure judiciaire qui tend à respecter les droits les plus fondamentaux du malade.

Cette loi a pour but de mettre en œuvre une protection forcée de la personne du malade et non de ses biens : pour la gestion de ses biens, il faut s'en référer au régime de l'administration provisoire, vers lequel il existe une « passerelle légale ».

Ayant un objet particulier – la privation de liberté –, différent d'une protection par représentation, elle n'a pas été remplacée par le nouveau régime général de protection des incapables majeurs[15].

Enfin, le législateur a traité de la situation de personnes qui présentent un danger social grave – démontré par la commission d'une infraction – mais qui sont

---

11 Art. 487*bis* ancien.

12 Modifiée par la loi du 3 mai 2003.

13 Ce qui constitue un euphémisme : il est très exceptionnel – mais pas totalement impossible – qu'une personne mise sous administration provisoire ait été par la suite reconnue à nouveau capable de gérer son patrimoine.

14 Ce rôle fera que, lors de la réforme créant le tribunal de la famille, cette compétence, non seulement lui a été conservée, mais a même été étendue à la quasi-totalité du droit des incapables, mineurs comme majeurs, à la seule exception de l'autorité parentale et de l'hébergement.

15 Au contraire, l'article 1239 du Code judiciaire organise la « passerelle » dont nous venons de parler, vers le régime des personnes majeures vulnérables.

cependant irresponsables de leurs actes, de sorte qu'une sanction pénale serait inadaptée.

La loi du 21 avril 2007 remplace dans ce but, dans notre droit, la loi du 1er juillet 1964, dite «loi de défense sociale».

La loi s'applique à des personnes qui[16]:

- ont commis un fait qualifié crime ou délit pouvant donner lieu à une peine d'emprisonnement;
- sont, au moment de leur jugement[17], atteintes d'un trouble mental qui abolit ou altère gravement leur capacité de discernement ou le contrôle de leurs actes;
- et pour lesquelles il existe un danger qu'elles commettent de nouvelles infractions en raison de leur trouble mental.

Lorsque ces conditions cumulatives sont réunies, la personne peut être internée, c'est-à-dire privée de liberté et placée dans un établissement spécialisé, dit de défense sociale.

Une «passerelle» organise également la protection de leur patrimoine via l'administration provisoire.

Pour les mêmes motifs que pour la loi du 26 juin 1990, cette loi perdure malgré l'instauration du régime général des personnes majeures vulnérables.

Comme perdurera aussi, inchangé, le régime de l'administrateur des biens de l'absent, dans la période de présomption d'absence[18].

En réalité, les régimes d'interdiction et de mise en conseil, régimes pourtant de droit commun du Code de 1804, avaient dans la pratique été totalement supplantés par l'administration provisoire, et n'existaient pratiquement plus que sur papier[19].

Le régime de l'administration provisoire faisait, par ailleurs, double emploi partiel[20] avec celui de la minorité prolongée.

Le législateur a donc remis l'ouvrage sur le métier, afin de:

- créer un régime qui recouvrirait toutes les situations d'incapacité de personnes majeures;
- qui s'appliquerait tant à sa personne qu'à son patrimoine;
- et qui respecterait mieux le prescrit des conventions internationales signées par la Belgique dans ce domaine.

---

16 Art. 8 de la loi.

17 L'internement survenant en principe au moment de l'instruction: voy. art. 8 de la loi.

18 Loi du 9 mai 2007, art. 115 C. civ. Voy. chapitre sur la personnalité.

19 À peine une ou deux personnes par an, et parfois aucune (2004), étaient encore placées sous ces régimes (voy. les statistiques *in* P. MARCHAL, «Les incapables majeurs», *Rép. not.*, Bruxelles, Larcier, 2007, p. 191).

20 La minorité prolongée concerne aussi les actes personnels du mineur prolongé.

Il en est résulté la loi du 17 mars 2013, qui régit actuellement le régime général des incapables majeurs et qui, par conséquent, formera l'objet essentiel du présent chapitre.

Les personnes placées sous un autre régime étaient amenées à bénéficier progressivement de la nouvelle loi, soit à la première décision prise après l'entrée en vigueur de la nouvelle loi, les concernant, soit au terme d'un délai de cinq ans[21].

Cette loi a formé une des parties du «Yalta judiciaire» organisé par les lois «portant modification et coordination de diverses lois en matière de justice», des 8 mai 2014 et 12 mai 2014, étant les lois réparatrices de celle, du 30 juillet 2013, créant le tribunal de la famille et de la jeunesse.

On peut synthétiser cette nouvelle partition du paysage judiciaire ainsi :

- le tribunal de la famille reprend l'ensemble des matières familiales civiles, autrefois dévolues au juge de paix, au tribunal civil, au tribunal de la jeunesse et au président du tribunal de première instance ;
- il est régi par un «droit commun judiciaire familial»[22] ;
- le juge de paix devient le juge de droit commun de l'incapacité ;
- le régime juridique des incapables majeurs est unifié dans le nouveau statut des personnes majeures vulnérables ;
- l'échange de «territoires», les nouvelles règles procédurales et le nouveau statut prennent tous effet au 1er septembre 2014 ;
- presque en même temps (le 1er avril 2014), les arrondissements judiciaires sont passés de 27 à 12.

Section 2
Le régime général de protection des personnes majeures[23]

§ 1. Caractères généraux et principes de la loi du 17 mars 2013

A. Respect du droit international

La nouvelle loi se veut d'abord une meilleure traduction des exigences du droit international en la matière, même si ces textes ne sont pas toujours d'application immédiate et font montre d'une «bonne volonté» dont la mièvrerie n'est pas exclue.

---

21 La comparaison des divers régimes, telle que celle que mène la Cour constitutionnelle dans son arrêt n° 50/2018 du 26 avril 2018, n'a donc plus qu'un intérêt historique.

22 *Grosso modo*, les articles 1253*ter*/1 à 7 du Code judiciaire, plus certains articles épars.

23 Voy. la remarquable analyse de la loi contenue dans la thèse de Th. Van Halteren, *La protection des personnes majeures vulnérables et mineures – Redéfinition du concept de capacité juridique au regard de celui de discernement*, Wolters Kluwer, 2018 (526 pages).

Trois instruments sont ici à considérer.

- La Recommandation R(99)4 adoptée le 23 février 1999 par le Conseil des ministres du Conseil de l'Europe[24].

  Elle fait d'abord le constat de l'augmentation de cas nécessitant des mesures de protection, compte tenu du vieillissement de la population européenne.

  Elle formule ensuite une série de recommandations, dont :
  - la nécessité de veiller au respect de la dignité de la personne protégée ;
  - et, pour cela, de lui maintenir autant que possible une capacité personnelle d'agir ;
  - en créant un régime « sur mesure » pour chaque personne ;
  - au travers de règles procédurales adaptées, prévoyant la saisine par des organismes publics.
- La Convention des Nations unies du 13 décembre 2006 sur les handicapés, dont le champ recouvre toutes personnes incapables.

  Elle insiste essentiellement, au prix d'une certaine confusion entre les notions de personnalité, de capacité de jouissance et de capacité d'exercice, sur la préservation d'une personnalité et d'une capacité de jouissance des droits des personnes handicapées, qui souffrent trop souvent, dans le monde, de discriminations.
- La Recommandation CM/REC(2009)11 adoptée par le Conseil des ministres du Conseil de l'Europe le 9 décembre 2009.

  Cet instrument est intéressant, en ce qu'il met l'accent sur la protection extrajudiciaire de la personne incapable, par la voie de mandats et de directives anticipées qu'elle aurait donnés avant de tomber dans sa situation d'incapacité.

  Il a été en effet repris, mais, malheureusement, de façon peu heureuse à nos yeux, par la loi nouvelle.

B. Champ d'application et lignes de force de la loi

Le champ d'application de la loi se veut général, et vise toute personne majeure, qui se trouve, totalement ou partiellement, temporairement ou de façon permanente, qui se trouve en raison de son état de santé, psychique ou physique, hors d'état de pourvoir elle-même à la protection de ses intérêts patrimoniaux et personnels, comme le pourrait une personne normalement saine.

Le régime suit essentiellement les principes de proportionnalité et de subsidiarité, qui conduisent le juge à couper « *un vêtement sur mesure* »[25], adapté à la situation particulière de la personne concernée, et qui n'entraînent pas plus d'incapacité qu'il n'est nécessaire pour protéger efficacement cette personne.

---

[24] Qui n'est donc pas celui de l'Union européenne. Son pouvoir est bien moins grand, mais il faut se rappeler que le Conseil de l'Europe est le creuset de la Convention européenne des droits de l'homme, instrument fondamental de protection des droits humains et source primordiale du droit belge.

[25] Selon l'expression du professeur E. Vieujean.

Il est conçu pour recouvrir la totalité des cas d'incapacité de personnes majeures, et, donc, de remplacer par « absorption » les autres régimes relatifs à l'incapacité générale d'exercice des majeurs[26].

Le législateur a lui-même défini les neuf lignes de force du régime créé par lui[27].

Il s'agit des idées suivantes.

1° Une distinction nette est faite entre le statut des majeurs et celui des mineurs.
Comme il a été expliqué dans le premier chapitre de cette partie, l'incapacité du mineur est naturelle, celle du majeur est pathologique.
Celle du mineur implique que ses représentants l'éduquent, l'hébergent et lui fassent donner une instruction, en vue de sa future autonomie de majeur.
Ces perspectives et, par suite, cette formation n'existent pas dans le cas d'incapables majeurs.

2° L'administration provisoire devient la base du statut unique.
Le régime le plus général et le plus utilisé, réformé, devient donc la base de la législation dans le domaine.

3° Une distinction est instaurée entre la protection des biens et celle de la personne.
L'objet des actes qui concernent, d'une part, la personne, et, d'autre part, le patrimoine de la personne protégée, étant différent, il s'ensuit que le régime de protection doit l'être aussi.
Les actes de nature personnelle tenant de plus près à l'individu, ils doivent recevoir une attention particulière.
Il est prévu que, selon les nécessités, il y ait seulement un administrateur des biens, un administrateur pour les biens et la personne, ou deux administrateurs, l'un pour les biens, et l'autre pour la personne du protégé.

4° La terminologie est adaptée.
Le législateur, dans un souci de dignité humaine, a retenu les termes d'« administrateur » et de « personne protégée », comme étant les plus neutres.

5° Le rôle de la personne de confiance est revalorisé.
Un personnage quelque peu mystérieux, la personne de confiance de la personne protégée, déjà existant sous l'empire de l'administration provisoire, voit son rôle d'intermédiaire entre l'administrateur et la personne protégée revalorisé et élargi, ce qui n'est pas sans poser certaines interrogations, comme nous le verrons.

6° La personne protégée est davantage impliquée dans le processus décisionnel.

---

26 Mais non, comme on l'a vu, les régimes privatifs de liberté, qui ont un autre objet.

27 *Doc. parl.*, Chambre, 2010-2011, n° 53-1009/001, pp. 8-9.

Le principe de subsidiarité implique qu'autant que possible, la personne protégée soit entendue dans son opinion sur les actes qui doivent être pris.

Si elle ne peut s'exprimer elle-même, la personne de confiance est investie de cette mission, qui apparaît quelque peu divinatoire dans son chef.

7° La limite entre capacité et incapacité est précisée.

La loi nouvelle insiste, toujours par application du principe de subsidiarité, sur le fait que les actes pour lesquels la personne protégée doit être représentée ou assistée doivent être clairement définis ; en tenant à l'esprit que la capacité est la règle et l'incapacité, l'exception.

Une analyse minutieuse doit donc être faite par le juge, spécialement en ce qui concerne les actes de nature personnelle.

Elle doit être évolutive : le juge doit fixer un terme à la mise sous le régime de la protection, ou, à tout le moins, un délai, qui ne peut excéder deux ans, après lequel le régime sera revu pour être toujours « aux mesures » de la personne protégée.

8° Un régime de protection extrajudiciaire est instauré.

Le législateur s'est voulu l'écho de la recommandation du Conseil des ministres du Conseil de l'Europe sur ce point, en instaurant une protection par le biais d'un mandat *ad hoc*.

Cette idée, bonne dans son principe, a cependant été très mal traduite dans la loi, comme on le verra plus loin.

9° L'« absorption » des autres régimes par le nouveau statut est régie par des dispositions transitoires précises.

Elles dépendent du type de régime :

- pour les personnes sous administration provisoire « ancienne loi », le basculement est automatique, un an après l'entrée en vigueur de la nouvelle loi, avec, dans l'année de ce basculement, un réexamen du « costume » par le juge. Ce double délai a pour objet de ne pas submerger les juges de paix de dossiers ;
- pour les personnes sous conseil judiciaire, leur régime prend, au contraire, fin automatiquement cinq ans après l'entrée en vigueur de la nouvelle loi, sauf si, naturellement, de nouvelles mesures sont prises entre-temps sur la base de la nouvelle loi ;
- pour les mineurs prolongés, la loi ancienne est prorogée pour cinq ans, au terme de quoi ils basculent dans la nouvelle loi, mais avec les deux parents comme coadministrateurs à leur personne et à leurs biens. Le dossier doit être cependant revu par le juge dans l'année de ce basculement.

Et, bien entendu, dès après l'entrée en vigueur de la nouvelle loi, toute nouvelle mesure de protection se fait par application de la nouvelle loi.

§ 2. Les acteurs et le fonctionnement du régime

A. Le juge de paix

Le juge compétent pour connaître de la protection des personnes majeures est le juge de paix du lieu de leur résidence[28].

On verra dans les développements qui suivent qu'à tous les stades, le juge de paix est l'homme-orchestre et l'instance décisionnelle finale du statut de personne majeure protégée[29].

Statuant sur requête unilatérale, ses ordonnances sont exécutoires par provision, par application de l'article 1039 du Code judiciaire.

B. La requête et ses annexes

Il est saisi par *requête unilatérale*[30], par toute personne intéressée[31], y compris la personne elle-même et le procureur du Roi[32].

La loi prévoit expressément l'abus de procédure de la part de « bonnes âmes », héritiers présomptifs soucieux de la conservation de leur patrimoine *in spe* : une même personne ne peut introduire plus de deux demandes en dix ans, si l'une des demandes a été rejetée.

Un *certificat médical* datant de moins de quinze jours doit, en règle, être joint à la requête, et décrire, selon un formulaire type dont le modèle est établi par le Roi[33], l'état de santé de la personne, sous l'angle de son aptitude à accomplir seule des actes personnels et patrimoniaux.

L'article 492/5 nouveau prévoit que le Roi, sur avis de l'Ordre des médecins et du Conseil supérieur national des personnes handicapées, établit une liste de pathologies qui sont réputées altérer « gravement et de façon persistante » l'aptitude de la personne.

Si le médecin indique que la personne est atteinte d'une de ces pathologies, alors le juge de paix ne doit pas indiquer quels sont les actes que la personne ne peut plus accomplir seule : elle est présumée incapable, et, donc, représentée, pour tous les actes de nature patrimoniale.

Il paraît étrange, et contraire à l'idée du vêtement « sur mesure », de penser pouvoir placer ainsi les individus dans des catégories médicales prédéfinies, dont les symptômes seraient prédécrits avec certitude.

---

28 Art. 628, 3°, nouveau, C. jud.

29 Sous réserve, bien entendu, d'appel devant le tribunal de la famille : art. 577, al. 2, C. jud.

30 Le législateur emploie la requête unilatérale, par référence aux articles 1026 à 1034 du Code judiciaire.

31 Art. 1238 C. jud. On peut imaginer un parent ou un proche, le médecin traitant ou le personnel du home qui s'aperçoit de la dégradation de l'état de la personne…

32 Exigence de la Recommandation R(99)4 adoptée le 23 février 1999, mais déjà satisfaite par le régime antérieur d'administration provisoire.

33 Ce modèle, pris en application de l'article 1241 du Code judiciaire, est fixé par un arrêté royal du 31 août 2014. Il est capital pour le médecin qui émet un certificat dans ce cadre d'utiliser le modèle prévu par l'arrêté royal, sans quoi la requête risquerait d'être déclarée irrecevable.

La nouvelle loi prévoit qu'en cas d'urgence, motivée dans la requête, la requête peut être déposée sans certificat médical, le juge de paix désignant alors lui-même un médecin-expert pour examiner la personne.

Cette réforme est très heureuse, car la «course» au certificat médical est souvent un obstacle à l'introduction d'une procédure de protection pourtant nécessaire, que ce soit parce que le médecin de famille de la personne ou le médecin attaché au home où elle séjourne ne souhaitent pas délivrer un tel certificat, pour des raisons psychologiques ou de conviction personnelle ; ou parce que la personne à protéger s'est renfermée sur elle-même et ferme sa porte à tout tiers, ou encore parce que l'entourage de la personne, qui bénéficie de ses largesses, ne tient pas à ce qu'un régime de protection soit établi.

Il est intéressant de noter une *non-symétrie* de l'exigence d'un certificat médical, dans la vision de la Cour constitutionnelle.

En effet, s'il est normal d'exiger, à peine de nullité, la jonction d'un tel certificat dans le cadre d'une requête tendant à la mise sous le statut de protection, car il s'agit d'une mesure *privant* la personne d'une faculté, celle de la capacité d'exercice de ses droits, il n'en va pas de même d'une requête tendant à se faire autoriser à rédiger un testament, puisque, dans ce cas, des droits sont *rendus* à la personne protégée.

Dès lors, comme le décide la cour dans son arrêt n° 87/2015 du 11 juin 2015[34], «*[i]nterprété en ce sens que le défaut de production d'un certificat médical circonstancié joint à la requête, ou produit, en cas d'urgence, dans les huit jours de la demande du juge de paix, entraîne l'irrecevabilité de la demande tendant à entendre autoriser la personne protégée à disposer de ses biens par donations entre vifs ou par dispositions de dernières volontés et ne peut être couvert par une expertise médicale ordonnée par le juge de paix, l'article 488*bis, *h), § 2, alinéa 6, combiné avec l'article 488*bis, *b), § 6, du Code civil, viole les articles 10 et 11 de la Constitution.*»

C. Audition de la personne

Le juge de paix, avant de rendre son ordonnance, doit *entendre* en chambre du conseil[35] la personne à protéger, sa famille – parents, enfants, conjoint ou compagnon.

Cette audition nous paraît un gage de sécurité considérable pour les personnes, qui ne pourront donc être déclarées incapables «sur pièces» : le juge aura eu – ou du moins tenté d'avoir – un dialogue avec elles.

---

34 Il porte sur le régime antérieur de l'administration provisoire, mais comme il a été substantiellement repris par le nouveau régime, la portée de cet arrêt nous semble toujours actuelle.

35 Art. 1247 C. jud. Au besoin, le juge de paix se déplacera au domicile ou au home où la personne réside.

D. Costume sur mesure ou prêt-à-porter?

S'il estime que la personne doit effectivement être protégée, il va alors déterminer l'étendue de l'incapacité, et la ou les personnes représentantes.

Il énumère d'abord les actes de nature *personnelle* qui requièrent une assistance ou une représentation; certains actes éminemment personnels – mariage, divorce, adoption... –, ne pouvant pas faire l'objet d'une représentation ou assistance[36].

Pour tous les actes non indiqués, la personne *conserve sa capacité théorique*, sous réserve évidemment de l'annulation d'un acte particulier pour vice du consentement[37].

Ensuite, il détermine les *actes patrimoniaux* qui requerront assistance ou représentation.

Pour cela, il doit «*en tout cas*»[38] rencontrer la double «checklist» établie par la loi, et qui vise la capacité[39]:

- pour les actes personnels:

  « *1° de choisir sa résidence;*

  2° de consentir au mariage, comme prévu aux articles 75 et 146;

  3° d'intenter une action en annulation du mariage visée aux articles 180, 184 et 192 et de se défendre contre une telle action;

  4° d'introduire une demande de divorce pour désunion irrémédiable, visée à l'article 229, et de se défendre contre une telle demande;

  5° d'introduire une demande de divorce par consentement mutuel, visée à l'article 230;

  *6° d'introduire une demande de séparation de corps, visée à l'article 311*bis *et de se défendre contre une telle demande;*

  7° de reconnaître un enfant conformément à l'article 328;

  8° d'exercer, soit en demandant, soit en défendant, des actions relatives à sa filiation visée au livre Ier, titre VII;

  9° d'exercer l'autorité parentale visée au livre Ier, titre IX, sur la personne du mineur et les prérogatives parentales;

  10° de faire une déclaration de cohabitation légale visée à l'article 1476, § 1er, et d'y mettre fin conformément à l'article 1476, § 2;

---

36 Art. 497/2. On en verra la liste plus bas. Si la personne protégée n'a plus l'aptitude à les exercer seule, ces droits ne peuvent donc tout simplement plus être exercés. En ce qui concerne le divorce, le législateur a prévu (art. 1255, § 7, C. jud.) que le conjoint sain d'esprit pouvait alors demander le divorce pour cause de désunion irrémédiable, le conjoint protégé étant alors représenté en tant que défendeur.

37 Notamment, en ce qui concerne les libéralités, le régime particulier – dit du «consentement renforcé» – de l'article 901.

38 Art. 492/1, §§ 1er et 2. Sauf, on l'a vu, le cas où la personne est atteinte d'une des pathologies considérées par le Roi comme profondément et irrémédiablement invalidantes.

39 Le régime de représentation de l'incapable peut s'étendre à d'autres actes, notamment dans le domaine social: voy. C. const., 16 juillet 2015, n° 106/2015.

11° le cas échéant, de faire une déclaration en vue d'acquérir la nationalité belge, visée au chapitre III du Code de la nationalité belge du 28 juin 1984 ;

12° d'exercer les droits visés par la loi du 8 décembre 1992 relative à la protection de la vie privée à l'égard des traitements de données à caractère personnel ;

13° d'exercer le droit visé par la loi du 23 juin 1961 relative au droit de réponse ;

14° d'adresser une demande de changement de nom ou de prénom, prévue à l'article 2 de la loi du 15 mai 1987 relative aux noms et prénoms ;

15° d'exercer les droits du patient prévus par la loi du 22 août 2002 relative aux droits du patient ;

16° de consentir à une expérimentation sur la personne humaine conformément à l'article 6 de la loi du 7 mai 2004 relative aux expérimentations sur la personne humaine ;

17° de consentir à un prélèvement d'organes, visé à l'article 5 ou 10 de la loi du 13 juin 1986 sur le prélèvement et la transplantation d'organes ;

18° d'exercer le droit de refuser la réalisation d'une autopsie sur son enfant de moins de dix-huit mois, conformément à l'article 3 de la loi du 26 mars 2003 réglementant la pratique de l'autopsie après le décès inopiné et médicalement inexpliqué d'un enfant de moins de dix-huit mois ;

19° de consentir à un prélèvement de matériel corporel sur des personnes vivantes, visé à l'article 10 de la loi du 19 décembre 2008 relative à l'obtention et à l'utilisation de matériel corporel humain destiné à des applications médicales humaines ou à des fins de recherche scientifique ;

20° d'exercer des activités d'armurier, d'intermédiaire, de collectionneur d'armes ou des autres personnes visées au chapitre IV de la loi du 8 juin 2006 réglant des activités économiques et individuelles avec des armes.

L'incapacité d'exercer l'autorité parentale visée à l'alinéa 3, 9°, entraîne l'incapacité d'exercer l'administration légale visée au § 2, alinéa 3, 17°. »

– et pour les actes patrimoniaux :

« *1° d'aliéner ses biens ;*

2° de contracter un emprunt ;

3° de donner ses biens en gage ou de les hypothéquer ainsi que d'autoriser la radiation d'une inscription hypothécaire, avec ou sans quittance, et d'une transcription d'une ordonnance de saisie-exécution sans paiement ;

4° de consentir un bail à ferme, un bail commercial ou un bail à loyer de plus de neuf ans ;

5° de renoncer à une succession ou à un legs universel ou à titre universel ou l'accepter ;

6° d'accepter une donation ou un legs à titre particulier ;

7° d'ester en justice en demandant ou en défendant ;

8° de conclure un pacte d'indivision ;

9° d'acheter un bien immeuble ;

10° de transiger ou conclure une convention d'arbitrage ;

11° de continuer un commerce ;

12° d'acquiescer à une demande relative à des droits immobiliers ;

13° de disposer par donation entre vifs ;

14° de conclure ou modifier un contrat de mariage ;

14/1° de conclure ou modifier une convention visée à l'article 1478, alinéa 4 ;

15° de rédiger ou révoquer un testament ;

16° de poser des actes de gestion journalière ;

17° d'exercer l'administration légale des biens du mineur visé[e] au livre Ier, titre IX.

18° de conclure un pacte successoral autorisé par la loi. »

Si un acte touche à la fois la personne et son patrimoine – par exemple, le choix de son lieu de vie, qui est sans doute la décision la plus importante pour la personne, mais qui a bien entendu des implications financières, donc patrimoniales –, alors les deux administrateurs de la personne devront conjointement prendre la décision, et le juge de paix tranchera en cas de désaccord.

Le juge de paix indique si, pour tel ou tel acte, la personne sera capable ou incapable[40], et si elle incapable, si elle sera assistée[41] – et participera donc à la décision – ou sera représentée[42] et ne sera pas actrice de l'acte.

En principe, l'assistance, forme la plus légère d'incapacité, doit être préférentiellement choisie par le juge.

En réalité, l'expérience montre que les juges de paix, peut-être par une espèce de principe de « précaution », pourtant contraire au principe d'autonomie contenu dans la loi et les normes internationales, ou plus probablement par manque de temps, déclarent le plus souvent la personne incapable et placée sous le régime de représentation, pour tous les actes de la liste.

E. Désignation de l'administrateur

Le juge de paix qui met la personne sous le statut de majeur protégé désigne alors *l'administrateur* de la personne protégée.

La personne elle-même peut avoir, avant toute procédure, désigné la personne qu'elle désire voir investie de cette mission au cas où elle viendrait à devoir être mise sous ce régime. Cette désignation a lieu par une déclaration faite devant

40 Avec une préférence de principe pour la capacité : si, par erreur, le juge ne visait pas l'un des actes de la liste, la personne serait alors juridiquement capable d'accomplir cet acte.

41 Art. 498.

42 Art. 499.

le juge de paix ou un notaire, et recueillie dans un registre informatique tenu par la Fédération royale du notariat belge[43], que le juge de paix peut consulter.

Si elle peut encore exprimer une volonté cohérente au moment de son audition par le juge de paix, celui-ci peut tenir compte de cette préférence.

Si la personne n'a pas et ne peut plus exprimer de volonté à ce sujet, le juge de paix choisira librement, de préférence au sein du *groupe familial* (conjoint, compagnon, enfants...) de la personne.

On voit ici clairement que la protection des personnes majeures constitue aussi, comme la filiation, l'obligation alimentaire, la dévolution successorale, etc., une manifestation de la *solidarité familiale*, ici sur le plan personnel.

Elle démontre donc l'existence dans notre droit de la notion de famille, qui forme l'objet du présent ouvrage: ceci justifie amplement, croyons-nous, la place du présent chapitre dans celui-ci.

En cas de conflit au sein de ce groupe, notamment quant à l'opportunité de la protection ou la personne de l'administrateur, le juge de paix désignera un professionnel, généralement un avocat spécialisé en cette matière[44].

De façon très regrettable, le législateur s'est refusé d'exclure la désignation d'avocats, juges suppléants du juge de paix saisi du dossier, alors qu'il lui avait été signalé lors des travaux préparatoires que l'effectivité du contrôle du juge sur ses collaborateurs directs était pour le moins sujette à caution[45].

Il a relevé que, même si la personne a désigné préventivement un administrateur, ou exprime un souhait en ce sens, ou encore qu'un membre du groupe familial souhaite être désigné avec l'accord des autres proches de la personne, le juge de paix peut, dans l'intérêt de la personne à protéger, écarter l'administrateur désigné et lui préférer un autre, par exemple, un professionnel du droit.

---

[43] Parallèle, donc, au registre central des testaments et au registre des conventions matrimoniales ou de cohabitation légale.

[44] Certains avocats se sont en effet spécialisés dans ce domaine, qui exige, à l'instar des faillites, une organisation de secrétariat et de comptabilité bien rodée. Cependant, le Roi (art. 497/1) peut limiter le nombre maximal de personnes protégées par un même administrateur, afin qu'un lien personnel puisse exister entre l'administrateur et la personne qu'il protège.

[45] Une bonne législation ne présume pas que les acteurs d'un statut sont des êtres parfaits, bien au contraire, il les suppose faillibles, sensibles à l'intérêt et autres passions humaines, et elle règle les normes en conséquence, pour empêcher que les abus puissent se commettre facilement (d'où, pour les juges, la publicité des audiences et la motivation des jugements). Ainsi le législateur a-t-il fait en prévoyant que l'administrateur et la personne de confiance ne peuvent être proches parents (voy. *infra*): il est donc d'autant plus inexplicable qu'il n'ait pas mis fin à une situation dont les dangers s'étaient déjà révélés dans le régime de l'administration légale. Il semble toutefois que le gouvernement ait adopté un avant-projet de loi créant une incompatibilité entre le mandat d'administrateur d'une personne protégée et la fonction de juge de paix suppléant.

F. Le mandat « extra »judiciaire

La personne protégée peut, à titre d'*alternative* à la désignation préventive d'un administrateur, confier à une personne de son choix un *mandat*, spécial ou général, pour la gestion de ses biens[46] en cas d'incapacité[47].

Il s'agit de la protection *extrajudiciaire*, mise en avant par la Recommandation CM/REC(2009)11, adoptée par le Conseil des ministres du Conseil de l'Europe le 9 décembre 2009, et sur laquelle de grands espoirs étaient fondés.

Ils nous semblent devoir être déçus.

Deux éléments nous paraissent particulièrement préjudiciables à ce nouvel instrument.

Le premier est qu'il s'agit nécessairement d'un mandat particulier à la situation d'incapacité : il ne peut en aucun cas s'agir d'un mandat donné par la personne durant sa capacité, lequel est expressément déclaré caduc par l'article 2003, clairement reformulé en ce sens.

C'est méconnaître totalement le processus réel du vieillissement : en pratique, une personne âgée, qui se déplace difficilement, donne à un moment donné un mandat, général ou spécial (bancaire p. ex.) à une personne en laquelle elle a confiance. Sa volonté s'affaiblissant, vient le moment où une mesure de protection devrait être prise. Au lieu de proroger le mandat donné, moyennant une clause spéciale en ce sens incluse dans le mandat, on l'arrête, et on lui substitue éventuellement un autre, que la personne doit avoir donné dans la perspective particulière de son incapacité, qui n'est pas encore d'actualité au moment où il est donné.

Autant dire que très peu de personnes donneront un tel mandat, et que, réciproquement, les personnes investies d'un mandat de droit commun se garderont bien de déclarer l'incapacité de leur mandataire, qu'ils constatent pourtant puisqu'ils mettraient ainsi fin à leur propre mandat sans être sûrs de pouvoir être nommés administrateurs !

Cette règle est donc très nettement contre-productive.

Le second élément préjudiciable est que la protection n'a d'extrajudiciaire que le nom : lorsque la personne vient à se trouver dans un état d'incapacité, le mandataire ou toute autre personne intéressée doit saisir le juge de paix, pour qu'il constate cette situation.

En effet, tout acte accompli sur la base du mandat, lorsque l'incapacité existe, mais que le juge de paix ne l'a pas encore constatée, est nul[48].

Constatant l'incapacité, le juge ordonne l'exécution du mandat, si cela lui apparaît dans l'intérêt du mandant.

---

46 Un tel mandat n'est possible que pour les actes de nature patrimoniale.

47 Art. 490/1.

48 Art. 490/1 : on constate donc une nouvelle fois la volonté du législateur de scinder les effets du mandat de droit commun de ceux du mandat de protection.

Mais, s'il estime le contraire, il désignera alors un administrateur, dont il est facile de deviner qu'il ne s'agira pas du mandataire désigné.

Il peut, en outre, assortir le mandat d'autres mesures de protection, et désigner pour ces actes un administrateur[49].

De même, « *[l]e juge de paix peut, à tout moment, mettre fin, en tout ou en partie, au mandat si l'exécution de la mission est de nature à mettre en péril les intérêts du mandant ou qu'il y a lieu de remplacer, en tout ou en partie, le mandat par une mesure de protection judiciaire qui serait plus conforme aux intérêts du mandant.*

Il peut également soumettre l'exécution du mandat aux mêmes formalités que celles qui s'appliquent dans le cas d'une mesure de protection judiciaire.

Le juge de paix peut, soit d'office, soit à la demande de tout intéressé, ainsi que du procureur du Roi, statuer sur les conditions et les modalités d'exécution du mandat. Les mêmes sanctions que celles prévues pour une mesure de protection judiciaire s'appliquent en cas de non-respect des conditions du mandat »[50].

Par contre, si le mandat est mis en œuvre *ne variatur*, le régime de la mise sous statut de personne protégée ne s'appliquera pas, mais bien la teneur du mandat donné.

La loi ne prévoit aucun contrôle sur l'exécution du mandat, sinon que le mandataire doit régulièrement rendre compte au mandant ou aux personnes qu'il aurait désignées dans ce but.

Cela nous semble à la fois compromettre les intérêts de la personne mandante, dont on peut douter qu'elle puisse encore vérifier efficacement la bonne exécution de son mandat ; et ceux du mandataire, qui ne peut mettre sa responsabilité à couvert en se faisant donner par quiconque quitus de sa gestion.

Cependant, une procédure de « sonnette d'alarme » est prévue : toute personne intéressée – et on peut compter que les « bonnes âmes » ne manqueront pas – peut alerter le juge de paix et demander que, dans l'intérêt de la personne protégée, le mandat soit retiré et remplacé par des mesures de protection.

Il nous semble qu'en conclusion, le mandat instauré par la loi est une occasion malheureusement perdue d'instituer une véritable protection extrajudiciaire.

G. La personne de confiance

Une *personne de confiance* peut également être désignée pour la personne protégée[51].

---

49 Les travaux préparatoires indiquent en effet que le mandant reste juridiquement capable d'accomplir des actes juridiques, parallèlement au mandataire : on ne peut pas mieux dire une chose et son contraire ! Car, ou bien la personne est capable, et alors le mandat ne peut entrer en vigueur, ou elle ne l'est plus, et alors elle ne peut plus accomplir d'actes valables.

50 Art. 490/2, § 2.

51 Art. 501 à 501/2.

Son rôle est assez semblable à celui d'un subrogé tuteur[52] : elle sert d'intermédiaire entre les différents acteurs de la protection et la personne, et aide la personne à exprimer sa volonté, voire l'exprime à sa place.

En bref, elle joue la « mouche du coche » en faveur de la personne protégée.

La personne protégée peut désigner par avance une personne de confiance, selon les mêmes modalités que pour la désignation préventive d'un administrateur. Dans ce cas, cette désignation doit être homologuée par le juge de paix.

Si la personne protégée n'a pas désigné de personne de confiance, le juge de paix peut lui en désigner une : on peut douter dans ce cas du sens réel de la « confiance » de la personne protégée dans cette personne.

Il doit s'agir d'une personne physique[53] autre que l'administrateur aux biens ou à la personne de la personne protégée, et elle ne peut avoir de lien jusqu'au deuxième degré avec l'administrateur.

Il nous semble qu'avec Me Edgar Boydens, représentant de l'OVB[54], il faut entretenir « *une saine méfiance à l'égard des personnes de confiance* », car, enfin, si réellement la personne protégée avait eu confiance en cette personne, elle aurait dû logiquement la désigner comme son administratrice.

Le fait qu'elle ne l'ait pas été peut faire naître des rancœurs dont l'expression judiciaire ne nous semble pas devoir être à l'avantage de la personne protégée.

H. Les rapports de gestion de l'administrateur

L'administrateur doit rendre au juge de paix des *rapports*, aux périodes qu'il fixe – et par défaut annuellement –, sur sa gestion[55].

En tout état de cause, il doit établir un premier rapport dans le mois de sa désignation[56], contenant description de la situation patrimoniale de la personne protégée, et un rapport final à la fin de sa mission.

Ces rapports sont communiqués à la personne protégée si elle est en état d'en prendre connaissance, et à la personne de confiance.

La loi ouvre la possibilité pour l'administrateur d'obtenir une décharge du juge de paix, après vérification des comptes par un expert-comptable désigné par le juge de paix.

L'article 499/15 le prévoit pour les comptes annuels, mais on ne voit pas ce qui empêcherait l'administrateur de le demander pour le compte final.

Ceci permettra à l'administrateur de mettre sa gestion à l'abri des recours des ayants droit de la personne protégée, après son décès.

Ces recours sont en effet monnaie courante dans le cadre de l'administration provisoire.

---

52 Voy. le chapitre de la minorité.

53 Les personnes morales étant exclues.

54 Avis recueilli dans *Doc. parl.*, Chambre, 2011-2012, n° 53-1009/001, p. 54, amendement n° 90.

55 Art. 498/3.

56 Art. 499/6.

L'administrateur doit ouvrir au moins un compte au nom de chaque personne qu'il protège, sur lequel sont placées les sommes revenant à la personne protégée, afin qu'il n'y ait pas de confusion de patrimoines.

I. Rémunération de l'administrateur

L'administrateur est *rémunéré* pour sa gestion de 3 % des revenus, plus taxation de devoirs exceptionnels[57].

Il ne peut percevoir au-delà aucun avantage patrimonial direct ou indirect[58] : nous y reviendrons plus bas lorsque nous examinerons le statut des libéralités faites dans un tel contexte.

J. Autorisation spéciale de certains actes

L'administrateur, qui, selon le cas, accomplit les actes juridiques avec – assistance – ou à la place – représentation – de la personne protégée, doit encore demander par requête unilatérale[59] l'autorisation spéciale du juge de paix pour certains actes jugés particulièrement graves[60], étant :

– pour sa personne :

« *1° changer la résidence de la personne protégée ;*

2° exercer les droits prévus par la loi du 22 août 2002 relative aux droits du patient, conformément à l'article 14, § 2, de la loi précitée ;

3° représenter la personne protégée en justice en demandant dans les procédures et actes. »

– pour ses biens :

« *1° aliéner les biens de la personne protégée, hormis les fruits et objets de rebut, sauf dans le cadre de la gestion confiée à un établissement visé à l'article 499/5, alinéa 2 ;*

2° emprunter ;

3° hypothéquer ou donner en gage les biens de la personne protégée ou autoriser la radiation d'une inscription hypothécaire, avec ou sans quittance, et d'une transcription d'une ordonnance de saisie-exécution sans paiement et de la dispense d'inscription d'office ;

4° conclure un bail à ferme, un bail commercial ou un bail à loyer de plus de neuf ans, ainsi que pour renouveler un bail commercial ;

---

57 Art. 497/5. Si les administrateurs sont les père ou mère de l'incapable, il n'y a pas de rémunération (alors que, dans le régime actuel de la minorité prolongée, ils bénéficient de la jouissance légale).

58 Ainsi, par exemple, un taux d'intérêt préférentiel pour les sommes personnelles placées dans la même banque que les sommes appartenant à des personnes protégées.

59 Art. 1250 C. jud.

60 Art. 499/7. On voit ici immédiatement le parallèle – mais pas l'identité – avec l'article 407 du Code civil, dans le régime de la tutelle, et par renvoi dans celui de l'administration légale des biens du mineur : voy. le chapitre de la protection de l'enfant, section sur la minorité.

5° renoncer à une succession ou à un legs universel ou à titre universel ou l'accepter, ce qui ne pourra se faire que sous bénéfice d'inventaire. Le juge de paix peut, par une ordonnance motivée, octroyer l'autorisation d'accepter une succession, un legs universel ou à titre universel purement et simplement, compte tenu de la nature et de la consistance du patrimoine hérité et pour autant que les bénéfices soient manifestement supérieurs aux charges du patrimoine hérité ;

6° accepter une donation ou un legs à titre particulier ;

7° représenter la personne protégée en justice en demandant dans les procédures et actes, sauf pour :

- *les procédures et actes visés aux articles 1150, 1180, 1°, 1187, alinéa 2, et 1206 du Code judiciaire,*
- *les constitutions de partie civile,*
- *les litiges relatifs aux contrats locatifs ou à l'occupation sans titre ni droit, et*
- *les demandes d'application de la législation sociale en faveur de la personne protégée ;*

8° conclure un pacte d'indivision ;

9° acheter un bien immeuble ;

10° transiger ou conclure une convention d'arbitrage ;

11° continuer un commerce. L'administration du commerce peut être confiée à un administrateur spécial sous le contrôle de l'administrateur des biens. L'administrateur des biens spécial est désigné par le juge de paix. Le juge de paix peut à tout moment retirer son autorisation de continuer le commerce ;

12° aliéner des souvenirs et autres objets à caractère personnel, même s'il s'agit d'objets de peu de valeur, sans préjudice de l'article 499/9 ;

13° acquiescer à une demande relative à des droits immobiliers ;

14° autoriser les prestataires de services de paiement à apposer tout signe distinctif sur les instruments de paiement de la personne protégée.

Le retrait et le virement de sommes d'argent placées sur un compte de la personne protégée ne sont pas considérés comme une aliénation de biens pour l'application de l'alinéa 1er, 1°, pour autant qu'ils remplissent les conditions fixées à l'article 499/4 ;

15° conclure un pacte successoral autorisé par la loi, en qualité d'héritier présomptif, ledit pacte ne pouvant toutefois emporter, dans le chef de la personne protégée, renonciation à des droits dans une succession non ouverte. »

Il doit, inversement, mais par le même mode[61], demander l'autorisation du juge de paix pour que la personne protégée puisse elle-même exceptionnellement accomplir elle-même un acte réputé grave, ou pour lequel l'administrateur a été désigné pour le représenter.

C'est toujours par requête unilatérale qu'on le saisira pour provoquer un changement d'administrateur ou régler tout autre conflit – entre les administrateurs,

[61] Art. 1246 C. jud.

entre la personne de confiance et les administrateurs, entre la personne protégée et l'administrateur ou la personne de confiance… – relatif à un acte accompli ou à accomplir.

Certains actes ne sont tout simplement pas susceptibles de représentation : ou bien la personne pourra les accomplir seule, au besoin avec autorisation du juge de paix, ou bien l'acte ne pourra pas être accompli.

Ce sont essentiellement des actes à caractère intimement personnel[62], à savoir :

> « *1° le consentement au mariage visé aux articles 75 et 146 ;*
>
> *2° l'intentement d'une action en annulation de mariage, visée aux articles 180, 184 et 192 ;*
>
> *3° la fixation de la résidence conjugale visée à l'article 214, alinéa 2 ;*
>
> *4° le consentement à disposer du logement familial, visé à l'article 220, § 1er ;*
>
> *5° l'intentement d'une action en divorce pour désunion irrémédiable, visé à l'article 229 ;*
>
> *6° l'introduction d'une demande de séparation de corps, visée à l'article 311*bis *;*
>
> *7° l'introduction d'une demande en divorce par consentement mutuel, visée à l'article 230 ;*
>
> *8° la reconnaissance d'un enfant, visée à l'article 328 ;*
>
> *9° le consentement à la reconnaissance, visé à l'article 329*bis, *§ 2 ;*
>
> *10° l'opposition à une action en recherche de maternité ou de paternité, visée à l'article 332*quinquies, *§ 2 ;*
>
> *11° (abrogé)*
>
> *12° le consentement à son adoption, visé à l'article 348-1 ;*
>
> *13° l'exercice de l'autorité parentale sur l'enfant mineur de la personne protégée, à l'exception de l'exercice de l'administration légale des biens du mineur visé au livre Ier, titre IX, ainsi que des prérogatives parentales en ce qui concerne l'état de la personne de cet enfant mineur ;*
>
> *14° le fait de faire une déclaration de cohabitation légale visée à l'article 1476, § 1er, et celui d'y mettre fin conformément à l'article 1476, § 2 ;*
>
> *15° le consentement à une stérilisation ;*
>
> *16° le consentement à un acte de procréation médicalement assistée visé par la loi du 6 juillet 2007 relative à la procréation médicalement assistée et à la destination des embryons surnuméraires et des gamètes ;*
>
> *17° la déclaration d'avoir la conviction constante et irréversible d'appartenir au sexe opposé à celui qui est indiqué dans l'acte de naissance visée à l'article 62*bis, *§ 1er ;*
>
> *18° la demande d'euthanasie, visée aux articles 3 et 4 de la loi du 28 mai 2002 relative à l'euthanasie ;*

---

62 Art. 497/2.

19° la demande de pratiquer une interruption de grossesse, visée à l'article 350 du Code pénal ;

20° le consentement à des actes qui touchent l'intégrité physique ou la vie intime de la personne protégée, sans préjudice des dispositions dérogatoires reprises dans des lois particulières ;

21° le consentement à l'utilisation de gamètes ou d'embryons in vitro à des fins de recherche, visé à l'article 8 de la loi du 11 mai 2003 relative à la recherche sur les embryons in vitro ;

22° l'exercice du droit de refuser la réalisation d'une autopsie sur son enfant de moins de dix-huit mois, visé à l'article 3 de la loi du 26 mars 2003 réglementant la pratique de l'autopsie après le décès inopiné et médicalement inexpliqué d'un enfant de moins de dix-huit mois ;

23° le consentement à un prélèvement de sang et de dérivés du sang, visé à l'article 5 de la loi du 5 juillet 1994 relative au sang et aux dérivés du sang d'origine humaine ;

24° la donation entre vifs, à l'exception des cadeaux d'usage proportionnels au patrimoine de la personne protégée et du prescrit de l'article 499/7, § 4 ;

25° l'établissement ou la révocation d'une disposition testamentaire ;

26° l'exercice des droits politiques visés à l'article 8, alinéa 2, de la Constitution ;

27° la conclusion d'un pacte successoral autorisé par la loi, en qualité de disposant, ou en qualité d'héritier présomptif quand ledit pacte emporte, dans le chef de la personne protégée, renonciation à des droits dans une succession non ouverte. »

K. Fin de l'administration

Le statut de personne protégée prend fin par la mort de la personne protégée ou bien, plus rarement, par une décision constatant que la personne a repris sa capacité.

§ 3. La protection des personnes vulnérables et les actes libéraux

Les personnes âgées possèdent une partie importante des capitaux privés des Belges, fruit d'une vie de travail et d'économies.

Lorsqu'elles deviennent vulnérables, elles attirent en conséquence ceux qu'Henri De Page nommait les « hérédipèdes ».

Une étude brève des règles concernant les libéralités faites par des personnes vulnérables majeures est donc d'un grand intérêt social et juridique, compte tenu de la variété des instruments mobilisés pour créer une protection contre les personnes intéressées.

Sous l'empire du Code Napoléon, la protection contre ces individus sans scrupules tenait essentiellement en trois règles :

– le régime de l'interdiction judiciaire, qui rend nuls tous les actes accomplis par l'interdit, même durant un intervalle lucide, et qui permet d'annuler rétroactivement les actes accomplis avant l'interdiction, si la personne était déjà à ce moment dans un état requérant cette mesure[63] ;

- l'article 909, qui frappait d'une incapacité spéciale de recevoir les prêtres et médecins qui avaient soigné le défunt dans sa dernière maladie. Cette règle procédait en fait d'une incapacité de donner «inversée», la personne mourante étant présumée sous l'influence du prêtre et du médecin;
- l'article 901, enfin, qui proclame que, pour faire des libéralités, il faut être sain d'esprit, ce qui n'est, selon la doctrine, pas un doublet de l'article 1109 sur le consentement, car il faut, pour se dépouiller sans contrepartie, une volonté plus ferme et une conscience plus claire que pour accomplir un acte à titre onéreux.

Malheureusement, la teneur réelle du droit belge vint à dériver[64] :

- le régime de l'interdiction était tombé en désuétude, et le régime de l'administration légale n'entraînait pas, dans les premiers temps, une incapacité de la personne protégée, aussi étrange que cela paraisse;
- les médecins et prêtres ont vu leur influence sur leurs malades et ouailles diminuer, alors que, d'une part le personnel des homes, et, d'autre part, les administrateurs provisoires, devenaient plus fréquemment présents auprès des personnes âgées, mais n'étaient pas frappées de la prohibition de l'article 909;
- l'article 901 était appliqué de manière extrêmement précautionneuse par la jurisprudence, qui ne voyait le mal nulle part: on a vu ainsi validés des testaments faits par une personne sous administration provisoire, en faveur du directeur du home où elle se trouvait, testament reçu par le notaire dans le home même[65].

Heureusement, une réaction s'est fait jour au début des années 2000:

- le régime de l'administration provisoire fut modifié, et les actes, notamment libéraux, accomplis par la personne protégée déclarés nuls, sauf autorisation spéciale du juge de paix, qui doit juger de l'«aptitude de sa volonté»[66] ;
- le personnel des homes est enfin inclus dans l'article 909[67], et les administrateurs provisoires rendus incapables de rien recevoir au-delà de leur rémunération.

---

63 Art. 503.

64 Sur cette dérive, et les réformes de 2003, voy. A.-Ch. Van Gysel, «Entre capacité et consentement: les libéralités faites par des personnes fragiles à la lumière des dernières modifications législatives», *in Actualités de droit familial, le point en 2003*, CUP, vol. 66, 2003, p. 185.

65 Cette jurisprudence nous a toujours semblé illogique: si une personne a été reconnue incapable de gérer son patrimoine par des actes onéreux, et que, pour faire des actes libéraux, il faut une capacité plus affirmée que pour les actes onéreux, alors, en toute logique transitive, ces personnes ne peuvent *a fortiori* pas faire d'actes libéraux.

66 Bizarre expression, démontrant qu'en la matière, capacité et consentement sont très proches.

67 Réforme courageuse – surtout quand on connaît le poids électoral des personnes âgées – du sénateur Th. Giet.

La législation nouvelle conserve heureusement la plupart des acquis du régime de l'administration provisoire, et maintient inchangés les articles 901[68] et 909.

Ainsi, l'administrateur ne peut[69] recevoir aucune rétribution ni avantage en rapport avec l'exercice du mandat judiciaire d'administrateur.

Conçue à l'origine pour les avantages indirects[70], cette disposition vise bien entendu aussi les libéralités, et constitue donc une nouvelle incapacité de recevoir, parallèle et fondée sur les mêmes motifs, que celle de l'article 909.

Cette incapacité est renforcée par un nouvel article 908, qui crée expressément une incapacité de recevoir de l'administrateur provisoire, avec une exception pour les membres du groupe familial.

Lorsque l'administrateur est membre du groupe familial, comment savoir si la libéralité est consentie en considération de ce lien d'affection, et, donc, « sans rapport » avec la fonction, ou bien sous l'empire du pouvoir d'administrateur ?

Il faut, à notre sens, voir si les autres personnes du même ordre et degré que l'administrateur reçoivent aussi une libéralité comparable. Si oui, alors on peut considérer que c'est le lien familial qui est la cause de la libéralité, et qu'elle est donc valable – pour autant que les formes précisées ci-dessous soient respectées ; sinon, le pouvoir d'administration n'y est sans doute pas étranger.

Bien entendu, si l'administrateur est un tiers professionnel, il ne pourra rien recevoir, compte tenu de l'article 908.

Il est dommage que cette heureuse disposition ne trouve pas de parallèle avec la personne de confiance, surtout quand on considère le rôle extraordinaire qu'elle peut avoir dans l'accomplissement des libéralités, comme nous allons le voir plus loin.

L'incapacité de recevoir étant ainsi réglée, restait à concevoir la capacité de donner de la part d'une personne déclarée incapable.

Le législateur a repris de l'administration provisoire le système de l'autorisation judiciaire, qui avait par deux fois été déclaré constitutionnel[71].

Ainsi, le nouvel article 905 prévoit que la personne protégée, qui a été déclarée incapable de faire des libéralités, peut cependant s'adresser au juge de paix pour obtenir l'autorisation spéciale d'en faire.

Le juge de paix examinera « la capacité de la personne protégée d'exprimer sa volonté »[72], au besoin via un certificat ou une expertise médicale[73].

---

[68] Qui constitue donc toujours un garde-fou (!), que ce soit dans ou hors du régime de protection ici décrit : voy. C. const., 24 septembre 2015, n° 128/2015.

[69] Art. 497/5.

[70] Par exemple, un intérêt majoré alloué aux placements personnels de l'administrateur, par la banque où il a placé les capitaux de ses protégés.

[71] C. const., 30 septembre 2009, n° 147/2009 et 14 octobre 2010, n° 112/2010.

[72] Expression à peine moins bancale que « l'aptitude de la volonté » du régime précédent.

[73] Une option heureuse est la désignation d'un médecin-expert qui témoignera de l'aptitude de la personne au moment même où elle passe l'acte : car, en effet, cette aptitude peut varier de jour en jour, et

S'il s'agit d'un testament, il doit être notarié – public, ou exceptionnellement sous forme internationale[74] –, ce qui écarte le huis clos du testament olographe. Le projet de testament n'est pas transmis au juge de paix, ce qui tranche une controverse antérieure[75].

S'il s'agit d'une donation, elle doit pareillement être notariée. Comme, dans ce cas, la personne se dépouille « actuellement et irrévocablement »[76], le juge de paix doit également apprécier si la personne qui veut donner ne risque pas de devenir indigente[77] ou de ne plus pouvoir faire face à ses obligations alimentaires[78].

Le législateur a, parallèlement à ces dispositions très raisonnables, innové de façon spectaculaire, en permettant des donations « par représentation ».

L'article 499/7, § 4[79], prévoit en effet que l'administrateur peut demander au juge de paix d'être autorisé à faire une donation au nom de la personne protégée – qui est donc incapable de la faire elle-même comme dans le cas de l'article 905 – s'il se déduit de déclarations écrites ou même orales, formulées par la personne protégée, au temps où elle était encore capable, qu'elle avait l'intention de donner.

Cette donation ne peut plonger la personne dans l'indigence ni la mettre hors d'état de payer ses dettes alimentaires.

Cette disposition est, à notre sens, très critiquable.

- On peut tout d'abord s'interroger sur les pouvoirs divinatoires prêtés à l'administrateur provisoire, à la personne de confiance – dont un des rôles est d'être l'interprète de la volonté que la personne protégée ne peut plus, ou plus qu'imparfaitement, exprimer – et de façon ultime au juge de paix, quant à la détermination de la volonté certaine de la personne de donner à tel moment telle chose à telle personne.
- La Pythie de Delphes n'étant pas la seule à philippiser, on peut imaginer l'intérêt que peut avoir l'administrateur, voire la personne de confiance, parents de la personne protégée, à se rappeler les paroles libérales de la

comme l'acte même autorisé n'échappe pas au champ d'application de l'article 901, il deviendra alors *de facto* impossible d'invoquer l'insanité d'esprit de la personne.

74 Qui évite la formalité de la dictée, qui peut être difficile pour une personne affaiblie. On peut cependant, dans ce cas, se poser la question de l'auteur de l'écrit qui sera remis, éventuellement fermé, par la personne au notaire, comme étant son testament.

75 Le juge de paix se voit cependant attribuer un pouvoir indirect important : ayant autorisé le testament, si la personne veut le révoquer, et que le juge estime alors la personne incapable, alors le testament, acte pourtant essentiellement révocable (art. 895), devient *de facto* irrévocable.

76 Art. 894.

77 On peut d'ailleurs douter de la capacité d'une personne qui voudrait faire une donation d'un tel montant qu'elle en deviendrait indigente...

78 Par contre, et de façon singulière, les autres créanciers de la personne ne font pas l'objet d'une telle sollicitude du juge de paix, qui pourrait donc autoriser une fraude paulienne...

79 La place de la disposition dans le Code civil est malheureuse, dès lors qu'elle fait logiquement suite à l'article 905, évoqué ci-dessus.

personne protégée. Inversement, si de telles intentions ont réellement été formulées, mais en faveur d'une autre personne que l'administrateur, par hypothèse héritier présomptif de la personne protégée, il lui faudra une grande magnanimité pour saisir le juge de paix d'une demande qui le dépouille de son futur héritage...

- À supposer que l'intention de donner ait existé par le passé, par hypothèse la personne protégée n'est plus en état de la concrétiser actuellement, sinon, elle invoquerait l'article 905. Or il est de l'essence de la donation d'être actuelle[80], et toute promesse de donation est nulle. Ce principe se trouve renversé par la disposition nouvelle, et la personne donne alors que nul ne peut être certain qu'elle aurait toujours voulu donner au moment où on lui « fait donner ».
- Cette disposition constitue encore un accroc sérieux au principe général du droit des incapables, suivant lequel les actes accomplis par le représentant sur le patrimoine du représenté doivent toujours être accomplis en « bon père de famille » et viser la conservation du patrimoine du représenté.
- À tout prendre, on se demande pourquoi le législateur n'a pas autorisé le testament par représentation, lequel serait d'évidence sans danger pour la personne protégée, mais qui n'est cependant pas prévu.
- Et, enfin, la *ratio legis* de cette disposition n'est pas tenable : les travaux préparatoires indiquent expressément qu'on a eu en vue les donations de biens meubles à taux réduit, afin d'éviter le paiement de droits de succession élevés si les biens étaient transmis *ab intestat*[81]. Outre que cette préoccupation tranche singulièrement avec les cris d'orfraie poussés à l'occasion de l'utilisation, par une personne royale, d'un véhicule légal – la fondation privée, spécialement créée dans un but identique de programmation successorale –, on peut sérieusement se poser la question si une telle donation, ainsi législativement motivée, ne constitue pas un abus manifeste, au sens de la loi anti-abus[82], puisque le seul but de l'opération est d'éviter le droit de succession « normalement » applicable ? On s'interrogera aussi sur une législation fédérale civile à but fiscal, dans une matière régionalisée...

80 Comme du testament d'être révocable : voy. ci-dessus, en note de bas de page 75.

81 *Doc. parl.*, Chambre, 2010-2011, n° 53-1009/002, p. 33.

82 Art. 168 et 169 de la loi-programme (I) du 29 mars 2012, et la circulaire 8/2012 du 10 avril 2013, remplaçant une circulaire précédente.

§ 4. Sanction des actes accomplis en dehors des limites fixées par le juge

Il faut distinguer ici les actes accomplis par la personne protégée elle-même et ceux accomplis par l'administrateur.

En ce qui concerne la *personne protégée*, qui a accompli un acte alors qu'elle avait été déclarée incapable de le faire, ou qui n'a pas respecté les conditions d'exercice de son droit qui lui avaient été imposées par le juge de paix, on applique les articles 493 et suivants du Code civil.

Le régime est le suivant, et panache, suivant les cas, la nullité avec la lésion.

Le régime de la lésion de mineurs – caractère subjectif de la lésion, en fonction de l'avantage de l'acte pour la personne protégée, restitution uniquement de ce que l'incapable a conservé dans son patrimoine –, a été ici repris quasiment *ne variatur*, malgré l'intention du législateur de séparer nettement le régime des incapables mineurs et majeurs.

> «Art. 493. *§ 1er. Les actes accomplis par la personne protégée en violation de son incapacité à l'égard de sa personne, établie conformément à l'article 492/1, § 1er, sont nuls de droit.*
>
> *Si les actes visés à l'alinéa 1er, ont été autorisés par le juge de paix sous conditions, mais ont été accomplis par la personne protégée sans respecter celles-ci, la nullité de ces actes peut être invoquée.*
>
> *§ 2. Les actes visés aux articles 499/7, § 2, 905, 1397/1 et 1478, alinéa 4, accomplis par la personne protégée en violation de son incapacité à l'égard de ses biens, établie conformément à l'article 492/1, § 2, sont nuls de droit.*
>
> *Sous réserve de l'alinéa 1er, les actes accomplis par la personne protégée en violation de son incapacité à l'égard de ses biens, établie conformément à l'article 492/1, § 2, sont nuls en cas de lésion. La nullité est appréciée par le juge compte tenu des droits des tiers de bonne foi. Toutefois, le juge peut également, en cas d'excès, réduire les obligations que la personne protégée aurait contractées par voie d'achats ou autrement ; à cet égard, le juge prend en considération la fortune de la personne protégée, la bonne foi des personnes qui ont contracté avec elle, ainsi que l'utilité ou l'inutilité des dépenses.*
>
> *Si des actes visés aux articles 905, 1397/1 et 1478, alinéa 4, ont été autorisés par le juge de paix sous conditions, mais ont été accomplis par la personne protégée sans respecter celles-ci, ils sont nuls de droit. Il en va de même si l'acte posé est un testament qui ne satisfait pas aux conditions visées à l'article 905, alinéa 3, ou, le cas échéant, visées à l'article 905, alinéa 4.*
>
> *§ 3. La nullité ne peut être invoquée que par la personne protégée et son administrateur. La nullité de l'acte peut être couverte par son administrateur pendant la durée de la mesure de protection ou, s'il s'agit d'un acte visé aux articles 905, 1397/1 et 1478, alinéa 4, par la personne protégée. S'il s'agit d'un acte visé aux articles 499/7, 905, 1397/1 et 1478, alinéa 4, le juge de paix donne une*

> *autorisation spéciale à l'administrateur ou, le cas échéant, à la personne protégée. La procédure visée à l'article 1250 du Code judiciaire est d'application.*
>
> *Lorsque la personne protégée est admise en cette qualité à se faire restituer contre ses engagements, le remboursement de ce qui aurait été, en conséquence de ces engagements, payé pendant la protection ne peut en être exigé, à moins qu'il ne soit prouvé que ce qui a été payé a tourné à son profit.*
>
> *§ 4. Le présent article est applicable aux actes posés en violation de l'article 498/1 par la personne protégée qui bénéficie d'un régime d'assistance.* »
>
> « Art. 493/1. *L'action en nullité se prescrit par cinq ans.*
>
> *Ce délai court contre la personne protégée à dater de la connaissance qu'elle aura eue de l'acte litigieux ou de la signification qui lui en aura été faite postérieurement à la fin des fonctions de l'administrateur.*
>
> *Le délai court, contre ses héritiers, à dater de la connaissance qu'ils en auront eue ou de la signification qui leur en aura été faite après la mort de la personne dont ils tiennent leurs droits.*
>
> *La prescription qui a commencé à courir contre la personne protégée continue à courir contre les héritiers.*
>
> *Nonobstant l'expiration de ce délai, la personne protégée ou ses héritiers peuvent réclamer au cocontractant de mauvaise foi des dommages et intérêts en raison du préjudice subi.* »

En ce qui concerne l'administrateur, qui a accompli un acte pour lequel il ne pouvait représenter la personne, ou sans avoir demandé l'autorisation du juge de paix, l'article 499/13 s'applique.

La sanction est alors la nullité, sans préjudice de dommages et intérêts.

La disposition porte que :

> « *Tous les actes accomplis par l'administrateur en violation des articles 499/7, 1397/1, alinéa 3, et 1478, alinéa 7, sont nuls de droit.*
>
> *Cette nullité ne peut être invoquée que par la personne protégée ou un administrateur* ad hoc.
>
> *Si les actes visés à l'alinéa 1er ont été autorisés par le juge de paix sous conditions, mais ont été accomplis par l'administrateur sans respecter celles-ci, la nullité de ces actes peut être invoquée.*
>
> *La nullité de l'acte peut être couverte par l'administrateur, moyennant le respect des formes prescrites pour l'accomplissement de l'acte à confirmer.*
>
> *L'action en nullité est soumise à l'application de l'article 493/1.*
>
> *Lorsque la personne protégée est admise à se faire restituer contre ses engagements, le remboursement de ce qui aurait été, en conséquence de ces engagements, payé pendant la protection ne peut en être exigé, à moins qu'il ne soit prouvé que ce qui a été payé a tourné à son profit.*
>
> *La nullité ne préjudicie point aux actions en responsabilité qui peuvent appartenir à la personne protégée contre son administrateur.* »

Quand l'incapacité – et la nullité ou la rescision pour lésion, subséquente – prend-elle cours ?

Pour les actes qui requièrent une autorisation spéciale du juge de paix, à la date de la publication de la mise sous statut de personne protégée au *Moniteur belge*.

Pour les autres actes pour lesquels l'incapacité a été prononcée, rétroactivement à la date du dépôt de la requête, déterminant ainsi une « période suspecte ».

Enfin, le nouveau statut emprunte à l'interdiction judiciaire la possibilité d'obtenir rétroactivement la nullité d'actes accomplis avant l'introduction de la requête, à condition de démontrer que l'état de santé qui a occasionné la mise sous statut de protection existait déjà à ce moment.

Inversement[83], « *[a]près la mort de la personne protégée, les actes accomplis par elle à titre onéreux ne peuvent être attaqués pour cause de son état de santé qu'autant que la protection judiciaire aurait été prononcée ou demandée avant son décès, à moins que la preuve de l'incapacité d'exprimer sa volonté ne résulte de l'acte même qui est attaqué.* »

Section 3
Les malades mentaux et la privation de liberté

§ 1. Principes généraux

Il faut relever que de nombreuses décisions de la Cour européenne des droits de l'homme[84] concernent la privation de liberté des personnes atteintes d'un trouble mental, qui constituent une restriction à la liberté individuelle « *d'aller et de venir* » (art. 5.1 CEDH), permise en vertu du paragraphe e), qui porte que « *[t]oute personne a droit à la liberté et à la sûreté. Nul ne peut être privé de sa liberté, sauf dans les cas suivants et selon les voies légales : [...]*

e. s'il s'agit de la détention régulière d'une personne susceptible de propager une maladie contagieuse, d'un aliéné, d'un alcoolique, d'un toxicomane ou d'un vagabond ».

La Cour examine donc attentivement si la mesure de privation de liberté était nécessaire, mais, comme toujours, au travers d'une analyse essentiellement factuelle.

Comment la législation belge a-t-elle pris en œuvre la balance délicate à faire entre ce principe de liberté individuelle et la nécessité de ne pas laisser divaguer les personnes dangereuses pour elles-mêmes ou pour autrui ?

Comme on l'a dit plus haut, la loi du 26 juin 1990 sur les malades mentaux a remplacé la procédure prévue par la loi du 18 juin 1850 concernant les aliénés ou séquestrés à domicile.

---

83 Art. 493/3.

84 Entre autres décisions récentes : Cour eur. D.H. (3e sect.), *Svetlana Aleksandrovna Nedorostkova c. Russie*, req. n° 44914/09 du 7 juin 2016 ; Cour eur. D.H. (5e sect.), *O.G. c. Lettonie*, req. n° 69.747/13 du 30 juin 2016 ; Cour eur. D.H. (4e sect.), *Comoraşu c. Roumanie*, req. n° 16270/12 du 31 mai 2016 ; Cour eur. D.H. (4e sect.), *A.N. c. Lituanie*, req. n° 17280/08 du 31 mai 2016.

Celle-ci permettait au bourgmestre ou au procureur du Roi, de façon brutale et sans contrôle, de priver une personne considérée par eux comme démente, pour une période illimitée[85].

Le régime actuel vise donc essentiellement la privation de liberté du malade mental, privation qui, étant contraire au principe de liberté individuelle, n'est admissible qu'en cas de danger actuel pour la personne ou pour des tiers.

Toute la loi est, par conséquent, conçue pour que la privation ne soit que temporaire, et régulièrement revue par le juge de paix, qui doit personnellement rencontrer la personne privée de liberté.

Pour la protection des biens, une passerelle est organisée vers le régime général des personnes protégées[86].

§ 2. Un champ d'application limité

Seule une maladie mentale qui requiert la privation de liberté, soit parce que l'individu concerné mette gravement en péril sa santé et sa sécurité, soit parce qu'il constitue une menace grave pour la vie ou l'intégrité d'autrui, permet de prendre une telle mesure.

Dans tout autre cas – sauf celui des déments ayant commis des faits infractionnels graves et tombant sous le coup de la loi du 21 avril 2007, anciennement « de défense sociale » –, le diagnostic et le traitement des troubles psychiques ne peuvent donner lieu à aucune restriction de la liberté individuelle[87].

L'inadaptation aux valeurs morales, sociales, religieuses, politiques ou autres ne peut être en soi considérée comme une maladie mentale[88].

Et la personne qui se fait librement admettre dans un service psychiatrique peut le quitter librement à tout moment[89].

§ 3. Privation de liberté en milieu hospitalier

A. La mise en observation

S'il estime que la personne présente un danger pour elle-même ou des tiers, le juge de paix peut ordonner une mise en observation dans un service psychiatrique.

---

85 Ainsi – légende urbaine ou histoire vraie ? Elle était en tout cas possible sous l'empire de l'ancienne législation – le médecin, amant d'une femme mariée, qui avait, avec la complicité du directeur d'un asile d'aliénés, enfermé le mari comme dément ; jusqu'à ce que celui-ci arrive à faire passer un message à l'extérieur et à se faire délivrer.

86 Art. 1239 C. jud.

87 Art. 1er de la loi.

88 Art. 2 de la loi.

89 Art. 3 de la loi.

La demande est introduite par requête déposée par toute personne intéressée devant le juge de paix du lieu où le malade est soigné ou a été placé, ou, à défaut, devant le juge de paix du lieu où le malade se trouve[90].

Outre une série d'informations prescrites à peine de nullité, la requête introductive doit être accompagnée d'un rapport médical circonstancié, décrivant, à la suite d'un examen datant de quinze jours au plus, l'état de santé de la personne dont la mise en observation est demandée ainsi que les symptômes de la maladie, et constatant que le danger pour la personne ou des tiers existe.

Ce rapport ne peut être établi par un médecin parent ou allié du malade ou du requérant, ou attaché au service psychiatrique où le malade se trouve, ce qui exclut la possibilité pour un établissement de retenir un patient admis volontairement, sans au moins un avis médical externe[91].

Si le juge de paix s'estime compétent[92] et s'il juge la requête recevable, il fait alors désigner d'office et sans délai un avocat par le bâtonnier de l'Ordre des avocats ou par le bureau de consultation et de défense de l'arrondissement judiciaire[93].

Le juge de paix fixe, en outre, dans les vingt-quatre heures du dépôt de la requête, le jour et l'heure de sa visite personnelle à l'individu dont la mise en observation est sollicitée, ainsi que le moment de l'audience lors de laquelle il statuera sur le fondement la demande.

Copie de la requête est envoyée à l'individu et à son éventuel représentant légal s'il en a un[94].

Dans le pli judiciaire, il doit être indiqué que le malade a le droit de se choisir un autre avocat que celui désigné d'office, un médecin-psychiatre-conseil et une personne de confiance qui l'assistera.

Le juge de paix entend, en présence de l'avocat désigné d'office, au jour et à l'heure, l'individu, ainsi que toutes les autres personnes dont il estime l'audition utile[95].

En outre, il peut recueillir tous les renseignements d'ordre médical ou social qui lui semblent utiles[96].

Il décide alors de la mise en observation ou non, c'est-à-dire de l'internement ou de la liberté de la personne.

Si sa décision le conduit à placer l'individu dans un autre canton, le juge de paix envoie le dossier à son collègue dans le canton duquel la personne est placée. Ce dernier juge devient, dès lors, compétent pour la suite de la procédure[97].

---

90 Art. 5 de la loi.

91 Art. 5.

92 Et, s'il ne l'est pas, il renvoie la requête au juge qu'il estime compétent.

93 Art. 6 et 7.

94 Il peut s'agir d'un administrateur, si la personne est déjà protégée, mais qu'elle se révèle ensuite dangereuse : la passerelle joue donc dans les deux sens.

95 Parents, médecins, voisins, etc., qui ont été témoins des comportements dangereux.

96 Art. 8.

97 Art. 35.

B. Le placement en urgence

Il peut se produire des situations de crise, où un internement forcé et immédiat s'impose sous peine des plus graves dangers, et sans que la procédure ci-dessus décrite puisse être suivie.

Ce danger immédiat s'étant généralement révélé par un comportement qui aura alerté le parquet – tentative de suicide, délire violent sur la voie publique –, c'est tout naturellement le procureur du Roi du lieu où l'individu se trouve qui peut décider que celui-ci sera mis immédiatement en observation, dans le service psychiatrique fermé qu'il désigne[98].

Il ne peut toutefois prendre cette décision qu'à la suite d'un avis écrit d'un médecin désigné par lui, ou à la demande écrite d'une personne intéressée, accompagnée d'un rapport médical correspondant à celui qui est exigé pour la mise en observation.

Le juge de paix est avisé de la décision dans les vingt-quatre heures de la décision du parquet, et la procédure «normale» – visite personnelle suivie d'une audience – est alors enclenchée.

C. L'observation

Pendant la phase de mise en observation, le malade est surveillé, examiné de façon approfondie et traité en tenant compte de la durée limitée de la mesure.

Des sorties peuvent même être autorisées sous la responsabilité du médecin-chef du service psychiatrique[99].

La mise en observation ne peut dépasser quarante jours[100].

La mesure peut prendre fin avant l'expiration du délai de quarante jours, si le juge de paix en décide ainsi, ou, en cas d'urgence, si le procureur du Roi se désiste de sa demande sans que le juge de paix ait statué, ou encore si le médecin-chef du service psychiatrique estime que cette mesure de privation de liberté ne se justifie plus.

D. Le maintien du patient en service psychiatrique fermé

Si l'état du patient justifie le maintien de son hospitalisation en service psychiatrique fermé, au terme de la période d'observation décrite ci-dessus, le directeur de l'établissement transmet au juge de paix, quinze jours au moins avant l'expiration du délai de quarante jours[101], un certificat du médecin-chef du service psychiatrique, attestant la nécessité du maintien de l'hospitalisation[102].

---

98 Art. 9 de la loi.

99 Art. 11.

100 Il est étonnant que le chiffre biblique de quarante et sa signification – une période d'attente – aient été retenus dans notre droit moderne (voy. aussi le délai de trois mois et quarante jours pour faire inventaire et délibérer: art. 795).

101 Cette suite de délais est un peu troublante, puisqu'elle signifie que le service où le patient est en observation doit en fait se déterminer dans les vingt-cinq jours sur la permanence de l'état dangereux.

102 Art. 13.

Le juge de paix peut alors maintenir le patient en internement forcé dans le service psychiatrique.

Si le malade produit l'avis écrit de son médecin-psychiatre-conseil, et que cet avis diverge de celui du médecin-chef du service où il est mis en observation, le juge entend les médecins contradictoirement, en présence de l'avocat du malade, avant de prendre sa décision.

Le juge de paix doit impérativement fixer la durée maximale du maintien, sans qu'elle puisse dépasser deux ans.

Le juge de paix a toujours accès au malade dans l'hôpital où il est soigné[103].

Au terme de la période de maintien, le directeur de l'établissement doit permettre au patient de quitter librement l'établissement, sauf prorogation du maintien.

Cette prorogation exige la même procédure que pour le maintien initial et ne vaut à nouveau que pour deux ans au maximum[104].

Pendant le maintien, le malade est surveillé et surtout traité, afin de tenter de lui rendre la santé psychique, ou à tout le moins de faire cesser sa dangerosité pour lui-même ou autrui.

Le malade peut, sous la responsabilité du médecin de service, sortir de l'établissement seul ou accompagné, et même exercer éventuellement une activité professionnelle en dehors du service[105].

Pendant le maintien, le médecin-chef du service peut décider à tout moment, avec l'accord du malade, et dans un rapport motivé, un séjour, nommé « postcure », qui aura lieu en dehors de l'établissement, en précisant les conditions de résidence, de traitement médical ou d'aide sociale de ce séjour.

La durée de cette postcure est d'un an au maximum[106].

Le médecin-chef peut à tout moment mettre fin à la postcure et, donc, faire revenir le patient en service médical fermé, si l'état mental du patient l'exige ou si les conditions de la postcure ne sont pas respectées par lui[107].

Si le patient est guéri ou ne présente plus de danger, le médecin-chef peut, au contraire, mettre fin à la postcure sans réadmission du patient en service fermé : les mesures prennent alors fin comme en cas de fin du maintien[108].

Enfin, durant le maintien, le malade peut, en vue d'un traitement plus approprié, être transféré dans un autre service psychiatrique : le cas échéant, un autre juge de paix deviendra alors compétent[109].

---

103 Art. 33.
104 Art. 14.
105 Art. 15.
106 Art. 16.
107 Art. 17.
108 Voy. *infra*, E.
109 Art. 18.

E. La fin des mesures

D'initiative ou à la demande du patient ou de tout intéressé – comme le médecin-conseil ou l'avocat ou la personne de confiance du patient –, le médecin-chef du service où il est soigné peut, dans un rapport motivé constatant que l'état du malade ne justifie plus cette mesure, décider qu'il n'y a pas lieu à son maintien[110].

Le juge de paix est saisi par ce rapport, et peut alors prendre une décision en ce sens.

La personne ayant demandé la mise en observation peut faire opposition à cette décision[111].

En tout état de cause, le juge de paix peut, à tout moment, décider, même d'office, et *a fortiori* à la demande de toute personne intéressée, la révision de la décision définitive de placement, à condition que la demande soit étayée par la déclaration d'un médecin.

F. Les conditions de vie du malade mental en établissement médical fermé

Que ce soit durant la mise en observation ou durant le maintien en service psychiatrique fermé, le malade mental doit être traité dans des conditions respectant sa liberté d'opinion ainsi que ses convictions religieuses et philosophiques[112], et dans des conditions qui favorisent sa santé physique et sa guérison mentale, ses contacts familiaux et sociaux, ainsi que son épanouissement culturel[113].

Aucune requête ou réclamation faite par le malade, et adressée à l'autorité judiciaire ou administrative, et aucune correspondance adressée par un tiers au malade, ou par le malade à un tiers, ne peuvent être retenues, ouvertes ou supprimées[114].

Dans le service psychiatrique où il séjourne, le malade peut recevoir la visite de son avocat, du médecin-conseil de son choix et, mais alors conformément au règlement d'ordre intérieur de l'établissement, de sa personne de confiance, ainsi que, sauf contre-indication médicale, de toute autre personne désirant le visiter ou dont il désire la visite.

Le médecin-conseil choisi par le malade, ainsi que son avocat, peuvent obtenir des médecins du service où se trouve le patient, tous renseignements utiles à l'appréciation de l'état du malade.

En outre, le médecin choisi par le malade peut prendre connaissance du dossier médical, en présence d'un médecin du service où le patient se trouve.

---

110 Art. 19.

111 Art. 19 à 21.

112 Lesquelles, rappelons-le, ne peuvent jamais provoquer en elles-mêmes l'internement.

113 Art. 32, § 1er.

114 Visiblement, le législateur a aussi eu vent de la légende urbaine…

Enfin, les frais de transport, d'admission, de séjour et de traitement dans un service psychiatrique ou dans une famille, ainsi que ceux du transfert éventuel à un autre service ou dans une autre famille, sont à la charge du malade[115].

§ 4. Les soins en milieu familial

Lorsque des mesures de protection forcées, entraînant la privation de la liberté d'une personne, s'avèrent nécessaires, mais que l'état de cette personne et les circonstances permettent néanmoins de le soigner dans une famille, tout intéressé peut présenter à cet effet une requête en ce sens au juge de paix de la résidence, ou, à défaut, du domicile ou, à défaut encore, au juge de paix du lieu où le malade se trouve.

Le concept de «famille» doit ici être interprété largement, et inclut la famille au sens civil du patient, une famille d'accueil, un foyer ou un home de nature «familiale», par opposition à un établissement hospitalier impersonnel.

La demande de placement est introduite devant le juge de paix comme pour un internement en milieu hospitalier.

S'il fait droit à la demande, le juge de paix nomme une personne physique avec mission de veiller sur la personne du malade, et par ailleurs un médecin-psychiatre qui la traitera.

Cette mesure est valable pour une durée de quarante jours au plus.

Si l'état du patient justifie son maintien en milieu familial à l'expiration du délai de quarante jours, le médecin-psychiatre traitant adressera, quinze jours au moins avant l'expiration de ce délai[116], au juge de paix qui a ordonné la mesure de protection, un rapport circonstancié, attestant la nécessité du maintien en milieu familial.

Le juge de paix peut alors fixer le maintien pour une durée de deux ans au maximum.

Les règles du maintien en milieu hospitalier – renouvellement périodique, audition des médecins… – sont applicables par analogie au maintien familial.

Le médecin traitant reçoit ou visite le patient régulièrement, et lui dispense, ainsi qu'à la personne désignée pour veiller sur sa personne, tous conseils et instructions utiles pour le traitement ou l'amélioration de son état, et adresse au juge de paix, au moins une fois l'an, un rapport dans lequel il déclare avoir prodigué les soins requis, et par lequel il donne son avis sur la nécessité de maintenir la mesure de protection[117].

Le juge de paix rend visite au malade au moins une fois l'an[118].

---

115 Art. 34.
116 Même remarque que ci-dessus.
117 Art. 27.
118 Art. 28.

S'il estime que la mesure qu'il a ordonnée est devenue inadéquate, il peut, après avoir pris l'avis d'un médecin traitant, ou bien après avoir reçu cet avis si ce médecin le lui envoie d'office, soit modifier ou supprimer cette mesure, soit ordonner une mise en observation dans un service psychiatrique, auquel cas la procédure décrite ci-dessus s'applique[119].

§ 5. Les recours

Les jugements du juge de paix rendus en application de la loi du 26 juin 1990 ne sont pas susceptibles d'opposition.

Ils peuvent en principe faire l'objet d'un appel dans un délai de quinze jours à dater de la notification du jugement devant le tribunal de première instance.

Le délai pour se pourvoir en cassation est d'un mois[120], à partir de la notification du jugement du tribunal de la famille[121].

§ 6. Les personnes démentes ayant commis des faits infractionnels

Nous avons évoqué dans la première section de ce chapitre le cas des personnes démentes qui ont commis des faits infractionnels graves.

Ces personnes ne peuvent pas être condamnées, puisqu'elles n'étaient pas lucides au moment de la commission de l'acte, mais les relâcher présenterait un danger social important.

Elles sont donc privées de liberté dans des centres spécialisés, en vertu d'une loi de 2007 qui a remplacé la loi de « défense sociale » de 1964.

Ces centres sont, au vrai, bien plus proches d'établissements pénitentiaires que d'hôpitaux psychiatriques, malgré la similarité intellectuelle de la situation des personnes qui y sont placées, par rapport aux malades mentaux qui présentent le même danger et les mêmes pathologies, mais qui n'ont pas commis de faits qualifiés infractions.

Une loi du 5 mai 2014[122] remet à plat le régime de l'internement, c'est-à-dire la privation de liberté de ces personnes démentes ayant commis une infraction.

Les principales dispositions relevantes pour le cours de droit de la famille sont les suivantes :

> « Art. 2. *L'internement, tel que visé à l'article 9 de la présente loi, de personnes atteintes d'un trouble mental est une mesure de sûreté destinée à la fois à protéger la société et à faire en sorte que soient dispensés à la personne internée les soins requis par son état en vue de sa réinsertion dans la société.*
>
> *Compte tenu du risque pour la sécurité et de l'état de santé de la personne internée, celle-ci se verra proposer les soins dont elle a besoin pour mener une vie*

[119] Art. 29.
[120] Dérogatoire, donc, au droit commun.
[121] Art. 31.
[122] *M.B.*, 9 juillet 2014.

conforme à la dignité humaine. Ces soins doivent permettre à la personne internée de se réinsérer le mieux possible dans la société et sont dispensés – lorsque cela est indiqué et réalisable – par le biais d'un trajet de soins de manière à être adaptés à la personne internée. »

« Art. 9. *§ 1*[er]*. Les juridictions d'instruction, sauf s'il s'agit d'un crime ou d'un délit considéré comme un délit politique ou comme un délit de presse, et les juridictions de jugement peuvent ordonner l'internement d'une personne :*

a) qui a commis un fait qualifié crime ou délit punissable d'une peine d'emprisonnement ; et

b) qui, au moment du jugement, est atteinte d'un trouble mental qui abolit ou altère gravement sa capacité de discernement ou de contrôle de ses actes, et

c) pour laquelle le danger existe qu'elle commette de nouvelles infractions en raison de son trouble mental, éventuellement combiné avec d'autres facteurs de risque.

§ 2. Le juge prend sa décision après qu'a été effectuée l'expertise psychiatrique médico-légale visée à l'article 5, ou après l'actualisation d'une expertise antérieure. »

Cette loi a fait l'objet d'un recours en annulation de la part d'organisations de défense des droits de l'homme.

Ce recours a été rejeté par l'arrêt n° 18/2016 du 3 février 2016, à la seule exception de l'article 79 de la loi – prévoyant un très court délai de pourvoi en cassation –, qui est annulé pour les motifs suivants :

« *B.40.3. La mesure attaquée ne concorde pas avec la volonté du législateur et, en outre, ne tient pas compte de ce qu'un délai de 48 heures est extrêmement bref en l'espèce, l'interné ne résidant pas toujours dans un établissement proche du greffe du tribunal de l'application des peines où l'avocat doit introduire le recours, sans compter que les conditions de communication avec l'interné peuvent être difficiles.*

Enfin, la fixation de tels délais ne tient pas compte « des garanties spéciales de procédure [qui] peuvent s'imposer pour protéger ceux qui, en raison de leurs troubles mentaux, ne sont pas entièrement capables d'agir pour leur propre compte » (CEDH, 24 octobre 1979, Winterwerp c. Pays-Bas, *§ 60).*

B.41. Le quatorzième moyen dans l'affaire n° 6136 et le deuxième moyen dans l'affaire n° 6138 sont fondés. L'article 79, § 1er*, alinéa 1*[er]*, doit dès lors être annulé.* »

Pour la protection, sur le plan civil, de la personne et des biens de ces personnes, le régime des personnes protégées est évidemment susceptible de s'appliquer.

Table des matières

nisław Lem
erke in Einzelausgaben

D1996867

St
W

Stanisław Lem
Essays

Übersetzt von Friedrich Griese

Insel Verlag

1.-3. Tausend
Insel Verlag Frankfurt am Main 1981

Druck: Georg Wagner, Nördlingen
Printed in Germany

Inhalt

I

Tzvetan Todorovs Theorie des Phantastischen*

1. Was auch immer dem humanistischen Strukturalismus nachgesagt werden mag, er war der erste Versuch, das Theoretisieren über Literatur mit naturwissenschaftlicher Strenge zu betreiben. Das Wesen der berühmt gewordenen Strukturen, die den Raum des literarisch Erschaffbaren innen gattungsmäßig segmentieren und von außen umgrenzen, wurde nicht ganz deutlich festgestellt. Werden diese Strukturen entdeckt oder aber erfunden? Diese Frage rührt an den zweitausendjährigen Kampf des Realismus mit dem Nominalismus, dem – so die heutigen Meinungen – innerhalb der Naturwissenschaften der Endsieg zugefallen ist. Diese Frage läßt sich jedoch nicht so einfach beantworten, wenn man in der Humanistik die naturwissenschaftliche Strenge zum Forschungsparadigma machen will; denn in der Humanistik, insbesondere in der Literaturwissenschaft, gibt es nach wie vor keine Mittel zur Beweisführung von Verallgemeinerungen, die dem Falsifizierungstest unterworfen werden könnten. Wenn uns also die strukturalistische Theorie Modelle von Werken oder literarischen Gattungen darbietet, bleiben Zweifel wach: denn was haben wir eigentlich erhalten, eine ›richtige‹ Theorie oder aber nur ein verschwommenes Gebilde, das sich seiner logischen Notwendigkeit widerrechtlich rühmt? Eine naturwissenschaftliche Theorie ist einem Verbot gleichzusetzen, das niemals übertreten werden kann. Sie ist ein invariantes Relationennetz, invariant in dem Sinn, daß die theoretisch entdeckte (oder, wie es der Konventionalismus haben wollte – erfundene) Invarianz *allen Elementen* der Menge eigentümlich ist, auf die sich die betreffende Theorie bezieht. Somit kann uns eine ›gültige‹ Theorie darüber belehren, *was* der Fall sein kann und zugleich *was nicht* der Fall sein kann – innerhalb einer erforschten Menge (von Sternen, Atomen, Lebewesen, Kunstwerken, usw.). Die literaturtheoretischen ›Strukturen‹ entstammen der moder-

* Insel Verlag Frankfurt am Main 1974 (it 69)

nen Linguistik, die auch ›mathematische Linguistik‹ genannt wird. Diese Disziplin hat sich als erste der Willkürlichkeit entzogen, die alle bisherigen humanistischen Verallgemeinerungsversuche als theoretische *Unreife* abgestempelt hat. Es gibt nämlich in der Humanistik weder das empirische Experiment – als Prüfstein für den Wahrheitsgehalt von generellen Thesen – noch die logische Widerspruchslosigkeit, wie sie deduktive Wissenschaften (Logik, Mathematik) kennen. Dieses Fehlen von logischer Entscheidbarkeit und experimenteller Beweisbarkeit bedingte die soeben erwähnte Unreife der Humanistik, in der es nur Anschauungen, Auslegungen, Beschreibungsmodi geben kann, denen das Merkmal des Willkürlichen – als eines Gegensatzes zum objektiv Beweisbaren – anhaftet. Zwar ist die mathematische Linguistik weder so unfehlbar in ihren Resultaten noch so übereinstimmend in ihren Errungenschaften, wie es ihre Anhänger auf dem literarischen Gebiet – recht naiv – glauben, doch können wir hier nicht die strukturell-linguistischen Ausgangsstellungen der gesamten Humanistik überprüfen. Wir werden uns mit der Bemerkung begnügen müssen, daß die ›streng gewordene‹ Linguistik sich ohne Einschränkung *nur* auf vereinfachte, künstlich aufgebaute *Modelle* der Sprache anwenden läßt, doch nicht auf *bestehende,* ethnische Sprachen. Auch gibt es mehrere Klassen von Strukturen, deren sich diese Linguistik bedient. Sie sind der Mengenlehre, der Kombinatorik, der Algebra, der Statistik – also rein mathematischen Disziplinen –, aber auch der Informationstheorie entnommen. Nachdem sich die ungenügende Mächtigkeit dieses Begriffsarsenals bei der Lösung so manchen linguistischen Dilemmas gezeigt hatte, wurden in die Linguistik neue Untersuchungsparadigmen eingeführt. Weder die Lexikographie noch die Syntax bedarf der neuen Waffen, die der Spieltheorie entstammen: doch die erst zu konstruierende Theorie der Semantik (und a fortiori die der *Pragmatik*) werden sich bestimmt einmal mit spieltheoretischen Waffen rüsten müssen, und zwar aus folgendem Grunde: die deduktiv-logischen Methoden des Sprachmodellaufbaues haben sich auf semantischem Niveau als unzureichend erwiesen, weil die logische Widerspruchslosigkeit ihre Grundprämisse und notwendige Bedingung darstellt. Doch enthält jede ethnische Sprache Antinomien, also Widersprüche, die sich nicht austreiben lassen, weil sie für das normale Funktionieren der Sprache unentbehrlich sind. Für den Sprecher sind nun einmal Widersprüche notwendig, damit er gewisse Zustände anderen Sprechern übermitteln kann. Wenn man z. B. jemanden fragt, ›Schweigst du?‹ und die Antwort bekommt, ›Ja, ich schweige‹, aktualisiert der Antwortende eine typische Antinomie (weil er *spricht,* um über sein Schweigen, d. h. sein Nichtsprechen, berichten zu können).

Dieses Beispiel ist an sich trivial; doch je komplexer die sprachlichen Aussagen sind, desto gewichtiger ist in ihnen die von Antinomien gespielte Rolle: und diese Rolle wird heute bei der Schaffung literarischer Werke enorm verstärkt. Somit eignet sich die Spieltheorie vorzüglich zur Modellierung von Situationen, die mit Antinomien ›durchwachsen‹ sind, ja, die ihre außergewöhnliche Ausdruckskraft aus den sich verflechtenden Antinomien schöpfen. Die Spieltheorie modelliert nämlich Konfliktsituationen, und Konflikte machen das Wesen aller Spiele aus. Leider ist diese wichtige Mär nicht bis zu den literarischen Strukturalisten durchgedrungen, weshalb sie sich weiterhin mit rein deduktiven, Konflikte nicht abbildenden Modellen begnügen. Da ihnen die benutzte Begriffsapparatur dies nicht gestattet, sind sie unfähig, Konflikte kategoriellen Typs zu bemerken, auch wenn diese das Wesen gewisser literarischer Gattungen ausmachen. Bitte, sich diesen Umstand zu notieren, da er für den Theorieaufbau entscheidende Folgen hat.

2. Das Werk von Tzvetan Todorov enthält einen ersten Entwurf einer strukturalistischen Theorie des Phantastischen als einer literarischen Gattung. Unser Autor befaßt sich in der Einführung zu seinem Buch mit Bedenken und Dilemmas, die bei der Aufstellung einer Theorie der literarischen Gattungen fühlbar werden. Er wirft zuerst die Frage auf, welche Gattungen man aufstellen sollte: die formal möglichen oder die historisch eingetretenen? Was heißt: ob man sich ausschließlich mit den Gattungen beschäftigen sollte, die zu

historischen Tatbeständen wurden, oder ob man die Menge aller virtuellen Gattungen auf deduktivem Wege konstruieren sollte? Die zweitgenannte Genologie setzt natürlich eine bereits geschmiedete perfekte Theorie der Literatur voraus, denn nur aus einer solchen Theorie ließen sich die ›virtuellen‹, ›prospektiven‹, ›theoretisch möglichen‹ Gattungen deduzieren. Diesen merkwürdigen Gedanken scheint Todorov ganz ernst zu nehmen; wir werden uns mit der bündigen Bemerkung begnügen, daß es eine so mächtige Theorie ebensowenig geben kann wie eine a-priori-Geschichte der Menschheit. Ich glaube nicht, daß es sich lohnt, Todorovs Ansichten, die mit den meinen nicht übereinstimmen, in diesem Punkte einer genaueren Untersuchung zu unterwerfen. Auf die praktische Seite seiner Ausführungen werden wir bald zurückkommen.

Zweitens: Todorov erklärt, daß er alle Fragen der Ästhetik übergehen wird, da sie zu komplex seien, als daß sie schon heute erforscht und entschieden werden könnten. Die fatalen Folgen dieser Enthaltsamkeit werden wir in Kürze kennenlernen.

Die Bedenken dritter Art ergeben sich aus folgender Überlegung: Ein Werk wird um so mehr zum *Kunstwerk,* je *origineller* es ist. Die Meisterwerke ›wollen sich‹ deshalb dem gegebenen Gattungsparadigma nicht unterordnen, denn ihre Eigenart ist eben die Resultierende aller Abweichungen vom bisherigen Paradigma. Was das gattungseigentümliche Paradigma genau verkörpert, das gehört – laut Todorov – der Massenliteratur an: den Kriminal- und Spionageromanen, der Science Fiction usw. Daraus könnte man schließen, daß die strukturalistische Methode um so gewichtigere Resultate zu liefern vermag, je banaler, je schundähnlicher die von ihr untersuchten Werke sind, und daß sie um so peinlicher versagt und uns im Stich lassen muß, je relevanter, origineller die Texte sind, eben weil diese dem Gattungsparadigma besonders hartnäckigen Widerstand leisten. Also wird der Strukturalismus das literarisch Beste nicht mehr zu untersuchen wissen. Diese sich aufdrängende Schlußfolgerung versucht Todorov mit einem Plädoyer für den Strukturalismus zu entschärfen. Erstens, sagt er, kann die Theorie nur eine probabilistisch meßbare Gültigkeit haben; ein Werk kann, zweitens, mehreren verschiedenen Gattungen zugleich angehören; somit hat der Umstand, daß dieses oder jenes Werk das Invarianzprinzip des Aufbaues, das seine Theorie verkündet, nicht aufzuweisen vermag, für diese Theorie keine besonders schlimmen Folgen. Sie ist nämlich nur statistisch, nur im Sinne der Wahrscheinlichkeitsrechnung gültig.

Wir werden hier die Beschreibung weiterer Ausweichmanöver unseres Autors abbrechen, um auf einen relevanten Umstand hinzuweisen, den Todorov übersehen hat. Er meint, daß es folgende wichtige Differenz zwischen der Taxonomie aller Lebewesen und der Klassifikation aller Kunstwerke gibt: ein erblicher Mutant, d. h. ein ›originell‹ gebauter Organismus, verändert das Gattungsparadigma *nicht;* wenn man von der Gattung *Tiger* spricht, läßt sich diese genau bestimmen, auch wenn Tigermutanten möglich sind. Ein originelles Werk dagegen bedeutet die Verwandlung der gesamten Gattung; in einem spezifischen Sinne könnte man sogar sagen, daß ein völlig neuartiges Werk einer Aussage ähnelt, die im Augenblick ihres Aussprechens noch als ›ungrammatikalisch‹ betrachtet wurde. Diese intelligente Bemerkung macht uns bewußt, was für einen scharfsinnigen Literaturforscher wir in Todorov verloren haben, denn seine natürliche Intelligenz verläßt ihn in dem Maße, in dem er sich dem ›Strukturalisieren‹ überläßt. Todorov hat, von seinem Dogma geblendet, nicht bemerkt, daß es auf diesem Gebiet eine noch wichtigere Abhängigkeit gibt, die jeder Literaturforscher berücksichtigen muß. Die Relationen zwischen einer Klassifikation und den ihr unterworfenen Elementen sind in der Natur und in der Literatur grundverschieden. Was auch der Biologe als Taxonomist unternimmt, wenn er Lebewesen klassifiziert, seine Klassifikation kann keine Reaktionen seitens der klassifizierten Organismen provozieren. Die Schriftsteller dagegen werden sich mit der Zeit der genologischen Erstarrung auf dem Gebiet der Literatur bewußt, und da die Begabtesten unter ihnen das Banale, das Sich-Wiederholende scheuen, werden sie genötigt, gegen die herrschenden Gattungsparadigmen – und -grenzen – sich zu erheben. Zwar gibt es keinen engen Zusammenhang kausaler

Art zwischen dem Klassifizieren und der Entstehung neuer Werke, zwar kann man nicht behaupten, daß es die eindeutigen Klassifikationen sind, die die Autoren zur ›paradigmatischen‹ Revolte von umstürzlerischem Charakter provozieren, doch zeigt die Literaturgeschichte – wenn in größeren Zeitabschnitten betrachtet – das Wirken einer *Rückkopplung,* die es außerhalb der Kultur nirgendwo gibt. Je fühlbarer nämlich die Erstarrung von Gattungsgrenzen und paradigmatischen Schöpfungsschemas ist, desto intensiver ist auch die Gegenreaktion der Autoren. Somit sind eine Literaturtheorie und die ihr folgenden Werke keine *unabhängigen* Variablen, im Gegenteil: da eine ordentliche Theorie, wie wir festgestellt haben, ungefähr einem *Verbot* und einer *Beschränkung* des literarisch Erzeugbaren gleichkommt, provoziert eine solche Theorie die Autoren zum Ansturm gegen die von ihr aufgestellten Schranken und Verbote, wodurch sie allmählich zu einer sich selbst vernichtenden *Prognose* wird. Denn gerade in den Raum, den sie für literarisch unerreichbar erklärt, werden bald erste Stoßtrupps von Werken ausgesandt. Dieser Umstand macht die Aufstellung einer langfristig gültigen Literaturtheorie unmöglich – wobei gilt: je *strenger* die Theorie, desto *fruchtbarer* die Folgen ihrer literarisch-belletristischen Zertrümmerung.

3. Doch kehren wir zu unserem Autor zurück. Er beschäftigt sich in weiteren Absätzen der Einführung mit der Zertrümmerung bisher entstandener Defnitionen des Phantastischen. Zuerst macht er dem bekannten amerikanischen Literaturwissenschaftler Northrop Frye den Garaus; dann setzt er sich mit Behauptungen des französischen Kritikers Roger Caillois auseinander, um diese Diatribe mit einer Verspottung von Caillois abzuschließen. Caillois schlägt vor, ›den unbestreitbaren Eindruck der Unheimlichkeit‹ (l'impression d'étrangeté irréductible) als ›Prüfstein des Phantastischen‹ zu betrachten. Laut Caillois, sagt Todorov höhnisch, ist die Gattungszugehörigkeit eines Werkes vom Grad der *Nervenstärke* seiner Leser abhängig. Erschrickt der Leser, so haben wir es mit dem Unheimlich-Phantastischen zu tun; bewahrt er kaltes Blut, so gehört das Werk einer anderen Gattung an. Wir

werden bald die schweren Schäden erkennen, die Todorov mit der Verspottung von R. Caillois seiner eigenen Theorie zugefügt hat.

Doch ist es jetzt an der Zeit, die Todorovsche Theorie zusammenzufassen – so gut wir es können.

Todorov unterscheidet drei Aspekte eines jeden literarischen Werkes: den verbalen, den syntaktischen und den semantischen. Er verheimlicht nicht, daß sie ursprünglich als Stil, Komposition und Thematik bekannt waren.

Was ihre formalen Eigenschaften betrifft, ist seine Definition des Phantastischen klassischer Natur: er definiert das Phantastische per genus proximum et differentiam specificam.

Es gibt, laut Todorov, zwei sich prinzipiell ausschließende Ordnungen aller Weltdinge: die natürliche und die übernatürliche. Das Phantastische sei eigentlich keine selbständige Gattung, sondern ein Grenzfall und ein Übergangsstadium zugleich.

Das Phantastische setzt, um zum Vorschein zu kommen, den ›naiven Realismus‹ des Lesers voraus: er muß das Werk so lesen, als ob es von realen, gewöhnlichen Vorfällen Bericht erstatte. Wird nun der Leser im Verlauf der Lektüre unfähig zu entscheiden, ob das Erzählte auf natürliche oder aber auf übernatürliche Weise zustande kam, dann hat er es mit dem Phantastischen zu tun. Somit wird das Phantastische zum Korrelat einer prinzipiellen Unentscheidbarkeit zwischen obengenannten einander ausschließenden Ordnungen des Weltgeschehens. Dieser Zustand der ›Schwebe‹, der Unschlüssigkeit, kann in der Mehrheit der Fälle nicht lange anhalten, und fast jedes Werk muß ihn schließlich ›verlassen‹. Entpuppt sich das Erzählte als von natürlichen Ursachen bewirkt, dann geht das Werk in den Bereich der benachbarten Gattung des ›Seltsamen‹, d. h. des Unheimlichen, des Exotischen über – mit einem Wort, des zwar Außergewöhnlichen, jedoch *nicht* Übernatürlichen. Offenbart aber das Werk die Übernatürlichkeit seiner Antriebsfaktoren, so rutscht die gattungseigentümliche Qualifikation in entgegengesetzte Richtung: in den Bereich des Wunderbaren, des Märchenhaften, Fabelhaften, Mythischen. Todorov veranschaulicht die

Topologie dieser Gattungsbeziehungen anhand des hier wiedergegebenen Spektrums:

unvermischt Unheimliches	*phantastisch-Unheimliches*	*phantastisch-Wunderbares*	*unvermischt Wunderbares*

Was nun den Modus der Lektüre betrifft, so muß sie sich in den genannten Rahmen des ›naiven Realismus‹ einfügen. Mit anderen Worten, man darf einen phantastischen Text, damit seine phantastischen Eigentümlichkeiten hervortreten können, weder poetisch noch allegorisch auffassen.

Wir werden diese Spezifikation an einem vereinfachten, von uns und nicht von Todorov stammenden Beispiel erklären. Der Satz ›Eine schwarze Wolke hat die Sonne verschluckt‹, kann auf verschiedene Weise gelesen, d. h. verstanden werden. Erstens, als eine ›dichterische Ausdrucksweise‹ – als eine Metapher nämlich – von total abgedroschenem Charakter, weshalb wir das Metaphorische dieser Redeweise nicht einmal mehr bemerken, doch ist dieser Umstand hier irrelevant. In diesem Falle verstehen wir, daß die Wolke die Sonne nicht wörtlich aufgefressen hat, sondern sie nur verbarg; es wurde ›bildlich‹ – also innerhalb der dichterischen Poetik – von ›Verschlucken‹ gesprochen.

Zweitens können wir für Sonne Wahrheit einsetzen, und für Wolke List oder Lüge; der Satz bekommt dann einen allegorisch deutbaren Sinn. Im ersten Falle war er nur ›linguistisch schön‹, wie es sich in der Dichtung gehört; im zweiten vermittelt er uns eine Weisheit von aphoristisch-verallgemeinerndem Charakter.

Doch kann, drittens, der Satz ganz buchstäblich aufgefaßt werden. Dann unterliegt unser Gemüt den Zweifeln, die erst die Entstehung des ›phantastischen Zustandes‹ ermöglichen, denn wir wissen nicht, ob die Wolke die Sonne innerhalb der natürlichen Ordnung der Dinge verschluckt hat oder ob dies zufolge einer übernatürlichen Gesetzmäßigkeit zustande kam. Hat die Wolke die Sonne etwa so verschluckt, wie dies ein Drache in einem Märchen tun könnte, dann haben wir das rein Phantastische verlassen, um uns im Märchenlande des Wunderbaren wiederzufinden. Soll aber das Gesagte auf natürliche Weise ausgelegt werden, dann müssen wir auf das Gebiet des Unvermischt-Unheimlichen überwechseln, in unserem Falle auf das Gebiet der SF. Denn in dem bekannten Roman *The black cloud* von Fred Hoyle hat eine schwarze Wolke unsere Sonne wörtlich verschluckt (da sie ein aus kosmischem Staub zusammengesetztes ›Lebewesen‹ ist, das sich von der Sonnenstrahlung nährt).

So weit, so gut, doch leider stimmt unser Beispiel mit der von Todorov aufgestellten Klassifikation nicht ganz überein, da nach seiner These die SF zur Gattung des Phantastisch-Wunderbaren und nicht des unvermischt Unheimlichen gehört. Darüber aber später.

Der Umstand, daß manchmal ein einziger Satz, dem Ende einer Geschichte hinzugefügt, genügt, deren genologische Zugehörigkeit sprungartig zu verändern, beunruhigt unseren Forscher nicht. Er behauptet, daß die flüchtige Art, in der das Phantastische überhaupt zu existieren vermag, eben den kennzeichnenden Zug dieses Genres ausmacht. (Ein Satz von der Art: ›In diesem Augenblick erwachte er und erblickte die Wände seines Zimmers . . .‹ wird jede bisher dem Wunderbaren zugeschriebene Erzählung der Gattung des Natürlichen zuordnen.)

Was die Syntax oder die Komposition des Phantastischen angeht, so betont Todorov die solchen Texten öfters eigentümliche Zweideutigkeit, die von folgendem Charakter ist: der Text erzählt von außergewöhnlichen Ereignissen in einer Weise, die beide erwähnten Auslegungsarten zuläßt. In *Monkey's Paw* von W. W. Jacobs, zum Beispiel – das Beispiel stammt wiederum von uns, und nicht von Todorov –, kann man der Ansicht sein, daß hier übernatürliche Kräfte am Werk sind und daß der Unbekannte, der um Mitternacht an die Tür des Hauses klopft, der verstorbene Sohn von Eltern ist, die ein Amulett um die Wiederbelebung des Toten gebeten haben; und daß er wieder in sein Grab zurückkehrt, nachdem die entsetzten Eltern mit ihrem dritten und letzten Wunsch dies verlangt haben. Dann hätten wir es mit einer irrationalen, unheimlichen Weltordnung zu tun und befänden uns innerhalb des Gruselmärchens. Oder dem Amulett wohnten keine übernatürlichen Kräfte inne, es konnte keine

Wünsche auf wunderbare Weise erfüllen, dann war alles, was geschehen ist, einfach eine Reihe von Zufällen: der Sohn ist eines zufälligen Todes gestorben; ein Unbekannter (z. B. ein Betrunkener, ein Vagabund) hat zufällig an die Tür geklopft, und da sie nicht geöffnet wurde, ist er seines Weges gegangen; dem ersten von den Eltern ausgesprochenen Wunsch, zu Geld zu kommen, wohnte ebenfalls keine übernatürliche Erfüllungsmacht inne, denn es gab wiederum keine ursächliche Verknüpfung zwischen diesem Wunsch, dem tödlichen Unfall des Sohnes und der Entschädigung, die den Eltern am nächsten Tag ausgezahlt wurde. In der Regel ist also die syntaktisch-kompositionelle Organisation der phantastischen Geschichte auf alternative, sich gegenseitig ausschließende Art ausgerichtet: wenn aber der Text als ein kohärentes Ganzes betrachtet wird, müssen wir das in ihm Erzählte als von übernatürlichen Kräften bewirkt auffassen. Wenn wir aber die geisterhafte Transzendenz leugnen, zerfällt der Text kompositionell, weil sich dann zwar alles in ihm verstehen läßt, wir aber begreifen, daß wir statt eines Ganzen eine Reihe von zufällig zusammengetroffenen Vorfällen vor uns haben. Todorov bespricht diese kompositionellen (= syntaktischen) Dilemmas in dem Kapitel, das den verbalen Aspekten des Textes gewidmet ist; seine Beweggründe dafür sind mir einfach unverständlich. Als das ›eigentümlich Syntaktische‹ bespricht er (sehr kurz und recht verschwommen) ganz andere Probleme, und zwar spricht er von der Hauptaufgabe eines phantastischen Textes, die sich auf das Lösen eines Rätsels reduziert. Dadurch, daß das Rätsel unabdingbar gelöst werden muß (am Ende des Werkes), kann eine mehrmalige Lektüre nicht mehr den Eindruck auf den Leser ausüben, der dem der ersten Lektüre ähnlich wäre. Das phantastische Werk muß bei jedem Wiederlesen blaß und unbedeutend erscheinen: ganz wie ein Kriminalroman, den wir nach einmaliger Lektüre kaum nochmals in die Hand nehmen werden. Hier zeigt sich – laut Todorov – die heimliche Verwandtschaft, die den Kriminalroman mit der Phantastik verbindet. Dazu wäre zu bemerken, daß die von Todorov so genannte ›Irreversibilität‹ der Lektüre ein Merkmal ist, das einem kategoriell anderen Typ angehört als das

Problem der Ambivalenz bzw. der eventuellen Vieldeutigkeit des Textes. Zuvörderst sollte noch gesagt werden: Wenn das Lösen von Rätseln die wesentliche syntaktische Invariante der Phantastik ausmacht, dann sind alle mathematischen Untersuchungen von ›phantastischer Natur‹. Da das Rätsel, das sich bis zum Ende des Textes nicht lösen läßt, den Eindruck des Phantastischen maximiert (weil beharren läßt), wäre die bekannte Abhandlung von Gödel ›Über die Unentscheidbarkeit formaler Sätze aus Principia Mathematica . . .‹ etc. der gewichtigste phantastische Text in der gesamten Weltliteratur. Dies ist kein Unsinn, wenn man bedenkt, daß man ja auch in der Mathematik (oder genauer gesagt in der Metamathematik) fortwährend darüber streitet, ob die abstrakten mathematischen Gebilde einen transzendentalen (= platonischen) oder aber einen konstruktiven (= zeitlichen, natürlichen) Charakter haben.

Die Willkürlichkeit, die in humanistischen Exegesen zu finden ist, wirkt auf ein der Logik zugetanes Gemüt recht irritierend. Doch die Willkürlichkeit, die als logische Strenge auftritt, ist bereits eine schockierende Usurpation. Ein ›Rätsel‹ hat in einem logisch einwandfreien System einfach keinen Platz, wenn seine prinzipielle Lösbarkeit nicht vorgegeben ist. Es ist an der Zeit, daß man aufhört, von ›Rätseln‹ in einem Text zu sprechen, der als streng wissenschaftlich gelten will. Mit Worten wie ›die Achse‹, ›das Relationennetz‹, ›signifikant‹, ›signifie‹, die den Strukturalisten so lieb sind, ist nicht viel anzufangen, wenn sie nur vage ausgesprochen und nicht definitorisch bestimmt werden; das ›Verbale‹ von Todorov ist offenbar das eigentlich Syntaktische, da Syntax die Syntagmatik impliziert, und zwar ist Syntagmatik das Repertoire von Regeln für das Zusammensetzen derjenigen Elemente, welche die entsprechende Paradigmatik, als ein Repertoire von Baumaterial, bereithält. Dort, wo es Elemente gibt, die sich verschiedenartig zusammensetzen lassen, wie etwa in ›Monkey's Paw‹, haben wir es mit einer kompositionellen Syntagmatik zu tun. Um diese Bemerkung abzuschließen: Das Lösen einer Aufgabe (laut Todorov eines Rätsels) hat mit struktureller Linguistik nichts gemein; dieses Lösen ist mit dem Bestimmen von Unbekannten gleichzusetzen, wobei ganz andere Strukturen angebracht sind: abstrakte Strukturen von algebraischem Typ – wenn die Aufgabe keine Konfliktsituationen abbildet – und abstrakte Strukturen aus der Spieltheorie, wenn es sich um Konfliktsituationen handelt. Das Begriffschaos, das ein Strukturalist hervorzubringen imstande ist, könnte eine Kompanie von Mathematikern kaum in Ordnung bringen.

4. Um seine Theorie von der Pragmatik unabhängig zu machen, behauptet Todorov, daß der Leser, von dem er fortwährend spricht, keine reale Person sei. Es geht um einen abstrakten Leser, den der Text und nur der Text allein impliziert. Dabei darf man, Gott behüte, nicht von *Intentionen* des Verfassers sprechen; berücksichtigt man sie dennoch, so begeht man die schwere Sünde der *intentional fallacy,* welcher Caillois unterlag.

Den dritten und letzten Teil der Todorovschen Abhandlung, der sich mit dem semantischen Aspekt des Werkes befaßt, werden wir ganz kurz erwähnen. Den Bedeutungen, den Themen nach, konzentriert sich – laut Todorov – die gesamte Phantastik rund um zwei Zentren, die er das ›Ich‹ – und das ›Du‹-Thema nennt. ‹Das *Ich* verweist auf die relative Isolierung des Menschen in seinem Verhältnis zur Welt, die er errichtet, wobei der Akzent auf dieser Auseinandersetzung liegt, ohne daß eine vermittelnde Instanz benannt werden müßte. Das *Du* hingegen verweist genau auf diese Vermittlung, und dieses Dreierverhältnis findet sich an der Basis des Netzes.‹

Im ersten Themenkreis wird wohl der Wahn der Einsamkeit (*Horla* von Maupassant), im zweiten – die sexuelle Begierde zum Grundstein der Erzählung. Die in solchen Erwägungen erreichte Abstraktionsebene ist von enormer Willkürlichkeit. Todorov wird sich dieses Umstands bewußt und erklärt großzügig, daß da noch recht viel in genaueren analytischen Arbeiten zu erforschen und zu beweisen ist. Um aber diese Soße noch unverdaulicher zu machen, rührt er einige psychoanalytische Komponenten hinein. Man weiß schon nicht mehr, ob hier eine Theorie des Phantastischen oder eine phantastische Theorie vertreten wird. Alle von der psychoanalytischen Tiefenpsychologie verwendeten Begriffe setzen ja reale Menschen voraus; über das Unterbewußtsein eines Hamlet zu reden, ist sicherlich noch weit schlimmer, als die schändliche Sünde der *intentional fallacy* zu begehen, weil es niemals einen Menschen namens Hamlet gegeben hat, somit gab es auch sein Unterbewußtsein nicht, doch Todorov verbietet ja ganz eindeutig, von den Beweggründen des Autors zu sprechen; *wessen* Unterbewußtsein beteiligt sich also am literarischen Spiel? Diese interessante Frage bleibt ohne jede Antwort.

Im zehnten und letzten Kapitel kündigt Todorov den Tod der Phantastik an. Das Anzeichen des Todes hat er bei Kafka finden können. Eine einzige Erzählung von Kafka, *Die Verwandlung,* genügt ihm, um den entsprechenden Beweis zu liefern. Wo alle Menschen schön sind, ist kein Mensch schön. Das ›Traumhafte‹, das ›Wahnverwandte‹ hat die Erzählkunst verschlungen. Es gibt keinen Raum mehr für den Zweifel, ob uns im Text eine natürliche oder ein übernatürliche Ordnung vorgestellt wird, denn in der zeitgenössischen Literatur wurde ›alles phantastisch‹. Sie ist keine Metapher, keine Allegorie mehr, aber auch keine Phantastik im traditionellen Sinne, denn es mangelt bereits an Referenzsystemen, die außerhalb des Gelesenen zu Stützpunkten einer realistischen Weltauffassung werden könnten. Das Psychische hat sich materialisiert, das Materielle hat sich vergeistigt, somit gibt es keinen Raum mehr für die Unschlüssigkeit, die das Phantastische früher hervorbringen konnte. Nachdem sich die im literarischen Werk vorgestellte Welt zur eigenen fiktiven Natur bekannt hat, hat sie sich verselbständigt und dadurch von der Realität hermetisch abgekapselt. Die Fragen nach dem natürlichen oder übernatürlichen Typ dieser Welt haben jeden Sinn verloren; deshalb muß man den Tod der Phantastik verkünden. Sie ist auch ganz überflüssig geworden, weil sie, insbesondere im Bereich der *Du*-Themen, eine Maske für sexuelle Begierden war, eine Periphrase und Camouflage libidinöser Wunschträume. Aber sie sind heute überflüssig, da man ja alle, früher tabuierten und deshalb verborgen gehaltenen Impulse, direkt und nicht mehr auf phantastischen Umwegen aussprechen kann. Diesen so schön aufgetischten, mit Psychoanalyse gewürzten gordischen Knoten wollen wir doch nicht unberührt auf sich beruhen lassen. Hier also unser Beitrag zum Todorovschen Todesurteil.

Todorov vertritt die Meinung, daß es nur einen relevanten Typ der Unschlüssigkeit des Lesers gibt – die ›Unschärfe-relation‹ im Deuten des Erzählten, die das Phantastische erzeugen kann. Doch ist ›seine‹ Unschlüssigkeit nur ein Spezialfall aus einer großen Menge – und zugleich aus der Entscheidungstheorie. Es gibt unter anderem folgende Achsen, die eine spezifische Entscheidung seitens des Lesers implizieren:

›ironische Aussage‹ – ›ernst gemeinte Aussage‹
›Voraussage‹ (im Sinne der Zukunftsforschung) –
›Allegorie‹ – ›Poesie‹
›kausal-physische Erzählstruktur‹ – ›assoziativ-psychische Erzählstruktur‹
›Traumlogik‹ – ›Wachlogik‹
›das Zeitliche‹ – ›das Transzendente‹
und so fort ad libitum.

Wenn all diese Achsen zu einem mehrdimensionalen Koordinatensystem zusammengefügt werden und wenn auf allen von ihnen dargebotenen semantischen Registern simultan ›gespielt‹ wird, dann gelangen wir zum Schaffensparadigma von Kafka.

Ein solcher Text läßt sich auf *keiner Achse* mehr eindeutig lokalisieren, was wir sofort verstehen, dank der Überlegung, daß das Miteinbeziehen der Achse ›Ironie‹ – ›Ernst‹ in unsere Erwägungen alle bisher approximativ bestimmten, semantischen Auslegungen des Textes zunichte macht.

Die schlimmsten Folgen hat aber die Tatsache, daß wir es keinesfalls mit kontradiktorischen Gegensätzen zu tun haben, d. h. mit Zuständen, die sich mit logischer Notwendigkeit gegenseitig ausschließen.

Ein Text kann nämlich – in seiner gesamten Bedeutungsskala – zugleich ›poetisch‹, ›ironisch‹ und ›übernatürlich‹ eingeschaltet werden. Wenn man noch unsicher ist, ob so etwas wie Doppel- oder Mehrfachschaltungen möglich ist, dann sollte man keine Literaturtheoretiker befragen, sondern in einem Handbuch der Psychologie, z. B. in dem von E.

Kretschmar, nach Auskunft suchen. Selbstverständlich gibt es alle möglichen semantischen wie auch emotionalen Mehrschaltungen; somit fällt das logische Gerüst der gesamten Todorovschen Theorie zusammen. Der Kreuz- oder Scheideweg im Semantischen ist das typische Merkmal der heutigen Prosa. Die ›Achsen‹ sind eigentlich keine der Linguistik entstammenden einfältigen, d. h. eindimensionalen Gebilde in der Art von Geraden.

Und selbst wenn man weiter für die ›Achsen‹ wäre, so wird die weitere Analyse bald zeigen, daß die Entscheidung vom Typ ›Allegorie – ja; Poesie – nein‹ noch keine endgültige Diagnose ermöglicht, weil das Werk – das von Kafka z. B. – weitere Fragen aufwerfen wird, und zwar: ›Werden Anspielungen auf das ontologische oder aber auf das soziale Dasein wach?‹ Diese zweite Unschlüssigkeit läßt sich nicht als isolierter Fall wegdeuten, da ihre Lösung von anderen ›Achsen‹ mitbestimmt ist; bei Kafka werden wir an erster Stelle auf das *unentscheidbare* Dilemma stoßen, ob das Werk ironisch oder todernst ist. Wohl ist es ironisch *und* todernst *zugleich* – ein Umstand, an dem die ganze strukturelle Paradigmatik zugrunde gehen muß.

Mit einem Wort – ein solcher Text basiert auf antinomischen Kompositionsregeln. Er erweckt das Gefühl von Tiefe und Grundlosigkeit und schöpft seine Ausdruckskraft aus der Menge, hier von uns nur beispielsweise erwähnter Unbestimmtheiten, Unschärferelationen, und dank dieses widerspruchsvollen Aufbaus erreicht ein solcher Text den Zustand einer vollkommen semantischen Schwebe. Ein solcher Text scheint dann mehreren verschiedenen Aussagemodalitäten anzugehören, die – wenn rein logisch betrachtet – bisher als ›koexistenzunfähig‹ galten. Die phantastische Theologie und Philosophie eines Borges stellt den nächsten Schritt in dieser Richtung dar; es ist also kein Zufall, daß Borges mitsamt seinem Werk für T. Todorov überhaupt nicht existiert.

Die besagten Oppositionen sind ›vermählbar‹, weil man ja in der Literatur nichts assertorisch behauptet; somit handelt es sich keineswegs um echte logische Kontradiktionen, sondern um *Konflikte* im Sinne der Spieltheorie.

Auch am Beispiel der (falschen) Todorovschen Behauptung, daß die kulturelle Enttabuierung den Tod der sexuellen Phantastik bedeute, läßt sich der verhängnisvolle Einfluß logisch-linguistischer Paradigmatik auf den literarischen Strukturalismus beweisen. Die in der Linguistik verwendeten Relationen entstammen der Mengenlehre, d. h. ihren Ordnungsprinzipien. Die Zugehörigkeit eines Elementes einer Menge ist dem Satz vom ausgeschlossenen Dritten unterworfen; entweder gehört das Element der Menge an oder nicht eine 45% Zugehörigkeit ist ein Nonsens.

Der Strukturalismus jedoch hat sich dieses Ausschließungsprinzip zu eigen gemacht und dadurch Selbstmord begangen: ad extremum geführt, bedeutet Todorovs These, daß das Phantastische eigentlich von der *Zensur* erschaffen wurde, denn es stellt ein Umgehungsmanöver ihrer Schranken dar. Diese lächerliche Behauptung wird von vielen Werken umgestoßen. Es gibt Romane, in denen das Phantastische und das Obszöne koexistieren, obwohl sie einander – laut Todorov – ausschließen müßten. In *Juliette* von de Sade finden wir ein phantastisches Kapitel über den entsetzlichen ›Moskoviten Minski‹ und daneben naturalistische, obszöne Beschreibungen. Weshalb aber sollte sich de Sade phantastischer Umwege in einem Werk bedienen, in dem er seiner verirrten Libido volle Ausdrucksfreiheit gegeben hat?

5. Der strukturalistische Versuch mißglückte, weil die eingesetzte Begriffsapparatur nicht mächtig genug war, um die ihr gestellte Aufgabe zu bewältigen. Sind die begrifflichen Mittel für die gestellte Aufgabe zu schwach, und werden sie dennoch eingesetzt, dann artet die Forschung aus, indem sie, vom Deduktiven ausgehend, im Dogmatischen mündet. Alles was nicht in die aufgebauten Schemata passen will, wird einfach übersehen und umgangen. Eben das Nichtwahrnehmen von relevanten Tatsachen ist es, was ein Axiom in ein Dogma verwandelt. Wir möchten die zwei gröbsten Verirrungen der Todorovschen Theorie noch kurz besprechen.

a) Aus nicht klar benannten Gründen hält Todorov die SF[1] für einen Teil der Gattung des Übernatürlichen. Er zählt

1 Todorov bemerkt in der Einführung zu seinem Buch richtig, daß es dem Theoretiker

folgende Untergattungen am ›Pol‹ des Irrationalen auf: das ›hyperbolisch‹ Wunderbare (in so manchen Märchen), das ›exotisch‹ Wunderbare (wie der Vogel Roc in *Sindbad, der Seefahrer*), das ›instrumental‹ Wunderbare (Aladins Lampe und Stab z. B.) und die SF. Diese nennt er das ›naturwissenschaftliche‹ Wunderbare. ›Hier‹ – schreibt er – ›wird das

zusteht, aus der Menge, über die er relevante Verallgemeinerungen aussprechen will, nur eine repräsentative Probe zu untersuchen. Doch ist die Auswahl einer solchen Probe in den Naturwissenschaften genau bestimmt, insbesondere hinsichtlich ihrer Repräsentativität. Die methodische Hauptregel ist hier von statistischem Charakter, wenn z. B. unsere Gesamtmenge aus drei Untermengen besteht, die 100, 10 000 und 10 000 000 Elemente zählen, so ist es verboten, sich 20 Exemplare aus der ersten Untermenge, 2 aus der zweiten und 20 aus der dritten herauszugreifen. Wenn man sich jedoch die Bibliographie der Werke ansieht, die Todorov als ›repräsentative Probe‹ in seine Untersuchung aufgenommen hat, kommt man ins Staunen. Diese Probe zählt 27 Titel: einen Borges, Wells oder Verne gibt es in ihr nicht, dagegen sind Agatha Christie und J. D. Carr vorhanden; zwei kurze Geschichten von R. Sheckley vertreten die gesamte SF, die Fantasy aber ist nicht mit einem einzigen Titel vertreten; von Huxley, Orwell, Samjatin und allen anderen Utopisten oder Dystopisten keine Spur; die Großen der Phantastik sind – laut Todorov – Balzac, Maupassant, E. Th. A. Hoffmann, Cazotte und Potocki. Wenn man so vorgeht, kann man auch die Theorie von der immanenten Güte des Teufels beweisen. Die zeitgenössische Phantastik gibt es bei Todorov – Sheckley ausgenommen – überhaupt nicht, sie soll um 1920 zu existieren aufgehört haben.

Nun ist es fraglich, ob man das oben erwähnte, rein statistische Prinzip mechanisch auf das Gebiet der Literatur übertragen darf; ich erinnere mich an eine Umfrage der Vorkriegsillustrierten *Uhu,* die mehrere deutsche Schriftsteller nach ihren Arbeitsmethoden und schöpferischen Geheimnissen befragte. Sie erhielt mehrere lange, ja ausführliche Antworten von Literaten, die heute keine Seele (nicht einmal dem Namen nach) kennt, und eine kurze Antwort von Thomas Mann. Sie ist für uns die einzige relevante Antwort geblieben, denn die Bekenntnisse drittrangiger Skribenten liefern keine ernst zu nehmenden Angaben, über den Schaffensprozeß. Nach diesem Prinzip sollte auch die repräsentative Probe im Bereich der Phantastik ausgewählt werden. Die Tatsache, daß sich Strukturalisten bei ihren Untersuchungen auf ältere Titel zu beschränken pflegen, wirft viel Licht auf die Mängel ihrer Methode. Diese ist unfähig, relevante Werke (und relevante, den Werken eigentümliche Sinnstrukturen) von irrelevanten Werken und Bedeutungen zu scheiden. Eine solche Methode setzt das Originelle und Dauerhafte dem Sekundären und Flüchtigen gleich, ja mehr noch: sie bevorrechtigt das Minderwertige, weil es sich, da einfach gebaut, der Sektion leicht unterwerfen läßt. Um nun schlimmen Folgen dieser Sachlage vorzubeugen, untersuchen die Strukturalisten ältere Werke, die sich historisch-literarisch bereits bewährt haben. Vergleicht man diese Methode mit einer Miß-Wahl, so ist sie einem Vorgehen ähnlich, bei dem man zuerst abwartet, welche Kandidatinnen unter den Damen von der Vox populi schon erkürt wurden, um dann aufs Podium zu kommen, um gewichtig das bereits Stattgefundene zum Ergebnis der eigenen Auswahl zu erklären. Hierdurch wird klar, daß ein methodologischer Betrug vorgespielt wird; eine Theorie, die prinzipiell unfähig ist, Wertvolles vom Wertlosen zu sondern, wird ausschließlich auf eine Untermenge von Werken angewandt, die schon früher, sozusagen heimlich (nach außerhalb der Theorie liegenden Kriterien) ausgewählt wurde. Würde sie auf blind ausgewählte, rein statistisch herausgefischte Titel angewandt, würde sich ihre Ohnmacht im Differenzieren sofort herausstellen.

Übernatürliche auf rationale Weise erklärt, aber anhand von Gesetzen, die die gegenwärtige Naturwissenschaft nicht anerkennt‹ (S. 53). Und weiter: ›Das sind Erzählungen, in denen sich die Tatsachen auf der Grundlage irrationaler *Prämissen* vollkommen logisch entwickeln.‹ (S. 54, meine Unterstreichung).

Dies nun ist für einen relevanten Teil der SF einfach unzutreffend. Die Prämissen des von uns erwähnten Romans *The Black Cloud* von F. Hoyle kann man ganz gewiß nicht als irrational bezeichnen. Auch überschreitet die von Hoyle aufgestellte Hypothese über die Natur der ›schwarzen Wolke‹ nicht die Grenzen der gegenwärtigen Wissenschaft, im Gegenteil, sie ist eine, wenn auch extrapolativ gesteigerte, Folgerung aus neuzeitlichen Disziplinen: aus der Selbstorganisationstheorie, der Kybernetik usw. Im Vergleich mit den heute anerkannten wissenschaftlichen Hypothesen – z. B. aus dem Bereich der Kosmologie und Kosmogonie (z. B. über die prinzipielle Möglichkeit, daß die atomaren Elementarpartikel – wenn nur genügend beschleunigt – bei ihrem Zusammenprall eine Galaxis, d. h. einige Milliarden von Sonnen, erzeugen könnten) – ist die Hoylesche Hypothese eher ›bescheiden‹ zu nennen.

Selbst wenn wir von diesem Einzelfall absehen, so zeigt uns ein flüchtiger Rundblick, daß sich die SF und die als wissenschaftliche Disziplin geltende Zukunftsforschung thematisch zum Teil überdecken. Die Themen des zivilisatorischen Kollapses, der interstellaren Kommunikation (mit außerirdischen Lebewesen), der maschinell erzeugten Intelligenz, der menschlichen Autoevolution und eine ganze Reihe anderer sind sowohl der SF als auch der Futurologie eigen. Wie man sieht, gibt Todorov Urteile über Dinge ab, die er gar nicht kennt.

Ferner gibt es in seinem Gattungsspektrum auch keinen Raum für die heute sogenannte PF (politic fiction) – also für die Literatur, die darüber berichtet, was für einen alternativen Gang die Geschichte genommen hätte, wenn gewisse entscheidende Ereignisse im Zeitgeschehen nicht so verlaufen wären, wie es der Fall war, also etwa, wenn Deutschland den Ersten und/oder den Zweiten Weltkrieg gewonnen hätte usf. Es erübrigt sich, näher zu beweisen, daß ein solcher Sieg keine Prämisse von irrationalem Charakter ist. Wir wollen ja Todorov nicht den Gesichtspunkt zuschreiben, daß alles in der Geschichte genau prädeterminiert ist und es in ihr keine Abweichungen von dem, was stattgefunden hat, geben konnte.

Eine weitere Gruppe von Werken, die dank der Todorovschen Theorie ›heimatlos‹, d. h. genologisch unbestimmt und zuordnungsunfähig wurden, bilden Texte wie die ›Drei Fassungen des Judas‹. Diese Geschichte von Borges faßt eine Häresie des Christentums zusammen, die es nie gegeben hat; ihr ›Verfasser‹ ist ein fiktiver, da von Borges ausgedachter, skandinavischer Theologe, dessen Auslegung der Evangelien in der Schlußfolgerung mündet, daß Judas und nicht Jesus der eigentliche Heiland und Erlöser war. Das ist gewiß keine Epik, weil es dort ja keine Handlung im eigentlichen Sinn des Wortes gibt; es ist auch keine Poesie; auch keine Allegorie, da es sich nicht um verborgene Anspielungen handelt, denn die haarsträubende Heterodoxie wird uns ganz direkt von Borges mitgeteilt (wenn auch einem fiktiven Häretiker zugeschrieben). Ein Apokryph ist das auch nicht, weil ein Apokryph ein gefälschtes Dokument ist, das Authentizität simuliert. Eine SF-Story ist diese kurze Geschichte auch nicht, weil sie keine ›instrumentalen‹ Prämissen voraussetzt. Auch vom Unheimlichen kann nicht die Rede sein; der Text ist ungefähr in demselben Grade ›unheimlich‹, in dem für einen orthodoxen Christen jede reale Häresie ›unheimlich‹ sein kann, z. B. die von Arius oder von Manichäus.

Die Vermutung, daß es sich hier um eine *phantastische* Theologie als Zweig der *Literatur* handelt, drängt sich direkt auf (es gibt auch dementsprechende Äußerungen von Borges selbst, der in *Tlön, Ugbar, Orbis Tertius* von einer ›phantastischen Philosophie‹ gesprochen hat). Wenn nun aber die phantastische Theologie, Historiosophie, Philosophie und dergleichen der phantastischen Literatur nicht angehören dürfen – und das dürfen sie nach der von Todorov aufgestellten Taxonomie nicht –, dann sind sie einfach ›heimatlose‹, genologisch nicht klassifizierbare Gebilde. Oder wäre Todorov geneigt, dieses Schrifttum als zur ›neuzeitlichen Phantastik‹ gehörend zu betrachten, die das kafkaeske Paradigma zum Leitstern hat? Doch haben solche Texte nur insoweit Bedeutung, als sie den bestehenden Anschauungen und Normen widersprechen (was auf zugleich originelle und kohärente Weise geschehen muß; das Effektvolle wird bei Borges durch die *Logik* der Argumentation bedingt, die insgeheim die Logik der Theologen karikiert). Somit sind solche Werke nicht von der Welt abgetrennt, abgekapselt, sondern wirklichkeitsbezogen, wenn auch ihre Referenzsysteme keine handelnden Menschen, sondern Ideen sind, die sich im menschlichen Gedankengut finden. Diese Mutation des Phantastischen ist weder vom Alptraum verschlungen, noch unterliegt sie der Logik des Traumhaften; anstatt phantastischer Ereignisse offeriert sie uns eine phantastische Philosophie, Wissenschaft und Theologie. Doch will das strukturalistische Dogma diese Art des Phantastischen nicht anerkennen.

b) Laut Todorov setzt jeder Text einen ›impliziten‹ Leser voraus. Dieser Leser muß der ihm vom Text gestellten Aufgabe gewachsen sein. Doch erhebt sich die Frage, was eigentlich geschieht, wenn diese Aufgabe dem Leser ungenügend erscheint, d. h., wenn der Leser über diese Aufgabe hinausgewachsen ist?

Todorov hätte die zitierte Bemerkung von R. Caillois nicht verspotten sollen, denn er war es, der dabei stolperte, obwohl er glaubte, das Stolpern seinem Kollegen vorzuhalten. Warum eigentlich ist die Nervenstärke eines Lesers (ob eines impliziten oder expliziten lassen wir beiseite) kategoriell etwas anderes als die Unschlüssigkeit eines Lesers, die Todorov zum Prüfstein *seiner* Theorie des Phantastischen macht? Er würde uns wohl antworten, daß der betreffende Text diese Unschlüssigkeit strukturell voraussetzt, d. h. Todorov macht sie zum Bestandteil der Lektüre, zu ihrem notwendigen Korrelat, whingegen ein ›nervenstarker‹ Leser, der bei der Lektüre einer Geistergeschichte lächelt oder gähnend mit den Achseln zuckt, irrt, weil er sich den Regeln nicht unterzuordnen weiß, die der Text impliziert. Eine derart herablassende Betrachtungsweise sei nicht am Platze, würden wir von Todorov zu hören bekommen, da sie das Entstehen des Phantastischen unmöglich macht. Hier liegt jedoch ein Hund begraben, dessen Auferstehung der Todorovschen Theorie des ›normiert‹ impliziten Lesers eine böse Überraschung bereiten wird. Die von Todorov verspottete Nervenstärke des Lesers stellt einen Affekt aus seinem latenten Repertoire dar, und zwar aus dem Repertoire solcher Affekte, die von der Norm abweichen, die der Text voraussetzt. Wenn ein Leser bei der Lektüre eines Textes, der Grauen erregen soll, mitleidig lächelt, wenn er bei einem Fragment, das ihn berauschen soll, gähnt und während der Offenbarung höchster Wahrheiten über den Sinn des Daseins mit den Achseln zuckt, so läßt sich diese Situation auf zwei einander ausschließende Arten auslegen.

Entweder ist der Text vollwertig, und der Leser leidet an grober Ignoranz, oder der Text ist Kitsch und wird von einem Literaturkenner rezipiert.

Der erste Fall ist trivial; man muß die Regeln des Schachspiels erlernen, um Schach spielen zu können. Wer diese Regeln verkennt oder mißachtet, hört auf, Schachspieler zu sein.

Der zweite Fall ist nicht mehr so belanglos, weil es den Kitsch in der Literatur gibt – und ganz besonders gibt es ihn in der phantastischen Literatur, die sich SF und Fantasy nennt. Dort wurde er längst zur typischen Erscheinung. Kitsch ist ein Ersatz und eine Fälschung zugleich. Ein Ersatz für die Einweihung in das Beste, was die Literatur ihren Leibhabern zu liefern vermag; eine Fälschung, die von ihren Konsumenten nicht als solche erkannt werden darf. Der Kitsch setzt einen Leser voraus, der ihn nicht als solchen wahrnimmt; er bedarf eines Lesers, der sich mit dankbarer Genugtuung, ja mit Wonne, am Primitiven, Dummen und Erbärmlichen ergötzt.

Hier eine gebotene Nebenbemerkung: Todorov wird sich der Existenz des Kitsches wohl bewußt sein. Doch er ist vom strukturalistischen Tabu gefesselt, das das Aussprechen von bewertenden Urteilen verbietet. Bewertende Urteile können nur dann zum Vorschein kommen, wenn sie sich in den strukturalistischen Jargon übersetzen lassen. Da alle wertenden Adjektive für den Strukturalisten unanständig sind, gibt dieser vor, daß es Qualitätsunterschiede des erwähnten Typs nicht gibt. Er spielt blinde Kuh, um sich nicht gegen die eigene Orthodoxie zu versündigen.

Die Diskrepanz zwischen dem, was der Text zu offenbaren vorgibt, und dem, was er zu überliefern vermag, wird vom Literaturkenner wahrgenommen und durch Gelächter oder Gähnen abreagiert. Der von Todorov postulierte implizite Leser darf sich nun einmal nicht so verhalten. Er muß sich tüchtig bemühen, damit ihm auch das naivste Greuelmärchen einen Schrecken einjagt, denn sonst passiert das von Todorov verspottete Unglück: die gattungsmäßige Zugehörigkeit des Textes wird umbenannt! Wer aber seinen gesunden Verstand höher schätzt als das Heilige der strukturalistischen Theorie, der wird die besagte Untat begehen; das idiotische Greuelmärchen wird sein Gelächter bewirken, wodurch die entsetzliche Geschichte für ihn zu einer Humoreske wird. Da dies aber unabsichtlich zustande kam, handelt es sich um eine unintentionelle Humoristik, die immer dann entsteht, wenn das Komplexe, Problembeladene, Erhabene, Mysteriöse vom Autor mit elenden Mitteln und primitiver Unbeholfenheit angestrebt wird. Nun sind wir – mitsamt dieser Abhandlung – verdammt, weil wir soeben die Sünde der *intentional fallacy* begangen haben; doch, wenn auch: amicus Plato, magis amica veritas. Ich bin bereit, auch um den Preis der Verdammnis, zu wiederholen, daß es so etwas wie den Kitsch und die von ihm gezeugte unintentionelle Groteske gibt.

Der Kitsch hat sich in der SF eingenistet, weil sie ihm ein behagliches Asyl ist. Man kann nicht beliebigen Quatsch liefern, wenn man seine Nachbarn beschreibt, doch kann man ihn bequem verfassen, wenn man über fremde Planeten berichtet; die im ersten Fall unabwendbare Empörung der Leser bleibt im zweiten Fall aus. Denn wer weiß schon, wie sich das Leben auf fremden Planeten gestaltet? Dadurch wird das Weltall zum Asyl für schwachsinnige, aber auch bedürftige Literaten. Man sollte sie bemitleiden und nicht lesen. Doch es ist peinlich, wenn man dem Vorgehen eines Literaturforschers zusieht, der einen solchen Zustand in seiner Theorie sanktioniert; zum Teil, glaube ich, weil er dieses Genre nicht kennt; zum Teil, weil er sich ungefähr so verhält, wie seinerzeit die Herren Behavioristen, die das Bestehen des Bewußtseins sogar bei sich selbst leugneten, weil es nicht in ihre Theorie hineinpassen wollte. Und doch könnte man – vom Strukturalismus ausgehend – eine Theorie des Phantastischen aufbauen, die den Dreck dem Wertvollen nicht ebenbürtig machen müßte. Eine solche Theorie kann indes nicht allein den Paradigmen der mathematischen Linguistik entstammen; hier wäre die biologische Paradigmatik besser am Platze, da sie u. a. auch Kapitel enthält, die über den Parasitismus, über die Mimikry und insbesondere über die Entartungserscheinungen von Gattungen in kleinen, von der breiteren Umwelt abgeschlossenen Populationen berichten.

Der Kitsch ist den ›ehrlichen‹ Gattungen der Massenliteratur nicht gleichzusetzen, da diese nichts vortäuschen; die Krimis werden als Krimis und nicht als Einweihungen in das tiefste Wesen der Verbrecherseelen angekündigt; von Spionageromanen erwartet man nicht, über reale Antriebskräfte für Weltpolitik unterrichtet zu werden. Den Kitsch erkennt man an seinen falschen Ansprüchen, am Auseinanderklaffen von Ankündigung und Verwirklichung im Text.

Eine Theorie des Phantastischen, die die echte Münze von der gefälschten unterscheiden könnte, wäre heute von großem kulturellem Nutzen. Doch die Todorovsche Theorie läßt sich nicht als ein Instrument wertefördernder und das Wertlose aussondernder Auslese gebrauchen; es geht also nicht um das Füllen einer offenen Lücke im Todorovschen Werk, vielmehr würde ein so gearteter Versuch seine Theorie sprengen. (Unter anderem müßte die SF einer Zergliederung unterliegen, die ihre separierten Teile auf die entgegengesetzten Pole der von Todorov konstruierten Achse überführen würde.) Der Fall Todorov ist äußerst lehrreich. Er wollte eine wertfreie Theorie des Phantastischen aufstellen, und *eben deshalb* wurde er im Bewerten von Kunstwerken parteilich, wobei er noch in seinem unbeabsichtigten ›bias‹ die Seite des Gefälschten und Minderwertigen eingenommen hat (weil das Gleichsetzen des Besten mit dem Schlechtesten einer ›zweiseitigen Schadensstiftung‹ gleichkommt). Um die hier geforderte Arbeit zu leisten, müßte er seine schöne Theorie in ihrer ganzen Bündigkeit zum Teufel jagen; er müßte anerkennen, daß sich das Ästhetische wie das Erkenntnisbezogene nicht aus einer Theorie hinausschmeißen lassen, ohne das gesamte logische Gerüst zu beschädigen. Die Worte des R. Caillois vom ›unbestreitbaren Eindruck des Unheimlichen‹ haben schon ihren guten Sinn: die kompositionell-stilistischen, wie auch semantisch-logischen Qualitäten des Textes sind es, die darüber entscheiden, ob der Leser vom Text in den Bann geschlagen wird oder ob er ihn nervenstark – bis zum Einschlafen – lesen wird. Als ich, krank und im Bett, als einzige geistige Nahrung die aufgestapelten neuesten SF-Bücher zur Verfügung hatte, und Idiotisches über Idioten auf fernen Welten las, wurde mir vor diesem hirnlosen Weltall bange, das mit Debilen, Kretins, Schwachsinnigen und infantilen Wunschträumen bis zum Bersten vollgepfropft ist; zwischen Verzweiflung und Verblödung, griff ich wie ein Ertrinkender zu einem naiven Groschenroman, der sich zwischen die SF-Bände verirrt hatte und von ganz gewöhnlichen Sorgen ganz gewöhnlicher Amerikaner recht unbeholfen erzählte. Was für eine Freude und Rettung waren mir sogar die Stühle, die Geschirrstücke und all die anderen gewöhnlichen Gegenstände, deren sich der Autor mit naiver Selbstverständlichkeit bediente, um die Wohnungen seiner Helden zu möblieren – wohingegen die Septarchen aus fernen Galaxien, die monströsen Eingeborenen von Deneb IV mich am Vorhandensein des Menschenverstandes zweifeln ließen. Und da kommt ein Literaturforscher mit seiner Klassifikationsmaschinerie, die er für einen axiologisch neutralen Verteiler von Werken ausgibt, für einen genologischen Separator, der in Wirklichkeit eine mit heiligen Ölen der Hermeneutik gesalbte Apparatur zur Gleichmachung des Schundes mit dem Wertvollen ist.[2]

2 Die Todorovsche ›Unschlüssigkeit‹ beim Bestimmen des Wesens der vorgestellten Ereignisse ist ein begriffliches Gemisch, da er nicht klarlegt, ob ›das Natürliche‹ und ›das Übernatürliche‹ als literarische Konventionen oder als ontologische Kategorien gedeutet werden sollen. Das Übernatürlich-Religiöse gehört der realen Theologie an, das Übernatürlich-Märchenhafte dagegen stellt nur eine literarische Konvention dar. Diese Vermischung von Kategorien, die einen unterschiedlichen logischen Wert haben, ist in ihren Konsequenzen für die Todorovsche Theorie fatal. Das Konventionelle eines Märchens ist dem Konventionellen einer Erzählung, die ein Leitmotiv aus den Evangelien belletrisiert, nicht ebenbürtig. Es gibt keine Leser, die das Märchen völlig

Der SF-Kitsch macht im gefälschten Weltall dasselbe, was der traditionelle Kitsch in den gefälschten Palästen und Höfen gemacht hat; der damalige Leser glaubte, in die Geheimnisse der erhabenen, oberen ›Zehntausend‹ eingeweiht zu werden, er genoß die Sitten des Adels, wie der SF-Fan heute die Sitten der Septarchen und Ungeheuer genießt; jener glaubte, salonfähig zu werden, diesem wird eine ›wissenschaftliche Einweihung‹ zuteil, die ihn ›kosmosfähig‹ macht. Sollte dieses Schriftstück einmal in die Hände eines Hermeneutikers, will sagen, Strukturalisten fallen, hier die bibliographischen Angaben zu einem Werk, das beim Konstruieren einer ernst zu nehmenden Theorie des Phantastischen behilflich sein kann: E. N. Enquist hat in dem Sammelband *Linguistics and Style,* Oxford University Press, 1965, den Aufsatz ›On Defining Style‹ veröffentlicht, der so manches Interessante enthält. Enquist unterscheidet ›Stylolinguistics‹ und ›Stylobehavioristics‹ (die erste kurze SL, die zweite kurz SB genannt); SL ist der statistischen Analyse von Texten, verbunden mit phraseologischer Deskription und lexikaldistributiver Analyse gleichzuetzen; SB dagegen ist auf die Korrelationen der stilistischen ›Impulse‹ und der Reaktionen der Leser gerichtet. Bekommt das Korrelationszeichen einen negativen Wert, dann fallen die textlichen Voraussetzungen für die Leserreaktionen und die realen Reaktionen des Lesers auseinander, was Lachsalven bei der Lektüre eines ›tragischen‹ Textes hervorrufen kann. Man könnte als eine allgemeine These die

ernst nehmen (kleine Kinder vielleicht ausgenommen), doch gibt es Leser, die an Wundertaten der Heiligen ernsthaft glauben. Dieser Unterschied hat gewichtige Folgen für die moderne Phantastik. In einer Zeit, in der es weder schachspielende Maschinen noch Mondflüge gab, wohnte der gesamten SF das Merkmal des Märchenhaften inne. Heute ›unterstützt‹ die reale Welt den Aussagewert solcher Erzählungen, indem sie das Unwahrscheinliche plausibel macht. Die öffentliche Meinung hat nämlich in unserer Zeit eine Wendung um 180 Grad gemacht; wo früher ›alles‹ in der SF als reine, d. h. unverwirklichbare Phantastik galt, gilt heute ‹alles ‹ (d. h. alle erdenklichen Erfindungen und Techniken) als ›realisierbar‹ (was völlig falsch ist). Dies hat jedoch die Unschlüssigkeit, die das Korrelat der Lektüre von SF-Texten bildet, in die Richtung des Poles ›natürlicher‹, d. h. der Empirie einverleibbarer Auslegungen verschoben. Deshalb wird die SF heute öfters als Domäne des Verwirklichkbaren angesehen, wodurch sie sich ein gewisses Ansehen erworben hat. Den SF-Texten ist eine besondere ›Unschärfe‹ oder Unschlüssigkeit eigen in bezug darauf, ob der Text ein Zukunftsbild liefert oder im Bilde einer angeblichen Zukunft die zeitgenössische Welt (mit gewissen Verzerrungen) spiegelt.

Vermutung aussprechen, daß die ständige negative Korrelation im Bereich der SB den strukturellen Prüfstein für den Kitsch liefert.

6. Abschließend: Die Theorie von Todorov offenbart folgende Mängel:

Erstens: Als Verallgemeinerung ist sie unzulänglich, da sie in ihr genologisches Spektrum so manche Gruppe von phantastischen Werken nicht einzufügen vermag; diese Werke werden dadurch ›heimatlos‹ da sie sich auch in anderen literarischen Gattungen nicht unterbringen lassen.

Zweitens, an das Gesagte anknüpfend, ist diese Theorie eine falsche Verallgemeinerung, da sie in Wirklichkeit eine Partikularisation darstellt, der fälschlicherweise unbeschränkte Verallgemeinerungskraft zugeschrieben wurde.

Drittens ist sie gegenüber den Werken, die sie in ihrem Spektrum zu lokalisieren vermag, nicht neutral, ganz im Widerspruch zu den Absichten ihres Autors; sie macht nämlich das gleich, was strukturell nicht gleich ist.

Viertens ist sie als kulturelle Tatsache schädlich, da sie den einer humanistischen Theorie angemessenen Platz verläßt, um ihre Klassifikations- und Diagnoseschemata in eine Voraussage zu verwandeln, die einem Todesurteil für die gesamte Phantastik gleichkommt. Es ist recht schwer, sich einen krasseren Fall einer im Dogmatismus mündenden Usurpation vorzustellen.

Krakau, März 1973

* Tzvetan Todorov, *Introduction à la Littérature fantastique*. Paris; Editions du Seuil, 1970. Deutsche Ausgabe: *Einführung in die fantastische Literatur*. Übersetzt von Karin Kersen, Senta Metz und Caroline Neubaur. München: Carl Hanser Verlag 1972, 159 S. (›Literatur als Kunst‹ herausgegeben von Walter Höllerer)

Über Inkonsequenzen in der Literatur

I

In der fünften Nummer der »Teksty« schrieb ich, daß der Roman *20 000 Meilen unter dem Meer* zwei Versionen von Kapitän Nemo enthalte: eine – explizit – von dem untadeligen Helden, eine andere – implizit – von dem Peiniger der Mannschaft, da aus den im Text angeführten Ausmaßen des Schiffes hervorgeht, daß die Matrosen ihr Leben im Logis stehend zubrachten. In der folgenden Nummer der »Teksty« erwiderte A. Zgorzelski, daß die Mannschaft es durchaus bequem gehabt habe, denn »die Logik der Welt der Fiktion, die Gestaltung des Helden, des Hintergrundes, der Handlung verlangen zuweilen scheinbare Inkonsequenzen, die keine offenkundigen Schnitzer sind, sofern sie im gesamten Text ihre bestimmte Funktion haben«. Zgorzelski stützt sich auf die Ansichten Tynjanows und Goethes; er sagt, daß derjenige, der durch Schlußfolgerungen aus dem Text etwas erfahren möchte, was dieser Text nicht explizit enthält, ein Werk nicht korrekt kritisiert.

Da die Mehrheit der Kritiker gemeinhin das tut, was Zgorzelski und Goethe verbieten, kam mir der entsetzliche Gedanke in den Sinn, daß die licentia poetica – was wir bislang nicht wußten – auch die Tätigkeit des Kritikers umfaßt. Der Kritiker geht über den Text hinaus oder auch nicht, wie es ihm gerade gefällt, und das kann kein Schnitzer sein, weil es um scheinbare Inkonsequenzen geht, die innerhalb der gesamten Rezension ihre Funktionen haben. Um des Seelenfriedens willen sei jedoch gesagt, daß dies ein Scherz ist. Die Frage der Inkonsequenz in der Literatur verdient ernster behandelt zu werden. Zum Zweck einer Orientierung im theoretischen Vorfeld beginne ich damit, daß die Kohärenz eines Werkes sich in der Tat auf eine Instanz bezieht, die innerhalb der Literatur höher steht als die Logik, nämlich auf das Paradigma der Gattung. Dieses Paradigma hat eine geschichtliche Entstehung und ändert sich im Laufe der Zeit.

Wenn ein Werk ordnungsgemäß innerhalb einer Gattung plaziert ist, darf man mit Schlußfolgerungen insoweit über seinen Text hinausgehen, wie die paradigmatische Norm das zuläßt. Weil es aber in Literatur und Kritik außer der Synchronie auch noch die Diachronie gibt, kann man, wenn man den Faktor von Zeit und Gattung außer acht läßt, bei unserem Thema einige widersprüchliche Direktiven formulieren. Zum Beispiel:

1. »Ein und dieselben Widersprüche eines Textes können ihm nicht einmal als Fehler, das andere Mal als Verdienste angerechnet werden.« – »Doch, das können sie.«

2. »In einem realistischen Werk dürfen die Namen der Helden nicht offen die Hauptmerkmale ihrer Charaktere signalisieren.« – »Doch, das dürfen sie.«

3. »In einem nichtphantastischen Werk ist es dem Autor nicht gestattet, den Helden von einer Seite zur anderen zu verwandeln, beispielsweise einen Buckligen vorübergehend grade zu machen und ihm Meisterschaft im Boxkampf zuzuschreiben, damit er – der Gesamtmoral der Erzählung entsprechend, daß die gerechte Sache siegt – den Gegenspieler niederwerfen kann.« – »Doch, das ist ihm erlaubt.« Und so weiter.

Der erste Fall kommt bei Werken vor, die zunächst unterschätzt und dann in den Himmel gehoben werden. Die Literaturgeschichte ist voll von entsprechenden Beispielen. Was den dritten Fall betrifft, so kann man ein solches Werk schreiben, allerdings nur als Groteske. Aber ich sagte ja, daß der Widerspruch der Direktiven dann entsteht, wenn man den Faktor von *Zeit und Gattung* außer acht läßt. Also kann man ihn nicht außer acht lassen. Das Spektrum der Gattungen ist zwar kein lineares, doch können wir es der Einfachheit halber als linear annehmen, und dann erstreckt es sich vom äußersten Realismus bis hin zur Poesie. Was die Befugnisse des Autors betrifft, so erstreckt sich ihre Bandbreite parallel zu unserem Spektrum von der Haltung des Physikers bis hin zum Standpunkt des Zauberkünstlers. Der Realist hat in etwa dieselben Befugnisse wie der Physiker. Er darf – unter Bedingungen zulässiger Isolation und bei beliebig festgesetzten Ausgangs- und Randbedingungen – alle erdenklichen

Experimente ausführen, aber er darf dabei nicht mogeln. Wenn beispielsweise Magneten nicht so anziehen wollen, wie es sich gehört, darf er nicht mit Fädchen nachhelfen. Die Geschicklichkeit des Zauberkünstlers unterliegt dagegen nicht derartigen Beschränkungen. Dieser Unterschied bedeutet, übersetzt in die Sprache der Erkenntnistheorie, daß es bei den Vorführungen des Physikers nicht nur erlaubt, sondern unausweichlich notwendig ist, sich auf die Realität außerhalb des Labors zu berufen, während es bei den Vorführungen des Zauberkünstlers lediglich gestattet ist, sich auf das zu berufen, was in der Schule der Zauberkünstler gelehrt wird. Der Realismus hat für uns die Aufgabe, schlechthin die Welt zu verifizieren, während die Poesie allein die Poesie verifiziert.

Deshalb ist das Vergnügen bei der Kritik jeweils ein anderes. Die Freuden, die der Kritiker mit einem realistischen Text erlebt, sind völlig anderer Natur als die kalte Befriedigung, die der Antiroman den Hermeneutikern bietet. Aber diese Freuden sind zuweilen mit Pein vermischt.

L. B. Grzeniewski (vgl. sein *Drobiazgów duch waspaniały i powietrzny)* sah schon Wokulski in Verlegenheiten, denn Herr Stanisław führte weder die Damen aus der Halbwelt an, noch dachte er – und sei es nur aus Gewissenhaftigkeit – daran, seine Ehefrau zu befriedigen, und auch die flotte Witwe, die eine Zuneigung zu ihm zeigte, ließ er sitzen, und da er ein heißes Bad nahm (»Ich würde sie zerreißen«, keuchte er), blieb nur noch die gleichermaßen fatale Alternative: entweder war Wokulski ein Onanist, oder Prus war ein prüder Autor. Glücklicherweise fanden sich in der *Lalka* buchstäblich drei Worte über Wokulskis Ausschweifungen in Paris, die sowohl die schöpferische Potenz des Autors als auch die geschlechtliche Potenz des Helden retteten.

Ich bekenne – auch wann das komisch klingen mag –, daß ich die Entdeckung dieser drei Worte mit Erleichterung aufnahm, weil Prus auch an diese Seite der Dinge gedacht haben *mußte* (an die ich aber in der *Rückkehr von den Sternen* nicht gedacht habe). Ein Fehlen dieser Worte drängt zu Mutmaßungen, die der Gestalt bzw. ihrem Schöpfer Abbruch tun – tertium non datur. Realismus bedeutet nicht nur

Rechte, sondern auch Pflichten; die sexuelle Sphäre darf nicht unter eine Schweigeklausel fallen, wenn sie – und das ist ja in der *Lalka* der Fall – den Brennpunkt des Werkes bildet. Die Potenz läßt sich nicht für zwanzig Jahre suspendieren und dann, wenn Mendelssohns Marsch verstummt, wie ein Schwert aus der Scheide ziehen. Davon, daß der Held eine Serviette und nicht die Finger benutzte und daß er die Salons in Schuhen und nicht barfuß betrat, braucht man nicht zu reden, denn das versteht sich von selbst. Jenem Problem aber gebührte zumindest ein Hintertürchen, wenn nicht eine Beschreibung; indessen war Wokulski – da man schon erfahren hatte, daß er Frauen nicht über seine Schwelle ließ, daß er vor jeder, die bereitwillig war, flüchtete wie Joseph vor dem Weib des Potiphar – durch diese Ausschließungen derart von allen Seiten bedrängt, daß Prus ihm – und sei es nur mit drei Worten – zu Hilfe eilen *mußte;* es war schon Zeit! Würden wir Wokulski bei Dämmerung aus den Augen verlieren, hätte er etwas zu verbergen, so würde das hinreichen – als Indizien, denn wie ich einmal in der Auseinandersetzung mit einem amerikanischen Kritiker schrieb, ist der Rezensent kein Ankläger, sondern ein Verteidiger des Werkes, ein Verteidiger aber, der nicht lügen darf, dem es lediglich erlaubt ist, die Tatsachen im günstigsten Licht darzustellen. Folglich mußte auch Verne uns nicht die genauen Ausmaße der »Nautilus« und ihrer Salons unter die Nase reiben, doch wenn er das tat, mußte er auch an das Mannschaftslogis denken. Nachdem das gesagt ist, können wir zur Theorie übergehen.

II

Als Inkonsequenzen eines literarischen Werkes betrachten wir Verstöße gegen die Logik, d. h. Widersprüche im Sinne des Aussagenkalküls, antinomische Widersprüche im Sinne der semantischen Logik und Verletzungen der paradigmatischen Norm der Erzählung. Diese Verstöße oder Verletzungen müssen nicht a priori etwas Fehlerhaftes sein: so entstand

z. B. der Mensch durch eine komplexe Verletzung des Gattungsmusters des Uraffen.

Zur Erinnerung sei noch einmal gesagt, daß alles Paralogische und »Pataphysische« sich auf die Gattung bezieht, oder anders gesagt, daß in der Literatur die Natur der dargestellten und nicht die der realen Welt ausschlaggebend ist. Mit der obigen Einschränkung: Die Breite der funktionalen Amplitude reicht von der Inkonsequenz, die ein Werk konstruktiv begründet, über nichtkonstruktive, aber notwendige Inkonsequenz bis hin zu solchen, die es restlos zunichte machen. Am leichtesten sind logische und semantische Widersprüche zu bestimmen, da sie keine spezifisch literarischen sind.

In der Logik verstehen wir unter Widersprüchlichkeit das Verhältnis eines Aussagenpaares, von denen die eine der anderen widerspricht, aber auch die Eigenschaft einer Aussagemenge derart, daß aus dieser ein Paar von widersprüchlichen Aussagen abgeleitet werden kann. Widerspruchsfrei ist jene Menge, aus der sich keine Widersprüche ableiten lassen. Eine Antinomie besteht in einem Paar von Aussagen, die wir beide anzunehmen gezwungen sind. »Der Mensch ist ein Säugetier« und »Der Mensch ist kein Säugetier« ist ein Paar von widersprüchlichen, aber nicht antinomischen Aussagen. Die Antinomie nimmt uns die Freiheit der Ablehnung. »Ein Kreter sagte, daß alle Kreter lügen« ist eine Antinomie, da sie uns in den bekannten Teufelskreis führt.

Am interessantesten finde ich die konstruktiven Widersprüche. Eine der ehrgeizigsten Versuchungen für die Literatur besteht in dem Wunsch, es dem Herrgott gleichzutun in der Erschaffung von Welten, die keine plagiathaften Wiederholungen des göttlichen Produkts sind. Die Erschaffung einer »anderen Welt« beruht darauf, daß man konsequent bestimmte Inkonsequenzen begeht, oder anders gesagt, daß man von den empirischen Gegebenheiten in einer Weise abweicht, die sich zu einem System auswächst (das gewöhnlich innere Widersprüche aufweist – eine Eigenschaft, die je nachdem, welches Ziel der Künstler verfolgt, verborgen oder in den Vordergrund gestellt wird).

Dem angehenden Schöpfer stehen zwei Wege offen.

Entweder wandelt er einen (mindestens einen) grundlegenden Parameter der natürlichen Welt ab, d. h. er geht explizit vor (indem er beispielsweise die Eigenschaften der Zeit oder, wie wir sagen, der Entropie verändert). Oder der Schöpfer schweigt darüber, was er in welcher Weise abgeändert hat, und führt die Erzählung derart, daß die in ihr dargestellte Welt von der wirklichen abweicht und zugleich (eine sehr wichtige Bedingung!) mit keiner der üblicherweise erdachten Welten identisch sein kann. Das Repertoire solcher erdachten Welten umfaßt die Ontologien des Glaubens, des Märchens, des Mythos und des Traums. Am schwierigsten ist es, sich vom Traum zu lösen, denn er kann schließlich »alles« nachbilden – doch auch dagegen gibt es Mittel (Detailgenauigkeit, denn Traumgebilde sind zumeist nicht detailgenau; trockene Sachlichkeit, denn die Tiefen des Traums gehen auf die Aufstauung von Gefühlspotentialen zurück; großartige Ereignisse, die sich in der Unendlichkeit von Raum und Zeit vollziehen, denn das Blickfeld des Traums ist in der Regel eng usw.).

Der Leser ist, auch wenn er mit der Literatur vertraut ist, ein faules Geschöpf, und aus Trägheit versucht er, das Gelesene in jenem Teil der Genologie unterzubringen, der ihm zumindest einigermaßen vertraut scheint. Deshalb muß man ihn hartnäckig aus dieser Trägheit herausreißen. Denn nur, indem man immer wieder voreilige Zuordnungen ausschließt (schließlich geht es weder um einen Mythos, noch um ein Märchen, noch um einen Traum, noch um die Realität!), erreicht man, daß die literarisch geschaffene Welt als eine eigenständige erkannt wird. Diese Erkenntnis ist freilich nicht einfach herzustellen – gewöhnlich kommt sie erst nach einer langen Reihe von Kontakten zwischen dem weltschöpferischen Werk und den Lesern zustande. Auf dieses Problem will ich jedoch, da es zur Soziologie der Rezeption gehört, hier nicht eingehen.

Die offenkundige Veränderung grundlegender Parameter des Universums ist das gewohnheitsmäßige Geschäft der Science Fiction. Am besten erkennt man das in ihrer chronomotorischen Provinz. Durch eine Veränderung des Parameters der Zeit, eine Veränderung, die ihn umkehrbar macht, entsteht eine neues Universum, in dem der Logik entsetzliche Dinge zustoßen. Die tautologische Implikation: »Wenn Hans mit seiner Mutter verkehrt, ist Hans ein Blutschänder« büßt, obwohl sie analytisch ist, ihren Wahrheitswert ein, wenn Hans sich in die Vergangenheit begibt und zusammen mit einer fremden Frau sich selber zeugt. Weil sie nicht seine Mutter war, als er mit ihr verkehrte, war er kein Blutschänder. Ein Kosmos mit Chronomotion läßt, wie man sieht, geschlossene kausale Kreise zu, das heißt Wirkungen, die ihre eigenen Ursachen sind, und somit legitimiert er eine creatio ex nihilo.

Wozu kann eine derart starke Paradoxalität konstruktiv dienen? In der SF ist sie gewöhnlich autotelisch: sie wird herausgestellt, um den Leser zu schockieren. Im übrigen haben viele Autoren durch die Einführung zusätzlicher Hypothesen über das Wesen der Chronomotion die aus ihr folgenden kausal-logischen Paradoxien in dem Sinne zu rationalisieren versucht, daß die Welt, in der es Zeitreisen gibt, sich dennoch mit unserer Welt deckt, doch ist das niemandem gelungen und wird sicherlich auch niemandem gelingen.

Die Paradoxalität steckt nämlich in der innersten Struktur einer solchen Welt und kann im höchsten Falle geschickt camoufliert werden. Die Inkonsequenzen der Erzählung werden dann jedoch dazu benutzt, die grundlegende ontische Inkonsequenz der dargestellten Welt zu verschleiern. Was die SF auf diesem Teilgebiet betreibt, sind gerade solche formalen Spielereien. Anthropologisch haben sie wenig oder überhaupt keinen Sinn (denn außer der Verblüffung folgt schließlich nichts daraus, daß jemand sich selbst erzeugt, und dazu noch ex nihilo, sofern es ihm zwischen den einzelnen Ausflügen in der Zeit gelungen ist, sein Geschlecht zu verändern). Möglichkeiten einer anthropologischen Reflexion auf diesem Gebiet, die ja in den grotesken Anwendungen der Chronomotion stecken, werden von der SF vertan, die mit der sie kennzeichnenden Unreife (mit seltenen Ausnahmen) todernst sein möchte, statt ironisch oder satirisch zu sein. Bei einer der Reisen Ijon Tichys habe ich versucht, die Chronomotion für boshafte Zwecke einzuspannen, indem ich Tichy zum Direktor eines Instituts des 37. Jahrhunderts machte, dessen Ziel es ist, durch geeignete, auf die Vergangenheit gerichtete chronomotorische Interventionen die gesamte irdische Geschichte zu humanisieren, in ethischer und ästhetischer Hinsicht zu bessern und fortschrittlich zu machen. Weil jedoch im Institut selber Unordnung, Intrigantentum und Unfähigkeit herrschen, führt die Optimierung der Geschichte zu dem aus den Schulbüchern hinreichend bekannten Ergebnis. In der Hoffnung, daß mir niemand deshalb böse ist, füge ich hinzu, daß die »semantische Ausbeute« meiner »chronomotorischen Geschichtsphilosophie« in der Erzählung recht gering ist. Ich will damit sagen, daß man in die Erzählung sehr viel mehr Boshaftes über die Natur des Menschen und die Natur der Geschichte hätte hineinlegen können, als ich das getan habe. Ich erwähne das, um zu unterstreichen, daß allein die Struktur einer widerspruchsvollen, in diesem Falle chronomotorischen Welt mit der ihr eigentümlichen Topologie noch gar nichts entscheidet, abgesehen von der Unvermeidlichkeit kontraempirischer und antinomischer Zusammenstöße. Zu solchen Kollisionen muß es kommen, doch hängt es vom Schriftsteller ab, was er – bezogen auf den umfassenden Sinn seines Werkes – aus ihnen macht.

Vor dem Verlassen dieser ersten Region eines zugleich parametrischen und expliziten Weltschöpfertums ziemt es sich, einige Worte über das Schaffen Philip Dicks zu sagen, das eine Übergangssphäre zum Bereich der „normalen“ Literatur darstellt.

Dieser Grenzfall erfordert eine kurze Einführung. Die SF stellt das chronomotorische Universum nicht als ein existentiell von dem unseren getrenntes dar, sondern behauptet nur, wir seien bislang nicht zu den Techniken vorgestoßen, mit denen die in unserem Weltall latente Umkehrbarkeit der Zeit sich ausnutzen läßt. Es handelt sich um eine Inkonsequenz im Sinne einer gespaltenen Haltung innerhalb der Gattung, denn einerseits vertritt die SF eine programmatische Unterwerfung unter den Rationalismus und den naturwissenschaftlichen Empirisimus, verpflichtet sie sich also, nicht über den gegebenen Kosmos hinauszugehen, doch andererseits verwischt sie, durch ihre Ambitionen und unzureichende Bildung fortgerissen, die Grenze zwischen bisher noch nicht erkannten Eigenschaften *dieses* Weltalls und solchen Eigenschaften, die man dieser Welt nicht – und sei es auch nur mit einer Spur von Glaubwürdigkeit – zuschreiben kann.

An den Untiefen dieser Inkonsequenz, die so tut, als gebe es keinen Unterschied zwischen der Entdeckung unbekannter Merkmale der bekannten Welt und einem Herausgehen aus ihr in eine vollkommen erfundene Welt, stranden zahlreiche Werke der SF, weil der Kanon der Gattung verlangt, daß – gewöhnlich im Epilog – »wissenschaftliche Erklärungen« für die vorgefallenen Wunderdinge geliefert werden, und dabei verwickeln sich die Autoren in Widersprüche, denn die Wunder des Irrationalismus tun ihnen ebenso leid wie die Triumphe des Instrumentalismus. Irgendwie kommt es ihnen nicht in den Sinn, daß man ganz einfach eine veränderte Beziehung »Instrumentalismus – Ontologie« unterstellen muß, damit Techniken entstehen, die dem Sein Eigenschaften *verleihen,* die es überhaupt nicht besaß. Die Wissenschaft besitzt einstweilen keine Befugnis, dieses »pantokreative Postulat« anzugreifen oder zu verteidigen, ist ihm gegenüber also neutral. (Glaubensbekenntnisse können ihm gegenüber nicht neutral sein, da es eine Konkurrenz zum Schöpfer beinhaltet. Die Dogmen ließen sich allerdings in der Weise transformieren, daß sie dieses Postulat am Ende akzeptieren würden, was möglicherweise der Fall sein wird, wenn diese Technik, die heute noch ein Wunschtraum ist, Wirklichkeit wird.)

Das geschilderte Dilemma der SF kann man auch in der Weise überwinden, daß man nicht eindeutig sagt, was am Sein der Natur und was der Kultur entstammt (d. h. welche Elemente des »Seinsgemisches« von der Natura naturans und welche von der Natura transformata geschaffen wurden). Man verfällt dadurch in andere Inkonsequenzen, die allerdings insofern weniger tadelnswert sind, als ihre konstruktive Bedeutung für die Vision dann vorrangig, also zumindest gerechtfertigt wird. Gerade Philip Dick befaßt sich mit einem Weltschöpfertum, das die Unterscheidung zwischen Fakten und Artefakten der Existenz hinfällig macht. Seine Welten erzeugen ein breites Spektrum von Alpträumen, und gemeinsam ist ihnen ein fortschreitendes Ineinanderwachsen von Wachbewußtsein und Phantasie, das insofern verhängnisvoll ist, als die Tatbestandsdiagnosen (ob es sich um den Wachzustand oder um eine Erscheinung handelt) scheinbare Gewißheit erlangen, nur um desto grausamer zusammenzubrechen.

Die Dominante von Dicks Welten ist das Element des Zerfalls, ist eine gleichsam monströs beschleunigte, blindlings dahintreibende Entropie, die sogar die Zeit verschlingt, und bei einem Großteil der Werke Dicks stellt jedes Buch eine andere Realisierung der lawinenartig fortschreitenden Agonie dar.

Mit jener ellenlangen Liste von Weltuntergängen, die von der Science Fiction auf ärgerliche Weise erweitert wird, hat das nichts zu tun. Es geht nicht darum, daß die Sonne explodiert, die Erde verbrennt, platzt oder untergeht, daß die Menschen ihre Fruchtbarkeit, den Platz zum Leben oder die Luft zum Atmen verlieren, daß sämtliche Bomben hochgehen usw. Es geht vielmehr darum, daß der Zerfall in der Natur der Dinge liegt, daß er sich wie eine Pest ausbreitet, weil die Welt eben so ist, und nicht, weil die Marsbewohner vorm Fenster stehen, weil Viren anklopfen usw. Im Grunde verleiht Dick den allmählich wirkenden, verborgenen und deshalb im Alltag unmerklichen Entropietendenzen der Welt nur eine monumentale Wucht, eine bedrohlich (aber auch ungeheuer komisch) erscheinende Beschleunigung, die in jenes zerstörerische Spiel mündet, das im Laufe der Handlung ständig an Tempo gewinnt, und er verleiht diesen Tendenzen außerdem zivilisatorische Instrumente (Halluzinogene, telepathische Verfahren usw.). Bedenkt man, wie sehr unser Glaube an die Vollkommenheit, d. h. an die Gutartigkeit des instrumentellen Fortschritts schon zerbröselt ist, scheint Dicks Idee eines krebsartig anschwellenden Zusammenwachsens von Natur und Kultur, von Fundament und Instrument keine bloße Phantasmagorie zu sein.

Dicks Welten scheint die Vision eines zwar intentionslosen, das heißt unpersönlichen Kosmos zugrundezuliegen, der seinen Bewohnern weder gut noch böse will, der aber dennoch parteiisch ist, da er die Eigenschaften einer Falle hat, die der praktischen Vernunft gestellt ist – einer Falle, die es der Vernunft erlaubt, ihre Materie zu beherrschen, aber so, daß es am Ende immer auf Pyrrhussiege hinausläuft. Es handelt sich um eine Falle mit verzögerter Wirkung, die die Prometheusse zunächst mit Gnaden überhäuft und erst in schwindelnder Höhe, wo es keine Umkehr mehr gibt, über ihnen zuschnappt, so daß sie nicht einmal wissen, ob das Scheitern an ihrer Unfähigkeit liegt oder ob es unausweichlich war. Man pflegt das Scheitern der Zivilisation in falscher und verengter Weise mit dem Rückfall in eine vergangene geschichtliche Phase, etwa in die Phase des Höhlenlebens oder des animalischen Daseins, gleichzusetzen, doch bei der mir vorschwebenden Vorstellung handelt es sich um eine auf der erreichten Höhe monströs werdende Entwicklung, die sich auf nichts Natürliches mehr berufen kann, weil Natur zu einem anachronistischen Begriff geworden ist. Schließlich ist es ja möglich, daß die durch eine immer umfassendere Beherrschung der Phänomene verliehene Macht bloß eine Karikatur des instrumentellen Ideals ist, daß es aber zugleich auf dem eingeschlagenen Wege eine Rückkehr nur noch über den Gipfel gibt, den man erreichen muß – und zwar nicht etwa aus freien Stücken, sondern aufgrund der Trägheit, mit der die zivilisatorische Entwicklung sich fortsetzt. Die allgemeinen Formeln einer solchen Naturphilosophie können inhaltlich mit unterschiedlichen Vorstellungen ausgefüllt werden. Ob gerade diese Vision – die Vision eines Sumpfes der Erkenntnis – Dick bedrängt, ist schwer zu sagen, denn allzu gut ist es ihm gelungen, seine Chaosse zu entfesseln, und obendrein hat er sie noch im Fieberwahn versinken lassen. So weiß man denn auch nicht, was daran Resultat von sich selbst überlassenen oder krebsartig wuchernden Techniken und was daran wahnhafte Einbildung eines unter der Bürde der Existenz paranoid gewordenen Geistes ist.

Dick ist nicht ein Führer durch seine Welten, sondern macht eher den Eindruck, als habe er sich in ihnen verirrt; seine Romane sind holprig, machen halluzinatorische Sprünge, sind mit kitschigen und melodramatischen Elementen durchsetzt, die das Mysteriöse zur Mystifikation und das

Drama zum Abenteuer machen. Trotz dieser Mängel scheinen sie jedoch Wahrheit zu enthalten, sofern es wahr ist, daß der zivilisatorische Fortschritt den existentiellen Fortschritt nicht gewährleistet und das geschichtliche Verhältnis zwischen beiden sich unabhängig vom Menschen ändern kann. Trotz ihrer zahlreichen Mängel sind diese Romane visionär, denn sie gestatten es, die Parole vom »Zukunftsschock« mit konkreten Erlebnissen auszufüllen (natürlich nicht im Sinne einer Prognose, sondern nur im Sinne eines verblüffenden Andersseins).

Wir haben Dicks Methode der Weltschöpfung skizziert, die in manchem mit der Aleatorik verwandt ist und Kategorien, die der gesunde Menschenverstand immer auseinanderzuhalten gebietet, miteinander verschmelzen läßt. Das aus der wissenschaftlich genannten Phantastik erwachsene Weltschöpfertum trägt deren Stempel insofern, als es auf den Szientismus und den Instrumentalismus zurückgeht. Der Weg, den die Science Fiction zurückgelegt hat, ging – um es abgekürzt zu sagen – von der Inzucht über eine wegen schlechter Auslese geringwertige Hybridisierung bis hin zu neuen exogamen Verbindungen. Er verlief nämlich von der Liebhaberei selbstüberheblich schwätzender Ingenieure über naive Versuche einer Utopie und den Schematismus kosmisch aufgeblähter amerikanischer Karrieremythen bis hin zur heutigen Märchenschreiberei, die aus anachronistischen und infantil brutalisierten Machtträumen besteht, wobei diese geistig nichtssagenden Faseleien, mit dem Abhub von Expressionismus und anderen Parnassismen durchtränkt, sich nach außen mit der Kruste eines kollektiv entwickelten pseudowissenschaftlichen Jargons zieren. Daher läßt sich schwer sagen, was besser ist – die frühere Inzucht oder die heutige Anmaßung. Obwohl die Verbindungen der SF zur Sphäre der Erkenntnis immer unsicher und mit possenhaften Mißverständnissen behaftet waren, wollte sie doch, auch wenn sie taub war, auf die Wissenschaft hören, und dadurch wurde sie – allerdings hinkend – in die Zukunftsproblematik hineingezogen, doch eines hat sie wohl richtig erfaßt, nämlich, daß der technologische Faktor aus der Zivilisation, mit der er auf Leben und Tod verwachsen ist, nicht mehr zu beseitigen ist. Allerdings kommt die abgeschmackte Art, in der die SF diese Tatsache verkündet, nicht gerade ihrer Glaubhaftigkeit zugute – doch heute ist die Aufgabe, diese Tatsache auszusprechen, einfach von der Welt, in der wir leben, übernommen worden. Wenn man (ich lästere) über künstlerische Probleme hinwegsieht, bleibt diese Orientierung eine Errungenschaft der SF, denn das Eindringen sich verselbständigender Instrumente in die Kultur wird von Dauer sein, und ein literarisches Thema, das eines auf die Technik zurückgehenden Koeffizienten entbehrt, wird sich früher oder später als ein reines Märchenthema erweisen.

Hingegen hat jener Trend in der Weltschöpfung, der mit Kafka einsetzte und im Antiroman sowie verwandten kreativen Formen seine Fortsetzung fand, sich quasi für immer von einer solchen Haltung gelöst. Das liegt nicht nur daran, daß die Autoren der beiden Bereiche radikal verschiedene Interessen oder Weltanschauungen haben, sondern auch daran, daß der Kreation zumindest anfangs sehr unterschiedliche Aufgaben gestellt wurden. Das Weltschöpfertum, dessen Vorläufer Kafka war, errichtet eine autonome Wirklichkeit als eine unerläßliche Voraussetzung seiner Aussage. Die Welt dieser Fiktion erhebt nicht einmal den geringsten Anspruch, mit der Realität identisch zu sein, aber sie ist in ihrer Substanz auch keine bloß mentale – wie ein Traum oder ein Trugbild – und eigentlich läßt sich ihr ontischer Status nur bestimmen, indem man auf Begriffe der Informatik zurückgreift: es geht darum, das Sein in einer Weise darzustellen, die insgesamt zum Signalisationsapparat wird, der auf eine bestimmte Übermittlung eingestellt ist – ein solcher Apparat ist deshalb notwendig, weil die Übermittlung sich mit einem anderen, existentiell weniger eigenständigen Mittel nicht kommunizieren läßt. Es handelt sich also um eine bedeutungstragende Welt, die aber nicht unbedingt eine allegorische sein muß, denn über der Welt der Allegorie erstreckt sich – gleichsam wie der Himmel über der Erde – das System ihrer Bezüge in der Realität; im Idealfall besitzt die Allegorie einen Schlüssel, der ebenso präzise funktioniert wie der Schlüssel zu einer Chiffre, und indem man ihn anwendet, kann man allen wesentlichen Elementen ihrer Fiktion entsprechende Dinge,

Erscheinungen oder Kategorien zuordnen. Nun ist aber durch Kafka schon das Prinzip einer solchen Aufteilung (zwischen der Erde – dem allegorischen Gebilde – und dem Himmel – der Konstellation seiner Bezüge) hinfällig geworden. Zuweilen heißt es, diese Art der Weltschöpfung ermögliche die Konstruktion von Modellsituationen, und es verhalte sich damit ein wenig wie mit dem Experiment, für das außergewöhnliche Bedingungen einer vollständigen Isolation, ganz bestimmte künstliche Grundlagen und künstliche Ausgangs- und Randbedingungen unerläßlich sind. Man kann auch sagen, daß es um eine Welt geht, die einmalig dafür und nur dafür geschaffen wird, daß in ihr etwas geschieht und dieses Geschehen zusammen mit dieser Welt die Funktion eines Kommunikats erfüllt. Man kann aber ebensogut behaupten, daß die Autonomie dieser Schöpfung noch weiter geht und wir nicht irgendein Welt-Kommunikat vor uns haben, sondern einfach eine fiktive Wirklichkeit von größtmöglicher Eigenständigkeit. Ich gebe diese letztere Auffassung loyalerweise wieder, auch wenn ich nicht mit ihr übereinstimme, da ich überzeugt bin, daß eine wirklich vollkommene Eigenständigkeit, sofern sie erreichbar ist, auf völlige Unverständlichkeit hinausläuft und den Sinn des Vorhabens zunichte machen muß.

Da wir schon ungefähr wissen, um was es bei dieser Entwicklungslinie der Literatur geht, wollen wir die Frage anschneiden, wie es bei ihr mit der Handlung aussieht. Eigentlich habe ich darüber schon in dem Essay geschrieben, in dem Tzvetan Todorovs Theorie der Phantastik kritisch dargestellt wird, und ich möchte das dort Gesagte nicht wiederholen. Deshalb nur der Ordnung halber und ganz knapp: Die Pragmatik dieser Schöpfung muß gleichzeitig zwei Dinge im Auge haben. Sie muß dem Leser klarmachen, daß die dargestellte Welt kein Teil der ihm bekannten relaen Welt ist, und sie muß ihn zu diesem Zweck sukzessive an jener Orientierung hindern, die aus Trägheit natürlicherweise dazu neigt, das Gelesene in der Weise eindeutig zu machen, daß wir von einer Vertrautheit von Ort und Zeit sprechen können. Zugleich dürfen die Mittel, die den Leser an einer bequemen Orientierung innerhalb dieser vertrauten Welt hindern, ihn nicht vollständig betäuben und dermaßen verwirren, daß er ganz einfach die Fassung verliert und entweder das Buch ärgerlich beiseitelegt oder aus Snobismus blindlings den Experten vertraut, die ihm versichern, daß es sich um ein bedeutsames und vortreffliches Werk handele. Die Wirkung des Textes beruht darauf, daß er dem Leser Hinweise liefert, die ihn in verschiedene, aber nicht gleichzeitig nachvollziehbare Richtungen lenken. Man kann diese Wirkung beispielsweise an der *Verwandlung* überprüfen. Die Sache beginnt wie eine realistische Milieuschilderung, bis sich der Held, Gregor Samsa, in einen Käfer verwandelt; ginge es um ein konventionelles Märchen oder gewöhnliche wissenschaftliche Phantastik, so könnte man sich vorstellen, wie die Verwandten des Verwandelten reagieren – sie müssen ja überrascht sein und angesichts der Gefahr, daß jemand Aufnahmen machen könnte, um Hilfe suchen (im Märchen beim Zauberer, in der SF bei den Wissenschaftlern), doch nichts dergleichen geschieht; wie wir sehen, folgt auf eine »Inkonsequenz« (die Verwandlung in einen Käfer) die nächste: die Umgebung verhält sich »nicht, wie sie sollte«. Der Text muß – das verdient hervorgehoben zu werden – seine Autonomie an zwei Fronten aktivieren: gegenüber dem naiven Realismus, jenem felsenfesten Fundament der Alltäglichkeit, und gegenüber den bereitstehenden kulturellen Mustern des Mythos, des Märchens, der religiösen Legende usw.

In einem Werk, das nicht die Absicht verfolgt, eine eigene Welt zu schaffen, spielen Inkonsequenzen eine ganz andere Rolle als dort, wo sie für ein Werk konstitutiv sind. Als Beispiel mag die ziemlich unbedeutende kleine Novelle *Die Brille* von E. A. Poe dienen, in der ein kurzsichtiger Jüngling, der jedoch aus Eitelkeit keine Brille trägt, sich auf den ersten, verschwommenen Blick in eine Dame verliebt, die er im Theater gesehen hat; er will sie um jeden Preis heiraten, und nach der Hochzeit setzt er auf ihr Drängen hin die Brille auf. Es stellt sich heraus, daß die Dame seine aus Frankreich herbeigereiste Ururgroßmutter ist, daß die Personen aus der Gesellschaft, die bei der Hochzeit behilflich waren, lediglich eine Komödie der Verwirrung veranstalteten, und diejenigen, die nichts davon wußten, in dem Glauben waren, das

Entzücken des jungen Mannes gelte der Begleiterin der alten Dame, ihrer bildhübschen Verwandten. Die Erzählung wimmelt nur so von Inkonsequenzen: Warum, wenn er schon so schlecht sah, bezauberte ihn eigentlich eine fremde Frau, und das noch über die ganze Breite des Zuschauerraums hinweg? Wenn er sich an ihrem Bild auf der ihm überreichten Miniatur sehr wohl ergötzen konnte – warum hat er dann nicht aus ebenso geringer Entfernung das Gesicht der uralten Geliebten beim Tête-à-tête richtig erkannt? Wie konnte er, wenn er so verliebt war, kaum, daß er die Brille aufgesetzt hatte, ausrufen: »Du alte Hexe!«? Doch diese physiologischen, psychologischen und situativen Widersprüche waren natürlich notwendig, denn ohne sie wäre das ganze Quiproquo nicht entstanden. Die Erzählung stolpert über diese Widersprüche, doch bedeutsamer wird wohl der Hinweis sein, daß es – und hätte sie es auch noch so geschickt verstanden, sie zu umgehen – am Ende immer darum gehen wird, sie zu verschleiern und dadurch unsichtbar zu machen. Dagegen sind die Inkonsequenzen eines Werkes wie *Die Verwandlung* anderer Art: Wenn Poes Werk eine gewisse Wirkung *trotz* seiner Widersprüche erzielt, so entsteht Kafkas Werk *dank* ihrer. Während es sich im ersteren Fall eigentlich um „scheinbare Inkonsequenzen" handelt, die vom Leser verlangen, daß er ihnen einen Vorzugstarif einräumt, daß er bei ihnen ein Auge zudrückt, scheuen die Widersprüche im letzteren Fall keine Überprüfung, ja, sie *müssen* sogar deutlich erkannt werden, denn demjenigen, der sie nicht wahrnimmt, sagt die *Verwandlung* nicht das, was sie sagen soll. Eine durch Widersprüche der Wahrnehmung realisierte Weltschöpfung findet ihre Entsprechung in den optischen Täuschungen. Wenn man das Innere eines Experimentierraums derart gestaltet, daß das Auge das Gesehene nicht eindeutig zusammenfügen kann, wird der Betrachter sehr unsicher. Man kann die Wände, Fenster und Türen derart gestalten, daß sie den Gesetzen der optischen Perspektive widersprechen. Während der Raum eine deutliche Trapezform hat, erscheint er dem Betrachter dennoch vom Eingang her als quadratisch. (Weil man die dem Beobachter näher stehenden Gegenstände übertrieben klein macht und die ferneren mit Absicht vergrößert, liefern sie dem Auge täuschende Daten über ihre wirklichen Proportionen.) Von zwei Menschen, die in entgegengesetzten Ecken eines solchen Raums stehen, erhält der Betrachter den Eindruck, der eine sei ein Riese, der andere ein kleiner Zwerg. Kennt er dagegen diese Personen und weiß er somit, daß sie von normalem Wuchs sind, dann vollzieht er reflexartig eine Korrektur ihrer Größe, doch erfährt dann der ganze Innenraum, den er sieht, eine beunruhigende Verwandlung. Die Decke hängt krumm herab, die Fenster- und Türrahmen werden schief – eine Stabilisierung des Bildes wird schier unmöglich. Der Betrachter schwankt zwischen der Auffassung, es handele sich um einen Riesen und einen Zwerg in einem gewöhnlichen Raum, und der Auffassung, er habe es mit zwei normalen Menschen in einem unwahrscheinlichen Raum zu tun. Das Resultat ist ein Gefühl, als hätten die Gesetze, denen das Gesehene gemeinhin unterliegt, sich geändert, als könne es nicht ein Bestandteil der gewöhnlichen Welt sein.

Die Konstruktion von Texten, welche eine vollständige Autonomie gegenüber der Realität vorgeben, beruht gleichfalls auf einer Verletzung der gewöhnlichen Maßstäbe unserer Rezeption – nur daß es hier um die semantischen und nicht um die optischen Maßstäbe geht.

Die Widersprüchlichkeit des Textes ist indessen eine kontinuierlich abstufbare Eigenschaft. Sie kann daher bei den Werken eines Autors von Mal zu Mal stärker werden. Die späteren Werke von T. Parnicki weisen in dieser Hinsicht einen zunehmenden Gradienten der Widersprüchlichkeit, eine eigentümliche Eskalation der Widersprüche auf.

Hinsichtlich der »rezeptiven Widerstandsfähigkeit« gegen die Dosis der applizierten Widersprüche unterscheiden sich die Leser sehr stark untereinander. Deshalb haben ein und dieselben Kritiker, die den früheren Romanen Parnickis ihre Anerkennung aussprachen, diese seinen Spätwerken zuweilen versagt – obwohl seine kreative Methode sich grundsätzlich nicht veränderte, sondern lediglich verstärkte.

Dem ist noch hinzuzufügen, daß gemeinhin der Unterschied zwischen Absurdität und Nonsens nicht berücksichtigt wird. Eine Absurdität ist ein widersprüchlicher, aber sinnvoller Ausdruck (Maria ist eine kinderlose Mutter), denn man kann verstehen, worum es dabei geht, so sehr es sich auch um eine Unmöglichkeit handeln mag. Ein Nonsens ist ein unzusammenhängender Ausdruck, der keine Kohärenz besitzt und keine bekommen kann und daher unverständlich ist. Man kann sagen: »Credo quia absurdum est«, denn man kann an das wunderbare Nebeneinanderbestehen von Widersprüchen glauben (ohne ein Wunder zu sein, treten Widersprüche bei Reisen in der Zeit auf). Hingegen kann man nicht an Nonsens glauben, d. h. an etwas, was man nicht begreift.

Während es nun einfach ist, bei einfachen Sätzen und der geringen Zahl ihrer Konjunktionen zwischen Absurdität und Nonsens zu unterscheiden, kann sich bei Werken, die in logischer Hinsicht aus sehr langen Konjunktionen von Sätzen bestehen, eine solche Unterscheidung als undurchführbar erweisen. Kafka, der am Anfang dieser Richtung der Belletristik stand, hat jedenfalls den Text selbst nicht sehr stark mit Widersprüchen beladen, sondern er hat vielmehr, soweit es um die Bedeutung von großen Fragmenten seiner Texte geht, miteinander kollidierende Auslegungen gleichermaßen legitimiert. Der Weg, der von Kafka zu Parnicki führt, ist ein allmählicher Übergang von einem kreisförmigen zu einem verwickelten Labyrinth.

III

Nun einige Worte zur Typologie solcher Inkonsequenzen des Textes, die wir am liebsten als konstruktive Widersprüche bezeichnen würden. Wir wissen bereits, daß der Schriftsteller außer den konstruktiven auch verschleierte Widersprüche benützt, die – wie bei Poes *Brille* – der Aufmerksamkeit des Lesers entgehen sollen, denn wenn sie ihr nicht entgehen, werden sie leicht umgedeutet in störende Inkonsequenzen, in gewöhnliche Symptome erzählerischer Unfähigkeit. Die traditionelle Literatur kannte nur diese letzteren, und nur von ihnen sprach Goethe (den Zgorzelski in Nr. 6 der »Teksty« zitiert), denn dem deutschen Olympier ging es vor allem darum, sie zu rechtfertigen, wohingegen die moderne Literatur scheinbare Widersprüche zu Hauptträgern der weltschöpferischen Kreation avancieren ließ.

Die für den Schriftsteller brauchbaren Inkonsequenzen können unterschiedlich stark sein. Am stärksten sind Widersprüche im Sinne der Logik oder der logischen Semantik. Schwächere entstehen aus einer Äquivokation. Am schwächsten sind schließlich Widersprüche kultureller, d. h. außerlogischer Natur. Sie seien der Reihe nach, wenn auch nur kurz, vorgestellt.

Semantische Widersprüche finden wir häufig in der Dogmatik religiöser Glaubensgemeinschaften. Figuren kontradiktorisch paradoxaler Syllogismen, die in sprichwörtlicher Kürze etwas Absurdes ausdrücken, spielen etwa im Zen-Buddhismus eine weit bedeutsamere Rolle als Widersprüche im Christentum – obwohl es daran auch im Christentum nicht mangelt, denn es ist beispielsweise ein Widerspruch, wenn gesagt wird, drei Personen seien eine Person.

Die Struktur eines (etwa dank der Religion) eingeschliffenen Paradoxons kann ebenso wie die Struktur eines absurden Kinderreims als kreative Matrize dienen, weil uns beide unauslöschlich ins Gedächtnis eingeprägt sind, so daß selbst dann, wenn sie nur als ein undeutliches Echo evoziert werden, eine eigentümliche emotionale Resonanz entsteht (Milosz sprach in diesem Zusammenhang von dem »Magischen«, das in jeden Text einfließt, der in Form eines Kinderreims gestaltet ist). Wir wollen auf solche Einzelheiten nicht näher eingehen, denn wir befassen uns nicht mit der Strategie der Schöpfung, sondern nur mit einigen ihrer Instrumente. Gleichwohl erscheint der Hinweis unumgänglich, daß die Schriftsteller das Instrument des Widerspruchs nicht bewußt einsetzen, daß sie nicht mit gewissermaßen planmäßiger Perfidie nach Verstößen gegen den Sinnzusammenhang des Textes suchen. Eine auf Antinomien zielende Taktik kann der Schriftsteller nicht mit derselben Berechnung einsetzen wie etwa der Heerführer in der Schlacht, denn dieser kann sich im Hinblick auf die bestehende Schlachtordnung der angetretenen Heere täuschende Listen einfallen lassen, während für den Schriftsteller diese Schlachtordnung erst unter seiner Feder ensteht, wächst und – je nachdem, ob es ihm schlecht oder gut gelungen ist – Trägheit oder Autonomie erlangt.

Der Vorgang des Schaffens ist, um es kurz zu sagen, nicht vollständig rationalisiert, und während es mit Hilfe der Theorie möglich ist, retrospektiv das Organisationsprinzip eines Werkes zu entdecken, hilft sie doch denjenigen, die das noch unbeschriebene Papier vor sich haben, keineswegs.

Die *logischen* Widersprüche, die von allen erdenklichen Widersprüchen die stärksten sind, besprachen wir bereits am Beispiel der »chronomotorischen« Science Fiction. Davon, daß sie eine konstruktive Rolle spielen, kann man kaum sprechen – eher findet man sie in Witzen, Paradoxien, Aphorismen, also in kleinen Formen, als in der typischen belletristischen Erzählung. Das liegt eben daran, daß sie »sehr stark« sind, dadurch die Aufmerksamkeit auf sich lenken und sich somit schlecht dazu eignen, Dienste für andere (nämlich nicht-paradoxale) Zwecke zu leisten.

Eine Erzählung kann außerdem andere Arten von Widersprüchen nutzen, die sowohl gegenüber den logischen als auch gegenüber den semantischen Widersprüchen, die wir bisher erwähnten, schwächer sind.

Das können etwa Widersprüche zwischen literarischen Poetiken sein, die einander kulturell ausschließen, so wie es etwa ausgeschlossen ist, daß man jemanden mit einem Kuß auf beide Wangen begrüßt und ihn gleichzeitig gegen das Schienbein tritt. Sollte es jedoch zu einer solchen Ausschreitung kommen, so würde sie – eben dadurch, daß sie in keinem der bereitstehenden Fächer sittlichen Verhaltens unterzubringen wäre – zu einem besonderen Zeichen, das innerhalb des Werkes einen nicht alltäglichen Sinn trägt (Swidrygajlows berühmter Biß ins Ohr gehört hierher). Kulturelle Widersprüche sind ganz einfach Verhaltensweisen oder Aussagemodalitäten, die, weil sie »unannehmbar« sind, nicht nachvollzogen werden können. Wenn eine Beschreibung sich einer lyrischen Poetik bedient, dann nicht einer skatologischen; wenn sie die Tugend schildert, dann nicht auf eine verunglimpfende Weise usw.

Das sind offensichtlich außerlogische Widersprüche, die

auf entsprechende Verbote im praktischen Leben und Normierungen innerhalb der Literatur zurückgehen. Sie entstehen aus einer Wertehierarchie und tabuistischen sozialen Normen sowie aus einem geschichtlich entstandenen System der schöpferischen Pragmatik. Doch wir kennen in der Belletristik bereits den modalen »Inzest«, der schockiert und gerade dadurch auf sich aufmerksam macht. Dadurch wird die erhabene Vulgarität, der Stil eines pathetischen Hymnus in einer pornographischen Darstellung (vgl. die Bücher Henry Millers) oder die Entwicklung von edlen, programmatisch philosophischen Rechtfertigungen für die abscheulichsten Entartungen bis hin zur Koprophagie, die Formulierung eines kategorischen Imperativs für die kriminelle Perversion (bei de Sade) so eindrucksvoll.

Wir haben somit die folgende Typenhierarchie: Die stärksten Widersprüche – die *logischen* – sind ein Instrument der Schöpfung von Spezialisten, ein Instrument, durch das Absurdität hervorgerufen wird (die entweder scherzhaft als Paradoxie oder auch »ernsthaft« als »wissenschaftlich begründete« Chronomotion in der SF dargestellt werden kann). *Semantischer* Widersprüche bedienen sich die Schriftsteller auf breiter Front, denn sie erzeugen ein Labyrinth von Bedeutungen, das, wenn man es durchmißt, eine eigentümliche Aura des Geheimnisvollen schaffen kann. Durch ihre Verwendung erhält man deshalb ein modernes Pendant des Mythos, denn der Mythos ist ein Spiel ohne Gewinnstrategie – in demselben Sinne, in dem es für Herrn K. im *Prozeß* keine solche Strategie geben kann. Hier wie dort vollzieht sich ein Wettkampfspiel zwischen Partnern, die an Kräften und an Wissen ungleich sind – der eine ist immer unergründlich wie der Gott Augustins, der andere immer den geheimnisvollen Intentionen des ersteren ausgeliefert. Die eine »Mimikry des Mythos« schaffende Rolle des Widerspruchs beruht darauf, daß er den Leser auf den Spuren der Handlungsfiguren in einen unüberschreitbaren circulus vitiosus hineinführt.

Und schließlich haben wir die schwächsten erzählerischen Widersprüche in Gestalt eines Amalgams von Poetiken, die einander bislang abgestoßen haben; sie werden heute besonders intensiv ausgebeutet.

Das Durchbrechen der Schranken zwischen bislang unvermischten Poetiken hat bereits zu neuen Konventionen geführt. Diese auf Antinomien zielende Strategie ist besonders aggressiv, denn wer in diesem Sinne arbeitet, muß ständig nach neuen Opfern in Gestalt noch nicht vergewaltigter Poetiken suchen, da die Wirkung einer jeden »Verkommenheit«, eines jeden »Inzests« rasch verfliegt, so daß sie denn auch nur den Werken, die den Stellenwert von Vorläufern haben, einen gewissen Ruf verschafft. Die Maxime dieser Art von schriftstellerischem Schaffen lautet deshalb: »Erreichen, was bislang noch niemand zu erreichen vermochte«.

Weil aber die Schockwirkung des Zusammenstoßes von Poetiken, die im ästhetisch-kulturellen Raum am weitesten voneinander entfernt sind, äußerst langsam verfliegt, ist ein solches Vorgehen beherrscht von den Gesetzen der Eskalation und einer damit verbundenen Inflation der Bedeutungen und dadurch der Werte, ist es beherrscht von Gesetzen, die immer offenkundiger eine paradoxe Wirkung entfalten, weil aus der Zerstörung von Werten andere Werte entstehen, nämlich die traditionellen.

Die zu beobachtende Intensivierung solcher Unternehmungen, das Suchen nach etwas Reinem, das noch nicht entjungfert wurde, hat vor unseren Augen sogar schon die unschuldigen Kindermärchen erfaßt, die man zu Pornographie umgearbeitet hat.

Die führende Stellung nimmt auf diesem Gebiet die *Geschichte der O* von Pauline Réage ein, ein eigentümliches Pendant zu den Werken de Sades, aber auch etwas mehr als nur eine masochistische Hälfte, die man an die sadistische angesetzt hat – an jene Hälfte, die aus dem Werk des berüchtigten Marquis besteht. Denn es ist auch die Geschichte einer großen Liebe, die noch gesteigert wird durch die Größe der Erniedrigungen, welche die O von dem Geliebten erfährt. Jene Gestalten de Sades, die zum libertinischen Glauben bekehrt wurden – wie das unschuldige Mädchen aus der *Philosophie im Boudoir,* das sich mit der für frisch Bekehrte typischen Beflissenheit der Ausschweifung hingibt – büßen gleichzeitig alle höheren Gefühle ein. Bei der Heldin von Pauline Réage wird dagegen die Liebe (nicht das

Begehren) um so stärker, je schändlicher der Geliebte sie prostituiert. Die Erniedrigung kennt keine Grenzen; die als Symbol der totalen sexuellen Abhängigkeit der Heldin befohlenen und von ihr ausgeführten Handlungen – etwa das Spreizen der Schenkel selbst während des Schlafes – machen sie zu einem Eigentum, das den verachtungsvollen Eigentümer liebt. Der Roman enthält wohlgemerkt nicht allzu viele Obszönitäten, und diejenigen, die für den Gang der Handlung notwendig sind, werden eher besprochen als beschrieben. Das Werk macht tatsächlich die Möglichkeit glaubhaft, daß die sogenannten höheren Gefühle aus dem hervorgehen, was wir für die äußerste Erniedrigung halten. Es ist im übrigen auf eine sehr banale Weise ein antiveristisches Werk. Ein Mädchen, das so unablässig wie die O malträtiert wird, könnte nicht, mit Wunden und Narben übersät, ein attraktives Objekt für Lord Stephen sein, einen verfeinerten Dandy, der den perversen Kopulationen eine ästhetische Kontemplation vorausgehen läßt (worin sich übrigens auch eine raffinierte Dissonanz der Poetiken äußert). Wäre nicht dieses unausgesetzte Wunder, dank dessen die Heldin unversehrt durch die Peinigungen hindurchgeht wie ein Fakir durchs Feuer, so würde der Roman aus der Atmosphäre eines Boudoirs in die Atmosphäre eines Lagers abrutschen, würde er den leider allzu wahren Alptraum des Sprechzimmers eines Doktor Mengele darstellen. Die Phönixnatur der Heldin ist eine notwendige Unmöglichkeit, denn es geht um die psychische Wirkung der ihr zugefügten Qualen und nicht um deren physiologische Folgen, die das subtile psychologische Spiel stören würden. Die Autorin möchte nämlich auf das Ästhetische durchaus nicht verzichten – im Gegenteil: der ästhetische Kanon soll so umfassend sein, daß die Fornikationen samt ihrem geistigen Beiwerk vorgeführt werden wie Juwelen auf Samt. Es geht also auch um eine kompositorische Absicht, denn der Abstand zwischen den Poetiken – der lyrischen und der sodomistischen – bereichert das Werk um kontrastierende Töne. De Sade war auf andere, unabsichtliche und außerästhetische Weise inkonsequent; seine skatologische Erzählung, die in eine sachlich dürre Aufzählung ausartet, wer, wie, auf welchem Weg, mit wem und wie oft, unterbrechen gelehrte Orationen keuchender Koprophagen, die theoretisch begründen, was sie gemacht haben und gleich noch einmal machen werden ohne Rücksicht auf die situative Wahrscheinlichkeit und die ungewollt komische Wirkung rhetorischer Schaustellungen über einer Kloake. Das Ästhetische erfüllt bei de Sade die Funktion einer Zutat, das Schöne kommt deshalb vor, damit das Verbrechen sich gebührend geehrt fühlt, das Ästhetische ist – wie alle übrigen Accessoires der Orgie – dazu da, in Stücke gerissen zu werden, und außerdem war de Sade talentlos und verdankte seine Ausdruckskraft weniger der künstlerischen Gestaltung als vielmehr der wütenden Raserei der Perversion. Gerade das macht die *Geschichte der O* noch anstößiger. Sie ist allerdings eine Ausnahme von der Regel, denn die Kuppelei zur Promiskuität von traditionell unbefleckten Poetiken vermittelt gewöhnlich anstelle eines Wertsurrogats einen Schock.

IV

Was sind konstruktive Inkonsequenzen der Literatur? Es sind Werte, die zugunsten anderer Werte geopfert werden. Da eine vergleichende Axiometrie nur ein Hirngespinst von einigen Fanatikern des erkenntnistheoretischen Optimismus ist, läßt sich nicht messen, ob derartige Opferhandlungen sich lohnen. Wie wir gesehen haben, sind die schöpferisch fruchtbarsten Inkonsequenzen darauf gerichtet, eine Welt zu schaffen. Zugleich sind jedoch kaum theoretische Arbeiten zu finden, die sich mit ihren funktionalen Besonderheiten befassen, und zwar, wie ich glaube, deshalb, weil die Literaturwissenschaft gegenwärtig dem Zauber der exakten Wissenschaften erlegen ist, denen sie in ihrer Präzision der Forschung und ihrem programmatisch wertfreien leitenden Paradigma nicht nachstehen möchte. Außer Worten der Verdammung und des Entsetzens ist von den naturwissenschaftlichen Disziplinen zum Thema der Antinomien und Widersprüche nichts zu erwarten. Deshalb wird ihr künstlerisch fruchtbarer Abgrund ebenfalls von den Literaturwissenschaftlern gemieden. Ihn zu ergründen, reichten diese paar Seiten nicht aus; ich möchte sie vielmehr verstanden wissen als Herausforderung zu Expeditionen, die ordentlicher organisiert sind als die meine.

Bekenntnisse eines Antisemioten

I

Allem Anschein zum Trotz gibt es so etwas wie ein Geheimnis der Beziehung »Zeichen – Bedeutung«. Und zwar aus mindestens zwei Gründen. Erstens, weil man alles, was man über Zeichen erfahren kann, eben nur durch Zeichen erfahren kann: über die Sprache sprechen wir mit Hilfe der Sprache, mit Hilfe der Sprache untersuchen wir die Sprache. Es geht nicht allein darum, daß sie dabei als ein Spiegel fungieren muß, der, einen Spiegel reflektierend, uns das Wesen der »Spiegelhaftigkeit« enthüllen soll, sondern darum, daß die derart bewerkstelligte Beziehung der »Selbstwiderspiegelung« oder vielmehr Selbstbezüglichkeit (self-reflexivity) Hindernisse in sich birgt, die den Logikern wohl bekannt sind. Dabei taucht nämlich die Gefahr von antinomischen Pardoxien auf.

Es wäre halb so schlimm, wenn wir die Gewißheit hätten, daß die Sprache die Selbstbezüglichkeit ebenso automatisch und praktisch sicher überwindet, wie das der nicht-ethnische Code der Vererbung tut. Dieser Code arbeitet ebenfalls an der Grenze drohender Antinomie und des unendlichen Regresses: eigentlich müßte nämlich ein Gen, das die Herstellung eines Ferments regelt, das die Wirkung sämtlicher Fermente blockiert – und solche Fermente gibt es –, auch sich selbst blockieren. Zunächst scheint es, als müßte der Code an dieser Stelle Symptome eines Zusammenbruchs der Logik zeigen, wie sie bei der Antinomie des Lügners auftreten (»Ich erkläre, daß ich jetzt lüge«). Doch der genetische Code wird mit der Selbstbezüglichkeit sehr einfach fertig – er löst dann nämlich eine alternierende Oszillation aus, die aus einem Semizyklus des Blockierens und des Entblockierens besteht und deren Pendant in der ethnischen Sprache die unablässig paarweise aneinandergereihte Wiederholung wäre: »Wenn ich erkläre, daß ich jetzt lüge, dann bedeutet das, daß ich die Wahrheit sage; wenn ich die Wahrheit sage, indem ich erkläre, daß ich lüge, dann lüge ich gerade« – und in dieser Weise endlos weiter.

Eine selbstbezügliche Aussage ist ein Zirkel, der den Logiker unglücklich macht, dem Biologen aber nichts ausmacht; freilich ahnen wir schon, daß der oszillatorisch-zirkuläre Charakter der Prozesse – im Grunde nahezu aller Prozesse! –, aus denen die stabilisierende Dynamik der lebenden Zelle besteht, sich gerade aus der Überwindung jener Antinomie herleitet, und zwar einer Überwindung, in der die deutsche Maxime, »aus einer Not eine Tugend zu machen«, zum Ausdruck kommt. Was sich nicht als ein vollkommen ausgeglichener Prozeß ohne jegliche Schwingungsamplitude realisieren ließ, wählt sich eben diese Schwingungsamplitude zur Grundlage! Denn die Evolution, Urheberin des Lebens, ist eine extreme Pragmatistin, doch uns als Denker geniert gewöhnlich ein solcher Pragmatismus und wir lehnen ihn ab.

Unser Argwohn ist im übrigen begründet: Wenn nämlich die Sprache, die die Welt für uns segmentiert und bezeichnet, parteiisch ist – wie eine Hausfrau, die sich beim Teilen des Bratens an der familiären Hierarchie und nicht an der Anatomie des gebratenen Tieres ausrichtet –, dann ist es wohl unwahrscheinlich, daß diese Parteilichkeit sich feststellen ließe, indem man ihr anhand der Sprache nachginge, denn das hieße, daß ein Zigeuner für seine Kinder Zeugnis ablegt. Wir betrachten ja die sprachlichen Präparate durch sprachliche Gläser; statt dessen wäre es geboten, die Sprache von einem Code her zu betrachten, der ihr in jeder Hinsicht ähnlich ist, ohne aber – wie die Sprache – eine rein menschliche Erfindung zu sein. Es gibt einen solchen Code – eben den der Vererbung, und vielleicht wird er uns eines Tages helfen, das Rätsel zu lösen. Auf jeden Fall ist die eventuelle Parteilichkeit der Sprache, ihr »bias«, ihre Voreingenommenheit, ein Teil jenes Geheimnisses der Sprache, dessen man sich nicht durch die apodiktische Erklärung entledigen kann, es sei nicht vorhanden, wie es zuweilen die Logiker tun. Das andere, möglicherweise gefährlichere Hindernis besteht darin, daß das Zeichen allem Anschein zum Trotz außerhalb des Systems der Zeichen kein »eigentliches« Zeichen ist. Die

Zeichen bezeichnen nicht nur eine designative Beziehung, die darin besteht, daß das Zeichen auf sein Designat hinweist und es bestimmt, also in seiner ostensiven Definition. Und sie bezeichnen auch nicht nur die zu jener hinzutretende kontextuelle, denotative Beziehung. Das läßt sich nachweisen, denn wenn sich das »Wesen der Zeichenhaftigkeit« im Denotieren und Designieren erschöpfen würde, dann besäßen wir schon längst hervorragende Algorithmen der maschinellen Übersetzung, und die Kybernetik hätte sich mit ihrem Projekt einer maschinellen Übersetzung nicht jene Schlappen zugezogen, die alle Hoffnungen, welche man vor zwanzig Jahren nährte, zunichte machten.*

Die Denotations- und Designationsfunktion der Zeichen vollzieht sich unter dem Patronat von Wesenheiten, die noch unfaßbarer und rätselhafter sind – der *Begriffe.* Der eigentliche Kern der Meinungsverschiedenheiten aller nur existierenden semiotischen, semantischen und semasiologischen Theorien reduziert sich auf eine unterschiedliche Rolle des Begriffes »Begriff« und auf die Interpretation der Beziehungen, in denen dieses geheimnisvolle Wesen zu den übrigen Funktionen einer sinnvollen Kommunikation steht. Was war eigentlich zuerst da: der Begriff oder der Name? Das Zeichen oder der Sinn des Zeichens? Es ist zu befürchten, daß hier nichts »zuerst« da war und daß jene Wesenheiten aus dem Chaos der Urwelt mehr oder weniger in der gleichen Weise

* Es ist verblüffend, wie hartnäckig sich bezüglich dieser Frage Falschmeldungen wiederholen. In *Les ordinateurs – mythes et réalités* (Paris 1968) erklären J. M. Font und J. C. Quiniou, in der UdSSR habe eine Maschine einen »gewissen« Roman von Dickens aus dem Original ins Russische übertragen, und die Übertragung sei, verglichen mit der durch einen professionellen literarischen Übersetzer, »völlig annehmbar« gewesen! Das ist völlig unwahr. Sowjetische Quellen wissen nichts darüber, und eine solche Übersetzung existiert überhaupt nicht. Als einige Jahre zuvor J. Bar Hillel, eine Autorität auf diesem Gebiet, den *Report on the State of Machine Translation in the United States and Great Britain* verfaßte und darin erklärte, daß »man mit einer automatischen, maschinellen Übersetzung in der allernächsten Zeit nicht rechnen dürfe«, dachte er ausschließlich an Übertragungen von wissenschaftlichen Texten. Selbst enthusiastische Anhänger des Übersetzungsprojekts wie A. Oettinger, W. Locke und A. D. Booth rechneten nicht so bald mit angemessenen Übertragungen künstlerischer Werke. Somit ist die Behauptung der französischen Autoren, die leider für eine gewisse Art von »Popularisierung der Wissenschaft« recht typisch ist, eine gewöhnliche Fälschung, die entweder auf Ignoranz oder auf bösem Willen beruht. Bislang hat die Automatisierung des Übersetzens nur geringe Erfolge zu verzeichnen, die jedoch durch solche, das Laienpublikum irreführende Äußerungen sicher nicht gefördert werden.

hervortraten, wie der Baron von Münchhausen sich selbst an den Haaren aus dem Sumpf zog. Es ist zu befürchten, daß das Bezeichnende von Anfang an mit dem Bezeichneten in demiurgischer Umklammerung verflochten war und daß synchronische Sektionen diese Ursprünge weder zu erklären noch an sie heranzukommen vermögen.

II

Zwischen dem uneingeschränkten Vertrauen auf die »Automatik« und die »materialisierte«, »kristallisierte« Weisheit, welche die Sprache für uns darstellt, und dem völligen Mangel an einem solchen Vertrauen erstreckt sich das Gebiet der interpretatorischen Unsicherheit.

Der Phänomenologe glaubt inbrünstig an die Sprache, er vertraut ihr dermaßen, daß er mit möglichen Entdeckungen zu unserem Thema – abgesehen von Sprachoperationen, die das denkende und reflektierende Individuum vornimmt – nicht rechnet. Der Linguist mathematischer, behavioristischer und statistischer Ausrichtung traut dagegen der »von innen« untersuchten Sprache am allerwenigsten; er möchte mit ihr so umgehen wie der Physiker mit Molekülen, Tischen oder Steinen und lediglich das zur Kenntnis nehmen, was sich »von außen« beobachten läßt, und sich blind dafür stellen, was die Sprache »in uns« ist und wie sie »in uns« verstanden wird. Außerdem gibt es noch »Zentristen«, die gern die beiden Standpunkte miteinander verbinden oder aus ihnen die für eine kompromißhafte Synthese hinreichenden Elemente auswählen. Zu ihnen gehört – denn in dieser Frage kann man ihn so klassifizieren – der berühmte Noam Chomsky. Wie weit gehen nun derartige Zweifel den humanistischen Literaturwissenschaftler an? Sie betreffen ihn, wie ich meine, in nicht geringem Maße. Die Auseinandersetzung mit dem Zeichencharakter von Texten soll uns ein höheres, wissenschaftliches Bewußtsein verschaffen, durch das die Werke objektiviert werden. Es ist angenehm und schicklich, wenn man ein Uhrmacher bleibt, der die Coupage und Decoupage eines jeden Werkes ausführen kann. Nur fragt den Uhrmacher nicht danach, was die Zeit ist, die von all seinen Uhren gemessen wird, denn er weiß keine bessere Antwort als der heilige Augustin, der sagte, er wisse, was die Zeit ist, solange man ihn nicht nach einer Definition frage!

An Uhrmeistern der Sprache mangelt es nicht; man muß nur wissen, daß all ihre Äußerungen in hohem Maße vorläufig sind. Es gibt einstweilen keine Kriterien zur Entscheidung von Streitigkeiten zwischen den Spezialisten, wenn es zu ihnen kommt, wenn die Schüler solcher Meister wie Frege, Wittgenstein und Russell einander innerhalb der theoretischen Linguistik gegenüberstehen, aber einander nicht argumentativ überzeugen können. Möglicherweise ist es sogar so, daß die definitive Feststellung sämtlicher zwischen dem »Begriff«, dem »Denotat« und dem »Designat« und den Zeichen bestehenden Beziehungen nur einen Bruchteil eines weitaus größeren Problems darstellt. Es würde auf die Feststellung hinauslaufen, daß die Sprache stets ein System ist und das sichtbare Zeichen sprachlich etwas bedeutet, weil virtuell all die Zusammenhänge und Zeichen mit ihm koexistieren, die am Auftreten des Zeichens scheinbar gar nicht beteiligt sind, weil sie nicht unmittelbar feststellbar sind.

Das Zeichen wäre demnach so etwas wie der Punkt, in dem der Kreis sich mit einer Geraden berührt: hier zumindest erfassen wir unschwer die schlichte Wahrheit, daß der Berührungspunkt des Kreises nicht nur deshalb Berührungspunkt ist, weil er sich mit einem Punkt der Geraden deckt, sondern auch deshalb, weil er der Kreislinie als einer geschlossenen Kurve angehört; gehörte er nicht zu ihr, dann könnte von einer Berührung nicht die Rede sein. In diesem Bild spielt die Sprache als ein System, das durch das Zeichen irgend etwas bezeichnet, die Rolle der sichtbaren Kreislinie; der Unterschied ist nur, daß wir den »Rest« des Systems, da er unsichtbar, ja geradezu unerfahrbar ist, nicht abzugrenzen und damit auch nicht ordentlich zu bestimmen vermögen.

Der Kreis ist unzweifelhaft ein gegebenes, fertiges und geschlossenes System; die Sprache ist unzweifelhaft nicht ein solches System; sie wird konstituiert durch eine Virtualität, eine Potentialität, die sicherlich begrenzt ist (schließlich bestätigt jede inkorrekte Artikulation das Bestehen von

Grenzen, die nicht überschritten werden dürfen), zugleich aber auch unendlich. Die Königin der empirischen Wissenschaften, die Physik, kennt bereits die gleichen Schwierigkeiten, weil die Virtualität – z. B. der Elementarteilchen – heute eine für ihre (Quanten- und Atom-) Theorien unverzichtbare Kategorie ist. Wie aber können virtuelle Teilchen, die es ja »nicht gibt« (da ihr Vorhandensein ja nur eine Möglichkeit ist), das Verhalten realer Teilchen determinieren? Tatsächlich ist es so, daß der Physiker ungefähr weiß, warum er diese Kategorie einführen mußte, daß er aber über die »Existenzweise« jener Potentialitäten schweigt. Die Linguistik wehrt sich noch gegen reine Virtualitäten. Wie ich glaube, vergeblich.

III

Es muß, wenn wir als Humanisten zu Humanisten sprechen, besonders darauf hingewiesen werden, daß es etwas anderes ist, wenn Fachlinguisten wie etwa der berühmte Jehoshua Bar Hillel von der Sprache, dem Instrument, Subjekt und Objekt der Literatur, sprechen, und wenn wir von der Sprache sprechen.

Wenn ein Mensch, der sich berufsmäßig als Schriftsteller (und nicht nur als Sprachforscher) mit der Sprache befaßt, außer seiner Muttersprache andere Sprachen beherrscht, so ist er überzeugt, daß diese einander nicht äquivalent sind, daß sie bei der Bewältigung verschiedener, typisch literarischer Probleme nicht dasselbe leisten. Diese Tatsache äußert sich in der banalen Feststellung, daß etwas (etwa die Lösung eines künstlerischen Problems auf linguistischer Ebene), das in der einen Sprache sehr leicht fällt, in einer anderen entweder schwierig oder überhaupt unlösbar ist. Bei dieser Differenzierung geht es nicht etwa um phonetische Unterschiede, um die klangliche »Schönheit« der einen und die »Rauhheit« anderer Sprachen, denn eine Begrenzung auf diesen Aspekt wäre trivial.

Während bei allen Sprachen die statistische Redundanz nahezu identisch ist, ist die an der Länge von Äußerungen gleicher Bedeutung gemessene Redundanz durchaus unterschiedlich. In der ersteren äußert sich die Tatsache, daß jede Sprache ein sich selbst korrigierender Code sein muß, der über eine gewisse Redundanz verfügt, um erfolgreich durch den immer von Störungen erfüllten (akustischen, optischen) Kanal zu gelangen. Aufgrund einer nahezu identischen Charakteristik jener Störungen in verschiedenen irdischen Milieus haben sich alle Sprachen redundant organisiert. In der letzteren äußert sich die Tatsache, daß die Sprachen in der Bündigkeit und der Präzision, mit der sie den Sinn auf verschiedenen Ebenen der Aussage festlegen, nicht identisch sind. Was sich auf Polnisch mit einem Wort sagen läßt, verlangt im Deutschen oder Französischen einen Satz – und umgekehrt! (»Glodnyś?« [»hungrig« plus Personalendung der 2. Person Einzahl; d. Ü.] – in diesem Wort ist ein ganzer Satz komprimiert [eben der deutsche Satz »Bist du hungrig?«; d. Ü.]).

Der Linguist Bar Hillel unterschätzt dieses Problem. Er verkündete, daß die unterschiedliche Länge von Texten gleicher Bedeutung in verschiedenen Sprachen ausschließlich für den Drucker ein Problem sei. Bestimmt nicht nur für ihn, denn wer das Verhältnis der Länge von Sätzen zu ihrem Sinngehalt nicht berücksichtigt, kann kein Schriftsteller sein. Es geht hier nicht nur um »das Ästhetische« einer Äußerung. Es geht vielmehr darum, daß innerhalb eines Werkes Situationen vorkommen, in denen man etwas entweder absolut knapp ausdrücken muß oder auf die Aussage verzichten, weil es etwas Drittes nicht gibt. Die Bündigkeit ist dann kein Prüfstein sprachlicher Schönheit, sondern eine durch Kontext und Aufbau festgelegte Aufgabe.

Das Problem läßt sich mit Hilfe des folgenden Vergleichs beschreiben. Es gibt Computer, die mit der realen Zeit arbeiten, und solche, die unabhängig von dieser Zeit arbeiten. Ein Computer der letzteren Art löst beispielsweise eine mathematische Aufgabe; die Qualität der Lösung hängt nicht davon ab, ob er mit ihr innerhalb einer Sekunde oder in zehn Minuten fertig wird. Ein Realzeit-Computer muß »Schritt für Schritt« mit dem realen (physischen) Prozeß arbeiten, den er kontrolliert oder steuert (so muß ein Computer, der eine

Rakete ins Ziel führt, in der realen Zeit arbeiten, also mit dem Tempo des bearbeiteten Prozesses – hier des Fluges – Schritt halten). Auf ähnliche Situationen stoßen wir beim literarischen Text. Es gibt Texte, die mit der konventionellen Zeit operieren, welche mit dem Ablauftempo der realen Ereignisse nicht zusammenhängt, und es gibt Texte, die mit dem, was sie beschreiben, synchronisiert sein müssen. Ist die Synchronisation vollkommen, so entsteht ein Effekt von sogenannter »semantischer Transparenz« der Sprache. Bleibt jedoch eine Beschreibung aufgrund ihrer Weitschweifigkeit deutlich hinter den Ereignissen zurück, stellt sie etwas, von dem wir wissen, daß es gleichzeitig und rasch erfolgen muß, nacheinander und gemächlich dar, dann geht der Simultaneffekt verloren, und es ist nun einmal so, daß eine Sprache mit der objektiven Handlung »Schritt hält«, eine andere dagegen nicht. Die erstere wirkt wie ein Realzeit-Computer, die letztere wie ein Computer, der außerhalb dieser Zeit arbeitet. Die erstere wird zu einem Simulator der Ereignisse, die letztere nur zu einem Protokollanten. Das sind nicht bloß ästhetische Unterschiede. Es ist deshalb merkwürdig, daß sie den Linguisten gleichgültig lassen.

Dieses Problem führt zu dem folgenden: Kann die Welt des literarischen Werkes dank der Herstellung von vollkommenen Übersetzungen gegenständlich völlig invariant sein?

Diese Frage impliziert die folgende Alternative: Entweder ist das Werk eine spachliche Vermittlung zwischen dem Rezipienten und einer bestimmten objektiven, nicht bezeichneten Realität, oder seine sogenannte objektive Realität besteht in einem jener nachgeordneten Zeichensysteme, das interpretiert werden muß, weil das bloße Konstatieren von Ereignissen oder Prozessen nicht hinreichend ist.

Das ist eine verfängliche und für den Logiker ebenso unangenehme Frage wie die berühmte Frage, ob der gegenwärtige König von Frankreich kahlköpfig sei. Der König ist nur deshalb nicht kahlköpfig, weil es ihn nicht gibt, nicht aber, weil er einfach nicht kahlköpfig gewesen wäre; um den logischen Status dieses Satzes entbrannte ein schrecklicher Streit, der sich bis heute nicht gelegt hat. Es geht darum, daß nach Ansicht des Logikers der Satz »selber« darüber entscheiden soll, was er bedeutet, daß aber, wenn es nur eine Bedeutung geben soll, die Dichotomie von wahr oder falsch eindeutig sein muß. Doch die Sprache leistet diese Entscheidung nicht immer; mit der Behaarung des französischen Königs hat der Logiker deshalb so außergewöhnliche Schwierigkeiten, weil die über den einzelnen Satz hinausreichenden Zusammenhänge gewöhnlich sehr vage bezeichnet sind, also nur mehrere Sätze (eine Konjunktion von Sätzen) erkennen lassen, worauf sie sich sinnvollerweise beziehen. Die Logiker und Linguisten machen sich das Leben leichter, indem sie sich auf isolierte Sätze beschränken; den Kunst- und Literaturwissenschaftlern ist das einfach nicht möglich.

Ich führe ein Beispiel an, das diese Behauptung belegt (ich verdanke es Andrzej Wajda). Ein Film, den man einem Publikum vorführte, welchem der Fortfall erotischer Zensurschranken nichts Neues war, zeigte ein nacktes Liebespaar im Bett (es geht also um Bilder, die aber ebensogut durch eine sprachliche Beschreibung ersetzt werden könnten). Die Kamera zeigte die Körper unter Auslassung des Genitalbereichs, worin sich die bis zum Fortfall der Zensurschranken allgemein übliche Konvention äußerte. Das Publikum reagierte auf diese Fortlassung mit *Lachen*, weil es sie als doppelt drastisch empfand; das *nicht Gezeigte*, die *Lücke* im Zeigen (beziehungsweise Beschreiben), wurde als ein eigenes *Zeichen* aufgefaßt, als eine raffinierte, absichtliche Obszönität, nicht aber als Ausdruck des gewöhnlichen *Verschweigens*. Die Zuschauer faßten die Sittlichkeitszensur unsittlich auf, weil das Verbergen in ihren Augen zu einem Exponieren wurde. An das Vorführen von Genitalien waren sie schon gewöhnt, und allein das Nichtvorführen der Fortpflanzungswerkzeuge innerhalb dieser Bildfolge konnte sie schockieren.

Die Rezipienten verfügten somit über ein verändertes Zeichenrepertoire, was der Absender aber übersehen hatte. Eine solche Situation kann es für den Logiker nicht geben, weil das Fehlen eines Satzes für ihn völlige Leere bedeutet, d. h. die Nichtexistenz von irgend etwas, was als Zeichen interpretiert werden könnte. Das Fehlen eines Satzes kann für den Logiker nicht ein Satz sein, dessen Sinn gerade durch die Tatsache bestimmt wird, daß er nicht geäußert wird. Dies bestätigt nur, daß es auf die eingangs gestellte Frage keine eindeutige Antwort gibt, denn die objektive Bedeutung einer Äußerung kann man ebensogut in der Verhaltensreaktion der Rezipienten sehen, die sich aus der Sache und aus weiteren Vorgängen ergibt, wie auch in einer weiteren Folge von nicht mehr nur sprachlichen Zeichen. Die semantische Bewertung der Sache und der Vorgänge hängt nun aber von der örtlich verschiedenen kulturellen Einübung der Rezipienten ab.

Die grundlegenden Zeichensysteme – die sprachlichen Äußerungen – sind in allen Kulturen gleicherweise Bedeutungsträger, doch was diese Äußerungen benennen, kann in verschiedenen Kulturen Unterschiedliches bedeuten. Es ist prinzipiell unmöglich, eine Aussage derart abzusichern, daß die Rezipienten völlig daran gehindert wären, sie zu interpretieren, indem man sie auf ein objektives Minimum beschränkt, also auf die Feststellung dessen, was »man sieht« oder was »passiert«. In diesem Sinne ist ein literarischer Text designativ und denotativ »offen«, und es ist nicht möglich, ihn hermetisch »abzuschließen«. In einem solchen Text können denn auch jegliche Objekte und Vorgänge – Landschaften, Winde, Tier- und Menschenleiber, Sand, Steine, Sterne, Schränke, Gefühle und ebenso die Hauptkategorien der Wahrnehmung: der Raum und die Zeit – Bedeutung tragen, d. h. Zeichenfunktion erlangen. Verschiedene Texte erschließen sich allerdings in unterschiedlicher Weise der metasprachlichen, semiotischen Aktivität. Und in unterschiedlicher Weise erschließen sich einer solchen Aktivität die verschiedensprachlichen Übertragungen eines bestimmten Originaltextes. Das deshalb, weil der Anteil des grundlegenden Niveaus, also der linguistische Anteil, bei der polyphonen »Wiedergabe« eines Werkes – bei verschiedenen Texten und in verschiedenen Sprachen – eine unterschiedliche Rolle spielt. Nimmt in der Übersetzung der Anteil des linguistischen Konstituens eines Werkes ab, dann tritt dessen sprachliche Seite in den Hintergrund, und schon dadurch drängt sich die gegenständliche Realität in den Vordergrund (denn in der Rezeption von Zeichen herrscht ein horror vacui – der

Rezipient füllt eine mutmaßliche Leere durch einen »semantischen Reflex« aus). Wenn die sprachliche Ebene deutlicher hervortritt, kann die gegenständliche Souveränität des Werkes zurücktreten.

Daß die kongeniale Übersetzung nicht eine Klasse mit nur einem Element sein kann (es sind Übersetzungen möglich, die sowohl vorzüglich als auch von einer schon vorhandenen, vortrefflichen Übersetzung verschieden sind), liegt an dem zuvor genannten Sachverhalt. Hier betritt der für die Theorie schreckliche Begriff der Unendlichkeit die Szene, denn es ist nicht möglich, die Zahl kongenialer und dennoch verschiedener Übersetzungen zu begrenzen. Prinzipiell kann es ihrer beliebig viele geben. Was bedeutet es, daß ein vortreffliches Werk in der Originalsprache nicht dermaßen veraltet wie seine Übersetzung, eine Tatsache, die es notwendig macht, die fremdsprachlichen Versionen von Zeit zu Zeit durch eine Neuübertragung aufzufrischen? Ein erster Vorschlag zur Aufhellung dieses Geheimnisses wäre der: das geniale Werk steht – nach dem historisch fixierten Urteil der Rezipienten – in einem Zusammenhang mit der gesamten (oder nahezu der gesamten) Kultur, die hinter dem Werk steht. Die Übersetzung ist eine durch die fremde Sprache vollzogene Projektion auf einen anderen kulturellen Zusammenhang, eine stets unvollständige Projektion, denn sie mobilisiert resonanzartig nur jenen Bereich von Bedeutungen, innerhalb dessen das Kulturrepertoire zweier Nationen übereinstimmt. Die Rezipienten des Originals empfinden kein Bedürfnis nach einer Änderung, weil das Original einen bereits unvergänglichen Bestandteil ihres eigenen Kulturbesitzes darstellt. Die Lesarten des Textes mögen sich ändern, aber der Text als solcher steht für sie unter dem Schutz der Unantastbarkeit. Die Rezipienten der Übersetzung werden sich, da die historischen Bahnen ihrer eigenen Kultur und derjenigen, aus der das Original erwuchs, sich nicht decken, in der Feststellung von Verschiebungen zwischen den Bedeutungsrepertoires und Verweisungszusammenhängen der Notwendigkeit einer neuen Projektion bewußt, welche die eingetretenen Veränderungen berücksichtigt. Doch an dieses Problem hat sich noch niemand mit wirklich scharfen Instrumenten herangewagt.

IV

Ich spreche diese Zweifel aus und unterstreiche, daß es schwer zu begreifende Erscheinungen gibt, damit es nicht so aussieht, als wüßten die Linguisten bereits alles über die Sprache und die Semiotiker alles über die Zeichen und als bliebe uns nur noch, ihnen in demütigem Respekt zu lauschen.

In diesem Zusammenhang erscheint mir die Feststellung bedeutsam, daß die Ziele, die sich der Schriftsteller setzt, im Widerspruch stehen können zu der von der sprachlichen Äußerung normalerweise erfüllten Funktion einer Optimierung des Bezeichnens. Gewiß ist die Sprache uneindeutig, doch hat bei jeder Sprache das Intervall einer solchen Uneindeutigkeit seine klaren Grenzen, denn eine Sprache, die im Bezeichnen (im Desginieren wie im Denotieren) allzu vage wird, büßt ihre Fähigkeit ein, der Kommunikation zu dienen. Nun zielt die Anstrengung des Schriftstellers, der sich bemüht, die sprachliche Ebene der Äußerung in den Vordergrund zu stellen oder gar zur Hauptsache zu machen, häufig genau darauf ab, die kommunikative Leistung der Sprache bewußt herabzusetzen, weil durch eine erhöhte Unbestimmtheit der Aussage die Menge ihrer potentiellen Sinnbezüge vergrößert wird.

Man benutzt zu diesem Zweck verschiedene Taktiken, angefangen von den allereinfachsten, die den Poeten seit jeher bekannt sind. Sie bestehen etwa darin, daß die Satzzeichen fortgelassen werden und der Text in einer Weise, die zu der diskursiven Ebene des prima facie erscheinenden semantischen Gehalts in Widerspruch steht, in Verse zerlegt wird, um so zu erreichen, daß die sogenannte Ebene der tieferen Bedeutungszusammenhänge, also die semantische Tiefe deutlicher hervortritt – jene Ebene, auf der Ausdrücke dann mit anderen Ausdrücken in weitreichende Beziehungen treten, wenn die nähere, vertraute Umgebung gewohnter Nachbarschaften von Sätzen und Worten verdunkelt wird. Ein perfideres Manöver ist die Einführung von Neologismen, Wörtern, die es in der Sprache nicht gibt, denen aber die jedem Sprecher implizit bekannten paradigmatischen Regeln der Wortschöpfung und die durch die gesamte Aussage oder den gesamten Kontext evozierte Situation einen Sinn verleihen. Solche Wörter erfüllen zumeist eine expressive Funktion, sie erhöhen also den Informationsgehalt eines Textes im Verhältnis zur Anzahl der Ausdrücke, doch kann diese Taktik auch in einem gleichsam umgekehrten Sinne genutzt werden: sie kann nämlich darauf zielen, die Unbestimmtheit im modalen Bereich zu erhöhen. Der Leser soll in diesem Fall daran gehindert werden, eine Aussage automatisch und spontan klassifikatorisch zuzuordnen und in die bekannte, relativ geschlossene Welt der Diskurse einzuführen. Eine Aussage, die sich nirgendwo »einpassen« mag, gewinnt nämlich eine merkwürdige Souveränität: sie scheint keine der »möglichen dinghaften Welten« zu beschreiben und keiner dieser Welten zu entstammen, sondern bildet ihr eigenes Universum, eine durch das Wort nicht bloß evozierte, sondern eine »durch das Wort erschaffene Welt«. Wenn also ein Text nebeneinander Determinanten enthält, welche die Klassifikationsautomatik des Rezipienten gleichzeitig in verschiedene und einander widersprechende Richtungen lenken, bleibt der Text – weil er nicht zuzuordnen ist – in einem seltsamen Schwebezustand der – durch die Widersprüchlichkeit erreichten Autonomie.

Mit der Konstruktion solcher und ähnlicher Aussagen soll bewußt eine Antinomie erzeugt werden. Eine bestimmte Art von lexikalischen und stilistischen Determinanten läßt dann die Aussage zu einer Seite neigen, etwa zu der Menge der »altertümlichen« Sätze, indem der Eindruck erweckt wird, als entstamme sie einer fernen Vergangenheit. Andere Determinanten lassen die Aussage in eine fiktive »Zukunft« enteilen, die durch ad hoc erfundene Begriffe vorgetäuscht wird, welche mit Neologismen die Existenz von Zuständen suggerieren, die es nicht gibt, die aber dereinst entstehen könnten. Wiederum andere Determinanten zielen »seitwärts«, lassen sich also überhaupt nicht einer diachronisch segmentierten Klassifikation unterwerfen, weil man innerhalb der chronologischen Ordnung nichts mit ihnen anzufangen weiß. Der Satz, durch widersprüchliche Entscheidungen des semantischen Rezeptors gewissermaßen gleichzeitig in verschiedene

Richtungen gezerrt, »schwebt« in einem Zustand lokalisatorischer Unbestimmtheit. Dieser Effekt kann seinerseits entweder mit der zentralen Bedeutung des Satzes zusammenspielen (wodurch die Autonomie, die Eigenständigkeit der »sprachlich geschaffenen Welt« wächst) oder sich dieser Bedeutung entgegenstellen, weil die Sprache den Eindruck von Spott oder Bosheit weckt (und zwar dann, wenn das sprachliche »Universum« nicht allein durch die Widersprüche der Determinanten ins Leben gerufen wurde, sondern außerdem selbst aus Widersprüchlichkeiten beseteht, sich durch sie selbst negiert und selbst widerspricht). Im letzteren Fall erweist es sich als schwierig, die Schärfe der Bosheit, der Ironie und des Spotts auch nur in irgendeine außersprachliche Richtung zu lenken. Die Modalität des Textes bleibt in dieser Situation gewissermaßen in sich verschlossen, so daß die emotionale Ladung – beispielsweise des Spotts – keinen designativen Auslauf bekommt, sondern den Text durchtränkt und in ihm »steckt«. Ich möchte vorschlagen, etwa die Texte Kafkas auf solche Mechanismen hin zu untersuchen, denn sie schillern bekanntlich von affektiven »Obertönen«; sie werden nicht durchgängig als düster, in deprimierendem Ringen versunken gedeutet; sie können sogar Fröhlichkeit hervorrufen, wie sie Fragmente des *Schlosses* bei den ersten Hörern hervorriefen.

V

Wir sprechen davon, weil das Situationen sind, die man in der schönen Literatur recht häufig antrifft und in denen zugleich der Urheber und derjenige, der dessen Texte untersucht, ganz und gar allein sind. Denn es kann keine Rede davon sein, daß solche »obertonalen« Beziehungen, die im Bereich der semantischen Probleme voller Antinomien stecken, von den Linguisten oder den Logikern untersucht würden. Fürchten sie sich doch vor dem Widerspruch stärker als der Teufel vor dem Weihwasser! Noch haben sie sich nicht so weit vorgewagt, und folglich brauchen die Literaten und die Literaturwissenschaftler in diesem großen Gebiet auch nicht auf die

Linguisten zu hören, noch können sie gar Hilfe von ihnen erwarten. Es ist ja bekannt, daß der literarische Wert (und zugleich der Modus, in dem die belletristische Aussage Bedeutungen festlegt) oft durch lexikalische, syntaktische und stilistische Merkmale determiniert sind, die zwar der Sprachtheorie im engeren Sinne als unfaßbare Wesenheiten gelten und von der Logik mit Acht und Bann belegt sind, gleichzeitig aber für jeden Dichter, Schriftsteller und Kritiker solide Tatsachen von erstrangiger Bedeutung darstellen.

Dort, wo der Widerspruch herrscht oder auch nur eine Spur davon, sind wir somit alleingelassen. Diese Situation ist sowohl bequem, weil man vor keiner Autorität Demut beweisen muß, als auch gefährlich, weil es nichts Schlimmeres gibt als das voreilige ad hoc-Theoretisieren dort, wo es an Kriterien der Wahrheit und der Pausibilität mangelt. Was sind denn Werkinterpretationen oftmals anderes, wenn nicht Theorien, die ad hoc zu dem Zweck und in der Weise aufgestellt werden, die semantiche »Ökologie« eines Werkes eindeutig und vollständig aufzuklären? Wenn der Autor allgemein bekannt ist und sein Werk im Bewußtsein der Kritik ein bündiges System darstellt, bildet auch jene »Ökologie« selbst ein kohärentes, kollektiv von der Kritik errichtetes System. Hat der Autor dagegen nicht einen solchen Rang erreicht, dann zerfallen die jeweiligen Kritiken seiner einzelnen Werke in gesonderte »Stücke«, die insgesamt keine Ordnung, keine Kohärenz aufzuweisen brauchen. Nicht selten entstehen um ein Werk herum einander widersprechende »Ökologien« (mit einem solchen embarras de richesse wurden beispielsweise die Werke von Sienkiewicz bedacht), die sich weder miteinander vereinbaren noch verknüpfen lassen.

Das Erscheinen von Kritiken, die ein Werk isoliert zu »erledigen« versuchen, ohne sich überhaupt auf dessen sonstige Besprechungen zu beziehen, belegt jedenfalls, daß der Status des Autors und seiner Produkte nicht definitiv geregelt ist, daß er sich im Fegefeuer jeweils ad hoc artikulierter Analysen und Urteile befindet. Während die einen aus dem Fegefeuer direkt in die Vergessenheit geraten, durchwandern es andere – eine verschwindende Minderheit –, um zu erleben, daß sich um ihre Werke die Hülle einer strukturell derart erstarrenden »Ökologie« bildet, daß anschließend niemand mehr von diesen Texten reden kann, wenn er sich nicht gleichzeitig deutlich auf das erstarrte Interpretationsgebäude bezieht. Wie kann man da nur der Ansicht sein, daß die in den Werken von Insassen des »Fegefeuers« enthaltenen »Zeichen« genau dasselbe seien wie die »Zeichen« von Autoren, deren Bücher bereits von der Kritik mit einer kollektiv errichteten, nobilitierenden Heimstatt bedacht wurden?

Es ist eine verbreitete Überzeugung, daß die Qualität von Sinn und Form eines Originalwerkes (in der oben skizzierten Weise) mit unvermeidlicher Verspätung erkannt wird. Das Neue ist etwas, das man zunächst kennenlernen muß, bevor man sich dafür begeistern kann. Das stimmt – wenn man hinzufügt, daß dies nicht allein für belletristische Aussagen gilt. Für sie besteht nicht die Alternative, daß der Text entweder verstanden oder nicht verstanden wird. Die Geschichte der Wissenschaft ist reich an Beispielen für große theoretische Entdeckungen, die nach ihrer Publikation zwar von den Fachleuten »verstanden« wurden, faktisch aber auf eine totale, Jahre und sogar Jahrzehnte währende Gleichgültigkeit stießen. So erging es Einsteins klassischer Arbeit *Zur Elektrodynamik bewegter Körper,* also seiner speziellen Relativitätstheorie; nicht anders erging es jenem Artikel L. Szilards, der viele Jahre vor Shannon Begriffe aus der Thermodynamik mit Begriffen des Informationsstandes verknüpfte, im Grunde also zwischen der Physik und einer (informationstheoretisch verstandenen) Logik die Brücke schlug. Zu ihrer Zeit hat sich niemand näher für diese sensationellen Mitteilungen interessiert.

Solche Fakten – und man könnte Dutzende davon zitieren – belegen, daß das »Verstehen eines Textes« (welcher Art auch immer) ein kontinuierlicher Prozeß ist. Er kann bei der jeweiligen Rezeption einen unterschiedlichen Stand erreicht haben, und es gibt für ihn eigentlich keine Grenze, so daß man über einen bestimmten Text sagen könnte, die durch ihn bezeichneten Bedeutungen seien bereits dokumentiert und definitiv ausgeschöpft. Denn weder wissenschaftliche Theorien noch literarische Werke haben eine dinghaft oder prozeßhaft direkt sichtbare »Welt« zur Grundlage. In Wirklichkeit bauen die Theorien auf Theorien und die Werke auf Werken auf. Das bedeutet, daß Theorien, die wir uns schon zu eigen gemacht haben, die in der Wissenschaft bereits Bürgerrecht besitzen, die geeichten Maßstäbe zur Untersuchung neuer Theorien sind. Für literarische Werke gilt dasselbe. Das bedeutet, daß die Theorie und das Werk, wenn sie nobilitiert, weil (von der Kultur oder der Wissenschaft) assimiliert sind, nicht mehr Gegenstand einer Untersuchung sind, die bei Null anfängt, und zu Bestandteilen jenes grundlegenden Bezugssystems werden, in dem – und anhand dessen – sowohl die Welt als auch neue Werke und Theorien über sie untersucht werden. Das bedeutet, daß die bereits untersuchten sprachlichen Schöpfungen von einer dem System »äußerlichen« Position zu einer »inneren« Position übergehen und zu seinem Bestandteil werden. Was vorher in die Zange genommen wurde, wird seinerseits zu einem konstitutiven Element der »Zange«. Diese Akkumulation läßt sich allerdings in der Wissenschaft weitaus deutlicher und leichter feststellen als in der Literatur, weil Theorien aus Theorien logisch hervorgehen (bzw. Theorien von Theorien logisch negiert werden), während sich die gleiche dichotomische Beurteilungsmaschine in der Literaturwissenschaft nicht anwenden läßt. Daher auch der Zweifel am kumulativen Charakter der Entwicklung der Kunst. Wir ahnen jedoch schon, daß Behauptungen über ihren nicht kumulativen Charakter weder total bestätigt noch total bestritten werden können: die Verhältnisse sind auf dieem Gebiet einfach verwickelter, da sie nicht unmittelbar logischen Urteilen zugänglich sind.

Dieser Sachverhalt ist den Erforschern des logischen, semantischen und linguistischen Bereichs darart unangenehm, daß sie ihm, um sich das Leben leichter zu machen, in ihrer Praxis so weit wie möglich ausweichen. Die Sprache wird deshalb auch in all ihren segmentierbaren Funktionen mehr oder weniger so behandelt wie einzelne Standbilder, die man aus einem Filmstreifen herausschneidet. Dadurch werden ihre dynamischen Aspekte geradezu systematisch verwischt.

Unter den vielen Schäden, welche diese Politik bewirkt, halte ich einen für außergewöhnlich fatal. Die von den genannten Spezialisten betriebenen Segmentationen und Klassifikationen zeigen nämlich eine Tendenz zur Hypostasierung. Gerade das wird durch die Tatsache belegt, daß mancher Leser empört hochfährt, wenn ich erkläre, daß die Sprache »tatsächlich« nicht ein zwischen den Funktionen des Designierens, Denotierens und Operierens mit Begriffen aufgespanntes Beziehungssystem sei. Dabei handelt es sich um bequeme Konstrukte, die dann entstehen, wenn man sprachliche Äußerungen in ein Prokrustesbett zwingt, um praktische Aufteilungen, die uns sukzessiv und separat zugänglich machen, was in Wirklichkeit kontinuierlich und simultan in der Sprache geschieht. Man muß sich leider der köstlichen Gewißheit entschlagen, daß die Kenntnis von Termini wie signifiant und signifié sowie einiger hundert anderer, darunter zuvörderst diverse »Strukturen«, den derart Bescheidwissenden in einen Zustand völliger Klarheit in sprachlichen Fragen befördert.

Man muß sich die Relativität der Auffassungen, den konventionalistischen Charakter der Klassifikationen gerade deshalb bewußt machen, weil das, was das Resultat einer Verabredung (Konvention) ist, die getroffen wird, um einen Aspekt des Phänomens zu untersuchen, nicht schon als Entdeckung einer Tatsache aufgefaßt werden darf. Ich will sagen: Wenn wir ein sprachliches Gebilde untersuchen, dringen wir in es ein, nehmen wir eine Perspektive ein, die durch unsere Interessen und unsere wissenschaftlichen Vorannahmen bestimmt ist. Von diesen kann sich aber n i e m a n d j e völlig freimachen. Dem Forschungseifer muß hier also auch eine gewisse Skepsis assistieren – denn es gibt nichts Lächerlicheres als einen Neubekehrten, der katholischer ist als der Papst, oder den dilettantischen Linguisten, in den sich der Literaturwissenschaftler verwandelt, der für Gewißheiten sprachwissenschaftlicher Eingeweihtheit hält, was lediglich eine heuristische Idee und eine praxeologische Regel der Fachleute ist.

Es kann insofern auch keine heiligen und unantastbaren Ausgangsthesen bei der Forschung geben. Eine solche These ist ja die Vermutung de Saussures, daß ein Werk insgesamt dem Begriff der Sprache (la langue) entspreche. Das ist eine schaurige Unwahrheit, die allen späteren Feststellungen der Informatik und der Linguistik widerspricht, eine Unwahrheit, die aus Respekt vor dem Meister niemand beim Namen zu nennen wagt. Die potentiell unendliche Interpretierbarkeit eines Werkes ist eine Erscheinung völlig anderer Art. Sie beruht darauf, daß für den Satz (oder eine Konjunktion von Sätzen) eine Informationsmenge die quantitative Mächtigkeit des Repertoires von diskreten Zuständen festlegt, eines Repertoires, das wir benutzen, um den qualitativen und quantitativen Informationsgehalt zu bestimmen; es hängt aber doch von uns als Rezipienten ab, wie reich die Repertoires sind, mit denen wir bei der Lektüre operieren! Als eine endliche Aussage dagegen, die geordnet und in ihren Elementen abzählbar ist, gehört jedes Werk zur Menge der sprachlichen Äußerungen (la parole). Es ist durchaus zulässig (wenn auch mit der oben erwähnten Relatitivät behaftet), den Informationsgehalt einer Sprache (einer Äußerung) festzustellen. Hingegen ist es, wie Bar Hillel betonte, ein sinnloses Unterfangen, Informationsmaße auf den Bereich der Sprache (d. h. auf la langue) anzuwenden: mit Verfahren, die per definitionem endlich sind, kann man nicht Unendlichkeiten messen.

Es ist also nicht so, daß nur der Bereich der spezifisch literaturwissenschaftlichen Arbeiten in Unklarheiten verwikkelt ist, denn Ungewißheit und Mutmaßung stecken auch in den Fundamenten des Gebäudes der Humanistik, in dessen Obergeschoß die Belletristik beherbergt ist.

Sade und die Spieltheorie

I

Der Mensch trifft, solange er lebt, im Denken wie im Handeln ständig Entscheidungen. Diese Entscheidungen stützt er nie auf vollständige Erkenntnis des zu Entscheidenden. Wer aufgrund unvollständiger Informationen entscheiden muß, riskiert etwas. Das ist die typische Situation des Spiels. Der Mensch wird, wenn er auf die Welt kommt, in ein Spiel hineingeworfen, dessen Regeln er nicht kennt. Aber selbst auf den niedrigsten Entwicklungsstufen bedeutet das Leben die Verwicklung in eine Konfliktsituation und damit in ein Spiel, dessen Gewinn im Hinausschieben des Todes besteht. Deshalb ist es möglich, sämtliche Lebenserscheinungen, von den einfachsten bis hin zu den menschlichen, gleichermaßen durch die Entscheidungstheorie zu erfassen, insbesondere durch den Teil, der sich mit Konfliktsituationen befaßt, nämlich die Spieltheorie.

Mit Hilfe dieser Theorie läßt sich im Grunde jede Art von Verrichtung untersuchen – also ebenso gut die Industrialisierung eines Landes wie das Betreiben von Philosophie oder Theologie. Die Industrialisierung ist gleichsam eine Art von Spiel mit der Natur um die Mehrung jener Kräfte, die das Überleben der Gesellschaft fördern. Faßt man nun Philosophie und Theologie als Spiel auf, dann zeigt sich, daß sie in logischer Hinsicht homogen sind. Es geht bei ihnen um dasselbe: um die Entdeckung der *Regeln* des Spiels ums Dasein, zu dem die Welt herausfordert, und ferner um die Bestimmung der *optimalen* Strategie ihnen gegenüber. In der Philosophie ist das eine Strategie vornehmlich der *Erkenntnis*, in der Religion vornehmlich der *Erlösung*. Der besondere Wert der besagten Theorie besteht darin, daß man sich durch kein Manöver ihrer Kontrolle entziehen kann. Wenn nämlich ein Glaube dogmatisch die Unausweichlichkeit des Konflikts zwischen Mensch und Welt leugnet, eines Konflikts, der schließlich das Wesen des Spiels ausmacht, dann drängt dieses

Dogma, wie sich herausstellt, *de facto* zu einem anderen Spiel, das sich als unausweichliche Konsequenz aus ihm ergibt. So lehrt z. B. der Buddhismus, man solle sich von der als Spieltisch verstandenen Welt abwenden und sich harmonisch mit der Welt vereinen. Faktisch lehrt er indessen, sich auf ein Spiel mit dem eigenen Körper einzulassen, den es schrittweise derart zu beeinflussen gilt, daß er gänzlich den Appetit an jenem Spiel verliert.

Durch die Brille der Spieltheorie betrachtet, besteht die Hauptfrage der Ontologie in der Haltung des nichtmenschlichen Partners. Denn in den Augen des Menschen kann die Welt ihm gegenüber entweder unparteilich oder parteilich sein. Tertium non datur, da eine partielle Parteilichkeit *ipso facto* Parteilichkeit ist. Die Parteilichkeit scheint, wenn man sie als gegeben anerkennt, eine auf den Menschen gerichtete Intention zu beinhalten. Das ist aber keine notwendige Folgerung. Ein (z. B. durch die Hitze) deformiertes Rouletterad bringt eine einseitige Tendenz in das Spiel, und doch steckt keine Absicht dahinter. Um eine etwaige Parteilichkeit festzustellen, muß man das jeweilige Spiel auf ein als unparteilich anerkanntes Modellspiel (fair play) beziehen. Wir können zwar Roulettespiele miteinander vergleichen, aber womit sollten wir die Menschheit oder die Welt vergleichen? Die Frage nach ihrer Haltung als Spielpartner ist daher nicht anhand der Erfahrung zu entscheiden. Sollte sich einmal herausstellen, daß die irdischen Besonderheiten der Anthropogenese den Menschen mit Gebrechen belasteten, die anderen galaktischen Wesen fremd sind, dann würden wir in der Wissenschaft nicht sagen, daß wir Opfer einer feindseligen Parteilichkeit wurden, sondern lediglich, daß dies die Folge eines Zusammentreffens von Zufällen sei. Denn es gäbe keinen Grund, jene Wesen irgendwie als Vorbilder für uns anzuerkennen. Ebenso gut könnten wir ja behaupten, die Welt sei uns gegenüber neutral gewesen, während sie sich ihnen gegenüber als wohlwollend parteilich erwies. Da wir die Roulettespiele selber herstellen, wissen wir, wie ein perfektes Roulette sich zu verhalten hat. Wir wissen hingegen nicht, wie sich ein perfektes Vernunftwesen und eine perfekte Welt verhalten sollen.

Anhand der Erfahrung läßt sich also das besagte Dilemma nicht entscheiden. Für den Positivismus handelt es sich um ein Scheinproblem. Die Sache ist freilich die, daß die meisten Dinge, um derer willen Menschen leben und sterben, genau diesen Charakter haben. Die Frage nach der Parteilichkeit oder Unparteilichkeit der Welt gehört zu den ältesten, die der Mensch seit dem Beginn seiner Geschichte artikulierte. In verschiedenen Kulturen hat man sie auf unterschiedliche Weise normativ beantwortet, denn man kann jede Tatsache derart interpretieren, daß eine vorgefaßte Ansicht über ihre Parteilichkeit bestätigt wird.

Die fundamentale Annahme aller religiösen Dogmen ist eine intentional auf den Menschen ausgerichtete Parteilichkeit der Welt. Allerdings kann man auch eine unparteiliche Intentionalität annehmen, etwa in Gestalt eines persönlichen Gottes, der eine neutrale Welt schuf und sich niemals in sie einmischt. Mir ist eine Theodizee mit einer derart vollständigen Disjunktion von Diesseits und Jenseits nicht bekannt. Die Parteilichkeit, welche die Glaubenssysteme der Welt zuschreiben, kann entweder eine durchgängig wohlwollende oder feindselige oder eine (z. B. nach Art der Manichäer) gemischte sein. Die Wissenschaft hält dagegen die Welt für neutral gegenüber dem Menschen. Der moderne Naturwissenschaftler neigt zu der Aussage, daß Welt und Mensch zufallsartig verknüpfte Variablen seien. Der Spieltheoretiker sagt auf seine Art dasselbe: Das Spiel, das der Mensch mit der Welt betreibt, ist asymmetrisch, da es kein Nullsummenspiel ist, weil die Welt ein unparteilicher Partner ist, der mit dem Spiel kein Ziel verfolgt und eine gemischte Strategie betreibt, die sich deshalb nicht als Chaos äußert, weil dieser Partner in seinen Zügen durch universelle Gesetze beschränkt ist, die – durch die Überlagerung von allgemein regelhaften mit örtlich zufälligen Erscheinungen – auch den Menschen entstehen ließen. Doch weder das allgemein Regelhafte noch das örtlich Zufällige folgt aus einer Parteilichkeit der Welt. Würde die Welt nicht die Ordnung der Naturgesetze aufweisen, dann wären wir nicht in ihr entstanden, und es gäbe niemanden, der sich den Kopf über sie zerbricht. Aber würde diese Welt nicht ebenfalls eine variable Portion von zufälligen, einem Lotterietreffer entsprechenden Ereignissen offenbaren, dann wäre die Hypothese ihrer Unparteilichkeit nicht zu halten: sie würde sich dann als eine nachdrücklich auf ein Ziel ausgerichtete »Veranstaltung« darstellen, denn sie würde so funktionieren, daß sie dieses Ziel erreicht. Die Physik dieser Welt würde wie eine teleologisch programmierte Maschine arbeiten und daher bestimmte Aufgaben erfüllen. Doch der uns bekannten Physik zufolge hat die Welt keine Aufgabe, und somit stellt sie kein im ganzen teleologisches System dar. Die Wissenschaft hält also die Welt für neutral gegenüber dem Menschen. Diese Erkenntnis ist nicht nur eine Schlußfolgerung aus wissenschaftlichen Untersuchungen, sie ist zugleich deren Voraussetzung, denn sie gehört zu den obersten Direktiven, von denen die Wissenschaft sich leiten läßt. Sie legt fest, daß die Welt in der Weise zu untersuchen ist, als wäre sie gegenüber dem Leben und dem Menschen unparteilich. Dennoch ist die Tendenz, der Welt eine gewisse, und zwar eine wohlwollende Parteilichkeit gegenüber dem Leben zuzuschreiben, im Menschen derart stark, daß sie sich – eigentümlich verkappt – zuweilen auch in der Naturwissenschaft äußert, die ihr offiziell abgeschworen hat. Deshalb zeichneten sich beispielsweise die ersten wissenschaftlichen Schätzungen der »psychozoischen Dichte« der Welt, also die Hypothesen über die Anzahl außerirdischer Zivilisationen, in unserem Jahrhundert durch starken Optimismus aus, das heißt: ein reichlich bevölkertes Universum war die Hypothese, von der die Forscher ausgingen und für die sie, solange das zulässig war, Beobachtungsdaten »heranzuziehen« versuchten. Das war methodisch korrekt, denn das Fehlen von positiven Angaben über »die Anderen« läßt zahllose optimistische Erklärungen zu, d. h. solche, die das Problem der »Anderen« nicht ganz und gar liquidieren, sondern lediglich die zu lösende Aufgabe komplizierter machen. So äußerte sich die Hoffnung der Forscher auf eine wohlwollende Parteilichkeit der Welt in der Vermutung, ebenso typisch wie das Äußere der Welt – ein zufällig aufloderndes und erlöschendes Sternengestöber – sei das Entstehen von Vernunftwesen in ihr. Diese Auffassung schien nicht so rasch zu widerlegen zu sein, da die Erscheinungen der Planeto- und

Biogenese astronomisch nicht wahrnehmbar sind und ihre modellhafte Nachahmung im Labor ausgeschlossen ist, weil es sich um Prozesse von ungeheuren zeitlichen und räumlichen Dimensionen handelt. Für die Sucher nach den »Anderen« war es deshalb eine betrübliche Offenbarung, als sich aus jüngsten Versuchen der Computersimulation klar ergab, daß eine Vielzahl von sehr »engen« Bedingungen von den Sternen und Planeten erfüllt werden muß, damit Leben in ihren Systemen entstehen und sich behaupten kann. Die Randbedingungen der Astro- und Planetogenese stellen für die Evolution von Leben sozusagen eine gewundene Folge von Slalomtoren oder eine Reihe von Nadelöhren dar, und die Zufälligkeit der Stabilisierung von planetaren Systemen läßt aufeinanderfolgende Durchgänge der Biogenese durch all diese Engpässe zu einem außergewöhnlich seltenen Ereignis werden. Die optimistische Rechnung mit Millionen anderer Zivilisationen innerhalb der Milchstraße schrumpft vor unseren Augen so gewaltig zusammen, daß man bereits die Hypothese unserer Einzigartigkeit in der Galaxis aufrechterhalten kann. Wenn auch noch ungewiß, ist das doch schon möglich. Diese Katastrophe der Hoffnung auf eine kosmische Universalität der Vernunft macht, wie ich glaube, die sogar in der Wissenschaft sich äußernden Ansprüche deutlich, die der Mensch an die Welt richtet, denn ihre leblose Öde scheint unser Schicksal zu einem zufälligen Kuriosum zu machen. Die Wissenschaft konnte eine wohlwollend parteiliche, weil dem Leben gewogene Welt nicht *direkt* postulieren, und so tat sie es durch ein Umgehungsmanöver, indem sie eine breite Zone des Kosmos postulierte, in welcher die Gesetze der Natur sich durch die Einleitung der Biogenese äußern. Die Schwierigkeiten und Nöte eines solchen Umwegs kennt weder die Religion noch die Kunst. Die von ihnen offen postulierte Parteilichkeit enthält als Ziel den Menschen, während sie – wenn man gewissermaßen in die entgegengesetzte Richtung blickt – eine Intention beinhaltet, die wohlgemerkt nicht in einer Person (in Gott z. B.) lokalisiert sein muß, denn als Ursprungsgebiet jener Intention kann man eine unzugängliche Zone – etwa die »Dinge an sich« – als den Sitz des Schopenhauerschen Willens annehmen. Die für die Glaubensvorstellungen des Mittelmeergebiets typische wohlwollende Parteilichkeit Gottes ist nicht das Resultat von Lebenserfahrungen, sondern eine vorab feststehende Annahme des Glaubens, was man schon daran erkennt, daß die Theodizee, die einen gegenüber der Schöpfung unendlich wohlwollenden (und in diesem Sinne parteilichen) Gott postuliert, sich nicht nur an der bestehenden Welt festmachen läßt, sondern – nach einer entsprechenden »Nachregulierung« der Interpretation der Offenbarung – an jeder noch so schrecklichen Welt, die man sich nur denken kann. Diese Optimierung, die es erlaubt, jede Ungeheuerlichkeit aus der Rubrik der blinden Treffer in die Rubrik der väterlichen Güte Gottes zu übertragen, entsteht durch eine Verlängerung des existenziellen Spiels in dem Sinne, daß sein diesseitiger Teil zu einem testähnlichen »Mittelspiel« erklärt wird, während man das Endspiel einschließlich der Realisierung der Auszahlungsfunktion ins Jenseits verlegt. Mit Hilfe dieses mathematisch einfachen Tricks kann man jedes Spiel, bei dem ein Partner Zufallsstrategien benützt, in ein Spiel umformen, das in der letzten und »daher« unbeobachtbaren Phase eine Minimax-Verlängerung enthält.

Die Wissenschaft, so sagten wir, setzt ihre optimistischen Hypothesen dem Scheitern aus und gibt damit den Rest der von ihr nur noch indirekt der Welt zugeschriebenen wohlwollenden Parteilichkeit preis. Das Dilemma bleibt dennoch unverändert in der Kultur lebendig. Wenn, wie es gegenwärtig der Fall ist, die historisch hochstehenden Werte ehrwürdiger Glaubenssysteme sinken, treten deren billige Substitute zutage in Gestalt ebenso verbreiteter wie hartnäckiger, ad hoc produzierter »Angaben« über Besucher aus dem Kosmos, über die gütigen Akte der Hilfe, die sie unseren Vorfahren erwiesen, oder (beziehungsweise: aber auch) über die der Menschheit drohenden kosmischen Monster. Und zwar, weil es dem Normalverstand – so darf man annehmen – leichter fällt, sich mit der positiven oder schließlich auch negativen Parteilichkeit der Welt, in der wir leben, als mit ihrer eiskalten Gleichgültigkeit abzufinden. Die zwieschlächtige Aufspaltung der Parteilichkeit läßt sich am einfachsten durch einen binären Graph darstellen:

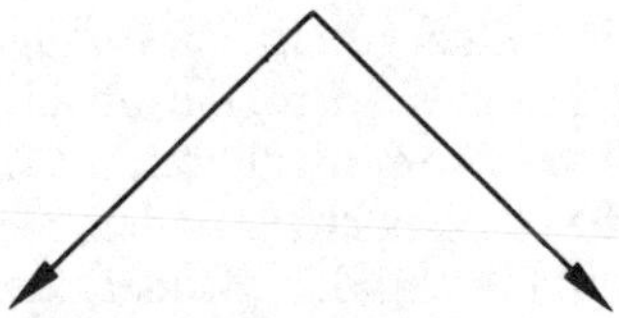

Die Arme des ersten Graphs führen zu den zwei folgenden Verzweigungen gemäß der nachstehenden Alternative. Die positiv parteiliche Welt kann entweder nur gegenüber einzelnen oder aber gegenüber all ihren Bewohnern wohlgesonnen sein. In der Literatur – denn von ihr wird die Rede sein – wird der erste Welt-Typ vom Märchen, der zweite von der Utopie besetzt. Ein ebensolcher binärer Graph auf der anderen Seite der Gabel teilt die negativ parteiliche Welt in eine entweder gegenüber einzelnen oder gegenüber ganzen Gesellschaften feindselige Welt auf. Die letztere, mit einem negativen Vorzeichen versehene Welt ist die Welt der Antiutopie. Die erstere ist vom kollektiven Schaffen nicht besetzt worden: so etwas wie ein »Antimärchen« existiert in der Folklore nicht.

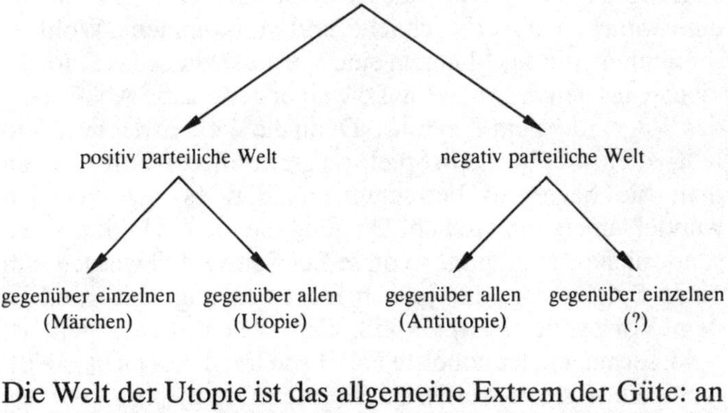

Die Welt der Utopie ist das allgemeine Extrem der Güte: an ihr haben alle teil. Die Welt des Märchens verhält sich dagegen wie ein Vater, der dem Kind zu gewinnen hilft, nicht weil es in jeder Hinsicht das beste ist, sondern weil es *sein* Kind ist. Die Ethik der Märchenwelt ist deren selektive Physik, denn die unfehlbare Güte des Schicksals der Auserwählten im Märchen gleicht der Unfehlbarkeit der Gesetze der Physik. Weil sie so gut ist, bevorzugt diese Welt im allgemeinen die guten Helden (die im übrigen zumeist in vielerlei Hinsicht weit vom Ideal entfernt sind). Häufig sind sie weder besonders klug noch besonders schön (das häßliche Entlein, Hans im Glück, der Bruder, der von allen am wenigsten gescheit, aber am ehrlichsten ist). Die Taten eines solchen Helden erscheinen oft leichtfertig, ja töricht, doch zeigt sich bald, daß er gerdade ihretwegen mit der Gunst des Schicksals überhäuft wird. Der Schwache gewinnt gegen den Stärkeren, der Zurückhaltende gegen den Frechen, der Dummkopf gegen den Klügling, wenn er nur gut ist. Allzu genau darf man sich diese Güte übrigens nicht anschauen. Sie pflegt eher in einer knapp angedeuteten Biederkeit als in einer mächtigen Anhäufung von Tugenden zu bestehen, und eigentlich kann man über sie nur soviel sagen, daß sie nicht von der Niederträchtigkeit lebt. Was auch immer ein solcher Held tun mag – er tötet den Drachen, heiratet die Prinzessin, wird König. Das liegt daran, daß es im Märchen – unter ganzheitlichem Aspekt betrachtet – für den Helden keine Strategie gibt, mit der er verliert. Man kann das als eine Prüfung der Effektivität dieser Welt auffassen: erst das ist eine wahrhaft unverbrüchliche und vollkommene Wohlgesonnenheit, die aus Mängeln eine Voraussetzung des Erfolges macht, aus den Abwegen, auf die einer gerät, eine Abkürzung des Weges, der zum Ziel führt. Denn die Welt, in der der Held lebt, ist Partner in einem Spiel von grenzenloser Gunst. Wenn man die Sache so betrachtet, handelt es sich bei den wundersamen, magischen Dingen, die dem Helden ohne sonderliche Bemühungen von seiner Seite zuteil werden, um einen Spielbetrug, der jedoch nicht dem eigenen, sondern dem Vorteil des Partners gilt. Die Welt des Märchens ist gewissermaßen der nobelste Falschspieler, der es nicht zuläßt, daß sein Favorit verlieren könnte. Gleichzeitig gibt es, entsprechend dem Grundsatz der Symmetrie in den Spielstrukturen, im Märchen keine Gewinnstrategie für die negativen Gestalten. Heimlich entwendet der böse Herbergswirt den Knüppel aus dem Sack, das Huhn, das goldene Eier legt; der böse Dschinn stiehlt dem Helden den Zauberring und schleudert ihn obendrein in eine tiefe, ausweglose Schlucht, in der sich die Knochen derer häufen, die dort hineinstürzten, doch der Held befreit sich auch aus dieser Schlinge. Der Knüppel aus dem Sack kehrt zu seinem rechtmäßigen Eigentümer zurück, desgleichen das Huhn, aber den Bösen wird eine nicht durch rührseligen Humanismus gemilderte Strafe zugemessen, weil das Märchen mit einer kategorischen, zweiwertigen Ethik arbeitet, die keinen Kompromiß kennt. In ihm gebührt den Guten nichts als das Gute, den Bösen dagegen das Böse.

Die namenlosen Autoren der Volksmärchen waren gewiß nicht mit der Spieltheorie vertraut, und sicherlich befaßten sie sich, als sie die Fabeln schufen, nicht mit der Apokrise optimaler Strategien. Die Motivation der Märchen ging auf psychologische Quellen zurück. Es geht um eine kompensatorische Funktion gegenüber der realen Welt, in welcher der starke Schuft dem braven Biedermann überlegen ist und die durchtriebene Rücksichtslosigkeit sich besser auszahlt als die loyale Tugend. Nichts ist in der wirklichen Welt derart wehrlos wie die der kühlen Berechnung fremde Redlichkeit, und deshalb ist die Welt des Märchens eine ganz und gar auf den Kopf gestellte Wirklichkeit. Das Märchen ist keine Moralität, und so ist ihm denn auch eine Ethik fremd, die gleichfalls die Feinde mit Gunst bedenkt. Daß die ehrbaren Helden die Hexe mit der Schaufel in den Ofen stoßen, löst bei den Zuhörern keine Einwände aus, weil es sich mit ihrem Gerechtigkeitsempfinden deckt. Das Märchen ist nur in dem Sinne ganz und gar konsequent, daß es dem Helden uneingeschränkten strategischen Schutz gewährt. Man darf die Welt des Märchens deshalb als die Welt eines Spiels bezeichnen, das *stets glücklich* ausgeht. Nicht, daß die Helden des Märchens vollkommen wären – vollkommen ist allein das Spiel, weil man sich dermaßen auf seinen Ausgang verlassen kann. Die Helden haben davon allerdings nicht die geringste Ahnung. Sie wissen nicht, daß sie vorteilhaft mit gefälschten Karten spielen, denn wenn sie es wüßten, würde das ihre Ehrlichkeit in ein zweifelhaftes Licht rücken.

Nicht immer ist die Auszahlungsfunktion im Märchen eine Funktion der Güte des Helden. Die Märchenwelt pflegt umerziehend zu wirken und eine anfängliche Bösartigkeit des

Helden in Güte zu verwandeln. Dabei geht es natürlich nur darum, einer Schachfigur andere Eigenschaften zu verleihen. Aus dem Bauern kann eine Dame werden. Eine solche, freilich seltene Metamorphose beweist, wie unbegrenzt die Macht der positiv parteilichen Welt ist.

Wenn der Böse sich in einen Guten verwandelt, so mag uns das verblüffen, aber Sorgen brauchen wir uns deswegen nicht zu machen. Die umgekehrte Transformation kommt im Märchen dagegen niemals vor. Die Prinzessin gibt nicht den Prinzen um des mächtigen Zauberers willen auf, der Prinz wird sie nicht der Unzucht überantworten, und die Bösen werden, ganz allgemein gesagt, nicht den geringsten Spaß an ihrer Bosheit haben. Dazu kommt es erst im Antimärchen.

In der bisher von uns entworfenen Tabelle gibt es keine parteiliche, mit einem unklaren Wertvorzeichen versehene Welt. Hierbei handelt es sich um die Welt der Mythen, die in der Gestaltung der Schicksale willkürlich verfährt, ohne daß der Mechanismus dieser Willkür erkennbar wäre. Diese Welt manipuliert das Schicksal der Helden im Hinblick auf unergründbare Ziele, von denen weder ihnen noch uns etwas bekannt ist. Auch hier wird – wie im Märchen – die Unfehlbarkeit der Strategie betont: was auch immer der Held tun mag, es ändert nicht das geringste an der für ihn vorprogrammierten Bestimmung. Im Mythos gibt es für den Helden weder eine Verlierer- noch eine Siegesstrategie, die das prästabilierte Ende der Auseinandersetzung verfehlen könnte. Die Strategien der Mythen sind vollkommen äquifinal: wenn Ödipus sich aufhängen würde, um dem Orakelspruch zu entgehen, dann würde der Ast unter seinem Gewicht brechen, ein Rabe würde ihm den Strick um den Hals aufpicken, und vorbeiziehende Wanderer würden ihn wiederbeleben, und würde er auf eine Viper treten, dann würde sie sich den Giftzahn an der Schnalle seiner Sandale abbrechen. Freilich unterliegt diese von der Welt des Mythos bewiesene Effizienz, die der des Märchens gleichkommt, nicht einer Steuerung im Hinblick auf die seelischen Qualitäten des Helden, da die erbaulichen, kompensatorischen Funktionen den Mythen grundsätzlich fremd sind. Die Mythen haben ein anderes Verhältnis zur Realität als das

Märchen. Das Märchen zeigt eine Welt, die zur Erquickung der Herzen höchst wunderlich auf den Kopf gestellt ist. Beim Mythos ist es im allgemeinen umgekehrt: er extrahiert aus der Wirklichkeit die blinde Willkür des Schicksals und verdichtet sie. Doch wenn es unverbesserlichen Optimisten in der realen Welt immer noch gelingen mag, das Schicksal von der Anklage vorsätzlicher Grausamkeit freizusprechen, indem sie ein übles Geschick zur Folge unglücklicher Zufälle erklären, versagt ihnen der Mythos diese Abwehrmöglichkeit. Daher seine unübersehbare Prädeterminiertheit: das in der ganzen Konstellation seiner Einzelheiten angekündigte Unglück kann nur eine von vornherein feststehende Fügung sein. Nicht immer handelt es sich dabei um eine feindselige Parteilichkeit, oft sind nur ihre Motive unbegreiflich. Zuweilen enthalten auch Märchenfragmente eine mythenartige Vorherbestimmtheit: trotz aller Prophylaxe sticht sich die Prinzessin schließlich an der Spindel. Doch ist der Grund dieser Unausweichlichkeit innerhalb der Struktur des Märchenspiels leicht einzusehen. Die Märchenwelt ist ein Homöostat, der, aus dem Gleichgewicht gebracht, unfehlbar zu ihm zurückkehrt. Die Welt des Mythos strebt auf einen Gleichgewichtszustand zu, der, weil er etwas Außermenschliches ist, unbegreiflich ist, und wenn sie einen Helden nicht ins Verderben stürzt, sondern direkt glücklich werden läßt – denn auch das kommt vor –, dann gleichsam nebenbei, und der Spieleinsatz ist dann nicht das Glück, sondern ein gewöhnlich unentzifferbarer Wert aus einem anderen Bereich. Die Welt des Märchens ist wie ein Richter, der dem ehrlichen Angeklagten bis hin zur Ungerechtigkeit wohlgesonnen ist. Die Welt des Mythos ist ein Richter, der ein Todesurteil ausspricht und den schwerkranken Verurteilten aufs pfleglichste heilen wird, damit er zur festgesetzten Stunde gesund auf dem Schafott stehen kann.

In der Frage, was die Menschen einander eigentlich mitteilen, wenn sie Mythen entsinnen und erzählen, besteht unter den Experten große Uneinigkeit. Die Exegetik und Hermeneutik der Mythologen erstreckt sich von klassischen über ethnologische und strukturalistische bis hin zu psychoanalytischen Erklärungen, doch bestätigt allein schon die

Vielzahl der Standpunkte nur, wie unbestimmt das Vorzeichen ist, mit dem diese parteiliche Welt versehen wurde.

Im Lichte der Spieltheorie ist das Märchen ein Nullsummenspiel, da der Gewinn des Helden dem Verlust seiner Gegenspieler gleich ist. Was die Bösen verlieren, gewinnen die Guten. Sicherlich geht es dabei nicht um eine arithmetische Summenbildung. Es ist kaum zu entscheiden, ob der Bund mit dem abscheulich verkrüppelten Zauberer für die Prinzessin genauso widerwärtig wäre, wie die Hochzeit mit dem schönen Ritter lustvoll ist, doch da es sich nach allgemeinem Empfinden gerade so verhält, geht die Gleichung auf. Im Mythos geht es um ein Spiel, dessen Summe von Null verschieden ist, und genau darin ähnelt er der Realität. Wenn jemand im Leben verliert, muß das ja nicht heißen, daß ein anderer gewinnt. Schließlich ist nichts darüber bekannt, ob Moira aus der Vernichtung von Ödipussen entsprechende Befriedigung zieht. Die Höhe des Einsatzes ist folglich im Mythos unbestimmt, und die Auszahlungsfunktion ist eine von einer Unbekannten abhängige Variable. Erhalten bleibt indessen das vom Märchen übernommene Prinzip der strategischen Äquifinalität, das häufig die Gestalt einer Strategie annimmt, die das maximiert, was sich erfüllen soll: Ödipus tötet den Vater und heiratet die Mutter, weil dem Menschen nichts Schlimmeres zustoßen kann als Vatermord und Blutschande. Der im psychologischen Sinne projektive Charakter solcher Mythen ist mittlerweile so bekannt, daß er eine Trivialität ist, seit die Ambivalenz unserer Gefühle aufgedeckt wurde. Für die Naturwissenschaft bleibt allerdings die Feststellung, daß die Erotik auf geheimnisvolle Weise mit der Aggression, der Glaube mit der Blasphemie, die Beseelung mit dem Animalischen und die Anziehung mit der Abstoßung verwachsen sei, ein Rätsel. Wir wissen nicht, wie oder wann es im Laufe der Evolution oder der Anthropogenese zu diesen Verwachsungen kam; wir wissen nicht, ob es sich dabei um Zusammenhänge handelt, die im Rahmen der natürlichen Entwicklung allgemein für denkende Wesen konstitutiv sind, oder nur um eine partikulare, irdische Besonderheit dieser Entwicklung; wir wissen noch nicht einmal, ob eine Änderung der neuralen Strukturen, die die

Träger dieser Ambivalenz sind, eine Schädigung oder eine Vervollkommnung des Menschen wäre. Ich glaube jedoch nicht, daß das Fragen sind, die für alle Zeiten unentscheidbar bleiben müssen.

Wenn wir den Mythos in unserer Tabelle der Arten ontischer Parteilichkeit unterbringen wollen, müssen wir auf die klare Einfachheit der binären Graphe verzichten und einen Graph wählen, der das Spektrum der Übergangszustände zwischen den Extremen der rein positiven und der rein negativen Parteilichkeit mit einer Unzahl von Dendriten bezeichnet. Es kann unendlich viele solcher Dendriten geben, was nichts anderes bedeutet, als daß das Spektrum der Übergänge kontinuierlich ist, denn die Märchen können sich beliebig mit den Mythen kreuzen und lebensfähige Nachkommen hervorbringen.

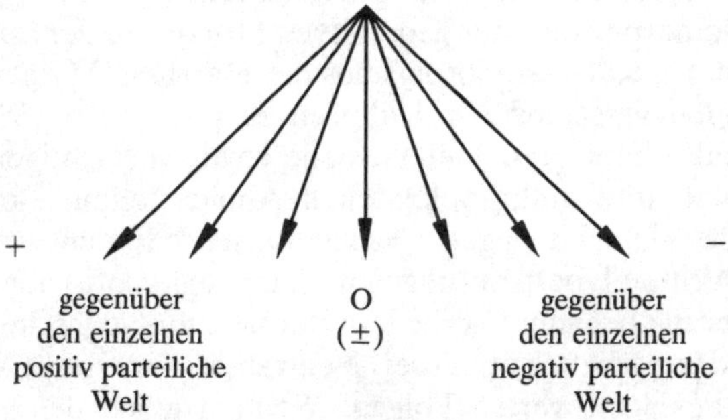

Dazu ist zu bemerken, daß die Lokalisierung eines konkreten Werkes in diesem Spektrum, das von einer singulär positiven zu einer singulär negativen Parteilichkeit reicht, eine Funktion des Ethnozentrismus des jeweiligen Rezipienten ist. Die Märchen ferner Kulturkreise, etwa der japanischen, afrikanischen oder indonesischen Folklore, wirken auf uns oft wie Mythen, ja sogar wie Approximationen des Antimärchens, das heißt einer nur noch feindselig-parteilichen Welt. Vielfach liegt das daran, daß die Bedeutungen im Märchen (wie überhaupt bei jeder sprachlichen Überlieferung) weitgehend undefiniert sind und eigentlich nur derjenige sie voll erfassen kann, der an der Kultur teilhat, die das Märchen hervorbrachte. Was einem Europäer oder allgemeiner einem innerhalb der jüdisch-christlichen Kultur erzogenen Menschen als extreme Ungerechtigkeit des Schicksals erscheinen mag, muß dem Angehörigen einer afrikanischen Stammesgemeinschaft durchaus nicht so erscheinen. Der Strukturalismus hat in der letzten Zeit mit allen Kräften versucht, diesen Aspekt der Sache innerhalb der Ethnologie zu verwischen; er forschte lediglich nach Merkmalen, die gemeinsame Nenner der sprachlichen Vermittlung darstellen. Solche Merkmale gibt es natürlich, und sei es auch nur, weil die Strukturen aller auf der Erde entwickelten natürlichen Sprachen topologisch übereinstimmen, was freilich eine äußerst banale Mitteilung ist – genauso wie die Entdeckung, daß die Sklettstrukturen aller Wirbeltiere einander topologisch entsprechen. Und so wie der osteologische Homöomorphismus nicht dazu berechtigt, alle Wirbeltiere einander gleichzusetzen, berechtigt der Homöomorphismus der generativen Strukturen der Sprache nicht dazu, einen Isomorphismus der Märchen, Mythen und Legenden verschiedener Kulturen zu postulieren. Warum ihre kulturbedingten Unterschiede soviel unwichtiger sein sollen als ihre anthropologischen Ähnlichkeiten, kann im Grunde niemand sagen. Nachdem sie bei den von ihr untersuchten Überlieferungen mit einer axiomatischen Neutralisierung begann, hat die strukturale Ethnologie die Literaturwissenschaft mit dieser Neutralität angesteckt – mit recht beklagenswerten Folgen. Wenn nämlich der konsequente strukturalistische Ethnologe die Ethik des Dritten Reiches und die der Phalanstères als gleichberechtigt betrachten muß, dann muß der strukturalistische Literaturwissenschaftler alle Texte als gleich ansehen, die hinsichtlich der von ihm postulierten elementaren Symmetrieverhältnisse übereinstimmen.

Es muß noch auf die aufschlußreiche Tatsache hingewiesen werden, daß dort, wo auf unserem spektral modifizierten Graph bei Null der Übergang von den positiv-parteilichen zu den negativ-parteilichen Welten stattfindet, naturgemäß Bedingungen herrschen müssen, die von den Bedingungen der empirischen Welt mit der ihr eigenen Null-Parteilichkeit nicht zu unterscheiden sind. In dieser Welt geht es ja ganz unterschiedlich zu: besser oder schlechter, einmal schlecht, einmal gut, und dieser Wandel unterliegt einer zufälligen Streuung (»das Leben ist ein Glücksspiel«; »das Glück läßt sich nicht festbinden«). Ganz ähnlich geht es in der Welt vieler Mythen zu, und zwar nicht, weil ihre Parteilichkeit gleich Null wäre, sondern weil eine offenbar intentionale, zugleich aber unwiderleglich *launenhafte* Parteilichkeit in der Praxis von den Folgen des unparteilich wirkenden Zufalls nicht zu unterscheiden ist. Beobachtungen, die der Volksmund in Redensarten wie »Den Seinen gibt's der Herr im Schlaf« oder »Er ist ein geborener Pechvogel« usw. zusammenfaßte, werden vom Mythos gewissermaßen ins Monumentale und Geheimnisvoll-Erhabene gesteigert. Der Unterschied zwischen der Parteilichkeit des Mythos und der Unparteilichkeit der empirischen Welt liegt weniger in der Struktur des Geschehens – sie kann sogar in beiden Welten dieselbe sein – als vielmehr in der *Interpretation* dieses Geschehens. Das Intervall der strukturalen Amplitude der Mythen reicht von einer Welt mit einer ausdrücklich bestätigten Parteilichkeit bis zu einer Welt mit einer nur vermuteten Parteilichkeit. Der Nachweis der Parteilichkeit ist dann erbracht, wenn – wie im Mythos des Ödipus – das eintritt, was anfangs vorhergesagt oder vielmehr prophezeit wurde. Allerdings kann die Parteilichkeit in abgeschwächten Formen der Vermittlung angedeutet werden, und gerade dann wird sie für die nicht-folkloristische Literatur besonders attraktiv. Schließlich diente ein solcher, durch ausgesuchte erzählerische Mittel in seiner rigiden und daher eindeutigen Vorherbestimmtheit abgeschwächter Ödipus-Mythos unzähligen belletristischen Werken als paradigmatisches Urbild. Die Ungewißheit des Rezipienten, ob er es nun mit einer absichtlichen Reinkarnation des Mythos zu tun hat oder bloß mit dem Eindruck einer Ähnlichkeit zwischen Realität und Mythos, der durch den unbestreitbar wahren Umstand hervorgerufen wird, daß »es sich auch so abspielen kann« – diese Ungewißheit verleiht solchen Werken gleichsam zusätzliche Dimensionen und bereichert dadurch ihren semantischen Gehalt.

Als Erzählungsmuster sind am meisten solche Mythen

gefragt, in denen die Ereignisse gänzlich der Wunderbarkeit entbehren. Denn je normaler sich alles abspielt und je genauer sich zugleich innerhalb dieser banalen Normalität die Vorherbestimmung des Schicksals zu erfüllen scheint, um so größer ist der Effekt, da sich der Leser nicht zwischen zwei einander ausschließenden Urteilen entscheiden kann: dem unglaublichen Geheimnis der Vorherbestimmtheit und der suggestiven Glaubhaftigkeit der Ereignisse, die bezeugt, daß gerade das Unglaubliche eintrifft. Durch die Welt eines derart konstruierten Werkes scheint eine andere Welt hindurchzuschimmern, über die man jedoch nie etwas erfahren, sondern nur Vermutungen anstellen kann; ein sehr berühmtes Beispiel dafür ist die Aura der Werke Kafkas. Diese Struktureigenschaft läßt sich auf einfache Weise sachlich erklären: jeder Zufallsserie von Ereignissen kann man eine Interpretation hinzufügen, die die Zufälligkeit der Ereignisse in eine determinierte Notwendigkeit verwandelt.

Die Utopie ist der äußerste Glückszustand. Sie muß sich folglich unverändert erhalten, denn wenn sie sich verschlechtern würde, wäre sie keine Utopie mehr, und wenn sie sich vervollkommnen würde, würde sie dadurch ihre frühere Unzulänglichkeit offenbaren. Die Utopie muß aus den gleichen Gründen vollkommen sein, aus denen auch Gott vollkommen sein muß; wird seine Vollkommenheit erst einmal angezweifelt, dann bricht die ganze Theodizee zusammen, weil er dann nicht mehr die hinreichende und notwendige Ursache von allem ist – denn wenn er das wäre, würde er zunächst seine eigene Vollkommenheit vervollständigen! Wer prinzipiell verschiedene Utopien, die aber nicht gleichzeitig am gleichen Ort realisierbar sind, für möglich hält, glaubt in Wirklichkeit nicht an eine im klassischen Sinne verstandene Utopie. Die Utopie ist eine Folgerung aus der Annahme, daß alles Menschliche *gleichzeitig* ein nicht zu übertreffendes *Gut* sein könne, daß es keinen Wert gibt, auf den man zugunsten anderer Werte verzichten müßte. Als ein solches Ideal des Zusammenlebens muß die Utopie mit Unveränderlichkeit ausgestattet sein. Sie stellt daher auch kein so interessantes Thema dar wie das Märchen: das Ideal ist kein wunderbares Abenteuer.

Schöpfungsmythen berufen sich häufig auf einen längst vergangenen Zustand der Vollkommenheit, auf ein goldenes Zeitalter oder ein verlorenes Paradies, aber nur, um die Ursachen des Niedergangs zu benennen: es geht dabei nicht um die verflossene Herrlichkeit, sondern darum, auf die an der Verschlechterung Schuldigen hinzuweisen. Im Grunde könnte sich jede Epoche ihre eigene Utopie schaffen, die ihr in derselben Weise entspricht wie das Positiv dem Negativ.

Verwickelte, dem zeitlichen Wandel unterworfene Umstände sorgten allerdings dafür, daß es nur in wenigen historischen Augenblicken zur Ausbildung von Utopien kam. Den Epochen, die in dieser Hinsicht stumm geblieben sind, vermag der heutige Mensch nicht die ihnen entsprechenden Utopien zuzuschreiben, und das liegt an denselben Ursachen, deretwegen sich heute außer den wissenschaftlichen Fachleuten niemand mit den einst entstandenen Utopien befaßt. Die Utopie ist nämlich ein Gesellschaftsentwurf, der von allen möglichen Entwürfen der vortrefflichste und in dieser Vortrefflichkeit für alle Zeiten *typisch* sein soll. Das ist freilich ein ganz und gar unmöglicher Traum, denn so etwas wie eine Utopie, die nicht durch einen Koeffizienten ihrer Entstehungszeit genau gekennzeichnet wäre, kann es nicht geben. Utopien sind, mit einem Wort, Gefangene ihrer jeweiligen Zeit, und sie stellen daher keine Währung dar, die sich überzeitlich in höchste gesellschaftliche Werte konvertieren läßt. Auch für die Belletristik ist die Utopie kein dankbares Thema. Ihre typischen Gestalten, um all das verkürzt, was nicht höchsten Maßstäben genügt, besitzen kaum eine Individualität. Das Glück, das alle einander ähnlich macht, stellt für den Erzähler, der es gewohnt ist, seine Geschichte auf einem Konflikt aufzubauen, eine tonlose Taste dar. Im Sinne der Spieltheorie ist die Utopie eine *unablässige Auszahlung des Hauptgewinns,* die eine Auseinandersetzung krönt, von der man gewöhnlich kein Wort erfährt. Da der Konflikt bereits gelöst wurde, kann es auch kein Spiel geben. Das widerspricht nicht dem oben Gesagten, daß es unmöglich ist, sich der Spieltheorie zu entziehen, denn ausgeschlossen ist das nur im realen Handeln oder im Nachdenken darüber. Hingegen kann man sich eine Utopie, die den Regeln der

Spieltheorie enthoben ist, ebenso leicht denken wie einen dreieckigen Kreis oder ein weißes Schwarz. Alles Gesagte gilt für die historisch entstandenen Utopien, nicht aber für die neuere Erkenntnis, die wir der recht glaubwürdigen Mitteilung verdanken, daß die Sättigung mit Beglückungen, anders gesagt, die Befriedigung der latenten und gesellschaftlich stimulierten Gelüste und Begierden im Übermaß, Frustration hervorruft und eine wachsende Rebellion gegen den Wohlstand im Namen alles dessen, was in der jeweiligen Spielart des allgemeinen Wohls nicht erreichbar ist. Die Utopie ist somit ein literarisch undankbares Thema, ein vages Trugbild, in das nur ein peripheres Ereignis, etwa die Konfrontation mit einer realen Gesellschaft wie in dem Roman »Menschen wie Götter« von H. G. Wells, Bewegung zu bringen vermag.

Wenn es nicht um die Utopie selbst geht, sondern um den Weg zu ihr, dann haben wir es mit einer gesonderten Variante der gesellschaftlichen Melioration, also mit einer Frucht des soziotechnischen Denkens zu tun. Ein solcher Entwurf stützt sich nicht uneingeschränkt auf die wohlwollende Parteilichkeit der Welt, sondern auf die Eigentätigkeit der Menschen.

Eigentlich müßten wir daher in unserem Graph eine spezifische Unterteilung vornehmen, je nachdem, ob es *die Welt* als solche ist, die gegenüber dem Menschen existenzielle Parteilichkeit beweist, oder nur die *anderen Menschen*. Es geht also um den Unterschied zwischen einer ontischen und einer sozialen Parteilichkeit. Diese zusätzliche Unterscheidung berührt nicht die Welt des Märchens, in der Wirkkräfte, die des Wunderbaren entbehren, nichts zu suchen haben. Doch für die Utopie und die Antiutopie läßt sich eine scharfe Trennung zwischen der existenziellen und der sozialen Parteilichkeit nicht durchführen, weil wir weder in der Empirie noch in Metaphysiken religiöser oder philosophischer Art Kriterien für die Erstellung einer unanfechtbaren Dichotomie finden. Verschiedene Religionen haben darüber unterschiedlich geurteilt, und in der christlichen beispielsweise herrschte, wie man schon an den Peripetien von Orthodoxie und Häresie ablesen kann, eine »demarkatorische Unentschiedenheit«. Die positiven und negativen Vorzeichen wurden von den Theologen auf den Landkarten des Seins ungleichmäßig verteilt. Die Amplitude der zulässigen Abweichungen war bei der Orthodoxie (Augustin, Thomas) nur deshalb kleiner als bei den Häretikern, weil die Kirche als ein Überwachungssystem auftrat, das extreme Verfehlungen unterband. Aus diesen aber entstanden die Häresien, bei denen, weil es ihnen an einem Begrenzer mit der Autorität des Vatikans gebrach, die Oszillationen, durch die sie immer weiter zersplittert wurden, sich unaufhörlich verstärkten. Bei einer diachronischen Projektion jener Abweichungen, Korrekturen und erzwungenen zentripetalen Kehrtwendungen auf die Ebene würde sich zeigen, daß die Theodizee hinsichtlich der axiomatischen *Lokalisierung* schwankt, anders gesagt, daß sie den Einflußbereich von Gut und Böse nicht eindeutig definiert. Die Projektion auf die Ebene wäre noch durch eine Stereoprojektion zu ergänzen, welche die aus dem Diesseits kommenden Erlösungsbemühungen und die aus der Transzendenz ihnen in Gestalt der Gnade entgegenkommende Hilfe des Erlösers in ihrem Wechselverhältnis berücksichtigen würde. Nach dem Hl. Augustinus war der Beitrag des im Diesseits gelegenen Vektors im Grunde gleich Null, da *de facto* die himmlische Gnade über den Erfolg entschied, deren Motive der Hinwendung unerforschlich waren. Diese extreme Auffassung wurde unterbunden, und es setzte sich statt ihrer die Diagnose des Hl. Thomas durch, die grob gesagt eine Komplementarität der beiden Vektoren behauptete. Wir können also feststellen, daß die senkrechten Vektoren (Himmel – Erde) sich in unserem Modell treffen, während es der kirchlichen Doktrin zufolge nicht möglich ist, die Bereiche der ontisch-existenziellen und der anthropologisch-sozialen Parteilichkeit voneinander abzugrenzen. Und es ist nicht nur so, daß eine solche Abgrenzung sich nicht durchführen läßt: man kann nicht einmal – solange man in der Kirche bleibt – die Undurchführbarkeit einer solchen Aufgabe erkennen. Das liegt daran, daß die Kirche sich gegen eine Selbsterkenntnis dieser – topographischen – Art wehrte. Die letzte Ausflucht der Theologie – um die Theodizee gegen die ätzende Wirkung allzu eindringlicher Überlegungen zu immunisieren, erhob sie den Widerspruch zum Dogma und legte willkürlich fest, welche für die Gläubigen allein verbindliche Folgerung aus jenem Widerspruch zu ziehen ist – machte eine Unterscheidung des ontischen vom sozialen Übel innerhalb der Doktrin ganz und gar unmöglich. Im Lichte der Spieltheorie erweist sich das Christentum als ein Spiel, das dem Bridge ähnelt. Die erste Ansage (die Lossagung vom Satan bei der Taufe) leitet das Reizen ein, mit dem ein Spiel beginnt, das ein Leben lang dauert. Trumpffarbe ist die Tugend, der große Schlemm ist die Heiligkeit, und gänzlich ohne einen Stich zu bleiben bedeutet, ewiger Verdammnis anheimzufallen. Der da reizt und die Partie spielt, ist ein Sterblicher, für den die Welt der Tisch ist (d. h. die auf dem Tisch liegenden Karten), während die beiden anderen Spieler, genau wie beim Bridge, zugleich eine Einheit bilden und auch wieder nicht (vgl. z. B. R. Luce, H. Raiffe, *Games and decisions,* 1963). Denn ein Spielerpaar ist beim Bridge gleichsam wie ein Spieler, der zeitweise die Erinnerung daran, welche Karten er genommen hat, verliert. Man kann eigentlich kaum sagen, daß der eine der beiden Gegenspieler (Gott) den, der die Partie spielt, dauernd unterstützt und der andere (Satan) ihm dauernd Schwierigkeiten macht, weil die abgeworfenen Karten – wie beim Bridge – zwar ein Signal sind, aber ein *zweideutiges.* Der Spieler kann lediglich sehen, was bereits auf dem Tisch liegt (d. h. was im Diesseits geschieht), aber auch nur danach kann er sich die Strategie seiner Gegenspieler rekonstruieren. Es besteht quasi nur der Unterschied, daß der eine der beiden Spieler ihn vermutlich fördert und der andere ihm schadet. Doch andererseits ist Satan nicht dem Willen Gottes entzogen, denn ohne ihn geschieht nichts (weshalb es auch im Vaterunser heißt »und führe uns nicht in Versuchung«, und diese Worte richten sich schließlich nicht an den Teufel); daher läßt sich der Beitrag dieser beiden Spieler zur Partie umfangsmäßig nicht abgrenzen. Das Spiel ist ein Leistungstest für die Tugend des Sterblichen, den die Bilanzierung des Spiels und die Auszahlung im Jenseits erwartet. Das Lehrbuch dieses Spiels legt widerspruchsvoll fest, daß Gott zu der kanonischen Auszahlungsfunktion verpflichtet und auch nicht verpflichtet ist (nicht nur die Verdammung kennt keine Grenzen, sondern auch die Gnade). Die Rekonstruktion dieses Spiels steckt also voll von Widersprüchen, so daß man ein solches Bridge einfach nicht spielen könnte. Darüber hinaus offenbart die modellhafte Rekonstruktion des Spiels um die Erlösung, daß das Spiel Dinge enthält, die auch in mathematischer Hinsicht unerfreulich sind. Die Summe des Spiels ist nicht gleich Null, und das in einer ganz besonderen Weise: was auch immer der Spieler hier tut, ist endlich, die Belohnungen und Strafen dagegen sind unendlich. Man kann deshalb ohne Übertreibung sagen, daß ein derart geregeltes Spiel mit einer solchen Relation zwischen einer stets endlichen Zahl von Zügen und einer stets unendlichen Auszahlungsfunktion nicht nur kein »fair play« darstellt, sondern in jedem einzelnen Fall unendlich ungerecht ist. Dies gilt aber nur, solange man es *nicht* als Glücksspiel auffaßt, denn als Glücksspiel zeichnet es sich lediglich durch eine unendlich große Disproportion zwischen Einsatz und Gewinn aus, da eine endliche Größe immer nur einen unendlich kleinen Bruchteil einer unendlichen Größe ausmacht. Gott schuf, wie Schopenhauer spöttisch bemerkt hat, den Menschen aus Nichts, obschon von seinem späteren Fall informiert (weil er allwissend ist), und stößt ihn dann seiner Sünden wegen in ewige Verdammnis: »Dieser arme Kerl aus Nichts, der doch wenigstens ein Anrecht auf sein ursprüngliches Nichts hat, welche letzte retraite, die keinesfalls sehr übel seyn kann, ihm doch von Rechts wegen als sein angeerbtes Eigenthum gesichert bleiben sollte«*. Geben wir jedoch loyalerweise zu, daß das oben skizzierte Bild sich aus dem Versuch ergibt, das menschliche Leben als ein Spiel zwischen Diesseits und Ewigkeit zu verstehen und im Rahmen der Spieltheorie formalisiert darzustellen; weil *ex contradicione* (genauso wie *ex falso*) *quodlibet,* kann man in diese Rekonstruktion Varianten einführen, welche die Spielregeln sympathischer erscheinen lassen, vom rein logischen Standpunkt aus aber stets vollkommen willkürlich bleiben.

Eine solide Abgrenzung des ontischen vom sozialen Element ist aber auch vom naturwissenschaftlichen Standpunkt aus schwierig, weil der Mensch ein Produkt sowohl der Natur

* A. Schopenhauer, Über Religion, *Werke,* 1908, Band 6, S. 393

als auch von gesellschaftlichen Einflüssen ist, und deshalb muß in der Abtrennung des existenziell Angeborenen vom soziogen Erworbenen eine Beliebigkeit stecken, die auch durch noch so große Erkenntniszuwächse nicht auszuschalten ist. Wir haben es hier mit einem bemerkenswerten Problem zu tun. Die Schwierigkeit der Unterscheidung, auf die wir hier stoßen, ist von der gleichen Art wie bei der Feststellung, wann genau der Tod bei einem Menschen eintritt, oder bei der Frage, was bei einem Lebewesen durch Vererbung und was durch die Umgebung verursacht ist. Es handelt sich um zwei qualitativ verschiedene Schwierigkeiten, die in unterschiedlicher Weise in das Paradoxon des Kahlen verwickelt sind. Die erste Schwierigkeit besteht darin, daß der Tod zwar ein Zustand, das Sterben aber ein Prozeß ist, der sich in einer jeglicher Beliebigkeit entbehrenden Weise über einen gewissen Zeitraum erstreckt, so daß man außer auf dem Wege der Übereinkunft nicht sagen kann, wann genau die Agonie in den unwiderruflichen Tod übergeht (zu einem brennenden Problem wurde diese Diagnose im Zusammenhang mit der Übertragung von Organen Verstorbener). Wer sich eine definitive Abgrenzung von Leben und Tod von der medizinischen Empirie erhofft, wird darauf vergeblich warten. Eine gewisse Zeit nach der Agonie kann man mit völliger Gewißheit den Tod erklären, aber dann ist auch schon nahezu kein Organ mehr transplantationsfähig, weil irreversible Veränderungen eingetreten sind. Bei einer Agonie kann man selbst dort, wo sie in den Tod des Gesamtorganismus übergeht, ohne einen aktiven Beitrag zur Feststellung des Todes nicht auskommen – einen Beitrag, der normativer Natur sein muß und daher von der gesamten Kultur und nicht allein von der Empirie bestimmt wird.

Das Milieubedingte und das Erbliche an den Eigenschaften des Organismus stellt wiederum nur scheinbar zwei Komponenten eines Parallelogramms von Kräften (Prozessen) dar, deren Resultante der reife Organismus (Phänotyp) ist. Innerhalb der Entwicklung von der Eizelle bis zum reifen Organismus lassen sich im Grunde unendlich viele derartige »Parallelogramme« unterscheiden, da sie jeweils zu Bestandteilen weiterer Parallelogramme werden, wobei diese wechselseitige Abhängigkeit *rückwirkend* auftritt. Das Gen legt eine gewisse *Möglichkeit* der Merkmalsausprägung fest, die durch eine gewisse milieu-eigene *Möglichkeit* realisiert wird, und beide Gruppen von Chancen legen zusammen das Intervall der phänotypischen Variabilität des Organismus fest. Der Genotyp ist zu Beginn der Entwicklung nur virtuell determiniert; das Milieu ist für ihn zugleich Protagonist und Antagonist, kurz, auch hier haben wir es mit einem Spiel zu tun, und die Frage, von welchem Spieler die definitive Gestalt des Spiels abhängt, ist genauso sinnvoll wie die Frage, welches Bein – das linke oder das rechte – definitiv den Gang bestimmt. Die heutige Biologie gibt im Grunde weder den Präformationisten noch den Epigenetikern Recht; die Frage ist falsch gestellt und die Alternative fiktiv, und deshalb ist auch die in konkreten Fällen mögliche probabilistische Abgrenzung des Erblichen vom Erworbenen ein nicht-algorithmisierbares Problem. Es handelt sich also um ein Problem, für das es keine allgemeine Lösung gibt. Nun birgt aber das Problem der Abgrenzung des Ontischen vom Sozialen *beide* der erwähnten Schwierigkeiten, da das Leben des Menschen zugleich ein biologisches und ein soziales ist; eine analoge Verschmelzung ist in seiner Umgebung zu beobachten, die sowohl dinghafter (gegenständlicher) als auch kultureller Natur ist. Eine Kultur ohne irgendwelche Dinge (Gegenstände) ist unmöglich, und unmöglich ist ein Organismus ohne Umwelt, doch aus all diesen Unmöglichkeiten folgt durchaus nicht, daß man überhaupt keine Abgrenzung vornehmen kann. Man kann das sehr wohl, und man hat es unzählige Male getan. Solche Abgrenzungen sind aber – und darauf kommt es an – nie empirisch beweisbar, und das ist höchstwahrscheinlich kein vorübergehender Zustand. Während aber die Kultur in der Frage der Feststellung des Todes und in einer Unzahl ähnlicher Fragen über ein ihr untergeordnetes Teilproblem zu urteilen hat und urteilen kann, verlangt die Abgrenzung des Ontischen vom Sozialen zu allem Unglück ein Urteil der Kultur *über sie selbst.* In solchen Fällen tut sich vor uns die Hölle des Paradoxen auf. Nicht einmal die Entdeckung einer beliebig großen Zahl von stellaren Rassen und die Entstehung einer vergleichenden

Astroethnologie hilft uns aus dieser Klemme. Wenn man die physisch-organischen und zivilisatorischen Leistungen derartiger Rassen kennt, kann man anhand einer Gruppe von Parametern, die man als Kriterien wählt, Diagramme anlegen, in denen der Menschheit ein bestimmter Ort zukommt. Solche Vergleiche würden uns etwas – vielleicht sogar viel – über die ihm Rahmen des Kosmos typischen und optimalen Strategien eines vernünftigen Überlebens sagen, über die Abhängigkeit der Systemstrukturen von den biologischen Strukturen der Individuen, über den Ausnahmecharakter (die Singularität) von krisenhaften Schwellen der zivilisatorischen Entwicklung oder gerade über die typische Regelhaftigkeit und damit vielleicht über den Homöomorphismus solcher Schwellen; schließlich könnten wir erfahren, ob Prozesse der Autoevolution (bei denen die Vernunft der Natur die Steuerung der Vererbung abnimmt) in Zivilisationen mit langer Entwicklungszeit eine typische Erscheinung sind usw. usw. Doch selbst aus einem solchen enzyklopädischen Wissen ergibt sich nicht automatisch die erwünschte Abgrenzung. Das Ontische ist schließlich der Empirie nicht zugänglich, und das empirisch Feststellbare ist nicht ontisch. Höchstenfalls werden wir dereinst von besser Informierten erfahren, daß wir einem Wunschbild nachgejagt sind. Ich gestehe, daß mich ein solches Urteil durchaus nicht wundern würde. Gleichwohl ist und bleibt dies für uns eine vitale und brennende Frage, und das ist schon Grund genug, sich mit ihr zu befassen.

Die Antiutopie ist eine sehr viel spätere Erscheinung als das Märchen und die Utopie. Dieses Kind unseres Jahrhunderts kam innerhalb der phantastischen Literatur zur Welt, die einen ellenlangen Katalog der Höllen erstellte, welche einer jeglichen (und nicht nur irdischen) Gesellschaft sei es durch »Selbststrangulation« (z. B. die Erdrosselung durch die Tyrannei einer kybernetischen Polizei), sei es durch die Aggression einer fremden Zivilisation, sei es schließlich durch elementare Naturkräfte, also durch den Kosmos selbst bereitet werden können. Der Parteilichkeit des universellen Guten entspricht in der Antiutopie eine Parteilichkeit des universellen Bösen, die ein Magnet zu sein scheint, der die soziologische Phantasie unwiderstehlich anzieht. Und auch hier kann ein Versuch, die ontischen Ursachen des Elends von den gesellschaftlichen zu unterscheiden, nur vergeblich sein. Die Literatur ist sich darüber unschlüssig, da sie sich nicht einmal der *Existenz* dieses Abgrenzungsproblems bewußt ist (wir sagten, daß es nicht empirisch zu lösen ist, daß es aber von der Kultur entschieden werden kann, und innerhalb dieser ist die Literatur dazu berufen, sich der Sache anzunehmen). Das Böse wird in der modernen Antiutopie gewöhnlich unvoreingenommen dargestellt. Häufig ist es nicht ein Resultat von ausbeuterischen Einstellungen, von Machtkämpfen oder Klassenantagonismen, sondern es ist unanzweifelbar gegeben wie ein Axiom, als ein schicksalhafter Dauerzustand, denn es gibt weder gesellschaftliche Kräfte noch Mittel, die dem Bösen entgegenwirken können. Der Inhalt der Antiutopie besteht gewöhnlich in der Darstellung einer noch weiter gehenden Verschlechterung, einer Steigerung des Grauens des gesamten Daseins, so als sollte der Beweis erbracht werden, daß das in der Utopie beschworene Gute nur im Endlichen kulminieren kann, während der Expansion des Bösen keine Grenzen gezogen sind. Man muß zugeben, daß die Antiutopie heute in den düsteren futurologischen Visionen einer sich durch exponentielles Wachstum selbst erstikkenden Zivilisation Nahrung findet.

II

Unsere logische, ahistorische Rekonstruktion trägt nicht den riesigen zeitlichen Abständen Rechnung, in denen die einzelnen »Welten mit einer Intention« entstanden sind. Auffällig ist, daß sie unter der Rubrik des Antimärchens eine Lücke hat, weil es in den Volkstraditionen eine solche Gattung nie gegeben hat. Trotzdem können wir ganz genau deren Merkmale angeben, und zwar auf der Grundlage von *Nachbarschaftsverhältnissen.* Die Welt des Antimärchens muß parteilich gegenüber den Individuen sein, am schlimmsten ergeht es in ihr den Besten, so daß die Summe von Gut und Böse gleichfalls – wie im Märchen – konstant ist, nur daß sie umgekehrt verteilt ist: das Gute wird bestraft und das Böse belohnt. Es gibt keine siegreichen Strategien für die Redlichen, wohingegen sämtliche schurkischen Strategien optimal sind. Die Auszahlungsfunktion ist die Funktion einer umgekehrten Ethik: $F_a = f(\frac{1}{e})$. Die Summe des Spiels muß auch hier Null sein, da die Niederlage der Tugend dem Sieg des Lasters gleichkommt. Allerdings taucht die Frage auf, worin der Spieleinsatz besteht, welches die Strategien des Spiels sein müssen und was für eine Verteilung sich bei der Auszahlungsfunktion feststellen läßt.

Das Angenehme erfährt man im Märchen erst am Schluß, denn es ist nicht angenehm, im Käfig des Zauberers oder im Bauch des Wolfs zu sitzen und mit einem abscheulichen Ungeheuer zu kämpfen. Man tut das, weil man dazu gezwungen ist oder aus Selbstverleugnung, denn vorübergehend erliegt der Redliche, aber Schwache dem Bösen, und der starke Held eilt ihm aus höheren Antrieben zu Hilfe. Doch das Quälen von Waisenkindern oder ein Ausflug auf dem Rücken Sindbads *muß* angenehm sein – anderenfalls wären solche Handlungen nicht zu erklären. Weil man also anderen um ihres Wohls willen hilft, ihnen aber um des eigenen willen Pein bereitet, ist die Verteilung der Auszahlungsfunktion im Antimärchen eine andere. Das Märchen schiebt die Belohnung für erwiesene Güte hinaus; das Antimärchen prämiiert das Böse unverzüglich, noch während es verübt wird, weil das Leiden anderer dem Helden Freude macht. Dadurch verändert sich der Spielverlauf. Das Märchen beginnt gewöhnlich mit einem Angriff des Bösen, das den bei der Eröffnung bestehenden Zustand zerstört, und das Spiel geht um dessen Wiederherstellung – mit einer eventuellen Zugabe. Das Gute führt seinen Gegenangriff nicht um der eigenen Satisfaktion willen, sondern aus Notwendigkeit, und sein Sieg ist natürlich insofern endgültig, als er einen unübertrefflichen Glückszustand herbeiführt. Der Spieleinsatz besteht im Märchen im Glück der Redlichen, welches die Frevler ihnen zu entreißen versuchen. Diese Formel ist jedoch allzu vage. Das Märchen kennt drei typische Spieleröffnungen: der anfängliche Zustand ist entweder vollkommen, verschlechtert sich jedoch, oder er ist verheerend, erfährt dann aber eine (häufig abgestufte) Verbesserung, oder er ist »eingermaßen erträglich« und verbessert sich dann zum Schluß doch ein wenig. Als Beispiele für diese drei Eröffnungen könnte man nennen: das Märchen von der schlafenden Königstochter, in deren Reich es einem vorzüglich geht, bis die böse Fee an die Wiege der Prinzessin tritt; Märchen über Drachen, die von Anfang an Grauen erregen; und schließlich Märchen wie Hänsel und Gretel oder Rotkäppchen, in denen der Anfangszustand wiederhergestellt wird – die Kinder kehren heil aus dem Hexenhäuschen oder aus dem Bauch des Wolfs zurück, eventuell noch mit Trophäen bereichert. Die Strategie ist folglich immer offensiv. In vielen Märchen stecken sozusagen »verschachtelt« »Unterspiele«, bei denen die Tüchtigkeit des Helden unter wachsenden Schwierigkeitsgraden getestet wird. Der Held muß, um den eigentlichen Lohn (die Hand der Prinzessin, den Thron) zu erlangen, eine Reihe von Hindernissen überwinden, von denen zumindest einige eine Verkörperung des Bösen sind, das es zu besiegen gilt (paradigmatisch hierfür ist der Mythos von den Leistungen des Herkules). In dieser Untermenge von Märchen greift das Böse den Helden nicht frontal an, sondern es wartet auf eine Herausforderung. Jedenfalls muß der Held bei der Bewältigung des ihm gestellten Problems nie selbst etwas Böses anrichten. Die Welt des Märchens ist daher entweder ein Homöostat, der den anfänglichen Zustand durch dessen Wiederherstellung vervollkommnet, oder ein labyrinthischer Automat, der allein den tugendhaften Helden mit dem Hauptgewinn bedenkt. Ein schlechter Zustand ist im Märchen vor allem etwas, das es *abzuschaffen* gilt. Man könnte sagen, daß er ein *erzählerisches* Erfordernis darstellt, während er jedoch keine grundlegende ontische Qualität der Märchenwelt ist. Diese Qualität kommt hingegen der vollkommenen Harmonie als dem Glückszustand zu, und wenn man die Märchenhelden fragen würde, was sie nie jemand gefragt hat, nämlich, ob sie es nicht vorziehen würden, auf Anhieb in dieser Harmonie zu leben und das Glück zu erlangen, ohne Hindernisse bewältigen zu müssen, dann würde ihre Antwort unweigerlich positiv sein. Es ist nicht angenehm, im Bauch des Wolfs zu sitzen oder in einen Stein verwandelt zu sein – angenehmer ist es, gar nicht auf einen Wolf oder einen Zauberer zu stoßen und ohne Verzug den Prinzen oder die Prinzessin zu heiraten.

Im Märchen treten redliche Helden von zweierlei Art auf: schwache, wie etwa Waisen, Kinder und Prinzessinnen zum Entführen und Verzaubern, sowie starke, die den ersteren zu Hilfe eilen. (Die Starken stoßen bisweilen auf wohlgesonnene Ratgeber, aber auch auf Verbündete des Bösen.) Es kommt vor, daß die Starken zunächst – aber nicht ausschließlich – sich selber helfen (das schlaue Bürschlein, der kleine Däumling). Wenn die Attacken des Bösen nicht wären, ginge es den Helden der ersten Art durchaus gut, während die der zweiten Art nichts zu tun hätten. Es gäbe dann zwar nichts zu erzählen, doch die Bedingungen einer guten Welt wären erfüllt: deshalb sagte ich, daß das erzählerische Erfordernis sich nicht mit dem ontischen deckt. Nun läßt sich ein Standardmodell des Antimärchens nicht durch einfache Inversion der Märchen-Parameter gewinnen, weil die Funktionen des Guten und des Bösen im Märchen nicht symmetrisch sind. Das Gute ist ohne das Böse möglich, doch das Böse kann ohne das Gute nicht existieren, weil es von ihm lebt. Das Gute geht gegen das Böse als eine Störung an, um sich definitiv zu behaupten, und während dieser Auseinandersetzung vervollkommnet es sich noch weiter, bis es einen optimalen Zustand erreicht, der das Spiel mit logischer Notwendigkeit beschließt. Denn wenn Harmonie herrscht, kann nichts Besseres mehr kommen. Eine Umkehrung dieser Beziehung enthüllt deren Asymmetrie. Wenn wir annehmen, daß das Böse das Gute als eine Störung bekämpft, so muß erklärt werden, wobei jenes Gute es eigentlich stört. Das vermag niemand zu sagen. So formuliert, läßt sich die Frage überhaupt nicht beantworten, weil das Gute für das Böse nicht ein störender, sondern ein konstitutiver Faktor ist. Und zwar in ontischer und nicht nur in erzählerischer Hinsicht konstitutiv. Das ist unschwer daran zu erkennen, daß die symmetrische Abbildung der Wendung, mit der die Märchen gewöhnlich enden: »und von da an lebten sie lange und glücklich«, keinen logischen Abschluß des Antimärchens ergibt. Es kann schließlich nicht darum gehen, daß dessen Helden kurz und unglücklich leben! Der Unterschied besteht darin, daß die Harmonie unübertrefflich sein kann, daß es aber so etwas wie eine ideale Disharmonie ebenso wenig gibt wie ein unüberbietbares Unglück. Im Gegensatz zum Guten genügt das Böse nicht sich selbst. Dadurch ändert sich sowohl der Inhalt des Spiels als auch dessen Strategien und die Rollen der einzelnen Figuren. Das brave Kind gibt der Bettlerin ein Almosen und errettet das Fröschlein aus der Knechtschaft. Wenn das böse Kind das Almosen verweigert und das Fröschlein zertritt, ist die Handlung unterbrochen, denn die um Unterstützung bittet, ist die verkleidete Fee, und das Fröschlein sollte für seine Rettung Wünsche erfüllen. Daher muß die Rolle der Schwachen im Antimärchen auch eine andere sein: sie werden den Starken unterliegen, denn diese Welt unterstützt nicht die Schwäche. Auch die ganzen Spielabläufe müssen verschieden sein. Im Märchen geht es den Helden zunächst einigermaßen, dann schlechter und am Ende ausgezeichnet. Im Antimärchen dagegen nimmt das Böse *unaufhörlich* zu. In der logischen Rekonstruktion ist seine Welt eine offene Welt, d. h. eine Welt, in der es nur ein endloses Spiel geben kann. In ihr muß das Böse das Gute vernichten, und wenn es in seiner Umgebung das Gute ausgerottet hat, dann hört es nicht mit der Vernichtung auf, weil es irgendeine Sättigung erreicht hätte, sondern weil es nichts mehr hat, wovon es sich ernähren könnte. Der Unterschied ist der zwischen dem Gleichgewicht der Harmonie und dem Gleichgewicht einer Brandstätte, die nur deshalb erloschen ist, weil das Feuer alle brennbaren Stoffe verschlungen hat. Sobald nur etwas Brennbares auftaucht, wird das Feuer sich weiter ausbreiten. Die wohlwollend parteiliche Welt zielt also auf Vollkommenheit ab und bleibt bei ihr stehen. Die feindselige Welt kann in dem ihr eigentümlichen Lauf nicht auf eine Weise innehalten, die sich logisch aus ihrer obersten Direktive ergäbe. Es ist dies ein ontisches und nicht nur ein erzählerisches Handikap. Der Nullsummencharakter des Antimärchen-Spiels ist daher in einem besonderen Sinne zu verstehen. Er bedeutet, daß es im Antimärchen ebenso viel Böses wie Gutes geben muß – aus dem gleichen Grund, aus dem es nur soviel Feuer geben kann, wie brennbare Stoffe vorhanden sind. Natürlich kann durch Zufall immer der

Brennstoff ausgehen; daher muß die feindselige Welt sich – ihren Schurken – Gutes zuführen. Dem ließe sich entgegenhalten, daß schließlich auch die Welt des Märchens ihren redlichen Bewohnern insgeheim Böses zuführt. Das stimmt, aber es liegt, wie wir gezeigt haben, an einer erzählerischen und nicht an einer grundsätzlichen Notwendigkeit. Die gute Welt kommt ohne das Böse aus, *auch wenn es dann keine Märchen mehr gibt; als einen Zustand* kann man sie sich gleichwohl logisch vorstellen. Die böse Welt ist dagegen existenziell darauf angewiesen, daß das Gute in ihr vorkommt: sie kann ohne es überhaupt nicht anders existieren denn als ein Schlachtfeld voller Verwesung, mit einem letzten Antihelden, der sich als räuberischer denn alle anderen erwies und sie deshalb bezwang. Nun werden wir aber, selbst wenn wir uns eine solche Situation vorzustellen vermögen, auf keinen Fall sagen können, daß jener Held sich herrlich fühlen und von da an lange und glücklich leben wird. Die Absurdität dieser Formulierung ist unübersehbar. Jener Held wird alles in seiner Macht Stehende tun, um weitere Opfer zu finden, und wenn er sie nicht findet, bleibt ihm nichts als ein Zustand erbitterter Unbefriedigtheit, weil er nicht das tun kann, wozu er geschaffen wurde! Der endgültige Triumph des Antihelden kann daher nicht gleichbedeutend sein mit seinem Glück. Damit erhalten wir eine Antwort auf die Frage nach der Verteilung des Glücks beim Spiel des Antimärchens. Während im Märchen um ein bis zur Schlußauseinandersetzung *vertagtes* Glück gespielt wird, das dort zur Auszahlung gelangt, kann im Antimärchen das Glück nur im Unglück anderer bestehen, und daher hört das Glück auf, wenn das Unglück verschwindet. In den Strukturen des Spiels tritt somit ein unaufhebbarer Widerspruch zutage. Das Futter des Drachens sind Jungfrauen, doch wenn er sie alle auffrißt, krepiert er an Hunger. Der Hexe macht es Spaß, Ritter in Steine zu verwandeln, aber wenn sie alle verhext, wird sie sich wohl umschulen lassen müssen. Wenn das Königreich in ewigen Schlaf versinkt, wird auch die böse Fee nichts mehr zu tun haben. Man könnte natürlich das Antimärchen retten, indem man nach einer Gruppe von nicht ganz so radikalen Spielstrukturen sucht, beispielsweise, indem man böse und zugleich schwache Gestalten als Helden wählt. Solche Gestalten sind nicht bestrebt, die Guten zu *vernichten,* sondern nur, sie zu *quälen.* Doch auch in diesem Fall muß es wieder zu einer Eskalation der Taten kommen – oder dazu, daß sie aufgegeben werden. Die Eskalation führt uns erneut zum Zustand der Unbefriedigtheit, während das Aufgeben einer besonderen Erklärung bedarf. Sollte der Antiheld vielleicht von dem bereits angerichteten Übel befriedigt sein? Ist er es etwa schon leid? Das wäre sehr schlecht, denn damit geriete er in Widerspruch zu der sein Dasein und Tun beherrschenden Welt! Das ist nicht logisch. Ein schwacher, aber böser Held erweist sich in der Welt des Antimärchens als unzulänglich. In der Märchenwelt gerät der Schwache deshalb in die Klemme, damit die Starken und Redlichen ihm zu Hilfe eilen können (der Prinz zieht gegen den Drachen bzw. gegen den Zauberer zu Felde, er befreit das im Schlaf versunkene Schloß von seinem Zauber, er tötet den Wolf, der die Großmutter verschlungen hat). Sollte etwa ein starker, aber böser Held einen redlichen Schwächling unterstützen? Wieso eigentlich? Wie käme er darauf? Ist Beelzebub etwa gut zu Satan, schenkt er ihm vielleicht sein letztes Hemd und opfert sich für ihn? Über die Soziologie der Hölle weiß man, soweit es um die Ethik der Teufel *untereinander* und nicht im Verhältnis zu den Verdammten geht, im Grunde nichts. Hier müssen wir uns schon selbst etwas einfallen lassen. Denkbar, daß der starke Böse dem kleinen Spitzbuben seine Hand leiht, aber nur bis zu einem gewissen Punkt. Erweist sich die Hilfe als nutzlos, dann wird er sich auch über ihn hermachen. So verlangt es der oberste Grundsatz der *universalen Unfreundlichkeit.* Auch möglich, daß es zu Koalitionen zwischen den Bösen kommt, doch werden sie ständig vom Verrat bedroht sein. Natürlich kann man auch in diesem Fall versuchen, die Absolutheit dieser Direktive abzuschwächen, indem man etwa anführt, daß es einer Koalition von Bösen leichter fallen wird, mit dem Guten fertig zu werden, und daß selbst eine extrem egoistische Berechnung sie zur Solidarität zwingt. Gewiß, gewiß. Wenn jedoch das Spiel mit der Vernichtung der Tugend endet, muß die Koalition zerfallen, denn sonst bliebe ihr nichts anderes übrig, als sich in einen Verein von Pensionisten des Verbrechens oder in eine Gesellschaft zur gegenseitigen Bewunderung zu verwandeln. Das starke Böse muß dem schwächeren früher oder später an die Gurgel fahren, und wer als Verfasser eines Antimärchens anders entschiede, geriete in Widerspruch zu der ihm eigentümlichen Logik des Geschehens. Aus dem Widerspruch, den das Antimärchen aufrichtet, gibt es, wie wir sehen, keinen Ausweg. Dieses einigermaßen überraschende Resultat unserer Analyse spricht dafür, mit ihr fortzufahren. Die Spielstrategien sind, wie wir gezeigt haben, im Märchen hauptsächlich auf *Rettung,* im Antimärchen dagegen auf *Verfolgung* angelegt. Das folgt aus der Asymmetrie der Beziehungen zwischen dem Guten und dem Bösen. Untersuchen wir zunächst, welchen Einfluß die Nachbarschaftsbeziehungen zur Antiutopie auf das Antimärchen haben. Sind nicht beide schlicht miteinander identisch? Schließlich haben wir hier wie dort – eingeschlossen in eine feindliche Welt – Quäler und Gequälte. Ist aber das Unglück der Gequälten wirklich das Glück ihrer Herren? Keineswegs; bestenfalls läßt sich in der Antiutopie eine Ungleichmäßigkeit der Verteilung des allgemeinen Elends feststellen. Wie Golo Mann in seiner Geschichte Deutschlands im 20. Jahrhundert zutreffend bemerkt hat, war die Sättigung, die der »Herrenrasse« unter Hitler vergönnt war, als das Dritte Reich sich vom Atlantik bis zum Kaukasus erstreckte, ein wahres Elend im Vergleich zu der Sattheit der heutigen Bundesbürger, obwohl Deutschland damals jenen »Lebensraum« besaß, von dem ihm heute nicht ein Fußbreit geblieben ist. Nicht anders verhält es sich in der literarischen Antiutopie, etwa der Orwells, denn den Mächtigen geht es zwar besser als den Unterworfenen, aber durchaus nicht gut. In permanenter Ungewißheit über ihre Position, die sie unter ständiger Aufbietung aller Kräfte behaupten müssen, in gegenseitige Intrigen verwickelt, sind sie aufeinander angewiesen und einander ausgeliefert, wenn nicht gewissenlose Menschen, die in der Hierarchie unter ihnen stehen und zum Verrat bereit sind, sobald er ihnen einen Vorteil verspricht, die Tyrannei einer unbekümmerten Elite errichten sollen. Während die »klassische« Tyrannei vergangener Jahrhunderte eine auch ohne äußere Intervention *reversibel* versklavte Gesellschaft ist, da der Tyrann über Staat und Gesetz steht und sein Tod oder seine Niederlage das Ende der gesamten Tyrannei bedeuten kann, ist das in der Antiutopie von heute nicht mehr der Fall. Ihre Struktur funktioniert nach dem Prinzip der sich automatisch schließenden Falle, und daher dominiert sie gegenüber allen in ihr Lebenden, wenn auch nicht durchgängig in der gleichen Weise. In einer solchen Antiutopie kann die Herrschaft vortrefflich von einem logischen Computer ausgeübt werden, genauso aber von einer Handvoll von unpersönlichen Oligarchen, wobei dieser Unterschied insofern keine Rolle spielt, als es nicht irgendwelche Individuen sind, die die gesamten sozialen Strukturen programmieren, sondern vielmehr das übergeordnete Programm sich die Herrschenden samt den Beherrschten nach und nach unterworfen hat. Niemand hat im einzelnen diesen Zustand gewollt, denn er liegt, wenn er seinen Höhepunkt erreicht, in niemandes Interesse, weil das, was da entstanden ist, eine merkwürdige Hölle darstellt, in der weder die Verdammten vor den Teufeln Ruhe haben noch die Teufel vor den Verdammten! Wenn es dazu gekommen ist, daß die individuellen Absichten und die sozialen Gesetzmäßigkeiten des Systems ganz und gar voneinander abweichen, dann liegt das am Gradienten der Technoevolution, oder es liegt an einer Häresie, die von der ursprünglichen Doktrin abwich, in der die Zukunft als Utopie dargestellt wurde, oder es liegt schließlich daran, daß eine feindselig-parteiliche Welt den Menschen ein falsches Glücksrezept anbot – kurz, es findet nicht das Spiel statt, zu dem man sich einst niedergelassen hat, sondern genau dessen alptraumhafte Umkehrung. Heute sind sich die Autoren von Antiutopien nämlich darüber einig, daß Gesellschaften den Weg zu jenen sakralen Stätten der Zukunft aus freien Stücken antreten, ja sogar voller Enthusiasmus, schwelgend in Wunschbildern allseitiger Fortschritte, namentlich technischer und wissenschaftlicher. (Daher rührt auch, nebenbei gesagt, die für die heutige Antiutopie oder vielmehr für ihre Autoren typische Gleichsetzung der technischen Zivilisation mit einer Entwicklung, die automatisch ins Verderben führt.) Die Antiutopie ist deshalb – mit einem Wort – ein Gefängnis und ein Schafott menschlicher

Hoffnungen, und etwas Glanzvolleres als die Stellung des Aufsehers und Henkers ist in ihr nicht zu erreichen. Daher deckt sich das Märchen auch nicht einmal abschnittweise mit der Antiutopie, denn in dieser ist niemand frei. Allerdings werden sich die Helden des Antimärchens genauso souverän und ohne äußeren Druck für das Böse entscheiden, wie die Helden des Märchens das Gute wählen.

Das Böse ist in der Antiutopie etwas Verwaschenes, Unpersönliches, denn es wird eher durch die Verhältnisse zwischen den Menschen wirksam als durch sie selbst. Einschlägiges berichtet Hanna Arendt in ihrem Buch »Eichmann or the Banality of Evil«, wo sie die banale Farblosigkeit des Funktionärs des Verbrechens im Totalitarismus dokumentiert. In der Antiutopie wird das Böse institutionalisiert und dadurch zu etwas anderem als das Böse, das – gemäß den Bedingungen logischer Entsprechung zum Märchen – im Antimärchen zuhause sein muß. Im Märchen sind ja die Tugenden wie die Untugenden gleichermaßen »privat«: jeder handelt dort gemäß dem, *wie er ist,* nicht aber gemäß dem, *was ihm aufgetragen wurde.* Allein das schon macht den Teufel, so sehr er auch die Verköperung des Bösen sein mag, ungeeignet zur Hauptperson des Antimärchens, denn die ist ein Profi, ein Beauftragter der höllischen Institution, der im Akkord arbeitet (je mehr Seelen von Verdammten er auf seinem Konto hat, um so größere Verdienste erwirbt er sich bei der Führung), eher aus Pflicht als aus Begeisterung. Überdies verlockt der Teufel zu Bösem, das für ihn eher ein Mittel als ein Ziel ist, denn er tut es nicht um seiner unmittelbaren Befriedigung willen, sondern um durch die Mehrung der Summe des Bösen in der Welt Gott zu ärgern.

Wir haben festgestellt, daß die Welt des Antimärchens ewig dem unerreichbaren Ideal des vollendeten Bösen nachjagen muß. Wenn es in ihr an Gutem gebricht, bleibt die Feindseligkeit ohne Adressaten und hat nichts zu tun. Allerdings bedeutet diese Arbeitslosigkeit für das Böse nicht einen ihm entsprechenden Beglückungszustand. Vielleicht sollte das Gute sich dem Bösen fügen und zu seinem Glauben übergehen? Aber diese Ausflucht verschlimmert noch die

Lage, indem sie das Heraufziehen der Arbeitslosigkeit des Verbrechens beschleunigt! Ob es da gar keine Abhilfe gibt? Doch, es gibt eine – das Wunder. Die Opfer müssen von den Toten auferstehen. Immer wieder muß die verlorene Tugend wie Phönix aus der Asche neu erstehen. Anstelle von Exponenten unendlicher Zuwächse erhalten wir einen Kreis. Das Ende des Antimärchens wird zu seinem Anfang. Die Hingeschlachteten stehen auf, und die Schergen machen sich erneut über sie her. Aber auch damit sind die gestellten Bedingungen nicht erfüllt. Es geht hier nicht um das Wunder der Auferstehung, denn da es im Märchen vorkommt, hat das Antimärchen ebenso gut ein Recht darauf. Der Widerspruch, von dem wir uns befreien wollten, kehrt jedoch in anderer Gestalt zurück. Wie denn – sie vernichten die Tugend, und dann erhebt sie sich wieder von den Toten? Ist das nicht ein Triumph für *sie?* Das Antimärchen kann nicht aufhören, solange sich noch irgendwelche Überreste des Guten in ihm herumtreiben, aber der endgültige Sieg des Bösen kommt der Aufhebung seiner Daseinsberechtigung gleich. Wenn die Opfer auferstehen, kommen die Bösen in die Situation des Sisyphus. Eine »negative« Eskalation – nachdem sie unter sich sind, fahren immer schrecklichere Ungeheuer einander an die Gurgel – erledigt das Problem auch nicht, weil sie keinen Abschluß der Auseinandersetzung zuläßt. Es gibt keinen Ausweg aus diesem Kreis. Die bislang entdeckten Merkmale des Antimärchens machen deutlich, worin es sich vom Märchen, der Utopie und der Antiutopie unterscheiden muß. Diese Unterschiede, die sich in einer Veränderung der Spielregeln, des Spielinhalts und der Verteilung der Auszahlungsfunktion sowie in der Ersetzung von Rettungs- durch Verfolgungsstrategien äußern, machen die Paradoxien in der Struktur des Antimärchens aus, von denen die größte darin besteht, daß der Triumph des Bösen seine Niederlage nach sich zieht. Das Glück der Bösen kann kein Zustand, sondern nur ein kurzer Moment sein. Wo alle gut sind, geht es allen gut, doch wo alle nur noch böse sind, beginnt die Selbstvernichtung. Entweder muß das Böse nicht restlos konsequent sein und für seine Artverwandten Ausnahmen von der Regel universeller Bösartigkeit machen, was bedeutet, daß es nicht mehr böse ist, oder es endet, falls es völlig konsequent ist, mit einem Schlachtfeld, auf dem ein letztes einsames Ungeheuer sich die Wunden leckt, die es davongetragen hat. Selbst wenn man der Ansicht wäre, daß sich genau darin das Ideal des Bösen erfüllt, so liegt doch auf der Hand, daß dadurch niemand glücklich geworden ist – oder anders: entweder gibt es keinen Hauptgewinn, oder es gibt niemanden, der ihn empfangen könnte. Es geht darum, daß die Handlungsmotive der Märchengestalten – das fürsorgliche Wohlwollen der Guten oder die Mißgunst, Habgier und Treulosigkeit von Drachen und Hexen – durchaus nichts Phantastisches haben, und deshalb müssen die Handlungsmotive der Bösen im Antimärchen ebenso verständlich sein. Nur ein nachvollziehbarer, ganz individueller Grund läßt sie glaubhaft erscheinen, denn man fördert andere, wie schon gesagt, um ihres Wohles willen, doch schaden kann man ihnen nur um des eigenen Wohles willen. Ein Spiel aber, bei dem es um die Vernichtung aller Partner geht, produziert, je länger es dauert, um so weniger Glücksgefühle – und sei es auch ein düsteres Glück. Sein einziger – nachvollziehbarer – Antrieb wird also Schritt für Schritt beseitigt. Das Antimärchen errichtet somit eine Welt der Selbstvernichtung, deren Vollendung dort liegt, wo sie sich entvölkert, wo niemand mehr den endlich erreichten Höhepunkt genießen kann. Deshalb läßt sich in diesem Fall aus den Handlungen der Helden kein allgemeines Prinzip ableiten, da es keine Strategie gibt, die den siegreichen Bösen jenen Einsatz garantiert, um den sie spielen. Optimale Strategien sind hier geradezu pessimal, da sie rascher eine Situation herbeiführen, die dem Patt beim Schach entspricht. Die Direktive, freundlich zu sein, ist nämlich symmetrisch (»Sei du zu mir wie ich zu dir«), während die Direktive, bösartig zu sein, asymmetrisch ist, denn wer einem anderen den Tod gibt, wünscht ihn sich nicht selbst. Dieses logische Handikap muß sich in der Poetik des Antimärchens auswirken. Der Sieg der Utopie bedeutet, wie ich erinnern darf, die unablässige Auszahlung des Hauptgewinns an alle. Der Triumph des Antimärchens besteht darin, daß seine Helden verlieren. Die Poetik des Antimärchens muß daher wenigstens eine Lobrede auf das Böse enthalten, die dessen

Handlungsweise auch noch in der Schlußszene mit dem letzten Ungeheuer auf der Walstatt gerechtfertigt erscheinen läßt. Das wird nicht leicht fallen, denn obwohl die Weltgeschichte voll des Bösen ist, hat es sich doch nie auf sich selbst als letzte Rechtfertigung berufen. Böses wird entweder im Namen von etwas Gutem oder unter »schwarzem Patronat« verübt (z. B., um sich in die Gnade der Höllenmächte einzukaufen). Im geistigen Erbe der Menschheit findet sich keine Apologie des Bösen um seiner selbst willen, keine Lobrede, die es uneingeschränkt empfiehlt. Die Lobsänger der Gewalt, des Blutvergießens und der Erbarmungslosigkeit stellten stets nicht das Böse selbst, sondern einen anderen Wert (die Schönheit des Kampfes, die Privilegien einer Elite oder Projekte einer Welt, die verbessert würde durch die Ausschaltung jener Schwächlinge, die sich aus feigem Eigennutz auf Gleichheit und Humanität berufen) in den Mittelpunkt ihres Systems und machten so aus dem Bösen ein Mittel zum Zweck und nicht einen Zweck. So nimmt etwa in den Diatriben Nietzsches das Böse eine solche exzentrische Stellung ein. Die Welt des Antimärchens kann sich jedoch dieses Tricks nicht bedienen, weil sie dazu nicht berechtigt ist. Das Böse dieser Welt muß sich uns ohne jegliche Vorwände, Scheingründe und Lügen allein schon aufgrund der Symmetrieforderung in der gleichen offenen und geballten Form empfehlen wie das Gute im Märchen. Wie hier die Tugend, so hat dort die Untugend ihre eigene Begründung und Rechtfertigung zu sein. Sobald jedoch ein Lob des Bösen geäußert wird, das dieses in den Rang einer allgemeinen Direktive erheben will, muß es zu einer Lüge werden, da es den Widerspruch verheimlichen muß, den wir zwischen dem Inhalt des Spiels, nämlich der emotionalen Maximierung des Gewinns, und der faktischen Liquidierung genau der Spieler aufgedeckt haben, denen der Gewinn versprochen wurde. Als allgemeine Lebensdirektive ist das Böse deshalb nicht zu begründen, weil die Logik – und nicht allein das moralische Gebot – das nicht zuläßt.

Für die Poetik des Antimärchens ergeben sich aus diesem Sachverhalt zweierlei Konsequenzen. Die eine besteht darin, daß das Böse im Märchen für das Gute ein *Hindernis* darstellt und nicht eine Quelle emotionaler Befriedigung im Kampf. Nicht im Erschlagen des Drachens oder der Hexe besteht das Glück, sondern im Thron, der Hand der Prinzessin, der allgemeinen Glückseligkeit. Das Antimärchen vermag niemandem Glückseligkeit zu vermitteln. Während das Böse im Märchen ein Hindernis ist, das man beseitigt, über das man hinausgeht, gibt es im Antimärchen darüber hinaus nichts – nur eine flüchtige Empfindung, die mit dem Tod des Opfers vergeht. Da es hier außer solchen Empfindungen nichts gibt, wird man sie – unaufhebbare Folgerung der Tortur – in die Länge ziehen. Weil man aber auch mit dem Wort quälen kann, wird man hier die Folter sicherlich nicht schweigend ausüben.

Durch diese Intensivierung des Ablaufs der psychophysiologischen Vorgänge erfährt die Poetik des Antimärchens starke Abänderungen gegenüber dem Märchen. Das Phantastische dieser Welt, ihre fiktive Unwirklichkeit, muß mit der für sie kennzeichnenden Entsetzlichkeit des Verbrechens in Konflikt geraten, und man kann sich nur schwer vorstellen, daß in diesem Konflikt sui generis die phantastische Konvention *nicht* auf der Strecke bleibt. Das Antimärchen ist außerstande, auch nur eine Spur jener fiktiven Naivität und Unschuld aufrechtzuerhalten, welche die in den Märchen (etwa der Gebrüder Grimm) doch öfters vorkommenden Äußerungen von Grausamkeiten abmildert. Damit stoßen wir auf ein weiteres Paradoxon: die Atmosphäre des *Antimärchens* ist keine *märchenhafte,* und selbst das eindeutig Phantastische wird in der Rezeption wie ein blutiger Wahn oder ein Alptraum aufgenommen werden.

Die andere Konsequenz ist die, daß das Antimärchen zwischen einem Pitaval und einer Eigenparodie schwanken wird. Das Märchen ist eine völlig erstarrte, durch die Überlieferung vieler Generationen abgeschliffene Gattung, und so verwandelt die Erzählung, vorgetragen in geradezu liturgischen Kadenzen, in ihrer Reinheit die Tränen, das Blut und das Leid ebenso wie das Geflüster der Liebenden in konventionelle Figuren eines von unhörbarer Musik begleiteten Balletts, Figuren, die nicht allein durch ihr Eigenleben bewegt werden, weil hinter ihnen unzählige thematische

Varianten aufschimmern. Alles Neue, was im Märchen geschieht, ist doch nur eine Wiederholung, und niemand kann etwas wirklich zum ersten Mal, mit der ganzen echten Unbeholfenheit, die dazu gehört, erzählen. Unsere neue Gattung hat jedoch weder die Chance noch das Recht zu einer solchen Mäßigung. Um glaubhaft zu sein, muß sie ihre eigene Sprache reden. Damit geht sie ein ungeheures Risiko ein. Da die Logik des Bösen grundsätzlich weiter reicht als die Lust an ihm, weil es einer über das bloß persönliche Erleben hinausgehenden Begründung bedarf, kann es geschehen, daß der Antiheld schließlich in das bizarre Gegenteil von Askese und Selbstverleugnung verfällt, daß er, um seine Kommunion mit dem negativen Absolutum zu beweisen, über dem Wein defäzieren und statt mit der Königin mit einem Scheusal Unzucht treiben muß. Aber grenzt das in seiner Widerwärtigkeit nicht schon an unfreiwillige Komik? Wird man seine Absicht verstehen, zu einer solchen Monstrosität vorzustoßen, die durch ihre Kraßheit schon wieder zu invertierter Heiligkeit wird? Wie ist die schreckliche Blamage zu verhindern, wenn ihn dort, wo er verkündet, den Gipfel der Verkommenheit erreicht zu haben, statt des bleichen Entsetzens der Zuschauer deren homerisches Verachtungsgelächter erwartet? Vorträge über die »Theorie des Bösen« sind kein geeignetes Gegengift gegen den Spott. Gegen das Lachen, das die aus Bosheit geschaffene Welt unschädlich macht, gibt es kein anderes Antidotum als Blut. Frenetische Gemetzel rufen Zorn und Beschimpfungen hervor, und gerade das macht sich gut, denn Verwünschungen bestätigen die Ernsthaftigkeit des Werkes. Erst die Bluttaufe läßt die Gattung erstarken.

Auffällig ist, daß dieser unserer, schließlich ja rein logischen Rekonstruktion einer nie entstandenen Gattung das Werk des Marquis de Sade entspricht.

III

Einige Worte zur Erläuterung des obigen Versuchs. Meine Ausführungen hätten nicht die Funktion, die ich ihnen beimesse – nämlich in der Tabelle der Genres der Phantastik auf eine Leerstelle hinzuweisen, die sich mit den Schriften de Sades deckt –, wenn mir beim Schreiben genau das als Absicht vorgeschwebt hätte. Meine Absicht war jedoch eine andere. Obwohl ich es kenne, dachte ich nicht an das Werk de Sades, als ich daran ging, die Elemente der Phantastik unter der Ägide der Spieltheorie in Graphe zu parzellieren. Das ist mir nicht gelungen, da ich von der Diskretheit (quantenmäßige Diskontinuität) der Übergänge zwischen den einzelnen »Genres« ausging, doch erwies sich diese Annahme als falsch. Die Merkmale des in der Folklore unbekannten »Antimärchens« untersuchte ich in der Weise, wie es der Text ausweist, und erst ganz am Ende der Analyse sprang mir die Analogie zwischen dem »Antimärchen« und den Schriften de Sades ins Auge. Ich legte jedoch den unvollendeten Text fort und fügte erst jetzt die letzten zwei (hier: fünf – Anm. d. Übers.) Seiten hinzu, um ihn abzuschließen. Zu meiner anfänglichen Unkenntnis von der sachlichen Übereinstimmung konnte ich natürlich nicht mehr zurück. Gleichwohl erscheint mir die Sache publikationswürdig, denn meine Ausgangspositionen schnitten alles, was im Werk de Sades aus triebhaften Motiven hervorgeht, ab und individualisierten es derart drastisch, daß es unmöglich erscheint, die Gestalten dieses Werkes zu umreißen und dabei den Anteil, den die Sphäre der sexuellen Abweichungen oder allgemeiner der Erotik an ihm hatte, gänzlich außer acht zu lassen. Wie man sieht, besteht diese Möglichkeit durchaus.

Krakau, im Oktober 78

II

Nachwort zu Stefan Grabiński *Das Abstellgleis**

Interessant, aber nicht genügend erforscht scheint mir der Parallelismus der wissenschaftlichen und der unheimlichen Phantastik. Das Unterscheidungsmerkmal ist mechanisch einfach: Die erste setzt eine natürliche Erklärung der Geschehnisse voraus, die zweite hingegen eine übernatürliche. Unverständlich bleibt ihre Inferiorität auf dem Felde der Literatur, und zwar nicht nur eine aktuelle Inferiorität, sondern auch eine geschichtliche. Beide Arten hatten ihre großen Vertreter; H. G. Wells entspricht beim unheimlichen Thema Edgar Allan Poe. Die Werke beider Autoren sind bis heute nicht nur lebendig geblieben, wie wurden auch in vielfacher Hinsicht von den Nachfolgern *nicht übertroffen.* Wenn man sich jedoch – wegen des Buches, dem ich diese Bemerkungen mitgebe – auf die *unheimliche* Belletristik konzentriert, läßt sich zunächst schwer erläutern, warum sie in unserem Jahrhundert ausschließlich *unterhaltende* Funktionen erfüllt. Die sich zuerst aufdrängende Meinung, die Zweifelhaftigkeit dieser Werke ergebe sich aus dem zweifelhaften Charakter der in ihnen dargestellten Erscheinungen, denn es gehe hier um allerlei Gespenster, Geister, unsaubere Kräfte usw., ist kategorisch abzulehnen. Gespenster, Geister, unsaubere Kräfte können wir ja in den größten Meisterwerken der Weltliteratur finden. Von Teufeln z. B. strotzt es geradezu in ihr (der Teufel der *Brüder Karamasow,* der Teufel in *Doktor Faustus*). Ich behaupte, es liegt nicht an der eigenen Phantastik der literarischen Objekte, sondern an dem Verhältnis des Autors, also auch des Werkes zu ihnen.

Was eigentlich sind die gespensterhaften Elemente, was ist dic schwarze und die weiße Magie in der unheimlichen Geschichte? Worum gcht es dem in ihre Sphäre eindringenden Helden? Um nichts anderes als um die Methoden wirkungsvollen Handelns. Dieser Held ist deshalb ein »unor-

* Suhrkamp Verlag Frankfurt am Main 1978 (st 478)

thodoxer Technologe«, der sich als theoretischer Basis seines Handelns der »jenseitigen« oder »höllischen« Energie bedient statt der chemischen oder thermischen, einer Beschwörung als »Zielvorrichtung« statt eines optischen oder elektromagnetischen Zielgerätes sowie einer spiritistischen oder auch schwarzkünstlerischen Einweihung statt technischer Studien. Und wenn – das kommt in diesen Geschichten oft vor – die begonnenen Handlungen enttäuschen oder zu entsetzlichen Gegenschlägen der dunklen Kräfte führen, haben wir es mit einer elementaren Katastrophe zu tun; ihr entspricht im Bereich der rationalen Techniken z. B. ein Gewitter, das mit seinen Blitzen das Stromnetz zerstört, oder eine Überschwemmung, die die Dämme wegspült.

Im Hinblick auf diese Eigenschaften ist die unheimliche Literatur dem Produktionsroman* eng verwandt. So wie es im Produktionsroman nicht um Probleme außerhalb der Fertigung geht, also auch nicht um Fragen zur Psychologie der Gestalten, so zählt in der unheimlichen Prosa nur die Darbietung bestimmter Handlungen und der sich in ihnen enthüllenden Fähigkeit oder Unfähigkeit. Der Unterschied besteht allein darin, daß die Darbietung der Zuckerfabriks- oder der Bautechnik den Leser weniger fesselt als die Darstellung der Zusammenstöße mit dem jenseitigen Element.

Im Grunde also kann es dem, der über die Literatur des Unheimlichen urteilt, gleichgültig sein, ob ihre zentralen Objekte existieren oder nicht existieren, da diese Prosa genauso wenig zu den authentischen menschlichen Dingen vorstieß wie der Produktionsroman. Um dasselbe etwas brutaler zu sagen: Der Beweis der Existenz von Gespenstern, Druden und Dämonen würde die Kläglichkeit der unheimlichen Gattung nicht um ein Haar aufbessern. Die Zuckerfabriken und Baustellen sind bestimmt real, doch das beeinflußt den Wert der Produktionsromane nicht. Mit einem Wort, die Frage nach der existentiellen Authentizität der übernatürlichen und übersinnlichen Kräfte gehört nicht zu den Fragen,

* Produktionsroman – 1949 in Polen eingeführter Begriff des sozialistischen Realismus; Thema dieser Bücher ist vor allem die Arbeit in den Produktionsbetrieben der Großindustrie. (Anm. d. Übers.)

die einen Literaturforscher vorrangig beschäftigen. Es ist nicht entscheidend, ob diese Wunderdinge außerhalb der Bücher existieren, sondern *welchen Gebrauch man von ihnen innerhalb der Bücher macht.*

Heute kollidieren die übernatürlichen Erscheinungen vor allem mit der *Wissenschaft* als der in der Welt enthüllten rationalen Ordnung. Ich wiederhole, sie kollidieren mit der *Wissenschaft,* also nicht unbedingt mit den Vermutungen einzelner *Wissenschaftler.* Begebt euch mit einer Weidengerte in das Labor von Laser-Physikern und sagt ihnen, ihr hättet aus der Gerte einen Laser-Strahler gemacht – man wird euch vor die Tür setzen. Kommt jedoch mit einer solchen Gerte als Wünschelrute, verkündet ihnen, ihr könntet durch einen Willensakt Autos anhalten und durch Gedanken Schlüssel und Messer verbiegen – sie werden euch eilfertig zu Versuchen einladen, deren Kontrollbedingungen nicht sie, sondern ihr festlegt. Ich habe mir das keineswegs ausgedacht, genau das ist kürzlich in England und Amerika geschehen, und der Umstand, daß ein geschickter Taschenspieler dasselbe vermag wie der Kandidat für Wundertaten (Uri Geller), hat die Angelegenheit keinesfalls erledigt. Zahlreiche Wissenschaftler haben ihm geglaubt, weil sie ihm glauben wollten. Die Eilfertigkeit, mit der sie dem Betrug erlagen, läßt sich nur durch das weltanschauliche Sättigungsdefizit dieser ebenso hochgradig wie schmalspurig spezialisierten und deswegen außerhalb ihres Faches eigentlich ratlosen Wissenschaftler erklären. Wie oberflächlich der Rationalismus dieser Fachleute ist, bezeugt der Eifer, mit dem sie bereit sind, sich seiner nach einer einzigen unheimlichen Darbietung zu entäußern. Natürlich ist das nicht eine Reaktion des gesamten wissenschaftlichen Milieus; ein Teil der Wissenschaftler nennt die Phänomene unerklärlich, ein Teil stellt ihre Realität in Frage, ein Teil schließlich versucht, sie rational zu »zähmen«.

Doch ist das nicht, wie man meinen könnte, ganz einfach ein Zusammenstoß der *Physik* mit der *Metaphysik.* Es ist zu beachten, daß diese Erscheinungen *heute* mit der Wissenschaft kollidieren, aber so war es nicht immer. Früher kollidierten sie mit dem *religiösen Glauben.* Also hatte nicht nur die Physik, sondern auch die Metaphysik (des systemhaften Glaubens) im »heimlichen Wissen« ihren Gegner. Hexereien, Verzauberung, Levitationen bereiteten den Theologen viel früher Sorgen als den Wissenschaftlern. Die Reaktionen beider waren sich recht ähnlich. Manche bemühten sich, die Sache irgendwie zu verschweigen, zu vertuschen, abzuschieben, zu verbannen, andere hingegen waren bereit, Versuche zur Zähmung dieser Erscheinungen vorzunehmen. Selbstverständlich muß der Versuch einer »Domestikation« dieser höhnischen Phänomene innerhalb der Physik anders aussehen als innerhalb der Metaphysik. In der Physik spricht man von Strahlungen, vom Ursachenmechanismus, von unbekannten Formen der Energie, in der theologischen Metaphysik von büßenden Seelen, teuflischen Ränken und ähnlichem.

Mithin bildet für uns nicht ihre *metaphysische Natur* das Wesen dieser Erscheinungen. Es ist vielmehr zu sehen in ihrer umstürzlerischen Tätigkeit gegen eine Ordnung, die sich im gegebenen historischen Augenblick als führend institutionalisiert hat.

Es ist wohl so – erst errichtet der Mensch mit größter Mühe eine Ordnung, und dann setzt er sie der Gefahr des Chaos aus. Erst tauscht er Ignoranz gegen Wissen, und dann ist er bereit, sich dieses Wissens zugunsten einer lähmenden Ignoranz zu entledigen, weil sie ein Geheimnis ist. Ich bin überzeugt, wenn es gelänge, die übersinnlichen Erscheinungen völlig zu rationalisieren und dem praktischen Wissen anzupassen, damit also den Akt ihrer »Naturalisierung« zu vollziehen, verlören sie alsbald ihren bisher zu beobachtenden Reiz, und die Menschen würden auf ihrer Suche nach dem schwindelerregenden Geheimnis das Unergründliche woanders zu finden trachten. Es geht also, wie ich meine, um ein dem Menschen eigenes Bedürfnis, um das Bedürfnis nach jener *Hybris* oder der das normale Maß überschreitenden Störung der sozialen und kosmischen Ordnung, die frühere Gesellschaften mit liturgisierten Praktiken z. B. orgiastischen Typs befriedigten. Es ist so, der Mensch selbst führt in das von ihm geordnete Weltbild Anteile geheimnisvoller Unordnung ein. Sobald er das aber getan hat, macht er sich an das Ordnen dieser Chaosinjektionen – und aus diesem Ringen entsteht die eigentümliche historische Dialektik. Wenn nämlich das in einer bestimmten geschichtlichen Epoche erkannte geheimnisvoll Elementare der notwendigen, weil den normalen menschlichen Praktiken zugehörigen Einordnung erlegen ist, wenn z. B. astrologische Tafeln entstanden sind, in Büchern über das Geheimwissen enthaltene Klassifikationen der Zaubereien, wenn sich eine »Theorie des Spiritismus« oder ähnliches kristallisiert hat, das heißt wenn Methode, Schema und Schlüssel in die ursprüngliche Unordnung des Rätsels eingedrungen sind, verlieren die auf diese Weise angeeigneten und gewissermaßen gezähmten Erscheinungen ihre ursprüngliche Attraktivität und werden langsam unwichtig, was man an der wachsenden Gleichgültigkeit ihnen gegenüber erkennt. Im nächsten Jahrhundert dann nehmen die nächsten Generationen mit ihren neuen Fürsprechern des Unheimlichen wieder die Mühe des Ordnens auf sich und ringen mit dem Unergründlichen, als hätten sie keine Vorgänger gehabt. Und weil der Zeitgeist dem Geheimnis stets ein konkretes Antlitz verleiht, werden die in Magie, Zauber und Okkultismus sichtbaren *früheren* Verkörperungen des Chaos-Rätsels *heute* durch pseudorationale Gerüchte über Kosmische Besucher oder Fliegende Untertassen ersetzt. Es ändert sich die Form und der konkrete Inhalt, es ändert sich nicht das Wesen des Zweikampfes mit dem zugleich erwünschten und durch ordnende Eingriffe beseitigten Chaos.

Gewiß, alle von den Menschen auf diesem Wege erlebten Enttäuschungen können bezeugen, wie schwer greifbar das gespenstische Element ist. Ich glaube jedoch, die Vergeblichkeit dieser Bemühungen (die Magie hat ja nichts Konkretes geboren, ebensowenig hat die Suche nach Kosmischen Besuchern oder Fliegenden Untertassen etwas erbracht) zeugt von etwas ganz anderem, nämlich davon, daß das Gefühl für die Bedrohung durch ein gleichsam wildes, unbekanntes Element *den Menschen unentbehrlich* ist. Damit erweist sich das Problem als wichtig, denn die Frage des »Bedürfnisses nach dem Unheimlichen« ist wahrlich *unheimlicher* als die Werwölfe oder Geister, mit denen dieses Bedürfnis genährt wurde. Also ist die Gruselgeschichte Ersatz jener *Hybris,* die sich die Menschen früher selbst erzeugten, ein schwächlicher Ersatz, ein zehnter Aufguß, und deshalb kann sie nur kleinkalibrige Unterhaltung sein.

Infolge des Gesagten können wir jetzt die zu Beginn gestellte Frage beantworten. Die Hauptfunktionen der Literatur haben in der Kultur keinen Ersatzcharakter. Die große Literatur liefert keine Ersatzbefriedigungen, und wenn sie sich diesen überhaupt zuwendet, dann um sich in ihre unerkannten, nicht bewußt gemachten Mechanismen zu vertiefen. Wenn z. B. in einer Gesellschaft Drogensucht herrscht, dann ist es nicht Sache der Literatur, mit der Droge zu rivalisieren, die chemisch hervorgerufene Halluzination durch die mit Wörtern hervorgerufene Vision zu ersetzen, sondern es ist Sache der Literatur, hinabzusteigen zu den Wurzeln der ganzen Gruppe psychosozialer Verwicklungen, welche die Drogensucht gebiert und nährt.

Analog dazu sollte die unheimliche Literatur, um nicht Ersatzfunktionen zu erfüllen, auf billige Reize verzichten und die Mühe einer tieferen Durchdringung der Erscheinungen auf sich nehmen, das heißt die Sphäre des Unheimlichen nicht mit den Methoden des Produktionsromans angehen, sondern mit denen der anthropologischen Erkundung. Natürlich müßte sie dann ihren Akzent vom märchenhaften Grusel der Wunderdinge auf deren echten sozialpsychologischen Hintergrund verlagern. Mit einem Wort, es wäre eine anthropologisch orientierte Literatur. Genau solche Ansätze einer anthropologischen Orientierung beim unheimlichen Thema sind aber in Edgar Allan Poes Schriften zu finden – als in vielen Geschichten mit monströser oder geheimnisvoller Fassade versteckter Spott, der manchmal höchst perfide verborgen ist, weil er z. B. in einer Vorlesung über tierischen Magnetismus steckt. Diese Vorlesung ist so salbungsvoll, so gestelzt, so gelehrt, daß man die heimliche Ironie spürt, daß die Persiflage nahe ist und nicht die authentische wissenschaftliche Einstellung. Doch fällt es uns heute schwer, diese Beimischung zu entdecken, denn die Fortsetzer des Werkes von Poe haben ihre Chance, die Gattung zu adeln, vertan. Ist das deutlich genug? Ich sage, Poe stand (ebenso wie später auf einem anderen, parallelen Pfad Wells) vor einem Scheideweg, den er selbst geschaffen hatte. Denn von ihm konnte entweder eine Prosa des als ewigen Hunger des Menschen verfolgten Unheimlichen oder eine Prosa des Unheimlichen als Kitzel und Unterhaltung ausgehen: ein Eindringen in die Drogenabhängigkeit oder ein Drogenersatz. Diese zu seiner Zeit unbestimmbare Wahl des Weges ist in einer für die literarische Gattung, für die Kultur und schließlich für den Vorläufer selbst ungünstigen Weise vollzogen worden.

Das letzte Glied meiner Aufzählung mag bis zum Absurden überraschend erscheinen. Wie konnte denn Poe schaden, was nach seinem Tod und nicht in seinen Büchern geschah? Aber es hat ihm geschadet – übrigens genauso im Falle Wells'. Hätten sich nämlich diese Vorläufer als Initiatoren einer aufsteigenden Prosa herausgestellt, hätten ihre Werke den Anfang einer Kettenreaktion bezeichnet, welche die Bibliotheken mit einer Belletristik von künstlerisch und intellektuell höchster Qualität gefüllt hätte, so wäre der von dieser Vollendung ausgehende Glanz auch auf sie gefallen. Weil aber das Gegenteil eintrat, weil die durch sie begonnene Prosa, von ihren potentiellen Chancen abgeschnitten, zum rein unterhaltenden Nebenfluß der Massenkultur wurde, wirkte dieses Ergebnis zurück; deshalb gehören weder Poe noch Wells in den Augen besonders anspruchsvoller Kenner der Literatur zu deren hervorragendsten Vertretern.

Das oben Gesagte erklärt, worauf heute die Wehrlosigkeit des literarischen Grusels und des Unheimlichen beruht. Wenn solch eine Geschichte nicht entsetzt, langweilt sie; wenn sie ihren Leser nicht bis ins Mark erschüttert, bewegt sie ihn überhaupt nicht. Darum erlag diese Liteartur im Laufe der Jahre einer fortschreitenden Degradierung. Man konnte in ihr immer weniger ernst genommene Geheimnisse antreffen und immer mehr Tricks, Karten- und Zirkuskunststücke. Über die besten zeitgenössischen Gruselgeschichten läßt sich nur sagen, sie seien *geschickt* geschrieben. Die ursprüngliche, eine bestimmte Magie praktizierende Kultur war ihr genauso treu wie der Vatikan dem Katholizismus, und der Gedanke, diese Kultur könnte ihre Magie gegen eine andere austauschen, ist ebenso unsinnig wie der Gedanke, der Vatikan könnte eines Tages zum Buddhismus übertreten. Heutzutage mischt und kombiniert der Autor des unheimlichen Genres die Elemente der Fiktion wie Klötzchen bei kindlichen Spielen. Alle Kniffe, jede beliebige anachronistische Mischung sind gut, wenn sie das Publikum packen. Deshalb hat der im *Exorzisten* steckende Satanismus, der die Übereinstimmung mit dem noch ernst genommenen christlichen Glauben vortäuscht, diesem Roman und diesem Film eine frenetische Antwort eingetragen; es ging hier nämlich um eine *Ausnahme von der rein unterhaltenden Regel,* um die Rückkehr zu einer Problematik mit der über die Unterhaltung hinausgehenden Sanktion des Authentischen. Doch der Erfolg ereignete sich nach dem Prinzip: »In der Not frißt der Teufel Fliegen.«

Und wie steht es um Stefan Grabiński, dem dieses Nachwort beigegeben wird? Zunächst können wir sagen: Habent sua fata libelli. Wie hat sich dieser Lemberger Gymnasiallehrer danach gesehnt, in die Welt der großen Literatur einzutreten, und wie spät haben sich seine Sehnsüchte wenigstens zum Teil verwirklicht. Grabiński nämlich wird heute nicht nur in unserem Land gelesen, sondern auch fremde Kenner begeistern sich für die Lebendigkeit seines vor einem halben Jahrhundert verkannten Werkes.

Was immer man über die Gründe dieser Lebendigkeit sagen mag, klar ist, daß auch er den von mir so genannten Weg der anthropologischen Erkundung des unheimlichen Themas nicht betreten hat. Ich möchte sagen, er hat ihn nicht *mit vollem Bewußtsein und konsequent* betreten und sich darum weder des vom Grusel distanzierenden Spotts noch der psychologischen Tiefgründigkeit bedient. Er ist nicht in dieser Richtung gegangen, wenngleich . . .

Seine Romane, das muß man sagen, sind unlesbar geworden. Sie haben die Zeiten nicht überdauert, weil sie zu ausschließlich auf okkultistischer Erudition basierten. Der *Salamander* etwa ist das geradezu klassische Beispiel des »magischen Produktionsromans«. Die Magie des *Salamanders* ist die Technik des Kampfes mit der ihr eigenen »Ausrüstung an Werkzeugen und Vorrichtungen«, mit dem Unterbau des Fachwissens, mit dem Zielgerät, den Abzugshebeln usw. Ähnlich wie in einem Produktionsroman wird die

Aufmerksamkeit des Autors nicht von den Motivationsproblemen der Handelnden beansprucht, von ihren tieferen Gründen und Entscheidungen, sondern vom Grad ihrer praxeologischen Geschicklichkeit. Er spricht dem Anschein nach vom Zweikampf des Guten mit dem Bösen, doch wie abgegriffen, nebelhaft, banal sind jene oberflächlichen Motive des Kampfes auf Leben und Tod! Weder origineller noch treffsicherer präsentiert als in jedem beliebigen Produktionsroman. Hier das Gute, dort das Böse, hier die absolute Helligkeit, dort das totale Dunkel – und mit dieser Diagnose muß sich der Leser zufrieden geben. Da sich die gesamte Ladung auf die vorgeführte Wirkung der Handlung reduziert, ist die Ladung soviel wert wie die Handlung. Ein Produktionsroman, der den mit aufopferungsvoller Selbstverleugnung geführten Kampf um die Inbetriebnahme einer Teerbrennerei zeigt, müßte von Anfang an unfreiwillig komisch sein. Ebenso unübersehbar wird die Naivität des Zweikampfes mit Beschwörungen und Zauberformeln, der im *Salamander* abläuft.

Die Zeiten überdauert haben vor allem Grabińskis Novellen. Besonders gut erscheinen uns die Novellen des Zyklus *Der Dämon des Verkehrs,* in denen das übernatürliche Element diskret und in doppeldeutigen Vorgängen erscheint. Nichts schadet so dem Grusel des Jenseitigen wie die Vorführung, um es einmal so zu sagen, eines offenen Panoramas. Der Kern liegt darin, daß man ein nicht naiv konstruiertes Jenseits nicht präsentieren kann. Diese Schwäche teilt die Literatur mit allen Abarten des Okkultismus. Denn die aus dem Grab zu Séancen herbeigerufenen Geister selbst der größten Denker haben stets albernes Zeug geredet, wie die erhalten gebliebenen Protokolle beweisen. Was man von ihnen über das Jenseits erfahren konnte, lag zwischen grenzenlosem Primitivismus und grenzenloser Banalität. Die Spiritisten benutzen also ad hoc spezielle Hypothesen, um den ihnen unliebsamen Stand der Dinge wegzuinterpretieren, sie verkündeten z. B., die Geister kommunizierten mit uns immer im Zustand geistiger Schwäche, weil die Anknüpfung des Kontatks mit dem Medium so viel Mühe mache. Es handelte sich ganz deutlich um unangemessene Hypothesen, was jedes beliebige Beispiel belegt (es kam vor, daß der Geist während der Séance davon sprach, daß er sich das Rauchen abgewöhne, womit er ein Jenseits mit Tabakwarenfabriken suggerierte). Das unheimliche Element ist also mit starken Giften verwandt und kann nur in kleinen Dosen erregend wirken. Unvorsichtig dosiert tötet es – zwar nicht den Leser, wohl aber die Werke selbst.

Doch wird es Zeit, auf diese bissigen Bemerkungen zu verzichten; nicht darin sehe ich den Sinn meines Nachwortes. Also werde ich auf meine Weise von einer der vorzüglichsten Novellen Grabińskis erzählen, *Szamotas Geliebte,* denn – gleichgültig, ob mit Willen des Autors! – sie enthüllt die latent in dieser Gattung vorhandenen Möglichkeiten psychologischer Wahrheit.

Es handelt sich, wie der Untertitel mitteilt, um Blätter aus einem aufgefundenen Tagebuch, also wird in der ersten Person erzählt. Ein junger, naiver Mann – die Naivität, ja die Provinzialität des Ausdrucks schlägt dem Leser aus seinem Stil direkt entgegen – erhält unverhofft einen Brief von einer in die Heimat zurückkehrenden Dame, von Jadwiga Kalergis, der ersten Schönheit der Hauptstadt, die zudem noch wegen ihres Reichtums berühmt ist; einen Brief, der ihn unzweideutig zu einem amourösen Tête-à-tête mit jener Dame einlädt, obwohl die beiden bisher nichts anderes verbunden hat als die einseitige Verehrung des Jünglings für die unerreichbare Dame. Nur von weitem hat er sie anzuschauen gewagt, bei Konzerten, im Theater, heimlich ist er unter den Fenstern ihres vornehmen kleinen Palais auf und ab gegangen, doch hat er, der unüberwindlichen Distanz bewußt, nicht gewagt, ein Wort an sie zu richten. Warum also das Erahnen seiner Gefühle und warum die Gnade des Briefes, der bei aller Lakonizität unerhörte Erfüllungen verheißt? Seinen Augen nicht trauend, zeigt der junge Mann den Umschlag Bekannten, was nicht gerade die feine Art des Gentleman ist, aber seiner Naivität zugute gehalten werden kann.

Die Liebeserfüllungen überschreiten alle Erwartungen Szamotas, obwohl er, der sich langsam mit dem natürlichen Verlauf der Dinge an die Situation des Verhältnisses gewöhnt, immer deutlicher die Seltsamkeit der Szenerie sowie, wenn man so sagen darf, der Methode bemerkt. Es handelt sich um ein rein sinnliches, derart auf den physischen Kern beschränktes Verhältnis, daß es ohne jedes Wort verläuft – im Schlafzimmer, »in einer tiefen Nische, auf einem aus Giallo antico geschnitzten Lager« (der junge Mann ist zwar naiv, aber, wie man sieht, auch ein Kunstkenner). Die Amouren sind unerhört leidenschaftlich, und die aktive Seite dabei ist stets die Dame, die ihr tiefes Schweigen gewissermaßen durch raffinierte Zärtlichkeiten wiedergutmacht. Einige Monate später beginnt diese Form der Verbindung Szamota lästig zu werden, nachdem er den Leib besessen hat, verlangt er die Seele. Doch nur Schweigen antwortet ihm oder nach den Liebesnächten eintreffende Briefe mit der Bitte, nichts zu fragen, sie nicht zu quälen usw. Inzwischen entwickelt der Beglückte eine schärfere Beobachtungsgabe. Frau Kalergis hat dieselben Kennzeichen (»Mäuschen«) am Körper wie er; sie ist genauso sonnenverbrannt wie er, was einer Dame nach den Vorschriften der Zeit nicht ansteht; und als er die Geliebte einmal, durch ihr Verhalten erregt, mit einer Nadel sticht, spritzt das Blut aus seinem und nicht aus ihrem Körper . . .

Schließlich bricht das Verhältnis ein Jahr nach dem ersten Verkehr mit einem unheimlichen und zugleich makaber obszönen Akzent ab. Frau Kalergis empfängt ihn im dunklen Schlafzimmer, ruft ihn flüsternd herbei, doch der Mann kann im Bettzeug ihren Kopf, ihr Gesicht, ihre Hände nicht finden – nichts als den »Herd ihres Geschlechts«, wie die Novelle sagt. In gekränktem Stolz springt er auf, macht Licht und sieht: »Im Gewirr von Spitzen und Atlas lag da, schamlos dargeboten und bis zur Bauchlinie entblößt ein weiblicher Rumpf – ein Rumpf ohne Brüste, ohne Schultern, ohne Kopf . . .

Szamota flieht entsetzt, um zwei Monate später zu erfahren, daß Jadwiga Kalergis seit zwei Jahren tot ist, daß er also ein Verhältnis mit einer Toten hatte.

Man legt diese Geschichte nach dem typischen Kanon des Spiritismus aus, so hat es die Kritik gewöhnlich getan. Der tiefgründigste Erforscher des Grabińskischen Werks, Artur Hutnikiewicz, Autor einer Monographie über unseren

Schriftsteller (kaum ein polnischer Literat dieses Jahrhunderts hat eine derart gewissenhafte und vielseitige Bearbeitung seines Werkes erfahren), gibt zwei Auslegungen, zwei Varianten der spiritistischen Explikation. Die erste begnügt sich mit dem Diesseits, denn auf dieses beschränkt sie die Sphäre der spiritistischen Phänomenalistik, Szamota ist einem Wahn auf erotischem Hintergrund erlegen, die Briefe der angeblichen Geliebten hat er sich selbst geschrieben, und da er medial begabt ist (was er selbst nicht wissen muß), hat er die Person der angeblichen Jadwig Kalergis »ideoplastisch« materialisiert, sie war also sein Phantom, doch mit der Zeit hat sich das Nachlassen seiner phantomschaffenden Energie bemerkbar gemacht: Er mußte immer länger auf das Erscheinen der Geliebten warten, bis sich die Vision schließlich auf die Umgebung der Geschlechtsorgane reduzierte – durchaus verständlich, sagt Hutnikiewicz, wenn man die Natur der psychischen Reize bedenkt, die an der Quelle des Phänomens standen. Die zweite, ebenfalls zulässige Variante der Auslegung wird vom Schluß der Novelle suggeriert. Es läßt sich nicht ausschließen, daß Szamota ein Verhältnis mit der Erscheinung der Toten erlebt hat, wobei entweder (füge ich von mir aus hinzu) Jadwigas Geist sich zur Materialisierung der spiritistischen Begabung Szamotas ebenso bedient hat, wie die typischen Erscheinungen bei den Séancen sich dazu des »Ektoplasmas« bedienen, das von dem eingeschläferten Medium ausgestrahlt wird, oder aber die Materialisierung ist gewissermaßen direkt eingetreten (also ohne Vermittler), und ihre stufenweise Reduktion wurde von den »verständlichen Schwierigkeiten« verursacht, auf die jeder Geist eines Toten stoßen muß, wenn er die ihn von der Welt der Lebenden trennenden Schranken zu überwinden versucht.

Hutnikiewicz fügt auch hinzu, die Prüfmatrize und zugleich der allegorische Hintergrund dieser makabren Geschichte könnte der Bibelvers sein, der angibt, auf welche Weise Gott aus einem Teil von Adams Körper Eva schuf.

Das alles scheint mir insofern unbezweifelbar zu sein, als die zitierten Auslegungen sowohl dem Kanon des klassischen Spiritismus als auch den Intentionen des Autors entsprechen. Die Novelle läßt indessen noch eine Art von Interpretation zu, die insofern interessant ist, als sie die spiritistischen Erläuterungen wegstreicht, was der ganzen Novelle keineswegs schadet, sondern sie transferiert in den Bereich naturalistischer, rationaler und zugleich psychologisch glaubwürdiger Problematik. Indem wir sowohl die mediale als auch die jenseitige Paradigmatik verwerfen, stehen wir nicht vor einem kraftlos ins Nichts versinkenden Werk, sondern gewinnen ein Werk, das zur ungewöhnlich durchdringenden Analyse erotischer Geschehnisse in ihrem unterbewußten Bereich wird.

Ich postuliere nämlich die Verschiebung aller Geschehnisse in den Bereich der Psyche des Helden, dessen erotische Besessenheit die Grenzen der geistigen Norm überschritten hat oder, wenn jemand das vorzieht, dessen sexuelle Fixierung zur inhaltlichen Quelle der Trugbilder geworden ist. Wenn wir diese Version akzeptieren, stellt sich heraus, daß er selbst sich das alles eingebildet, daß er sich selbst mit Phantasieprodukten umgeben hat, die keine objektive Entsprechung besaßen, denn er hat sich in eine Sphäre der Visionen begeben, in der seine bisher unterdrückten erotischen Träume endlich alle Fesseln abwerfen konnten. Und sie konnten sich losreißen von der Leine des Anstands, die in der Zeit, da die Geschichte spielt, so stark war, durch den spiritistischen Anschein, an den der Held selbst innig glaubte. Denn wenn das alles nicht nur aus ihm selber stammte, sondern wenn er davon gewußt hätte, daß es so ist, so hätte er nie gewagt, sich eine derartige unverschämte Phantasie zu erlauben. Der spiritistische Anschein bildet also die notwendige Voraussetzung für das gewagte Verhältnis.

Die psychologische Interpretation, die ich vorschlage, ist nicht überzogen, denn sie paßt zu allen Einzelheiten der Fabel. Der Name Kalergis fällt, meine ich, nicht zufällig; wir kennen die Rolle, die die authentische Frau Kalergis in Norwids* Leben spielte. Damit wurde sie zum Urbild des

* Über Cyprian Kamil Norwid, 1821-1883, den spätromantischen polnischen Dichter, und sein Verhältnis zu Maria Kalergis heißt es in Juliusz Kleiners »Zarys dziejów literatury polskiej« (Abriß der polnischen Literaturgeschichte), Wroclaw 1972, S. 359: »Im Ausland lernte er die Halb-Polin Maria Kalergis kennen, die als die schönste aller Frauen galt. Tochter eines Deutschen in russischen Diensten, des Grafen Nesselrode,

erotisch unerreichbaren Ideals der schönen Frau, an deren Reizen sich andere berauschen – die authentische Frau Kalergis war ja keine Vestalin –, doch wehe dem Helden, der sie am leidenschaftlichsten, weil am ohnmächtigsten liebt. Der Held in Grabińskis Novelle hat es nicht einmal gewagt, seiner Jadwiga Kalergis die Gefühle zu bekennen, die er hegte, ganz bestimmt im Bewußtsein der Hoffnungslosigkeit eines derartigen Schritts, er muß ihr also sozial nicht ebenbürtig gewesen sein, denn eines Mangels an Gefühlsstärke wird man ihn schwerlich beschuldigen können. Eine insgeheim aus der Entfernung genährte Liebe wendet sich am Ende gegen sich selbst, weil sich die in das Sentiment eingefressenen Ressentiments bereits im Unbewußten angehäuft haben; das Verlangen geht über platonische Träumereien hinaus und lechzt nach um so drastischerer Erfüllung, je unmöglicher sie ist. In dieser Phase ist es keine flehentliche Leidenschaft mehr, sondern eine zur Rache an der unberührbaren Erwählten bereite. Dem Abgewiesenen, eigentlich dem nicht einmal in die Nähe der Schönheit Gelassenen kann der mit gnädig antwortender Gunst gekrönte erotische Angriff als Kompensation nicht mehr genügen. Nein – in dem sich realisierenden Traum wird er nun zur bestürmten, sie zur bestürmenden Seite, sie beweist eine geradezu schamlose Aktivität, indem sie sich ihm unter für sie erniedrigenden Umständen hingibt, um sein Verlangen zu befriedigen.

Ich erinnere hier an den analogen Mechanismus der Rollenverkehrung, wie er in *Schuld und Sühne* sichtbar wird, wo Marmeladow träumt, ein kleines Mädchen bemühe sich, ihn zu verführen. Die dem Unbewußten eigenen Mechanismen der Wunscherfüllung lechzen nach solchen Kurzschlüssen, damit das träumende Subjekt die vollständigste, von allen Konventionen befreite Befriedigung findet; der vom Unbewußten des jungen Mannes geschmiedete Plan soll also bewirken, daß die erhabene Erwählte sich ihm nicht nur

durch ihre Mutter mit Polen verbunden, lebte sie, nachdem sie ihren Mann, den griechischen Bankier Kalergis, verlassen hatte, mit den von ihm erhaltenen Millionen wie eine Königin, reiste durch Europa und zählte zu ihren Verehrern bekannte Dichter, Musiker, Politiker, schließlich sogar Napoleon III. selbst. Die Liebe zu ihr war der erste zerstörende Faktor in Norwids Leben.« (Anm. d. Übers.)

hingibt, sondern darüber hinaus durch diese Hingabe ihre Minderwertigkeit im Vergleich mit ihm enthüllt; nur dann nämlich erweist sich die Kompensation als vollständig. Er, früher der niedrigere, wird erhoben, sie, früher die hohe, wird degradiert. Denn der psychologische Schluß lautet so: »Ich habe sie erobert, wie ich wollte, doch sie ist meiner nicht wert, denn ich bin ritterlich, sie aber zügellos, also brauche ich sogar mein ehemaliges Nichtbefriedigtwerden nicht zu bedauern.« Tatsächlich gibt es kaum eine stärkere Genugtuung für den – nicht nur erotischen – Ehrgeiz des Helden. Selbstverständlich könnte er die genannten Pläne nicht bewußt in der Imagination realisieren, denn ein solches Vorgehen würde sich als klare »delectatio morosa«, ja als onanistischer Wachtraum herausstellen. Deshalb muß er ein System von Selbsttäuschungen verwenden, er muß eine Projektion seiner hitzigen Lüste, die er sich selbst nicht zu enthüllen wagen würde, in die Außenwelt bewerkstelligen, und so lädt er auch die ganze Verantwortung für die Sittenlosigkeit auf die angebliche Partnerin ab. Sie war kühl und unzugänglich, er aber in vergeblicher Leidenschaft entflammt; jetzt erweist er sich als durch ihre Zügellosigkeit in seiner männlichen Rechtschaffenheit getroffen, also verläßt er sie zur Strafe, was ihm um so mehr schmeckt, als es gerecht ist und zugleich sie herabsetzt. Warum aber erscheint ihm alles in solcher Übereinstimmung mit dem Kanon des Spiritismus? Die Antwort ist einfach: Weil zur Zeit des Geschehens dieser Kanon jedem Mitglied der »Gesellschaft« bekannt war, weil es zum guten Ton gehörte, sich nach ihm zu richten. Darum auch formt Szamotas Unbewußtes seine projizierten Wahngebilde übereinstimmend mit diesem Kanon.

Grabińskis Novelle kann also als naturalistisches Werk behandelt werden, das auf die Demaskierung der Mechanismen der Erotik hinzielt, oder als psychologisch beglaubigte Analyse kompensatorischer Selbstbefriedigungen. Wir finden in ihr nämlich alle typischen und von der Psychoanalyse isolierten Mechanismen wie *Verdrängung, Verschiebung, Projektion, symbolische Vieldeutigkeit* sowie das für die zwischen »Ich« und »Es« herrschenden Beziehungen typische Sichselbstbelügen und Verdecken authentischer Motive mit einem System von Vorwänden. Solch ein Vorwand ist die gesamte verwendete spiritistische Formalistik, die darum nicht einfach verworfen werden kann, weil sie in der Novelle eine unentbehrliche Rolle spielt, auch wenn diese Rolle radikal anders ist als die, die ihr die Kritik mitsamt dem Schriftsteller zugeschrieben hat.

Ihren Erfolg – ich spreche von der Vieldeutigkeit der Erzählung, die in Grenzen als psychologisch wahr verstanden werden kann bei voller Negierung aller spiritistischer Prätentionen – verdankt sie dem Nichtvorhandensein von Kommentaren des Autors, die versuchen könnten, den spiritistischen Hintergrund der Erscheinungen zu beglaubigen. Dieses Nichtvorhandensein wurde hervorgerufen durch die Erzählform, die in der ersten Person abläuft. Aus dieser Bemerkung scheint sich zu ergeben, daß, wenn der Eingriff einer Verschiebung der Bedeutungsakzente von der antinaturalistischen Grundlage in den Bereich der naturalistischen Richtigkeit (z. B. vom Spiritismus zur Tiefenpsychologie) sich als unausführbar erweist, das Werk das Schicksal jener diskursiven Grundlage teilen muß, die es geboren hat. Oder, um dasselbe gewissermaßen von der anderen Seite zu sagen, wenn die *vom Autor gegebene Auslegung der Geschehnisse* untrennbar verwächst mit den *Geschehnissen selbst,* dann hat das Werk genauso viel Lebendigkeit wie diese Auslegung. Wenn das Geheimwissen, das den Quellbereich der Fabel bildet, Mitleid zu erwecken beginnt, dann wandert das Unheimliche zusammen mit diesem Wissen in die Rumpelkammer.

Von daher stammt die fatale Gesetzmäßigkeit, die uns heute Grabińskis Werk in zwei Teile zerlegt. Er ist leider den falschen Weg gegangen, indem er ein immer glanzvollerer Kenner des Okkultismus und ein dadurch immer wehrloserer Autor wurde, denn je mehr derartige Kenntnis er in seine Werke einfügte, desto schlechter wurden die Ergebnisse.

Im übrigen ist die Verwandlung faszinierender Ansichten des diskursiven Denkens in tote Buchstaben bestimmt kein lokales Gebrechen der Gattung, in der Grabiński schrieb, sondern eine allgemeine Krankheit der Literatur; so beweist der Zeitablauf immer aufs neue den Grundsatz, der den Schriftstellern gebietet, der selbständigen Aussagekraft der Handlung zu trauen, auf deren eigener Geschlossenheit das Werk stehen soll, nicht aber irgendwelchen diskursiv und kommentierend vereinheitlichten Interpretationen dieser Handlung. Anders gesagt, die Literatur sollte es nie übernehmen, irgendwelche Hypothesen oder Theorien, Anschauungen oder Meinungen zu illustrieren, die auf einen einzigen Nenner unerschütterlicher Wahrheit begrenzt sind, sie sollte ihren Auftrag nicht darin sehen, diese Wahrheit mit Geschichten zu beweisen, die partikulare Verkörperungen einer dem System nach einzigen Konzeption sind. Diese Direktive betrifft selbstverständlich nicht die von einzelnen Romanfiguren stammenden Kommentare; sie können nämlich immer Umbegründungen oder geradezu »Weginterpretationen« unterliegen, wie wir sie oben durchgeführt haben. Das Wissen um das aufgenommene Thema ist für den Schriftsteller zweifellos unerläßlich, es kommt nur darauf an, daß er es nicht allzu sehr propagiert, wenn er z. B. seine Werke als Beweise für die Wirklichkeit unheimlicher Erscheinungen ansieht. Gewiß ist es nicht möglich, die gesamte Literatur des Gruseligen und Unheimlichen in dem Teil, der (wie E. A. Poes Bücher) sich dem zerstörenden Wirken der Zeit erfolgreich widersetzt, als ausschließlich der von mir durchgeführten »Naturalisierung« des Makabren durch seine Übersetzung in die Psychologie anheimgegeben anzusehen. Die lebendigen Werke besitzen verschiedene Arten von Bedeutungstiefe, die allegorische wie auch die symbolische, sie können auch in fernliegende Zonen menschlicher Erfahrung verstrickt sein. Doch ich habe mich hier nicht an die Besprechung der gesamten Gattung gemacht, die so viele Dilemmata aufwirft, ich möchte vielmehr mit diesen Worten vor allem zurückfinden zu einem Schriftsteller meiner Lemberger Jugend, der beim Rivalisieren mit den zeitgenössischen anderen Europäern nicht unterlegen ist. Vielleicht sollte man nicht so sehr darüber klagen, daß viele seiner Bücher für uns veraltet sind, als im Gegenteil der Bewunderung für seine bereits befreite Phantasie Ausdruck verleihen, zumal deren Früchte das Hinscheiden einer zweifelhaften Metaphysik, die ihnen einst als Stützen gedient hatte, überlebt haben.

Grabiński hat uns nicht viele so großartige Werke gegeben wie *Szamotas Geliebte,* aber es sind genügend viele, um ihn nicht zum vergessenen Schriftsteller werden zu lassen.

Krakau, im November 1974

Nachwort zu Philip K. Dick *Ubik**

UBIK als Science-fiction

In *Science Fiction Commentary* 17 schrieb George Turner: »In UBIK präsentiert man uns die Lebenden und die Halb-Lebenden; die Halb-Lebenden sind in Wahrheit tot, existieren aber in einer anderen Variante der Realität, bis sich die spurenhaften Überreste ihres Bewußtseins endgültig verflüchtigen. Ihre ›Realität‹ unterliegt der Manipulation durch eine starke Persönlichkeit unter den Halb-Lebenden, die Verwicklung auf Verwicklung türmt, bis die Widersprüche wie Protestfahnen herausstechen. Die Fabel ist nett, kommt aber gegen die Paradoxe nicht an. Die Metapher ist mißlungen, denn sie kommt gegen das Gewicht der Realität, wie wir sie kennen, nicht an.« Nun bin ich bereit zu beweisen, daß es einen rationalen Standpunkt gibt, von dem aus gesehen UBIK ein Roman ist, dem wissenschaftlich sinnvolle Ideen zugrunde liegen. Hiermit diese Beweisführung. »Halb-Leben« ist ein Zustand, in den Sterbende eingebettet werden, wenn sie die Medizin nicht mehr zu heilen weiß. Man legt diese Schwerkranken in »cold packs«, in denen ihre Körper intensiv gekühlt werden. Bei der niedrigen Temperatur verlangsamen sich ihre Lebensfunktionen, so daß der Tod nicht eintreten kann. Das ist keine Phantasie: Wir wissen heute, daß bei Temperaturen, die sich dem Nullpunkt nähern, die Wucherung von Krebszellen praktisch aufhört, und sogar die tödlichen Gifte zerstören dann die Zellen nicht mehr. Somit ließe sich ein Analogon des in UBIK erwähnten Verfahrens schon heute verwirklichen, nur daß man es als sinnlos betrachten müßte. Denn obwohl durch die Kühlung (die besser als Hibernation bekannt ist) der Tod vertagt und die Agonie aufgehalten wird, kann man von einer Rettung des Betroffenen nicht sprechen: er befindet sich ja nicht bei Sinnen und man darf ihn nicht durch Erwärmung zu Bewußt-

* Suhrkamp Verlag Frankfurt am Main 1977 (st 440)

sein bringen, weil dann der aufgehaltene Tod stattfinden wird. Man spricht davon, daß ein solcher Mensch tief eingefroren werden könnte, und in diesem Zustande – des Kältetodes – sollte man ihn so lange aufbewahren, bis die Medizin – nach Jahren oder Jahrhunderten– die dem gegebenen Falle gerecht werdende Heilungsmethode entdeckt. Wir wissen noch nicht, ob der umkehrbare Kältetod, dessen Idee dieser Meinung zugrunde liegt, verwirklichbar ist, da bisher an Säugern vorgenommene Experimente negative Ergebnisse erbrachten: bei der Einfrierung und darauffolgenden Erwärmung kommt es zu unumkehrbaren Gewebeschäden. UBIK setzt die Behauptung voraus, daß sich der umkehrbare Kältetod *nicht* realisieren läßt – was von den Spezialisten als eine plausible, ja sogar hochwahrscheinliche Eventualität angesehen wird. Somit ist eine Hibernation als sinnlos und eine Einfrierung bei tiefen Temperaturen als unverwirklichbar zu betrachten. Es bleibt jedoch ein Ausweg offen. Man kann nämlich den *Körper* des Beschädigten im Zustande der dauernden Hibernation erhalten und sein Gehirn mittels eines entsprechenden Apparates (künstliches Herz und künstliche Lunge) mit warmem Blut durchbluten: dann wird der Mensch das Bewußtsein erlangen. Der Betroffene würde sich in der Lage eines Paralytikers befinden, oder vielleicht sollte man sie noch weit schlimmer nennen. Seine Sinnesorgane funktionieren nicht, da ja nur sein Gehirn durchblutet werden kann; wenn aber jemand bereit wäre, angesichts des nahen Todes eine so grausame Chance einzugehen, könnte ihm auch dann nicht geholfen werden. Wir wissen nämlich, daß der Gedanke an die Aufrechterhaltung von intakten psychophysiologischen Funktionen eines isolierten Gehirns utopisch ist. Hört der normale Zustrom von Sinnesreizen zum Gehirn auf und stellt sich der Zustand der sogenannten sensorischen Deprivation ein, beginnt sofort ein sich schnell steigernder Verfall aller, insbesondere der höheren Hirnprozesse. Das isolierte Gehirn ist unfähig, normal zu funktionieren; somit treffen wir auch auf dem angetretenen Ausweg auf eine Barriere. Aber noch ist nicht alles verloren: wenn es gelingt, für das Gehirn des Betreffenden eine synthetische *Umwelt* zu schaffen, wird er weiterleben, obzwar nicht mehr in unserer normalen Realität – er wird eine *Ersatzrealität* erleben. Diese Pseudorealität ist das gemeinsame Gut (oder Böse, wenn man will) aller im »cold pack« liegenden Menschen.

Die Schlüsselfrage, die beantwortet werden muß, lautet, ob sich für die »Kaltgelagerten« eine *Ersatzwelt* anfertigen ließe, und wenn ja, auf welche Weise? Nun können wir heute eine solche Leistung nicht verwirklichen, doch gestalten sich ihre Chancen recht gut. Bekanntlich hat man während chirurgischer Eingriffe am Gehirn mehrmals versucht, die Hirnrinde elektrisch zu reizen, und unter entsprechenden Umständen, auf die hier nicht näher eingegangen werden kann, läßt sich durch eine solche Reizung eine Reihe von unterschiedlichen Halluzinationen herbeiführen, die alle vom Subjekt *nicht als solche* erlebt werden. Die Versuchsperson hört die Stimme eines toten Bekannten, sieht ihn, erlebt ganze Szenen aus ihrer Vergangenheit usw. Bitte zu bedenken, daß es sich hier um primitive Experimente handelt, denen recht wenig Zeit gewidmet wurde, da ja der Hauptzweck des Eingriffes die Heilung des Operierten ist, und man darf auch keine Versuche wagen, die den geringsten Schatten an Gefahr mit sich bringen. Vielleicht aber wird man sich mehr Wissen erwerben, welches diese Methode zu vervollkommnen gestattet. Eine solche Methode ist in UBIK implizite vorausgesetzt. Es muß Apparate geben, die wir Simulatoren oder Umwelterzeuger nennen könnten, an welche die in »cold packs« Liegenden angeschlossen sind. Die Quelle der Information, die zum Zustandebringen einer fiktiven Umwelt nötig ist, befindet sich im Gehirn der Betroffenen; der Simulator arbeitet nach einem auf jeden Fall abgestimmten Programm und bildet die Quelle von neuen, dem Betroffenen teilweise bisher unbekannten Tatsachen und Eindrücken (man kann schon heute durch die Reizung der Hirnrinde nicht nur Sinneshalluzinationen verursachen, sondern auch Gefühle erzeugen, darunter beispielsweise erotische und sexuelle Erlebnisse).

Die technische Frage der Welt- oder Realitätsaufspaltung ist also im Prinzip lösbar und wir gelangen dadurch zur nächsten, nicht mehr technischen Frage: wie soll das Wissen des Betroffenen um seinen wahren Zustand gestaltet werden? UBIK trifft die Annahme, daß es in den »cold packs« Menschen gibt, die sich seit Jahren der eigenen Lage bewußt sind, etwa Runciters Frau; es gibt aber auch solche wie Joe Chip, die nach einem Unfall oder infolge einer unheilbaren Krankheit »auf Eis gelegt« wurden, und davon noch nichts wissen. Denn jemand – und das ist eben dem Joe Chip passiert – wird in eine Katastrophe verwickelt, verliert das Bewußtsein, kommt nach einiger Zeit zur Besinnung und findet sich in einer recht gut bekannten Umgebung, ohne zu wissen, daß sie einen Teil der Pseudorealität darstellt, zu der er lebenslänglich verurteilt wurde, weil dies die einzige Chance seiner Rettung war. Es ist moralisch recht fragwürdig, ob der falsche Glauben dieses Menschen, daß er ganz normal weiterlebt, aufrechtzuerhalten wäre – aber dieses Problem ist insofern irrelevant, als es von weit wichtigeren verdrängt wird. Und zwar: Die Lage, in welcher sich der Geschädigte befindet, ist zwar seinen Nächsten lieber, als wenn er tot wäre, zugleich aber ist sie nicht als erfreulich zu bezeichnen. Man will sich nicht damit begnügen, daß man den Betroffenen am Leben erhalten hat, weil er vom Standpunkt der normal Existierenden nur ein von der Welt isoliertes »Halb-Leben« führt. Man möchte mit ihm in Kontakt treten, mit ihm sprechen, ihn anhören usw. Das ist technisch möglich – aber unter Bedingungen, die recht delikat sind. Denn die Pseudorealität bildet für den Verletzten eine integrale Ganzheit; wenn somit jemand, der sich außerhalb dieser Pseudorealität befindet, in sie eingreift, wird dieser Eingriff vom Betroffenen als Anomalie seiner Umwelt erlebt: der »Gast« kann *nicht* in einer für die »Halblebenden« völlig plausiblen und harmlosen Weise in die Pseudorealität gelangen. Das ist belanglos, wenn der Betroffene, wie Runciters Frau, sich der eigenen Lage bewußt ist. Das ist aber äußerst wichtig, wenn er nichts davon weiß – und das war eben bei Joe Chip der Fall.

Zwei merkwürdige Phänomene bedürfen noch der Erklärung: 1. das »wahnsinnige« Verhalten der Pseudorealität, und 2. die Manipulation des Bewußtseins eines Menschen im »cold pack« seitens seiner Leidensgenossen (in UBIK handelt es sich um die seltsamen Beziehungen, die zwischen Ella,

Runciters Frau, Joe Chip und einem Burschen namens Jory bestehen).

Was das erste Phänomen betrifft, handelt es sich um eine *realistische* Darstellung einer *fiktiven* Technik. Im voraus darf man nämlich behaupten, daß, wie auch die Technologie der Realitätsaufspaltung verwirklicht sein mag, sie gewissen Anfälligkeiten unterworfen sein muß, weil es keine Technologie gibt, die für alle Zeit vor Anfälligkeiten gefeit wäre. Der Umstand also, daß es bei der Erzeugung der Pseudorealität zu »Pannen« kommen wird, ist als *realistische* Prognose aufzufassen; da uns aber keine heute gestellte Prognose darüber Auskunft geben kann, was für einen konkreten Charakter die betreffenden Anfälligkeiten haben werden, handelte UBIKS Verfasser im guten Recht, wenn er die »Pannen« und »Defekte« der Pseudorealität nach eigenem Ermessen darstellt. Sie sind nun mehrfacher Natur. Es handelt sich um gewisse »Zeitablaufanomalien« der Pseudorealität und um *Raum*anomalien, wobei beide einen *traumartigen* Charakter aufweisen, d. h. sie gleichen sich dem an, was manchmal im Traume erlebt werden kann. Diese Art der Gestaltung von »Realitätspannen« scheint insofern richtig zu sein, als – dem von uns Gesagten gemäß – die Hauptquelle der Informationen, welche die Pseudorealität konstituieren, das Gehirn des im »cold pack« Liegenden ist; dadurch kann man damit rechnen, daß jedem Erschlaffen der Steuerung vom psychischen Prozessen durch den Simulatur subjektiv beim Behandelten solche Erscheinungen entsprechen werden, die *er* als *traumartige Umwandlung der Umwelt* erfahren wird. (Wobei anzumerken ist, daß der Traum vom Träumenden in der Regel *nicht* als solcher erkannt wird: deshalb denkt auch Joe Chip nicht an eine solche Deutungsmöglichkeit des Geschehens.) Was nun das »Überwuchern« des einen Bewußtseins in das andere angeht, kann angenommen werden, daß recht viele Leute im »cold pack« liegen, und aus Sparsamkeitsgründen wird nicht *jedem von ihnen* ein separater Simulator zugeteilt. Vielmehr ist immer eine Handvoll solcher Leute an eine mehrkanälige Maschine angeschlossen. Wenn die einzelnen Stromkreise auch voneinander isoliert sind, kann es dennoch passieren, daß die Stromimpulse von einem Kreis zu einem anderen überspringen oder die anderen Ströme induzieren; was *subjektiv* als das »Verschlingen« eines Bewußtseins durch das andere, benachbarte erlebt werden kann.

Die letzte Frage, die noch zu beantworten wäre, ist, wer eigentlich im »cold pack« liegt: Runciter – oder Joe Chip? Nach allem, was man in UBIK finden kann, liegen *beide* im »cold pack« (d. h. daß alle auf dem Mond Anwesenden von der Explosion getötet wurden und der »cold pack«-Behandlung unterzogen werden mußten).

Somit haben wir bewiesen, quod erat demonstrandum; wir haben dabei an mehreren Stellen die »Lücken«, die sich im Roman befinden, gefüllt. Es wäre aber unrichtig, im Ernst von solchen »Lücken« zu sprechen.

Erstens, weil die technischen Details in einem Roman nicht unbedingt genau besprochen werden müssen. Bekanntlich beschreiben die Verfasser von zeitgenössischen Romanen die Arbeitsprinzipien von Kühlschränken, Rundfunkgeräten oder Autos *nicht,* und man würde in solchen Romanen auch vergeblich nach der Information suchen, daß alle Helden Wirbeltiere und Säuger sind. Was UBIK betrifft, ist seine basale Voraussetzung eine Technik der *Realitätsaufspaltung,* wobei nicht besonders wichtig ist, was für eine – im konstruktionellen Detail darzustellende – Technologie diese Aufspaltung verursacht. Sie kann auf mannigfaltigen Wesen zustande gebracht werden. Die technischen Einzelheiten sind von zweitrangiger Bedeutung. Das Wichtigste ist, daß es in einer Welt, in welcher es bereits zur Realitätsaufspaltung kam, für ihre Bewohner neue, bisher unbekannte Dilemmas und Probleme von größtem Ausmaß gibt. Das Bestehen einer solchen Technik verändert die ontologische Lebensperspektive und dabei handelt es sich, wie in UBIK überzeugend dargestellt, keinesfalls um ein Problem, das nur diejenigen berührt, die als Schwerbeschädigte der »cold pack«-Behandlung unterworfen wurden. Im Prinzip könnte ja *jeder* Mensch auf diese Weise behandelt werden, d. h. jeder kann lebenslänglich in einer Pseudoumwelt eingekerkert werden. Ob diese Einkerkerung einen legalen oder illegalen Charakter hat, ist eine juristische und keine philosophische Frage mehr. In der Welt mit aufgespaltener Wirklichkeit herrscht das allgemeine Wissen, daß es außerhalb des normalen Nullniveaus der Realität auch andere Niveaus gibt (d. h. für jeden Menschen geben kann). Wie immer handelt es sich um den Preis, der für den sogenannten Fortschritt (in UBIK um den Fortschritt bei der Bekämpfung des Todes) bezahlt werden muß.

Das Obige ist auf jeden Fall eine Perspektive, aus der der Roman als ein SF-Werk erscheint, das menschliche Folgen eines biotechnischen Umsturzes schildert. Es erübrigt sich vielleicht nicht, zweitens zu bemerken, daß die Reflexionen, die der Anblick einer Katastrophe auf der Autobahn in den an der Unfallstelle Anwesenden erweckt, nicht einen Kurs steuern, der geschichtlich-technische und zivilisatorische Tatsachen in Frage stellt, weil man sich beim Anblick zertrümmerter Wagen und der Leichen nicht denkt, was für ein Preis an Menschenleben bezahlt werden muß, weil Otto seinerzeit den Viertaktverbrennungsmotor erfunden hat und andere Erfinder diesen Motor in einer alten Kutsche montiert haben. Somit darf bezweifelt werden, daß die obige Exegese von technischem Charakter wirklich nötig ist und ob man meinen darf, Dick sollte die Beschreibungslücken an technischen Details, welche wir zu füllen versuchten, von sich aus füllen. Vielmehr glaube ich, daß Dick keine Lücken im Roman hinterlassen hat und daß die technische Erklärung eigentlich überflüssig ist. Sie verfolgte lediglich einen Zweck – wir wollten nämlich zeigen, daß der Roman *auch* als SF kohärent ist und daß von Widersprüchen und losen Enden in seinem Gefüge nicht die Rede sein kann. Technische Details, wären sie in UBIK in Hülle und Fülle anwesend, könnten eher die Lektüre stören; sie fügen dem Text nichts Relevantes hinzu, sie rationalisieren ihn nur in einer Weise, die dem Verfasser nicht lieb ist. Vom künstlerischen Standpunkt hat er recht; dieser Roman ist nämlich keine »futurologische SF« – obwohl er auch als solche SF gelesen werden kann. Dick hat aber einen anderen Blickpunkt; er verzichtet auf alle »empirischen Rechtfertigungen« und auf »wissenschaftliche« Begründung. UBIK ist in erster Linie eine dichterische Leistung, was unter anderem daraus zu ersehen ist, daß die oben skizzierte biotechnische Voraussetzung auch einem Roman zugrunde liegen könnte, der zwar in allen sachlichen Details makellos, als Kunstwerk aber dennoch ein Blindgänger sein könnte. Die Widersprüche in UBIK müssen nicht unbedingt durch Anrufung der technischen Instanz verteidigt werden. Sie sind weder Lücken im Text, noch Folgen der Sorglosigkeit des Autors. Sie sind Ausdrucksmittel, die dazu dienen, um stark affektbetonte, weltanschauliche Inhalte bildlich an den Tag zu bringen. Sie sind, mit einem Wort, Metaphern, die sogar dann, wenn dies möglich erscheint, nicht auf ihren empirischen Gehalt geprüft werden sollen. Wenn sie auch, wie gezeigt wurde, dem logisch-wissenschaftlichen Test standhalten können, liegt darin nicht ihr Hauptwert. Sie besitzen, als Teile eines Ganzen, einen Erlebniswert, der nicht in die Valuta der praktischen Erkenntnis umzutauschen ist. Er heißt Katharsis.

Nachwort zu H. G. Wells *Krieg der Welten**

Der *Krieg der Welten*, das hervorragendste Werk von H. G. Wells, ist zugleich einer der wenigen Romane, die das Phantastische ihrer Prämissen hinter sich gelassen haben und in die Weltliteratur eingegangen sind. Diese doppelte Behauptung muß begründet werden. Zunächst überrascht ihr erster Teil, denn Wells schuf viele Bücher, und dieses gehört zu den frühesten (es entstand als viertes nach der *Zeitmaschine*, dem *Unsichtbaren Menschen* und der *Insel des Doktor Moreau* im Jahre 1897). Wie es in der Widmung heißt, verdankte er den Einfall seinem Bruder; er plante die Sache lang und sorgfältig, und er durchwanderte – er war 28 Jahre alt – zu Fuß und mit dem Fahrrad die Anhöhen von Woking, um das Gelände der Invasion vom Mars zu erkunden, er untersuchte also wie ein Stratege am Vortage der Schlacht die Topographie der Gegend. Man kann ihn um diese Gewissenhaftigkeit beneiden, doch läßt sich die visionäre Kraft des *Kriegs der Welten* nicht auf sie zurückführen. *Tausende* von Autoren haben nach Wells das Thema aufgegriffen, dessen erster Entdecker er war – den Zusammenstoß der Menschheit mit einer außerirdischen Intelligenz – und doch erhebt sich nach so vielen Jahrzehnten dieses Buch noch immer wie ein nur einmal erreichter Gipfel über das Gewühl der Science Fiction. So muß man denn auch ohne Übertreibung zugeben, daß, je mehr Texte der modernen Phantastik man kennenlernt, das überragende Werk, mit dem diese Phantastik begann, einem um so größere Bewunderung abverlangt. Dabei standen den späteren Autoren sowohl Erkenntnisse zur Verfügung, von denen Wells nichts wußte, als auch künstlerische Techniken, die im Zeitraum von fast einem Jahrhundert sehr vervollkommnet wurden.

Wir stehen somit vor einem zweifachen Rätsel, denn wir können nicht verstehen, warum Wells selber nie wieder ein Werk schuf, das an Geschlossenheit und Schwung dem *Krieg*

* zur polnischen Ausgabe, Krakau 1974

der Welten gleichkam, noch können wir begreifen, warum das Buch, mit dem die Genealogie der Science Fiction beginnt, noch immer unerreicht ist. Dieses Rätsel hat mich beschäftigt, ja mehr noch, es hat mich jahrelang beunruhigt.

Die Vision muß sich mit dem Intellekt auf eine besondere Weise zu einer überaus delikaten Ausgewogenheit verbinden, wenn ihre Frucht den Rang eines Meisterwerks erlangen soll, den man daran erkennt, daß das Werk nicht nur in den folgenden Generationen nicht verblaßt, sondern im Gegenteil weitere Bedeutungen anzunehmen scheint, die seine Zeitgenossen nicht erkannt haben. Der geschichtliche Zeitablauf wirkt auf die Literatur wie der Wind auf das Feuer: kleine Flämmchen löscht er aus, aber starke Flammen facht er an. In der Phantastik tritt dieser Vorgang besonders deutlich zutage: realistische Werke von geringem Tiefgang altern und werden dadurch gleichsam stumm; phantastische Werke werden dagegen auf eine bösartige Weise kompromittiert, denn das, was in ihnen ernst oder gar bedrohlich wirken sollte, wirkt schließlich nur noch lächerlich. Wenn ein solcher Abstieg in gemilderter Form auftritt, verschwinden die Bücher nicht, sondern wechseln ihren Adressaten, wie etwa die Romane von Jules Verne, die für Erwachsene geschrieben wurden, aber heute nur noch von Kindern gelesen werden.

Der Krieg der Welten hält dagegen die einmal eingenommene Position unerschütterlich – wenn auch der letzte Krieg, der sich für so viele realistische Werke als ein so vernichtender Prüfstein erwies, diesen Roman von Wells durch eine neue, grausame Bedeutung aktualisierte, weil er – unter nicht vorhersehbaren Umständen – seine geschichtsphilosophische Aussage bestätigte. Das hat er bei diesem phantastischen Buch tatsächlich getan, denn Menschen aus meiner Generation werden sich, gerade in diesem so schrecklich heimgesuchten Lande, erinnern, wie wenige Bücher es damals gab, die man lesen konnte, ohne unwillig zu werden, ohne ein böses und zugleich schreckliches Überlegenheitsgefühl, das wir der persönlichen Einweihung in die Mechanismen der Zerschlagung einer Kultur verdankten. Und dabei besagt es nichts, daß das, was *uns* zu zermalmen drohte, eine Invasion von Menschen war, die von einer Doktrin des Völkermords getrieben waren, während eine Vernichtungsaktion *desselben* Umfangs in Wells' Roman auf eine erfundene Invasion vom Mars zurückgeht. Der junge Mann, der den *Krieg der Welten* verfaßte, besaß die überaus seltene soziologische Vorstellungskraft, denn er schrieb, ohne einen Krieg kennengelernt zu haben. Doch gerade diejenigen, die wie ich den Krieg in der modernen, vom Faschismus erfundenen Form des totalen Krieges erlebt haben, der auf die vollständige Vernichtung der Besiegten ausgeht, erkennen in diesem »phantastischen« Werk die unvergeßlichen Bilder der chaotischen Massenflucht, des Zerfalls der gesellschaftlichen Bindungen wieder, erkennen die Schnelligkeit, mit der der gesamte Ablauf des Lebens, all die traditionellen Gebräuche, all das, was wir als natürliches Menschenrecht betrachten, zu Staub zerfällt, erkennen, wie in einer solchen gesellschaftlichen Agonie Erscheinungen von schändlicher Gemeinheit unmittelbar neben einem ebenso grenzenlosen Heroismus auftreten, erkennen schließlich, zu was für extremen Haltungen eine so vollständige Niederlage führt, denn Wells verstand es mit seiner Intuition, die individuellen und kollektiven Reaktionen in einer zerschlagenen Kultur zu erfassen – und nicht nur die Zustände einer Gesellschaft, die in einem Krieg bezwungen wurde, der bei all seiner Grausamkeit Grenzen dieser Grausamkeit kennt. Ein Werk, das aus einer solchen zeitlichen Entfernung mit einer solchen Präzision zu einer allgemeingültigen Wahrheit zu gelangen vermag, muß man zur Epik zählen.

Der Krieg, den wir erlebt haben, war überaus real, und er hat Unmengen von Dokumenten hinterlassen, aber doch geschieht es sehr häufig, daß ich Bücher über diese Zeit, die von Angehörigen der nächsten Generation verfaßt sind, nicht ohne zorniges Widerstreben lesen kann, das durch das unüberwindliche Gefühl hervorgerufen wird, hier werde *gelogen.* Dann scheint es, als sei – und zwar innerhalb der realistischen Schriftstellerei – die persönliche Anteilnahme am Zusammenbruch und an der Zerschlagung einer Epoche durch keine Anstrengung der Phantasie zu ersetzen, doch gerade Wells' Roman widerlegt derartige Vermutungen. Unzweifelhaft kann man das schaffen, denn er hat es geschafft. Ich muß deshalb die lakonische, trockene, sachliche Fähigkeit rühmen, mit der Wells den Zusammenbruch der menschlichen Ordnung beobachtet, die alptraumhafte *Leichtigkeit,* mit der sie zerstört wird, ich bewundere seine Beobachtungsgabe, die ihn erkennen läßt, wie zerbrechlich im Grunde die Fundamente unserer jahrhundertealten Errungenschaften sind und wie weniger sorgfältig gezielter Stöße es bedarf, um sie zunichte zu machen.

Ich gehe so ausführlich auf diese ganz und gar nicht phantastische Seite der Sache ein, weil *Der Krieg der Welten* seine Lebensfähigkeit *dieser* Wahrheit verdankt. Wie wir sehen, kann nur eine auf absolutem Realismus der Einzelheiten begründete, in allen individuellen und kollektiven Reaktionen glaubhafte Erzählung den Rang eines Meisterwerkes erlangen; das Visionäre der Phantastik erweist sich dann als nachprüfbar, wenn es aus erfundenen Elementen eine Wirklichkeit zusammenzusetzen versteht, die von der historischen Erfahrung bestätigt wird. Etwas Fiktives löst Wirkungen aus, die mit Sicherheit echt sind und sich als solche aufdrängen – das ist die knappste Formel für diese Art von Schöpfung.

Als Helden des *Kriegs der Welten* bezeichne ich deshalb die Menschheit, die als »niedere Rasse« dargestellt wird, als eine Gattung, die von ihren Bezwingern absolut *nichts* zu erwarten hat.

Wenn ich das sage, betrachte ich das Buch natürlich unter dem Aspekt meines eigenen Schicksals, das heißt, ich messe seinen Inhalt an einem Wissen, das aus eigenem Erleben stammt und nicht aus irgendwelchen Ideen, die für mich sekundär sind gegenüber der Wirklichkeit, weil sie der oberste Richter über all unsere Werke und damit auch über die literarischen ist. Letztlich muß man deshalb zugeben, daß *Der Krieg der Welten* seine Überlebensfähigkeit seinem visionären Realismus verdankt, seiner Fähigkeit, weiter vorzustoßen, als das innerhalb der Grenzen der jeweiligen Gegenwart möglich ist: dementsprechend ist dieser Roman für mich heute weniger phantastisch als vor dreißig Jahren, als ich ihn zum erstenmal las, und gerade deshalb hat er mir etwas zu sagen.

Wenn wir unseren Blick nun den Invasoren vom Mars

zuwenden, müssen wir uns bewußt machen, vor welcher heiklen Aufgabe hier der Schriftsteller stand, denn nachdem er sich einmal auf das Kalkül des *Realismus* eingelassen hatte, mußte er – auch hier – sowohl präzise Konkretion als auch eine so ungewöhnliche *Andersartigkeit* bieten, die es dem Leser nicht gestattete, in den kosmischen Ankömmlingen bloße Vogelscheuchen, also verkleidete Gestalten zu erkennen. Das bedeutet, daß sowohl sie selbst als auch ihre Rüstung sowohl ganz und gar unmenschlich als auch funktional dargestellt werden mußten. Als Schöpfer der Kriegstechnologie der Marsleute ist Wells ebenfalls nicht zu übertreffen. Ihre Kriegs- und Arbeitsmaschinen sind für uns heute etwas, was wir in sicherlich nicht allzu ferner Zukunft selbst verwirklichen werden, soweit es um das *Prinzip* geht, nicht aber um die äußere Gestalt; was einmal zu Arbeitsmaschinen werden könnte, sind die sogenannten »Pedipulatoren«, von denen es bereits Prototypen gibt. Ein Kybernetiker von heute würde in den Arbeitsmaschinen einen bestimmten Typ von »Symbionten« sehen, eine Verbindung zwischen Mechanismus und Lebewesen, dazu bestimmt, alle erdenklichen Arbeiten auszuführen und nicht nur zur Fortbewegung, der die »Pedipulatoren« dienen sollen. Den Hitzstrahl kann man als einen mächtigen Laser deuten, und der schwarze Rauch ist natürlich ein Kampfgas; dabei ist allerdings zu betonen, daß diese Inkarnationen technischer Vorstellungskraft nicht nur »futurologisch« beglaubigt sind, denn was sie so erschütternd wirken läßt, ist die Gestalt, in welche die Wellssche Imagination sie gekleidet hat.

Denn – das gebe ich zumindest für meine Person zu – es gibt wohl nichts Unheimlicheres an den Marsleuten als den Kontrast zwischen ihrer eigentümlichen physiologischen, schwerfälligen Unbeholfenheit und der enormen Behendigkeit ihrer schreitenden Maschinen, jener Dreifüße, denen nichts Irdisches gleicht. Der heutige Experte sieht in diesen Maschinen die Verkörperung der allerneuesten und wohl verheißungsvollsten Konzeptionen der Bionik, das heißt eine künstliche Nachahmung und Vervollkommnung jener Lösungen, welche die natürliche Evolution des Lebens schuf.

Dennoch beruht der Roman nicht auf diesem technologischen, die realen Erfindungsmöglichkeiten voraussehenden Einfallsreichtum, sondern auf der sicheren Verschmelzung all seiner Realien zu einer Einheit, in der alle Einzeldinge dem Ganzen dienen und ihr spezifisches Maß haben. Ich streife hier ein gewisses Geheimnis der Schriftstellerei, das sich diskursiv nicht erschöpfend darstellen läßt und das ich auf doppelte Weise kennzeichnen möchte. Zunächst ist es so, daß ein wohlgelungenes Werk zu etwas Objektivem wird und sich von seinem Schöpfer derart unabhängig macht, daß es gewissermaßen klüger wird als er, denn es vermag – was ich oben hervorzuheben versuchte – seinen späteren Lesern sogar Dinge zu sagen, die der Autor selbst nicht mit gleicher Klarheit gewußt hat. Es erlangt also gleichsam eine gewisse Verwandtschaft mit der Allgemeingültigkeit der wissenschaftlichen Theorie, die in der Zukunft durch Tatsachen bestätigt wird, welche derjenige, der sie formulierte, nicht kannte, weil er sie nicht kennen konnte.

Geht man nun an dieses Geheimnis von einer anderen Seite aus heran, so manifestiert sich in allen, sowohl gesellschaftlichen und gruppenmäßigen als auch individuellen Handlungen stets eine ihnen eigentümliche Struktur, in der Ordnung und Zufall sich vermischen, in der das Akzidentelle mit dem Gesetzmäßigen, das Planmäßige mit dem, was niemand vorhergesehen hat, was sich zufällig ergab, zusammenwächst; eine jegliche Realität hat ihre ehernen Gesetze und ihre Launen, es herrscht Ordnung in der Unberechenbarkeit, und Unberechenbarkeit in der Logik; und wenn es schon schwierig ist, diese verwickelte Legierung von heterogenen Elementen überhaupt in einer Romanhandlung darzustellen, so wird diese Aufgabe in einer phantastischen Erzählung zu den schwierigsten, die man sich nur denken kann. Soweit ich weiß, hat wohl noch niemand das kriegerische Vorgehen der Marsleute und die Niederlage der Menschen, so wie sie in Wells' Roman dargestellt werden, in dem Sinne analysiert, wie der Militärhistoriker die großen Schlachten analysiert, und so kann ich nur intuitiv behaupten, daß in den Handlungen beider Seiten unzweifelhaft ein Stück Wahrscheinlichkeit steckt: hier wurden genau die Mittel in die Handlung eingeführt, hier waren genau die Strategie und Taktik wirksam, derer es bedurfte, um das für die Menschen entsetzliche, aber von den Marsleuten gewünschte Ziel zu erreichen.

Da ich diesem Werk schon dermaßen gehuldigt habe, wird es mir erlaubt sein, einen einzigen Einwand gegen es vorzutragen. Was mich an den Marsleuten stört, ist der völlige Mangel an Kultur, aber natürlich nicht an einer solidaristisch und anthropozentrisch verstandenen Kultur, denn das wäre eine sinnlose Forderung.

Die Marsleute werden im Roman als ein Kollektiv geschildert: es sind geschlechtslose Wesen, die sich durch Knospung vermehren, und sie kennen keine andere Ethik als die Ethik einer rein sachlichen Zusammenarbeit, die sich auf der Erde als eine militärische Zusammenarbeit darstellt, denn natürlich müssen sie kooperieren, wenn sie den Planeten unterwerfen wollen. Nun erscheinen mir Wesen, die so restlos in ihrer Handlungs- und Denkmotivation auf sogenannte instrumentelle Werte reduziert sind, unmöglich oder zumindest einfach nicht überzeugend.

Intelligenz *muß,* wenn sie wirklich Intelligenz ist, über die Gerätschaften hinausgehen, die sie hervorbringt, um das Leben aufrechtzuerhalten, das ihr die Daseinsberechtigung gab. Intelligenz muß demnach *neugierig* sein, und diese ihre Eigenschaft enthält stets eine gewisse Beimischung von *Selbstlosigkeit.* Das läßt sich sogar unter Berufung auf die Geschichte der Wissenschaft beweisen: hätte sie sich immer nur mit dem befaßt, was scheinbar die Entdeckung von etwas *praktisch* Brauchbarem verhieß, dann wäre sie in ihrer Entwicklung nicht weit gekommen. Die Marsleute müßten sich demnach zumindest in dem Maße mit den Menschen befassen, in dem wir uns mit Krustentieren oder Pflanzen befassen, die für uns völlig unbrauchbar sind, und das heißt: sie müßten die Menschen untersuchen, sowohl in physiologischer als auch in geistiger Hinsicht, und ihnen nicht nur das Blut aussaugen, nachdem sie erkannt haben, daß unsere Gattung nicht die schlechteste Art von Nahrung darstellt. Sie verhalten sich jedoch gleichsam instinktiv, wie vampirartige Räuber, und das scheint mir nicht mit der Annahme zusammenzupassen, daß sie Intelligenz besitzen, und sei diese in der praktizierten Moral auch noch so grausam. Im übrigen hinterlassen sie nicht die geringsten Spuren einer eigenen Kultur, nichts, was Informationen oder Dokumente enthielte, absolut nichts außer den rätselhaften Maschinen. Auch darin sehe ich einen erheblichen Mangel des Romans. Wells hat sie auf einen aggressiven, bloßen Funktionalismus reduziert, so als wären sie selbst programmierte Maschinen, nicht aber große Gehirne, und deshalb nehme ich an, daß Wells so verfuhr, weil er an der Frage, wie eine nichtmenschliche Zivilisation von einem anderen Planeten beschaffen sein könnte, also auf welchen Werten sie beruhen und welchen Zielen sie den Primat einräumen könnte, einfach nicht interessiert war. Hier erst stoßen wir auf die – tief verborgene! – allegorische Intention dieses Werkes, die sich in der völligen Gleichgültigkeit des Autors für die eben genannte Frage äußert. Die Marsleute sind nämlich ein Instrument, das nach dem Willen des Autors ein schreckliches Experiment durchführt, um den Menschen die Augen zu öffnen, das heißt, um ihre vergänglichen Errungenschaften vor dem gigantischen Hintergrund der irdischen wie auch der kosmischen Geschichte sichtbar zu machen. Auf diese Spur führt uns auch eine eigentümliche Übereinstimmung einer sich in den Romanen von Wells wiederholenden Konzeption. Ein Artillerist, einer der Helden des Werkes, sieht im Gespräch mit dem Erzähler eine Spaltung der Menschheit voraus: Nach der Niederlage wird ein Teil der Menschheit, der unter der Herrschaft der Marsleute bleibt, zu ihrem Schlachtvieh, wird ihnen möglicherweise dienen; dabei wird er in extreme Zustände einer mystischen Psychose verfallen, die dem Geist die letzte Zuflucht bietet, oder er wird in offene Promiskuität verfallen, in eine an Selbstverrat grenzende verächtliche Unterwürfigkeit. Der andere Teil der Menschheit wird sich unter der Erde verstecken, in alten Kanälen, und diese Flüchtigen werden auf Befehl der Marsleute die entsprechend erzogenen und darauf abgerichteten menschlichen Sklaven aufspüren.

Weil die große und verdiente Achtung, welcher sich das Werk Kafkas bei den Literaten erfreut, mit dem Hinweis begründet worden ist, Kafka habe in der *Strafkolonie* die

Konzentrationslager, d. h. das *Ausmaß* des Verrats vorhergesehen, zu dem der Mensch gegenüber dem Menschen fähig ist, wage ich bei dieser Gelegenheit anzumerken, daß Wells den für diese Prophezeiung zentralen Gedanken ein Vierteljahrhundert früher geäußert hat. Die Menschen mußten für die Marsleute Menschen jagen: Wie man sieht, hat dieser Humanist und Reformer keine übertrieben schmeichelhaften Ansichten über unsere Natur gehegt.

Die Spaltung der Menschheit, die im *Krieg der Welten* nur flüchtig als Mutmaßung eines Menschen geäußert wird, der angesichts der Katastrophe verzweifelt, hat Wells schon früher realisiert – in der *Zeitmaschine,* wo er die Menschheit des Jahres 800 000 schildert, zu einer Zeit, da die Eloi in einem irdischen Arkadien leben, während sich die Morlocks unter der Erde drängen. In diesen übereinstimmend geschichteten Bildern drückt sich, wie man vermuten darf, ein von Wells unbewußt aufgenommenes mythisches Motiv aus, der Mythos von Arkadien und Hades, von Himmel und Hölle. In der *Zeitmaschine* ist der Himmel natürlich kein wirkliches Paradies, sondern die höhnische Karikatur eines Paradieses, denn die unschuldigen und schönen Eloi sind gleichzeitig die von Trägheit abgestumpften, gedankenlosen Nachfahren der herrschenden Klassen, während die Morlocks – »ein vollkommen degeneriertes Proletariat« –, die die Zivilisationsmaschine in Gang halten, den Eloi nicht nur dienen, sondern sich auch von ihrem Fleisch ernähren.

Der Krieg der Welten trägt die Umkehrung dieses Gedankens vor: nur *unter* der Erde kann der Mensch noch einen Rest von Unabhängigkeit finden – nach der Niederlage. Zugleich ist aber diesen beiden Motiven ein tief beunruhigendes kannibalistisches Motiv gemeinsam: die Morlocks ernähren sich von den Eloi so wie die Marsleute von den Menschen.

Ich tue Wells wohl keinen Abbruch, wenn ich erkläre, daß mir dies ein bißchen zuviel ist – und zwar nicht aus irgendwelchen moralischen oder gar moralistischen Bedenken, denn ein Schriftsteller hat – besonders in unserer Epoche – nicht das *Recht,* die Augen vor den Ansätzen von Grausamkeit zu verschließen, die in jeglichem zivilisierten Dasein enthalten sind. Mir geht es darum, daß die vampirartige Physiologie der Marsleute im doppelten Sinne überflüssig ist. Zunächst auf der Ebene einer rein naturwissenschaftlichen Überlegung, denn es ist überaus unwahrscheinlich, daß Organismen, die innerhalb einer bestimmten planetaren Evolution von Leben entstanden sind, anderen Organismen, die sich innerhalb einer anderen evolutionären Ordnung herausgebildet haben, als Nahrung dienen können. Nicht einmal auf der Erde, deren einziger Evolutionsbaum ja gemeinsame Wurzeln hat, kann jede Tierart sich von einer beliebigen anderen ernähren, und das gilt erst recht angesichts der ungeheuren kosmischen Isolation, welche die Anatomie und Physiologie von Lebewesen, die völlig unabhängig voneinander entstehen, einander fremd werden läßt. Im übrigen weiß der Naturwissenschaftler – auch wenn das trivial klingen mag –, wie gering der Nährwert von Blut ist; ein Wesen von den Dimensionen des Menschen oder des Marsmannes müßte, um davon leben zu können, mindestens ein Dutzend Liter Blut täglich konsumieren; aber schon die unmittelbare Einleitung dieses Blutes in die Adern des Marsmannes ist biologisch vollkommen unglaubhaft. Doch dieser Einwand, den ich gegen einen Verismus erhebe, der sich rein wissenschaftlich versteht, ist zweitrangiger Natur. Wesentlich bedeutsamer erscheint mir, daß die buchstäbliche Blutsaugerei der Marsleute mit ihrem malerischen Horror in künstlerischer Hinsicht vollkommen unnötig ist und deshalb den einzigen erzählerischen Effekt darstellt, der, wie ich meine, billig ist, weil er absichtlich auf den Schock zielt. Freilich geht es hier um Probleme des kompositorischen Geschmacks, die nicht irgendwelchen überprüfbaren Entscheidungskriterien unterliegen können.

Man möge mir verzeihen, wenn ich mir am Ende dieses Teils meiner Anmerkungen die Unverschämtheit der Impersonation erlaube: Wenn ich den *Krieg der Welten* schreiben würde, dann würde ich die Marsleute die Menschen untersuchen lassen, und wenn es sein müßte, auch auf dem Wege der Vivisektion, doch ein »konsumtives« Motiv würde ich nicht hineinbringen, aber darüber hinaus würde ich – und das erscheint mir wichtiger – nicht die Unterwerfung der Menschheit zum Ziel der Invasoren machen, jene Unterwerfung, die sich für uns Zeitgenossen so erschütternd genau mit dem menschenmörderischen Plan der Faschisten deckt.

Was ich sichtbar und dadurch verständlich machen würde, wäre allein der kriegerische Zusammenstoß, während ich die Ziele der Marsleute vor den Menschen verschleiern und für sie unerkennbar machen würde. Den Marsleuten würde so nicht der Plan vorschweben, die Zivilisation zu zertrümmern, um die Terraner zu versklaven oder sie in eine »Nahrungsmittelreserve« zu verwandeln, sondern ein anderes Ziel, das in einem vom menschlichen Handlungsmuster abweichenden Verfahren festgelegt würde. Falls jemand zu verstehen wünschte, welche Kluft zwischen den Auffassungen der Menschen und der Marsleute besteht, so möge er beispielsweise darüber nachdenken, daß bei der Aussiedlung der gesamten Bevölkerung aus dem Archipel, auf dem ein amerikanischer Wasserbombentest durchgeführt werden sollte, die Eingeborenen sicherlich nichts von dem, was sich abspielte, begriffen, obwohl sie in einem einzigen Augenblick ihres uralten Territoriums und ihrer Habe beraubt wurden. In meiner hypothetischen Schöpfung würden also die Marsleute zwar ähnlich handeln wie im Wellsschen Werk, aber nur, um die Menschen von sich fernzuhalten, damit die Menschen sie nicht in ihrer eigentlichen Absicht stören würden, für die als Basis die Erde dienen sollte. Die Grundlage einer solchen Konstruktion wäre das Prinzip, demzufolge ein Unterschied im Grad der zivilisatorischen Entwicklung zu einer unterschiedlichen Tendenz der zielgerichteten Handlungen führt, so daß die radikal verschiedenen Ausrichtungen der kollektiven Anstrengung eine Asymmetrie der Unverständlichkeit zur Folge haben: die in der Geschichte später Auftretenden können die früher Auftretenden nicht verstehen, weil es ihnen dafür an den nötigen Kenntnissen und damit auch an den nötigen Begriffen fehlt. Ein solcher Plan erscheint mir in geschichtsphilosophischer Hinsicht rationaler, während er unter künstlerischem Aspekt zu einer recht höhnischen Aussage führen würde, denn die irdische Zivilisation muß von dem Eindringling »nur beiseitegeschafft« werden, da sie für ihn ein Hindernis ist, und allein deshalb fällt sie der Vernichtung zum Opfer. Ich bin mir allerdings durchaus dessen bewußt, daß meine Bemerkungen einigermaßen unhistorisch sind: eine solche Konzeption war zu Wells' Zeiten noch irreal.

Wells ließ in seinen späteren Büchern nach, obwohl es darunter nicht an Werken voller Erfindungskraft fehlt, doch schuf er nie wieder ein so umfassendes, ein so tiefes und deshalb der zerstörenden Wirkung des Zeitablaufs widerstehendes Panorama, und ich glaube sagen zu können, daß ich weiß, weshalb das so war. Es war die Zeit des prunkvoll begangenen Krönungsjubiläums der Königin Victoria, der Höhepunkt des viktorianischen Zeitalters, als das britische Imperium die erste Macht auf dem Planeten war, und inmitten dieses vollkommenen, stagnierenden Dünkels, in dem der von zufriedenem Stolz auf seine Leistungen erfüllte Optimismus des 19. Jahrhunderts kulminierte, versetzte Wells, um die erstarrten, engen Horizonte zu sprengen, der ethnozentrischen Überheblichkeit seiner Zeitgenossen nacheinander verschiedene Stöße. Den ersten Stoß – aus der Zeit heraus – führte er mit dem Roman *The Time Machine,* wo er zeigte, daß Epochen und Gesellschaftsordnungen vergänglich und daher etwas Flüchtiges sind, wo er zeigte, wie sie untergehen, obwohl sie in jeder Generation glauben, ein unerschütterlicher Fels zu sein. Zugleich entwarf er eine monströse Extrapolation aus der von ihm vorgefundenen Ordnung, indem er aus Bourgeoisie und Proletariat die Ungeheuer der Eloi und Morlocks machte.

Den anderen Stoß führte er aus dem Raum heraus – eben mit dem *Krieg der Welten,* doch finden wir in diesem Roman, ausgegeben als Zitate aus gelehrten Zeitschriften, deutliche Aussagen, daß das Äußere und die Handlungsweise der Marsleute nicht nur eine aktuelle Eigenschaft einer anderen, außerirdischen Kultur seien, sondern daß dies gleichzeitig die Zukunft des Menschen selber sei.

Wells hat also zweimal ein und dieselbe leitende Idee in die Gestalt einer realistisch ausgeführten Allegorie gekleidet.

Er rannte mit diesen Visionen gegen den versteinerten Viktorianismus an, wie ein Archimedes der Literatur, der nur nach dem richtigen Stützpunkt sucht, um die Trägheit des allgemeinen Denkens aus den Angeln heben zu können. Davon ist bei ihm später allerdings wenig geblieben; aus einem visionären Künstler, aus einem Mahner zur Besinnung, der in Allegorien spricht, verwandelte er sich in einen Aktivisten der sozialen Reform. Sein Intellekt unterwarf sich denn auch sein Künstlertum, und er begann, zur Belletristik umgeformte Traktate, soziale Utopien und Antiutopien zu verfassen, deren kritisch-rationale Fracht die Eigenständigkeit der Phantasie erdrückte (wie beispielsweise in den *Ersten Menschen auf dem Mond,* einem Buch, das sich unverhüllt gegen irdische Ordnungen richtet und gerade durch diese Unverhülltheit als Erzählung auseinanderfällt in teils stärker phantastische, teils rein diskursive Bruchstücke). Die edlen Absichten dieser Werke sind aller Ehren wert, doch gerade diese Intention machte Wells selber am Ende innerhalb seines schriftstellerischen Wirkens zu einem Utopisten – in dem einfachen Sinne, daß er so handelte, als glaube er an die Möglichkeit, die Welt durch die Literatur zu verändern. Dieser Traum – der ehrgeizigste, den ein Schriftsteller entwickeln kann – ist leider nur ein Wunschtraum. Wells hat seinen späteren Büchern das Rückgrat gebrochen, indem er ihnen Lasten aufbürdete, die sie nicht tragen konnten; er gab die Vision auf zugunsten der Ratio, und machte aus den Büchern Instrumente einer unmittelbaren, deutlichen Beeinflussung, Bekehrung, Überredung und Belehrung. Empfehlungen und Direktiven stellte er über die Kraft des künstlerischen Ausdrucks, belehrende Vorträge stellte er über die Kunst, und er mischte sich an allen Fronten in die soziologische und anthropologische Diskussion ein; er schuf auch bedeutsame Werke wie etwa seine *Geschichte unserer Welt,* doch einen so großen *Roman* wie den *Krieg der Welten* brachte er nicht mehr hervor. Man könnte deshalb sagen, daß er sein Schöpfertum, sein Talent der Welt auf eine Weise zum Opfer brachte, die dieser Welt keinen großen realen Nutzen bringen konnte – aber schließlich opferte er, was das Beste an ihm war und was er in höchstem Maße besaß; so erklärte er denn, mahnte er, stritt er mit dem Wort, um am Ende seines Lebens in tiefem Pessimismus über das weitere Schicksal unserer Gattung zu versinken, denn er rechnete mit der

Freisetzung der Atomenergie in einer Welt, in der niemand oder doch fast niemand auf ihn hören wollte.

Diese Opfertat, die sich über Jahrzehnte eines unerhört arbeitsamen, moralisch untadeligen Lebens erstreckte, war, wie schon gesagt, utopisch. Wells, der den Menschen durch die Literatur allzu viel Hilfe bringen wollte, legte die Literatur in seinem eigenen Werke lahm, ohne dafür etwas Gleichwertiges geben zu können.

Dies ist natürlich allein meine Hypothese, und ich kann mich darin täuschen; schließlich trage ich nur meine eigenen Überzeugungen vor. Nach diesen Überzeugungen muß man von der Literatur viel verlangen – aber nicht ohne Mäßigung. Grenzenlose Forderungen lähmen sie ebenso wie minimalistische Forderungen, die sie zu einem sinnlosen Zeitvertreib machen.

Um die Lösung des zweiten eingangs dieser Bemerkungen genannten Rätsels, warum nicht nur Wells selbst, sondern auch nach ihm niemand die durch den *Krieg der Welten* aufgeworfene Problematik der Perspektiven der Zivilisation auf der Höhe dieses Romans aufgegriffen hat, habe ich mich vor einigen Jahren in einer monographischen Studie über die Science Fiction bemüht.*

Die Ausführungen, mit denen ich dort nahezu tausend Seiten füllte, finden hier keinen Platz und ich will sie auch nicht wiederholen, und so möchte ich nur in Gestalt einer knappen Bemerkung vortragen, was ich in der genannten Monographie zu sagen versäumte. So sehr die dort dargestellten Faktoren literaturgeschichtlicher und kommerzieller Natur sowie weitere Faktoren, die ich nicht erwähne, an der Entartung der Phantastik ihren Anteil hatten, so daß sie auf das Niveau künstlerischen Kitsches und intellektuellen Schunds herabsank, muß man loyalerweise hinzufügen, daß die Lage der Zivilisation sich im Laufe der fast neunzig Jahre, die uns von der Entstehung des *Kriegs der Welten* trennen, um 180 Grad geändert, das heißt vollständig umgekehrt hat. Wells schrieb in einer Welt, die zur Immobilität erstarrt war, die – und das ist das Entscheidende – überzeugt war, daß sie stabil sei, daß sie keinen Katastrophen oder Wandlungen

* Phantastik und Futurologie, polnische Ausgabe: Krakau 1970

unterliegen würde. Deshalb auch haben seine ersten, treffendsten Werke die Horizonte geöffnet und die heraufziehenden Erschütterungen der Zivilisation vorausgesagt.

Wir leben dagegen in einer Welt, in der nichts mehr so sicher ist wie die Feststellung, daß der morgige Tag keine Wiederholung des gestrigen Tags sein wird. Das Bewußtsein des Wandels und seiner wachsenden Beschleunigung, die weder von sich aus eine Tendenz zum Stillstand zeigt noch sich an einer gemeinsam festgelegten Grenze aufhalten läßt, ist bereits Allgemeingut geworden.

Wenn daher von den Aufgaben der Literatur die Rede ist, können wir jene Aufgaben, vor denen Wells stand, nicht zu ihnen zählen. Einen Menschen, der bereits wach ist, kann man nicht wecken, so wenig wie man Amerika ein zweites Mal entdecken kann.

Heute kann *Der Krieg der Welten* deshalb nur epigonenhafte Fortsetzungen finden, die geschichtsphilosophisch insofern gegenstandslos sind, als ein Suchen nach den Ursachen für die Katastrophe der Menschheit in den kosmischen Fernen gleichbedeutend damit wäre, sich im grellen Schein von Jupiterlampen den Weg mit Streichhölzern zu beleuchten. Es ist gewiß möglich, das Problem des Zusammenbruchs der Zivilisation und das Problem einer Intelligenz auf fremden Planeten literarisch anzugehen, aber nicht in der Verknüpfung, die Wells zwischen ihnen hergestellt hat. Was uns bedroht, ist unsere eigene Macht und deren Anwachsen – was kann uns da an allegorischen Romanen liegen, die kindischerweise den Strom der Geschichte mit einem Stöckchen umkehren wollen? Wells hat, wie ich sagte, in einer Zeit völliger Stagnation den gigantischen und unablässigen Wandel vorausgesagt. Wir, die Zeugen dieses Wandels, können den Vater und Meister der Gattung nicht mehr um Hilfe ersuchen. Wir können lediglich sein Jugendwerk bewundern, von der Gewissenhaftigkeit, die er darin zeigt, und von der Kraft der Vision lernen, die dem straffenden Zugriff der Vernunft unterworfen wird. Denn alles sonstige, angeblich freie Phantasieren ist im Grunde eine Flucht vor den brennenden Problemen der Welt, eine Flucht, die sich über ihre eigene Desertion etwas vormacht.

Lolita oder Stawrogin und Beatrice

I

Eines der Dinge, die mich bei der Literatur am meisten betrüben, ist das Fehlen von Maßstäben. Natürlich gibt es sie. Natürlich gibt es eine Unmenge von Fachleuten, die mein Bekenntnis für Unsinn halten und, sofern sie überhaupt mit mir diskutieren wollen (was ich bezweifle), entschlossen sind, mich zu vernichten durch eine genaue Aufzählung sowohl der objektiv feststellbaren Merkmale des Werts eines literarischen Werkes als auch der unendlich langen Liste von Titeln hervorragender und bedeutender Werke, deren allgemeine Anerkennung unwiderleglich beweist, daß meine Verzweiflung unbegründet ist. All das ist gewissermaßen richtig. Was tut man jedoch, wenn man weiß, daß von Zeit zu Zeit irgendwo ein Buch entsteht, dessen Wert jahrelang von niemandem erkannt wird, ein Ahasver-Buch, das von Verlag zu Verlag wandert, ein Manuskript, das in den Augen der fachmännischen Lektoren nicht vom Mittelmaß oder von direkt marktschreierischer Anmaßung zu unterscheiden ist, oder – was vielleicht noch schlimmer ist – ein Buch, das irgendwann irgendwo erscheint, aber so, als wäre es nicht vorhanden, weil es in irgendwelchen Bibliographien untergeht, bis es sich aufgrund unklarer Umstände plötzlich im Zentrum der Aufmerksamkeit der Fachwelt befindet und dank ihres verspäteten Urteils zum zweiten Mal, eigentlich aber zum ersten Mal richtig zu leben beginnt?

Man spricht ungern und nur hinter vorgehaltener Hand von der Frühgeschichte bedeutender Bücher, die ähnlich wie ein Stein, der in aufgeweichten Dreck gerät, zum Publikum gelangten. War das aber nicht zunächst das Schicksal des Werkes von Proust, bevor es zur Bibel der raffinierten Ästheten wurde? Besaßen denn die Franzosen von Anfang an so viel Geist, Kennerschaft und Geschmack, um die schriftstellerische Kunst Prousts zu erkennen? Warum wurde das umfängliche Werk Musils erst viele Jahre nach seinem Tode als ein Klassiker »entdeckt«? Was hatte die Kritik der zurückhaltenden und objektiven Engländer über die ersten Romane Conrads zu sagen? Das alles mag sich so verhalten haben, könnte jemand sagen, doch verdient es keine besondere Beachtung, denn schließlich fand jeder dieser Autoren die ihm gebührende Anerkennung, und sein Werk fand Zugang zum Publikum, und so braucht man sich wegen der Zeit, die zwischen der Äußerung des Künstlers und deren angemessener Beurteilung vergehen mußte, nicht die Kleider zu zerreißen.

Damit kann ich mich nicht gut abfinden. Dem aufmerksamen und verständigen Leser (hier ist schließlich von den Kennern die Rede!) erschließt sich ein Buch auf Anhieb, es sagt ihm alles, was es zu sagen hat, und was für rätselhafte Prozesse müssen erst noch ablaufen, bis sich nach Monaten oder Jahren ein Aufschrei des Entzückens seinen Lippen entringt? Wieviel ist ein derart verspätetes Entzücken wert? Wieso sollen wir an seine Aufrichtigkeit glauben? Wieso wird das, was zunächst unverständlich, langweilig, wertlos oder trivial, empörend, schamlos oder schließlich überflüssig und nutzlos war, zum Ausdruck einer Epoche, zur Kindheitsbeichte eines Zeitalters, zu einer uns erschütternden Neuentdeckung eines Menschen, von dem wir nichts wußten?

All diese Fragen stellte ich mir, nachdem ich Nabokovs *Lolita* ausgelesen hatte, ein Buch, das vor einigen Jahren ein Ereignis und zugleich ein literarischer Skandal war. Ich kenne seine Geschichte nicht im einzelnen. Ich weiß lediglich, daß es, von einer ganzen Reihe amerikanischer Verlage als unzensierbar abgelehnt, nach Frankreich gelangte, wo sich schließlich ein Verleger fand, der es zu veröffentlichen wagte – ein Verleger, der durchaus nicht als Geburtshelfer elitärer Werke bekannt ist, sondern der mit Hilfe von Lektoren, die sich in der Sache auskennen, gerade die Möglichkeit eines beträchtlichen Skandals vorhersah. Damit begann die schwindelerregende Karriere des Buches. Der bedachtsame englische Verleger (ich las die *Lolita* in der Ausgabe der »Corgi Books«) fügte dem Band eine ganze Anthologie von kritischen Lobeshymnen an, von Äußerungen namhafter Schriftsteller und Kritiker, die das Buch während seiner

Wanderschaft durch die Schubladen der Verlage irgendwie nicht erreicht hatte. Ihre von Anerkennung, ja sogar von Begeisterung erfüllten Urteile bedeuten uns, daß *Lolita* ein Werk von Weltrang sei, daß es mit Pornographie beileibe nichts zu tun habe, daß es mit dem *Ulysses* von Joyce vergleichbar sein usw. Es ist nicht meine Absicht, eine kritische Studie über *Lolita* zu schreiben. Ich bin dazu auch gar nicht berechtigt, zumal ich außer diesem Buch von dem schriftstellerischen Schaffen Nabokovs eigentlich nichts kenne, das, soweit ich weiß, nicht gering ist. Dreizehn Erzählungen von ihm, die mir vor einem Jahr in die Hand fielen, haben mich vollkommen kalt gelassen. Was er in ihnen zu sagen hatte, hat mich überhaupt nicht berührt. Es handelt sich dabei möglicherweise um hervorragende Schöpfungen, und mein Bekenntnis sagt vielleicht weniger etwas über ihre Lauheit als vielmehr über meine künstlerische Ignoranz aus; bei *Lolita* blieb ich jedoch nicht so taub, und deshalb diese Bemerkungen. Ich weiß allerdings nicht, ob es ein »epochemachendes«, »großes« Buch ist, auch wenn einige der ehrenwerten Fachleute, die der englische Herausgeber zitiert, Nabokovs Prosa auf Eliot, Baudelaire, James und Gott weiß wen sonst noch zurückführen. Mich haben diese achtbaren Verwandtschaftsbeziehungen wenig beeindruckt. Nabokov selbst teilt im Nachwort zu *Lolita* einige sehr interessante Dinge mit: Wie lange sich die Entstehung des Buches hinzog, wie es zu der ersten Inspiration zu diesem Buch noch in Paris während der vierziger Jahre kam, wo eine kleine Erzählung entstand von einem Mann, der eine kranke Frau heiratet, um nach deren Tod und dem mißlungenen Versuch, die Tochter dieser Frau zu vergewaltigen, durch Selbstmord zu enden, wie er später dieses Haupthandlungsmotiv in die Vereinigten Staaten verlagerte und mit dem Fleisch der Realitäten der Neuen Welt auffüllte. Er war im übrigen – vielleicht aufgrund eigener Erfahrung, vielleicht auf Anraten wohlmeinender Freunde – so vorsichtig, daß er dem Werk, einem fiktiven Tagebuch, ein ebenso fiktives Vorwort eines »Dr. phil. John Ray jr.« voranstellte; jener Doktor der Philosophie stellt das »Tagebuch« als die Erinnerungen eines im Gefängnis an einem Herzinfarkt gestorbenen Mannes vor, der seinen richtigen Namen und Vornamen hinter dem Pseudonym »Humbert Humbert« verbirgt. All diese Vorsichtsmaßnahmen reichten jedoch irgendwie nicht aus – und die Lektüre der Ratschläge ansonsten wohlmeinender Verleger, der verlagsinternen Rezensionen und offenen Verdammungsurteile, die den Roman während seiner langen Reise von einem Schreibtisch auf den anderen umwucherten, ist stellenweise ein nicht viel ärgeres »Zeitdokument« als das eigentliche Werk, denn die in ihnen sichtbar werdende Mischung aus Hilflosigkeit, Pseudokennerschaft und schließlich ungewollter Komik der Urteile bildet ein hervorragendes Pendant zur Atmosphäre der *Lolita.*

Da der Roman bei uns nicht erschienen ist, stelle ich meinen Bemerkungen, die, wie ich betonen möchte, keineswegs den Charakter einer systematischen Studie haben, ein Resumé der Handlung voran. Der Held stellt sich uns als ein Europäer vor, ein kultivierter Ästhet, der eigentlich keinen Beruf ausübt, als ein gemäßigter, »nichtpraktizierender« Anarchist, dessen Vater Franzose und ein wenig Schweizer ist und dessen Mutter in seiner frühen Kindheit starb – nach dieser Einführung betritt die Tagebucherzählung unvermittelt den Bereich der ersten erotischen Erfahrungen. Und nun wird eine Zusammenfassung schwierig. Denn nachzuerzählen, was dort geschah, und die Situation beim Namen zu nennen hieße, die Proportionen und darüber hinaus den Geist dieses Buches zu deformieren, gleichgültig, ob man es hinterher akzeptiert oder verwirft. Nun läßt sich der Handlungsfaden aber auch objektiv in der Sprache der angewandten Psychiatrie darstellen, und unter den zwei Übeln ziehe ich den »psychiatrischen« Ansatz vor.

Der »Fall«, den Humbert also darstellt, fühlte sich seit frühester Jugend zu den Mädchen hingezogen, nicht zu Kindern, sondern zu jungen Dingern, und dieser Hang verknüpft sich in seiner Autobiographie mit den ersten erotischen Erfahrungen der Knabenzeit (gewiß wird mancher Sachkenner behaupten, daß diese Hypothese falsch sei, weil ähnliche Kontakte bei der überwältigenden Mehrheit der Männer keine Spuren einer Abweichung hinterlassen, welche den Bereich erotischer Erlebnisse für das ganze Leben präformiert, doch lassen wir das beiseite). Nach einer ebenso unglücklichen wie zufälligen Ehe, die mit der Scheidung endet (eine Geschichte mit tragikomischem Einschlag, ja sogar mit einem Hang zur Farce), nach schrecklichen Enttäuschungen und Beschämungen, die er erlebte, weil die ihn quälende Neigung in das Milieu der käuflichen, professionellen Liebe führte, übersiedelt er, mit einer gewissen Erbschaft ausgestattet, in die Vereinigten Staaten. Hier nun kommt er nach einem kurzen Zwischenspiel, nach der eher zufälligen Teilnahme an einer wissenschaftlichen Expedition, nach der Veröffentlichung irgendwelcher Artikel (aus nicht ganz klaren Gründen: Depression, Melancholie) ins Sanatorium. Der Autor weist auf diesen Aspekt der Anomalität des Helden, der gewissermaßen das Medium darstellt, welches seine ebenso anomale Libido trägt, am Rande, wenn auch recht ostentativ hin, denn einerseits ist diese »Gemütsschwäche« so bedeutsam, daß sie den Helden zweimal in ein Nervenheilsanatorium führt, andererseits ist sie jedoch so unbedeutend, daß Humbert dank seiner Intelligenz die Ärzte täuschen kann, die in ihrer Diagnose von einem Verdacht auf Homosexualität und Impotenz sprechen – nur nicht von der auch vor der Welt der Ärzte sorgsam gehüteten Perversion.

Endgültig geheilt, begibt er sich zum Hause von Mrs. Charlotte Haze, einer Witwe, die ihm gern eine Wohnung vermieten würde. Doch abgestoßen von der unerträglichen Atmosphäre dieser pseudo-kultivierten amerikanischen Behausung und von der ganzen Person der einem »dünnen Aufguß von Marlene Dietrich« ähnelnden und ein schreckliches Französisch sprechenden Frau Haze, entschließt er sich bereits zum Rückzug, als das Schicksal ihn das zwölfjährige Töchterchen der Witwe erblicken läßt. Diese Kleine Dolores, Lolita oder Lo, wie er sie in seinen verzweifelten Wunschträumen und in seinem ebenso verzweifelten Wachbewußtsein nennen wird, bestimmt seine Entscheidung. Er bleibt in diesem amerikanischen Haus und beginnt ein Tagebuch zu führen, in dem sich an der Gestalt des zwölfjährigen Mädchens höllische Explosionen der Begierde und infantiler Träume entzünden. Unbedeutende und zufällige Kontakte mit ihr sind der ausschließliche und natürlich sorgsam verborgene Inhalt seines Daseins. Die Abreise der Kleinen in ein Sommerlager für Mädchen wird beinahe zur Katastrophe. Indessen verliebt sich Lolitas Mutter in Humbert, der, zunächst verstört, darin eine Chance sieht, dem Objekt seiner Begierde näherzukommen, und heiratet; auf die Nachricht hin, daß die frischgebackene Ehefrau Lolita ganz aus dem Haus haben und in ein Internat schicken will, macht sich Humbert Gedanken über die Möglichkeit eines »perfekten Mordes«, doch als sich beim Baden die Gelegenheit ergibt, kann er sich nicht zur Tat aufraffen. Die nächste Katastrophe: die liebende Gattin entdeckt das perverse Tagebuch, und der vom Ausbruch der Verachtung getroffene Humbert zieht sich in die Küche zurück, als das Telefon klingelt: seine Frau (sie eilte mit Briefen, die sie nach der fatalen Entdeckung geschrieben hatte, zum Briefkasten) war von einem Auto überfahren worden.

Ein stilles Begräbnis, und »Papa« begibt sich zu der »kleinen Waise«, der er einstweilen noch nichts über den Tod der (im übrigen ungeliebten) Mutter sagt. Sie besteigen das Auto. So beginnt die sexuelle Odyssee durch die Motels, Touristenhotels, Nationalparks und alle möglichen und unmöglichen »Sehenswürdigkeiten« der Staaten. Die erste gemeinsame Nacht. Nichts Drastisches in der Beschreibung, sondern nur der Schock, nicht der erste und nicht der letzte für diese europäischen »Perversen«, als er von dem »Töchterlein« erfährt, daß sexuelle Dinge ihm nicht fremd sind. Bei dem Mädchencamp hatte es einen dreizehnjährigen Jungen gegeben, ihren ersten, nicht aus Liebe oder Verlangen, sondern aus Neugierde, weil eine Freundin Lolitas es gemacht hatte und damit das Vorbild lieferte, und nun verführt Lo – um Humberts Worte zu benutzen – diesen ihren »Stiefvater«.

Im folgenden beginnen Details – nicht aus dem Bereich der Physiologie oder gar der sexuellen Psychopathologie, sondern moralisch-psychologischer Natur – die wichtigste Rolle zu spielen, so daß eine Zusammenfassung zu einer immer undankbareren Aufgabe wird. Die Kleine bleibt, um es vorweg zu sagen, bis zum Ende dieses sowohl makabren als auch komischen, letztlich aber für beide Seiten entsetzlichen

Zusammenlebens sexuell unaufgeweckt. Sowohl zärtlichste Liebkosungen als auch Geschlechtsakte von bestialischer Härte sind für Lo – namentlich nach einer kurzen Zeit der Gewöhnung (denn woran kann ein menschliches Wesen sich am Ende nicht gewöhnen) – nichts anderes als ein Tribut, den sie dem »Stiefvater« entrichtet, dem keine erdenkliche Erniedrigung vor diesem Mädchenkind erspart bleibt. Ständige Reisen, so viele Geschenke, wie Humbert sich nur leisten kann, abgeschmackte, erhabene, lächerliche, wirkungslose Bemühungen, die Kleine in Humberts geistige Welt einzuführen, zwischendurch Streitigkeiten und nächtliches Schluchzen, ferner Anfälle von wilder Eifersucht (er ohrfeigt das Kind) wegen irgendeines hübschen Tankwarts, wegen jedes Augenpaares, das auf Lolita ruht; auf diesen, im »Motel« spielenden Teil des Romans folgt ein »stationärer«, als der »gute Vater« das »Töchterchen« auf eine »moderne amerikanische Schule« gibt, wo eine gescheite Erzieherin ihm, dem altmodischen Europäer, zu erklären versucht, daß er sich unter anderem mit ersten vorsexuellen Kontakten des »Töchterchens« mit heranwachsenden Burschen ihres Alters abfinden müsse. Neue Eifersüchteleien, Streitigkeiten, moralisches Abgleiten des Zusammenlebens, denn es kommt dahin, daß »Papa« Zärtlichkeiten erkauft, weil die Kleine damit geizt und ihn erfolgreich erpreßt; er schreckt sie wiederum mit dem Gespenst, sie in ein strenges Erziehungsheim zu sperren, falls sie die Beziehung, die sie verbindet, verraten sollte, was ihn ins Gefängnis brächte. Dieses »Paradies mit einem Himmel höllischer Flammen« endet damit, daß sie sich auf eine weitere Reise begeben, auf der ein bekannter Schriftsteller, der gleichfalls ein bißchen pervers ist, Lolita mit ihrem Einverständnis entführt. Humbert sucht zwei Jahre lang vergeblich nach ihr und dem »Verführer«, lebt von Tag zu Tag, bis ein Brief von Lo kommt, die (siebzehnjährig) inzwischen geheiratet hat, ein Kind erwartet und Geld braucht, ohne das ihr Mann eine Stelle in Alaska nicht bekommen kann. Humbert macht sich auf seine vorletzte Reise. Aus dem Kind ist eine Frau geworden mit einer funktionalen, amerikanischen Brille, in den letzten Monaten der Schwangerschaft, ein braver, unrasierter Mann, teils

Invalide (nach einer Kriegsverletzung schwerhörig) – »Papa« gibt ihr alles Geld, das er hat, und macht ihr den Vorschlag, diesen »zufälligen Dick« zu verlassen und mit ihm zu gehen, so, wie sie ist, auf der Stelle, für immer. Lo lehnt ab. Er holt aus ihr den Namen des »Verführers« heraus, fährt zu ihm, und in einem einsamen, verlassenen Haus spielt sich die letzte Szene der Tragifarce ab: Mord. Er schießt auf diesen Menschen, nachdem er ihn zuvor gezwungen hat, ein Gedicht vorzulesen, das er (Humbert) über dessen Niedertracht und sein eigenes Unglück verfaßt hat. Dann die Tötung, aufgeteilt in eine Reihe von halbwegs verständlichen Szenen, vollzogen im Grenzgebiet absoluter Sinnlosigkeit (das Opfer ist ziemlich betrunken, man redet irrtümlich aneinander vorbei, nichts von einer zumindest theoretisch möglichen »Vendetta«, ein Durcheinander von Angriffen und Verteidigung, aber weder das Mordopfer noch der Mörder geben sich eine Blöße) – diese ganze Sequenz enthüllt ihre Sinnlosigkeit, zeigt, daß sie keine wirkliche »Abrechnung« ist, sondern lediglich die Koda, den Abschluß einer Geschichte bildet, die ebenso grauenhaft, von der gleichen höllischen Absurdität ist wie die »Romanze«, und endet damit, daß Humbert verhaftet wird und im Gefängnis landet.

So sieht es aus. Beschuldigungen der Pornographie, die Nabokov im Nachwort verächtlich von sich weist und nicht ernst nimmt, sind – auf jeden Fall im Vergleich zu der Unzahl der in den USA massenhaft produzierten »Thriller« der »Schwarzen Serie«, die den sexuellen Appetit eines gewissen Lesertyps wecken – eigentlich schon kein Ausdruck von Prüderie mehr, sondern der entsetzlichen Schamlosigkeit derer, die sie äußern. Mit anderen Worten: Nimmt man das Buch auseinander, zerlegt man es in seine Teile, dann enthält es keine Einzelheit, die nicht schon irgendwo irgendwann von Machwerken ohne jeden künstlerischen Ehrgeiz überboten worden wäre. Daß jedoch die Auslassungen, Andeutungen und Anspielungen, aus denen das Ganze sich zusammensetzt, sich in Stöße verwandeln, die es dem Leser unmöglich machen, eine bequeme ästhetische Haltung einzunehmen, daß der Rang der künstlerischen Verarbeitung und die Methode, sich vom ersten bis zum letzten Wort durch die

Darstellung selbst auf den Arm zu nehmen und dadurch noch das Makaberste ins Lächerliche zu ziehen, eine eindeutige moralische Beurteilung des Werkes (ich wiederhole: des Werkes, nicht des Helden) erschwert, wenn nicht gänzlich unmöglich macht, unterliegt für mich keinem Zweifel.

Kritiker haben, um Nabokov von Vorwürfen erstens der Pornographie, zweitens des Herumwühlens in der sexuellen Psychopathologie und drittens des Antiamerikanismus zu »reinigen«, gesagt, daß der Roman von der Liebe und nicht vom Sex handele, daß jedes Thema und somit auch das, was psychisch in einem Perversen vorgeht, ein ästhetisches Erlebnis bieten könne und daß *Lolita* schließlich nicht »antiamerikanischer« sei als die Bücher vieler geborener Amerikaner. Ich weiß nicht, ob es sich lohnt, sich mit solchen Anschuldigungen und solchen Verteidigungsargumenten zu befassen.

II

Ein Roman nicht über den Sex, sondern über die Liebe? Ein Spottroman auf die westliche Zivilisation? Aber warum ist der Held pervers? Diese Frage ließ mich nicht in Ruhe. Nabokov würde sie für sinnlos halten, wie ich aus seiner Ansicht über die Literatur entnehmen kann, denn er möchte weder Moralist noch Realist sein, er hält sich für einen »Erzähler einer Geschichte, die sich irgendwann irgendwo abspielt«, doch brauchen wir schließlich nicht auf den Autor zu hören, nachdem er das Wort »Ende« niedergeschrieben hat. Er hat gesagt, was er sagen wollte, hier enden seine und beginnen unsere Schwierigkeiten als Leser.

Zunächst schien mir, daß die Wahl des Helden schon in soziologischer Hinsicht ganz bestimmte Möglichkeiten eröffnet. Denn abgesehen von allem, was man sagen kann und unbedingt sagen muß, ist *Lolita* ein Buch mit einem breiten gesellschaftlichen Hintergrund, das jene Seiten des westlichen Lebens behandelt, derer der Westen sich rühmt. Es sind das ein hoher Lebensstandard, die »Verwissenschaftlichung« der Erziehung, jene pädagogische Auflage eines »angewandten Freudianismus«, der auf die optimale Anpassung des

Individuums zielt; ferner die Herrlichkeiten der Tourismusindustrie, das Vordringen der Dienstleistungen in die unberührtesten Winkel der Natur und jenes besondere, effiziente Handeln, das sich in den gesellschaftlichen Kontakten äußert, begleitet von einem mechanischen Lächeln, das ihnen den Anstrich eines »individuellen Herangehens« an den Besucher, den Gast, den Kunden geben soll, und eine solche Durchdringung des ganzen Lebens von der Reklame, daß die Erscheinungen, die im kommerziellen Interesse auf den Menschen von außen eindringen, längst schon zum Bestandteil seines Seelenlebens geworden sind, in das sie sich durch eine Unzahl von sauberen, »wissenschaftlich« erarbeiteten Methoden eingeschlichen haben. Diese ungeheure Maschine aus zufriedenen Ameisen zu kritisieren, sie zu beschimpfen, sie durch eine unmittelbare Beschreibung zu verhöhnen hieße, Publizistik zu betreiben, also künstlerisch zu versagen und banale Selbstverständlichkeiten vorzutragen. Wenn man das jedoch gewissermaßen en passant erledigte, und dazu noch aus einer von vornherein aussichtslosen Position heraus, durch die Äußerungen eines Menschen, von dem jedes einzelne Wort, jeder bissige Seitenhieb zunichte gemacht werden konnte, durch den Hinweis auf seine Anomalität, aber gleichzeitig so, daß dieser Perversling gegenüber der respektabel-normalen Allgemeinheit verdammt recht hatte – dann konnte man sich schon eine gewisse Chance ausrechnen. Diese Außenwelt, dieser Hintergrund, diese Durchschnittlichkeit und Normalität, die für Humbert und sein obszönes Geheimnis eine ständige Bedrohung darstellen, dringen in alle Ritzen des Romans ein, berühren sich permanent, ahnungslos mit der Ungeheuerlichkeit seiner »privaten« Fakten und verstärken noch durch ihre allgegenwärtige Gleichgültigkeit die Intimität seiner Beichte. Gerade durch diese Nachbarschaft entsteht ein gewaltiger Temperaturunterschied, eine Spannung, sie stellt gewissermaßen den unerläßlichen Kontrast her. Damit kommen wir zu einer weiteren Frage, der nach der speziellen motivierten Wahl des Autors: Wer ist dieser Anomale, dieser Psychopath, und worin besteht seine Monomanie?

Um darauf zunächst nur unter dem strukturellen Aspekt

einzugehen, der das Konstruktionsgefüge der dem Werk immanenten, es charakterisierenden Spannungen betrifft, muß man sagen, daß die Monomanie als eine gewisse Art von Verengung unendlich viel dazu beitragen kann, daß eine dichte Atmosphäre entsteht, eine Konzentration der künstlerischen Mittel, aus der schon des öfteren ein dramatisches Novum hervorgegangen ist. Dafür könnte man zahlreiche Beispiele anführen: Monomanen waren etwa Don Quichotte und Raskolnikow, Shylock und Don Juan.

Und nun zur Frage des »psychologischen Antriebs« der Anomalität, ihrer konzentrierenden Kraft. Woraus kann dieses spezielle Feuer entstehen, das das gesamte Gewebe des Werkes erwärmt, das seine Aussage tragfähig macht, das es gestattet, reibungslos die Hindernisse jedes gesellschaftlichen »Tabus« zu nehmen, das schließlich all diese dunklen Winkel der Seele öffnet, die durch die metrische Wiederholung der Lebensfunktionen, die Routine des Alltags unsichtbar werden? Gibt es hier etwas Wirkungsvolleres und zugleich Universaleres als die Liebe? Mit dieser Frage geraten wir jedoch auf gefährliches Gebiet. Lassen wir einstweilen noch die Frage beiseite, an welche »Adresse« sich die in dem Helden kumulativ gehäufte Leidenschaft richtet, und fragen wir nach dieser selbst. Liebe, Erotik, Sexualität. Geht es vielleicht darum, die geltenden Konventionen und Verbote zu durchbrechen, geht es um die herausfordernde Kühnheit? Als ein Klassiker oder vielmehr als ein Beispiel von »Mut« mag in dieser Hinsicht *Lady Chatterley* von Lawrence dienen. Bei mir hat dieses Buch freilich nur einen üblen Nachgeschmack hervorgerufen. Diese Bemühungen, Kopulationsakte zu schonen, dieses Rustikal-Phallische, verkörpert in der Person des strammen Gärtners (»Zurück zur Natur!«), roch mir weniger nach dem »Kinsey-Report über das Sexualverhalten des Mannes« als vielmehr nach einem künstlerischen Mißgriff, denn ein Künstler, der »mit großem Mut« die Liebe darstellen möchte, kann leicht an den Klippen einer zuckersüßen Sentimentalität scheitern. Lawrence vertraute einer Methode, die schlicht bis hin zur Einfalt ist: er ging in die entgegengesetzte Richtung.

Die Liebe ist eine verlogene Prüderie, man muß sie ohne

Einschränkungen darstellen, sagte sich der Autor und ging ans Werk. Dort, wo bislang leise, gedämpfte Töne oder gar die Zensur des Schweigens herrschten, führte er die Physiologie ein. Lange wogte der Streit darüber, ob der Roman pornographisch sei oder nicht; die Entscheidung interessiert mich wenig, denn ob es nun Pornographie ist oder nicht, was herauskam, ist künstlerischer Schund. Zunächst hielt er sich, so lange er konnte, an die anatomische Buchstäblichkeit, dann baute er auf ihr erhebende Kommentare, Hymnen an die »schöne Nacktheit« auf, selbst die Genitalien nahm er in seiner Kühnheit wahr, doch konnte ihn nichts – keine »Sublimierung als Gegengewicht zum Drastischen« – vor der künstlerischen Katastrophe retten; unter solchen Voraussetzungen kann allein der Spott den Schriftsteller schützen. Warum? Der Schriftsteller ist – gerade wegen der tiefsten Wesenszüge der Erotik – vor allem Beobachter. Dieses Wort hilft uns, eine der hauptsächlichen Schwierigkeiten in der Darstellung des Sexuellen zu begreifen. So sehr der Schriftsteller sich auch bemühen mag, die Spuren seiner Anwesenheit im Werk zu verwischen, so belegt es, die dargestellte Liebesszene, doch, daß er in einem gewissen, psychologischen Sinne dabei war. Diesen fatalen Fehler, die Haltung eines »Spanners« einzunehmen, hat gerade Lawrence nicht vermieden. Der einzige Ausweg besteht darin, die Haltung des Memoirenschreibers einzunehmen, sich ganz als Erzähler einzubringen und in der ersten Person zu erzählen; leider beseitigt das die Dissonanz nur zur Hälfte, denn der zweite »Spanner«, nämlich der Leser selbst, kann nicht ausgeschaltet werden. Nun ist es – wenn ich mich so plump ausdrücken darf – etwas ganz anderes, als einer der Partner persönlich an einem Geschlechtsakt teilzunehmen, als eine solche Szene von außen zu betrachten. Soll er von einer auch nur rudimentären Beimischung von Anomalität frei sein, so muß der Geschlechtsakt in hermetischer Abgeschlossenheit stattfinden. Das ist natürlich unmöglich. Die Schriftsteller haben, sich in mehr oder weniger großem Umfang der Notwendigkeit bewußt werdend, den Leser als Eindringling in den Bereich engster Intimität, der zwei Menschen zugänglich ist, einzuführen, zu verschiedenen Mitteln gegriffen. Zumeist mit bedauerlichen Resultaten. Weil sich der äußere, physische Anblick der Kopulation nicht zu etwas Schönem, etwas ästhetisch Erhebendem machen läßt, verwendet man stilistische Mittel, die unverzüglich die »klebrigen« Stellen enthüllen.

Gewöhnlich (und es gibt hier eine ganze Tradition!) verwendet der Schriftsteller in einem bestimmten Augenblick einen »Übergang«, indem er sich vor den physiologischen Tatsachen in allgemeine Mitteilungssätze flüchtet, welche die gerade von den Helden empfundene Lust anschaulich machen sollen (was nicht möglich ist, denn es führt keine Brücke von dem Benennen zum Erleben der Gefühle). Ansonsten führt man eine pseudopoetische Metaphorik von zweifelhafter Qualität ein, die gern aus gewissen Naturerscheinungen geschöpft wird, wie etwa dem Ozean, so daß sogleich Bilder von Wellen, Rhythmen, Versinken, Sichverlieren und ähnlichem da sind. Derartige Kniffe als armselig zu rügen, halte ich für eine banale Selbstverständlichkeit. Die eigentliche Ursache des Scheiterns ist das dritte Augenpaar, jene Augen, die man nicht schließen kann, die Augen des Lesers, und weder der Rückzug auf eine armselige Lyrik (als Äquivalent des Orgasmus) noch das Zitieren von sexualkundlichen Lehrbüchern haben irgend etwas mit einer künstlerischen Transfiguration gemein. Was hier geschieht, ist in der Tat die Quadratur des Kreises, und außerdem verfällt man aus der einen, prüden Verlogenheit in die andere, welche die physiologischen Tatsachen zu verschönern versucht. Dabei weiß jeder Arzt, daß der Mensch, der sexuelle Lust erlebt, weder ein Apollo von Belvedere noch eine Venus von Milo ist, und ein Schriftsteller, der auf »naturgetreue« Darstellung, auf einen konsequenten Behaviorismus aus ist, verurteilt sich selber dazu, ein Mosaik aus Elementen zusammenzusetzen, welche die wissenschaftlichen Bezeichnungen der Tumeszenz, der Friktion, der Klimax tragen und deren Begleitung im Bereich sämtlicher Sinne und Effekte einschließlich der vokalen schwerlich mit einer Symphonie vergleichbar sind. Was bleibt noch übrig? Entweder ein Kompromiß zwischen Ästhetik und Physiologie (doch in der Kunst zahlen sich, wie man weiß, Kompromisse ausnahmsweise nicht aus!) mit der Möglichkeit des Pornographievorwurfs (in künstlerischer, nicht in moralischer Hinsicht einer der »billigen Tricks«, zu denen etwa auch gehört, »das Leben der höheren Kreise zu zeigen« oder »ein armes Mägdelein eine unerhörte Karriere machen zu lassen«) oder – ein relativ spät entdecktes Verfahren – die bewußte Betonung der animalischen, trivialen Seite des Verkehrs, wodurch man dem Leser die ganze Geschichte zumindest so weit verleidet, daß man ihm nicht auf perverse Art Vergnügen bereitet. Wenn die Partnerin eher einer Hexe als einem Filmstar ähnelt und der Partner ein dreckiger Rüpel ist, der sicherheitshalber auch noch aus dem Mund stinkt, sinken die Chancen, den Leser zu verderben, auf Null, und den Kampfplatz behauptet die These: »die wahre Häßlichkeit des Lebens zu zeigen.«

Eine derartige Antipornographie ist gerade wegen ihres pseudophilosophischen Gehabes künstlerischer Schund. Bevor ich diesen gewaltigen Abschnitt über den »Kopulationismus« beende, in dessen Falle so mancher Künstler durch die Lehre des Behaviorismus gelockt wurde, muß ich noch auf zwei Probleme eingehen. Ich habe oben mit einem Wort die konkrete Chance angedeutet, die darin liegt, die Sache ins Spöttische zu lenken. Untrennbar mit der Beschreibung des Akts verschmolzen oder gar diese Beschreibung ersetzend, kann der Spott künstlerisch wertvoll sein. Von unseren Prosaschriftstellern bediente sich Witkacy (Wietkiewicz) sehr gern dieses Verfahrens, freilich in einer grotesken Deformation. Es bietet eine wirkliche, nicht verlogene Rettung, weil schon im Kontext der sexuellen Erlebnisse mit ihrer notwendigen Äußerlichkeit unter anderem eine Ladung von Komik steckt, die häufig dort entsteht, wo außergewöhnliche Erhabenheit (und das ist schließlich ein Attribut der Liebe) in ihrem Gegenteil kulminiert. Wenn ich schon so ins Plaudern gekommen bin, muß ich diesen Gedanken auch weiterführen. Vom Standpunkt des Konstrukteurs aus, der das Werk als Ganzes betrachtet, ist jedes Element, so auch unser sexueller Kontakt, künstlerisch unverzichtbar, wenn es eine bestimmte Funktion für das Ganze erfüllt. Wenn der geneigte Leser so freundlich war, zu bemerken, daß ich mich bislang nach Kräften bemüht habe, drastische Ausdrücke zu vermeiden, so wird er mir vielleicht gestatten, das Vorstehende anhand eines Beispiels zu erläutern, das, wenn ich mich so ausdrücken darf, aus der anatomischen Nachbarschaft geschöpft ist.

Losgelöst von der in einem Werk entfalteten psychosoziologischen Situation des Menschen, ist eine physiologische Funktion natürlich nichts Lächerliches, außer vielleicht für einen primitiven Menschen, aber schon die Einführung etwa des Akts der Defäkation kann lächerlich sein, und zwar wiederum nicht so sehr wegen seiner Trivialität (auch wenn man im übrigen weiß, daß der Volkshumor sehr gern belebend aus skatologischen Quellen schöpft) als vielmehr durch den Kontrast, der die bislang beibehaltene Tonart bereichern oder verzerren bzw. in eine von der bisherigen Richtung abweichende, lenken kann. Wenn z. B. eine frisch gekrönte Königin mit allen Insignien der Macht zur Toilette rennt, weil es den Gemütsregungen, die den Krönungsakt begleiten, gefällt, einen solchen Ausweg zu suchen, dann wird eine solche Wendung mit allen sie begleitenden Problemen – muß man z. B. die Krone abnehmen, oder ist das nicht nötig, denn was könnte schon in der Abgeschiedenheit einen leblosen Gegenstand kränken – von einem Roman des 19. Jahrhunderts sicherlich nicht dargestellt werden (bei Rabelais dagegen überaus gern). Ein Kritiker könnte mit Recht darauf erwidern, daß die Defäkationsschwierigkeiten von Monarchen nicht über den Rang oder über die Originalität eines Werkes entscheiden können, daß das, mit einem Wort, Idiotie sei. Grundsätzlich schon, aber ich möchte einen Einwand anmelden. Es kommt durchaus nicht selten vor, daß ein Werk eine Gruppe oder auch nur ein paar Menschen, obendrein verschiedenen Geschlechts, in einer irgendwie abgeschlossenen Situation schildert (ein Floß mit Schiffbrüchigen auf hoher See, ein plombierter Waggon mit Gefangenen oder Heimkehrern oder etwas in dieser Art); ein gewissenhaft realistischer Autor stellt uns nun gewöhnlich mit allen Einzelheiten dar, wie sich diese Menschen verhalten, wie sie sich stärken, wie sie miteinander reden, wie sie einander allmählich näherkommen, während die Problematik von »Pipi und Kacke« vollkommen vergessen wird, gleichsam ungewollt, und dabei ist das ganz verkehrt, weil die von den physiologischen Notwendigkeiten »niederer Art« bedrängten, ja ich würde sogar sagen: terrorisierten Beziehungen (und nicht unbedingt nur die geselligen) sehr rasch auf eine eigentümliche Intimität zuzusteuern beginnen. Man möge mich bitte nicht für den Vertreter einer »Schule der logischen Deduktion«, d. h. für einen Verrückten halten, der von dem Verfasser des schönen Romans *Fünf Wochen mit dem Ballon über Afrika* zu erfahren wünschte, wie der verehrte Professor und seine bezaubernden Begleiter das Problem lösten, gegenüber den unabweisbaren Forderungen ihrer kreatürlichen Existenz britische Distanz zu wahren. Nein, nein; ich verstehe, daß man in solchen Fällen die Konvention einführt, »einen Türken zu machen«, und schließlich fliegt dieser Ballon ja vor den Augen jugendlicher Leser. Wenn aber ein Roman durch und durch realistisch sein soll, dann hilft nichts mehr: Realismus bedeutet nicht nur Rechte, sondern auch Pflichten. Ich denke mir, daß ein Autor, der Wert darauf legt, derartige Dinge zu verschweigen, zumindest irgendein Gebüsch erwähnen muß, und wenn er das nicht tut, dann muß er aus den geschilderten situativen Voraussetzungen jene physiologischen Konsequenzen ziehen, die – und das ist für den weiteren Gang der Handlung nicht gleichgültig – Prämissen von psychologischen Wirkungen sein können. Ich bitte noch einmal um Verzeihung, aber der Realismus ist, wenn sich jemand schon auf ihn versteift, in der Tat verbindlich, und er kann einen Verfasser dazu zwingen, einem engelhaften Wesen einen Durchfall zuzuschreiben, was er vielleicht lieber vermieden hätte. Und gerade hier ist es angebracht, aus der Not, wie die Deutschen sagen, eine Tugend zu machen, weil sich Möglichkeiten für überraschende Kurzschlüsse ergeben. Das alles sind nur Randbemerkungen zum Hauptproblem, weil wir unwillkürlich auf das Gebiet der Physiologie geraten sind, die gewissermaßen die Vorstufe zum Hauptthema, der Pathologie, ist. Bislang ist das Resultat unserer Überlegungen völlig negativ, denn wir haben uns überzeugt, daß ein Frontalangriff in Dingen der Sexualität zur künstlerischen Katastrophe führt. Der Akt der Liebeserfüllung hat zwar auf der Skala der künstlerischen Werte denselben funktionalen Wert wie die Darstellung einer Agonie, eines Baumes oder sonst einer Erscheinung oder Sache, doch wegen seiner besonderen Stellung innerhalb der Hierarchie der menschlichen Erlebnisse besitzt er, wenn er in einem Kunstwerk dargestellt wird, eine Fähigkeit zu erregen, die ästhetisch abträglich ist, weil sie für den Leser eine potentielle Quelle von Empfindungen darstellt, an denen dem Autor am wenigsten gelegen ist. Denn durch die Erregung, die er hervorruft, löst sich der Akt aus der Komposition heraus, wird er auf eine ganz und gar unerwünschte Art zu etwas Autonomem, und wenn die psychische Aura, die atmosphärische Dichte des Werkes ihn nicht wirksam ihren Zielen unterwerfen kann, wird er zu einer Sünde nicht so sehr gegen die Moral (was uns in diesem Zusammenhang weniger bekümmert) als vielmehr gegen die Kunst der Komposition, wird er zu einer Schwachstelle unter den Mitteln, die für den Zusammenhalt des Werkes sorgen. Etwas anderes ist es, wenn die hervorgerufene Dissonanz in der Absicht des Künstlers lag, wie ich es an dem nicht allzu geglückten Beispiel jener Monarchin zu zeigen versuchte, das ich zum Beweis für die möglichen ästhetischen Funktionen eines ansonsten äußerst unappetitlichen Phänomens einführte. Man könnte vorsichtshalber hinzufügen, daß auch die Skatologie gewisse Naturen erregt, doch handelt es sich dann um Anomalitäten des Empfängers und nicht des Senders, und was wir hier besprechen wollen, ist ja Literatur über Perverse und nicht eine, die für sie geschrieben ist.

Kehren wir jedoch – denn es ist höchste Zeit – zu unseren Perversen zurück. Natürlich könnte man einen Traktat über die thematische Eignung von Anomalien, von paranoiden oder epileptischen Abweichungen (Smerdjakow, Fürst Mischkin) verfassen und ihn durch Beispiele von hervorragenden Werken belegen. Dabei würde ein dickes und nützliches Buch herauskommen. Aber von einem Automatismus, der eine solche Wahl des Helden zur Voraussetzung für die Entstehung eines Werkes par excellence macht, kann keine Rede sein. Als Beispiel mag Sartres *Mauer* dienen. In die Psychopathologie dringen einige Erzählungen dieses Bandes tiefer ein als Nabokovs *Lolita.* Doch in der Erinnerung ist mir nach der Lektüre nur ein Gefühl des Abscheus geblieben. Das wäre natürlich nicht entstanden, wenn ich das Buch als eine Sammlung von Krankengeschichten gelesen hätte, aber schließlich sollte es sich um Literatur handeln. Es ist keine gute Literatur. Die gequälten Gestalten Sartres rufen keine Resonanz, kein Mitgefühl hervor. Sartre hat eine eiskalte Studie verfaßt, die dermaßen ans Klinische erinnert, daß ich mir einmal erlaubt habe, scherzhaft eine Pseudorezension zu verfassen, in der ich *Die Mauer* als eine Zusammenstellung von psychiatrischen Fällen behandelte. Man könnte diese, auf irgendein medizinisches Werk zurückgreifend, beliebig vermehren, und auch dann würde daraus nichts folgen. Die Verrücktheit kann ein künstlerisch »tragfähiges« Thema sein, doch bedarf es dazu jener Verwandlung, jener jeweils neu entdeckten Methode, jener Umgestaltung, aus der ein Kunstwerk hervorgeht. Selbstverständlich tue ich nur so, als wüßte ich nicht, um was es Sartre ging; ihm ging es um seine Philosophie, denn *Die Mauer* enthält Illustrationen der »Ekel«-Ontologie des Existentialismus, doch eine Philosophie, selbst eine ehrenwerte, mit Hilfe der Belletristik zu illustrieren, halte ich für einen Mißgriff, für einen Mißbrauch der Literatur, die nach meinen Vorstellungen autonom, auf eigene Rechnung leben soll, und darin stimme ich mit Nabokovs Nachwort zu *Lolita* überein.

III

Die Perversität von Nabokovs Held besteht darin, daß er erotisch von halbwüchsigen Mädchen besessen ist. Warum? Ich würde behaupten, daß ich auch diese Frage sinnvoll, d. h. in Kategorien der Kunst und nicht der Psychiatrie beantworten kann. Ein Exhibitionist, Transvestit, Fetischist oder Gott weiß wer sonst noch wäre eine abscheuliche Figur, was die Literatur aushalten würde, doch wäre er außerdem eine überflüssige, unnötige Figur, und mit einem solchen Helden versucht man besser nicht, einen Roman zu schreiben. Wir haben es (beinahe eine medizinische Bemerkung) bei diesem unglücklichen Humbert mit einem Fall »reiner« Pädophilie zu tun, weil die Halbwüchsige schon nicht mehr ganz Kind ist, es steckt in ihr schon ein Stück von einer Frau, und dies ist ein erster Übergang, eine Brücke zur Normalität, die es ermöglicht, Humberts psychische Zustände den Lesern vorzustellen, doch ist eine solche Halbwüchsige andererseits so sehr Kind, daß in uns sofort ein verdammender Widerspruch, Verachtung wach wird – kurz, wir sind bereits in die Sache verwickelt, was (wie sich herausstellt) künstlerische Absicht war.

Warum ist Nabokovs perverser Held ein Individuum aus dem Grenzbereich dessen, was noch intuitiv faßbar, und dessen, was unseren introspektiven Möglichkeiten verwehrt ist?

Der »normale«, d. h. »ganz und gar« Perverse stößt in der Außenwelt auf Hindernisse für die Befriedigung seiner deformierten Leidenschaften in Gestalt all der Möglichkeiten des Skandals, des Gefängnisses, der gesellschaftlichen Verurteilung, die er, wenn er seine Ziele realisiert, gewärtigen muß. Es gibt verschiedene Spielarten eines solchen Perversen. Zunächst, und das ist der häufigste Fall, handelt es sich um ein Individuum von sehr niedrigem geistigem Niveau, das nicht selten geradezu schwachsinnig ist, allerdings in verschiedenen Abstufungen, angefangen von dem harmlosen Imbezilen, der irgendwann irgendwo, angetrieben von einem animalischen Trieb, der in seinem dämmrigen Bewußtsein entsteht, plötzlich eine Alte vergewaltigt, bis hin zu dem aggressiven, der dann zum Fall für die Kriminologen wird, beispielsweise ein erotomaner Sadist, ein Jack the Ripper, bei dem das Verlangen nach einem Mord als der einzigen Möglichkeit der Libidobefriedigung sich auf spezifische Weise mit einer eigentümlichen Verschlagenheit des Vorgehens verbindet (die Gestalt eines solchen hinterlistigen, idiotischen Mörders wurde in dem deutschen Film *Nachts, wenn der Teufel kam* hervorragend von einem Schauspieler verkörpert, dessen Namen ich leider vergessen habe). Ein Mensch von durchschnittlicher Intelligenz, aber mit einem deformierten Geschlechtstrieb, bildet in sich dank der von Kindheit an auf ihn wirkenden Einflüsse der Familie, der Schule, der Umwelt – oft, ohne daß es ihm ganz bewußt wird – ein System von Hemmungen und Verboten aus, so daß er entweder nicht ganz genau weiß, auf was der Pfeil seiner Begierden zielt, oder, wenn es ihm irgendwann einmal klar geworden ist, mit gewaltigen inneren Anstrengungen diese dunklen Kräfte in sich verbirgt und verbarrikadiert; es kann dann zu einer Sublimierung des Triebes kommen, und aus einem potentiellen Pädophilen wird beispielsweise ein wirklich hervorragender und moralisch sauberer Erzieher. In anderen Fällen mögen sich aus solchen Menschen Psychopathen und Hysteriker oder Neurotiker rekrutieren, deren verschiedene somatische und psychische Gebrechen gewissermaßen der äußere Ausdruck der in der Tiefe ihrer Seele versenkten unseligen und unverschuldeten Lasten sind, wobei die Existenz solcher seelischer Defekte sich für die Umwelt in einer moralisch neutralen Weise äußert.

Und schließlich gibt es Individuen mit überdurchschnittlichen geistigen Fähigkeiten, die fähig sind, alle in der Gesellschaft vorhandenen Normen und Verbote selbständig zu analysieren, Psychopathen von hervorragender Intelligenz, die nicht selten über Talente verfügen und sich im Bewußtsein ihrer Außergewöhnlichkeit das Recht zuschreiben, die geltenden Normen zu brechen. Aus einer solchen Anmaßung ging die Tat Raskolnikows hervor. Diese Art von Anomalität ist selten, zumindest in der Form, mit einer solchen Verknüpfung von Charakter-, Trieb- und intellektuellen Merkmalen, daß die Welt der überkommenen Werte einem Menschen dieses Formats nicht *durchgängig* als feindselig erscheint. Ein Monomane, der von der Rechtmäßigkeit seines Verhaltens (sei es im erotischen Bereich, sei es, daß er, wie Raskolnikow, über das Leben anderer Menschen verfügt) absolut überzeugt ist, wäre – gleichgültig, ob er, wie Dostojewskijs Held, seinen Taten eine Motivation »höherer Art« überstülpt oder, wie Humbert, aus Antrieben handelt, die solcher »Rechtfertigungen« des Egoismus entbehren – ein klarer Fall von *moral insanity*. Wir hätten es dann nicht mit einem humanistischen, künstlerischen, schriftstellerischen Problem zu tun, sondern lediglich mit einem klinischen, genau wie im Falle des entarteten Idioten, nur auf einer höheren Stufe intellektueller Fähigkeiten. Es ist aber gerade so, daß die Grenze zwischen dem Erlaubten und dem Unerlaubten, zwischen Verbrechen und Tugend, zwischen Sünde und Keuschheit, zwischen Hölle und Himmel durch einen solchen Menschen verläuft und er nicht selten sich selber in sehr viel intensiverem Maße zur urteilenden Autorität, zum Gegner wird als die Gesellschaft, die auf das Unrecht lauert (um es zu verurteilen). Das uralte Problem der zur Sünde neigenden menschlichen Natur und die Frage, ob die Linie der Verbote eine Sache der Konvention (und für eine herausragende Persönlichkeit überschreitbar) oder im übergeschichtlichen Sinne unveränderlich ist, Probleme, mit denen im Ansatz wohl schon der Neandertaler Schwierigkeiten bekam, treten bei diesem Abweichler in besonderer Konzentration, potenziert auf – und damit gelangen wir zu der Einsicht, daß der »Perverse« nichts anderes als ein Vergrößerungsglas ist, daß es nicht um eine Studie über die Perversion geht, sondern nur um die künstlerische Wahl solcher Mittel, die im Endresultat ein neuartiges (und das ist in der Literatur am schwierigsten!) Erleben der Sexualität und der Liebe ermöglichen.

Weshalb neuartig, wenn das Problem so alt ist wie die Welt? Der Fall Humbert – Lolita führt die erotische Problematik in einer Weise ein, daß der Schriftsteller, ohne etwas Wesentliches zu verschweigen, zeigt, daß es vollkommen überflüssig ist, sexuelle Techniken in vulgärer Weise zu beschreiben, wenn man in den dunklen, vom Widerschein brennender Unersättlichkeit umgebenen Kern einer Liebe vordringt, die über den von der Natur in den Menschen eingebauten Mechanismus der Arterhaltung hinauswächst. Wir können uns auf diese Liebe einlassen, eine Liebe, die aus den sorgsam aufgehäuften zivilisatorischen Bändigungsversuchen ausbricht, die sich von den geheiligten Normen so weit entfernt, daß unser reflexartiger Versuch einer Klassifikation, einer eindeutigen Bestimmung erstirbt. Im drangvollen Zentrum eines modernen Landes stoßen wie in einem hermetisch von außen verschlossenen Vakuum die erhabene und abscheuliche Zärtlichkeit zweier »Liebender«, eine zugleich tragische und hilflose Grausamkeit und die Absurditäten des Verbrechens aufeinander, und diese Mischung, diese Synthese läßt die Intensität des Erlebens stärker werden als das Bedürfnis, festzustellen, wer der Schinder und wer das

Opfer war. Aus der kühlen Distanz, aus der Sicht eines Gerichts, und wenn wir danach gehen, was wir in Gut und Böse einteilen, ist für eine solche Unentschiedenheit natürlich kein Platz, doch wenn wir die letzten Worte des Buches lesen, vermögen wir kein Urteil zu fällen, nicht etwa, weil das unmöglich wäre, sondern weil wir es als überflüssig empfinden, und dieses Gefühl, mit dem wir das Buch beiseite legen, ist nach meinem Verständnis der einzige wirkliche überzeugende Beweis für den Erfolg des Schriftstellers.

Gewiß könnte man, wenn man eine Analyse machte, viele kluge Dinge über *Lolita* sagen. Lo's durch vorgetäuschte Selbstischerheit maskierte Unreife ist im Grunde ein Bild für den Infantilismus der amerikanischen Kultur, doch dieses Problem, das weit in die Soziologie des amerikanischen Lebens hineinreicht, übergehe ich. Das wahrlich nicht beneidenswerte Schicksal des Mädchens – ungeachtet dessen, daß Nabokov ihr im Grunde keine »positiven« Eigenschaften verliehen hat, daß dieses kleine Seelchen bis obenhin mit Comic-Peppermint-Reklameschund vollgestopft ist, daß er ihr schon am Anfang die Chance einer »zerstörten Unschuld« genommen hat, daß er die Halbwüchsige mit einer trivialen sexuellen Erfahrung ausgestattet hat, daß er so viel gesagt hat, daß wir an der völligen Gewöhnlichkeit, ja Austauschbarkeit ihrer Person nicht zweifeln können, einer Person, die in ihrem Leben nichts Großartiges zu erwarten hatte, selbst wenn der fatale Humbert nicht darin aufgetaucht wäre – dieses Schicksal ist tragisch, und es ist ein Erfolg für sich, wenn Nabokov der geschilderten Öde eine solche Note abgewinnt, denn er macht damit den immanenten Wert einer noch so stereotypen, jeglicher Attraktivität und inneren Schönheit entbehrenden Menschlichkeit deutlich. Eines der psychophysisch durchaus erlaubten Mittel, mit dem der Autor das erreicht hat, ist freilich, Lolita zu einer »Frigiden« zu machen, doch kann man ihm das schwerlich übelnehmen.

Humbert offenbart namentlich in den späteren Partien des Buches, seit wie lange er schon die unerträgliche Situation (ich meine ihre psychologische Seite) kennt, die er für die Kleine geschaffen hat, und wie konsequent er diese Einsicht ignorierte, weil das für ihn bequem war. Er war überhaupt, wie es sich für einen modernen Helden geziemt, ein großes Schwein, wußte das und ließ es durchaus nicht auch an stärkeren Selbstbeschimpfungen fehlen – schon wenige Szenen genügen, um ihn geradezu widerlich erscheinen zu lassen, so etwa, wenn er plant, Lolita in der ersten gemeinsamen Nacht mit irgendwelchen Pillen einzuschläfern, damit er seine Begierde befriedigen kann, ohne das unschuldige Seelchen zu besudeln (ich gebe Humberts Gedanken wieder). Diese schrecklich pharisäerhafte Sorge um das Seelchen kam übrigens nicht zum Tragen, weil das Mittel nicht wirken wollte und sich obendrein herausstellte, daß das Seelchen nicht unschuldig ist. Sogar noch abscheulichere Histörchen kommen vor. Ich erwähne das deshalb, weil ich mich oben solch großer Worte wie Tragik bedient habe, während die Realitäten besonders im ersten Teil gerade von der Art sind, die ich beispielshalber angeführt habe. Würde man die Lektüre des Romans nach rund hundert Seiten abbrechen (und sie hat mich zu Beginn nicht wenig irritiert, denn insbesondere bestimmte Fragmente der Vorgeschichte von Humberts Perversion werden in einer Weise dargestellt, wie sie ähnlich Sartre in der *Mauer* verwandte), dann bliebe – ebenso wie nach der *Mauer* – lediglich ein übler Nachgeschmack zurück. Aber dann kommt die Liebe, und obwohl wir uns ihrer erst spät – fast so spät wie Humbert selbst – bewußt werden, kommen wir erstaunlicherweise in dem Maße, wie seine dauernd konsequent fortgesetzten Taten sich summieren, von der Überzeugung ab, daß dieser Mensch abscheulich ist, denn es ist eine so große Verzweiflung in ihm. Ich habe mich sogar gefragt, ob nicht die Verzweiflung das Hauptmotiv des Ganzen ist. Dieses Fortsetzen eines Zustandes, der nicht mehr fortgesetzt werden kann, dieses Übergehen von einer unerträglichen Situation in die nächste, psychologisch noch schmerzlichere, dieses Absinken von einer Erniedrigung in die andere beschwören die Aura gewisser Dostojewskischer Passagen herauf, die so bedrückend sind, daß man es beinahe nicht erträgt. Vielleicht wäre noch etwas zu Humberts »Theorie« von dem »dämonischen«, zur Sünde verleitenden Wesen einer bestimmten Spielart von halbwüchsigen Mädchen zu sagen, jener »Nymphchen«, die zu erkennen er – folgt man den in seiner Beichte wiederholt abgegebenen Beteuerungen – eine so untrügliche Fähigkeit besaß. Ich sehe in dieser Theorie ein Produkt seiner Deviation, einen Versuch der nachträglichen Rationalisierung und Objektivierung der eigenen Abweichung von der Norm und somit eine Projektion der eigenen Empfindungen in die Außenwelt. Offenbar fiel es ihm leichter, sich mit seiner eigenen Natur abzufinden, wenn er wenigstens einen Teil der Verantwortung für das, was er tat, von sich auf die »engelhaften Sukkuben« abschieben konnte. Ich möchte nicht den Eindruck erwecken, als ob es hier außer dem psychiatrischen überhaupt kein Problem gäbe, denn die Unreife und ihre Anziehungskraft kann – und zwar nicht allein im erotischen Bereich – eine überragende Rolle spielen, die so weit geht, daß sie die Phantasie des Künstlers vollständig absorbiert (Gombrowicz!). Doch das scheint mir im Hinblick auf das Hauptmotiv des Romans ein Randproblem zu sein.

Eine andere Frage ist die der Mittel, mit denen verhindert wird, daß lyrische Passagen in Gefühlsduselei abgleiten. Nicht, daß es diese in dem Werk nicht gäbe. Doch weder der auf jeder Seite vollzogene psychische Lynchmord noch die Selbstironie noch die bissige Schärfe können die Humbertsche Sentimentalität zunichte machen, und es sind ausschließlich die Adresse, an die die Gefühle sich richten, und die Umstände, unter denen sie sich manifestieren, was diesen Teil des Werkes vor dem Kitsch bewahrt. Denn das ist mir eine nette Sentimentalität, die gespickt ist mit lyrischen Seufzern, welche sich der Brust eines »Papas« entringen, der das »Töchterlein« zwingt, sich ihm morgens hinzugeben, weil er ihr sonst nicht das Frühstück ans Bettchen bringt! Zu beachten ist, daß diese, die ohnehin schon gehörig verteufelte erotische Geschichte zusätzlich komplizierende Mischung aus Zärtlichkeit und Rücksichtslosigkeit zwar das Motiv der Blutschande streift, tatsächlich aber diese letzte Grenze nicht überschreitet, obwohl es Nabokov schließlich möglich war, Humbert zum wirklichen Vater Lolitas zu machen. Ich glaube jedoch, daß dann die kumulative Wirkung all der vom Autor angewandten Mittel gering gewesen und eine Katastrophe eingetreten wäre (selbstverständlich eine künstlerische Katastrophe, denn wir operieren noch immer mit ästhetischen und nicht mit moralischen Kriterien).

Wahrhaft seltsame Dinge – zumindest unter dem Gesichtspunkt der »psychopathologischen Norm« – spielen sich gegen Ende des Romans ab. Denn daß Humbert, nachdem er die eigentlich schon erwachsene, ein Kind erwartende, verheiratete Lolita gefunden hat, diese weiterhin begehrt und ihm außer ihr alles andere gleichgültig ist, hebt in einem gewissen Sinne die Ausgangsprämisse auf, daß es sich um jemanden handelt, der pervers war, weil er nur mit kleinen Mädchen konnte. Bei der Wiederbegegnung nach zwei Jahren weckt die heruntergekommene, hochschwangere und bebrillte Lolita in Humbert nicht die von uns (gleichsam konsequenterweise) erwarteten, ex definitione »entarteten« Begierden. Was ist geschehen? Ist Humbert vielleicht »normal geworden«? Wurde aus einem Stawrogin ein Dante, der vor Beatrice steht? Handelt es sich vielleicht um einen Konstruktionsfehler? Im Gegenteil: es ist die Realisierung einer bewußten Absicht. Denn der Widerspruch ist offenkundig, und er ist durch zahlreiche, früher gesetzte Akzente vorbereitet! Als in den Anfängen des Buches Lolitas Mutter die Kleine in ein Sommerlager schickt, ist Humbert nicht so sehr über die aktuelle Trennung bestürzt als vielmehr darüber, daß der Ablauf der Zeit ihn überhaupt jeglicher Chancen beraubt, seine Wunschträume zu verwirklichen, und in der Introspektion wird ihm vollkommen bewußt, daß Lolita für ihn wegen der vorübergehenden und vergänglichen Lebensphase, in der er sie antraf, von unschätzbarem Wert ist, daß sie nach zwei, drei Jahren, wenn sie sich in eine Frau verwandelt, in eines der Wesen, für deren Reize er vollkommen unempfindlich ist, in seinen Augen dermaßen herunterkommt, als sollte sie sterben. Indessen vergehen nicht zwei, nicht drei, sondern vier Jahre, und alles ist ganz anders. Was ist also geschehen? Waren es vielleicht Erinnerungen, was Humbert begehrte, hat er sich einer aus der Vergangenheit heraufbeschworenen Vorstellung hingegeben?

Die Antwort wollen wir später geben. Zunächst wird es angezeigt sein, weitere Faktoren einzuführen, und deshalb befassen wir uns lieber mit dem Abschluß des Romans. Er besteht in dem Mord an dem erwähnten »Verführer«, einem Mord, der in der Anhäufung von Tatsachen wie eine makabre Farce wirkt, denn erstens bringt ein Perverser, der »den Papa spielte«, den anderen um, der, betrunken, in seinem Sterben verblüffend viel ganz und gar unerwartete Würde beweist, und zweitens bietet sich die Tötung selber als eine Sequenz von derart chaotischen, auf beiden Seiten derart hilflosen Handlung dar, daß man in der Literatur schwerlich etwas Ähnliches finden wird.

Und dennoch melde ich jetzt zwei generelle Einwendungen an; die erste gegen die Einführung, die zweite gegen eben dieses Ende, dieses Finale der *Lolita.* Bei der Einleitung habe ich den Eindruck, als wäre sie woanders hergenommen, als würde sie in eine andere Richtung zielen als die, welche das Buch dann einschlägt. Ich weiß, daß auch das Absicht war, wie ich weiter unten zu zeigen versuche, aber irgendwie ist es nicht ganz gelungen. Bestimmte Szenen haben sich über die Maßen verselbständigt (von dieser Gefahr sprach ich im Zusammenhang mit dem »kühnen Kopulationismus«). Die Passagen, in denen die ersten Annäherungen an Lolita geschildert werden, enthalten dumpfe innere Mißklänge, und namentlich eine durch und durch abscheuliche Szene, die in ihrer Atmosphäre an die »Memoiren eines verrückten Onanisten« erinnert, mag einem Leser, der nicht genügend Toleranz aufbringt, genügen, um den Roman fortzuwerfen. Diese drastischen Dinge brauchten nicht zu sein, nicht etwa, weil sie zu stark sind, sondern weil sie im Gegenteil den Roman schwächen. Schließlich vollzieht sich doch der Abstieg in die erotische Hölle auf Hunderten von Seiten, und weder Humbert noch Lolita bleiben keine der abgestuften Demütigungen erspart; weshalb also hat Nabokov so rasch das Maß überschritten, so als habe er seinen Helden nicht zügeln können? Es ist dies eine der wenigen Stellen des Romans, die an einen krassen Naturalismus gemahnen. Der Vorbehalt gegenüber dem Schluß ist dagegen ein anderer. Bevor ich auf die entfernten Zusammenhänge zwischen *Lolita* und dem Schaffen Dostojewskis zu sprechen komme, sei mir gestattet, den Bemerkungen, die sich mit dem Schluß des Romans befassen, eine Beschwörung der machtvollen

Gegenwart Dostojewskis vorauszuschicken. Der große Russe (ich bitte zu entschuldigen, daß ich in seinem Namen spreche) hätte die Sache vielleicht ebenfalls mit einem Mord beendet (denn er hätte einen solchen monothematischen Roman schreiben können), aber völlig anders. Wie? Wie er es gemacht hätte, weiß ich nicht, aber ich weiß, was mich am Epilog stört: ein bewußtes, merkliches künstlerisches Bemühen. Der Mittelteil des Buches ist künstlerisch durchgearbeitet wie eine Feuerkugel, die sich aus Begierde, Leidenschaft, grenzenloser Quälerei fast naturwüchsig zusammenfügt, während der erste Teil Ansätze eines eigentlich recht billigen Zynismus zeigt, in den lyrische Ausbrüche des seelischen Schmerzes eingestreut sind (denn das Ganze sind ja die im Gefängnis verfaßten Erinnerungen Humberts), doch kann man den Anfang vergessen, wenn man sich durch das glühendheiße Zentrum hindurchgearbeitet hat, wohingegen man den Schluß nicht vergessen kann, denn bei ihm bleibt man hängen. Ich würde sagen, daß Nabokov die Tötungsszene realistisch schildern wollte, also verrührte er in seinem Kessel die Farcenhaftigkeit mit der Entsetzlichkeit des Mordes, aber irgendwie hat er die Akzente zu sehr verfeinert, überdehnt und abgeschwächt, damit in diesem Dickicht die Schlußsteine der Konstruktion sichtbar wurden, die deren sorgfältig ersonnenes Skelett tragen, weil es anders sein sollte als in den Thrillern. Und hier liegt der Hund begraben. Ich sage das »gefühlsmäßig«, aber ich stelle mir vor, daß Nabokov bei der Schlußszene die Absicht hatte, so etwas wie ein Superpastiche des Thrillers zu schaffen, dieses Bankerts des viktorianischen Romans und der Memoiren des Marquis de Sade, oder vielmehr einen Kontrast zu diesem serienmäßigen Sensationsdreck, einen Kontrast, der das durch die Federn miserabler Schreiberlinge tausendfach verfestigte Stereotyp des »vorsätzlichen Mordes« zerschmettern würde. Es ist aber auch möglich, daß das keine bewußte Absicht war. Gewinnt die Haupthandlung trotz aller Anlage zum Melodramatischen (ein geiles Männchen, ein unschuldiges Mägdelein, Orgien u. dgl.) eine solche künstlerische Eigenständigkeit und Glaubhaftigkeit, daß jeglicher Zusammenhang und jede Ähnlichkeit mit dem ganzen Elend der Thriller verlorengeht, so schiebt sich jedenfalls im Augenblick der Tötung der bis dahin überwundene Isomorphismus in den Vordergrund.

Ein Kerl geht mit dem Revolver zu einem anderen Kerl und tötet ihn. Das galt es anders, besser, echter zu machen als im Thriller, und so wurde es auch gemacht. Leider stellt sich heraus, daß es damit nicht genug ist. Zu gut ist das Ringen gelungen, allzu präzise das Chaos geschildert, allzusehr gehen die Worte an der Situation vorbei, der Mordakt hat wie der Geschlechtsakt – da hilft leider nichts! – etwas Banales (im künstlerischen Sinne, ich bitte um Nachsicht!), auch wenn Nabokov die Banalität fürchtet wie das Feuer. Dostojewski hätte einen solchen Fehler nicht gemacht, weil er sich vor nichts fürchtete. Er war sich selbst die Welt, er legte selbst die Gesetze seiner Werke fest, und kein äußerer Einfluß wäre ihm in die Parade gefahren. Letzten Endes stellt sich heraus, daß von zwei Schriftstellern, von denen der eine auf die Konventionen keine Rücksicht nehmen möchte, und der andere diese beim Schreiben einfach ignoriert, der erstere schwächer ist: Der erstere arbeitet gegen etwas an, wie ein Mensch, der letztere arbeitet ganz schlicht, wie ein Demiurg. Fast hätte ich gesagt: »wie ein Element«. Das heißt, wie die Natur, mit einer an die der Natur heranreichenden Gleichgültigkeit für alles Überkommene. Aber vielleicht lauert in solchen allgemeinen Wendungen schon die Dummheit. Kommen wir zum letzten Teil dieser Anmerkungen.

IV

Meine Kühnheit geht mittlerweile so weit, daß ich nunmehr die Beziehungen aufdecke, die meines Erachtens zwischen dem Roman Nabokovs und dem Schaffen Dostojewskis bestehen. Fangen wir bescheiden an. Es kann mir unter Umständen passieren, daß ich die Urteile irgendwelcher Kritiker plagiiere – von ihnen weiß ich aber nichts. Nachdem ich die Lektüre von *Lolita* beendet hatte, mußte ich fast zwangsläufig zu *Schuld und Sühne* greifen. Eine der Gestalten, die mich darin am stärksten fasziniert, ist Arkadius Swidrigajlow. Sollte Humbert vielleicht eine um hundert

Jahre verspätete Verkörperung von ihm sein? Prüfen wir, welche Voraussetzungen es für diese Hypothese gibt. Wäre ich ein analytischer Kritiker, dann würde ich mich an eine förmliche Untersuchung machen. Ich würde auf gewisse Ähnlichkeiten beider Gestalten sogar im physischen Aussehen hinweisen: Während die naive Literatur den Abweichler gern mit Zügen körperlicher Anormalität, jedenfalls mit einer gewissen Häßlichkeit ausgestattet hat, sind Swidrigajlow und Humbert Männer, die sich sehen lassen können, breitschultrig, hochgewachsen, stattlich, mit überdurchschnittlicher Intelligenz begabt. Der eine ist hellblond, der andere brünett. Ha!, würde unser Kritiker-Detektiv sagen, bitte sehr, Nabokov hat versucht, das Vorbild abzuwandeln, und deshalb hat er ihm eine andere Haarfarbe gegeben! Aber mir geht es nicht darum, solche Ähnlichkeiten aufzuzeigen. Ich möchte vielmehr darauf hinweisen, daß Swidrigajlow (außer dem Hauptthelden) die einzige Gestalt aus *Schuld und Sühne* ist, deren psychisches Innenleben der Schriftsteller darstellt. Damit tritt jedoch ein für unsere Absichten überaus bedeutsamer Wandel ein. Von außen betrachtet, ist Swidrigajlow – wozu überflüssige Worte machen? – ein Ungeheuer. So hat er seine Frau umgebracht oder jedenfalls zu ihrem Tod beigetragen, und er fuchtelt mit der Reitpeitsche herum, und schließlich hat er für kleine Mädchen eine solche Schwäche, daß er nicht irgendein »Nymphchen«, sondern ein Waisenkind, eine Stumme, zum Selbstmord trieb – das dürfte reichen. Sobald wir uns jedoch in ihn hineinversetzen, an seinen Wahnvorstellungen und Alpträumen teilhaben, passiert etwas ganz Eigenartiges: Wir können – zumindest teilweise – dieses Monstrum verstehen, gelegentlich mit ihm fühlen, ja mehr noch, seine Monstruosität scheint an den Höhepunkten seiner Erlebnisse zu verschwinden, und als einzige Materie bleibt dann eine psychische Verzweiflung zurück, die so umfassend ist, daß sie gewissermaßen die ganze Welt umfaßt, daß außer ihr nichts mehr bleibt, und weil es keinen Bezugspunkt gibt, kann man sie nicht einmal benennen; und in dem durch seine unvergleichliche Schlichtheit und Strenge erschütternden Augenblick des Selbstmords (der zugleich eine in der Weltliteratur einmalige exhibitionistische

Zurschaustellung des Eintretens in »jenen« Bereich, in jene Swidrigajlowsche Ewigkeit ist, die durch die schmutzige, von Spinnen erfüllte Bude dargestellt wird) entsteht wahre Erleichterung, es ist in dieser Erschütterung etwas Besänftigendes und Versöhnendes mit jener in einem Sekundenbruchteil von Menschlichkeit erfüllten Kreatur. Das alles wird durch Introspektion erreicht. Humbert wäre, von außen beschrieben, wohl noch abscheulicher als Swidrigajlow, denn er ist »subtiler« und feiger, und lächerlicher, ja eigentlich schlicht lächerlich, denn an der Gestalt Swidrigajlows ist nichts Komisches.

Was ich zuvor gesagt habe, war nur die Einleitung zu dem, was ich eigentlich sagen will. Swidrigajlow hatte, wie wir wissen, zwei Leidenschaften: die eine war Raskolnikows Schwester Dunja, die andere waren mehr oder weniger anonyme Halbwüchsige. Während Dunja sozusagen zum Lieben da war, waren die Halbwüchsigen für Ausschweifungen da. Und was diese Mädchen betrifft, so hatte Swidrigajlow eine spezielle Manie: in Wirklichkeit verführte, schändete er das Kind, doch ihm kam es so vor, als sei es genau umgekehrt. Denn in seinem letzten Traum, der dem selbstmörderischen Akt unmittelbar voraufgeht, scheint es ihm, als würde das verweinte und durchgefrorene Mädchen, das er in der Nacht in einem Winkel des schmutzigen Hotelkorridors entdeckt, sich in sein Bett legen und zunächst so tun, als ob es schlafe, um dann zu versuchen, ihn – ja: sie ihn! – zu verführen!

Genau dasselbe geschah, nun bei Bewußtsein, mit Humbert und Lolita, sie verführte ihn, allerdings im Zimmer eines *Motels,* aber seit der Entstehung von *Schuld und Sühne* sind ja auch hundert Jahre verflossen.

Jetzt, glaube ich, wird alles klar. Die zwei Gestalten, die zwei Seiten der Leidenschaft Swidrigajlows, die Liebe zur erwachsenen Frau und den perversen Hang zum Kind, hat Nabokov zu einer Figur zusammengefügt. Sein Humbert ist ein sexueller Dr. Jekyll und Mr. Hyde, der, ohne es selbst zu wissen, sich in das Objekt seiner verderbten Begierde verliebte.

Jetzt klärt sich auch jener scheinbar verblüffende Widerspruch auf, der den perversen Humbert gegen Ende des Romans Lolita treu werden läßt, und diese »Treue« des Perversen zu seinem Opfer erklärt sich nicht einmal so sehr dadurch, daß zwei Urbilder zu einem vereint wurden – Swidrigajlow stellte den Mädchen nach (er hatte wohlgemerkt in Petersburg noch ein »Reserve«opfer in Gestalt seiner minderjährigen »Verlobten«), aber er liebte nur Dunja – in *Lolita* steckt noch etwas anderes. Selbstverständlich mußte Nabokov, nachdem er die Synthese vollzogen hatte, die Austauschbarkeit der Lustobjekte, die für die »normale Perversion« charakteristisch ist, ersetzen durch die Unverwechselbarkeit der erotischen »Hyperfixierung«, die das durchgängige Merkmal der Liebe ist. Er gab damit jedoch nicht die Gesetze der Psychologie preis, sondern die Gesetze der Klinik: Durch die niedersten Bereiche des animalischen Sex, durch seinen rücksichtslosen Egoismus hindurch, gewissermaßen auf dem umgekehrten Wege, als ihn in der Regel die Kunst beschreitet, gelangte er zu der Liebe, und auf diese Weise stellte sich heraus, daß die zwei scheinbar unvereinbaren Pole, das Teuflische und das Engelhafte, eins sind. Aus der Erniedrigung entstand ein derart geläutertes Gefühl, daß dieses Werk zur Kunst wurde.

Da ich so viel von den Affiliationen zwischen *Lolita* und einem Teil des Themenkreises Dostojewskis gesprochen habe, sind gewisse Einschränkungen unerläßlich. Es kann keine Rede davon sein, daß von dort eine gerade Linie zu dem Buch Nabokovs führt. Zunächst geschieht mit Humbert etwas, was für Dostojewski niemals möglich war. Der Hang zum Kind, seine Schändung erschienen ihm als eine Hölle, aus der es keine Erlösung gab, als eine ebenso verdammungswürdige Sünde wie der Mord, nur noch perfider, weil die Quelle der absolutesten aller dem Menschen verbotenen (wenn auch dadurch natürlich teuflisch verlockenden) Lüste. Die Grenze, an der Dostojewski (oder vielmehr seine Stawrogins und Swidrigajlows) Halt machte, die fehlende Möglichkeit, eine solche Sünde zu sublimieren, war nicht deshalb unantastbar, weil es ihm an Mut gefehlt hätte – mangelnden Mut wird ihm wohl niemand vorwerfen können –, sondern deshalb, weil er kompromißlos war und seine Kompromißlosigkeit in den

Gestalten der von ihm geschaffenen Ungeheuer verkörperte. Es waren nicht allein wegen der Dimension ihrer Laster große Gestalten. Ihre Überdurchschnittlichkeit war nicht auf den Bereich des Intellekts beschränkt, sondern erstreckte sich auf die gesamte Persönlichkeit. Obwohl sie abstoßend waren, hatten Swidrigajlow und besonders Stawrogin etwas überaus Berückendes. Im Vergleich zu ihnen schrumpft Humbert offenkundig auf ein kleineres Maß. Er ist der Klerk, der Intellektuelle par excellence, der Ästhet, den es allein schon wegen seines europäischen Charakters weder nach der großen Sünde noch auch nur nach den kleinen Sünden verlangt (nach der ersteren nicht, weil ihm die religiöse Metaphysik nichts bedeutet, nach den letzteren nicht, weil das nicht nach seinem Geschmack ist), sondern ganz schlicht nach Vergnügen; seine Rücksichtslosigkeit beruht auf Verlogenheit und Ichsucht, nicht auf Sadismus oder Grausamkeit; wir erfahren gelegentlich, daß ihm schon der Gedanke an Gewalt widerstrebt, kurz, dieser Perverse ist bei aller Aufrichtigkeit seiner Bekenntnisse ein Pharisäer, der es sich gern bequem einrichten und auch Lolita befriedigen würde, nur daß ihm das leider zu seinem Kummer, seiner Betrübnis, seiner Verzweiflung nicht ganz gelingt. Solange er die Kontrolle über Lolita hat, quälen ihn nicht Gewissensbisse, sondern eine – wie ich sagen würde – ganz und gar weltliche Angst, und auch die äußerlichen Übereinstimmungen mit den Gestalten Dostojewskis reichen nicht weit. Denn das, was an ihm die Frauen anzieht, ist eine Art von Schönheit, die den Männlichkeitsidealen entspricht, wie Hollywood sie lanciert. Mit einem Wort: dieser Sexualdelinquent ist kein großer Verbrecher; er wurde ja auch schon durch ein früher gefallenes Wort definiert: er ist ein Schwein. Stawrogin kann man aber wahrlich nicht als ein Schwein bezeichnen.

So ist das also. Um so dankbarer ist Nabokovs Rolle, denn er gibt Humbert in der Szene, die für mich den Höhepunkt des Werks darstellt, die Gelegenheit zur Buße; Humbert entdeckt, vor der »wiedergefundenen Lolita« stehend, daß er diese aller »nymphchenhaften« Reize beraubte, schwangere, blasse Lolita, die jede, selbst die jämmerlichste Parodie eines Familienlebens dem Schicksal vorzieht, das der »Stiefvater«

ihr bereitete – daß er diese Lolita noch immer liebt, vielleicht auch, daß er sie erst jetzt liebt, oder daß er sie man weiß nicht genau seit wann liebt, denn die Metamorphose hat sich Schritt für Schritt vollzogen. Entgegen seinen eigenen Vermutungen erlischt das Gefühl nicht, und damit offenbart sich ihm, daß Lolita nicht gegen ganze Heerscharen von »nymphchenhaften«, im richtigen Stadium der Unreife befindlichen Huris ausgetauscht werden kann, als etwas Endgültiges, als etwas, das sein Fassungsvermögen, sein Talent, alles, was ihm widerfahren ist, zu verspotten und zu verhöhnen, übersteigt, als ein Geheimnis, mit dem sich auseinanderzusetzen er weder bereit noch fähig ist. Die mit dieser Entdeckung verbundene Verzweiflung, die noch dadurch vertieft wird, daß Lolita es kategorisch ablehnt, mit ihm fortzugehen, eine Verzweiflung, die fraglos im Bereich äußerer Handlungen keinen Ausweg finden kann, die jeglicher Chance einer künftigen Erlösung beraubt ist, macht dem Leser die ganze abscheuliche Vergangenheit erträglich, ja mehr noch: diese Verzweiflung kulminiert in einem nicht explizit benennbaren Seelenzustand, dessen religiöses Äquivalent eine aufrichtige Buße und Reue wäre und dessen Steigerung in einer der Reue nicht nachstehenden, in jener Sekunde durch nichts mehr beeinträchtigten Zärtlichkeit gegenüber dem Opfer bestünde. Ich sage religiöses Äquivalent, um eine Skala vergleichbarer Werte zu finden, denn die Atmosphäre dieser Szene ist durch und durch profan, weil in dem Roman außer dem Diesseitigen nichts anerkannt wird. Aus einer zufälligen, aus einer von vielen wird Lolita so zu der einzigen und unersetzlichen, die selbst in der vorweggenommenen leiblichen Häßlichkeit der Niederkunft, der Überreife und des Erlöschens unschätzbar bleibt. Und so wird in jenem, eigentlich nur Sekunden dauernden Augenblick der Mechanismus der frevlerischen Begierde nicht mehr durch die Mißachtung von rechtlichen und gesellschaftlichen Verboten zunichte gemacht, sondern durch die völlige Gleichgültigkeit und Gefühllosigkeit gegenüber dem Los, dem nicht wiedergutzumachenden Leid, der geistigen Welt des erotischen Zwangspartners. Wenn sich in jener Sekunde vor den Augen des Lesers die Synthese zwischen dem »nymphchenhaften«

Objekt der Begierde und dem Objekt der Liebe vollzieht, wenn es zum Subjekt wird, geschieht etwas, das der düsteren Landschaft von Dostojewskis Gestalten fremd ist und eindeutiges Eigentum Nabokovs und eine Eigentümlichkeit seines Werkes ist.

Soviel zum Schicksal der Romangestalten. Es besteht noch ein dritter Unterschied, der es nicht erlaubt, Nabokovs Buch in eine Reihe mit dem Schaffen Dostojewskis zu stellen. Er besteht in der stilistischen Ebene des Werkes und dem in Humberts Beichte integral eingeschmolzenen Faktor eines allgegenwärtigen Humors. Diesem Humor ist es gelungen, selbst das lächerlich zu machen, was sich scheinbar der Komik entzieht – die Begierde –, indem er Humberts Vorstellungen von einer künftigen Ehe mit Lolita schildert, seine Hoffnung, sich, wenn er mit ihr ein Töchterchen haben wird, an dem nächsten »Nymphchen« zu trösten, das ihm eine Wiederholung seiner unzüchtigen Lüste ermöglichen wird. Indessen ist damit die maßlose Abscheulichkeit dieser Wunschträume noch nicht erschöpft, denn die mit vollem Bewußtsein weiterentwickelte Phantasmagorie läßt Humbert sich selber als einen rüstigen Alten sehen, der noch mit dem eigenen, in blutschänderischer Beziehung mit der nächsten Lolita gezeugten Enkelkind unzüchtige Spiele treibt, und auf diese Weise wird das schlechthin Makabre durch die monströse Übertreibung einfach komisch. Die Begierde wird durch diesen »priapischen Hyperoptimismus« kompromittiert, lächerlich gemacht, ad absurdum geführt, und das beim Leser ausgelöste Lachen rettet Humbert in dieser Situation, so wie es ihn in vielen anderen Situationen rettet, die es dem Schriftsteller wohl zuweilen schwerer machen dürften, sie ironisch zu bewältigen – und damit auch, sie in ebenso knapper Form wie hier zu analysieren.

*

Diese Bemerkungen enthalten einen bedeutsamen Widerspruch. Zunächst habe ich ein so belebtes Gebiet wie die literarische Kritik zu einem Vakuum erklärt, um dann dieses angebliche Vakuum mit meinen eigenen apodiktischen Urteilen auszufüllen. Ich kann diesen Vorwurf nicht einmal mit der Erklärung zurückweisen, daß ich nur probieren wollte, was man an Nachprüfbarem über die Schaffung literarischer Werke in einer dieser Übergangszonen sagen kann, in denen die Tragfähigkeit der literarischen Mittel durch den heiklen Charakter des Themas bis an die Bruchgrenze belastet wird. Ich kann das nicht, denn ich weiß nicht, ob jeder (oder vielmehr weiß ich, daß sicherlich nicht jeder) mit meinen Prämissen übereinstimmt. Zu meiner Verteidigung kann ich mich lediglich auf die respektablen Vorbilder berufen, wie sie die philosophierenden Solipsisten liefern, die Werke über den Solipsismus verfassen und dabei inkonsequent sind, denn wenn sie glauben, daß außer ihnen niemand existiert, können sie nicht damit rechnen, daß jemand diese ihre Traktate über den Solipsismus liest. Es mag Leute geben, für die gerade *Die Mauer* und *Lady Chatterley* hervorragende Literatur sind, während sie in *Lolita* ein Buch sehen, in dem die Schweinerei die einzige Sache von größerem Kaliber ist. Dagegen kann man nichts machen. Ich glaube nämlich nicht, daß jemand (ein scharfsinniger Kritiker z. B.) einen Leser, der das Ding bereits gelesen und mit Widerwillen zurückgewiesen hat, von dem Werk überzeugen und Bewunderung in ihm wecken kann. Der Eisbär wird mich niemals davon überzeugen, unter das arktische Eis zu tauchen, auch wenn ich nicht bezweifle, daß es ihm Spaß macht. Aber *Lolita* wirft – wenn wir uns schon nicht ganz so einig werden können, wie es denkbar wäre – ein anderes Problem auf, das der erwähnten Übergangszonen. Sie steht auf dem unsicheren Boden, der den Thriller vom psychologischen Drama trennt, und es gibt mehr solcher Zonen: zwischen der psychopathologischen Studie und dem Kriminalroman, zwischen der wissenschaftlichen Phantastik und der Literatur als solcher oder schließlich zwischen einer »für die Massen« geschriebenen und einer elitären Literatur. Denn es besteht wohl kein Zweifel daran, daß die Kluft zwischen den Notierungen an der exklusiven Börse der Kunst und dem Niveau der Produktion vom Schlage der *mass culture* wächst. Doch so verrückt der Versuch erscheinen mag, Gattungen, die so schrecklich weit voneinander entfernt sind, miteinander zu kreuzen, und derjenige, der auf diesem

Gebiet experimentiert, sich sowohl der intellektuellen Leser beraubt sehen mag, die ihn nicht mehr lesen mögen, als auch der massenhaften Leser, für die das noch zu schwierig ist, würde ich es dennoch wagen, auf solche Kreuzungen zu setzen. Sie werden sich vielleicht auch ohne jene Aura des Skandals als lebensfähig erweisen, der *Lolita* aus der Masse der pausenlos auf der Welt erscheinenden Bücher heraushob.

Nachdruck aus »Twórczość« Nr. 8 (1962)

Vorwort zu A. Słonimski *Torpeda czasu*

Mehrfach habe ich schon nach einer Weise gesucht, den Lebensweg der Science Fiction darzustellen, und stets zeigte sich, daß rein literarische Kriterien nicht ausreichen. Vielleicht wäre ihre Entwicklung in der verstehenden Sprache eines aufgeklärten Psychologen zu beschreiben, der ohne Entrüstung, aber auch ohne Gefühlsduselei darzustellen hätte, was man im 19. Jahrhundert als Fall einer anständigen Frau bezeichnete.

Die Literaturgeschichte hüllt – ähnlich wie die Gesellschaftschronik – gewisse Dinge in ein peinliches Schweigen. In der großen *Literary History of the United States* (Macmillan Company, New York, 1515 Seiten, 59 Autoren, 6 Redakteure), deren letzte, 1964 erschienene Ausgabe auf meinem Schreibtisch liegt, würde man im Sachregister vergeblich nach dem Stichwort Science Fiction suchen. Im Register der besprochenen Autoren (56 Spalten in der allerkleinsten Drucktype) taucht nicht ein einziges Mal der Name eines Schriftstellers dieser Gattung auf – mit Ausnahme von H. G. Wells, der im übrigen in Verbindung mit seiner »außerphantastischen« Aktivität zitiert wird. Hingegen werden in diesem Band Schriftsteller und Schriftstellerinnen erwähnt, die außer dem Historiker mit akademischem Grad niemand kennt – viertrangige Gestalten, aber aus der »guten Gesellschaft«.

Gleichzeitig ist die Gegenwart der Science Fiction auf dem Buchmarkt der USA unmöglich zu übersehen. Diese Bücher kommen in Massenauflagen heraus, in einer solchen Menge, daß nicht einmal der Raketenbesessene, der eingeschworene Sternenfan sie alle lesen kann. Hinzuzurechnen sind noch doppelt so viele Werke in Magazinen und Spezialpublikationen. Verfaßt werden diese Werke von Hunderten von Leuten, Hunderte von Gehirnen pressen bis zum letzten Atom Einfälle aus sich heraus, die in der Schaffung der allergroteskesten, schockierendsten und dramatischsten Visionen kulminieren; man fragt sich, ob nicht die bloße Zahl der in diesem emsigen Mühen Engagierten garantieren müßte, daß wenigstens ein Teil jener Werke würdig ist, in die *Literary History of the United States* Eingang zu finden. Ist ihr Schweigen vielleicht nur das Ergebnis akademischer Überheblichkeit, geringschätziger Nonchalance von Eingeweihten, einer akademischen Haarspalterei, die im Konservatismus erstarrt ist, blind für die Werte einer Gattung, die nach Auffassung ihrer Anhänger das Salz der Moderne ist, der wahre Spiegel der Wandlungen unserer Welt?

Mir scheint, daß nicht das Problem der »Schuldzuweisung« zu untersuchen ist, sondern lediglich das teils belehrende, teils bedauerliche Schicksal jener literarischen Erscheinung, die sich – und sei es nur in den Werken von Wells – an der Wende dieses Jahrhunderts so glänzend ankündigte.

Nun sind der Science Fiction – nicht an einem Ort und nicht zu einer Zeit, doch macht das das Unglück nicht kleiner – eine Reihe von unguten Dingen zugestoßen, die ihr Leben zerstört haben. Es sei angemerkt, daß sie selbst sich dieser Dinge nicht einmal sonderlich bewußt ist – um so schlimmer für sie.

Sie sank nämlich – fast schon in den Anfängen – zu einer zweideutigen Unterhaltung herab, die Anklang fand und ihr riesige Auflagen bescherte; der Erfolg schadete ihrem Ruf, doch sie sank weiter ab – sie ließ sich mit dem Kriminalroman ein, bis sie schließlich in Schundmagazinen landete, da sie sich als eine ungewöhnlich »gängige« Ware erwies.

Bevor wir gleich dem verdächtigen Zuwachs der Science Fiction nachgehen, wollen wir noch für einen Augenblick das Ganze aus der Vogelperspektive betrachten: In welcher Weise bestimmte literarische Gattungen sich innerhalb der Hierarchie der gesamten Literatur eine Stellung erwerben, ist, das sei zugegeben, eine ebenso interessante wie unklare Sache. Der Roman war einmal eine sehr viel »schlechtere« literarische Gattung als die Dichtkunst, und die Bezeichnung »Epos« konnte sich ein Gedicht erwerben, nicht aber irgendeine Geschichte, die die Wechselfälle des Alltags in Prosa beschrieb. Das Drama, dank seiner guten griechischen Herkunft von edler Geburt, spielte nie die Rolle eines Emporkömmlings, doch am Beispiel des Romans läßt sich eine von den Niederungen ausgehende, nach oben klimmende Karriere untersuchen, die sich durch eigene, gewaltige Anstrengungen schließlich allgemeine Achtung erwirbt. Sind jedoch die Entwicklungsgänge der einzelnen Gattungen im gesellschaftlichen Urteil einmal definitiv verfestigt, so kann ein Werk, das in einer dieser Gattungen entsteht, sofern diese Gattung einen auch nur ein wenig verdächtigen Umgang zeigt, nur noch sich selbst nobilitieren. Mit anderen Worten: *Schuld und Sühne* wird nicht als ein ausgezeichneter Kriminalroman betrachtet, weil unser Klassifikationsrahmen eine solche Feststellung nicht zuläßt. Dostojewski fügte sich nicht in den Bereich der »romanhaften Kriminalistik« ein, er überschritt die Grenze, doch tat er das im eigenen Namen und nicht in dem der Gattung. Wenn sich daher ein Werk »gattungsmäßig« sogar den »Krimis« zuordnen läßt, wie etwa die Bücher von Chesterton, wir es aber gleichzeitig schätzen, wird per ad hoc-Entscheidung festgesetzt, daß seine »Kriminalität« (oder in einem anderen Falle seine »Romanhaftigkeit«) nur *vorgetäuscht* ist, ein Trick des Verfassers, ein Beweis der subtilen Raffinesse des Schriftstellers, nicht aber der Ausschweifung. Auf diese Weise behält die Gattung weiterhin die Merkmale einer verdächtigen Führung, und das Buch wird für die »echte Literatur« gerettet. Dadurch wird, wie das polnische Sprichwort sagt, sowohl der Wolf satt als auch das Schaf gerettet.

Mit der Zeit wird es jedoch selbst für das beste Buch immer schwieriger, die Grenze des Gattungs-Ghettos zu überschreiten. Wir erwähnten *Schuld und Sühne;* führen wir uns daher die darin auftretende Gestalt Sonjas vor Augen, einer Prostituierten mit reinem Herzen und edler Seele; wir wissen im übrigen sehr wohl, daß solche Personen von ihren Klienten nicht in Situationen aufgesucht werden, die dem Zutagetreten höherer Seelen- und Herzenswerte förderlich wären, und daß es sehr schwierig ist, bei jemand oder bei etwas zu entdecken, was man nicht sucht. Im übrigen hat – da hilft nichts! – die Ausübung eines jeden Berufs ihre unausweichlichen Konsequenzen; wie Sonja innere Reinheit zu bewahren, ist nicht nur nicht leicht, sondern grenzt leider nahezu ans Unmögliche, weil jeder am Ende so wird wie diejenigen, mit denen er umgeht. Schließlich setzen ja unausweichliche Anpassungsprozesse ein, in deren Dienst auch Fähigkeiten treten, die ansonsten von guter Herkunft und wertvoll sind wie Scharfsinn, Intelligenz, Charme und Gefälligkeit – alles Dinge, mit denen die Science Fiction von ihrer Geburt her reichlich ausgestattet war. Mit leichter Übertreibung kann man sagen, daß der Unterhaltungscharakter der Gattung eine besondere Art von Dienst ist, ein Dienst, bei dem derjenige, der Unterhaltung liefert, dem Leser vor allem diese zu bieten hat, nicht aber sich selbst, nicht seine Persönlichkeit, weil es auf sie nicht ankommt. Die Kunst besteht aber doch gerade darin und ist um so edler, je deutlicher uns der Künstler wird, als ein bestimmter, unwiederholbarer Mensch, der uns etwas in einer bestimmten Weise zu sagen hat, so daß ihn darin niemand ersetzen kann; es soll zu einem äußerst persönlichen, ja sogar intimen Kontakt kommen, aber auf einem Niveau, das eine Unterwerfung unter den Publikumsgeschmack, eine platte Liebedienerei völlig ausschließt. Wir werden zu Treuhändern der Wahrheiten des schriftstellerischen Erlebens, das uns das Werk in größtem Vertrauen, beinahe im geheimen mitteilt – und nicht zu Empfängern einer Ware vom laufenden Meter.

Wir sprachen schon von der Zweideutigkeit, welche die Stellung der Science Fiction kennzeichnet, denn es ist nicht so, daß sie in genau der gleichen, vulgären Weise herumlottert, keine Rücksichten nimmt und ebenso schamlos handelt wie etwa die pornographischen Schmöker oder die »schwarzen« Kriminalromane. Sie war schließlich von guter Herkunft, stammt von Eltern voller Gelehrsamkeit und Phantasie, hat einen Stammbaum, der bis zu den Sagen, Mythen und Märchen zurückreicht, gleichzeitig aber die Rationalität der Enzyklopädisten und die empirische Haltung der englischen Philosophen einschließt, und desgleichen verfügte sie über glänzende diskursive Fähigkeiten, vermochte sie ernst oder auch spöttisch zu sein, und es stand ihr, so konnte man jedenfalls glauben, eine überaus glänzende Karriere bevor. Immerhin hätte sie sich raketenartig zu den elitären Höhen der Einweihung in die tiefsten Probleme der Wissenschaft und der Philosophie des Menschen aufschwingen können, in die heute ja so bedeutsame moralische Problematik der Wirkungen der Technik; es hätten in ihr gewaltige Diskussionen über die ewigen Wahrheiten unserer Gattung stattfinden können, und ganze, auf die Zukunft gerichtete und die Vergangenheit widerspiegelnde metaphysische Systeme hätten in ihr entstehen können. Alles das hätte geschehen können, aber es geschah nicht, weil beinahe jedes ihrer Talente, jede ihrer Tugenden schon bei der Geburt den schwachen Stempel zumindest potentieller Verderbnis, wenn nicht gar des Niedergangs trug.

Natürlich müßte man zunächst vieles über die ökonomischen Ursachen sagen, denen es (wie man meinen könnte) ausschließlich zuzuschreiben war, daß Dostojewskis unglückliche Sonja auf die Straße ging. Doch sei gewissermaßen am Rande, aber ohne jeden Zynismus vermerkt, daß – Ökonomie hin oder her –, wenn nicht gewisse Werte dagewesen wären, die sich gerade auf der Straße auszahlen, diese, bedauerlicherweise abwärts gleitende Karriere unmöglich gewesen wäre, denn etwa mit einem Buckel wäre Sonja gezwungen gewesen, nicht allein ihre geistige Tugend zu bewahren. Nun war aber die Science Fiction, als sie der Welt entgegentrat, nicht nur mit einer durchdringenden Intelligenz ausgestattet, sondern auch mit einer, wie ich meine, recht eingängigen Schönheit, die zumindest nicht so schwer zugänglich war, als daß sie nicht auf massenhaften Widerhall hätte rechnen können. Popularität hat oft sehr unterschiedliche Ursachen, die manchmal nur das Resultat eines den Geboten der Mode folgenden Snobismus sind – das gilt, wenigstens teilweise, für die leicht resignierte Aufnahme, welche die abstrakte Malerei bei weiten Kreisen des Publikums gefunden hat. Es ist doch sehr viel bequemer, wenn man, in der geachteten Rolle des Kunstkenners auftretend, der snobistischen Mode huldigen und zugleich sich im stillen an Akten der naturalistischen Schule gütlich tun kann, die dem Betrachter derart vielfältige Erlebnisse zu bieten vermögen, wie es kein Akt von Picasso kann. Das sind gewiß etwas heikle Dinge, aber es fällt schwer, sie zu verschweigen. Die die Aufmerksamkeit fesselnde Rolle des Sex spielte in den Anfängen des Lebensweges der Science Fiction das in ihr stets vorkommende Abenteuer. Denn fast alle Romane von Wells konnte man als abenteuerlich, ja sogar als sensationell auffassen. Man konnte die Augen vor ihrer philosophischen, wissenschaftlichen Problematik verschließen und dennoch eifrig und mit roten Ohren den *Krieg der Welten* oder die *Insel des Doktor Moreau* lesen. Wenn jemandem meine Ausführungen als an den Haaren herbeigezogen erscheinen, so rechtfertige ich sie mit dem folgenden Beweis: In den USA kommen die Romane von Wells in den gleichen Serien heraus, in denen die »gewöhnliche« SF erscheint, doch gilt das nur für seine phantastischen Bücher. Und ähnlich wird beispielsweise von Poe nur das »herausgeklaubt«, was in Sammlungen von »Horrorstories« paßt, weil die *Gattung* über die Autoren dominiert, sich sie unterordnet, sich hermetisch abschließt und alles, was über ihre Grenzen »hinausragt«, amputiert. Während es aber jedem Leser von Wells oder Poe klar ist, daß ihre Bücher als eine gedankliche, begriffliche Einheit begriffen werden müssen, haben sich die Gesetze der Gattung gegenüber der inneren Kohärenz der Werke selbst so großer Schriftsteller als stärker erwiesen. Wells hat es somit der »leicht eingängigen« Schönheit zuzuschreiben, daß ein Teil seiner Bücher, »aufgesogen« von der Science Fiction, zwischen farbigen Einbanddeckeln ein Kümmerdasein fristet; das Werk des Autors wurde also in einer Weise auseinandergerissen, die man sich nur klarmachen kann, wenn man sich vorstellt, das Werk von Thomas Mann würde in Bücher »über Hochstapler«, »über Ärzte« oder »über Musiker« »zerhackt« präsentiert.

Eine Eigenart der Science Fiction machte es jedoch nicht nur möglich, sondern auch notwendig, daß sie im Zuge ihrer »Verschmökerung« einige Merkmale ihrer guten Herkunft zumindest für eine recht lange Zeit bewahrte. Die Unterhaltungsliteratur hat verschiedene Niveaus, zum Beispiel das Stevensons, auf dem das Denken noch erlaubt ist, doch hat sie auch solche von eindeutigem Schundcharakter, wo der Schriftsteller nur gefällig sein darf, nur angenehmen Kitzel zu liefern hat, ohne dafür etwas – das heißt eine Anstrengung des Lesers, intellektuellen Scharfsinn oder gar eine »Gewissensprüfung« – zu verlangen. Auf diesem Niveau maximaler Erleichterungen entscheidet nur noch ein Surrogat von Erlebnissen, die entweder unerreichbar oder durch die gesellschaftlichen Konventionen direkt verboten sind. Noch die unschuldigste Form eines solchen Ersatzes bietet die englische Variante des Kriminalromans, die aus dem Leben des Detektivs und des Verbrechers einfach ein Schachduell macht, also ein mitreißendes, nach strengen Regeln ablaufendes intellektuelles Spiel. Die »schwarze«, amerikanische Variante befriedigt bereits sadistische und masochistische Neigungen, und in den halb-pornographischen Schmökern, jenen »Bettgeschichten«, die ihre »detektivistischen«, »gesellschaftlichen« und »historischen« Varianten besitzen, befriedigt er ersatzweise sexuelle Wunschträume. Man muß zugeben, daß die Science Fiction sich lange dagegen gewehrt hat, sich derart zu prostituieren. Sie war ein Abenteuer denkender Menschen und verlangte daher einen Leser, der zumindest ein bißchen denkt. Sie stand jedoch, was man nicht vergessen darf, unter dem ständigen Druck ökonomischer Faktoren. Weil die Produzenten einer Ware so viel wie möglich produzieren müssen, ist ein möglichst gieriger Konsum erste Leser-, ja Bürgerpflicht. Deshalb darf man bei einer total kommerzialisierten Literatur, wie sie die SF in den Staaten darstellt, an all jene Prozesse, die ein Buch im Kontakt mir den Lesern langsam »heranreifen« lassen, an jene Prozesse einer natürlichen Auslese, die im Laufe der Jahre nur die wertvollsten Positionen übriglassen, nicht einmal denken. Alles, was geschrieben und gedruckt wird, ist eine ephemere Erscheinung, das Publikum, durch eine entsprechende Dressur gedrillt, durchblättert in den Vorortzügen die bunten Magazine, wirft sie fort und greift mit einer bereits automatisierten Bewegung nach der neuen Ausgabe. Wer von den Kunden Sonjas läßt sich mit ihr in lange nächtliche Gespräche ein, wer erkundet die Sorge ihres Herzens und die Qualen ihrer Seele? Und würde sie selbst den Versuch machen, sie alle zu beichten, so würde sie rasch alle Kunden abschrecken und, statt in Schande zu leben, Hungers sterben. Die Science Fiction muß gegenwärtig produzieren, was von ihr erwartet wird, und von ihr wird erwartet, was sie eilfertig auf den Markt wirft – das ist der geschlossene Kreislauf jener Prozesse, die aus der Literatur eine Ware machen.

Es ist bekanntlich nicht üblich, Socken, Pullover und

Krawatten auf einen Haufen zu werfen – jede Warengattung hat im Geschäft ihr eigenes Fach. Die eigentliche Literatur wird nicht derart in Fächer aufgeteilt. *Faust* steht im Regal nicht unter dem Stichwort »Zauberer, Teufel, Bettromanzen«, und *Pan Tadeusz* steht nicht unter der Überschrift »Streitigkeiten in Einfamilienhäusern«. Den ersteren muß man unter »Goethe«, den letzteren unter »Mickiewicz« suchen. Das Recht auf eine solche Individualisierung hat die SF längst verloren. Sie wird vielmehr verkauft, wie man Pullover verkauft: in einem eigenen Fach stehen Werke der »Science Fantasy«, in einem eigenen solche der »Space-Opera«, in einem anderen »Horrorstories«, »Aliens« und so weiter. Das heißt, daß sogar innerhalb der Gattung jeder Autor entweder zurechtgehobelt wird oder sich einfach selber derart spezialisiert, daß alle seine Bücher in ein Fach passen.

Die Gesetze der Physik sind auf dem Gebiet der Literatur nicht im buchstäblichen Sinne wirksam, doch von gewissen Entsprechungen kann man durchaus reden. So wirkt das Gesetz der großen Zahl, das in der Physik für Mittelwerte sorgt, in der Literatur in dem Sinne, daß alles grau und düster wird. Ein Stück Bernstein, auf schwarzen Samt gebettet, ist ein Objekt, das Beachtung findet, hundert Milliarden solcher Stücke sind lediglich ein gewaltiger Haufen von gelblich-trübem Glas, der weniger an Juwelen denken läßt als vielmehr an eine Ladung Bierflaschen, über die ein Traktor hinweggefahren ist. Alles Originelle, Außergewöhnliche, Ungewöhnliche wird durch die Zahl ausgelöscht, unterliegt in der Masse einer totalen Inflation, und das unerträgliche Übermaß läßt selbst Brillanten zerschlagenem Glas ähnlich werden – was soll man da von Büchern verlangen, die nur selten Brillanten ähneln? Und was für Reaktionen löst wiederum eine derart unerträgliche Herdensituation bei den Autoren aus? In dem Bemühen, sich um jeden Preis hervorzutun, werden Themen in einer Weise ausgebeutet, die immer weniger das klassische »savoir vivre« der Gattung berücksichtigt. Ich weiß nicht, welcher der Autoren als erster begriffen hat, daß statt des Raumanzuges die Nacktheit, statt der Rakete das in ihr aufgestellte Bett leichter zu verkaufen ist. Es war ein wahrer Entdecker »à rebours«. Ich schlage die September-Nummer (aus 1964) von »Fiction« auf, der französischen Variante des amerikanischen »The Magazine of Fantasy and Science-Fiction«. An erster Stelle: *Initiation eines Humanoiden* – eine außerirdische Zivilisation mit defektem Klimaregler engagiert zu dessen Reparatur einen jungen Terraner, damit dieser im Museum ein eingefrorenes 18jähriges Mädchen aus dem Jahre 1852 entdecken und nach und nach in die Geheimnisse des Geschlechtslebens einführen kann. An zweiter Stelle: *Schwarze Magie* – in einem defekten Raumschiff eingeschlossen, das sie nicht reparieren können, rufen irdische Wissenschaftler mitteils »Schwarzer Magie« den Teufel herbei, der ihnen zwar die Rückkehr zur Erde ermöglicht, aber ins Mittelalter mit den brennenden Scheiterhaufen der Inquisition. An dritter Stelle: *Bericht über das Sexualverhalten der Bewohner von Arktur 10.* Das heißt: Raketen, Elektronengehirne, Kosmosse und alles übrige werden mobilisiert, damit jemand mit jemand ins Bett gehen kann. Der Sex hat nicht nur das intellektuelle Abenteuer besiegt – mit diesem verschwand aus der Science Fiction der davon, wie es schien, nicht zu trennende Rationalismus. Teufel, Dämonen und Vampire werden schon nicht mehr in der neuen Version von »Elektronengehirnen« vorgestellt, sie sind leibhaftig wiedergekehrt und bedienen sich lediglich solcher Apparate, wobei sie auf »Modernität« Wert legen. So führt der Konkurrenzdruck, der anderswo in eine Qualitätsauslese umschlägt, zur »erotischen und rationalen« Enthemmung.

Loyalerweise muß zugegeben werden, daß es eher die schlechteren Autoren sind, die sich des Sex als Zutat bedienen. Zweifellos gibt es in der Science Fiction eine breite Streuung der Talente, und wir müssen uns fragen, ob wir nicht mit dem ganzen Vergleich, auf dem wir unsere Beurteilung aufgebaut haben, gleichsam die Balzacs und Dostojewskis für die Vergehen viertrangiger Schreiberlinge verantwortlich machen. Indessen zeichnet sich diese so geschlossene Gattung gerade dadurch aus, daß Werke von sehr unterschiedlichem künstlerischem Rang definitiv nicht auseinanderzuhalten sind. Es ist, wie man weiß, undenkbar, daß Eliot und

Courths-Mahler nebeneinander in ein und derselben literarischen Zeitschrift erscheinen würden. Hingegen stecken die schlechtesten und die besten »Phantasten« nebeneinander zwischen ein und denselben farbigen Einbänden und kommen in ein und denselben »pocket«-Reihen heraus. Eine solche Nachbarschaft macht auf den, der zum ersten Mal damit in Berührung kommt, einen eher verblüffenden Eindruck. Doch gerade das bringt uns zu der Überzeugung, daß alle derartigen Werke in einer eigentümlich »verdurchschnittlichenden« Verwandtschaft zusammengehören, durch welche die besten unterhalb und die schlechtesten oberhalb ihres eigenen Wertes eingestuft werden, weil die phantastische Konvention sich gegen die jeweilige Individualität des Autors durchsetzt. Der Durchschnittsleser, der von den seltenen, aber dennoch existierenden Romanen, die eine Vision beinhalten, ohne mit der Wimper zu zucken zu Albernheiten übergeht, in denen die Primitivität der Erzählweise mit der Unsinnigkeit des Handlungsaufbaus wetteifert, scheint jedenfalls eine in höchstem Maße rätselhafte Person zu sein. Erneut drängt sich unwillkürlich die Parallele des moralischen Verfalls auf, denn der betrunkene Raufbold, der torkelnd zum Bordell strebt, und der erlesene Aristokrat, der sich bei einer glanzvollen Kurtisane aufhält, suchen recht ähnliche Erlebnisse. Von dieser Seite betrachtet, enthüllt sich die Zweideutigkeit einer Gattung, die von Problemen geradezu beladen sein sollte, besonders kraß. Einige »Anhänger mit Vorbehalten« betrachten die Science Fiction als eine Art von belletristisch gestaltetem Essay, bei dem die abenteuerliche Form ein Zuckerguß ist, der den intellektuellen Inhalt einer Unzahl von Hypothesen versüßt, die in Dialogpassagen und Kommentare des Autors aufgeteilt sind. Dieser intellektuelle Inhalt wird jedoch – ungeachtet seiner Qualität, die in der Regel zweifelhaft ist – nie künstlerisch in die Erzählung einbezogen, sondern als ein Ballast von ihr mitgeschleppt, kaum, daß er in das Schema von Erklärungen und Gesprächen verpackt wird. Sehr charakteristisch ist, wie ich glaube, der Versuch, das Werk für eine gewissenhafte Zusammenfassung zu komprimieren; bei hervorragenden Werken wirkt jede Zusammenfassung gegenüber dem Original hilflos, ja sogar lächerlich (Thomas Manns *Doktor Faustus:* »Ein Komponist holte sich in jungen Jahren die Syphilis und deshalb komponierte er zunächst, bevor er verrückt wurde«). SF-Schöpfungen lassen sich indessen sehr gut zusammenfassen, was indirekte Erscheinungen von der Art des »Goldfiebers« hervorruft: Jedes Werk, das sich wie etwa Heinleins *The Puppet Masters* durch Originalität auszeichnet, zieht sofort Nachahmer an, deren Herden das Thema bis zur Unmöglichkeit zertrampeln, wobei sie – und das ist für uns hier von größtem Interesse – nicht nur sich selbst kompromittieren, sondern teilweise auch das Vorbild, da in ihren Versionen die Konzeption des Buches, an dem sie sich orientieren, aufgedeckt und auf das Handlungsskelett reduziert wird, so daß all seine Schwächen zutage treten. Ein Faulkner oder Kafka ist unmöglich in dieser Weise auszubeuten. Schöpfungen, die sich vom Werk dieser beiden Autoren inspirieren lassen, zerfallen eindeutig in wertlose Manieriertheiten einerseits und andererseits solche, die bereits ihre eigene Autonomie haben und mit dem Vorbild nur sehr lose zusammenhängen.

Das zweite »physikalische Gesetz« in literarischer Version ist die Trägheit. Thematisch steckt die SF im 30., erzählerisch im 19. Jahrhundert. Sie verwendet eine vor-tolstoische Psychologie und klassische Handlungsschemata – klassisch auch im Sinne des 19. Jahrhunderts, weil damals das mechanische Modell der Erscheinungen und die deterministische Verknüpfung von Ursachen und Wirkungen geschaffen wurde. Während die Science Fiction als avantgardistische Spitze der Gegenwart voraus sein soll, ist sie dennoch, aus dem Schatz vorgefundener Formen schöpfend und vom künstlerischen Kredit der »normalen«, allerdings ältlichen Literatur lebend, rückständig und geradezu konservativ. Am besten ist vielleicht noch jene Science Fiction, die sich selbst verspottet, doch muß man, um derartige Schöpfungen beurteilen zu können, wiederum eine Unzahl von verspotteten kennen – und dann stellt sich heraus, daß selbst für ein Pamphlet nicht so sehr die reale Welt als vielmehr das Ghetto der Gattung den Bezugspunkt abgibt. Sie kennt nicht den Ausweg aus der Halbwelt in die Welt. Die Science Fiction ist innerlich unreif und zugleich verfrüht durch einen mechanischen Professionalismus gepanzert – wie ein Flittchen, das mehr Erfahrungen vortäuscht, als es wirklich hat, für das nicht nur die Tugend, sondern auch das Erwachsensein ein Schein ist, eine zuweilen zynische, zuweilen aber auch – das sei zugegeben – recht verzweifelte Verstellung.

Der Loyalität halber sei gesagt, daß die Mehrheit der Schöpfungen der »gewöhnlichen« amerikanischen Prosa gefühlsselige Hintertreppenromanzen sind, die sich in Cadillacs abspielen und deren Autoren den gemeinen Soldaten der SF an Intelligenz und Wissen unterlegen sind. Die leicht komische und leicht höhnische Paradoxie der Situation ist jedoch die, daß jeder, der in der »zeitgenössischen« Konkurrenz ein Buch startet, gewissermaßen von vornherein mit dem Privileg des »Marschallstabs im Tornister« versehen wird. Man weiß nicht, wie weit er mit seinem Buch kommt, aber prinzipiell verwehrt ihm niemand und nichts, daß er – vielleicht nach Jahren – in die Weltspitze der Schriftsteller gelangt. Die Situation ist also offen, im Gegensatz zum geschlossenen Ghetto der SF, denn wenn man dort startet, kann man lediglich dieselben Dollars verdienen wie in jedem anderen Fach, nicht aber denselben Ruhm. Die Science Fiction ist keine gewöhnliche Straßendirne, denn da sie nicht ohne Charme, Scharfsinn und Witz ist, verhält sie sich durchaus vorbildlich, wie ein Callgirl von großer Klasse, das sich von den modernsten Schneidern einkleiden läßt und sogar bei Cocktailempfängen über Philosophie zu reden versteht, weil der exklusive Status das verlangt. Doch man weiß sehr gut, daß es dabei nicht um irgendeine Philosophie geht, daß man mit ihr nicht ernstliche entscheidende Dinge über Sein oder Nichtsein unserer Art unter vier Augen besprechen wird, denn dafür wurde sie nicht bestellt. Gegen nichts stachelt sie uns auf, zu nichts überredet sie uns, im Unterschied zum »Callgirl« ruft sie keine Regung hervor, und obgleich sie in einer glänzenden Maschine vorfuhr und ebenso elegant in ihr fortfährt, wird sie, wenn sie an der Ecke eine ihrer minderwertigeren Kolleginnen erblickt, die weder die Mittel haben noch Wert darauf legen, den Schein zu wahren, einen brennenden Funken der Reue empfinden nach jenem verlorenen Paradies ihrer mit Mut erfüllten, die Welt herausfordernden, naiven Jungfernschaft, die nur noch eine Erinnerung ist, eine nicht wieder einholbare Vergangenheit, weil es in der Literatur wie im Leben unumkehrbare Prozesse gibt.

Deshalb kann sich die Literatur ohne zusätzliche Bestimmungen all das erlauben, was die Science Fiction in ihrer zweideutigen Situation nicht zu tun wagt; angefangen damit, daß die Literatur sich traut, Probleme zu formulieren und selbst solche Fragen zu stellen, auf die sie keine Antwort hat (die Science Fiction verhält sich nicht so), und damit endend, daß nur die Literatur – wie eine große Dame – dank ihrer untadeligen Position zuweilen auch ein starkes Wort gebrauchen kann, was für eine Person in exponierter Lage verhängnisvoll wäre. Denn derartige Worte wird man in der SF nicht finden, und wenn man Gott weiß wie danach suchen würde.

Das Buch, das ich mit dieser – den Leser vielleicht überraschenden – Einleitung versehe, entstand gerade in den ersten, jugendlichen, jungfräulichen Lebensjahren der Science Fiction. Verfaßt von einem jungen Burschen von 28 Jahren, erschien es, als ich zwei Jahre alt war, und so brauche ich nicht zu erklären, warum ich es damals nicht las. Aber durch welche erstaunliche Frische, die gewiß naiv, aber eben dadurch berückend ist, hebt es sich von dem großen, angeschmutzten Hintergrund unserer zeitgenössischen, professionalisierten Phantastik ab! An ihm sieht man, wie sehr in jenem Beginn noch alles möglich war, wie nichts determiniert war – es war einfach ein Abenteuer des Geistes, der von der Existenz seiner Börsennotierungen auf den Buchmärkten nichts wußte. Als ich 14 oder 16 Jahre alt und Gymnasiast war, erfuhr ich aus den »Wiadomości Literackie« (Literarische Nachrichten), daß Słonimski Nachfolger von Prus bei den »Kroniki tygodniowe« (Wochenchronik) war, und es muß 1939 gewesen sein, als ich in Fragmenten seinen phantastischen Roman *Dwa końce świata* las, ohne zu wissen, daß er ein gutes Dutzend Jahre früher *Torpedu czasu* geschrieben hatte. Über Słonimski hieß es, ebenfalls in den »Wiadomości«, er sei nicht nur ein Anhänger, sondern auch ein Schüler von Wells; läßt man die in seiner Essayistik oder in den »Kroniki« veröffentlichten Ansichten einmal außer acht, wäre ich nicht bereit, diese Auffassung zu unterschreiben. Als Verfasser des *Torpeda* erwies er sich, um es kurz zu machen, als Antiutopist, wohl als einer der ersten, denn dieses Buch enthält in einer (was das »Dekor« betrifft) recht konformistischen Form einen äußerst nonkonformistischen Inhalt. Bei Wells herrschte eine ganz eigentümliche Mischung von Rationalismus und Utopie, wobei mal – etwa im *Krieg der Welten* – der erstere, mal – etwa in *Menschen wie Götter* – die letztere die Oberhand gewann. Die verborgenen Stachel des *Torpeda* sind hingegen konsequent bis zum Ende rein rationalistische. Dabei ist dieses Buch nicht Ausdruck einer Enttäuschung über die bloß schlechte Natur des Menschen und der Welt, nicht Ausdruck jenes hysterischen Wunsches, Wunschträume zu schmähen, die bei der Realisierung aus den Fugen geraten sind, wie es bei den »schwarzen Antiutopien« verschiedener Orwells der Fall ist. Es ist ein erstaunlich gelassenes, sachliches, überaus zurückhaltendes Buch, und es führt uns – zumindest auf den ersten Blick – nach der Wellsschen eine weitere Variante der »Zeitmaschine« vor, einer Reise gegen den Strom der Ereignisse. Doch wiederum ist die Ähnlichkeit nur eine fragmentarische, denn Słonimski übernahm von seinem großen Vorläufer nur den Rahmen, nur die Startblöcke, weil er – nach vorn blickend – nichts prophezeien wollte, sondern uns lediglich nach Art Voltaires eine Geschichte erzählt, die darauf hinausläuft, daß der Versuch, mit instrumentellen Mitteln den Lauf der historischen Entwicklung zu ändern, die Menschheit durch die Anwendung von unsagbar machtvollen Erfindungen zu beglücken, schon im Ansatz zum Scheitern verurteilt ist. Gewiß kann man mit solchen Mitteln das eine oder andere Unglück verhindern, doch wird man gleichzeitig – und ohne es zu wollen – ebensoviel oder noch mehr menschliches Unglück und Leid einer etwas anderen, aber verwandten Art hervorrufen. Es könnte der Eindruck entstehen, als sei dieses Buch, das gewissermaßen ein Programm der »Unmöglichkeit der Verbesserung« verkündet, pessimistisch. Das stimmt nicht; es ist lediglich klug, weil es deutlich macht, auf welche

Weise man hohe Ziele *nicht* erreichen kann. Die Reise des Professors Pankton ist so etwas wie ein Abenteuer in einer »Zeitschleife« (die Handlung spielt in der Zeit vor der Geburt des Helden), ein Mittel, das in der SF unzählige Male benutzt wurde. Nie allerdings – und das ist interessant und bemerkenswert – für Zwecke, wie sie Słonimski vorschwebten. Ich sagte, das sei bemerkenswert, denn die erste Regel der professionellen Autoren besteht darin, verbissen aus jedem Thema ein Maximum an kombinatorischen Möglichkeiten herauszupressen. Es erhebt sich deshalb die Frage, warum sie die Version, die der *Torpeda czasu* bringt, übersehen haben. Ich kenne die Antwort. Die aus dem Pragmatismus hervorgegangene amerikanische Science Fiction befaßte sich zunächst mit einer Apologie des Tuns, um dann zum entgegengesetzten Pol überzugehen und den Schrecken der Maschinen-Apokalypse zu verkünden. Leider kam es jedoch den Amerikanern nie in den Sinn, daß das Tun selbst als Apokalypse unwirksam sein könnte. Deshalb wird in ihren Werken jede gestellte Aufgabe am Ende gelöst, und koste es auch die ganze Menschheit das Leben. Wie abgedroschen dieser Dämonismus ist und wie wenig er mit der realen Geschichte gemein hat, kann die Science Fiction sich nicht bewußt machen. Nebenbei gesagt, rächt sich der Verzicht darauf, über- oder außerinstrumentelle Phänomene zu untersuchen, in einem breiten Spektrum von Konsequenzen; so sind beispielsweise sämtliche Roboter und ganze Heerscharen von Elektronengehirnen, welche die SF bevölkern, nicht nur nicht genial, sondern sie besitzen für uns überhaupt nicht die psychologischen Merkmale einer funktionierenden Intelligenz, denn wenn sie tatsächlich zu »Persönlichkeiten« werden sollten, müßte aus ihnen schließlich irgendeine »Metaphysik« hervorgehen. Doch die SF war blind für eine solche Problematik, weil sie die Antriebe der Erscheinungen stets eher in den Instumenten als in den Menschen sucht, im Technologischen und nicht im Psychologischen oder Sozialen, in dem, was den Gang der Geschichte bestimmt. Mal kommen die Technologen und ihre Früchte dem Menschen zu Hilfe, mal treten sie gegen ihn auf, aber sie werden nicht von außen her aus der anthropologischen Distanz beurteilt (und alle Versuche, diesen Bereich zu betreten, enden in jämmerlichen Karrikaturen, in totaler Plattheit, schließlich in einer derart naiven Rührseligkeit, die mit geistig derart hilflosen Appellen an irgendwelche polytheistischen Gottheiten gepaart ist, daß einen das Grauen packt).

Man muß sagen, daß der *Torpeda czasu* ein eindeutiges Argument gegen die Auffassung jener ist, die seinerzeit in Słonimski einen folgsamen Schüler von Wells sehen wollten, namentlich jener Tendenz der Bücher des großen Engländers, die apologetisch dem instrumentellen Handeln alle Möglichkeiten zuschreibt. Das vorliegende Buch tritt dieser Tendenz im allerbreitesten, nämlich auf die Menschheitsgeschichte bezogenen Sinne entgegen und fordert sie heraus – aus der Position eines Rationalismus heraus, der nicht so sehr das Handeln als vielmehr die Naivität oder schlicht die Dummheit bloßstellt, von der dieses Handeln ausgeht.

Gewiß enthält der *Torpeda czasu* außer dieser geschichtsphilosophischen und allgemeinen Einstellung zahlreiche, einfach abenteuerliche Elemente, die, der Jugend der phantastischen Gattung entsprechend, noch unbefleckt und, wie schon gesagt, beinahe jungfräulich wirken. Auf dieser gewissermaßen erfinderisch-phantasierenden Ebene ist der *Torpeda* denn auch stellenweise ein wenig anachronistisch (nicht anders übrigens als zahlreiche Flugmaschinen und Ballons von Wells), doch gerade dieser Anachronismus hat einen eigentümlichen Reiz, ähnlich wie die technisch-optimistischen Visionen mancher Illustratoren der Ende des letzten Jahrhunderts erschienenen Werke von Verne oder Wells. Und schließlich ist das Buch – eine ebenso interessante wie seltene Erscheinung – als erzählte Geschichte um so weniger originell und um so stereotyper, je kleinere Fragmente man untersucht, je näher man an seine beschreibende Oberfläche herangeht und sich von dem ganzheitlichen Standpunkt des Autors entfernt, von dem aus es geschrieben wurde. Bei der heutigen Science Fiction treffen wir nämlich auf die genau entgegengesetzte Situation: Hier ist dem Autor die allgemeine Position, die generelle Konzeption im Sinne einer verstehenden und wertenden Haltung vorgegeben, sie stammt aus soundsovielter Hand, sie ist eine leblose, steife Marionette, ein ausgestopfter Leichnam, und bei Licht besehen ist sie ein verdünnter Aufguß alles dessen, was sich von den philosophischen Strömungen der letzten zwei Jahrhunderte in den geläufigen Anschauungen erhalten hat, so daß alles, was in ihrem Gedankenreich vorkommt, eine Primitivversion der Psychoanalyse, der Anthropologie, der Religionswissenschaft, der Philosophie des Menschen usw. darstellt. Im Detail des Erzählmechanismus ist die SF dagegen durchaus auf der Höhe, hier macht sich die langwierige und verbissene Konkurrenz unter den Schriftstellern positiv bemerkbar; die Abenteuer-Tischlerei muß reelle Arbeit sein, weil der Lektor jede Pfuscharbeit erkennt und das Manuskript in den Papierkorb wirft. Natürlich gibt es in der SF schematische Situationen, doch stammen diese Schemata aus der Gegenwart, anders als in diesem Buch. Das Schematische an seinen Gestalten hat seinen Reiz – den des 19. Jahrhunderts –, und er beruht auf einer inzwischen überholten Konvention zwischen dem Autor und seinen Lesern; der Professor muß nach Möglichkeit hochbetagt sein, der Reporter schneidig und von amerikanischem Draufgängertum, aber zugleich mit einer Nase fürs Geschäft, die Jungfrau geradezu wundervoll und im höchsten Grade unschuldig. Das Buch ist deshalb auf der Ebene solcher literarischen Motive ein wenig angegilbt, doch das hat seinen Charme, seine Grazie, die zugleich etwas Anachronistisch-Belustigendes und Ernsthaft-Rührendes enthält, weil alles dort sehr feierlich, redlich, bedächtig zugeht. Schon der Name der Heldin, Haydnée, ist eine geradezu phänomenale Rekapitulation, geradezu das Symbol eines ganzen Kapitels bestimmter Romanformen, bestimmter Konventionen, die an de l'Isle-Adam (der sich ebenfalls mit der Phantastik beschäftigte und heute in seinem Lande eine gewisse Renaissance erlebt!) und noch weiter zurückliegende Autoren denken lassen; die Konventionen dieser Literatur hatten etwas derart Ehrwürdiges, daß sie heute, da der letzte Lebensatem aus ihnen entwichen ist, nicht zu Staub zerfallen sind, weil sie gewissermaßen auf einer anderen Ebene durch eine von anderswo herbeieilende Kraft gerettet wurden: den Glauben oder den Ernst des Autors, die Redlichkeit der von den Miasmen der Moderne noch nicht mit Skepsis durchtränkten Schöpfer des 19. Jahrhunderts, jene Tugenden, die bei der Geburt ihrer Helden Pate standen. Auf verwickelte Weise versuche ich zum Kern eines Phänomens zu gelangen, das ich nicht recht begreife, weil es schwierig festzustellen ist, warum die im 19. Jahrhundert entstandenen geachteten schriftstellerischen Konventionen, obwohl sie sichtlich gealtert sind, ihre spezifische Würde bewahren können, eine Würde, die man schlicht als menschliche Würde bezeichnen könnte, während die heutigen Konventionen, die nur wenige Jahre alt sind, unter dem Druck der Massenproduktion einer beschleunigten Überreife zugeführt, zusammen mit der Aktualität der herrschenden Mode jeglichen Rückhalt verlieren und dem Schicksal der Science Fiction-Magazine in ihren farbig glänzenden Einbänden entgegengehen, die ebenso bunt und glänzend sind wie die Verpackungen anderer Waren, welche auf dem Müll landen, wenn der Konsum beendet ist.

Ich vermute, daß der *Torpeda czasu* auf dem amerikanischen Markt schlecht aufgenommen würde, und zwar nicht, weil er auf der »erfinderischen« Ebene ein wenig anachronistisch ist, sondern weil er eines der fundamentalen Kriterien jeder »story« nicht erfüllt. Denn eine solche »story« MUSS unbedingt die belletristische Umsetzung eines gewissen EINFALLS sein, wohingegen der *Torpeda czasu* uns statt dessen einen bestimmten GEDANKEN präsentiert – und das eine ist mit dem anderen nicht identisch. Es gibt keinen »Einfall« in diesem Buch, das weder eine Apologie noch eine Apokalypse des Handelns ist, weil es aus einem distanzierenden Abstand heraus dessen VERGEBLICHKEIT in einer geschichtsphilosophisch begründeten Situation zeigt. Man muß deshalb annehmen, daß der *Torpeda* in der Konkurrenz den Produkten der fachmännischen, professionell-effizienten Sciende Fiction unterliegen würde – aber ich brauche wohl nicht zu erklären, was ein solches Urteil bedeutet.

Krakau, Juli 1966

III

Über außersinnliche Wahrnehmung

I

In letzter Zeit kommt fast überall in der Welt der Okkultismus wieder zu Ehren. In einer neuen Gestalt und unter einer neuen Klassifikation auftretend, schwört er der Benennung als Geheimwissenschaft ab, so daß die Bezeichnung »Okkultismus« heute vielen gar nichts mehr sagt. Was er an Dingen enthält, die von der Wissenschaft ganz sicher nicht übernommen werden können, nämlich seine Verankerungen im »Jenseits«, wurde diskret amputiert. Das abgehackte Glied wurde einschließlich seines Wurzelgrundes jedoch nicht auf den Abfall geworfen, sondern nur von der Kunst übernommen, denn es fand in den Filmstudios Asyl. Dort darf es herumspuken, Dummheiten verzapfen und starke Emotionen bei einem Publikum wecken, das sich dessen nicht schämt, weil es ja nicht ernst gemeint ist. Der herauspräparierte Rest wird dagegen vor unseren Augen eilends rationalisiert. Die Formen haben sich gründlich geändert: Von Trance, Medien und Ektoplasmen ist nicht mehr die Rede, geschweige denn von Spiritismus und Geistern, sondern nur noch von Hellseherei, gestützt auf sachliche Unterlagen und Informationen, die in Bildern enthalten sind, von telepathischer Übertragung, von Telekinese, der Bewirkung materieller Veränderungen durchs Denken, von Kryptästhesie oder schließlich von Psychotronik. Ich ergreife in diesen ständig von Morast umgebenen und ständig wiederkehrenden Fragen nur ungern das Wort. Nicht, weil ich mir darüber kein Urteil gebildet hätte, sondern aus dem Bewußtsein heraus, daß sachliche Argumente auf diesem Gebiet wenig bedeuten und daß die Emotionen überwiegen. In dem Kleinkrieg, der unter Feuilletonisten um die von der »Literatura« veröffentlichten Memoiren eines Hellsehers entbrannte, fiel jedoch im Zusammenhang mit der Verteidigung der angezweifelten außersinnlichen Erscheinungen mein Name. So entstand der Eindruck, als würde ich nicht nur an jenen Phänomenen nicht zweifeln, sondern als hätte ich etwas dagegen, daß sie kategorisch zurückgewiesen werden. Ich kann zu der aufgeworfenen Frage nur sagen, daß das Problem sich für feuilletonistische Auseinandersetzungen nicht eignet. Ich kenne Herrn Cz. Klimuszek nicht, habe seine Memoiren nicht gelesen und glaube auch nicht, daß es richtig ist, sie (oder andere Texte aus diesem Bereich) höhnisch abzutun, weil dadurch nur die Heftigkeit der Auseinandersetzung gesteigert wird. Da man sich nun aber auf mich berufen hat, halte ich es nicht für richtig, länger zu schweigen.

II

Ich möchte nicht verbergen, daß ich diese Worte vor allem mit einem Gefühl des Überdrusses schreibe. Der Okkultismus ist in der Tat ein Stehaufmännchen – oder modischer, weil mehr philosophisch ausgedrückt – ein unveräußerlicher Faktor der Geschichte. Ich habe dieses Fieber durchgemacht, ich habe es hinter mir, und es sind mir von ihm dicke Bände an Fachliteratur in der Bibliothek und ein Päckchen Zener-Karten in der Schublade geblieben, denn ich habe mich vor nun fast dreißig Jahren im Krakau der Nachkriegszeit selbst mit diesen Dingen befaßt. Da ein so bescheidener Versuch wie der vorliegende weder einen Überblick noch eine Zusammenfassung dieser Literatur liefern kann, beschränke ich mich auf eine Anekdote. Um die Jahrhundertwende feierte der Mediumismus Triumphe. Es gab so berühmte Medien wie die aus einem italienischen Dorf stammende Eusapia Palladino, die wissenschaftliche Berühmtheiten ihrer Zeit auf Séancen um sich versammelte und sogar einige hervorragende Gelehrte zu okkultistischen Ansichten bekehren konnte. Als man später Betrugsmanöver bei ihr enthüllte, verlor sie dadurch jedoch nicht sämtliche Anhänger, denn die Unerschütterlichen hielten daran fest, daß sie nur gemogelt habe, als ihre angeborenen Fähigkeiten nachließen, um nicht die Teilnehmer der Séancen zu enttäuschen. Volenti non fit iniuria, wie man sieht. Doch nicht darin besteht die Pointe dieser Anekdote. Die Medien wünschten sich ein undurchdringliches Dunkel, und eigentlich waren es allein die Befürworter von Geistererscheinungen und ektoplasmatischen Phänomenen, die es ablehnten, bei Licht Tische zum Kreiseln zu bringen oder Tausende anderer, in unzähligen Protokollen genau katalogisierter rätselhafter Tätigkeiten auszuführen. Auf die rationale Argumentation, daß das Licht nur einen engen Ausschnitt des elektromagnetischen Spektrums darstelle und daß, wenn die infrarote Strahlung etwa eines Kachelofens den Phänomenen nicht schade, auch die von einer Lampe ausgehende Strahlung sie nicht behindern könne, gingen die Befürworter solcher Phänomene nicht ein, sondern beharrten auf ihren vPositionen. Was ist schließlich daraus geworden? Es gab, wie schon gesagt, buchstäblich Tausende solcher Phänomene, und bei der Mehrzahl gelang es nicht, die geheimnisvollen Vorgänge auf den Séancen als Mystifikation zu enthüllen. Es trat etwas ein, was recht trivial und zugleich komisch ist: es wurden nämlich Nachtgläser und andere Apparate erfunden, mit denen man bei Dunkelheit sehen kann, und von dieser Erfindung wurde sämtlichen Medien ihr Talent gleichsam weggeblasen.

III

Man könnte aus dem oben Gesagten den Schluß ziehen, ich sei ein erklärter Gegner des Okkultismus oder der Psychotronik, doch so ist es durchaus nicht. Gewiß bekenne ich mich zum Skeptizismus, doch ist das etwas anderes als eine kategorische und totale Ablehnung. Ich habe die Anekdote angeführt, um zu zeigen, wenn auch nur fragmentarisch, daß es um einen Bereich geht, der seine eigene langwierige und verwickelte Geschichte hat, eine Geschichte voll von einigermaßen regelmäßig wiederkehrenden Hoffnungen und Enttäuschungen, an der sich eigentümliche, zugleich bemerkenswerte und einer Überlegung werte Gesetzmäßigkeiten feststellen lassen.

Ich sehe zumindest zwei solcher Gesetzmäßigkeiten, und ich wäre bereit, aus ihnen eine dritte abzuleiten, die zugleich eine Schlußfolgerung und eine Bestimmung für die weitere Zukunft darstellt.

Die erste Gesetzmäßigkeit, die man bei einer historischen Betrachtung jener Erscheinungen feststellen kann, besteht darin, daß nicht nur die Bezeichnungen, nicht nur der Sinn, sondern auch die Klassifikation und die detaillierte Terminologie und darüber hinaus das, was man als das »eigentliche Wesen« dieser ganzen Phänomene bezeichnen könnte, von dem jeweiligen Zeitgeist bestimmt werden. Zunächst handelte es sich schlicht um ein geheimes, allerhöchstes und mancherorts als einzigartig betrachtetes Wissen, das dann in den Untergrund beziehungsweise gegenüber der Wissenschaft in Opposition ging und auf das man sich dann als auf einen Tatsachenbereich berief, der bezeugen sollte, daß die wissenschaftliche Erkenntnis keine universale Kompetenz besitzt, weil es Dinge auf der Erde gebe, welche die Wissenschaft nicht zu erklären imstande sei und die folglich deren Begrenztheit beweise. Gegen Ende des 19. Jahrhunderts kam es schließlich zu den ersten Versuchen, sich mit diesen Phänomenen wissenschaftlich auseinanderzusetzen, sie also zu einer möglicherweise eigenständigen, aber zum Korpus der Wissenschaft gehörenden Disziplin zu machen. Sehr emsig zeigten sich auf diesem Gebiet die Deutschen, denen man zugestehen muß, daß sie in Verfahrensfragen stets besonders systematisch und exakt sind. Ihre enzyklopädischen Bemühungen hinterließen dickleibige Bände, Kataloge, Protokolle, Klassifikationstabellen, Taxonomien und umfangreiche Bibliographien, die mit einer herrlich verwissenschaftlichten Terminologie arbeiteten und heute von einer dicken Staubschicht bedeckt sind. Das soll durchaus nicht heißen, daß die Autoren schlicht Anhänger eines szientifischen Okkultismus gewesen wären. So befaßte sich etwa der als Psychologe ausgebildete Professor Max Dessoir jahrzehntelang mit dem Okkultismus, und obwohl er einräumte, daß er nicht in allem Mystifikation, Täuschung, Mißverständnis oder gar Betrug sehen konnte, blieb er doch bis zum Ende seiner Tätigkeit bei seinem nachdrücklichen Skeptizismus, weil er von keinem positiven Experiment erfuhr, das dem Feuer der Kritik standgehalten hätte. Es gelang also weder, die Rätsel als scheinbare zu liquidieren, noch sie als reale aufzulösen. Genau darin besteht die zweite Gesetzmäßigkeit der Geschichte des Okkultismus: in ihr wird alles immer nur angekündigt, begonnen, entwickelt, verheißen, und es werden Hoffnungen erweckt, die aber weder definitiv erfüllt noch gelöst werden.

Während Dessoir und seine Zeitgenossen Séancen besuchten, mit Medien, die sich in Trance befanden, Gespräche führten, ektoplasmatische Lichterscheinungen und Gegenstände beobachteten, die sich in einem verdunkelten Raum erhoben, die Levitation eines Tisches erlebten, auf dessen Platte sie ihre Hände gelegt hatten, und das alles anschließend so authentisch wie möglich beschrieben und endlos diskutierten, wehte in den dreißiger und vierziger Jahren unseres Jahrhunderts ein neuer, sozusagen noch wissenschaftlicherer Wind, denn nun zogen, dem Beispiel der Schule des Amerikaners Rhine folgend, die Experimentatoren mit ihren Versuchspersonen in die Laboratorien um, unterstellten sich der Kontrolle der Beleuchtung und der statistischen Tabelle, und führten streng isolierte und kontrollierte Experimente durch, so daß nunmehr eine Mathematisierung des Forschungsbereichs einsetzte, denn der Wortschatz der Forscher erweiterte sich um Ausdrücke wie Verläßlichkeitsniveau, signifikante statistische Abweichung, zufälliger Mittelwert, Poissonsche Normalverteilung usw.

Ganz im Gegensatz zu Dessoir glaubte Rhine an außersinnliche Begabungen, ja sogar an ein Leben nach dem Tode und an Geister (»spirits survival«), doch gelang es ihm, obwohl er in den Mitteilungen seines Instituts darüber schrieb, nicht, experimentelle Situationen oder Meßskalen zu konzipieren, mit deren Hilfe so etwas wie eine Spiritometrie hätte realisiert werden können. Hingegen hatte Rhines Schule einen belebenden und innovativen Einfluß auf ähnliche, damals aber noch recht traditionell durchgeführte Untersuchungen in England. Dort traten damals (das war bereits um die fünfziger Jahre) einige recht angesehene Wissenschaftler, darunter nicht nur Psychologen, die zuvor kategorisch die Realität irgendwelcher Erscheinungen von außersinnlicher Erfahrung bestritten hatten, zum »außersinnlichen

Glauben« über. Das Hauptinstrument der Forscher waren damals Zener-Karten, die gewöhnlichen Spielkarten ähneln, aber mit Sternen, Kreisen, Kreuzen u. dgl. bezeichnet sind; der Forscher hob bei dem Experiment eine Karte ab, deren Zeichnung die Versuchsperson, ohne sie sehen zu können, zu erraten hatte, und dabei kam es in der Tat vor, daß die Trefferzahl den zufälligen mittleren Erwartungswert deutlich übertraf und zuweilen geradezu verblüffend über den statistischen Durchschnitt hinausging. Man verbesserte die experimentelle Situation, indem nicht mehr der Forscher, sondern eine Maschine die Karten mischte, und obwohl die Karten doch scheinbar einfache, ja geradezu primitive Hilfsmittel waren, konnte man mit ihnen durchaus unterschiedliche außersinnliche Fähigkeiten der Versuchspersonen feststellen. Betrachtete nämlich der Forscher eine Karte, die von der Versuchsperson erraten werden sollte, dann ging es um die Feststellung der Telepathie, der Fähigkeit, Gedanken zu lesen; betrachtete der Forscher die Karte nicht selbst, sondern legte sie nur von einer Seite auf die andere, dann handelte es sich um Hellseherei, um Kryptästhesie (eine ganz eindeutige Terminologie wurde nicht entwickelt). Schließlich zeigte sich, daß manche Versuchspersonen nicht so sehr die Karte, die der Forscher in der Hand hatte, sondern vielmehr die nächste, die er erst in einem Augenblick nehmen würde, erraten konnten, so daß es sich bereits um Prämonition, das Vorhersehen der Zukunft, also um ein noch erstaunlicheres Phänomen handelte.

Daran, daß Abweichungen von den statistischen Erwartungswerten vorkamen, kann nicht der geringste Zweifel bestehen. Man fand sogar heraus, daß die Kurve des experimentellen Ablaufs regelmäßig eine bestimmte Form aufwies. Bei Versuchspersonen mit einer außergewöhnlichen Fähigkeit, Gedanken zu lesen (oder auch verdeckte Karten zu erraten) stellte man fest, daß die Trefferrate zu Beginn der Sitzung zwar höher war als die Zufallserwartung, aber doch recht niedrig; etwa in der Mitte der einstündigen Sitzung häuften sich die Treffer, um danach ziemlich abrupt auf das Niveau blanker Zufälligkeit abzusinken. Es ging also gewissermaßen um eine Fähigkeit, die erwacht, zunimmt, sich stabilisiert und schließlich, so als wäre sie durch unablässige Konzentration strapaziert, erschlafft.

All diese Daten – die Versuchspersonen waren überwiegend Studenten, die für die Teilnahme an den Sitzungen bezahlt wurden und daher bereitwillig mitmachten, weil sie immer Geld brauchen können – blieben freilich, wenn man so sagen darf, auf der Stelle. Angeblich soll Rhine einmal auf jemanden getroffen sein, der nahezu 90 Prozent aller Karten erriet – eine Übereinstimmung, die, wenn sie auf bloßem Zufall beruht, geradezu astronomisch geringe Chancen besitzt (würden wir, anders gesagt, aus zwei durchgemischten Spielsätzen jeweils eine Karte nehmen und diese paarweise aneinander legen, dann müßten wir auf eine Serie, bei der durch blinden Zufall die Zeichen auf den Karten der beiden Reihen zu 90 Prozent übereinstimmen, Millionen von Jahren warten). Im Labor hat sich ein solches Phänomen jedoch nie wiederholt, und es ging immer nur um Abweichungen von der Zufallsverteilung, die mit etwa 1:10 000 oder gar 1:100 000 quantitativ zwar jeden Naturwissenschaftler beeindrucken, die aber erst in längeren Versuchsreihen Beweiskraft erlangen. In der einzelnen Serie wurden – bei einem Erwartungswert von fünf – gewöhnlich nicht mehr als sieben, acht, selten neun (von 25) Karten erraten. Ich gehe darauf so ausführlich ein, weil – das muß nachdrücklich gesagt werden – dies die einzigen völlig sicheren, ja geradezu unumstößlichen Daten sind, über die wir in der Wissenschaft bis heute verfügen. Seither ist an unwiderlegbaren Daten nichts Bedeutsameres mehr aufgetaucht. Daher verlief sich, als die Studenten die Sache leid waren und die für die Untersuchungen bestimmten Mittel – und mit ihnen die erste Begeisterung der Forscher – zu Ende gingen, das Ganze nach und nach im Sande.

Die radikalste, die Existenz außersinnlicher Phänomene überhaupt bestreitende Hypothese äußerte im Zusammenhang mit den Untersuchungen der Schule Rhines ein Engländer, der im übrigen einigermaßen exzentrische Denker und teilweise auch Wissenschaftstheoretiker Spencer Brown. Er behauptete, das, was man bei den oben beschriebenen Untersuchungen beobachtet habe, seien keine realen Erscheinungen, also gar keine Phänomene außersinnlicher

Wahrnehmung, sondern völlig nichtssagende, jeglichen Inhalts entbehrende lange Zufallsserien. Gerade solche Serien, behauptete Brown, hätten eine Tendenz, Abweichungen vom zufallsbedingten Mittelwert auszubauen, Abweichungen, die zunächst entstehen, um dann einfach wieder zu verschwinden. Um es grob und zugleich ganz in der Alltagssprache auszudrücken, sollte es um seltene Fälle gehen, um eher ungewöhnliche Treffer, die absolut nichts zu bedeuten haben, so wie es nichts zu bedeuten hat, wenn beim Roulette achtmal hintereinander Rot kommt.

Daran, das ist zuzugeben, kann etwas sein. Jeder Mensch erlebt Fälle, die, statistisch gesehen, überaus unwahrscheinlich sind, auf die man aber nur unter besonderen Umständen aufmerksam wird. Vor einigen Wochen hatte ich mich auf der Frankfurter Buchmesse mit einem Amerikaner verabredet, doch nachdem ich mich zwischen den Ausstellungshallen verirrt hatte (das Gelände ist so groß, daß die Besucher mit einer speziellen Messebahn befördert werden), glaubte ich, ihn an der vereinbarten Stelle nicht mehr anzutreffen, weil der festgelegte Zeitpunkt gerade vorbei war. Resigniert, denn ich war von der vereinbarten Stelle dreiviertel Kilometer Luftlinie entfernt, stieß ich plötzlich auf ihn, und wenn man bedenkt, daß das in einem Gedränge, unter vielen tausend Menschen geschah, und daß es zu diesem Treffen ganz sicher nicht gekommen wäre, wenn einer von uns sich um zwei oder drei Sekunden verspätet oder entsprechend früher an dieser Stelle vorbeigegangen wäre, muß man zugeben, daß dies ein überaus unwahrscheinliches Ereignis war, so sehr es sich auch einer exakten Berechnung entziehen mag.

Es wird nicht unangebracht sein, wenn ich dazu bemerke, daß der Amerikaner den Umständen unseres Zusammentreffens keine Beachtung schenkte – im Gegensatz zu mir, was ich mir damit erklärte, daß ich gewissermaßen darauf trainiert bin, in statistischen Begriffen zu denken. Wenn ein Zufall so unbedeutend wie der soeben beschriebene ist, wird er vergessen, doch wenn er sich mit einem dramatischen Ereignis verbindet, mit jemandes Erkrankung oder Tod oder mit einer Katastrophe u. dgl., dann fällt auf das Zusammentreffen von Zufällen ein Schimmer von geheimnisvoller Ungewöhnlichkeit, und man neigt zu Erklärungen, die über den bloßen Zufall hinausgehen, und von da ist es nur noch ein Schritt bis zu dem Verdacht, daß Faktoren, wie sie in der Parapsychologie vorkommen, beteiligt sind.

Zufallsserien kommen auch bei Spielen (z. B. bei Glücksspielen) als sogenannte Glücks- oder Pech»strähnen« vor. Weil der Spieler gefühlsmäßig nicht minder stark motiviert und engagiert ist als der Anhänger der Parapyschologie, überwiegt bei beiden gegenüber der Tendenz, die Chancen statistisch zu beurteilen, die Neigung, in den Erscheinungen nach einem Zusammenhang zu suchen, der sich dem Uneingeweihten entzieht. Man wird deshalb demjenigen, der beim Roulette mit einem »sicheren System« sein letztes Hemd verloren hat, nicht erklären können, daß er eine Strategie verfolgt, die nichts taugt, weil die Gewinnchancen eben zufällig sind, und aus demselben Grunde wird derjenige, der zwei Stunden vor dessen Eintreten vom Tod seines Bruders träumte, nicht glauben, daß zwischen seinem Traum und diesem Ereignis keine Zusammenhänge bestehen.

Es kann allerdings (ich schrieb darüber in *Phantastik und Futurologie*) sein, daß prophetische Träume oder andere Vorahnungen zugleich zutreffen und nicht zutreffen. Sie können nämlich in einem subjektiven Sinne zutreffen, nicht aber als Phänomene, zu deren Erklärung man sich auf etwas anderes berufen müßte als auf die Statistik von quantitativ mächtigen, einander überschneidenden Mengen. Wenn zehn Millionen Einwohner einer Großstadt Nacht für Nacht träumen, ist es überaus wahrscheinlich, das heißt normal, wenn ein geringer Bruchteil dieser Millionen, sagen wir: 24 000, vom Tode eines nahestehenden Menschen träumen. Zum anderen ist es ebenfalls wahrscheinlich, daß jemandem unter diesen 24 000 Menschen innerhalb der nächsten Wochen eine nahestehende Person verstirbt. Denn wer hat nicht Verwandte, die erkrankt sind, und in wessen Bekanntschaft kommen nicht irgendwann Unglücksfälle vor?

Doch natürlich wird man diese statistische Denkweise bei niemandem antreffen. Niemand sagt von sich, er sei ein Element einer quantitativ sehr mächtigen Menge, und so wird er, statt Traum und Wirklichkeit als zwei unabhängige

Variablen zu betrachten, mit dem unheimlichen Gefühl herumlaufen, er habe das Unglück vorausgesehen, bevor es eintraf. Wenn aber jemandem zweimal in seinem Leben eine solche Koinzidenz zustößt, dann ist nichts mehr zu machen: diesem Menschen wird man nicht mehr die Überzeugung ausreden können, er werde von prophetischen Träumen heimgesucht. Diese Überlegung gilt natürlich nicht nur für Träume, sondern für alle Arten von Mengen, die sich überschneiden, auch wenn sie kausal nicht miteinander zusammenhängen. Unser Leben läuft sozusagen in einem Meer von unzähligen simultanen Statistiken ab, und die Zivilisation ist eine Einrichtung, welche die Zufälligkeit *real* aus dem allgemeinen Dasein verbannen soll (etwa durch medizinische Vorbeugung sowie durch eine Unzahl von Maßnahmen, die – etwa im Straßenverkehr – eine gewisse Ordnung herstellen, oder zumindest – etwa durch Versicherungen – die Folgen von zufälligen Ereignissen minimieren sollen), während die Kultur die Zufälligkeit durch eine ihr eigentümliche »Wegerklärung« ausschaltet. Das ist einer der Gründe, weshalb die ontologischen Visionen der Religionen gewöhnlich etwas Buchhalterisches haben (nichts geschieht zufällig, die Vorsehung bemerkt alles, und für alles wird man im Jenseits Lohn und Strafe erhalten). Deshalb ist der Argwohn, daß Zufallserscheinungen etwas Äußerliches seien, hinter dem sich kausale Zusammenhänge verbergen, und seien es auch Zusammenhänge, die sich einer wissenschaftlichen Erklärung entziehen, nicht die Ausnahme von der Regel kultureller Verhaltensweisen, sondern gerade deren normale, allerdings übersteigerte Konsequenz.

IV

Ich behaupte nicht, daß nach dem Aussieben der rein zufälligen Treffer aus der Menge merkwürdiger Koinzidenzen auf dem Boden unserer statistischen Gefäße nichts mehr zurückbleibt. Dagegen behaupte ich, daß es eine der schwierigsten Aufgaben ist, die man der Wissenschaft überhaupt stellen kann, den Anteil derjenigen Ereignisse, die »mit einem außersinnlichen Faktor behaftet sind«, von den nichtssagenden Ereignissen zu trennen, die (im Sinne eines Zusammentreffens von Umständen) lediglich selten sind. Des weiteren glaube ich – und das ist nicht meine Privatauffassung, sondern gewissermaßen das Wort der Wissenschaft, der ich im Augenblick als Pressesprecher diene –, daß all die unheimlichen Erlebnisse, all die Geschichten, die angeblich mit den bereits bekannten Naturgesetzen nicht zu erklären sind und die von denen, die sie erzählen, wegen ihres emotionalen Gehalts mit großer Bedeutung ausgestattet werden, als Forschungsmaterial der Parapsychologie völlig wertlos sind. Wenn die Wissenschaft solche Erzählungen ohne Rücksicht auf die Person des Erzählers aus ihrem Bereich verbannt, so geschieht das nicht aus Dogmatismus oder Skeptizismus, sondern weil sie der ihr eigentümlichen Methode gehorcht.

Daß das menschliche Gedächtnis trügerisch ist, wurde bereits unwiderleglich bewiesen. Das gilt auch für den Wert unserer Beobachtungen von Ereignissen. Die schon erwähnte Eusapia Palladino machte mit Gelehrten, die ansonsten professionelle Beobachter und Experimentatoren waren, was sie wollte, und führte Menschen, denen sie geistig nicht bis zur Ferse reichte, in die Irre.

Daß es Vorgänge gibt, die – wie etwa das Gedankenlesen oder die Hellseherei – der bisherigen naturwissenschaftlichen Erkenntnis widersprechen, steht für uns nicht mehr ganz so unwiderleglich fest. Wenn wir es also einmal mit vollständiger und das andere Mal mit unvollständiger Gewißheit zu tun haben, müssen wir für die erstere optieren. Gerade deshalb dürfen Erinnerungen in den exakten Wissenschaften nicht als beweiskräftige Tatsachen aufgefaßt werden. Dazu berechtigt die Wissenschaft niemanden, also natürlich auch nicht die Wissenschaftler selbst. Wenn ein Physiker verkündet, er habe ein Experiment gemacht, bei dem die Gesetze der Erhaltung der Energie verletzt wurden, dann werden andere Physiker nicht seine akademischen Grade oder seine Diplome untersuchen, sondern einfach darangehen, das besagte Experiment zu wiederholen, und das ist kein Anzeichen eines Betrugsverdachts, sondern das in der Wissenschaft übliche Verfahren.

Sollte aber das Experiment aus irgendwelchen Gründen nicht wiederholbar sein, dann wird es einfach nicht berücksichtigt. Das muß betont werden: *Unwiederholbare Vorgänge sind kein Gegenstand der Wissenschaft.* Ich war deshalb erstaunt, als ich kürzlich in der Presse von einer Diskussion über Parapsychologie las, bei der ein Wissenschaftler seine unheimlichen Erlebnisse als Beweis dafür anführte, daß »etwas daran ist«. Eine wirklich ungewöhnliche Gedankenlosigkeit! Weil nun die Gesetze der Physik sich nur im statistischen Sinne erfüllen, ist es zwar überaus unwahrscheinlich, aber nicht gänzlich unmöglich, daß etwa ein Bleistift ein Blatt Papier durchbohrt, ohne eine Spur (d. h. ein Loch) zu hinterlassen. Daß die Chancen eines solchen Ereignisses, d. h. des Auftretens eines Quanten-Tunneleffekts im makroskopischen Maßstab, horrend gering sind, ist eine andere Sache. Sicherlich müßte das Weltall milliardenmal länger bestehen, als es tatsächlich bestehen wird, damit ein solcher Fall sich ereignen könnte. Wenn die Wahrscheinlichkeit dafür auch mikroskopisch klein ist, so ist sie doch von Null verschieden. Allerdings würde ein Physiker, der ein solches Durchbohren beobachten würde, sich nicht trauen, seinen Kollegen davon als von einer Tatsache zu berichten, denn man würde ihn auslachen. Man muß begreifen, daß es eine gewaltige Gesamtmenge von zufälligen, überaus selten auftretenden Ereignissen gibt, also gleichsam eine Menge von lauter Ausnahmen von der Regel, und wir über die Hypothese zu entscheiden haben, ob es in dieser Menge nicht zuweilen Ereignisse gibt, die qualitativ ganz anderer Art sind, nämlich solche, die durch einen Kausalmechanismus hervorgerufen wurden, den die Wissenschaft bislang noch nicht erkannt hat und daher offiziell nicht respektiert. Allerdings hat sich aus den Versuchen einzelner Wissenschaftler, sei es innerhalb oder auch außerhalb ihres Fachbereichs Hypothesen zu konstruieren, die nach rationalen Kriterien den Mechanismus des Gedankenlesens, der Hellseherei usw. erklären sollen, bislang noch nichts ergeben, was bei den Experten allgemein Zustimmung gefunden hätte. Ich persönlich halte alle Aussagen, die die Telepathie mit dem Elektromagnetismus (das Gehirn als Sender), mit den Neutrinos oder auch mit sonstigen Wellen-Korpuskel-Erscheinungen begründen wollen, für unvereinbar mit den Tatsachen. Die für jede Art von Emission geltenden Gesetze darf niemand ad hoc ändern, nur um seine Lieblingsidee zu retten, aber wenn man das doch einmal zuläßt, dann müßten z. B. die Ergebnisse des Empfangs von emittierten Gedanken um so besser sein, je größer die Zahl der telepathischen Empfänger ist (sie könnten nach der Sendung die einzeln empfangenen Gedanken gemeinsam korrigieren). Das wird selbst ein Laie verstehen. Bei einem hohen Rauschpegel im Sendekanal und bei geringer Trennschärfe der Empfänger erhöht der simultane Empfang einer Nachricht durch eine größere Zahl von Apparaten die Chance der Rekonstruktion der Originalnachricht, weil es außer dem Rauschen im äußeren Kanal das Eigenrauschen des jeweiligen Empfängers gibt und diese Rauscherscheinungen nicht die gleichen Nachrichtenteile stören. Bei der Telepathie ist nun aber ein solcher positiver Häufungseffekt überhaupt nicht festzustellen. Gesunder Menschenverstand liegt gleichfalls der Anlage eines Experiments zur Telekinese zugrunde, bei dem der an einem Quarzfaden aufgehängte Spiegel eines Galvanometers nicht von einem einzigen Menschen, sondern von Hunderten oder von Hunderttausenden zugleich bewegt werden soll. Falls diese sich darauf verständigen, den Spiegel durch Willensakte nach links zu drücken, dann müßte er sich, wenn es mit rechten Dingen zugeht, um so deutlicher rühren, je mehr »telekinetische Athleten« an dem Test teilnehmen und ihre Kräfte zusammenfassen. In Wirklichkeit denkt der Spiegel aber nicht daran, auch nur einen Muckser zu tun.

V

Sehr skizzenhaft habe ich bisher zwei Gesetzmäßigkeiten dargestellt, die an der Geschichte der außersinnlichen Phänomene deutlich werden: ihre Abhängigkeit vom Zeitgeist und ihre Flüchtigkeit. Aufgrund dieser Abhängigkeit verwandelte die irrationale Geheimwissenschaft sich für uns in eine rationalisierte Psychotronik, weil diese Phänomene sich derjenigen Obhut anvertrauen, die in der jeweiligen Epoche den höchsten sozialen Status genießt. Der genius temporis hat diese Phänomene außerdem mit einer gewissen lockeren Hülle anderer Phänomene umgeben, die sich später vom Kern lösen konnten. So war es beispielsweise mit der Magie im strengen Sinne, so war es später mit dem »tierischen Magnetismus« und mit der Hypnose. Während der »Magnetismus« sozusagen eines natürlichen Todes starb, wurde die Hypnose von der Medizin als Erbe übernommen. Wegen der Flüchtigkeit dieser Phänomene können wir sie gewissermaßen nicht verdichten, konzentrieren und so verstärken, daß sie minimalen experimentellen Kriterien genügen, das heißt, daß sie wiederholbar und von einer zufälligen Abweichung einer langen Serie von prinzipiell ungeordneten Ereignissen ablösbar werden.

Aus dieser Zusammenfassung ergibt sich eine deprimierende Schlußfolgerung, die ich zuvor als so etwas wie eine Prognose für die Zukunft angekündigt hatte. Ich bin, wenn ich es auch nicht beweisen kann, der Ansicht, daß sich in dem hier besprochenen Bereich während der nächsten 50 oder 80 Jahre nichts Grundsätzliches abspielen wird. Das bedeutet, daß das Interesse an diesen Dingen weiterhin zwischen Höhen undTiefen schwanken wird, daß man weiterhin neue Forschungsmethoden, die in den strengen Naturwissenschaften entstehen, in diesen Bereich einführen wird, daß es jedoch weiterhin zu mehrdeutigen Ergebnissen kommen wird, die einmal größere Hoffnungen, ein andermal Skepsis auslösen werden, daß es jedoch keine definitiven Erkenntnisse oder Lösungen geben wird, und das heißt, daß dieser Berg weiterhin kreißen und eine Maus gebären wird. Ich bin also mit anderen Worten der Ansicht, daß die praktischen Auswirkungen der Untersuchungen gleich Null sein werden und daß es im theoretischen Bereich nicht viel besser sein wird. Alles wird weiterhin in einem Halbdunkel bleiben, an der Grenze zwischen Anerkennung und Zurückweisung durch die Wissenschaft, und zugleich wird man natürlich weiterhin kühne Ankündigungen hören von einem baldigen Erfolg, einem phantastischen Umbruch, der gerade jetzt bevorstehe, von außergewöhnlichen Entdeckungen, die für die vielfältigsten Bereiche des Lebens von hohem Nutzen seien, und weiterhin werden sie in jene Stagnation münden, die weder eine endgültige Niederlage noch einen Sieg bedeutet und beim Schachspiel als Patt bezeichnet wird.

Allerdings sieht diese Voraussage nach einem Ausweichmanöver aus, denn es geht aus ihr nicht hervor, ob das vorausgesagte Aufderstelletreten nun an der Schwierigkeit liegt, die Wahrheit – oder eben die Falschheit der Parapsychologie zu beweisen. Es kann, wie ich meine, an beidem liegen. Wenn nämlich etwas – und so ist es mit der Parapsychologie – in einem sehr starken Widerspruch zu fast allen unseren fundamentalen Erkenntnissen steht, dann ist der definitive Beweis, daß es den Tatsachen entspricht, beziehungsweise, daß es nicht einmal im Ansatz den Tatsachen entspricht, unerhört schwierig. Bei der Falsifikation macht uns der Umstand zu schaffen, daß die wissenschaftlichen Gesetze immer nur Annäherungen an die realen Ereignisse sind, so sehr sie sich auch oftmals fast mit der Realität berühren. Doch auch dieses »Fast-Berühren« erlaubt uns nicht zu behaupten, daß Theorie und Tatsachen sich *in der heutigen Formulierung mit Sicherheit definitiv* decken. Das folgt schon aus der Beschaffenheit unserer Theorien, aber auch daraus, was sie als Tatsachen erfassen. Das bedeutet – und mit der konkreten Frage der Parapsychologie hat dies nichts mehr zu tun –: Selbst wenn wir dereinst einen »Gipfel der Erkenntnis« erreichen sollten, d. h. wenn wir Theorien konstruieren sollten, die derart exakt sind, daß eine Steigerung tatsächlich nicht mehr möglich ist, so wird sich diese Tatsache – daß wir den Höhepunkt der Erkenntnis erreichten – doch nicht auf unwiderlegliche Weise beweisen lassen.

Mit der Verifikation steht es nicht minder fatal, weil bei der Aufgabe, die Existenz von außersinnlichen Phänomenen zu beweisen, unsere exakten naturwissenschaftlichen Erkenntnisse auf Schritt und Tritt der postulierten Übereinstimmung mit jenen Phänomenen widersprechen. Diese Widersprüche haben, wie ich mich zu zeigen bemühe, nicht nur keine nachlassende Tendenz, sondern sie verstärken sich im Gegenteil und sind gegenwärtig schärfer als vor etwa dreißig oder vierzig Jahren. Das erlaubt uns, die parapsychologischen Phänomene nach dem Maße ihres Widerspruchs zu den Thesen der Wissenschaft aufzulisten. Die Liste, die im übrigen keinen Anspruch auf Vollständigkeit erhebt, sieht folgendermaßen aus:

1. Die Telepathie soll eine außersinnliche Informationsübertragung von einer Person auf eine andere sein. An der Übertragung können auch mehrere Personen beteiligt sein. Da nun eine solche Übertragung das Bestehen einer Kommunikation zwischen den Gehirnen und die Fähigkeit eines Gehirns voraussetzt, in einem anderen informatorisch wesentliche Daten aufzufinden, ist es von vornherein unwahrscheinlich, daß diese Kommunikation und dieses Aufsuchen von Daten (»information retrieval« in der Terminologie der Informatiker) bei verschiedenen Telepathen auf unterschiedliche Weise realisiert sein könnte.

Die Herstellung einer außersinnlichen Kommunikation, die im Handumdrehen die richtigen Daten des richtigen Gehirns trifft, ist nämlich eine so entsetzlich schwierige Aufgabe, daß wir nicht einmal ansatzweise auch nur eine Möglichkeit ihrer Realisierung anzugeben vermögen, und doch soll aus den Beobachtungsdaten angeblich folgen, daß verschiedene Telepathen sie auf unterschiedliche Weise realisieren. Einmal soll die Kommunikation auf sprachlicher Ebene erfolgen, ein andermal auf außersprachlicher, etwa durch wortlose Symbole oder Bilder, oder auch durch innere, körperliche (d. h. propriozeptive) Empfindungen; einmal soll der Telepath sich mit dem Geist einer nahestehenden, ein andermal mit dem einer fremden Person in Verbindung setzen; einmal soll die Übertragung über eine geringe Distanz erfolgen, ein andermal soll wiederum die Größe der Entfernung für die Übertragung bedeutungslos sein. Es handelt sich somit nicht um eine Aufgabe, sondern um eine ganze Menge von Aufgaben, denn wenn man jemanden vor sich hat, dessen Gedanken man lesen soll, heißt das gleichsam, ein geschlossenes Buch schon in der Hand zu haben, doch wenn man lediglich weiß, daß irgend jemand auf der Welt eine gesuchte Tatsache kennt, dann heißt das gewissermaßen, daß man gerade nur weiß, daß das gesuchte Buch in einer von

Millionen Bibliotheken der Erde steht. Wie ist es möglich, derart verschiedene Aufgaben einander gleichzusetzen? Man behauptet gleichsam, daß die Menschen im allgemeinen überhaupt nicht fliegen können, daß aber einige nicht nur die Fähigkeit zu fliegen haben, sondern außerdem noch jeweils nach einer anderen Manier: dieser fliegt wie ein Vogel, jener wie eine Rakete, ein anderer wie ein Hubschrauber, wiederum ein anderer wie ein Düsenflugzeug usw. Dabei steht doch auf jeden Fall fest, daß es, je schwieriger eine Aufgabe ist, um so weniger Methoden ihrer Lösung gibt. Nach Angaben der Parapsychologie ist indessen das, was wir für unmöglich halten, nicht nur machbar, sondern auch noch auf viele unterschiedliche Arten, die jeweils unseren Erkenntnissen auf eine *andere* Weise widersprechen als alle übrigen! Das würde bedeuten, daß unser Wissen nicht nur in *einem,* sondern in einem ganzen riesigen Komplex von Irrtümern befangen ist, daß es sozusagen multisektoral, ja geradezu universal irrt!

Um zur Sache zu kommen, muß man sich aber klarmachen, daß der normale Betrachter und die Wissenschaft über das, was ungewöhnlich, ja unmöglich zu sein scheint, unterschiedlich urteilen. Wenn sich ein zerbrochenes Glas vor seinen Augen spontan wieder zusammenfügen würde, so wäre das für den Laien etwas Ungewöhnliches, doch wäre es für ihn nicht ein so großes Wunder wie die Auferstehung des Lazarus. Für den Wissenschaftler gibt es dagegen zwischen diesen beiden Ereignissen keinen grundsätzlichen Unterschied, denn als massive Verletzungen der thermodynamischen Gesetze sind sie gleichermaßen unzulässig. Die parapsychologischen Forscher der dreißiger Jahre, die von den thermodynamischen Beschränkungen der Informationsübertragung nichts wußten, meinten, das Lesen der Gedanken eines lebenden Menschen sei *stets* weitaus leichter als das Lesen der Erinnerungen eines Verstorbenen. In dem ersteren sahen sie – so etwa Max Dessoir – ein Phänomen, das sich im Prinzip wissenschaftlich erklären läßt, und zwar in *jedem Falle,* während das letztere bereits ein Beleg für ein Leben nach dem Tode sein sollte. Sie bemühten sich daher in jedem Falle festzustellen, ob die Daten, die sie von einem Telepathen erhielten, auch nur einem einzigen lebenden Menschen bekannt sein konnten, oder ob sie allein ein Verstorbener hatte kennen können. Nach dem, was wir heute wissen, dürfte allerdings die Schwierigkeit der ersten wie der zweiten Aufgabe unter bestimmten Umständen dieselbe sein. Nehmen wir an, daß ein heute Lebender eine Tatsache kennt, nach der wir einen Telepathen gefragt haben. Nach Dessoirs Ansicht mußte es unendlich viel leichter sein, auf telepathischem Wege zu einer gesuchten Information zu gelangen, wenn sie im Gehirn eines lebenden Menschen steckte, als an sie heranzukommen, wenn jemand sie mit ins Grab genommen hatte. Das braucht aber durchaus nicht der Fall zu sein. Die Situation stellt sich folgendermaßen dar: der Telepath soll an eine konkrete Erinnerung herankommen, die im Gedächtnis eines unbekannten Menschen steckt. Zunächst muß er also durch eine außersinnliche Sondierung diesen Menschen unter Milliarden Menschen auf der Erde herausfinden, und dann muß er dessen Gedächtnis durchstöbern, um die Information zu finden und sie dem Forscher mitzuteilen. Manchmal soll zwischen der Äußerung der Frage durch den Forscher und der Antwort des Telepathen nicht einmal eine Minute verstreichen.

Aus der Sicht der Informationstheorie ist eine solche Leistung ein Wunder. Selbst wenn die Durchleuchtung von Milliarden Gehirnen mit Lichtgeschwindigkeit durchgeführt würde, müßte sie Stunden dauern, wenn man berücksichtigt, daß ja jedes einzelne Gehirn nach den gesuchten Daten durchforscht werden muß. Wenn der kausale Prozeß (und um einen solchen handelt es sich bei dieser Sondierung) mit Überlichtgeschwindigkeit abläuft (weil Lichtgeschwindigkeit nicht ausreicht), so ist das kein geringeres oder größeres Wunder als das Lesen im Gedächtnis eines Verstorbenen. Von der Möglichkeit, daß der Telepath Milliarden Gehirne gleichzeitig durchleuchten könnte, kann keine Rede sein. Wir wissen nämlich, daß die psychischen Prozesse – gleichgültig, wie sie ablaufen – den Gesetzen der Informationstheorie unterliegen. Die Psyche ist ein Sendekanal mit einer konkret begrenzten Kapazität, mit einer konkreten Höchstgrenze der in bits gemessenen Daten, die sie innerhalb einer bestimmten

Zeit verarbeiten kann. Nun soll aber, wie man hören kann, der Telepath überhaupt keine Probleme damit haben, seinen Geist auf einen anderen auszurichten, d. h. den gesuchten zu identifizieren, und auch nicht mit der Datenauswahl (information retrieval), weil die Verbindung zwischen der einen und der anderen Psyche durch einen Kurzschluß hergestellt wird, für den die Beschränkungen durch die informationstheoretischen Gesetze nicht gelten. Allerdings ist dieses Argument nicht mehr ganz aktuell, denn wir wissen, wie gesagt, daß die psychischen Prozesse den thermodynamischen Beschränkungen ebenso unterliegen wie die nervösen Prozesse (der Reizleitung), doch lassen wir das einmal beseite. Wer dieses Argument vorträgt, macht sich nicht klar, daß wir *zwei* Rätsel zu lösen haben und nicht eines; der Mechanismus des *typischen telepathischen Vorgangs* ist das erste, das zweite dessen ungewöhnliche Seltenheit unter den Menschen. Das sind zwei verschiedene Dinge, denn wir könnten ja alle Telepathen sein und trotzdem noch immer nicht den Mechanismus kennen, wie es auch jetzt der Fall ist. Wenn es einigen möglich ist, sich den allgemeinen Naturgesetzen zu entziehen und Kontakt mit einer anderen Psyche aufzunehmen – warum können das nicht alle? Dazu kann man hören, daß es um individuelle Unterschiede gehe, analog den Unterschieden der Intelligenz, der Begabung usw. Doch jeder normale Mensch verfügt über die geistigen Funktionen, deren *Potenzierung* bei anderen die Grundlage von schöpferischen Talenten oder gar von Genialität ist. Das gewöhnliche Niveau von telepathischen Fähigkeiten ist dagegen bei jedem normalen Menschen gleich Null.

Der Unterschied zwischen einem Telepathen und gewöhnlichen Menschen ist entweder physikalischer oder außerphysikalischer Natur. Wenn es sich um einen physikalischen Unterschied bezüglich des materiellen Aufbaus des Gehirns handelt, dann muß auch die telepathische Kommunikation physikalischer Natur sein und somit den Gesetzen der Informationsübermittlung unterliegen. Wie könnte es anders sein? Wie könnte es sein, daß etwas Physikalisches (»das zerebrale Organ« des Telephaten) *nicht* den Gesetzen der Physik unterliegt? Wenn wir dagegen zulassen, daß dieser

Unterschied *nicht physikalischer Natur* ist, dann begeben wir uns außerhalb dieser Welt in eine andere, wo alles möglich ist. Dann aber müssen wir für immer auf die Verwissenschaftlichung der Telepathie verzichten, so wie wir uns einer informationstheoretischen Messung der Gemeinschaft der Heiligen enthalten. Damit ist ein allzu starkes Postulat ad absurdum geführt.

Meine Überlegung beruht allein auf der Annahme, daß, was auch immer geschieht, ohne Widerspruch geschieht, daß also der Telepath nicht gleichzeitig den Naturgesetzen unterliegen und nicht unterliegen kann. Wenn er diesen Gesetzen unterliegt, ist es ihm nicht möglich, *augenblicklich* die benötigten Daten in der Welt ausfindig zu machen, gleichgültig, ob sie in einem lebenden Gehirn stecken oder in einem toten, das zu Staub zerfallen ist. Er kann das nicht, weil es vom physikalischen Standpunkt aus in beiden Varianten gleichermaßen unmöglich ist. Es gibt nämlich keine *Abstufungen* der Unmöglichkeit. In ihrer jeweiligen Unmöglichkeit sind die Auferstehung von den Toten und das Herauslesen von Erinnerungen aus einem zerfallenen Gehirn einander ebenso gleichzusetzen wie eine Verletzung der thermodynamischen Gesetze und ein Vorgang, dessen Geschwindigkeit die des Lichts beliebig überschreitet. Was niemals geschehen wird, wird niemals geschehen und damit basta.

Man muß folglich die Telepathie als ein natürliches Phänomen auffassen und damit anerkennen, daß die meisten Thesen über die Umstände der Informationsgewinnung durch Telepathen auf einem Fehler des Experiments und der Beobachtung beruhen. Ich behaupte also, daß zumindest ein Teil jener Aufgaben, die nach Maßgabe der parapsychologischen Protokolle von Telepathen angeblich gelöst werden, eine Fiktion darstellt, der – abgesehen von einer fehlerhaften Interpretation der Ereignisse – in der Wirklichkeit nichts entspricht. Ich behaupte, daß es physisch und damit überhaupt unmöglich ist, mit dem Geist an einen bestimmten Menschen heranzukommen, der unter Milliarden anderer Menschen lokalisiert wird, und aus dem Kopf dieses Menschen konkrete Daten herauszuholen, so als würde jemand einen Magneten über Milliarden von Staubkörnern hinwegführen und mit ihm einige in dem Staub enthaltene Eisenspäne herausholen. Die für eine solche Suche erforderliche Mindestzeit läßt sich heute näherungsweise berechnen, ungeachtet des geistigen Mechanismus, dessen der Telepath sich bedient, weil wir die maximale Leistungsfähigkeit einer *jeglichen* Informationsübertragung und einer *jeglichen* Datenverarbeitung ebenso kennen wie den maximalen Wirkungsgrad energetischer Maschinen, der von keiner künftigen Maschine übertroffen werden wird. Daß wir die Mechanismen der Codierung von Erinnerungen im Gehirn nicht kennen, ist unwesentlich, denn es geht um die Festlegung der *Höchstgrenzen* erreichbarer Leistung und nicht um ein konkretes Funktionsschema des Gehirns, eines logischen Automaten oder eines anderen informationsverarbeitenden Apparats.

Wir wissen also, was telepathisch mit Sicherheit unmöglich ist, sofern es rationaler Erklärung zugänglich sein soll. Der auf diese Weise schmaler gewordene Bereich der Telepathie enthält aber weiterhin eine Menge von Problemen, die wir nicht zu knacken vermögen. Es sind dies jedoch Probleme, die von allen parapsychologischen Problemen am leichtesten zu rekonstruieren und zu verstehen sind.

2. An die zweite Stelle auf unserer Liste wachsender Widersprüche zwischen den genannten Phänomenen und der wissenschaftlichen Erkenntnis setze ich die Telekinese. Kein Sender von beliebiger Energieart kann eine Wirkung hervorrufen, die größer wäre als seine eigene Leistung, als die in ihm installierte Leistung, wie der Techniker sagen würde. Würde er eine Wirkung hervorrufen, die über die installierte Leistung hinausginge, so hieße das entweder, daß er als *Auslöse*mechanismus fungiert, die Wirkung also nur initiiert, während die für sie geforderte Energie von einer *gesonderten Quelle* geliefert wird, oder daß er die Erhaltungsgesetze verletzt. Auf den Erhaltungsgesetzen baut nun aber unser gesamtes Wissen auf. Weder auf der Erde noch im Kosmos haben wir irgend etwas entdeckt, was sie verletzen würde. Wir neigen deshalb zu der Auslöser-Version. Doch woher soll eigentlich die dadurch aktivierte Energie kommen? Gleichgültig, aus welcher konkreten Quelle sie stammen würde,

müßte man bei Experimenten einen Fluß dieser Energie feststellen können, die an einer Stelle abnehmen müßte. Von solchen Beobachtungen habe ich noch nie etwas gehört. In der Parapsychologie hat noch niemand behauptet, daß die Telekinese nach dem Auslöserprinzip funktioniert, etwa derart, daß ein »Geistesathlet« durch einen Willensakt den Zünder einer Atombombe betätigt hätte. Das scheint im übirgen auch unmöglich zu sein, weil die eigene Leistung des Gehirns einige Watt beträgt, also nicht einmal ausreicht, einen Nagel zu verbieten, und dennoch führt im Westen ein gewisser Israeli vor, wie er durch Willensakte Gabeln verbiegt. Das erscheint absolut unmöglich, und folglich müssen diese Vorführungen Schwindel sein.

Bleibt noch die »Mikro-Telekinese«, die Fernwirkung der dem Gehirn eigenen Kraft. Wir sprachen bereits von jener Variante, bei der versucht wird, die Saite eines Galvanometers zu bewegen: sie erbrachte keinerlei positiven Effekt. Man hat indessen gehört, daß die Dynamik von Elementarteilchen durch Willensakte des Beobachters verändert wurde. Auch das halte ich aufgrund der folgenden Überlegung für unmöglich. Falls das möglich wäre, müßte man damit rechnen, daß Atomphysiker, denen sehr an einem bestimmten Ergebnis gelegen ist, die Resultate von Laborexperimenten unabsichtlich verfälschen. Die Anhänger und die Gegner einer Theorie würden zu unterschiedlichen Arten von Ergebnissen gelangen, weil jede Seite die Bahnen der bei dem Experiment beobachteten Elementarteilchen auf andere Weise verschieben würde. Gewiß sind nicht alle mit einem telekinetischen Talent begabt, doch fällt es schwer anzunehmen, daß die Menge der Physiker sich überhaupt nicht mit der Menge der »Geistesathleten« überschneidet. Nichts dergleichen geschieht indessen. Demnach gehört auch die »Mikrotelekinese« höchstwahrscheinlich nicht zu den realen Vorgängen.

3. Durch einen noch höheren Grad an Widersprüchlichkeit zwischen den Angaben der Wissenschaft und den Angaben der Parapsychologie zeichnet sich die Hellseherei aus, zumindest in einigen protokollierten Fällen. Da wir nicht das gesamte Repertoire von Leistungen berücksichtigen können, die angeblich durch Hellseherei vollbracht wurden, wollen

wir konkret von der Behauptung sprechen, daß ein Hellseher fähig sei, eine Person zu lokalisieren, deren Fotografie ihm vorgelegt wird. Diese Person kann sich in einem anderen Raum oder am anderen Ende der Welt befinden, sie kann lebend oder tot sein, sie kann verkleidet oder durch chirurgische Eingriffe bis zur Unkenntlichkeit verändert worden sein, sie kann, während das Foto ein Kind zeigt, ein Greis sein usw. Schon aus dieser Aufzählung wird deutlich erkennbar, daß es nicht um irgendeine einzelne Aufgabe geht, sondern um eine ganze Menge von Aufgaben, die nicht auf einander reduzierbar sind, so daß es nicht möglich ist, alle durch eine und dieselbe Methode zu bewältigen. Diese Unterschiede sollen indessen dem echten Hellseher keine sonderlichen Schwierigkeiten bereiten. Wie macht er das? Ich bitte um Gotteswillen nur nicht davon zu sprechen, daß von der Fotografie eine die Identifikation ermöglichende »psychische Energie« ausgeht, denn das sind Kindermärchen. Wenn derartige Leistungen rational erklärbar sein sollen, müssen unsere grundlegenden Auffassungen über das Wesen der Kausalität, über die Beziehungen in Zeit und Raum, über die Eigenart aller – sowohl biologischen wie physikalischen – realen Prozesse falsch sein; kurz, die Wissenschaft müßte, um die Hellseherei akzeptieren und assimilieren zu können, sich zuvor von Grund auf wandeln, derart, daß von ihr nicht ein Stein auf dem anderen bliebe. Es ist fatal, aber es hilft nichts: die Hellseherei scheint nicht nur eine andere Art von Wissenschaft zu implizieren als die uns verfügbare, sondern eine andere Art von Welt, nämlich so etwas wie eine sehr stark determinierte Wirklichkeit, in der keine Spur verlorengeht, in der es keine Dissipation der Energie gibt, in der weder Erhaltungsgesetze gültig sind noch das Prinzip, daß Ereignisse mit zunehmendem zeitlichen Abstand grundsätzlich nicht mehr rekonstruierbar sind. Nach allem, was wir wissen, gibt es im Himmel und auf Erden nichts materiell Feststellbares, das ein Bindeglied sein könnte zwischen der alten Schnappschußaufnahme eines kleinen Kindes und den unter einem Baum im Walde begrabenen Überresten des Greises, zu dem jenes Kind nach 70 Jahren wurde. Alle Spuren und Zusammenhänge müssen sich längst bis zur Nichtreproduzierbarkeit verwischt haben. Es handelt sich um Vorgänge, die, folgt man dem Zweiten Hauptsatz der Thermodynamik und einer Unzahl anderer Gesetze, die den heutigen Stand unseres Wissens ausmachen, mit Sicherheit unumkehrbar sind.

Zum Abschluß dieser Liste füge ich erläuternd hinzu, daß ich auch in achtzig Jahren nicht mit Durchbrüchen in der Parapsychologie rechne, denn es ist unwahrscheinlich, daß es in diesem Zeitraum nicht so sehr zu einer einmaligen, revolutionären Entdeckung als vielmehr zu einer grundlegenden Umwandlung der gesamten Wissenschaft kommt, wie sie unabdingbar notwendig wäre, damit die genannten Phänomene (und sei es auch nur die Telepathie) von Methoden rationaler Erkenntnis erfaßt werden könnten. Selbst hundert Jahre werden in dieser Beziehung nach meiner Ansicht kaum etwas bringen. Es gibt einfach keine Übereinstimmung, keinen Überschneidungsbereich zwischen den Erkenntnissen, die wir in Jahrhunderten mühsam zueammengetragen haben und deren Geltung durch eine Unzahl von Erfindungen bestätigt wurde, die auch technisch und damit nachweislich wirksam sind, und andererseits einer Wissenschaft, welche die Parapsychologie einschließen könnte. Das ist nach meiner Ansicht der Grund, warum wir es gegenwärtig und auch in Zukunft mit einer Pattsituation zu tun haben.

Die einzige Alternative zu dem oben Gesagten ist die Auffassung, daß alles, was als parapsychologisches Phänomen ausgegeben wird, auf betrügerischen Verabredungen, der Fälschung von Protokollen, statistischen Vergleichen und Beobachtungen und auf ähnlichen Gemeinheiten beruht, an denen Leute beteiligt wären, die ansonsten einen untadeligen Ruf genießen und nicht geringe wissenschaftliche Verdienste aufzuweisen haben, nämlich die in der Sache engagierten Forscher. Wir stehen folglich vor einer wahrhaft schwierigen Wahl – zwischen allgemeinem Betrug in der Wissenschaft und einem Wunder in der Wissenschaft. Das ist, als *müßten* wir wählen zwischen der These, daß die Sonne aus Rüben besteht, und der These, daß die Sonne aus Stroh besteht, und tertium non datur. Denn entweder müssen wir jegliches Vertrauen aufgeben, das wir in die an dieser Front arbeitenden Wissenschaftler setzen, oder auf nahezu die gesamte

Wissenschaft verzichten. So stellt sich kurz gefaßt das logisch rekonstruierte Hauptdilemma der Parapsychologie dar.

Gegenwärtig verhält sich die Wissenschaft, wie schon gesagt, durchaus nicht gleichgültig gegenüber der Parapsychologie. Das Hauptargument gegen die den parapsychologischen Phänomenen von ihren Anhängern zugeschriebene Natur ist evolutionärer Art. Unstreitig ist, daß die Gabe des Hellsehens für das Überleben jeder Gattung von ungeheurem Nutzen sein muß. Wozu braucht man noch Sinne, wenn man sich durch Hellseherei im Handumdrehen auf die Bedingungen der Umwelt einstellen kann? Die Telepathie muß ebenfalls von ungeheurem, wenn auch sicherlich nicht ganz so großem Nutzen sein.

Die Überlegung geht hier folgendermaßen: Bei der bisexuellen Fortpflanzung besteht zunächst das Hauptproblem darin, daß die geschlechtsreifen männlichen und weiblichen Tiere einander finden. Um dieses Sichfinden zu erleichtern und zu ermöglichen, hat die Evolution in milliardenjährigen Bemühungen ein reiches Repertoire an speziellen Signalisations- und Lockverfahren entwickelt, die Tiere mit dafür spezialisierten Organen, Erscheinungsbildern usw. ausgestattet, doch wäre das alles eine überflüssige, weil vergeudete Mühe, wenn die Tiere sich telepathisch in Verbindung setzen könnten. Allein schon die unerhörte Vielfalt der in der Tierwelt – von den Insekten bis hin zu den Anthropoiden – beobachteten Signalisationsorgane spricht dagegen, daß eine telepathische Kommunikation unter den Tieren funktioniert. Sie kann in der Tierwelt nicht einmal fragmentarisch aufgetreten sein, denn jede auch noch so geringfügige Befähigung wäre von der natürlichen Auslese herausselektiert, d. h. im Laufe ihrer Hunderte von Jahrmillionen währenden evolutionären Wirkung potenziert, konzentriert und verankert worden. Das Evolutionsargument spricht also dafür, daß die Telepathie, sofern sie tatsächlich vorkommt, nur eine Funktion von hochentwickelten Gehirnen sein kann, weil die anderen sie nicht zu realisieren vermögen. Doch wiederum wäre, falls sie mit subhumaner oder humaner Intelligenz gekoppelt wäre, genügend Zeit für ihre positive Selektion gewesen. Besondere Überlebensvorteile erbringt die Telepathie, was den Menschen betrifft, erst mit der Entwicklung der Sprache, denn was wäre die Gedankenübertragung ohne Gedanken, die sie übertragen könnte, und ohne Sprache kann es schließlich kein logisch geordnetes Denken geben. Nun entwickelte sich die Sprache vor über 10 000, wahrscheinlich sogar mehreren 10 000 Jahren, so daß reichlich Zeit war, in der die Wirkungen der natürlichen Auslese sich hätten zeigen können. Hätte es sie gegeben, dann müßten Fortschritte in den genannten Fähigkeiten selbst innerhalb der geschichtlichen Zeit, also in den letzten zehn- bis dreizehntausend Jahren feststellbar sein, doch ist uns davon absolut nichts bekannt. Danach sieht es so aus, als handle es sich zwar um ein erbliches Merkmal, das jedoch nicht der natürlichen Auslese unterliegt. Was für ein Merkmal kann das sein? Doch wohl nur eines, das überhaupt nicht die Telepathie, d. h. die Gedankenübertragung, oder die Hellseherei, d. h. die außersinnliche Wahrnehmung der Umwelt, bestimmt. Es drängt sich daher unausweichlich der Schluß auf, daß gerade die Eigentümlichkeiten der parapsychologischen Phänomene, die unser größtes Interesse wecken, etwas für diese Nebensächliches sind, wie das folgende Beispiel zeigt.

Die Existenz von Gravitationswellen ist heute eine in der Wissenschaft weder bestätigte noch widerlegte Hypothese. Aller Wahrscheinlichkeit nach besteht jedoch die Alternative, daß es diese Wellen tatsächlich gibt oder daß es sie nicht gibt, und die kommenden Jahre werden eine Lösung bringen. Eine entsprechende Alternative gilt dagegen nicht in jedem rätselhaften Fall. Möglich ist, daß ein Neandertaler-Philosoph, der von einem Zeit-Reisenden ein Radio bekommen hat, sich sagen würde: »Entweder sitzen in diesem Kasten winzige Menschen, oder es ist niemand, der daraus zu mir spricht, weil es bloß eine durch Zauberei festgebannte Stimme ist.« Tatsächlich aber ist es weder so noch so: zwar gibt es in dem Kasten keine Menschen, doch sprechen sie daraus, nur daß sie sich ganz woanders befinden. Das ist ein einfaches Beispiel für eine nicht anwendbare (und daher falsche) Alternative. Würden dieser Neandertaler und seine Stammesgenossen nichts anderes tun, als sich mit dieser Stimme abzugeben, würden sie versuchen, diese aus dem

Kasten herauszusaugen, ihr Schlingen stellen, sie in taube Nüsse packen usw., dann würden sie selbstverständlich, auch wenn sie sich tausend Jahre mit dem Rätsel herumplagen würden, nicht von der Stelle kommen. Ich halte es deshalb für möglich, daß wir noch immer ganz falsch an die parapsychologischen Dinge herangehen. Daß wir irgendeiner Sekundärerscheinung, einer Nebensächlichkeit nachjagen, weil wir den Kern des Geheimnisses suchen, wo er nicht ist. Wo sollte er stecken? Außerhalb jener Erscheinungen, die gemäß der folgenden Analogie eine Wirkung und nicht eine Ursache sind. Um das Rätsel des Radios zu knacken, bedarf es zwar einer Theorie, doch geht es dabei um die Maxwellsche Theorie des Elektromagnetismus und nicht um die Theorie akustischer Wellen. Wenn man untersucht, was aus dem Radio dringt, gelangt man niemals zu Maxwells Theorie. Untersucht man dagegen Erscheinungen des Elektromagnetismus, so gelangt man auf diesem Wege gleichsam nebenbei zu dem Verfahren der Rundfunkübertragung. Geht man allein von den Theorien der Akustik aus, so grenzt das, was das Radio tut, an ein reines Wunder. Die akustischen Theorien beziehen sich in keiner Weise auf die Wirkmechanismen des Phänomens. Vielleicht muß man sich daher ganz von ihm abwenden, um sich mit der allgemeinen Systemtheorie zu befassen, und zwar mit dem Bereich, der Systeme behandelt, die teilweise von der Umgebung isoliert, aber zu informatorischen Koppelungen fähig sind. Vielleicht muß man sich mit den Grundbegriffen der Spieltheorie befassen, vor allem den Begriffen des Zufalls, der Stochastik und der Ergodik, denn aus diesem Bereich stammen schließlich auch die statistischen Maße zur Eichung und Feststellung parapsychologischer Erscheinungen. Vielleicht wird man erst von jener Computergeneration auf Hilfe rechnen können, die imstande sein wird, die Funktionen des menschlichen Gehirns multidimensional darzustellen. Vielleicht werden im Laufe solcher Untersuchungen heute noch für uns grundlegende Begriffe und unumstößliche Gegensätze wie etwa der Gegensatz zwischen vollständiger Zufälligkeit und determinierter Kausalität brüchig und hinfällig werden. Vielleicht werden wir auf diesem Wege zu einer Ebene von Erscheinungen vordringen, auf der jene Begriffe durch völlig andere ersetzt werden müssen, welche die genannte gegenseitige Ausschließung (von Ordnung und Zufall) nicht zulassen. Ähnliches geschah (wenn auch in weit geringerem Umfang) schließlich in der Physik, als man von der klassischen zur Quantenphysik überging.

Ich bin daher zusammenfassend der Ansicht, daß, sollten die parapsychologischen Phänomene Realität sein, die Wissenschaft von Grund auf umgebaut werden muß, wenn sie sich diese Realität aneignen soll. Weil aber alles, was im Bereich jener Phänomene geschieht und weiterhin geschehen wird, keinen hinreichenden Anstoß zu einer solchen totalen Transformation des gesamten Gebäudes der Wissenschaft gibt, sprechen sowohl praktische als auch theoretische Überlegungen dafür, daß, sollte es dazu kommen, daß jene Merkwürdigkeiten in die Wissenschaft einbezogen werden, dann nur durch einen Wandel der Wissenschaft aufgrund von Fortschritten, die weder von der Parapsychologie als solcher inspiriert sind noch diese frontal angreifen. Die Wissenschaft wird, bildlich gesprochen, bei ihren unerbittlichen Erkenntnisfortschritten schließlich eine solche Höhe erreichen, von der aus das Wesen der außersinnlichen Realien sich gleichsam ungewollt und nebenbei erschließt, als ein mitzunehmender Profit, nicht aber als der einzige, um den es bei der ganzen fortschreitenden Bewegung ging. Das sind zumindest meine Ansichten in dieser Sache. Sed tamen potest esse totaliter aliter.

Krakau, Oktober 1974

Verlorene Illusionen oder Von der Intellektronik zur Informatik

I

Die von der Kybernetik zwei Jahrzehnte nach ihrer Entstehung herbeigeführte Enttäuschung ist teils praktischer, teils theoretischer Natur. Weil die theoretischen Mißlichkeiten sowohl fundamentaler als auch schwieriger zu erfassen sind, wollen wir zunächst sie behandeln. Es stimmt, daß die »Väter« der Kybernetik, darunter Wiener, Shannon und von Neumann – von Anfang an vor einem übertriebenen Optimismus warnten, der in der Kybernetik einen Universalschlüssel der Erkenntnis sah. Es stimmt allerdings auch, daß sie weder verhindern konnten, daß in die Kybernetik übermäßige Hoffnungen gesetzt wurden, noch daß sie sich selbst immer davor hüteten, in einen solchen Optimismus abzugleiten.

Das erkenntnismäßige Maximalprogramm der Kybernetik, das wohlgemerkt eher in populären Versionen als in exakten Darstellungen vorgetragen wurde, verkündete, daß eine neue Sprache entstanden sei, d. h. ein neues System von trennenden Begriffen und damit ein neues Niveau der Verallgemeinerung, das es gestatte, viele Zweige der Natur- und Geisteswissenschaften (z. B. der Biologie, Geologie und Physik, aber auch der Anthropologie, Psychologie, Linguistik, Soziologie und schließlich der Literaturwissenschaft), die bislang kaum Berührung miteinander hatten und durch unüberschreitbare Barrieren voneinander getrennt waren, zu vereinigen. Das sei deshalb möglich, weil die Kybernetik über Systemmodelle von einer solchen Abstraktheit verfüge, daß zahllose Phänomene aus den unterschiedlichsten Wissenschaftsbereichen von ihnen unter einheitlichen Zentralbegriffen erfaßt würden – den Begriffen der Information (der Nachricht), des Senders, des Empfängers und des Sendekanals, des Systems mit »Eingängen« und »Ausgängen«, der positiven und negativen Rückkoppelungen, der durch eine Transformationsmatrix festgelegten Systemtrajektorie usw. Diese mathematisch strengen Begriffe sollten zum gemeinsamen Nenner der vereinheitlichten Disziplinen werden und zugleich Präzision der Forschung auch dort ermöglichen, wo exakte Methoden bislang keinen Zutritt gehabt hatten. Schon von Anfang an war dieses Programm nicht vollständig durchführbar – aus zweierlei Gründen. Die einen hängen mit den Unzulänglichkeiten der Kybernetik selbst zusammen; wir werden darauf zurückkommen. Die anderen beruhten auf den Schwierigkeiten oder – wenn jemand das vorzieht – den krisenhaften Problemen, mit denen sich die Mathematik des 20. Jahrhunderts herumplagt. Die historische Entwicklung hatte nämlich jene Zweige der Mathematik privilegiert und so zu einem Bestandteil ihres Instrumentariums gemacht, die nicht der reinen Mathematik entstammten, sondern Seitenlinien darstellen – wie die Wahrscheinlichkeitstheorie, die Shannons Informationstheorie zugrundelag und von den reinen Mathematikern lange als ein »illegitimes Kind« betrachtet wurde, oder auch dieTheorie der Algorithmen und die Theorie der Systeme, welche – namentlich die letztere! – nicht vollständig von Formalismen erfaßt wurden, also anfänglich mit Begriffen operieren, die für den Mathematiker reichlich verdächtig sind. Es ist hier nicht möglich – und wir könnten es auch nicht –, eine Darstellung der Mathematik zu geben; es genügt, daß der Boden, auf dem die Fundamente der Kybernetik errichtet wurden, der Boden der Mathemathik, nicht völlig sicher war. Sowohl die Wahrscheinlichkeitstheorie als auch die Theorie der Algorithmen (denn die für die Kybernetik außerordentlich bedeutsame Systemtheorie ist noch immer eher ein frommer Wunsch und ein Gemisch aus Entwürfen und Vorschlägen als eine wirklich selbständige Disziplin) haben – bildlich gesprochen – eindeutige, hinreichend auskristallisierte Zentren, während ihre Peripherie von ungelösten Fragen und Zweifeln nur so strotzt. Versuche der Ausweitung jener Zentren haben zu ungeheuren Schwierigkeiten geführt, die mit der Uneindeutigkeit der Oberbegriffe – wie etwa der »Wahrscheinlichkeit« und des »Algorithmus« – zusammenhängen. Man könnte mit einem Aphorismus sagen: In diesen beiden Richtungen läßt sich entweder nicht viel auf eine ganz und gar sichere Weise oder viel auf eine Weise tun, die zu fragwürdigen Resultaten führt. Da die einfachen Anwendungen der Wahrscheinlichkeitstheorie und der Theorie der Algorithmen für die sich entwickelnde Kybernetik jedoch nicht hinreichend sind, hat man gehofft, daß die reine Mathematik dieser neuen Disziplin zu Hilfe kommen würde; solche Hoffnungen äußerte u. a. der schon erwähnten John von Neumann, weil er erkannte, daß die von der wiederbelebten und plötzlich in Mode gekommenen Booleschen Algebra ausgehenden kombinatorischen Verfahren, die zwar sicher sind, aber nicht weit reichen, unzulänglich sind. Leider kam eine wirkliche Hilfe nicht zustande. Außerdem lastet auf der Mathematik ein eigentümlicher Fluch, der mit den Unendlichkeitsbegriffen zusammenhängt, auf welche die in der Physik angewandte Mathematik nicht verzichten kann, weil die Physik, namentlich die klassische, auf dem Infinitesimalkalkül beruhte; da nun aber die in die Mengentheorie eingegangenen Infinitesimalbegriffe in der Kybernetik unbrauchbar sind, stießen hier zwei einander widersprechende Entwicklungstendenzen (die finitistische und die infinitesimale) zusammen. Dadurch wurden grundlegende Zweifel aufgerührt, was denn die Kybernetik eigentlich sei: ein Zweig der reinen Mathematik oder der mathematisch interpretierte Modellbereich der Physik. Dies ist keine so spekulative und fruchtlose Frage, wie es vielleicht scheinen könnte. Als ein Teil der Physik wäre die Kybernetik empirischer Herkunft, müßte sich also vor allem der experimentellen Überprüfung aussetzen und würde eine falsifizierbare Theorie oder auch Gruppe von Theorien darstellen. Als Teil der Mathematik wäre sie ein Generator von Modellen und Strukturen, die, sofern auf widerspruchsfreie Weise konstruiert, per definitionem wahr sind, und die Frage der erkenntnismäßigen Fruchtbarkeit ihrer außermathematischen Anwendungen wäre ein gesondertes und für die Kybernetiker eher peripheres Problem. Die Kybernetiker – das muß man sagen – haben sich über den Status ihrer Wissenschaft im Hinblick auf die aufgezeigte Alternative nicht einigen können. Ein Psychoanalytiker der Wissenschaftsgeschichte würde vielleicht sagen, daß sie (die Kybernetiker) weder auf die deduktive

Wahrheit, durch welche die Mathematik sich auszeichnet, noch auf die instrumentelle Fruchtbarkeit der naturwissenschaftlichen Disziplinen verzichten mochten, daß also ihr »Unterbewußtsein« ihnen die richtige Einstufung erschwerte. Das wäre jedoch schlimmer als eine Unterstellung, nämlich eine Vereinfachung der Tatsachen: die Unentschiedenheit beruhte nicht auf unersättlicher Habgier, sondern auf der Unzulänglichkeit des Wissens.

Die »Väter« waren ihrer Ausbildung nach Mathematiker, aber nur Wiener hat ein ganz enges Verhältnis zur reinen Mathematik; während von Neumann, unzweifelhaft ein genialer Kopf, sich ein wenig mit »allem« beschäftigte – der Quantenmechanik, der Theorie der Automaten und der Information, der Chemie, der Biologie und sogar der Neurophysiologie, war Shannon Fernmelde-Ingenieur.

Unklar waren und blieben eigentlich auch die Beziehungen zwischen der Kybernetik im strengen Sinne – hierher gehört die Theorie von Systemen, die mit Ein- und Ausgängen sowie mit Rückkoppelungen versehen sind, sowie aller ihrer denkbaren Transformationen, mit den Provinzen der Homöostase, der Selbstorganisation usw. – einerseits und andererseits relativ autonomen Bereichen – wie Shannons Informationstheorie – und Richtungen, die noch lockerer mit der Kybernetik zusammenhängen und von ihr noch unabhängiger sind – von der Theorie der dynamischen Programmierung bis zur Entscheidungs- und Organisationstheorie.

Der Hauptvorwurf gegen die Kybernetik lief von Anfang an auf die Behauptung hinaus, daß sie nichts Neues entdecke, sondern lediglich längst bekannte, in anderen Sprachen der Beschreibung dargestellte Systeme und Prozesse in ihre eigene Sprache übersetze und dadurch zu Unfruchtbarkeit verdammt sei; ganz unbegründet war dieser Vorwurf nicht. In vielen Disziplinen erwies sich die Anwendung des kybernetischen Begriffsapparats als von geringer Fruchtbarkeit. Während er beispielsweise in der theoretischen Biologie manches erklärt, führt er doch nicht selber zu neuen bedeutsamen Entdeckungen. Ihn anzuwenden ist nicht direkt falsch, sondern lediglich teilweise verfrüht, teilweise auch erfolglos, so etwa, wenn es aufgrund mangelnder sachlicher Daten in einem Wissenschaftszweig nicht möglich ist, die bereits eingeführten kybernetischen Schemata im notwendigen Umfang zu konkretisieren.

Sodann stellte sich heraus, daß die Informationstheorie nicht von so universeller Verwendbarkeit war, wie man es zunächst vorausgesagt hatte, daß es ungemein schwierig war, den Begriff der Information – selbst einer asemantischen, einer Shannonschen Information – außer in bezug auf Systeme, die der Mensch selbst geschaffen hat, in bezug auf Kommunikationssysteme also, in exakter Weise anzuwenden. Mit diesem sehr wichtigen Problem wollen wir uns eingehender befassen. Die Entwicklungsschwierigkeiten der Kybernetik hängen allerdings nicht nur mit Informationsproblemen zusammen, aber sie sind außergewöhnlich ernst, und sei es auch nur, weil man von »Steuerung und Kommunikation im Organismus und in der Maschine« kaum exakt sprechen kann, wenn man nicht über exakte Informationsbegriffe und -maße verfügt, mit denen diese Kommunikation und diese Steuerung eindeutig gemessen werden können.

Größte Faszination und Freude löste – so als wäre ein moderner Stein der Weisen entdeckt worden – die Gleichsetzung der kommunikativen Nachricht mit der thermodynamischen Entropie aus, denn dadurch würde, wie die »Väter«, etwa von Neumann, glaubten, zum erstenmal in der Geschichte der Erkenntnis eine Brücke zwischen Logik und Physik geschlagen. Die Information, so meinte man, sei »negative Entropie«, »Negentropie«, der Kehrwert der als physikalische Größe verstandenen Entropie, der den »energetischen Niedergang«, den probabilistisch verstandenen »Grad der Unordnung« eines Systems messe (denn Ordnungen höchsten Grades sind thermodynamisch stets die am wenigsten wahrscheinlichen Zustände eines physikalischen Systems). Diese Freude wurde jedoch bald enttäuscht, denn sie beruhte auf einem ungerechtfertigten Zukunftsoptimismus.

Anfangs glaubte man, das Ungenügen des physikalistischen Informationsbegriffs hänge allein mit seinem asemantischen Charakter zusammen, damit, daß in Shannons Theorie der Inhalt einer Information nicht berücksichtigt werden kann. Es mangelte auch nicht an Versuchen, eine semantische Informationstheorie (Carnap und Bar Hillel) aufzustellen. Es zeigte sich aber, daß auch eine ganz orthodoxe, in Begriffen der Kommunikation verstandene und aus der Thermodynamik abgeleitete Theorie der Information an einem bestimmten Mangel litt. Das stellte sich heraus, als verschiedene Forscher aus unterschiedlichen Disziplinen versuchten, auch nur grob abzuschätzen, wieviel Information im lebenden Organismus, im Ei, im Chromosomensatz oder auch im Genbestand einer biozönotischen Population enthalten ist, oder festzustellen, ob in der Zygote oder im daraus entstehenden Organismus mehr Information enthalten ist. Jehoshua Bar Hillel, der gleichzeitig einer der hervorragendsten Linguisten, Logiker und Informatiker ist, verkündete schließlich, daß es in der Wissenschaft überhaupt nicht zulässig sei, Fragen von der Form: »Was ist X?« (d. h. Was ist Information?) zu stellen, weil es sich dabei gewissermaßen um metaphysisch orientierte Fragen handele, die auf eine »ultimative« Antwort warten, welche uns das »Wesen« einer »Erscheinung« wie der Information oder der Gravitation eröffne – ein Wesen, zu dem die ständig sich selbst korrigierende und sich entwickelnde Wissenschaft auf dauerhafte und unumstößliche Weise nicht gelangen könne. Dieses Postulat besitzt Vorläufer, denn es gibt bekanntlich Fragen, die auf den ersten Blick durchaus triftig, d. h. logisch korrekt sind und die man in der Quantenmechanik nicht stellen darf, wenn man nicht Gefahr laufen will, Antworten zu erhalten, die widerspruchsvoll und damit wertlos sind. Die Radikalität von Bar Hillels Auffassung kann gleichwohl nur verheerende Konsequenzen nach sich ziehen. Denn was wir verlieren, ist nicht nur die Aussicht auf eine Erklärung, was denn Information eigentlich ist, ob sie kategorial vielleicht zur Familie solcher Begriffe gehört wie Energie und Masse oder ob sie eine »Erscheinung eigener Art« ist, sondern wir verlieren außerdem – und das ist vielleicht noch schlimmer – den Überblick über ihren Anwendbarkeitsbereich, denn es zeigt sich, daß eine Information, die nicht operational definiert ist, weder in der Biologie noch in der Psychologie ein sinnvolles

Maß darstellt – und daß man sie, abgesehen von der Linguistik, jenseits des ingenieurmäßig auf die Sender, Kanäle und Empfänger von Nachrichten begrenzten Bereichs der Fernmeldetechnik nirgendwo verwenden kann. Die Linguistik läßt sich deshalb für die Informatik retten, weil sie rein kombinatorisch und zugleich wahrscheinlichkeitstheoretisch aufgefaßt wird. (Aber im Grunde ist auch dort eine vollständige Mathematisierung entweder schwierig oder unmöglich, und man muß sich mit einer heuristisch schlüssigen Näherung begnügen; wenn man z. B. die Häufigkeit des Auftretens bestimmter Buchstaben in der ethnischen Sprache messen möchte, kann man diese Häufigkeit mit einem praktisch hinreichenden Grad an Genauigkeit schätzen, ohne jedoch zu einer theoretisch endgültigen, eindeutig geschlossenen Formel zu gelangen, denn diese Formel würde von der Beobachtung der Sprecher abhängen – und damit wären wir wieder bei dem alten Widerspruch zwischen der empirischen Wahrscheinlichkeit und dem mathematischen Erwartungswert.) In der Beschränkung der Informatiker – sofern sie Linguisten sind – auf die Erforschung der ethnischen Sprachen ist nun aber ein gewaltiger, für die weitere Zukunft geradezu unabsehbar großer Nachteil zu sehen, weil dieser für die linguistische Informatik angeblich heilsame Rigorismus, die kluge Selbstbeschränkung, sie jeglicher Chancen beraubt, parallel die »andere« Sprache des Chromosomen-Codes in der Biologie zu erforschen. Schließlich hat die sich empirisch geradezu aufdrängende Ähnlichkeit zwischen der Übertragung des Erbguts und der sprachlichen Artikulation gewaltige Erkenntnishoffnungen geweckt; es schien, als sei eine Verallgemeinerung neuer Art möglich, eine Synthese, bei welcher der Begriff der Information eine führende Rolle spielen würde, weil er es, der Logik und zugleich der Thermodynamik entstammend, erlauben würde, mit ein und demselben Ansatz, mit ein und demselben terminologischen Apparat sowohl die natürlichen (ethnischen) Sprachen zu erfassen, die der zwischenmenschlichen Verständigung dienen, als auch die real wirksamen Sprachen, die sich selbst realisierenden Prognosen, als welche die chromosomalen Artikulationen lebender Organismen aufzufassen sind. Und während es den naturwissenschaftlichen Empirikern so schien, als würde alles auf eine im Grunde gemeinsame Natur dieser beiden Kategorien von Sprachen hindeuten, erwiesen sich die theoretischen Begriffssysteme, welche diese triumphal entdeckten Tatsachen präzisieren und die Möglichkeit weitergehender Untersuchungen eröffnen sollten, gerade dabei als untauglich.

Eine Bombe mit Zeitzünder, die man verfrüht in diesen Gegenstandsbereich einbrachte, war der Begriff der Komplexität. Und vielleicht hat man die ganze Systemtheorie nur geschaffen und versucht weiterhin sie auszubauen, um jenen nebelhaften Begriff, der keiner, insbesondere keiner mathematischen Präzisierung zugänglich ist, der sich nicht streng generalisieren lassen »möchte«, dennoch zu präzisieren. Es hat auch nicht an Versuchen gefehlt, vom Begriff der physikalischen Information zum Komplexitätsbegriff Brükken zu schlagen, derart, daß Informationsmaße automatisch den Komplexitätsgrad eines Forschungsobjekts wiedergeben. An Versuchen mangelte es nicht; das belegen die dabei entstandenen Ausdrücke einer strukturellen, einer metrischen, einer topologischen, einer algorithmischen, d. h. metaprobabilistischen, einer kombinatorischen usw. Information. Leider brachten sie mehr Enttäuschungen als Erfolge. Wir wollen knapp und verständlich und damit notwendigerweise auch skizzenhaft erläutern, was an dem Begriff der Information im Verhältnis zum Begriff der Komplexität so fatal und trügerisch ist.

Für viele scheint der Begriff der Information eine Subjektivität zu enthalten, die den typisch physikalischen Ausdrükken fremd ist. Denn Informationsmaße sind stets relativ, weil auf ein Repertoire von Zuständen bezogen. Eine eintreffende Information ist gleichbedeutend mit der Auswahl eines Zustandes aus der Gesamtzahl aller möglichen Zustände – und deshalb wird sie anhand unterschiedlicher Wahrscheinlichkeiten gemessen: der Wahrscheinlichkeit vor dem Eintreffen eines bevorzugenden (hinweisenden) Signals und derjenigen nach seinem Eintreffen. Unter dem Aspekt der Messung ist das Eintreffen einer Information somit gleichbedeutend mit einer Verringerung der Unbestimmtheit des

Zustandes, den ein beobachtetes System tatsächlich aufweist. Das jeweilige System wird also stets als ein Element der endlichen und abzählbaren Menge aufgefaßt, die sämtliche möglichen Zustände eben dieses Systems enthält. Für den Linguisten ist nun nichts leichter, als die Grenzen der Menge aufzuzeigen, weil seine Menge jeweils endliche sprachliche Äußerungen enthält und der Informationsgehalt sich kombinatorisch exakt feststellen läßt anhand der Anzahl der Zeichen (Buchstaben des Alphabets), die in einer Mitteilung vorkommen können. Eine Messung bedarf nur einfacher kombinatorischer Operationen, weil Form, Größe und Schnitt der Buchstaben sowie die Frage, ob sie etwa waagrecht oder senkrecht aufgezeichnet sind, auf einer Ebene oder auf der Oberfläche eines Körpers, ob sie auf einem materiellen Träger wie etwa Papier verschlüsselt sind oder ob sie z. B. als Phänomene durch Schwingungen eines Mediums (der Luft) übertragen werden, bedeutungslos sind. Der Informationsgehalt eines gedruckten Satzes ändert sich nicht, wenn man diesen Satz mit einem Stöckchen in den Sand schreibt oder die Buchstaben aus Ton formt, aus Metall gießt, in den Felsen meißelt, tonnenschwere Abbilder aus Beton herstellt usw. Hingegen weiß man im Grunde nicht, wie sich beim Code der Vererbung eine analoge Einschränkung machen, wie sich also die Information von ihrem Träger unabhängig machen läßt. Die Menge der Sätze der englischen Sprache und die Menge der »chromosomalen Sätze« – der linearen Artikulationen der chromosomalen »Sprache« – lassen sich unter dem Aspekt des Informationsgehalts nicht in gleicher Weise bilanzieren, weil sie sich hinsichtlich der »Trennbarkeit« von Sender (Informationsquelle) und Empfänger drastisch unterscheiden. Denn während wir wissen, was die Menge der englischen Sätze ist, wissen wir nicht, was eigentlich die »Menge der chromosomalen Sätze« darstellt. Wir können bestimmte Einheiten des chromosomalen Codes – der DNA – bestimmten Buchstaben des lateinischen Alphabets zuordnen. Wir können immer zwischen einem Haufen von Buchstaben und einem Satz der englischen Sprache unterscheiden. Indessen vermögen wir nicht einen Haufen von »Gen-Buchstaben« von einem »Satz« der Sprache der Vererbung zu unterscheiden, und daß wir das jetzt noch nicht können, ist nicht das einzige Hindernis auf dem Wege zur Informationsmessung. Denn Sätze einer ethnischen Sprache, z. B. gedruckte, sind niemals echte Systeme im physischen Sinne. Die Systemhaftigkeit eines sprachlichen Satzes stellt weder ein physisches Merkmal noch auch nur ein Element der physischen Beschaffenheit dieses Satzes dar. Seine Systemhaftigkeit verdankt der Satz der Übereinstimmung mit den Regeln der Syntax, der Lexikographie und der Grammatik der jeweiligen Sprache. Fassen wir dagegen einen gedruckten Satz als ein physikalisches System auf und möchten wir seine thermodynamisch verstandene Information messen, dann zeigt sich, daß die Quantität an Ordnung, welche der Druck (das Bild des auf Papier gedruckten Satzes) zur gesamten Entropiebilanz des Blattes Papier beiträgt, so gering ist, daß sie praktisch gleich Null ist. Thermodynamisch betrachtet, sind ein Blatt Papier, das mit Flecken von Druckerfarbe bedeckt ist, und ein Blatt, das mit einem sinnvollen gedruckten Text bedeckt ist, hinsichtlich der Informationp d. h. der Entropie, nahezu identisch. Einem Bit Information entsprechen nämlich 10^{-16} thermodynamische Einheiten der Entropie. Der Grad der Ordnung des physischen Systems, welches das Blatt Papier darstellt, wird dadurch, daß man einen Text auf ihm unterbringt, also praktisch nicht erhöht, weil das Blatt höchstens einige hundert Bits aufnehmen kann, während seine Entropie, umgerechnet in Bits, eine astronomische Größe ist (Quintillionen oder Quadrillionen von Bits). Ähnlich sieht es mit der thermodynamischen und zugleich informationalen Bilanz jedes beliebigen, vom Menschen hergestellten Systems aus, etwa eines numerischen Rechners mit hundert Millionen Elementen: die Maschine kann höchstens $4 \cdot 10^9$ Bits, also $4 \cdot 10^7$ thermodynamische Einheiten enthalten, und das ist wiederum verschwindend wenig. Anders ist die Situation bei den lebenden Organismen, seien es nun ausgewachsene Individuen oder auch Zellen, etwa Keimzellen, weil die Anzahl der geordneten Elemente, aus denen ein solches System besteht, etwa 10^{12} beträgt, so daß die *physikalische Entropie* der Zelle oder des Organismus schon von der in diesem System enthaltenen und sein Verhalten (z. B. den Prozeß der Embryogenese) steuernden *Informationsmenge* abhängig ist. Denn es treten ja sofort unüberwindliche Schwierigkeiten auf, wenn wir versuchen, die Informationsmenge zu bestimmen, die in dem »Satz« steckt, der durch den Chromosomenfaden dargestellt wird, weil das einfache statistische Verfahren, das wir bei dem aus Buchstaben aufgebauten Satz anwenden, bei einem »Satz«, der sich aus DNA-(Desoxyribonuklein-)Molekülen zusammensetzt, nicht zu gebrauchen ist. Bei einem gedruckten Satz haben seine topologischen Eigenschaften keinen Einfluß auf seinen Informationsgehalt, während sie bei einem Chromosomenfaden seinen Informationsgehalt wesentlich beeinflussen. Deshalb dürfen wir die DNA-Moleküle, die Einheiten des Gen-Alphabets, nicht mit dem Buchstabenalphabet verwechseln. Wir müssen uns klar machen, daß die Leichtigkeit, mit der die Informatik sprachliche Texte behandelt, schlicht darauf beruht, daß wir alle Zusammenhänge, in die ein vom Menschen aufgenommener Satz mit seinem Gehirn tritt, vernachlässigen; andererseits wissen wir, daß dieser Satz dort zu einem System von Befehlen und gleichzeitig zum Substrat eines komplizierten cerebralen Entscheidungsverfahrens wird, so wie der Chromosomenfaden zugleich ein System von Befehlen an das Protoplasma der Zygote und – zusammen mit diesem Protoplasma – das Substrat eines komplizierten Entscheidungsverfahrens (nämlich der Fruchtentwicklung) ist. Gleichwohl treten die Sätze der natürlichen Sprache stets im Zustand einer sehr radikalen Trennung von allen Operationen ihrer geistigen Rezeption auf, während die Sätze der Sprache der Vererbung keine solche Autonomie aufweisen. Wir glauben zwar, daß es sich um Schwierigkeiten handelt, die gewissermaßen auf dem technischen Aspekt der Situation beruhen und nicht auf irgendwelchen wirklich grundsätzlichen Unterschieden, doch gerade diese technischen Schwierigkeiten vereiteln die Anwendung einfacher statistischer Verfahren und der Wahrscheinlichkeitstheorie in jener elementaren Form, die zur Erstellung von Informationsbilanzen in der Sprachwissenschaft ausreicht. Wiederholt von Biologen vorgenommene Versuche, Informationsbilanzen von

Zellen oder Organismen aufzustellen, führen sowohl zu gewaltigen Streuungen der quantitativen Einschätzung als auch – und das ist schlimmer – zu grundlegenden Fehlern und Mißverständnissen, denn bei solchen Schätzungen wird der Informationsbegriff schlicht mißbraucht und verliert jeglichen operational verständlichen physikalischen Sinn. So stellt sich etwa heraus, daß die Informationsmenge eines lebenden und eines toten Organismus praktisch die gleiche oder nahezu die gleiche ist, oder daß die Informationsmenge in der Zygote geringer sein kann als im Organismus, der aus ihr entsteht, was angeblich die Behauptung rechtfertigen soll, daß die Lebensprozesse »gegen den Strom« der Entropie-Gradienten verlaufen und somit nicht den thermodynamischen Gesetzmäßigkeiten unterliegen. Diese Schlußfolgerungen sind zweifellos falsch, weil die Überlegungen, aus denen sie abgeleitet sind, falsch, d. h. im Widerspruch zu den physikalischen Tatsachen, formuliert wurden. Wenn wir Lebenserscheinungen im Sinne der Informatik untersuchen, können wir uns einfach nicht so stark beschränken, wie wenn wir Sätze der Sprache als Isolate untersuchen. Was im letzten Falle vernachlässigt werden darf, läßt sich im ersteren Falle nicht vernachlässigen, wenn kein Nonsens herauskommen soll. Als Shannon von Neumann fragte, wie er die fundamentale Größe seiner Theorie nennen solle, riet ihm dieser, sie Entropie zu nennen – nicht nur wegen der Übereinstimmung der Formel (denn Information und Entropie haben eine mathematisch analoge Formel), sondern auch, weil, wie er boshaft sagte, niemand genau weiß, was Entropie ist. Als Léon Brillouin einige Jahre darauf sein Buch über die Information in der Wissenschaft schrieb, bezeichnete er die Entropie als das Maß des Wissens, das wir über ein physikalisches System besitzen, und nicht einfach als Maß der »Unordnung« dieses Systems; das rief lebhafte Einsprüche und Mißverständnisse hervor, denn man glaubte, Brillouin halte die Entropie und damit die Information für ein rein subjektives Maß, welches festlegt, was wir über einen Gegenstand wissen, und nicht, was ein Bestandteil der ihm eigentümlichen Zustandscharakteristik ist. Wie man sieht, hatte John von Neumann tatsächlich recht. Der Begriff der Entropie ist hergeleitet aus der Betrachtung verschiedener Zustände eines Gases, insbesondere eines idealen Gases, und aus der statistischen Mechanik; die Größe der Entropie beschreibt unser Wissen von einem System in dem Sinne, daß ein gegebenes System, etwa ein Gas in einem Behälter, sich in einem von zahllosen Zuständen befinden kann, die wir nicht zu unterscheiden vermögen, weil sich der Ort sämtlicher Gasmoleküle in einem bestimmten Augenblick nicht feststellen läßt. Die Entropie bezieht sich somit ausschließlich auf sämtliche, in einem bestimmten Augenblick ununterscheidbaren Zustände des Systems gleichzeitig; weil sie gleichermaßen wahrscheinlich sind, sind sie »vom Standpunkt der Entropie aus« gewissermaßen ein und dasselbe. Es handelt sich also tatsächlich um ein subjektives Wissen, das allerdings eng mit dem objektiven Zustand des Systems verkoppelt ist; denn wenn das System zu Zuständen von immer geringerer Wahrscheinlichkeit, zu immer höheren Ordnungen übergeht, nimmt seine Entropie ab, anders gesagt, *die Menge der einander äquivalenten Konfigurationen von Gasmolekülen büßt durch die Messung an quantitativer Mächtigkeit ein.* Die prinzipiell nicht erreichbare Entropiegröße Null wäre ein Zustand, in dem wir alles (was natürlich heißt: alles im physikalischen Sinne, also hinsichtlich der Lokalisation der Moleküle, und nicht in einem außerphysikalischen Sinne) über ein System wissen, weil wir in diesem Zustand die völlig eindeutige und, was mehr ist, die *einzig mögliche* Konfiguration der Moleküle festgestellt haben. (Der Wert Null ist deshalb nicht zu erreichen, weil die quantentheoretische Unbestimmtheit grundsätzlich nicht überwunden werden kann.) Chromosomen sind Systeme von sehr hochgradiger Ordnung, denn jedes Molekül muß sich an dem ihm zugewiesenen Ort befinden; ihre Entropie ist sehr gering, ihr Informationsgehalt gewaltig, und er kommt möglicherweise nahe an das maximale Fassungsvermögen eines polymeren Makromoleküls heran; verglichen mit dem »Gen-Satz«, ist die Ordnung des aus Buchstaben gedruckten sprachlichen Satzes in thermodynamischer Hinsicht, wie schon gesagt, beinahe Null. Die Kommunikationsleistung der Sprache ist ein Resultat ihres »Auslöse«charakters: das Gehirn ist nämlich *auch in physikalischer Hinsicht* für die sprachlichen Artikulationen ein ungewöhnlich wirksamer Verstärker von Prozessen. Denn der ausgesprochene und gehörte Satz, dessen Entropiegehalt thermodynamisch überaus gering ist, setzt ja im Gehirn eine Lawine von koordinierten Prozessen in Gang, die dem »Verstehen« der solchermaßen übertragenen und so mikroskopisch kleinen Portion Entropie dienen. Der Satz ist folglich so etwas wie ein Auslöser, der eine Kaskadenverstärkung auch im energetischen Bereich in Gang setzt (für das »Verstehen« des Satzes verbraucht das Gehirn eine Energiemenge, die gegenüber der thermodynamischen Bilanz des Satzes selbst geradezu gigantisch ist, auch wenn sie, absolut gesehen, geringfügig ist: die ganze Leistung des Gehirns beträgt gerade etwas über zehn Watt). Der aus Genen aufgebaute »Satz«, der Chromosomenfaden, ist dagegen nicht nur ein Auslösemechanismus, sondern ein Selbstauslöser, der den Wachstumsprozeß in Gang setzt und organisatorisch determiniert; das wäre nicht möglich, wenn dieser Faden nicht schon am Anfang eine hochgradige und zudem noch überschießende physikalische Ordnung besäße. Kurz, die Entropie der Linguisten ist nicht genau die Entropie der Thermodynamik, *weil die von den Linguisten untersuchten Systeme keine Systeme im physikalischen Sinne sind:* ihr physikalischer Aspekt, so unzweifelhaft er ist (denn etwas Außerphysikalisches kommt schlechterdings nicht vor), spielt in den Prozessen sprachlicher Kommunikation, bei der Übermittlung von Informationen, praktisch keine Rolle (besonders beim Lesen, da der optische Kanal, anders als der akustische, normalerweise eine sehr große Aufnahme- und Leitungskapazität hat). Sprachliche Sätze sind Zünder, die hochgradig geordnete Eskalationen von zerebralen Prozessen in Gang setzen, und ihre Aufnahme wird gewissermaßen zu einem »immer deutlicher physikalischen Phänomen«, insofern als der physikalischen Aspekte der Gehirnarbeit nicht mehr in dem Maße vernachlässigt werden kann wie der physikalische Aspekt der (beispielsweise gedruckten) sprachlichen Äußerung in jeder praktischen Untersuchung. Gerade dieser Sachverhalt macht es leicht, in der Linguistik einfache, ja geradezu primitive Meßverfahren anzuwenden, während er in der Genetik entsprechende Messungen ungeheuer erschwert. Denn bei der Bilanzierung des Informationsgehalts von chromosomalen »Sätzen« kann deren *physikalischer* Aspekt niemals vernachlässigt werden. Mag darum der Linguistik die bloße Kombinatorik als Fragment der logischen Analyse genügen, so kann aus demselben Grunde die Kombinatorik in einer genetischen Forschung, die sich an der Informatik orientiert, nicht angewandt werden: denn während die chemischen, atomaren und quantenmechanisch-topologischen Aspekte eines geschriebenen Satzes keine Bedeutung haben, sind die chemischen und quantenmechanisch-topologischen Aspekte des Chromosoms maßgebliche Determinanten seiner Ordnung.

Ein Satz der ethnischen Sprache ist ein richtiger Satz, wenn er entsprechend den Regeln der Lexikographie, der Grammatik und der Syntax konstruiert ist (nicht unbedingt auch der Semantik; denn der Satz: »Sicherheitsnadeln nächtigen ausnahmsweise in kraterförmigen Korkenziehern« ist ein richtiger, d. h. ein sprachlich wohlkonstruierter Satz, auch wenn man seinen Sinn eher für zweifelhaft halten kann).

Ein aus Genen bestehender »Satz« ist »richtig«, wenn er ein System von Befehlen darstellt, die darauf abzielen, einen bestimmten Endzustand mit Systemcharakter herzustellen; dieses System ist eben der reife Organismus. Es ist nicht möglich, daß ein solcher Satz im syntaktischen Sinne richtig, im prognostischen (bewirkenden, also teleologischen) Sinne aber schlecht konstruiert ist, denn die Syntax des genetischen Codes ist die Embryogenese. Wenn eine Zusammenstellung von Genen (DNA-Molekülen) nicht irgendeine Art von Embryogenese in Gang bringt, sind wir der Ansicht, daß es sich nicht um ein Genom handelt; wir glauben vielmehr, daß es sich um eine chemisch mögliche Anhäufung von DNA-Bestandteilen gehandelt hat (schließlich bildete sie die charakteristische Spirale wie der Chromosomenfaden), die jedoch keine embryogenetische Wirkkraft besaß. Theoretisch könnte man eine Statistik aller kombinatorisch (und chemisch) möglichen DNA-Systeme, der Menge aller Makromoleküle aufstellen, deren Umfang der Größe (Länge) der echten (in der Natur auftretenden) Genome entspricht;

das würde eine ziemlich umfangreiche Statistik (die Anzahl der Kombinationen beträgt nämlich etwa 10^{3000} und das heißt, daß es im Kosmos nicht genügend Elektronen gibt, um diese Statistik aufzustellen), doch wäre sie gegenstandslos, und daß man sie technisch nicht durchführt, hat gar nichts zu bedeuten. Die Aufzählung würde nämlich zeigen, wie man die »Bausteine der Vererbung« auch dann kombinieren kann, wenn sie überhaupt keine Funktion von »Bausteinen der Vererbung« erfüllen. Dieses Problem ist deshalb gegenstandslos, weil der Biologe und Genetiker nicht »die Information überhaupt« messen möchte, welche in den Genen enthalten ist (in den Molekülen, den atomaren Konglomeraten, den Elektronenwolken, den von der Quantenmechanik untersuchten Systemen usw.), sondern lediglich den Teil ihrer Ordnung, der die Embryogenese realisiert. Es geht ihm also nicht um »sämtliche Bits«, sondern lediglich um gewisse »Biobits«, also um die für die Steuerung der Embryogenese entscheidenden Quanten. Solche »Biobits« haben jedoch mit der Entropie der Linguisten und Shannons nicht viel gemein. Das erschwert die Schaffung einer »generalisierten Linguistik«, für welche sämtliche ethnischen Sprachen einerseits und sämtliche genetischen Codes andererseits Sonderfälle wären.

Es hat also nicht an Versuchen gefehlt, die Situation, wie wir schon sagten, durch eine Abänderung der Grundbegriffe der Informationstheorie zu retten, doch haben alle nichtprobabilistischen Theorien der Information die unliebsame Eigenschaft gemeinsam, daß sie nicht jenen zugleich schönen und natürlichen Übergang vom Begriff der Information zu thermodynamischen, d. h. physikalischen Begriffen ermöglichen, den wir Shannon verdanken. Gleichzeitig ist uns klar, daß die Auffassung, zu der die Linguisten und Informatiker neigen, daß nämlich die Information etwas Subjektives sei, nicht zu halten ist, denn es unterliegt nicht dem geringsten Zweifel, daß es auf der Erde sowohl Zygoten als auch Fruchtentwicklungen und Transformationen von Genomen in organische Systeme schon Milliarden Jahre vor der Entstehung des Menschen und seiner ethnischen Sprache gegeben hat. Es scheint, daß die mathematischen Instrumente, die man zur Überwindung der Krisen anzuwenden versucht hat, allzu einfach sind (und daß die theoretische Biologie auch von der Graphentheorie nicht viel erhoffen kann). Von der reinen Mathematik kann man, wie ich glaube, keine große Hilfe erwarten, weil sie niemals zu dem Begriff einer Schwelle minimaler Systemkomplexität führt, der für die Erfassung der Erscheinungen des Lebens von wesentlicher, wenn nicht sogar zentraler Bedeutung sein muß. Bislang geben wir uns nur intuitiv Rechenschaft davon, daß die in einem Objekt enthaltene Informationsmenge keine eindeutige Funktion seiner Komplexität ist, und mit dem bereits von Léon Brillouin unternommenen Versuch, die Information aufzuteilen in eine »freie«, nicht physikalisch interpretierte, und eine gebundene, die den Informationsgehalt eines Objekts im physikalischen Sinne darstellt, wird das Problem nicht gelöst, sondern nur umgangen. Ebenfalls nur intuitiv begreifen wir, daß ein zur Selbstvermehrung fähiges System ein gewisses Minimum an Komplexität darstellen muß, unterhalb dessen es nicht zu funktionieren vermag – und zwar unabhängig von seinem Bauplan. (Diese Fragen behandelt, in einem etwas anderen Zusammenhang, der nachstehend abgedruckte Essay über Werte in der Biologie.)

Außer den erkenntnistheoretischen Mißerfolgen mit dem Programm, die auf eine kybernetische »Metaebene« gehobenen verschiedenen naturwissenschaftlichen Disziplinen zu vereinheitlichen, erwarteten die Kybernetik noch weitere Fiaskos. Es ist eine relativ weitverbreitete Ansicht, daß der Informationsbegriff Shannons gewissermaßen in der Luft hing oder nicht vollständig ausgearbeitet war und eine Synthese anzustreben sei, die diesen Begriff mit anderen, der Physik entstammenden Begriffen in der Weise verknüpfen würde, wie mutatis mutandis die Relativitätstheorie die Kategorien von Zeit und Raum zu einem vierdimensionalen Kontinuum vereinte; diese Vorstellung ist, wie ich befürchte, gründlich falsch und irreführend, weil sich auf diesem Gebiet in einer knappen, einfachen, klaren, lapidaren und zugleich präzisen, d. h. Meßbarkeit erlaubenden Weise vermutlich nichts machen läßt. Das soll nicht heißen, daß ich für die Zukunft der Kybernetik pessimistisch wäre, sondern nur, daß ich nicht glaube, irgendeine terminologische oder konzeptuelle Erfindung, irgendeine begriffliche Revolution könnte eine radikale Wende herbeiführen, könnte dieKybernetik für alle Erkenntnisbereiche fruchtbar machen und dadurch überreichlich jene Schulden begleichen, welche die Kybernetik mit ihren ersten solzen Parolen und Programmen auf sich lud.

Andere Fiaskos sozusagen praktischerer Natur – der Zusammenbruch der Hoffnungen auf den Bau eines »Intelligenzverstärkers«, einer Übersetzungsmaschine und schließlich einer Maschine, die den Menschen (wenn auch nur sprachlich) imitieren würde (das war das Programm Turings) – hängen, wie ich glaube, mit jenen zunächst unvorhergesehenen Schwierigkeiten zusammen, auf welche die Theorie der Automaten – oder weniger hochtrabend ausgedrückt – die Computertechnik stieß. Es stellte sich heraus, daß das Programmieren der Computer auf unvorhergesehene und unerhörte Schwierigkeiten traf, je komplizierter die benötigten Programme waren. Die Errungenschaften auf diesem Gebiet werden nicht so sehr durch das Fassungsvermögen des maschinellen Gedächtnisses, durch die allgemeine Arbeitsstrategie – parallel oder seriell arbeitende Maschine – und auch nicht so sehr durch andere Aspekte technischer Art begrenzt als vielmehr durch das Problem des Aufbaus von Programmen, denn dieses *müßte* zu einem Bestandteil einer physikalisch interpretierten Theorie der Algorithmen werden, doch bis dahin ist es leider ein sehr weiter Weg, auf dem sich geradezu ungeheuerliche Schwierigkeiten auftürmen. Um es kurz und damit apodiktisch und vereinfachend zu sagen, gründete der Optimismus der ersten Kybernetiker auf der gewöhnlich nicht explizit geäußerten Vermutung, die intelligente und intellektuelle Tätigkeit ließe sich automatisieren und dabei könnten sehr rasch die geistigen Prozesse des Forschens aufgrund der Einführung entsprechender Algorithmen im Bereich der Aufgabenstellung durch *gedankenlose* Prozeduren ersetzt werden. So drastisch – das ist zuzugeben – hat niemand diesen Plan formuliert. Doch was ist die Suche nach einem optimalen Programm des Schachspiels, wenn nicht ein Versuch, durch die Methode sukzessiver

Näherungen, durch Versuch und Irrtum eine voll wirksame Approximation des Schach-Algorithmus herzustellen, die auf rein mathematischem Wege zu erreichen bislang nicht möglich war? Selbst lernfähige Programme sollten entstehen ... freilich auch in einem gewissen Maße dadurch, daß ein entsprechender Algorithmus ihre Edukation leiten würde. Und was sollte der Selektor von Lösungen in Ashbys Intelligenzverstärker anderes sein, wenn nicht ein algorithmischer Filter? Immer ging es um die möglichst weitgehende Komprimierung eines Mechanismus, der alle Arten von logischen Operationen steuern würde, um eine möglichst universale Rezeptur, die in einer Struktur von Schaltverbindungen realisiert wäre. Die stillschweigende Voraussetzung dieser Projekte war die Überzeugung, daß man auf die Redundanz des Gehirnaufbaus grundsätzlich verzichten könne, da sie vernachlässigbar sei. Doch besitzen wir nicht den indirekten Beweis für eine These, die jenen übertriebenen Optimismus widerlegt? Wenn die Überlebenstaktiken in den verschiedenen irdischen Milieus durch Algorithmen oder auch nur durch nicht vollständig formalisierte Gegenstücke von Algorithmen beschreibbar wären, dann wäre die Evolution unzweifelhaft anders verlaufen, als sie tatsächlich verlief. Sie ist ein sehr tüchtiger Konstrukteur. Was sie den irdischen Milieus als ihr homöostatisches Produkt entgegensetzt, ist – auf der jeweiligen Ebene der Homöostase – an diese Milieus sehr gut angepaßt. Falls eine Algorithmisierung der Überlebenstaktiken in irgendeiner Form erreichbar wäre, würde die Menge solcher Algorithmen für die Speziationstätigkeit der Evolution einen Absorptionsschirm darstellen, denn dort, wo ein Algorithmus – als ein Verfahren, eine gestellte Aufgabe zu lösen – bereits optimal funktioniert, kann nichts »noch Besseres« entstehen. Die Evolution von überlebenswichtigen Fähigkeiten würde sich somit auf die Züchtung und Auslese von Algorithmen reduzieren, die in den Nervensystemen der Organismen verkörpert wären, und damit wäre dem Fortschritt im gesamten Bereich des Lebens eine Grenze gezogen. Daß aber die einzelnen Arten nicht »endgültig« sind, daß sie Glieder einer schöpferischen Kette von organisatorischen Verbesserungen im neuralen Bereich darstellen, daß sie

»bessere« Lösungen des Problems der Homöostase »durchlassen«, denn sie fügen sich ihnen ja, und daß der Mensch ein so großes Gehirn besitzt, spricht für die Behauptung, daß die Heurese der Überlebensfähigkeit weder in rein mathematischer Form noch gar in Form einer durch Versuch und Irrtum erstrebten Näherung algorithmisierbar ist.

In den fünfziger Jahren wurde eine ungewöhnliche Zahl von Schemata entworfen, die angeblich dem Bauplan des Gehirns entsprechen sollten, doch hat niemand auch nur den Versuch gemacht, aufgrund dieser Schemata ansatzweise ein funktionales Modell zu schaffen. Diese Utopie der Kybernetiker war etwas Absonderliches! Entzückt von dem ersten Schritt, den sie auf dem Wege zur Imitation des Denkens taten, glaubten sie, das Denken vollgültig durch wiederholbare Prozeduren, durch Taktiken der Gedankenlosigkeit ersetzen zu können. Sie sagten es ein wenig anders, doch das war das Ziel, das sie anstrebten – aber vergeblich. Heißt das, daß sie sich schlicht geirrt haben? Ja, und zugleich nein. Beim Vergleich zwischen Gehirn und Computer hatte noch von Neumann vor allem die Unterschiede in den Dimensionen und der Leistungsfähigkeit der Bauelemente vor Augen – in der Zeit der Kathodenröhren waren das millionenfache Unterschiede, doch heute, wo es monomolekulare Speicher, Transistoren, Neuristoren, miniaturisierte Systeme und kompakte Blockschaltungen gibt, haben sich diese Unterschiede durch den technologischen Fortschritt verwischt, und dennoch sind wir dem Bau eines »Gehirnsubstituts« durchaus nicht nähergekommen. Es hat sich herausgestellt, daß die Unterschiede in den Dimensionen und in der Informationsverarbeitungskapazität der Bauelemente von geringer Bedeutung sind!

Die Evolution ist ein scheinbar fauler Konstrukteur. Sie zieht es als Baumeister vor, aus ihren einmal erstellten Produkten alle Leistungen herauszupressen, und bleibt hartnäckig bei einem einmal konstruierten Modell, das sie lediglich in allen möglichen Varianten wiederholt. Zu einer radikalen Modelländerung entschließt sie sich einmal in hundert Millionen Jahren oder noch seltener. Ich möchte sagen: Wenn bedeutend einfachere Systeme als das menschliche Gehirn mit jenen Aufgaben fertigwerden könnten, auf die der Mensch in seiner ökologischen Nische stößt, dann wäre sein Nervensystem genau ein solches bedeutend einfacheres System. Die berühmt-berüchtigte vermeintliche »Redundanz« des Gehirns ist nämlich eine Fiktion. Das Gehirn ist insofern redundant, als es trotz der Tatsache, daß tagtäglich rund 100 000 Neuronen unwiderruflich absterben, noch in hohem Alter funktioniert, wenn das Individuum nur noch über 70 bis 60 Prozent der anfänglichen neuralen Leistung verfügt. Es ist redundant im kompensatorischen Sinne, denn es kommt auch mit beschädigter Substanz noch zurecht. Es ist jedoch ganz und gar nicht redundant, wenn man darunter versteht, daß es Reserven enthält, die nie in Tätigkeit gesetzt wurden, daß es gewissermaßen schlummernde Bereiche besitzt, deren Aktivierung die Intelligenz des Individuums sprunghaft in großem Maße steigern würde. Denn das Gehirn ist nach derselben praxeologischen Regel hergestellt worden, die die gesamte Arbeit der Bioevolution lenkt, und wenn wir als Forscher sagen, es sei redundant, täuschen wir uns. Diese Täuschung rührt daher, daß es uns nicht in den Kopf will, daß ein Organ, welches nach den Kriterien der natürlichen Auslese selektiert wurde, die in der Frühphase der Anthropogenese, im Eolithikum, wirksam waren, ein Organ, das deshalb Aufgaben vom Schwierigkeitsgrad des »Höhlendaseins« angemessen war, ohne eine in jenen Zeiten des Höhlendaseins latent vorhandene Redundanz anschließend die Aufgaben der ganzen späteren Geschichte zu bewältigen vermochte – angefangen vom Bau der Pyramiden und Epizyklen bis zur Schaffung der Relativitätstheorie und der Computer. Dennoch handelt es sich um eine auf unserer Unwissenheit beruhende Täuschung, denn es erscheint uns ebensowenig glaubhaft, ebenso unwahrscheinlich, daß ein Mechanismus, der die Vermehrung der Mikroben, der Amöben und der Trilobiten steuerte, in grundsätzlich unveränderter Form Milliarden Jahre später auch Gigantosaurier, Wale und Paläopithecinen sowie schließlich den Menschen selbst schaffen konnte, doch genau das ist der Fall, denn der genetische Code ist nur einmal entstanden und mit seiner Lexikographie, seiner Syntax und Grammatik allem gemeinsam, was je auf Erden lebte und lebt. Das für die Bewältigung der Aufgaben des »Höhlendaseins« selektierte Gehirn erwies sich also als fähig, die Aufgaben der Tensoralgebra und der Gruppentheorie zu bewältigen. Dabei hat es sich durchaus nicht geändert; was sich lediglich geändert hat, sind die kulturell und nicht genetisch akkumulierten Kanons seiner individuellen *Programmierung*. Wenn also eine Algorithmisierung der Erkenntnisheurese überhaupt möglich wäre, wenn der Intellekt automatisierbar ist, so werden die dafür erforderlichen Algorithmen gewiß nicht von Apparaten geliefert werden, deren Bau eine ebenso schwierige Aufgabe wäre wie der Bau des Gehirns. Wenn es möglich wäre, solche Algorithmen aufzustellen, dann würden sie von Apparaten geliefert, die komplexer wären als das Gehirn und gerade deshalb von der Evolution in ihrer vorwärtsschreitenden Bewegung nicht realisiert wurden, weil sie stets die *leichtesten* Aufgaben auswählt und löst. Offenbar lassen sich solche Apparaturen entweder gar nicht konstruieren, oder die Kosten ihrer Konstruktion, gemessen an der Zeit und der in ihr realisierten Häufigkeit kombinatorischer Schöpfungen, müssen größer sein als die Kosten, welche der Evolutionsprozeß in uns investierte. Es gibt noch eine dritte Möglichkeit: Falls die ganze strukturell-funktionale Konstruktion, die unser Gehirn von den Gattungen der Hominidengruppe geerbt hat, in einem starken Widerspruch zum Bauplan eines Automaten der algorithmisierten Gnosis stünde, könnte die Evolution einen solchen Automaten nicht bauen, weil sie Veränderungen nicht in großen Sprüngen vollzieht, sondern durch das allmähliche Anwachsen von schleichenden Veränderungen. Zwar wird diese Eventualität der Ordnung halber erwähnt, doch muß zugegeben werden, daß sie wenig wahrscheinlich ist, weil Intelligenz im irdischen Milieu ein fast immer das Überleben fördernder Wert ist und deshalb jede Gattung, die über sie verfügte, durch die Auslese privilegiert würde; wenn trotzdem außer den Hominiden keine Gattung eine hohe Intelligenz hervorgebracht hat, heißt das, daß es keinen Übergang in diesem Bereich von der Art eines Kurzschlusses oder eines gewaltsamen Durchbruchs gibt; diese Diagnose ist mit der Zahl sämtlicher neural ausgestatteten Tierarten zu multiplizieren, die unser Planet während der letzten Hunderte von Jahrmillionen beherbergt hat. Einen Königsweg zur Intelligenz, hier verstanden als automatenhaft vereinfachtes Erlangen von Intelligenz durch die Anwendung von wiederholbaren Prozeduren von der Art eines Algorithmus, gibt es demnach anscheinend nicht.

Gerade nach Ansicht jener, die im übrigen originelle und in logischer Hinsicht wertvolle Schemata logischer Schaltungen konstruierten, »mußte« es aber einen solchen Weg geben – und so ist denn auch das Scheitern ihrer Bemühungen ein indirekter Beweis für die Richtigkeit der entgegengesetzten These.

Wir können das natürlich nur sagen, weil wir aus Schaden klug geworden sind, denn vor einem Dutzend Jahren war die Sache noch nicht so klar. Insbesondere verstand man damals noch nicht, warum das menschliche Gehirn sich anfangs, d. h. beim Säugling, durch einen so geringen Grad der Vorprogrammierung auszeichnet, die man zuweilen (fälschlich) sogar als nichtvorhanden annahm. Man verstand nicht, warum das Individuum eigentlich »alles« von Null auf lernen muß, d. h. nicht nur die Sprache, sondern selbst die Koordination von Sinneswahrnehmungen und Muskelbewegungen, denn man meinte, daß eine erbliche Vorprogrammierung ein sehr viel ökonomischeres Verfahren der Anpassung an die Existenzbedingungen sei (d. h. sein müßte). Heute können wir vermuten, daß das Gehirn gerade deshalb so geringfügig durch die Vererbung vorprogrammiert ist, weil eine diesbezügliche Prädetermination die Anpassungs- und damit auch die Überlebenschancen beträchtlich vermindert, und zwar deshalb, weil die Kunst des Baus von Gehirnen nur ein Bruchteil des Problems der »Erlangung von Intelligenz« ist, während ein anderer, sehr großer Bereich in der Kunst der eigentlichen Programmierung besteht. Unsere Gehirne sind also aus wichtigen Gründen strategischer Natur anfangs nicht »ausprogrammiert«, und in ihrer ungeheuren Plastizität, ihrer prospektiven Potenz, die in allen bislang geschichtlich bekannten Kulturen den prospektiven Bedeutungen, also den tatsächlichen Realisierungen Platz machte, äußert sich ein genereller Sachverhalt, demzufolge eine übereilte Automatisierung von Erkenntnisprozeduren stets mehr Schaden als Nutzen bringt. Die Welt scheint ein spezieller Ort zu sein, an dem es entweder gar nicht möglich ist, zu einem geschlossenen, zugleich aber für die Erkenntnis uneingeschränkt förderlichen Satz von Direktiven zu gelangen – oder erst nach der Überwindung größerer Schwierigkeiten, als sie bei der Verwirklichung des Gehirns des Homo sapiens zu überwinden waren. Erst derartige Überlegungen machen im Kontext den Mißerfolg der allzu optimistischen Programme verständlich, die, wie indirekt auch immer, im Grunde darauf abzielten, der Evolution zu beweisen, daß sie etwas, was man relativ einfach und leicht machen kann, beim Bau unserer Gehirne auf eine verwickelte und mühselige Art machte. Denn wenn ein universaler Algorithmus für die Konstruktion von Programmen der Gnosis, der Reflexion und der Heurese – verstanden als Spiele gegen die Natur als Gegner – unter geringen Kosten erstellt werden könnte, wäre damit natürlich bewiesen, daß das Gehirn des Menschen eine nicht-adaptive Redundanz aufweist. Indessen erwies sich das Gehirn als ein Apparat, der nicht nur weitaus verwickelter ist, als verschiedene Experten sich das vorgestellt hatten – das auszusprechen ist schließlich banal –, sondern auch – und das ist schon nicht mehr so banal – als ein Apparat, der im Hinblick auf seine Funktionen kaum oder gar nicht redundant ist.

Aufgrund dieser Diagnose und der Überlegung, die sich an die nahezu inexistente Vorprogrammierung unserer Gehirne knüpft, müssen die Chancen, daß künftig zugleich einfache und sichere, vervielfältigbare, vielleicht aus einer algorithmisierten Mengentheorie abgeleitete Verfahren zur automatischen Programmierung von Systemen von der Art des Computers (oder einer technisch realisierten Version von Turings Universalautomaten) entdeckt werden könnten, recht pessimistisch beurteilt werden. In einem Bereich, der mit Physik wenig zu tun hat, nämlich im Bereich der Informationstechnologie, finden wir hier ein interessantes Pendant zu dem Sachverhalt, den Einstein meinte, als er sagte: »Raffiniert ist der Herrgott, aber boshaft ist Er nicht.« Denn einerseits unterliegt es keinem Zweifel mehr, daß ein so überaus elementarer Apparat wie Turings Universalautomat alle Operationen ausführen kann, die sich innerhalb einer beliebig komplexen Struktur von der Art eines Gehirns oder auch eines Supergehirns überhaupt realisieren lassen, und daraus müßte man folgern, daß »der Herrgott nicht boshaft ist«; gleichzeitig ist es aber so, daß dieser einfache Apparat, um »alle« jene Operationen realisieren zu können, Handlungsprogramme bräuchte, die sich nicht mehr auf einen gemeinsamen Nenner, auf einen Algorithmus reduzieren lassen. Gerade darin zeigt sich die »Raffiniertheit des Herrgotts«, der mit der einen Hand zu nehmen scheint, was er mit der anderen gegeben hat – die Einfachheit des Systems nämlich, das jegliches Denken ausführt und zugleich sein Substrat ist, denn dieser einfache und erwiesenermaßen universale Apparat läßt sich nicht auf einfache und universale Weise für die ihm obliegenden Tätigkeiten programmieren . . .

Und gerade der oben bezeichnete Sachverhalt ist der Grund für das technisch-konstruktive Scheitern der Kybernetik, die einen Intelligenzverstärker, eine Imitation des Menschen und einen Übersetzungsautomaten zu bauen versprach.

Es wird wohl nicht unangebracht sein, auch darauf hinzuweisen, welcher Erfindungen auf dem hier besprochenen Gebiet die natürliche Evolution sich rühmen kann – im Gegensatz zu uns, die wir viribus unitis eine Reihe von fiktiven Erfindungen zustande gebracht haben. Sowohl Ashbys Informationsgenerator als auch Chomskys generative Grammatiken und meine Idee einer »Informationszucht« zeichnen sich dadurch aus, daß sie sich mit der Produktion von Vielfalt befassen, wobei die theoretisch-technische Seite dieser Produktion ausführlich dargestellt wird, während gleichzeitig das komplementäre Problem des *Selektors* jener Vielfalt entweder übergangen oder mit ein paar allgemeinen Worten und optimistischen Andeutungen abgetan wird. Denn was hilft es, daß ein Überfluß an Artikulationsvarianten, Konzepten, Theorien oder allgemeiner an irgendwelchen Strukturen erzeugt wird, wenn wir überhaupt nicht wissen, durch was wir jenen Teil des Intellekts ersetzen sollen, der sich mit der *Auswahl* von alternativen Möglichkeiten befaßt?

Was hilft es uns, daß wir wissen, wie wir Überfluß herstellen können, wenn wir weiterhin keine Ahnung haben, wie wir uns seiner entledigen und den winzigen Bruchteil von wertvollen Strukturen aus ihm herausziehen können – im Falle der Linguistik die sinnvollen Sätze, beim »Intelligenzverstärker« die rationalen Ideen oder im Falle meiner »Informationszucht« schließlich die sinnvollen Theorien? Gelöst wird jeweils der leichtere Teil der Aufgabe, während der schwierigere optimistisch und nonchalant anderen aufgebürdet wird, die sich mit der Sache befassen und sie so bald wie möglich erledigen sollen. Die natürliche Evolution hat dagegen außer einem Generator von Vielfalt, der in dem »Artikulationsbereich der Genome«, der Menge aller Erbcodes besteht, über welche eine Population lebender Individuen verfügt, in der Praxis auch das Funktionieren eines Selektors erprobt, der nur das beibehält, was geeignet ist: gemeint ist der mit den Eigenschaften eines Markow-Prozesses versehene Vorgang der natürlichen Auslese. Dieses überaus erfolgreich arbeitende zweigliedrige Aggregat löst bei uns als Konstrukteuren Entsetzen aus, weil das Glied, das über die Erfolge entscheidet – das auslesende Glied oder der Selektionsfilter –, in der von der Evolution dargestellten Ausgabe vor allem *Zeit* braucht, die sich nach *Millionen Jahren* bemißt, damit die kreative Potenz, die Erfindungskraft dieser Maschine voll zutage treten kann. Dies ist leider ein Parameter, den wir gewiß niemals in der von der Evolution dargestellten Version mit ihrer ganzen Fülle an Inventar übernehmen werden! Als rationeller Ausweg aus dieser Konkurrenz, bei der wir im Gegensatz zur Evolution keine Zeit haben, drängt sich die Idee auf, die Auslese – sagen wir: millionenfach – zu beschleunigen, indem diese Tätigkeit auf »luminöse« Computer übertragen wird, die an der Grenze der Lichtgeschwindigkeit arbeiten. Doch so verheißungsvoll diese Perspektive auch erscheinen mag, man weiß nicht, ob sich der Bau eines Modells mit dem erforderlichen Komplexitätsgrad wird realisieren lassen. Es ist nicht ausgeschlossen, daß der Weg über den Bau einer spezifischen »evolutionären Stufenleiter« führt – einer Hierarchie von Automaten und Verfahrensweisen –, derart, daß einfachere Programme dazu beitragen, schwierigere Programme zusammenzustellen, und daß dieser Vorgang auf den verschiedenen Stufen so oft wiederholt wird, bis irgendwann aus dieser indirekten Arbeitsweise Systeme hervorzugehen beginnen, welche die tatsächliche Dynamik der bioevolutionären Arbeit nicht nur hinsichtlich des Tempos schlagen. Von einer solchen Arbeitsweise zu sprechen heißt jedoch, Hypothesen zu äußern, die sich auf eine recht weit entfernte Zukunft beziehen, von der uns bislang noch unbekannte Entdeckungen und Feststellungen trennen, die uns außer Erfolg sicherlich auch noch manche Enttäuschung bescheren werden. Sollte sich jedoch ein endgültiger Erfolg im Wettbewerb mit der Natur, an der Front der Evolution, als gänzlich unmöglich erweisen, dann müßte man Einstein Lügen strafen und zugeben, daß der Herrgott nicht nur raffiniert, sondern außerdem entsetzlich boshaft war.

II

Die Tatsache, daß die Erwartungen, die man in die Kybernetik gesetzt hat, sich nicht erfüllt haben, provoziert die folgende Frage: Wenn wir Computer bauen, leistungsfähige Simulatoren des Gehirns aber nicht zu bauen vermögen, weil die erstere Aufgabe sich als ungleich leichter herausstellte als die letztere, warum hat sich dann die natürliche Evolution jene schwierigere Aufgabe ausgewählt? Widerspricht dies nicht dem, was wir gesagt haben – daß sie nämlich die Tendenz hat, sich mit minimalen und daher auch leichteren Lösungen zu begnügen? Die Antwort auf diese Frage lautet: Wir bauen universale Digitalrechner, doch können wir keine entsprechend universalen Maschinenprogramme erstellen, und wir können uns mit diesem Sachverhalt zufriedengeben, weil wir Computer nur dort einsetzen, wo sie auch bei unvollständiger Handlungsautonomie mit den ihnen gestellten Aufgaben fertigwerden. Die Evolution stand dagegen niemals vor einer ähnlichen Entscheidungssituation, denn ihre Produkte, die lebenden Organismen, haben niemals zugunsten einer engen Spezialisierung auf volle funktionale Autarkie verzichtet – mit drei Ausnahmen: die Kooperation als eine Form der Spezialisierung führte zur Entstehung eines lockeren Aggregats von homöostatischen Einheiten, das heißt zu Kolonien von lebenden Organismen (Korallenstökke, Ameisenhaufen), sie ließ aus Einzelzellen, die ihre Universalität einbüßten, vielzellige Organismen entstehen, und sie wurde zur Grundlage von Parasitismus und Symbiose. Außerhalb dieser Sektoren, in denen die Überlebenstaktik in der *Gruppenbildung* bestand, mußten die Organismen die Probleme der Konstruktion von Zentralnervensystemen – Gegenstücken zur universalen Informationsverarbeitungsmaschine – und die Probleme der Aufstellung von Programmen für sie *gleichzeitig* in Angriff nehmen, und das ist auch der Grund, weshalb es zu keiner scharfen Abgrenzung dieser beiden Aufgaben kam. Aus dem gleichen Grund entwickelte die Evolution bei ihren Geschöpfen gemischte Taktiken und Strategien; denn jeder Organismus, der morphologisch und funktional in der Weise isoliert ist, daß er – als ein Spieler, der in den Überlebenskampf mit der Natur verwickelt ist – eine souveräne Einheit darstellt, muß vollständige Autonomie besitzen, da er schließlich auf niemandes Hilfe, insbesondere nicht auf informatorische Hilfe, rechnen kann, während die Computer ohne die Menschen ebenso präzise wie allseits ratlose Systeme darstellen. Die Aufgabe der Evolution war also von Anfang an eine qualitativ andere als jene Gruppe von technologisch determinierten Aufgaben, welche uns den Bau von Digitalrechnern ermöglichten. Hätte ein Digitalrechner – beziehungsweise sein biologisches und zugleich isomorphes Pendant – auf evolutionäre Weise entstehen und die typischen Aufgaben der Homöostase lösen können, dann wäre er unzweifelhaft während der Milliarden Jahre dauernden Entwicklungsarbeiten der Biosphäre geschaffen worden. Der sprunghafte Charakter der Evolution beruhte darauf, daß die Vor- und Nachteile von Veränderungen, die aus einer gesteigerten Komplexität der Organismen hervorgehen, nie eine eindeutige Bilanz ergeben, anders gesagt: ein Organismus, bei dem Soma und Gehirn sich vergrößern und komplizierter werden, gewinnt dadurch neue Vorteile – und zugleich neue Schwächen. Die so erlangten Vorteile scheinen – statistisch gesehen – die gleichzeitig entstehenden existentiellen Mängel ganz knapp zu überwiegen, denn andernfalls würde diese Bewegung von der Einfachheit zur Komplexität rasch steckenbleiben. Das Bakterium ist kein System von größerer Komplexität als ein Universalrechner allerneuesten Typs, doch ist es klar, daß man die Überlebenschancen des Bakteriums überhaupt nicht vergleichen kann mit dem »Überleben« eines Computers, der in einem beliebten Milieu untergebracht wird, weil er gar kein selbständiger Homöostat ist. Die Eigenart der ihr gestellten Aufgaben bestimmte also die Richtung, welche die Evolution mit ihren Konstruktionsversuchen einschlug, und die sich radikal von der unterscheidet, die wir in der Informationstechnologie verfolgen. Die hochgradige Unselbständigkeit der Computer, ihre allseitige Abhängigkeit von den mit ihnen arbeitenden Menschen, straft die Vorstellung Lügen, daß es zu einem »Aufstand« der Maschinen und so zu ihrer Herrschaft über die Menschheit im Rahmen einer »Computerkratie« kommen könnte. Solche Vorstellungen stützen sich auf ganz falsche, gegenüber der Intellektronik nicht anwendbare historische Analogien von Kämpfen um Macht und Vorherrschaft, von der Zirkulation der Eliten usw. Die Computer werden uns nicht beherrschen, sofern wir nicht selbst diesen Zustand herbeiführen. Es gibt zwei Möglichkeiten, zu diesem Zustand zu gelangen: entweder mit der planvollen Absicht, Regierungsmaschinen zu bauen – doch dann handelt es sich um ein soziologisch und ethisch triviales Problem, denn es wird von der Entscheidung der Menschen abhängen, ob die Computer den Thron der Herrschaft erlangen; oder gänzlich ohne solche Pläne und Absichten. Denn andererseits kann man auch nicht die Eventualität ausschließen, daß das System »Menschen + Computer« nach und nach eine Dynamik erlangt, die wir nicht wünschen, von der wir aber gleichzeitig – zumindest eine gewisse Zeit lang – nichts ahnen. Konditioniert durch die ihr bekannten historischen Tatsachen, hat sich unsere Phantasie angesichts alternativer Varianten der künftigen Geschichte auf Visionen eines »Intelligenzverstärkers«, eines »Homunkulus« und eines »elektronischen Weisen« oder eines ebensolchen »Satans« beschränkt; dieser letztere sollte ein besonders ausgezeichneter Kandidat für den Tyrannen sein. Die Wirklichkeit weicht indessen von diesen naiven, nicht der Situation entsprechenden Modellen radikal ab. Das soll nicht heißen, daß von der Zusammenarbeit zwischen Menschen und informationsverarbeitenden Maschinen keine Gefahr droht. Diese Bedrohungen enthalten jedoch nicht das geringste »persönliche« Element: als in dieser oder jener Weise simulierte »Personen« könnten uns die intellektronischen Systeme nicht beherrschen. Gerade deshalb aber ist diese Gefahr größer und realer, als wenn die Computer in ihrer Entwicklung »persönliche Eigenschaften« anstrebten. Denn dann würde zumindest eine Seite – die Computer nämlich – in voller Kenntnis der Situation handeln: wer als Person nach der Macht strebt, muß schließlich wissen, was er tut! Er handelt aufgrund ausgearbeiteter, in ethischer Hinsicht möglicherweise »finsterer« Pläne, doch irgendwelche Pläne in dieser Hinsicht hat er, und ihrer bedient er sich in der Strategie seines Vorgehens, so daß es vielleicht möglich ist, sein Wissen, einen Teil jener Pläne, irgendwie aus ihm herauszubekommen! Doch wenn durch das sukzessive Zusammenwachsen der informationsverarbeitenden Maschinen und der Datenbanken landesweite, dann kontinentale, und schließlich auch planetare Computernetze entstehen – dahin geht die Entwicklung in der Tat –, dann kann das aus den Menschen und jenen Netzen bestehende Gesamtsystem einen dynamischen Verlauf nehmen, der den Hoffnungen der Zivilisation nicht entspricht. Genauer gesagt: das System kann in eine Drift geraten. Denn jedes große und sehr komplexe System weist unzählige Gesetzmäßigkeiten auf, und wenn der Mensch derartige Systeme realisiert, hat er dabei Vorteile vor Augen, die er in diesen Bau hineinsteckt, doch zugleich kennt er nicht dessen unerwünschte Folgen. Das gegenwärtige, zum erstenmal in der Geschichte auftretende Problem der Technologie besteht darin, daß sich das instrumentelle Gesamtpotential in zwei verschiedene Potentiale aufspaltet. Bislang hatten wir, und zwar von jeher, nur einen Typ von Technologien, die darauf ausgerichtet waren, Energie oder Güter zu erzeugen, Material und Personen zu transportieren, kurz, Technologien, die uns unmittelbar dienten. Ihr Wachstum brachte die Biosphäre aus ihrem sich selbst korrigierenden Gleichgewicht, weshalb es die ausschließliche Aufgabe der nächsten Generation von Technologien sein wird, jenes erschütterte Gleichgewicht aufrechtzuerhalten. Während uns also die Technologien der ersten Gruppe unmittelbar dienten, werden die der zweiten Gruppe das nur auf Umwegen tun, indem sie nicht direkt unserem Wohl dienen, sondern der Rettung der gesamten irdischen Lebenswelt.

Das Gegenstück zur physischen Arbeit, welche die Technologie verrichtet, jener Arbeit, die Rohstoffe aus der Erde herausholt und sie verarbeitet, um sie dann über große Entfernungen zu verschicken, jener Arbeit, die Raumfahrzeuge aus dem Gravitations-»Trichter« der Erde herausschleudert, die die arktischen Wohnungen des Menschen heizt und seine tropischen Wohnungen kühlt usw., – dieses Gegenstück ist die informationale Arbeit, wobei man sich bewußt machen sollte, daß beide einander in physikalischer Hinsicht ähnlich sind, denn stets geht es darum, daß irgendwo die Entropie abnimmt, um den Preis, daß sie an einer anderen Stelle wächst; diese Art von Transaktion wird uns von der Natur der Welt, in der wir leben, aufgezwungen. Jetzt stehen wir an der Schwelle zur Ära der Informationstechnologie, die uns außer vorteilhaften Geschenken auch Danaergeschenke bringen kann. Denn die sozioökonomische Symbiose zwischen den Menschen und den Maschinen auf der Ebene der Information kann dazu führen, daß die faktischen Kompetenzabgrenzungen verwischt werden: die Grenzzone der wechselseitigen Einwirkungen jener Symbiose kann sich derart verwischen, daß man nicht mehr genau weiß, wer eigentlich der Bewegende ist und wer der Bewegte, oder – denn das läuft auf dasselbe hinaus – wer wen beherrscht. Das sehr große und in seinen Schaltungen sehr komplexe globale System, das entstehen wird, muß eine sehr verwickelte Struktur von Eigengesetzlichkeiten haben – wir werden es Schritt für Schritt errichten, wobei wir bestimmte Vorteile im Auge haben, die sich unzweifelhaft auch rasch in der Praxis erweisen werden; dieses System kann jedoch auch andere, zunächst unverständliche (und nur aus diesem Grund und nicht aufgrund von irgend jemandes Perfidie verborgene) dynamische Merkmale besitzen, die es unmerklich in eine zivilisatorische Drift geraten lassen. Es geht hier – um es noch einmal zu sagen – nicht um irgendeine Form von »kryptokratischem« Verhalten der Computersysteme; wir wollen auch die bereits vielfach besprochenen Gefährdungen der Privatheit der Menschen übergehen, die daher rühren, daß sämtliche, auch die allerintimsten Daten über jeden einzelnen Menschen in die Maschinen eingespeichert werden – dieser Gefahr, so real sie auch ist, ließe sich in einer bestimmten Weise entgegenwirken. Die Symbiose von Maschinen und Menschen wird sich dadurch auszeichnen, daß beide »Seiten« einen bestimmten Beitrag leisten, daß beide partiell an den Entscheidungs-, Steuerungs- und Kontrolltätigkeiten beteiligt sind. Doch das System als Ganzes kann einen dynamischen Charakter besitzen, der *insgesamt keiner der beteiligten Seiten* zugänglich ist, weil kein System sich selber vollständig beschreiben oder kontrollieren kann; dieser Grundsatz ist unwiderleglich. Ein System kann sich selber nicht vollständig abbilden und somit nicht erkennen; durch Beobachtungen und Verallgemeinerungen vermag es Gesetze seiner eigenen Bewegung zu entdecken, doch kann es nie die völlige Gewißheit erlangen, daß es in dieser Weise *alle* Gesetze entdeckt und erfaßt hat. Das vermag nur ein übergeordnetes System, welches über jenes die Kontrolle ausübt. Schafft man jedoch eine solche Kontrolle, die im Bereich der Informatik ein deutliches Pendant jener Teilung wäre, wie sie jetzt bei den Technologien der Arbeit besteht, würde man also eine Informatik »der zweiten Generation« schaffen, die nicht direkt für uns funktioniert, sondern lediglich die Symbiose von Menschen und Maschinen überwacht, damit das ihr vorgegebene *Gleichgewicht* nicht in irgendeine Form von unerwünschter *Drift* übergeht, dann würde man unausweichlich zu einem unendlichen Regreß gelangen, denn über den Kontrolleur müßte man wiederum einen Aufseher noch höheren Grades stellen, der seinerseits den Kontrolleur zu überwachen hätte, weil sonst die Frage auftauchen würde: quis custodiet ipsos custodes?

Dieses Problem vermögen wir heute natürlich noch nicht einmal andeutungsweise zu lösen – es gehört einer fernen

Zukunft an, doch soll es hier erwähnt werden, weil es belegt, daß das Auseinandertreten der ursprünglichen Erwartungen der Menschen und dessen, was daraus wird, wohl eine Konstante unserer Geschichte ist. Die Vision einer unendlichen Reihe von »Informationsspiegeln«, einer über der Zivilisation der Zukunft schwebenden Kontrollpyramide, ist wahrhaft seltsam, ebenso wie der Prozeß der »Widerspiegelung«, der Abbildung der irdischen Vorgänge zum Zweck ihrer optimalen Überwachung – und zugleich scheinen sich in dieser Vision auf ironische Weise unsere uralten Vorstellungen zu realisieren, jene Mythen von höheren Mächten, die über das Leben der Menschen alles wissen und denen alles unterworfen ist. Wenn diese Unendlichkeit der Kontrollpyramide die Funktionen Gottes, der Erzengel, den Thron und die ganze übrige Hierarchie der himmlischen Informatik karikiert, so geschieht das ohne Absicht: im übrigen läßt sich ein solcher unendlicher Regreß nicht durchführen, und deshalb wird es eine Informationsverarbeitungsmaschine, welche die unendliche kontrollierende Allgegenwart der Gottheit simulieren würde, ganz sicherlich niemals geben.

*

Das oben Gesagte legt die folgenden Überlegungen nahe, die von unterschiedlicher Reichweite sind:

1) Die wissenschaftliche Welt neigt angesichts von bedeutsamen Neuerungen dazu, sich in entgegengesetzte Lager aufzuteilen, die gleichermaßen die Devise »alles oder nichts« vertreten; während die Anhänger der Kybernetik von ihr »alles« erwarteten, maßen ihr die Kritiker eigentlich überhaupt keinen Erkenntniswert bei. Sehr viel seltener sind vermittelnde Auffassungen; eine solche Auffassung habe ich 1966 in der *Summa technologiae* in dem Abschnitt »Zweifel und Antinomien« des Kapitels »Intellektronik« befürwortet. Das Verhalten von Kritikern wie M. Taube ist liquidatorisch; die unverbesserlichen Optimisten neigen dagegen – und das ist mindestens ebenso schädlich – zum Hinausschieben der Termine, innerhalb derer »alles« gelingen soll, oder gar zur Fälschung von Daten. Ein typisches Beispiel dafür ist das

1968 in der Reihe »Idées« bei Gallimard erschienene Buch von J. M. Font und J. C. Quiniou, *Les ordinateurs – mythes et réalités,* in dem die unterschiedlichen Schwierigkeitsgrade verschiedener Teile des kybernetischen Programms verwischt werden und sogar behauptet wird, in der UdSSR sei ein »gewisser« Roman von Dickens maschinell aus dem Englischen ins Russische übertragen worden, und zwar so gut, daß die Übersetzung den Vergleich mit einer von einem Menschen ausgeführten literarischen Übersetzung aushielt (was einfach nicht stimmt – sowjetische Quellen haben Derartiges nicht gemeldet). Es fanden sich professionelle Logiker, die an eine unbegrenzte Potenz der Kybernetik glaubten, weil es Wang gelungen war, einen Computer derart zu programmieren, daß er innerhalb von 8,5 Minuten die Mehrzahl der Behauptungen des fundamentalen Werks von B. Russell und A. N. Whitehead *Principia Mathematica* bewies – eine Leistung, die von diesen Fachleuten *jahrelange* Arbeit gefordert hatte. Zugleich gibt es jedoch bislang kein Programm, das eine triviale, aber ungezwungene Konversation mit der Maschine auf »gesellschaftlichem« Niveau ermöglichen würde. Diese Disparität erscheint indessen in einem anderen Licht, wenn man sich klar macht, daß die menschliche Hand zwar nicht eine Last zu heben vermag, die für einen Kran nichts bedeutet, dafür aber Tausende von Operationen ausführen kann, zu denen kein Kran imstande ist. Unser Gehirn eignet sich schlecht für begrenzte deduktive Verfahren, weil es für andere, universale Aufgaben konstruiert wurde. Im sprachlichen (verbalen) Bereich hängt die intellektuelle Leistungsfähigkeit von der Anzahl der Gebiete ab, aus denen die Selektoren, die eine Äußerung aufbauen, gleichzeitig schöpfen können, und diese Anzahl ist in Grenzfällen – etwa bei einem »schwierigen« literarischen Text – geradezu unübersehbar. Prinzipiell wäre es schon jetzt möglich, daß knappe wissenschaftliche Texte durchaus einwandfrei von Maschinen übersetzt werden – unter der Voraussetzung, daß deren Verfasser mit den Eigentümlichkeiten der Übersetzungsprogramme der Computer vollkommen vertraut sind und sich beim Abfassen ihrer Arbeiten darauf einstellen. Solche zusätzlichen Bedingungen werden den

Wissenschaftlern jedoch nicht gestellt, weil eine praktische Überlegung zeigt, daß es eben leichter ist, eine Fremdsprache in dem erforderlichen Umfang zu erlernen, als sich in seiner Ausdrucksweise auf die Übersetzungsmöglichkeiten der Maschinen einzurichten.

2) Die Gegner (z. B. die Brüder Dreyfus) behaupten, die Maschine könne dem Menschen ebenbürtig sein, wenn sie selbst ein lebender Organismus von Menschengestalt, also einfach ein »in der Retorte erzeugter« Mensch wäre. Die Verteidiger berufen sich wiederum darauf, daß der Bau von intellektuell voll leistungsfähigen Maschinen durch außerhalb der Kybernetik gelegene Umstände vereitelt würde – z. B. die gewaltigen Kosten, eine fehlende Marktnachfrage für derartige Apparaturen oder durch lediglich technische, vorübergehende Schwierigkeiten. Die besser Unterrichteten wissen, daß all diese Argumente nicht mit der Wahrheit übereinstimmen. Die Schwierigkeiten sind grundsätzlicher, theoretischer Natur; was die Nachfrage betrifft, so gibt es mächtige pressure groups, die an der Herstellung eines für militärische Zwecke bestimmten »Intelligenzverstärkers« interessiert sind, so daß die Schranke, welche die Entwicklung der Kybernetik aufhält, nicht ökonomischer Natur ist. Die Hartnäckigkeit der Enthusiasten führte zur Aufstellung von Schachprogrammen, die, abgesehen von den Meistern der Weltklasse, jeden auch nur überdurchschnittlichen Schachspieler schlagen, doch beruht dieser Erfolg darauf, daß die technischen Parameter der Informationsverarbeitung verbessert wurden, nicht aber darauf, daß die Barrieren der Heurese durchbrochen worden wären und die intellektuellen Leistungen der Computer ein höheres Niveau erreicht hätten. Sowohl die Apologeten als auch die Gegner der Kybernetik verdrehen die Tatsachen. Die Optimisten gingen im Grunde von der stillschweigenden Annahme aus, daß die natürliche Evolution das, was sie unternahm, als sie uns schuf, hätte unterlassen können. Sie rechneten damit, daß die Tätigkeiten der Evolution äquifinal seien mit algorithmischen oder heuristischen Verfahren, die sich rasch mechanisieren ließen. Wie aber beispielsweise das Buch *Artificial Intelligence through Simulated Evolution* (1966 erschienen und von L. J. Fogel, A. J. Owens und M. J.

Walsh verfaßt), dessen Ausführungen sich verblüffend mit meiner *Summa technologiae* (1. Auflage 1964) decken, belegt, halten es nicht wenige Fachleute für notwendig, sich auf weniger enge Positionen zurückzuziehen und die Bioevolution als eine »Lehrmeisterin« für ein wirksames Handeln auch im *intellektuellen* Bereich modellhaft zu untersuchen. Diesen Autoren zufolge ist also die modellhafte Nachbildung der Evolutionsprozesse eine notwendige Voraussetzung für die Automatisierung des Intellekts.

3) Sagen wir es schließlich deutlich: In dem ganzen, hier besprochenen Bereich gibt es nicht die geringste Rechtfertigung für eine Dichotomie, derzufolge man entweder zu den unbedingten Anhängern des Glaubens an eine dem Menschen ebenbürtige Maschine oder umgekehrt zu jenen gehören muß, die an die unerschütterliche Überlegenheit des Menschen über seine Schöpfungen im geistigen Bereich glauben. Es ist weder so, daß die durch den technologischen Fortschritt hervorgerufene Optimierung der maschinellen Parameter die Erbauer von Computern gleichsam automatisch zu einer Schwelle führt, jenseits derer weise Maschinen konstruierbar sind, noch stimmt es, daß allein ein synthetisch nachgeahmter Mensch Ebenbürtigkeit mit dem natürlichen Homo sapiens wird erreichen können. Zwar stellte sich heraus, daß die Aufgabe um *einige Größenordnungen* schwieriger ist, als es vor zwanzig Jahren schien, doch daß sie unlösbar ist, hat noch niemand bewiesen. Die derzeit gebauten Maschinen werden leicht mit Arbeiten fertig, die für den Menschen schwierig oder nicht zu bewältigen sind, doch zugleich bewältigt der Mensch Aufgaben, die den Maschinen nicht zugänglich sind. Bislang weichen daher denn auch die Entwicklungswege des mechanischen und des natürlichen Intellekts eindeutig voneinander ab. Die Forderung der Pragmatiker, man solle sich darauf beschränken, die Maschinen dort einzusetzen, wo sie effektiv sind, und nur dort, zeugt, soweit sie sich auf die Gegenwart bezieht, von praktischer Vernunft, doch kann sie auch schädlich sein, wenn damit stillschweigend impliziert ist, daß man auf weitergehende Bemühungen verzichten solle, die von der Automatisierung auch der schöpferischen Fähigkeiten des Menschen gekrönt

werden könnten. Denn außer der Ignoranz (der Unwissenheit) steht dieser Entwicklung nichts – etwa in Gestalt eines absoluten Verbots – im Wege. Es ist dies freilich eine Aufgabe, für welche die Zeit und die Kraft einer Generation nicht ausreicht; die Hast und – nach dem Scheitern allzu optimistischer Ansprüche – die Enttäuschung sind daher psychologisch verständlich. Gleichwohl ist es eine Aufgabe, die ihre Aktualität behält und daher auch früher oder später gelöst werden wird.

Biologie und Werte*
Einleitung: Werte und Ziele

Über Werte spricht man entweder so, als seien sie Tatsachen, oder so, als seien sie Glieder einer Beziehung. Im ersteren Falle sagt man, daß etwas ein Wert *sei,* im letzteren, daß etwas Wert *habe.* Aus der ersteren Redeweise folgt die Nichtrelativität der Werte. Denn wenn ich sage, daß X eine Tatsache sei, und X die Entfernung der Erde von der Sonne bezeichnet, stelle ich einen gewissen Sachverhalt fest, der unabhängig von allen sonstigen Sachverhalten der Fall ist. Desgleichen stelle ich, wenn ich sage, daß X ein Wert sei, einen Sachverhalt fest, der außer auf sich selbst auf nichts anderes bezogen ist. Wenn man von Werten spricht, als wären sie Tatsachen im obigen Sinne, so trifft man eine Feststellung nicht-empirischer Art. Es gibt nämlich kein Verfahren, mit dessen Hilfe sich feststellen ließe, daß es wahr ist beziehungsweise daß es unwahr ist, daß X ein Wert ist. Sätze, die absolut gewisse Werte festlegen, gehören somit nicht zur Sprache der Empirie, da sie unwiderlegbar sind; Sätze wie »Die Tugend ist ein Wert« oder »Der Mensch ist ein Wert« sind weder falsifizierbar noch verifizierbar. Wenn ich dagegen sage, X habe einen Wert, spreche ich keinen vollständigen Satz, sondern nur einen Teil davon aus. Dann geht es nämlich stets darum, in welchem Verhältnis einer gewissen Nützlichkeit, Geeignetheit oder Brauchbarkeit X zu etwas anderem, zu einem nicht-X steht. Der Wert, den X hat, bezeichnet den Grad seiner Eignung dafür, daß ein gewisses Y entsteht. Im ersteren Sinne sind Werte somit autonom und nicht relativ, im letzteren relativiert und nicht autonom; diese letzteren bezeichnet man gewöhnlich als instrumentelle Werte. Viele Behauptungen über autonome Werte lassen sich in der Weise umformulieren, daß sie zu widerlegbaren Behauptungen über instrumentelle Werte werden (man mag etwa feststellen wollen, welche Vorteile eine Gesellschaft davon hat, daß ihre

* Erstdruck: »Studia Filozoficzne« 1968, Nr. 3–4.

Mitglieder tugendhaft sind; man geht dann von dem Satz: »Die Tugend ist ein Wert« beispielsweise zu dem Satz über: »Die Tugend hat einen Wert – als Stabilisator gesellschaftlicher Verhältnisse«). Sätze beider Arten implizieren – bezogen auf menschliches Verhalten – bestimmte Pflichten. Die ersteren tun das in einer kategorischen und gebieterischen Weise, denn sie stellen Gebote dar, Haltungen einzunehmen oder Handlungen vorzunehmen, die den jeweiligen axiologischen Festlegungen entsprechen, während die letzteren das in einer bedingten und relativen Weise tun. Denn nur der, der es für *geboten* hält, die gesellschaftlichen Prozesse zu stabilisieren, wird überhaupt bereit sein, sich mit dem Problem der Einführung von Vorbildern der Tugendhaftigkeit in das gesellschaftliche Dasein zu befassen, und nur der, der ein Haus zu bauen *beabsichtigt,* wird bereit sein, den instrumentellen Wert verschiedener Arten von Baustoffen zu untersuchen.

Wie man daraus ersieht, spricht man über autonome Werte in der Weise, als wären sie außerhistorische und sogar außerzeitliche Tatsachen; schließlich vertritt niemand in der Wertlehre die Ansicht, daß man etwa sagen könnte: »Die Tugend ist ein Wert seit 1456« oder »Die Gerechtigkeit war ein Wert zwischen 1366 und 1890«. Wollte sich aber jemand gerade in dieser Weise ausdrücken, so würde er damit eigentlich mitteilen: »Gewisse Menschen verhielten sich dann und dann tugendhaft«. Er würde damit eine Hypostase vornehmen, nämlich gewisse, in einem bestimmten Zeitabschnitt vorgekommene Handlungen verdinglichen.

Instrumentelle Werte sind zeitbedingt und historisch, was man etwa daraus ersieht, daß der instrumentelle Wert des Feuersteins einmal beträchtlich war, heute dagegen gleich Null ist; wenn hingegen einige Objekte einen instrumentellen Wert zu besitzen scheinen, der nicht auf irgendeine konkrete Technologie bezogen ist (die Luft hat einen solchen Wert), so deshalb, weil diese Objekte – wie gerade die Luft – konstant »in die Technologie« des menschlichen Organismus »verwikkelt« sind und ihr Vorhandensein für die Aufrechterhaltung des Lebens unerläßlich ist. Wir begreifen allerdings sehr wohl, daß es sich stets um einen relativen Wert handelt, denn wenn die gesamte Biosphäre der Erde vernichtet würde, verlöre auch die Luft ihren instrumentellen Wert, da es nichts und niemanden mehr gäbe, dem sie als lebenserhaltende Substanz von Nutzen sein könnte.

Weil Werte der ersteren Art festgelegt, solche der letzteren Art aber entdeckt werden, steht die Charakteristik der ersteren, die von Beschlüssen abhängig ist, in einem engen Zusammenhang mit ontologischen Einstellungen, während die Charakteristik der letzteren zu völliger ontologischer Neutralität gebracht werden kann, wie sie für die Empirie eigentümlich ist. Letzten Endes stellt sich also heraus, daß die Werte der ersteren Art relativiert sind – aber nur in bezug auf die *jeweilige Ontologie;* was sie sind und wie sie beschaffen sind, hängt von dieser ab.

Alle Überlegungen zur Wertlehre hängen in irgendeiner, freilich unterschiedlichen Weise mit der Teleologie zusammen. Als teleologisch bezeichnen wir Verhaltensweisen (von wem auch immer), die entweder aus einem gegebenen Zustand heraus *unausweichlich* einem bestimmten zukünftigen Zustand zustreben, der dann ein Ziel darstellt, oder auch Verhaltensweisen, die *fakultativ* auf einen künftigen Zustand hinstreben. Jede Beschreibung von teleologischen Verhaltensweisen im ersteren Sinne läßt sich unter der Annahme vollständiger Determiniertheit in die Sprache einer gewöhnlichen kausalen Beschreibung übersetzen. Der Grund: Es gibt keine empirischen (widerlegbaren) Verfahren, mit deren Hilfe sich der Unterschied feststellen ließe zwischen einer Situation, in der das, was unausweichlich eintritt, die unmittelbare Folge einer früheren Ursache ist, und einer Situation, in der das, was unausweichlich eintritt, ein Ziel ist, ein Endzustand, der, von einer Startposition ausgehend, über einen bestimmten Weg erreicht wurde. Ebensogut kann man daher sagen, daß materielle Systeme aufgrund wachsender Unordnung in Zustände von immer größerer Entropie übergehen, wie auch, daß der Zustand maximaler Entropie das Ziel eines jeden solchen Systems ist. Die zuletzt genannte Weise, den Ausdruck »Teleologie« zu verwenden, wird zur Zeit allerdings aus der Empirie verdrängt, weil sich die Benutzung teleologischer Begriffe nur im ersteren Sinne als –

namentlich empirisch – gerechtfertigt erweist; zu einem empirischen Begriff wird nämlich nur ein solches Ziel, dessen Erreichung nicht mit kausaler Determinierung tautologisch identisch ist. Mit anderen Worten: Um reale Ziele handelt es sich dort, wo die reale Möglichkeit besteht, daß sie *verfehlt* werden. Wenn es aber Prozesse gibt, die sich so verhalten, als würden sie im Gegensatz zu Prozessen der Umgebung gewisse finale Zustände anstreben, und wenn sich empirisch feststellen läßt, ob jene finalen Zustände erreicht werden, dann unterliegen die physisch meßbaren Abweichungen von dem zum Ziel führenden Weg und von der Erreichung des Endziels einer instrumentellen Beurteilung. Alles, was von dem zum Ziel führenden Weg abdrängt, erhält einen negativen, alles, was dazu beiträgt, auf ihm zu bleiben, einen positiven instrumentellen Wert.

Meßbare Werte treten also dort auf, wo sich *reale* Ziele feststellen lassen. Als real sehen wir allein ein solches Ziel an, das nicht in jedem Fall erreicht wird. Die Schießscheibe ist ein reales Ziel, das Ende der Welt im Sinne der Entropie dagegen nicht. Was nun die Wertlehre betrifft, so läßt sie sich in dem Maße zu einer empirischen Angelegenheit machen, in dem sie sich ontologisch neutralisieren läßt.

I. Wertlehre und Physik

Für den Laplaceschen Determinismus gibt es hinsichtlich der Information keinen Unterschied zwischen dem Wissen von der Vergangenheit und dem Wissen von der Zukunft: beide können gleichermaßen vollkommen, d. h. vollständig sein. Der über ein solches Wissen verfügende Laplacesche Dämon vermag aufgrund der aktuellen Zustände der Atome in der Sprache der Physik jedes Verhalten von Sternen, Amöben oder Menschen sowohl rückblickend als auch vorausschauend zu beschreiben, *ohne sich dabei überhaupt axiologischer Termini zu bedienen.* Ob ein Schütze eine fliegende Taube trifft und ob Romeo sich gemäß seinen Absichten mit Julia verbinden wird, ist beiden Betroffenen nicht bekannt, und so sind denn auch die Taube für den Schützen und der Bund mit

Julia für Romeo reale Ziele, denen, weil sie angestrebt werden, ein ausgezeichneter Wert zugeschrieben wird. Der Laplacesche Dämon dagegen weiß, ob der Schütze treffen wird, noch bevor er zu zielen begonnen hat, und er weiß auch, was die Verliebten erwartet, noch bevor sie sich kennengelernt haben. Dementsprechend sind sowohl die Werte, die sich in den menschlichen Wahlhandlungen entdecken lassen, als auch die Ziele, nach denen die Menschen streben, für den Dämon fiktiv. Der Unterschied zwischen dem fiktiven Charakter des Ziels des Schützen und dem fiktiven Charakter des Ziels Romeos besteht allein in dem Unterschied zwischen dem relativ geringen Maß an Wissen über atomare Ereignisverteilungen, das für eine Vorhersage der Folgen des Schusses erforderlich ist, und dem großen Maß an Wissen, das für eine Vorhersage der Folgen der Liebe erforderlich ist. Im Grunde sind jedoch weder das Treffen oder Nichttreffen der Taube noch die Verbindung oder Nichtverbindung der Verliebten Folgen von *ersten* Ereignissen einer Sequenz, die auf dem Schießstand oder auf dem Balkon beginnt. Die Ursache dieser wie überhaupt jeglicher Ereignisse ist jene Verteilung von Atomen, die im Urnebel herrschte; alles, was anschließend geschieht, stellt dessen vollständig determinierte kausale Konsquenz dar. Für den Dämon, der über das höchste und beste Wissen verfügt, weil es ein größeres als seines nicht geben kann, gibt es nur *scheinbare* Ziele und Werte. Ein reales Ziel ist ja, wie wir sagten, ein künftiger Zustand, dessen Erreichung *indeterminiert* ist. Für den Schützen ist die Taube ein reales Ziel, da der Schütze nicht über optimales Wissen verfügt. Wenn vollständige Determiniertheit besteht, gleicht derjenige, der zu zielen vermeint, einem Menschen, der sich in einer Straßenbahn befindet und zielbezogene Entscheidungen über den künftigen Weg dieser Straßenbahn trifft. Da dieser Weg nicht im geringsten von seinen Entscheidungen abhängt, sind diese Zielentscheidungen nicht real. Wenn wir sagen, Herr X habe ein Ziel gewählt, meinen wir damit, daß er es wertbezogen unter allen möglichen Zielen ausgezeichnet hat. Wenn der Laplacesche Dämon Herrn X beschreibt, verwendet er dazu keine teleologischen oder axiologischen Begriffe.

Herr X gleicht somit einer an Schienen gebundenen Straßenbahn, er ist in seinen sukzessiven Zuständen vollständig determiniert, nur daß er selbst davon nichts weiß. Demnach sind die Werte, von denen er spricht, nichts anderes als ein Ausdruck des *Unwissens* über die tatsächlichen Zustände seiner selbst und seiner Umgebung. Vom Standpunkt des Dämons aus, der über optimales Wissen verfügt, sind Werte folglich falsche Hypothesen bezüglich der Ursache, die dafür sorgt, daß Herr X sich so und nicht anders verhält. Der Physiker wird wissen, daß Herr X so und so vorgehen muß, daß er keine realen Wahlmöglichkeiten hat, daß seine Entscheidungen ebenso fiktiv sind wie die Entscheidungen des Menschen in der Straßenbahn, die über eine eindeutig gestellte Weiche fährt, doch X trägt in die Beschreibung seines Verhaltens einen gewissen Freiheitsspielraum ein, in dem die von ihm als bestimmend anerkannten Werte über die von ihm getroffenen Wahlen entscheiden werden. Im Sinne des extremen Determinismus sind Ziele und Werte Ausdrücke, mit denen die *Lücken* im Bild der einzelnen Zustände geschlossen werden, die zusammen die diachronische Bahn eines Systems ausmachen. Werte und Ziele sind somit epiphänomenal erlebte Illusionen, Einbildungen der Straßenbahn, die glaubt, sie sei gar keine Straßenbahn und bewege sich gar nicht auf Schienen. Was allein zählt und den Ausschlag gibt, ist das physikalische Wissen, das mit der Schließung der Lücken in der Beschreibung jede Spur von Werten und Wertungen aus ihr verdrängt.

Ein solcher »straßenbahnhafter« Determinismus ist jedoch auch für die Physik ein Wunschbild ohne reale Grundlage. Ich teile die Auffassung der zeitgenössischen Physik, daß die vollständige Determiniertheit eine ideale Grenze der tatsächlichen Zustände darstellt und daß die Verknüpfungen zwischen diesen Zuständen einen stochastischen Charakter haben, der freilich in der Praxis häufig vernachlässigt werden kann. Man kann ihn zum Beispiel vernachlässigen, wenn man eine Mondfinsternis vorhersagt, allerdings nicht, wenn man die Beugung von Elektronen untersucht. Somit können wir das Verhalten von Herrn X ebenso wie das Verhalten eines jeden stochastischen Systems – etwa von Spielwürfeln – mit

Hilfe von mathematischen Wahrscheinlichkeitsstrukturen (z. B. durch eine Markow-Kette) beschreiben.

Ein Homöostat ist ein System, das, wenn man es Störungen aussetzt, Stabilität bewahrt. Er ist also ein System mit einem stabilen Gleichgewicht, doch entspricht dieses Gleichgewicht nicht der größten thermodynamischen oder mechanischen (im Sinne der statistischen Mechanik) Wahrscheinlichkeit.

Der Unterschied zwischen einem Homöostaten und einem Nicht-Homöostaten ist der zwischen dem determinierten und dem indeterministischen Verhalten eines materiellen Objekts. Wenn es sich bei den Objekten um atomare Teilchen handelt, muß die Beschreibung, sofern sie irgendeinen Voraussagewert haben soll, deren quantentheoretisch-indeterministische Eigenschaften berücksichtigen. In dem Maße, wie die Zahl der Teilchen bis hin zur Größe eines makroskopischen Objekts zunimmt, können wir die quantentheoretischen Aspekte des Objekts immer weitergehend vernachlässigen und uns bei der Beschreibung auf die Schemata der klassischen Physik beschränken. In welchem Maße wir die quantentheoretischen Eigenschaften eines Objekts vernachlässigen können, hängt von dessen Dimensionen ab, und diese Dimensionen werden bestimmt durch die Anzahl der Elementarteilchen, die an dem »Ereignis«, dem unterschiedlich lang währenden »Treffen« beteiligt sind, welches das Objekt konstituiert. Es hängt außerdem vom Grad der Ordnung der das Objekt bildenden Teilchen ab. Derartige Ordnungen bilden zusammen die Menge aller möglichen Ordnungen, und diese Menge besitzt eine gewisse Untermenge von Systemen, die man als Homöostaten bezeichnet. Diese Untermenge läßt sich jedoch keinesfalls scharf abgrenzen. Denn je nachdem, was für parametrische Verknüpfungen als Folge der Ordnungen entstehen, wird das System unterschiedliche Grade der Stabilität gegenüber unterschiedlichen Arten von Einwirkungen aufweisen; je stabiler sein Gleichgewicht ist und je größer die Zahl der Störungen, die es nicht aus dem Gleichgewicht zu bringen vermögen, in um so höherem Maße wird das System ein Homöostat sein. Ein stabiles inneres Gleichgewicht ist die notwendige, aber nicht hinreichende Bedingung dafür, daß man das System als Homöostat bezeichnen kann. Für sich genommen, besitzt ein erloschener Himmelskörper ein stabiles mechanisches und thermodynamisches Gleichgewicht, aber er ist kein Homöostat, weil jede mechanische oder thermodynamische Einwirkung ihn aus dem Gleichgewicht bringt – er wehrt also Störungen nicht ab, sondern nimmt sie hin. Ein mit Ozeanen und einer Atmosphäre ausgestatteter Planet verhält sich bei zunehmender Sonneneinstrahlung im Bereich eines Parameters, der Oberflächentemperatur, wie ein Homöostat, denn die zunehmende Sonneneinstrahlung ruft eine zunehmende Wasserverdampfung hervor, und die sich bildenden Wolken erhöhen seine Albedo. So wird ein beträchtlicher Teil der eintreffenden Strahlung in den Weltraum zurückgeworfen, und die Oberflächentemperatur steigt nicht in dem Maße, in dem sie sich in Abwesenheit jener Koppelung von Parametern erhöhen würde. Grundsätzlich könnte man in der Astrophysik bei verschiedenen Planeten von besseren und schlechteren Homöostaten im obigen Sinne sprechen, und wenn man das nicht tut, so nicht deshalb, weil ein solches Vorgehen physikalisch inkorrekt wäre, sondern lediglich deshalb, weil diese thermische Ausgleichsleistung des Planeten für die Zustände der ihm eigentümlichen physischen Evolution von untergeordneter Bedeutung ist (es sei denn, wir würden die Planeten unter dem Gesichtspunkt ihrer ökosphärischen Anpassung an die Produktion von Leben untersuchen: dann kann man sinnvoll davon sprechen, daß die einen Planeten »besser«, andere dagegen »schlechter« als Wiege eines biogenetischen Prozesses geeignet sind).

Für gegebene Medien und für gegebene Parameter des Drucks, der Temperatur, der chemischen Zusammensetzung usw. gibt es solche Zustände von Materiekonzentrationen, die sich bei fehlender Energiezufuhr ohne größere Veränderungen erhalten können, und solche, die sich ohne Energiezufuhr nicht erhalten können. Materiekonzentrationen, die in Abwesenheit von Energiezufuhr Unveränderlichkeit, das heißt »Selbsterhaltung« aufweisen, fassen wir nicht als Homöostaten auf. Ein Felsblock, eine Eisenkugel, ein Hokker oder ein Diamant sind also keine Homöostaten, obwohl es Objekte sind, die über längere Zeit strukturelle und materielle Identität bewahren. Ein in Alkohol schwimmender Öltropfen ist ebenfalls kein Homöostat. Die Energiezufuhr, derer der Homöostat bedarf, bedeutet, daß für die Erhaltung der Strukturinvarianten, anders gesagt, für das Festhalten der Werte einer Gruppe von Systemparametern in einem gegebenen Intervall, Arbeit erforderlich ist. Dennoch betrachten wir auch eine Dampfmaschine nicht als einen Homöostaten, und zwar deshalb, weil man der Maschine Energiequellen zur Verfügung stellen muß, die sie sich nicht selber beschafft. Eine Dampfmaschine, die nach Brennstoff suchen und im Falle eines Defekts Fähigkeiten zur Selbstreparatur zeigen würde, etwa dergestalt, daß die durch Arbeit verschlissenen Teile nachwachsen, wäre ein Homöostat. Sie müßte mit zahlreichen Sensoren ausgestattet sein, denn die Suche nach Brennstoff setzt eine gute Orientierung in der Umgebung voraus. Würden wir jedoch anstelle einer Dampfmaschine eine photosynthetische Maschine bauen, dann würden die Sensoren, jedenfalls die allermeisten, überflüssig, und eine solche Maschine kann auch stationär sein, weil die Sonne zumindest zeitweilig auf der ganzen Erde scheint. Eine solche homöostatische Maschine ist das Gras oder überhaupt jede Grünpflanze.

Von den natürlichen Homöostaten unterscheiden sich die künstlich errichteten Modelle von Homöostaten dadurch, daß sie homöostatische Funktionen nicht in dem der Selbsterhaltung dienenden Umfang aufweisen, den die normale irdische Umwelt erfordert. Es handelt sich dabei um Homöostaten – oder vielmehr um Viertelhomöostaten – in einem engen Bereich. Derartige Apparate modellieren eine ausgesuchte Stabilisierungsfunktion bezüglich der Werte von Systemparametern, wie es etwa bei Ashbys Homöostat der Fall ist. Das Gleichgewicht von Ashbys Homöostat ist nicht wirklich selbsterhaltend. Wirklich selbsterhaltend ist ein Homöostat, der bei dem Versuch, ihn zu beschädigen, die Flucht ergreift oder den Angreifer beißt, wie es der Hund tut. Ashbys Homöostat kann man jedoch mit beliebig vielen Verfahren zerstören, ohne daß er versuchen würde, dem entgegenzuwirken, weil er nicht die dafür erforderlichen funktional-strukturellen Eigenschaften besitzt. Wenn ein

System ein Homöostat ist, so bedeutet das, daß bestimmte Zustände der Umgebung ihm die Erhaltung des aktuellen Zustands erleichtern, während andere Zustände ihm diese Erhaltung erschweren oder vereiteln. Die ersteren Zustände haben dann für ein solches System, da sie förderlich sind, einen positiven Wert, die letzteren, da sie schädlich sind, einen negativen Wert. Dies ist die Stelle, an der die Theorie der Homöostase sich von der Physik trennt. Denn für den Physiker ist es gleichgültig, ob das von ihm untersuchte System zerstört wird oder nicht. Er beobachtet und beschreibt physikalisch ausgezeichnete Zustände – das stabile oder auch das labile Gleichgewicht –, aber er bewertet sie nicht. So sagt er denn auch nicht, daß Sterne, die sparsamer mit der Kernenergie umgehen und deshalb länger leuchten, besser sind, im Gegensatz zu den in energetischer Hinsicht schlechteren, die verschwenderisch funktionieren. Instrumentelle Wertbegriffe tauchen in der deskriptiven Sprache in dem Augenblick auf, da Erscheinungen, die bei der Homöostase auftreten, auf einen irgendwie modellhaften, vorgegebenen Zustand bezogen werden, der erhalten »werden soll«. Wenn beim Eintritt eines Kometenkopfes in die Erdatmosphäre das in ihm befindliche gefrorene Gas unter dem Einfluß des Temperaturanstiegs ein gasförmiges Kissen bildet und die Brocken des Kometenkerns dank dessen dämpfender Wirkung nicht zerschmettert auf der Erde landen, sagen wir nicht, daß der Komet »richtig« gehandelt habe und dadurch »gerettet« wurde. Doch wenn ein zur Erde stürzender Kosmonaut sich vor dem Eindringen in die Atmosphäre aus Plastikschaum einen Stoßdämpfer schafft, der es ihm gestattet, heil zu landen, sagen wir, daß er »richtig« gehandelt und »sich gerettet« habe. Wir glauben nämlich, daß der Komet sich physisch nicht anders verhalten konnte, als er es tat, während der Kosmonaut diese Möglichkeit hat. Worin besteht jedoch der operative Unterschied zwischen der Notwendigkeit und der Möglichkeit eines Verhaltens? Die »weiche Landung« eines Kometen besitzt eine überaus geringe Wahrscheinlichkeit. Um diese Wahrscheinlichkeit zu erhöhen, müßte man den Kometen in bestimmter Weise umbauen. So kann man im vorderen Teil des Kometen gefrorenes Gas unterbringen. Man weiß jedoch nicht, mit welchem Teil er in die Atmosphäre eintritt. Für eine »weiche Landung« ist außerdem das Tempo der Umwandlung des Eises in Gas von wesentlicher Bedeutung. Aufgrund solcher Überlegungen erscheint es geboten, bestimmte Teile der Kometenmaterie in einer nicht zufälligen Weise zu verteilen. Dadurch wird der Komet mit anderen Worten zu einem besser geordneten System. Die Chancen einer weichen Landung werden zusätzlich etwa durch einen Radar-Sensor erhöht, der die Entfernung von der atmosphärischen Hülle berechnet und den Kometen entsprechend orientiert. Die Berechnungen kann ein Computer auf der Erde vornehmen, der die Ergebnisse per Funk an einen Empfänger auf dem Kometen weitergibt. Man könnte diesen Computer aber auch auf dem Kometen selbst unterbringen. Auf diese Weise haben wir den Kometen zu einem Flugapparat umgebaut, der sich selbst orientiert und seine Bahn optimiert. Er bleibt jedoch weiterhin ein determiniertes System, wenn auch nunmehr mit einem probabilistisch ausgezeichneten Sektor von Verhaltensweisen. Wenn wir den Kometen nach der »weichen Landung« in Stücke schlagen wollen, etwa mit einem Hammer, so steht dem nichts im Wege. Um ihn vor einer solchen Zerstörung zu bewahren, müßte man das mit der Landung zusammenhängende Verhaltensprogramm durch ein anderes Programm ergänzen und den »Kometen« mit zusätzlichen Sensoren und Effektoren ausstatten. Nicht alles, was sich in der Umgebung der Stelle, an der er landet, abspielt, hat den Charakter einer Bedrohung. Die durch das System von Sensoren erlangte Information muß also einer diskriminierenden Filterung unterzogen werden, wir müssen also in den »Kometen« eine Art von Perceptron einbauen. Nach hinlänglich vielen Umbauten erhalten wir schließlich einen Apparat, der gemäß vorprogrammierten Direktiven und eigenen Erfahrungen Entscheidungen über die Notwendigkeit von Handlungen trifft, die auf die Selbsterhaltung ausgerichtet sind. Aus einem determinierten System wird schrittweise in immer weitergehenden Annäherungen ein ultrastabiles und probabilistisches System. So haben wir uns jedenfalls die Serie von Transformationen vorgestellt, die den

Kometen zu einem Objekt machen, das einem Kosmonauten immer ähnlicher wird. Natürlich ist es mit ihm noch nicht identisch; so beherrscht es z. B. nicht die Sprache und kann auch keine Kinder haben. Doch das sind Probleme weiterer Umbauten von höherem Komplexitätsgrad. Die Frage, wann und wie instrumentelle Werte entstehen und woher sie kommen, ist in der Weise zu beantworten, daß die Feststellung des Unterschieds zwischen dem Vorhandensein und dem Nichtvorhandensein von Wertmaßstäben ebenso wie die des Unterschieds zwischen einem realen Ziel und dem Fehlen eines Ziels nicht minder problematisch ist als die Entdeckung des Unterschieds zwischen einer Glatze und einem Haarschopf. Wenn im Gravitationsfeld ein Stein fällt, sagen wir nicht, er habe eine Entscheidung darüber getroffen, ob er seinen Fall beschleunigen soll oder nicht. Wenn sich dagegen ein Virus einer Zelle nähert, betreten wir ein Gebiet von klassifikatorischer Unsicherheit. Denn die Reaktionen des Virus sind einerseits gewöhnliche katalytische Prozesse zwischen Großmolekülen von Eiweißpolymeren, andererseits »attackiert« aber das Virus die Zelle und zerstört sie als ein Parasit, der ihre Energie und ihr Baumaterial verwendet, um sich zu vermehren. Wenn wir die Auffassung vertreten, daß das Virus mit Sicherheit keine wertbezogenen Entscheidungen trifft, und in gleicher Weise über die Bakterien urteilen, dann ergeben sich Schwierigkeiten bei den Amöben, und wenn nicht bei den Amöben, so bei den Ringelwürmern usw. Grundsätzlich ist nämlich folgendes festzustellen: Wenn wir das gesamte Handlungsschema eines Homöostaten mit der gleichen Genauigkeit zu fassen vermögen, mit der wir uns das Funktionsschema etwa einer elektrischen Klingel vergegenwärtigen können, dann treten an die Stelle der »getroffenen Entscheidungen« kausale Zusammenhänge, eventuell in der Variante von Rückkoppelungen, und an die Stelle der »Handlungsziele« probabilistische Ketten, aus denen sich Strukturen ergeben, die in Grenzfällen (Maus, Affe, Mensch) den Status von *Modellen* der Umgebung des Homöostaten erlangen. Die »Werte« stellen sich dann als gewisse Relationen zwischen physischen Zuständen dar, und zwar als Relationen, die statistisch das Verhalten des Systems bestimmen.

Doch was sind das für Relationen? Es sind keine energetisch-materiellen Verhältnisse in dem Sinne, in dem wir sagen, daß das Verhältnis des Fundaments zur Mauer ein Verhältnis des Tragenden zum Getragenen ist. Es geht um informationale Beziehungen, die Tatsachen, aber keine Dinge sind (die Entfernung des Opfers ist für das Raubtier eine Tatsache, aber kein Ding).

Die Information im physischen Sinne als eine meßbare Größe gehört zum Untersuchungsbereich der Thermodynamik und der statistischen Mechanik. Was aber ist eigentlich – vom Standpunkt der Physik aus – die Information im logischen Sinne? Sie ist eine Zuordnung; doch was ist im physischen Sinne die Zuordnungsoperation? Nehmen wir an, der Neger A ißt vergiftetes Ziegenfleisch und stirbt. Der Neger B ißt unvergiftetes Ziegenfleisch – und stirbt ebenfalls. Das Verhalten des Negers A können wir vollständig auf physikalische Weise beschreiben. Das Verhalten des Negers B läßt sich dagegen nicht in dieser Sprache beschreiben, weil diese Sprache keine Ausdrücke besitzt, mit deren Hilfe sich feststellen ließe, daß Ziegenfleisch für den Neger B tabu war und daß er, nachdem er bemerkte, daß er versehentlich Ziegenfleisch gegessen hatte, einen in seinen Folgen tödlichen Schock erlitt. In der physikalischen Beschreibung taucht lediglich die Feststellung des Schocks als Todesursache auf, doch umfaßt diese Beschreibung nicht den Zusammenhang, der zwischen dem Fleischverzehr und dem Tod besteht.

Der Neger B starb, weil er dem Verzehr von Ziegenfleisch einen extrem negativen Wert zuordnete. Was entspricht dem Zuschreiben eines negativen Werts, dem Tabu, in der physikalischen Beschreibung? Auf den ersten Blick scheint ihm überhaupt nichts zu entsprechen, doch in Wirklichkeit entspricht dem eine Serie von physischen Ereignissen, die darin bestehen, daß der Neger B im Laufe seines Lebens entsprechend vorprogrammiert wurde. Wir haben es hier mit dem Problem der Zusammenhänge zwischen Semantik und Physik zu tun. Bei allen nur möglichen physikalischen Untersuchungen braucht nicht der geringste Unterschied zwischen dem Neger A und dem Neger B aufzutreten. Tatsächlich sind sie jedoch nicht isomorph, denn der eine stirbt nach dem Essen von Ziegenfleisch, weil es vergiftet war, und der andere stirbt, obwohl es nicht vergiftet war.

Die Eigenschaft, nach dem Verzehr von tabuisiertem Fleisch zu sterben, ist ein Merkmal des Negers B, das wir mit einer gewissen Wahrscheinlichkeit vorhersagen könnten, wenn wir alle früheren Zustände dieses Negers kennen würden – und außerdem alle früheren Zustände seiner kulturellen Gruppe seit ihrem Eintritt in den Bereich jener anthropogenetischen Veränderungen, die zur Entstehung der Sprache führten. Es ist nämlich ein grundlegender Irrtum zu glauben, uns könnte eine Vervollkommnung der physikalischen Beschreibung irgendwann dahin bringen, daß wir durch die Untersuchung des Gehirns eines eine Sprache beherrschenden Menschen die Semantik dieser Sprache erkennen können. Obwohl das Perceptron im Vergleich zum Gehirn ein überaus einfacher Apparat ist, so ist es doch nicht möglich, durch eine beliebig genaue Demontage oder durch irgendeine »Sektion« sonstiger Art festzustellen, welche geometrischen Figuren es zu unterscheiden gelernt hat. Als man mit ihm zu arbeiten begann, waren nämlich die Elemente des Perceptrons halb zufällig miteinander verknüpft, und es hing vom bloßen Zufall ab, welche Elemente in welchen Konfigurationen angeregt werden; diese anfangs durch eine Zufallsverteilung gegebene Anregung wird im Laufe der Zeit nach einer Reihe von Wiederholungen (»Unterscheidungslektionen«) zu einer invarianten Verhaltenseigenschaft bestimmter Gruppen von Elementen. Doch weder die für sich genommenen Figuren noch das für sich genommene Perceptron enthält irgend etwas, das bewirken würde, daß jede derartige Vorrichtung, die geometrische Gestalten zu unterscheiden lernt, Veränderungen durchmacht, die schließlich zu einer für die gesamte Klasse der Figuren und der Perceptrone identischen Struktur führen. Ebensowenig enthalten die für sich genommenen Dinge oder die für sich betrachteten Bezeichnungen der Dinge (Wörter der natürlichen Sprache) irgend etwas, dem wir entnehmen könnten, welche dieser Bezeichnungen einem ganz bestimmten Objekt zugeordnet wurde. Denn die Zuordnungen, in deren Folge bestimmte Namen dauerhaft bestimmte Objekte bezeichnen, sind *logischer* und nicht *physischer* Natur. Wie wir jedoch am Beispiel des Perceptrons erkennen, ist der Prozeß, der die *logische* Zuordnung herstellt, seinerseits ein ganz »gewöhnlicher« physischer Prozeß; es geht stets um ein und dasselbe Phänomen, wenn auch mit unterschiedlicher Komplexität (die bei den Perceptronen eine andere ist als bei den eine Sprache hervorbringenden Bienen und wiederum eine andere bei der linguistischen Anthropogenese). Anfangs haben wir unabhängige Verteilungen von virtuellen »Designaten« und ihren virtuellen »Namen«; dann kommt es zu einem stochastischen »Ineinandergreifen«, einem »Sichverzahnen«, das von der nichtzuordnenden Zufälligkeit zu ganz und gar nicht mehr zufälligen Zuordnungen führt. Weil es aber um probabilistische Erscheinungen geht, die sich dadurch auszeichnen, daß sie zu gewissen final-statischen Zuständen (wie die funktionierende Sprache oder das unterscheidende Perceptron) führen, haben wir es mit ergodischen Prozessen zu tun.

Wir haben also folgendes Bild:

Solange das »Sichverzahnen« der Ergodik der Tatsachen und der Ergodic der Verhaltensweisen (des Perceptrons, der Bienen, des Menschen) rein physischen Charakter hat, solange ist es keine logische Zuordnung. Wenn es aber am Ende zu einer logischen Zuordnung wird, verschwindet das physische Bindeglied, welches sie zustandebrachte. Bedeutung als ein logisch ausgezeichneter physischer Zustand entsteht somit durch ein sukzessives Aussieben gewisser Konfigurationen aus der Menge der virtuellen Namen, die der Menge der virtuellen Designate »angepaßt« sind. Der Faktor, der dieses wechselseitige Anpassen der Ergodiken gewissermaßen »energetisch antreibt«, der die Zufallsverteilungen von Ereignissen (Verhaltensweisen) solange durch Restriktionen einengt, bis sie zu *Namen* werden – dieser Faktor ist ein Derivat des Adaptationsprozesses (dieses Derivat wird im Perceptron nachgebildet, denn »das Perceptron ist nicht interessiert« an der Unterscheidung geometrischer Figuren, und so konnte es denn auch nur künstlich entstehen: die Bienen sind dagegen »interessiert« am Besitz einer Signalisation von Nahrungsfundstellen, und »interessiert« ist auch die der Sozialisation unterworfene menschliche

Gruppe am Besitz eines Codes zur kollektiven Verhaltenssteuerung).

Wenn also die Zufälligkeit sich zur Gesetzmäßigkeit wandelt, tritt als Invariante die Semantik zutage. Deshalb ist es klar, daß man durch eine physikalische Sektion der Gehirne nicht an die Bedeutung »Tabu« oder überhaupt an irgendeine sprachliche Bedeutung herankommt, denn man würde nach etwas suchen, was es als physische Erscheinung (in Gestalt der sprachschöpferischen Ergodik) seit Ewigkeit nicht mehr gibt. Was wir beobachten, sind gewissermaßen die in ihren dynamischen Kristallisationen verspäteten Wirkungen längst untergegangener Ursachen; es ist, als würde ein Physiker Steine beobachten, die nicht deshalb fallen, weil er sie im Gravitationsfeld aus der Hand läßt, sondern weil sie einst so fielen und sich an dieses Verhalten »erinnerten«.

Demnach scheint das Programm einer »Physikalisierung der Kultur« eine für alle Zeiten ausgeschlossene Utopie zu sein. Ließe es sich aber verwirklichen, dann würden die Werte sich als »überflüssige« Wesen im Sinne des Laplaceschen Dämons erweisen (als »entia praeter necessitatem«).

Von Rosenblatt, dem Schöpfer des Perceptrons, ist die folgende Äußerung bekannt: Ein Perceptron, dessen Elemente zunächst *vollkommen zufällig* miteinander verknüpft sind, kann mit seiner Aufgabe (der Unterscheidung von Formen) nur beginnen, wenn die Zahl seiner Elemente unendlich ist.

Das heißt also, daß nur ein »unendliches Perceptron« ohne *jegliche* anfängliche Organisation zu funktionieren beginnen kann. Je höher dagegen der Grad der anfänglichen Organisation ist, um so geringer kann die Anzahl der Elemente sein, d. h. um so einfacher ist das Perceptron. (Diese Behauptung bezeichnet man als Theorem der Selbstorganisation.)

Dieser überaus bedeutsame Satz läßt sich leider nicht unmittelbar in der Biologie anwenden, weil Nervensysteme weder einfache noch hierarchische Perceptronen sind und der Grad der (erblichen) Vorprogrammierung ihrer einzelnen Untersysteme mit Sicherheit nicht von einem einzigen Prinzip abhängig ist. Formuliert man dieses Theorem jedoch entsprechend um, so kann man mit seiner Hilfe die typischen

Entscheidungen der Evolution über die Konstruktion der Organismen gemäß ihrer unterschiedlich starken »informationalen Prädeterminiertheit« klassifizieren – anhand eines »Grenzintervalls von Ordnungen«, deren Unterscheidung entweder das Individuum auf zerebralem oder die Gattung auf populationsgenetischem Wege zu erlernen vermag. In einem gewissen Sinne wird ja auch mit der Speziation eine »Lehre gezogen«. In entsprechend detaillierter Gestalt kann das Theorem der Selbstorganisation uns über das maximale Informationsverarbeitungsvermögen von hirnartigen Systemen unterrichten. Diese Möglichkeit eines künftigen Einbruchs der Perceptron-Technik in den Bereich der Erkenntnistheorie sei hier aber nur unverbindlich angedeutet.

Ein der biologischen Evolution entsprechendes Modell der axiologischen Evolution aufzustellen fällt schwer, weil das, was wir modellhaft darzustellen vermögen, in der Regel triviale Fälle sind. Wir entnehmen, wenn man so sagen darf, unseren Modellen mehr oder weniger das, was wir selbst in sie hineingesteckt haben, so daß derartige Experimente unter erkenntnistheoretischem Aspekt etwas Tautologisches an sich haben. Eine Selbstorganisation, die aus einem wertneutralen System ein wertschöpferisches macht, vermögen wir nicht zu realisieren. Ein Homöostat, der bei nachlassender Spannung seiner Batterie immer wieder die Quelle aufsucht, aus der sie geladen wird, der, anders gesagt, bei Energiehunger die elektrische Steckdose allen anderen Orten des Raums, in dem er sich bewegt, vorzieht, ist nicht durch irgendeine elektrische Evolution zu einem solchen Verhalten gebracht worden, sondern sein Verhalten beruht auf der in seiner Struktur (d. h. in seinen elektrischen Schaltungen) enthaltenen Vorprogrammierung, in diesem Sinne ist er also determiniert wie die Straßenbahn, nur daß die »prädeterminierenden Schienen« in ihm stecken. »Wirklich« wertschöpferisch wäre erst ein Homöostat, der aus dem axiologischen Nullzustand, wie er die »gewöhnlichen« physischen Objekte kennzeichnet, in den Zustand eines »an sich selbst adressierten« Wissens über die Voraussetzungen der Selbsterhaltung übergeht (der Kenntnis davon, was er tun »muß«, um seine Aktivität aufrechtzuerhalten). Ein Homöostat, der »ganz allein« und »rasch« herausbekommen müßte, »was er tun muß« für die Selbsterhaltung, ist Rosenblatts unendliches Perceptron; während jedoch die ganze Welt als Umwelt für das Perceptron eine Art von Bildschirm ist, auf dem Figuren auftauchen, ist die Umwelt eines lebenden Homöostaten überaus kompliziert. Es wäre demnach nur eine Frage des reinsten Zufalls, welches unter den unendlichen Percpetronen die Unterscheidung zwischen Dreiecken und Quadraten, welches die zwischen dem Grün des Grases und dem Rot der Mohnblume und welches die zwischen selbsterhaltenden und selbstzerstörerischen Tätigkeiten lernen würde. Schließlich würde es jedoch genügen, wenn von Trillionen oder Quintillionen nur ein solches Perceptron überdauern würde – und mit ihm das *Prinzip* seiner Wirkungsweise, und schon hätte eine »gewöhnliche« natürliche Evolution, hätte die Homöostase eingesetzt. Denn wie wir aus unserem Anschauungsbeispiel (um das handelt es sich hier natürlich nur, nicht um einen Versuch, die Biogenese zu rekonstruieren!) ersehen, werden alle »Halb«-, »Viertel«- und selbst »Dreiviertel«-Homöostaten rasch durch zufällige Umweltstörungen vernichtet und nur wirklich »an sich denkende«, sich universell selbsterhaltende Systeme bleiben aufgrund von Maßnahmen der »anerlernten« Selbsterhaltung übrig, und gerade dadurch entsteht eine eigentümliche Kluft in der Welt, welche die physischen Objekte, die weder werterzeugend noch bewertbar sind, von den Homöostaten trennt, die in diesem Sinne »zweifach der Axiologie unterliegen«. Denn einerseits lassen sie (durch ihr selektives Verhalten) Werte erkennen, und andererseits können sie als bessere oder schlechtere Homöostaten selber nach Kriterien instrumenteller Selbsterhaltungsfähigkeit beurteilt werden.

Organismen, die von Null auf lernen müßten, daß ein gewisses Funktionsminimum für das Überleben realisiert werden muß, kann es in der Natur nicht geben. Diese unwiderrufliche Lektion hat die Biosphäre mit ihrer Entstehung gelernt. So unterscheiden sich Lebewesen unterschiedlicher Arten vor allem danach, ob die in ihnen steckende Information im gesamten Organismus homogen ist oder ob sie veränderliche Gradienten aufweist. So sind mehr oder weniger alle physiologisch aktiven Gewebearten des Insekts in informationaler Hinsicht unveränderlich, und das heißt, daß die weißen Blutkörperchen genauso wie die Nervenknoten schon bei der Geburt des Insekts »alles wissen, was sie zu tun haben«. Die größte Anisotropie in der Verteilung dieses Wissens tritt dagegen bei den Säugetieren auf: Die weißen Blutkörperchen eines Säuglings sind zwar gleichermaßen mit funktionaler Information gesättigt wie die weißen Blutkörperchen eines Philosophen, aber das Gehirn des Säuglings ist beinahe ein Informationsvakuum im Vergleich zum Gehirn des Philosophen (oder überhaupt eines erwachsenen Menschen). Dennoch sind sämtliche Organismen Homöostaten, kaum daß sie sich zu formen beginnen, denn auch die Unwissenheit des Säuglings ist nicht so groß, als daß er nicht Milch von Benzin als Nahrung unterscheiden könnte. Insofern ist ein axiologisches Minimum, das mit dem homöostatischen Minimum identisch ist, in jeden Organismus eingebaut. Bei jedem Element der Menge, mit welcher die Biologie sich befaßt, ist die Überlebensdirektive prädeterminiert.

Die ganz außergewöhnliche Karriere, welche der Begriff der Rückkoppelung gemacht hat, darf uns nicht die Tatsache verbergen, daß diese Koppelungen die Hauptträger der Selbsterhaltung des Organismus und die dynamischen Gestalter von Lernprozessen sind – grundsätzlich allerdings nur bei solchen Homöostaten, die tatsächlich schon Homöostaten sind, und nicht unbedingt bei solchen, die sich lediglich als Systeme auf einem Weg befinden, der mit einer gewissen Wahrscheinlichkeit zum Zustand der Homöostase führt. Allgemeiner gesagt: Wenn die Störungen, denen ein System ausgesetzt wird, in identisch sich wiederholenden Abläufen bestünden – beispielsweise im wiederholten Abspielen ein und derselben Schallplatte oder in ein und derselben Abfolge von Schritten eines deduktiven Vorgehens –, wenn also die Umwelt die Merkmale einer »prädeterminierten Harmonie« aufwiese, dann könnte in einer solchen Umwelt auch ein System die Funktion eines Homöostaten erfüllen, das keine Rückkoppelungen besitzt, sondern lediglich mit Sensoren ausgestattet ist, die einseitige Reaktionen auslösen. Die Minimalforderung bestünde darin, daß die

Umwelt durch einen einzigen Reiz den Beginn einer Serie von Störungen oder Veränderungen signalisiert und das System, das in ihr überleben soll, mit der adäquaten Reaktion antwortet, die es aufgrund des von dem Sensor aufgenommenen Signals in Gang setzt. Eine solche »deduktiv unveränderliche« Umwelt ist natürlich nur unter außergewöhnlichen Bedingungen, beispielsweise innerhalb einer Rechenmaschine, möglich, und deshalb müssen sich natürliche Homöostaten – lebende Organismen – selbst dann der Korrekturmechanismen der Rückkoppelungen bedienen, wenn ihr Handlungsprogramm vollständig durch die Vererbung vorgegeben ist (wie z. B. bei den Insekten). Denn die einzelnen Phasen des realisierten Programms müssen an die konkreten und von vornherein unabsehbar sich wandelnden Ausgangs- und Randbedingungen der Umwelt angepaßt werden. Aus den großen Fortschritten, welche die Kybernetik in der Untersuchung von tierischen Organismen gemacht hat, und den deutlich bescheideneren Fortschritten, die ihr bei der Erforschung der Pflanzen, die grundsätzlich kein Nervensystem besitzen, gelungen sind – aus diesen unterschiedlichen Fortschritten geht freilich hervor, daß der Erfolg der Homöostase sich durchaus nicht auf eine durch Informationsverarbeitung maximierte Steuerungsfähigkeit zurückführen läßt, d. h. auf die Universalität des »orientativen« und des »orientierenden« Wirkens einer Art, also auf ein Netz von Zusammenhängen zwischen dem Homöostaten und seiner Lebenswelt. Pflanzliche Systeme betreiben eine Strategie der *allmählichen generalisierten artspezifischen Antwort* auf große Klassen von nicht immer artspezifischen Reizen. Es ist dies eine Strategie, die sich auf keine taktischen Einzelheiten, insbesondere nicht auf kurzfristige Reaktionen einläßt. Genau wie bei den Tieren handelt es sich um eine Minimax-Strategie, die es zuläßt, daß eine gewisse Gruppe von Systemparametern Transformationen durch die Umwelt unterworfen wird, um durch diese Unterwerfung unter deren Einflüsse zu erreichen, daß eine andere Gruppe von Parametern, die von unabdingbarer Bedeutung sind, innerhalb des für das Überleben notwendigen Werteintervalls erhalten bleibt. Man könnte sie bezeichnen als eine Strategie mit »verschwommener« oder unscharfer Axiologie. Sehr viel mehr läßt sich hierzu nicht sagen, weil die pflanzliche Variante der Homöostase noch nicht so erfolgreich bearbeitet worden ist wie die animalische. Wir wissen nicht einmal, warum »strategische Mischungen« nicht möglich sind (theoretisch könnte ein System, das abwechselnd Pflanze und Tier wäre, aus einer solchen Anwendung von gemischten Taktiken großen Überlebensnutzen ziehen, doch offenbar ist ein solches »Hybridisieren der Prinzipien« konstruktiv nicht zu verwirklichen).

Das Bisherige zusammenfassend stellen wir fest, daß man zwei Arten von Werten unterscheiden kann. Die der ersten Art – die instrumentellen Werte – bestimmen den Grad der Eignung gewisser Mittel für die Erreichung eines vorgegebenen Ziels, wobei dieses Ziel, sobald es erreicht ist, sich wiederum als Mittel zur Erreichung eines anderen Ziels erweisen kann usw. An der Spitze dieser Pyramide befindet sich gewöhnlich ein Wert der zweiten Art. Denn der Wert des Baumaterials einer Brücke ist ein instrumenteller, und auch die Brauchbarkeit der gebauten Brücke kann instrumentell gemessen werden; ghen wir aber von der Tatsache, *daß* Menschen sich auf ihr bewegen, zu der Frage über, warum sie nicht vielmehr zu Hause bleiben, geraten wir in einen ausweglosen Teufelskreis, denn von einem instrumentellen Wertverhältnis werden wir auf ein anderes verwiesen, es sei denn, wir geben uns mit einer durch einen Wert der zweiten Art bestimmten Antwort zufrieden – nämlich der, daß die Menschen verschiedene Dinge tun, weil sie die Erhaltung des Lebens (mit seinen eventuellen vielfältigen Erfordernissen) als einen Wert betrachten, der auf keinen anderen zurückgeführt werden kann. Übertragen wir dieses System von Fragen und Antworten auf die Biologie, so entsprechen den instrumentellen Werten die meßbaren Leistungen der Organismen, die auf das Ziel des Überlebens gerichtet sind, das ihnen durch ihren jeweiligen physischen Aufbau vorgegeben ist. Natürlich kann man immer auch sagen, daß die Anerkennung des Lebens als des höchsten Werts den Menschen gleichfalls durch die physische Charakteristik ihres Aufbaus vorgegeben ist. Es sind dies unterschiedliche Beschreibungsweisen ein und desselben Sachverhalts.

Die Werte der zweiten Art existieren nicht, wenn es keine Subjekte gibt, die diese Werte empfinden (es geht nicht unbedingt um ein bewußtes Empfinden, sondern lediglich um ein System von Reaktionen, die eine Verhaltensgesetzmäßigkeit erkennen lassen). Dagegen sind die instrumentellen Werte gewissermaßen objektiv, weil sie direkt von den Eigenschaften der materiellen Welt abhängen. Der Wert des Eisens als Brückenbaustoff war in seinen physischen Parametern bereits festgelegt, als es noch keine Menschen auf der Erde gab. Man könnte daher meinen, daß wir diese Werte nicht schaffen, sondern sie lediglich in dem Maße, wie unser wissenschaftlich-technisches Wissen wächst, in der Welt entdecken. Auch dieses Wissen hat einen instrumentellen Wert, denn wir erschaffen es nicht durch unsere Beschlüsse, sondern »extrahieren« es aus der Natur. Es taucht die Frage auf, ob man zu Recht sagen darf, daß instrumentelle Werte in Abwesenheit jeglicher Homöostaten existieren.

Man sagt wohl besser, daß es sie dann nicht gibt, weil es keine Ziele gibt, nach denen etwas oder jemand streben könnte; gewöhnlich bestehen diese Werte ja in dem Grad der Eignung gewisser Mittel zur Erreichung eines gewissen ausgezeichneten Zustandes. Wenn es auch nicht unbedingt unberechtigt ist zu sagen, daß die instrumentellen Werte des Eisens als Baumaterial für Brücken schon durch die physischen Parameter des Eisens festgelegt waren, als es auf dem Planeten noch keine Menschen gab, so muß man sich doch dessen bewußt sein, daß eine solche Ausdrucksweise ohne weiterreichende Definitionen leicht zu der nicht mehr gerechtfertigten Gleichsetzung des ontologischen Status instrumenteller Werte mit dem ontologischen Status von materiellen Objekten führen kann.

Das ergibt sich aus den konkreten Umständen, die bei der Messung von Werten berücksichtigt werden müssen, wenn diese Messung einen empirischen Sinn bekommen soll (wenn sie, wie jedes gewöhnliche Experiment, intersubjektiv überprüfbar sein soll). Der instrumentelle Wert besteht ja in der Eignung für etwas, und eben deshalb ist er um so leichter meßbar, je genauer wir festlegen, wozu das beurteilte Objekt oder Verhalten dienen soll. Einigen Produkten der Technologie ist ihr Ziel gewissermaßen »eingebaut«, so der Brücke oder dem Fotoapparat; allgemein kann man sagen, daß »monotelische« Systeme leichter eindeutig zu bewerten sind als »polytelische« Systeme. Je mehr unterschiedliche Dienste ein Objekt leisten kann, um so schwerer läßt sich sein instrumenteller Wert eindeutig feststellen, wenn die »Zielbestimmungen« nicht abgegrenzt werden. Wenn wir aber überhaupt aufhören, ein Objekt als nützlich für irgendwelche Ziele zu betrachten, dann heißt das entweder, daß sein instrumenteller Wert nicht meßbar ist, weil er unendlich groß ist (und zu einem Wert der zweiten Art wird), oder daß er gleich Null ist. Ein Stern besitzt für uns keinen instrumentellen Wert, da er zu nichts nutze ist, doch für den Seefahrer besitzt er den Wert eines Wegweisers. Was nun den Menschen betrifft, der keine »eingebauten« Ziele hat und gewissermaßen »alles machen« kann, sich also auf beliebige Ziele ausrichten kann, so ist er ebenfalls nicht der instrumentellen Bewertung unterworfen. Wenn ich daher sage, daß das Eisen den und den instrumentellen Wert besitze, dann beziehe ich das Eisen ausdrücklich auf den Bereich der technologischen Praxis der Menschen.

»Ein instrumenteller Wert sein« ist ebenso eine Beziehung wie »ein pathogener Faktor sein«; ihre Meßbarkeit und ihre Sinnhaftigkeit verdanken solche Bezeichnungen dem zweiten Glied der Beziehung (Wert gegenüber was? Pathogen gegenüber wem?). Während die Menschen das Eisen ihren Zielen anpaßten, bestanden die Eigenschaften, die dieses Handeln ermöglichten, schon vor dem Auftreten der Menschen; die Bakterien paßten sich den höheren Organismen an, bei denen sie Krankheiten hervorrufen, doch zeichneten die Eigenschaften, dank derer sie das konnten, sie schon (zumindest in einem gewissen Maße) aus, als es jene höheren Organismen noch gar nicht gab.

Je genauer also ein Ziel festgelegt ist, um so präziser läßt sich der instrumentelle Wert alles dessen feststellen, was der Erreichung dieses Zieles – im Rahmen einer bestimmten Technologie – dient. Denn wenn wir diesen Rahmen nicht festlegen, kann sich in der Praxis herausstellen, daß dieses Ziel durch eine unendliche Anzahl verschiedener Techniken erreichbar ist. Instrumentelle Werte sind daher stets auf ein bestimmtes System bezogen.

Der instrumentelle Wert der Nahrung ist auf alles Lebende bezogen, so der Wert von Fleisch auf jeden fleischfressenden Organismus. So viel einstweilen zu den instrumentellen Werten.

Die Werte der zweiten Art zeichnen sich dadurch aus, daß sie nur dort auftreten, wo jemand sie empfindet. Denn man muß den negativen Wert des Tabus empfinden, also entsprechend informiert sein, damit der Verzehr von Ziegenfleisch einen Schock hervorrufen kann. Wenn die Folgen des Empfundenen in das System der Anpassungsleistungen des Organismus einbezogen werden, wenn sie also an der Steigerung seiner (artmäßigen oder individuellen) Überlebensfähigkeit beteiligt sind, wird der entsprechende Wert dadurch zu einem instrumentellen. Wenn diese Folgen jedoch über das Gesamtrepertoire der homöostatischen Funktionen hinausschießen – und zugleich nicht eine rein zufällige Menge bilden –, sagen wir, daß der Organismus in seinem Verhalten (durch eine Präferenz) einen Wert der zweiten Art erkennen läßt. Werte von beiderlei Art können sich im Verhalten derart vermischen, daß eine scharfe Abgrenzung der »Zuständigkeiten« in der Praxis unmöglich ist. (Hinzuzufügen ist, daß wir darüber, was ein Organismus im subjektiven Sinne empfindet, nichts zu wissen brauchen; wir behandeln ihn dann als eine black box und suchen nach Anpassungskorrelationen zwischen der Summe der Reize an den Eingängen und der Summe der Reaktionen an den Ausgängen.) Werte der zweiten Art stellen wir durch Schlußfolgerungen fest, die entweder auf Berechnungen beruhen (die Summe der für die Anpassung nützlichen Information und der adaptativ nutzlosen, aber dennoch von dem Organismus systematisch unterschiedenen Information bildet die Gesamtbilanz der Informationsverarbeitungsleistung eines Organismus) oder auf der uns artgemäßen semantischen Unterscheidung (ohne eine solche Unterscheidung hätten wir nicht den Zusammenhang zwischen dem Tod des Negers, der das unvergiftete Fleisch aß, und dem Tabu-Wert dieses Fleisches entdecken können).

Ernsthafter zu prüfen haben wir nun die allgemeine Frage, ob ein Homöostat seinerseits ein Objekt ist, dem ein Wert von der ersten oder von der zweiten Art zukommt. Es geht bei dieser Frage nicht um die Fähigkeit des Homöostaten zur Werterzeugung – die beweist er durch seine Entscheidungen (oder einfach sein Verhalten). Denn wenn wir festlegen, daß X ein Hvomöostat sei, geben wir damit zu, daß X gewisse Werte unterscheidet, also nicht die für ein lebloses Stück Materie kennzeichnende Indifferenz aufweist. Doch woran erkennen wir eigentlich, daß X (als Homöostat) eine teleologische, wertschöpferische Apparatur ist, Y dagegen nicht, wenn X ein Molch oder eine Muschel ist, Y dagegen ein Planet mit einer Atmosphäre oder eine Spieldose, auf deren Deckel kleine Figuren tanzen? Hier können wir nur wiederholen, was wir schon gesagt haben: Unsere Entscheidung wird von der kumulativen Aussage einer langen Serie von Beobachtungen abhängen und nicht von isolierten Wahrnehmungen. Daß ein X ein natürlicher (lebendiger) Homöostat ist, erkennen wir am Vorhandensein von drei Gruppen von Parametern.

Zunächst besitzt X eine Menge von Parametern derart, daß dise Parameter in einem bestimmten Bedeutungsintervall bleiben müssen, damit X auch X bleiben kann.

Außerdem gibt es für X eine Menge von Parametern derart, dag, wenn diese Parameter erfüllt sind, X »aufhört«, doch gleichzeitig oder vorher »X-Nachkommen« erzeugt. Diese zweite Menge ist von größerer Mächtigkeit als die erste.

Und schließlich gibt es für eine ganze Klasse von X-en (für eine ganze Art von Organismen) eine Menge (von noch größerer Mächtigkeit) von Parametern derart, daß zwar die X-e zusammen mit der Nachkommenschaft der X-e »verschwinden«, dieses ihr »Verschwinden« sich aber durch ihre Transformation in eine andere Art – in Z-s – vollzieht, daß es also zur *Speziation* kommt. Auf diese Weise bildet sich eine neue Art von Homöostaten heraus.

Hinzuzufügen ist, daß nach den Theorien der zeitgenössischen Biologie die von uns untersuchte Menge von X-en aus einer Sequenz von vorhergegangenen Mengen entstanden ist und daß es eine Menge von B-s oder A-s gegeben hat, die nicht aus einer Menge von Eltern-Homöostaten hervorging, sondern sich durch Selbstorganisation aus toter Materie konstituierte. Demnach sind Selbsterzeugung, Selbsterhaltung, Selbstvermehrung und die ständige Fähigkeit zur Bewertung die vier charakteristischen Eigenschaften von natürlichen Homöostaten. Wenn wir sie im Modell nachbilden, so muß das keineswegs gleichzeitig geschehen, das heißt, daß diese Eigenschaften zwar biologisch untrennbar voneinander sind, wohl aber technisch voneinander getrennt werden können. Denn man kann eine Apparatur bauen, die der Selbsterhaltung fähig, der Vermehrung aber unfähig ist, eine Apparatur, die zur »speziativen« Evolution fähig, aber unfähig zur Selbsterzeugung ist, vielleicht auch eine, die zur Selbsterzeugung fähig, aber unfähig ist zur dauerhaften Homöostase. Einige dieser Trennungen (insbesondere die letzte) sind problematisch. Es ist jedenfalls verständlich, wenn das Nichtauftreten einiger dieser Eigenschaften bei einem bestimmten Objekt Verwirrung hinsichtlich der Klassifikation und Unschlüssigkeit bezüglich der Entscheidung bei uns hervorruft, denn wir wissen dann nicht, ob wir es mit einem echten Homöostaten zu tun haben oder mit einem Apparat, der lediglich allzu unbeholfen einen Homöostaten imitiert (wie z. B. eine aufgezogene Puppe). Was nun die Frage betrifft, ob ein Homöostat tatsächlich einen instrumentellen Wert besitzt, so ist zuzugeben, daß dieser Wert eine bestimmte Variante des technologischen Werts darstellt.

Alle unsere technischen Produkte sind mit Eigenschaften versehen, die ihrer Erhaltung dienen. Sicherlich ist ein Teil der Erhaltungseigenschaften gleichsam ein unausweichlicher Beitrag des Baumaterials zu dem Gebauten. Häufig kann man jedoch an den Gebilden der Technik bestimmte Teile ausmachen, die speziell der Erhaltung dienen und sich erst durch sie, also indirekt, als nützlich auch für die eigentliche Bestimmung des jeweiligen Gebildes erweisen. Erhaltungseigenschaften verleiht man auch solchen Apparaturen, die »zur Selbstzerstörung strebende« Homöostaten sind, also z. B. selbstgelenkten Sprengköpfen, die jedoch *vor* dem Erreichen des für sie festgesetzten Ziels nicht zerstört werden sollen. Ein Minimalbegriff der Maschine als eines Apparats, der sich nicht nur allein erhalten, sondern darüber hinaus noch bestimmte, auf ein diesem Apparat zeitlich oder räumlich äußerliches Ziel gerichtete Dienste leisten kann, ist der Begriff einer Maschine, die keine »externalisierten« Dienstleistungen erfüllt, sondern lediglich so arbeitet, daß sie ihre eigene Existenz möglichst lange fortsetzen kann. Die Maschine ist ja ein Objekt, das bestimmte Transformationen durchführt, und da die Klasse der Transformationen die Zielbestimmung der Maschine festlegt (die Kenntnis dieser Klasse sagt uns, wozu die Maschine dient), muß es etwas geben, was Transformationen durchführt und dabei nicht selbst zu ihrer Beute wird. Die einzige Ausnahme von dieser Regel bilden, soviel nebenbei gesagt, die »einmaligen« Maschinen, z. B. Bomben, deren Aufgabe es ist, eine Transformation zu vollziehen, welche die »Maschine« und ihre Umgebung zerstört. Maschinen dagegen, die ausschließlich in dem Sinne funktionieren, daß sie allein sich selbst zerstören, baut aus verständlichen Gründen niemand. (Gewissen Interpretationen des Zweiten Hauptsatzes der Thermodynamik zufolge ist die Welt eine solche Maschine.) Der Begriff der Maschine impliziert somit eine bestimmte invariante Gruppe von Parametern, und erst das, was außerhalb dieser Gruppe auftritt, entscheidet konkret über die Brauchbarkeit oder die Zweckbestimmung der Maschine. Da man aber die Haltbarkeit von Apparaturen losgelöst von ihrer Zweckbestimmung betrachten kann, wie es durch die Existenz entsprechend spezialisierter Disziplinen belegt wird, die sich z. B. mit der Haltbarkeit von Materialien befassen, mit der Theorie des Maschinenbaus usw., können die technischen Wissenschaften Kriterien liefern für die Messung von verschiedenerlei Leistungen eines Homöostaten als einer »Maschine, die zu nichts anderem da ist, als sich selbst zu erhalten«.

Trotz aller empirischen Meßbarkeit ist dies eine schwierige Situation, denn wir geraten in einen gewissen circulus vitiosus: Der instrumentelle Wert ist gleichbedeutend mit der Eignung eines Mittels zur Erreichung eines Zieles, doch als dieses Ziel stellt sich ein möglichst hoher instrumenteller Wert heraus! Wenn wir die Teile eines natürlichen Homöostaten getrennt betrachten, nehmen wir das Ziel des Wirkens des Gesamthomöostaten als von vornherein festgelegt an. So können wir denn auch genau und rational erklären, wozu die Leistungen der Lokomotionsapparate dienen: beispielsweise zum Sammeln von Nahrung. Die Verdauung der Nahrung ist wiederum Sache besonderer Organe des Homöostaten, und auch hier können wir genau untersuchen, mit welcher Leistungsfähigkeit dieses Organ die Nahrung in Energie umsetzt, die dann unter anderem auf den Antrieb des Lokomotionsapparates gelenkt wird. Auf diese Weise schließt sich der Kreis: Der Organismus bewegt sich fort, um Nahrung zu finden, die er verzehrt, um sich fortbewegen zu können. Wenn auch der Technologe dem Biologen die Maßstäbe und Instrumente bereitstellt, mit denen die einzelnen Leistungen des Organismus und sogar seine durch das Programm der Homöostase festgelegte Gesamtleistung gemessen wird, so kann er doch als Technologe einen solchen Apparat nicht für rational halten. Die Schwierigkeiten einer zirkulären Erklärung kann man um eine Stufe hinausschieben, wenn man die Nützlichkeit einer gegebenen Generation von Organismen für die nächste Generation unterstreicht, denn die einzelnen Leistungen der Homöostase sind auf die Sicherung der Vermehrung ausgerichtet. Und mit dem Hinweis darauf, daß bestimmte Arten von Homöostaten andern als Nahrung dienen, daß die Tiere ohne die Pflanzen nicht vegetieren könnten, läßt sich die Problematik des »letzten Ziels« der Gesamtheit der Prozesse hinausschieben, doch an den Grenzen der Biosphäre ist schließlich ein weiterer Aufschub der Antwort nicht mehr möglich. Denn sie dient ganz sicherlich nichts anderem außer sich selbst, und abgesehen davon, *daß* sie ist, und *wie* sie es macht, daß sie ist, kann man im Sinne der Axiologie nichts über sie sagen. Es sei jedoch festgehalten, daß viele der obigen Schwierigkeiten an unserer Redeweise liegen, d. h. an einer Beschreibung, die grundsätzlich die Systeme voneinander trennt. Tatsächlich ist es ja so, daß wir einmal die individuelle Selbsterhaltung von Homöostaten, dann wieder die gattungsmäßige Selbsterhaltung und schließlich die der gesamten Evolution ins Auge fassen. Dadurch erscheint der Organismus einmal als ein »autotelischer Apparat«, ein andres Mal als einer, der doch etwas außerhalb seiner selbst dient, und schließlich sind noch diese verschiedenen Dienste in ihrer Teleologie abgestuft. Denn das Gras »dient« den Grasfressern und außerdem als Sauerstoffproduzent allen Tieren usw.

Jedenfalls muß man sich hüten, in den bekannten logischen Fehler zu verfallen, der einen die Sätze »Hier ist ein Korb mit großen Äpfeln« und »Hier ist ein *großer* Korb mit Äpfeln« verwechseln und von der Aussage »Hier ist eine Menge von zielgerichteten Apparaturen« zu der Aussage »Hier ist eine *zielgerichtete* Menge von Apparaturen« übergehen läßt. Wenn auch die einzelnen »Apparaturen« sich zielgerichtet verhalten mögen, so folgt daraus doch keineswegs, daß ihre Zusammenfassung zur Biosphäre eine ebenso zielgerichtete Apparatur sein muß. Das Suchen nach »Zielen der Evolution« entbehrt denn auch jeglichen empirischen Sinnes, wenn diese Frage darüber hinausgeht, feststellen zu wollen, welche zeitlichen und räumlichen Verteilungen des bioevolutionären Prozesses im äußersten Falle möglich sind, in welcher Weise also die Bedingungen der ergodischen Theoreme durch die planetare Entwicklung des Lebens erfüllt sind. So kann man etwa bestimmte Organismen, aber auch deren isolierte Organe (im Sinne der Prädiktorentheorie) als prädiktive Apparaturen auffassen, doch die irdische Biosphäre kann man nicht in analoger Weise als Prädiktor bezeichnen. Denn während die Organismen sehr eindeutige und sehr leistungsfähige Prädiktoren sind, bildet die Biosphäre eine nicht genügend kohärente Einheit, als daß man sie neben diese Apparaturen stellen dürfte. Gewiß erfüllt sie durch ihr Gesamtverhalten gewisse Funktionen, die man sowohl mit homöostatischen als auch (als ein Teil davon) mit prädiktiven Funktionen gleichsetzen kann, doch sowohl als Homöostat wie auch als Prädiktor unterscheidet sie sich wesentlich von den Organismen.

Wenn die aktive Ausrichtung an Werten am Ende gleichbedeutend ist mit der Optimierung von ultrastabilen Zuständen, denn geht die Entwicklung der Wissenschaft in der Weise vor sich, daß Biologie und Physik sich gleichsam auf halbem Wege treffen; dabei entledigt sich die erstere des Ballasts der außerhalb des instrumentellen Bereichs völlig anachronistisch gewordenen Wertbegriffe, während die letztere den Bereich der instrumentalisierten Wertproblematik im Rahmen der Theorie antientropischer Systeme übernimmt, die ein Element der allgemeinen Theorie physikalischer Systeme ist.

II. Biologie und Technologie

Wir führen nunmehr zwei elementare Begriffe ein – den des minimalen und den des idealen Homöostaten. Als minimal definieren wir einen Homöostaten, der für eine gegebene Umwelt, das heißt für festgelegte Bedingungen der Störamplitude, bei entsprechender Störunanfälligkeit dasjenige sich selbst erhaltende System darstellt, das mit Energie und Material am sparsamsten ist.

Als ideal bezeichnen wir einen Homöostaten, der in einer maximalen Anzahl von unterschiedlich gestörten Umwelten ein Höchstmaß von Selbsterhaltungsfähigkeit aufweist. Dies sind sicherlich noch keine Definitionen, mit denen der axiometrisch verfahrende Biologe etwas anfangen könnte, weil sie zahlreiche zu erfüllende Bedingungen nicht hinreichend genau bestimmen. So läßt sich z. B. die »Selbsterhaltung« unterschiedlich interpretieren: als eine strukturell-materielle oder nur als eine strukturelle; schließlich kann man es auch dabei belassen, lediglich eine Menge von invarianten Parametern sowohl der Struktur als auch des Materials festzulegen usw.

Die Homöostase bezeichnet – als ein Entgegenwirken gegen Störungen – eine Konfliktsituation, und man kann sie daher in der Sprache der Spieltheorie beschreiben. Man kann diese Beschreibungsweise natürlich auch überstrapazieren. Wenn beispielsweise von einer Geröllhalde Steine in einen Bach stürzen, können wir sagen, daß es sich dabei ebenfalls um ein gewisses »evolutionäres Spiel« handelt. Der Stein, der kugelförmige Gestalt annimmt, bietet dem Vorwärtsrollen den geringsten Widerstand und gelangt daher in dem Bachbett weiter als andere. Wir können daher sagen, daß es sich um eine »topologische Evolution« handelt, bei welcher das gewinnt, was die der Kugelform am nächsten kommende Gestalt optimiert; das »Ziel« der Auseinandersetzung besteht darin, daß kugelförmige Steinchen ins Meer gelangen. Zwar werden die Tatsachen von dieser Beschreibung getreu abgebildet, doch ist es nicht berechtigt, sie in einen teleologischen Rahmen zu stellen, weil die Grenzen des »Systems« und die in ihm stattfindenden Ereignisse willkürlich festgelegt wurden (die Art ihrer Festlegung ist nicht völlig beliebig, aber wahrscheinlich unter Mißachtung von Ockhams Rasiermesser, da die distributive Mächtigkeit der Faktenmenge nicht ausreicht, um uns zu berechtigen, bei dem Geröll im Bachbett von einem »evoluierenden System« zu sprechen).

Wenn eine Axiometrie der Homöostaten zulässig ist, dann kann es sehr gute, gute, mittelmäßige und untaugliche Homöostaten geben, wobei die letzteren bereits keine Homöostaten mehr sind, genausowenig wie eine Axt ein schwimmendes Objekt ist.

Unter dem Wert von Homöostaten haben wir bisher die im Leistungstest festgestellte Selbsterhaltungsfähigkeit verstanden. Diese Bewertbarkeit von Homöostaten hängt mit ihrer wertschöpferischen Funktion zusammen. Der ideale Homöostat bildet den Endpunkt einer Skala, an dem der axiologische Doppelcharakter (»wertvoll sein« und »Werturteile fällen«) zu einer Einheit wird. Denn da ein vollkommener Homöostat gleichermaßen mit beliebigen Störungen in beliebigen Umwelten fertig wird, kann es für einen solchen Homöostaten ein »schädliches« und daher »schlechtes« Ereignis nicht geben. Dem idealen Homöostaten ist es daher »gleichgültig«, wohin man ihn stellt, weil äußere Zustände seinen eigenen Zustand weder schädigen noch verbessern können (da er bereits »vollkommen« ist). Je weiter dagegen ein Homöostat von jenem Endpunkt der Skala entfernt ist, um so deutlicher erweist er sich als wertschöpferisch und an Werten orientiert, denn er läßt eine gewisse »Interessiertheit« erkennen: Gewisse Ereignisse schaden ihm, und er wird sie, da sie für ihn negativen Wert besitzen, meiden; andere von positivem Wert sind für ihn Ziele, denen er nachstrebt. Am entgegengesetzten Ende der Skala, wo die Homöostase aufhört, verschwinden die Werte wiederum, und zwar diesmal sämtliche; hier liegt es daran, daß einem Objekt, das Ereignisse nicht mehr selbstbezogen für die Selbsterhaltung ausnutzen kann, alle Ereignisse »gleichermaßen nichtswürdig« sind. Das ist die natürliche Situation eines Steinbrockens oder einer Handvoll Erde mit ihrer »Gleichgültigkeit«, ihrer »Wertneutralität«.

Die lebenden Organismen, die ständig durch den Filter der Evolution ausgesiebt werden, gehören zu den »guten«, d. h. leistungsfähigen Homöostaten, wenn sie auch nicht ganz »vollkommen« sind (für jeden läßt sich eine tödliche Störung angeben). Die Apparate, die wir kunstvoll bauen, etwa die Computer und Perceptrone, bilden durch ihr Verhalten vereinzelte Parameter der Homöostase ab, nicht aber deren operative Gesamtheit, und das macht uns einen Strich durch die Rechnung, wenn wir feststellen möchten, ob sie (mit ihren Entscheidungen) Werte hervorbringen.

Der Technologe von heute füllt durch seine Konstruktionen die natürliche Lücke zwischen den leblosen physischen Objekten und den voll leistungsfähigen organischen Homöostaten aus. Ganz leer war diese Lücke freilich auch vor seiner Zeit schon nicht, weil man schwerlich beurteilen kann, ob ein Virus, das sich an die Invasion einer Zelle macht, eine Entscheidung trifft oder ob es sich um einen normalen Vorgang einer bestimmten katalytischen chemischen Reaktion handelt. Würden wir auf die Kybernetiker hören, die logische Entscheidungsmaschinen bauen, dann müßten wir zugeben, daß auch das Virus Entscheidungen trifft, doch das würde dann gleichfalls für Chlormoleküle gelten, die sich mit Natrium zu Kochsalz verbinden, und eine gewöhnliche elektrische Klingel würde sich als ein logischer Apparat herausstellen, der unablässig, und zwar abwechselnd, »ja« und »nein« verkündet. Die Logiker beziehen mit Recht gewisse physische Erscheinungen auf die Sphäre der Logik, solange eine ausgezeichnete Isomorphie beider Bereiche das zuläßt. Der Erbauer des Perceptrons darf auch nur aufgrund einer ähnlichen Bezugnahme feststellen, daß der Apparat, der bestimmte Formen erkennt, diesen dadurch einen positiven, weil gegenüber dem Wert anderer Formen ausgezeichneten Wert verleiht. Man darf so reden, wenn man dabei nur nicht vergißt, daß es sich immer um *Ableitungen* von Phänomenen der Homöostase handelt, die nur in dieser mit einem gewissen Recht begründet sind. Natürlich könnte es sein, daß ein Technologe am Ende einen echten Homöostaten baut. Es stünden ihm dazu zwei Wege offen: entweder einen Apparat zu bauen, der die Sonnenenergie zur Selbsterhaltung nutzt (der könnte dann stationär sein, weil überall auf der Erde wenigstens von Zeit zu Zeit die Sonne scheint), oder ein System zu bauen, das selbst aktiv wandernd nach Energiequellen suchen würde. So führt also eine allgemeine Überlegung, die sich durchaus nicht an die Dichotomie der organischen Formen unseres Planeten hält, den Konstrukteur schließlich vor die Entscheidung zwischen zwei Projekten, von denen in funktionaler Hinsicht das erste den Pflanzen, das zweite den Tieren entspricht.

Die teleologische und damit die axiologische Betrachtungsweise in der Biologie als einer empirischen Disziplin für gerechtfertigt zu erklären, bedeutet eine vorläufige Akkreditierung für eine bestimmte Forschungshaltung, sagt aber noch nichts darüber aus, ob der moderne Forscher über die theoretischen und technischen Mittel verfügt, mit denen sich das Programm einer objektiven werttheoretischen Untersuchung verwirklichen läßt. Es ist wohl nicht übertrieben zu sagen, daß, wenn die Biologie sich Hilfe von seiten anderer Disziplinen erhoffte, dann am wenigsten von seiten der Technologie, unter der wir die Tätigkeit von Ingenieuren und Konstrukteuren verstehen wollen. So war es zumindest vor etwa vierzig Jahren. Mittlerweile hat gerade diese Hilfe entscheidende Bedeutung gewonnen für die Erfolge – auch der theoretischen Biologie. Natürlich gibt es zwischen dem Konstrukteur und dem Biologen wesentliche Unterschiede. Der erste besteht darin, daß der Biologe *gegebene* Systeme untersucht, die er selbst nicht konstruiert hat, so daß ihm weder ihr »Ziel« im funktionalen Sinne noch die spezifischen Merkmale von Untergruppen des Systems bekannt sind. Dem Konstrukteur ist dagegen das Ziel stets gegeben, und im Hinblick auf es entwirft er Pläne, nach denen er dann unterschiedliche Varianten von Apparaten realisiert, wobei – das muß betont werden – sein prädiktives Wissen über die Eigenschaften des von ihm Gebauten gewöhnlich lückenhaft ist. Viele, insbesondere komplexe Systeme schafft der Konstrukteur denn auch nicht ausschließlich aufgrund von Berechnungen und theoretischen Prognosen, sondern es ist eher so, daß sein Vorgehen sich aus einer Reihe von Näherungsschritten zusammensetzt, die z. B. von der Methode von Versuchs-Prototypen bestimmt sind. Das ist der grundsätzliche Unterschied im Herangehen an die Sache. Der zweite Unterschied läuft darauf hinaus, daß jede Technologie – namentlich auf ihrem Höhepunkt – einen eigenen Rahmen von Paradigmata und allgemeinen Direktiven schafft, also gewissermaßen einen lokalen Ersatz einer »kulturellen Norm«, die gewisse, nicht mehr anfechtbare Unterteilungen festlegt, innerhalb derer sich konkrete instrumentelle Werte der geschaffenen Produkte feststellen lassen. Es geht beispielsweise darum, daß das technische Wissen selber nichts enthält, dem wir entnehmen könnten, ob im Hinblick auf die (als normal) vorgesehene funktionale Belastung einer Konstruktion ein zweifacher oder ein dreifacher Sicherheitsfaktor zu wählen ist. Jeder Spezialist muß natürlich, da er sich ihrer in der Alltagspraxis bedient, die in dem genannten »Rahmen« der Technologie steckenden, aus ihr selbst jedoch nicht direkt ableitbaren Regeln kennen. Er kann deshalb zwischen einem gewissen absoluten Minimum, das in ein konkretes Projekt investiert werden muß, und einer redundanten Konstruktion unterscheiden, durch die eine mehrfache Sicherheitsreserve geschaffen wird. Eine entsprechende Unterscheidung ist dem Biologen dagegen nicht möglich. Schlimmer noch: die Tradition der innerhalb der Naturwissenschaften führenden Disziplin, der Physik, welcher der Biologe sich gern anschließen würde, kennt eine solche Unterscheidung überhaupt nicht, denn der Physiker ist völlig zu Recht der Auffassung, daß die Atome nicht irgendwelche »eingebauten« Funktionsminima und eine gewissermaßen darüber hinausgehende Sicherheits-Redundanz aufweisen. Demnach ähneln die Gegenstände der biologischen Forschung eher den Arbeitsergebnissen des Konstrukteurs als den Objekten des Physikers.

So sehr auch die Technologie immer mehr Forschungsmethoden, modellhafte Vorbilder und formale Strukturen der

Biologie zur Verfügung stellt, so wenig läßt sich dennoch trotz all der auf diese Weise vermittelten Apparaturen die Situation des Biologen, der einen Organismus untersucht, mit der Situation des Konstrukteurs, der eine Maschine untersucht, gleichsetzen. Im theoretischen Bereich rühren die größten Schwierigkeiten daher, daß der formale Apparat der Analyse, den die Biologen von den (hier der Einfachheit halber als »kybernetisch« bezeichneten) Bereichen der Technik übernehmen, angesichts der Komplexität der typischen biologischen Systeme allzu einfach ist. Das ist nicht verwunderlich, wenn wir hinzufügen, daß dieser Apparat auch den Technologen selbst nicht mehr genügt.

Es ist durchaus nicht so, als könnte der Konstrukteur jeweils sagen und zudem noch messen und durch eine Messung feststellen, wie sehr ein gegebener Apparat dem absoluten Höchstmaß an Perfektion nahegekommen ist, das sich in der jeweiligen Technologie überhaupt realisieren läßt. Dieses Höchstmaß wird nämlich auch in einem durch fortschreitende Verbesserungen gekennzeichneten technologischen Bereich ständig angehoben. Was 1940 als bester Verbrennungsmotor galt, ist es (in der Kolbenversion) 1968 nicht mehr; was 1949 als beste numerische Maschine galt, kann es 1970 nicht mehr sein. Mag jedoch diese doppelte Entwicklung – einmal die Vervollkommnung von Prototypen innerhalb eines gegebenen Zeitabschnitts, in einem bestimmten synchronen Querschnitt der Technoevolution, und zum anderen die Vervollkommnung, welche eine bestimmte Technologie auf ihrem gesamten Wege diachronisch von den Ursprüngen bis zum Untergang (zu den untergegangenen Technologien gehört z. B. die Segelschiffahrt) erfährt – die Aufstellung von Kriterien für die Messung instrumenteller Werte noch immer erschweren, so ist doch die durch diese Erscheinung hervorgerufene Komplikation kein bloßes Chaos. Für einen gegebenen Zeitabschnitt lassen sich durchaus strenge Kriterien für die Feststellung von instrumentellen Werten finden. Daß ein Technologe nicht schon an der Wiege einer neuen Technologie weiß, wie ihre gesamte *Theorie* beschaffen ist (das erst würde ihm exakte Vorhersagen auch in axiometrischer Hinsicht erlauben), tut seiner Praxis durchaus keinen Abbruch. Man kann sagen, daß der Technologe das Wissen, das er besitzt, in seine Produkte hineinsteckt, daß er an ihnen lernt, ihre Mängel erkennt und nach der Methode von Versuch und Irrtum die nächste Generation von Apparaten schafft, die schon näher an die Grenze des Optimalen herankommen usw. Sein Wissen wächst also proportional zur wachsenden Perfektion der von ihm gebauten Apparaturen, denn zwischen ihm und diesen Apparaturen besteht eine Rückkoppelung. Etwas Derartiges ist in der Biologie sicherlich nicht möglich. Die Biologie der »einfachsten« Organismen – z. B. irgendwelcher Infusorien – ist ihrerseits durchaus nicht der theoretisch und formal »einfachste« Zweig; es ist denn auch durchaus nicht so, als könnte man in ihr von den »elementar aufgebauten« Organismen tatsächlich Schritt für Schritt zu immer komplizierteren übergehen. Das liegt nicht etwa daran, daß alle sich auf dem gleichen Komplexitätsniveau befänden, sondern der Grund ist, daß selbst die allereinfachsten noch um einige Größenordnungen komplexer sind als die an sie angelegten theoretisch-modellhaften Strukturen. So verwenden z. B. die Organismen ausschließlich nichtlineare Regelungssysteme, gewiß nicht, um den Forscher zu ärgern, sondern weil solche Regler leistungsfähiger sind. Die Hoffnungen aber, nichtlineare Systeme zu algorithmisieren, sind mehr als gering. Hier muß man Näherungen benutzen oder vielmehr grobe Vereinfachungen (man nimmt z. B. an, daß lediglich ein Steuerungsblock nichtlinear ist, während andere linear sein sollen, was bequem ist, aber nicht mit der Wahrheit übereinstimmt) beziehungsweise auch numerische Modelle (diese Methode erweist sich noch als die beste von allen). Dieser Sachverhalt bestätigt, daß das Wissen der Technologie noch immer unendlich »rückständig« und »primitiv« ist im Vergleich zu jener Anhäufung von Wissen, die den lebenden Organismen zur Verfügung steht, angefangen von den Bakterien. Ein solcher »Abstand« muß für den Biologen mißliche Folgen haben, namentlich dann, wenn er sich nicht damit begnügt, über eine instrumentelle Wertmessung in seinem Fachbereich nur in allgemeinen Wendungen zu reden oder ihre Notwendigkeit rein theoretisch zu begründen, sondern wenn er sie praktisch betreiben will. Die mißliche Lage des Wissenschaftlers läßt sich am besten an Beispielen zeigen. Ein Energetik-Ingenieur aus der Mitte des 19. Jahrhunderts würde bei dem Vorhaben, den instrumentellen Wert eines heutigen Atomkraftwerks zu messen, auf unüberwindliche Schwierigkeiten stoßen. Während gewisse Teileinheiten dieses Kraftwerks ihm einigermaßen vertraut wären, würde er bei anderen nicht einmal die Funktionsprinzipien verstehen. Wenn man weder die fundamentalen Prinzipien noch die Grenzmöglichkeiten einer Technologie kennt (und diese sind eine Funktion der vollständigen Erfassung der theoretischen Grundlagen), kann man auch nicht feststellen, welche Leistungsfähigkeit, welche Effizienz, kurz – welche Perfektion der Ausführung eine vorliegende Konstruktion besitzt. Der Ingenieur aus dem 19. Jahrhundert würde vielleicht die bei Dampfkesseln festgelegten Sicherheitskriterien anwenden, um die Sicherheit der Uranbehälter zu messen; ich habe Zweifel, ob aus einem solchen Vergleich sehr viel Sinnvolles herauskäme. Die Sicherung gegen eine durch überhöhten Druck hervorgerufene Explosion hat schließlich nahezu nichts mit einer Explosion zu tun, die dadurch entsteht, daß eine Kernreaktion sich der Kontrolle entzieht.

Gegenüber seinen Forschungsobjekten befindet sich der Biologe in einer noch mißlicheren Situation als jener Ingenieur, was dazu führt, daß die Beurteilungen sich in verschiedenen Zweigen der Biologie auf unterschiedliche Axiome stützen.

Bei den »Synchronikern«, den Erforschern von aktuell lebenden Organismen, finden wir die Auffassung verbreitet, daß die biologischen Lösungen sich als optimal erwiesen hätten. Wenn Insekten dem Spezialisten für menschliche Anatomie vielleicht primitiv erschienen mögen, so doch nicht dem Entomologen. Auf eine Kritik an den Konstruktionsgrundlagen von bestimmten Organisationstypen von Organismen wird man auf dieser Ebene nicht stoßen. Das ist verständlich: Man kann nicht kritisieren, was man nicht genau kennt und nicht begreift. Man kann z. B. das bei allen »cephalisierten« Tieren auftretende Schlafbedürfnis nicht kritisieren, denn wir haben keine Ahnung, wozu der Schlaf eigentlich dient.

Bei den »Diachronikern«, den Evolutionisten, die sich mit paläontologischer Komparatistik befassen, stoßen wir wiederum auf Behauptungen, in denen es heißt, bestimmte Formen seien »schlechter« konstruiert als andere, nämlich anatomisch und physiologisch weniger leistungsfähig. Man erkennt allerdings leicht, daß es sich dabei um Behauptungen handelt, die nach dem Schema post hoc, ergo: propter hoc aufgebaut sind. Zunächst stellt man nämlich fest, daß gewisse Formen Gattung für Gattung ausstarben, und dann sucht man notwendigerweise – auf spekulativem Wege – nach so etwas wie einer konstruktiven »Schlechtigkeit«, die ihren Untergang besiegelte. Kaum jemand verbietet sich derartige Hypothesen; kaum jemand gibt zu, daß es problematisch ist, den ursächlichen Faktor des Untergangs in den Organismus zu verlegen. Denn wenn es tatsächlich die Explosion einer Supernova war, die im Mesozoikum die Saurier vernichtete, kann diese Vernichtung kein Beweis für ihre »konstruktive Schlechtigkeit« sein.

Zwischen den beiden erörterten Behauptungen besteht ein Widerspruch. Man hat sie durch die Annahme miteinander in Einklang zu bringen versucht, daß es einst schlechtere und bessere Organisationen gegeben habe, daß aber die Evolution nunmehr ihr Ende erreicht habe; diese Stagnation bewirke, daß etwas Besseres als das Vorhandene nicht mehr entstehe. Heute vertritt praktisch niemand mehr diese seinerzeit weitverbreitete Hypothese. Der Evolutionsprozeß geht weiter (wenn auch mit einer Störung, die ihm durch die Kultur beigebracht wurde). Grundsätzlich fallen auch heute bestimmte Formen der Auslese zum Opfer, während andere, »bessere«, den Filter der Selektion in wachsenden Proportionen passieren. Wie also läßt sich die »synchronische« Biologie mit der »diachronischen« in Einklang bringen – diejenige, die nur Gutes sieht, mit derjenigen, die kritisiert?

Die diachronischen Behauptungen würden zu den synchronischen, in denen die »Optimalität« der Organismen behauptet wird, nur unter der Bedingung passen, daß man das folgende Schema annimmt: Während jede Generation von Organismen den jeweils bestehenden Bedingungen der Umwelt vollkommen angepaßt ist, entstehen durch Veränderungen dieser Umwelt Gradienten der Evolution; was anfangs eine optimale Lösung eines Anpassungsproblems war, ist es nicht mehr, nachdem Umweltveränderungen eingetreten sind, so daß die gesamte Artenhierarchie gewissermaßen ein einziges riesiges System darstellt, das den sich verändernden Werten der Umweltparameter nacheilt und durch diesen Zusammenhang gesteuert wird. Dieses Schema ist jedoch offenkundig falsch. Als die ersten Wirbeltiere zu fliegen begannen, geschah das, wie Stafford Beer in seinem Buch *Cybernetics and Management* zu Recht bemerkt hat, nicht infolge einer Veränderung ihrer Umwelt, die sich in eine gasförmige verwandelt hätte, selbst wenn es richtig sein sollte, daß in einem früheren Abschnitt nur deshalb Amphibien aus den Fischen hervorgegangen sind, weil deren wäßrige Wohnungen austrockneten. Man darf jedoch vermuten, daß die Zurückführung der Evolution der Amphibien auf ein »Nachfolge«phänomen eine ebenso unzureichende Hypothese ist, wie diese Hypothese auch nicht hinreicht, um zu erklären, was den Einbruch von Landorganismen in das Luftreich bewirkte. Die Besetzung neuer Umwelten, zu denen die Atmosphäre gehörte, läßt sich mit der naiven Vorstellung, daß Organismen »den Umweltveränderungen folgten«, nicht erklären. Man muß sich damit abfinden, daß der in der Wandelbarkeit der Genotypen vorliegende Generator von Mannigfaltigkeit der organismischen Formen eine gewisse kreative und nicht nur eine passiv-nachfolgende Potenz besitzt. Im Lichte dieser Revision des Schemas von Evolution und Auslese erscheint der Begriff der »optimalen Anpassung« als eine Vereinfachung tatsächlicher Sachverhalte. So etwas wie eine »absolut optimale Anpassung« gibt es nicht, wohingegen es möglich ist, daß es verschiedene Stufen gibt, auf denen ein und dieselben Anpassungsaufgaben in unterschiedlicher Weise angegangen werden, und gerade das Auftreten unablässiger mutativer Neuerfindungen zeigt, daß ein finitistisches Bild des Evolutionsprozesses, das in der Vorstellung von einer bloß stabilisierenden Rolle der natürlichen Auslese enthalten ist, zum Hauptmerkmal und damit zur Grundlage der Bioevolution schlechthin im Widerspruch steht.

Wir sollten deshalb Bescheidenheit an den Tag legen und

eingedenk des Umfangs unserer Unwissenheit die Möglichkeit zulassen, daß es unter den Formen, die uns gleichermaßen wohlangepaßt erscheinen, sowohl solche gibt, die wegen ihrer unzureichenden Anpassung der Auslese zum Opfer fallen, als auch solche, die sich in transformatorischen Übergangsstadien befinden, nur daß wir die einen von den anderen nicht zu unterscheiden vermögen. Wir können es nicht im Sinne einer diachronischen Untersuchung der *Gesamt*resultate langer Selektionsreihen, weil wir dafür allzu kurzlebige Wesen sind. Selbst die gesamte zweihundertjährige Existenzdauer der Biologie ist im Verhältnis zum Tempo der Evolution ein allzu kurzer Augenblick, als daß man innerhalb dieser Zeit derartige Veränderungen in ihrer Ausrichtung wahrnehmen könnte. Wir sind einer solchen Unterscheidung nicht im synchronischen Sinne fähig, weil wir dazu die quantitativen Merkmalswerte der innertaxonomischen Zusammenhänge vollständig kennen müßten. Übertragen auf die Technik entspräche das erstere Vorgehen einer längeren Serie von Beobachtungen, die uns z. B. etwas über die Geschichte von Flugmaschinen sagen würde, die leichter sind als Luft, das letztere Vorgehen dem Studium der Kinematik, Steuerbarkeit und Stabilität solcher Maschinen im Vergleich zu den Merkmalen von Flugzeugen. Beim ersteren Vorgehen begnügen wir uns – unter Vernachlässigung der »immanenten« Eigenschaften jener Flugapparate – mit der Feststellung des *tatsächlichen* Entwicklungsablaufs (der darin bestand, daß Ballons und Luftschiffe den Flugzeugen im »Kampf ums Dasein« erlagen). Beim zweiten Ansatz verzichten wir dagegen auf die historische Betrachtungsweise, warten also das Ende der Auseinandersetzung nicht ab, und stellen Prognosen, die – anders ist es nicht möglich – auf unserer Kenntnis der »Immanenz« jener Apparate beruhen, also auf einem theoretischen Vergleich der Flugeigenschaften von Luftschiffen und Flugzeugen. Unsere Lage in der Biologie entspricht nun mehr oder weniger der Lage eines Ingenieurs des 19. Jahrhunderts, der bereits wußte, daß die Dampfschiffe in der Auseinandersetzung mit den Segelschiffen und den von Ruderern angetriebenen Galeeren gewonnen hatten, der aber angesichts der ersten Zeppeline und der ersten Flugzeuge nicht das Ergebnis ihres »Konkurrenzkampfes« abwarten konnte und auch die Theorie des Fluges dieser beiden »Typen« nicht kannte und daher keine Grundlage besaß, um zu entscheiden, welchem von ihnen eine glänzende Zukunft vorgezeichnet ist und welchem der Untergang.

Letzten Endes besteht der ganze Unterschied im Forschungsgegenstand des Biologen und des Technologen, wenn wir bei dem angeführten Beispiel bleiben, darin, daß der Technologe zwei gleichermaßen primitive und unvollkommene Formen vor sich hatte, die er in ihrer prospektiven Potenz nicht zu unterscheiden vermochte, während der Biologe Formen vor sich hat, die ihm gleichermaßen vollkommen erscheinen, nur daß er ebensowenig weiß, welche dynamisch-strukturellen Eigenschaften dieser Formen die Chiffre sind, aus der ihre Überlebensfähigkeit abzulesen wäre.

III. Sprunghafte und stetige Evolution

Die Übereinstimmung zwischen Technoevolution und Bioevolution hat ihre Grenzen. Eine axiometrische Analyse der natürlichen Homöostaten kann man auf mindestens zweierlei Weise in Angriff nehmen: Man kann die Startbedingungen der Biogenese entweder für notwendig oder für zufällig halten. Wenn wir sie für notwendig halten, heißt das, daß wir die Startbedingungen unanfechtbar gutheißen, und dann können wir nur die *Entscheidungs*abläufe des Prozesses in Frage stellen. Dieser Prozeß hat nämlich, nachdem er einmal in Gang gekommen war, eine eindeutige Zufälligkeit erlangt, die sich etwa darin äußert, daß dort, wo eine große Zahl von Populationen am »Evolutionsspiel mit der Natur« teilnahm – wie auf den großen Kontinenten – Placentasäugetiere entstehen konnten, während dort, wo – wie im isolierten Australien – sehr viel weniger solcher »Spielpartner« vorhanden waren, »nur« Beuteltiere entstanden. Daraus ersieht man, daß die Gewinnfunktion im Evolutionsspiel mit der Natur unter anderem davon abhängt, wie groß die Zahl der »Partner« – der Organismen – ist, die eine »Koalition« bilden, welche sich der Natur als ihrem Lebensmilieu durch »mutative Maßnahmen« widersetzt. Je mehr Partner, um so größer ist die Chance, daß einer von ihnen aus dem Mutationsmischmasch eine besonders seltene Genkonfiguration »zieht«, diejenige, die bei der jeweiligen Partie gewissermaßen den »Hauptgewinn« darstellt. Ganz allgemein formuliert, läuft dieses Problem auf die Frage hinaus, ob all die Konfigurationen von Genotypen, die zusammen die Gesamtmenge der Organismen bilden, welche bisher auf der Erde gelebt haben, die Menge der optimalen homöostatischen Konstruktionen bereits erschöpft haben oder nicht. Man kann diese Frage auch als »Problem der verpaßten Chancen« bezeichnen, der Gewinne, die im Evolutionsprozeß nicht ausgelost wurden. Die Evolution muß man als einen Lernprozeß auffassen, der unter einer ungewöhnlich grausamen Kontrolle erfolgte, denn er verlief zwischen dem Pol der Repression, d. h. der Vernichtung, und dem Pol der Belohnung, d. h. der Überlebensprämie. Mit der Grausamkeit der Methode ist nichts Moralisches gemeint, sondern nur, daß sie äußerst drastisch war, denn eine radikalere Art, Lehren zu erteilen, läßt sich nicht denken. Die evolutionäre Auslese ist nämlich eine Methode von Versuch und Irrtum, bei der ein begangener Fehler mit dem Tode, ein gelungener Versuch aber mit dessen Aufschub bestraft wird. Einen gewissen Ausgleich für diese ungeheure Restriktion stellt das ungewöhnlich träge Tempo des Prozesses dar, der seinem Wesen nach ein Markowscher Prozeß ist, also ein nicht kumulatives Gedächtnis besitzt; das bedeutet, daß selbst die vollkommensten mutativen Erfindungen der Zerstörung und Verdrängung aus dem Strom der evolutionären Vervollkommnung erlagen, wenn die Gattung, die die Trägerin solcher Erfindungen war, für einen begangenen Fehler aus dem Spiel ausgeschlossen wurde. Das bedeutet auch, daß ähnliche Erfindungen unzählige Male *neu* auf mühsame Weise aus elementaren Genkombinationen zusammengesetzt wurden. Gerade in diesem Lichte erscheinen zwei für die Evolution typische Erscheinungen besonders bedeutsam und zugleich verblüffend. (Dem ist hinzuzufügen, daß Verblüffung in der Wissenschaft nichts anderes bedeutet als Unkenntnis der Kausalmechanismen.)

In erster Linie denken wir an die konstruktive Universalität des genetischen Codes, dank derer das Informationssystem, das in der prinzipiell einzelligen Frühphase der Evolution entstand, später eine Plastizität bewies, die den Konstruktionserfordernissen der gesamten Menge der uns bekannten vielzelligen Pflanzen- und Tierformen genügte. Diese Wirkungsredundanz gibt deshalb zu denken, weil sie sich Hunderte von Jahrmillionen vor der Zeit ihrer faktischen – evolutionären – Ausnutzung konstitutierte. Denn der genetische Code war mit seiner »Lexikographie« und seiner Syntax ursprünglich – während sehr langer Zeit, vielleicht über Milliarden Jahre hinweg – das Informationsmittel für den Bau von Organismen mit dem Komplexitätsgrad der Amöbe, bevor er sich später als fähig erwies, Organismen hervorzubringen, die an Komplexität den Insekten oder den Wirbeltieren gleichkommen. A priori könnte man eigentlich erwarten, daß die kombinatorische Potenz sich sehr viel früher erschöpft hätte, daß sie auf der Ebene von Formen steckengeblieben wäre, die nicht allzu weit von denen entfernt waren, die zu Beginn die Erfindung des Desoxyribonukleinsäure-Codes gemacht hatten. Diese so früh erlangte Universalität können wir uns nur damit erklären, daß es weitreichende, nicht zufällige Ähnlichkeiten zwischen dem genetischen Code und der Sprache gibt, daß es sich hier wie dort um prinzipiell *offene* Informationssysteme mit mengentheoretischer Charakteristik und mit einer ähnlichen Anzahl von Freiheitsgraden handelt, wobei das Wesen dieser Verwandtschaft von den himmelweit verschiedenen Substraten oder Informationsträgern unabhängig zu sein scheint. Das würde bedeuten, daß der DNA-Code und die ethnische Sprache zwei Sonderfälle der Evolution dynamischer Informationsstrukturen darstellen. Die Ansicht, daß der Code der Vererbung tatsächlich eine Form der Sprache sei, hat sich eigentlich noch nicht so recht verbreitet, und selbst wenn sie genau das sagen, drücken sich die meisten Wissenschaftler eher metaphorisch aus. Ich glaube jedoch nicht, daß es sich nur um eine Metapher handelt, und vielleicht werden es gerade sprachstrukturelle Untersuchungen sein, die uns schließlich begreifen lassen, welchen allgemeinsten Gesetzen die Entstehung aller möglichen (und nicht nur ethnischen) Sprachen gehorcht. Erst ein solcher Kenntnisstand wird unser Staunen über das Phänomen der Chromosomen beenden, das seinen natürlichen Ort in einer allgemeinen Theorie der (informationalen) Systeme finden wird.

Allerdings wissen wir über den Generator, der die Sprache der Vererbung hervorbrachte, absolut nichts, außer daß es ein verblüffend komplizierter Apparat gewesen sein muß.

Mit den Elementen irgendeiner speziellen Technologie haben die Elemente des Vererbungscodes nichts gemein, denn wir wissen sehr wohl, daß jede Technologie sich historisch als ein geschlossenes, endliches, gewissermaßen nicht dehnbares System erwiesen hat. Deshalb gelangte auch jede an die Grenze ihrer Möglichkeiten, und daß ein weiterer Fortschritt möglich war, verdanken wir unserer Fähigkeit, eine überholte Technologie radikal aufzugeben und uns radikal einer neuen zuzuwenden. So wird man etwa die Technologie der Umwandlung verschiedener Wärmepotentiale in elektrische Energie nach einer gewissen Zeit aufgeben müssen, weil es für den Wirkungsgrad von Wärmemaschinen eine unüberschreitbare Grenze gibt. Man wird dann zur nuklearen Stromerzeugung übergehen, ohne die Vermittlung von Wärmeaustauschern, oder zur unmittelbaren Transformation der Energie chemischer Bindungen in elektrische Energie. Bei einer solchen industriellen Revolution wird das ungeheure, sowohl theoretische als auch in den Konstruktionen (etwa den Dampfmaschinen) gespeicherte Wissen einfach auf den Schrott wandern. Würde die Evolution auf ähnliche Barrieren stoßen, so müßte sie an ihnen definitiv Halt machen, denn totale Reorganisationen, die mit einer Bestandsaufnahme und der vollständigen Aufgabe bestimmter Lösungen verbunden sind, sind ihr nicht möglich; ein Fortschritt, der nicht kontinuierlich wäre, ist in der Evolution ausgeschlossen (dieser Fortschritt besitzt Gen-Quanten und ist daher körnig, also mikrostrukturell unstetig, doch wird dieser Aspekt in den Phänotypen vollständig dadurch verwischt, daß die kompensatorisch-regulatorische Arbeit ontogenetischer Puffer ihn verschleiert). Wie man daraus ersieht, ist die Evolution der Technologie – namentlich dort, wo sie große Kehrtwendungen macht – *sprunghaft,* während die biologische Evolution stets aus der Summierung von winzigen Veränderungen hervorgeht. Über das Ausmaß dieser Veränderungen mag man sich vielleicht streiten, doch entsprachen sie in ihrer Größenordnung niemals einer Erscheinung wie etwa der Aufgabe der Stromerzeugung aus Wärme zugunsten der nuklearen Energieerzeugung.

Der genannte Unterschied ist jedoch eher äußerlich und beruht darüber hinaus auf einer nicht sonderlich geeigneten Vergleichsmethodik. Das Wesen der technologischen Innovation besteht nämlich in sukzessiven Veränderungen der Energie*quellen,* der Bau*materialien,* der Bearbeitungs*werkzeuge* und des *Verfahrens* der Steuerung dieser Werkzeuge. Bei der Evolution sind dagegen die Energiequellen, das Baumaterial, die Werkzeuge und ihre Steuerung bis heute dieselben wie am Anfang. Energetik, Material und Steuerung bleiben also bei ihr unverändert. Eine wesentliche Veränderung in diesem Bereich erscheint im übrigen unmöglich. Das bedeutet, daß es keine Genmischung gibt, die etwa dazu führen würde, daß die entstehenden Organismen die chemische Energetik zugunsten einer anderen (z. B. nuklearen) aufgeben, oder zu einer Änderung des Materials oder der Regeln seiner Transformation. Man kann daher nur innerhalb dieser Invariantentrias die Frage stellen, ob es eine Kombinatorik von Genen geben kann, aus der organismische Organisationen hervorgehen würden, die sich in nicht trivialer Weise von der Menge derer unterscheiden, die durch die Evolution verwirklicht wurden.

Vor einer Beantwortung dieser Frage muß betont werden, daß unsere Antwort wegen des Umfangs unserer Unwissenheit nur eine drastisch vereinfachte sein kann. Schätzberechnungen scheinen darauf hinzudeuten, daß die Annahme völliger Richtungslosigkeit der Mutationen und der Selektion ihrer Resultate insgesamt nicht zu einer so großen Vielfalt der Kombinationen führt, daß sie sich auch nur annähernd mit der organisatorischen Vielfalt decken würde, die von der Evolution tatsächlich verwirklicht wurde. Aus der heute geltenden Theorie ergeben sich außerdem zumindest merkwürdige, wenn nicht direkt falsche Dinge. So ist beispielsweise die Anzahl der derzeit lebenden Menschen bereits gleich der Anzahl aller, die irgendwann seit dem Paläopithecus vor ihnen gelebt haben. Da man aber annimmt, daß der Homo sapiens aus den Vormenschen durch die Mutation von Genen der Population entstand, müßte die heutige Population des Homo eine ebenso große genetische Vielfalt aufweisen, wie sie alle ihr vorausgegangenen Populationen besaßen. Wir müßten also im Grunde jeden Tag mit der Entstehung von Formen des Homo rechnen, die in dem Maße neu wären, in dem er selbst zumindest gegenüber dem Neandertaler eine Innovation war. Das ist allerdings nicht der Fall. Außerdem wird nach dem Tod der Entelechie zuweilen versucht, das, was von ihr übriggeblieben ist, in die Gene zu verlagern und ihnen eine gewisse, in den Chromosomen lokalisierte Allmacht und Verantwortung für alles das zuzuschreiben, was mit den Phänotypen der Organismen geschieht. Man glaubt nämlich, daß es Gene gibt, die für eine unterschiedliche Krebsanfälligkeit verantwortlich sind, ja sogar, daß die natürliche Sterblichkeit der Tiere auf letalen Genen beruht, die nicht radikal ausgelesen wurden, weil eine faule Selektion sie gewissermaßen nur aus der einen Ecke des Lebens in die andere gefegt und sie aus der Fruchtbarkeitsphase der Organismen in die postfertile Phase, das heißt in die Zeit des Altersverfalls verlagert hat. Aber schließlich ist es ja nicht so, daß etwa die für ein Auto zerstörerischen Folgen der Ermüdung des Materials, aus dem es gebaut wurde, durch das Pendant eines letalen Gens verursacht werden, das etwa in einem Irrtum des planenden Konstrukteurs zu suchen wäre. Das logische Modell der Embryogenese, in der ein Anfangselement transformiert wird in eine organisierte, durch Teilungen entstehende finale Menge, ist eine abzählbare und geordnete Serie von schrittweisen Operationen. Nun kann bei derartigen Transformationen die logische Tiefe beliebig groß sein, weil deduktiven Operationen eine Fehlerhaftigkeit sei es der Information, sei es des Materials fremd ist. Völlig sicher ist dagegen, daß die logische Tiefe des embryogenetischen Prozesses nicht beliebig sein kann, daß es also eine durch die Startinstruktion des Genotyps vorgegebene Grenze der konstruktiven Möglichkeiten gibt, weil nach dem Überschreiten einer bestimmten erreichten Komplexität und einer bestimmten, an den sukzessiven Schritten (den einzelnen Teilungen der Embryozellen) gemessenen Weglänge die Instruktion ihre Wirksamkeit, d. h. die Herrschaft über den Prozeß einbüßt, da sie in mancherlei Arten von »Rauschen« untergeht. Die Konstrukteurskonzeption, die von der Embryogenese im gesamten Bereich des Lebens realisiert wird, besteht darin, daß die Gesamtheit der das Endprodukt betreffenden Informationen schon am Anfang in »einem Paket«, der befruchteten Zelle, bereitsteht und daß dem einsetzenden Gestaltungsprozeß »unterwegs« keine Regelungs- oder Steuerungs»hilfen« mehr gewährt werden. Hier ist mit anderen Worten das machtvolle Prinzip der Autarkie der Konstruktion wirksam. Es ist dasselbe Prinzip, das später den »von der Evolution ungebetenen« Helfern des Organismus so viele Schwierigkeiten bereitet – den Ärzten, wenn sie versuchen, ihm, dem Organismus, ein von einem anderen Individuum der Gattung entnommenes gesundes Organ durch Transplantation zur Verfügung zu stellen.

Wir dürfen also nicht damit rechnen, daß es gelingen wird, durch eine beliebige Verlängerung des Textes der Anfangsinstruktion, durch eine entsprechend vergrößerte Tiefe der embryogenetischen Operationen »völlig neue Lösungen« der Aufgaben der Homöostase, »originale Prototypen von Organismen« hervorzubringen. Weil der Genotyp als eine sich selbst realisierende Prognose eben *Grenzen* der Leistungsfähigkeit hat. Die dem Gen-Alphabet als einer kausal wirksamen Menge schon von Anfang an auferlegten Beschränkungen sind also zumindest zweierlei Art. Man kann sie bezeichnen als Beschränkungen »der Breite« und »der Länge« nach, wenn man unter den ersteren Barrieren versteht, die keinen Übergang zu neuen energetischen Verfahren, neuen Materialien und neuen Steuerungsprozessen zulassen, und unter den letzteren Barrieren, die in der Anhäufung von »Störgeräuschen« bestehen, einer Anhäufung, die zunehmend die Möglichkeit, den Aufbau zu steuern, übersteigt. Doch während sich das genetische Engineering gegenüber der ersten Beschränkung als machtlos erweist, muß es gegenüber der zweiten nicht ebenso hilflos sein, denn grundsätzlich ist es möglich, einen Wachstumsprozeß, der infolge übermäßiger Kompliziertheit gleichsam »über sich selbst zu stolpern« beginnt, durch Überwachung seines Ablaufs und durch helfende informationale und energetische Korrekturen von außen zu *regulieren.* In diesem Sinne könnte das genetische Engineering Zustände erreichen, zu denen die Evolution auf natürlichem Wege niemals gelangen kann. Das Erreichen solcher Zustände würde nur dann gegenstandslos (nämlich sinnlos), wenn sich herausstellen würde, daß es außer jenen Konstruktionen, zu denen der natürliche embryogenetische Weg führt, überhaupt keine stabilen Lösungen der Aufgaben der Homöostase gibt, daß also nur das, was die »kreativen Regulatoren« der Genotypen herzustellen vermögen, von den somatischen Regulatoren der Phänotypen stabilisiert werden kann.

Die unter diesen Einschränkungen kombinatorisch herstellbare Menge von Genotypen (von künstlichen Genotypen, denn es ist von den Schöpfungen des »Genetik-Ingenieurs« die Rede) ist, wenn man von dem *gegebenen* Alphabet der DNA und der ihm eigenen »Syntax« ausgeht, trotz dieser Beschränkungen von sehr viel größerer Mächtigkeit als die Menge sämtlicher Elektronen im Kosmos. Und selbst diejenige Teilmenge dieser Menge, die lediglich solche Mischungsresultate enthält, die als leistungsfähige Homöostaten betrachtet werden können (mit der Einschränkung, daß es sich um Organismen handelt, die allein unter irdischen Verhältnissen überlebensfähig sind), ist von nicht sehr viel geringerer Mächtigkeit. Die überwältigende Mehrheit der Elemente dieser Teilmenge besteht allerdings in trivialen Abwandlungen von existierenden Organismen (etwa in der Art eines paarhufigen Pferdes).

Die Bausteine einer jeden solchen Konstruktion sind Zellen. Bezüglich ihrer Eigenschaften darf man ebenfalls keine Umwälzungen erwarten, denn allem Anschein zum Trotz unterscheiden sich undifferenzierte Zellen von extrem differenzierten nicht sehr wesentlich – es geht allenfalls um einen solchen parametrischen Abstand, der die Kontraktionsfähigkeit der Amöbe von der Kontraktionsfähigkeit einer spezialisierten Muskelfaser oder die Reizleitfähigkeit der Amöbe von der Leitfähigkeit eines Neurons trennt. Derartige Unterschiede sind für die Organismen sicherlich lebenswichtig, doch bleiben sie sämtlich innerhalb einer Größenordnung. Das heißt, daß der Reiz einmal mit einer Geschwindigkeit von einigen zig Zentimetern und das andere Mal von etwas über zehn Metern in der Sekunde weitergeleitet wird. So beruhen denn auch fast all die unzähligen Unterschiede, die zwischen Organismen verschiedener Evolutionsstufen bestehen, eher auf gesamtstrukturellen Lösungen als auf dem Versuch, aus den Bausteinen neue, nicht schon am Anfang in ihnen enthaltene Leistungen »herauszupressen«. Denn die physischen Parameter des Bausteins stehen ja von Anfang an unter einer starken und unüberwindlichen Restriktion.

Bei den durch eine kombinatorische Mischung des Genbestandes erstellten Konstruktionen hängt es also von der Mächtigkeit der Menge der *Gesamt*konfigurationen ab, ob die homöostatischen Erfindungen nichttrivialer Natur sind. Daß sie, was ihre Mannigfaltigkeit betrifft, nichttrival sind, muß bezweifelt werden. Schließlich ist es, wenn man vom Genalphabet ausgeht, nicht möglich, eine andere als die bestehende Energetik hervorzubringen, eine andere als die bewährte Lokomotionsapparatur (was im übrigen mit der energetischen Einschränkung eng zusammenhängt), so wie es unter den Randbedingungen, die durch die skeletal-muskuläre Bewegungsart (das Skelett kann dabei ein inneres, hebelartig-knöchernes, oder ein äußeres, mantelartiges sein, und mehr läßt sich in dieser Hinsicht nicht »ausdenken«) festgelegt sind, nicht möglich ist, unter dem Gesichtspunkt der Informationsleitfähigkeit eine andere Struktur der Steuerungszentren zu produzieren.

Was für künstlich realisierbare Neuheiten könnten wir eigentlich noch erwarten, wenn die zelluläre Mikrostruktur mit einer starken und die Makrostruktur mit einer schwächeren Einschränkung bereits vorgegeben ist? Ist es vielleicht so, daß die Evolution sämtliche lohnenden Versuche bereits realisiert hat? Das darf bezweifelt werden – und zwar aufgrund der folgenden Überlegung: Die Evolution »vergißt« mit den ausgestorbenen Formen verschiedene, schon gefundene Konstruktionslösungen, die man der genetischen Instruktion gewissermaßen »einflüstern« könnte. Im übrigen scheinen einige, recht radikale Reorganisationen der Organismen möglich zu sein. Unmöglich scheint beispielsweise der Übergang vom Blutkreislauf zu einer anderen Art der Sauerstoffversorgung der Gewebe zu sein, es sei denn, man würde vollkommen unvorhersehbare Entdeckungen machen, die es gestatten würden, die Gewebe statt mit Sauerstoff direkt mit Elektronen in Form irgendwelcher »Päckchen« zu versorgen. Selbst dann ist aber zu bezweifeln, ob man von der Zirkulationslösung (das heißt davon, daß eine gewisse Flüssigkeit über ein Netz von Adern durch den ganzen Organismus gedrückt wird) überhaupt abgehen könnte. Vielleicht ließe sich aber wenigstens das Bluttransportsystem verbessern. Bei allen Tieren wird das Blut durch eine Art mechanischer Pumpe transportiert, die in konstruktiver Hinsicht primitiv ist (hier muß die Einschränkung gemacht werden, daß das *Prinzip* der Pumpe primitiv ist, nicht aber ihre verschiedenen Realisierungen; diese Realisierungen gehen im Verlaufe der Evolution bis an die Grenze der Möglichkeiten, aber die durch die physische Charakteristik solcher Pumpen festgelegte Grenze läßt sich selbst nicht mehr verschieben). Es erscheint verlockend, diese Pumpe durch eine elektrodynamische Pumpe zu ersetzen. Die Konstruktion einer solchen Pumpe wirft keine allzu ernsthaften Probleme auf (schließlich vermögen, wie wir wissen, die genetischen Instruktionen leistungsfähige elektrische Organe zu bauen). Problematisch ist dagegen die Ausstattung des Transportgutes – der Blutkörperchen – mit magnetischer oder elektrischer Polarität. Es ist dem Genotyp nicht möglich, Magnete oder überhaupt metallische Teile zu produzieren; die Lösung kann daher sicher nur in Ionen bestehen (andere Lösungen läßt ein flüssiges Medium nicht zu). Vielleicht würde sich herausstellen, daß Ionenkonzentrationen notwendig sind, die das Gewebe nicht mehr zuläßt. Doch andererseits könnte man vielleicht auf eine lokalisierte Pumpe, wie sie der Herzmuskel darstellt, ganz verzichten und als Pumpe, d. h. als elektrodynamischen Motor ohne bewegliche Teile ganz einfach sämtliche Aderwanderungen nehmen.

An dieser Stelle unserer Überlegungen gelangen wir nicht nur zu der Auffassung, daß eine solche Lösung realisierbar erscheint, sondern – und das ist hier wichtiger – zu einem Verständnis für die Tatsache, daß die Evolution sie nicht verwirklicht hat. Prototyp der Herz-Pumpe war eine Art kleines kontraktionsfähiges Röhrchen bei verhältnismäßig kleinen Tieren, und diese Lösung wurde durch alle Zweige des Evolutionsbaumes »mitgeschleppt«. Es handelt sich dabei um eine Lösungsmöglichkeit, die um so besser ist, je kleiner der Organismus, in dem sie »ausprobiert« wurde. So arbeiten beispielsweise die Tracheen, die eine Lunge und einen Lungenblutkreislauf überflüssig machen, bei kleinen Tieren – den Insekten – fehlerfrei, doch dann erweisen sie sich als ein Faktor, der das Größenwachstum des Körpers begrenzt, und deshalb konnten die Insekten »nicht mehr klug werden« (denn da das Verhältnis zwischen der Informationsverarbeitungsfähigkeit und dem Volumen des Nervensystems in etwa konstant ist, läßt sich ein neuronales Hirn nicht in der Weise »miniaturisieren«, daß ein Nachtfalter oder eine Ameise schließlich auch nur so intelligent wird wie eine Ratte). Man darf annehmen, daß es uns auf der Welt nicht gäbe, wenn die Insekten nicht über das große Hindernis der Tracheen gestolpert wären. Nun werden jenseits einer gewissen Grenze der Entwicklung, die sich bei dem Weg, den die Evolution zurückgelegt hat, sicherlich nur auf statistische Weise feststellen läßt, bestimmte ganzheitliche Lösungen von Problemen der Homöostase *unumkehrbar*. Das bedeutet, daß man von den Tracheen, die einmal aus gutem Grund entstanden sind, auf *natürliche, evolutionäre Weise,* ebensowenig zurück kann wie von der mechanischen Herz-Pumpe.

Der Übergang von einem diskontinuierlichen Durchpumpen des Blutes zu einem kontinuierlichen Durchfluß würde jedoch eine Vielzahl von Vorteilen bieten – er würde z. B. eine Stabilisierung des Blutdrucks erleichtern, das Problem der korrelativen Durchblutung einzelner Körperteile vereinfachen usw. Eine solche »Rationalisierung« würde denn auch von seiten der »instrumentellen Wertmessung« der Homöostase auf Zustimmung stoßen.

Doch warum ist die Evolution nicht »selbst auf diesen

Gedanken gekommen«? Dazu ist – wie überhaupt zu allen von ihr übergangenen Einfällen – zu sagen, daß die Chance einer nichttrivialen Innovation (und als eine solche betrachten wir die oben genannte) von der Höhe der Wahrscheinlichkeit des gleichzeitigen (synchronischen) Auftretens und Zusammentreffens einer gewissen Zahl von Mutationen abhängt, die voneinander unabhängige Ereignisse darstellen müssen. Es ist daher begreiflich, daß, je mehr derartige, im Verhältnis zueinander zufällige Mutationsereignisse in ein und demselben Organismus koinzidieren müssen, damit »eine Erfindung entsteht«, die Chance eines solchen Zusammentreffens um so geringer ist, und daß die notwendige Koinzidenz jenseits einer bestimmten Zahl von simultanen Mutationen zu einem Phänomen von astronomischer Seltenheit wird. Denn es würde bedeuten, daß man bei tausend Münzwürfen tausendmal Kopf erhält. Das Spiel der Evolution wäre überhaupt zu einem hoffnungslosen Mißerfolg verurteilt, wenn es nicht das schlaue Manöver gäbe, durch das – in Gestalt der Rezessivität der Allele – ein Ersatz für das »As im Ärmel« des Spielers geschaffen wurde. Ein rezessives Gen entspricht nämlich genau einem Trumpfas, das allerdings, solange es »verborgen« ist, noch keine Trumpfkarte ist, es aber in einer bestimmten Situation des Spiels plötzlich werden kann. Das läßt sich leicht an einem einfachen Beispiel zeigen. Die Zeit, die ein einzelner Spieler beim Bridge warten muß, um durch die mit dem Mischen hergestellte zufällige Verteilung der Karten einen großen Schlemm in die Hand zu bekommen, ist sehr beträchtlich. Hat er jedoch auch nur eine einzige Figur im Ärmel, dann macht er sich, selbst wenn er eine Verteilung mit einer Lücke in die Hand bekommt, selber einen Schlemm, und wenn er mehrere Karten im Ärmel hat, ist es für ihn nicht mehr ein Problem passiven Abwartens einer Glückssträhne, einen Schlemm zu machen. Allerdings kann der Spieler nicht ein ganzes Spiel im Ärmel versteckt haben, und auch der Organismus kann nicht eine beliebige Zahl von rezessiven Genen in Bereitschaft halten. Um so mehr, als die Mehrheit solcher Gene überhaupt »zu nichts taugt«, also in keiner der populationsgenetisch möglichen Verteilungen »instrumentellen Wert« erlangen kann. Der

Organismus ist nämlich nicht so organisiert, daß er bezüglich seiner rezessiven Gene irgendeine Selektion durchführen und beurteilen könnte, daß es sich bei einem »lohnt«, es zu »behalten«, und bei anderen nicht. Was der Organismus jedoch nicht kann, wird vielleicht eines Tages ein Chromosomen-Ingenieur können.

Mit diesem Gedankengang kommen wir schließlich zu Positionen, die für die wertende Beurteilung der Evolution von besonderem Interesse sind. Zuweilen wird der Evolution »vorgeworfen«, daß der Regler, der bei ihr die Speziation lenkt, vollkommen Markowscher Art ist. Als ein solcher ist er nicht sparsam und im Lernen überaus träge – eine Tatsache, die viele Biologen veranlaßte, die Vererbung erworbener Merkmale, also eine nicht-markowsche Art des »Lernens« der Chromosomen, als für die Evolution notwendig zu erachten. Doch bei aller Verschwendung erweist sich die Methode der Evolution schließlich auf lange Sicht als sicherer, weil das Gleichgewicht, zu dem eine Markowsche Kette gelangt, kein definitives ist. Die Unabhängigkeit des Regelmechanismus der Mutationen von der Welt, eine Unabhängigkeit, die sich auf den ersten Blick in der scheinbar chaotischen Vergeudung von »sinnlosen« Kombinationen äußert, welche die Selektion ständig behobeln muß, stellt tatsächlich eine unschätzbare Quelle der Mannigfaltigkeit dar, denn nur die größtmögliche Mannigfaltigkeit garantiert letzten Endes, daß das Leben mit jeglicher Veränderung fertig zu werden vermag. Die Vererbung erworbener Merkmale, die kurzfristig ohne Zweifel weit erfolgreicher ist als ein Vorgehen nach Markowscher Art, könnte die Arten leicht in ausweglose Situationen treiben. Gerade ein Markowscher Regler läßt es zu, daß das Spiel sozusagen immer wieder von vorn begonnen werden kann, und nur der Preis, den die Evolution für diese Freiheit zu entrichten hat: das vergeudete Leben von Milliarden von Lebewesen – übersteigt unsere Vorstellungskraft. Wir sagen nicht, daß dies die beste aller möglichen Regelungsweisen gewesen ist, doch scheint es, daß sie von allen Regelungsweisen, die für die Evolution, d. h. auf dem Wege natürlicher Wandlungen erreichbar waren, die beste war. So sehr ein Markowscher Regler das Spiel gewissermaßen immer wieder – bei der »Partie« der Amphibien, der Reptilien, der Säuger – von vorn beginnen läßt, so können seine vom Zufall bestimmten neuen Entscheidungen dennoch nicht völlig von den früheren Entscheidungen unabhängig sein. Denn der ständige Vorrang von taktischen Augenblickslösungen gegenüber umfassenden Strategien führt am Ende dazu, daß Zustände, die möglicherweise Milliarden Jahre auseinanderliegen, durch den Zustand begrenzt sind, in dem die jeweilige Entscheidung getroffen wird. Der Markowsche Prozeß ist nicht gegen die Möglichkeit gefeit, daß der Übergang zu homöostatisch *besseren* künftigen Zuständen nicht so sehr durch *schlechtere* als vielmehr durch diejenigen Lösungen blockiert wird, die eben Wirklichkeit geworden sind. Darauf, daß der Uramöbe ungleich mehr Entwicklungswege offenstanden, als sie sich vor dem Säugetier öffnen, hat der Markowsche Zufallsgenerator keinen Einfluß mehr. Denn die Evolution ist ein echtes Spiel im Sinne der Spieltheorie, d. h. ein Verfahren, in dem der Zufall eine Instanz ist, die mächtiger ist als jede angewandte Strategie, und in dem man verliert, wenn man kein Glück hat.

Ein anderes kennzeichnendes Merkmal der Evolution des Lebens im Vergleich zur technischen Evolution besteht darin, daß es in der Bioevolution nicht gibt, was man in der Technologie als moralisches Altern der Apparaturen bezeichnet. Das ist zumindest der erste Eindruck, denn uralte Korallentiere koexistieren mit dem »neuzeitlichen« Delphin, die Schnecke mit dem Menschen und die primitiven Flechten mit dem letzten Schrei evolutionärer Erfindungsgabe im botanischen Bereich. Daraus ersieht man, daß es in der Menge der evolutionären Realisierungen eine axiometrisch eindimensionale Ordnung nicht gibt. Es gibt daher Evolutionsaufgaben, die durch unterschiedliche Konstruktionsverfahren gelöst werden können, und Lösungen, die in ihrer Optimalität nicht mehr nur anhand eines einzigen Maßstabs verglichen werden können. In Wirklichkeit ist die Situation jedoch nicht anders als in der Technik. Denn hier wie dort besteht hinsichtlich der Lösungen die unabweisbare Notwendigkeit von Kompromissen. Es handelt sich um Probleme, die man als Antinomien des Konstrukteurs bezeichnen kann. Sie treten immer dann auf, wenn die Optima oder Maxima bestimmter Funktionen zugleich Nicht-Optima anderer, ebenso notwendiger Funktionen sind. Das gilt etwa für das Verhältnis zwischen der Korrektur von Abweichungen und der Schwingungstendenz, die bei optimal korrigierten Systemen unverzüglich auftritt. In der Regel sind solche Kollisionen noch verwickelter (und nicht nur auf zwei Parameter beschränkt). Wie einmal gesagt wurde, ist ein Wal mit der Mobilität eines Flohs nicht möglich, und die Evolution ist in einem Milieu wirksam, das voll von ähnlichen Dilemmata steckt.

Hinzuzufügen ist, daß der Technologe der Evolution als Konstrukteur nicht ganz so überlegen ist, wie es scheinen könnte, geht man nach seinen Vorhersagemöglichkeiten, die der Evolution abgehen. Denn auch er handelt aufgrund sehr lückenhafter Informationen. Da er aber nicht bis in alle Ewigkeit warten kann, um vollständige Kenntnis von dem, was er konstruiert hat, zu erhalten, ist jede Realisierung seiner Einfälle in einem gewissen Sinne »voreilig«. In der Technik ist die hohe Unzuverlässigkeit (etwa der ersten Flugzeuge), in der Evolution die hohe Sterblichkeit (der »innovativen Radiation«) der Preis, der für »voreilige« Entscheidungen bezahlt werden muß – »voreilig« deshalb in Anführungszeichen, weil es anders nicht geht. Der Kompromiß ist daher unumgänglich. Dabei spielt es für den Prozeßablauf keine Rolle, ob der Kompromiß von jemandem bewußt oder – wie bei der Evolution – »unpersönlich« realisiert wird.

Angesichts dieses Sachverhalts muß die Biologie lernen, bei der instrumentellen Wertmessung mit Methoden zu arbeiten, die von der Technologie entwickelt wurden. Wertmaße sind, wie wir sagten, sinnvoll und sogar objektiv eindeutig nur innerhalb einer konkreten Technologie: Düsenflugzeug und Motorflugzeug kann man unter vielen Aspekten, Flugzeug und Rollschuhe dagegen nicht miteinander vergleichen. Was in der Technologie die an ein bestimmtes System gebundenen Werte sind, sind in der Biologie Werte, die innerhalb bestimmter Schemata der Körperorganisation auftreten. Vielleicht könnte man mit gewissen Einschränkungen eine axiometrische Rangfolge aller Insekten oder aller Landsäugetiere aufstellen, doch kann man weder fragen noch die Frage beantworten, ob die Organisation der Insekten besser ist als die Organisation der Säugetiere.

Wertmaße sind also um so weniger anwendbar, je genereller das zu Messende definiert wird. Eine Axiometrie, die uns objektiv festzustellen erlaubte, daß der Mensch »die Krone der Schöpfung« ist, kann es nicht geben. Der Mensch stellt eine Lösung des Anpassungsproblems dar, die von grundlegend *anderer* Art ist als im gesamten übrigen Tierreich, doch kann man diese Andersartigkeit nicht als »besser« im rein instrumentellen Sinne bezeichnen. Um zu der von vielen gewünschten Antwort zu gelangen, müßten die Kriterien um nichtinstrumentelle Wertmaßstäbe erweitert werden.

Die axiometrische Beurteilung eines Zufallsstarts der Evolution kann hier lediglich erwähnt werden, weil sie im Grunde über den Rahmen der Biologie hinausgeht. Ich erinnere daran, daß das oben skizzierte Beispiel einer Axiometrie des »notwendigen Starts« von der Ansicht ausgeht, daß das Gen-Alphabet »schlechthin gegeben« ist und daher nicht in Frage gestellt werden kann. Man kann aber ebensogut der Ansicht sein, daß nicht nur die Verzweigungen und Zickzacks des evolutionären Prozesses einen nicht in allen Einzelheiten der Speziationsvorgänge notwendigen Ablauf darstellen, sondern daß auch die »lexikographischen« und »syntaktischen« Eigenschaften des Wirkungsmechanismus, durch den die Evolution »sich artikuliert«, d. h. die Eigenschaften der DNA, das Resultat von *zufälligen* Ereignissen sind und durch einen *ganz anderen* Mechanismus ersetzt werden könnten.

Möglich, daß wir hier schon über Hirngespinste reden, weil eben nichts dergleichen entstehen konnte, doch solange wir darüber nichts wissen, sind Hypothesen mit abweichendem Inhalt noch erlaubt.

Die »Artikulationspotenz« der aus DNA aufgebauten Gene ist, wie wir zu zeigen versuchten, in technologischer Hinsicht nicht nur nicht unendlich, sondern kann sogar (mit Einschränkungen!) mit den Möglichkeiten der menschlichen

Technologie gleichgesetzt werden. Sie ist z. B. nicht imstande, eine Energietransformation zu realisieren, die nicht auf chemischem Wege und nicht auf der Grundlage von Eiweißsubstanzen geschieht. Ihr sind alle Bereiche verschlossen, in denen sich Erscheinungen nur unter hohen Drücken, hohen Temperaturen und hohen Strahlungskonzentrationen verwirklichen lassen. Wir wissen also ganz genau, daß der Wirkungsbereich der Gene von vornherein in einem bestimmten Sinne begrenzt ist. Gleichwohl kann man die Frage aufwerfen, ob denn das zugrundeliegende Alphabet und seine Syntax innerhalb des Kosmos nur ein einziges Mal entstanden sind. Vielleicht bieten andere Ausgangsbedingungen geologischer wie chemischer Natur Chancen der Entstehung einer anderen »Artikulationsapparatur«, die nicht oder nicht ausschließlich auf Proteinbasis beruht. Möglich, daß man in einem erdgebundenen Laboratorium auf eine solche Spur kommt, möglich auch, daß diese Chance bei der Erforschung von Himmelskörpern entdeckt wird. Dann würde sich herausstellen, daß die Biologie sich nur mit einer bestimmten Sonderform von Lebensprozessen befaßt. Natürlich würde das die ihr eigentümlichen Wertmaßstäbe erneut relativieren. Denn was sich nicht sinnvoll in instrumenteller Hinsicht bewerten läßt, weil es zur Menge der genetisch nicht realisierbaren Konstruktionen gehört, würde dann bewertbar, weil realisierbar durch einen anderen Generator von Vererbungscodes, der für Lösungen von Aufgaben der Homöostase einen anderen Bereich, einen anderen Konfigurationsraum bereitstellt. Heute dürfen wir allerdings nur auf eine solche Möglichkeit hinweisen, weil wir über die von ihr abhängigen Konkreta nichts wissen.

IV. Biologie und nichtinstrumentelle Werte

Die Werte, die wir als solche »zweiter Art« bezeichnet haben, sind eine typisch kulturelle Erscheinung*, die zum Beispiel

* Natürlich mit Ausnahme des Wertes, den das Leben durch seine Selbsterhaltungstendenz unter Beweis stellt, denn er ist schließlich ein sowohl vor- als auch außerkul-

den Anthropologen sehr wohl bekannt ist, die sich fast ausschließlich mit der Feststellung und dem Vergleich solcher Werte befassen.

Es entsteht die Frage, ob entsprechende Werte sich in der Biologie überhaupt durch ein objektives Verfahren feststellen lassen. Prinzipiell ist das wohl möglich; es erfordert jedoch, daß vor der eigentlichen Suche bestimmte Prämissen gemacht werden. Wenn jedes auch nur in Andeutungen nichtadaptive Merkmal des Organismus sogleich einer energischen Auslese unterworfen würde, könnten Werte der zweiten Art im Zuge der Evolution nicht entstehen. Wenn es tatsächlich so wäre, d. h. wenn die Lebensumwelt nicht zumindest gegenüber einigen Merkmalen des Organismus eine gewisse »Neutralität« zeigte, ließe sich der Prozeß der Anthropogenese nicht in das Schema der Evolution einfügen. Denn auch bei ihm ex nihilo nihil fit. Schließlich müssen die Ansätze von Mechanismen, die in späteren Stadien der Anthropogenese ihren wertschöpferischen Charakter (im

tureller Wert. In dieser Arbeit nehme ich die Position eines »gemäßigten Reduktionismus« ein, der sich in Übereinstimmung mit Ockhams Rasiermesser bemüht, die Zahl der »Wesenheiten« – in diesem Falle der Werte – zu minimieren, gemäß der empirischen Praxis, wertende Termini zu eliminieren, die aufgrund einer von instrumentellen Techniken und Theorien entlehnten Nomenklatur in den ontologischen Begriffen stecken. Ein »extremer Reduktionismus« würde bedeuten, die Existenz von »rational begründbaren«, d. h. instrumentellen Werten im Bereich der biologischen Phänomene überhaupt zu leugnen und damit diesen Forschungsbereich extrem zu physikalisieren, wodurch das Kind jedoch mit dem Bade ausgeschüttet würde, wie es sich etwa an der Geschichte des Watsonschen Behaviorismus zeigt, der ja schließlich nicht konsequent aufrechterzuerhalten war. Die Einführung von wertbehafteten Begriffen in die Empirie entsprach bis vor kurzem nicht ihrer Tradition, das heißt ihrem Wissenschaftsparadigma. Heute kann man solche Begriffe auf nichttraditionelle Weise verwenden, etwa im Rahmen eines Optimierungsschemas oder der dynamischen Programmierung. Ein gewisses Minimum an Werten bleibt dabei allerdings jeder Fragestellung entzogen, wird also gleichsam als axiomatisch zugrundegelegt, so daß bestimmte Werte (der »Wert des Lebens« als ein »autotelischer«) auf nichts außerhalb ihrer selbst reduziert werden können. Das folgt direkt aus der unerhörten *Nützlichkeit* alles dessen, was als instrumenteller Wert gelten kann. Jeder derartige Wert impliziert demnach unausweichlich einen autonomen, auf nichts anderes reduzierbaren Wert. Das hier vorgeschlagene Vorgehen hat den Charakter einer Konvention, wobei insbesondere das »homöostatische Minimum« einer standardisierten Maßeinheit entspricht. Es läßt sich natürlich durch eine andere Konvention ersetzen, doch irgendeine ist unbedingt erforderlich. Und zwar deshalb, weil sich die ganzheitlichen paradigmatischen Strukturen des untersuchten Phänomenbereichs nicht direkt aus der Menge der Tatsachen ableiten lassen, sondern nur durch einen aktiven Konstruktionsbeitrag der Forscher konstituiert werden.

zweiten, nichtinstrumentellen Sinne) offenbaren, irgendwie entstanden sein. Aus nichts konnten diese Mechanismen nicht entstehen, so wie auch das Gehirn des Menschen oder der Flügel des Vogels nicht aus nichts entstanden sein können: In dem Vorläufer solcher Systeme mußten Merkmale stecken, die selektiver Verstärkung unterlagen. Demnach ist es zumindest wahrscheinlich, daß die Organismen Merkmale enthalten, die nicht ausschließlich adaptiver Natur sind. Natürlich bauen sie auf adaptiven Merkmalen auf und stellen somit deren Redundanz dar. Derartige »Aufbauten« werden durch die Nadelöhre der evolutionären Selektion gezogen, weil der Filter der Umwelt sie nicht aussiebt und es etwas gibt, was sie auf eine nicht mehr neutrale Weise fördert. Diese »Förderung« kann zunächst die Form einer gewöhnlichen »trägheitsbedingt-statistischen« genetischen Drift haben – in kleinen Populationen. Die aufgrund der Drift realisierten Merkmale sind dann jedoch ganz und gar kein Substrat, das funktional irgendeine »Bedeutung« hätte, sondern es sind Zusätze, die instrumentell weder schädlich noch nützlich sind. Wurden diese Merkmale jedoch durch die *sexuelle Auslese* bekräftigt, dann sind sie an ihr als Kriterien, als Faktoren »ästhetischer« Natur beteiligt. Würde man solche Merkmale feststellen, hieße das, daß es im Bereich der Biologie »autonome Werte« gibt. Man hat derartige Hypothesen schon geäußert – wenn auch ein wenig anders formuliert. Das ist verständlich. Aufgrund einer instrumentellen Wertmessung können wir vielleicht feststellen, daß bestimmte Merkmale wie etwa ein besonders »schönes« Hochzeitsgefieder der Vögel »zu nichts nutze sind«. Denn die den sexuellen Kontakt fördernde schlichte Signalfunktion kann ebensogut eine weit bescheidenere, »weniger ästhetisierte« schablonenhafte Ausführung des Gefieders erfüllen. Wenn es möglich wäre, zweifelsfrei seine informationale Redundanz festzustellen, die schon nicht mehr der Signalisation (des Geschlechtspartners) dient, die auch keine Redundanz ist, welche auf die Stärke des »Rauschens« der Umwelt antwortet, und die schließlich auch nicht durch ihre Eigenart die Erkennbarkeit des Signals erhöht (damit es von allen sonstigen, analogen Signalen unterschieden werden kann, derer sich andere Arten innerhalb derselben Umwelt bedienen) – wenn man einen solchen Überschuß feststellen könnte, müßte er als Resultat der »ästhetischen Entscheidungen« der Geschlechtspartner aufgefaßt werden. Denn dann wäre ein bestimmtes Muster auch aus anderen als Signalisationsgründen ausgezeichnet – weil es »gefällt«.

Die Biologie wird natürlich, wenn sie ganz korrekt sein will, so nicht reden dürfen – sie darf es nie. Denn was sich feststellen läßt, ist allein die nichtadaptive Redundanz einer Information. Warum gerade sie anläßlich der sexuellen Auslese privilegiert wird, muß wohl in seinem »Erlebnis«aspekt für immer ein Geheimnis bleiben. Und nur durch einen Analogieschluß, der auf methodologisch halsbrecherische Art vom Menschen auf andere Organismen extrapoliert, ist es möglich, diese Redundanz nicht nur schlicht für instrumentell indifferent zu erklären, sondern die so entstehende »adaptive Lücke« mit »ästhetischen Kriterien« auszufüllen, welcher sich bestimmte Vögel (aber auch bestimmte Eidechsen z. B.) vermutlich bedienen, wenn sie sich auf die Paarung vorbereiten. Um jedoch festzustellen, was an der Information, über die ein Organismus verfügt, instrumentell überflüssig ist, muß man zunächst mit größter Genauigkeit festlegen, wie weit die Informationen einem Organismus überhaupt von Nutzen sind. Wenn also »Werte der zweiten Art« entdeckt werden sollten, so kann das – bei aller terminologischen Unsicherheit – erst dann geschehen, wenn die instrumentelle Wertbeurteilung der Homöostase entsprechend etabliert ist, wobei uns von diesem wünschenswerten Zustand eine noch unbekannte Zahl von Biologengenerationen trennt.

V. Axiometrie des Fortschritts

In der Biologie bezeichnet man mit dem Ausdruck »Fortschritt« die Steigerung bestimmter Fähigkeiten. Das stimmt freilich nicht immer; man kann schließlich auch sagen, daß eine Krankheit im Organismus »Fortschritte« macht. Doch in der Einzahl bedeutet Fortschritt so viel wie einen Zustand, der irgendwie besser ist als der vorhergegangene. Betrachtet man den gesamten Weg, den die Evolution von der einzelnen Zelle bis hin zum Menschen zurückgelegt hat, so scheint sich darin unwiderleglich ein Fortschritt zu äußern. Wenn wir aber diese enorme Verbesserung einer wertmäßigen Beurteilung unterziehen wollen, stoßen wir auf unüberwindliche Schwierigkeiten.

Wenn wir die Elemente und Funktionen von Organismen gesondert miteinander vergleichen, erleben wir keine Schwierigkeiten. Die verschiedenen Evolutionslösungen des »Problems« des Sehens, Hörens, Bluttransports, der Lokomotion, der Erzeugung eines »Weltbildes« in Form eines Modells der Welt innerhalb des Nervensystems können anhand von Parametern wachsender Leistungsfähigkeit geordnet werden. Wenn das Ziel in Gestalt einer formulierten Aufgabe gegeben ist, stößt die Erstellung eines technologischen Urteils gewöhnlich auf keine ernsthaften Schwierigkeiten.

Man könnte meinen, daß es genügt, die Ergebnisse solcher Vergleiche auf einzelne, dem Evolutionsbaum entnommene organismische Formen zu übertragen, um festzustellen, inwieweit sie mit ihren Parametern nicht die Optimierungspunkte auf unseren Skalen erreichen. Es stellt sich aber gleich heraus, daß dieses Vorhaben unsinnig ist, denn ebenso sehr, wie ein Mikroskop nicht die beste Uhrmacherlupe und eine Schiffslaterne nicht der beste Autoscheinwerfer wäre, wäre das Auge eines Adlers nicht ein »besseres« Auge für die Fliege, noch würde ein Bandwurm, mit Sehorganen ausgestattet, dadurch »fortschrittlicher«.

Das Scheitern dieser Methode bringt uns dazu, die Gesamtorganismen als Homöostaten miteinander zu vergleichen. Der beste Homöostat ist jedoch der Theorie zufolge nicht derjenige, der möglichst groß ist oder über die größte Zahl konstruierbarer Sensoren verfügt (darunter auch solcher, die z. B. die variable Helligkeit bestimmter Sterne feststellen können), es ist auch nicht derjenige, der auf die harmonischste oder auf die komplizierteste Art gebaut ist, noch ist es der Homöostat, der thermodynamisch am unwahrscheinlichsten ist, sondern es ist einfach der, der seine Selbsterhaltung mit größter Zuverlässigkeit realisiert.

Die Aufgabe der Homöostase ist in verschiedenen Umwelten unterschiedlich schwer, je nach der Qualität und der Stärke des dort vorhandenen »Rauschens«. Offenbar lassen sich nicht alle irdischen Umwelten nach dem wachsenden Schwierigkeitsgrad der Homöostase ordnen, denn bestimmte Arten von Störungen rufen in verschiedenen Milieus unterschiedliche Probleme hervor, die es homöostatisch zu lösen gilt; man sollte deshalb eher den Begriff des »homöostatischen Minimums« für eine *gegebene* Umwelt einführen, von dem man beim Vergleich ausgeht. Andererseits könnte man auch den Begriff des »generellen Minimums« schaffen für die Fähigkeit, in zwei, drei oder noch mehr verschiedenen Umwelten (Land, Wasser und Luft) zu überleben. Die ökologische Klassifikation kennt natürlich eine Vielzahl von lokalen Umweltnischen innerhalb ein und desselben Milieus (die Anpassung an flache Küstengewässer stellt eine völlig andere Aufgabe dar als die Anpassung an die Tiefsee). Gleichwohl ließe sich die Konzeption des »minimalen Homöostaten« für ein bestimmtes Milieu und auch die des »generalisierten Homöostaten« für mehrere Milieus halten, wenn die Evolution in einem gewissen Sinne parallel zu solchen Standards verliefe. Das ist jedoch nicht der Fall, denn häufig bewohnen Organismen mit radikal verschiedenen Bauplänen ein und dieselbe ökologische Nische. Als Unterscheidungskriterium für den Grad der »Fortschrittlichkeit« der Konstruktion kann auch das informationstheoretische Mannigfaltigkeitstheorem nicht dienen (es besagt, daß ein Regler über hinreichende Mannigfaltigkeit verfügen muß, um mit der Mannigfaltigkeit der Umweltzustände fertigzuwerden). Dieses Theorem setzt axiomatisch voraus, daß der Regelungsvorgang – in unserem Falle die Homöostase – *ununterbrochen* ablaufen muß. Eine Unterbrechung von Lebensfunktionen ist nach diesem Theorem ein Anzeichen von mißlungener Homöostase. Die Unterbrechung von Lebensfunktionen ist nun aber häufig *umkehrbar.* Diese Erscheinung stellt einen Kunstgriff, einen Trick dar, dank dessen der Homöostat in der gegebenen Umwelt gewissermaßen *subminimal* dennoch überlebt, weil er, statt der Mannigfaltigkeit Mannigfaltigkeit entgegenzusetzen, für eine gewisse Zeit aufhört, ein Homöostat zu sein. Der Technologe kann ein solches Manöver nicht negativ beurteilen. Er würde gern selbst diesen Kunstgriff benützen. Es wäre gut, wenn ein Flugzeug bei einem Defekt auch nur kurzfristig die »Form einer Dauerspore« annehmen und beispielsweise an einem Fallschirm landen könnte, und daß das nicht geschieht, liegt weniger an technologischen Handlungsdirektiven als vielmehr an technischen Schwierigkeiten der Ausführung. Gewiß kann man einen Menschen, der sich in schweren Zeiten, statt zusammen mit anderen um eine Besserung zu kämpfen, im Kühlschrank versteckt, um darin im Zustand eines »umkehrbaren Todes« das Ende der schlimmen Zeit abzuwarten, leicht als einen Opportunisten bezeichnen. Damit wird sein Verhalten aber nach einer kulturellen Norm bewertet, die mit der instrumentellen Beurteilung nicht übereinstimmt. Schließlich ist, wie es in der Schrift heißt, ein lebender Hase besser als ein toter Löwe.

Weil es keinen Organismus gibt, der allen erdenklichen Störungen gewachsen ist, wäre die Fähigkeit, im Notfall einen umkehrbaren Tod zu sterben, für alle Formen des Lebens von Nutzen, und wenn die Evolution sie nicht generell verwirklicht hat, so liegt das an den gewaltigen Schwierigkeiten, welche die Lösung einer solchen Aufgabe aufwirft, um die sich schließlich auch die Medizin und die Biologie bemühen. (Die künstliche Unterkühlung hat ihr Pendant in dem natürlichen Winterschlaf bestimmter Säugetiere, doch für den umkehrbaren Tod eines Säugers durch »vitrifizierendes« Einfrieren, von dem der Biotechnologe träumt, gibt es kein natürliches Pendant.)

Die Evolution bringt also »subminimale« Homöostaten hervor, aber sie produziert auch »redundante« Homöostaten – und die werden gemeinhin als »fortschrittliche« Formen bezeichnet. Die Evolution ist nämlich ein Spiel, das sich, während es abläuft, kompliziert, unter anderem dadurch, daß die Regeln dieses Spiels, die zunächst auf die Regelung des Verhältnisses zwischen den Organismen und der Umwelt beschränkt sind, durch Regeln für das Verhältnis zwischen den Organismen (erst einer und dann mehrerer verschiedener Arten) erweitert werden. Die Lösungen des Lokomotionsproblems sind einfach, wenn ein räuberisches Infusorium ein vegetarisches Infusorium verfolgt, und sie werden kompliziert, wenn ein Löwe eine Antilope jagt. Diese beiden Lösungen sind aber schlechterdings unvergleichbar, und sie bleiben es, wenn wir anstelle des Löwen und der Antilope einen Hecht und eine Brasse nehmen. Es handelt sich um Lösungen von homöostatischen Aufgaben für unterschiedlich redundante Stufen der Homöostase.

Der evolutionäre Fortschritt ist, wenn man so sagen darf, zwar real, aber nicht rational unter jedem, vom homöostatischen Standpunkt aus bezeichneten Aspekt. Nach Auffassung des Technologen ist nämlich eine gestellte Aufgabe auf möglichst einfache Weise zu lösen, ohne daß die »konstruktiven Wesenheiten« über den unerläßlichen Bedarf hinaus vermehrt werden. Wenn wir in Europa sind und unser Ziel in Amerika liegt, dann ist sicherlich jedes Transportmittel, das uns rascher als das früher benutzte von Europa nach Amerika bringt, eine sowohl rationale als auch fortschrittlichere Lösung des Kommunikationsproblems. Bei der Lokomotion besteht nämlich das prinzipiell unerreichbare Ideal in der sofortigen Ortsveränderung, die überhaupt keine Zeit verschlingt und das Ende der Skala aller Leistungssteigerungen bezeichnet. Wenn die Aufgabe jedoch darin besteht, einen Homöostaten zu bauen, gibt es keinen Grund, diesen Homöostaten immer komplizierter zu machen; wäre es so, daß wachsende Kompliziertheit uns dem zuvor genannten Ende der Skala, dem »idealen Homöostaten«, näherbringt, dann müßte jede Komplizierung, die sich mit wachsender homöostatischer Leistungsfähigkeit deckt und uns jenem vollkommenen Zustand näherbringt, von dem Technologen gutgeheißen werden und würde damit der aus der Technologie abgeleiteten instrumentellen Wertmessung unterliegen. Das ist jedoch gerade nicht der Fall. Denn es stimmt nicht, daß höhere Organismen als Homöostaten tatsächlich besser funktionieren als niedere Organismen, und es stimmt auch nicht, daß wachsende Komplexität einen Fortschritt in Richtung auf den »idealen Homöostaten« bedeutet. Der Unterschied zwischen einer Ameise und einer Antilope ist ein Unterschied zwischen Damespiel und Schachspiel und nicht zwischen

Fahrrad und Auto. Bei dem zuletzt genannten Unterschied handelt es sich nämlich um einen Unterschied zwischen Handlungsweisen, die prinzipiell dasselbe Ziel verfolgen, nur daß sie sich auf Ebenen von unterschiedlicher Komplexität abspielen. Wenn man die Organismen insgesamt betrachtet, besteht der evolutionäre Fortschritt letztlich darin, daß immer mehr Elemente in Systeme investiert werden, die es stabil zu halten gilt; weil aber die Aufgaben, die dabei im Hinblick auf Energetik und Material, auf lokale Regelung und Gesamtsteuerung gelöst werden müssen, immer komplizierter werden, was man auch an unseren noch immer geringen Kenntnissen der Theorie der Regelung und der dynamischen Programmierung ablesen kann, ist der Unterschied zwischen der in eine Ameise bzw. in eine Antilope investierten Information zwar physisch meßbar, doch kann er eine technologische Axiometrie nicht begründen. Weder könnte eine bis zum Umfang einer Antilope vergrößerte Ameise noch eine auf die Maße einer Ameise »miniaturisierte« Antilope funktionieren. Wenn wir Tiere mit dem gleichen Bauplan – etwa einen Kolibri und einen Albatros – miteinander vergleichen, zeigt sich, daß sie unterschiedliche Lösungen des Flugproblems darstellen; der Albatros ist ein Langstreckensegler, der Kolibri ein flatternder Vogel, der hinsichtlich seiner Flugparameter größeren Insekten ähnlich ist. Weil die Beurteilungen, die derart unterschiedlichen Organismen bei ihrem Vergleich zuteil werden, unbegründbar sind, benutzt der Apologet des Fortschritts in der Evolution – sicherlich unbewußt – zum Beweis seiner Thesen Argumente ad hominem. So stellt Julian Huxley dem Bandwurm den Adler gegenüber und verlangt vom Leser, sich den gewaltigen »Fortschritt« zu vergegenwärtigen, der zwischen diesen Formen stattgefunden hat. Doch an welche kritischen Instanzen richtet sich dieser Appell? Es liegt nur an unseren ästhetischen Kriterien, daß wir die Existenz des Adlers schön und heroisch, die des Bandwurms opportunistisch und häßlich finden. Das sind jedoch keine instrumentellen Werte. Außerdem enthält Huxleys Äußerung eine stillschweigende Implikation, die im technischen Bereich nicht möglich ist. In der Technik kann man nämlich nicht sagen, daß die Elektrifizierung einer Millionenstadt etwas Fortschrittlicheres sei als die Elektrifizierung einer Siedlung oder daß die Regelung des Verkehrs auf einem großen Schienennetz fortschrittlicher sei als auf einem kleinen. Die zuerst genannten Aufgaben sind lediglich schwieriger als die letzteren. Undenkbar, daß uns jemand fragen würde: »Was möchtest du lieber sein – ein großes oder ein kleines Eisenbahnnetz?« Denn wir würden die Frage für sinnlos erklären. Hingegen kann man fragen: »Was möchtest du lieber sein – ein Adler oder ein Bandwurm?«, und obwohl das ebenfalls sinnlos ist, wird jeder Mensch, der glaubt, zu verstehen, um was es bei der Frage geht, die »Situation des Adlers« wählen, nicht etwa, weil sie »objektiv besser« wäre als die Situation des Bandwurms – darüber weiß niemand etwas –, sondern deshalb, weil, wie er glaubt, die »Situation des Adlers« ihm existentiell irgendwie näher ist. So liegt denn auch manchem Argument zugunsten des evolutionären Fortschritts stillschweigend die These zugrunde: »Je höher man als Tier evolutionär steht, um so angenehmer (oder: würdiger, interessanter, erlebnismäßig vielfältiger etc.) ist es.« Die Stärke derartiger Argumente ist keine Frage.

Eine Veränderung der Umweltbedingungen ist gleichbedeutend mit einer Veränderung der Spielregeln. Und der Faktor, der die Fortschritte der Cephalisierung oder allgemeiner: der »individuellen Lernfähigkeit« der Organismen bewirkte, war das systematische Nachhinken des maximalen Lerntempos, dessen der Genotyp fähig ist, hinter dem Tempo der Umweltveränderungen. Je länger der individuelle Lebenszyklus ist, um so langsamer muß naturgemäß das Tempo der »Aufnahme von Lehren durch die Chromosomen« sein. Denn das »Quant« des Lernens ist der jeweilige Durchgang eines Organismus durch die Umwelt. Vereinfacht dargestellt, sieht das Dilemma der Anpassung folgendermaßen aus: Wie kann man einen Regler bauen, der dem aktuell aufgezwungenen Spiel und gleichzeitig jeder noch so bedeutsamen und *noch so raschen* Veränderung seiner Regeln gewachsen ist? Die Evolution hat diese Frage mit unterschiedlichen Konstruktionen beantwortet. Zunächst so: Bei einer weitreichenden und plötzlichen Änderung der Regeln muß man sich zeitweilig aus dem Spiel zurückziehen – »in Gestalt einer Dauerspore«. Diese Taktik setzt jedoch voraus, daß die ursprünglichen Bedingungen (des Spiels, das der Organismus zu bewältigen vermag) nach einer gewissen Zeit wiederkehren. Danach so: Es gilt, die vorprogrammierte Mannigfaltigkeit des Reglers zu maximieren, und diese Vorprogrammierung ihrerseits ist der Formung durch die Evolution zugänglich zu machen. Und schließlich folgendermaßen: Es gilt, auf die Vorprogrammierung des Reglers zu verzichten, so oft das möglich ist, und dafür den Regler mit der Fähigkeit der Selbstprogrammierung durch Lernen auszustatten.

In der Praxis sind die »Antworten« in Gestalt der Organismen »uneinheitlich«. Die erste Antwort bezeichnet die Klasse der »sporenartigen« Lösungen. Diese Antwort fiel als erste, weil der Zustand einer widerruflichen Homöostase um so leichter zu erreichen ist, je einfacher der Homöostat ist.

Die zweite Antwort bezeichnet die Klasse der Lösungen, aus denen die Insekten hervorgingen. Denn Insekten betreiben eine ungeheure Zahl von vorprogrammierten Spielen, und diese Vorprogrammierungen stabilisierten sich in Formen, die in abermillionenfachen Durchgängen durch die Siebe der Umwelt geprüft wurden.

Die dritte Antwort bezeichnet die Klasse der typischen Cephalisierungslösungen. Diese Lösung ist auf eine nicht alternative Weise besser als die zweite, weil zwischen beiden die unterschiedlichsten Kompromisse möglich sind. Die erste Lösung stellt dagegen eine eigentümliche Art von Vollkommenheit dar, die von den nachfolgenden nicht mehr erreicht wird. Der Winterschlaf der Säugetiere stellt nur eine gewisse Annäherung daran dar.

Beim Vergleich der Insekten mit höheren Tierformen wird häufig gesagt, es handle sich dabei um niedere Formen, die einen gewissen evolutionären Erfolg bewiesen hätten. Doch Erfolg und Fortschritt sind zwei verschiedene Dinge.

Insekten gibt es seit einigen hundert Millionen Jahren. Einige bauen unterirdische Städte, andere bestellen bestimmte Pflanzen, um sich davon zu ernähren, wieder andere »domestizieren« Tiere (andere Insekten); Insekten sind die einzige tierische Form, die eine einfache, aber wirksame Sprache für Zwecke der instrumentellen Verständigung hervorgebracht hat (Bienen), und zwar eine erbliche Sprache. Die Zahl der Insektenarten ist viermal so groß wie die aller übrigen Tierarten zusammen. Sie werden in allen irdischen Milieus mit Ausnahme des Ozeans gefunden. Keine der höheren Formen, die sehr viel später auftraten, hat die Insekten aus deren ökologischen Nischen verdrängt. Der Planet hat in dieser Zeit alle für ihn kennzeichnenden Phasen von zufälligen Schwankungen zu überstehen vermocht. Berge sind entstanden und eingestürzt, aus Wüsten wurden Dschungel und aus Dschungeln Wüsten, riesige Sümpfe trockneten aus, was den Untergang der Saurier besiegelte, es kamen die Eiszeiten, und einstmals tropische Gebiete unter dem Wendekreis erfroren, es veränderte sich die Flora ganzer Kontinente – und die Insekten haben all diese Prüfungen durch die Umwelt heil überstanden. Schließlich trat der Mensch auf mit seiner Insektizide produzierenden Technologie. Innerhalb kurzer Zeit paßten sich die Insekten an ihn und an seine Gifte an. Das ist gewiß ihr Erfolg, doch zeugt es nicht von der »Fortschrittlichkeit« ihres Aufbaus. Wenn jedoch die Fortschrittlichkeit des Aufbaus etwas anderes ist als die Optimierung der durch Invarianz unter vielfältigen Umweltbedingungen angezeigten Überlebensfähigkeit, dann gibt es keine homöostatischen Kriterien, um sie zu messen. Die Insekten erfüllen tatsächlich nicht jene Bedingung der »Fortschrittlichkeit«, die nach Huxley in der Fähigkeit unablässiger Weiterentwicklung besteht. (Eine gegebene Form muß nicht nur optimal angepaßt sein, sondern außerdem für höhere Formen »durchlässig« sein.) Die Unklarheit dieser Definition ist, wie man unschwer bemerkt, ganz auf die Begründung dieses »Müssens« zurückzuführen. Die Evolution ist hier in einer ähnlichen Lage wie – im Bereich der Wissenschaft – eine empirische Theorie, die nicht nur die Tatsachen prognostizieren muß, sondern außerdem die Eigenschaft der Widerlegbarkeit besitzen muß – es müssen also Tatsachen möglich sein, welche die Theorie falsifizieren.

Wenn sich jedoch herausstellt, daß eine Theorie fortwährend erfolgreiche Prognosen liefert, daß sie durch die Tatsachen immer neue Bestätigungen erfährt und keine Tatsachen auftauchen, die ihr widersprechen, gelangen wir mit der Zeit zu der Ansicht, daß es sich um eine vorzügliche Theorie handelt. Wir sind keineswegs der Ansicht, daß es etwas Schlechtes über die Theorie aussagt, wenn es sich als unnötig erweist, sie zu überarbeiten oder abzuändern. Ganz im Gegenteil: je länger sie gültig ist und je größer der Tatsachenbereich, je größer das zeitliche und räumliche Intervall, in dem sie gültig ist, um so besser.

Man könnte sagen, daß es sich um Relationen handelt, die der Theorie »äußerlich« sind, also um ihre Beziehung zur realen Welt, zur Umgebung; wir beurteilen die Theorie nach den Eigenschaften dieser Beziehungen. Möglich ist auch eine andere Beurteilung – anhand ihrer inneren Eigenschaften (nach den von uns angewandten Kriterien der strukturellen Einfachheit, logischer Folgebeziehungen usw.).

Wenn uns nun jemand eine völlig andere, innerlich weitaus kompliziertere Theorie vorführt, die prognostisch ebensoviel leistet wie die alte, dann werden wir die neue Theorie keinesfalls als »fortschrittlicher« betrachten, nur weil sie eine kunstvollere Struktur aufweist, nur weil in ihren Aufbau mehr Raffinesse, mehr mathematische Kunst investiert wurde!

Denn *grundsätzlich* beurteilen wir eine Theorie nach ihrer prognostischen Leistungsfähigkeit, und was in der Wissenschaft die prognostische Leistungsfähigkeit ist, das ist in der Evolution die Überlebensfähigkeit. Deshalb ist weder das »größere Vergnügen«, das ein Tier mit einem großen Gehirn am Leben hat, noch die ganz außergewöhnliche Komplexität seiner Struktur oder die Findigkeit, die sich in der Lösung der Regelungsprobleme seines Körpers zeigt, Anlaß für eine instrumentelle Beurteilung, welche aufgrund der genannten Tatsachen das Säugetier über das Insekt stellt. Wir können natürlich eine andere Bewertung vornehmen, denn grundsätzlich ist ein Vergleich »nach dem Grad der Komplexität« möglich. Dann aber folgt die Höherbewertung der höheren Komplexität aus der Zugrundelegung von Kriterien, die keine *instrumentellen* sind. Vorweg müssen wir dann nämlich annehmen, daß etwas, was *schwieriger* zu erstellen ist, allein deshalb eine *höhere* Bewertung verdient. Es stellt sich dann –

mit anderen Worten – heraus, daß die Wahrscheinlichkeit eines beliebigen Zustands umgekehrt proportional zu seinem Wert ist. Aber warum eigentlich? Das weiß niemand.

Das Spiel mit der Natur, das die Insekten betreiben, unterscheidet sich von dem Spiel mit der Natur, das wir betreiben, nicht durch eine geringere Wirksamkeit, denn das stimmt ja nicht. Eine Gattung, die Hunderte von Jahrmillionen überdauert hat, braucht ihre Überlebensfähigkeit nicht mehr in der Weise zu »demonstrieren« wie eine Gattung, die erst 600 000 Jahre zählt. Erstere hat ihre Prüfung bestanden, die letztere tritt erst zur Prüfung an. Die Insekten sind dem »homöostatischen Minimum« unbestreitbar näher als wir. Ihre Lösung ist einfacher; sie hat sich als überaus sicher erwiesen. Ob die Cephalisationslösung besser und deshalb fortschrittlicher ist, ist eine Frage, über die es sich nachzudenken lohnt.

Das Aufrechterhalten einer ständigen Plastizität ist keine absolute Forderung, sondern ein Postulat, das sich auf die Menge der möglichen Störungen des homöostatischen Prozesses bezieht. Wenn eine Form auftritt, die gegen alle Störungseventualitäten immun ist, ist eine »bessere« nicht mehr möglich; möglich ist lediglich eine andere, welche die prinzipiell *gleichartige* Aufgabe in *anderer* Weise löst.

Aber hat sich diese Aufgabe nicht tatsächlich geändert? Hat nicht die Zivilisation neue zu erfüllende Bedingungen in sie eingebracht, die teilweise zu den vom Evolutionsprozeß festgelegten Bedingungen im Widerspruch stehen? So tritt etwa bei dem Bemühen der Zivilisation, die Sterblichkeit der Individuen zu senken, gewissermaßen ein Pendant von »ingenieurmäßiger Sparsamkeit« zutage, das dem Wirken der Evolution fremd ist, denn die Evolution minimiert durchaus nicht den Faktor der individuellen Sterblichkeit; bei ihr erscheint die Erhaltung der Art als eine der Erhaltung der Individuen übergeordnete Aufgabe und die Erhaltung beziehungsweise der Fortgang des biosphärischen Prozesses als Ganzen als eine Aufgabe von noch höherem Rang. Die Zivilisation ist bemüht, diese ganze Hierarchie zu ändern. Das alles ist richtig, doch einen Vergleich können wir auch nur dort anwenden, wo es um analoge Aufgaben geht. So wenig eine fliegende Form automatisch besser ist als eine erdgebundene, nur weil sie flugfähig ist, so wenig ist eine Form, die Flüge in den Weltraum veranstaltet, dadurch automatisch besser, daß sie etwas kann, was keine andere Art bislang geschafft hat. Nicht nach der Redundanz gewisser Lösungen, sondern zunächst nach der Verwirklichung der »Minimalaufgabe« muß sich daher ein Vergleich zwischen den Organismen richten.

Das Leitmotiv der Theorie vom evolutionären Fortschritt ist die These der absoluten Überlegenheit der Cephalisationslösung gegenüber allen anderen. Die anhand paläontologischer Funde festgestellte Steigerung der neuralen Masse scheint in der Tat die universelle Eignung des Gehirns zu bestätigen und zugleich die größere Anpassungsfähigkeit von Tieren, die mit größeren Gehirnen ausgestattet sind, gegenüber anderen. Doch was hat sich eigentlich für den Delphin daraus ergeben, daß er ein so außergewöhnlich großes Gehirn erhalten hat, das sich beinahe mit dem von Primaten vergleichen läßt? Nur die erfolgreiche Koexistenz in der ökologischen Nische der Haie, die unzweifelhaft »Dummköpfe« sind – mehr nicht. In der Evolution muß in der Tat »zunächst ein Fisch hergestellt« werden, der dann »in ein Amphibium zu verwandeln« ist, von dem der Weg zu den Säugetieren »nur über die Reptilien führt« usw. Und da ein Teil der Masse der sich entwickelnden Organismen »unterwegs« in Abschirmungen steckenbleibt, die den evolutionären Stillstand absorbieren, gehört die in neuraler Hinsicht führende Lösung – also die anthropogenetische – tatsächlich zu den schwierigsten, weil am wenigsten wahrscheinlichen. Daß aber diese Lösung von höchstem homöostatischem Wert ist, bedarf eines eigenen Beweises, weil wir sonst einen circulus in explicando schaffen: die Intelligenz ist am besten, weil der Weg zu ihr am längsten ist, und der Weg ist am längsten, weil er am besten ist. Daß die Intelligenz die Kultur hervorgebracht hat, ist eine Sache für sich. Sie ist keiner immanenten Beurteilung zugänglich, weil in der Biologie nur biologische Leistungskriterien angewandt werden dürfen. Es kann nur eines von beidem gelten: entweder ist die Intelligenz sämtlichen evolutionären Lösungen unter dem Aspekt der Selbsterhaltung – der Homöostase – überlegen, oder sie ist nur eine von vielen Lösungen, und ihr Wert ist nicht von universeller Geltung.

Bislang ist es immer noch so, daß die Pflanzen ohne die Tiere, nicht aber die Tiere ohne die Pflanzen überleben würden. Das gilt auch für den Menschen. Bislang ist die äußerste Störamplitude, welche niedere Formen noch überstehen würden, größer als die, welche höhere Formen einschließlich des Menschen ertragen würden. Primitive Organismen, die Dauersporen hervorbringen, würden nämlich weder durch einen Atomkrieg noch durch die nahe Explosion einer Supernova noch durch viele andere mögliche Störungen von kosmischem oder planetarem Umfang vernichtet werden, denen die Zivilisation zum Opfer fiele. Gewiß ist es die Intelligenz, die uns gerade diese Ungleichheit zu erkennen und dadurch die Anstrengungen der Zivilisation entsprechend zu lenken gestattet – doch anhand welcher Maßstäbe sollen wir den Wert des diagnostischen Talents feststellen, namentlich, wo dies das Talent des Pascalschen Rohres sein kann? Zumal die Optimierung der evolutionär führenden Leistungen stets auf den Zustand des biozönotisch erreichten Gesamtgleichgewichts bezogen ist. Man hat früher so viel von den »Klauen und Zähnen« der Evolution gesprochen, daß dadurch ein anderer Aspekt von ihr verhüllt wurde, nämlich der, daß eine Form, die allzu erfolgreich als Räuber auftritt, nach der Ausrottung aller potentiellen Opfer selbst umkommt. Das ist gut an der Evolution der Parasiten abzulesen: evolutionär junge Parasiten erkennen wir gerade daran, daß sie »allzu erfolgreich« sind und ihre Wirte umbringen, wodurch sie sich letztlich selbst gefährden. Deshalb streben evolutionär »alte« Parasiten nach einem nichttödlichen Gleichgewicht mit ihren Wirten. Dieses »Streben« ist aber nichts anderes als das evolutionäre Resultat des Aussterbens solcher Formen, die bei ihren Selbsterhaltungsbemühungen allzu ausschließlich waren, allzu sehr auf solche Bemühungen beschränkt, die unmittelbare Wirkungen zeitigten. Somit stört eine Form, die in der Konkurrenz alle anderen besiegt, das ökologische Gleichgewicht und wird statt zu einem idealen zu einem selbstzerstörerischen Homöostaten. Deshalb zeigen auch, wie man weiß, »evolutionär erfahrene« Parasiten eine solche »Zurückhaltung«, daß sie, wenn sich viele von ihnen gleichzeitig in einem Wirt befinden, sich diesen für lange Zeit »aufsparen«. Doch was in zeitlich ausgedehnten Serien als unvermeidliches Resultat eines rein physischen Prozesses erscheint (und ein Gleichgewicht darstellt, das zugleich Kriterium für die homöostatischen Leistungen einzelner Gattungsformen und ein dynamischer Zustand ist, der nur unter der Bedingung, daß die allgemeine Systemstabilität aufrechterhalten bleibt, weiteren Komplexitätssteigerungen zugänglich ist), ist in Wirklichkeit eine große Regelungsautomatik, die durch sogenannte intelligente Einwirkungen leichter zu stören und zu zerstören als aufrechtzuerhalten ist. So sehr nämlich die Erhaltung der Biosphäre im instrumentell verstandenen Interesse des Menschen liegt, so hat er doch mit dieser Aktion an vielen Fronten nicht allzu großen Erfolg. Das bedeutet, daß die Zivilisation von dem Zeitpunkt, da die Intelligenz als Instrument der Homöostase auftaucht, bis zu deren Unschädlichmachung, d. h. bis zur Ausschaltung der menschlichen Selbstgefährdung durch sie, einen sehr langen Weg zurückzulegen hat. Natürlich kann die Vernunft sich letzten Endes von den Prozessen der Biosphäre unabhängig machen, so daß diese, der Intelligenz auf Gnade und Ungnade ausgeliefert, nur überdauern könnte, wenn es der Intelligenz, von eventuellen humanitären und nicht von instrumentellen Rücksichten geleitet, so gefiele. Damit sprechen wir jedoch einen nur möglicherweise in unendlich ferner Zukunft eintretenden Zustand an, den wir nicht zum Maßstab für aktuelle Zustände nehmen können.

Zur Bekräftigung der These vom evolutionären Fortschritt wird zuweilen implizit, zuweilen explizit die Bedingung vorgetragen, daß die Anthropogenese keine vorübergehende, sondern eine endgültige Erscheinung sei. Das von Julian Huxley eindeutig formulierte Kriterium für evolutionäre Fortschrittlichkeit bezieht sich auf zwei Dinge: Die jeweils optimale Anpassung soll zugleich für den »weiteren« evolutionären Prozeß zu nachfolgenden Lösungen hin durchlässig sein. Der Mensch allerdings soll eine »endgültige« Form sein, eine Wand, an der die Evolution nicht mehr weiterkommt;

das versucht man uns zumindest mit der Behauptung plausibel zu machen, daß es kein besseres Anpassungsinstrument gibt als seine Intelligenz. Doch unter einem rein organisatorischen, statistischen, aber auch adaptiven Gesichtspunkt sind Maschinen, welche die biologischen Formen ersetzen und einen geschlossenen, autonomen »planetaren Homöostaten« bilden würden, eine stabilere und auch leistungsfähigere Lösung als die Zivilisation des Menschen. Im Arsenal der Evolutionskriterien wird man vergeblich nach einem Argument suchen, das der Zivilisation einen höheren Wert zuschreiben würde als jener maschinellen Homöostase, denn derartige instrumentelle Kriterien gibt es nicht. Was sollen wir also tun, falls kybernetische Maschinen uns verkünden würden, daß sie »das nächste Stadium der Evolution« seien? Entweder ist das Prinzip der »Durchlässigkeit« als Indiz des Fortschritts ohne lokale Beschränkung gültig, und dann müssen wir nach einem solchen Diktum der Maschinen unsere Siebensachen packen, oder es ist lediglich von lokaler Geltung, und dann stellt sich heraus, daß wir eine Selbstrechtfertigung formuliert haben, allerdings in Gestalt eines »allgemeinen Gesetzes« des Systems, das uns schuf. Die Intelligenz zum höchsten, weil gewissermaßen ultimativen Wert zu machen, ist, wie wir sehen, eine selbstschmeichlerische Tat, die sich als zweischneidig herausstellen kann. Denn da wir im Wettbewerb der rein instrumentellen Leistungen verlieren können, sollten wir eine evolutionär-instrumentelle Begründung der Kultur nicht für ausreichend erachten, sondern ihr einen unbeweisbaren, autonomen Wert zuerkennen. Die Maschinen, die den Anspruch erheben, unsere vollkommeneren Nachfolger zu sein, werden ein solches Vorgehen natürlich als eine verzweifelte Ausflucht des Menschen betrachten, doch eine weitere Diskussion mit ihnen geht sicherlich über das uns hier interessierende Thema hinaus.

Die Strenge unseres Urteils über die Intelligenz mag als ein Versuch erscheinen, die im »psychozoischen Kulminationspunkt« konzentrierten Werte für nichtig zu erklären. Diese Strenge ist jedoch nur das Ergebnis der von uns angenommenen Prämissen einer »widerlegbaren«, experimentellen

Axiometrie. Vom Standpunkt dieser Axiometrie aus ist das Leben eine sich selbst in Gang haltende Systemreaktion von einer Unzerstörbarkeit, die nur durch die physischen Bedingungen begrenzt ist. Diese Unzerstörbarkeit entspricht dem homöostatischen Minimum, das von der Umwelt auf die Amplitude der biosphärischen Verhältnisse beschränkt wird. Sollten bestimmte Homöostaten eine individuelle Langlebigkeit zeigen, die der prinzipiell unerreichbaren Grenze der Unsterblichkeit zustrebt, so wären sie nicht anders zu beurteilen als eine andere Variante, bei der die Langlebigkeit des Prozesses durch dessen häufige Erneuerung erreicht wird (bekannt als »Methode der Eintagsfliege«). Auch der expansive Charakter des Lebens, das, von einem Milieu ausgehend, sich nach allen Seiten ausbreitet, kann nur anhand seiner wachsenden Störunanfälligkeit beurteilt werden, während die Expansivität selbst keinen Wert darstellt, da sie nur einer Vervielfachung von Belastungstests entspricht. Ähnlich wie in der Technologie ergibt sich der instrumentelle Wert eines Objekts aus einem Belastbarkeitsversuch, der seinerseits in seiner technischen Durchführung anhand der Meßtheorie wertmäßig beurteilt werden kann. Die Manipulationen, aus denen der Versuch sich zusammensetzt, sind also danach zu bewerten, inwieweit mit ihrer Hilfe die Eigenschaften des Untersuchungsgegenstandes, auf die es uns (in ihrer Abstufung) ankommt, wirksam festgestellt werden können. Während also in der Technologie der Test auf das Ziel bezogen ist, dem das Getestete dienen soll, ist in der Biologie »mit den Tests alles zu Ende«, denn so will es das Selbsterhaltungsprinzip der Homöostase. Würden die Produkte der Evolution unter Bedingungen eines sich ständig erhöhenden Rauschniveaus eine fortschreitende Steigerung ihrer Leistungs-, d. h. ihrer Selbsterhaltungsfähigkeit zeigen, dann ließe sich eine Erhöhung der Komplexität rein instrumentell erklären, denn dann bestünde zwischen der Mannigfaltigkeit des Homöostaten und der Mannigfaltigkeit der Umwelt eine Proportionalität, die sich allerdings immer noch grundsätzlich auf ein und dasselbe homöostatische Minimum bezöge. Diese Proportionalität ist aber nur eine der Determinanten, von denen die Eigenschaften der Bioevolution bestimmt werden, Eigenschaften, die nicht allein auf diese Proportionalität zurückgeführt werden können.

Die Kultur ist eine eigentümliche, ungewöhnliche Form der Anpassung, einmal, weil sie einen zweiten, nichtvererbungsmäßigen Kanal zur Steuerung der Homöostase erzeugt (einen Kanal, der ein kumulatives Lernen außerhalb der Chromosomen ermöglicht), und zum anderen, weil – im Gegensatz zum bioevolutionären Wandel – ein kulturbedingter Wandel grundsätzlich *umkehrbar* ist. Das ist daran zu erkennen, daß ein durch welche Faktoren auch immer hervorgerufener Verfall der Kultur die Biologie des Menschen nicht beschädigt, sondern ihn gewissermaßen an den Ausgangspunkt der Soziogenese zurückwirft (das gilt natürlich nur mit Einschränkungen, denn eine buchstäblich totale Vernichtung von Kulturen war ein historisch seltenes Phänomen, und an das aller kulturellen Hüllen beraubte, rein biologische, also nur durch einen Kanal – die Vererbung – bestimmte evolutionäre Wesen des Menschen käme man erst durch vorsätzliche Zerstörungsmaßnahmen heran). Obwohl es nicht zu unserem Thema gehört, sei doch hinzugefügt, daß die Anstrengungen der Menschen in der Regel darauf zielten, die Kultur zu einem im obigen Sinne unumkehrbaren Phänomen zu machen, und daß dieses Ziel bisher nicht erreicht wurde, wird, sofern man es sich bewußt macht, als eine besondere Schwäche der Kultur betrachtet. Nach den für die Evolution geltenden Kriterien kann diese Erscheinung jedoch nicht beurteilt werden. Die Gesetzmäßigkeiten der kulturellen Entwicklung sind andere als die der Bioevolution, und so kann man im Hinblick auf kulturelle Sollzustände bei der Evolution ebensowenig etwas erfahren, wie auch umgekehrt kulturelle Kriterien nicht an die Evolution angelegt werden können. Daraus folgt, daß der Ort, an dem der Evolutionsprozeß über die ihm eigentümliche, monoselektive (weil rein biologische) Stochastik hinausgeht, also der »evolutionäre Locus der Anthropogenese«, nicht der Gipfelpunkt der Wertskala sein kann, mit welcher der Biologe bei der Wertbestimmung arbeitet. Denn das, wozu die Eigenschaften dieses Ortes dienen, ist mit der Skala biologischer Werte nicht mehr zu messen. Dies ist schließlich der Ort, an dem diese

Skala ihrerseits eine Bewertung erfährt: hier wird die Biologie vom Standpunkt der Kultur aus bewertet. Diese Bewertung hat jedoch nicht unbedingt instrumentellen Charakter. Es ist daher kein Widerspruch, wenn wir einmal sagen, daß »man die Kriterien der Kultur nicht an die Evolution anlegen kann«, und ein anderes Mal, daß »die Biologie vom Standpunkt der Kultur aus bewertet wird«. Denn das »Nichtkönnen« im ersten Satz bedeutet, daß es keinen Ort gibt, der gleichzeitig außerhalb der Kultur und außerhalb der Biologie läge, während das »Können« im zweiten Satz eine Beurteilung der Biologie bedeutet, die aus der Kultur heraus erfolgt und daher keine vollkommen empirische ist. Die Tatsache, daß wir der Intelligenz den höchsten Wert zuschreiben, und der Nachdruck, den wir auf das Schopenhauersche »principium individuationis« legen, das sich im Individuum realisiert, hat daher ebenso wie das Streben nach Unsterblichkeit oder die Beurteilung des menschlichen Strebens nach »ultimativer Gewißheit«, nach einem »Verstehen der Welt« angesichts der Evolutionsprozesse notwendig etwas *Zufälliges.* Diese Zufälligkeit bezieht sich allein auf die Bewertungen und nicht auf die auftretenden Tatsachen. Anhand der Tatsachen läßt sich überprüfen, in welchem Maße diese oder jene Merkmale der Evolutionsdynamik von Anfang an diese oder jene Ansätze kultureller Bemühungen des Menschen determinieren (es handelt sich um eine prinzipiell stochastische Determination, welche die späteren Resultate weitgehend unbestimmt läßt). Doch ist diese Stochastik ebensowenig »gut« oder »schlecht«, wie ihre Resultate in irgendeinem nichthomöostatischen Sinne »gut« oder »schlecht« sein können. Selbst wenn alle erdenklichen Varianten der Intelligenz äquifinale Zustände von Bioevolutionen wären, die auf zahlreiche Planeten stattgefunden hätten, würde die Beurteilung der jeweiligen Bioevolution durch die Repräsentanten ihres »intelligenten Ergebnisses« in jedem Fall von einem zufälligen Standpunkt aus erfolgen. Selbst wenn der ganze Kosmos vor Überbevölkerung mit intelligenten Wesen in den Nähten krachte, würde das mitnichten zu einer Beurteilung jener Prozesse berechtigen, die diesen Zustand bewirkten. Das Leben verwirklicht mit unterschiedlichen Taktiken homöostatische Minima und homöostatische Redundanzen und beweist dabei jeweils eine bestimmte Leistungsfähigkeit. Wir können den entlang eines Zweiges des Evolutionsbaumes feststellbaren realen Zuwachs verschiedener Leistungen als Fortschritt bezeichnen. Dennoch scheint es keine Maßstäbe zu geben, mit denen sich messen ließe, wieviel im instrumentellen Sinne Positives zwischen dem biogenetischen Anfang und dem psychozoischen Finale der Evolution auftritt, weil dort, wo es nicht nur einen einzigen Fortschritt, sondern unermeßlich viele Fortschritte gibt, nicht eindeutig von Werten gesprochen werden kann.

Angewandte Kybernetik: ein Beispiel aus dem Bereich der Soziologie

Es gibt bislang kein Lehrbuch der Pathologie der sozialistischen Verwaltung. Magische Auffassungen hielten die Darstellung einer solchen Pathologie für einen Anschlag auf den Sozialismus. Überträgt man diese Denkweise, die allein den Feinden des Sozialismus den Wunsch zuschreibt, ein solches Lehrbuch zu schaffen, auf die Medizin, so ist die klinische Pathologie das Werk von Feinden der Gesundheit, und das entsprechende Lehrbuch kann nur potentiellen Meuchelmördern dienen. Nun ist es eine Sache, einen Plan für die konstitutionelle Vergesellschaftung der Produktionsmittel aufzustellen, und eine andere, konkret die optimale Dynamik der Verwaltung der vergesellschafteten Güter auszuarbeiten, und zwischen den beiden Teilen dieser Prozedur besteht ebensowenig eine Ableitungsbeziehung, wie die allgemeine Theorie des Fluges eine deduktive Voraussetzung für die Konstruktion von Flugzeugen ist. Denn während die grundlegenden Prinzipien des Sozialismus ebenso wie die grundlegenden Daten der Theorie des Fluges im Prinzip unverändert bleiben, müssen Verwaltungs- und Flugzeugmodelle unter sich wandelnden zivilisatorischen Bedingungen Veränderungen erfahren. Die Widerstände gegen die genaue Untersuchung der Mißstände des neuen Systems führten zur Entstehung weiterer Mißstände, mit denen das vorliegende Buch* sich stichprobenartig befaßt. Es handelt sich um Erscheinungen, die man aus der Regelungstheorie als pathologische Abläufe kennt, denn homöostatische Systeme wie der soziale oder der biologische Organismus gehen nicht direkt zugrunde, wenn sie vom optimalen Prozeßverlauf abweichen, sondern sie funktionieren weiter und zeigen dabei Abweichungen von den Regelwerten, die sich als Teufelskreis oder als Eskalation von Störungen darstellen. Der Teufelskreis ist

* Der Essay ist dem Anhang der *Dialoge,* 2. Auflage, Krakau 1971, entnommen.

eine Rückkoppelung, die einen pathologischen Zustand verfestigt und nährt, während die Eskalation ein Symptom dafür ist, daß Abweichungen, die in zunächst betroffenen Subsystemen auftreten, »ansteckend« sind und nach und nach andere, mit jenen gekoppelte Subsysteme erfassen. So kann, um mit einem recht trivialen und einfachen Beispiel zu beginnen, eine ungleiche Sehschärfe der Augen beim Kind bewirken, daß es beim Lesen und Schreiben eine fehlerhafte Sitzhaltung einnimmt; durch Neigen des Körpers zur einen Seite kompensiert das Kind gewissermaßen den Sehfehler, denn die unterschiedliche Entfernung der Augen vom Lesepult entspricht der unterschiedlichen Leistungsfähigkeit beider Augen; dadurch aber verschärft sich die Kurzsichtigkeit, und zugleich kommt es aufgrund der veränderten Spannungen der Rückenmuskeln zur Verfestigung der pathologischen Haltung. So zieht das Entgleisen einer Funktion die Entgleisung anderer nach sich. Ähnlich ziehen Kreislaufstörungen, bei denen das Blut sich in bestimmten Teilen des Blutkreislaufs staut, andere Funktionen, die mit dem Kreislauf nicht unmittelbar zusammenhängen, in Mitleidenschaft.

Systeme, die kein Gedächtnis besitzen, reagieren nicht auf die Häufigkeit von regelnden Eingriffen; wächst die Zahl solcher Eingriffe, so bedeutet das stets, daß es dem System an einem hinreichend stabilen dynamischen Gleichgewicht fehlt, doch wird dadurch die Bedienung eines solchen Systems lediglich mühsamer, denn sie ist arbeitsaufwendig, und das System muß einer stetigen Kontrolle unterliegen, weil eine diskrete, fehlerbezogene Kontrolle oszillatorische Veränderungen der Trajektorie bewirkt. Ein System der letzteren Art ist beispielsweise ein Automobil mit übermäßigem Spiel im System der Lenkung, das überdies aufgrund des ungleichen Rollwiderstandes während der Fahrt von der Geraden abweicht; es erfordert deshalb ständige und häufige Richtungskorrekturen seitens des Fahrers, wodurch seine Bahn einer Sinuskurve ähnlich wird.

Systeme, die über ein Gedächtnis verfügen, verhalten sich in dieser Hinsicht anders: die Häufigkeit von Korrekturen ist bei ihnen insofern nicht gleichgültig, als das System, das sich an seine früheren Zustände »erinnert«, für regelnde Eingriffe gewöhnlich um so weniger empfänglich wird, je häufiger die Regelungen vorkommen. Dadurch unterliegt die Wirksamkeit der korrigierenden Eingriffe einer »Inflation«, die wir sowohl beim lebenden Organismus beobachten, von dem wir dann sagen, er gewöhne sich an die angewandten Reize (z. B. an Schlaf-, Beruhigungs-, Anregungsmittel usw.), als auch beim sozialen Organismus, bei dem eine hohe Regelungshäufigkeit, anders gesagt, eine große Variabilität der geltenden Gesetze und Verordnungen, im Laufe der Zeit selbst zu einer funktional mit dem Zustand des Systems gekoppelten Variablen wird. Das bedeutet, daß unabhängig vom Inhalt der Gesetze und Verordnungen allein schon die Beschleunigung ihrer Veränderungen, ihre häufige Korrektur, zu einer Systemvariablen wird und das gesamte System destabilisiert (weil jedes System um so schwieriger ins Gleichgewicht kommt, je mehr Variablen und je weniger Parameter es besitzt). Dieses Phänomen sorgt dafür, daß es zuweilen besser ist, unvollkommene Gesetze unverändert beizubehalten, als sie durch unbestreitbar bessere zu ersetzen, und das ist nicht so paradox, wie es auf den ersten Blick scheinen mag. Jedes beschlossene Gesetz und jede Rechtsnorm ist de facto eine Systemvariable in dem einfachen Sinne, daß es schließlich *verändert* werden kann. Ist ein solches Gesetz aber verhältnismäßig lange, etwa während der Lebensdauer einer Generation, in Kraft, dann nimmt es für das allgemeine Bewußtsein den Charakter eines Parameters an, eines dauerhaften, gegebenen und somit unantastbaren Zustandes. Es wird für das gesellschaftliche Bewußtsein zu einer Selbstverständlichkeit, und es wird jenen Basisnormen zugerechnet, welche dieRegeln des gesellschaftlichen Zusammenlebens bilden. Es hat gewöhnlich keine negativen Folgen, wenn ein Gesetz einmal im Laufe vieler Jahre geändert wird; führt jedoch die Aktivität des Gesetzgebers zu einem raschen Normenwandel, dann reagiert die Gesellschaft mit sinkendem Vertrauen in die Gesetzgebung als solche, weil dann der rein konventionelle Charakter des Rechts deutlich zutage tritt. Die Schädlichkeit einer häufigen Änderung des geltenden Rechts läßt sich unschwer an einem bewußt zugespitzten Beispiel demonstrieren. Nehmen wir an, daß in einem Staat abwechselnd zwei Parteien regieren, die unterschiedliche Auffassungen über die Kapitalstrafe haben: die erste Partei ist für die Todesstrafe, die zweite nur für lebenslange Gefängnisstrafe. Zweifellos kann man für jeden dieser Standpunkte bestimmte Argumente vortragen. Daher kann man nicht einfach sagen, daß allein der Standpunkt der einen Partei völlig dem gesellschaftlichen Gerechtigkeitsgefühl entspricht. Nehmen wir jedoch an, daß die Kabinette aufgrund irgendwelcher Krisen der Reihe nach stürzen, woraufhin dann die Oppositionspartei an die Macht kommt und unverzüglich eine Änderung der Kapitalstrafe durch das Parlament bringt. Wenn diese Strafe innerhalb von zwei Jahren achtmal geändert wird, so daß für Verbrechen, die im Juli und August begangen wurden, die Todesstrafe, aber für dieselben Verbrechen aus dem Monat September nur noch lebenslänglich droht, während im Oktober erneut die Todesstrafe angewandt wird undsoweiter, dann breitet sich in der Gesellschaft angesichts dieser Serie von Veränderungen ein Gefühl der *Ungerechtigkeit* aus. Wie man sieht, beruht dieses Gefühl der Ungerechtigkeit nicht auf einer inhaltlichen Beurteilung der Argumente, die für diese oder jene Form der Kapitalstrafe sprechen, sondern allein auf der Häufigkeit der Veränderung ihres Ausmaßes. Dies ist ein drastischer und wenig wahrscheinlicher Fall; ganz ähnliche Folgen können sich jedoch auch ergeben durch eine Gesetzesänderung, die nicht im Hinblick auf bestimmte Delikte derart radikal ist, dafür aber weite Bereiche der Gesetzgebung umfaßt. Die Variabilität der Gesetze kann also oberhalb einer bestimmten Häufigkeitsschwelle zu einer Systemvariablen werden, die das soziale Gleichgewicht systematisch destabilisiert, und Störungen im kollektiven Verhalten korrelieren mit einem sinkenden Vertrauen in *jegliche* normsetzende Aktivität. Selbst das Festhalten an anachronistischen Gesetzen muß nicht immer Ausdruck eines gesellschaftlich schädlichen Konservativismus sein, weil eine große Häufigkeit der Regelungskorrekturen die Gesellschaft, die ein System mit Gedächtnis ist, destabilisiert.

Es fördert also die Achtung vor dem Gesetz, wenn es nur bedachtsam geändert wird. Häufige Änderungen können unerwünschte Störungen auch anderer Art hervorrufen, die dann auftreten, wenn die Zeit, die für die Übermittlung eines Quantums der Regelungsinformation erforderlich ist, sich der Zeitdauer annähert, innerhalb derer der volle Effekt der Regelung eintritt. Und dieser Zeitraum ist in der Regel beträchtlich groß, denn ein Gesetz beginnt nicht mit seiner Veröffentlichung im Staatsanzeiger zu funktionieren, sondern erst, wenn es in der Verwaltungsstruktur *und* im allgemeinen Bewußtsein verankert ist. Dieser Verankerungsprozeß verläuft ziemlich langsam – nach Gesetzen einer eigentümlichen Informationsosmose –, und eine erhöhte Veränderungsrate der Gesetzgebung verlängert ihn zusätzlich.

Diese Erscheinungen weisen auf die Tatsache hin, daß die Gesetzmäßigkeiten der Informations- und Steuerungsübertragung *ungeachtet* der Semantik (des Inhalts) der übermittelten Signale für die Erhaltung des gesamten Systems wesentlich werden können. Hier sieht man, daß die Theorie der Gesetzgebung von der Berücksichtigung ihrer kybernetischen Aspekte profitieren kann.

Wir wollen nun zu zeigen versuchen, wie es in der Verwaltung zu Erscheinungen kommt, die niemand vorhergeplant hat und die als deren Pathologie zu verstehen sind. Wir beginnen mit einem einfachen Modell, das sich maschinell realisieren läßt. Wenn man eine Reihe von Automaten, die bedingte Reflexe erlernen können, über ihre Eingänge und Ausgänge zusammenschaltet, erlangt nach einer gewissen Zeit ein Automat eine dominierende Position gegenüber den übrigen. Dieser Prozeß verläuft anfangs zufallsartig; Dominanz erlangt nicht der Automat, der am häufigsten Impulse aussendet, sondern derjenige, der seine Schwelle der Empfänglichkeit für Impulse von außen am weitesten hinaufsetzt. Das ist intuitiv verständlich, denn dieser Automat gewinnt ja die Autonomie der apodiktischen Selbstsicherheit. Die so geschaffene Dominanz wird zur Fiktion, wenn unter den Befehlen, die der Automat weiterhin aussendet, solche sind, die undurchführbar sind. Obwohl dieser Automat, nach der formalen Struktur der Verknüpfungen zu urteilen, der Dominierende bleibt, weist das System eine Dynamik auf, die nicht mehr mit dem Schema dieser Verknüpfungen übereinstimmt. Die Wahrscheinlichkeit dafür, daß der Dominator zu einer Position scheinbarer Überlegenheit übergeht, hängt von der Steigerung der Rückmelde-Unempfindlichkeit ab. Je schlechter der Dominator über die Zustände des von ihm abhängigen Systems informiert ist, um so größer ist die Wahrscheinlichkeit, daß er Befehle aussenden wird, die physisch undurchführbar sind. Das ganze System gerät dann in eine dynamische Drift und bringt Regelmäßigkeiten des Verhaltens hervor, die eine Resultante der ursprünglichen Struktur und aller eingetretenen Abweichungen sind. Ein mechanisches System verhält sich nicht in dieser Weise: Wenn die geplanten und die realen Parameter voneinander abweichen, so führt das bei ihm zu einer gewaltigen Beschleunigung der Abnutzung und schließlich zu einem Defekt, der es zerstört. Ein Rückkoppelungssystem zeichnet sich auch dann, wenn es beschädigt ist, gewöhnlich dadurch aus, daß es außer dem optimalen Zustand noch andere Zustände eines relativen dynamischen Gleichgewichts besitzt und, in ihnen verharrend, weiterhin funktioniert, wenn dabei auch in unterschiedlichem Maße Informationen und Energien vergeudet werden. Eines der Gesamtsymptome der Regelungspathologie ist die in den *Dialogen* besprochene Oszillation. Ein anderes kann darin bestehen, daß sich innerhalb des Systems funktionale Agglomerate bilden, die wir, weil uns der Ausdruck angemessen zu sein scheint, als »informelle Gruppen der höheren Ebenen« bezeichnen möchten. Unter einer »informellen Gruppe« versteht die Soziologie einen kleinen örtlichen Zusammenschluß von Menschen, der durch die Ausbildung von in der Regel privaten Bekanntschafts- und Freundschaftsbeziehungen sowie aufgrund einer Gemeinsamkeit von Interessen und Zielen u. dgl. entsteht. In solchen Gruppen bilden sich die Grundlagen der öffentlichen Meinung, in ihnen kommt es zur Verinnerlichung der gesellschaftlich wertvollen ethischen Normen und zur Ausbildung der gesellschaftlich herrschenden Persönlichkeitsmuster, und außerdem stellen sie eine praktische, eben eine informelle Schule des Lebens sowohl für ihre Mitglieder als auch für deren Kinder, Verwandte usw. dar. Informelle Gruppen in diesem Sinne entstehen spontan, ohne spezielle administrativ-politische Anordnungen, und die Struktur, die sich in ihnen entwickelt, kann, auch wenn sie jeweils relativ homogen ist, von Fall zu Fall verschieden sein. Unter »informellen Gruppen der höheren Ebene« werden wir dagegen solche Vereinigungen von Menschen verstehen, die sich durch eine zweifache Struktur auszeichnen: eine reale, in der sich ihre tatsächlichen Kooperationsverhältnisse ausdrücken, und eine formale, die lediglich nominell existiert und zuweilen allein schon die Tatsache der Existenz solcher Gruppen verneint.

Eine autoritäre Zentralmacht fördert, wie Prof. J. Szczepański schreibt, das Verschwinden von informellen Gruppen der untersten Ebene; fügen wir hinzu, daß sie zugleich die Entstehung solcher Gruppen auf den höheren Ebenen der Verwaltung und Verfügung über das gesellschaftliche Eigentum fördert. Gemeinhin werden nur solche informellen Gruppen beachtet, die sich als kriminell einstufen lassen. Es handelt sich dabei um Cliquen, also um Gruppen von Menschen, welche die ihnen von der Gesellschaft anvertrauten Positionen für Privatinteressen ausnutzen und sich dabei – gewöhnlich unter dem Einfluß von Korruption – teils am Rande des Verbrechens bewegen, teils mit der wirtschaftlichen Unterwelt verwachsen. Die Sozialpathologie erschöpft sich jedoch nicht in diesen Symptomen. In einer Situation, die (namentlich in der Wirtschaft) einer Entscheidungs- und Handlungsfähigkeit nahekommt (dieser Zustand kann aus einer Überlagerung von verschiedenen Ereignisfolgen resultieren), beginnen sich unter den Verwaltern des öffentlichen Besitzes und der verschiedensten öffentlichen Unternehmen spontan informelle Gruppen zu bilden. Die heuristische Regel, welche die Entstehung solcher spontanen Verbindungen vorherzusagen gestattet, lautet: Je einschneidender das Steuerungs- und Regelungsvermögen der Zentralmacht ist, je mehr diese Macht, ohne die tatsächlichen Zustände zur Kenntnis zu nehmen und sie zu berücksichtigen, durch eine Vervielfachung von Befehlen und Direktiven der sich ausbreitenden Stagnation entgegenzuwirken versucht, um so wahrscheinlicher wird die – natürlich illegale – Bildung der von uns bezeichneten Gruppen von Verwaltern. Solche

Gruppen entstehen insbesondere dort, wo gleichsam die natürlichen ökologischen Verhältnisse dafür günstig sind, wo eine Kontrolle besonders erschwert ist, also weniger innerhalb einzelner Unternehmen oder Betriebe, die als Produktionseinheiten räumlich und funktional deutlich voneinander getrennt sind, sondern vielmehr an den Berührungsstellen zwischen machtvollen Investoren, Produzenten und Empfängern bedeutender Aufträge, die über ein beträchtliches Verarbeitungspotential verfügen. Typisch ist diese Erscheinung im Bereich des Städtebaus, des Hochbaus, des Verkehrswesens und der Gewässerregulierung, also überall dort, wo für die Erreichung eines bestimmten Endprodukts die Kooperation einer größeren Zahl verschiedener Produzenten und Auftragnehmer erforderlich ist. Die Hauptziele des Entstehens und Wirkens von informellen Gruppen auf dieser Ebene sind, wenn man so will, gesellschaftlich ehrenhaft, denn es geht dabei um die Ausführung von Arbeiten, die im öffentlichen Interesse liegen (den Bau von Wohnungen, Schulen, Fabriken, Brücken, architektonischen Einheiten usw.). Solche Gruppen handeln jedoch nicht in Übereinstimmung mit den geltenden Kompetenzregelungen, ja sogar gegen Gesetz und Recht, und Kriterien des optimalen Einsatzes von Arbeitskräften, Kapitalien, Rohstoffen und Maschinen werden von ihnen nicht berücksichtigt. Das Handeln dieser Gruppen stimmt also, was die Endziele betrifft, in einem gewissen Maße mit den großen Wirtschaftsplänen überein, nicht aber, was die rechtlich zulässigen Strukturen der Arbeitsteilung und die amtlichen Verhaltensrichtlinien betrifft. Solche Gruppen entstehen sukzessiv und spontan in dem Maße, wie aufgrund des zunehmenden Dickichts normativer Vorschriften die praxeologische Qualität der Arbeit nachläßt, während die Zentralmacht die Zahl der Regelungsvorschriften inflationiert und ein wirklichkeitsgetreues Bild des Zustandes, den sie herbeigeführt hat, verliert und durch eine Fiktion ersetzt, die aus verschiedenen Gründen aufrechterhalten wird. In einer faktischen Situation des Marasmus suchen dann die mächtigen Investoren und Auftragnehmer wechselseitige private Kontakte, um im Vertrauen und in der bilateral oder multilateral erreichten

Übereinstimmung die Mittel und Arbeitskräfte für die Durchführung der bestehenden Pläne zu bekommen. Kriterien der Gruppenzugehörigkeit sind: 1) der Umfang der tatsächlichen Leistungen und Möglichkeiten, über die der jeweilige Verwalter verfügt, und 2) seine Bereitschaft zu außergesetzlichem Handeln, die eher durch persönliche Absprachen, situationsbedingte Umstände und last but not least durch persönliche Ambitionen bestimmt ist, mit Sicherheit aber nicht durch den Geist des Gesetzes, denn es handelt sich um ein Vorgehen, das die bestehenden Gesetze entweder umgehen oder sogar verletzen muß.

Auf der höheren Ebene wirtschaftlichen Handelns macht sich also eine Form des uralten Tauschs von Leistungen und Gütern geltend, nur daß sie nicht den Charakter eines Tausches hat, wie er die Urgesellschaften oder die Marktbeziehungen des Kapitalismus kennzeichnet, denn dieser Tausch und die wechselseitig bewiesene Bereitschaft zur Hilfeleistung beruht nicht auf dem Streben nach persönlichem Gewinn, sondern auf der Absicht, eine Arbeit auszuführen, die sich in Übereinstimmung mit den geltenden Vorschriften entweder überhaupt nicht oder nur unter größeren Anstrengungen ausführen läßt.

Es geht darum, daß in einer Situation permanenten Mangels an Verarbeitungskapazitäten, Roh- und Hilfsstoffen und unter ständiger Überlastung der Arbeitsprogramme jeder Verwalter über irgendeine Reserve verfügt, die er sorgfältig vor den Planern der Zentralmacht geheimhält, weil er weiß, daß er in einer Notlage mit den Kooperanten, auf die er angewiesen ist, unzulässige Sondervereinbarungen treffen muß. Der Versuch, auf dem offiziellen Dientweg Kooperationskontakte aufzunehmen, ist häufig zum Scheitern verurteilt, weil der Kontrahent Dienstleistungen, zu denen er formell verpflichtet ist, ablehnt, indem er sich auf seine Überlastung beruft, die ihn daran hindert. Wenn der, der etwas braucht, ihm dafür aber jetzt oder in Zukunft etwas im Austausch zu bieten hat, kann er auf Zusammenarbeit rechnen, sofern nur – was gerade bei persönlicher Bekanntheit nicht schwerfällt – gegenseitiges Vertrauen besteht, da die eingegangenen Verpflichtungen, die ja ungesetzlich sind, nicht offiziell formuliert werden können. So kann die Kooperation von Leuten, die situationsbedingt informelle Gruppen bilden, nicht selten überzogene oder gefährdete Großinvestitionen retten, wobei allerdings, »wenn die Decke nicht reicht«, für die erreichte Verständigung in der Regel ein Dritter bezahlen muß, dem die im Plan vorgesehenen Investitions- und Arbeitsmittel entzogen werden müssen. Hier ist an die Hauptgradienten des Milieus zu erinnern, in dem die genannten Phänomene auftreten. Die Zentralverwalter bemühen sich, um es ganz kurz zu sagen, die Produktionseinheiten im staatlichen Maßstab so zu gestalten, daß die Ausführung der diesen Einheiten aufgegebenen Pläne sich zumindest grob mit dem materiellen Interesse der Arbeiter deckt; da sie sich aber gleichzeitig darüber im klaren sind, daß die Maßnahmen, mit denen ein Zustand vollständiger Übereinstimmung der Vektoren des öffentlichen und des privaten Interesses (des Staates und der Arbeitskraft) erreicht werden soll, unwirksam sind, betrachten sie die bewußte, politische und patriotische Motivierung des Handelns als ein Mittel, die Divergenz dieser Vektoren zu vermindern. Es ist im übrigen klar, daß eine solche Planung in der Praxis auf bestimmte Kompromisse hinausläuft und sich innerhalb einer breiten Amplitude bewegt, deren einer Pol durch das Schlagwort von der »Aufopferung der jeweiligen Generation für das Wohl der nächsten«, der andere aber durch die vollständige Übereinstimmung des gesellschaftlichen und des persönlichen Interesses gekennzeichnet ist. Es ist eine grundlegend verkehrte sozialpsychologische Vermutung, mit dem Erreichen eines dieser beiden Pole oder Endpunkte der Amplitude, innerhalb derer das Verhalten der Massen gesteuert wird, wären absolut optimale Leistungen zu erzielen. Denn selbst dann, wenn die Vektoren des öffentlichen und des privaten Interesses sich in idealer Weise decken, muß dieser Zustand nicht automatisch die Maximierung der Produktivität der Arbeit und der Effektivität ihrer Resultate garantieren. Es genügt nämlich nicht, daß die beiden Vektoren sich *objektiv*, also in dem Sinne decken, wie er von der Statistik und der wirtschaftlichen Bilanz erfaßt wird; wenn damit nicht eine bestimmte subjektive Qualität der menschlichen Überzeugungen einhergeht, bringt selbst dieser als ideal angestrebte Zustand weder für die Gesellschaft noch für die einzelnen Bürger das Maximum an Wohlfahrt. Um es schlicht auszudrücken: Die Menschen müssen, damit sie zuverlässig und gründlich arbeiten, wirklich davon überzeugt sein, daß sie mit ihrer Arbeit am wirksamsten zum persönlichen und zugleich zum allgemeinen Wohl beitragen. Der Begriff des »persönlichen Wohls« ist dabei ein sehr dehnbarer Allgemeinbegriff. Gehört zu diesem »Wohl« etwa die Zufriedenheit mit der Arbeit als solcher, unabhängig von dem Lohn, den man dafür erhält? Anscheinend ja, wenn auch dieser Bestandteil des »Wohls« sich nicht in materielle Werte umrechnen läßt. Es kann sein, daß eine bestimmte Arbeit im Interesse der Allgemeinheit liegt, daß sie sehr gut bezahlt wird und leicht ist, aber dennoch gemieden wird. Das gilt heute beispielsweise für die Dienstleistungstätigkeit einer Hausgehilfin, denn weder die mit einer solchen Tätigkeit verbundenen Privilegien noch eine hohe Bezahlung vermögen wirksam dem gesellschaftlichen Urteil entgegenzuwirken, das diese Tätigkeit in der allgemeinen Hierarchie sehr niedrig einstuft. Daß eine solche Haushilfe indirekt die allgemeinen Interessen beträchtlich fördern kann, indem sie beispielsweise schöpferische Menschen – Wissenschaftler, Verwalter usw. – entlastet und ihnen so ihre gesellschaftlich wertvolle Tätigkeit erleichtert, wird von der öffentlichen Meinung bei der Zuschreibung des sozialen Status eines Berufs gewöhnlich nicht berücksichtigt. Dies ist natürlich ein marginales Beispiel, an dem jedoch deutlich wird, daß die objektive Situation und ihre gesellschaftliche Interpretation wesentlich voneinander abweichen können, und gerade das macht die Forderung, daß die Vektoren des persönlichen und des gesellschaftlichen Interesses einander decken sollten, in der Praxis zu einem nicht immer ganz angebrachten Allgemeinplatz.

An dem anderen Pol, wo die Parole von der »Aufopferung einer Generation zum Wohle der nächsten« steht, kann man wiederum damit rechnen, in der Praxis Anklang zu finden, vorausgesetzt, den arbeitenden Menschen wird nicht nur versichert, daß ihr Opfer wertvoll sei, sondern daß sie selbst beobachten können, daß es sich lohnt. Nichts kann dagegen die Moral in so verheerender Weise ruinieren, wie wenn man die Menschen zu einer Arbeit treibt, die in ihren Augen vergeudet ist und weder jetzt noch künftig irgend jemandem nützt.

Wenn die Zentralmacht eine realitätsgerechte Vorstellung des bestehenden Zustands einbüßt, weil sie unwissentlich pathologische Steuerungsabläufe initiiert hat, die einen Teufelskreis der Regelung hervorrufen und dadurch zur Ursache weiterer Störungen werden, gerät nach und nach der gesamte wirtschaftliche Organismus der Gesellschaft auf den Weg von Veränderungen, die niemand beabsichtigt hat. Bei oberflächlicher Beurteilung kann man meinen, die Entstehung informeller Gruppen innerhalb der Wirtschaft sei eine positive Erscheinung, nämlich eine spontane Form der Überwindung von aufgetretenen Schwierigkeiten. Aus dieser Sicht besteht die einzige Alternative zum Wirken jener Gruppen in einem rein zufälligen Vorgehen, denn wenn ein allzu aufgeblähter und dadurch die physischen Möglichkeiten des Systems übersteigender Plan ohnehin nicht in seiner Gänze realisiert wird, kann man zumindest einen Teil davon realisieren, der entweder zufällig ausgewählt ist oder auch durch eine stille Übereinkunft zwischen den »miteinander bekannten Managern« privilegiert wird. Dies ist allerdings eine grundfalsche Überlegung. Die genannte Alternative existiert nicht. Eine zufallsbedingte Realisierung von Teilen des Plans kommt niemals vor, weil die Ausführenden keine logisch programmierten Automaten, sondern Menschen sind. Jeder von ihnen bemüht sich zunächst, in Übereinstimmung mit den zulässigen Prozeduren zu handeln; weil dieses Handeln jedoch auf den Widerstand der berühmt-berüchtigten objektiven Schwierigkeiten stößt, werden diejenigen, die nominell weiterhin als Kooperanten gelten, faktisch zu Konkurrenten, so als herrschten die Bedingungen eines freien Marktes, allerdings mit dem grundlegenden Unterschied, daß das Konkurrenzverhältnis, die Kollision zwischen den Maßnahmen der einzelnen Verwalter im Plan nicht vorgesehen und somit schlicht illegal ist. Sie ist gleichwohl eine Tatsache; da sich nicht *alles* realisieren läßt, werden solche Umstände zum

Realisierungskriterium, die überhaupt nicht berücksichtigt wurden: Beziehungen und persönliche Bekanntschaften. Die Struktur des von den Plänen überlasteten Systems gibt daher Menschen den Vorzug, die gewandt und vorausblickend sind, die Fähigkeiten beweisen müssen, von denen die ganze Theorie des Systems nichts weiß; selektiv schält sich so die Regel heraus, pro publico bono private Bekanntschaften zu schließen. Doch warum ist diese Erscheinung schädlich? Diese Art der Wirtschaftsleitung bewirkt, daß 1) ungesetzliche Zustände wie die Umgehung oder Verletzung von geltenden Gesetzen und Vorschriften zum Normalen werden, denn zumindest ein gewisser Teil der wirtschaftlichen Entscheidungen über das gesellschaftliche Eigentum gleitet in die Illegalität ab; daß 2) Wirtschaftlichkeitskriterien entwertet werden, weil die örtlichen Verwalter sich um die eigenen Angelegenheiten, nicht aber um das gesamtnationale Interesse kümmern und sich in der Regel nicht die Folgen bewußt machen, die ihre Tätigkeit insgesamt hervorruft; und daß 3) ein Klima allgemeiner Demoralisierung entsteht, und zwar selbst dann, wenn die Mitglieder solcher Gruppen subjektiv in moralischer Hinsicht untadelig sind, denn die Umgehung des Gesetzes kann aus einer gleichsam unvermeidlichen Notwendigkeit sehr leicht zu einer geradezu reflexartigen Gewohnheit werden, die sich dann in schlechterdings jeder Lebenssituation äußert.

Gewöhnlich ist es ja so, daß die subjektiven Absichten Erscheinungen auf der mikrosoziologischen Ebene sind, die objektiven Folgen der auf ihnen beruhenden Handlungen aber makrosoziologische Effekte hervorrufen, von denen ihre Urheber gewöhnlich keine Ahnung haben. Aufgrund informell eingegangener Verpflichtungen entstehen neue Objekte – Brücken, Arbeitsstätten, Wasserbauten usw. Dafür werden auch solche Mittel mobilisiert, von denen die zentrale Planung nichts weiß, weil sie vor ihr sorgfältig verborgen wurden. Der Auftragnehmer X erklärt sich bereit, für die Stadt Y ein neues Großprojekt zu errichten, obwohl er das formell durchaus nicht bräuchte, denn er könnte sich hinter seiner Unfähigkeit, das Projekt auszuführen, oder auch nur hinter den geltenden Vorschriften verstecken, in deren Überfülle derjenige, der danach sucht, immer auch solche findet, die seine Untätigkeit rechtfertigen. Trotzdem übernimmt der Auftragnehmer X die Arbeit, weil er weiß, daß das indirekt in seinem Interesse – oder dem seiner Gruppe – liegt. Denn die Stadt Y stellt mit ihrem Objekt ein Glied einer Kette von informellen, persönlichen Verbindungen dar, welche die Angehörigen der Administration mit den politischen Gliederungen verknüpfen, so daß die Entscheidung des Auftragnehmers X nicht allein auf ökonomische Überlegungen zurückgeht. Der Bau des Objekts für die Stadt Y hat oftmals den Charakter eines Glieds in einer Kette von Zusammenhängen, die in formaler Hinsicht lebhaft an das bekannte Märchen von dem Hähnchen erinnern, das daliegt und keinen Atemzug mehr tut, weil es an einem Körnchen erstickt ist, und dem Hühnchen, das, um für ihn einen Schluck Meerwasser zu bekommen, nach und nach von verschiedenen »Seiten« unzählige Dienste und Dinge erbitten muß, so daß es erst nach einem langen Reigen von »märchenhaft-bürokratischer« Lauferei am Ende den von dem Hähnchen benötigten erlösenden Schluck Wasser erhält. Mit dem über seine »Kapazität« hinausgehenden Bau des Objekts für die Stadt Y erwirbt sich der Auftragnehmer X die Dankbarkeit einer Gruppe von einflußreichen Personen, die ihm mit ihren Beziehungen zu einem bestimmten Wirtschaftsunternehmen den Erwerb von importierten Anlagen erleichtern, ohne die der Auftragnehmer X die im Plan vorgesehenen und ganz seiner »Kapazität« entsprechenden Aufgaben nicht erfüllen könnte. Häufig sind derartige Zusammenhänge, von denen die Entscheidungen der Manager abhängen, bedeutend länger – wie in dem erwähnten Märchen. Natürlich läßt sich weder auf die Vorgänge im Märchen noch auf die Kette von Ereignissen, an welcher der Auftragnehmer X beteiligt ist, ein Optimierungskalkül anwenden, weil diese Kette sich aus Gliedern zusammensetzt, die sich prinzipiell diesem Kalkül entziehen.

Es muß betont werden, daß die Verletzung der geltenden Gesetze in gewissen Situationen gerade einem energischen Verwalter als »das geringere Übel« erscheint, so etwa, wenn beim Bau einer Brücke Hochwasserdämme geöffnet werden müssen, die Wasserbehörde aber zögert, ihre formelle Zustimmung zu erteilen, weil sie für diesen Schritt keine Verantwortung übernehmen möchte; der Brückenbauer durchsticht den Damm ohne Genehmigung, es kommt zu einer Überschwemmung, und nur noch »Rückendeckung«, »Beziehungen« und »Bekanntschaften«, die ihm zunächst unmittelbar mit Leuten und Mitteln unter die Arme greifen und dann die Sache »verwischen«, können ihn aus ernsthaften Schwierigkeiten befreien. Hätte er jedoch nichts riskiert, dann wäre die Brücke vielleicht nicht termingerecht fertiggeworden. So sehen die konkreten Möglichkeiten aus, zwischen denen ein einflußreicher Manager sich zu entscheiden hat.

Gerade unter diesen Umständen bilden sich informelle Bekanntschaftsgruppierungen, die nach dem ungeschriebenen Gesetz eines gewohnheitsmäßigen Austausches von Dienstleistungen und Garantien funktionieren, unterschiedliche Schranken und Widerstände von Instanzen durchbrechen, diese gelegentlich ganz einfach vor vollendete Tatsachen stellen und sich schließlich auf die Bedeutung des gesellschaftlichen Interesses berufen. Unter diesen Umständen, in diesem Klima und in dieser Schicht kommt es zu einer immer deutlicheren Aufteilung der Pronomina; wenn von der Regierung die Rede ist, sagt man immer häufiger »sie«, wenn von gesellschaftlich realisierten Arbeiten die Rede ist, immer seltener »wir« – eine Erscheinung, die ein patriotisch erzogener Erstkläßler verdammen mag, deren in der verwickelten sozialökonomischen Dynamik liegende Ursachen jedoch nur ein Soziologe freizulegen vermag, der über Erfahrung und über Beobachtungsmaterial verfügt. Diese Erscheinung hat ganz und gar objektive, durchaus unpolitische (im ideologischen Sinne) Ursachen, denn die Mitglieder der informellen Gruppen bedienen sich, wenn sie von ihren eigenen Tätigkeiten und von sich selber sprechen, des Pronomens »wir«, während die übergeordnete Behörde dadurch, daß sie ihnen die Arbeit schwermacht, von ihrem Standpunkt aus mit einer gewissen Notwendigkeit eine Stellung einnimmt, die mit dem Pronomen »sie« bezeichnet wird. »Er« – das ist jener dominierende Automat, der formal die führende Position einnimmt und Befehle aussendet, die physisch undurchführbar sind; »wir« sind die untergeordneten Automaten, die auf diesen Zustand keinen Einfluß haben. Es handelt sich somit um Auswirkungen einer Pathologie der Verwaltung, denn der Prozeß läßt sich in einem Computer simulieren, der ideologischen Schwankungen oder Anfällen von antipatriotischen Gefühlen gewiß nicht unterliegt.

In diesem Kontext sind auch die Ursachen jener Erscheinung zu suchen, die seinerzeit in dem Aphorismus ausgedrückt wurde: »Polen ist eine lockere Föderation von Woiwodschaftskomitees«. Denn in dem Maße, wie sich die Taktiken der informellen Gruppen verfestigten und ausbreiteten, wurden die örtlichen Parteiinstanzen aus der politischen Aktivität heraus auf administrative Positionen abgedrängt, und deshalb verfilzten sie sich mit den örtlichen Gliederungen der Wirtschaftsmanager, eine Erscheinung, die durch die Übereinstimmung des Parteiaufbaus mit dem hierarchischen Aufbau der Verwaltung im Bereich der Woiwodschaft gefördert wurde. Weil gleichzeitig die Taktik der einzelnen informellen Gruppen nicht überall in allen Einzelheiten übereinstimmt und nicht übereinstimmen kann, da es sich um einen spontanen, planlosen und ungesteuerten Prozeß handelt, konnte die Art der Zusammenarbeit zwischen Managern und Politikern nicht in allen Woiwodschaften die gleiche sein. Aufgrund dessen machten sich in der Wachstumsdynamik, der pragmatischen Leistungsfähigkeit und dem jeweiligen Anteil an Mißwirtschaft und erfolgreichem Management Unterschiede zwischen den Administrationen der Woiwodschaften bemerkbar, die dadurch eine gleichsam spontane Teilautonomie erlangten, von der die Zentralregierung wußte, der sie jedoch nicht entgegentreten konnte, weil es sich dabei um das Resultat massenhafter Prozesse einer sich verschärfenden Steuerungspathologie handelte. Die einzelnen Woiwodschaften rivalisierten miteinander um den Anteil an den Zuweisungen von Waren, Kapital und Produktionsmitteln, und das rief im gesamten System Störungen hervor und sorgte für ein ungleichmäßiges Wachstum mit positiver Rückkoppelung: wer mehr besaß, erhielt im allgemeinen mehr aus dem zentralen Verteiler, weil er anscheinend mehr aus den erhaltenen Mitteln machte, und aus diesem Anlaß vertieften sich wiederum die zwischen den Woiwodschaften bestehenden Unterschiede. Wäre diese relative Selbständigkeit der Woiwodschaften dadurch zustande gekommen, daß man ihnen gesetzlich eine bestimmte, begrenzte Autonomie erteilt hätte, dann hätte sie auch im nationalen Maßstab positive Seiten zeigen können, da die örtlichen Wirtschaftsverhältnisse, die ja nicht überall identisch sind, tatsächliche Elastizität der Verwaltung verlangen. Es handelte sich jedoch, wie schon gesagt, um eine vom bestehenden Recht nicht gedeckte spontane Entwicklung, die somit auf persönlichen Beziehungen beruht, die naturgemäß wandelbar sind und die Stetigkeit eines einmal herauskristallisierten Arbeitsstils nicht gewährleisten können; die Ungewißheit hinsichtlich eines eventuellen Wechsels der Personen in den Schlüsselstellungen machte die Verbindungen zwischen konkreten Menschen bedeutsamer als den Buchstaben des unveränderlichen Gesetzes und wurde zu einem weiteren Faktor der Destabilisierung des Systems. Daraus ersieht man, wie wichtig es ist, daß das Gesetz den Personen und Beziehungen im Management übergeordnet ist.

Man muß sich klarmachen, daß es zu einer funktionalen Entsprechung der von uns beschriebenen informellen Gruppe überall dort und immer dann kommt, wenn es aufgrund einer außergewöhnlichen Reihe von Ereignissen – etwa durch eine Naturkatastrophe, einen dramatischen Wetterumschwung oder einen in seinen Folgen fatalen und zahlreiche Personen erfassenden Unfall – zu einer Krisensituation kommt. Ob es nun um den Einsturz eines Bergwerksschachtes geht, um den Brand von Erdöltanks, um eine Hungerkatastrophe oder um die zerstörenden Wirkungen eines Taifuns – die Rettungsmaßnahmen werden in der Regel die Dämme der sonst geltenden Vorschriften und Gesetze durchbrechen, und die Rettungsmannschaften werden ohne Rücksicht auf den Preis der von ihnen gebrachten Hilfe und auf die durch ihre Tätigkeit bedingte Vergeudung von Kräften und Mitteln handeln. Doch das, was infolge eines außergewöhnlichen Ereignisses auftritt und lediglich eine Unterbrechung des normalen Arbeitsganges ist, was nur in Ausnahmefällen zulässig ist, die weder geplant noch vorhergesehen werden können, also mit einem Wort das spontane Handeln, dem alle wirtschaftlichen Überlegungen, langfristigen Pläne, Gesetze und Vorschriften gleichgültig sind, schafft in einer Situation, in der die Entscheidungsfähigkeit der Regierung gelähmt ist, während die Bedürfnisse einer noch immer hungrigen und aufnahmefähigen Wirtschaft ständig wachsen, ein Milieu, in dem die informellen Gruppen über viele Jahre hinweg tätig sind, so daß mit der Zeit eine andere Handlungsweise – nämlich eine, die mit den vom Gesetz vorgeschriebenen Organisationsformen übereinstimmt – zur reinen Fiktion wird. Andererseits geht es jedoch der Zentralregierung gerade darum, daß diese Fiktion nicht angetastet wird, weil sie keinen anderen Ausweg hat. In der Presse, die sich unter der übermächtigen Kontrolle jener Regierung befindet, werden zuweilen die peripheren Folgen der oben genannten Prozesse angedeutet, so etwa, daß man Schinken oder Kinderschühchen im Geschäft nur durch Bekanntschaften erwerben kann, daß man nur durch »Beziehungen« rasch in den Genuß von Reparatur- und anderen Dienstleistungen kommt; die Presse befaßt sich also mit der Beschreibung der schlechten Qualität von Rosen, während die Wälder in Flammen stehen. Die Fiktion wird schließlich auch von den Mitgliedern der informellen Managementgruppen selbst aufrechterhalten, denn ihre Stärke besteht gerade – so paradox das klingt – in ihrer pragmatischen Illegalität. Würde ihre Handlungsweise genau untersucht und die Strukturen dieses Handelns öffentlich bekannt, dann müßte der Vergleich des realen Zustands mit der Fiktion zu einer Krise führen, denn die Fiktion würde zusammenbrechen und man würde sich der Notwendigkeit von Strukturreformen bewußt.

Der Umfang der Reformen muß der Zeit ihrer systematischen Vernachlässigung direkt proportional sein, denn die Verlängerung des beschriebenen Zustands lähmt die Entscheidungsfähigkeit der Regierung in wachsendem Maße: Je länger der Dominator mit der nötigen Entscheidung zurückhält, um so schwerer fällt es ihm, sie zu treffen. Ähnlich verhält es sich in der biologischen Pathologie: Je länger eine Krankheit nicht behandelt wird, um so schwieriger wird es, den Kranken wieder gesund zu machen; je länger man die

Krankheitserscheinungen maskiert, falsch interpretiert oder schließlich durch Behandlung der Folgen anstelle der Ursachen verschleiert, um so schwerer pflegt die letztendliche Krise zu werden.

Man muß sich gleichfalls klarmachen, daß die Existenz machtvoller informeller Gruppen in bestimmten Kreisen ein öffentliches Geheimnis ist, doch ist selbst den Instanzen, die Scharen von Kontrolleuren ins Land schicken und stapelweise neue Anordnungen erlassen, bekannt, daß eine plötzliche Zerschlagung sämtlicher informeller Gruppen im Management ein vernichtender Schlag nicht nur für die Gesetzlosigkeit in der Wirtschaft, sondern zugleich auch für die Wirtschaft selbst wäre. Ein Lahmer wird bekanntlich nicht dadurch am leichtesten geheilt, daß man ihm die kranken Beine ausreißt. Es ist der Zentralregierung bekannt, daß ein krampfhaftes Festhalten an sämtlichen geltenden Vorschriften die gesamte Wirtschaftstätigkeit vollständig lahmlegen würde; da sie also weder die informellen Gruppen liquidieren noch ihre Tätigkeit ans Licht der Öffentlichkeit bringen kann, weil das ohne tiefgreifende Reformen nicht möglich ist, verfällt sie in ein ständiges Lavieren, das den Ablauf ihrer fundamentalen Aktivitäten in eine gedämpfte Sinuskurve verwandelt. Diese Situation fördert wiederum die Ausbildung der pragmatischen Regel einer »lex ad hominem«: nicht jeder Gesetzesbrecher wird zur Verantwortung gezogen. Es ist für die höheren Instanzen bequemer, bei der Entdeckung der hier beschriebenen Praktiken in manchen Fällen die Augen zu schließen.

Außer dem Unvermögen, das Ganze zu steuern, und den chaotischen Verhältnissen zwischen den miteinander kollidierenden Ressorts der Hierarchie sind es Faktoren rein technischer Natur, welche die »Selektion der Kooperanten aufgrund von Bekanntschaften« fördern. Zwar werden zahlreiche Produkte und Zwischenprodukte nicht entsprechend den geltenden Herstellungsvorschriften und Qualitätskriterien geliefert, doch steht der Manager der Empfängerfirma in solchen Fällen vor der fatalen Wahl, entweder das schlechte Produkt zu nehmen oder überhaupt nichts zu bekommen, beziehungsweise, auf seinem Recht zu beharren und andere, bessere Waren zu fordern (und dafür mit Repressalien seitens des an die Wand gedrängten Produzenten zu rechnen) oder sich wiederum mit dem Schund zufriedenzugeben.

In Kooperationssystemen, die aus einer großen Zahl von Gliedern bestehen, gilt folgende Gesetzmäßigkeit: Wenn auch nur ein Glied technisch unzulängliche Produkte durchgehen läßt, steigt die Wahrscheinlichkeit, daß die Qualität des Endprodukts und sämtlicher sekundären Produkte im gesamten Wirtschaftsbereich sinkt, sprunghaft an. Es kommt dann nämlich zu positiven Rückkoppelungen: Schlechte Autoreifen, die sich ungleichmäßig abnützen, führen nicht nur zu einem gewaltigen Anstieg der Reklamationen von seiten der Verbraucher, sondern auch zu einem beschleunigten Verschleiß der Radaufhängungen; da diese Aufhängungen im Rahmen der Garantie ausgewechselt werden müssen, schlägt der technische Fehler des Reifenproduzenten auf den Autoproduzenten zurück; aufgrund des chronischen Mangels von Ersatzteilen fahren viele Autos mit beschädigter Aufhängung auf schlecht an der Fahrbahn haftenden Reifen; das führt zu einem Anstieg der Verkehrsunfälle, den zu bekämpfen angesichts des beschriebenen Zustands ungemein schwierig ist. Der allmähliche Qualitätsrückgang der Produkte bedeutet auch, daß die Reserven der Produktionsbetriebe abnehmen, und das erschwert die Einführung von technischen Neuerungen, die immer kostspielig sind.

Trotzdem gibt es sowohl solche Betriebe, die schlechte Erzeugnisse produzieren, als auch andere, die bessere oder gar vollwertige Erzeugnisse liefern. Gerade dieses Milieu ist die »ökologische Nische« jener Manager, die nur zwischen real existierenden Möglichkeiten wählen mögen. Nicht immer wählen sie das kleinere ökonomische Übel, da ihr taktisches bilanzierendes Kalkül weder auf die Ökonomie begrenzt ist noch von ihr beherrscht wird; schließlich unterliegen sie verschiedenen Verwaltungsressorts, einer Aufsicht, der Effektivitätskontrolle, und Faktoren örtlicher Natur stoßen in ihrem Entscheidungskalkül mit Faktoren zentraler Herkunft zusammen, und außerdem ist ihre Tätigkeit in administrative Vorgänge verwickelt, wird sie politisch, personell usw. beurteilt. Das alles zusammen läßt jene Art von wissenschaftlicher Arbeitsorganisation, von sparsamem Wirtschaften mit den Mitteln, von Optimierung der Lösungen, über die man in der Presse, namentlich in der literarischen, so viele erhabene und schöne Dinge lesen kann, zu etwas Unwirklichem werden. Dabei brauchen die Faktoren, die den Manager Z dazu bewegen, die Arbeit V zu übernehmen, nicht aus einer rationalen Beurteilung der ihm zur Verfügung stehenden Leistungsmöglichkeiten zu entspringen. Häufiger rührt seine Entscheidung aus Motiven her, unter denen sich viertrangige, ach, was sage ich: inhaltlich ganz und gar unwesentliche Einzelheiten als entscheidend herausstellen – *wer* nämlich in der Behörde X und *wer* in der Verwaltung Y sitzt.

Die genannten Vorgänge wirken sich so aus, daß in einem System, dessen Organisationsprinzip die umfassende Planung sein sollte, provisorische Flickschusterei und planlose Eingriffe ebenso wie Stoßarbeit und das Einstellen von Arbeiten, die in unrealistisch großem Stil in Angriff genommen wurden, zu einer Allgemeinerscheinung werden, und diese sekundären Störungen der Leistungsdynamik setzen sich in der gesellschaftlichen Hierarchie nach unten fort und rufen depressive Zustände einer tiefgreifenden Demokratisierung hervor. Die Regierung zeigt eine eigentümliche Zerrissenheit zwischen den erhabenen Parolen und Programmen, denen sie treu bleibt, und den beobachteten Symptomen eines funktionalen Zusammenbruchs des Landes, und so sind denn auch die seltsamen Extreme, die in der Presse ihren Niederschlag finden, nur eine Widerspiegelung dieser Zerrissenheit, denn maßvolle Beschreibungen und Beurteilungen findet man eigentlich gar nicht, sondern entweder nur Apologien ohne den geringsten Makel oder frustrierte, verzweifelte Klagelieder. Man stellt auch ad hoc und ad usum delfini Theorien auf, und die Publizistik ergeht sich in Selbstkasteiungen und in einer Kritik, die den Polen ihren häßlichen Nationalcharakter, ihre Faulheit und ihren Anarchismus u. dgl. vorhält. Sonderlich einfallsreich ist das nicht; ebensogut könnte man den Vorwurf der Unsauberkeit, der Streitsucht, schlechter Manieren und eines widerlichen Äußeren gegen Reisende erheben, die gezwungen sind, in einem schmutzigen, ungeheizten und unbeleuchteten Zug ohne Essen und Trinken in furchtbarer Enge zu stehen; Humor, Eleganz, Sauberkeit und höfliche Umgangsformen könnte unter solchen Bedingungen nur ein Wundertäter aufrechterhalten.

Indessen sind sich weder diejenigen, die in der Praxis die Entscheidungen treffen, noch gar die Mitglieder der informellen Gruppen darüber im klaren, daß der in langen Jahren eingerissene Arbeitsstil, der sich ein Bett des ungesetzlichen Vorgehens gegraben hat, sie alle zu immer schärfer werdenden Krisen führt, die die gesamte technische Zivilisation bedrohen. Denn der Stil der ad hoc-Lösungen, die Wahl von Kooperationspartnern aufgrund von »Bekanntschafts«kriterien und die Verdrängung des ökonomischen Denkens geraten in einen von Jahr zu Jahr wachsenden Widerspruch zu jenem weltweiten Entwicklungstrend, der dazu zwingt, die Produktion immer stärker zu koordinieren, der Oberflächlichkeit in der Produktion immer weniger toleriert und unablässige Bemühungen im Wettlauf um Innovationen verlangt, wenn man nicht von der Weltspitze zurückfallen will. Angesichts dessen führt das Aufrechterhalten der Fiktion zur Selbstzerstörung. Man muß allerdings sehen, daß es bereits einen Charaktertyp gibt, der den Ehrgeiz hat, gerade in den informellen Arbeitsbeziehungen bewußt Risiken einzugehen, und aus dem bewiesenen »Draufgängertum« Befriedigung zieht. Ein solcher Mensch verhält sich mehr wie ein Spieler oder ein Partisan als wie ein Organisator und Ökonom. Er sucht sich aktiv seine ebenbürtigen und souveränen Partner nicht unter den Stellen und Firmen aus, die offiziell dafür zuständig sind, ihm die benötigten Dienste zu leisten, sondern er geht nach seiner eigenen »Nase« und einer oft bitteren praktischen Erfahrung. Nicht die tatsächlich entstehenden Kosten interessieren ihn, sondern nur die, die sich mit Sicherheit nicht mehr vor der Oberaufsicht verbergen lassen. Er weiß auch: Je dringlicher und schwieriger eine Sache ist und je stärker hohe Regierungsstellen an ihr interessiert sind, um so größer sind zwar die Risiken, zugleich aber auch die Chancen, daß ein errungener Erfolg alle Umgehungen der Dienstvorschriften, ja sogar Kompetenzüberschreitungen und Wirtschaftsvergehen mehr als zudekken wird. Es ist klar, daß ein solcher Mensch unmittelbare pragmatische Vorteile und langfristige Schäden bewirkt, die sich in ihrem vollen Umfang gar nicht abschätzen lassen. Eine solche Handlungsweise demoralisiert zunächst den Manager selbst, denn wer die Gesetze und Vorschriften in redlicher Absicht bricht und sich daran gewöhnt, in ihnen nur Hemmnisse einer wertvollen Initiative zu sehen, muß allmählich sämtliche Normen verachten – zumindest ist er auf dem Wege dahin. Die von den informellen Gruppen kollektiv betriebene Verzerrung der wirtschaftlichen Entscheidungsstrukturen schafft neue dynamische Zusammenhänge, die niemand vollständig kennt und die daher niemand kontrolliert. Wenn sich aber diese spontan entstandenen dynamischen Zusammenhänge verfestigen, muß jeder Versuch einer sozialökonomischen Reform auf den starken Widerspruch der genannten Gruppen treffen, denn sie haben sich an die bestehende Situation gewöhnt und betrachten jede Änderung als eine Bedrohung der von ihnen mühsam erkämpften Effizienz. Selbst wenn ihnen bewußt ist, daß es sich um eine kümmerliche Effizienz handelt, wissen sie doch auch, daß sich ihre Art der Praxis mit Sicherheit durch keine Reform in eine offiziell zulässige, rechtlich fundierte Handlungsweise umsetzen läßt. Die Regierung kann wiederum den bestehenden Zustand nicht wirksam reformieren, weil sie von Zusammenhängen ausgeht, die faktisch bereits überwunden und durch die geschilderten Aktivitäten untergraben sind.

Viele der Verwalter des gesellschaftlichen Eigentums, die in der beschriebenen oder einer ähnlichen Weise arbeiten, haben subjektiv das Gefühl, unterschätzt oder gar ungerecht beurteilt zu werden, weil es langfristig nur außergewöhnliche Persönlichkeiten befriedigen kann, ständig die Position eines viel riskierenden Spielers einzunehmen. Für diese Manager werden mit der Zeit sowohl übergeordnete als auch untergeordnete Instanzen schließlich zu »Gegnern«, denn die informellen Gruppen sind zumindest auf ein gewisses Minimum an Geheimhaltung ihres Vorgehens angewiesen, da es sich systematisch am Rande der Legalität bewegt. Solche Menschen haben oft übersteigerte Vorstellungen von sich selbst und glauben, daß Polen vor allem dank ihrer steht und daß sie sich mit unerquicklichen Aufgaben nicht um ihres Privatinteresses willen herumschlagen (was in der Regel auch subjektiv wahr ist, doch ändert diese Wahrheit nichts an der Tatsache, daß ein solches Handeln auch unter gesellschaftlich-pädagogischem Aspekt überaus schädlich ist). Der verengte Kult einer pragmatischen, nur an der Planerfüllung orientierten Leistung bringt derart hohe Kosten mit sich, daß die Wirtschaft unter der Last zusammenzubrechen droht. Eine solche Handlungsweise schafft keine nachahmenswerten Vorbilder, denn schließlich vollzieht sie sich in lockeren, zufällig zusammengesetzten Gruppen, die sich aufgrund von zeitbedingten politischen und personellen Situationen bilden und wieder zerfallen. Die moralische Grundlage einer solchen Taktik ist die in den entsprechenden Kreisen verbreitete Ansicht, daß man auf legale Weise nichts Gutes für das Land tun könne, während zur Erreichung wünschenswerter Effekte jeder Trick und jeder Schritt geeignet sein kann, angefangen von der falschen Information von Vorgesetzten. Der Weg zu einer höheren Phase der gesellschaftlichen Organisation führt aber nicht über die gegenseitige Unterstützung von Leuten, die miteinander bekannt sind, und mit diesem Auswahlkriterium werden die überindividuellen Prinzipien einer neuzeitlichen Auslese von Organisatoren und Entscheidungsträgern auf den Kopf gestellt, denn die individuellen Hilfeleistungen müssen mit dem Buchstaben des Gesetzes übereinstimmen, in dem das gesellschaftliche Gesamtinteresse zum Ausdruck kommt. Das Übel besteht, wie man sieht, nicht allein darin, daß es ohne Bekanntschaften nicht möglich ist, im Geschäft Schinken oder Kinderschühchen zu kaufen, sondern darin, daß es zuweilen ohne die richtigen Bekanntschaften nicht gelingt, ein Kraftwerk zu installieren oder eine Brücke über einen Fluß zu bauen. Es ist eine Nebenerscheinung, wenn das Prestige und der Einfluß, den man seiner Position verdankt, für private Vorteile ausgenutzt wird, wenn man aufgrund von Bekanntschaften leichter in den Genuß von Dienstleistungen kommt, die sonst nur unter großem Zeitaufwand zu erreichen sind. Doch selbst wenn Untergebene für den Chef ähnliche Dinge erledigen, wie es allgemein üblich ist, und ein geschlossener Kreislauf von begehrten Waren entsteht, ist der wirtschaftliche Schaden, aufs Ganze gesehen, geringfügig und kann die staatliche Wirtschaft nicht ernsthaft beeinträchtigen. Er bedeutet in erster Linie eine Ungerechtigkeit gegenüber denen, die keine Beziehungen haben und deren Warteschlangen unausweichlich länger werden, doch im übrigen ist es so, daß eine regelrechte Hierarchie von Schlangen entsteht, wenn es zahlreiche Leute gibt, die Protektion genießen, und daß sich unter ihnen Schlangen »höherer Stufe« bilden. Diese unter dem Gesichtspunkt der gesellschaftlichen Moral sicherlich negative Erscheinung steht jedoch in keinem unmittelbaren Zusammenhang mit der chaotischen Verschwendung im Management. Mit Festen, Banketten u. dgl. verhält es sich nicht anders; Anordnungen der Zentralbehörden, durch die lukullische Freuden auf Kosten des Fiskus beseitigt werden sollen, sind sowohl verständlich als auch richtig, aber sie sind auch von geringerer Bedeutung, weil es nicht so viele Wirtschaftsmanager gibt, als daß sie selbst mit ungehemmter Gefräßigkeit ein wirtschaftlich starkes Land kahlfressen und dadurch arm machen könnten.

Die Wirtschaftsweise, die die Praxis der informellen Gruppen kennzeichnet, erinnert teilweise an das Vorbild der ungehemmten Expansion des Frühkapitalismus mit seiner unbezähmbaren Tendenz, die feudalen Strukturen, in denen er entstand, zu liquidieren, und zwar nicht in einem Land mit einer starken Regierung und einer rechtsstaatlichen Tradition, sondern eher in irgendwelchen Grenzgebieten, wo das Rechtssystem unklar ist oder nicht angewandt wird und wo die Starken, Geschickten, Listigen und Skrupellosen sich am wirksamsten durchzusetzen vermögen. Diese Persönlichkeitsmerkmale erweisen sich unter solchen Umständen als wertvoll, insbesondere dann, wenn die Betreffenden es verstehen, sich zu gemeinsamem Vorgehen zusammenzuschließen, wie es oft halb im Geheimen geschieht, um unter anderem Konkurrenten auszuschalten. Diese Verfahrensweise erinnert außerdem an die expansive Dynamik der natürlichen Evolution, mit dem Unterschied, daß für die informelle Managergruppe nicht die Natur selbst mit ihren Gütern das Lebensmilieu darstellt, sondern die Zivilisationslandschaft, die unabsichtlich verwüstet wird, da die Verschwendung nicht auf persönlicher Profitgier und auch nicht auf Motiven beruht, die sich mit einer Art von Sozialdarwinismus identifizieren lassen. Das verschwenderische Verhältnis zu den Gütern folgt aus den Bedingungen, unter denen die informelle Gruppe handelt, die bestimmte schöpferische Aufgaben realisieren und zugleich alle mit diesen Aufgaben verbundenen illegalen Maßnahmen und Bemühungen sorgfältig verbergen muß. Da in einer solchen Situation das geltende Recht zu einem weiteren Hindernis wird, das es zu umgehen gilt, erscheinen verschwenderische Maßnahmen der Gruppe als das geringere Übel, und zwar nicht aus freien Stücken, sondern aus praktischer Notwendigkeit, da ihr der Weg der billigsten und einfachsten Maßnahmen nicht unbedingt offensteht. Wenn die übernommenen Arbeiten im Gange sind, verengt sich das Blickfeld solcher Praktiker in charakteristischer Weise. Ökonomische und ethische Maßstäbe kommen ihnen abhanden, und was vor allem zählt, ist der unmittelbare Erfolg, nicht aber sein Preis, wenn es nur gelingt, ihn zu verbergen. Aufgrund dessen bekommt sogar indirekt das durch planloses Handeln hervorgerufene Chaos einen eigenen Wert, denn es hilft zusätzlich, die in der Regel illegalen Tätigkeiten zu verschleiern.

Wird eine solche Handlungsweise jahrelang fortgesetzt, dann kann ein ausschließlich extensives Wirtschaften, das sich um weitergehende Konsequenzen insbesondere allgemeiner Natur nicht kümmert, leicht zur pragmatischen Regel werden. Für das aus der Sicht der Zentralregierung, die das allgemeine Interesse des Landes im Auge hat, entscheidende Problem – die Modernisierung der Produktion, um die inländischen Produkte auf den Weltmärkten wettbewerbsfähig zu machen (weil wirtschaftliche Autarkie für Staaten mittleren Kalibers unerreichbar ist) – existiert eine eigentlich nur scheinbare Alternative. Man könnte meinen, daß die Produktivkräfte in zwei isolierte Enklaven aufteilbar sind – eine für den Binnemarkt bestimmte Produktion und eine qualitativ bessere Exportproduktion. Ansätze zu einer solchen Lösung gibt es natürlich in jeder Volkswirtschaft, aber sie dürfen sich nicht entwickeln, wenn nicht die Stabilität des Systems Schaden nehmen soll. Erfolgreich ist diese Aufteilung in der Regel bei einem geringen Grad der Industrialisierung, wenn Rohstoffe und Halbfertigwaren den Export prägen. Negative Folgen zeigen sich jedoch schon, wenn moderne Maschinen, die zumeist durch die präzise Zusammenarbeit zahlreicher Kooperanten entstehen, zum Exportgut werden. Ein solches System zeichnet sich durch eine wachsende Anfälligkeit für Störungen aus, die von den Weltmärkten ausgehen können. Es ist immer möglich, daß der Absatz aufgrund von Konjunkturschwankungen zusammenbricht; die Struktur des Bedarfs an Energie, Rohstoffen, Halbfertigwaren und allen sonstigen Produkten unterliegt Schwankungen, und bekanntlich kann nur ein Regler, der eine hinreichende innere Vielfalt besitzt, solche Schwankungen erfolgreich bewältigen. Wer wenige ausgewählte Sektoren einer Exportproduktion forciert, wird von den Konjunkturschwankungen genauso abhängig wie derjenige, der ausschließlich über eine agrarische Monokultur verfügt und jedem Preisrückgang auf dem Weltmarkt zum Opfer fällt. Ist die durchschnittliche Industrieproduktion in allen Sektoren hoch, dann kann jeder inländische Sektor zu einer potentiellen Reserve werden, auf die man zurückgreift, um die erschütterte Handelsbilanz auszugleichen; man kann also eine zunächst auf den Binnenmarkt orientierte Produktion ausnutzen, um eine Exportlücke durch ein nahezu beliebiges Gut zu schließen – seien es Radios, Autos, Kühlschränke, Werkzeugmaschinen usw. Wenn jedoch die für den Binnenmarkt bestimmten Produkte wegen ihrer geringen Qualität nicht für den Export geeignet sind, nimmt die wirtschaftliche Stabilität des gesamten Systems natürlich ab, während gleichzeitig die Empfindlichkeit gegen von außen stammende Störungen wächst.

Das dynamische Modell eines Staates, der eine vielseitige Industrie besitzt und über ein reichhaltiges Repertoire an Taktiken des Austauschs mit der übrigen Welt verfügt, ist die natürliche Biozönose, denn ihr Gleichgewicht beruht auf dem Zusammenwirken einer ungeheuren Zahl von einfachen homöostatischen Mechanismen, nämlich der einzelnen Arten und Biotope. Ein Staat, der seine Produktivkräfte nach dem genannten Schema aufteilt, ähnelt dagegen eher einer künstlichen Biozönose, wie sie ein Zuchtbetrieb oder eine mit einer Monokultur bestellte Anbaufläche darstellen, und bei solchen Systemen läßt sich die Homöostase bekanntlich nur sehr schwer aufrechterhalten, weil sie leicht durch die unterschiedlichsten Störungen vernichtet werden können. Oft rufen solche Störungen in diesen Systemen auch Schwankungen (in der Zahl der Tiere oder Pflanzen) hervor, also eine Amplitude von abwechselnd mageren und fetten Jahren, und es ist sehr schwierig, ein ökologisch verarmtes System aus einer einmal entstandenen Schwankung herauszubringen.

Abneigung oder mangelndes Wissen von den Möglichkeiten eines radikalen Wandels zum Besseren mag der Grund sein, wenn versucht wird, die ganze Last der wachsenden Schwierigkeiten und Mängel der Bevölkerung aufzubürden, was natürlich nicht an irgendeinem bösen Willen liegt, sondern schlicht als die einfachste Lösung erscheint. Eine Bevölkerung jedoch, die man zu systematischer Askese anhält, wird den ihr aufgezwungenen Zustand fälschlich als Ausdruck eines bösen Willens oder gar von Gehässigkeit interpretieren, und dadurch vertieft sich die Kluft zwischen Regierenden und Regierten, wobei beide Seiten über die wahren Sachverhalte gleichermaßen schlecht informiert sind. Wenn ein Wasserleitungsnetz zwischen den Pumpen und den Entnahmestellen undicht ist, scheinen zwei Mittel die Sache am wirksamsten zu beheben: eine Erhöhung des Förderdrucks und das Schließen sämtlicher Wasserhähne. Die Erhöhung des Förderdrucks bewirkt jedoch, wenn die Leitungen undicht bleiben, einen sprunghaften Anstieg der Verluste; das Schließen der Hähne ist wiederum ein großes Übel für alle, die vital auf das Wasser angewiesen sind. Das richtige Vorgehen besteht hier natürlich in einer gründlichen Untersuchung und im Neubau des gesamten Leitungsnetzes.

Schließlich sei angemerkt, daß eine planlos-spontane Wirtschaft, deren Ziele klar, die Wege, sie zu erreichen, jedoch verborgen sind, und in der zwischen den zentralen Planern und den hierarchisch tieferstehenden Ausführenden ein Antagonismus herrscht, mit statistischen Aufklärungsmethoden kaum zu erfassen ist, weil es der Statistik leichtfällt, das zu schildern, was sich innerhalb geschlossener Wirtschaftseinheiten wie etwa einer Fabrik oder eines Bergwerks abspielt, nicht aber das, was an ihren vielfältigen Berührungspunkten geschieht. Denn die Unzulänglichkeit des Produkts, das stolz die Rubriken der Statistik füllt, tritt nicht im Produktionsbetrieb zutage, sondern ganz woanders; denn die schlechten, kurzlebigen Reifen bewirken eine rasche Zerstörung der Aufhängungen des Autos, so daß für den Fehler des einen Produzenten ein anderer zu zahlen hat; denn je länger und verwickelter die Kette der Beziehungen zwischen den einzelnen Produzenten ist, um so schwerer fällt es der Statistik, die Glieder zu erfassen, bei denen der kritische Defekt liegt. Die sich im Verborgenen entfaltende Praxis spottet daher der Methoden der klassischen Statistik, besonders, wenn lokale Darstellungen die aus Gesamtdaten gewonnenen statistischen Darstellungen Lügen strafen.

Gewiß läßt sich der beschriebene Zustand ändern, doch ist das eine langwierige und undankbare Aufgabe. Dabei muß sich die Reihenfolge der Maßnahmen nach der Vergangenheit des Systems richten. Der erste Schritt besteht in der Klärung des Sachverhalts, also der Erstellung einer Karte der dynamischen Abläufe in ihrer realen Struktur, die von dem formal festgelegten Muster abweicht. Der zweite Schritt besteht in einer Strukturveränderung, welche die Entwicklungspläne mit den vorhandenen Möglichkeiten derart in Einklang bringt, daß funktionale Reserven geschaffen werden, denn die Existenz von akkumulierten Reserven entzieht den informellen Gruppen den Boden, das heißt, sie vereitelt nicht nur durch das geltende Gesetz, sondern durch die objektiven Bedingungen deren Bildung: Durch eine Vermehrung von Gesetzen sind sie nicht zu liquidieren, weil sie außerhalb des Gesetzes arbeiten. Erst der dritte Schritt besteht in einer Veränderung der sozialpsychologischen Einstellungen der Menschen. Eine Umkehrung der Reihenfolge dieser Änderungen kann deshalb zu keinen sicheren Resultaten führen, weil die Inflation der Gewissensappelle eine Tatsache, das heißt leider eine Systemkonstante ist. Psychologisch ist die Tendenz, solche Appelle vorzutragen, sehr verständlich, doch muß man sich klarmachen, daß sie eine paradoxe Reaktion hervorrufen können, die die redlichen Absichten derer, die solche Appelle äußern, ins Gegenteil verkehrt – allein durch ihre Ähnlichkeit mit den seit Jahren bekannten Aufrufen und Parolen, auf die niemand mehr hört, weil man Worten, denen die offenkundige Wirklichkeit auf Schritt und Tritt widersprach, nicht glauben konnte und sich in vernünftiger Selbstverteidigung gegen sie verschloß; weil sie unvermeidlich so ähnlich klingen müssen, werden solche Appelle einen bedingten Reflex des Argwohns auslösen, ob sich die Sache nicht wieder einmal von vorn zu wiederholen beginnt. Es ist also eine ganz sachliche Überlegung, die sich auf die Kenntnis der makro- und mikrosoziologischen Gesetze der steuernden Motivbeeinflussung stützt, was hier besondere Zurückhaltung gebietet. Allein die systematische Trennung der Veränderungen in der beschriebenen Reihenfolge kann aus einer nutzlosen Sysiphusarbeit eine Tätigkeit machen, welche sowohl heutige Bedürfnisse als auch künftige Ansprüche befriedigt; wenn diese schlichte Wahrheit nicht begriffen wird, kann es keine Besserung geben.